教育部哲学社会科学研究重大课题攻关项目(17JZD024)成果

成长春 徐长乐 等著

推动长江经济带发展
重大战略研究

Research on Major Strategies for Promoting
the Development of Yangtze River Economic Belt

人民出版社

序

张建云

  长江,是亚洲第一长河,也是世界第三长河。自古以来,长江以其6387公里长的河流里程、180万平方公里的流域面积和每年近1万亿立方米的入海径流量,以及极为丰富的自然资源和社会经济资源,哺育了一代又一代的炎黄子孙,成为中华民族的母亲河,以及中国人民赖以生存与发展的宝库和主要生态屏障。2019年末统计数据表明,长江沿江11省市以仅占全国21.5%的国土面积,养育了占全国43.0%的人口,创造了占全国46.2%的地区生产总值、46.0%的地方财政收入和高于全国平均水平7.3%的人均GDP,孕育了长三角、长江中游、成渝、滇中、黔中等"三大两小"城市群,成为中华民族伟大复兴的重要空间载体支撑。

  新中国成立以后,特别是改革开放40多年来,党中央、国务院和各级地方政府都高度重视长江流域的开发、建设和保护工作。从1987年《全国国土总体规划纲要》(试行)中提出以沿海、沿江为主轴线进行"T"字形重点开发与布局的战略构想,到1990年上海浦东开发、1992年武汉等沿江5市成为首批沿江对外开放城市、1994年底三峡工程正式动工、1997年重庆升级为直辖市等,国家制定了一系列重大战略举措,长江流域的开发建设取得了一连串彪炳千秋的巨大成就,脱贫攻坚、产业振兴、城镇发展、综合交通,沿江地区更是发展成了中外闻名的工业走廊、城镇走廊、交通走廊和生态廊道,但同时也产生了局域开发过度、重化工围江、三废污染加剧、生物多样性趋弱、生态环境恶化等发展不合理、不协调、不可持续的严重问题。

  2013年7月,习近平总书记在考察湖北期间关于"长江流域要加强合作,发挥内河航运作用，把全流域打造成黄金水道"等重要讲话精神，标志着长江经济带建设开始上升为国家区域发展的重大战略，同时亦标志着我国的区域发展战略已从新中国成立后"向内地倾斜"的均衡发展战略和改革开放初期"向沿海倾斜"的发展战略，迈入了一个东中西相互统筹协调、区域整体均衡发展、人与自然和谐共生的崭新阶段。特别是在 2016 年 1 月、2018 年 4 月和 2020 年 11 月，习近平总书记先后主持召开了三届推动长江经济带发展座谈会，强调必须从中华民族长远利益考虑，把修复长江生态环境摆在压倒性位置，共抓大保护，不搞大开发，走生态优先、绿色发展之路，系统阐明了正确处理好整体推进和重点突破、生态环境保护和经济发展、总体谋划和久久为功、破除旧动能和培育新动能、自身发展和协同发展五大辩证关系，明确提出了坚定不移贯彻新发展理念、推动长江经济带高质量发展的"五新三主"战略目标，为长江经济带的未来发展指明了正确的方向，并由此掀起了一场轰轰烈烈的贯彻落实总书记讲话精神、学习新发展理念、促进长江经济带区域协调发展的理论与实践热潮。正是在这一背景下，江苏长江经济带发展研究院首席专家成长春教授和华东师范大学长江流域发展研究院徐长乐教授等联合撰写的《推动长江经济带协调性均衡发展重大战略研究》一书，将由人民出版社正式出版发行。

该著作是教育部 2017 年度哲学社科研究重大课题攻关项目"推动长江经济带发展重大战略研究"（项目号 17JZD024）的最终研究成果。全书紧扣长江经济带协调性均衡发展这一主题，在系统梳理、全面总结和发扬经济地理学、区域经济学的均衡发展、非均衡发展和协调发展三大理论流派学术成果的基础上，前瞻性、创造性地构建了同时涵盖"区域协调性"与"区域均衡、非均衡性"的"区域协调性均衡发展"理论分析框架，并以此来统领和贯穿整个课题的分析研究，形成了对习近平中国特色社会主义理论指引下我国区域经济发展重大理论与实践的探索，以及对流域经济可持续发展的创新研究。该项成果还立足于"破解问题、重在推动"，综合运用多学科研究方法和分析手段开展区域复杂巨系统研究，着重围绕长江全流域生态环境保护与修复、沿江三大城市群联动发展、沿江世界级产业集群培育、沿江重大基础设施互联互通、流域综合治理和协调性均衡发展体制机制创新等体现时代特征、中国国情、流域特色的重大区域理论与实践问题,展开全面、深入、精准、务实的研究,旨在重点分析和破解长江生态环境保护修复和长江经济带发展不平衡不协调的两大关键问题,主题突出、思路明晰、资料详尽、观点鲜明,阅后令人耳目一新、受益匪浅。

作为一名长期从事水文水资源和生态环境保护工作的科技工作者,我深谙大河流域地区各种自然要素与环境要素之间、上中下游地区之间、经济社会之间、人与自然之间所存在着的极其复杂的多样性、共生性、脆弱性、联系性特征,深感在传统发展理念和发展方式影响下长江流域发展不平衡、不充分、不可持续问题的严重性和坚持区域协调性均衡发展的极端重要性。近些年来,在"生态优先、绿色发展"方针指引下,长江流域地区的环境生态景观和社会经济面貌都出现了一系列可喜变化,一大批沿江化工园区和重污染企业被"关停并转",河长制、湖长制基本实现全覆盖,异地生态补偿制度逐步建立,全国第一部区域性法规《长江保护法》的正式颁布、十年禁捕禁渔……这一切都让我们对母亲河长江的保护和高质量发展增添了信心和憧憬。

最后,衷心希望《推动长江经济带发展重大战略研究》的出版能够在长江的保护与高质量发展中发挥重要的引领作用,衷心祝愿长江经济带协调性均衡发展研究能够结出更加丰硕的成果。

是为序。

(作者为中国工程院院士、长江保护与绿色发展研究院院长)

目　　录

第二篇
协调性均衡推进长江经济带生态保护与修复

第三篇

协调性均衡推动长江经济带综合立体交通体系建设

第五篇

推动长江经济带城市群协调性均衡发展

第六篇
长江经济带协调性均衡发展的体制机制创新

第一篇

长江经济带协调性均衡发展重大理论与实践

区域发展方式的选择既是一个重大实践问题,同时亦是一个区域经济学与发展经济学主要探讨的科学问题。在长期的经济社会发展中,由于区域发展方式的不同,相继形成了均衡增长、非均衡增长以及协调发展三种模式,相应地也产生了三种理论流派。前两者由西方经济学家提出,后者则主要源于我国改革开放后的区域发展实践。均衡与非均衡、协调与不协调,这两对概念既相互矛盾、彼此对立,实践中又密切相关,辩证统一。我国在区域发展中取得了喜人的成绩,但应看到其不协调、非均衡的问题在经济社会生活中依然普遍存在。

我国是泱泱大国,各省市、各地区的资源禀赋条件复杂多样,社会经济发展基础和水平迥异。我国基本地理特征是地形地势西高东低,而社会经济发展水平却是东高西低;我国基本气候特征是西部缺水、东部湿润,而基本环境生态问题则是西部水土流失、东部水体污染,并由此形成了东、中、西、东北四大自然经济区域,区域均衡、协调发展的战略任务艰巨而又紧迫。

改革开放初期,在党的十一届三中全会制定的路线、方针、政策有力指引下,改变了新中国成立后长期实施的计划经济体制和区域均衡发展的总战略,承认和鼓励各省市、各地区按照各自的省情、区情发展生产和搞活经济,实施中央与地方"两条腿走路"的方针,并率先启动了"让一部分地区、一部分人先富起来"的沿海经济发展战略,使得社会经济情况大为改观,各地发展经济的热情空前高涨,综合国力迅猛增强。从"九五"计划开始,促进区域经济均衡协调发展成为重要的国民经济计划和发展方针,涉及西部、东北、中部、长江经济带以及京津冀等地区的重大区域发展战略先后得以推行。2003 年 10 月,党的十六届三中全会提出包括"统筹区域协调发展"在内的"五个统筹"科学发展观。2015 年 10 月,党的十八届五中全会进一步阐述了"创新发展、协调发展、绿色发展、开放发展、共享发展"的发展理念和发展方针,并将其作为我国全面建成小康社会、实现两个"一百年"奋斗目标的新的指导思想和战略任务,协调发展依旧位列其中。2016 年 8 月 16 日,国家发改委下发了《关于贯彻落实区域发展战略促进区域协调发展的指导意见》,提出了"统筹协调东中西部和东北地区四大板块,优化经济发展空间格局,促进区域协调发展、协同发展、共同发展,目标在五年内形成区域发展新格局"的工作要求。2017 年 10月 18 日,党的十九大报告中第一次明确提出"实施区域协调发展战略",作为新时代我国建设现代化经济体系、实现中华民族伟大复兴"中国梦"的七项重大战略举措之一。2018 年 11 月 18 日,国务院发布《关于建立更加有效的区域协调发展新机制的意见》,提出了"建立区域战略统筹、健全市场一体化发展、深化区域合作、优化区域互助、健全区际利益补偿机制、完善基本公共服务均等化、创新区域政策调控以及健全区域发展保障"等八大机制,"加快形成统筹有力、竞争有序、绿色协调、共享共赢的区域协调发展新机制,促进区域协调发展"。

由此可见,协调发展理念自提出之始就贯穿于我国各项区域发展战略中,促进区域协调性均衡发展,是从区域空间结构优化视域应对"新时代我国社会主要矛盾是人民日益增长的美好生活需要和不平衡不充分的发展之间的矛盾"的重要抓手,是建设中国特色社会主义伟大理论与实践的必然要求。

从长江经济带的发展演进历程上看,长江经济带承东启西、接南济北、通江达海,是我国最具综合优势与发展潜力的资源带、产业带、城市带和生态文明建设的先行示范带,构成了我国以"黄金海岸"与"黄金水道"著称的两大发展主轴之一,具有极其重要的战略地位。20 世纪 90 年代,《长江流域综合利用规划简要报告》的出台,曾经掀起了一股长江经济带建设的研究热潮。2013 年 7 月,习近平总书记在考察武汉新港时作出重要指示:"长江流域要加强合作,发挥内河航运作用,把全流域打造成黄金水道"。作为我国新时期的重大区域发展战略,长江经济带建设全面铺开,并与沿海经济带、"一带一路"共同形成未来我国统筹、均衡、协调发展的区域战略新格局。

然而,长江经济带横贯我国东中西三大自然经济区域,空间绵延数千公里,致使长江上中下游之间的自然资源条件迥然不同,社会经济发展的基础与水平差异巨大,生态文明建设面临的问题各异,沿江 11 省市之间不协调、非均衡的发展状况和发展矛盾十分突出,经济社会与流域生态环境之间、人与自然之间不协调、非均衡的问题更是积重难返。而流域经济鲜明的地域多样性特征和上中下游之间"一损俱损、一荣俱荣"的自然—经济—社会紧密联系的特征,更是进一步凸显了其不协调、非均衡的矛盾性。因此,深入开展长江经济带这一典型流域地区的协调性均衡发展研究,对于深入贯彻落实"创新发展、协调发展、绿色发展、开放发展、共享发展"的新发展理念,深入贯彻落实习近平总书记在2016年1月5日推动长江经济带发展座谈会(重庆)、2018年4月26日深入推动长江经济带发展座谈会(武汉)以及2020年11月14日全面推动长江经济带发展座谈会(南京)上关于"必须坚持生态优先、绿色发展的战略定位""共抓大保护、不搞大开发""谱写生态优先绿色发展新篇章,打造区域协调发展新样板,构筑高水平对外开放新高地,塑造创新驱动发展新优势,绘就山水人城和谐相融新画卷"等重要讲话精神,从理论创新和战略实践上认真破解习近平总书记所指出的"流域发展不平衡不协调问题突出"的痼疾,对于促进长江经济带社会经济的持续健康快速发展,有着十分重大而又紧迫的理论和现实意义。

第一章　基本概念及相关理论综述

作为全书最为核心的概念及其理论体系构建,"协调性均衡发展"有其深厚的理论渊源和广泛的实践基础。本章将以基本概念及其相关理论为导引,从均衡与均衡增长理论、非均衡与非均衡增长理论以及协调与协调发展理论这三大学术流派历史演进的视域出发,逐步演绎汇总成一个统一的研究分析框架——协调性均衡发展理论,进而从概念辨析、任务辨析、方法论辨析和文化辨析四个方面展开论述。

一、均衡与均衡增长、非均衡增长理论

1. 均衡概念辨析

"均衡"(balance or equilibrium)一词最早见于《素问·五常政大论》"升明之纪,正阳而治,德施(一作"旋")普,五化均衡",说明人体作为一个有机整体需要五行平衡发展的状态。[①] 从语义学上分析,"均衡"一词可以从两个方面加以理解:一是作为数量概念,指相互对立的两个事物在数量上不相上下、大体相当,如"半斤八两";二是作为状态概念,指相互对立的事物彼此处于"势均力敌"的平衡状态,且双方均没有改变现状的意愿或能力。[②]

均衡原是一个力学概念,指一物体同时受到方向相反、力量相等的两个外力作用而形成的静止状态。在朗文现代高级英文辞典(第五版)中,经济学中

---

① 王冰:《黄帝内经素问》,广西科学技术出版社 2016 年版,第 120 页。
② 陈雯:《空间均衡的经济学分析》,商务印书馆 2008 年版,第 55 页。

常用的"均衡"一词有 balance 和 equilibrium,根据释义 balance 指"To be in or get into a steady position, without falling to one side or the other, or to put something into this position"及"To be equal in importance, amout, value, or effect to something that has the opposite effect";equilibrium 指"A balance between different people, groups, or forces that compete with each other, so that none is stronger than the others and a situation is not likely to change suddenly"。根据释义可知,balance 指广义的、具象的平衡、均衡状态,equilibrium 指狭义的、抽象的平衡、均衡状态,equilibrium 是 balance 的一种表现形式①。英国经济学家马歇尔在 1890 年出版的《经济学原理》一书中,首次把力学中均衡的概念引入经济学。② 根据《当代西方经济学辞典》中的定义:经济学是研究人们如何进行抉择,用稀缺的生产资源生产各种商品并分配给不同的社会成员以供消费的学问。人们在进行抉择的时候会受到多种因素影响,在这些因素的共同影响下抉择不会发生变动时就到达了均衡状态。均衡是经济系统在运动中所处的一种状态,并不是衡量经济状况优劣的标准。它只是表明各种相互对立或相互作用的力所处的稳定状态。③ 因此,在经济体系中经济均衡描述了一种相对平衡的状态,该状态是由相互对立或关联的力量在变动中交织而成的。在经济均衡下,市场主体满足于当前的产品总量和结构,他们既无法也没有意愿采用增加新供给的方式来改变均衡状态。④

2. 区域均衡

"区域均衡"是空间均衡的一种重要表征,是指一个国家和地区在宏观时空尺度上各种资源、要素的配置模式和配置状态。区域均衡基于国家和地区经济、社会、资源、环境的长期差异性,既旨在通过区域供给能力与"开发—保护"的需求相匹配,实现增长收入与保护生态二者协调发展;又旨在基于区际分工协作,取得经济建设和环境保护的资源空间配置最优解,在空间上达到区

---

① 英国培生教育出版亚洲有限公司:《朗文当代高级辞典》第五版,外语教学与研究出版社 2014 年版,第 161—817 页。
② 阿尔弗雷德·马歇尔:《经济学原理》,陈瑞华译,陕西人民出版社 2013 年版,第 7 页。
③ 刘凤岐:《当代西方经济学辞典》,山西人民出版社 1988 年版,第 1—11 页。
④ 尹宏祯:《四川内外经济均衡发展》,四川大学出版社 2011 年版,第 3 页。

域供需整体性均衡与效用最大化。区域均衡是完全理性的人在充分考虑经济、社会、环境的综合成本和效益的前提下的合理选择。①

从区域发展的视角来看,区域均衡是指区域发展差距的不断缩小,以及区域表现出基于不同板块单元的空间趋同;区域非均衡则是指区域差距不断扩大,即不均衡加剧。② 尽管一个地区的繁荣或贫穷很难量化,但还是有两个基本指标可以衡量:第一个指标是失业状况,第二个指标是人均收入。显示差距的其他因素包括工业类型及其增长或下降、接受继续教育的青年人数、住房标准和环境的质量等。区域均衡是相对于区域"不均衡""非均衡"而言的,后者是指在区域意义上和(或)在社会各阶层内都没有从发展中平等受益的一种社会经济状况。它也可能发生在生产"消费品"和"资本"的工业之间以及各类经济产业之间。不均衡发展被认为是资本主义的结果,因为它是基于竞争和积累的,但并不是资本主义独有的。③

针对区域均衡与非均衡的衡量标准,本书认为,作为区域开发与发展的主体,人类在不同历史时期和特定区域生产生活的数量、质量状况和分配、分布状况,以及人类活动与自然环境的协调状况,决定着该特定区域均衡发展抑或非均衡发展的水平、走向和趋势。因此其衡量标准应包括三类核心指标:一是人口数量与人口密度差;二是人均 GDP 与人均收入水平差;三是人均拥有自然资源与公共资源差。

3. 均衡增长理论

对于区域经济如何发展的问题探讨由来已久。从 1826 年杜能(Johan Heinrich von Thunnen)的区位理论问世,区域增长理论已经经历了近 200 年的发展历程。传统的区位理论以企业如何选址为中心。杜能在李嘉图(David Ricardo)农业地理理论的基础上考虑到了运输成本的问题,并系统地总结了农业产业地域分异的现象。但是在其著作《孤立国》中提到的"杜能圈"是一个

① 陈雯:《空间均衡的经济学分析》,商务印书馆 2008 年版,第 55 页。

② 吴康、韦玉春:《20 世纪 90 年代以来江苏区域发展均衡性的测度分析》,《地理科学进展》2008 年第 1 期。

③ Susan Mayhew:《牛津英语百科分类词典系列牛津地理学词典》(英文原版),上海外语教育出版社 2001 年版,第 340—355 页。

绝对理想化和同质化的模式，而且也仅仅考虑到了农业空间并未考虑到周边城市对农业发展的影响。随着第二次工业革命的兴起，社会的经济增长点逐渐从农业生产向工业生产转移。1902年韦伯（Alfred Weber）的工业区位论应运而生，极大地影响和推动了经济地理学的发展。他认为工业区位是由工资与运输成本决定的。但由于他的分析是基于单要素的静态分析而且没有考虑到制度对工业选址的影响，在实际的应用过程中局限性比较明显。廖什（August Losch）吸收了克里斯塔勒（Christaller Walte）关于城镇间的等级和联系的有关论述，认为工业的最佳区位是其中的利润最大点，并不是通常认为的收入最大点或费用最小点；并且消费者不是均匀存在于消费地域之上的。廖什应用了动态分析模式，考虑市场需求，使得他的理论有了普适性。①

区位理论在20世纪50年代以后则开始转变研究的中心，这个时期的学者开始更多地考虑除了资本经济以外的因素，如行为和信息对区位的影响，并产生了区位论行为学派，以美国地理学家普雷德（Allan Richard Pred）的行为矩阵为代表。美国经济学家伊萨德（W.Isard）认为合理的工业区位应该是一个多要素综合博弈的结果，并给出了通过线性数学方法解决区位优化问题的解答。在经济地理学区位论的研究基础上，产生了新的经济学分支学科——布局经济学（区位经济学）。

自20世纪50年代，第二次世界大战之后各国经济增长进入快车道，世界步入"和平与发展"的新时代，以特定地理单元和地域空间内的人类经济活动为研究对象的"区域经济学"和专门研究世界各国尤其是发展中国家经济增长规律的"发展经济学"蓬勃兴起，各种区域发展理论纷纷登台亮相，形成了以"均衡增长理论"与"非均衡增长理论"为代表的两大学术流派。

均衡增长理论始于1943年发展经济学家罗丹（P.N.Rosenstein-Rodan）的《东欧和东南欧国家的工业化问题》一文。该理论认为，各产业部门和各区域

---

① 参见卢文忠、邓菲：《区域经济差距研究的理论综述》，《理论月刊》2005年第11期；何雄浪：《区域经济差异理论的发展及其启示》，《北京科技大学学报》（社会科学版）2004年第2期。

之间均衡布局生产力,同时进行大规模投资,使工业得到全面发展,以此实现工业化或经济发展,对于发展中国家尤为重要。① 均衡发展理论主要包括大推进理论、贫困恶性循环理论、低水平均衡陷阱论、临界最小努力命题理论等。②

（1）大推进理论

发展经济学家认为经济的均衡包含着诸多不同的均衡,发展的重点是怎样从一个"低端的、坏的"均衡跨越到"高端的、好的"均衡状态,从而跳出"低水平均衡陷阱",使经济走上更高级别的均衡状态。③

针对各工业部门的大规模投资,尤其是在基础设施方面的密集投资,是发展中国家突破"低水平均衡"困境、实现经济大幅增长、解决就业问题、提高人均收入水平的手段。罗丹认为,经济发展的确依赖于一系列的政策支撑,但小规模、分散的投资很难对经济产生有效的影响;投资超过一定的规模和速度时,会降低单一产业或单一小规模投资带来的市场风险,被称之为市场需求的互补性。

墨菲④、德布拉吉·瑞⑤、约瑟夫·斯蒂格利茨⑥等人在罗丹大推进理论的基础之上通过模型化的手段来说明需求互补性和多重均衡,进一步用模型证明了产生多重均衡的主要原因。多重均衡除了存在于企业,也存在于发展中国家的家庭行为选择上。

进入 21 世纪之后,大推进理论仍具有现实意义,学者们从地方政府规划和影响、发展中国家粮食安全以及美国第二次世界大战之后公共经济政策的效力等方面出发,重启了对"大推进"理论在新时期的研究和探讨。

① 孙可奇:《基于动态均衡理论的山东区域经济发展战略研究》,天津大学博士学位论文,2012 年。
② 涂智寿:《信息化与区域经济非均衡协同发展研究》,西南财经大学出版社 2013 年版。
③ 王爱君:《发展经济学的多重均衡理论》,《中华外国经济学说研究会第十四次学术讨论会论文摘要文集》,2006 年。
④ Muprhy, K.A.Shleifer and R.Vishny.Idustiralization and the Big Push.*Journal of Political Economy*,1989(97):1003-1026.
⑤ Ray D.Hisotry and Coodrination Failure.*Journal of Economic Growth*,1998(3):267-276.
⑥ 杰拉尔德·迈耶、约瑟夫·斯蒂格利茨:《发展经济学前沿:未来展望》,中国财政经济出版社 2004 年版。

（2）贫困恶性循环理论

1953 年美国经济学家纳克斯（Ragnar Nurkse）在其著作《不发达国家的资本形成》中对贫困恶性循环理论进行了阐述。他认为，阻碍发展中国家发展的关键原因是资本缺乏。由于发展中国家人均收入水平低，资金供给和产品需求，即储蓄和消费都不足，资本形成受限，长期囿于贫困。所以，"贫困恶性循环理论"包括供给和需求两个方面。因此，他将贫困恶性循环总结成："一国穷是因为它穷"（A country is poor because it is poor），或者"穷就是因为它穷"。

早期研究中要打破这种贫困恶性循环，必须进行大规模且全面的投资，实施全面增长的投资计划。通过工业部门之间的投资引诱，让其投资有利可图，实现资本的形成，从而摆脱恶性循环。

近来涌现的一些研究试图通过改善某一国家或地区的某一个行业部门带动区域发展，有学者分析指出，中国、蒙古、哈萨克斯坦、巴基斯坦等 67 个国家作为新兴目的地带动了旅游产业发展，表明这些目的地旅游量的增加有助于减少贫困状况发生。事实上，贫困的发生只是一个国家和地区经济增长表现不佳的部分原因，在恶性循环中，低增长导致了高贫困；反之高贫困又导致了低增长。如何通过提高贫困人口收入达到减少贫困，且与高增长形成良性循环，探究贫困发生和区域增长的关系是低收入群体或国家需要共同面对的问题。

4. 非均衡增长理论

非均衡增长理论则认为发展中国家的经济社会发展通常都是极不平衡的，因此应当将发展的重心和有限的资金优先投放于该国相对发达的地区和具有明显集聚效应的优势产业部门，使其经济和社会效益达到最大，并通过辐射效应和示范作用逐步传递和带动相对落后地区进而共同发展。其代表性学说主要包括增长极理论、二元经济理论、循环累积因果理论、倒"U"型理论、新经济地理学理论，以及梯度和点轴开发理论等。21 世纪以后，在上述流派的发展基础上又涌现出了总部经济、内生增长以及网络开发理论等。

（1）增长极理论

所谓（产业、区域）"增长极"，通常是指具有明显空间集聚特征和经济带动作用的推动性工业的集合体,最初由弗朗索瓦·佩鲁(Francois Perroux)在20世纪50年代提出,旨在解决发展中国家和相对落后地区的开发问题。他在《经济空间:理论的应用》与《略论发展极的概念》等一系列著述中,提出不平衡增长理论,其标志为"增长极",其基础为"不平等动力学"或"支配学",其表现为无时间变量,即并不是所有地方同时出现增长,在某些增长点或增长极体现出不同的增长强度,随后利用具有差异性的扩散渠道,最终对整个经济产生不同的影响,从而创立了"增长极理论"。

增长极是一种推动增长的工业集合体,在空间上表现为集聚性。增长极的形成条件包括三个方面,即历史、技术经济以及资源优势。从历史上来讲,经济社会及人口的空间景观表现为集聚性是历史发展的必然。这些集聚范围内虽然形式各异,但更有助于形成增长极,原因在于其所具有的优势条件包括:基础设施、资源禀赋、人口素质、文化底蕴等。从技术经济上讲,增长极更适宜诞生在经济基础较好、技术和制度创新与发展方面具有优势的区域;从资源条件看,新增长极在具有水源、能源、原料等资源优势的区位相对有利形成。① 佩鲁在此阐述的增长极定义是指抽象的经济空间,形如多个磁极共同作用的受力场中心,而不是具象意义上的地理空间。

20世纪60年代,法国经济学家布代维尔(J.B.Boudeville)将佩鲁抽象经济空间的增长极拓展到具象的地理空间上,使增长极包含了较宽泛的区域范畴,即"区域发展极"。他认为,增长极是位于城市地区里一组扩张中的诱导其控制地区经济活动进一步发展的推进型产业。推进型产业可以对区域经济产生两种类型的增长效应:一是乘数效应,二是极化与扩散效应。其中极化效应与扩散效应均随距离拉长而衰减,极化和扩散效应的综合效应就是溢出效应。如果极化效应强于扩散效应,溢出效应为负值,这对落后地区是不利的;相反溢出效应则为正值,这对落后地区是有利的。②

佩鲁和布代维尔的理论有两个明确的政策主张:一是发展中国家要实现

---

① 张秀生、卫鹏鹏:《区域经济理论》,武汉大学出版社2005年版,第65—68页;褚淑贞、孙春梅:《增长极理论及其应用研究综述》,《现代物业》(中旬刊)2011年第1期。

② 任平:《增长极理论的演进及其对我国区域经济协调发展的启示》,《内蒙古民族大学学报》(社会科学版)2005年第2期。

工业化和经济发展,必须建立新的经济增长极,通过增长极带动整个国家和区域经济发展;二是经济增长极可以通过市场力量自发形成,也可以由政府推动建立起来。佩鲁的增长极理论主要从正面论述了增长极对其他地区的带动作用,但忽略了对其他地区的不利影响。

(2)倒"U"型理论

与新古典增长理论相对立,区域非均衡发展学派认为,从资源的稀缺性来说,均衡发展是不可行的,区域增长是个非均衡过程。1957年,缪尔达尔(Karl G.Myrdal)提出了循环积累因果关系理论。他指出,市场作用倾向于扩大区域差距而不是缩小区域差距,一旦差距出现,发达区域就会获得累积的竞争优势,从而遏制欠发达区域的经济发展,使欠发达区域不利于经济发展的因素越积越多。而缪尔达尔、赫希曼理论都只是一种假设分析。把对区域不均衡增长的研究,由纯理论假设和推演转向到实证分析的,是美国经济学家威廉姆森(Jeffery G.Willamson),他在1965年发表的著名论文《区域不平衡和国家发展过程》中实现了这一转折。倒"U"型理论首先由美国经济学家库兹涅茨(Simon S.Kuznets)于1955年在美国经济协会演讲时提出。他认为,在经济发展的过程中"收入分配不平等的长期趋势可以假设为:在前工业文明向工业文明过渡的经济增长早期阶段迅速扩大,而后是短暂的稳定,然后在增长的后期阶段逐步缩小",即"先恶化,后改进"。十年以后,威廉姆森受到伊斯特林(R.Easterlin)实证思维的启发,利用英格兰东部长达110年的经济统计资料进行了分析,同时根据全世界24个国家经济增长的资料进行横向分析和以时间为序列的纵向分析,提出了倒"U"型理论,即区域经济增长是一个从不平衡到平衡的过程。在国家经济发展的早期阶段,区域间的差距将扩大,倾向于不平衡增长,这种不平衡表现在生产要素首先集中在少数地区(增长极),使之获得较好的经济效益;随着经济的增长,区域间不平衡程度将趋于稳定;到经济进入成熟增长阶段后,聚集经济向周边地区扩散渗透,导致区域间的差距逐渐缩小,则倾向于平衡增长。

威廉姆森认为,经济增长与区域发展差距之间的这种倒"U"型关系是由以下因素决定的:首先,劳动力的迁移。在经济发展的最初阶段,运输条件落后,劳动的迁移成本过高,过高的成本限制了劳动力迁移的规模。其次,资金的流动。在经济发展的初级阶段，欠发达区域的资金市场不健全，而发达区域有外部聚集的经济效益，故资金会从欠发达区域流向发达区域。但随着经济的发展，全国统一的资金市场逐步建立，从而导致发达区域的投资利益逐渐降低，甚至消失，故资金将流回到欠发达区域。最后，国家发展目标的选择。在经济发展的初级阶段，国家发展目标在于追求全国经济最大限度地增长，因此，中央政府会将全国的人力、物力、财力投向条件优越、完善的发达区域，贸易、财政以及税收等相关政策也将偏向于该区域的发展。①

倒"U"型理论上的缺陷被增长极学说所弥补。后发国家的"后来居上"之所以成为可能，是由于在发展过程中可以吸收学习发达国家已有的科技和管理经验，缩短和节约了探索周期。

（3）梯度推移和反梯度推移理论

在产品生命周期理论的基础上（其理论创始人 Raymond Vernon 为哈佛大学教授，部分文献中表述错误，将这一理论创始假托于 Rutton Vernon；又有美国发展经济学家 Rutton Vernon 为明尼苏达大学教授，其主要贡献在农业经济方面），经克鲁默（G.Krumme）与海特（Roger Haytor）的发展提出了区域梯度理论。20世纪80年代初，相关学者将这一概念引入我国。1983年，夏禹龙、刘吉等学者在《梯度理论和区域经济》一文中提出，我国东、中、西部地区的经济技术发展水平存在"东高西低"的三级梯度差是一种客观存在。因此在承认这种梯度差别的基础上，我国应当充分发挥东部沿海地区的经济技术优势，采取向东部倾斜的经济政策和产业政策，按东、中、西部顺序安排国家投资和国家重大建设项目，率先将国外先进技术引入东部地区，使之首先达到国际先进水平。然后按梯度逐步将这些先进技术向中部和西部地区依次转移，这样花钱少而获利多。随着经济的发展，通过转移的加速，逐步缩小地区差距。②

1986年，在《何为"反梯度理论"》一文中，郭凡生全面分析了经济技术梯度推移理论的局限性，并通过总结众多学者的观点，提出了较为系统的

---

① 彭杨、何佳晓：《对倒"U"型理论的评析》，《中国市场》2008年第1期。
② 夏禹龙、刘吉等：《梯度理论和区域经济》，《科学学与科学技术管理》1983年第2期。

"反梯度理论"。其核心观点为:第一,梯度推移是国内技术转移的重要方式,但不是唯一方式,落后地区中条件较好的同样可以成为技术高梯度地区;第二,反梯度推移理论并不违背经济利益最大化这一原则,这和技术按梯度推移的理论是相辅相成的;第三,反梯度推移理论并不排斥经济技术按梯度推移这种方式的优越性,但认为按梯度推移不应成为国内技术转移的主导方式。① 其后,杨长春、王育宝等人从不同视角对反梯度推移理论进行了补充和完善。杨长春认为,梯度推移的扩散效应,不再是简单地由东高梯度向西低梯度推移如此单一了,因此需要对"梯度"战略作出修正。根据中国西部大开发的现实需要,不能是单一的由东向西梯度推移。从现在起,应该是多向推移,包括由边向中、由西向中的推移;应走多向吸收与辐射式的推移之路,多层次的梯度推移之路。② 2006 年,王育宝、李国平两位学者从狭义和广义的角度对梯度推移理论进行了深入分析③,并且认为"梯度"概念应该是动态的、多维度的,不仅限于经济技术,还应包含自然资源、文化、制度等多个要素。其次,在推动区域经济发展的过程中,不应排斥那些低梯度地区利用某种比较优势实现跨越式发展。从我国的实践来看,梯度推移的发展思路使得其"极化效应"在东部地区得以强化,同时还会造成西部资源的过度开发。

(4)点轴开发理论

1984 年 10 月,陆大道在乌鲁木齐召开的全国经济地理和国土规划学术讨论会上所作的《2000 年我国工业布局总图的科学基础》报告中首次提出了"点轴系统理论"。他认为经济中心总是首先集中在少数条件较好的区位,这就是点轴开发模式的点。随着经济的发展,点与点之间由于生产要素交换需要交通线路以及动力供应线、水源供应线等,相互连接起来就是轴线。这些轴线一经形成,也会吸引人口、产业向轴线两侧集中,并产生新的增长点。点轴贯通就形成点轴系统。在此基础上,陆大道在 20 世纪 80 年代中后期参与编

---

① 郭凡生:《何为"反梯度理论"》,《开发研究》1986 年第 3 期。

② 杨长春:《梯度推移理论是否失败》,《人民日报海外版》2000 年 5 月 18 日。

③ 王育宝、李国平:《狭义梯度推移理论的局限及其创新》,《西安交通大学学报》2006 年第 9 期。

制《全国国土总体规划纲要》的过程中提出了我国应按 T 字形空间布局的战略构想,认为东部沿海和长江沿岸所构成的 T 形地带,具有地理位置优越、经济技术雄厚、交通便捷等多项优势,应当作为全国的一级重点开发轴线,重点建设、重点布局,以实现最佳的空间组合。2000 年以后,陆大道又先后撰文,进一步补充和完善了"点轴系统理论"以及 T 形发展战略。① "点—轴系统"理论和我国国土开发及经济布局的"T"字形战略是指导我国空间结构战略和区域发展方向的重要理论支撑。

"点—轴系统"中的"点"指各级中心地,即各级中心城(镇),是各类区域的集聚点,也是带动各级区域发展的中心城镇;"轴"指在一定方向上联结若干不同级别的中心城镇而形成的相对密集的人口和产业带。② "点—轴系统"是社会经济客体在空间中相互作用所形成的组织形式、是客观规律的科学反映③,其形成一般有四个主要阶段,即"低度平衡—孕育—发展—形成"。在我国区域经济发展实践中,"点—轴系统"理论得以进一步丰富发展,如双核结构模式论、轴线区域开发模式论及网络开发模式论等。从理论的传承角度来看,"点—轴"系统理论以克里斯泰勒的中心地学说、佩鲁的增长极理论等为基础,是一个应用性极强的区域发展理论。④

2009 年,窦欣在其博士论文《基于层级增长极网络化发展模式的西部区域城市化研究》中,以我国西部地区的现实发展状况为客观依据,提出了"层级增长极网络理论"。所谓层级增长极网络,就是在具有较发达的交通条件的区域内,由一个或几个大型或特大型核心增长极率领的若干个不同等级、不同规模的增长极构成的增长极体系,可分为核心增长极、次核心增长极、边缘层增长极及腹地等多个层次。⑤

---

① 刘卫东、陆大道:《新时期我国区域空间规划的方法论探讨——以"西部开发重点区域规划前期研究"为例》,《地理学报》2005 年第 6 期。

② 陆大道:《区域发展及其空间结构》,科学出版社 1995 年版,第 23—58 页。

③ 陆大道:《论区域的最佳结构与最佳发展——提出"点—轴系统"和"T"型结构以来的回顾与再分析》,《地理学报》2001 年第 2 期。

④ 陆玉麒:《论点—轴系统理论的科学内涵》,《地理科学》2002 年第 2 期。

⑤ 窦欣:《基于层级增长极网络化发展模式的西部区域城市化研究》,西安电子科技大学出版社 2009 年版。

二、协调与区域协调发展理论

1. 协调概念辨析

"协调"（coordinate）一词始见于宋代傅自得《蓦山溪·早春寿京尹》"瑞世得奇才,赞化工,协调和气"一句,又见于明代冯梦龙的《东周列国志》第四十七回,"凤声与箫声,唱和如一,宫商协调,喤喤盈耳"①,意为音律和谐一致、配合得当,通常用来描述事物之间的良性互动关系。从系统论的角度看,协调是指系统之间或系统组成要素之间在发展演化过程中彼此之间的配合默契与和谐一致。这种和谐一致的协调作用和协调程度决定了系统在达到临界区域时走向何种序与结构,亦决定了系统由无序走向有序的趋势,是多个系统或要素正向发展的保证。②

发展是系统内部的一种演化过程,而协调则是系统或系统内部要素之间在演化过程中的一种良性循环,协调发展是两者发展变化的交集。在协调发展的过程中,发展是系统运动的最终目标,而协调则是对发展行为的内部和外部约束。协调发展需要系统各要素间在配合得当、和谐一致、良性循环的基础上,实现从单一到复杂、从无序到有序。这种协调发展的过程必然是多元化的发展,并通过各种活动加以调节和约束,最终通过相互的协调,促使目标的实现。③

2. 区域协调发展理论

区域协调发展的理念主要萌发于改革开放以来我国国民经济协调发展的指导思想④,是我国政府和学者在长期的区域发展实践中总结出来的解决区域发展差异问题的重大理论创新和实践创新。我国学术界对协调发展的研究

---

① 冯梦龙:《东周列国志》,上海古籍出版社 2012 年版。

② 钟世坚:《区域资源环境与经济协调发展研究》,吉林大学出版社 2013 年版。

③ 孟庆松、韩文秀等:《科技—经济系统协调模型研究》,《天津师范大学学报》(自然科学版)1998 年第 4 期。

④ 胡军、覃成林等:《中国区域协调发展机制体制研究》,中国社会科学出版社 2014 年版,第 2 页。

始于 20 世纪 80 年代初关于两大部类协调发展问题的探讨①,以及刘再兴、罗祖德等分别从区域能源建设和太湖流域经济协调发展等方面所开展的早期研究。②

　　在国外学术界,协调发展理论最早是由 Norgaard(1990)提出来的,他认为通过反馈环在社会与生态系统之间可以实现共同发展。③ 所谓区域经济的协调发展,国内外学者比较普遍的观点就是区域 PRED 系统(人口、资源、环境、经济和社会系统)中所有子要素的和谐、最优、可持续的发展,就是在区域开放条件下,区际经济联系日益密切、经济相互依赖日益加深、经济发展关联互动和正向促进、各区域经济均持续发展且区域经济差异趋于缩小的过程。④协调发展强调的是一种整体性和系统性的发展。资源环境与社会经济的协调发展,是人与自然之间的相对平衡,是人、生物、环境之间的相互适应过程,它不是单个系统或要素的增长,而是内在性的发展聚合、是多系统或要素在一定约束下的综合发展。

　　第二次世界大战后国内外有关均衡增长、非均衡增长和区域协调发展的主要理论流派和发展历程详见表 1-1。

表 1-1　国内外区域发展理论的演变

年代	主要流派和理论	代表人物
20 世纪 40 年代以前	区位论	杜能、韦伯、克里斯泰勒、廖什等

---

　　① 　赵学董:《谈我国人口再生产与物质资料再生产的协调发展》,《四川大学学报》(哲学社会科学版)1980 年第 3 期,第 38—40 页;庞永洁:《试论生产资料生产和生活资料生产协调发展》,《经济问题》1982 年第 6 期;郭慧珍、王时杰:《论两大部类的协调发展》,《湖北财经学院学报》1983 年第 1 期。

　　② 　刘再兴:《山西能源基地建设的协调发展》,《晋阳学刊》1981 年第 3 期;罗祖德、朱新轩等:《关于太湖流域经济协调发展的几点建议》,《自然辩证法通讯》1982 年第 4 期。

　　③ 　Norgaard,Richard B.Economic Indicators of Resource Scarcity:A Critical Essay.*Journal of Environmental Economics and Management*,1990,19(1):19-25.

　　④ 　覃成林、郑云峰等:《我国区域经济协调发展的趋势及特征分析》,《经济地理》2013 年第 1 期。

年代	主要流派和理论	代表人物
20世纪40—50年代	循环累积因果理论、大推进理论、增长极理论、贫困恶性循环理论、二元经济结构理论、出口基地理论、低水平陷阱理论、临界最小努力命题理论、非均衡增长理论、均衡增长理论	缪尔达尔、罗森斯坦、佩鲁纳克斯、刘易斯、诺斯、纳尔逊、赖宾斯坦、赫希曼、斯特里顿等
20世纪60—70年代	增长极理论、资源禀赋决定理论、梯度理论、倒U型理论、经济增长空间影响理论	布代维尔、珀洛夫、温格、弗农、威尔斯、赫西哲、威廉逊、弗里德曼等
20世纪80—90年代	梯度理论、反梯度理论、新经济地理学、新竞争优势理论、产业集群理论、点轴开发理论	夏禹龙、刘吉、郭凡生、克鲁格曼、藤田、莫瑞、瓦尔兹、马丁、沃纳伯尔斯、波特、刘再兴、陆大道等
21世纪以来	区域协调发展、网络开发理论、总部经济理论、新经济地理学、区域内生增长理论	李小建、覃成林、廖重斌、赵弘、马丁、普拉莫、布洛克等

资料来源:根据有关资料自行整理。

目前,国内有关区域协调发展的代表性观点主要有:

一是从概念上分析。所谓区域经济的协调发展,就是在区域开放的条件下,区际经济联系日益密切、经济相互依赖日益加深、经济发展关联互动和正向促进、各区域经济均持续发展且区域经济差异趋于缩小的过程。换言之,区域经济协调发展是区域之间在经济交往上日益密切、相互依赖日益加深、发展关系上关联互动,在非均衡发展过程中不断追求各区域间的相对平衡和动态协调的发展过程,也就是实现国内经济一体化的过程。[①]

二是从特征上分析。协调发展强调的是一种整体性和系统性的发展,包括经济与社会之间、经济社会与资源环境之间、人与自然之间等各个领域和方面的协调发展。它不是单个系统或要素的增长,而是内在性的发展聚合、是多系统或要素在一定约束下的综合发展。[②] 区域协调发展是不同区域基于自身

---

① 覃成林:《区域协调发展机制体系研究》,《经济学家》2011年第4期。

② 廖重斌:《环境与经济协调发展的定量评判及其分类体系——以珠江三角洲城市群为例》,《热带地理》1999年第2期。

要素禀赋的特点,确定不同要素约束条件下的开发模式,形成合理的分工,同时在政府的调控下,保持区域之间的发展条件、人民生活水平的差距在合理的范围内,人与自然之间保持和谐状态下的发展状态。区域经济协调发展的一个重要特征,就是各个区域的经济利益必须是同向增长的。因此,在实际分析和操作中,可以把区域之间在经济利益上是否同向增长、经济差异是否趋于缩小作为衡量区域经济是否协调发展的重要检验标准。

三是从实施目标和实现路径上分析。区域经济协调发展的根本目的是要实现区域之间经济发展的和谐、经济发展水平和人民生活水平的共同提高以及社会的共同进步。实现区域经济协调发展的基本方式是使区域之间在经济发展上形成密切联系、良性互动和正向促进。具体措施可以包括:完善区域经济的基本制度框架、强化"经济导向"、协调利益主体关系、促进创新等。①

四是从相互关系上分析。区域协调发展是在国民经济发展过程中,既要保持区域经济整体的高效增长,又要促进各区域的经济发展,使地区间的发展差距稳定在合理适度的范围内并逐渐收敛,达到各区域协调发展互动和共同发展。区域协调发展是在符合科学发展观要求的前提下,空间布局合理、总体经济、社会效益最佳,人民享受公共服务水平基本均等,并在此基础上实现整体经济效益的提高,既不应该重复过去那种以牺牲某些区域的经济利益为代价来换取少数区域的经济高速增长的做法,也不应该不顾区域自身的经济社会发展基础和资源禀赋条件刻意追求各地区经济差距的缩小。

五是从量化关系上分析。区域协调发展的衡量判断标准可以包括:各地区人均地区生产总值、人均收入和公共产品享用水平等较为接近,人口分布与经济布局大体均衡,人口和经济分布与资源环境承载能力基本适应,等等。

上述观点分别从概念特征、区际联系、要素禀赋、发展差距、公共服务均等化、人与自然关系等视角对区域协调发展进行了探讨,形成了比较系统、完整

---

① 胡少维:《中国区域经济协调发展研究》,中国水利水电出版社 2013 年版,第 217—225 页。

的理论体系和比较丰硕的研究成果,并且在改革开放以来我国区域经济迅猛发展的伟大实践中不断得以充实、完善和验证。

3. 中国区域协调发展的伟大实践

从改革开放以来我国区域经济协调发展的伟大实践上看,1978 年召开的十一届三中全会明确指出:要把全党的工作重点转移到社会主义现代化建设上来,在几年中逐步改变国民经济重大比例失调的状况,消除生产、建设、流通、分配中的混乱现象,解决人民生活中多年积累下来的一些重大问题。针对前两年出现的冒进问题,全会强调要做到综合平衡,基本建设必须积极而又量力地循序进行。1979 年,国务院政府工作报告中正式提出了国民经济"调整、改革、整顿、提高"的八字方针。1981 年政府工作会议在进一步强调八字方针的基础上,初步形成了以理顺国民经济比例与结构为目的的经济协调发展新思路。1982 年第五届全国人大第五次会议审议通过了继"一五"计划后比较完备的"六五"计划。"六五"计划中除了继续贯彻八字方针外,还提出了"积极利用沿海地区的现有经济基础,充分发挥它们的特长,带动内地经济进一步发展;内陆地区加快能源、交通和原材料工业建设,支援沿海地区经济的发展"。由此可见,早在改革开放伊始,我国就已经在指导和发展国民经济的伟大实践中逐渐形成了协调发展的相关理念并在政策设计中加以体现。特别是进入 20 世纪 90 年代之后,随着沿海经济发展战略的率先启动,我国东中西部经济发展的区域差距迅速扩大,区际之间发展不平衡、不协调的矛盾与问题日益凸显,区域统筹协调的任务与要求也愈加迫切,并在"八五"计划中正式提出了"协调发展"一词。在"九五"计划中,我国已经将"坚持区域经济协调发展,逐步缩小地区发展差距"作为一条重要的国民经济发展方针,相继实施了事关西部、东北、中部等区域的重大区域发展战略,并在"十五"计划、"十一五"规划中不断贯彻和强化。2015 年 10 月,十八届五中全会提出了"创新、协调、绿色、开放、共享"的五大发展理念和发展方针,作为我国全面建成小康社会、实现两个一百年奋斗目标的新的指导思想和战略任务。2017 年 10 月 18 日,十九大报告中首次明确提出"实施区域协调发展战略",作为新时代建设中国特色社会主义、实现中华民族伟大复兴"中国梦"的重大战略方针和战略举措,标志着我国区域协调发展的理论体系和战略实践体系的日臻成熟。

4. 对"区域均衡"与"区域协调"的进一步讨论

目前国内对区域协调和区域均衡、非均衡的研究成果主要沿着两条技术路线展开：一是国家、区域、省际、县域经济发展的协调性和均衡性评价研究[①]；二是城镇化、工业化等不同发展领域以及人口、资源、环境等不同发展要素对区域发展的协调性和均衡性所产生的影响分析。[②] 上述研究通常都将区域均衡与区域协调视为两个独立的对象加以论证，却忽略了区域均衡和区域协调两者之间的相互关系和密切联系。

以 1935 年胡焕庸先生提出的"中国人口平均密度分布线"（史称"胡焕庸线"）为典型分析案例。从人口空间发布的视角分析，从黑龙江到云南腾冲的"胡焕庸线"表明，我国人口的空间分布是极不均衡的：该线以西面积占全国的 64%，人口仅占全国的 4%；反之，该线以东面积占 36%，人口却占了 96%，形成了我国人口与区域空间之间极端不匹配的分布格局。根据 75 年之后的 2010 年全国第六次人口普查数据表明，胡焕庸线以西面积缩至 57%，人口略增至 5.8%；以东面积占 43%，人口占 94.2%，表明胡焕庸线所代表的中国人口地域分布的极不均衡性具有相当的稳定性，不会轻易地被人为改变。[③] 不仅如此，越是往胡焕庸线的东西两端移动，这种人口分布的不均衡性就愈加明显，引发了我国在经济、社会、城镇、产业、财富等各个发展领域的一系列不均衡性，从而构成了我国区域社会经济发展最为重要的基本国情。

然而，从区域承载力的视角分析，我国人口空间分布的这种极端不均衡性仅仅是一种表象，其实质却是相对均衡的，即根据一地的自然承载力+社会承载力所能允许的（最大）人口容量。我国的区域承载力在胡焕庸线两端有着明显

---

① 李小建、乔家君：《20 世纪 90 年代中国县际经济差异的空间分析》，《地理学报》2001 年第 2 期；慕晓飞、雷磊：《东北经济重心演变及区域发展均衡性研究》，《经济地理》2011 年第 3 期；孙平军、修春亮等：《东北地区域发展的非均衡性与空间极化研究》，《地理科学进展》2011 年第 6 期。

② 王富喜、孙海燕等：《山东省城乡发展协调性空间差异分析》，《地理科学》2009 年第 3 期；刘涛、曹广忠等：《城镇化与工业化及经济社会发展的协调性评价及规律性探讨》，《人文地理》2010 年第 6 期；姚士谋、李广宇等：《我国特大城市协调性发展的创新模式探究》，《人文地理》2012 年第 5 期。

③ 陈明星、李扬等：《胡焕庸线两侧的人口分布与城镇化格局趋势——尝试回答李克强总理之问》，《地理学报》2016 年第 2 期。

的不同量值,并且愈往东西两端移动差异愈大。这是我国西高东低、三级阶梯的地形地势条件和东高西低、三个层级的社会经济发展条件共同作用的结果,根本在于我国不同区域自然资源禀赋条件的巨大差异。

"胡焕庸线"存在的稳定性和长期性有三个方面的理由:一是"胡焕庸线"的西北半壁几乎包含了我国所有的干旱与半干旱区以及青藏高原,高海拔和寒区并不适宜人类活动,自然因素的制约并不能为人力所改变;二是"胡焕庸线"的西北半边人口与经济发展规模与东南半边的差距主要是由于与国内外消费市场距离过远,长距离运输使西北半边的产品和服务难有竞争力;三是教育文化水平的改变需要较长时间,才能缩短差距。

综上所述,我国的人口地域分布既是极端不均衡的,又是相对均衡的,并且其发展状态也是相对均衡的(即"胡焕庸线"的长期稳定性)。由此表明,第一,所谓区域的均衡性和非均衡性都是相对的,会随着分析视角的不同而改变,在时间序列上亦是如此,会随着区域的演变而发生相应的变化。但是,我国人口空间分布的上述格局和状态又都是相对协调的,都是针对不同区域"主体功能"背景下的人与自然彼此良性互动的空间表征。换言之,区域均衡与非均衡之间是相对的,两者在一定条件下可以关系互换;区域协调与不协调之间则是相对绝对的,协调就是协调,不协调就是不协调,两者之间存在着比较明确的界限和判断标准;第二,不论区域发展状态是非均衡的还是均衡的,两者都与区域协调(抑或不协调)之间存在着紧密的逻辑关系和内在联系。前者如"胡焕庸线"的长期性和稳定性,后者如习近平总书记在 2017 年 12 月 18 日中央经济工作会议上提出的区域协调发展的三大目标("要实现基本公共服务均等化,基础设施通达程度比较均衡,人民生活水平大体相当"),既是均衡的,又是协调的。故此,本研究将把区域协调与区域均衡有机结合起来,试图从"区域协调性均衡发展"的新视域来开展相关概念、机理和实证方面的深入研究。

三、区域协调性均衡发展理论探究

1. 理论缘起和概念辨析

"区域协调性均衡发展"的概念,最早是成长春在 2015 年发表的学术论文《长江经济带协调性均衡发展的战略构想》中首先提出的。他认为改革开放以来长江经济带的区域经济发展大体经历了低水平均衡、梯度性非均衡、调整中趋衡三大阶段，目前正处于一个"在区域协调发展理念指引下形成的一种地区之间经济交往密切、空间相互作用程度大、发展中关联互动、优势互补、分工协作的高水平、高效率、共生型均衡"的新阶段，即"协调性均衡发展阶段"①。在《协调性均衡发展——长江经济带发展新战略与江苏探索》一书中，成长春等人在深入分析市场（均衡）与政府（调控）关系的基础上，将"区域协调性均衡发展"界定为"以推动区域经济更有效率、更加公平、更可持续发展为核心，使市场在区域资源优化配置中起决定性作用和更好发挥政府的调节作用，促进各地区协调发展、协同发展、共同发展，同时保持各地区经济、人口、生态三者空间均衡，最终形成不同地区之间公共服务大体均等、生活条件大体均等、生活水平大体均等、经济分布与人口分布大体均衡、经济和人口分布与当地资源环境承载能力相协调的状态"②。

在充分肯定和认同上述分析观点的基础上，本研究认为，不论是从侧重于数量、状态分析的均衡、非均衡视角出发，还是从侧重于彼此联系、互动关系分析的协调、不协调视角出发，都不足以反映与诠释区域发展的全貌，对于地大物博、区情省情复杂多样的我国区域发展而言尤为如此。因此，本研究尝试从区域协调与区域均衡、非均衡的理论渊源及其内在关系出发，为"区域协调性均衡发展"构建一个内涵既包括"协调性"又涵盖"均衡性"的新的分析视角。其中，协调性侧重于区域内外的关系和联系，均衡性则重在强调区域众多要素的发展及分布状态。两者既可以在水平与结构、体量与质量、内在与外在、静态与动态、等级与次序等不同视域下独自展开，又可以在"融合共生"的耦合机制下达到辩证统一，形成"一体两面"的统一研究分析框架。

2. 任务辨析

长期以来，全球区域经济学、发展经济学的主要任务，就是研究如何解决

---

① 成长春：《长江经济带协调性均衡发展的战略构想》，《南通大学学报》（社会科学版）2015 年第 1 期。

② 成长春、杨凤华等：《协调性均衡发展：长江经济带发展新战略与江苏探索》，人民出版社 2016 年版，第 34 页。

发展中国家和欠发达地区的经济发展问题,所形成的实现手段、路径和范式就构成了以均衡发展与非均衡发展为主的两大流派观点和系统理论成果。这些都是为了促进发展本身而做的理论设计和政策设计。然而,伴随着我国从经济高速增长阶段向着高质量发展阶段的转变,我国新时代社会经济的主要发展任务已经不再是追求"发展本身"而是追求"怎样的发展":是高质量的发展,还是低质量的发展? 是协调的发展,还是不协调的发展? 是可持续的发展,还是不可持续的发展? 任务目标体系的转换,需要理论分析体系和实践政策体系也跟着发生相应的转变。

本研究认为,随着我国新时代任务目标体系的转变,我国区域发展的理论与实践应当从以往更加注重"均衡、非均衡"的分析视角转向更加注重"协调、不协调"的分析视角。在实证分析中,要把我国区域发展以及人与生态环境之间不协调、非均衡的矛盾性,作为我国社会经济现象的基本特征之一,并且作为这一阶段"人民日益增长的美好生活需要和不平衡不充分的发展的矛盾"在区域空间上的映射和响应,把促进区域协调发展作为从区域空间结构优化视域应对新时代我国社会主要矛盾的重要抓手和政策工具。

3. 方法论辨析

从方法论的角度来讲,促进我国区域协调发展的方法、手段、模式和路径有多种,既可以包括均衡发展理论分析框架下的战略实践,也可以包括非均衡理论分析框架下的战略探索。例如,近些年来呼声很高、声势很大的雄安新区规划建设、粤港澳大湾区建设、环杭州湾大湾区建设以及上海大都市圈规划建设、扬子江城市群建设等,都是旨在通过培育区域新增长极这一非均衡的区域发展举措来促进区域经济协调发展的典型案例。因此,本研究认为,作为数量和状态的主要表征,不论均衡还是非均衡都是手段和(政策)工具,都属于外在的表象;而协调性则是内在的、根本的,是目的和归宿。均衡与非均衡都可以是协调性的一种表征,但又都不是唯一的表征,并且都属于相对较低水平和层次的表征,因为它们都难以体现出事物结构与功能之间的差异和变化。

4. 文化辨析

区域协调发展及协调性均衡发展的系统思想、理论和战略作为中国的首创,有着深厚的历史文化渊源,是中华文明宝库中的一朵奇葩。

（1）中华文化的整体观

从中国文化的基本内涵判断,整体观思想是其十分突出的特性之一,处于十分显著的中心位置,其核心思想就是强调整体综合和普遍联系。季羡林先生在为宁可、郝春文所著《敦煌的历史和文化》一书所作的序言中认为,东西方思想的主要区别就在于"东方综合,西方分析":"东西历史体系,有相同之处必有相异之处,相异者更为突出。以我个人的看法,关键在于思维方式:东方综合,西方分析⋯⋯所谓'综合'就是⋯⋯强调事物的普遍联系,既见树木,又见森林。普遍联系这一点是非常重要的,它完全符合唯物辩证法。"①换言之,季羡林认为东方重归纳概括、重整体效应,而西方重演绎推理、重自我表现,并举了三个例子加以具体阐述:一是中医与西医;二是中文与西文的语言文字运用;三是绘画中西画的"焦点透视"和中国画的"散点透视"。在《季羡林读东西方文化》一书中,季羡林也反复强调了其"东方综合,西方分析"的核心观点。②

从中华文化的整体观出发,自古以来的炎黄子孙都格外重视整体社会内部人与人之间、人与物之间、人与社会之间以及人与自然之间的相互关系,格外重视基于事物普遍联系之上的协调性,强调基于整体之上的各组成部分、各要素之间的协调与协同,注重基于个体、要素、部分协调与协同基础之上的整体和谐关系和社会纲常秩序,逐渐形成了儒家的"礼义廉耻""三纲五常"等伦理道德学说、"天人合一"学说和"修身齐家治国平天下"的家国情怀等,这些都是更加注重个体自由和个人奋斗、注重"分门别类"思维方式的西方文化相对缺乏和不够重视的。

（2）中华文化的融合观

中华民族自古以来就是一个由众多民族组合而成的泱泱大国,彼此之间相互包容、相互尊重、取长补短,形成了表征多元文化鲜明特色的融合观。例如,《中国文化中的儒释道矛盾冲突与融合》一文中的观点认为,中国传统文化是儒释道三家鼎足而立、互融互补的文化,三者缺一不可。③ 其中,儒道两家也是在

---

① 宁可、郝春文:《敦煌的历史与文化》,中国国际广播出版社2010年版,第1—5页。

② 季羡林:《季羡林读东西方文化》,当代中国出版社2016年版,第6页。

③ 楼宇烈:《中国文化中的儒释道》,《中华文化论坛》1994年第3期。

先秦时期广泛吸收诸子百家学说思想的基础之上不断丰富、充实、发展起来的。如班固在《汉书》中,把先秦以来的主要学说归纳为十家,即儒、道、阴阳、法、名、墨、纵横、杂、农、小说,"其可观者九家而已"①。此为"三教九流"的来源。而力图把儒、道两家思想融通为一,并且获得相当成功的是魏晋时代的玄学,主要代表人物为汉魏的王弼和西晋的郭象,即主张以自然为本、名教为末(用),强调以本统末,以用显本;本不离末,用不弃本。东晋玄学家袁宏,第一次指出了"道明其本""儒言其用"的名教与自然合一理论。② 而佛教作为一种外来文化,在西汉时期传入中国,到隋唐时期便已取得了与中国传统文化的基本协调,形成了一批带有中国特色的佛教宗派,如天台宗(法华宗)、华严宗、禅宗、净土宗等。由此,就中国文化的儒、释、道三教的发展历史而言,充分体现了中华文化的包容性和融合精神,并一直延续着三家共存、并进并用、融合共生的格局。正如南宋孝宗皇帝赵昚所说:"以佛治心,以道治身,以儒治世"③。

综上,相对于西方的一神教、一神文化而言,中国传统文化所表现出来的包容性和融合性,恰恰体现了中华多元文化的鲜明特征。中国古代儒释道三教相互影响、相互渗透、取长补短、共存共荣,强调的就是存在共同体、利益共同体和命运共同体的思想与理念。

(3)中华文化的和谐观

关于平等均衡、天人和谐、天道循环的思想观念在东西方均早已有之,并形成了东西方文化发展史上亘古不变的永恒主题和共同的主要内涵。例如,西方自古希腊罗马时期一直延绵至今,令毕达哥拉斯、亚里士多德、伽利略、开普勒、牛顿、爱因斯坦等一代代先哲毕生信奉追求的"宇宙和谐"思想理念;达尔文创立的"物竞天择、适者生存"的生物进化论;西方古典音乐的奠基人巴赫所开创的"平均律"④,其《平均律钢琴曲集》被人称为古典音乐的《旧约全

---

① 温浚源:《〈汉书·文艺志〉讲要》,社会科学文献出版社2018年版。
② (晋)袁宏撰,李兴和点校:《袁宏〈后汉纪〉集校》,云南大学出版社2008年版。
③ (元)刘谧:《三教平心论》,商务印书馆1937年版。
④ 为音乐的一种基本律制,是对自然率的修正,即将8度音程分为12个半音的调律法,以便于转调,形成"复调音乐"。

书》①；西方古典经济学的"经济平衡"理论，以及西方近代资产阶级革命所倡导的自由、平等、"天赋人权"的思想，等等。相对而言，中华文化的和谐思想则更加注重个人的修身养性、社会的和谐安详和自然的阴阳平衡，强调君臣、父子、夫妻、邻里之间的长幼有序、和睦相处的社会伦理，追求"等贫贱，均贫富""不患寡而患不均，不患贫而患不安"的平均主义思潮，以及"人人有饭吃、人人有衣穿、人人有活干"的世界大同思想。又如五代十国时期黄老学说的大师彭祖认为，养生长寿的一大秘法和重要基础就在于男女阴阳之气的和顺合一、协调谐济。阴阳相交而化育万物，万物得以滋生，这就是道的作用。彭祖也就因此成了中华气功之祖、房中术之祖和长寿之祖，是中国有历史记载的第一位养生学家。凡此等等，都反映了古今中外人们对自然界和人类社会"风调雨顺、五谷丰登、天人和谐"的一种理想憧憬，构成了区域协调发展暨协调性均衡发展理论的重要思想文化渊源和历史渊源。

5. 特征辨析

本研究认为，区域协调性均衡发展需要同时具备五个方面的基本特征：

一是现状的合理性。即一个客观存在着的区域事物或者区域发展现象，不论其表现形式是均衡的还是非均衡的，是协调的还是不协调的，都有其存在的合理性和内在的逻辑依据，成为支撑其区域表象的根源。

二是状态的稳定性。主要体现为一个相对均衡、协调的区域系统，必然处于结构相对稳态、关系相对恒定、各方力量相对势均力敌的平衡位势。

三是功能的完备性。主要体现为区域的主体功能能够得到最大化的发挥。如在大河流域的上中游地区，应当最大限度地以自然保护、生态修复、植被覆盖、水源涵养为主，尽可能减少人类活动和人类干预，仅少部分地区涉及农副产品的种植、生产、加工和能源、矿产资源开采，具有流量限制的旅游观光活动，以及相对集中的人口、城镇、村舍和基础设施等。而在流域的中下游地区，则可以人类的强势活动为主，即较高密度的人口及资源要素集聚、较高强度的人类开发利用活动，以及较大区域范围地拓展人类活动领域的深度

---

① 布鲁诺·穆杰里尼编订，李雪梅译：《巴赫：平均律钢琴曲集》，湖南文艺出版社 2001年版。

和广度。

四是关系的共生性。主要体现为两个及以上发生相互作用关系的区域事物之间,存在着互为依存(即"你中有我、我中有你")、联系密切、彼此竞合的良性互动关系,形成一个不可分割的存在共同体、利益共同体和命运共同体。

五是系统的和谐性。即区域作为一个自然—经济—社会的复合生态系统,一要基本维持系统长期、稳定的动态平衡;二要不断满足结构优化、关系良化、功能进化的发展需求;三要实现"整体大于部分之和"的系统功效。

第二章 "区域发展"的相关文献分析

本章以国内外相关文献资料的分类检索为主要研究方法和分析手段,试图通过对国内外有关"区域发展"的相关文献检索,聚焦得出均衡与非均衡、协调与不协调这两大类关键词在区域发展研究中的重要地位,进而归纳概括出国内学术界与国外学术界异同的学术风格和研究特点。

一、文献资料来源与总体检索结果

1. 文献资料来源

国外文献分析资料来源于 WOS(Web of Science),WOS 是美国汤森路透知识产权与科技集团为全球科研人员提供的一个科研文献检索解决方案,包括自然科学、社会科学、艺术与人文领域的多学科信息,以及来自全世界近9000 种最负盛名的高影响力研究期刊和 12000 多种学术会议内容,自 1982年开始收录。

中文文献资料来源于中文社会科学引文索引(CSSCI,Chinese Social Sciences Citation Index),CSSCI 是南京大学中国社会科学研究评价中心开发研制的数据库,用来检索中文社会科学领域的论文收录和文献被引用情况,是我国人文社会科学评价领域的标志性工程。自 1998 年开始收录以来,目前已收录包括法学、管理学、经济学、历史学、政治学等在内的 25 大类的 500 多种学术期刊。

2. 总体检索结果

在 WOS 中搜索"区域发展"的主题,选择 WOS 核心合集,检索式为regional development or region development or area development,文献类型为 Article、Review 和 Proceedings paper，在结果中继续选择 Web of Science，索引中选择社会科学引文索引，即 Social Sciences Citation Index 数据库。SSCI 数据库中收录了共 6000 余种社科类期刊，其中包括 84 种地理类、367 种经济类以及 75 种区域研究类期刊。WOS 数据库中前 500 本来源出版物（WOS 中显示来源期刊的最大数目）收录了 SSCI 中的地理类期刊 46 种、经济类期刊 36 种以及区域研究类期刊 8 种（其中地理与经济类重复收录 5 种，地理与区域研究类重复收录 2 种），即最终区域发展主题的来源期刊共有 3 类 83 本，来源文献 12065 篇（下述为 WOS-SSCI 数据库）。

在 CSSCI 数据库中搜索关键词"区域发展"，文献类型为论文、综述、评论，选择其中期刊经济类 21 种、人文地理类 8 种、自然资源类 2 种、管理类 8 种以及综合社科 7 种共计 5 类 46 本，来源文献 742 篇，WOS-SSCI 与 CSSCI 检索日期均为 2019 年 12 月 26 日（图 1-1）。

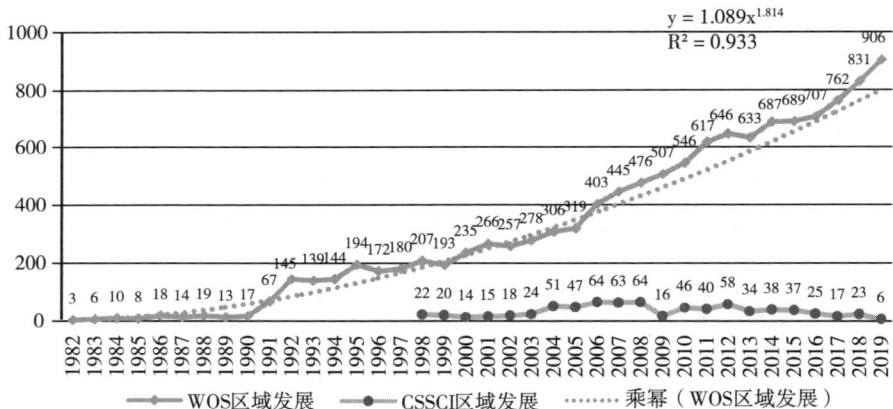

图 1-1　1982—2019 年关于"区域发展"主题 WOS-SSCI 与 CSSCI 引文数据库的刊文量

以"区域发展"为主题的论文在 WOS-SSCI 数据库中收录数量大幅增长，自 1982 年的 3 篇经过 38 年的累积，到 2019 年的 906 篇，增长了 302 倍，年均发文量 317.5 篇。"区域发展"主题论文的增长呈现幂函数式增长，与函数 $y = 1.0897x^{1.8143}$（截距为 $R^2 = 0.9337$①）的拟合类似，表明社会科学领域对区域

---

①　一般认为，数据拟合中，截距项（决定系数）R^2 越接近 1，拟合结果越可靠。

发展这一研究主题的兴趣和关注日益增长。

在 CSSCI 数据库中,自 1998 年收录以来,收录数量相对比较稳定,年均发文量 33.7 篇。我国区域发展问题一直是研究的重点和热点。在 2004—2008 年和 2012 年略有增长,其他年份基本稳定在 20—40 篇左右。因发文量在 22 年间并不稳定,未能形成有规律的增长曲线。

在"区域发展"为主题的文献中,以"均衡"(Balance or Equilibrium)和"协调"(Coordinate or Integrate or Harmonize)作为关键词加以检索,结果 WOS 中共计 809 篇,占了总篇数的 6.7%,其中涉及区域均衡的 665 篇,涉及区域协调的 144 篇,分别占了 82.2% 和 17.8%;CSSCI 中共计 301 篇,占了总篇数的 37.2%,占比高于 WOS-SSCI。可以看出,我国相对来说更注重区域发展的模式研究。其中涉及区域均衡和区域协调的篇数分别为 15 篇和 254 篇,占比分别为 5.58% 和 94.42%。以上数据表明,区域均衡与区域协调两大主题均为国内外区域研究的热点问题,但国内外研究的侧重点各有不同,国外更偏重于区域均衡发展问题,国内则更偏重于区域协调发展问题。

二、国外相关文献资料分类检索分析

1. 国外"协调"与"均衡"主题文献资料的分类检索分析

在 WOS-SSCI 数据库中,最早刊文区域均衡发展的是 1988 年 Williams J. F.撰写的关于台湾地区城市与区域均衡发展问题的文章①;最早刊文区域协调发展的是 1993 年 Mckibbin W.J.、Sundberg M.W.等人撰写的关于经合组织宏观经济政策对亚太区域协调影响的文章②,刊文时间比前者晚了五年。此外,2004 年之前两大主题的刊文量都较少且较稳定,均未超过 20 篇。2004 年之后开始有所增长,其中区域均衡问题的文献增长较快,从 2004 年的 21 篇增加至 2019 年的 51 篇。1988—2019 年间"区域均衡发展"主题年均发文量

---

①　Williams JF.Urban and Regional Planning in Taiwan the Quest Balanced Regional Developmment.*Tijdschrift Voor Economische en Sociale Geografie*,1998,03(79),175-187.

②　Mckibbin W.J.,Sundberg M.W.Implications for the Asia Pacific Region of Coordination of Macroeconomic Policies in the OECD,*Journal of Policy Modeling*,1993,01(15),13-48.

为20.78篇;而区域协调问题的文献增长则明显较缓,到2015年才达到12篇的峰值。从1993年第一篇文章发表至2019年,仅有144篇,年均发文量仅为5.33篇,且其中相当一部分论文作者为中国学者(图1-2)。

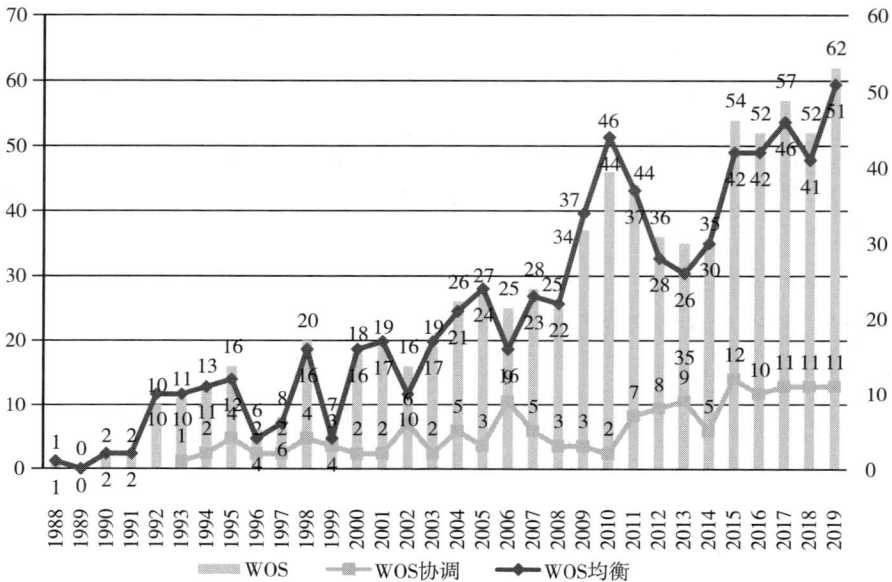

图1-2　1988—2019年WOS-SSCI数据库中关于"区域协调和均衡发展"主题发文量

2. "区域发展"与"协调"和"均衡"关键词的有关分析

应用科学知识图谱可视化软件Citespace① 对文献中包含的关键词、合作网络等方面进行分析。运用基于关键词构建的知识网络LLR(对数极大似然率)聚类分析。其中,设置参数Slice Length(时间跨度)= 2、Node Type(节点类型)= Keyword、Selection Crieria(提取节点阈值的选择)= Top50 Per Slice②、Prunning(网络裁剪功能)= Pathfinder(寻径网络)③,其他均为默认设置。执

① 李杰、陈超美:《Citespace:科技文本挖掘及可视化》(第二版),首都经济贸易大学出版社2017年版,第2页。

② Top N Per Slice 为每个时间切片内的对象数量。

③ Pathfinder Network 寻径网络,当网络密集时可以通过保留重要的连线来使网络可读性提高,寻径网络算法依据三角不等式原则在邻近的网络中选取显著关系,经过处理的网络节点数量不会发生改变,连线数量会大大减少。

行聚类分析后得到节点数量 N = 183,连线数量 E = 708,网络密度 Density = 0.0425,网络模块度 Modularity Q = 0.4368,网络同质性 Mean Silhouette = 0.7764。①

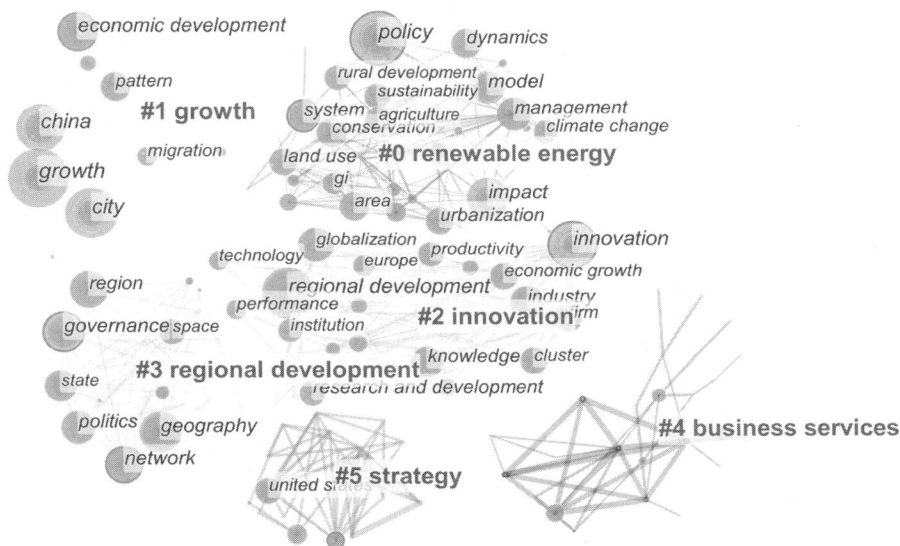

图 1-3 WOS-SSCI"区域发展"引文关键字聚类共现网络

在 WOS-SSCI 数据库"Regional Development(区域发展)"引文关键字聚类共现网络中得到 6 个聚类,分别为 Renewable Energy、Growth、Innovation、Regional Development、Business Services 和 Strategy 六类(图 1-3)。图中显示频次 200 以上的关键字,其节点标签的大小代表出现的频次,连线的粗细代表节点两两之间联系的强度。其中网络中的重要节点(其中介中心性)以紫色圆圈重点标注,说明自 1988 年至 2019 年,"区域发展"的重点研究领域包括 Policy(政策)、System(系统)、Economic Development(经济发展)、Innovation(创新)、Network(网络)、Governance(管理)、Agglomeration(集聚)等(表 1-2)。

---

① Modularity Q 网络模块度,一般认为在 0.4—0.8 之间适合聚类的条件,值越大表示网络聚类效果越好;Mean Silhouette 网络同质性,取值在 0—1 之间,越接近 1,反应网络的同质性越高,同一聚类内的相似性越强。

表 1-2   WOS-SSCI"区域发展"引文关键字聚类表

分类	主题	关键字			
#0	Renewable Energy	**Policy**	Impact	Management	**System**
#1	Growth	Growth	China	City	**Economic Development**
#2	Innovation	Regional Development	**Innovation**	Globalization	Industry
#3	Regional Development	Geography	**Network**	**Governance**	Region
#4	Business Service	Location	Investment	Trade	Organization
#5	Strategy	United States	**Agglomeration**	Perspective	Strategy

在 WOS-SSCI 数据库"区域协调发展"与"区域均衡发展"关键字共现网络中,可以看到类似"区域发展"主题中的各个关键字,包括 China、Policy、City、Growth 等主要结点。其中,在 China 引出的网络中可以看到相关联的主题有 Regional Development、Urbanization、Network、Inequality 等,说明在关于我国的研究中,区域发展、城市化、网络以及不平等问题是被关注的热点。类似的在 Regional Development 引出的网络中,Governance、Impact、Inequality、Institution 等主题是区域发展问题中亟须解决的问题(图 1-4)。值得注意的是,在区域发展的共现网络中,因同时出现了 China、United State 以及 Europe,可知区域发展问题不仅是我国区域研究的重点,也是其他发达国家研究的重点和热点。

3. 国外合作网络分析

在 WOS-SSCI 数据库中关于"协调"和"均衡"文献的在 35 个国家和地区间展开相关领域的合作,图 1-5 展示了其中主要国家的网络联结,覆盖了欧洲、亚洲、北美洲和大洋洲。重要的节点国家有美国、中国、英国、德国、荷兰、西班牙、法国等。从图中可以看出欧洲合作国家较多,且连接比较紧密。在 35 个国家和地区中,仅有中美两国的国际合作文献超过 100 篇,英国国际合作文献为 83 篇,其他国家和地区均未超过 50 篇。其中,我国的主要合作国家有美国、英国、加拿大及日本(连线强度表示合作强度)。

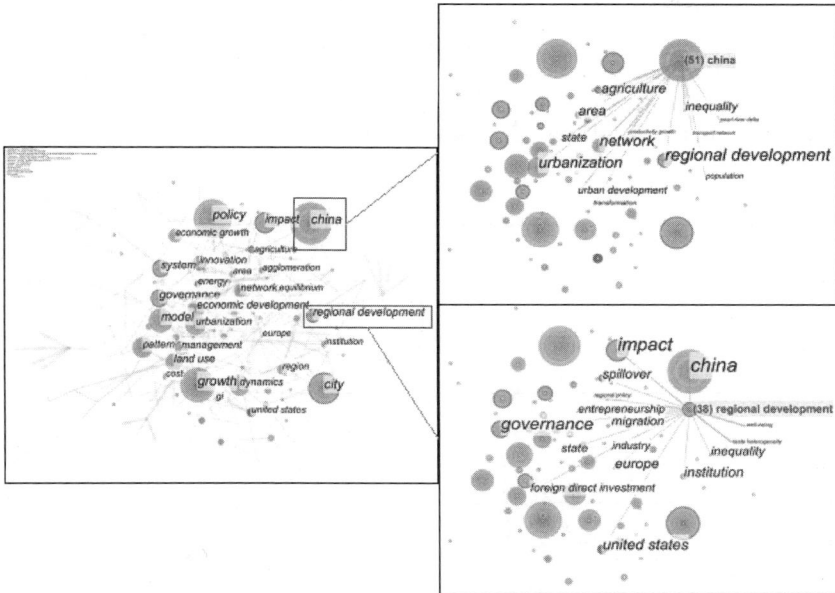

图 1-4 WOS-SSCI"区域协调发展"与"区域均衡发展"引文关键字共现网络

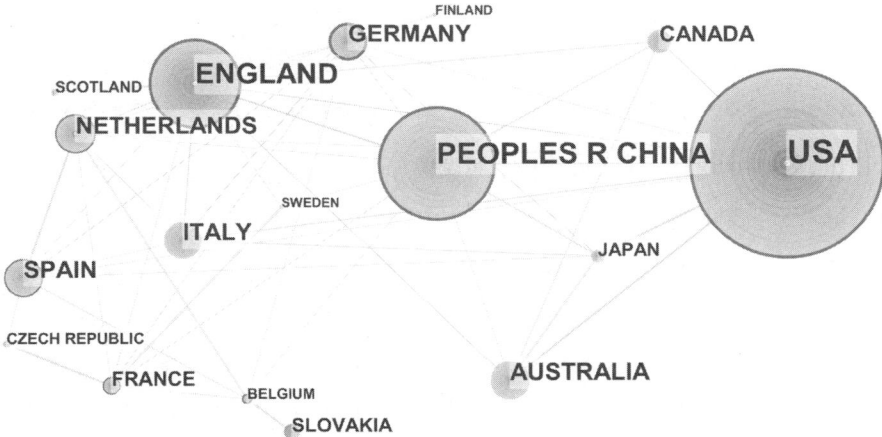

图 1-5 WOS-SSCI 数据库国家或地区合作网络

三、国内相关文献资料分类检索分析

1. 国内"协调"与"均衡"主题文献资料分析

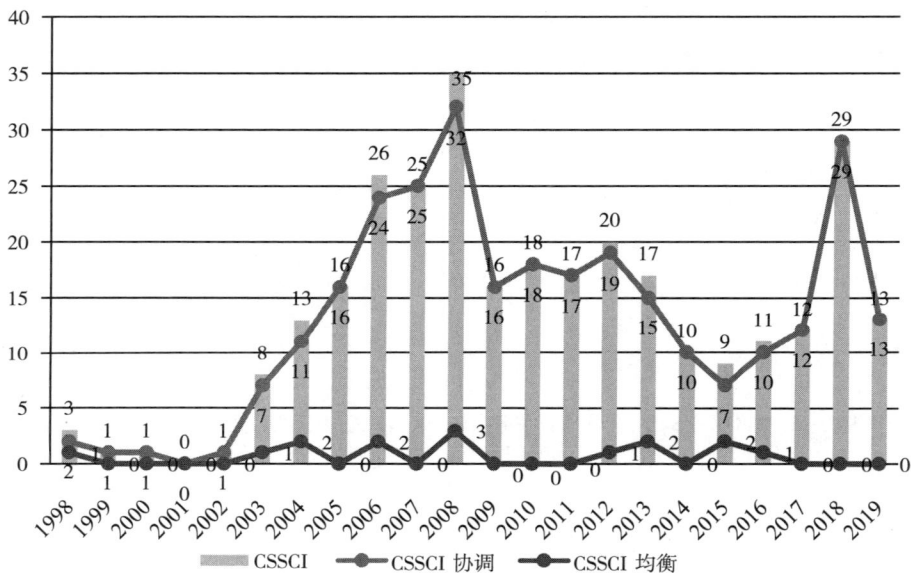

图 1-6　1998—2019 年 CSSCI 数据库中关于"区域协调和均衡发展"主题发文量

在 CSSCI 数据库中,1998 年权衡撰写的《关于我国区域经济发展战略的理论思考》一文中提到了对于我国在新中国成立初期实行的区域均衡发展战略的思考①,该文也提到了在区域协调发展战略实施过程中可能存在的问题;而最早刊文区域协调发展的是胡大源发表的《转轨经济中的地区差距——对"地区差距扩大论"的质疑》一文,关于中央政府在市场经济条件下对区域协调发展的作用②。刊文时间仅比前者早了一个月。区域均衡发展在 1998 — 2019 年的 22 年间总发文量仅为 15 篇,年均 0.71 篇,近几年更是没有相关的

---

① 权衡:《关于我国区域经济发展战略的理论思考》,《晋阳学刊》1998 年第 2 期。
② 胡大源:《转轨经济中的地区差距——对"地区差距扩大论"的质疑》,《战略与管理》1998 年第 1 期。

文献发表。可见,区域均衡问题不再是学术界关注的主要领域。反之,区域协调发展主题 21 年间发文 286 篇,年均 13.62 篇(图 1-6)。自 2003 年开始逐渐有所增长,2008 年达到 32 篇的峰值。之后发文数量相对比较稳定,仅在 2015 年低于 10 篇。区域协调问题在近十几年中一直是学界关注的重点。

2. "区域发展"与"协调"和"均衡"关键词的有关分析

对 CSSCI 数据库的文献数据进行执行聚类分析后得到节点数量 N = 85,连线数量 E = 128,网络密度 Density = 0.0359,网络模块度 Modularity Q = 0.5459,网络同质性 Mean Silhouette = 0.4667,得到 5 个聚类分别为统筹区域发展、区域发展、区域发展规划、区域经济发展以及区域发展模式。其节点标签的大小代表出现的频次,连线的粗细代表节点两两之间联系的强度。其中网络中的重要节点(其中介中心性)以紫色圆圈重点标注,说明 1998 — 2019 年,在 CSSCI 数据库收录"区域发展"的重点研究领域包括区域发展、区域发展战略、区域经济、统筹区域发展等(图 1-7,表 1-3)。

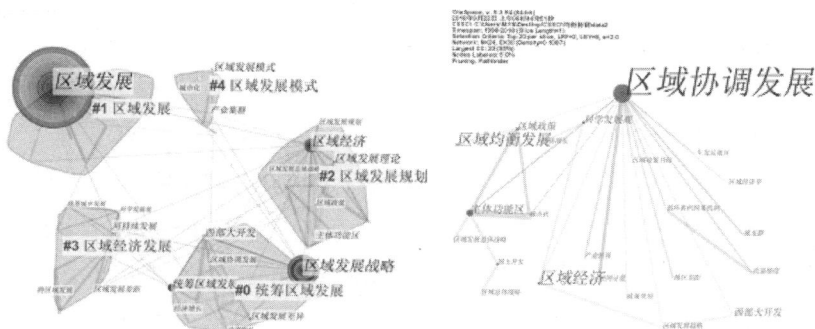

图 1-7　CSSCI"区域发展"引文关键字聚类共现网络 a 与 CSSCI "区域协调发展"和"区域均衡发展"关键字共现网络 b

表 1-3　CSSCI"区域发展"引文关键字聚类表

分类	主题	关键字		
#0	统筹区域发展	区域发展战略	统筹区域发展	区域发展差异	区域协调发展
#1	区域发展	区域发展	新型城镇化	经济社会发展	增长极
#2	区域发展规划	区域经济	区域发展理论	主体功能区	区域政策

分类	主题	关键字			
#3	区域经济发展	可持续发展	区域发展差异	跨区域发展	科学发展观
#4	区域发展模式	区域发展模式	产业集群	城市化	区域经济合作

在"区域协调发展"与"区域均衡发展"关键字共现网络中,以每1年作为一个时间切片,遴选每个切片中出现排名前20的关键词形成知识网络,并使用Pathfinder算法对每个时间切片的知识网络及所有切片的合并网络进行裁剪,由此得到关键节点词24个,连线30条。其中,与"区域协调发展"具有共引关系(即与区域协调发展有连线关系的节点)的关键词主要有区域经济、主体功能区、科学发展观、西部大开发等,区域经济被引次数最多,并在此基础上引申出区域发展战略的研究;其次为主体功能区,并在此基础上引申出区域发展总体战略、区域政策、城市化、国土开发等研究。而"区域均衡发展"因为刊文数量太少,未能构成相关知识网络,仅与区域协调发展在"区域政策"的节点上相连,可以在一定程度上表明区域均衡发展是促进区域协调发展的重要手段和途径之一。

3. 基本分析结论

综上所述,经过40年持续不绝的理论探讨与实践探索,我国业已累积形成了一整套比较系统完善的区域协调发展的理论分析、政策设计和实践践行体系,形成了具有鲜明中国特色的区域协调发展的理论体系和战略体系。相对而言,战后西方学术界关于区域协调发展的理论分析成果既数量不多也不够系统,没有形成一以贯之的主流分析学派,更没有与区域协调发展理论紧密结合的实践体系。

第三章　长江经济带发展战略

　　长江是中国第一、世界第三大河，与黄河同为中华民族的母亲河。它源自青藏高原唐古拉山北麓的"三江源"自然保护区，经青藏高原、四川平原，出三峡进入江汉平原，最后流经长江三角洲平原注入东海，全长 6300 多公里。长江地处我国中部，横跨东中西三大自然经济带，哺育了全国近一半的人口，创造了中国产业、城镇、财富的半壁江山，并与沿海地区共同构成了我国两大黄金发展地带和发展主轴，战略地位极其重要。

一、战略缘起与战略意义

　　长江经济带发展战略的缘起与发展主要得益于四个历史性的重大契机，并由此构成了其四个发展阶段的开端：一是 20 世纪 80 年代初至 1991 年，为长江经济带发展战略的规划孕育期，主要标志性事件是全国国土总体规划纲要的研究与编制工作；二是 1992—2012 年，为长江经济带发展战略提出的萌芽期，主要标志性事件是上海浦东开发开放的实质性启动；三是 2013 —2017 年，为长江经济带发展战略的确立期，主要标志性事件是习近平总书记在湖北的重要讲话和国家系列相关重要文件的出台；四是 2018 年至今，为长江经济带发展战略的拓展期，主要标志性事件是长三角一体化发展上升为国家战略。

1. 20 世纪 80 年代初至 1991 年的战略规划孕育期

　　我国的国土开发和规划工作可以追溯到 20 世纪 50 年代中期。其主要任务就是矿产资源开发和工业基地的建设布局；其主要基础是 50 年代中期至 90 年代中期大规模开展的"全国自然资源综合考察"工作，包括 1956 年成立中科院自然资源综合考察委员会,80 年代初开展全国海岸带资源综合调查、南方丘陵山区自然资源综合考察等;其目的就是摸清家底和提供第一手资料,为国土整治和国土开发提供决策依据。

我国真正意义上的国土规划工作开始于 20 世纪 80 年代初期。1981 年 4 月 2 日,中共中央书记处第 97 次会议正式作出决定:"建委的任务不能只管基建项目,而且应该管土地利用、土地开发、综合开发、地区开发、环境整治、大河流开发。要搞立法,搞规划。国土整治是个大问题。"1982—1984 年,我国在京津唐、湖北宜昌等十多个地区开展了地区性国土规划试点。1985 年 3 月,国务院发出通知,批转国家计委《关于全国国土总体规划纲要的报告》,要求编制好全国国土总体规划纲要。中科院地理研究所研究员陆大道等地理学家全程参加了规划纲要编制综合组的起草编写工作,并在此基础上总结形成了独具特色的"点轴开发理论"。经过历时两年的编写和多次修改,并经 1986 年的省长会议讨论,1987 年 10 月,《全国国土总体规划纲要》(试行)正式发到各省区市和中央有关部门,提出了依托沿海地带和长江沿岸地区,"全国 T 字型为主轴线进行重点开发与布局,19 个综合开发的重点地区和城市化及城镇格局"等战略设想。截至 1993 年,全国已有 30 个省(区、市)、223 个地市以及 640 个县先后编制了所辖行政区域的国土规划。

虽然上述国土规划编制工作在一定程度上对指导全国及各地国土开发与整治、经济社会发展、产业结构调整和布局优化起到了促进和保障作用,但在规划编制和实施过程中也暴露出了一些不足和缺陷。例如,国土规划受计划经济体制影响较大,以不同等级行政区为主体,指令性较强;国土规划目标过于具体,规划指标重数量轻效益,忽视对人口、资源、环境与经济发展间突出矛盾的针对性解决;国土规划内容大而全、小而全,重点不突出,部分地区成了国民经济与社会发展计划的翻版等,从而在客观上限制了国土规划应有作用的发挥。1988 年,《全国国土总体规划纲要》(草案)未获国务院批准通过,而在其他因素的共同作用下,地方各级政府组织编制的国土规划也大多未得到切实执行,并且国土规划工作从 20 世纪 90 年代中期开始逐渐淡出人们的视线。1998 年国务院政府机构调整时,国家计委国土局被撤销,国土规划职能被划给了当时新成立的国土资源部。而作为专业性较强的国民经济发展的基础保障部门,国土资源部组织开展国土规划的条件一时并不具备,这就导致我国事实上长期缺少指导国土空间和资源环境科学开发、合理利用的综合规划,我国国土规划长期缺位的现象。按照陆大道院士的说法:"由于工作上的原因,纲要没有履行国务院批准的手续,没有坚持实施下来,更没有不断修订,这是很大的遗憾,也是20世纪90年代以来我国国土整治工作不得力和生态环境恶化的一个重要原因。"①

2. 1992—2012 年的战略萌芽期

1990 年 4 月 18 日,李鹏总理在上海大众汽车公司成立五周年的庆祝大会上正式宣布了党中央、国务院关于开发开放浦东的重大战略决策,标志着我国的对外开放从沿海地区向着以上海为龙头的长江流域的延伸和向内地的纵深发展。1992 年春邓小平南方谈话之后,浦东开放开发获得了实质性启动并得到了迅猛发展,上海的开放与重新崛起对长三角和长江沿岸地区都产生了十分深远的影响。

1992 年 6 月 24—27 日,国务院召开了长三角及长江沿江地区经济规划座谈会。参加会议的有长江三角洲及长江沿江地区八省市及四个计划单列市和国务院有关部委的负责同志。江泽民总书记、李鹏总理以及国务院的其他领导同志和各民主党派的有关负责人出席了会议。会议期间,国务院副总理兼国家计委主任邹家华作了长江三角洲及长江沿江地区经济发展基本思路的讲话。各省市和计划单列市及国务院有关部门的负责同志结合本地区和本部门的实际,对如何发挥整体优势,规划好这一地区的经济发展发了言。座谈会结束时,江泽民、李鹏分别就如何贯彻落实邓小平南方谈话及党中央关于"以上海浦东开发为龙头,进一步开放长江沿岸城市"的战略决策发表了重要讲话。

1992 年 10 月,党的十四大报告中明确提出要"以浦东开发开放为龙头,进一步开放长江沿岸城市,尽快把上海建成国际经济、金融、贸易中心之一,带动长江三角洲和整个长江流域地区的新飞跃"的重大战略决策,从而把浦东开发开放和上海未来发展的命运与长江经济带的整体发展紧紧地捆绑在了一

---

① 陆大道:《中国区域发展的理论与实践》,科学出版社 2003 年版,第 11 页。

起。然而,由于诸多历史因素的制约,长江经济带的整体开发始终未能得到实质性的启动,取而代之的是 1999 年中央提出的西部大开发战略和 2004 年提出的中部崛起战略。

尽管如此,为响应党的十四大的战略号召,长江沿江地区的各省市政府和高等院校、科研机构纷纷行动起来,通过成立专门机构、申报国家和省市重大项目、著书立说、联合开展专题研究等,于 20 世纪 90 年代掀起了长江经济带战略研究的第一波热潮。例如,1996 年 12 月 2 日,由上海市政府经济协作办公室、华东师范大学、浦东发展银行、长江经济社会发展联合(集团)公司和上海市政府发展研究中心五家单位发起,联合沿江 7 省 4 市(渝、汉、宁、甬)的14 家省级政府有关部门,共同成立了"长江流域发展研究院"。上海市政府经济协作办主任姜光裕任该研究院管理委员会主任,华东师范大学党委书记陆炳炎任常务副主任,华东师范大学副校长俞立中任院长。上海市委书记黄菊专门为研究院的成立发来贺信,两位上海市副市长华建敏和赵启正亲自出席了成立大会并为研究院揭牌,对其重视程度非同一般。该研究院成立之后就开展了有关长三角和长江经济带的系列研究,相继召开了六届"长江发展论坛"(1998—2003),承接了一批来自国家、沿江省市和企业的研究项目,完成和出版了《长江经济带发展战略研究》①《上海及长江流域地区经济协调发展》②《长江流域产业、开发区和港口发展报告》③等一批论著和研究成果。此外,20 世纪 90 年代形成的主要研究成果还有:姚锡棠主编的《长江流域经济发展论》④(国家哲社"八五"重点课题)、朱鸿飞等撰写的《发展与危机:长江流域发展战略思考》⑤(国家"八五"重点科技攻关课题)、虞孝感主编的《长江产业带的建设与发展研究》⑥(国家"八五"重点科技攻关课题)、徐国弟主

---

① 陆炳炎、杨万钟、徐长乐:《长江经济带发展战略研究》,华东师范大学出版社 1999 年版,第 9 页。

② 杨万钟、沈玉芳:《上海及长江流域地区经济协调发展》,华东师范大学出版社 2001 年版,第 8 页。

③ 沈玉芳、张浩:《长江流域产业、开发区和港口发展报告》(中英文对照),上海科技文献出版社 2003 年版,第 4 页。

④ 姚锡棠:《长江流域经济发展论》,上海社会科学院出版社 1996 年版,第 1 页。

⑤ 朱鸿飞等:《发展与危机:长江流域发展战略思考》,上海人民出版社 1996 年版,第 8 页。

⑥ 虞孝感:《长江产业带的建设与发展研究》,科学出版社 1997 年版,第 10 页。

编的《21 世纪长江经济带综合开发》①等。

3. 2013—2017 年的战略确立期

2013 年 7 月 21 日,习近平总书记考察湖北时指出,"长江流域要加强合作,发挥内河航运作用,把全流域打造成黄金水道",特别强调要将长江流域建设成为我国未来新的经济支撑带,标志着长江经济带发展战略的正式启动,并与"一带一路"建设和京津冀区域协同发展并列为我国新时期区域经济发展的三大国家战略。

2014 年 4 月 28 日,国务院总理李克强在重庆主持召开了"依托黄金水道建设长江经济带"座谈会。会上,国家发改委负责人汇报了长江经济带建设总体考虑和相关规划。上海、江苏、浙江、安徽、江西、湖北、湖南、四川、重庆、云南、贵州 11 个沿江省市政府主要负责人汇报了对建设长江经济带的思考和建议,基本确立了长江经济带所覆盖的行政区划范围。

2014 年 6 月 11 日,李克强总理主持召开国务院常务会议,部署建设综合立体交通走廊打造长江经济带。

2014 年 9 月 25 日,中国政府网正式发布了《国务院关于依托黄金水道推动长江经济带发展的指导意见》(国发〔2014〕39 号,以下简称《指导意见》),明确提出长江经济带要打造建设电子信息、高端装备、汽车、家电、纺织服装五大世界级产业集群。

2015 年 4 月 5 日,国务院批复同意《长江中游城市群发展规划》。这是《国家新型城镇化规划(2014—2020 年)》出台后国家批复的第一个跨区域城市群规划,包括以武汉城市群、环长株潭城市群、环鄱阳湖城市群为主体形成的特大型城市群。

2016 年 1 月 5 日,习近平总书记在重庆召开推动长江经济带发展座谈会,强调当前和今后相当长一个时期,要把修复长江生态环境摆在压倒性位置,共抓大保护,不搞大开发。必须从中华民族长远利益考虑,走生态优先、绿色发展之路。

2016 年 3 月 2 日,国家发展改革委、科技部、工业和信息化部联合下发

---

① 　徐国弟:《21 世纪长江经济带综合开发》,中国计划出版社 1999 年版,第 2 页。

《长江经济带创新驱动产业转型升级方案》，明确提出要打造新型平板显示、集成电路、先进轨道交通装备、汽车制造、电子商务五大世界级产业集群，培育生物医药、研发设计服务、检验检测服务、软件和信息技术服务、新材料、现代物流、现代金融服务、节能环保、新能源装备、航空航天十大新兴产业集群，其中先进制造业与现代服务业各占一半。

2016年3月25日，中共中央政治局审议通过了《长江经济带发展规划纲要》，指出长江经济带发展的战略定位必须坚持生态优先、绿色发展，共抓大保护，不搞大开发。要强化创新驱动转型升级，打造建设电子信息、高端装备、汽车、家电、纺织服装五大世界级产业集群。要按照全国主体功能区规划要求，建立生态环境硬约束机制，列出负面清单，设定禁止开发的岸线、河段、区域、产业，强化日常监测和问责制度。

2016年5月4日，国务院正式批复《成渝城市群发展规划》，明确总体定位是引领西部开发开放的国家级城市群，明确要求成都要以建设国家中心城市为目标，重点建设成渝发展主轴、沿长江和成德绵乐城市带的"一轴两带、双核三区"的空间格局。

2016年5月11日，国务院常务会议通过《长江三角洲城市群发展规划》，明确将长三角城市群的规划范围由原来江浙沪的15市扩大至包括皖江城市带8市在内的沪苏浙皖26个地级及以上城市，发展目标是到2030年全面建成具有全球影响力的世界级城市群。

2017年10月18日，习近平总书记在党的十九大报告中再次强调，"以共抓大保护、不搞大开发为导向推动长江经济带发展"。

4. 2018年至今的战略拓展期

进入2018年之后，长江经济带发展战略出现了一些新的重大调整和变化。国家进一步加大了沿江11省市的各项工作部署。2018年1月10日，张高丽主持召开推动长江经济带发展工作会议，深入学习贯彻党的十九大、中央经济工作会议、中央农村工作会议精神，总结近年来推动长江经济带发展工作，研究部署下一步重点工作；2018年12月14日，韩正主持召开推动长江经济带发展领导小组会议，全面贯彻落实习近平总书记在深入推动长江经济带发展座谈会上的重要讲话精神，坚持问题导向，推动长江经济带共抓大保护取得新进展;等等。习近平总书记于 2018 年 4 月 26 日在武汉主持召开深入推动长江经济带发展座谈会并发表重要讲话,强调新形势下推动长江经济带发展,关键是要正确把握整体推进和重点突破、生态环境保护和经济发展、总体谋划和久久为功、破除旧动能和培育新动能、自身发展和协同发展的(五大)关系,坚持新发展理念,坚持稳中求进工作总基调,坚持共抓大保护、不搞大开发,加强改革创新、战略统筹、规划引导,以长江经济带发展推动经济高质量发展。同时,长江经济带建设的战略重心开始转向地处长江下游的长三角地区。

2018 年 4 月 16 日,习近平总书记就上海市委、市政府呈报的关于长三角合作的工作汇报作出专门批示,明确提出上海要进一步发挥龙头带动作用,要求苏浙皖各展其长,要求国家部委大力支持,要求长三角实现更高质量的一体化发展。随后,习近平总书记在 2018 年 11 月 5 日首届中国国际进口博览会开幕式上的主旨演讲中正式宣布,(中央)支持长江三角洲区域一体化发展并上升为国家战略。最后,中共中央政治局于 2019 年 5 月 13 日审议了《长三角区域一体化发展规划纲要》(以下简称《规划纲要》)并于同年 12 月正式印发,明确提出要把长三角打造成为"我国发展强劲活跃增长极、全国高质量发展样板区、率先基本实现现代化引领区、区域一体化发展示范区、新时代改革开放新高地。"这既标志着长三角区域经济开始迈入更高质量一体化发展的新阶段,也标志着长江经济带整体发展战略在其下游地区获得了双重国家战略叠加的新态势和新优势,标志着以长三角更高质量一体化发展来统领长江经济带整体发展新阶段的到来。

5. 战略意义

在马克思主义文献中,战略是政策、策略的概括和综合,泛指对社会历史活动长期的、重大的、全局性的筹划和谋略。本研究认为,长江经济带是新时期我国实现"两个一百年"奋斗目标和中华民族伟大复兴的战略支撑带,其战略定位和战略意义可以集中体现于以下四个方面:

一是沿海与沿江,是我国最可贵的两大"黄金"地带,构成了我国"T"字形的两大发展战略主轴。改革开放以来我国率先实施的沿海经济发展战略,促使沿海省市的社会经济面貌发生了翻天覆地的变化,形成了长三角、珠三角、环渤海等牵引中国经济高速增长的三大引擎,取得了举世瞩目的辉煌成就。

相比之下,开发建设长江经济带的战略意义,就在于充分发挥长江这条黄金水道承东启西、接南济北、开边出海的天然纽带作用,把沿海经济发展战略取得的辉煌成果迅速传导给长江上中游地区和广大的中西部地区,能够有效带动我国内地经济社会的整体发展与腾飞。因此,开发开放沿海与沿江,两者的开发时序虽有先后,战略着力点亦各有不同,但两者对于我国实现"两个一百年"奋斗目标和中华民族伟大复兴的战略价值和战略意义却是等量齐观的。

二是长江经济带在我国区域空间开发的整体时序上虽然起步较晚,现有经济社会发展的整体水平也明显低于沿海地区,但其可流动与腾挪的战略空间巨大,未来发展的潜力与前景不可限量。反映在产业体系上,长江经济带既有下游及河口地区发达的加工型产业体系,又有上中游地区丰富的资源型产业体系,上、中、下游之间的产业互补性强,建立在分工与合作基础之上的市场一体化基础好,从而为沿江各省市、城市间的要素流动与配置提供了广阔的市场和巨大的流动空间;反映在城市群的发育发展程度上,目前沿江地区业已形成了上游成渝城市群、长江中游城市群以及下游及河口地区的长三角城市群的整体架构,其体量、规模、影响力和未来的竞争力都丝毫不亚于沿海三大城市群,并且具有联系更紧密、腹地更深广、发展潜力更大、更具持续性和爆发力的明显后发优势。

三是 2013 年习近平总书记提出的"一带一路"伟大倡议,开启了新时期中国更加主动融入经济全球化浪潮、同世界各国人民共同推动建设命运共同体与国际政治经济新秩序的历史新篇章。而长江经济带则是衔接与贯通"丝绸之路经济带"与"21 世纪海上丝绸之路"的天然纽带和战略通道,两者之间存在着极为紧密的战略依存关系和互联互通、互促互进的战略策应效应,必将共同构筑未来我国对内区域空间格局重塑和对外全方位开发开放的新蓝图。

四是长江经济带东西延绵数千公里,横跨我国地形地势西高东低的三级阶梯,日照充足、降雨丰沛、地域广袤、物产富饶,自古以来就是我国国民经济和社会发展的重要国土安全屏障和环境生态屏障。要深入贯彻学习和秉持落实习近平总书记关于建设长江经济带要"共抓大保护,不搞大开发"的重要指示精神,把保护与改善修复生态环境放在长江经济带发展战略中压倒一切的首要位置,以建设生态绿色、集约协调、可持续发展的生态文明先行示范带为目标,以水资源的合理开发、科学利用与有效保护为核心,以全流域跨区域协调、多主体协同、多手段联动的综合治理模式为手段,着力解决长江经济带环境保护与生态修复所面临的沿江地区冶金、化工、建材等部分重污染行业过度集聚带来的环境污染与生态退化等一系列重大问题和挑战。这样,不仅可以确保长江流域的天更蓝、水更清、地更绿、环境更优美,永葆中华民族千秋万代的可持续发展,而且可以为全球节能减排和当代人类面临的重大环境生态问题的有效解决贡献中国智慧,为全球大河流域的综合治理提供可资借鉴的中国方案,其生态意义、社会意义和国际意义重大而又深远。

二、指导思想与战略定位

作为指导长江经济带发展建设的纲领性文件,《指导意见》和《规划纲要》对开展和实施长江经济带发展战略的指导思想、战略定位和主要任务都作出了明确的指引和规定:

1. 指导思想

以邓小平理论、"三个代表"重要思想、科学发展观为指导,深入贯彻党的十八大和十八届二中、三中全会精神,认真落实党中央和国务院的决策部署,充分发挥市场配置资源的决定性作用,更好发挥政府规划和政策的引导作用,以改革激发活力、以创新增强动力、以开放提升竞争力,依托长江黄金水道,高起点、高水平建设综合交通运输体系,推动上、中、下游地区协调发展、沿海沿江沿边全面开放,构建横贯东西、辐射南北、通江达海、经济高效、生态良好的长江经济带。

2. 战略定位

一是建设成为生态文明建设的先行示范带,二是建设成为引领全国转型发展的创新驱动带,三是建设具有全球影响力的内河经济带,四是建设成为东中西互动合作的协调发展带。

3. 主要任务

一是提升长江黄金水道功能;二是建设综合立体交通走廊;三是创新驱动促进产业转型升级;四是全面推进新型城镇化;五是培育全方位对外开放新优

势;六是建设绿色生态廊道;七是创新区域协调发展体制机制。

三、战略实施进展

自 2013 年 7 月长江经济带发展战略上升为国家战略以来,沿江 11 省市尤其是上中游诸省市经济增长迅猛,上中下游之间经济要素的流动频繁,区域产业分工合作日益增强,创新驱动、供给侧结构性改革和新旧动能转换成效渐显,一批世界级产业集群和战略性新兴产业集群正在快速崛起,在经济社会各领域都呈现出一片欣欣向荣的可喜变化:

1. 随着《指导意见》《规划纲要》等一系列纲领性、指导性文件的相继出台,沿江 11 省市积极响应,纷纷制定相关规划、实施意见和推进方案

如湖北省推出"聚焦长江战略",重庆积极打造长江上游航运中心和经济中心,安徽加快皖江城市群规划建设,浙江正式启动环杭州湾大湾区规划建设等,使得沿江各省市依托国家战略实现更大更快更好发展的战略意图愈发明确和坚定,长江经济带建设的战略目标和发展任务愈发明晰,功能定位愈发精准,政策措施愈发夯实具体,全流域尤其是上中游地区的社会经济发展势头愈发迅猛和强劲。例如,在 2013—2018 年全国 31 个省区市 GDP 增速排名中,重庆有两年保持第 1,第 2—4 名各有一年;贵州两年第 1,一年第 2,两年第 3;云南两年第 3,一年第 4;江西两年第 4,两年第 5;湖北、湖南、安徽诸省均保持了中高水平的增速;上海和浙江两省也基本退出了排名后 5 名省市的行列,经济下行压力相对有所缓解(见表 1-4)。

表 1-4 **2013—2018 年全国 GDP 增速最快与最慢五省区市一览**

（单位:%）

年份	全国平均	部分省区市 GDP 增速排名
2013	7.5%	1. 天津、贵州 12.5;3. 重庆 12.3;4. 云南、西藏 12.1
		31. 北京、上海 7.7;29. 黑龙江 8.0;28. 河北、浙江 8.2

年份	全国平均	部分省区市 GDP 增速排名
2014	7.4%	1. 重庆 10.9;2. 贵州、西藏 10.8;4. 天津、新疆 10.0
		31. 山西 4.9;30. 黑龙江 5.6;29. 辽宁 5.8;28. 吉林、河北 6.5
2015	7.0%	1. 重庆、西藏 11.0;3. 贵州 10.7;4. 天津 9.3;5. 江西 9.1
		31. 辽宁 3.0;30. 山西 3.1;29. 黑龙江 5.7;28. 新疆 6.0;27. 吉林 6.5
2016	6.7%	1. 西藏 11.5;2. 重庆 10.7;3. 贵州 10.5;4. 天津、江西 9.0
		31. 辽宁 -2.5;30. 山西 4.5;29. 黑龙江 6.1;28. 北京 6.7;27. 河北 6.8
2017	6.9%	1. 贵州 10.2;2. 西藏 10.0;3. 云南 9.5;4. 重庆 9.3;5. 江西 8.9
		31. 甘肃 3.6;30. 天津 3.6;29. 内蒙古 4.0;28. 辽宁 4.2;27. 吉林 5.3
2018	6.6%	1. 西藏 10.0;2. 贵州 9.1;3. 云南 8.9;4. 江西 8.7;5. 福建、陕西 8.3
		31. 天津 3.6;30. 吉林 4.5;29. 黑龙江 4.7;28. 内蒙古 5.3;27. 辽宁 5.7

2. 创新、协调、绿色、开放、共享的五大发展理念愈加深入人心

习近平总书记在重庆、武汉两次主持召开推动长江经济带发展座谈会,强调当前和今后相当长一个时期,要把修复长江生态环境摆在压倒性位置,全社会更加明确了长江经济带建设必须坚持"共抓大保护、不搞大开发"的发展方针,更加坚定了必须走"生态优先、绿色发展"之路的决心和共识,一系列环境保护和生态修复的规划措施纷纷出台。

3. 沿江省市政府之间的交流互访活动日益频繁,全流域以及省际协商合作机制正在形成

例如,2016 年 1 月,中央推动长江经济带发展领导小组办公室会同沿江 11 省市,建立了覆盖全流域的省际合作协商机制。随后,上、中、下游地区也分别签署了各自的《关于建立省际协商合作机制的协议》;2016 年 9 月和 2017 年 4 月,江苏省委书记李强率团先后赴上海、浙江和安徽学习考察,重点考察了上海的互联网发展,浙江的梦想小镇建设、市场活力和商业模式创新,以及安徽的智能制造等。2018年6月,四川省主要领导率党政代表团赴重庆市学习考察,共同签署了《深化川渝合作深入推动长江经济带发展行动计划》和12个专项合作协议;2019年7月,重庆市主要领导率党政代表团回访四川,双方共商成渝城市群一体化发展大计,共同签署了《深化川渝合作推进成渝城市群一体化发展重点工作方案》《关于合作共建中新(重庆)战略性互联互通示范项目"国际陆海贸易新通道"的框架协议》,重庆和四川泸州、遂宁、内江、广安、达州、资阳六市签署了《共建合作联盟备忘录》,以及15个川渝合作专项方案和协议。

4. 沿江重大基础设施互联互通和依托黄金水道建设综合立体交通走廊的步伐明显加快

主要包括:重庆、武汉倾力打造长江上游和中游航运中心;沪通长江公铁两用大桥等已建、在建跨江桥隧已逼近百余座;长江口深水航道整治工程取得重大进展,12.5米航道已经延伸至南京;武汉作为全国"八纵八横"高铁系统之地理中心的枢纽地位不断提升;上海大虹桥等区域综合交通枢纽建设;上海—苏州城际铁路规划建设;成都双流机场晋升为全国排名第四的国家级枢纽机场等。

5. 沿江11省市相继制定了各自省市的《中国制造2025行动纲要》,加快创新驱动和新旧动能转换步伐,加快发展高科技产业、战略性新兴产业和先进制造业产业集群

上、中、下游之间产业分工协作和产业梯度转移的态势日趋明显,培育打造电子信息、高端装备、汽车、家电、纺织服装五大世界级产业集群的战略目标已成为共识。例如,2018年6月25日,江苏在全国率先出台了《关于加快培育先进制造业集群的指导意见》,将重点培育新型电力(新能源)装备、工程机械、物联网、前沿新材料、生物医药和新型医疗器械、高端纺织、集成电路、海工装备和高技术船舶、高端装备、节能环保、核心信息技术、汽车及零部件、新型显示13个先进制造业集群。江苏的目标是到2020年,13个先进制造业产业集群主营业务收入达8万亿元左右;到2025年,培育新型电力(新能源)装备、工程机械、物联网、高端纺织4个综合影响力达到世界一流水平的先进制造业集群。

6. 紧紧依托上中下游三大城市群的载体作用，推进新型城镇化建设

国务院先后批复《成渝经济区发展规划》《长江中游城市群发展规划》和《长江三角洲城市群发展规划》；2015年4月《长江中游城市群发展规划》获批后，长江中游三省——湖北、湖南、江西加快战略合作，自鄂湘、湘赣互签战略合作协议后，湖北省委书记李鸿忠率团于4月下旬和5月上旬先后赴湖南和江西两省学习考察，鄂湘、鄂赣以及湘赣三方分别签署了《长江中游城市群战略合作协议》；2016年8月，《上海市城市总体规划（2016—2040）》（草案）公布；2017年3月，浙江省公布了47份小城镇环境综合整治优秀规划方案；2017年5月，江苏省发改委正式公布首批25家省级特色小镇创建名单（涉及物联网、电商、智谷、石墨烯、医药、医械、时裳、苏绣、眼镜、影视、汽车、足球、旅游、餐饮等）。

7. 沿海沿江沿边全方位开放新格局

继渝新欧班列率先开通之后，成都、武汉、苏州、义乌、南通等沿江城市纷纷开设中欧班列。从上海自贸区先行先试、可推广可复制经验到全国1+3+7+1+6共18个省区市自贸区的相继设立，沿江11省市已有上海（包括临港新片区）、浙江、湖北、重庆、四川、江苏、云南7省市自贸区获批，沿江地区联合大通关，对内对外双向开放格局正在形成。

8. 全流域环境综合治理与生态修复

严格实施主体功能区划，对水源地、国家自然保护区、国家森林公园、国家地质公园等实行最严厉的环境保护政策和生态红线约束机制；加强对小化工、小造纸、小纺织（印染）、小钢铁、小水泥、小有色等传统、过剩、高耗、污染产业产能的关停并转和调整改造；浙江、贵州开展"五龙治水"（涵养水源、工程蓄水、城镇供水体系、水利设施管护、生态建设与水利建设和石漠化治理相结合）；实施太湖流域综合治理；建立流域生态补偿机制（青海三江源、湖北汉江、安徽新安江—浙江富春江）。

9. 新一轮长江经济带研究热潮的蓬勃兴起

上海市委宣传部、上海社科院承接的2016年中宣部"马工程"重大项目"长江经济带重大战略研究"，联合重庆、四川、湖北三省市社科院和南通大学共同开展研究；南通大学江苏长江经济带研究院2015—2017年连续三年举办

《长江经济带发展论坛》;以长江经济带为重点研究对象的研究机构和新型智库纷纷设立(上海社科院、长江流域发展研究院、南通大学江苏长江经济带研究院、南京大学江苏长江产业发展研究院、南昌大学长江经济带建设协同创新中心、湖北社科院长江经济研究所、重庆智库、长江经济带研究会[筹]等)。

综上,长江经济带正在发展成为促进我国更高质量经济发展的新引擎和承载我国未来经济社会发展的重要战略支撑带,成为衔接"一带一路"战略和双向开放战略的重要纽带,发展潜力无限。

第四章 长江经济带协调性均衡发展的 时空演进

长江流域横贯我国东中西三大板块,拥有多种天然资源,多样的气候资源为农业发展打下了坚实的基础,而中上游蕴含着巨大的水利资源,为工业和城市的发展和壮大提供了可能。有厚实的工业基础和经济基础,制造业尤其是高端制造业基础扎实。长江水运条件使其成为全球以水运为主的综合立体交通体系和运输通道。而逐步完善中的上中下游三大城市群(成渝城市群、长江中游城市群和长三角城市群)是长江经济带发展和对外辐射的核心组成。①在界定和分析长江经济带研究区域范围和基本概况的基础上,本研究将着重从产业经济、基础设施、城镇化和生态环境四个维度分析其协调性均衡发展的演进过程和"不平衡、不协调"的主要问题。

一、研究区域基本概况

1. 研究区域

"长江经济带"这一概念,从 1984 年提出至今,业已经历了 30 多年的时间。其间,不同时期的学者和政府相关部门对其内涵和外延都作出了不同的解读,直到 2013 年国家发改委发文和 2014 年国务院印发《关于依托黄金水道推动长江经济带发展的指导意见》,才正式确定了本研究所采用的"9 省 2 市"

---

① 陆大道:《建设经济带是经济发展布局的最佳选择——长江经济带经济发展的巨大潜力》,《地理科学》2014 年第 7 期。

的行政区划范围(表 1-5)。其中,沿江 11 省市又可划分为上中下游三大流段:下游包括上海、江苏、浙江、安徽三省一市;中游包括江西、湖北、湖南三省;上游包括重庆、四川、贵州、云南三省一市(图 1-8)。

表 1-5　长江经济带范围的不同界定

序号	名称	提出时间	范围	国土面积	作者代表
1	长江沿岸产业带	1984	仅包括长江干流沿岸地区,构成"T"字形结构的东西向轴带,具体范围模糊	不定	陆大道
2	长江流域产业密集带	1985	以长江流域若干超级城市或特大城市为中心,通过辐射、联结各自腹地的大中小型城市和农村组成的经济区	模糊	郭振淮及中国生产力经济学研究会
3	长江沿岸开发轴线	1987	长江口到四川渡口,全长约3000km,南北宽约 50km	模糊	陆大道
4	长江沿岸经济区	1992	沪、苏、浙、皖、赣、鄂、湘、川、黔、滇	205.5 万 km²	国家计委
5	长江流域经济区	1993	沪、苏、浙、皖、赣、鄂、湘、川、黔、滇、青、藏	180 余万 km²	陈国阶
6	东中经济区	1994	沪、苏、浙、皖、赣、鄂、湘为第一成员;豫、陕南、川东南为第二成员	模糊	胡序威
7	长江地区	1995	长江三角洲 14 个市、沿江23 个市及 4 个地区	30 余万 km²	徐国弟
8	长江产业带	1997	沪、苏、浙、皖、赣、鄂、湘、川	143.3 万 km²	虞孝感
9	长江经济带	1999	沪、苏、浙、皖、赣、鄂、湘、渝、川	约 150 万 km²	陆炳炎
10	长江流域经济协作区	2001	以长江干流的辐射效应为依据,范围变动。以沿长江中下游辐射的范围为长度,以垂直于长江的辐射范围为宽度形成的区域	有机变动	厉以宁
11	长江经济带	2013	沪、苏、浙、皖、赣、鄂、湘、川、渝、黔、滇	205.5 万 km²	国家发改委

资料来源:徐廷廷:《长江经济带产业分工合作演化研究》,华东师范大学博士论文,2015 年。

2. 基本概况

长江是中华民族的两大母亲河之一。早在 200 万年前,长江流域的重庆巫山段生活着亚洲最早的直立人——"巫山人"。[①] 而 170 万年前,长江上游的金沙江流域生活着云南的元谋人,是东方人类起源的重要一环。[②] 然后又有"长阳人(早期智人)""资阳人(晚期智人)"等人类化石的发现。旧石器时代遗迹遍布长江中游平原。2019 年 7 月,位于钱塘江与太湖流域的浙江省杭州市良渚文化遗址正式入选《世界文化遗产名录》,成为 5000 年中华文明的有利实证[③],填补了长江的大河文明空缺[④]。考古证据的陆续发现,更加印证了长江流域的人类活动由来已久。

图 1-8　长江经济带区域范围示意图

资料来源:长江水利网(www.cjw.com.cn)。

作为中国第一、世界第三大河,长江拥有着极其丰沛的淡水资源、水能资

[①] 第四纪科研组:《巫山发现新石器时代人类化石》,《成都地质学院学报》1975 年第 Z1 期。

[②] 王文成:《元谋人与东方人类的起源》,《云南民族大学学报》(哲学社会科学版)2007 年第 4 期。

[③] 朱叶菲:《良渚古城:实证中华 5000 年文明的圣地》,《中国自然资源报》2019 年 7 月 11 日。

[④] 陈同滨:《填补长江流域的大河文明空缺》,《中国文物报》2019 年 7 月 9 日。

源和航道资源,每年入海的径流量约为 9857 亿立方米,约占全国河川径流总量的 36.4% 和七大水系的 63.4%,成为中外闻名的"黄金水道",在农业、水利、航运、经济发展、城镇建设等方面都有着得天独厚的自然资源优势。

长江经济带是我国重要的农业生产主产区。2017 年农业总产值为 45700亿元,总播种面积 65833 千公顷,分别占全国同期的 41.8% 和 39.6%;每公顷产值为 6.94 万元,超过全国 6.57 万元的平均水平。粮食生产以稻谷为主,粮食产量和稻谷产量分别占了全国总产量的 36.4% 和 65.0%;经济作物以棉花、油菜、茶叶等为主,产量分别占了全国总产量的 9.2%、83.1% 和 71.0%;肉类和水产品的产量占比也超过了全国的 40%(表 1-6)。从三大流段上看,长江下游 4 省市农业地均产值最高、绩效最好,产量上则以粮食总量和水产品占比最高,分别占了全国的 12.6% 和 20.9%;中游 3 省稻谷、棉花和油菜产量占比最高,是我国稻谷、油菜的主产区之一,茶叶产量也占了全国的近 1/4;上游4 省市则以茶叶和肉类的产量为最高,分别占了全国的 36.0% 和 16.9%,是我国茶叶和生猪的主要产地。

表 1-6 2017 年长江经济带主要农作物产量

(单位:千公顷,亿元,万元/公顷,万吨)

区域	总播种面积	农业总产值	地均产值	粮食		棉花	油料		茶叶	水果	肉类	水产品
				总量	稻谷		总量	油菜				
上海	285	293	10.28	100	86	0	1	0	0	46	18	26.9
江苏	7556	7161	9.48	3611	1893	2.6	85	50	1.4	942	342	507.6
浙江	1981	3093	15.61	580	445	0.6	27	20	17.8	751	115	594.5
安徽	8727	4598	5.27	4020	1658	8.6	155	83	10.8	606	415	218.0
江西	5638	3069	5.44	2222	2126	10.5	121	70	6.1	670	326	250.6
湖北	7956	6130	7.70	2846	1927	18.4	308	213	30.3	948	435	465.4
湖南	8322	5214	6.26	3074	2740	11.0	226	196	19.7	956	543	241.5
重庆	3340	1902	5.70	1080	487	0	62	47	3.9	403	181	51.5
四川	9575	6956	7.26	3489	1474	0.4	358	288	27.8	1008	654	150.7
贵州	5659	3414	6.03	1242	449	0.1	116	88	17.6	280	206	25.5
云南	6791	3873	5.70	1843	529	0	56	48	39.3	784	419	63.1
经济带	65833	45700	6.94	24107	13814	52.2	1515	1103	174.7	7394	3655	2595

续表

| 区域 | 总播种面积 | 农业总产值 | 地均产值 | 粮食 | | 棉花 | 油料 | | 茶叶 | 水果 | 肉类 | 水产品 |
				总量	稻谷		总量	油菜				
全国	166332	109332	6.57	66161	21268	565.3	3475	1327	246.0	25242	8654	6445
下游占全国	11.2	13.8	8.48	12.6	19.2	2.1	7.7	11.5	12.2	9.3	10.3	20.9
中游占全国	13.2	13.2	6.58	12.3	31.9	7.1	18.8	36.1	22.8	10.2	15.1	14.9
上游占全国	15.2	14.8	6.36	11.6	13.8	0.9	17.0	35.5	36.0	9.8	16.9	4.5
经济带占全国		41.8	105.6	36.4	65.0	9.2	43.6	83.1	71.0	29.3	42.2	40.3

资料来源:《中国统计年鉴 2018》及 2018 年沿江 11 省市统计年鉴。

　　中国是世界水利大国,2018 年我国水电装机容量为 35226 万千瓦,水电发电量 13044.4 亿千瓦时。[①] 而长江是我国水量最丰富的河流,也是世界水能第一大河。长江流域装机容量约为 21578.49 万千瓦,以 2018 年装机容量为基数,水电发电约为 7929.53 亿千瓦时,水电装机容量及发电量分别占了全国的 61.3%和 60.8%。其中,2018 年三峡水利枢纽工程发电量首次突破 1000 亿千瓦时,成为装机容量和年发电量均位居世界第一的水电站。在全球装机容量最大的前 20 座水电站中,我国占了半壁江山,长江流域共占了 6 席(其中长江上游的金沙江流域就占了 5 席),包括前十中的第一、二、四、七、九位(表 1-7)。

表 1-7　2018 年世界水利枢纽工程前 20 座一览

国家	名称	河流	装机容量（万千瓦）	年发电量（亿千瓦时）	初始发电年份
中国	三峡	长江	2250	1016.2	2003
中国	白鹤滩	金沙江*	1600	640	2021 年（计划）
巴西、巴拉圭	伊泰普	巴拉那河	1400	900	1983

---

　　① 数据来源:《2019 年中华人民共和国国民经济和社会发展统计公报》。

国家	名称	河流	装机容量（万千瓦）	年发电量（亿千瓦时）	初始发电年份
中国	溪洛渡	金沙江*	1386	586	2014
委内瑞拉	古里	卡洛尼河	1030.5	510	1968
美国	大古力	哥伦比亚	1023	203**	1942
中国	乌东德	金沙江*	1020	387	2021 年（计划）
巴西	图库鲁伊	托坎廷斯河	837	552	1984
中国	向家坝	金沙江*	775	330.8	2012
加拿大	拉格兰德二级	拉格兰德	732.6	358	1979
俄罗斯	萨杨—舒申斯克	叶尼塞河	640	235**	1978
中国	龙滩	红水河	630	383.7	2007
俄罗斯	克拉斯诺雅尔斯克	叶尼塞河	600	204	1967
中国	糯扎渡	澜沧江	585	239.12**	2012
加拿大	丘吉尔瀑布	丘吉尔河	542.8	345	1972
中国	锦屏二级	雅砻江*	480	249.9**	2012
俄罗斯	布拉茨克	安加拉河	450	226	1967
中国	小湾	澜沧江	420	190	2009
中国	拉瓦西	黄河	420	102.23**	2009

资料来源:作者自行绘制,* 为长江流域,** 为年均发电量。

截至 2018 年,长江内河航运里程达到 90411 千米,占全国内河航运里程的 71.1%,水运客运量和货运量分别达到 16452 万人和 465434 万吨,分别占全国总量的 58.8%和 66.2%,成为全球最大的内河航运带,凸显了长江作为黄金水道的突出航运优势。在 2018 年我国港口吞吐量上亿吨的 41 个大型港口中,长江沿江 11 省市共有 20 个港口上榜,占了全国的 48.8%。其中,除了宁波舟山港(全球最大货物吞吐量港)、上海港(全球最大集装箱港)和连云港港外,其余 17 个均为内河港口,且包揽了我国排名靠前的全部内河大港,整体崛起、均衡发展的态势明显(表 1-8)。

表 1-8　2018 年中国港口货物吞吐量上亿吨大港一览

（单位：万吨，%）

排序	港口	吞吐量	年增	排序	港口	吞吐量	年增	排序	港口	吞吐量	年增
1	宁波舟山	108439	7.4	15	南京(内)	25199	6.6	29	芜湖(内)	12016	-6.2
2	上海	68392	-3.0	16	深圳	25127	4.1	30	海口	11883	5.2
3	唐山	63710	11.1	17	泰州(内)	24509	22.9	31	杭州(内)	11812	10.2
4	广州	59396	4.2	18	北部湾	23986	9.7	32	九江(内)	11689	-0.2
5	青岛	54250	6.1	19	秦皇岛港	23119	-5.7	33	岳阳(内)	11121	-6.8
6	苏州(内)	53227	-12.0	20	厦门港	21720	2.9	34	锦州	10960	4.3
7	天津	50774	1.4	21	连云港港	21443	4.1	35	嘉兴(内)	10696	13.4
8	大连	46784	2.8	22	重庆(内)	20444	3.7	36	湖州(内)	10486	-0.5
9	烟台	44308	10.6	23	福州	17876	20.5	37	马鞍山(内)	10355	-6.1
10	日照	43763	8.9	24	江阴(内)	17560	10.0	38	武汉(内)	10318	3.0
11	营口	37001	2.0	25	东莞	15580	8.5	39	扬州(内)	10129	7.5
12	湛江	30185	7.0	26	镇江(内)	15331	7.9	40	丹东港	10066	-29.2
13	黄骅	28771	6.4	27	珠海	13799	1.6	41	铜陵港(内)	10008	-9.8
14	南通(内)	26702	13.3	28	泉州	12832	-1.2				

资料来源：交通运输部官网 2019 年 5 月 13 日，http://www.mot.gov.cn/tongjishuju/。

　　2018 年末，长江经济带 11 省市常住人口为 5.99 亿，GDP 为 402985 亿元，固定资产投资为 311957 亿元，地方财政收入为 43824 亿元，社会零售消费品总额为 161573 亿元，外贸进出口总额为 133824 亿元，住户年末储蓄存款余额 295735 亿元，分别占全国同期的 42.9%、44.8%、48.3%、44.8%、42.4%、43.9% 和 40.8%，均超过全国总量的 40% 以上；人均 GDP67307 元，高于全国平均水平 4.1 个百分点；城乡居民可支配收入 26667 元，低于全国平均 5.5 个百分点（表 1-9）。从三大流段的情况比较来看，下游 4 省市除了国土面积外，其余各项宏观经济指标都远远高于和优于中游及上游地区，其中 GDP、地方财政收入、社会消费品零售总额、外贸进出口总额、住户储蓄存款余额等指标都超过中上游地区一倍以上乃至十倍，占经济带的比重均超过 50% 以上，成为长江经济带一体化发展的领头羊。

表 1-9　2018 年长江经济带 11 省市社会经济基本情况①

（单位：万平方公里，万人，亿元，%，亿美元，元/人）

省市	面积	年末常住人口	GDP	人均GDP	固定资产投资	地方财政	社会消费品额	外贸进出口额	住户存款余额	人均住户存款	居民收入	城市化率
上海	0.6	2424	32680	134982	7624	7108	12669	34012	28569	117859	64183	88.10
江苏	10.7	8051	92595	115168	56207	8630	33230	43794	50769	63059	38069	69.61
浙江	10.5	5737	56197	98643	33946	6598	25008	28512	46458	80980	45840	68.90
安徽	14.0	6324	30007	47712	32729	3049	12100	4142	22995	36361	23984	54.69
江西	16.7	4648	21985	47434	24536	2372	7566	3162	17184	36971	24080	56.02
湖北	18.6	5917	39367	66616	35833	3307	18334	3486	26315	44474	25814	60.30
湖南	21.2	6899	36426	52949	35155	2861	15638	3076	25381	36789	25241	56.03
重庆	8.2	3102	20363	65933	18765	2266	7977	5221	15907	51280	26386	65.50
四川	48.6	8341	40678	48883	28065	3911	18254	5947	38403	46041	22461	52.29
贵州	17.6	3600	14806	41244	17964	1727	3971	501	10589	29414	18430	47.52
云南	39.4	4830	17881	37136	2113	1994	6826	1971	13165	27257	20084	47.81
下游	35.8	22536	211479	93841	130506	25385	83007	110460	148791	66024	32173	67.23
中游	56.5	17464	97778	55988	95524	8541	41538	9724	68880	39441	25126	57.47
上游	114	19873	93728	47163	85927	9898	37028	13640	78064	39281	21766	52.40
经济带	206	59873	402985	67307	311957	43824	161573	133824	295735	49394	26663	59.46
全国	960	139538	900310	64644	645675	97903	380987	305008	724439	51917	28228	59.58
占全国	21.5	42.9	44.8	104.1	48.3	44.8	42.4	43.9	40.8	95.4	94.5	99.8

数据来源：《中国统计年鉴 2019》、全国和 11 省市 2018 年统计公报，年平均汇率 6.6174。下同。

二、产业经济维度

1. 经济发展及空间分布

（1）经济总量稳步增长，由指数型增长转变为二项式增长

长江经济带和全国经济总量从 1978 年的 1516.8 亿元和 3678.7 亿元增长到 2018 年的 402985.4 亿元和 900309 亿元，按当年价计算 40 年间分别增长了 264.7 倍和 244.74 倍，年均增速分别达到 15.0% 和 14.7%，长江经济带

---

① 下游地区：上海、江苏、浙江、安徽；中游地区：江西、湖北、湖南；上游地区：重庆、四川、贵州、云南。下同。

增速略高于全国平均水平。如图 1-9 所示,40 年间长江经济带和全国 GDP 总体上均呈现出指数式增长,长江经济带拟合曲线为 $y = 1244.8e^{0.1481x}$($R^2 = 0.9942$);全国为 $y = 3117.9e^{0.1461x}$($R^2 = 0.9919$)。但 2012 年之后,两条曲线都开始出现了一定程度的偏差,拟合曲线更趋向于二项式增长,即增长率开始变缓。其中,长江经济带 2012 — 2018 年数据的拟合曲线为 $y = 1225.6x^2 + 17699x + 219985$($R^2 = 0.998$);全国数据的拟合曲线为 $y = 3386.8x^2 + 31591x + 511565$($R^2 = 0.9971$)。

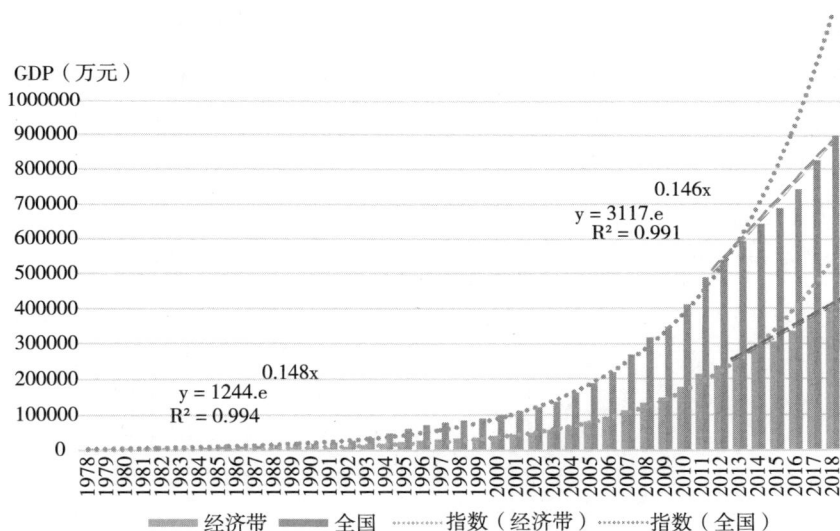

GDP（万元）

0.146x
y = 3117.e
$R^2 = 0.991$

0.148x
y = 1244.e
$R^2 = 0.994$

经济带 全国 指数（经济带） 指数（全国）

图 1-9 1978—2018 年长江经济带与全国 GDP 总量及发展趋势

资料来源:1978—2018 年各省市统计年鉴及全国统计年鉴。

在改革开放的时代背景下,长江经济带区域经济发展迅猛,人口数量、经济规模和实力均不断增多增强。从人口数量及其流段分布的动态变化上看,1978 年长江经济带人口 42440 万人,占全国人口的 44.03%,其上中下游的人口比例分别占沿江 11 省市总人口的 33.33%、30.37% 和 36.29%;至 2018 年经济带常住人口 59873 万人,增长了 17433 万人,所占全国比重及其在上中下游地区的状况都比较稳定,上下浮动均未超过 1%。从经济规模及其流段分布的动态变化上看,1978 年长江经济带 GDP1516.84 亿元,占全国 GDP 的 41.23%,上中下游分别占经济带 GDP 总量的 24.52%、25.38% 和 50.10%;至

2018 年经济带 GDP 总量 402985 亿元,占全国经济总量的 44.76%,提升了 3.5 个百分点,上中下游 GDP 则分别占经济带的 23.26%、24.26% 和 52.48%,虽然相较 1978 年在比例上浮动范围并不大,但省际之间尤其是下游与上中游之间的经济差距仍有较明显的扩大(图 1-10)。从人均 GDP 的动态变化情况来看,1978 年全国人均 GDP 为 382.2 元,长江经济带为 357.4 元,经济带是全国平均水平的 93.5%。其中,上游 262.93 元,中游 298.65 元,下游 493.35 元,下游人均 GDP 分别是上游的 1.88 倍和中游的 1.65 倍,沿江 11 省市中人均 GDP 最高的上海市(2471.11 元)是最低的贵州省(173.54 元)的 14.24 倍;至 2018 年,全国人均 GDP 为 64644 元,长江经济带为 67307 元,经济带已反超全国平均水平 4.1 个百分点。其中,下游人均 GDP 分别是上游的 1.99 倍和中游的 1.68 倍,三大流段人均之间的相对差距和绝对差距都有一定程度的扩大,但省际之间的差距则出现了明显缩小,如人均 GDP 最高的上海市(134982 元)与最低的云南省(37136 元)之间的差距已经大幅缩小至 3.63 倍。①

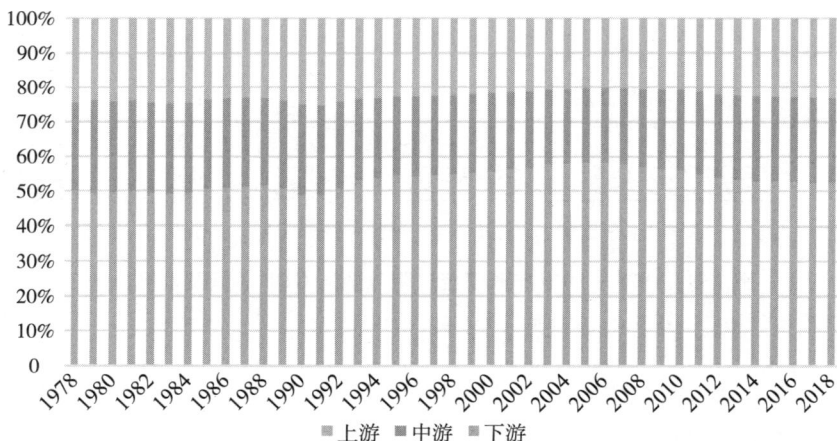

图 1-10　1978—2018 年长江经济带上中下游 GDP 百分比堆叠图

资料来源:1978—2018 年各省市统计年鉴及全国统计年鉴②。

---

①　数据来源:历年长江经济带各省市统计年鉴及中国统计年鉴,均为名义 GDP,下同(统计略有差异,但不影响分析结果。改革开放后人口及经济数据详见附表 1-1、附表 1-2)

②　详细数据见附表 1-1,分省市数据与《新中国统计资料汇编》有所不同,以各省市统计资料为准,下同。1997 年 6 月 18 日,重庆直辖市政府机构正式挂牌成立,1996 年起重庆市数据开始单独核算。1996 年以前四川省统计数据已经扣除重庆市部分。

综上可知,改革开放四十多年来,长江经济带区域经济的整体发展是迅猛而又健康的,总体上经历了一个从相对非均衡、不协调到相对均衡与协调的过程。其间,鉴于上中下游之间资源禀赋、经济基础不同和不同时期区域发展战略实施的有先有后,三大流段之间的经济发展差距前期有着持续扩大的明显趋势,并于 2006 年左右达到最大。以后,随着"五大发展理念"的提出和区域协调发展战略不断得到贯彻与强化,下游地区与上中游地区之间的经济差距扩大之势得到了明显的抑制和逐步的缩小,特别是省际人均GDP 最高与最低之间的差距峰值得到了大幅削减,但三大流段之间的经济差距依然较大,尤其是人均 GDP 水平的不平衡还有一定程度的扩大倾向,需要引起密切的关注。

(2)沿江 11 省市经济快速、超额增长,省际协调性均衡发展态势向好

前文中提到区域协调性均衡发展的核心是:在发展过程中的关注点先从"量"转变为"质""量"并重再到更加注重"质"的发展,从而达到相对"均衡"与"协调"的状态。而带动区域协调发展的一个重要方式是注重培育和打造新的经济增长极,以辐射带动周边地区共同发展,以期通过非均衡的发展模式达到协调发展、共同发展的目的。

本研究旨在以 1998 年为基期、2018 年为报告期,以全国平均增长率及增长额为纵横坐标基线,计算 20 年间长江经济带各省份以及 110 个地级及以上城市 GDP 与人均 GDP 的增长额和发展速率呈现原有增长中心发展状况,通过过往数据指向得出 20 年间涌现出来的新增长点,并以此推断未来长江经济带协调性均衡发展的基本走向和可能持续崛起的新增长中心。

将图 1-11 中的坐标系分为四个部分(增长率—增长额),得到高—高、高—低、低—低和低—高四个象限。从 GDP 增长的总量上看,江苏和浙江位于高—高象限、上海和云南在低—低象限、其余诸省均在高—低象限上。沿江11 省市除上海和云南外,增长率均在全国 956.76% 的平均水平以上,表明 20年间长江经济带整体在全国平均增长率的基础上得到了快速、超额的增长。

长江经济带 11 省市人均 GDP 增长率和增长额均高于全国,与 GDP 的增幅和增速基本保持一致。其中,位于高—高象限的有江苏、湖北和重庆 3 省市,表明三地自 1998 年以来持续保持着高速发展的态势,尤其是江苏保持了

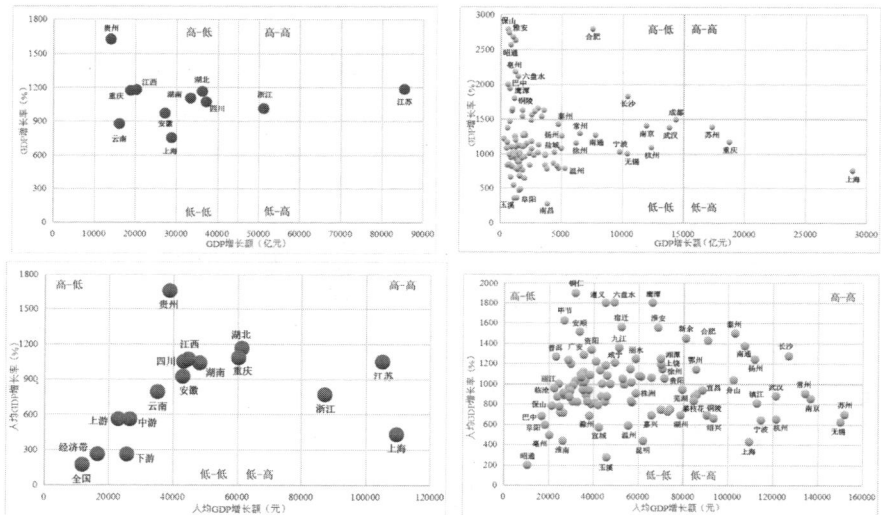

图 1-11　1998 年、2018 年长江经济带经济区位指向图

数据来源:历年沿江各省市统计年鉴(见附表 1-3)

1100%的增长率和 10 万元以上的增长额;位于高—低象限的有贵州、江西、湖南、四川和安徽 5 省,因基期(1998 年)的人均 GDP 绝对数量较小,20 年来人均 GDP 增长率均在 1000%以上,尤以贵州的增长最为迅猛,人均 GDP 增长率达到了 1657%,为沿江 11 省份之首;在低—低象限仅有云南一省,但累计增长率也在 800%左右;位于低—高象限的有上海和浙江两省市,表明这两个省市作为一直以来经济带的两大经济中心和增长中心,现阶段已经率先迈入了增长相对低速、加快新旧动能转换的新发展时期,在发展过程中将从注重发展速度转向更加注重发展的质量。

综上,从沿江 11 省市的整体发展态势上看,无论是 GDP 还是人均 GDP 的增长态势,都显示出省际、区际更加协调与均衡的基本大势,特别是原来高高在上的上海与其他省市的差距正在持续缩小,虽然上中下游人均 GDP 绝对数量相差依然比较大,但是上中游地区在近 20 年间的整体增长率(560%)也远高于下游地区的 260%(具体数据见附表 1-4)。从各省市所处的发展位势和未来的发展趋势上看,下游地区的上海虽然 20 年间的增长额与增长率均不理想,但雄厚的经济基础和强大的经济实力使其依然是引领经济带共同发展当之无愧的龙头城市,此地位在很长时期内将无人能够改变与撼动;下游的江苏和浙江两省具有增长率与增长额的双高优势,作为经济带中最强的先进制造业大省和最大的民营经济大省,其未来在经济带中的地位必将得到进一步提升;中游的湖北在基础和速度上均有相当优势,是经济带未来中部崛起的重要承载区域;上游的四川具有基础优势,重庆具有速度优势。贵州虽然发展速度迅猛,但基础依然相对薄弱、能级偏低,并不能很好地辐射和影响周边省市发展。从不利于沿江 11 省市整体协调性均衡发展的视角看,一是目前下游江浙沪三省市人均 GDP 与其他省市的差距依旧过大;二是上游云南省的发展状况相对滞后,在增长率和增长额上都有待进一步持续发力;三是江苏 GDP 和人均 GDP 的持续走强,有可能形成未来新的省际差距扩大态势。

(3)沿江 110 市 GDP 差距仍大,人均相对均衡,长沙诸市未来潜力巨大

从图 1-11 所显示的长江经济带 110 个地级及以上城市 20 年间动态演进和空间分布态势的散点图看,城市间 GDP 的差距依然巨大,整体不平衡、不充分的问题依然较为突出,高—高象限中无一市入选,低—高象限中也仅有苏州、重庆、上海三市,其余 107 个城市均位于高—低和低—低两个象限之中,且以低—低象限居多,整体发展态势并不十分理想。从人均 GDP 的动态演进情况看,110 个城市的整体分布相对比较均匀,位于高—高象限的有长沙、扬州、南通、泰州、舟山、合肥、鄂州和新余 8 个城市,低—高象限中有苏州、无锡、南京等 14 个城市,其余近 90 个城市则位于高—低象限和低—低象限。其中,增长额最大的前十城市依次为苏州、无锡、南京、常州、长沙、武汉、杭州、宁波、镇江和扬州,除长沙、武汉两市外其余 8 个城市均为江浙所辖城市;增长率最快的前十城市则依次为铜仁、六盘水、遵义、鹰潭、毕节、宿迁、淮安、安顺、泰州和新余,其中贵州铜仁市和贵州六盘水市更是达到了 1800% 以上的最高水平,但因其 1998 年(基期)人均 GDP 绝对数量较小,20 年间的增长额度并不大,仅有 3 万元左右。若从增长率优势与增长额优势双叠加的视角来分析,目前 GDP 前 30 位的叠加区域内共有重庆、苏州、成都、武汉、南京、长沙、南通、合肥、常州、泰州十市,人均 GDP 前三十位的叠加区域内则有长沙、扬州、南通、泰州、合肥、鄂州、新余、徐州八市,其中双叠加的聚焦城市共有长沙、南通、合肥、泰州四市,成为未来经济带原有增长极之外最有可能形成的新增长极,增

长潜力与空间巨大。

2. 长江经济带空间集聚性与关联性分析

为了更深入地探讨长江经济带经济发展的时空演进过程,本研究将引入空间自相关(Spatial Autocorrelation)的方法以观测变量之间的联系性。地理学第一定律(Tobler's First Law)指出,事物之间都有关联性,邻近的地域与远处的地域相比将更加相关。事物的分布总遵循规则、随机和相关三种关系。其中,全局莫兰指数(Global Moran'I Index)是用以度量空间相关性的重要手段之一,下文将用此分析1998—2018年间长江经济带110个地级及以上城市经济发展的空间集聚性。而冷热点分析(Getis-OrdG$_i^*$)相较于全局莫兰指数,可以识别空间上的高值和低值(即冷热点),从而识别区域空间的异质性和联系性。

(1)依据全局莫兰指数的空间自相关分析

所谓"空间自相关—全局莫兰指数"(Spatial Autocorrelation-Global Moran'I)分析,即通过给定某一组空间要素的位置及其相关属性,来判断该要素所表达的空间模式是聚类、离散还是随机。

全局莫兰指数的公式为[①]:

$$I = \frac{n}{S_0} \frac{\sum\limits_{i=1}^{n} \sum\limits_{j=1}^{n} w_{i,j} z_i z_j}{\sum\limits_{i=1}^{n} z_i^2} \quad S_0 = \sum\limits_{i=1}^{n} \sum\limits_{j=1}^{n} w_{i,j}$$

$$Z_I = \frac{I - E[I]}{\sqrt{v[I]}}$$

$$E[I] = -1/(n-1)$$

$$V[I] = E[I^2] - [I]^2$$

其中,Z_i是要素 i 的属性与其平均值($X_i - X$)的偏差,$W_{i,j}$是要素 i 和 j 之间的空间权重,n 为要素总数,S_0是所有空间权重的聚合,Z_I即为 Z 得分值。n=110 即空间要素的数量,长江经济带 110 个地级及以上城市;Z_i 与 Z_j 为第 i 个和第 j 个城市的人均 GDP 的变化值,I 的取值范围是[−1,1],当 I=0 时,表

---

① 公式来源于 ArcGIS10.6 版帮助指南,下同。

明要素在空间上是随机分布的;当 I 趋于 1 时表明要素在空间上呈正相关;当 I 趋于-1 时表明要素在空间上呈负相关。

本研究对 1998—2018 年沿江 110 个地级及以上城市人均 GDP 数据在 ArcMap 中应用空间自相关—全局莫兰指数进行检验。其中,参数设置:空间关系的概念化=INVERSE_DISTANCE(反距离差值加权)①、距离法=EUCLIDEAN_DISTANCE(欧氏距离)、标准化=NONE,得到 20 年间全局莫兰指数在 0.43—0.65 之间(图 1-12),P 值小于 0.1,即各数据在 99% 置信空间上通过检验且满足 Z 值大于 1.65(样本数据的 Z 值在 74—110 之间),说明数据在空间上高度集聚,并不是随机分布的。110 市人均 GDP 数据在空间上呈现出明显的正相关,表明长江经济带在近 20 年间均处于相对集聚的发展阶段。其中,1998—2003 年 6 年间的集聚变化较为平缓;2004 年之后全局莫兰指数开始大幅度增长,至 2013 年已达到 0.65,表明 110 市人均 GDP 从弱集聚向强集聚转变,增幅达到 50% 以上;2013 年以后,全局莫兰指数增速开始放缓并又呈下降和趋于平稳,在一定程度上说明长江经济带在 20 年间经历了从平稳到快速增长又趋于平稳发展的演变过程,与上文所述长江经济带 GDP 总量动态变化的分析结果一致。以此表明,1998—2018 年间长江经济带的经济发展在空间上呈现为"均衡—不均衡—逐渐均衡"的动态演绎特征②。

(2)依据热点分析的空间聚类判断

通常在一个数据集中高值和低值,即热点和冷点时,都会被重点关注,但在热点分析(Getis-Ord G_i^*)中,高值要成为具有显著统计学意义的热点,该要素本身应为高值且其周围的要素也应为高值。而热点分析工具对数据集合中的每一个要素进行计算得到的 Z 值和 P 值及置信空间 G_i-Bin,从而得到空间上高值或低值要素聚类的位置。其中,Z 值表示要素数据的标准差,P 值为某一个空间模式是随机发生的概率,G_i-Bin 若某个要素的 Z 值高且 P 值低,表示有一个高值的空间聚类;若 Z 值低并为负数且 P 值也低,表示有一个低值

①　反距离加权法最适合对连续数据,或最适合对符合此种情形的对象进行建模:两个要素在空间上越靠近,它们彼此交互和影响的可能性就越大。

②　王雅竹、段学军等:《长江经济带经济发展的时空分异及驱动机理研究》,《长江流域资源与环境》2020 年第 1 期。

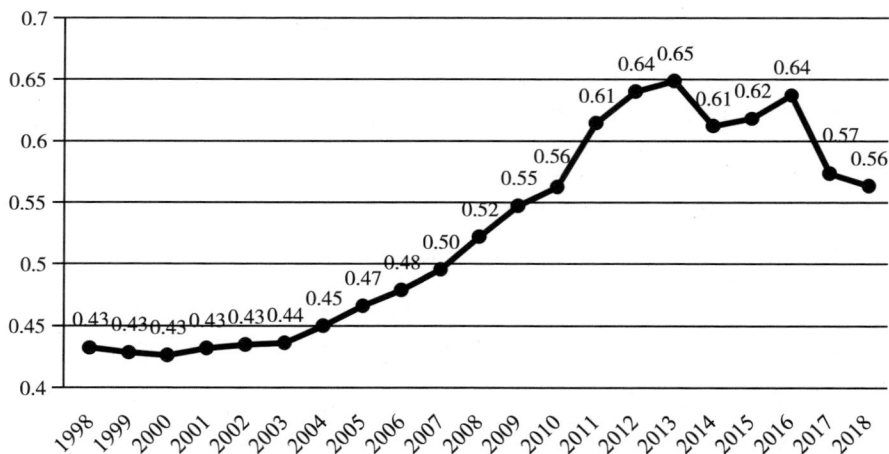

图 1-12　1998—2018 年长江经济带人均 GDP 全局 Moran's I(莫兰)指数分布

数据来源:历年沿江各省市统计年鉴(见附表 1-3)。

的空间聚类。Z 值越高(或越低),聚类程度就越大(热点或冷点)。如果 Z 值趋近于 0,则表示空间聚类不明显(图 1-13)。

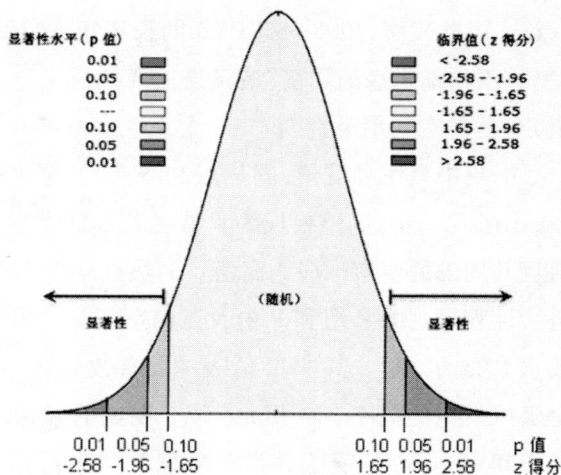

图 1-13　空间自相关中 P 值和 Z 值关系图

资料来源:ArcGIS10.6 版帮助指南——什么是 z 得分? 什么是 p 值?

　　其具体计算方法为:

$$G_i^* = \frac{\sum\limits_{j=1}^{n} w_{i,j}\, x_j - X \sum\limits_{j=1}^{n} w_{i,j}}{S} \qquad S = \sqrt{- (\bar{X})^2}$$

$$\bar{X} = \frac{\sum\limits_{j=1}^{n} x_j}{n}$$

其中,x_j是要素 j 的属性值,$w_{i,j}$是要素 i 和 j 之间的空间权重,n 为要素总数,G_i^* 即为 Z 值得分。

本书通过对沿江 110 个地级及以上城市[①] 1998 年、2008 年、2018 年三个时间节点的人均 GDP 数据进行热点分析(参数设置为:空间关系的概念化 = FIXED_DISTANCE_BAND[②]、距离法 = EUCLIDEAN_DISTANCE),并利用自然间断点分级法将结果分为核心热点区、边缘热点区、冷热点过渡区、边缘冷点区和核心冷点区 5 个类型,得到了三个时间节点上的热点分析图(图 1-14)。

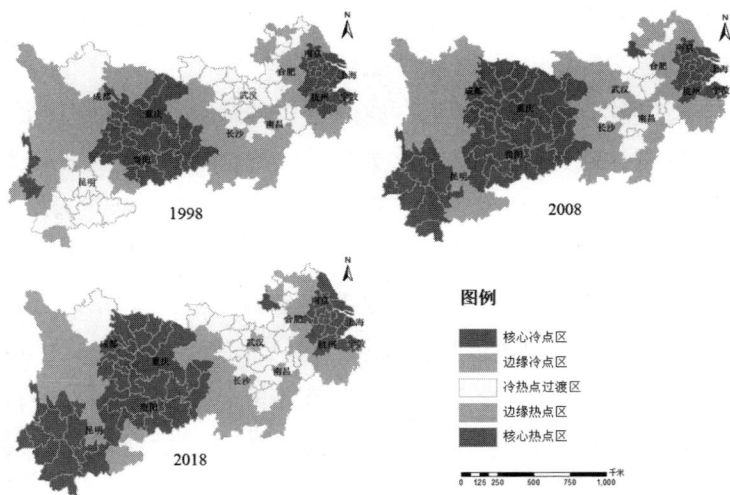

图例
■ 核心冷点区
■ 边缘冷点区
□ 冷热点过渡区
■ 边缘热点区
■ 核心热点区

图 1-14　1998 年、2008 年、2018 年长江经济带经济发展热点分析图

---

①　湖北省四个省级直管县,其中潜江、天门和仙桃市相邻近,作为一个面要素分析,属性值为三市平均值。

②　FIXED_DISTANCE_BAND:将对邻近要素环境中的每个要素进行分析。

通过分析 3 个时间节点的冷热点数量可以看出,1998 年长江经济带有 16 个核心热点区、12 个边缘热点区、33 个冷热点过渡区、43 个边缘冷点区和 23 个核心冷点区;十年后的 2008 年,有 15 个核心热点区(−1)、14 个边缘热点区(+2)、14 个冷热点过渡区(−19)、38 个边缘冷点区(−5)和 46 个核心冷点区(+23);再到十年后的 2018 年,有 17 个核心热点区(+2)、13 个边缘热点区(−1)、25 个冷热点过渡区(+11)、29 个边缘冷点区(−9)和 43 个核心冷点区(−3)。综合 20 年间长江经济带三个时间节点冷热点区数量的动态变化,核心热点区为 16→15→17 个,数量先略减后略增,变化不大;边缘热点区为 12→14→13,数量先略增后略减,变化同样不大;冷热点过渡区为 33→14→25 个,数量先骤减后骤增,总体上趋于减小;边缘冷点区为 43→38→29,数量持续减少;核心冷点区为 23→46→43 个,数量先骤增后略减,总体上趋于增多。

通过对长江经济带 110 个地级及以上城市 1998 年、2008 年、2018 年三个时间节点人均 GDP 数据进行冷热点区域的动态变化分析,可以初步得出以下结论:

第一,长江经济带冷热点地区的空间分布具有鲜明的流段特征,即上游地区大多为冷点区域,下游地区大多为热点区域,中游地区则大多为过渡区域,表明沿江 110 市的人均 GDP 从下游往中游和上游逐级递减,形态特征上符合"梯度理论"的表述,下游与上游之间的经济发展水平与差距依然巨大,经济带整体发展不平衡、不协调的现状与问题依然十分突出。特别是 110 市中的核心冷点区和边缘冷点区数量要数倍于热点区和热点边缘区,总体呈现为中低值集聚,且冷点区数量与范围相对稳定且不易被打破,这也是国家强力推动扶贫攻坚、各项区域发展政策不断向中西部地区倾斜的主要原因。

第二,从经济带冷热点地区的数量变化及其相互增减关系上看,除了核心热点区和边缘热点区的数量变化不大外,核心冷点区、边缘冷点区和冷热点过渡区都表现出较大的时空变幅,尤其是核心冷点区的骤增略增和冷热点过渡区的骤减骤增。这种骤起骤降的时空分布变化,既符合区域非均衡发展的一般规律,又表明 20 年间经济带曾经整体经历了一个从相对均衡→相对不均衡

→重归相对均衡的动态时空演绎过程。经济带未来的基本走向应是继续相对均衡发展的向好走势,其有力依据就是中游地区冷热点过渡区数量与范围的持续扩大,成为区域整体发展更趋于均衡的坚实基础。只是云南原有的大片冷热点过渡区的全部消失,成为经济带整体趋向均衡协调发展的一个不利因素。

第三,从冷热点地区的空间分布结构上可知,长江下游有一个以上海为中心的人均 GDP 高值区(核心热点区),并逐步向江浙两翼和安徽的核心热点区、边缘热点区和冷热点过渡区扩散;长江中游有以武汉为中心的大范围冷热点过渡区,并逐步向长沙、南昌及周边地区扩散;长江上游则有成都、重庆、昆明、贵阳四市所包围着的大面积 GDP 低值区(核心冷点区),并逐步向边缘冷点区和冷热点过渡区扩散。以此表明,上中下游的冷热点地区分布,都具有比较明显的圈层结构特征,核心冷点区和核心热点区分别被边缘冷点区和边缘热点区包围,核心冷热点区域之间则被冷热点过渡区所连接。其中,下游所显示的圈层结构与以上海为中心的长三角城市群高度吻合;中游所显示的圈层结构则与以武汉为中心的长江中游城市群高度吻合,承接着下游产业、人口转移并不断辐射到上游地区,发挥着"承上启下"的作用;只是长江上游的圈层结构,把成渝城市群和滇中、黔中城市群混杂在一起,彼此之间没有明显的划分边界。如何打破现有圈层结构,实现热点区的产生并不断增长,是今后该区域发展策略的重点

3. 三次产业构成分析

纵观改革开放 40 年多来长江经济带产业结构的变化,最大的可喜变化就是从农业转向非农产业(工业和服务业)的大发展,三次产业构成成功地实现了从"二一三"到"二三一"再到"三二一"的历史性转变(表 1-10)。1978 年,长江经济带的三次产业构成为 32.54∶48.73∶18.73,农业增加值占比接近1/3,服务业增加值占比还不到 1/5;到 1988 年三次产业构成基本维持原状,尚无明显的改变;到 20 世纪末的 1998 年,随着积极承接世界制造业的转移和大规模城镇化建设,产业结构开始发生明显的变化,农业向制造业和服务业转移的步伐明显加快,服务业增加值占比达到 34.61%并明显超过了农业增加值;到加入世贸组织后的 2008 年,经济带工业增加值占比达到了 49.57%的相

表1-10 1978、1988、1998、2008、2018年长江经济带11省市及全国GDP总量及三次产业占比

(单位:GDP:亿元;第一、二、三产:%)

年份省市	1978				1988				1998				2008				2018			
	GDP	一产	二产	三产	GDP	一产	二产	三产	GDP	一产	二产	三产	GDP	一产	二产	三产	GDP	一产	二产	三产
上海	273	4.03	77.36	18.61	648	4.22	66.80	28.98	3831	1.93	49.32	48.75	142767	0.79	43.48	55.73	32680	0.32	29.78	69.90
江苏	249	27.57	52.60	19.84	1209	26.40	48.54	25.05	7200	14.54	50.56	34.90	31357	6.69	55.21	38.10	92595	4.47	44.55	50.98
浙江	124	38.06	43.26	18.68	770	25.40	46.01	28.59	5053	12.06	54.76	33.18	21463	5.11	53.90	41.00	56197	3.50	41.83	54.67
安徽	114	47.18	35.55	17.27	547	38.49	36.74	24.77	2805	26.37	44.68	28.95	8852	16.02	47.44	36.54	30007	8.79	46.13	45.08
江西	87	41.59	38.02	20.39	326	36.58	36.02	27.40	1720	26.19	35.36	38.45	7000	15.03	51.21	33.76	21985	8.54	46.62	44.84
湖北	151	40.47	42.19	17.34	627	34.26	43.29	22.44	3114	24.99	38.51	36.50	11414	15.60	45.02	39.39	39367	9.01	43.41	47.58
湖南	147	40.70	40.70	18.60	584	37.16	37.89	24.96	3026	27.38	37.12	35.50	11550	15.72	44.02	40.26	36426	8.47	39.68	51.86
重庆	72	34.60	48.06	17.34	261	28.71	45.01	26.28	1602	18.78	42.16	39.06	5818	9.68	44.92	45.40	20363	6.77	40.90	52.33
四川	185	44.53	35.51	19.97	660	36.68	36.13	27.20	3474	26.26	38.11	35.63	12601	17.59	46.21	36.20	40678	10.88	37.67	51.45
贵州	47	41.66	40.18	18.17	212	40.23	37.13	22.65	858	30.88	37.21	31.91	3563	15.18	38.45	46.37	14806	14.59	38.88	46.54
云南	69	42.66	39.94	17.39	301	34.37	37.33	28.30	1831	22.03	44.68	33.29	5711	17.93	43.09	38.97	17881	13.98	38.91	47.12
下游	760	23.77	57.41	18.82	3174	23.71	49.62	26.66	18889	13.08	50.56	36.36	75948	6.22	51.73	42.05	211479	4.19	41.77	54.05
中游	385	40.81	40.68	18.51	1536	35.85	39.70	24.45	7859	26.17	37.28	36.54	29965	15.51	46.08	38.41	97778	8.70	42.74	48.55
上游	372	41.91	39.34	18.76	1434	35.26	38.15	26.59	7766	24.23	40.40	35.37	27693	15.69	44.30	40.01	93728	11.16	38.80	50.04
经济带	1517	32.54	48.73	18.73	6145	32.42	41.83	25.75	34515	20.65	44.74	34.61	119329	11.40	49.57	39.03	402985	6.90	41.31	51.78
全国	3679	27.69	47.71	24.60	15180	25.24	43.53	31.24	85196	17.16	45.80	37.04	319245	10.17	46.97	42.86	900310	7.19	40.65	52.16

资料来源:1978—2018年各省省市统计年鉴及全国统计年鉴。

对最高点并开始反超全国平均工业占比,服务业增加值占比也达到了39.03%的历史高点,而农业增加值占比则在十年间大幅减少了将近10个百分点;到2018年,经济带农业增加值占比已经将至6.9%并开始低于全国7.19%的平均比重,服务业增加值也已达到51.78%的历史最高水平并远远超过工业41.31%的比重,形成了"三二一"的三次产业结构,整体上成功迈入了工业化的高级阶段。长江经济带产业结构的上述变化,完全符合发展经济学中产业发展从第一产业向第二产业再向第三产业逐级转移的一般规律和良性发展方向。有研究认为,自1998年起,我国的产业结构高度加速提升,较前期以10倍的增速加快发展,我国经济开始进入稳态发展阶段,服务业的劳动生产率提升是这种快速增长的推动力,并且第三产业在总产值中占比不断提高,这种趋势依然在持续。[①] 这一结论与长江经济带产业结构的动态变化过程与趋势基本保持一致。特别是改革开放40多年来,长江经济带的工业产值占比一直保持着相对较高且较稳定的状态,从而为农业现代化发展和服务业的蓬勃兴起提供了有力的基础和保障。

4. 轻重工业结构、所有制结构和大中小结构分析

本研究所涉及的轻重工业结构、大中小型企业结构和所有制结构的数据分析都统一自1988年始。从轻重工业的结构变化来看,1988年长江经济带各省份轻重工业分布比较平均,除浙江和四川之外,其他省份轻重工业占比均在50%上下;2018年沿江9省市规模以上工业企业的重工业占比最低为浙江的64.53%,最高为重庆的79.59%,均已达到较高水平。[②] 根据往期数据表明,2013年上海市重工业占比在79%以上,湖南也在70%以上,上中下游之间的分布相对都比较平均。轻工业向重工业转移的倾向明显,至2018年已基本稳定(表1-11)。

从企业所有制结构上看,1988年统计口径大类仅为全民所有制、集体所有制及其他所有制类型,沿江各省市除浙江、江苏以集体所有制为主外,其他省市均以全民所有制为核心,贵州全民所有制甚至占到87%以上,其他

---

① 刘伟、张辉、黄泽华:《中国产业结构高度与工业化进程和地区差异的考察》,《经济学动态》2008年第11期。

② 自2014年起,上海、湖南及全国统计年鉴未披露轻重工业占比,故数据缺失。

所有制类型占比除上海和安徽外均不足 5%。到 20 世纪末的 1998 年，中上游地区仍以国有经济为主，结构关系没有出现大的变化；而下游地区随着外向型经济和个体私营经济的大发展，国有经济比重出现明显萎缩，上海与江苏的外资企业占比分别达到了 31.76% 和 13.90%，浙江与安徽的私营企业占比也分别达到了 20.76% 和 16.06%。至 2008 年，下游四省市的外向型经济和个体私营经济都得到了进一步发展；上中游地区的个体私营经济也得到了爆发式的增长，除贵州、湖北两省外都已经取代了国有经济的主体地位，但外向型经济仍然明显滞后于下游地区。至 2018 年，国有经济占比基本上从上游向下游依次递减，仅江西仍保有 10% 以上的国有经济份额；外资企业占比则正好相反，从下游向上游依次递减。私营企业占比则为中游地区最高，其中湖南和湖北分别达到 54.56% 和 39.92%；下游地区次之，其中浙江达到 40.53%，比重仅次于湖南；上游地区则相对最低（见表 1-11）。

从工业企业的产值规模结构上看，1988 年沿江 11 省市中以大型企业为主的有湖北、重庆、贵州和云南四省市，其中湖北占比高达 63.76%；其余省份均以小型企业为主，其中浙江和安徽占比分别达到 74.57% 和 64.54%；中型企业占比均较低。至 1998 年，除了上海、湖南、重庆三省市大型企业产值占比超过并取代小型企业外，其余省市大、中、小格局都没有出现大的改变。2008 年沿江各省市的最大特点，就是中型企业产值占比都出现了大幅提升，云南甚至以 39.75% 的比重超过和取代了大型企业与小型企业。至 2018 年，沿江 11 省市规模以上工业企业的大中小企业的产值占比逐步趋向均匀化和稳态化，彼此差异都不大，除了上海、江苏、重庆三省市以大型企业为主外，其他各省均以小型企业为主（表 1-12）。

综上，1978—2018 年的 40 年间，长江经济带上中下游地区轻重工业、不同所有制企业和大、中、小企业共同发展的产业格局业已基本形成。[1]

---

[1]　徐长乐、徐廷廷、孟越男：《长江经济带产业分工合作现状、问题及发展对策》，《长江流域资源与环境》2015 年第 10 期。

表1-11 1988年,1998年,2008年,2018年长江经济带11省市及全国轻重工业、各经济类型占比①

(单位:%)

年份 省市	1988		1998		2008		2018		1988			1998			2008			2018		
	轻工	重工	轻工	重工	轻工	重工	轻工	重工	全民	集体	其他	国有	私营	外资	国有	私营	外资	国有	私营	外资
上海	52.06	47.94	43.85	56.15	22.49	77.51	/	/	67.87	22.53	9.60	24.87	0.53	31.76	7.52	11.93	42.82	0.12	11.94	47.50
江苏	53.46	46.54	51.90	48.10	27.04	72.96	24.50	75.50	40.78	55.01	4.21	20.12	/	13.90	4.62	29.40	29.41	2.80	36.03	23.42
浙江	63.75	36.25	62.24	37.76	41.50	58.50	35.47	64.53	31.25	63.54	5.20	6.81	20.76	7.56	6.39	41.19	27.12	0.72	40.53	20.43
安徽	52.89	47.11	52.12	47.88	27.09	72.91	31.47	68.53	55.35	25.63	19.02	14.97	16.06	2.06	10.38	25.85	9.30	3.35	33.32	5.30
江西	44.76	55.24	44.84	55.16	34.00	66.00	30.12	69.88	75.67	22.96	1.37	35.18	0.63	2.95	12.61	35.75	9.61	10.42	35.47	4.27
湖北	48.53	51.47	52.51	47.49	24.86	75.14	34.56	65.44	63.99	31.94	4.08	/	/	/	24.03	19.72	17.99	3.04	39.92	11.52
湖南	43.64	56.36	38.51	61.49	28.49	71.51	/	79.59	75.09	24.52	0.39	60.92	2.54	5.19	17.50	36.25	3.40	5.56	54.56	4.35
重庆	45.06	54.94	36.20	63.80	31.12	68.88	20.41	79.59	76.21	23.11	0.69	40.07	5.79	6.86	6.11	/	15.46	0.29	/	14.35
四川	38.04	61.96	44.27	55.73	31.83	68.17	32.49	67.51	79.38	22.26	0.47	38.03	/	3.86	12.49	33.39	5.84	2.97	36.27	8.74
贵州	43.75	56.25	36.55	63.45	20.63	79.37	29.64	70.36	87.20	11.30	1.51	61.54	1.35	2.47	60.39	/	2.46	8.17	/	/
云南	50.13	49.87	55.04	44.96	27.18	72.82	31.98	68.02	83.24	16.14	/	69.11	0.95	3.11	14.62	22.86	4.05	7.96	/	4.13
全国	47.18	52.82	42.93	57.07	28.66	71.34	/	/	67.99	28.93	2.88	49.63	/	12.49	9.23	26.87	19.41	4.03	29.73	13.64

资料来源:1978—2019年各省市统计年鉴及全国统计年鉴。

① 数据说明:上海、湖南及全国2018年未统计轻重工业产值;所有制类型中缺失数据是数据统计口径造成的。上海市未公布2018年数据,故采用2017年数据。由于数据的可得性和可靠性,本表未统计1978年各省市情况,为保持数据比较年份的一致性,故从1988年开始统计,下表同。

表1-12　1988,1998,2008,2018年长江经济带11省市及全国规模以上工业产值与大中小企业产值占比①

（单位：总产值：亿元；大中小型：%）

省市\年份	1988				1998				2008				2018			
	总产值	大型	中型	小型	总产值	大型	中型	小型	总产值	大型	中型	小型	总产值	大型	中型	小型
上海	1082.70	35.71	18.10	46.19	5503.52	50.38	10.11	39.50	25121.19	39.18	30.06	30.77	34135.26	53.04	20.79	26.18
江苏	1457.71	16.52	15.89	67.59	8053.03	30.13	17.19	52.68	64497.10	30.07	27.66	42.27	128085.59	40.73	22.56	36.71
浙江	228.90	10.37	15.06	74.57	4702.43	25.49	19.47	55.04	40832.10	18.12	37.02	44.86	69775.4	25.94	30.94	43.12
安徽	518.13	19.81	15.65	64.54	4001.89	17.65	6.43	75.92	11162.16	35.70	29.58	34.72	37208.02	36.56	17.34	46.10
江西	302.38	15.44	29.30	55.26	965.74	34.33	17.08	48.59	2323.52	24.36	20.60	55.04	32077.36	32.71	24.03	43.26
湖北	371.77	63.76	36.24	\	2733.06	41.63	13.38	44.99	13454.94	40.99	27.39	31.62	45765.33	33.21	20.63	46.16
湖南	489.05	27.47	19.51	53.02	1287.43	47.62	12.48	39.90	11250.53	27.07	19.88	53.05	3420.85	27.95	22.23	49.82
重庆	168.21	38.15	26.39	35.46	766.79	47.33	15.17	37.50	1829.63	34.77	31.86	33.35	2690.04	42.64	22.32	35.04
四川	236.48	\	\	\	1918.37	50.39	17.52	32.09	14761.86	27.04	30.08	42.88	41631.26	34.14	24.98	40.88
贵州	143.23	38.60	27.71	33.68	507.91	52.54	10.17	37.27	3111.13	39.74	31.60	28.67	10573.00	31.89	20.76	47.35
云南	216.33	40.87	22.54	36.59	1017.29	56.44	14.87	28.68	5144.58	35.63	39.75	24.61	13157.59	36.76	25.71	37.54
全国	14586.45	30.75	19.69	49.56	67737.14	41.30	14.14	44.56	507448.00	33.36	29.52	37.11	1049490.50	43.75	22.71	33.54

资料来源：1978—2019年各省市统计年鉴及全国统计年鉴。

① 数据说明：1988年四川省统计未统计大中小型企业分类产值。上海市未公布2018年数据，故采用2017年数据。

表1–13 2018年长江经济带11省市外向型经济发展一览①

(单位:亿元,亿美元,%)

省市	GDP	外贸进出口	实际利用外资*	外贸依存度	规上外资及港澳合企业*			规上外资及港澳合占比*		
					总资产	主营业务收入	总利润	总资产	主营业务收入	总利润
上海	32680	34012	170.08	104.1	18763	22970	1978	44.3	60.6	61.0
江苏	92595	43794	251.35	47.3	40176	49060	3478	34.4	32.9	34.6
浙江	56197	28512	179.02	50.7	16023	15000	1205	22.5	22.8	26.2
安徽	30007	4142	90.55	13.8	3628	4928	276	10.4	11.4	11.7
江西	21985	3162	114.64	14.4	3336	4552	374	14.6	12.8	15.1
湖北	39367	3486	109.94	8.9	6385	7191	583	16.5	16.6	22.4
湖南	36426	3076	144.75	8.4	2629	3466	201	9.5	8.9	9.6
重庆	20363	5221	101.83	25.6	2129	5228	334	18.4	25.2	22.2
四川	40678	5947	86.98	14.6	4532	5704	551	10.5	13.7	19.5
贵州	14806	501	38.91	3.4	467	286	22	3.1	2.7	2.4
云南	17881	1971	51.61	11.0	753	520	37	3.7	4.5	4.7
下游	211479	110460	691.00	52.2	78590	91958	6937	29.6	31.1	34.3
中游	97778	9724	369.33	9.9	12350	15209	1158	13.8	12.9	16.1
上游	93728	13640	279.33	14.6	7881	11738	944	8.7	13.9	15.7
经济带	402985	133824	1340	33.2	98821	8905	9039	2.2	23.9	27.0

① 注:*号者为2017年数据。因为各省市实际利用外资额与国家统计局统计口径有很大差异,故无法准确计算各省市的外资依存度。

续表

省市	GDP	外贸进出口	实际利用外资*	外贸依存度	规上外资及港澳合企业*			规上外资及港澳合占比*		
					总资产	主营业务收入	总利润	总资产	主营业务收入	总利润
全国	900310	305008	1310	33.9	224353	244418	16775	20.0	21.6	22.4
经济带占比	44.8	43.9	/	-0.7	44.0	48.6	53.9	+2.2	+2.3	+4.6

资料来源:《中国统计年鉴 2018、2019》及 11 省市 2018 年统计年鉴和 2019 年统计公报。

5. 工业行业结构分析

按41个工业行业的主营业务收入计算,1998年长江经济带11个省市主营业务收入前10位的行业依次为纺织与纺织服装业、化学原料和化学制品业、交通运输设备制造业、黑色金属冶炼和压延加工业、电气机械和器材制造业、电子及通信设备制造业、普通机械制造业、电力与热力生产和供应业、食品加工业和非金属矿物制品业,占据了经济带规模以上工业企业主营业务收入的64.1%。沿江11省市10大行业营收占全国的比重相对较低,仅钢铁与电子及通信设备制造业占比较高,分别为52.91%和34.46%,而钢铁行业属于高污染、高耗能、高耗水行业,对资源环境的影响较大。

下游江浙沪皖四省市主营业务收入前三位的产业分别是纺织与纺织服装业(15.1%)、化学原料和化学制品业(7.9%)、电气机械和器材制造业(7.4%);中游赣鄂湘三省是交通运输设备制造业(11.9%)、纺织与纺织服装业(8.5%)、化学原料和化学制品业(7.3%);上游渝川云贵四省市为烟草加工业(13.5%)、黑色金属冶炼和压延加工业(8.7%)、化学原料和化学制品业(8.3%)。行业基本上以轻纺工业和基础工业为主,这在1998年我国前三大行业中也有体现,分别为纺织与纺织服装(11.0%)、非金属制品业(8.8%)以及食品加工业(7.2%),说明我国当时工业还不甚发达,衣食两项占到工业主营业务收入的近20%,我国工业化水平还处在相对中低级的阶段。

经过20年的发展和壮大,至2017年,沿江11省市10大工业行业结构出现了显著的进步与优化。按规上工业企业主营业务收入计算的前四位从1998年的纺织、化工、交通运输设备、钢铁被计算机、汽车、化工以及电气机械所取代,与同期全国工业行业前四位保持完全一致;后六位依次为纺织、建材、通用设备、钢铁、有色和电力热力,工业结构和水平都得到了大幅提升,已整体迈入了中高级阶段;经济带十大工业行业集中度(即主营业务收入占全部工业行业的比重)也已从1998年的64.1%提升至66.3%,比全国同期的61.5%高出4.8个百分点。特别值得注意的是,经济带十大工业行业占全国同期同行业的比重,1998年时仅有钢铁超过50%、电子及通信超过30%,到2017年除通用设备制造业占比相对较低(36.7%)外,其他九大行业占比均在40%—55%间,规模经济效应、范围经济效应以及在全国现代工业体系中的地位与作用都得到了明显提升(表1-14)。

在三大流段的空间分布上,截至2017年,下游四省市主要集中于电子、化工、电气机械、钢铁、通用设备、汽车等高科技产业、重化工业和装备制造业等领域;上游四省市主要集中于矿物采选和加工(包括有色、钢铁、煤、非金属矿等)、特色农副产品加工(包括食品、烟、酒、茶、饮料)等采掘工业和纺织服装产业,以及化工、汽车、电子、电气机械等部分高科技产业和装备工业领域;中游3省则介于下游与上游之间,发展相对均衡,形成了各自独特的优势产业和特色产业类型。沿江上中下游地区受资源要素禀赋差异的影响,优势产业的地域分布迥异,区际产业发展的互补特征鲜明①,存在着一定的发展不平衡因素,但它也有利于促进上中下游之间产业的协同协调发展。

表1-14　1998年、2017年长江经济带及全国10大工业部门主营业务收入一览②

1998年						
序号	下游 (19331)	中游 (4973)	上游 (4191)	经济带 (28496)	占全国	全国 (164502)
1	纺织、纺织服装(2927)15.1	交通运输设备(589)11.9	烟草加工(564)13.5	纺织、纺织服装(3454)12.1	19.14	纺织、纺织服装(18044)11.0
2	化学原料和制品(1535)7.9	纺织、纺织服装(420)8.5	黑色金属冶炼(366)8.7	化学原料和制品(2245)7.9	19.87	非金属矿物制品(14496)8.8
3	电气机械制造(1429)7.4	化学原料和制品(364)7.3	化学原料和制品(346)8.3	交通运输设备(2218)7.8	32.72	食品加工(11909)7.2

①　徐长乐、孟越男:《长江经济带产业分工合作与江苏作为》,《南通大学学报》(社会科学版)2015年第3期。

②　注:全国规模以上工业企业统计范围1998—2006年为全部国有及年主营业务收入在500万元及以上非国有工业企业;2011年及以后年份为年主营业务收入在2000万元及以上的工业企业。表中将产业关联极为密切的纺织业与纺织服装、服饰业合并为一个行业加以统计,以凸显长江经济带纺织服装产业的原有优势地位。且基于可比性原则选取2017年数据,个别省市2018年数据未发布。数据说明:表中括号里数据为当年规模以上工业企业主营业务收入(以当年价计),括号外为该行业主营业务收入在整个流段的占比情况;占全国一栏为长江经济带该行业主营业务收入占全国的比重。合计为前10大行业主营业务收入在41个工业门类总值中的占比情况。

续表

				1998 年		
序号	下游 （**19331**）	中游 （**4973**）	上游 （**4191**）	经济带 （**28496**）	占全国	全国 （**164502**）
4	交通运输设备 （1337）6.9	黑色金属冶炼(357)7.2	交通运输设备(292)7.0	黑色金属冶炼 （1725）6.1	52.91	化学原料和制品（11303)6.9
5	电子及通信设备（1270）6.6	食品加工(352)7.1	电子及通信设备 （270）6.4	电气机械制造 （1684）5.9	22.33	普通机械制造 （9282）5.6
6	普通机械制造 （1221）6.3	非金属矿物制品（323）6.5	电力、热力生产(269)6.4	电子及通信设备 （1644）5.8	39.46	金属制品业（8132)4.9
7	黑色金属冶炼 （1002）5.2	电力、热力生产(297)6.0	食品加工(221)5.3	普通机械制造 （1489）5.2	16.04	电气机械制造 （7544）4.6
8	金属制品（809)4.2	烟草加工(224)4.5	非金属矿物制品 （214）5.1	电力、热力生产 （1300）4.6	26.04	交通运输设备 （6779）4.1
9	电力、热力生产(734)3.8	石油加工及炼焦 （211）4.2	饮料制造(176)4.2	食品加工（1256)4.4	7.01	专用设备制造 （6638）4.0
10	非金属矿物制品 （712）3.7	有色金属冶炼(181)3.6	有色金属冶炼(168)4.0	非金属矿物制品（1249)4.4	9.63	塑料制品（6016)3.7
合计	（12977)67.1	(3108)62.5	(2539)60.6	(18265)64.1		(100143)60.9
				2017 年		
序号	下游 （**273983**）	中游 （**117730**）	上游 （**84736**）	经济带 （**476449**）	占全国	全国 （**1133161**）
1	计算机设备制造(30738)11.2	汽车制造业 （10490)8.9	计算机设备制造 （9484）11.2	计算机设备制造 （46520)9.8	43.8	计算机设备制造(106222)9.4
2	电气机械制造 （30077）11.0	有色金属冶炼 （10377）8.8	汽车制造业（8206)9.7	汽车制造业 （42274)8.9	49.9	汽车制造业 （84637)7.5
3	化学原料和制品(27107)9.9	农副食品加工 （9193）7.8	非金属矿物制品 （5992）7.1	化学原料和制品(40368)8.5	49.3	化学原料和制品(81889)7.2

续表

	2017 年					
序号	下游 （273983）	中游 （117730）	上游 （84736）	经济带 （476449）	占全国	全国 （1133161）
4	汽车制造业（23578）8.6	非金属矿物制品（8944）7.6	电力、热力生产（5172）6.1	电气机械制造（39869）8.4	55.6	电气机械制造（71683）6.3
5	纺织、纺织服装（19283）7.0	化学原料和制品（8163）6.9	化学原料和制品（5098）6.0	纺织、纺织服装（25865）5.4	42.2	黑色金属冶炼（64572）5.7
6	通用设备制造（17983）6.6	电气机械制造（6891）5.9	农副食品加工（4652）5.5	非金属矿物制品（24973）5.2	53.7	农副食品加工（59894）5.3
7	黑色金属冶炼（15133）5.5	计算机设备制造（6298）5.3	酒饮料茶制造（4569）5.4	通用设备制造（24495）5.1	37.6	非金属矿物制品（59195）5.2
8	电力、热力生产（13776）5.0	黑色金属冶炼（5270）4.5	黑色金属冶炼（3874）4.6	黑色金属冶炼（24277）5.1	44.7	电力、热力生产（57414）5.1
9	专用设备制造（11334）4.1	纺织、纺织服装（5176）4.4	有色金属冶炼（3741）4.4	有色金属冶炼（24180）5.1	40.5	纺织、纺织服装（57006）5.0
10	金属制品业（11307）4.1	专用设备制造（4572）3.9	电气机械制造（2901）3.4	电力、热力生产（23280）4.9	53.7	有色金属冶炼（54091）4.8
合计	（200316）73.1	（75404）64.0	（53689）63.4	（316101）66.3		（696603）61.5

资料来源：《中国统计年鉴》（1999、2018）及 1999 年、2018 年沿江 11 省市统计年鉴。

三、基础设施维度

交通基础设施是社会经济发展的大动脉，是缩小区域发展差异、实现区域协调性均衡发展的重要基础和载体。《长江经济带综合立体交通走廊规划（2014—2020 年）》提出，"打造畅通的黄金水道、高效的铁路网络、便捷的公路网络、发达的航空网络、区域相连的油气管网以及区域一体发展的城际交通网络"[①]。2019 年

① 国家发展改革委：《长江经济带综合立体交通走廊规划（2014—2020 年）》。

底国务院印发的《长江三角洲区域一体化发展规划纲要》明确指出:"重大基础设施互联—交通干线密度较高,省级高速公路基本贯通;主要城市间高速铁路有效连接;沿海、沿江联动协作的航运体系初步完成;区域机场群体系基本建立;能源基础设施完善;水利基础设施体系基本建成;信息基础设施水平全国领先。至 2025 年,铁路网密度达到 507 公里/万平方公里,高速公路密度达到 5 公里/百平方公里,5G 网络覆盖率达到 80%。"①

为了定量分析长江经济带交通等基础设施协调性均衡发展的状况,本研究旨在通过计算 1998—2018 年长江经济带主要交通方式里程及密度的变异系数 CV 及各种交通方式的客运和货运量变异系数,说明各种指标之间的省际差异,结果得到图 1-15 和图 1-16。变异系数通过对数据标准差和均值的计算,抵消了量纲,可以方便地比较多组量纲不同的数据属性,衡量其之间的离散程度。变异系数 CV 越大,说明长江经济带省市之间交通方式里程及密度的差异越大,反之亦然。当变异系数 CV>1 时,属于强变异;0.1 ≤ CV ≤ 1 时,属于中等变异;CV<0.1 时,属于弱变异。②

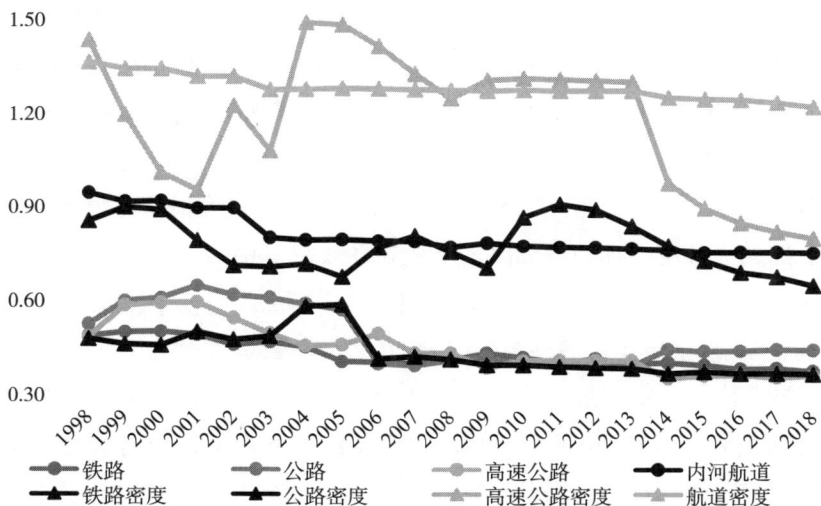

图 1-15　1998—2018 年长江经济带 11 省市铁公水路里程及密度变异系数 CV
（单位:里程:km;线路密度:km/万 km²;CV:无量纲）

① 《长江三角洲区域一体化发展规划纲要》,人民出版社 2019 年版,第 14 页。
② 变异系数计算:CV=σ/μ,其中,σ 为数据的样本标准差;μ 为样本均值。

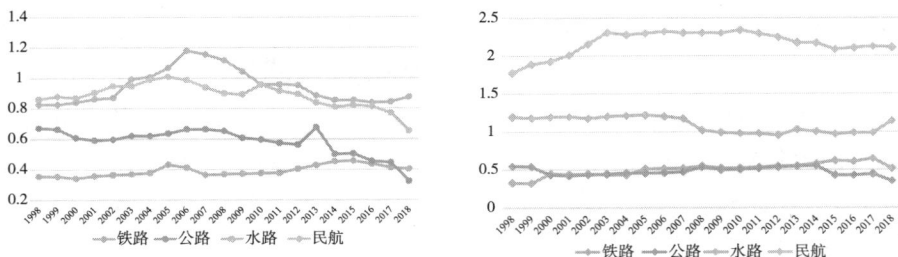

图 1-16　1998—2018 年长江经济带 11 省市各交通方式客运量(左)货运量(右)变异系数 CV①　(单位:客运量:万人;货运量:万吨;CV:无量纲)

1. 铁路、公路(高速公路)、水路里程省际差异进一步缩小,里程密度差异呈现从大逐渐向小的趋势

1998—2018 年间,铁路、公路及高速公路里程变异系数变化较小,基本在 0.3—0.6 区间范围内波动,说明经济带 11 省市在铁路、公路及高速公路里程的绝对数量上差距有限,2006 年以后差距进一步缩小,变异系数基本在 0.4 左右徘徊,且差距有进一步缩小的趋势。而内河航道里程差距由于地理因素的影响,经济带省市之间差异巨大,变异系数一直保持在 0.8 相对较高的水平。例如 1998 年,江苏的内河航运里程为 23908 千米,为经济带最高;而云南仅为 1324 千米,二者相差 18 倍以上;2003 年,内河航道里程差距略有下降,最高为江苏 24793 千米,最低为上海 2223 千米,二者相差 11 倍左右。

各种交通方式线路密度和年份之间的变异系数差距相差比较大。例如,等外公路的大幅度增加使得公路密度变异系数在 2004 年和 2005 年有显著的增大,加剧了地区之间的差距,但 2006 年以后逐渐趋衡。高速公路密度 20 年间波动较明显,多数年份表现为强变异,其变异系数最大时为 2004 年的 1.49 (2004 年高速公路密度最高为上海的 808km/万 km²,最低为贵州的 23km/万 km²,二者相差 35 倍),2014 年以后由强变异转变为中等变异,差异逐渐减小,至 2018 年变异系数已达到相对最小的 0.80。2018 年,经济带高速公路密度为 270km/万 km²,11 省市中密度最高为上海的 1393km/万 km²,最低为云南的

---

① 1998—2018 年贵州省统计年鉴未统计民航客运量与货运量,湖北省统计年鉴未统计民航货运量;民航客运量统计 10 个省市,民航货运量统计 9 个省市,个别缺失数据用邻近年份均值补齐。

132km/万 km²,二者相差 10 倍。铁路密度变异系数在年份之间的波动最为明显。2010—2014 年省际差异快速增加,高铁建设的空间非均衡性是其间差异增大的主要原因,但随后差异逐渐缩小。受上中下游不同流段的深刻影响,内河航道密度在省际间差异巨大,诸年份变异系数均在 1.2 以上,均表现为强变异。例如,1998 年经济带内河航道的平均密度为 367.4km/万 km²,其中最高的上海市为 3500km/万 km²,最低的云南仅为 33.6km/万 km²,两者相差了 103 倍。

2. 多种交通方式客运量和货运量的省际差异较大且相对较稳定

从图 1-16 可知,1998—2018 年长江经济带各种交通方式客运量和货运量的变异系数中,除了铁路客运量的省际差异较小、公路客运量近年降幅较大外,大多数的省际差异均较大且相对较为稳定,并且对不同地区的区位较为敏感。在客运量中,公路和水路的变异系数有逐步缩小的趋势,铁路的变异系数相对最小且最为稳定,民航的差异系数则长期在高位徘徊。

在货运量中,近 20 年间铁路和公路的省际变异系数相对较小且较为稳定,尤其是公路货运一直是货运的主要方式。水路和民航则均为强变异,但水路货运量有趋于中等变异的趋势,民航则长期处于 2.0 以上,2010 年最高达到 2.34(上海货运量为 371 万吨,占到全国民航货运总量的 65% 以上;江西为 2.1 万吨,二者相差达到 177 倍)。

3. 高速铁路发展迅猛,里程已达全国四成以上,区域协调与均衡作用彰显

2003 年我国第一条设计时速 250 公里的秦皇岛至沈阳的秦沈客运专线正式通车,使我国成为能够自主设计制造高速铁路成套设备的国家。2008 年设计时速 350km 的京津城际铁路正式拉开了我国高速铁路快速发展的序幕,当时全国高速铁路营运里程仅为 600 余公里,有客运专线 3 条。长江经济带仅有运行时速为 200 千米/小时、线路长度 166 公里的合宁客运专线(其中安徽段 118 公里,江苏段 48 公里)。截至 2019 年 10 月,我国高速铁路里程 32217 公里(包括台湾新干线 345 公里、香港高铁 26 公里、澳门暂无),其中沿江 11 省市高铁里程为 12986 公里,占我国高铁总里程的 40.3%。根据中国国家铁路集团公司统计公报[①]

[①]　中国国家铁路集团有限公司:《中国国家铁路集团有限公司 2019 年统计公报》,中铁网 2020 年 3 月 30 日,http://www.china-railway.com.cn/wnfw/sjfw/202003/t20200330_102460.html。

显示,2019 年底我国铁路营运里程达到 13.9 万公里以上,其中高速铁路 3.5 万公里①,已经提前完成我国《中长期铁路网规划(2016—2030 年)》在 2020 年以前对高速铁路的布局要求。目前,我国高速铁路建设依然呈现出高速增长的态势,2020 年预计开通的线路仍将有超过 20 条,总计里程超过 4000 公里(截至 2019 年我国高速铁路及时速 200 公里以上的客运专线、客货运线路及城际铁路不完全统计见附表 1-5)。

随着我国"四纵四横"高铁建设的提前收官,"八纵八横"高铁建设项目正在有序展开。其中,除了"八纵"中的乌拉高铁和"八横"中的天银高铁、青兰高铁外,"八纵八横"中的其余 13 条高铁建设都与长江经济带息息相关。

高铁建设对区域经济发展具有持续性的推动作用,将成为重塑我国区域空间经济组织的重要力量。② 高速铁路建设将大幅缩小沿线城市和地区之间的经济距离,有利于提高城市和地区之间的便捷性、可达性和经济发展潜力,对沿线城市和周边地区产生显著的极化效应、扩散效应和空间溢出效应。③ 尤其是高速铁路建设能够加速我国中东西部地区劳动力和资本配置效率④,推动城市内部的资源要素整合和重组,且在短时期内对中小城市的经济发展促进作用明显,并且影响沿线城乡空间格局。⑤ 由此可见,近 20 年来,我国大规模开展的高速铁路布局和建设,必将大大缩小经济带上中下游地区之间的

---

① 统计口径为设计开行 250 千米/小时及以上的动车组列车,初期运营速度不低于 200 千米/小时的客运专线铁路。

② 参见徐长乐、郁亚丽:《高铁时代到来的区域影响和意义》,《长江流域资源与环境》2011 年第 6 期;Shanming Jia, Chunyu Zhou, Chenglin Qin, No Difference in Effect of High-speed Rail on Regional Economic Growth Based on Match Effect Perspective? *Transportation Research Part A Policy and Practice*,2017,12(106):144-157;李昊、范德成、张书华:《中国高铁建设对实体经济发展的溢出效应分析》,《华东经济管理》2020 年第 4 期。

③ 孙学涛、李岩、王振华:《高铁建设与城市经济发展:产业异质性与空间溢出效应》,《山西财经大学学报》2020 年第 2 期。

④ 黎绍凯、朱卫平、刘东:《高铁能否促进产业结构升级:基于资源再配置的视角》,《南方经济》2020 年第 2 期。

⑤ 参见 Zhang Guanshi, Zheng Duo, Wu Hongjuan, Assessing the Role of High-speed Rail in Shaping the Spatial Patterns of Urban and Rural Development: A Case of the Middle Reaches of the Yangtze River, China. *Science of the Total Environment*,2020,02:399;任晓红、王钰、但婷:《高铁开通对中小城市经济增长的影响》,《城市问题》2020 年第 1 期。

经济距离和发展差距,对于长江经济带协调性均衡发展起到积极的作用和影响。①

四、城镇化维度

城镇化不仅是基础设施的城市化,更是人们生产生活方式的城市化。快速城镇化是长江经济带生态系统格局变化的首要驱动力,贡献率为 65.49%,表现出"下游为重心,向中上游蔓延"的基本特征。②

1. 城市规模——不断向着特大、I 型大城市和城市群演进

截至 2018 年末,长江经济带 11 省市共有 110 个地级及以上城市,包括 2 个直辖市、5 个副省级城市、103 个地级市,以及 143 个县级市和 9542 个建制镇,共同组成一个庞大的流域城市体系(表 1-15)。

表 1-15　长江经济带地级及以上城市一览表

	直辖市	副省级市	地级市	县级市	建制镇
上海	上海	/	/	/	107
江苏		南京	无锡、徐州、常州、苏州、南通、连云港、盐城、扬州、泰州、宿迁	22	723
浙江		杭州、宁波	温州、嘉兴、湖州、绍兴、金华、衢州、舟山、台州、丽水	19	639
安徽			合肥、淮北、亳州、宿州、蚌埠、阜阳、淮南、滁州、六安、马鞍山、芜湖、宣城、铜陵、池州、安庆、黄山	7	968
江西			南昌、景德镇、萍乡、九江、新余、鹰潭、赣州、吉安、宜春、抚州、上饶	11	827
湖北		武汉	黄石、十堰、荆州、宜昌、襄阳、鄂州、荆门、孝感、黄冈、咸宁、随州	25	762

① 张恒龙、陈方圆:《高铁对区域协调发展的影响分析——基于徐兰客运专线的实证分析》,《上海大学学报》(社会科学版)2018 年第 5 期。

② 史娜娜、肖能文、王琦、韩煜、冯瑾、全占军:《长江经济带生态系统格局特征及其驱动力分析》,《环境科学研究》2019 年第 11 期。

续表

	直辖市	副省级市	地级市	县级市	建制镇
湖南			长沙、株洲、湘潭、衡阳、邵阳、岳阳、常德、张家界、益阳、郴州、永州、怀化、娄底	17	1138
重庆		/	/	/	627
四川		成都	自贡、攀枝花、泸州、德阳、绵阳、广元、遂宁、内江、乐山、南充、眉山、宜宾、广安、达州、雅安、巴中、资阳	17	2232
贵州			贵阳、六盘水、遵义、安顺、毕节、铜仁	9	837
云南			昆明、曲靖、玉溪、保山、昭通、丽江、普洱、临沧	16	682
经济带	2	5	103	143	9542
全国	4	15	278	375	21297
占全国	50.0	33.3	37.1	38.1	44.8

2014 年,国务院印发了《关于调整城市规模划分标准的通知》,将原来的旧标准调整为以下新标准(表 1-16):

表 16 2014 年关于调整城市规模划分标准与旧标准的比较

划分标准	共同点	不同点		
		空间口径	人口口径	分级标准
新标准(2014 年)	对城市界定的一致,包括设区城市和不设区城市(县级市):设区城市由所有市辖区行政范围构成,县级市即自身行政范围	城区,即城市行政范围内实际建成区所涉及的村级行政单元	城区(常住)人口,即居住在城区内半年以上的常住人口	五类七档 >1000 万(超大城市) 500—1000 万(特大城市) 300—500 万(Ⅰ型大城市) 100—300 万(Ⅱ型大城市) 50—100 万(中型城市) 20—50 万(Ⅰ型小城市) <20 万(Ⅱ型小城市)

续表

划分标准	共同点	不同点		
		空间口径	人口口径	分级标准
旧标准（1989年）		市区，即城市全部行政范围	市区非农业（户籍）人口，即城区内具有非农业户籍的户籍人口	四级 >100万（特大城市） 50—100万（大城市） 20—50万（中等城市） <20万（小城市）

资料来源：国务院：《关于调整城市规模划分标准的通知》，《上海城市规划》2014年第6期。

　　新标准中将城市规模划分为5档7类，即超大城市、特大城市、大城市（Ⅰ型、Ⅱ型）、中等城市以及小城市（Ⅰ型、Ⅱ型）。考虑到数据资料的可获得性与可比性，本研究参照新标准的城市规模分级标准和旧标准的人口口径及空间口径，根据长江经济带110个地级及以上城市1988年、1998年的非农业人口数据和2008年、2018年的城镇人口数据，将经济带四个时间节点城市规模等级的动态演化过程比较分析如下（图1—17）：

　　1988年共有1个特大城市（上海）、2个Ⅰ型大城市（重庆、武汉）、15个Ⅱ型大城市、65个中等城市和27个小城市；

　　1998年共有2个特大城市（上海、重庆）、2个Ⅰ型大城市（武汉、成都）、25个Ⅱ型大城市、55个中等城市和26个小城市；

　　2008年共有1个超大城市（上海）、4个特大城市（重庆、成都、武汉、南京）、7个Ⅰ型大城市（苏州、杭州、徐州、无锡、南通、衡阳、盐城）、47个Ⅱ型大城市和51个中等城市；

　　2018年共有3个超大城市（上海、重庆、成都）、9个特大城市（武汉、苏州、杭州、南京、温州、合肥、宁波、徐州、无锡）、25个Ⅰ型大城市（昆明、南通、盐城、长沙、赣州、南昌、衡阳、台州、金华、贵阳、阜阳、上饶、邵阳、襄阳、常州、岳阳、绍兴、遵义、荆州、南充、常德、淮安、嘉兴、泰州、扬州）、69个Ⅱ型大城市和4个中等城市。[①] 若按照新标准计算，2018年长江经济带共有3个超大城

_____

　　①　根据各市人口数量进行排序。

市、5个特大城市、8个Ⅰ型大城市、52个Ⅱ型大城市、31个中等城市和11个Ⅰ型小城市,城市等级规模整体略有缩小(表1-17)。

表1-17 长江经济带现代城市等级体系(2018)

城市层级	数量	城市排序
超大城市	3	上海(1244),武汉(1108),成都(1069)
特大城市	5	南京(844),杭州(842),重庆(687),苏州(556),宁波(521)
Ⅰ型大城市	8	昆明(464),长沙(441),常州(396),合肥(394),无锡(367),贵阳(347),徐州(335),盐城(333)
Ⅱ型大城市	52	淮安(299),绍兴(279),温州(269),南昌(250),扬州(246),南通(237),襄阳(234),遵义(213),连云港(210),嘉兴(205),阜阳(202),宜宾(202),六安(200),南充,绵阳,达州,宿州,淮南,台州,金华,芜湖,泰州,自贡,曲靖,宿迁,株洲,亳州,湖州,宜昌,泸州,常德,赣州,十堰,衡阳,内江,荆门,益阳,遂宁,荆州,镇江,蚌埠,淮北,巴中,乐山,眉山,永州,毕节,六盘水,安顺,岳阳,湘潭,鄂州
中等城市	31	德阳,马鞍山,邵通,铜陵,孝感,广元,舟山,资阳,广安,安庆,宣城,衢州,郴州,抚州,九江,黄石,上饶,邵阳,保山,随州,玉溪,雅安,池州,娄底,滁州,临沧,普洱,宜春,攀枝花,咸宁,张家界
Ⅰ型小城市	11	黄山,新余,铜仁,萍乡,景德镇,吉安,丽水,黄冈,怀化,鹰潭,丽江
合计	110	

注:表中除上海和重庆为主城区数据外,其余108个城市均为(中心)城区数据。
资料来源:沿江11省市统计年鉴(2019)。

综上,1988年长江经济带的城市规模从以中小城市占83.6%的绝对优势起步,不断向着大城市、特大城市演进,至2018年业已形成了大型、特大型城市占59.1%的崭新格局,中等城市和Ⅰ型小城市分别仅占28.2%和10.0%,并相继涌现出上海、武汉、成都等超大型城市。20年来,经济带城市规模的迅速扩大,既是新型城镇化持续加速、大量人口涌入导致城市人口不断增长的过程与结果,也是区域中心城市不断崛起壮大、"多心组团、分层辐射"的组合式城市群不断形成的过程与结果。从图1-17可知,至2018年,长江下游的长三角城市群和上游的成渝城市群已呈大城市、特大城市连片发展之势,区域中心城市对周边城市和地区的辐射带动作用明显;长江中游城市群也已初具规模,滇中、黔中城市群正在形成。

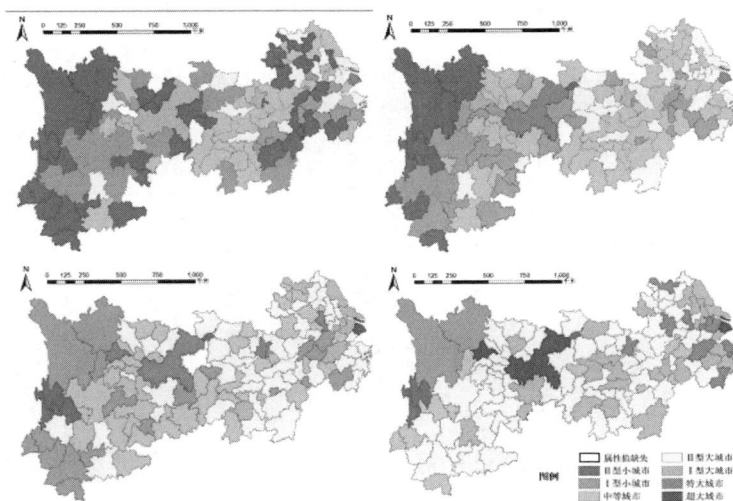

图1-17　1988年（左上）、1998年（右上）、2008年（左下）、2018年（右下）长江经济带城镇化水平分布（单位：万人）

资料来源：中国科学院资源环境科学数据中心：2015年中国地市行政边界数据（http://www.resdc. cn/DOI/doi.aspx? DOIid=54）及1989、1999、2009和2019年沿江各省市统计年鉴及统计公报自绘。①

2. 城市化重心——向东南方向转移

本研究采用平均中心法来考察研究区域中分析要素的平均X坐标和Y坐标，用平均中心来追踪经济带城市空间的分布变化以及比较不同类型要素。②

平均中心计算及加权平均中心扩展为：

$$\bar{X} = \frac{\sum_{i=1}^{n} x_i}{n},\ \bar{Y} = \frac{\sum_{i=1}^{n} y_i}{n} \qquad \bar{X}_w = \frac{\sum_{i=1}^{n} w_i x_i}{\sum_{i=1}^{n} w_i},\qquad \bar{Y}_w = \frac{\sum_{i=1}^{n} w_i y_i}{\sum_{i=1}^{n} w_i}$$

① 为便于动态比较分析，图中的城市等级规模均按照旧版标准划分。由于行政区划调整，个别年份数据缺失，湖北天门、仙桃、潜江省直管县地理邻近，作为一个面要素其属性值用三者均值表示。

② 晁静、赵新正等：《长江经济带三大城市群经济差异演变及影响因素——基于多源灯光数据的比较研究》，《经济地理》2019年第5期。

即在地理坐标的基础上,增加了各年份各要素的非农业人口和城镇人口数量的权重。

方向分布(标准差椭圆)计算如下:

$$C = \begin{pmatrix} var(x) & cov(x,y) \\ cov(y,x) & var(y) \end{pmatrix} = \frac{1}{n} \begin{pmatrix} \sum\limits_{i=1}^{n} \widetilde{x_i}^2 & \sum\limits_{i=1}^{n} \widetilde{x_i}\,\widetilde{y_i} \\ \sum\limits_{i=1}^{n} \widetilde{x_i}\,\widetilde{y_i} & \sum\limits_{i=1}^{n} \widetilde{y_i}^2 \end{pmatrix}$$

$$var(x) = \frac{1}{n}\sum_{i=1}^{n}(x_i - \bar{x})^2 = \frac{1}{n}\sum_{i=1}^{n}\widetilde{x_i}^2$$

$$cov(x) = \frac{1}{n}\sum_{i=1}^{n}(x_i - \bar{x})(y_i - \bar{y}) = \frac{1}{n}\sum_{i=1}^{n}\widetilde{x_i}\,\widetilde{y_i}$$

$$var(y) = \frac{1}{n}\sum_{i=1}^{n}(y_i - \bar{y})^2 = \frac{1}{n}\sum_{i=1}^{n}\widetilde{y_i}^2$$

计算非农业人口以及城镇人口数量的标准差可以了解其分布状况。划定一个椭圆的范围即一定比例的属性值可以落在其平均值的 3 个不同的标准差(椭圆)里,即 3σ 准则。

样本协方差矩阵被分解为标准形式,使得矩阵可由本征值和特征向量来表示。于是,x 轴和 y 轴的标准差为:

$$\sigma_{1,2} = \left(\frac{\left(\sum\limits_{i=1}^{n}\bar{x_i}^2 + \sum\limits_{i=1}^{n}\bar{y_i}^2\right) \pm \sqrt{\left(\sum\limits_{i=1}^{n}\bar{x_i}^2 - \sum\limits_{i=1}^{n}\bar{y_i}^2\right)^2 + 4\left(\sum\limits_{i=1}^{n}\bar{x_i}\,\bar{y_i}\right)^2}}{2n} \right)^{1/2}$$

其中 x_i 和 y_i 是要素 i 的地理坐标,{x,y} 表示要素的平均中心,n 等于要素总数(n = 127)。

从经验法则中得出,不同的标准差椭圆可以分别覆盖大约 63%、98% 以及 99.9% 的属性要素。以下用到的一个标准差椭圆,即能够覆盖 63% 要素属性,即一个椭圆覆盖的范围是长江经济带城镇人口的 63%,得到图 1-18。

如图 1-18 所示,长江经济带城镇化在空间上呈现出向东南方向移动的趋势。在 1988—2018 年 4 个时间节点上,与长江经济带的自然地理中心相比(五角星位置),城镇化中心基本由西北部逐渐转移至东南部,即由荆州市转向

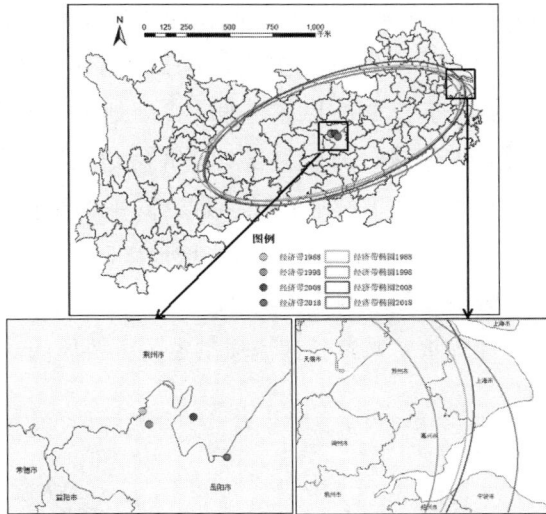

图 1-18　1988 年、1998 年、2008 年、2018 年长江经济带城镇化平均中心及标准椭圆差
资料来源：同上。

岳阳市。1988 年至 2018 年的偏移量共达 53.7 km，其中 1988—1998 年偏移量为 7.11km，1998—2008 年偏移量为 21.43km，2008—2018 年偏移量为 25.16km，表明长江下游长三角城市群的一体化发展对经济带城市化发展的持续牵引，经济带的人口及各类要素正在持续向着长三角城市群加快集聚，其中上海、江苏苏南地区和浙江沿海沿湾地区的牵引作用更为突出。而通过标准椭圆差参数可知，1988 年椭圆 θ 角为 71.23°，1998 年为 71.69°，2008 年为 69.05°，2018 年为 72.27°，总体上一直呈现东北—西南格局并且 30 年间基本稳定。

五、生态环境维度

长江由青海省海西蒙古族藏族自治州境内的各拉丹冬峰西南正源沱沱河①、

---

① 2008 年，中国科学院三江源地理考察队对长江源头进行了新一轮科学测量考察，由于位于玉树藏族自治州长江南源当曲相比沱沱河水量更大、长度更长，提出当曲作为长江正源。2015 年青海省测绘地理信息局以此次科考成果结集出版的《三江源头科学考察地图集》第一次正式称当曲为长江正源。

南源当曲与北源楚玛尔河共同发源,流域面积 180 多万 km²,占据我国国土面积的近 20%。干流流经 11 个省市①,支流绵延 8 个省市②,包括我国 19 个省级行政区域。长江发源于青藏高原东南侧(我国地形一级阶梯,平均海拔 4000 米以上),流经横断山脉、云贵高原、四川盆地(二级阶梯,平均海拔 1000—2000 米),再到长江中下游平原(三级阶梯,平均海拔基本在 500 米以下),西高东低是其地形地貌的基本特征。流域地区降水丰沛,多年平均降水量为 1100 mm,但在时空分配上明显不均,5—10 月集中了全年 70%—90% 的降水和强降水,持续性降水是导致长江流域洪灾的主要原因。③

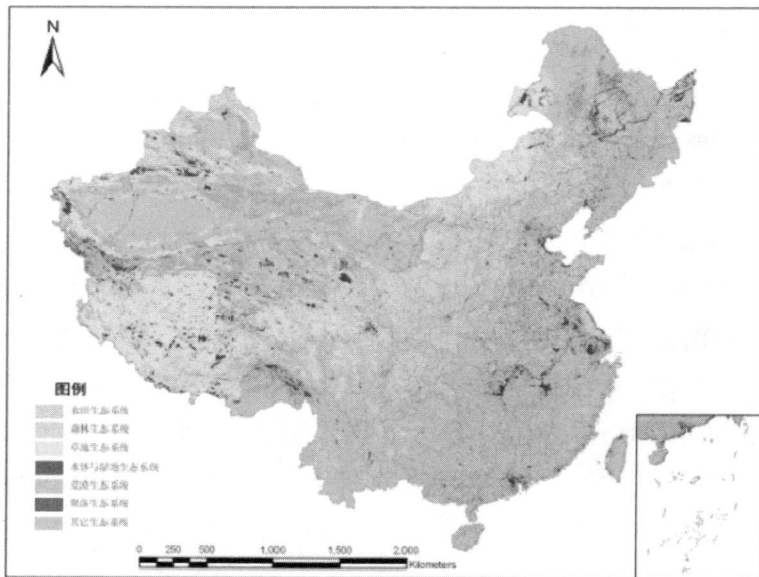

图 1-19　2015 年我国陆地生态系统空间结构

资料来源:中国科学院资源环境科学数据中心。

---

① 干流流经:青海、西藏、四川、云南、重庆、湖北、湖南、江西、安徽、江苏和上海 11 个省市、自治区。

② 支流流经:甘肃、陕西、河南、广东、广西、浙江、福建 8 个省市;流域面积超过 1 万 km² 的支流 49 条,超过 5 万 km² 的支流即 8 大支流:雅砻江、岷江、嘉陵江、乌江、汉江、沅江、湘江、赣江。

③ 汤英英、王黎娟、刘毅等:《长江流域持续性暴雨研究进展》,《四川气象》2007 年第 3 期。

1. 自然地理类型复杂,生态多样性特征鲜明

长江流域历经高原山地、热带、亚热带、亚热带季风等气候类型,生态系统丰富多样,生态多样性特征鲜明,并涵盖了生态系统多样性、景观多样性及物种多样性。全域以农田、林地和草地为主,其面积占比分别为 28%、41% 和 23%,三者达到 92.6%①,局部又有高寒草甸沼泽、高寒草甸湿地、河谷森林、南方亚热带常绿阔叶林、长江河口湿地等多种高等级重点生态功能保护区(图 1-19)。根据《长江经济带生态环境保护规划》,目前流域内森林覆盖率达到 41.3%,生物资源丰富,珍稀植物和珍稀动物众多。在国家主体功能区规划中,长江流域分布着大别山、三峡水土保持区与秦巴、武陵山区生物多样性保护区,以及多个世界自然文化遗产、国家森林、地质公园、自然保护区和风景名胜区等(详见附表 1-5)。基于对长江经济带多年遥感影像的分析,长江中游景观破碎化程度加剧,景观多样化提高。② 多样的生态系统组合,为环境净化、洪水调蓄、水土保持等生态功能提供了有力保障。

2. 淡水资源优势突出,多种资源组合态势良好

长江众多支流为干流两岸的近 6 亿常住人口生产生活提供了充沛的水源供给,水资源总量 9958 亿 m³,多年平均入海流量为 9190 亿 m³,占全国水资源总量的 35% 左右。2018 年,长江流域供水量为 2071.7 亿 m³,农业、工业和生活用水分别占其中的 48%、35% 和 16%③,还通过南水北调工程惠及华北、苏北、山东半岛等广大地区。然而,长江流域水资源在空间上的分布极其不均衡。2018 年 11 省市水资源总量最高为四川、云南,分别为 2952.6 亿 m³ 和 2206.5 亿 m³,最少为上海 38.7 亿 m³,最高和最低相差 76.3 倍;人均水平最高为云南 4582.3m³/人,最低仍为上海 159.9m³/人,相差 28.7 倍。

---

① 袁喆、喻志强、冯兆洋、许继军、尹军、鄢波、雷恒:《长江流域陆地生态系统 NDVI 时空变化特征及其对水热条件的响应》,《长江科学院院报》2019 年第 11 期;史娜娜、肖能文、王琦、韩煜、冯瑾、全占军:《长江经济带生态系统格局特征及其驱动力分析》,《环境科学研究》2019 年第 11 期。

② 胡昕利、易扬、康宏樟、王彬、史明昌、刘春江:《近 25 年长江中游地区土地利用时空变化格局与驱动因素》,《生态学报》2019 年第 6 期。

③ 《长江委发布 2018 年〈长江流域及西南诸河水资源公报〉》,长江水利网,2019 年 9 月 3 日,http://www.cjw.gov.cn/xwzx/zjyw/41720.html。

水资源是长江最重要、最基础的资源,而湿地又是水生生态系统中的重要一环,与森林和海洋并称为地球三大生态系统①,有着涵养净化水源、调蓄洪水、物种保护等多种生态功能。长江经济带11省市湿地面积占全国的21.5%,其中自然湿地18.2%、人工湿地45.1%。自然湿地中以近海与海岸、河流和湖泊湿地为主。江苏在整个长江经济带湿地面积上独占鳌头,达到了2822.8千hm²,近海与海岸、湖泊和人工湿地均为经济带第一,其他超过1000千hm²的省份有四川、湖北、浙江、安徽及湖南。对于各类湿地的保护已经从抢救性保护转为全面保护、自然恢复与人工恢复并重(表1-18)。② 湿地保护与修复是长江经济带"共抓大保护、不搞大开发"的重点内容,从《全国湿地保护"十三五"实施规划》中涉及的相关项目来看,长江经济带湿地保护和修复项目就包含了国际重要湿地、国家级自然保护区、省级湿地等多级类型。③

表1-18 2017年长江经济带湿地及林草资源一览

地区	湿地面积（千hm²）	自然湿地					人工湿地	森林面积（万hm²）	人工林	森林覆盖率（%）	草原（千hm²）
		合计	近海与海岸	河流	湖泊	沼泽					
上海	464.6	409.0	386.6	7.3	5.8	9.3	55.6	6.8	6.8	10.74	73.3
江苏	2822.8	1948.8	1087.5	296.6	536.7	28.0	874.0	162.1	156.8	15.80	412.7
浙江	1110.1	843.3	692.5	141.2	8.9	0.7	266.8	601.4	258.5	59.07	3169.9
安徽	1041.8	713.6	0.0	309.6	361.1	42.9	328.2	380.4	225.1	27.53	1663.2
江西	910.1	710.7	0.0	310.8	374.1	25.8	199.4	1001.8	338.6	60.01	4442.3
湖北	1445.0	764.2	0.0	450.4	276.9	36.9	680.8	713.9	194.9	38.40	6352.2
湖南	1019.7	813.3	0.0	398.4	385.6	29.3	206.2	1011.9	474.6	47.77	6372.7
重庆	207.2	87.7	0.0	87.3	0.3	0.1	119.5	316.4	92.6	38.43	2158.4
四川	1747.8	1665.6	0.0	452.3	37.4	1175.9	82.2	1703.7	449.3	35.22	20380.4
贵州	209.7	151.6	0.0	138.1	2.5	11.0	58.1	653.4	237.3	37.09	4287.3

① 其中,海洋为地球之心;森林为地球之肺;湿地为地球之肾。

② 安树青、张轩波、张海飞、沈美亚、王怡道、陈俊:《中国湿地保护恢复策略研究》,《湿地科学与管理》2019年第2期。

③ 《全国湿地保护"十三五"实施规划》,中国政府网,2017年4月20日,http://www.gov.cn/xinwen/2017-04/20/content_5187584.htm。

续表

地区	湿地面积（千 hm²）	自然湿地					人工湿地	森林面积（万 hm²）	人工林	森林覆盖率（%）	草原（千 hm²）
		合计	近海与海岸	河流	湖泊	沼泽					
云南	563.5	392.5	0.0	241.8	118.5	32.2	171.0	1914.2	414.1	50.03	15308.4
下游	5439.3	3914.7	2166.6	754.7	912.5	80.9	1524.6	1150.7	647.2	/	5319.1
中游	3374.8	2288.4	0.0	1159.6	1036.8	92.0	1086.4	2727.6	1008.1	/	17167.2
上游	2728.2	2297.4	0.0	919.5	158.7	1219.2	430.8	4587.7	1193.2	/	42134.5
经济带	11542.3	8500.5	2166.6	2833.8	2108.0	1392.1	3041.8	8466.0	2848.5	38.20	64620.8
全国	53602.6	46674.7	5795.9	10552.1	8593.8	21732.9	6745.9	31259.0	6933.4	21.63	392832.7
带占全国	21.5	18.2	37.4	26.9	24.5	6.4	45.1	27.1	41.1	/	16.4

资料来源：中国环境统计年鉴 2018。

长江经济带森林面积 8466 万 hm²，其中人工林面积 2848.81 万 hm²，森林覆盖率 38.20%。江西、浙江、云南的森林覆盖率超过了 50%。长江经济带人工林占全国的将近一半，四川、湖南、云南是三个人工林面积最大的省份，而上海森林均为人工林。四川与云南草地资源丰富，遥遥领先于其他省市（详见表 1-18）。

另有研究从土地利用的角度显示，从空间上看，长江经济带西部和西南部生态环境质量指数相对较高；中部地区较低；东北部指数低、东南部指数高。从时间上来看，近些年来沿江 11 省市地级及以上城市生态环境质量基本稳定，部分地区有小幅度下降。①

3. 生态环境质量改善明显，环境综合治理任务仍任重道远

长江经济带作为城市、产业、人口的集中集聚带，人地关系问题、环境生态问题突出。相关研究表明，经济带土地利用效率不高，下游显著高于上中游且沿江以南高于沿江以北②；整体生态效率保持平稳，下游优于上中游且

---

① 苑韶峰、唐奕钰、申屠楚宁：《土地利用转型时空演变及其生态环境效应——基于长江经济带 127 个地级市的实证研究》，《经济地理》2019 年第 9 期。

② 杨奎、文琦、钟太洋：《长江经济带城市土地利用效率评价》，《资源科学》2018 年第 10 期。

部分地区有"两极化"趋势①;土地生态安全状况逐年好转且空间差异逐步缩小,中下游地区是土地生态安全的热点区,以城市群为中心向外扩散②。经济带生态系统格局变化主要是由于快速城镇化的影响③。长江经济带城市绿色发展的总体水平并不高,资源型城市在绿色城市的建设中排名相对靠后④。

从环境治理的情况来看,近些年来随着"生态优先、绿色发展"理念的深入人心和环境整治力度的不断加大,经济带的整体环境质量有了明显好转,"三废"排放问题得到了有效控制。目前,经济带二氧化硫、氮氧化物排放量持续快速降低,粉烟尘排放量虽有一些起伏,但总体上仍趋向于持续减少,各种生产生活废水排放量在 2015 年达到峰值后也开始持续明显回落,一般工业废弃物则在波动中继续下降(图 1-20)。

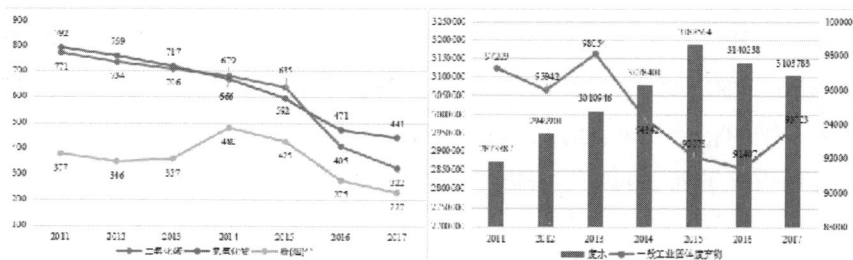

图 1-20　2008—2017 年长江经济带城市污染物排放一览⑤

资料来源:2009—2018 年中国统计年鉴。

---

① 马骏、曹芳、周盼超:《长江经济带城市生态效率演变及驱动因素分析》,《资源与产业》2020 年第 1 期。

② 黄烈佳、杨鹏:《长江经济带土地生态安全时空演化特征及影响因素》,《长江流域资源与环境》2019 年第 8 期。

③ 史娜娜、肖能文、王琦、韩煜、冯瑾、全占军:《长江经济带生态系统格局特征及其驱动力分析》,《环境科学研究》2019 年第 11 期。

④ 马双、王振:《长江经济带城市绿色发展指数研究》,《上海经济》2018 年第 5 期。

⑤ 注:2011 年环境保护部对统计制度中的指标体系、调查方法及相关技术规定等进行了修订,统计范围扩展为工业源、农业源、城镇生活源、机动车、集中式污染治理设施 5 个部分。

六、协调性均衡发展问题

2018 年 4 月 26 日,习近平总书记在"深入推动长江经济带发展座谈会"上的重要讲话,从发展战略认识、生态环境形势、协同保护体制机制、发展不平衡不协调问题,以及主观能动性五个方面,对长江经济带当前所面临的困难挑战和突出问题进行了系统的梳理和总结,其中特别是"流域发展不平衡不协调问题突出"的深刻概括,成为本书开展长江经济带协调性均衡发展问题分析的重要指南,并仍然从产业经济、基础设施、城镇化和生态环境等四个维度展开问题分析。

1. 经济发展阶段各异,人均和流段发展水平差距悬殊

改革开放四十多年来,长江经济带社会经济得到了飞速发展。按当年价计算,2018 年沿江 11 省市 GDP 总量(402985 亿元)为 1978 年 1516.84 亿元的 265 倍,年均增长 15.0%;人均 GDP(67307 元)则为 1978 年 357.4 元的 187 倍,年均增长 14.0%,成就斐然。但在看到发展成就巨大的同时也应看到,四十年来经济带的社会经济发展进程和发展现状中还存在着许多不均衡、不协调、不充分的问题,成为更高质量一体化发展中必须予以高度关注和逐步解决的难点和重点。

一是上中下游地区之间仍然存在较大的发展差距,分别处于不同的经济发展阶段。根据国际通行的观点,判断一个国家或者地区经济发展阶段的主要表征,第一就是人均 GDP 水平,同时还可辅以三次产业结构、一产从业人员(或增加值)占比、城镇化率等相关指标。从表 1-19 可知,2018 年长江经济带人均 GDP 为 67307 元,按当年平均汇率 6.6174 折算为 10171 美元,突破 1 万美元大关,整体处于工业化后期阶段(见表 1-19)。其中,上中下游地区分别为 7127 美元、8461 美元和 14181 美元,即下游四省市业已整体迈入了后工业化阶段,而上中游地区依然处于工业化后期阶段,上游与下游人均 GDP 水平相差 0.99 倍;上中下游城镇化率分别为 52.40%、57.47% 和 67.23%,下游处于工业化后期阶段,上中游则处于工业化中期阶段。从表 1-10 可知,2018 年上中下游第一产业增加值分别为 11.16%、8.70% 和 4.19%,同时考虑到农业的人均产出绩效要明显低于制造业与服务业的实际,可以判定中上游三次产业结构仍处于工业化中期至后期阶段之间,下游则已进入工业化后期至后工业化阶段之间。

表 1-19　工业化不同阶段的判断标志①

经济发展水平	换算因子	前工业化阶段	工业化实现阶段			后工业化阶段
			工业化初期	工业化中期	工业化后期	
人均GDP(1995年美元)	1	610—1220	1220—2430	2430—4870	4870—9120	9120以上
人均GDP(2018年美元)	1.54	939—1879	1879—3742	3742—7500	7500—14045	14045以上
三次产业结构		A>I	A>20%,A<I	A<20%,I>S	A<10%,I>S	A<10%,I<S
一产从业人员占比		60%以上	45%—60%	30%—45%	10%—30%	10%以下
城镇化率		30%以下	30%—50%	50%—60%	60%—75%	75%以上

注:2005—2018年对1995年美元的换算因子是根据美国历年的物价平减指数计算的,据此划分每年的工业化发展阶段;A、I、S分别代表第一、第二、第三产业产值在GDP中的比重。
资料来源:1995年的发展阶段划分依据来自"皮书数据库"《中国经济特区发展报告(2014)》;产业结构、城镇化率对发展阶段的划分标志来自陈佳贵、黄群慧、钟宏武:《中国地区工业化进程的综合评价和特征分析》,《经济研究》2006年第6期。

二是沿江11省市省际尤其是下游与上中游之间的经济差距仍有一定程度的扩大趋势。由于下游地区原有的相对优越的经济基础,加之率先启动的沿海经济发展战略,致使改革开放以来下游地区占经济带的GDP份额始终是不断攀升的,并于21世纪头十年达到峰值。近十年来,随着西部大开发战略、中部崛起战略和长江经济带发展战略的先后启动,以及国家经济政策向中西部重点倾斜和大规模财政转移支付,下游所占经济份额虽有所回落但仍位居高位。至2018年,下游四省市拥有经济带1/3的人口,却仅贡献了超过一半的GDP,占经济带GDP的比重比1978年仍增加了2.4个百分点。从人均GDP的动态变化情况看,1978年上中下游人均GDP分别为262.93元、298.65元和93.35元,下游分别是上游的1.88倍和中游的1.65倍;至2018年,下游人均GDP则分别是上游的1.99倍和中游的1.68

① 秦月:《长江经济带城市群联动发展研究》,华东师范大学博士学位论文,2020年。

倍,三大流段人均之间的相对差距和绝对差距都有一定程度的扩大。此外,2018 年人均年末储蓄存款余额和城乡居民可支配收入等人均指标对比衡量,经济带不同省市和三大流段之间仍存在着不平衡、不充分的明显鸿沟(参见表 1-9)。

三是产业结构及其空间布局尚待进一步优化。根据吴传清[①]、王林梅[②]、靖学青[③]等学者对于长江经济带产业结构的进一步研究表明,长江经济带产业结构在相似性、合理性、高度化、高效化等方面存在明显的地域差异,但这种差距在逐年缩小。整体而言,下游地区产业集聚主要以技术和知识型为主,上中游地区则以劳动和资源型为主,下游产业水平整体上优于上中游,经济带总体水平则优于全国水平且各项水平呈现出逐年上升的态势[④]。但从协调性均衡发展的视角分析,目前经济带的产业结构依然存在着不少问题:首先是服务业的整体发育程度还比较滞后、发展水平偏低,服务业增加值占比仍低于全国平均水平;其次是沿江 11 省市之间的产业发育发展程度不一、差距较大,农业产值占比最高的贵州(14.59%)与最低的上海(0.3%)相差 14 个百分点;服务业产值占比最高的上海(69.90%)与最低的江西(44.84%)则相差 25 个百分点;第三是上中下游地区虽然都已实现了"三二一"的产业发展格局,但产业发展尤其是制造业的原有基础、规模和实力并不相同,下游地区的江浙沪三省市要明显强于优于其他沿江省市,上中游地区则农业占比依旧偏高,还需要不断释放农业劳动力进入工业和服务业领域。同时,上中游地区原有制造业基础相对偏弱。特别是上游地区,虽然近些年来服务业发展迅猛,2018 年产值占比已达到 50.02%,但支撑服务业持续健康发展的制造业基础尚较薄弱,第二产业产值占比仅为 38.80%,低于经济带整体水平也低于全国平均水平(参

---

①　吴传清、周西一敏:《长江经济带产业结构合理化、高度化和高效化研究》,《区域经济评论》2020 年第 2 期。

②　王林梅、邓玲:《我国产业结构优化升级的实证研究——以长江经济带为例》,《经济问题》2015 年第 5 期。

③　靖学青:《区域产业转移与产业结构高度化——基于长江经济带的实证研究》,《江西社会科学》2017 年第 10 期。

④　参见唐承丽、陈伟杨、吴佳敏、周国华、王美霞、郭夏爽:《长江经济带开发区空间分布与产业集聚特征研究》,《地理科学》2020 年第 4 期;胡森林、曾刚、滕堂伟、庄良、刘海猛、孙蓉:《长江经济带产业的集聚与演化——基于开发区的视角》,《地理研究》2020 年第 3 期。

见表1-10）。

四是产业地域组织结构松散,省际、区际产业发展各自为阵、关联度低。从产业梯度转移和省际、区际产业联系的角度看,目前做得最好的当属下游四省市,在长三角更高质量一体化发展并上升为国家战略的大背景下,通过联合建园、飞地经济、跨江融合、一体化示范区等多种手段与途径,各种产业资源要素在省际、市际之间的市场化配置得到了较好的实践与展示,并已涌现出类似上港集团实施多年的"长江战略"的全流域布局模式。但从整体上讲,目前长江经济带个省市之间和三大流段之间还处于产业发展各自为阵、互不关联、自我发展为主的状态,产业地域的整体组织形态极其松散,造成彼此之间产业互补的优势难以发挥,产业同质化现象仍较严重。例如,上中下游近些年来在原有钢铁、化工、建材机械等传统基础工业之上,都大力布局了汽车制造、新能源、电子及通信设备制造等行业,彼此之间的产业关联并不明显。因此,在今后发展过程中要格外注意差别化和细分领域中的协调与发展,避免区域之间在同一产业上的投资浪费和恶性竞争,进而影响整个长江经济带相关产业的协调发展。

五是外向型经济发展和融入全球经济的程度迥异。从表1-12可知,上中下游之间不均衡、不协调发展的一个突出表现,即体现在外向型经济的发展规模、所处地位及其参与全球劳动地域分工的程度上。目前,沿江11省市中上海外向型经济占比最高,达到47.50%,接近一半;江苏和浙江紧随其后,分别达到23.42%和20.43%;而上中游地区除了重庆和湖北分别达到14.75%和11.52%外,其余各省外向型经济占比均在10%以内,参与全球劳动地域分工和嵌入全球产业链、供应链的程度均较低。反映在沿江各省市的进出口贸易总额、实际利用外资额和外贸依存度等外向型指标上,则上中下游之间的差距更为明显乃至巨大。例如,2018年下游四省市外贸依存度平均达到52.2%,上海市更是达到104.1%;而中游和上游地区分别平均只有9.9%和14.6%,上中游外贸依存度最高的重庆也只有25.6%,远低于经济带33.2%和全国33.9%的平均水平。沿江各省市进出口贸易额的差距更是巨大,最高的江苏省(43794亿元)和最低的贵州省(501亿元)之间差额竟达87.4倍。

2. 多种运输方式分布不均,联运衔接效率较低

一是从运输方式上看。2018年经济带各流段综合立体交通体系发展差异巨大,上中下游之间阶梯性递增特点明显。例如,经济带铁路密度为189.4km/km²,高于全国水平137.1km/km²,其中下游江浙沪皖四省的铁路密度为297.9km/km²,中游赣湘鄂三省为242.3km/km²,上游川渝云贵四省仅为129.1km/km²,不足全国平均水平。

二是从货物周转方式上看。由于下游地区通江达海的运输优势,水路货运利用率远高于其他流段也远高于铁路货运;中游地区湖北水路和铁路货运利用率比例相似,江西和湖南铁路货运利用率较低。而上游地区大宗货物依然主要依赖铁路运输,水路货运量占比较小,优势并不明显。

三是从多种运输方式的衔接效果上看。目前,经济带公铁水等多种运输方式之间缺乏有效的连接和衔接,交通整体的运输效率和服务质量仍有待提高。如长期存在的港口与公路、铁路干线衔接不畅,铁水联运困难较大,客运"零距离"换乘和货运"无缝化"衔接始终难以真正实现,制约了综合立体交通体系服务品质提升;部分城市机场和港口集疏运问题明显,衔接系统急需优化;中上游流段面向国际和区域的大型物流中心较为缺乏,货物运输的组织化、集约化、规模化程度不够,无法提供一体化的物流综合服务等。

四是从长期"卡脖子"的重点难点问题上看。例如,综合立体交通枢纽建设问题。经济带尤其是中上游地区综合立体交通枢纽建设存在明显滞后,铁路枢纽建设相对完备但是疏运能力并没有得到明显提升;经济带范围内基本上并未形成全国性的公路枢纽,而铁路车站货场、公路货运站场和物流中转之间没有得到有效整合,大部分规模较小、服务功能单一,只是传统意义上的货运站,无法满足现代物流发展的要求。又如严重阻碍长江黄金水道功能提升的桥坝碍航问题。尽管三峡大坝等大型水利枢纽工程建设在发电、灌溉、防洪抗灾等方面具有重大的贡献,但其船舶通过能力的不足以及由此带来的"翻坝"方式的讨论,客观上都影响和阻碍了长江航运的发展。同样,干流上下近百座已建和在建的长江大桥,在极大地促进了两岸要素流通和经济社会往来的同时,也带来了因桥梁净空高度而产生的碍航问题,特别是在近年来航道条件得到大幅改善的中下游地区。

3. 城市定位不明晰,不同流段城市规模差距大,城乡矛盾突出

一是城市功能定位和城市群层级结构不甚明晰,导致城市特色和城市群整体功能的缺失。城市的功能定位是一个十分复杂、需要综合考虑内外部诸多因素的系统工程。由于种种原因,目前长江经济带"三大两小"城市群中的不少城市尤其是中心城市的功能定位模糊不清,致使城市自身优势和城市群整体优势都难以充分发挥。其主要表现为:不顾自身发展条件片面追求大而全、综合性、国际化的城市发展目标,既想成为金融中心,又想成为产业中心、物流中心等,想法颇多却又缺乏支撑实力[①];狭隘理解区域竞争,大搞区域分割、互不妥协、自成体系,导致大而全、小而全和功能趋同,其结果是造成城市间产业同构严重,重复建设盛行;由于城市群空间规划不完善或落地力度不足,使得各城市的功能定位多从自身利益出发,缺乏"一盘棋"思想,进而导致城市群内外生产要素流动或重新配置的困难。以长江中游城市群为例,武汉一城独大的城市体系格局始终存在。诚然,武汉在湖北乃至整个中西部地区的经济"桥头堡"地位十分突出,但由此导致长江中游城市群城市等级结构中武汉的一股独大、首位度畸高,未能形成均衡有序的城市体系。[②] 与此同时,长江中游城市群内众多其他地级城市的产业能级和城市能级普遍偏低,缺乏在国内国际较有影响的大企业或企业集团,尤其是缺乏能够起到承上启下传导作用的过渡性大城市——次级中心城市,致使武汉的区域辐射效应和影响力大大削弱。再有,不少城市之间的接合部存在大片规划空白,影响了城市群整体功能的发挥。例如,在长株潭三市中部交汇区约有 300 平方公里的"城市真空"地带,这片区域城市化水平低,没有进行规划和开发,这在一定程度上使得三地的生产要素市场封闭,原料和产品的流通受阻,制约了长株潭经济一体化的发展。[③]

二是三大流段之间城市发育程度差距明显,城市化水平各异。从 2018 年长江经济带城市规模等级的空间分布情况看,下游 41 个地级及以上城市中除

① 薛澜:《城市如何定位需重新考虑》,网易网 2018 年 9 月 22 日,http://dy.163.com/v2/article/detail/DSBGLEDP0519PJJ6.html。

② 蔡若愚:《长江中游城市群一体化过程漫长》,《中国经济导报》2015 年 4 月 11 日。

③ 薛绯、朱海雯:《长株潭城市群一体化协同发展研究》,《当代经济》2018 年第 15 期。

了黄山、丽水2个Ⅰ型小城市和马鞍山、铜陵、舟山、安庆、宣城、衢州、池州、滁州8个中等城市外,其余31个均为Ⅱ型以上大城市,并涌现出1个超大城市、4个特大城市和5个Ⅰ型大城市;而在中游的36个地级及以上城市中,除了1个超大城市(武汉)、1个Ⅰ型大城市(长沙)和15个Ⅱ型大城市外,中等城市多达12个,Ⅰ型小城市更是多达7个,占了经济带全部11个小城市的63.6%,城市规模等级和发育程度最低;上游的33个地级及以上城市则介乎于下游与中游之间(参见表1-17)。

三是众多城市空间结构不合理,中心城区能级偏低,"小马拉大车"现象严重。这种情况在地级市中最为普遍,主要表现为下辖的县级市、县多,市域空间组织结构松散,中心城区(市区)人口占比小、要素集聚度低,造成中心城区产业能级、城市能级、交通能级的全面低下和核心功能的弱化,既不能凝聚成自身强大的核心增长极,又无能力辐射和有效带动所辖县、市的共同发展。比较典型的"小马拉大车"案例主要集中于小城市和中等城市中,如湖北黄冈市,2018年末城区常住人口40万,仅为全市633万人的6.3%。同样情况的地级市还有湖南的怀化(8.0%)和邵阳(9.5%),江西的吉安(8.3%)、宜春(9.7%)和上饶(10.3%),安徽的滁州(14.4%),贵州的铜仁(14.8%),等等。

四是城乡发展不平衡,乡村治理和民生问题突出。城乡之间、地区之间以及农业与非农之间发展不平衡、不充分的三大差别,是当前我国社会经济发展中矛盾最尖锐的三大顽疾,并且在长江经济带尤其是上中游地区表现较为突出。例如,在我国14个集中连片特殊困难地区中,沿江11省市就涉及了六盘山区、秦巴山区、武陵山区、乌蒙山区、滇桂黔石漠化区、滇西边境山区、大别山区和四省藏区等8个,乡村振兴的任务十分艰巨。反映在城乡居民可支配收入水平上,2018年沿江11省市中城乡收入最高的为上海的64183元,其次为浙江的45840元和江苏的38069元,前三名均为下游省市;城乡收入最低的前三位则为贵州的18430元、云南的20084元和四川的22461元,均为上游之省,最高与最低之间相差3.5倍(见表1-9)。反映在城乡居民之间可支配收入的差距上,2018年沿江11省市中城乡居民之间收入差距最大的前三位分别为贵州的3.25倍(31592/9716)、云南的3.11倍(33488/10768)和湖南的2.60倍(36698/14092),均为上中游省份;收入差距最小的前三位则分别为浙江的 2.04 倍(55574/27302)、上海的 2.24 倍(68034/30375)和江苏的 2.26 倍(47200/20845),均为下游省市。

4. 资源利用粗放,环境压力增大,人与自然矛盾突出

一是资源利用粗放。进入 21 世纪以来,随着产业结构调整优化、技术改造落后工艺、淘汰过剩产能、加大环境综合治理力度等一系列政策措施的出台,沿江 11 省市的资源综合利用率得到了显著提升,二氧化硫、氮氧化物和烟(粉)尘等工业废气排放量大幅减少,工业废水和固体废物排放量快速增长势头也得到了有效缓解。至 2018 年,经济带单位 GDP 的电耗、水耗和工业三废排放量已分别降至 2003 年的 51.3%、17.0% 和 40.7%,减排效果显著(表1-20、表1-21),但仍然高于世界平均水平,成为新版《全国国土规划纲要》中提到的长江经济带生态环境的主要问题。此外,人均用电量增长过快,2003—2018 年间增长了 2.49 倍,人均用水量也增长了 16.1%。人均城镇工矿建设用地面积大,农村居民点人均占地浪费多。

表 1-20　2003 年长江经济带能耗、水耗和工业三废排放一览

(单位:亿元,万人,亿度,万吨,度/万元,吨/万元,度/万人,吨/万人)

	GDP	常住人口	用电量	用水量	废水排放	废气排放	工业固体废物	单位电耗	单位水耗	单位三废排放	人均电耗	人均水耗
上海	6251	1711	746	109.0	61112	38.23	1659	1193	174	100478	4360	637
江苏	12461	7406	1505	433.5	247524	199.90	3894	1208	348	201924	2032	585
浙江	9395	4680	1233	206.0	168088	126.95	1976	1312	219	181151	2635	440
安徽	3972	6410	445	178.6	63525	107.22	3522	1120	450	169068	694	279
江西	2830	4254	300	172.5	50135	91.37	6182	1060	610	199322	705	406
湖北	5402	6002	629	245.1	96498	114.55	3112	1164	454	184608	1048	408
湖南	4639	6663	546	318.8	124132	178.44	2754	1177	687	273904	819	478
重庆	2251	3130	269	63.2	81973	95.53	1336	1195	281	370524	859	202
四川	5456	8700	760	209.9	120160	226.03	5145	1393	385	230079	874	241
贵州	1356	3870	400	93.7	16815	104.58	3772	2950	691	152596	1034	242
云南	2465	4376	370	146.1	34655	63.39	3418	1501	593	154710	846	334
下游	32079	20207	3929	927.1	540249	472.30	10051	1225	289	171692	1944	459
中游	12871	16919	1475	736.4	270765	384.36	12048	1146	572	220027	872	435

续表

	GDP	常住人口	用电量	用水量	废水排放	废气排放	工业固体废物	单位电耗	单位水耗	单位三废排放	人均电耗	人均水耗
上游	11528	20076	1799	512.9	253603	489.53	13671	1561	445	232273	896	255
经济带	56478	57202	7203	2176	1064617	1346.2	36770	1275	385	195250	1259	380
全国	117252	129227	13472	5320	2122527	3658.9	100428	1149	454	189900	1043	412
占全国	48.2	44.3	53.5	40.9	50.2	36.8	36.6	110	84.8	102.8	120.7	92.2

注：工业废气排放量为二氧化硫、氮氧化物和烟（粉）尘排放量三者的总和，下同。

资料来源：《中国统计年鉴2004》。

表1-21　2018年长江经济带能耗、水耗和工业三废排放一览
（单位：亿元，万人，亿度，万吨，度/万元，吨/万元，度/万人，吨/万人）

	GDP	常住人口	用电量	用水量	废水排放*	废气排放*	工业固体废物*	单位电耗	单位水耗	单位三废排放	人均电耗	人均水耗
上海	32680	2424	1567	103.4	211951	25.94	1630	479	31.6	65363	6464	427
江苏	92595	8051	6128	592.0	575196	170.87	12002	662	63.9	63434	7611	735
浙江	56197	5737	4533	173.8	453935	77.59	4485	807	30.9	81588	7901	303
安徽	30007	6324	2135	285.8	233838	100.62	12002	712	95.2	81961	3376	452
江西	21985	4648	1429	250.8	189362	85.04	12341	650	114.1	91784	3074	540
湖北	39367	5917	2071	296.9	272694	78.48	8112	526	75.4	71350	3500	502
湖南	36426	6899	1745	337.0	300563	78.64	4354	479	92.5	83730	2529	488
重庆	20363	3102	1114	77.2	200677	54.07	1943	547	37.9	99531	3591	249
四川	40678	8341	2459	259.1	362438	107.07	13756	605	63.7	92507	2948	311
贵州	14806	3600	1482	106.8	118017	124.40	9353	1001	72.1	86110	4117	297
云南	17881	4830	1679	155.7	185112	87.74	13725	939	87.1	111249	3476	322
下游	211479	22536	14363	1155	1474920	375.0	30119	679	54.6	71185	6373	513
中游	97778	17464	5245	885	762619	242.2	24807	536	90.5	80557	3003	507
上游	93728	19873	6734	599	866244	373.3	38777	718	63.9	96598	3389	301
经济带	402985	59873	26342	2638	3103783	990.5	93703	654	65.5	79370	4400	441
全国	900310	139538	64821*	6016	6996610	2930.5	331592	720	66.8	81429	4645	431
占全国	44.8	42.9	40.6	43.8	44.4	33.8	28.3	90.8	98.1	97.5	94.5	102.3

注：打*者为2017年数据。工业废气排放量为二氧化硫、氮氧化物和烟（粉）尘排放量三者的总和。

资料来源：《中国统计年鉴2019》。

二是环境污染、生态退化、灾害频发的状况仍需进一步严防严控。例如，长三角地区复合型大气污染严重，地面沉降和地裂缝等缓变性地质灾害不断加重，国土开发强度接近或超出资源环境承载能力；长江口、杭州湾等海域污染问题突出，滨海湿地不断减少，海洋生态功能退化，海洋生态服务能力减弱，赤潮、绿潮等海洋生态灾害频发；成渝地区的复合型大气污染问题开始显现，大气污染问题、水质问题增加；长江经济带中游地区则面临着湿地萎缩、河湖干涸、水土流失；长江上游地区表现为土地沙化、草原退化等问题；川滇山地、云贵高原、秦巴山地等地区，滑坡、崩塌、泥石流等突发性地质灾害高发频发。此外，化肥农药等农业投入品过量所带来的土壤退化及其水质净化功能下降；重化产业园区沿江布局引发的水环境污染；居民生活水平提高的升级消费触发的生态环境问题，包括跨区域旅游、城市污染的乡村转移等。

三是工农业生产、城镇建设和人民生活质量提高对自然承载能力和环境生态的压力仍在不断加大。例如，经过近几年的集中整治，制定和实施了史上最严格的"关改搬转"的化工污染整治工作方案，沿岸地区"化工围江"问题已得到明显好转。然而，根据环保部的调查数据显示，长江沿岸地区共约聚集了40多万家化工企业，大量化工企业的存在和经济带化工产业、化工产品在全国举足轻重的地位，决定了这一问题并没有得到根本性的扭转。从表1-14中可知，2017年化学原料和制品业仍为经济带仅次于计算机通信设备制造业和汽车制造业的第三大制造业部门，其规模以上企业主营业务收入达到40368亿元，占了全国49.3%的半壁江山。国家统计局公布的2018年我国36种主要工业产品中，沿江11省市生产的农药、化纤、硫酸、化肥、纯碱等化工产品产量分别占了全国的78.7%、78.4%、63.3%、44.5%和35.2%，仅江苏一省的农药和浙江的化纤就分别占了全国的38.5%和45.5%。[①] 同时，农业、生态用地空间受到挤压，越是城镇化发展水平高、人口密度大、经济社会发展水平高的地区，生态用地空间越是承压，城镇、农业、生态空间矛盾越是加剧和突出；优质耕地分布与城镇化地区高度重叠，耕地保护压力持续增大。

四是流域生态环境保护的长效性和系统性依然不足。例如，沿江11省市

---

① 参见国家统计局编：《中国统计年鉴2019》，中国统计出版社2014年版。

分段治理,涉水部门众多,法律法规衔接性、协调性不强,而跨省域的河湖治理需要流域内所有政府共同努力、联防联控才能治理好,如果仅仅是一方治理、另一方污染,就会事倍功半,难以达到预期效果。这方面的失败经验并不鲜见,近年来跨行政区域的流域污染纠纷时有发生,其根源就在于流域上下游之间的环境保护责任不对等,容易造成上游"污染"、下游"治理"的现象。而一些在下游被淘汰的污染企业逆流而上,很有可能从源头上造成更大污染。与此同时,部分城市虽积极争取中央、省级财政支持,但由于与周边城市协调不够,导致"治理效果不佳、多次重复治理"的现象比较突出,造成了一定程度的财政资金浪费。另外,虽然沿江各城市都已意识到长江污染治理联防联控的重要性,但限于各方的利益纠葛,导致跨流域河流治理上还未建立有效的联防联控机制,仅仅停留在开开会、考考察的层面,真正的跨流域联防联治落地相对困难。①

综上所述,长江经济带生态保护与修复所面临的种种严峻挑战,从深层次原因上讲都是长江经济带发展尚不均衡、不协调的外在表现。

① 王振华、李青云、汤显强:《浅谈长江经济带水生态环境问题与保护管理对策》,《水资源开发与管理》2018 年第 10 期。

第五章　区域协调性均衡发展指数评价指标体系

　　开展长江经济带协调性均衡发展指数评价指标体系的构建与评价研究，既是区域协调性均衡发展理论向着数理分析和定量化不断深化的必然要求，同时亦是该理论构想和逻辑分析框架能否与改革开放以来我国区域发展的伟大实践相吻合、相适应的主要验证依据，是构成本研究理论与实践相结合的重要一环。

一、评价指标体系构建

1. 构建评价指标体系的基本依据

　　作为区域经济学和发展经济学中的三大理论流派，区域协调发展理论与区域均衡、非均衡发展理论拥有着各自独立的理论体系和各不相同的逻辑分析框架，但同时亦存在着诸多的交集与联系。依据上文关于区域协调性均衡发展的概念辨析，语义学视角下的区域协调性均衡主要由"区域均衡性"和"区域协调性"这两个基本内涵组成。其中，区域的"均衡性"重在强调区域内外众多要素的数量关系和发展及分布状态，区域的"协调性"则重在反映区域内外的良性互动关系和联系，两者既可以在水平与结构、体量与质量、内在与外在、静态与动态、等级与次序等不同视域下独自展开，又可以在"融合共生"的耦合机制下达到辩证统一，形成"一体两面"的统一研究分析框架。

2. 省市评价指标体系构建

根据上述分析依据,本研究构建了由均衡度指数、协调度指数和融合度指数等 3 个一级指标、12 个二级指标和 40 个三级指标所组成的"区域协调性均衡发展指数评价指标体系(省市级)",赋权方式采用 3 个一级指标权重平均分配的主观赋权法,并以长江经济带 11 省市为典型样板区域加以实证分析评价。其中:

"均衡度指数"的构建依据是 2018 年 11 月 18 日国务院下发的《关于建立更加有效的区域协调发展新机制的意见》中提出的"围绕努力实现基本公共服务均等化、基础设施通达程度比较均衡、人民基本生活保障水平大体相当"的三大目标,具体设计了"人民生活水平""基本公共服务""基础公共设施"等 3 个二级指标和 12 个三级指标;

"协调度指数"的构建依据是区域发展所必须涉及的产业、城镇、社会、人与自然等四大重点关系领域,具体设计了"产业协调""城镇协调""社会协调""人与自然协调"等 4 个二级指标和 15 个三级指标;

"融合度指数"的构建依据则是 2018 年 4 月 26 日习近平总书记在武汉主持召开的深入推动长江经济带发展座谈会上明确要求的"努力把长江经济带建设成为生态更优美、交通更顺畅、经济更协调、市场更统一、机制更科学的黄金经济带"的五个"更"的美好愿景,作为区域均衡性与区域协调性在"融合共生"耦合机制下所达到的理想状态,具体设计了"生态优美""交通顺畅""经济协调""市场统一""机制科学"等 5 个二级指标和 13 个三级指标(表 1-22)。

3. 地市评价指标体系构建

在地市级层面,考虑到地市级城市地域范围和经济体量都普遍较小,城市功能大都不完备,且都在不同程度上受到国家四类主体功能区规划中限制开发与禁止开发功能区对地市级城市社会经济发展的影响,地处上中游地区的城市受到的影响尤甚,省市级层面的部分三级指标并不适用于地市级层面,客观上需要适时加以调整和精简,以更加客观、科学地反映地市级城市协调性均衡发展的现状与水平。为此,本研究在省市级层面的 40 个三级指标中相应精简和剔除了恩格尔系数,每万人在校中小学生数,每千万人财富 500 强企业数。

表 1-22　区域协调性均衡发展指数评价指标体系（省市）

一级指标	二级指标	三级指标	单位	指标描述
协调性均衡发展度 A	均衡度指数 B1 (12)	人民生活水平 C1 (5)	城乡居民可支配收入 D1	元/人	人均收入指标
			人均社会消费品零售额 D2	元/人	人均消费指标
			人均住户年末储蓄存款余额 D3	元/人	人均财富指标
			城镇登记失业率 D4	%	就业指标
			恩格尔系数 D5	%	家庭贫富指标
		基本公共服务 C2 (4)	每万人在校中小学生数 D6	人/万人	教育均等化指标
			每万人拥有病床数 D7	床位/万人	人均医疗指标
			每万人拥有文化机构数量 D8	个/万人	人均文化设施指标
			养老保险覆盖率 D9	%	养老保障普及率
		基础公共设施 C3 (3)	互联网普及率 D10	%	信息化水平指标
			人均公、铁、水货运周转量 D11	人/吨千米	人均物流指标
			人均公、铁、水客运周转量 D12	人/人千米	人均客流指标
	协调度指数 B2 (15)	产业协调 C4 (4)	三次产业构成 D13	%	产业结构高度化指标
			高科技企业产值占比 D14	%	产业创新性指标
			每千万人财富 500 强企业数 D15	个/千万人	龙头企业竞争力指标
			三资企业产值占比 D16	%	产业国际化指标
		城镇协调 C5 (4)	经修改的城市万有引力强度[9] D17	/	城市（群）间联系指标
			中心城市经济首位度 D18	/	中心城市能级指标
			中心城区常住人口占比 D19	%	中心城市辐射带动指标
			城乡居民人均可支配收入比 D20	%	城乡收入差异指标
		社会协调 C6 (4)	社会网络联系度 D21	/	社会网络强度指标
			每千万人全国文明城市数 D22	个/千万人	人民获得感、满意度指标
			社会犯罪率 D23	%	社会治安状况指标
			每百万人生产事故死亡人数 D24	人/百万人	生产安全指标
		人与自然协调 C7 (3)	以胡线为基线的人口密度比 D25	/	人口与自然相对协调指标
			以胡线为基线的经济密度比 D26	/	经济与自然相对协调指标
			以胡线为基线的城镇密度比 D27	/	城镇与自然相对协调指标
协调性均衡发展度 A	融合度指数 B3 (13)	生态优美 C8 (3)	万元 GDP 能耗 D28	吨标准煤/万元	能源可持续发展指标
			万元 GDP 三废污染排放数 D29	吨/万元	环境可持续发展指标
			森林植被覆盖率 D30	%	生态可持续发展指标

续表

	一级指标	二级指标	三级指标	单位	指标描述
协调性均衡发展度A	融合度指数B3（13）	交通顺畅C9（2）	基于一卡通、一网通办的跨域高速公路收费系统、城市交通系统、城际轨道系统等综合服务平台D31	个	域内外互联互通指标
			物流产业产值占比D32	%	区域通达信指标
		经济协调C10（3）	人均（绿色）GDP D33	元/人	经济综合发展指标
			全要素生产率（全员劳动生产率）D34	%	经济综合发展绩效指标
			R&D经费占比D35	%	科技支撑强度指标
		市场统一C11（3）	行使部分综合管理协调职能的办事机构数D36	个	区域综合管理能级指标
			每千万人上市公司跨省市分支机构数D37	个	企业跨域发展指标
			每千万人跨国公司分支机构数D38	个	国内外市场开放指标
		机制科学C12（2）	一体化的法律法规及政策体系、征信体系和协调沟通机制D39	个	区域一体化机制指标
			以水资源保护与水环境综合治理为核心的联防联控机制和生态环境补偿机制D40	个	生态环境保障与修复指标

数据来源：中国统计年鉴（2018）、中国城市统计年鉴（2018）、中国城市建设统计年鉴（2018）、中国高技术产业统计年鉴（2017）、全国第五次人口普查数据、长江经济带11省市统计年鉴（2018）及统计公报（2018）、500家上市公司及100家跨国公司年报（2018）。

其中部分三级指标解释：

D8 每万人拥有文化机构数量：文化机构包括公立图书馆、博物馆、艺术演出团体及艺术演出机构数量；

D17 经修改的城市万有引力强度：引力模型由牛顿提出，用于形容物体之间的引力，而后 Reilly 最早将引力模型应用到城市间零售引力强度的研究。此后众多学者通过对引力模型的拓展和修正，将其应用到城市经济联系、旅游需求、国际国内贸易等诸多领域。本课题结合实际，考虑经济发展水平、经济联系需求、经济联系水平、基础设施水平、信息化联系水平等影响因素以及公路、铁路、航空等多种运输方式的空间距离计算而得的复合指标；

D23 社会犯罪率：根据中国刑事警察学院杨学锋教授提出的年度犯罪率的方法计算得出。年度犯罪率=年度警方刑事犯罪立案数量/（1—14 岁以下人口比例）[1]；

D25/D26/D27 以胡焕庸线为基础的人口密度、经济密度及城镇密度比：以 2010 年第五次全国人口普查数据为准，以胡焕庸线经过地区的数据平均值为基准，以解释由于自然禀赋原因造成的东西区域差距和相对协调的指标[2]；

D37 上市公司跨省市分支机构数量：以东方财富网 2018 年公布的上市公司市值 500 强名单（包括境内以及港股、台股、美股等）为准，500 强市值 54.82 万亿，占总市值近 70%，分支机构数量以各公司年报披露的子公司及附属公司数量为准；

D38 跨国公司分支机构数量：以在 2018 年中国 500 强企业高峰论坛上，中国企业联合会、中国企业家协会连续第 8 次向社会发布的"中国跨国公司 100 大及跨国指数"的企业为准，其中跨国公司 100 大海外资产总额达到 87331 亿元，比上年增长 8.11%，海外营业收入达到 59652 亿元，分支机构数量以各公司年报披露的子公司及附属公司数量为准。

---

① 杨学锋：《新千年以来的中国犯罪动态分析——以定基增长率为切入》，《中国刑警学院学报》2018 年第 5 期。

② 李佳洺、陆大道等：《胡焕庸线两侧人口的空间分异性及其变化》，《地理学报》2017 年第 1 期。

经修改的城市万有引力强度,中心城市经济首位度,每千万人全国文明城市数,基于一卡通、一网通办的跨域高速公路收费系统、城市交通系统和城际轨道系统等综合服务平台,全要素生产率(全员劳动生产率),行使部分综合管理协调职能的办事机构,一体化的法律法规及政策体系、征信体系和协调沟通机制 10 项指标,形成了由 3 个一级指标、12 个二级指标和 30 个三级指标所组成的"区域协调性均衡发展指数评价指标体系(地市级)",并以长江经济带 110 个地级及以上城市为典型样板区域加以实证分析评价(表 1-23)。

表 1-23　区域协调性均衡发展指数评价指标体系(地市级)

	一级指标	二级指标	三级指标	单位	指标描述
协调性均衡发展度 A	均衡度指数 B1 (10)	人民生活水平 C1 (4)	城乡居民可支配收入 D1	元/人	人均收入指标
			人均社会消费品零售额 D2	元/人	人均消费指标
			人均住户年末储蓄存款余额 D3	元/人	人均财富指标
			城镇登记失业率 D4	%	就业指标
		基本公共服务 C2 (3)	每万人拥有病床数 D5	床位/万人	人均医疗指标
			每万人拥有文化机构数量 D6	个/万人	人均文化设施指标
			养老保险覆盖率 D7	%	养老保障普及率
		基础公共设施 C3 (3)	互联网普及率 D8	%	信息化水平指标
			人均公、铁、水货运周转量 D9	人/吨千米	人均物流指标
			人均公、铁、水客运周转量 D10	人/人千米	人均客流指标
	协调度指数 B2 (11)	产业协调 C4 (3)	三次产业构成 D11	%	产业结构高度化指标
			高科技企业产值占比 D12	%	产业创新性指标
			三资企业产值占比 D13	%	产业国际化指标
		城镇协调 C5(2)	中心城区常住人口占比 D14	%	中心城市辐射带动指标
			城乡居民人均可支配收入比 D15	%	城乡收入差异指标
		社会协调 C6 (3)	社会网络联系度 D16	/	社会网络强度指标
			社会犯罪率 D17	%	社会治安状况指标
			每百万人生产事故死亡人数 D18	人/百万人	生产安全指标
		人与自然协调 C7 (3)	以胡线为基线的人口密度比 D19	/	人口与自然相对协调指标
			以胡线为基线的经济密度比 D20	/	经济与自然相对协调指标
			以胡线为基线的城镇密度比 D21	/	城镇与自然相对协调指标

	一级指标	二级指标	三级指标	单位	指标描述
协调性均衡发展度 A	融合度指数 B3（9）	生态优美 C8（3）	万元 GDP 能耗 D22	吨标准煤/万元	能源可持续发展指标
			万元 GDP 三废污染排放数 D23	吨/万元	环境可持续发展指标
			森林植被覆盖率 D24	%	生态可持续发展指标
		交通顺畅 C9（1）	物流产业产值占比 D25	%	区域通达信指标
		经济协调 C10（2）	人均（绿色）GDP D26	元/人	经济综合发展指标
			R&D 经费占比 D27	%	科技支撑强度指标
		市场统一 C11（2）	每千万人上市公司跨省市分支机构 D28	个	企业跨域发展指标
			每千万人跨国公司分支机构数 D29	个	国内外市场开放指标
		机制科学 C12（1）	以水资源保护与水环境综合治理为核心的联防联控机制和生态环境补偿机制 D30	个	区域一体化机制指标

考虑到国家主体功能区对不同地区尤其是上中游地区社会经济发展的影响，本研究根据各个地级市所拥有的限制或者禁止开发区的个数，对其整体评价指标的权重作出相应的加权调整（国家主体功能区详见附表 5-1），具体调整方案如下（表 1-24）：

表 1-24　基于国家主体功能区的地市级评价指标权重调整

限制或禁止开发区域个数	0	1—9	10—19	20—29	30—39	40—49
指标结果调整	0	0.2	0.4	0.6	0.8	1

二、研究方法与模型选择

1. 研究方法选择

TOPSIS 法（Technique for Order Preference by Similarity to Ideal Solution）是系统工程中有限方案多目标决策分析的一种决策技术，它是一种逼近理想解的排序法。其中，"正理想解"和"负理想解"是 TPOSIS 的两个基本概念，即通过设计各个指标的正负理想解，建立评价指标与正负理想解之间距离的二维数据空间,并在此基础上对评价方案与正负理想解作比较,若接近正理想解同时又最远离负理想解,则该方案是备选方案中最理想的方案①。

该方法的基本思想是基于归一化后的原始数据矩阵,找出有限方案中的最优方案和最劣方案(分别用最优向量和最劣向量表示),然后分别计算各评价对象与最优方案和最劣方案间的距离,获得各评价对象与最优方案的相对接近程度,以此作为评价优劣的依据。

2. 基本研究步骤

(1)指标同趋势化:效益型指标$X_i = \dfrac{x_i - x_{min}}{x_{max} - x_{min}}$

成本型指标$X_i = \dfrac{x_{max} - x_i}{x_{max} - x_{min}}$ $x_{min} \leqslant x \leqslant x_{max}$

(2)归一化过程:

$$a_{ij} = x_{ij} \Big/ \sqrt{\sum_{i=1}^{n} X_{ij}^2}$$

(3)寻找最优方案与最劣方案:

$$D^+ = \max(a_{i1}, a_{i2}, \cdots, a_{im}) = (a_{i1}^+, a_{i2,}^+ \cdots, a_{im}^+)$$

$$D^- = \min(a_{i1}, a_{i2}, \cdots, a_{im}) = (a_{i1}^-, a_{i2,}^- \cdots, a_{im}^-)$$

(4)计算评价对象与最优方案和最劣方案间的距离:

$$D_i^+ = \sqrt{\sum_{j=1}^{m} W_j (a_{ij}^+ - a_{ij})^2} \qquad D_i^- = \sqrt{\sum_{j=1}^{m} W_j (a_{ij}^- - a_{ij})^2}$$

注:W_j为指标权重,本研究中使用平权计算。

(5)计算诸评价对象与最优方案的接近程度C_i:

$$C_i = \frac{D_i^-}{D_i^+ + D_i^-}$$

C_i在0与1之间取值,越接近1,表示该评价对象越接近最优水平;反之,越接近于0,表示该评价对象越接近最劣水平。

将C_i大小各评价对象排序,C_i越大,表示综合效益越好。

---

① 高洁芝、郑华伟、刘友兆:《基于熵权 TOPSIS 模型的土地利用多功能性诊断》,《长江流域资源与环境》2018 年第 11 期;杨秀玉:《基于熵权 TOPSIS 法的区域农业科技创新能力及收敛性分析》,《华中农业大学学报》(社会科学版)2017 年第 3 期。

3. 区域协调性均衡发展指数评价区域

本研究所涉及的长江经济带协调性均衡发展指数的评价区域包括两个层级:省市层级包括上海、江苏、浙江、安徽、江西、湖北、湖南、重庆、四川、贵州、昆明沿江 11 省市,其中下游地区 4 个,中游地区 3 个,上游地区 4 个;地市层级包括沿江 11 省市的 110 个地级及以上城市,其中下游地区 41 个,中游地区 36 个,上游地区 33 个,未包括湖北恩施,湖南湘西,四川阿坝、凉山、甘孜,贵州黔东南、黔南、黔西南,云南德宏、怒江、迪庆、大理、楚雄、红河、文山、西双版纳等民族自治州以及省直管县湖北仙桃、潜江和天门市(表 1-25)。

表 1-25　长江经济带协调性均衡发展指数评价区域

省级	地级及以上城市(共计 110 个地级市,未包含民族自治地区)
上海	上海(1)
江苏	南京、无锡、徐州、常州、苏州、南通、连云港、淮安、盐城、扬州、镇江、泰州、宿迁(13)
浙江	杭州、宁波、温州、嘉兴、湖州、绍兴、金华、衢州、舟山、台州、丽水(11)
安徽	合肥、淮北、亳州、宿州、蚌埠、阜阳、淮南、滁州、六安、马鞍山、芜湖、宣城、铜陵、池州、安庆、黄山(16)
江西	南昌、景德镇、萍乡、九江、新余、鹰潭、赣州、吉安、宜春、抚州、上饶(11)
湖北	武汉、黄石、十堰、宜昌、襄阳、鄂州、荆门、孝感、荆州、黄冈、咸宁、随州(12)
湖南	长沙、株洲、湘潭、衡阳、邵阳、岳阳、常德、张家界、益阳、郴州、永州、怀化、娄底(13)
重庆	重庆(1)
四川	成都、自贡、攀枝花、泸州、德阳、绵阳、广元、遂宁、内江、眉山、南充、乐山、宜宾、广安、达州、雅安、巴中、资阳(18)
贵州	贵阳、六盘水、遵义、安顺、毕节、铜仁(6)
云南	昆明、曲靖、玉溪、保山、昭通、丽江、普洱、临沧(8)

三、评价过程与分析结果

1. 长江经济带沿江 11 省市评价结果

(1)协调性均衡发展指数

从"协调性均衡发展指数"的综合评价结果看,2018 年长江经济带得分为

0.2801,略低于全国 0.2911 的平均水平,表明目前长江经济带协调性均衡发展的整体状况并不理想,有待解决的矛盾与问题颇多。究其原因,主要在于其协调度得分大幅低于全国平均水平,严重拖了综合得分的后腿;同时也在于中游 3 省和上游 4 省市的综合得分均不理想,双双大幅低于经济带和全国的平均水平,呈现出下游长三角地区 0.4346 的综合得分高高在上,然后迅速向着中游和下游地区依次递减的鲜明特征。从沿江 11 省市的得分结果看,上海以 0.7721 的综合得分遥遥领先,高居榜首,其后依次为浙江、江苏、重庆、安徽、湖南、湖北、四川、江西、贵州,云南则以 0.1774 的综合得分垫底,得分仅为上海的 23.0%,不仅再一次显示出下游>中游>上游的得分递减现象(重庆例外),而且充分暴露出了上中游地区与下游地区之间在综合得分上的巨大落差。从综合得分与均衡度、协调度、融合度得分的匹配关系上看,目前沿江 11 省市协调性均衡发展指数得分的排序位次与均衡度得分和融合度得分的排序位次基本保持一致,表明现阶段一地的社会经济发展水平基本决定着一地的协调性均衡发展水平(表 1-26)。

表 1-26　沿江 11 省市协调性均衡发展指数

	协调性均衡指数	排序	均衡度 B1	排序	协调度 B2	排序	融合度 B3	排序
上海	0.7721	1	0.7083	1	0.7823	1	0.8584	1
浙江	0.4379	2	0.4705	2	0.2723	4	0.5864	2
江苏	0.4056	3	0.3381	3	0.3218	2	0.5625	3
安徽	0.2914	4	0.3249	5	0.2674	5	0.2878	4
重庆	0.2857	5	0.3289	4	0.2947	3	0.2114	7
湖北	0.2477	6	0.2983	6	0.2250	7	0.2199	6
江西	0.2325	7	0.2142	9	0.2205	9	0.2615	5
湖南	0.2201	8	0.2306	7	0.2218	8	0.2064	8
四川	0.2112	9	0.1916	10	0.2342	6	0.1956	9
贵州	0.1952	10	0.2257	8	0.1992	10	0.1442	11
云南	0.1774	11	0.1569	11	0.1898	11	0.1789	10
下游	0.4346		0.4162		0.3735		0.5301	
中游	0.2349		0.2380		0.2319		0.2361	

续表

	协调性均衡指数	排序	均衡度B1	排序	协调度B2	排序	融合度B3	排序
上游	0.2043		0.1955		0.2275		0.1757	
经济带	0.2801		0.2744		0.2759		0.2913	
全国	0.2911		0.2707		0.3330		0.2410	

（2）均衡度指数

从"均衡度指数"的具体评价结果看,长江经济带以 0.2744 的得分略高于全国 0.2707 的平均得分,下游 4 省市更是以 0.4162 的得分明显高于中游、上游和经济带的平均得分,沿江 11 省市得分则仍以下游>中游>上游的序列递减,仅重庆、江西两省市的得分情况有所例外,并与各省市的经济社会发展水平基本保持一致。究其原因,主要在于决定均衡度得分的 3 个三级指标中,经济带的人民生活水平指标 C1 及基础公共服务指标 C2 得分都高于全国平均水平;下游 4 省市的三级指标得分不仅均高于中上游,而且三项指标得分基本相当,比较均衡;沿江 11 省市中在 C1 和 C2 得分上的差距并不明显,但由于各省市人均公铁水客货运周转量的巨大差异,造成基本公共设施指标 C3 得分在 11 省市和上中下游地区之间的反差巨大,尤其是上游地区的四川、云南两省的 C3 得分仅为 0.0436 和 0.0054,分别只有上海得分的 5.3% 和 0.7%,以及经济带得分的 23.9% 和 3.0%,从而直接影响和拉低了上游 4 省市和整个经济带的整体得分水平。此外,重庆、安徽、浙江三省市在 C2 得分上的突出表现,则得益于在其他指标差距不明显的情况下,其每万人拥有文化机构的数量是其他省市的 2—3 倍(表 1-27)。

表 1-27　沿江 11 省市均衡度、协调度指数

	均衡度	排序	C1	C2	C3		协调度	排序	C4	C5	C6	C7
上海	0.7083	1	0.7777	0.2882	0.8242	上海	0.7823	1	0.7782	0.9721	0.7405	0.0000
浙江	0.4705	2	0.6709	0.6034	0.3056	江苏	0.3218	2	0.4188	0.1862	0.3103	0.6350
江苏	0.3381	3	0.4810	0.3640	0.2196	重庆	0.2947	3	0.2385	0.3173	0.2450	0.7181
重庆	0.3289	4	0.2550	0.7716	0.1676	浙江	0.2723	4	0.3074	0.1970	0.2958	0.6652

	均衡度	排序	C1	C2	C3		协调度	排序	C4	C5	C6	C7
安徽	0.3249	5	0.2371	0.6520	0.1898	安徽	0.2674	5	0.2662	0.1269	0.3828	0.8712
湖北	0.2983	6	0.3800	0.3473	0.2085	四川	0.2342	6	0.1902	0.1963	0.2287	0.9234
湖南	0.2306	7	0.1817	0.4275	0.1702	湖北	0.2250	7	0.1626	0.1892	0.2571	0.7935
贵州	0.2257	8	0.1485	0.4462	0.1453	湖南	0.2218	8	0.1288	0.1624	0.2926	0.8606
江西	0.2142	9	0.2007	0.3329	0.1761	江西	0.2205	9	0.1665	0.1453	0.2923	0.8630
四川	0.1916	10	0.1544	0.4244	0.0436	贵州	0.1992	10	0.0871	0.0510	0.3003	0.9884
云南	0.1569	11	0.1806	0.2949	0.0054	云南	0.1898	11	0.0653	0.1175	0.2204	0.9891
下游	0.4162		0.5271	0.5162	0.3049	下游	0.3735		0.3892	0.3010	0.4580	0.6428
中游	0.2380		0.2504	0.3659	0.1823	中游	0.2319		0.1453	0.1549	0.3305	0.8385
上游	0.1955		0.1585	0.4392	0.0723	上游	0.2275		0.1537	0.2051	0.2296	0.9036
经济带	0.2744		0.3136	0.4385	0.1826	经济带	0.2759		0.2598	0.2136	0.3215	0.7913
全国	0.2707		0.2564	0.3833	0.2458	全国	0.3330		0.2245	0.1956	0.6480	0.8099

（3）协调度指数

从"协调度指数"的具体评价结果看,长江经济带0.2759的整体得分最为差强人意,不仅远低于全国0.3330的平均得分,除下游地区外的上中游地区更是差距明显扩大,成为经济带协调性均衡发展指数得分低于全国平均水平的唯一原因。在协调度的4个二级指标中,尽管经济带的产业协调指标C4和城镇协调指标C5的得分都要优于全国平均水平,人与自然协调指标C7也与全国得分基本持平,但经济带社会协调指标C6的得分却很不理想,只有全国平均得分0.6480的49.6%,尤其是社会犯罪率、每百万人生产事故死亡人数等关键性指标都远高于全国平均水平,劣势非常明显。从沿江11省市的得分情况看,上海依然以0.7823的高分位居第一且遥遥领先于其余各省市,下游长三角地区的整体得分也明显优于上中游地区及全国平均水平,而上游的重庆、四川两省市分别以0.2947和0.2342的得分能够跃居沿江11省市的第三位和第六位,实属不易。

（4）融合度指数

从"融合度指数"的具体评价结果看,长江经济带得分为0.2913,明显高于全国 0.2410 的平均水平,并且在 5 个三级指标中除市场统一指标 C11 外得分都高于全国,尤其是机制科学指标 C12 得分达到全国平均得分的 4.87 倍。从上中下游及 11 省市的得分情况看,除了重庆市外,得分同样呈现出从下游地区向着中游、上游地区依次递减的鲜明特征,特别是在 C11、C12 和交通顺畅指标 C9 三项指标上得分衰减得尤其明显。这一现象的产生,既从一个侧面生动诠释了长江下游的长三角地区经过十多年来区域经济一体化发展的不懈努力,在统一市场建设和区域一体化的制度创新方面所取得的突出成就,又从另一侧面反映出上中游地区在区域统一市场建设、创新区域制度安排和提升区域通达性方面仍有很长的路要走(表 1-28)。

表 1-28　沿江 11 省市融合度指数

	融合度		C8	C9	C10	C11	C12
上海	0.8584	1	0.5213	0.9643	1.0000	1.0000	1.0000
浙江	0.5864	2	0.8706	0.9544	0.4627	0.5068	1.0000
江苏	0.5625	3	0.5592	0.3906	0.6932	0.5411	1.0000
安徽	0.2878	4	0.5403	0.2108	0.3336	0.0556	1.0000
江西	0.2615	5	0.7869	0.2318	0.2062	0.0482	0.5208
湖北	0.2199	6	0.6655	0.1690	0.3666	0.0674	0.0000
重庆	0.2114	7	0.5949	0.0600	0.3216	0.0977	0.2947
湖南	0.2064	8	0.7328	0.2310	0.2580	0.0223	0.0000
四川	0.1956	9	0.5957	0.1837	0.2385	0.0405	0.2947
云南	0.1789	10	0.4941	0.1853	0.1966	0.0023	0.2947
贵州	0.1442	11	0.3039	0.1962	0.1094	0.0183	0.2947
下游	0.5301		0.6256	0.5358	0.5567	0.4648	1.0000
中游	0.2361		0.7494	0.2098	0.2783	0.0432	0.4067
上游	0.1757		0.5307	0.1503	0.2092	0.0357	0.2947
经济带	0.2913		0.6669	0.2899	0.3810	0.1473	0.5585
全国	0.2410		0.4594	0.2500	0.3531	0.1648	0.1147

2. 长江经济带地级及以上城市评价结果

(1)协调性均衡发展指数

从"协调性均衡发展指数"的综合评价结果看,2018 年长江经济带 110 个地级及以上城市中得分最高的为上海的 0.7365,并且其均衡度、协调度、融合度得分全为 110 个城市中最高,遥遥领先于其他城市,处于高水平均衡、协调发展状态;杭州、南京、无锡、苏州、常州、宁波六市得分分列第 2—7 名,且与上海一起均为长三角城市,表明长江下游地区的一些区域中心城市整体得分明显占优;武汉、成都、长沙三市得分位列第 8—10 名,表明上中游的部分区域中心城市同样具有较明显的优势。在得分前 30 名的城市中,下游地区有 20 个,中游地区和上游地区各有 5 个,分别占比 50%、25% 和 25%,下游地区明显胜出,中游与上游地区水平相当、难分高下;但在得分前 50 名的城市中,下中上游各有 33 个、10 个和 5 个,分别占比 66.0%、20.0% 和 14.0%,依然呈现出东高西低、依次递减的基本态势,尤其是昆明(25 名)、重庆(24 名)、贵阳(18 名)三个区域中心城市的得分明显偏低,在一定程度上拖了上游地区的后腿。从综合得分与均衡度、协调度、融合度得分的高低相差程度看,得分前 30 名的城市依次为 1.84 倍、1.77 倍、1.10 倍和 2.66 倍;得分前 50 名的城市依次为 2.08 倍、2.10 倍、1.54 倍和 3.06 倍;110 名城市得分则依次为 5.13 倍、3.23 倍、2.32 倍和 9.68 倍,融合度的得分差距最大,协调度得分差距相对最小。从综合得分与均衡度、协调度、融合度得分的匹配关系上看,目前得分前 30 名的城市综合得分排序位次与均衡度得分和融合度得分的排序位次基本保持一致,表明现阶段一地的社会经济发展水平仍然基本决定着一地的协调性均衡发展水平(表 1-29)。

表 1-29 沿江 110 个地级及以上城市协调性均衡发展指数

	协调性均衡	排名	均衡度	排名	协调度	排名	融合度	排名
上海	0.7365	1	0.7492	1	0.6483	1	0.8119	1
杭州	0.6450	2	0.6124	3	0.5411	10	0.7814	2
南京	0.5955	3	0.5516	4	0.5700	6	0.6648	3
无锡	0.5849	4	0.5378	6	0.5768	4	0.6400	5
苏州	0.5839	5	0.5424	5	0.5445	8	0.6647	4
常州	0.5458	6	0.5211	8	0.5172	18	0.5990	6
宁波	0.5375	7	0.5350	7	0.5311	11	0.5465	9

	协调性均衡	排名	均衡度	排名	协调度	排名	融合度	排名
武汉	0.5239	8	0.5096	10	0.4900	23	0.5722	8
成都	0.5123	9	0.5029	11	0.4429	38	0.4731	10
长沙	0.5025	10	0.5152	9	0.4114	59	0.5810	7
镇江	0.4847	11	0.4716	20	0.5171	19	0.4655	11
淮北	0.4643	12	0.5004	12	0.5765	5	0.3161	26
舟山	0.4575	13	0.4891	16	0.5208	17	0.3625	21
淮安	0.4537	14	0.3794	41	0.6075	2	0.3742	19
泰州	0.4497	15	0.4230	29	0.5222	15	0.4039	16
湖州	0.4474	16	0.4813	18	0.4251	46	0.4359	15
宜昌	0.4473	17	0.4229	30	0.4558	32	0.4633	13
贵阳	0.4469	18	0.4155	33	0.4599	31	0.4654	12
南通	0.4467	19	0.4884	17	0.5263	14	0.3255	23
扬州	0.4301	20	0.4383	26	0.5280	12	0.3239	24
嘉兴	0.4226	21	0.4708	21	0.4121	58	0.3850	18
绍兴	0.4222	22	0.4897	15	0.4932	22	0.2836	36
合肥	0.4211	23	0.4024	36	0.4691	28	0.3919	17
重庆	0.4192	24	0.7063	2	0.4197	52	0.2692	45
昆明	0.4192	25	0.4619	24	0.4800	26	0.3156	28
南昌	0.4133	26	0.4258	28	0.4557	34	0.3584	22
台州	0.4109	27	0.4676	22	0.5270	13	0.2381	75
连云港	0.4070	28	0.3784	42	0.5556	7	0.2871	34
遵义	0.4007	29	0.3352	58	0.4182	54	0.4487	14
鄂州	0.4006	30	0.3995	37	0.5412	9	0.2611	57
金华	0.3981	31	0.4807	19	0.4377	40	0.2758	40
徐州	0.3974	32	0.4149	34	0.4984	20	0.2790	38
温州	0.3972	33	0.4489	25	0.4439	36	0.2989	32
池州	0.3865	34	0.4973	13	0.4000	64	0.2622	54
衢州	0.3856	35	0.4172	32	0.4497	35	0.2900	33
黄石	0.3835	36	0.3863	40	0.4892	24	0.2749	42
芜湖	0.3811	37	0.4227	31	0.4557	33	0.2649	51

续表

	协调性均衡	排名	均衡度	排名	协调度	排名	融合度	排名
盐城	0.3799	38	0.3892	39	0.4838	25	0.2666	49
黄山	0.3796	39	0.4632	23	0.3698	81	0.3057	29
马鞍山	0.3792	40	0.4058	35	0.4160	57	0.3159	27
宿迁	0.3732	41	0.3592	48	0.4948	21	0.2655	50
铜陵	0.3703	42	0.4902	14	0.4316	43	0.1889	100
宣城	0.3675	43	0.3895	38	0.4645	30	0.2484	65
丽水	0.3630	44	0.4344	27	0.3794	75	0.2752	41
新余	0.3628	45	0.3518	52	0.4699	27	0.2669	48
绵阳	0.3613	46	0.3438	54	0.4181	55	0.3221	25
萍乡	0.3599	47	0.3276	62	0.5855	3	0.1668	107
攀枝花	0.3584	48	0.3708	43	0.4430	37	0.2614	55
鹰潭	0.3583	49	0.3402	55	0.4297	44	0.3049	30
十堰	0.3546	50	0.3634	45	0.4688	29	0.2315	78
黄冈	0.3488	51	0.3575	49	0.4220	51	0.2669	47
湘潭	0.3481	52	0.3333	59	0.3468	96	0.3643	20
咸宁	0.3474	53	0.3565	50	0.4230	48	0.2627	53
荆州	0.3454	54	0.3603	47	0.4359	42	0.2399	72
滁州	0.3355	55	0.3458	53	0.4025	62	0.2582	58
淮南	0.3352	56	0.2580	103	0.5209	16	0.2267	81
常德	0.3331	57	0.3256	63	0.4042	61	0.2697	44
荆门	0.3307	58	0.3551	51	0.3923	66	0.2449	68
景德镇	0.3275	59	0.3399	56	0.3923	67	0.2505	63
自贡	0.3274	60	0.3132	69	0.4407	39	0.2285	79
玉溪	0.3255	61	0.3155	68	0.4220	50	0.2392	74
株洲	0.3253	62	0.3637	44	0.3336	104	0.2786	39
襄阳	0.3252	63	0.3604	46	0.3900	69	0.2253	84
吉安	0.3247	64	0.3054	72	0.4272	45	0.2413	71
德阳	0.3245	65	0.3247	64	0.3638	86	0.2851	35
郴州	0.3211	66	0.3226	65	0.3735	78	0.2670	46
安顺	0.3175	67	0.2896	82	0.4371	41	0.2258	82

续表

	协调性均衡	排名	均衡度	排名	协调度	排名	融合度	排名
宜春	0.3154	68	0.3034	75	0.3788	76	0.2640	52
曲靖	0.3144	69	0.3093	70	0.4171	56	0.2169	90
孝感	0.3141	70	0.2922	81	0.3690	82	0.2810	37
达州	0.3141	71	0.2879	84	0.3511	93	0.3031	31
岳阳	0.3137	72	0.3041	73	0.3653	83	0.2717	43
雅安	0.3124	73	0.3225	66	0.3638	85	0.2509	62
乐山	0.3121	74	0.3314	60	0.3813	74	0.2237	85
泸州	0.3114	75	0.3284	61	0.3887	70	0.2171	89
丽江	0.3048	76	0.2772	91	0.3975	65	0.2396	73
广安	0.3044	77	0.3195	67	0.3708	80	0.2230	86
益阳	0.3038	78	0.2867	87	0.3635	87	0.2613	56
宜宾	0.3036	79	0.3013	76	0.3633	89	0.2463	67
六安	0.3024	80	0.2630	101	0.4189	53	0.2255	83
衡阳	0.3006	81	0.2942	80	0.3527	91	0.2550	61
亳州	0.2982	82	0.2878	85	0.4249	47	0.1818	104
赣州	0.2968	83	0.2695	95	0.4015	63	0.2195	88
九江	0.2964	84	0.2980	79	0.3831	72	0.2082	96
六盘水	0.2950	85	0.2649	99	0.3880	71	0.2322	77
蚌埠	0.2940	86	0.2996	77	0.3242	106	0.2582	59
张家界	0.2925	87	0.2778	90	0.3718	79	0.2280	80
随州	0.2903	88	0.3359	57	0.2907	109	0.2443	69
阜阳	0.2884	89	0.2875	86	0.4109	60	0.1667	108
安庆	0.2877	90	0.2565	104	0.4222	49	0.1844	103
广元	0.2876	91	0.2990	78	0.3561	90	0.2076	97
昭通	0.2863	92	0.2685	96	0.3815	73	0.2088	95
娄底	0.2844	93	0.2704	93	0.3415	99	0.2414	70
永州	0.2832	94	0.2533	107	0.3495	95	0.2469	66
眉山	0.2826	95	0.3038	74	0.3634	88	0.1805	106
毕节	0.2813	96	0.2721	92	0.3503	94	0.2216	87
遂宁	0.2780	97	0.2860	88	0.3355	103	0.2125	91

续表

	协调性均衡	排名	均衡度	排名	协调度	排名	融合度	排名
铜仁	0.2779	98	0.2800	89	0.3424	98	0.2112	93
南充	0.2763	99	0.2886	83	0.3514	92	0.1889	101
保山	0.2758	100	0.2643	100	0.3762	77	0.1870	102
普洱	0.2749	101	0.2613	102	0.3651	84	0.1985	98
怀化	0.2745	102	0.2541	106	0.3203	107	0.2492	64
上饶	0.2740	103	0.3075	71	0.2793	110	0.2352	76
资阳	0.2734	104	0.2664	97	0.3449	97	0.2089	94
邵阳	0.2721	105	0.2397	109	0.3193	108	0.2572	60
巴中	0.2639	106	0.2431	108	0.3368	102	0.2118	92
内江	0.2638	107	0.2702	94	0.3403	100	0.1809	105
抚州	0.2625	108	0.2545	105	0.3393	101	0.1938	99
宿州	0.2558	109	0.2651	98	0.3900	68	0.1123	109
临沧	0.1437	110	0.2317	110	0.3296	105	0.0839	110

（2）均衡度指数

从"均衡度指数"的具体评价结果看,长江经济带110个城市中得分排名前10位的依次为上海、重庆、杭州、南京、苏州、无锡、宁波、常州、长沙和武汉,除重庆以外的9市与综合得分排序保持高度的一致,下中上游之间的配比关系也依旧是7∶2∶1,得分前30名的配比关系为24∶3∶3,得分前50名的配比关系则为33∶12∶5,呈现出下游地区>中游地区>上游地区的基本态势。从均衡度指数以及3个三级指标的高低相差程度看,得分前30名的城市依次为1.77倍、1.81倍、8.00倍和1.19倍;得分前50名的城市依次为2.11倍、2.47倍、9.61倍和1.27倍;110名城市得分则依次为3.21倍、7.28倍、175.6倍和1.55倍,基础公共设施得分的差距相对最小,而基本公共服务得分的差距则极其巨大。究其原因,主要在于养老保险覆盖率这项指标地区间差异明显,最高为重庆68.23%,最低为安庆2.51%,110个地级以上城市中安庆和昭通养老保险覆盖率不足5%,宿州、阜阳、淮南、六安、邵阳、郴州、永州、怀化、内江、达州、铜仁、毕节、曲靖、保山、临沧这15个城市不足10%,

超过50%水平的也仅有上海、苏州、杭州、宁波、舟山和重庆6个城市。从得分前30名城市的3项三级指标得分与均衡度指数的配比关系上看,除了重庆的人民生活水平(43位),扬州(69位)、镇江(55位)、常州(41位)等的基本公共服务,以及铜陵(48位)、池州(42位)的基础公共设施得分出现较大波动外,其他城市的3项三级指标得分都比较平稳,没有出现与均衡度得分明显不一致的现象(表1-30)。

表1-30　沿江110个地级及以上城市均衡度指数

	均衡度	排名	人民生活水平	排名	基本公共服务	排名	基础公共设施	排名
上海	0.7432	1	0.6773	8	0.4860	2	0.7803	1
重庆	0.6843	2	0.3707	43	0.9656	1	0.7165	4
杭州	0.6027	3	0.8731	1	0.2059	5	0.7291	2
南京	0.5472	4	0.8002	2	0.1318	24	0.7096	5
苏州	0.5381	5	0.7466	4	0.1609	11	0.7067	6
无锡	0.5335	6	0.7623	3	0.1334	22	0.7049	7
宁波	0.5307	7	0.7268	6	0.1611	10	0.7043	8
常州	0.5170	8	0.7463	5	0.1062	41	0.6984	9
长沙	0.5111	9	0.6977	7	0.1384	20	0.6970	10
武汉	0.5056	10	0.6737	9	0.1493	15	0.6937	12
淮北	0.4964	11	0.6217	13	0.1720	8	0.6954	11
成都	0.4949	12	0.5879	20	0.1684	9	0.7283	3
池州	0.4933	13	0.5769	21	0.2799	3	0.6231	42
南通	0.4884	14	0.6709	10	0.1078	39	0.6865	14
铜陵	0.4863	15	0.6163	15	0.2274	4	0.6150	48
绍兴	0.4858	16	0.6285	12	0.1425	18	0.6863	15
舟山	0.4852	17	0.6087	16	0.1588	12	0.6881	13
湖州	0.4774	18	0.5991	17	0.1504	14	0.6829	16
金华	0.4768	19	0.6206	14	0.1271	26	0.6828	17
镇江	0.4678	20	0.6302	11	0.0957	55	0.6775	20
嘉兴	0.4670	21	0.5976	18	0.1256	28	0.6778	19
台州	0.4638	22	0.5935	19	0.1207	30	0.6773	21

	均衡度	排名	人民生活水平	排名	基本公共服务	排名	基础公共设施	排名
黄山	0.4595	23	0.5205	25	0.1772	7	0.6807	18
昆明	0.4546	24	0.5529	24	0.1378	21	0.6731	22
温州	0.4453	25	0.5616	22	0.1066	40	0.6677	23
扬州	0.4348	26	0.5539	23	0.0886	69	0.6618	26
丽水	0.4310	27	0.4912	27	0.1397	19	0.6620	25
南昌	0.4224	28	0.4819	30	0.1282	25	0.6572	27
泰州	0.4196	29	0.5067	26	0.0977	54	0.6544	28
芜湖	0.4193	30	0.4153	36	0.1784	6	0.6642	24
宜昌	0.4162	31	0.4864	28	0.1100	36	0.6521	31
衢州	0.4139	32	0.4551	31	0.1331	23	0.6534	30
贵阳	0.4121	33	0.4331	35	0.1491	16	0.6542	29
徐州	0.4116	34	0.4820	29	0.1016	49	0.6511	32
马鞍山	0.4025	35	0.4056	38	0.1510	13	0.6509	33
鄂州	0.3995	36	0.4484	33	0.1061	42	0.6439	34
合肥	0.3991	37	0.4498	32	0.1038	47	0.6438	35
黄石	0.3863	38	0.4048	39	0.1171	31	0.6371	37
盐城	0.3861	39	0.4410	34	0.0823	80	0.6349	38
宣城	0.3833	40	0.3625	45	0.1463	17	0.6410	36
淮安	0.3764	41	0.4102	37	0.0892	68	0.6296	40
连云港	0.3754	42	0.3956	40	0.1005	50	0.6301	39
攀枝花	0.3679	43	0.3546	49	0.1245	29	0.6244	41
株洲	0.3608	44	0.3535	50	0.1087	38	0.6203	43
十堰	0.3576	45	0.3597	47	0.0954	56	0.6179	45
襄阳	0.3575	46	0.3619	46	0.0916	62	0.6190	44
荆州	0.3574	47	0.3759	41	0.0801	83	0.6162	46
宿迁	0.3563	48	0.3534	51	0.0997	51	0.6159	47
咸宁	0.3536	49	0.3636	44	0.0824	79	0.6148	49
荆门	0.3522	50	0.3595	48	0.0837	77	0.6134	51
黄冈	0.3518	51	0.3743	42	0.0689	98	0.6123	52
新余	0.3490	52	0.3384	52	0.0940	57	0.6145	50

	均衡度	排名	人民生活水平	排名	基本公共服务	排名	基础公共设施	排名
滁州	0.3431	53	0.3344	54	0.0856	74	0.6092	53
绵阳	0.3411	54	0.3113	55	0.1050	45	0.6069	54
鹰潭	0.3375	55	0.3040	56	0.1029	48	0.6056	55
景德镇	0.3372	56	0.3015	58	0.1050	44	0.6050	56
随州	0.3332	57	0.3384	53	0.0612	103	0.6000	58
湘潭	0.3307	58	0.2956	59	0.0979	53	0.5985	59
遵义	0.3299	59	0.2703	66	0.1165	32	0.6029	57
乐山	0.3288	60	0.2955	60	0.0931	60	0.5978	60
泸州	0.3257	61	0.2747	63	0.1060	43	0.5965	61
萍乡	0.3250	62	0.2746	64	0.1043	46	0.5959	62
德阳	0.3221	63	0.3024	57	0.0750	91	0.5890	67
常德	0.3204	64	0.2919	61	0.0788	85	0.5904	64
雅安	0.3199	65	0.2415	79	0.1264	27	0.5919	63
郴州	0.3175	66	0.2728	65	0.0895	67	0.5900	65
广安	0.3169	67	0.2673	67	0.0939	58	0.5895	66
玉溪	0.3129	68	0.2604	70	0.0895	66	0.5889	68
自贡	0.3106	69	0.2640	69	0.0853	75	0.5826	69
曲靖	0.3068	70	0.2593	71	0.0815	81	0.5797	70
吉安	0.3030	71	0.2564	74	0.0757	90	0.5768	72
上饶	0.3026	72	0.2437	78	0.0865	72	0.5775	71
岳阳	0.3017	73	0.2564	72	0.0728	93	0.5758	73
眉山	0.3014	74	0.2526	75	0.0764	88	0.5752	75
宜春	0.3010	75	0.2564	73	0.0713	94	0.5752	76
宜宾	0.2989	76	0.2124	86	0.1090	37	0.5752	74
蚌埠	0.2972	77	0.2647	68	0.0569	104	0.5699	78
广元	0.2966	78	0.2051	91	0.1118	34	0.5729	77
九江	0.2933	79	0.2328	82	0.0779	86	0.5692	79
衡阳	0.2918	80	0.2261	83	0.0815	82	0.5679	80
孝感	0.2898	81	0.2405	80	0.0641	101	0.5649	81
安顺	0.2873	82	0.2058	89	0.0916	63	0.5646	82

	均衡度	排名	人民生活水平	排名	基本公共服务	排名	基础公共设施	排名
南充	0.2863	83	0.2058	90	0.0904	65	0.5626	83
达州	0.2856	84	0.2070	88	0.0878	71	0.5622	84
亳州	0.2855	85	0.2438	77	0.0533	105	0.5594	87
阜阳	0.2852	86	0.2905	62	0.0117	108	0.5536	89
益阳	0.2844	87	0.2202	84	0.0729	92	0.5602	86
遂宁	0.2837	88	0.1993	92	0.0914	64	0.5603	85
铜仁	0.2777	89	0.1627	101	0.1123	33	0.5581	88
张家界	0.2755	90	0.1981	93	0.0760	89	0.5526	91
丽江	0.2750	91	0.1921	94	0.0801	84	0.5528	90
毕节	0.2699	92	0.1495	105	0.1118	35	0.5484	92
娄底	0.2683	93	0.1660	100	0.0925	61	0.5463	93
内江	0.2681	94	0.1894	95	0.0703	96	0.5444	94
资阳	0.2664	95	0.1783	96	0.0775	87	0.5435	96
昭通	0.2663	96	0.1725	99	0.0841	76	0.5423	97
赣州	0.2652	97	0.1530	103	0.0991	52	0.5437	95
宿州	0.2630	98	0.2158	85	0.0367	106	0.5364	100
六盘水	0.2628	99	0.1524	104	0.0938	59	0.5422	98
保山	0.2622	100	0.1775	97	0.0704	95	0.5387	99
六安	0.2609	101	0.2443	76	0.0073	109	0.5310	102
普洱	0.2592	102	0.1766	98	0.0662	100	0.5348	101
淮南	0.2560	103	0.2091	87	0.0304	107	0.5284	105
安庆	0.2545	104	0.2337	81	0.0055	110	0.5243	107
抚州	0.2525	105	0.1586	102	0.0696	97	0.5293	103
怀化	0.2521	106	0.1449	106	0.0825	78	0.5288	104
永州	0.2493	107	0.1333	108	0.0884	70	0.5262	106
巴中	0.2411	108	0.1200	110	0.0861	73	0.5174	108
邵阳	0.2359	109	0.1342	107	0.0639	102	0.5097	109
临沧	0.2317	110	0.1238	109	0.0667	99	0.5046	110

（3）协调度指数

从"协调度指数"的具体评价结果看,长江经济带110个城市中得分排名前10位的依次为上海、淮安、萍乡、无锡、淮北、南京、连云港、鄂州、苏州以及杭州,武汉(24位)、成都(39位)、长沙(58位)、重庆(60位)等区域中心城市均被挤出前20名、前30名乃至前50名;下中上游之间得分前10名的配比关系进一步差距扩大至8:2:0,得分前30名的配比关系为23:6:1,得分前50名的配比关系则为30:12:8,依旧呈现出下游地区>中游地区>上游地区的基本态势。从协调度指数以及4个三级指标的高低相差程度看,得分前30名城市依次为1.42倍、1.85倍、2.88倍、3.86倍和1.05倍;得分前50名的城市依次为1.55倍、2.20倍、3.81倍、6.04倍和1.09倍;110名城市得分则依次为2.36倍、8.19倍、76.5倍、11.0倍和3.04倍,协调度指数得分的差距相对最小,而城镇协调得分的差距则异常巨大。究其原因,主要在于城镇协调分项的指标中心城区常住人口占比差异,一些城市的中心城区常住人口占比并不高,只有上海、南京、淮北、鄂州这4个城市达到了80%以上,其他区域中心城市以及省会城市基本上保持在40%—60%左右,一般性地级城市的中心城区常住人口占比在20%—30%,六安、普洱、黄冈和邵阳均不足10%。从得分前30名城市的4项三级指标得分与协调度指数的配比关系上看,产业协调得分排名和城镇协调得分排名基本与协调度指数得分保持一致;社会协调得分则出现了不一致、不和谐的明显波动,萍乡(3:47)、淮北(5:51)、鄂州(8:68)、武汉(24:92)、昆明(26:89)等市协调度指数与社会协调得分出现巨大反差;而人与自然协调得分则完全与协调度指数得分相悖而行,反差极其鲜明。如协调度指数得分排名前十的城市,人与自然协调得分分别位居108位、62位、32位、89位、83位、110位、68位、31位、94位和100位,人与自然协调得分排名1至5名的丽江、邵通、普洱、临沧和达州,协调度指数得分分别位列65位、72位、84位、105位和93位,完全呈现为相悖且无序的排列状态(表1-31)。

表1-31　沿江110个地级及以上城市协调度指数

	协调度	排名	产业协调	排名	城镇协调	排名	社会协调	排名	人与自然协调	排名
上海	0.6497	1	0.7625	2	0.5848	2	0.8339	1	0.4175	108
淮安	0.6027	2	0.5919	19	0.4027	11	0.5441	7	0.8721	62

	协调度	排名	产业协调	排名	城镇协调	排名	社会协调	排名	人与自然协调	排名
萍乡	0.5808	3	0.9406	1	0.2991	26	0.1447	47	0.9388	32
无锡	0.5722	4	0.6509	4	0.2589	34	0.6175	3	0.7613	89
淮北	0.5718	5	0.5155	28	0.8340	1	0.1368	51	0.8011	83
南京	0.5654	6	0.6429	9	0.5451	4	0.7463	2	0.3275	110
连云港	0.5511	7	0.5839	21	0.3036	23	0.4626	10	0.8545	68
鄂州	0.5412	8	0.5265	25	0.5837	3	0.1132	68	0.9411	31
苏州	0.5402	9	0.6500	5	0.2225	49	0.5578	6	0.7303	94
杭州	0.5325	10	0.6670	3	0.4755	6	0.3384	21	0.6489	100
宁波	0.5268	11	0.6153	15	0.2899	30	0.4202	13	0.7818	85
南通	0.5263	12	0.6435	8	0.1762	66	0.4527	11	0.8329	75
扬州	0.5237	13	0.6347	12	0.3411	20	0.4820	9	0.6372	101
台州	0.5228	14	0.5952	16	0.1654	69	0.3580	20	0.9726	9
泰州	0.5181	15	0.6357	11	0.2137	52	0.3790	17	0.8439	72
淮南	0.5167	16	0.4388	47	0.3273	21	0.3694	18	0.9313	40
舟山	0.5166	17	0.4556	43	0.4064	10	0.4064	14	0.7981	84
常州	0.5131	18	0.6489	7	0.4545	7	0.5595	5	0.3894	109
镇江	0.5129	19	0.6361	10	0.2188	51	0.5037	8	0.6932	97
徐州	0.4944	20	0.6343	13	0.2554	37	0.5899	4	0.4981	104
宿迁	0.4908	21	0.5936	17	0.1989	60	0.4298	12	0.7411	92
绍兴	0.4893	22	0.5599	23	0.2962	27	0.2538	24	0.8471	71
黄石	0.4892	23	0.5210	27	0.3016	24	0.1634	40	0.9705	11
武汉	0.4861	24	0.4642	38	0.5387	5	0.0937	92	0.8477	70
盐城	0.4800	25	0.5934	18	0.2014	57	0.4019	15	0.7232	95
昆明	0.4724	26	0.4564	42	0.3787	17	0.0967	89	0.9578	17
新余	0.4661	27	0.3802	64	0.4206	9	0.1583	43	0.9054	54
合肥	0.4653	28	0.4852	32	0.3005	25	0.1640	39	0.9116	49
十堰	0.4614	29	0.4695	36	0.2952	28	0.1451	46	0.9357	36
宣城	0.4571	30	0.3585	68	0.3817	14	0.1138	67	0.9745	8
贵阳	0.4562	31	0.4380	48	0.3801	16	0.0794	107	0.9273	41
芜湖	0.4520	32	0.3386	76	0.2679	32	0.2629	23	0.9387	33

续表

	协调度	排名	产业协调	排名	城镇协调	排名	社会协调	排名	人与自然协调	排名
南昌	0.4520	33	0.4024	58	0.3826	13	0.1036	80	0.9195	45
宜昌	0.4485	34	0.5813	22	0.2000	59	0.0964	90	0.9164	48
衢州	0.4461	35	0.4726	34	0.2368	42	0.3850	16	0.6899	98
温州	0.4404	36	0.6492	6	0.1527	72	0.3633	19	0.5964	103
攀枝花	0.4394	37	0.3410	75	0.3811	15	0.1169	63	0.9187	47
自贡	0.4372	38	0.2855	86	0.3429	19	0.1741	36	0.9462	29
成都	0.4358	39	0.4273	49	0.3863	12	0.1012	83	0.8285	79
金华	0.4342	40	0.5077	31	0.0779	98	0.2159	30	0.9353	37
安顺	0.4336	41	0.3187	80	0.3265	22	0.1329	54	0.9561	20
荆州	0.4324	42	0.5240	26	0.1295	80	0.1566	44	0.9194	46
铜陵	0.4282	43	0.3472	73	0.2362	43	0.1643	38	0.9651	13
鹰潭	0.4262	44	0.4635	39	0.1183	85	0.1665	37	0.9566	18
吉安	0.4238	45	0.4045	57	0.0445	107	0.3127	22	0.9336	38
湖州	0.4217	46	0.5573	24	0.2259	48	0.1320	55	0.7717	87
亳州	0.4215	47	0.4581	40	0.2917	29	0.1757	35	0.7606	90
咸宁	0.4196	48	0.5132	29	0.1175	86	0.0984	86	0.9493	25
安庆	0.4189	49	0.4449	44	0.0693	101	0.1811	33	0.9801	6
玉溪	0.4186	50	0.3825	63	0.2288	45	0.0839	101	0.9792	7
六安	0.4155	51	0.4797	33	0.0707	100	0.1587	42	0.9530	23
黄冈	0.4153	52	0.5897	20	0.0109	110	0.1226	59	0.9379	34
绵阳	0.4148	53	0.2959	83	0.2600	33	0.1319	56	0.9714	10
曲靖	0.4138	54	0.4564	41	0.1520	73	0.0844	99	0.9623	14
马鞍山	0.4127	55	0.4273	50	0.1211	84	0.2184	29	0.8839	58
遵义	0.4116	56	0.3871	62	0.2042	56	0.1089	73	0.9462	30
嘉兴	0.4088	57	0.4710	35	0.1030	92	0.2313	26	0.8297	77
长沙	0.4081	58	0.5086	30	0.1962	61	0.1164	65	0.8113	82
阜阳	0.4076	59	0.6168	14	0.1384	77	0.1556	45	0.7197	96
重庆	0.4066	60	0.3432	74	0.4504	8	0.2240	28	0.6088	102
滁州	0.3993	61	0.4433	46	0.1212	83	0.1436	49	0.8892	56
常德	0.3978	62	0.4178	51	0.1169	87	0.0978	87	0.9586	16

续表

	协调度	排名	产业协调	排名	城镇协调	排名	社会协调	排名	人与自然协调	排名
池州	0.3968	63	0.2847	87	0.2548	39	0.1818	32	0.8661	66
赣州	0.3952	64	0.2409	97	0.1345	79	0.2435	25	0.9618	15
丽江	0.3943	65	0.3542	71	0.1250	81	0.1023	82	0.9957	1
荆门	0.3891	66	0.4159	53	0.1351	78	0.1381	50	0.8675	65
景德镇	0.3891	67	0.4156	54	0.2011	58	0.0768	109	0.8630	67
宿州	0.3869	68	0.3995	60	0.2066	53	0.1610	41	0.7804	86
襄阳	0.3869	69	0.4024	59	0.2570	35	0.1165	64	0.7716	88
泸州	0.3856	70	0.3747	65	0.2483	41	0.0843	100	0.8351	74
六盘水	0.3849	71	0.3575	69	0.1159	88	0.1102	71	0.9557	21
昭通	0.3785	72	0.3188	79	0.1119	90	0.0884	95	0.9949	2
乐山	0.3782	73	0.2876	85	0.2323	44	0.1108	70	0.8822	60
九江	0.3771	74	0.3910	61	0.1640	70	0.0836	102	0.8697	63
丽水	0.3764	75	0.4669	37	0.1029	93	0.1777	34	0.7581	91
宜春	0.3758	76	0.3572	70	0.0834	97	0.1062	75	0.9565	19
保山	0.3732	77	0.2150	100	0.2054	54	0.1197	60	0.9527	24
张家界	0.3688	78	0.2916	84	0.1706	67	0.1306	57	0.8824	59
广安	0.3678	79	0.2502	94	0.1958	62	0.0995	84	0.9257	42
郴州	0.3676	80	0.3712	67	0.0617	103	0.1058	76	0.9318	39
黄山	0.3669	81	0.2515	93	0.3447	18	0.1346	52	0.7367	93
孝感	0.3661	82	0.2456	96	0.0847	95	0.2249	27	0.9090	51
岳阳	0.3624	83	0.3733	66	0.0844	96	0.1235	58	0.8685	64
普洱	0.3622	84	0.3200	78	0.0655	102	0.0771	108	0.9861	3
雅安	0.3609	85	0.1570	107	0.2262	47	0.1131	69	0.9472	27
德阳	0.3608	86	0.2625	92	0.1587	71	0.0758	110	0.9464	28
益阳	0.3605	87	0.2964	82	0.1392	76	0.0985	85	0.9080	52
眉山	0.3605	88	0.1891	102	0.2483	40	0.0850	98	0.9197	44
宜宾	0.3604	89	0.2765	90	0.1844	64	0.1037	79	0.8772	61
广元	0.3532	90	0.2494	95	0.2284	46	0.0820	105	0.8532	69
衡阳	0.3499	91	0.3530	72	0.0476	106	0.0889	94	0.9100	50
南充	0.3486	92	0.1840	103	0.1790	65	0.0821	104	0.9491	26

续表

	协调度	排名	产业协调	排名	城镇协调	排名	社会协调	排名	人与自然协调	排名
达州	0.3483	93	0.1369	108	0.1670	68	0.1053	77	0.9840	5
毕节	0.3475	94	0.2222	98	0.1123	89	0.0881	96	0.9675	12
资阳	0.3449	95	0.2172	99	0.2559	36	0.0939	91	0.8129	81
湘潭	0.3440	96	0.3258	77	0.1460	75	0.0824	103	0.8219	80
永州	0.3439	97	0.1271	109	0.0858	94	0.2079	31	0.9548	22
铜仁	0.3397	98	0.2684	91	0.0762	99	0.1079	74	0.9062	53
娄底	0.3388	99	0.2839	88	0.0482	105	0.0975	88	0.9255	43
内江	0.3376	100	0.1714	104	0.2047	55	0.0901	93	0.8840	57
抚州	0.3366	101	0.1594	106	0.1477	74	0.1032	81	0.9361	35
巴中	0.3341	102	0.1149	110	0.2190	50	0.1099	72	0.8925	55
遂宁	0.3328	103	0.1654	105	0.2548	38	0.0813	106	0.8298	76
株洲	0.3309	104	0.4118	56	0.1056	91	0.1330	53	0.6732	99
临沧	0.3296	105	0.1934	101	0.0537	104	0.0852	97	0.9861	3
蚌埠	0.3216	106	0.4437	45	0.2725	31	0.1441	48	0.4261	107
怀化	0.3178	107	0.3096	81	0.0154	109	0.1174	62	0.8286	78
邵阳	0.3142	108	0.2834	89	0.0214	108	0.1149	66	0.8370	73
随州	0.2883	109	0.4121	55	0.1913	63	0.1175	61	0.4324	106
上饶	0.2749	110	0.4160	52	0.1230	82	0.1041	78	0.4566	105

（4）融合度指数

从"融合度指数"的具体评价结果看,长江经济带110个城市中得分排名前10位的依次为上海、杭州、南京、苏州、无锡、常州、长沙、武汉、宁波和成都,重新回归以区域中心城市主导的传统格局;下中上游之间得分前10名的配比关系依然维持于7∶2∶1,得分前30名的配比关系为19∶6∶5,得分前50名的配比关系则为29∶14∶7,依旧呈现为下游地区>中游地区>上游地区的基本态势。从融合度指数以及4个三级指标(机制科学得分暂不做比较)的高低相差程度看,得分前30名城市依次为2.66倍、1.09倍、5.68倍、1.89倍和5.57倍;得分前50名城市依次为3.03倍、1.87倍、8.55倍、2.48倍和8.65

倍;110 名城市得分则依次为 7.23 倍、3.24 倍、18.33 倍、73.5 倍和 92 倍,生态得分的差距相对最小,交通和经济两项得分的差距明显偏大,而市场得分的差距则异常巨大,最高达到 92 倍! 究其原因,主要在于市场统一分项的两个指标——每千万人跨国公司分支机构数量和每千万人上市公司各省市分支机构数量表征国内外市场开放程度以及企业国内跨域发展程度。例如,每千万人上市公司各省市分支机构,上海为 0.83 个,而得分最低的临沧为 0 个,为了平均绝对数量上的差异选择了千万人均的比较方式,但最高和最低间仍有较大差异。从得分前 30 名城市的 5 项三级指标得分与融合度指数的配比关系上看,机制、交通、市场和经济等四项指标得分排名基本与融合度指数得分保持一致,唯有生态得分出现了明显的无序状态甚至反向走势。如融合度得分排名前 6 的上海、杭州、南京、苏州、无锡和常州,生态优美得分分别只排在 57 位、62 位、79 位、73 位、18 位和 93 位;而生态得分排名前 5 的黄山、常德、随州、郴州和池州五市,融合度得分分别位列 29 位、44 位、69 位、49 位和 55 位,两者之间明显不协调(表 1-32)。

表 1-32 沿江 110 个地级及以上城市融合度指数

	融合度	排名	生态优美	排名	交通顺畅	排名	经济协调	排名	市场统一	排名	机制科学	排名
上海	0.8054	1	0.8332	57	0.9567	1	0.5529	2	0.6898	1	1	1
杭州	0.7690	2	0.8171	62	0.9168	2	0.4748	7	0.5490	3	1	1
南京	0.6595	3	0.7532	79	0.5406	3	0.4592	9	0.3547	11	1	1
苏州	0.6594	4	0.7843	73	0.5096	4	0.5026	6	0.1514	27	1	1
无锡	0.6349	5	0.9346	18	0.3734	5	0.5144	4	0.5082	5	1	1
常州	0.5943	6	0.6946	93	0.3001	8	0.4724	8	0.5046	6	1	1
长沙	0.5763	7	0.9585	9	0.2229	15	0.3678	21	0.2214	21	1	1
武汉	0.5676	8	0.6608	95	0.326	7	0.4013	14	0.1347	30	1	1
宁波	0.5421	9	0.902	36	0.3665	6	0.4332	12	0.1882	24	0.5294	2
成都	0.4656	10	0.9117	32	0.2303	14	0.3028	30	0.0924	47	0.5294	2
镇江	0.4618	11	0.8791	45	0.1782	24	0.4344	11	0.1944	23	0.5294	2
贵阳	0.4617	12	0.5212	104	0.1649	35	0.2252	52	0.2903	16	1	1
宜昌	0.4559	13	0.8663	48	0.0913	88	0.2315	48	0.2171	22	1	1

	融合度	排名	生态优美	排名	交通顺畅	排名	经济协调	排名	市场统一	排名	机制科学	排名
遵义	0.4416	14	0.9501	12	0.0987	69	0.0797	96	0.1634	26	1	1
湖州	0.4324	15	0.3845	108	0.1663	33	0.333	26	0.6465	2	1	1
泰州	0.4007	16	0.7298	87	0.15	40	0.3788	18	0.5427	4	0.5294	2
合肥	0.3888	17	0.5163	105	0.2642	11	0.3443	24	0.0951	44	0.5294	2
嘉兴	0.382	18	0.573	103	0.1634	37	0.3684	20	0.3372	13	0.5294	2
淮安	0.3712	19	0.7299	86	0.1537	39	0.2566	40	0.2804	17	0.5294	2
湘潭	0.3614	20	0.9401	15	0.1003	64	0.2323	47	0.1433	29	0.5294	2
舟山	0.3596	21	0.8543	52	0.0938	82	0.3541	23	0.1050	37	0	3
南昌	0.3555	22	0.498	106	0.2802	9	0.2549	42	0.1504	28	0.5294	2
南通	0.3255	23	0.7702	76	0.2453	12	0.3907	17	0.5001	7	0	3
扬州	0.3213	24	0.826	61	0.195	19	0.3929	16	0.1174	33	0	3
绵阳	0.3195	25	0.9622	7	0.0565	108	0.5313	3	0.0501	73	0	3
淮北	0.3136	26	0.8138	64	0.2753	10	0.4029	13	0.3514	12	0	3
马鞍山	0.3134	27	0.9096	33	0.1664	32	0.3178	28	0.0765	54	0	3
昆明	0.3106	28	0.9034	35	0.1738	26	0.2106	55	0.0565	62	0	3
黄山	0.3032	29	0.9945	1	0.1041	57	0.3217	27	0.0344	86	0	3
鹰潭	0.3025	30	0.7135	90	0.1119	50	0.5733	1	0.1009	38	0	3
达州	0.3007	31	0.8922	39	0.0946	79	0.5039	5	0.0135	103	0	3
温州	0.2965	32	0.4391	107	0.2389	13	0.2396	45	0.0523	68	0.5294	2
衢州	0.2877	33	0.8721	47	0.1861	22	0.231	49	0.1075	36	0	3
连云港	0.2848	34	0.8616	51	0.1908	20	0.2379	46	0.0761	55	0	3
德阳	0.2828	35	0.8503	53	0.0992	67	0.3929	15	0.1745	25	0	3
绍兴	0.2813	36	0.7923	70	0.0952	77	0.3769	19	0.2601	20	0	3
孝感	0.2788	37	0.7319	85	0.1706	29	0.4397	10	0.0798	51	0	3
徐州	0.2767	38	0.7488	80	0.1955	18	0.2892	33	0.0454	77	0	3
株洲	0.2764	39	0.944	14	0.0785	107	0.2604	38	0.0756	56	0	3
黄石	0.2749	40	0.9363	16	0.1292	43	0.2308	50	0.0629	59	0	3
金华	0.2736	41	0.8032	67	0.1976	17	0.2631	37	0.0967	41	0	3
丽水	0.273	42	0.9218	29	0.1767	25	0.2167	54	0.2762	18	0	3
岳阳	0.2695	43	0.9517	11	0.1158	47	0.2444	43	0.0292	91	0	3

续表

	融合度	排名	生态优美	排名	交通顺畅	排名	经济协调	排名	市场统一	排名	机制科学	排名
常德	0.2654	44	0.9927	2	0.1262	44	0.1543	69	0.0126	105	0	3
新余	0.2647	45	0.7708	75	0.1731	27	0.257	39	0.0957	43	0	3
盐城	0.2645	46	0.8329	58	0.1213	46	0.2766	34	0.1237	31	0	3
宿迁	0.2634	47	0.7569	78	0.1899	21	0.2079	56	0.1147	34	0	3
芜湖	0.2628	48	0.7639	77	0.1809	23	0.1112	87	0.0483	75	0	3
郴州	0.2628	49	0.9771	4	0.1034	61	0.1977	58	0.0345	85	0	3
黄冈	0.2627	50	0.8421	56	0.1003	65	0.3347	25	0.0394	80	0	3
宜春	0.2618	51	0.8114	66	0.0991	68	0.3596	22	0.0423	79	0	3
鄂州	0.2611	52	0.8627	49	0.0862	101	0.3006	31	0.0488	74	0	3
重庆	0.2608	53	0.9253	21	0.0832	106	0.2955	32	0.4536	8	0	3
咸宁	0.2606	54	0.9596	8	0.1072	54	0.1172	86	0.0782	53	0	3
池州	0.2601	55	0.9643	5	0.1319	41	0.1295	78	0.0610	61	0	3
攀枝花	0.2593	56	0.7339	83	0.2002	16	0.255	41	0.0919	48	0	3
益阳	0.2592	57	0.9281	20	0.1684	30	0.1558	67	0.0517	70	0	3
滁州	0.2561	58	0.9252	22	0.1006	63	0.1482	71	0.0560	63	0	3
蚌埠	0.2561	59	0.8627	50	0.0875	98	0.2303	51	0.0797	52	0	3
邵阳	0.2531	60	0.88	44	0.091	89	0.2751	35	0.0520	69	0	3
衡阳	0.253	61	0.9624	6	0.0996	66	0.1795	63	0.0626	60	0	3
雅安	0.2489	62	0.9252	23	0.0882	94	0.1369	74	0.0368	82	0	3
景德镇	0.2485	63	0.9058	34	0.0896	92	0.218	53	0.1200	32	0	3
怀化	0.2472	64	0.9354	17	0.0948	78	0.1864	60	0.0330	88	0	3
宣城	0.2445	65	0.9236	26	0.1156	48	0.1047	88	0.3350	14	0	3
宜宾	0.2443	66	0.8729	46	0.0958	76	0.1648	66	0.0999	40	0	3
永州	0.243	67	0.9238	25	0.0893	93	0.1489	70	0.0640	58	0	3
荆门	0.2429	68	0.7208	89	0.1112	51	0.3036	29	0.0236	96	0	3
随州	0.2424	69	0.9816	3	0.1063	55	0.0913	91	0.0200	98	0	3
娄底	0.2395	70	0.8878	43	0.0963	75	0.1856	61	0.0361	84	0	3
吉安	0.2394	71	0.7853	72	0.1709	28	0.2064	57	0.0546	65	0	3
荆州	0.238	72	0.8938	38	0.1082	53	0.1259	80	0.0079	108	0	3
丽江	0.2377	73	0.9292	19	0.0971	73	0.0686	100	0.0443	78	0	3

续表

	融合度	排名	生态优美	排名	交通顺畅	排名	经济协调	排名	市场统一	排名	机制科学	排名
玉溪	0.2372	74	0.849	54	0.1591	38	0.1274	79	0.0363	83	0	3
台州	0.2362	75	0.6994	92	0.0928	84	0.2724	36	0.0537	66	0	3
上饶	0.2315	76	0.8889	42	0.0946	81	0.1258	81	0.0196	100	0	3
六盘水	0.2303	77	0.9518	10	0.091	90	0.0717	99	0.0280	92	0	3
十堰	0.2278	78	0.8157	63	0.093	83	0.1703	65	0.2955	15	0	3
自贡	0.2267	79	0.9127	31	0.0923	85	0.1201	85	0.3593	10	0	3
张家界	0.2262	80	0.8914	41	0.1651	34	0.0667	101	0.0084	107	0	3
淮南	0.2249	81	0.7931	68	0.0875	97	0.1919	59	0.1083	35	0	3
安顺	0.224	82	0.9252	23	0.0922	86	0.077	97	0.0958	42	0	3
六安	0.2237	83	0.8277	59	0.0847	103	0.1307	77	0.0724	57	0	3
襄阳	0.2235	84	0.7377	82	0.087	100	0.2416	44	0.0478	76	0	3
乐山	0.2219	85	0.7755	74	0.0983	71	0.1363	75	0.0503	72	0	3
广安	0.2212	86	0.9235	27	0.1292	42	0.0458	106	0.0301	89	0	3
毕节	0.2198	87	0.9501	12	0.0874	99	0.0507	105	0.0227	97	0	3
赣州	0.216	88	0.7438	81	0.1041	58	0.1845	62	0.1004	39	0	3
泸州	0.2154	89	0.788	71	0.104	60	0.0899	92	0.0246	95	0	3
曲靖	0.2151	90	0.827	60	0.0987	70	0.1204	84	0.0532	67	0	3
遂宁	0.2108	91	0.8918	40	0.0522	109	0.0804	95	0.0887	49	0	3
巴中	0.2101	92	0.9002	37	0.0974	72	0.0384	107	0.0075	109	0	3
铜仁	0.2095	93	0.9137	30	0.0946	80	0.0123	108	0.0128	104	0	3
资阳	0.2089	94	0.8428	55	0.1044	56	0.0642	103	0.0950	45	0	3
昭通	0.2071	95	0.9223	28	0.0859	102	0.0078	109	0.0147	102	0	3
广元	0.206	96	0.8129	65	0.1016	62	0.0654	102	0.0331	87	0	3
九江	0.2049	97	0.6994	91	0.1084	52	0.1224	83	0.4004	9	0	3
普洱	0.1969	98	0.7925	69	0.0879	96	0.0856	94	0.0375	81	0	3
抚州	0.1922	99	0.6163	98	0.1647	36	0.1382	73	0.0805	50	0	3
铜陵	0.1874	100	0.6132	99	0.1245	45	0.1544	68	0.0260	94	0	3
南充	0.1873	101	0.7321	84	0.1041	59	0.0761	98	0.0110	106	0	3
保山	0.1855	102	0.7266	88	0.0882	95	0.0573	104	0.0270	93	0	3
安庆	0.1829	103	0.6687	94	0.0842	104	0.099	90	0.2695	19	0	3

续表

	融合度	排名	生态优美	排名	交通顺畅	排名	经济协调	排名	市场统一	排名	机制科学	排名
亳州	0.1804	104	0.5749	102	0.0963	74	0.1744	64	0.0298	90	0	3
内江	0.1795	105	0.6181	97	0.1675	31	0.0892	93	0.0511	71	0	3
眉山	0.179	106	0.5875	101	0.1144	49	0.1404	72	0.0559	64	0	3
萍乡	0.1654	107	0.5912	100	0.0913	87	0.132	76	0.0198	99	0	3
阜阳	0.1654	108	0.6252	96	0.0842	105	0.1041	89	0.0943	46	0	3
宿州	0.1114	109	0.3072	109	0.0908	91	0.1247	82	0.0185	101	0	3

第六章　长江经济带协调性均衡发展研究结论与任务

通过对"均衡与均衡发展理论""协调与协调发展理论"的内涵和外延以及我国区域发展的实践总结,本研究以长江经济带为分析对象,对其区域发展现状从产业经济、基础设施、公共服务、城镇化、生态环境等多个层面展开了分析,构建了立足于长江经济带的区域协调性均衡发展评价指标体系,得到了理论与实证两个方面的若干创新结论。在此基础上,本章将进一步拟定本研究的主要研究目标和主要研究任务,作为后续篇章深入开展专题研究的总纲与导引。

一、理论创新、实践探索与评价结论

1. 主要理论创新研究结论

第一,均衡与非均衡、协调与不协调,是两组既相互矛盾、相互对立又彼此紧密联系、辩证统一的科学命题,亦是事关一个国家和地区社会经济发展道路选择的重大实践命题。关于这一命题形成了区域经济学和发展经济学中的均衡增长理论、非均衡增长理论和协调发展理论三大理论流派。研究表明,协调与不协调、均衡与非均衡,是两组既紧密关联但内涵外延又各不相同的概念。均衡、非均衡主要反映的是事物的数量与状态、手段与途径、表象与外因;协调、不协调则主要反映的是事物的结构与功能、内因与关系、保障与根本。

第二,通过对国内外大量区域经济学和经济地理学文献的系统梳理,本研究发现近几十年来国外学界更加关注对区域均衡、非均衡发展问题的研究,而国内学界则更加关注对区域协调、不协调发展问题的研究。特别是文献分析表明,区域协调发展的理念和战略是我国政府和学者在长期的区域发展实践中总结出来的重大理论创新和实践创新。经过40多年持续不断的理论探讨与实践探索,我国业已累积形成了一整套比较系统完善的区域协调发展的理论分析、政策设计和实践践行体系,形成了具有鲜明中国特色的区域协调发展的理论体系和战略体系。相对而言,第二次世界大战后西方学术界关于区域协调发展的理论分析成果既数量不多且不够系统,没有形成一以贯之的主流分析学派,更没有与区域协调发展理论紧密结合的实践体系。

第三,我国区域经济发展和区域政策制定的终极目标既包括均衡性,又包括协调性,但根本还是在于协调性。因此,可将两者统称为"协调性均衡",即基于协调基础之上的均衡发展。

第四,我国区域协调性均衡发展的中短期目标可以是均衡的,也可以是非均衡的,但中长期目标一定是均衡的,并且通过"协调性"贯穿始终。因此,我国区域发展的政策取向在一定时期内可以是均衡的,也可以是非均衡的,但同时又必须是协调发展的,并最终走向"协调性均衡发展"。

第五,区域协调性均衡发展的基本特征可以概括为现状的合理性、状态的稳定性、功能的完备性、关系的共生性和系统的和谐性。其中,特征1、2、3可视为一般特征,特征4和5则为本质特征,即由相互关联事物之间良性互动的共生性所决定了的系统整体的和谐性,可以将其概括为"融合共生",成为研究区域协调性均衡发展的重要分析视角和评价依据。

第六,在从经济高速增长转向高质量发展的新的历史时期,我国区域发展战略的基本出发点也要相应地从数量型的均衡、非均衡分析视角逐步转向质量型、效益型的协调、不协调分析视角,尤其是在中国特定的国情、区情背景下,更要强化和突出"区域协调发展"的战略意义和战略实践,并对此认真加以总结概括,形成具有中国特色的"区域协调性均衡发展"的理论体系和相应的理论分析框架。

2. 主要现状分析结论

第一，长江是中华民族的母亲河，沿江地区人口稠密、城镇密布、经济发达、文化昌盛、交通便捷、人杰地灵，近代以来就是我国的工业走廊、城镇走廊和商贸走廊，与沿海地区共同构成了我国"T"字形的发展主轴，各项宏观经济指标都占据我国 40% 以上的份额，并且空间腾挪余地广、区域互补特征强、市场发展潜力大，必将成为我国高质量发展新时期最主要的经济支撑带与活跃增长极，战略地位极其重要。

第二，改革开放四十多年来，长江经济带区域经济的整体发展经历了一个从相对均衡→相对不均衡→重归相对均衡的动态时空演绎过程，经济社会得到了迅猛发展，2014 年长江经济带建设上升为国家战略之后更是犹如插上了腾飞的翅膀。目前，沿江 11 省市人均 GDP 业已突破 1 万美元大关，整体迈入了工业化后期阶段；产业结构已经成功实现从"二一三""二三一"向"三二一"的转变，区域现代产业体系初具规模，若干个世界级产业集群正在形成；城市数量由少到多、规模由小到大，从中小城市居多格局不断向着大型、特大型城市和城市群演进，长三角城市群、长江中游城市群、成渝城市群以及滇中、黔中城市群等"三大二小"城市群业已成为引领带动经济带整体发展的强劲新引擎；由高铁建设强力带动、多种交通方式共同打造的区域综合立体交通网络日臻完善，黄金水道效益日趋凸显，全球最大的内河航运带当之无愧；环境治理与生态修复工作力度空前，流域生态环境质量得到明显改善，"生态优先、绿色发展"理念深入人心。

第三，我国地大物博、疆域辽阔，各省市区的地形地势、水土气候、资源禀赋条件复杂多样，社会经济发展基础和水平迥异，区域发展的失调失衡构成了我国社会经济现象的基本特征之一。由于长江经济带横贯我国东中西三大自然经济区域，空间绵延数千公里，致使沿江 11 省市经济社会之间以及人与自然之间非均衡、不协调的发展状况和发展矛盾十分突出。而流域经济鲜明的地域多样性特征、上中下游之间"一损俱损、一荣俱荣"的自然—经济—社会紧密联系和不断恶化的流域生态环境，更是进一步凸显了其不协调、非均衡的矛盾性，成为牵动长江经济带发展重大战略问题的牛鼻子。

3. 主要评价分析结论

第一,本研究认为,不论是从侧重于数量、状态分析的均衡、非均衡视角出发,还是从侧重于彼此联系、互动关系分析的协调、不协调视角出发,都不足以反映与诠释区域协调性均衡发展的全貌,对于地大物博、区情省情复杂多样的长江经济带而言尤为如此。因此,本研究尝试以"均衡度"和"协调度"作为两个基本维度,以"融合度"作为两者之间"融合共生"的黏合剂及其良性互动的第三维度,构建了由均衡度、协调度和融合度等 3 个一级指标、12 个二级指标和 40 个三级指标所组成的"长江经济带协调性均衡发展评价指标体系"。

第二,通过对长江经济带 11 省市的 110 个地级及以上城市的实证分析评价表明,目前长江经济带的协调性均衡发展指数得分不及全国平均水平,主要受制于协调度得分的明显偏低,表明现阶段经济带"不协调、不充分"的矛盾性相对全国更为突出,任重道远;综合指数及三个一级指标得分都呈现出下游地区>中游地区>上游地区的鲜明共性特征,尤其存在于下游与上中游地区之间,以及融合度的流段差距上;沿江 11 省市中,上海的综合指数及三个一级指标得分都遥遥领先于其余各省市,下游苏浙皖三省也整体表现亮丽,上中游地区则以重庆的综合表现最佳。

第三,本研究的评价分析结果表明,随着我国步入更高质量发展的历史新阶段,我国区域发展的理论与实践应当从以往更加注重"均衡、非均衡"的分析视角转向更加注重"协调、不协调"的分析视角。在实证分析中,要把我国区域发展以及人与生态环境之间不协调、非均衡的矛盾性,作为该阶段"人民日益增长的美好生活需要和不平衡不充分发展的矛盾"在区域空间上的映射和响应,把促进我国区域协调性均衡发展作为从区域空间结构优化视域应对新时代我国社会主要矛盾的重要抓手和政策工具。

二、研究目标与研究框架

1. 主要研究目标

深入贯彻学习习近平总书记关于建设长江经济带要"共抓大保护,不搞大开发"的重要指示精神,秉持"创新、协调、绿色、开放、共享"的五大发展理念、"生态优先、绿色发展"的战略定位和"协调中注重均衡、均衡中加强协调"的基本原则,把保护与改善修复生态环境放在长江经济带发展战略中压倒一切的首要位置。遵循长江经济带协调性均衡发展的动态演进规律,重点关注新时期沿江省市地市之间,上中下游不同流段之间,不同产业集群、城市群和生态环境系统之间,以及区域经济建设、社会发展与生态环境保护之间的协调性、均衡性发展问题,在继承和发扬区域经济学均衡发展理论和协调发展理论的基础上,从长江经济带"区域协调性均衡发展"的新视域出发开展相关概念、机理、演进、联系和实证方面的深入研究,系统构建以"协调性均衡"为核心概念及核心分析手段的区域整体理论分析框架,并以此作为"推动长江经济带发展重大战略研究"的重要理论基础和分析主线,有效推进长江经济带自然承载力、综合竞争力和区域共享水平的整体提升,促进人口、经济、社会、资源、环境的整体协调与空间均衡。

2. 总体研究框架

本课题总体研究框架详见图1–21。

三、重点研究任务

本研究将立足于"破解问题、重在推动"的出发点,重点围绕以下长江经济带五个方面的重大理论探索与实践发展问题,展开全面、深入、精准、务实的后续研究:

1. 协调性均衡推动长江经济带生态环境保护与修复研究

一是长江经济带生态环境保护与修复的现状与目标探讨。基于协调性均衡发展原则,从自然生态和经济生态两方面探讨自从长江经济带战略提出以来长江生态环境现状和存在的问题,以及生态修复的经济、社会发展的重大意义。二是长江经济带生态环境修复的战略路径与协调性均衡推进目标。从上中下游、生产生活生态的协调性均衡角度,探讨长江经济带生态环境保护与修复的战略目标和总体任务。从长江经济带生态环境保护与全流域协同视角探讨源头功能修复、岸线优化管理、河道清理提升、河口综合整治。探讨突破区

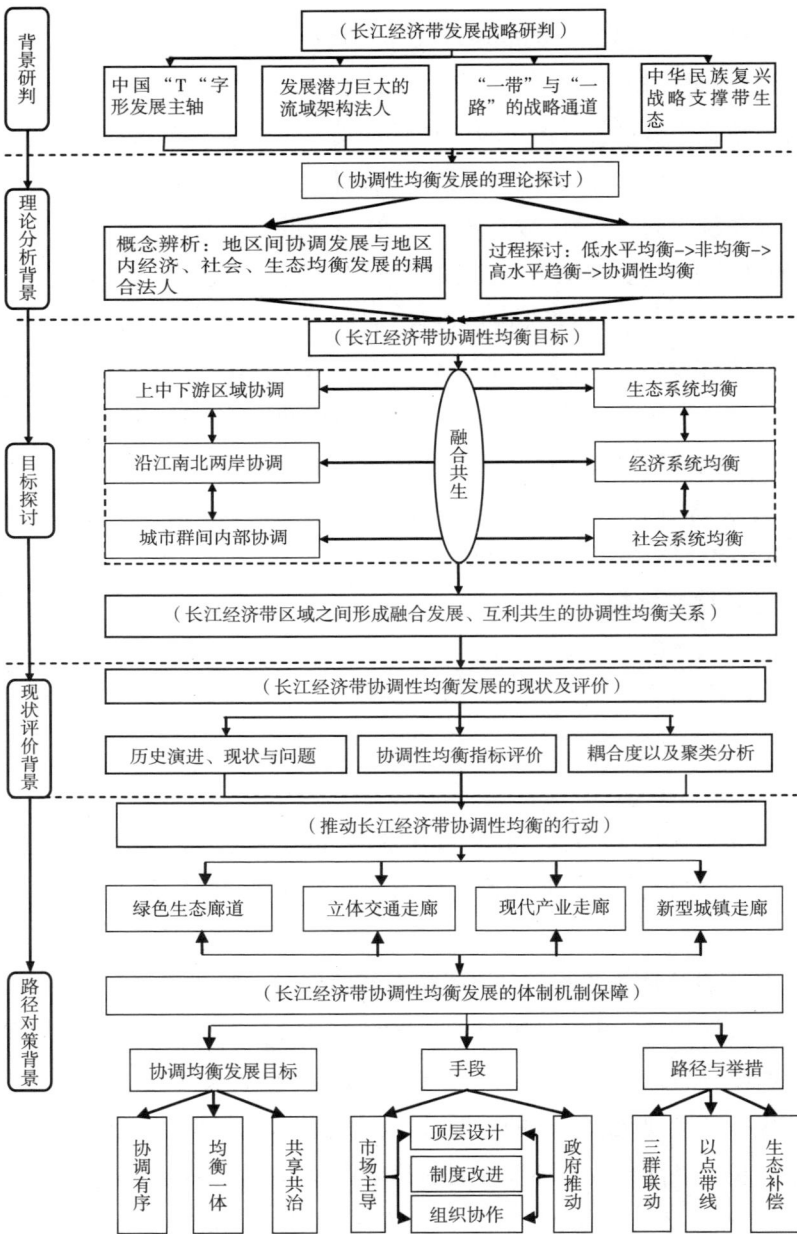

图 1-21　总体研究框架示意图

域行政壁垒,协调性均衡实现跨区域生态系统修复和综合治理的路径和目标。三是实现全流域生态环境协调性均衡发展的制约因素,从制度层面、发展阶段层面、发展战略层面,探讨处理好发展和保护二者关系,推动长江经济带生态环境协调性均衡保护的体制机制。四是长江经济带生态环境保护的多主体协作机制与对策。包括政府对生态环境的治理机制分析、企业对生态产品的供给和需求分析、公众和社会组织对生态治理成效的监督机制分析、政府—企业—公众协同治理框架构建的内容。

2. 协调性均衡推动长江经济带综合立体交通体系构建研究

一是供给侧结构性改革目标下长江经济带综合立体交通体系的发展现状和目标探讨。基于协调性均衡发展要求,探讨长江经济带沿线城市立体交通联动融合的现状与目标。二是立体交通体系对长江经济带战略的基础支撑作用探讨;遵循经济学的一般原理,对长江经济带综合立体交通体系与长江经济带发展协调性均衡发展两者之间的内在关系进行全面、深入的分析,以系列数据和典型案例支撑分析结论,从全流域的角度提出长江经济带综合立体交通体系的定位与服务支撑功能。三是以上海、武汉、重庆三大航运中心联动发展、融合发展为核心,协调性均衡推进水运、铁路、公路、航空、油气管网集疏运体系建设的整体框架和思路。四是提高长江岸线资源利用效率、强化节能减排和低碳发展、健全智能交通服务系统、积极发展现代航运服务、加强国际运输通道建设、改善农村交通运输条件、建设多式联运功能的枢纽中心的对策建议。

3. 协调性均衡推动长江经济带城市群联动发展研究

一是长江经济带三大城市群联动发展的过程与格局分析。通过 ArcGIS 对三大城市群自 2000 年以来的联动过程进行空间可视化,系统分析长江经济带三大城市群之间的联动效应及在区域投影所产生的空间格局,进而判断研究时段内三大城市群彼此之间是否存在紧密的联动效应以及联动效应的变化趋势。二是三大城市群联动发展的影响因素甄别。鉴于区域联动发展是一个多因素共同作用的复杂过程,拟从经济一体化、交通网络化、信息通达化、制度完善化等多个维度选择若干代表性因子,准确甄别出影响三大城市群联动发展的主要因子,并基于此进一步展开相应的时间序列分析,明确不同时期推动三大城市群联动发展格局演变的主要驱动力与关键因子。三是三大城市群内部和之间联动发展的问题诊断。从联动发展的方向、强度、领域、体制机制等角度出发,深入探讨城市群内部发展融合、城乡一体、连绵发展存在的主要困境。全面、系统分析长江经济带三大城市群联动发展过程中存在的主要问题与薄弱环节,如联动网络不完善、联动发展机制不健全、联动发展平台缺乏有效衔接等。四是三大城市群联动发展的基本路径。依据协调性均衡发展的基本理论,对应提升密度、缩短距离、减少分割联动发展三大原则,通过设计联动发展的基本路径,如在提升密度方面主要是强化三大城市群发展实力,深入剖析三大城市群内部、省域范围内的子城市群,在推动城市群内部分工协作和三大城市群之间联动发展中的重要作用和具体路径。

4. 协调性均衡推动长江经济带世界级产业集群发展研究

一是长江经济带产业群演变过程与发展现状。探讨长江经济带产业群时空演变过程、产业群发生发展进程和阶段、产业群空间演变过程,并进行产业群时空演变的定量分析;二是探讨协调性均衡推进长江经济带世界级产业集群发展的目标和路径。基于产业集群的一般性规律和产业群演变过程与发展现状的梳理,进而探讨协调性均衡推进长江经济带世界级产业集群的目标和路径。三是长江经济带世界级产业集群国际竞争力指标、制约因素以及提升路径。构建由基础竞争力、企业竞争力、(国际)市场竞争力、网络竞争力四个维度和 16 项三级指标组成的"GEMN 模型",从基础、企业、创新、网络、市场、品牌等视域对长江经济带六大制造业产业集群的国际竞争力进行综合评估分析,以寻求其提升国际竞争力的主要制约因素和主要提升路径。四是协调性均衡推动长江经济带世界级产业集群国际竞争力提升的对策建议。从促进下游优势产业集群引领带动、集群龙头企业跨界发展、倡导区际联合建园与"飞地经济"模式、区际多主体协同创新、区域产业分工协作政策等方面,提出相应的对策建议。

5. 协调性均衡推动长江经济带体制机制创新研究

一是构建协调性均衡推动长江经济带流域综合治理的理论分析框架。在全面总结和梳理区域公共管理和制度经济学最新研究成果的基础上提出,"流域整体性治理的合作机制创新"是协调性均衡推动长江经济带流域综合治理的优选道路,开展相关概念和理论、时空演化和制度演化等方面的深入研究,并以此作为本研究的理论基础和逻辑出发点。二是构建长江经济带流域协调性均衡的合作体制机制。本研究将基于长江经济带整体性、平衡性、联动性和共生性的发展需要,坚持流域可持续发展原则和整体最优原则,以地区政府之间合作协调机制的培育和完善为核心,以全域协调性均衡推动为实现路径,从制度层面构建长江经济带流域整体性治理的体制机制,推进区域公共事务的联合治理,降低区域市场的交易成本,提升区域综合治理的合作效率。三是探索长江经济带流域协调性均衡发展体制机制的路径。协调性均衡治理模式是区域公共社会管理模式的创新,在具体区域事务管理上表现为一种制度的变迁。因此,要构建长江经济带巨型流域整体治理的合作机制就必须破除对旧制度的路径依赖,从协调性均衡推动的思路与路径出发实现体制框架创新,在各方博弈中协调并形成利益新格局,重构流域整体性、平衡性、联动性和共生性发展的动力结构,并进行相应的法制建设,就新的组织制度下的格局建立相关的监督机制。

第二篇

协调性均衡推进长江经济带
生态保护与修复

长江经济带生态环境的保护与修复,是中共中央政治局审议通过的《长江经济带发展规划纲要》提出的首要任务,是中国经济三十多年高速增长后转型发展的必然要求,也是落实党的十九大报告提出的"以共抓大保护、不搞大开发为导向推动长江经济带发展"的核心举措。长江经济带生态环境发展符合倒"U"形的环境库兹涅茨曲线,改革开放以来长江生态环境受经济开发影响造成一定破坏,近年来国家加快经济结构调整,加强环保力度,生态建设拐点已然来临。协调性均衡推动长江经济带生态环境的保护与修复,必须充分认识长江经济带的水情区情,综合评估长江经济带生态环境质量、状况、制度建设、生态安全等方面情况,厘清长江经济带生态环境保护与修复的制约因素,把握"生态优先、绿色发展"的总体思路,对整个长江经济带统筹考虑,协调性均衡推进长江经济带生态环境高质量发展,开展全流域生态共商共治共建共享,形成生态协同的战略新格局。

第七章　生态保护修复的相关文献研究

长江源于青藏高原唐古拉山脉主峰格拉丹东雪山南侧冰川末端,干流流经青(青海)、藏(西藏)、川(四川)、滇(云南)、渝(重庆)、鄂(湖北)、湘(湖南)、赣(江西)、皖(安徽)、苏(江苏)、沪(上海)11 个省、市、自治区,最终注入东海。长江的总长度超过 6300 千米,是我国的第一长河。这条横跨千里的绸带,从古至今哺育了众多生命,从珍惜的动植物到千万沿江而居的百姓,长江为周围的自然生态环境和各地的经济发展注入了活力。

随着对长江资源开发的层层递进,长江流域已成为我国农业、工业、商业、文化教育和科学技术等方面最发达的地区之一。但与此同时,长江流域的发展也面临诸多问题,主要体现在生态环境状况形势严峻、长江水道存在瓶颈制约、区域发展不平衡问题突出、产业转型升级任务艰巨、区域合作机制尚不健全等方面。当前中国正处于发展速度换挡期、结构调整阵痛期、前期刺激政策消化期三期叠加阶段,经济增长面临较大的下行压力。建设长江经济带是我国在提升东部沿海发展质量的同时,重视做好内陆开发开放的重要战略措施;建设长江经济带,就是要构建沿海与中西部相互支撑、良性互动的新棋局,形成直接带动超过五分之一国土、约 6 亿人的强大发展新动力。长江经济带把东、中、西部天然连接在一起,可以加快正在推进的产业梯度转移,有利于经济转型升级,还可以继续向西与丝绸之路经济带连接,形成开放新局面。中国经济必须保持一定的速度,必须寻找新引擎,长江经济带有望成为新的经济增长极。

推动长江经济带发展具有重大战略意义:首先有利于走出一条生态优先、绿色发展之路,真正使黄金水道产生黄金效益;其次有利于挖掘中上游的巨大内需潜力,促进经济增长空间从沿海向沿江内陆拓展,形成上中下游优势互补、协作互动的格局,缩小东中西部发展差距;然后还有利于打破行政分割和市场壁垒,推动经济要素有序自由流动、资源高效配置、市场统一融合,促进区域经济协同发展;最后还有利于优化沿江产业结构和城镇化布局,建设陆海双向对外开放新走廊,培育国际经济合作竞争新优势,促进经济提质增效升级。

一、文献资料分析

1. 文献来源分析

本研究以"长江经济带""生态保护""生态修复""自然保护区""湿地生态""城市生态"为关键词,在中国期刊全文数据库(CNKI)及中国优秀博士论文全文数据库中进行检索,得到了 200 篇相关文献。其中,期刊文章 192 篇,博士论文 3 篇,国内与国际会议文献 5 篇。

(1)刊载文献来源分析

与长江经济带的生态修复与保护等相关的文献来源以化工、冶金、环境科学为主的工程科技 I 辑为主,占据了 30%;其次是以经济、管理、统计为主的经济与管理科学,占据了 23%;较少涉及以教育、法律、政治等为主的社会科学专辑,共占 8%。由此可见大部分刊载与长江生态修复与建设文章的期刊主要涉及自然科学和管理科学,较少涉及社会科学部分。

本次选取的文献共来自 111 种刊物,本研究从中筛选出刊载 5 篇及其以上的刊物,如表 2-1 所示,排名前几位的分别是《长江流域资源与环境》《生态经济》《环境保护》《人民长江》《长江技术经济》。这些刊物包含较多与长江经济带生态环境修复与保护方面的文章,能够为学者们的持续关注提供较多资料。

(2)期刊文章作者来源分析

仅选取文献频次为 4 次及以上的作者单位,排在前列的单位分别是中科院南京地理与湖泊研究所、武汉大学、华中师范大学、长江水资源保护科学研究所、重庆工商大学。再以长江周边城市群的省会城市或特别行政区为关键词在文献作者单位中进行检索可得相关的单位和出现频次(表 2-1)。可以明显看出,对长江经济带的环境保护问题关注较高的单位大多是高校和相关专业的研究所,这种较为集中的关注,一方面与单位自身的综合性和专业性有关,另一方面也与机构在相关领域积累的历史经验有较大关系。

表2-1　文献涉及城市

成都	重庆	武汉	南京	上海
四川省交通运输厅(1)	重庆自然博物馆(1)	武汉大学(5)	南京大学(3)	同济大学(4)
四川省社会科学院(2)	重庆市水利电力建筑勘测设计研究院(1)	中国地质大学(1)	环保部南京环境科学研究所(4)	上海海洋大学(1)
四川大学(1)	重庆交通大学(2)	国家林业局中南林业调查规划设计院(1)	南京市环境保护科学研究院(1)	华东师范大学(3)
	重庆工商大学(4)	华中师范大学(5)	河海大学(2)	
	重庆大学(2)	中国科学院测量与地球物理所(2)	中科院南京地理与湖泊研究所(6)	
	西南大学(1)	长江水利委员会(3)	南京农业大学(2)	
		武汉理工大学(1)	南京林业大学(1)	
		湖北省社会科学院(2)	江苏省水利厅(2)	
		湖北省水利厅(1)	江苏省社会科学院(1)	
		中国水产科学研究院(1)	江苏大学(1)	
		湖北省林业厅(2)		
		长江水资源保护科学研究所(4)		

可见,多数文献作者来自武汉和南京的单位。以长江流域为纵贯线来看,与长江经济带的生态修复与保护的资料较为集中在中下游地区。这种集中的现象一方面隐含着长江中下游暴露出的环境问题严重,获得的关注较多,另一方

面也与中下游地区研究者的理论、实践积累、研究方式的新颖有一定联系。

（3）文献聚合分析

利用 citespace 软件对这些文章进行关键词和主题词的抓取和分析，相关文献中出现的关键词最多的前4位分别是经济、生态保护红线、自然保护区、保护区。聚类被引用次数最高的词汇分别为长江流域、生态保护、生态补偿、自然保护区、绿色发展、生态保护红线、长江、生态环境保护、对策、生态环境。图4更为直观地排列出前十位被引用聚类。

通过对上述文献及关键词、聚合团出现的时间线梳理，可知从1991年起，学界就开始关注"长江流域"的经济问题。但与经济相关的聚合团在很长一段时间内没有出现，直到2016年后出现了"排污口""时空格局""对策""保护"的聚合团。同样时间跨度较长的关键词是"自然保护区"，该词出现在2001年稍前的时期，但中间的12年同样没有新聚合团出现，直到2013年出现了"长江"，此后又在2016年集中出现了"水资源保护""生态环境""生态修复"的聚合团。但在2017年出现"协同发展"聚合团后，该关键词便较少被提及，所以以虚线的形式呈现。

"保护区"这个关键词出现在2013年，并集中呈现了"生态补偿""保护区""长江上游"三个聚合团，但这些聚合团仅活跃在2013—2014年，直到最近才出现了新的聚合团"水环境质量"。"生态保护"关键词始于2016年，是前四位关键词中出现时间最晚的，却是聚合团最为密集和活跃的一条线。与该词相关的聚合团有"生态保护""绿色发展""习近平总书记""生态优先""生态环境保护""生态补偿机制"。

综上，有关长江经济带的讨论和研究的整体起源时间较早，可追溯到20世纪90年代，但在相当长时间内该主题的活跃度不强，缺乏创新性的视角。但在2016年前后与长江经济带有关的文献开始出现井喷式增长，这种增长具体表现在新关键词的出现和更多聚合团的涌现。这种现象的出现与2016年1月习近平前往重庆调研，并召开了推动长江经济带发展座谈会①密切相关。

---

① 《习近平在推动长江经济带发展座谈会上强调　走生态优先绿色发展之路　让中华民族母亲河永葆生机活力》，《人民日报》2016年1月8日。

习近平总书记在会议中强调"必须从中华民族长远利益考虑,走生态优先、绿色发展之路"。同年9月,推动长江经济带发展的纲领性文件《长江经济带发展规划纲要》正式印发。至此,越来越多的学者逐渐把关注点投向长江流域。

2018年4月,习近平在武汉召开了第二次长江经济带发展座谈会。[①] 总书记在此次会议上提出了"协同推进"的概念,并指出:"推动长江经济带发展的关键是要正确把握整体推进和重点突破、生态环境保护和经济发展、自身发展和协同发展等关系。"此次会议总结了两年来长江生态修复与保护的成效以及暴露出的新问题,具有较高的纲领性价值。这无疑会引发学界的又一轮新的关注热潮。

2. 文献内容分析

随着各领域对长江生态问题的不断深入,学界围绕着"水"出现了四个主要方面的研究及两个方面的新观念。即"城市与水"—"水生态系统问题"—"城市与城市"—"长江经济带与其管理机制"四个主要方面,及"地方发展与中央政策"和"连片贫困地区的生态、文化、扶贫协同发展"两个较少提到的观点。

(1)城市与水

这方面主要表现为长江经济带重污染区域城市或乡镇的生态保护与经济发展之间的矛盾。刘洋[②]等人提出,长江中上游地区因其良好的生态环境和较为密集的劳动力因素而吸引来自经济发达地区的工厂迁入。这种产业转移不仅降低了工厂的生产成本,同时也促进了当地的城镇化和工业化发展,缩小了经济发达地区与欠发达地区间的差异。但一些欠发达地区政府为了加快经济建设的步伐而盲目招商引资,以长江水域的生态环境为代价,对高能耗、高污染、高排放的大型工厂排污放宽标准。吴传清[③]等人同样提出,随着长江下游的长三角地区与沿海发达地区的产业向着智能化和绿色化的方向升级转

---

① 《习近平在深入推动长江经济带发展座谈会上强调　加强改革创新战略统筹　规划引导以长江经济带发展推动高质量发展》,《中国水利》2018年第9期。

② 刘洋、毕军:《生态补偿视角下长江经济带可持续发展战略》,《中国发展》2015年第1期。

③ 吴传清、黄磊、文传浩:《长江经济带技术创新效率及其影响因素研究》,《中国软科学》2017年第5期。

型,劳动力和资源成本也会随之提高,而中上游的劳动力、资源成本优势就会成为承接下游地区资源密集型与劳动力密集型、非环境友好型产业的优选。因此长江中上游可能会面临巨大的生态环境压力,但由于流域生态的联动性与一体性,这种环境压力将由中上游传导至各个地区。此外,侯小菲[①]还指出,成渝地区、长江中游地区、长三角地区的产业相似度非常高。这表明各地方政府没有结合当地的资源优势发展产业,而是盲目追求短期内获得巨大收益的产业,导致重复投资、重复建设。

为了平衡城市生态与经济发展间的矛盾,不少学者提出了"协调"和"可持续"发展的解决方案。王维[②]提出了"4E"的概念,即以经济(economic)、生态(ecology)、能源(energy)、教育(education)四项要素的耦合程度作为评价区域均衡发展水平的标准。这种将经济发展与生态保护以一定的计算方式进行综合计算的评估方式,为地方政府的绩效考核提供了新的思路,有利于限制地方政府为了促进工业化和城镇化而牺牲生态资源,转向产业升级或加大生态修复的力度等。

(2)水生态系统问题

一是水问题研究。长江水问题可以细分为与"水量""水质""水分布"三个要素相关的问题。

"水量"表现为长江以涝为主、旱涝并存的特点。自古以来长江的洪涝灾害就是一个棘手的问题,尽管在三峡大坝投入使用后,下游的防洪压力有所减轻。但在2016年,受超强厄尔尼诺事件的影响,长江中下游的支流洪水和山洪依然造成了不小的经济损失。于晶晶[③]等人提出,此次洪水灾害反映出了长江流域综合防洪体系在特大气象灾害面前依然较为脆弱,具体原因有:我国现有的城市防洪排涝体系与城市化进程不匹配,城市防洪排涝系统构建不完善,增加了城市对暴雨洪水的敏感性。长江流域综合防洪体系不完善。一方

---

① 侯小菲:《长江经济带一体化发展面临的挑战与应对策略》,《区域经济评论》2015年第5期。

② 王维:《长江经济带"4E"协调发展时空格局研究》,《地理科学》2017年第9期。

③ 于晶晶、万金红、陈桂亚:《长江流域洪涝灾害致灾成因及减灾建议》,《中国防汛抗旱》2017年第1期。

面是重视长江骨干河流治理的同时忽略了中小河流的堤防岸线加固工作。当城镇和乡村的河流段水量暴涨时难以抵挡洪涝，对城镇和乡村造成影响。另一方面是除三峡工程等控制性工程外，长江中下游的多个蓄滞洪区安全建设普遍滞后，大多数蓄滞洪区没有完备的安全设施。长江流域的地形地貌复杂多样，人类的不合理活动加速了周围山体的破坏。汛期降水极易导致山洪灾害，分散居住在偏远山区的群众也更容易被困或伤亡。

余金文[①]等人通过对 1983—2007 年长江的水量和环境分析指出，长江流域的旱涝灾害情况呈现出一定的季节性和空间性。由于春季降水量少、降水次数少使得该时期干旱情况较为明显，但夏季又会因进入梅雨季，频繁的降水和较大水量而出现急旱转涝的情况。另外，从空间上来看，华中地区和四川的西南部容易在春季发生干旱。其中，华中地区以湖南、湖北为干旱高发区。而到了夏季，四川、重庆、云南、两广与湖南的交界处，湖北为干旱的高发区。无论春夏季，长江中下游往往都是洪涝灾害的重灾区。刘松强调，三峡工程只是缓解了长江中下游的抗旱和抗洪压力，并不能改变中下游地区的地形地貌和大气环流，一劳永逸地解决干旱和洪涝问题。[②]陈进也表示，要解决长江的旱涝问题，就需要考虑水利工程投入与效率关系。从防灾减灾的角度，对水资源工程进行合理配置和调控，兼顾旱涝降低损失。[③]

"水质"则更多体现为受污染水体给饮水安全带来的威胁。姚瑞华等人在对长江中下游水质的分析中发现，沿江各地市主要饮用水水源地与各类危、重污染源生产储运集中区交替配置，水运航道穿过饮用水源保护区的现象较多，且危化物品的运输量逐年增加，使得饮用水水源受到污染的风险更大。另外，历史排污问题造成的底泥重金属含量较高也会对长江水质造成长期污染。总的来说，长江水质的污染有两个来源：一是来自沿江城市和工业区未经处理的生活污水和工业污水；二是饮用水水源地或水源保护区内有不合理布局的

---

① 于文金、周鸿渐、占达颖、邵明阳、李北群、江志红：《长江流域旱涝灾害特征研究》，《灾害学》2013 年第 3 期。

② 刘松、朱建强、田皓：《长江中下游地区的主要水问题与对策》，《长江大学学报》（自然科学版）2012 年第 1 期。

③ 陈进：《长江水资源问题及调控方法》，《江苏水利》2016 年第 2 期。

工业排污口,并有较多水运航道穿过保护区,对水质安全造成隐患。饮用水水质问题并非某一个城市或某一片水域的特殊问题,而是城市与城市之间的生态保护和用水公平问题。有关饮用水安全问题的解决,将在下文的"城市与城市"部分中提到。①

"水分布"的问题主要表现在中下游的湿地、湖泊、沼泽因人为因素而逐渐萎缩。首先,陈宇顺指出长江与其中下游的各类湖泊、湿地、沼泽等有天然的联通关系,并形成了"长江—湖泊""长江—沼泽"等一系列自然生态系统。但考虑到防洪及区域开发等因素,人为修筑的各种闸坝和水利工程已将长江和其他水域隔离开来。② 姚瑞华等人提出,三峡汛期蓄水后,支流的枯水期提前,下游湖泊面积大量萎缩,导致水系破碎化,湖泊湿地生药系统功能退化。③ 另外,王越等人指出,三峡工程的调蓄作用还改变了长江的输沙量和泥沙结构。泥沙不仅是构成湿地等生态环境的重要元素,同时也可以吸附水中的污染,对水质起到一定的净化作用。而当它们被阻拦后,长江中下游的湿地就面临着污染浓度上升和湿地面积减少的双重困境。④

其次,除了水利工程对下游水域造成了一定影响外,人类的其他活动也加速了湖泊、湿地等的消失。王越等人提出,当前的城镇化与以耕地为主的土地资源形成较为突出的矛盾,围垦湖泊、沼泽等湿地成为缓解土地需求的主要手段。这种缩小湿地面积的做法不仅会破坏湿地生态,对水中的生物造成极大影响,而且还会影响湿地自身的防洪功能,不利于构建长江流域综合防洪体系。除"围湖造田"行为对湖泊湿地会造成破坏外,陈宇顺还详细列出了其他会对湿地造成影响的行为,如采砂、渔业捕捞等。⑤

---

① 姚瑞华、赵越、王东、孙运海、孙宏亮:《长江中下游流域水环境现状及污染防治对策》,《人民长江》2014 年第 S1 期。

② 陈宇顺:《长江流域的主要人类活动干扰、水生态系统健康与水生态保护》,《三峡生态环境监测》2018 年第 3 期。

③ 姚瑞华、赵越、杨文杰等:《长江经济带生态环境保护规划研究初探》,《环境保护科学》2015 年第 6 期。

④ 王越、范北林、丁艳荣等:《长江中下游湿地生态修复现状与探讨》,《中国水利》2011 年第 13 期。

⑤ 陈宇顺:《长江流域的主要人类活动干扰、水生态系统健康与水生态保护》,《三峡生态环境监测》2018 年第 3 期。

上述这些水问题不仅影响人类的日常生活和社会发展,同样也对原有的生态环境造成不良影响,干扰生物的自然活动。

二是水生态衍生问题研究。依据李旭东对生态系统的定义,即"生物与其生存环境共同组成的彼此相互作用和相互依存的统一体。生态系统由非生命物质、生产者有机体、消费者有机体和分解者有机体这四个基本部分组成"①来看,除了江水本身所出现的一系列问题外,长江水问题也会对相应的生态系统造成干扰。

水土流失问题。冯明汉②指出,长江源地区的水土流失问题严重,一方面是由于当地的海拔较高,气候偏寒冷干燥,使得风力、水力和冻融对水土的侵蚀力极大;另一方面是人为因素对自然环境造成了难以逆转的伤害,如过度放牧、乱采滥挖等活动,造成了草场退化、沙化。上述两种因素让长江源原本就脆弱的生态系统受到极大破坏,水源涵养能力降低,继而出现石漠化等问题。姚瑞华等人认为,不仅长江源面临着水土流失的问题,长江中上游地区也都面临着这一问题。③

鱼群多样性下降。石睿杰④等人的实验结果表明,在长江上游地区鱼群的种类主要受自然因素影响,如海拔和流域面积。从上游至中下游,土地利用类型替代自然因素成为影响鱼类多样性的关键。人类活动的影响因素增强,此时鱼群的种类也出现了明显下降。陈进同样指出,长江全流域内的鱼群,无论是珍稀特有鱼种还是普通经济鱼类的生存状态都堪忧,鱼群种类和数量都呈现出严重衰退的状态。⑤

中下游湖泊富营养化问题。由于沿江周边的工厂污水和生活用水未经处理即排放,长江往往因富含氮、磷等元素而易于滋生水华、水藻等。这种富营养化的水质对长江中下游的湿地造成了极大影响。刘松以湖北省为例指出,

①　李旭东:《生态保护》,中国环境科学出版社 2003 年版,第 1—6 页。

②　冯明汉:《长江流域源区水土流失防治研究》,《长江技术经济》2018 年第 3 期。

③　姚瑞华、赵越杨、文杰等:《长江经济带生态环境保护规划研究初探》,《环境保护科学》2015 年第 6 期。

④　石睿杰、唐莉华、高广东等:《长江流域鱼类多样性与流域特性关系分析》,《清华大学学报》(自然科学版)2018 年第 7 期。

⑤　陈进:《长江生态系统特征分析》,《长江科学院院报》2015 年第 6 期。

2009 年左右时,当地湖泊的水质就以较差的第Ⅴ类为主,而十多年来污水的排放有增无减,加之农业大量使用化肥农药,使得长江中下游的湖泊等湿地水环境严重恶化。[①] 以长江中下游的著名湖泊鄱阳湖为例,黄爱平发现鄱阳湖入湖污染通量在 2011—2016 年总体上有增大的趋势。[②]

陈进提到,富营养化水体会让蓝藻等水华爆发性增长,挤占原先生活在水中生物的氧气并遮盖光线,阻止其他生物生长。未经处理的污水排放会干扰江水有机质连续变化的规律性,对原先的水生态系统造成不良影响。[③]

(3)城市与城市

城市与城市间关系即"城市群"间的关系。方创琳[④]等人提出,在长江经济带周围的成渝城市群、黔中城市群、滇中城市群、长江中游城市群、江淮城市群和长江三角洲城市群主要呈现出发展污染严重和发展不均的问题。污染严重最为突出的影响为用水的安全问题;发展不均则表现为上中下游城市群间的不均衡和一级城市群与其子城市群间的发展不均衡。

一是用水安全问题。由于长江的跨界性和区域传递性,某一个区域内产生的污染等问题往往会向下传递,使整个长江流域都受到一定的影响,用水安全日渐成为亟待解决的问题。为了解决这种跨界污染,"生态补偿机制"逐渐成为众多学者的研究重点。张春玲在《水资源恢复的补偿理论与机制》中将水资源补偿定义为"以恢复水资源、使水资源可持续利用为目的,以使用水资源者、从事对水资源生产或可能产生不良影响的生产者和开发者,以及水资源保护受益者为对象,以水资源保护、治理、恢复为主要内容,以法律为保障,以经济调节为手段的一种水资源管理方式,是对水资源价值及其投入的人力、物力、财力以及水资源开发利用引起的外部成本的合理补偿。"[⑤]李建等人指出,

---

① 刘松、朱建强、田皓:《长江中下游地区的主要水问题与对策》,《长江大学学报》(自然科学版)2012 年第 1 期。

② 黄爱平:《鄱阳湖水文水动力特征及富营养化响应机制研究》,中国水利水电科学研究院,博士论文,2018 年。

③ 陈进:《长江生态系统特征分析》,《长江科学院院报》2015 年第 6 期。

④ 方创琳、周成虎、王振波:《长江经济带城市群可持续发展战略问题与分级梯度发展重点》,《地理科学进展》2015 年第 11 期。

⑤ 张春玲:《水资源恢复的补偿理论与机制》,黄河水利出版社 2006 年版,第 1 页。

在补偿原则上,还应"根据长江经济带水流特点和生态补偿需求,在流域层面优先推进集中式饮用水水源地、涉水自然保护区、水功能区中的源头水保护区、河流跨界断面、水产种质资源保护区、水土流失重点预防区和治理区、重要蓄滞洪区、鄱阳湖和洞庭湖,以及长江全流域、赤水河流域、新安江流域、汉江流域和太湖流域的水流生态保护补偿"①。另外,各省也应在现有的生态补偿方案基础上,进一步深化和完善。

二是城市发展不均。涂建军等人通过构建长江经济带城市群经济发展水平的模型发现,尽管 2000—2015 年,长江经济带的经济发展总体良好,但中东部地区和西部地区还存在明显的发展鸿沟:模型中出现了明显的经济热点区,即成渝核心区、武汉—长沙核心区和长三角核心区,以及明显的经济冷点区,即云、贵、川交界处。②

除了城市群间的经济发展存在不均衡问题外,生态保护和建设上也有较大差异。滕堂伟等人通过构建长江经济带城市群的生态协同发展能力的模型发现,在一级城市群中,长三角城市群的生态环境协同发展水平最高,其次是长江中游城市群,且两者差距不大。而位于上游的成渝城市群则较大幅度地落后于两者。③

此外,方创琳等人还指出,长江流域的城市群之间竞争多而合作少,缺乏一体化协调机制。杨海华认为,尽管城市群是经济带的构成元素,但经济带并非城市群的累计叠加,而是其发展的更高级形式。所以当前出现的城市群间隔离现象就容易出现生态保护与经济发展间的平衡被打破、流域污染的跨行政区转嫁等问题。长此以往便会对推进长江经济带的整体建设和发展造成一定阻碍。④

---

① 李建、徐建锋:《长江经济带水流生态保护补偿研究》,《三峡生态环境监测》2018 年第3 期。
② 涂建军、李琪、朱月等:《基于不同视角的长江经济带经济发展差异研究》,《工业技术经济》2018 年第 3 期。
③ 滕堂伟、瞿丛艺、曾刚:《长江经济带城市生态环境协同发展能力评价》,《中国环境管理》2017 年第 2 期。
④ 杨海华:《新常态下我国城市群空间结构:主体框架及演进机理》,《改革与战略》2018 年第 8 期。

在某一城市群内部同样存在中心核城市与周围子城市间的发展不均问题。滕堂伟等人的模型数据显示,成渝子群、武汉子群、长沙子群等部分上游子群和中部子群中,出现了城市群内较大的空间差异,极核城市与子城市的生态协同发展差异较大。而上游的贵昆子群和下游的皖南子群、南昌子群则未出现极核城市现象,生态协同发展较为均衡。但值得注意的是,上游子群的均衡表现为整体较低的水平,而下游的子群则呈现出较高水平的均衡发展。

（4）长江经济带与其管理机制

长江问题的特殊之处一方面在于它流经 11 个省市,在受到这些城市影响的同时也在影响着其他城市的用水问题;另一方面则表现为长江的水源用处广泛,除了提供饮用水、水运航道以外还包括了农业灌溉和湿地、湖泊等水域供给。这些特别性不仅凸显了长江的重要地位,同时也为长江治理带去了诸多麻烦。刘世庆等人提出,当前的长江流域由水利部长江水利委员会、交通部长江航道管理局等机构对长江实施统筹管理,由水利部、环保部、国土资源部、住建部、发改委、农业部等部委以及各省区相关部门实施细化管理。但长江经济带的生态修复和保护,及长江周边城市群的协调发展问题错综复杂、环环相扣,容易出现流域与区域之间责任不明、指令不清的问题。①

段学军②等人在梳理"长江开发与保护的相关管理机构沿革"时同样指出,目前长江经济带建设管理的体制机制存在以下三个问题:第一,水利部长江水利委员会没有综合管理的法律地位,同时与长江治理相关的部门"自成一体"实施治理,出现管理职能和指令交叉的问题;第二,长江经济带的管理较少实现区域与流域相协调的方式,仍以某地的单独部门、单独要素的管理方式为主;第三,长江上、中、下流域的市场化水平差异较大,在行政壁垒的隔离下容易在中上游地区发生为刺激经济发展而盲目吸引高污染高能耗产业转移的逐底竞争行为。

由于长江本身具有空间异质性和多功能性,在对其进行治理时既不能简

---

① 刘世庆、巨栋:《长江绿色生态廊道建设总体战略与实现路径研究》,《工程研究》2016 年第 5 期。

② 段学军、邹辉、王磊:《长江经济带建设与发展的体制机制探索》,《地理科学进展》2015 年第 11 期。

单地依靠某一区域的地方政府或者某一部门治理,也不能"九龙治水"式地让多部门在无统一管理的情况下实施治理。必须要用均衡发展、协调推进的整体思路来提出对策。段学军等人提出,首先需要扩大长江经济带开发管理委员会的职能与权力,将"水资源—环境—生态—经济"进行综合协调。其次,长江流域的生态修复与保护不仅需要一地的"政府—企业"纵向监管治理,还需要横向的整体流域视角。姚瑞华等人提出"要坚持以长江为载体,在流域层面上实现部门统筹和区域协同,实现流域保护的'大部制';打破行政壁垒,组建长江水生态环境保护联盟"①。这种纵向的联合治理涵盖了长江水域的治理、工厂对环境破坏风险的评估、排污降污的监督管理等方面,有利于对某一地的工业发展与生态保护进行整体的监管。而横向的区域流域间的联防联控则打破了行政壁垒,让长江流域的各省市形成一体化市场,通过不同类型的产业进行分工、升级改造,营造合作充分、公平竞争的市场环境。

（5）非主流的关注领域

除主流的四个研究方向外,还有两个较少被关注的领域:

一是地方发展与中央政策的矛盾。刘世庆等人认为当前长江流域还出现了央企发展与本地经济发展间的矛盾。他认为水利工程建设对地方生态、经济、社会影响巨大,这种影响既包括对生态环境的消极影响,也包括对水电开发的积极影响。但以三峡为代表的大型水利工程往往由央企主导,它们在破坏了长江中上游的生态屏障后,将电力资源直输华东华南,水电收益在当地留存较少,难以持续支持地方经济发展。

二是连片贫困地区的生态、文化、扶贫协同发展。杨经纬等人指出长江上游省份,即云、贵、川,各省内经济发展不平衡、城乡经济发展不均、少数民族集中的山区地带与整体的经济发展不平衡的问题。② 李民等人以位于湖南省西北部,与湖北省、贵州省和重庆市接壤的湘西州为例指出,长江经济带集中连片贫困地区大多位于我国的"老、少、边"地区,具有森林植被繁密、动植物物

---

① 姚瑞华、赵越、王东、孙运海、孙宏亮:《长江中下游流域水环境现状及污染防治对策》,《人民长江》2014年第S1期。

② 杨经纬、李军、王成成:《长江经济带少数民族扶贫思路的转向研究》,《民族论坛》2015年第2期。

种丰富、能较好涵养水源等自然生态优势与少数民族文化的资源优势。应当在不破坏生态环境的前提下,将这些优势转变为扶贫、脱贫工作的突破点。除利用退耕还林、造林补贴等生态补偿方式对生态环境进行保护外,还可以探索"文化+生态+大数据"的精准扶贫模式。即利用互联网平台将湘西的自然美景与少数民族风情进行传播,吸引游客,推动生态和文化旅游,创造经济效益。通过对生态环境的污染控制,保障美丽乡镇的建设,二者互促互进,构成共同发展的整体,再协调这个整体与经济发展之间的关系,走出一条绿色发展的道路。①

综上,长江经济带出现的生态问题因其具有的空间异质性和长江流域具备的自然资源价值而与跨界因素、经济因素紧密相关。所以协调而均衡的发展是解决长江流域生态问题及其衍生的其他问题的关键。具体来说,既包含了经济发展与生态修复间的平衡,也包括了上中下游地区的用水平衡,还包括了政府与市场间的协调平衡。

二、相关政策梳理

2014 年 9 月 12 日,国务院印发的《关于依托黄金水道推动长江经济带发展的指导意见》指出,长江经济带是具有全球影响力的内河经济带,东中西互动合作的协调发展带,沿海沿江沿边全面推进的对内对外开放带,生态文明建设的先行示范带。长江经济带发展的战略定位必须坚持生态优先、绿色发展,共抓大保护,不搞大开发。要贯彻落实供给侧结构性改革决策部署,在改革创新和发展新动能上做"加法",在淘汰落后过剩产能上做"减法",走出一条绿色低碳循环发展的道路。随着国务院《关于依托黄金水道推动长江经济带发展的指导意见》出台之后,中央和地方政府就长江经济带生态保护和生态修复问题还出台了关于安全用水、排污、沿岸复绿、船舶污染防治等一系列政策。2017 年环保部专门出台了《长江经济带生态环境保护规划》,2018 年国家发

---

① 李民、谢炳庚、刘春腊、邓楚雄:《生态与文化协同发展助推长江经济带集中连片贫困地区精准扶贫的思路与对策——以湘西州为例》,《经济地理》2017 年第 10 期。

改委也相应出台了《关于加快推进长江两岸造林绿化的指导意见》。

除此之外,在国家《十三五规划》和《主体功能区规划》中也都提到了长江经济带的水资源保护、水污染治理、湿地保护和生态修复等一系列长江经济带发展的重大问题。

1. 水资源保护与开发

水资源问题在政策上主要体现在"集约用水""安全用水"和"水资源调度"上。

(1)集约用水

《长江经济带生态环境保护规划》明确提出严格总量指标管理,健全覆盖省、市、县三级行政区域的用水总量控制指标体系,加快完成跨省重要江河流域水量分配方案,将用水总量控制指标分解落实到流域和水源。推进重点领域节水:农业上,优化农业种植结构,加快实施大中型灌区节水改造和南方节水减排区域规模化高效节水灌溉行动。推广和普及田间节水技术,开辟抗旱水源,科学调度抗旱用水;工业上,以南京、武汉、长沙、重庆、成都等城市为重点,实施高耗水行业生产工艺节水改造,降低单位产品用水量。

以四川、湖北、上海这三个分别位于长江上中下游的地区为例,在《四川省人民政府贯彻国务院关于依托黄金水道推动长江经济带发展指导意见的实施意见》《湖北省人民代表大会关于大力推进长江经济带生态保护和绿色发展的决定》和上海市人民政府关于贯彻《国务院关于依托黄金水道推动长江经济带发展的指导意见》的实施意见中都提出了用水"总量控制"和用水"效率控制"。

(2)安全用水

2014年国务院《关于依托黄金水道推动长江经济带发展的指导意见》明确指出,要加强流域水资源统一调度,保障生活、生产和生态用水安全。尤其强调要加强饮用水水源地保护,优化沿江取水口和排污口布局,取缔饮用水水源保护区内的排污口,鼓励各地区建设饮用水应急水源,建设沿江、沿河、环湖水资源保护带、生态隔离带,增强水源涵养和水土保持能力。

2016年由国家长江委牵头,国家水利部印发的《长江经济带沿江取水口、排污口和应急水源布局规划》针对生活取水口首次提出了"适宜取水区"(水质目标满足Ⅲ类或优于Ⅲ类水标准的水域)和"不宜取水区"(水功能区水质达不到生活用水水质要求的水域)的分区概念,明确规定生活取水口应布局在适宜取水区内;取水口取水总量以各城市用水总量为约束;工业、农业和生态等取水口的设置应避免影响生活取水,同时满足用水总量控制要求;对涉及自然保护区的取水口,应严格限制布局在实验区范围内。

《"十三五"生态环境保护规划》还对"安全用水"做了更明确的规划指示:地方各级人民政府及供水单位应定期监测、检测和评估本行政区域内饮用水水源、供水厂出水和用户水龙头水质等饮水安全状况。地级及以上城市每季度向社会公开饮水安全状况信息,县级及以上城市自2018年起每季度向社会公开。加强农村饮用水水源保护,实施农村饮水安全巩固提升工程。各省(区、市)应于2017年底前,基本完成乡镇及以上集中式饮用水水源保护区划定,开展定期监测和调查评估。到2020年,地级及以上城市集中式饮用水水源水质达到或优于Ⅲ类的比例高于93%。

(3)水资源调度

《关于依托黄金水道推动长江经济带发展的指导意见》明确指出,要加强流域水资源统一调度,优化水资源配置格局,加快推进云贵川渝等地区大中型骨干水源工程及配套工程建设。2012年,国务院批复的《长江流域综合规划》中提出加快开展南水北调东、中线后续工程论证及西线项目的前期工作,逐步完善全国水资源优化配置格局。建设一批必要的水源工程,提高流域供水保障能力,解决局部地区工程性缺水问题。在保护生态环境和移民合法权益的前提下,合理有序地开发水能资源。大力发展航运,完善现代化长江水运格局。

2. 长江流域环境综合治理

长江流域的综合治理包括对水污染、水土流失、大气、土壤、生物多样性等的治理。根据长江流域上中下游的地理情况和发展定位的不同,在环境综合治理问题上的侧重点也就有所不同。长江上游发展的重点是水能资源的开发,治理的重点就是搞好生态环境建设。长江中游是我国重要的粮、棉、油、肉类和水产品基地及重要的制造业基地,因此,防治长江水患是长江中游地区主要的任务。长江下游是我国的鱼米之乡和丝绸之乡,有我国最大的综合性工业基地,于是防治和治理水污染就是长江下游地区综合整治的重点。

（1）生态环境建设与生态修复

生态修复在政策中主要体现为沿岸复绿、退耕还林、退田还湖、湿地保护、水土流失治理、生物多样性保护等。《国务院关于依托黄金水道推动长江经济带发展的指导意见》总体上提出要强化沿江生态保护和修复,加大重点生态功能区建设和保护力度,构建中上游生态屏障。2018 年《关于加快推进长江两岸造林绿化的指导意见》对全面实施岸线复绿提出了明确方针,指出要增加两岸绿色覆盖,对非法码头、采石塘口、船厂以及废弃厂矿和堆积地等侵占的岸线,要采取客土整地等措施,选择抗逆性好、具有固氮作用的深根性乡土树(草)种,进行乔、灌、草多层次栽植复绿。

干流堤防临水侧护堤地范围以外的滩地、洲滩民垸要加强绿化,合理栽植耐水湿、净化水质、抑螺防病的草类植物进行复绿。对于库区消落带,要采取工程治理与生物防治相结合的方式,根据水位消落和土质情况,合理确定绿化范围,筛选耐旱、耐淹、抗冲刷且能固土的植物,沿湿度梯度方向草—灌—乔阶梯状配置近自然植物群落进行修复。

《"十三五"生态环境保护规划》中特别强调了河湖与湿地保护恢复。提出要加强长江中上游自然湿地保护,对功能降低、生物多样性减少的湿地进行综合治理。加强珍稀濒危水生生物、重要水产种质资源以及产卵场、索饵场、越冬场、洄游通道等重要渔业水域保护,沿江各省也对此出台了更加详细的实施意见。

上游地区的四川省在《四川省人民政府贯彻国务院关于依托黄金水道推动长江经济带发展指导意见的实施意见》中强调,要强化沿江生态保护与环境治理,继续实施天然林资源保护工程。开展岩溶地区石漠化综合治理,加快地震灾区生态修复治理,加强珍稀野生动植物保护和栖息地建设。加强重点行业大气污染综合整治,切实改善环境空气质量,扭转四川盆地区域性雾霾、酸雨恶化态势。加快建设城镇生活污水垃圾处理设施。大力推进秸秆资源化综合利用,加强农业面源污染防治。

中游地区的江西省在《江西省 2016 年推动长江经济带发展工作要点》中提出开展水土流失综合防治,完成治理面积 120 万亩。加强重金属土壤治理,推进乐安河流域、章江流域、贵溪冶炼厂周边等区域重金属污染防治试点。湖北省出台的《湖北省人民代表大会关于大力推进长江经济带生态保护和绿色发展的决定》，提出实施"绿满荆楚"行动，扩大公益林保护范围，将所有天然林纳入保护范围，全面禁止天然林商业性采伐。实施水生态修复，继续实施退田还湖、退耕还湿、退垸还湿、退渔还湿等工程，开展耕地、草原、河湖休养生息试点，加强重点湿地保护与建设，把所有湿地纳入保护范围，提升长江湿地生态系统稳定性和生态服务功能。

下游地区的江苏省在《省政府关于加强长江流域生态环境保护工作的通知》中指出，建成生态红线区域保护地理信息系统，严格控制围网养殖规模，优化养殖布局，推进生态健康养殖。上海市人民政府关于贯彻《国务院关于依托黄金水道推动长江经济带发展的指导意见》的实施意见提到，完善生态补偿机制，全面落实"环、楔、廊、园、林"绿化生态系统建设，滚动实施外环专项、郊野公园、立体绿化和林荫道、绿道建设。推进黄浦江两岸绿色空间建设，落实路林、河林同步建设，主要河道建设"绿色廊道"，完成东滩生态修复工程，推进渔业资源增殖放流，做好长江口区域生物资源保护。继续推进崇明生态岛建设。

（2）长江流域水患治理

长江流域水患重点是要完善防洪保障体系。《国务院关于依托黄金水道推动长江经济带发展的指导意见》明确表示妥善处理江河湖泊关系，完善防洪保障体系，进行蓄滞洪区的分类和调整研究，实施长江河道崩岸治理及河道综合整治工程，推进长江中下游蓄滞洪区建设及中小河流治理。《长江岸线保护和开发利用总体规划》把长江沿线划分为岸线保护区、岸线保留区、岸线控制利用区、岸线开发利用区、岸线功能区，而防洪安全、河势稳定是其中的重要划分指标。《长江流域综合规划》中也专门提到完善流域防洪减灾措施，重点加强长江中下游干流、洞庭湖、鄱阳湖和主要支流治理，加快向家坝、溪洛渡、亭子口等控制性枢纽工程建设，抓紧实施重要蓄滞洪区建设，加强重点城市防洪建设和重点涝区治理，完成病险水库和水闸除险加固，建设流域防洪预警系统和山洪灾害易发区预警预报系统。

《湖南省人民政府关于依托黄金水道推动长江经济带发展的实施意见》

以洞庭湖为核心同样提到妥善处理江河湖泊关系,实施长江中游河势控制工程、以松滋口建闸为重点的四口河系整治工程及洪道整治工程。加强洞庭湖区蓄洪垸、重要一般垸和重点垸堤防建设,加快蓄滞洪区建设,完善洞庭湖区综合防洪工程体系。启动洞庭湖岳阳综合枢纽工程项目前期工作,调节洞庭湖枯季出流,实行蓄水养湖。对条件成熟的区域,实行退田还湖。

（3）长江流域防水污染治理

《国务院关于依托黄金水道推动长江经济带发展的指导意见》就严格控制和治理长江水污染提出大幅削减化学需氧量、氨氮排放量。加大沿江化工、造纸、印染、有色等排污行业环境隐患排查和集中治理力度,实行长江干支流沿线城镇污水垃圾全收集全处理,加强农业畜禽、水产养殖污染物排放控制及农村污水垃圾治理,强化水上危险品运输安全环保监管、船舶溢油风险防范和船舶污水排放控制。《长江经济带沿江取水口、排污口和应急水源布局规划》对入河排污口进行布局规划,将入河排污口设置水域划分为禁止排污区、严格限制排污区和一般限制排污区。其中禁止排污区为各级政府批复的饮用水源保护区、自然保护区等敏感水域,严格限制排污区为直接影响禁止排污区的相关水域,保留区、省界缓冲区,现状污染物入河量超过或接近限制排污总量、水质评价不达标的水功能区等保护要求较高的水域,一般限制排污区为禁止排污区和严格限制排污区之外的其他水域。

《"十三五"生态环境保护规划》提出要改善河口和近岸海域生态环境质量,实施近岸海域污染防治方案,加大渤海、东海等近岸海域污染治理力度。强化直排海污染源和沿海工业园区监管,防控沿海地区陆源溢油污染海洋。开展国际航行船舶压载水及污染物治理。规范入海排污口设置,全面清理非法或设置不合理的入海排污口。

长江下游地区政府方面对水污染治理提出了更为具体的措施和要求,上海市人民政府关于贯彻《国务院关于依托黄金水道推动长江经济带发展的指导意见》的实施意见就指出以截污治污治本为重点,出台实施本市水污染防治行动计划,加快推进太湖流域水环境综合治理。推进污水厂增能提标,全市新建污水处理厂全面达到一级 A 及以上排放标准,有序安排现有污水处理厂提标至一级 A 及以上排放标准。加快截污纳管和管网建设,加快推进全市河湖水系综合治理。积极推进城市化地区面源污染源头防控。以省际边界来水、水源地和主要河道为重点,建立全市水环境监测预警评估体系,扩大水污染源在线监测监控实施范围。

江苏省政府还出台了《省政府关于加强长江流域生态环境保护工作的通知》,强调要提高城镇污水垃圾收集处理水平,大力推进城镇雨污分流和管网建设,加强海绵城市建设。打好农业农村污染防治攻坚战,加大畜禽养殖污染防治力度,完成禁养区划定工作和禁养区内畜禽养殖场(小区)关闭搬迁任务,规模化养殖场(小区)治理率达到60%。加强船舶污染控制,按照标准要求安装配备船舶污水和垃圾收集储存设施。加强对船舶污染防治设施的监督检查,推广使用 LNG 等清洁燃料,严格危险货物船舶准入条件,加快建设危险货物船锚地、散装液态危险货物船舶公共洗舱站等重点防治船舶污染环保设施。增强港口码头污染防治能力,开展长江沿线内河港口、码头、装卸站、船舶修造厂废水治理与废弃物处理设施情况调查,提高含油污水、化学品洗舱水等接收处置能力,重点推进港口、船舶修造厂污染物接收处理设施建设。港口、码头接收的含油污水、化学品洗舱水要进行无害化处理,避免造成二次污染,集装箱码头轮胎式集装箱门式起重机(RTG)全部实现"油改电"或改用电动起重机,杂货码头装卸设备"油改电(气)"比例达到80%以上。

浙江省还专门就船舶污染问题出台了《浙江省长江经济带船舶污染防治专项行动方案(2018—2020年)》,方案指出要强化船舶污染源头管理,推进老旧化学品船舶和油船淘汰,加强载运危险货物船舶的动态监控,组织开展辖区船舶污染风险防治情况进行全面摸底排查。加强船舶防污染作业现场监管,严控船舶及有关作业单位从事高污染风险作业活动,组织开展船舶污染相关作业活动报告及船舶防污染作业"双随机"检查工作。推进船舶污染物接收与处置船岸衔接,积极推动当地政府统筹规划建设船舶污染物接收设施,建立健全港口和船舶污染物接收、转运处置新机制,推行"船上储存交岸处置"为主的"零排放"治理模式。有效运行船舶污染物接收、转运、处置联单制度,运用政府购买服务等有效手段,全面开展辖区船舶污染物免费接收。

通过对相关文献和政策资料的梳理可以看出,长江经济带的生态修复与保护需要协同一致地发展,具体表现在三个方面:水资源利用与水生态环境的协同一致、生态环境与经济发展的协同一致、长江上中下游城市发展的协同一致。

一是水资源利用与水生态环境的协同一致。当长江的生态问题依然突出体现在长江的水问题及衍生问题上,除了需要对水污染等问题进行关注外,也不能忽视与之相伴的衍生问题,如湖泊富营养化等。水资源和与之相联的水生态环境密不可分,所以人类在对水资源进行开发和利用时,也不可将二者割裂,要进行协同一致的保护。此外,人类需要时刻谨记自己也是生活在水生态环境中的一部分,对生态环境过分破坏的苦果必将由人类承担。

二是生态环境与经济发展的协同一致。长江流域的生态修复与保护与人的经济活动紧密相关,沿江城市的经济发展与当地的生态状况关系可分为低经济低环保、低经济高环保、高经济低环保、高经济高环保四种类型。前两种类型较多体现在长江上游地区,第三种多为中游城市,第四种多为下游城市。经济发展与生态环境的这种分类似乎展示出二者此消彼长的关系,所以部分文献中提到,中游城市容易出现为了吸引产业转移,推动当地城镇化发展而牺牲生态环境的现象。但下游城市的"双高"情况却体现出,这二者并非不可兼容,而是可以选择通过产业升级转型、开发绿色产业等方式,让"鱼与熊掌兼得"。各地在进行经济开发建设的同时要兼顾生态环境,优先生态保护,用创新高效绿色的方式发展经济。

目前已经有部分省市在政策的指导下,实行减污减排、退耕还林等生态环境修复措施,但破坏和修复的过程所需耗费的时间和物力等并不对等,生态环境的修复需要持之以恒。

三是长江上中下游城市发展的协同一致。长江经济带由多个城市群组成,但经济带的发展并不是各地成果的累计,而是需要各城市群之间的协同合作。当前长江流域的城市群大多根据当地的发展情况和自然资源协调经济发展与生态保护。如上游地区加强对生态屏障的保护、中游地区对沿江工厂的排污进行管控、下游地区对水污染进行治理等。这些因地制宜的政策体现出各城市群之间的差异性,但也因其独立性,诸多城市群在生态环保和市场合作的问题上缺乏统一调度和协同合作。这一部分缺失突出体现为各城市群在经济发展和生态环境保护上均呈现出不均衡的状态,如若对这一现象不加以重视,长此以往必定会为长江经济带的整体建设和发展带来一定阻碍。

长江经济带的生态修复与保护与上述的三个方面的协同一致密切相连,未来还需要多领域的学者和各级政府将目光从单一的问题转向整体,以协调统一的视角来解决长江流域的生态环境问题。

第八章　长江经济带生态保护
修复的现状与挑战

　　长江干流流经青海、西藏、四川、云南、重庆、湖北、湖南、江西、安徽、江苏、上海11个省、自治区、直辖市,全长6300余公里,是世界第三大河流。长江经济带则由云南、四川、贵州、重庆、湖南、湖北、江西、安徽、江苏、浙江、上海11个省、直辖市组成,面积205万平方公里(占全国陆地面积的21.35%)。2017年底,长江经济带总人口59501万(占全国总人口的42.9%),经济总量370998亿元(占全国经济总量的43.8%),地方一般公共预算收入41014亿元(占全国的44.8%),进出口总额占全国的43.5%,谷物总产量21981万吨(占全国的35.7%),油料总产量1514.1万吨(占全国的43.6%),客运量占全国的50.3%,货运量占全国的43.3%,拥有1131所普通高等学校(占全国的43.0%)、12840家医院(占全国的41.3%)①,是中国经济的重心所在、活力所在,是中华民族永续发展的重要支撑。

　　在长江经济带11个省(市)中,上游地区的云南、四川、贵州和重庆4省(市)由青藏高原东南缘、横断山区、云贵高原、四川盆地等地貌单元构成,是全国地形的第一二阶梯过渡地带。其中,有人口最为稠密的四川盆地、经济社会发展水平较高的成渝城市群,还有面积大、等级高的重点生态功能区。中游地区由湖北、湖南、江西、安徽4省组成,是淡水湖泊集中分布区,有洞庭湖、鄱阳湖,河湖关系复杂,还有武汉城市群、长株潭城市群;下游由浙江、江苏和上

---

　　①　参见《中国统计年鉴2018》,国家统计局网站,http://www.stats.gov.cn/tjsj/ndsj/2018/indexch.htm。

海3省(市)组成,即"长三角地区",不仅具有城镇化水平高、经济活力强、人口密度高等特点,还是长江经济带上的沿海经济区,拥有杭州湾、长江入海口,沿海湿地资源丰富,海岸线保护压力大。

长江经济带横跨中国三大地势阶梯,自然生态系统独特且复杂,拥有类型多样且全面的自然生态系统、地域人文生态系统。长江还是中国水量最丰富的河流,水资源总量9616亿立方米,约占全国河流径流总量的36%。长江是中华民族的母亲河,长江中游孕育了"彭头山""仙人洞""城背溪""大溪""屈家岭""石家河"、下游孕育了"河姆渡""马家浜""崧泽""良渚"等文化。在中国六大考古文化区系中,长江流域分布着"以环太湖为中心的东南部""以环洞庭湖与四川盆地为中心的西南部""以鄱阳湖—珠江三角洲一线为中轴的南方"区系。① 保护好长江生态环境,不仅是保护好长江经济发展的载体,还是保护好中华民族传统文化。

一、发展现状评估

长江是中国重要的生态宝库,山水林田湖草浑然一体。6300公里的长江干流及其支流流域,地跨热带、亚热带和暖温带,地貌类型复杂、生态系统类型多样,拥有川西北高寒草甸湿地生态系统、川西河谷森林生态系统、南方亚热带常绿阔叶林森林生态系统、长江中下游湿地生态系统等具有全球重大意义的生物多样性优先保护区。长江流域森林覆盖率达41.3%,江西、浙江、云南等森林覆盖率甚至超过50%;河湖、水库、湿地面积占全国的21.5%;物种资源丰富,珍稀濒危物种占全国的39.7%,淡水鱼类占全国总数的33%,不仅有中华鲟、江豚、扬子鳄和大熊猫、金丝猴等珍稀动物,还有银杉、水杉、珙桐等珍稀植物,是我国濒危珍稀动植物的集中分布区。

长江是重要的生态安全屏障区,具有极为重要的水土保持、洪水调蓄等功能。金沙江岷江上游及"三江并流"、丹江口库区、嘉陵江上游、武陵山、新安江和湘资沅上游等地区是国家水土流失重点预防区,金沙江下游、嘉陵江及沱

---

① 参见许倬云:《万古江河》,湖南人民出版社2017年版。

江中下游、三峡库区、湘资沅中游、吴江赤水河上中游等地区是国家水土流失重点治理区,贵州等西南喀斯特地区是世界三大石漠化地区之一。长江流域山水林田湖草浑然一体,具有强大的洪水调蓄、净化环境功能。

长江是中华民族战略水源地,蕴藏着极为丰富的水资源。长江是中华民族的生命之河,多年平均水资源总量9958亿立方米,约占全国水资源总量的35%。每年长江供水量超过2000亿立方米,保障沿江4亿多人口生活和生产用水需求,还通过南水北调惠泽华北、苏北、山东半岛等广大地区。扬州都江和丹江口水库分别是南水北调东线一期、中线一期工程取水源头区,规划多年平均调水量分别是89亿立方米和95亿立方米。

1. 湿地资源与湿地生态保护

长江经济带湿地资源丰富,调洪蓄水能力强。湿地是地球之肾,是地球三大生态系统之一,是人类最重要的生存环境之一,包括各种咸水淡水沼泽地、湿草甸、湖泊、河流以及泛洪平原、河口三角洲、泥炭地、湖海滩涂、河边洼地或漫滩、湿草原等。湿地通常又分为自然湿地和人工湿地;前者指沼泽地、泥炭地、湖泊、河流、海滩和盐沼等,后者主要是指水稻田、水库、池塘等。长江湿地生态系统具有独特性,涵盖了上述湿地的全部类型,湿地发挥着极重要的生态服务功能。

长江湿地事关长江生态安全、国土安全、粮食安全、物种安全、淡水安全以及气候安全。长江经济带11省(市)有湿地面积1154.23万公顷(占全国湿地面积的21.5%),由近海与海岸、河流、湖泊、沼泽等自然湿地以及人工湿地组成。其中,自然湿地面积8500.5千公顷,占湿地总面积的73%(全国自然湿地占比为87.08%),人工湿地3041.8千公顷,其中四川人工湿地占比为4.7%(远低于27%的平均水平),重庆市人工湿地面积占57.67%,湖北省占47.11%。从湿地构成来看,长三角湿地以近海与海岸湿地为主,占流域湿地面积的18.77%,江苏各类湿地资源都较为丰富;安徽江西与两湖构成的中游地区,自然湿地以河流、湖泊等为主,河湖关系复杂;在上游四省市中,四川是沼泽湿地面积最大的省,其沼泽湿地类型以高寒湿地、泥炭湿地等为主,其沼泽湿地面积占全流域沼泽湿地的84.47%。

在全部湿地资源中,自然湿地占湿地面积的73.6%,人工湿地占26.4%。

在自然湿地中,近海与海岸湿地占自然湿地的 25.5%,河流湿地占 33.3%,湖泊湿地占 24.8%,沼泽湿地占 16.4%。在人工湿地中,长三角地区人工湿地占流域人工湿地的 39.3%;中游地区人工湿地占流域人工湿地的 46.5%;上游地区人工湿地占流域人工湿地的比重为 14.2%。在自然湿地中,长三角地区占流域自然湿地的比重为 37.6%;中游地区占比为 35.3%,上游地区为 27.1%(表 2-2)。中下游湖泊群是我国重要的淡水湖泊湿地集中分布区和候鸟栖息地与驿站。

表 2-2 长江经济带各省湿地资源构成(2016)

(单位:千公顷)

地区	湿地面积	自然湿地					人工湿地	湿地占比(%)
		合计	近海与海岸	河流	湖泊	沼泽		
上海	464.6	409	386.6	7.3	5.8	9.3	55.6	73.27
江苏	2822.8	1948.8	1087.5	296.6	536.7	28	874	27.51
浙江	1110.1	843.3	692.5	141.2	8.9	0.7	266.8	10.91
安徽	1041.8	713.6	0	309.6	361.1	42.9	328.2	7.46
江西	910.1	710.7	0	310.8	374.1	25.8	199.4	5.45
湖北	1445	764.2	0	450.4	276.9	36.9	680.8	7.77
湖南	1019.7	813.5	0	398.3	385.3	29.3	206.2	4.81
重庆	207.2	87.7	0	87.3	0.3	0.1	119.5	2.51
四川	1747.8	1665.6	0	452.3	37.4	1175.9	82.2	3.61
贵州	209.7	151.6	0	138.1	2.5	11	58.1	1.19
云南	563.5	392.5	0	241.8	118.5	32.2	171	1.43
合计	11542.3	8500.5	2166.6	2833.8	2108	1392.1	3041.8	13.26

湿地保护与修复是长江经济带共抓大保护不搞大开发的重点内容。仅从《全国十三五湿地保护规划》所涉湿地保护与修改相关项目来看,长江经济带湿地保护和修复项目就涵盖了国家级、国际重要湿地、自然保护区湿地、省级湿地等多种类型。具体内容见表 2-3。要加快保护与修复沿江生态系统,建设沿江绿色生态廊道,实施长江防护林体系建设、沿江重要湿地保护等重大生态修复工程,增强水源涵养、水土保持功能,全面保护和恢复湿地资源,提升天

然林整体功能,保护野生动植物及生物多样性,加强流域重点生态功能区保护和修复。建立重要水库、湖泊、河流闸坝生态水量联合调度机制,大力实施退耕退垸还湖还湿,改善河湖连通性,修复长江沿线湖泊湿地生态功能。建设一批国家自然保护区、森林公园、湿地公园。加强源头区和湖泊、河流周边防护林建设,对陡坡耕地和山洪地质灾害易发区耕地实行退耕还林,提高林草植被质量;对石漠化严重地区实行综合治理;加强退化林和人工纯林修复,增加复层异龄混交林比重,构建绿色生态走廊。大力发展森林旅游、林下经济和木竹产业。沿长江(经济带)生态涵养带,以水源涵养林、水土保持林、护岸林为重点,加快中幼林抚育和混交林培育。

表2-3 长江经济带湿地保护与修复工程(十三五规划)

地区	湿地保护与修复内容
上海	国家自然保护区类湿地,上海九段沙湿地国家级自然保护区保护与恢复工程(4.13万公顷)
江苏	世界重要湿地2处,江苏大丰麋鹿国家级自然保护区湿地修复工程(0.21公顷),江苏盐城湿地珍禽国家级自然保护区湿地生态修复工程(18.87公顷);国家级自然保护区类湿地1处,江苏泗洪洪泽湖国家级自然保护区保护与恢复工程(3.97公顷);省级自然保护区湿地2处,江苏太湖三山岛和扬州凤凰岛等国家湿地公园湿地保护与恢复工程(0.42公顷),江苏同里国家湿地公园湿地保护与恢复工程(0.01公顷)
浙江	国家级自然保护区湿地2处,浙江南麂列岛国家级海洋自然保护区湿地生态修复工程(0.08公顷),浙江象山韭山列岛国家自然保护区湿地生态修复工程
安徽	国际重要湿地1处,安徽升金湖国际重要湿地保护与修复工程(3.34公顷);国家级自然保护区湿地1处,安徽扬子鳄国家级自然保护区湿地保护与恢复工程(0.39公顷);省级自然保护区湿地2处,安徽颍州西湖国家湿地公园湿地保护与修复工程(0.07公顷),安徽巢湖湿地保护与恢复工程(7.9公顷)
江西	国际重要湿地1处,江西鄱阳湖国家级自然保护区湿地保护与秀谷工程(2.24公顷);国家级自然保护区1处,江西鄱阳湖南矶湿地国家级自然保护区湿地保护工程(3.33公顷);省级自然保护区湿地2处,江西东鄱阳湖国家湿地公园湿地保护与恢复工程(3.51公顷),江西修河国家湿地公园保护与恢复工程(0.97公顷)
湖北	国际重要湿地3处,湖北省洪湖湿地自然保护区湿地保护与修复工程(3.08公顷),湖北省沉湖自然保护区湿地保护与恢复工程(0.68公顷),湖北神农架大九湖国家湿地公园湿地保护与恢复工程(0.16公顷);省级自然保护区湿地3处,湖北蕲春赤龙湖国家湿地公园湿地保护与恢复工程(0.35公顷),湖北麻城浮桥河国家湿地公园湿地保护与恢复工程(0.36公顷),湖北咸安向阳湖国家湿地保护与恢复工程(0.51公顷)

地区	湿地保护与修复内容
湖南	国际湿地2处,湖南东洞庭湖国际重要湿地保护与恢复工程(11.36公顷),湖南西洞庭湖国际重要湿地生态保护与修复工程(3.16公顷);省级湿地修复3处,湖南五强溪国家湿地公园湿地保护与恢复工程(1.98公顷),湖南毛里湖国家湿地公园保护与恢复工程(0.44公顷),湖南安乡书院洲国家湿地公园湿地保护与恢复工程(0.39公顷)
重庆	省级自然保护区湿地,重庆汉丰湖国家湿地公园湿地保护与恢复工程(0.13公顷),重庆阿蓬江国家湿地公园湿地保护与恢复工程(0.28公顷)
四川	国际重要湿地1处,若尔盖国际重要湿地保护与修复工程(35.99公顷);国家级湿地2处,四川长沙贡玛国家级自然保护区湿地修复工程(18.17公顷),四川海子山国家级自然保护区湿地修复工程(3.25公顷);省级自然保护区湿地1处,四川邛海国家湿地公园湿地保护与恢复工程(0.37公顷)
贵州	国家级湿地1处,贵州草海国家级自然保护区湿地保护与恢复建设工程(0.96公顷);省级湿地4处,贵州贵阳阿哈湖国家湿地公园湿地恢复建设项目(0.12),贵州兴义万峰湖国家湿地公园湿地恢复建设项目(0.38公顷),贵州余庆飞龙湖国家湿地公园湿地恢复建设工程(0.27公顷),贵州六盘水娘娘山国家湿地公园湿地恢复建设项目(0.27公顷)
云南	国际重要湿地1处,云南省大山包黑颈鹤国家级自然保护区湿地修复工程(0.18公顷);国家级湿地1处,云南会泽黑颈鹤国家级自然保护区保护与恢复工程(0.07公顷);省级自然保护区湿地4处,云南滇池国家湿地公园湿地保护与恢复工程(2.98公顷),云南石屏异龙湖国家湿地公园湿地保护与恢复工程(0.36公顷),异龙湖国家重要湿地,云南洱源西湖国家湿地公园湿地保护与恢复工程(2.53公顷),洱海国家重要湿地,云南丘北普者黑喀斯特国家湿地公园湿地保护与恢复工程(0.08公顷)

2. 森林与草原资源及保护

森林与草地是最大的陆地生态系统,在长江经济带发挥着独特的作用。长江经济带森林资源丰富,森林生态系统复杂。森林具有涵养水源、净化水质、保持水土、固碳释氧、吸霾滞尘、调节气候、美化环境、休闲游憩、健康养生等功能,是长江生态命运共同体的承载主体。武陵山地是我国乃至全球生物多样性最丰富的地区之一。长江经济带林地资源丰富,林地面积9559.44万公顷,森林面积8466.02万公顷,其中人工林面积2848.81万公顷,人工林占森林面积的33.6%。森林覆盖率38.19%,单位森林面积的森林蓄积量为62.7立方米。四川、湖南、云南是三个人工林面积最大的省份,而上海森林为100%的人工林,其次是江苏,安徽紧随其后。云南和四川两省同时也是人工林占比最高的省份,也是长江经济带上森林资源大省。国有天然林占比最高的是四川,超过六成的森林资源为国有天然林,其次是云南(占 32%)。天然林是生物多样性最为富集的森林生态系统,也是单位森林面积上森林蓄积量最高的森林类型。其中,四川省单位森林面积的森林蓄积量为 98 立方米/公顷,云南省为 88 立方米,最低的为上海(27 立方米)。四川、云南也面临着巨大的森林保护压力(表 2-4、图 2-1)。

表 2-4 长江经济带森林草地结构(2016)

	林地 (万 hm²)	森林面积 (万 hm²)	人工林 (万 hm²)	森林覆盖率 (%)	森林蓄积量 (万 m³)	草原 (千 hm²)
上海	7.73	6.81	6.81	10.74	186.35	73.30
江苏	178.70	162.10	156.82	15.80	6470.00	412.70
浙江	660.74	601.36	258.53	59.07	21679.75	3170.00
安徽	443.18	380.42	225.07	27.53	18074.85	1663.30
江西	1069.66	1001.81	338.60	60.01	40840.62	4442.70
湖北	849.85	713.86	194.85	38.40	28652.97	6352.00
湖南	1252.78	1011.94	474.61	47.77	33099.27	6372.70
重庆	406.28	316.44	92.55	38.43	14651.76	2158.70
四川	2328.26	1703.74	449.26	35.22	168000.04	20380.70
贵州	861.22	653.35	237.30	37.09	30076.43	4287.30
云南	1501.04	1914.19	414.11	50.03	169309.19	15308.70
合计	9559.44	8466.02	2848.81	38.19	531041.23	64622.1

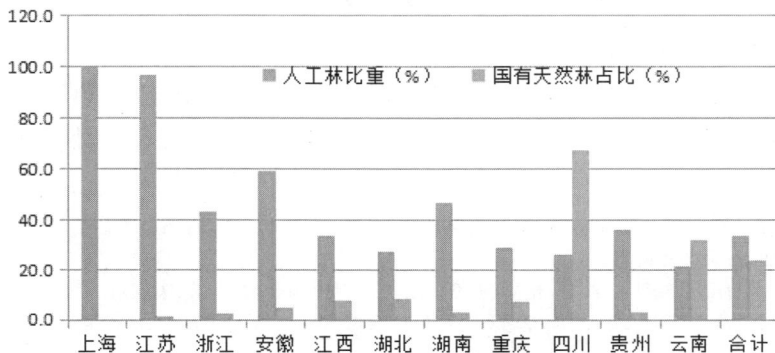

图 2-1 长江经济带各省人工林与国有天然林占比(2016)

　　草地资源在上中下游之间的分布不均衡,上游四省(市)草地资源最为富集,草地面积占长江经济带草地总面积的 65.5%;中游四省草地占比为29.1%;下游三省市占比只有 5.4%。在上游四省(市)中,四川为草地资源大省,四川草地面积占全国草地总面积的 31.5%,其次为云南省。草地生态系统是长江独特生态系统的重要组成部分,川滇两省草地资源大多分布在河源区,四川草地资源分布与生态保护红线区存在着地理空间上的高度耦合,具有极重要的水源涵养功能,是长江上游生态屏障建设的核心区和关键区域,对维护长江经济带生态安全发挥着重要作用。

　　在全国《林业发展十三五规划》中,长江经济带森林生态保护与建设由"青藏高原生态屏障区"①"川滇生态修复带②""长江(经济带)生态涵养带""沿海防护减灾带③"以及"丝绸之路生态修复带④"等组成,形成"双头"(青藏高原屏障区+川滇生态修复带)"一干"(长江生态涵养带)"一尾"(沿海防护减灾带)"两侧"(丝绸之路带、南方生态修复带)的生态保护网。

　　涉及这一区域的重点工程包括环太湖生态保护与修复、杭州湾生物多样性保护、钱塘江流域生态保护与修复、环巢湖生态保护与修复、环鄱阳湖生态保护与修复、武陵山区幕府山罗霄山生态保护与修复、三峡库区生态保护与修复、洞庭湖生态保护与修复、乌江流域生态保护与修复、嘉陵江流域生态保护与修复、雅砻江流域生态保护与修复、岷江—大渡河流域生态保护与修复、横断山地天然林与生物多样性保护、金沙江流域植物保护与恢复、高黎贡山生物多样性保护、长江口湿地保护(江苏南通市、上海部分地区)、神农架及秦巴山地生物多样性保护、韩江流域植被保护与恢复、大别山森林保护与修复、环洪泽湖生态保护与修复、淮河流域湿地生态保护与修复等。

　　其中,横断山区在长江上游生态保护中发挥着重要作用。横断山脉南北纵贯 900 余公里,是全球生物多样性热点地区,东西骈列,江河并流,山高谷

---

　　① 青藏高原生态屏障区的马尔康、壤塘、阿坝县、若尔盖县、红原县、炉霍县、甘孜县、德格县、白玉县、石渠县和色达县。

　　② 横断山区的理县、茂县、松潘、九寨沟县、金川县、小金、黑水县、康定市、泸定县、丹巴县、九龙县、雅江县、道孚县、新龙县、理塘县、巴塘县、乡城县、稻城县、得荣县、木里县。

　　③ 上海、江苏和浙江沿海地带。

　　④ 长江经济带 11 省市中涉及丝绸之路带的区域。

深,古冰川侵蚀与堆积地貌广布,重力作用致山崩、滑坡、泥石流乃至地震频发,水土流失严重,生态十分脆弱。横断山脉的重点保护内容是:全面保护自然生态系统和生物多样性,以自然修复为主,加强水土流失和石漠化综合治理。严格保护天然林和湿地,加强珍稀物种和生物多样性保护,建设大熊猫等国家公园,强化自然保护区、森林公园、湿地公园建设,提高重点物种栖息地质量;加快退耕还林,加大退化林分、退化湿地修复,增加自然生态资源总量,逐步形成功能稳定、类型齐全的高原生态系统;加强地质灾害损毁林地修复,实施林业治山;加强高山峡谷、高原湖泊和野生动物活动区的生态公共服务设施建设,推动生态体验;积极发展珍贵用材、特色林果、木本粮油基地和生态产业园区。

3. 自然保护分布与保护现状

长江经济带荟萃了数量丰富且等级高的各类自然保护区。有各类自然保护区 1096 个,占全国自然保护区总量的 39.9%;自然保护区面积达到 1790.2 万公顷,占全国自然保护区面积的 12.2%(自然保护区占长江经济带土地面积的 8.7%)。自然保护区面积最大的是四川省,保护区面积达到 829.9 万公顷,占四川省土地面积的 17.1%(接近各省平均水平的两倍),自然保护区面积占比最小的是浙江省(1.7%)(表 2-5)。四川省也是自然保护类型最多的省,除海洋以外的所有自然保护都可以在四川找到。四川虽然没有海洋类自然保护区,但有大量的高原湖泊、高寒草地、高寒湿地等特殊类型的生态系统以及以此为基础建设的自然保护区。四川还有面积最大的国家公园——大熊猫国家公园。

表 2-5　长江经济带各省市自然保护区与城市公园绿地(2016)

	自然保护区数量(个)	自然区(万公顷)	保护区面积占比(%)	公园面积(公顷)	人均公园绿地(平方米)	建成区绿化率(%)
上海	4	13.7	5.3	2655	7.83	38.6
江苏	31	53.6	3.8	29076	14.79	42.9
浙江	37	21.2	1.7	18213	13.17	41
安徽	106	51.3	3.7	12670	14.02	41.7
江西	200	122.6	7.3	9467	14.16	43.6

续表

	自然保护区 数量（个）	自然区 （万公顷）	保护区面积 占比（％）	公园面积 （公顷）	人均公园绿 地（平方米）	建成区绿 化率（％）
湖北	80	105.9	5.7	12890	10.99	37.6
湖南	128	131.5	6.2	11975	10.57	40.6
重庆	57	82.7	10	12620	16.86	40.8
四川	169	829.9	17.1	15762	12.47	39.9
贵州	124	89.5	5.1	7963	14.98	36.8
云南	160	288.3	7.3	8179	11.33	37.8

资料来源：据国家统计局网站2017年统计年鉴整理而成。

从自然保护区构成来看，草原草甸自然保护区全部集中在四川省，海洋海岸自然保护区集中在上海、江苏和浙江三省、市，其他各类自然保护区（森林生态、野生动物、野生植物、古生物遗迹、地质遗迹、内陆湿地）则相对均衡地分布在其他省市。上游地区县市级类自然保护区集中度偏高，县级类自然保护区最大的特点是缺乏相应的保护经费支撑，自然保护区的保护压力大。

4. 耕地资源与基本农田保护

耕地为极重要的生态用地，稻田还是季节性人工湿地。长江经济带是中华民族粮仓之地，分布着极为优质的耕地资源。长江经济带11省（市）耕地面积为4493.36万公顷，占全国耕地面积的33.3％，提供了23357.94万吨粮食①（占全国粮食产量的37.5％）和全国油料的44.6％。上游的成都平原、西昌平原与滇中平原，中游的皖江平原、两湖平原，下游长三角平原，均是全国极重要的优质耕地资源，是全国可持续农业的优先发展区和耕地保护区。从图2-2可见，耕地面积最主要集中在江苏、安徽、湖北、四川、云南、贵州等地，考虑到耕地质量和灌溉条件，优质耕地分布在江苏、安徽、湖北、四川、浙江、江西、湖南等为主的区域。

从第二次土地调查数据来看，25度以上坡耕地占各省耕地总面积的比重较高的区域集中在上游四省（市），其中重庆25度以上坡耕地占比为22.6％，贵州为17.9％，云南为14.54％，四川为7.32％。从25度以上坡耕地的总量

---

① 资料来源：根据长江经济带11个省市2017年国民经济与社会发展统计公报计算而来。

来看,面积最大为云南(90.76万公顷),其次为贵州(81.85万公顷),再次为重庆(55.1万公顷),四川位居第四(49.2万公顷),湖北25度以上坡耕地面积为30.76万公顷。25度以上坡耕地耕作,对长江经济带生态保护是严峻的挑战,引发的水土流失问题以及其他生态问题值得关注。同时,上游四省(市)15—25度坡耕地占比也相对偏高,均在20%以上,加上25度以上坡耕地占比,均超过30%(表2-6)。保护长江生态环境在上游四省市压力巨大。

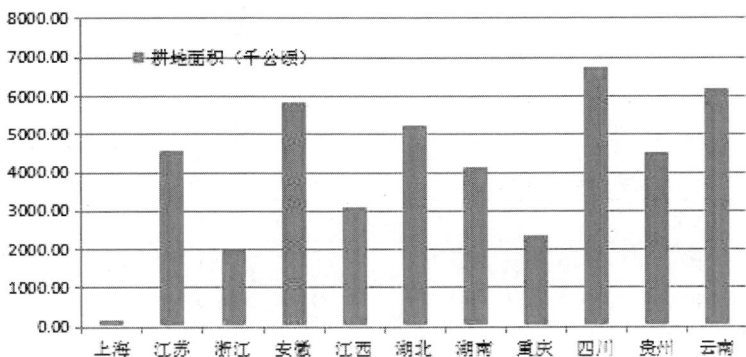

图2-2 长江经济带各省市的耕地面积(2016)

表2-6 长江经济带部分省份耕地质量分布(第二次土地调查数据)

	浙江	湖北	湖南	重庆	四川	贵州	云南
<2度(%)	57.93	52.83	35.88	3.2	10.83	5.1	14.83
2—6度(%)	11.85	18.74	26.19	12.1	16.46	12	11.2
6—15度(%)	13.69	13.77	28.08	34	44.45	35.6	29.05
15—25度(%)	13.34	8.88	8.9	28.1	20.94	29.4	30.38
≥25度(%)	3.19	5.78	1.0	22.6	7.32	17.9	14.54
<2度(万公顷)	115.8	281.2	148.17	7.9	72.8	23.0987	92.58
2—6度(万公顷)	23.53	99.77	108.3	29.4	110.6	54.5659	69.95
6—15度(万公顷)	27.2	73.32	116.11	82.9	298.7	162.5205	181.4
15—25度(万公顷)	26.51	47.25	36.78	68.5	140.7	134.216	189.7
≥25度(万公顷)	6.35	30.76	4.14	55.1	49.2	81.8507	90.76
合计(万公顷)	199.39	532.3	413.5	243.8	672	456.2518	624.39

将耕地资源与城镇化水平、人口迁移流动等进行比较后发现,除长三角地区人口城镇化水平接近或超过70%以外,其余各地人口城镇化均处于加速发展期,耕地资源面临着城镇建设占地的巨大压力。即使进入城镇化饱和期的长三角地区,同样也面临着人口流入带来的基础设施和公共服务需求压力,对耕地资源的挤占也不能忽略(表2-7)。

表2-7 长江经济带人口信息(2017)

	人口 (万)	城镇化率 (%)	老年抚养 比(%)	总抚养 比(%)	文盲率 (%)	农村居民 收入(元)	城镇居民 收入(元)
上海	2420	87.9*	16.76	29.26	3.11	25520.4	57691.7
江苏	7999	67.72*	18.56	37.43	5.81	17605.6	40151.6
浙江	5590	68.0	15.43	32.59	5.99	228866.1	47237.2
安徽	6196	53.5	16.15	40.85	6.81	11720.5	29156
江西	4592	54.6	13.87	44.55	4.83	12137.7	28673.3
湖北	5885	59.3	15.87	37.09	5.64	12750	29385.8
湖南	6822	54.62	17.01	43.04	3.39	11930.4	31283.9
重庆	3048	64.08	19.79	41.68	4.02	11548.8	29610
四川	8262	50.79	19.47	42.16	8.22	11203.1	28335
贵州	3555	46.02	14.13	46.83	11.86	8090.3	26742.6
云南	4771	46.69	11.62	38.71	8.83	9019.8	28610.6

注:* 为2016年数据。

资料来源:根据2017年长江经济带11个省市国民经济与社会发展统计公报计算、2017年《中国统计年鉴》计算。

二、面临主要挑战

《全国国土规划纲要(2016—2030年)》将长江经济带的生态环境问题归纳为:资源利用粗放,单位国内生产总值用水量和能耗等均高于世界平均水平。人均城镇工矿建设用地面积大,农村居民点人均占地浪费多。长三角地区,复合型大气污染严重,地面沉降和地裂缝等缓变性地质灾害不断加重,国土开发强度接近或超出资源环境承载能力;长江口、杭州湾等海域污染问题突出,滨海湿地不断减少,海洋生态功能退化,海洋生态服务能力减弱,赤潮、绿潮等海洋生态灾害频发;成渝地区的复合型大气污染问题开始显现,大气污染问题、水质问题增加;长江经济带中游地区则面临着湿地萎缩、河湖干涸、水土流失问题;长江上游地区表现为土地沙化、草原退化等问题;川滇山地、云贵高原、秦巴山地等,滑坡、崩塌、泥石流等突发性地质灾害高发频发。① 同时,农业、生态用地空间受到挤压,越是城镇化发展水平高、人口密度大、经济社会发展水平高的地区,生态用地空间越是承压,城镇、农业、生态空间矛盾越是加剧和突出;优质耕地分布与城镇化地区高度重叠,耕地保护压力持续增大;化肥农药等农业投入品过量所带来的土壤退化及水质净化功能下降;重化产业园区沿江布局引发的水环境污染;居民生活水平提高的升级消费触发的生态环境问题,包括跨区域旅游、城市污染的乡村转移等。

从长江经济带生态保护和环境治理的管理制度来看,存在着:一是开发管控不太到位,生态修复部分地区未达预期。例如,有的地方小水电过度、无序开发问题较突出,有的还形成了流域生态破坏;②有些开发区未经审批自行设立,有的开发区还与基本农田或者禁止开发区域重叠,有些开发区污水集中处理设施建设不到位;持续整治的5个国家重要湖泊2017年水质仍为IV类及以下。二是污染治理还存在一些薄弱环节。例如,跨区域、跨领域环境问题防控仍是难点,部分敏感区域的城镇污水处理厂未按要求在2017年底前达到一级A排放标准;个别城市垃圾填埋场或者焚烧厂超负荷运行,部分区域的危废处理能力接近或者已经达到饱和;有些地方危险废物和医疗废物储存、转运和处置不合规,甚至跨区域违规转运危废与固废垃圾;有些饮用水水源地一级保护区内存在违规建设项目,有些饮用水水源地水质超标;地下储油罐未完成防渗改造。三是部分生态环境保护资金和项目绩效不高。例如,部分项目未按期完成,造成资金大量结存,有的项目建成后未发挥预期效益等。③

---

① 参见《全国国土规划纲要(2016—2030年)》,资料来源:国土资源部网站2017年2月5日,http://landchina.mlr.gov.cn/tdgh1/201702/t20170205_6818302.htm。

② 截至2017年底,长江经济带有10个省份已建成小水电2.41万座,造成的负面影响表现为:1.建设密度过大;2.有的未经环评开工建设;3.有的在已划定的自然保护区内建设;4.有的生态流量未得到有效保障;5.减水脱流现象有所加剧,甚至造成了河流断流。

③ 《污染防治取得成效　生态修复未达预期》,《经济日报》2018年6月20日。

习近平总书记在武汉会议上指出,流域生态功能退化依然严重,长江"双肾"洞庭湖、鄱阳湖频频干旱见底,接近30%的重要湖库仍处于富营养化状态,长江生物完整性指数到了最差的"无鱼"等级。沿江产业发展惯性较大,污染物排放基数大,废水、化学需氧量、氨氮排放量分别占全国的43%、37%、43%。长江岸线、港口乱占滥用、占而不用、多占少用、粗放利用的问题仍然突出。流域环境风险隐患突出,长江经济带内30%的环境风险企业位于饮用水源地周边5公里范围内,生产区与储运区交替分布。干线港口危险化学品年吞吐量达1.7亿吨、超过250种,运输量仍以年均近10%的速度增长,危险化学品引发的环境风险和社会风险不容忽视。同时,出现了一些新问题,比如固体危废品跨区域违法倾倒呈多发态势,污染产业向中上游转移风险隐患加剧,等等。具体而言,长江经济带生态保护与修复面临的严峻挑战,深层次原因是长江流域不均衡不协调的表现。

1. 生态主体利益不协调

原环境保护部和国家发展改革委员会在《生态保护红线划定指南》中将生态空间定义为"具有自然属性、以提供生态服务或生态产品为主体功能的国土空间,包括森林、草原、湿地、河流、湖泊、滩涂、岸线、海洋、荒地、荒漠、戈壁、冰川、高山冻原、无居民海岛等"。各类生态空间的所有权、管控权、使用权等关系极为复杂,既有国家所有、集体所有还有个人所有,既归属林业、水利、城建、国土等不同部门管辖,又归属各经营管理主体使用(如农户、自然保护区、林场等),从生态空间中获取产品或服务呈现出不同的形态,有的侧重于市场导向型商品,有的侧重于自身需求类产品,有的侧重于娱乐价值类服务,还有的侧重于水源涵养等服务功能,有的产品可通过市场交易获得价值,有的满足自身需求而体现为使用价值,有的服务却不能通过市场获得价值体现。各生态主体对生态产品和服务的利用差异自然反映在认识上,体现在对生态空间的保护上认识不到位、需求不一致,以谋一己之利或一地之利,损流域之利或整体之利,或者将一地成本或一己成本转变为社会成本和整体成本。正如前述,生态产品和服务是人类从生态系统中得到的实物和服务,前者是看得见摸得着的,是可以市场化并带来眼前收益的;后者是难以量化的各类服务,如优良的水质、清新的空气、涵养的水源、美化的景观等。尽管生态产品和服务在多数情况下是一种共生关系,但也存在着矛盾,很多时候获得良好生态服务需让渡一部分实物产品的权益和承担一部分成本(如污染治理),进而带来发展空间的受限。因而,在产品与服务、发展权与保护权、治理成本与收益之间的权衡,是摆放在每个生态主体面前的选择。

企业、地方政府、个人(公民)、省级及以上政府,对生态产品的需求存在差异,权益与责任存着非均衡性和不协调性,局部的最优决策、个体的最优、省级层面的最优,在流域层面可能变现为相互冲突和不协调。以上下游关系来看,中下游地区更多希望上游地区生态空间以提供生态服务为主,以提供商品性生态产品为辅,希望上游地区出境断面的水质保持在Ⅱ类甚至更高,希望上游地区减少化肥农药的使用、减少各类坡耕地种植、控制重化工业的沿江布局等,但上游地区则希望尽可能多获取生态空间所提供的生态产品、尽可能利用生态空间资源来发展区域经济、形成区域优势产业、推动人口城镇化水平、改善区域基础设施、提升社会发展水平,上下游之间在生态空间的利用上不可避免地出现冲突,形成了主导利益的不一致。即使在一个省级或市级行政区域范围内,同样存在县级、乡级的行政管辖,同样存在不同主体对森林、草地、湿地、滩涂、岸线等的利益取向差异。靠近流域岸线的居民和各类实体凭借优先占用原则而利用岸线资源、滩涂资源、水资源以及坡地资源来满足自身最大效用。远离岸线的居民和各类实体,同样有对岸线、滩涂、水环境等的自身诉求。因而,长江经济带的生态保护与修复,不可避免地承受着主体利益不协调的压力和挑战。

正是各生态主体的利益不协调,因此化工产业围江的现状依然存在;土地复垦被有毒土壤覆盖的现象因央视媒体介入而整改;有毒污水直排长江支流被央视媒体曝光;长江经济带上持续治理的5个国家重要湖泊2017年的水质仍为Ⅳ类及以下,存在着总磷、总氮超标。长江水环境尤其是湖泊治理具有复杂性、长期性的特点,有的湖泊由于入湖污染物长期累积、污染源头控制不够坚决、湖体与支流统筹治理不到位等,污染负荷依然较大,水质没有明显改善。

2. 分段保护与治理不均衡

习近平总书记在武汉座谈会上的讲话指出,长江生态环境保护修复工作存在"谋一域"居多,"被动地"重点突破多;"谋全局"不足,"主动地"整体推进少。在生态保护与修复上，尽管已编制完成《长江经济带发展规划纲要》《长江经济带生态环境保护规划》《长江经济带综合立体交通走廊规划（2014—2020年）》以及《长江经济带生态修复与环境保护重大工程实施方案》和《长江竞技点绿色发展专项中央预算内投资管理暂行办法》等，各省以及市级层面也跟进出台了相应的生态环境保护规划、流域生态环境保护规划等，从制度层面和规划层面完善了长江经济带生态保护与修复的系统性、协调性，但是，长江经济带涉及11个省（市）、124个地级行政区、1076个县级行政区、17514个乡级行政区域，生态保护与修复规划、重大生态建设与环境保护项目等最终要落到县乡级层面，受制于县乡级发展水平和认识水平等，一个标准之下的保护与实施方案极可能在县级行政区域内出现不同的结果。而且，岸线、森林、湿地、河流、滩涂、耕地等分属于不同的部门管理，其项目实施涉及不同的部门利益，条条与块块、局部与全局、个体与社会等在此相碰，各主体从自身需求出发，着眼于区域和部门发展，缺乏从流域视角、从系统视角考虑。在部门上体现为"林业部门管林业、环保部门管环保、水利部门管水利"，在地方上体现为"江苏省管江苏省，四川省管四川省，湖南省管湖南省"。即使有统一规划也缺乏统一领导和统一实施，有统一领导也因地方利益主导而表面保护背地里破坏。然而，流域生态系统是一个整体，河流生态自净能力因人口逐级增加与区域经济发展叠加等而逐步降低甚至丧失，"水流三尺自然净"难觅，相反是水流三尺污染不断增加，上游排污，下游绝收；下游多次为上游污染埋单。2018年，安徽泄洪导致江苏洪泽湖万亩大闸蟹绝收。① 上游排污下游埋单；上游保护下游受益；各区域将化工企业、化工产业园布置在长江沿岸临界行政区，化工围江引发水环境问题较为严重。

　　生态环境保护总是与经济发展阶段相适应，经济社会发展水平差异决定了各区域生态环境保护意识和行动的不一致、不协调和非均衡。长江中下游地区、各城市群周边区域，经济和社会发展水平高，早已超越了生存发展阶段，从满足基本需求和发展需求，走向更高阶的休闲需求、高质量需求阶段，民众

---

① 《洪泽湖万亩大闸蟹被"淹死"？不妨再多些解释》，光明日报百家号，2018年9月7日，https://baijiahao.baidu.com/s?id=1610942805496128671&wfr=spider&for=pc。

的生态环境保护意识增强,地方政府财力雄厚,基本公共服务得到满足,具备了投资生态保护与修复的社会经济发展条件,这些地方政府的压力是民众对生态环境质量提升的需求压力。

相反,在上游地区的贫困山区,如凉山彝族地区、藏区、傈僳族、怒江州、黔东南等连片贫困地区,民众还处于温饱基本满足的生存阶段向居住改善的发展阶段转变,基本公共服务难以满足、就地就业无门而跨省转移、养老保障缺乏,地方政府面临着就业压力、发展压力、公共服务供给压力等,在保护生态和治理环境上,心有余而力不足。这些区域的绿水青山,还不能或者说完全转变为金山银山,还处在对资源的开发、对资金的渴求阶段,以资源换取投资、以土地换取发展的阶段,对环境的保护是有心而无力。上游地区设置了大量自然保护区,四川省自然保护区面积达到17%,但国家级自然保护区面积占比低,大量自然保护区属于省级及以下自然保护区,保护区资金来源缺乏保障,对保护区周边农户的发展支持力度小,但限制发展的举措却与国家级自然保护区一样。保护意识强,但保护成本无法得到体现。

3. 发展条件与基础不均衡

长江经济带11个省市横跨东、中、西三大经济带,经济社会发展条件差异巨大,一、二、三世界并存。从地形地貌、土地利用构成、耕地质量来看,上游云、贵、川、渝四省市,是以山地为主的区域,云贵高原、青藏高原东南缘、横断山区等,属于中国大地理阶梯的第一阶梯以及向第二阶梯的过渡地带,长江源头以及主要干支流的发源地、黄河的重要水源涵养地;中游的两湖平原和洞庭湖、鄱阳湖、巢湖以及大别山、武陵山区、罗霄山区等,既是水源区也是蓄洪区,地处第二阶梯;下游长三角地区,河网密布,自古即为鱼米之乡,发展条件优越。耕地质量、基本农田、建设用地等均集中于这些区域,发展优势突出。

从土地利用结构来看①,长江经济带11省(市)中,建设用地占比最高的为上海,占土地总面积的49%,位居第二位的江苏建设用地占土地面积的22.3%,安徽占14.3%,湖北占14.1%,浙江占12.8%;建设用地占比最低的是

---

① 从生态功能视角出发,一般将土地划分为农用地、建设用地和未利用土地三大类型。农用地由耕地、林地、园地、牧草地等组成,建设用地由居民点和工矿用地、交通用地等组成。

上游地区的云南、四川和贵州。从耕地占农用地的比重看,占比最高的是江苏(70.5%),上海第二(60.7%),安徽第三(52.7%),湖北、贵州和重庆在30%以上,湖南、浙江、江西在20%以上,四川和云南两省最低。耕地占农用地比重、建设用地占土地总面积的比重两个指标是衡量区域发展条件和发展水平的最直接指标。农用地和未利用土地资源则是衡量生态价值的重要指标,这两类土地占比越高,其生态功能越重要,在生态保护与修复中的角色也越突出(表2-8)。

表 2-8　长江经济带各省土地利用结构现状(2016)

(单位:千公顷;%)

	耕地面积 (千 hm²)	农地面积 (千 hm²)	建设用地面积 (千 hm²)	耕地占农地比 (%)	建设用地占比 (%)
上海	190.70	314	308.5	60.7	49.0
江苏	4571.10	6482.1	2291.9	70.5	22.3
浙江	1974.70	8598.8	1300.9	23.0	12.8
安徽	5867.50	11137.3	1998.7	52.7	14.3
江西	3082.20	14422.9	1289.5	21.4	7.7
湖北	5245.30	15747.5	2616.9	33.3	14.1
湖南	4148.70	18179.2	1637.1	22.8	7.7
重庆	2382.50	7065.1	675.7	33.7	8.2
四川	6732.90	42160.6	1835.1	16.0	3.8
贵州	4530.20	14743.1	704.2	30.7	4.0
云南	6207.80	32932.4	1087.3	18.9	2.8
合计	44933.60	171783.00	15746.10	26.2	7.7

再看农村居民人均可支配收入,同样反映着不均衡不协调。在11个省市中,上海市农村居民人均可支配收入是贵州省的3.13倍,是云南省的2.82倍,是四川省的2.27倍。农村农业问题是长江经济带生态环境保护的核心和关键问题。长江上中下游地区呈现出明显的差距,上游欠发达、下游较富足、中游居中,而生态保护重点区域则集中在上游地区和中游的长江"双肾"(洞庭湖和鄱阳湖)。在经济发展和环境质量的关系上,存在着著名的环境库兹涅茨倒"U"型曲线,下游的长三角处于环境库兹涅茨曲线的右侧,

上游则处于环境库兹涅茨曲线的左侧,还处于在追求发展而牺牲环境的阶段(图2-3)。

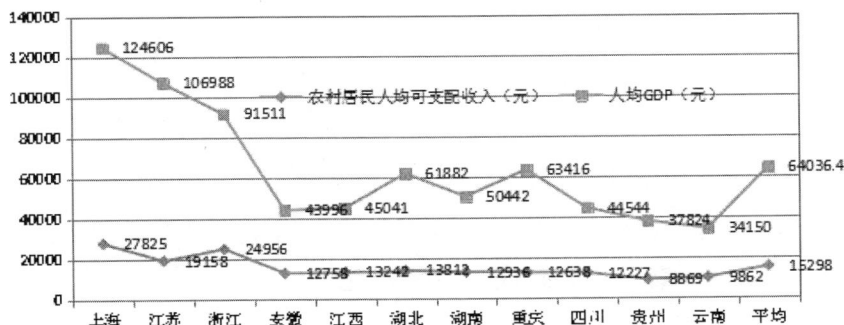

图 2-3 2017 年各省人均经济总量和农村居民可支配收入

人均经济总量极化现象更为明显。从 2017 年数据来看,最发达的上海人均经济总量达到了 124606 元(1.8 万美元),云南为 34150 元(5000 美元左右),前者是后者的 3.6 倍。人均经济总量高达 1.8 万美元的上海,有巨大的财力投身于生态环境保护和修复,域内生态保护与环境治理能力强,居民环保意识超前,对美好生活的向往已化为行动。而人均经济总量 5000 美元的云南和贵州以及占四川国土面积 50% 以上的甘孜阿坝凉山地区,大部分还处于求生存求发展阶段,既有追求美好生态环境的愿望,更有解决温饱和发展的迫切需求。而云、贵、川的相对贫困地区,恰恰又是长江干流以及主要支流的重要水源涵养区和重点生态功能区。回到单位土地面积的经济产出来看,同样是以上海为代表的长三角地区最高,以四川为代表的上游地区最低。单位土地面积经济总量极化现象更为突出,最高的上海与最低的云南相差 114 倍。上游地区在改善生态环境方面、在治理水环境污染方面,实施了最严格的保护措施,制定了最严格的保护规划,但发展与保护的矛盾依然十分突出。以四川境内人口密度最大的沱江流域为例,其森林覆盖率仅 6.1%,而其流域内有大、中型工厂多达千余座,水生态十分脆弱。近年来,沱江流域水环境质量不断下降。资阳市沱江段长 86.5 公里,河流水质达到或优于 III 类断面比例仅31.25%。总磷超标严重,90.9% 受污染断面存在总磷超标,畜禽养殖为化学需氧量、氨氮、总磷的首要来源,城镇生活源对化学需氧量、氨氮的贡献也大,农业种植和水产养殖源对总磷贡献居于第二位。① 为治理沱江水污染,水产养殖、畜禽养殖等受到严格限制,单位耕地面积化肥农药施用量逐年降低,为保护流域生态环境作出了巨大牺牲,但这种成本并未得到应有的合理补偿,发展空间严重缺失。

再从巩固脱贫成果的难度来看,在脱贫攻坚战中,三峡库区、中部蓄滞洪区以及七个曾经的集中连片特困地区脱贫攻坚任务繁重,流域生态保护与经济欠发达区域分布在地理空间上高度耦合。长江经济带上的"三区三州"深度贫困地区,全部集中在上游的川滇两省,包括四川、云南的两个藏族地区(甘孜藏族自治州、阿坝藏族羌族自治州),以及四川的凉山彝族自治州和云南的怒江傈僳族自治州,占了"三区三州"的三分之二。而且,四川凉山州是全国贫困程度最深、脱贫攻坚难度最大、返贫率最高的地区之一。长江经济带的经济欠发达地区与少数民族地区、革命老区、重点生态功能区在空间上高度重叠。到 2018 年底,贵州省尚有贫困人口 132 万人、云南省尚有 179 万人、四川尚有 70 余万人,三省合计贫困人口 381 万余人,约占全国 1660 万贫困人口的 23.0%。以四川为例,至 2018 年底已累计脱贫 550 余万贫困人口,剩下的 70 余万贫困人口、1782 个贫困村和 38 个贫困县都主要集中在藏区、彝区等深度贫困地区,巩固脱贫成果、强化生态保护、完善环境治理、推动社会经济发展等任务举措在此聚焦碰撞,使得上游地区生态环境保护面临严峻的发展挑战。

4. 生态补偿路径不协调

长江流域生态补偿路径依然是财政资金类纵向补偿,市场化补偿处于探索阶段,已有的横向补偿还是中央财政资金托底的小范围试点。生态保护的价值并未得到体现,长江干流的上中下游之间、各支流的上中下游之间,协调性、均衡性均未得到体现,上游保护所作出的发展损失未得到体现;下游获得的权益并没有通过合适的形式反哺到上游。四川省内三江生态补偿,虽然在 2014 年起步,但补偿的范围、补偿的资金等,均存在比较大的缺位。长江流域

---

① 《沱江流域水生态如何修复? 我省 6 市或将强强联手》,搜狐网,2018 年 1 月 29 日,https://www.sohu.com/a/219673697_355525。

横向生态补偿,也仅有 2011 年启动的新安江流域补偿,新近启动的赤水河流域生态补偿,市场化补偿还处于理论阶段。

(1)新安江流域补偿(安徽—浙江)

新安江位于浙江、安徽两省交界处,是钱塘江水系的正源和浙江省千岛湖的最大入户河流,新安江流域和千岛湖不仅是浙皖两省重要的饮用水源地,也是长三角地区战略地位举足轻重的生态安全屏障。2011 年 9 月,财政部、原环境保护部印发了《新安江流域水环境补偿试点实施方案》,跨省流域水环境补偿试点正式启动,已实施两轮(2012—2014 年;2015—2017 年)以街口断面水污染综合指数为上下游补偿依据,补偿资金额度为每年 5 亿元,其中中央财政出资 3 亿元,安徽、浙江两省分别出资 1 亿元(第二轮两省分别出资 2 亿元)。补偿资金专项用于新安江流域产业结构调整和产业布局优化、流域综合治理、水环境保护和水污染治理、生态保护等方面。

(2)赤水河流域(云南—贵州—四川)生态补偿

赤水河是国内唯一一条没有被污染的长江支流,总体上可达 Ⅱ 类水标准;赤水河还是长江上游唯一一条在主干流上未进行水电开发以及成立了珍稀、特有鱼类自然保护区的河流,有国家自然保护区 4 个;赤水河同时是国酒茅台等企业的水源地,也是郎酒、习酒等白酒知名品牌的水源地;赤水河流域生态文化独特,有赤水丹霞和海龙囤土司世界自然文化双遗产,有红军四渡赤水、娄山关等红色文化遗址。四川、贵州和云南三省人民政府每年共同出资 2 亿元设立赤水河流域水环境横向补偿资金,三省的出资比例为 4∶5∶1,分配比例为 3∶4∶3。

可见,横向补偿体系的建立也是集中在中央财政资金的引导之下的,缺乏中央财政资金引导,各地很难协调建立起相应的补偿资金。

针对重点生态功能区县的财政转移支付也形成了客观上的均衡化趋向。从重点生态功能区县的分布来看(图 2-4),除上海和江苏两省市外的其余 9 个省市都有国家重点生态功能区县(市),数量最多的是四川(56 个),其次是湖南(43 个),排名第三的是云南(38 个),最少的是重庆(10 个)。对于重点生态功能区县,不仅取消 GDP 考核,而且国家根据重点生态功能区县环境质量指数(EI)给予财政专项转移支付,用于重点生态功能区县的生态环境保

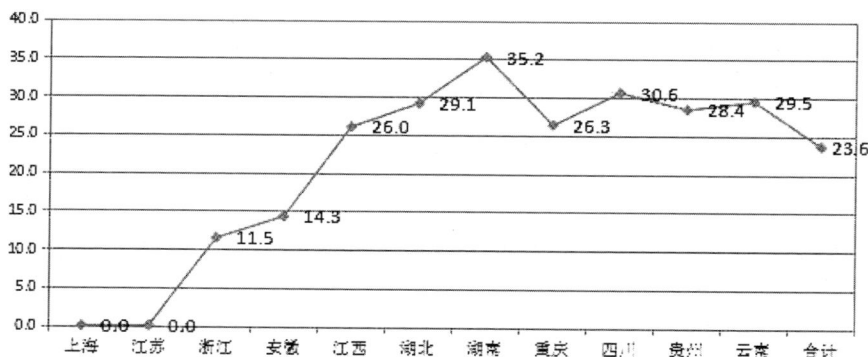

图 2-4　长江经济带重点生态功能区县占比（单位：%）

护、社会发展等。重点生态功能区县是根据主体功能区规划而确立的,最早的重点生态功能区县均分布在 25 个国家重点生态功能区,2016 年新设立的重点生态功能区县大多位于重要水源地的县,长江经济带新设立的重点生态功能区县有 109 个,包括了浙江省的 11 个县,兼顾了上中下游地区,长江干流、河湖区以及水土流失治理等,还是一种依托中央财政的转移支付方式。即使这样,重点生态功能区县最多的四川,获得的财政转移支付也并不占优势(其绝对值甚至低于江西、贵州和云南三省),单位重点生态功能区县获得的转移支付额度是长江经济带上最低的(图 2-5)。然而,四川在长江经济带生态安全方面却具有举足轻重的地位,重点生态功能区面积最大、自然保护区面积占总面积的比例最高(四川省自然保护区面积占长江经济带自然保护区面积的 46.6%),是上游生态屏障的核心区域和控制性区域。以 2018 年重点生态功能区转移支付为例,四川作为面积最大、自然保护区面积最大和占比最高、重点生态功能区县数量最多、户籍人口和常住人口最多的省份,获得的生态功能区转移支付反而不如江西、云南和贵州。四川为保护一江清水而作出了巨大的牺牲,但四川获得的资金支持却是相对较低的。

5. 生态保护政策不协调

长江拥有独特的生态系统,是我国重要的生态宝库。当前和今后相当长一个时期,要把修复长江生态环境摆在压倒性位置,共抓大保护,不搞大开发。要把实施重大生态修复工程作为推动长江经济带发展项目的优先选项,实施

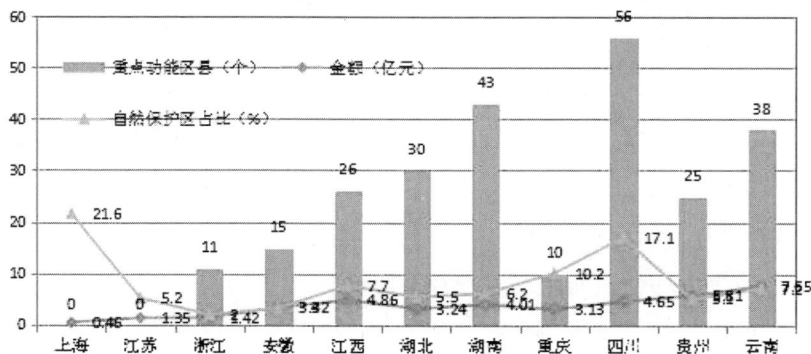

图 2-5 长江经济带重点生态功能区县分布与转移支付信息

好长江防护林体系建设、水土流失及岩溶地区石漠化治理、退耕还林还草、水土保持、河湖和湿地生态保护修复等工程,增强水源涵养、水土保持等生态功能①……推动长江经济带发展,前提是坚持生态优先,把修复长江生态环境摆在压倒性位置,逐步解决长江生态环境透支问题。这就要从生态系统整体性和长江流域系统性着眼,统筹山水林田湖草等生态要素,实施好生态修复和环境保护工程。要坚持整体推进,增强各项措施的关联性和耦合性,防止畸重畸轻、单兵突进、顾此失彼。要坚持重点突破,在整体推进的基础上抓主要矛盾和矛盾的主要方面,采取有针对性的具体措施,努力做到全局和局部相配套、治本和治标相结合、渐进和突破相衔接,实现整体推进和重点突破相统一。②

　　长江流域在中国生态安全系统中起着重要作用,其生态承载力是长江经济带发展的前置约束条件,要将长江流域的生态保护放在突出地位,融入各项建设的全过程。通过立规矩,倒逼产业转型升级,在坚持生态保护的前提下,发展适合的产业,实现科学发展、有序发展、高质量发展。长江经济带生态保护修复奖励政策是其中的重要组成部分,鼓励流域内上下游相邻省份及省域内市县建立流域横向生态保护补偿机制,织牢流域生态安全网络,加快落实相关规划确定的保护和治理任务,促进长江大保护格局加快形成。在奖励资金

---

　　① 参见《习近平在推动长江经济带发展座谈会上强调　走生态优生绿色发展之路　让中华民族母亲河永葆生机活力》,《人民日报》2016 年 1 月 8 日。

　　② 参见习近平:《在深入推动长江经济带发展座谈会上的讲话》,《求是》2019 年第 17 期。

安排上,2017年至2020年,中央财政通过水污染防治专项资金安排180亿元,其中2017年已预拨30亿元,计划2018—2020年三年共安排150亿元。①2018年2月7日,财政部、环境保护部、发展改革委、水利部在重庆市联合召开长江经济带生态保护修复暨推动建立流域横向生态补偿机制工作会议。会上,云南、贵州、四川三省签订了赤水河流域横向生态保护补偿协议。江苏省无锡市和常州市,浙江省开化县和常山县,重庆市永川区、璧山区和江津区分别签署了跨界水环境横向生态保护补偿协议。

生态保护与修复应根据"宜林则林、宜草则草、宜荒则荒、宜湿则湿",同时也应该强调宜耕则耕。但实际情况却是,大量耕地被园林花卉所取代,优质耕地不生产粮食而代之以生产景观树种、绿化树种。另外,在耕地占补平衡之下,在欠发达地区开垦山坡地种粮食,在滩涂盐碱地种水稻,基本农田上山现象有所增加。耕地园林化,耕地不种水稻等传统农作物而栽种园林景观树种;农户不再是农户而是居住在农村的居民。农村居民和城镇居民,生活形态一样而居住形态不同。土地错位现象比较明显,土地用途管制在部分区域名存实亡;耕地变园地和林地,而原本适合栽树的地方采用土地整理等方法变为耕地。一方面,天然湿地遭到围垦,大面积湿地萎缩;另一方面,大量优质耕地被淹没,诞生了一个一个新的人工湖泊,土地功能错位明显。

6. 沿江产业布局不合理

长江经济带既有电子信息、高端装备制造、汽车、家电、纺织、新能源、港航物流、信息服务、旅游休闲以及特色农业产业集群,沿江还分布有大量重化工产业,形成"化工围江"并对长江经济带生态环境持续产生压力。表2-9是根据中国统计年鉴(2018)电子版整理而成的主要化工产品产量及在全国同类产品产量中总的比重。表2-9选择的主要化工产品有硫酸、烧碱、纯碱、乙烯、化肥、农药、塑料和化学纤维8类。在这8类产品中,长江经济带11省(市)的化学纤维产量占全国的77.68%,化学农药原药占全国的76.57%,硫酸占全国的65.46%。这几种化工产品均是耗水较大且对环境有一定风险的

---

① 参见《中央财政将奖励180亿元"共抓"长江经济带生态保护修复机制建设》,新华网,2018年2月2日,http://www.xinhuanet.com/2018-02/02/c_1122361523.htm。

产业。这三大类产品主要集中在江苏、浙江、湖北、云南、贵州,横贯长江经济带的上中游地区。此外,江苏是长江经济带上名副其实的化工产品大省,烧碱、纯碱、农药、化肥、塑料五大类产品产量位居第一,化学纤维位居第二;浙江的化学纤维产量第一,烧碱第二(仅次于江苏),乙烯第三;上海乙烯产量位居第一,江苏第二,浙江第三,湖北第四;湖北烧碱和化肥产量名列经济带第一位;云南是长江经济带上的硫酸生产大省,其次是湖北,贵州第三;四川尽管是人口大省和农业大省,但四川在化肥、农药等相关化工产品生产量上均处于相对较低的位置(表2-9)。

表 2-9　长江经济带主要化工产品产量(2017)

(单位:万吨)

	硫酸	烧碱	纯碱	乙烯	农用氮磷钾化肥	化学农药原药	初级形态的塑料	化学纤维
全国	9212.92	3329.17	2767.14	1821.84	5891.71	250.74	8458.08	4877.05
上海	19.02	74.45	—	201.2	1.86	0.63	364.03	43.45
江苏	383.23	364.8	456.23	145.3	164.7	117.8	1175.39	1425.33
浙江	267.31	188.83	32.28	144.24	19.89	21.18	896.29	2055.37
安徽	583.07	78.31	86.55	—	214.12	9.31	137.35	38.98
江西	272.6	34.77	—		23.34	3.54	25.46	46.33
湖北	1289.46	79.73	155.64	86.7	717.09	17.98	191.86	27.64
湖南	195.88	42.79	30.25		62.86	4.9	48.4	8.2
重庆	185.64	34.01	97.25		150.44	2.01	38.89	8.29
四川	631.87	92.74	124.15		417.13	14.28	232.58	126.47
贵州	829.56	—	—		556.32	0.34	8.82	2.41
云南	1373.13	23.61	10.2	—	291.77	0.01	23.43	6.15
合计	6030.77	1014.04	992.55	577.44	2619.52	191.98	3142.5	3788.62
占比(%)	65.46	30.46	35.87	31.70	44.46	76.57	37.15	77.68

资料来源:根据《中国统计年鉴2018》(电子版)相关表格整理而成。

　　因而,占全国土地面积21%的长江经济带,废水排放总量占全国的40%以上,单位面积化学需氧量、氨氮、二氧化硫、氮氧化物、挥发性有机物排放强度是全国平均水平的1.5—2.0倍,这与长江经济带8大类化工产品在全国的占比密不可分。化工产品的生产原料堆放场对生态环境也形成持续的压力。据中央第五生态环境保护督察组通报,四川省绵阳市安州区干河子流域现有磷酸氢钙生产企业 4 家,至 2014 年底共堆存磷石膏约 260 万吨,全部露天堆放于干河子两岸。部分磷石膏堆场"三防"措施不到位,对长江二级支流干河子水体造成严重污染。督察组通报,根据监测数据显示,2018 年 1—9月,干河子沿岸磷石膏堆场周边地下水和地表水总磷普遍超标,氟化物也不同程度地存在超标情况,其中,2018 年 3 月地下水总磷浓度最高超标 11.1 倍,2018 年 9 月地下水氟化物浓度最高超标 1.45 倍。干河子两河口出境断面综合水质类别 2016 年为Ⅲ类,2017 年下降为Ⅳ类,2018 年 1—9 月下降为劣Ⅴ类,水质持续恶化。在江苏,中央第四生态环境保护督察组也通报,苏州张家港市沙钢集团长期累积的百万吨钢渣等工业固废随意堆放在长江岸边,污染周边土壤和水体,威胁长江水生态环境安全。

据统计,长江沿线共布局化工园区 62 个,正在建设或规划的化工园区有20 多个,生产和运输的危化品种类多达 250 余种。沿江分布的涉危险化学品企业以江苏最多,浙江次之。涉危化品码头、船舶数量多、分布广,仅重庆至安徽段危险化学品码头就接近 300 个。其结果是,2006 年到 2015 年,长江经济带 11 省(市)共发生突发环境事件 3139 起,约占全国总数的 60%,其中,上海、江苏、浙江三个省、市的突发环境事件数量占整个长江经济带事件总数的80% 以上。①

长江是中华民族的母亲河,拥有独特的生态系统,是我国重要的生态宝库。长江经济带还是全国经济最活跃和最有活力的区域,是中国经济的金腰带。占全国 21% 的土地面积,生活着全国总人口的 42.9%,经济总量占全国的 43.8%,地方一般公共预算收入占全国的 44.1%,出口总额占全国的46.7%,生产了全国 35.7% 的谷物、43.6% 的油料和 45.7% 的汽车,客运量占全国的 50.3%②。但是,长期高强度的开发已让长江母亲河不堪重负,长江经

---

① 《"化工围江"致长江生态环境风险加剧,沿江各地严控重化工》,《第一财经》2019 年 1月刊。

② 参见《中国统计年鉴 2018》(电子版),国家统计局网站,2018 年,http://www.stats.gov.cn/tjsj/ndsj/2018/indexch.htm。

济带单位化学需氧量、氨氮、二氧化硫、氮氧化物、挥发性有机物排放强度等方面也高于全国平均水平。

长江经济带协调性均衡性发展是长江经济带建设"共抓大保护，不搞大开发"的重要内容。但长江经济带生态环境保护依然面临着生态主体利益不协调、分段保护与治理不均衡、发展条件与基础不均衡、生态补偿路径不协调、生态保护政策不协调以及沿江产业布局不合理等问题。保护长江独特生态系统，要把修复长江生态环境摆在压倒性位置，用改革创新的办法抓长江生态保护。

第九章 长江经济带生态保护 修复的总体战略

协调性均衡推动长江经济带生态环境的保护与修复,必须充分认识长江经济带的水情区情,综合评估长江经济带生态环境质量、状况、制度建设、生态安全等方面的情况,厘清长江经济带生态环境保护与修复的制约因素,把握"生态优先、绿色发展"的总体思路,对整个长江经济带统筹考虑,协调性均衡推进长江经济带生态环境高质量发展,开展全流域生态共商、共治、共建、共享,形成生态协同的战略新格局。

一、长江经济带生态保护与修复的战略 研判面临历史性变革

目前,我国水、大气、土壤等资源环境承载力正濒临上限,《最严格水资源管理制度》①实施后,水资源管控"三条红线"②正式划定,我国水环境"硬约束"时代已经到来。长江经济带是我国最典型的流域经济带,长江为数以亿计的人口和经济发展提供水源、灌溉、发电、航运、防洪、抗旱、旅游、生态方面的便利,而广大的经济社会则依托这些支撑本地区的特色区位和资源禀赋,用强大的行政力量和市场功能,在沿江、沿湖、沿海流域开发资源、聚集人口、建设城市和产业、繁荣文化和科教。但矛盾也在发展中不断积累。当下,长江经

---

① 此处特指 2012 年 1 月颁布的国办发〔2012〕3 号文件,即《关于实行最严格水资源管理制度的意见》。

② 三条红线:水资源开发利用控制红线、用水效率控制红线、水功能区限制纳污红线。

济带推进生态环境保护与修复,其突出症结在于经济社会快速发展对良好生态的需求不断增长,而同时却忽视了生态供给。长江经济带生态供需关系、生态建设目标以及生态环境与经济社会间的关系将面临历史性变革,流域发展的拐点已然临近。

一是生态供需关系面临历史性转变,人民日益增长的生态需求与生态供给的不平衡、不充分之间的矛盾成为主线,一方面是长期追求区域经济总体规模,忽视流域生态价值,导致生态建设整体不充分;另一方面是流域经济快速发展后,人民对生态环境提出了更高要求,但流域内各区生态水平参差不齐,生态环境问题也呈区域化态势,导致区域生态供需不平衡。

二是生态建设的总体目标面临历史性转变,从改善生态环境质量转变为追求全流域高质量发展。这种高质量发展,不仅是能增进人民福祉的高标准生态水平,更是能支撑经济发展的高效率生态体制。

三是生态环境与经济社会间的关系面临历史性转变。从生态对经济发展的软约束转变为硬约束,这种硬约束不仅包括对流域产业发展、城镇体系和人口集聚规模的限制,更细化到对政府领导干部离任审计、企业生态建设责任、公众监督与参与等各个方面的规定。

二、长江经济带生态保护与修复的基本思路

基于上述战略研判,结合习近平总书记对长江经济带生态保护提出的要求和指示精神,我们认为长江经济带生态保护与修复的指导思想应当重新调整,朝着全面化、优先化、系统化要求迈进;长江经济带生态保护与修复的核心理念应当重新塑造,必须更加注重保护与修复、管控与规划、流域与政区、水域与陆域等协调关系;长江经济带生态保护与修复的总体思路也当重新架构,从多元共商、生态共治、全域共建、发展共享等多个角度出发,推进形成全流域协同的战略新格局。

1. 指导思想

习近平总书记在武汉座谈会上的讲话指出,推动长江经济带发展必须从中华民族长远利益考虑,把修复长江生态环境摆在压倒性位置,共抓大保护、

不搞大开发,努力把长江经济带建设成为生态更优美、交通更顺畅、经济更协调、市场更统一、机制更科学的黄金经济带,探索出一条生态优先、绿色发展的新路子。① 在庆祝改革开放 40 周年大会上,习近平总书记进一步强调,要加强生态文明建设,牢固树立绿水青山就是金山银山的理念,形成绿色发展方式和生活方式,把我们伟大祖国建设得更加美丽,让人民生活在天更蓝、山更绿、水更清的优美环境之中。② 因此,在面临长江经济带生态供需关系的三个转变时,生态保护与修复的指导思想也随之发生变化,具体来说有三个方面:

一是"全面化"。全面化是指将生态建设的理念由生态环境领域拓展到经济社会的方方面面,是从改善生态环境质量转变为追求全流域高质量发展。这种高质量发展,不是单纯解决环境问题,更不是在经济发展方面不作为,它不仅仅代表着能增进人民福祉的高标准生态水平,更是能支撑经济发展的高效率生态体制。

二是"优先化"。优先化是指对于生态环境问题由"事后处理"变为"事先预防",更加强调构筑尊崇自然、绿色发展的生态保护体系,把保护和修复长江生态环境摆在首要位置,把长江经济带建设成为我国生态文明建设的先行示范带,有效推动区域经济更有效率、更加公平、更可持续地发展,更好实现区域经济、人口、生态空间均衡。

三是"系统化"。系统化是指从碎片化的局部治理转变为全域统筹的系统治理,即在生态文明理念指引下对生产方式、生活方式以及社会发展方式进行系统性变革,不仅要开展重大生态保护和修复工程,更强调建立有效的生态文明制度体系;不仅要实施流域水环境综合治理,更要求各部门、各主体积极参与,共同建设和保护流域美好生态。

2. 核心理念

一是保护与修复相协调。坚持在保护中修复,在修复中优化,以水定产、以水定城,加强重大规划和建设项目水资源论证,引导产业合理布局,根据区域水资源、土地、气候等要素确定生态环境容量,因地制宜设定产业、人口、生

---

① 参见习近平:《在深入推动长江经济带发展座谈会上的讲话》,《求是》2019 年第 17 期。
② 参见习近平:《在庆祝改革开放 40 周年大会上的讲话》,《求是》2018 年第 24 期。

态政策,减弱人口活动对生态的影响,从而逐渐恢复流域生态系统的自我修复能力。坚持以修复促保护,以保护谋发展,即把修复长江生态环境摆在压倒性位置,把实施重大生态修复工程作为推动长江经济带发展项目的优先选项。在生态环境许可范围内发展,保障生态可以为经济社会提供承载,特别是在长江经济带的建设中,必须牢固树立维护生态健康就是筑牢流域经济发展保障的理念,使绿水青山不仅能产生生态效益,还可带来巨大的经济和社会效益。

二是管控与规划相协调。坚持规划引导,从局部规划向系统规划转变,从水利、环保、国土等多方面入手,统筹规划流域水安全、水生态、水环境等重大问题;从区域分割向流域统筹转变,协调好上下游、政区间、左右岸等众多利益关系,促进流域与区域协同发展。坚持红线管控,从供水管理向需水管理转变,充分考虑经济社会各方面发展需求,合理规划水资源用途,强化水资源使用管理;从粗放用水向节水减排转变,积极转变发展方式和用水方式,提高水资源利用效率,强化水资源再生回用。

三是流域与政区相均衡。政区发展应树立"绿水青山就是金山银山"的生态文明理念,以水定产、以水定地、以水定城,加快建设资源节约型、环境友好型社会,坚定走生产发展、生活富裕、生态良好的可持续发展之路。流域治理须尊重自然规律,树立活水理念,保障水生态系统的自然流动和循环,大力开展生态修复和环境治理,恢复流域自然风貌,促进人与自然和谐相处,保障人水、人地等关系和谐,从根本上改善人与自然争夺发展空间的局面,寻求自然资源保护与人类对资源的永续利用的平衡。

四是水域与陆域相均衡。陆域开发不应影响水生态环境,必须大力截污减排,实施严格的污水排放监控管理制度;优化沿江城镇、企业布局,提高再生水回收利用能力;有序填海造陆,停止填湖造陆,合理开发岸线资源;建立各部门协调的管理机制,统筹处理涉及水陆关系的重大问题。水域开发应把握空间均衡尺度,水岸一体,上中下游联动,妥善协调好流域邻里关系,上游应着力抓好生态屏障建设,系统推进长江上游自然生态保护修复,大力发展特色生态产业,推动生态资源向绿色增长、绿色财富转化。中下游因地制宜推进防洪体系建设,强化江河湖库、主干支流水系连通。河口地区应注意协调好河海关系,注重资源合理有序开发,强化流域要素整合能力和经济辐射带动能力。

3. 战略布局

强调长江经济带经济—社会—自然的系统耦合,实现各区域各主体的利益协同,推动均衡性协调发展,开展共商、共治、共建、共享的"四维联动"。

一是多元共商。多元共商旨在解决生态保护的协同基础问题,流域参与者以危机"共患"为基础推进流域"共商"。"共商"的核心是在流域内确立一种新机制,让这些参与者共同规划未来可能的发展方向,商讨潜在的发展代价和统一的发展目标。只有当发展的方向、成本、思路是共同商讨的结果时,才能凝聚为一种共识和拧成一股力量,向着共同的发展目标挺进。具体可从政府—市场—公众三元协调入手,通过强化政府顶层设计,明确企业的生态建设主体责任,完善生态建设投融资机制,建立公众有效参与和监督的管理机制,建立以流域利益共同体为基础的生态问题协调框架。

二是生态共治。生态共治旨在解决生态修复的协同机制问题,流域利益相关者以机制"共融"为基础推进生态"共治"。"共治"不是在破解流域中的"大城市病",更不是上中下游的局部命题,而是必须站在千年大计、泽被子孙万代的高度,打造全域人口经济密集地区生态资源环境协调发展新模式。具体可从禁止—修复—提升多措均衡入手,全面建立流域生态红线管理体制,加强生态环境修复,增加生态产品多样化供给,优化提升生态服务价值和生态服务功能,形成系统化的流域生态问题解决方案。

三是全域共建。全域共建旨在解决生态修复的空间协同问题,流域责任相关者以成本"共担"为基础推进全域"共建"。"共建"的核心在于,如何促进流域中各政区以自身拥有的丰富资源推动全域的生态建设,促进流域与政区的生态价值和经济价值共同实现。具体可从流域—政区—保护区点面联动入手,以长江水情为基础建立特色化的流域发展管理机构,以跨政区断面为纽带建立区域性水生态协调机制,以重点保护区为单元树立流域生态环境典范,形成点面联动的绿色生态廊道。

四是发展共享。全域共建旨在解决生态保护的利益协同问题,流域命运相关者以"共赢"为基础推进发展"共享"。"共享"的核心在于,推进经济—生态—民生系统融合共享,充分识别流域经济、生态、社会要素,分析三者的耦合和互动关系,建立融合共享的流域绿色发展体系。要让流域人民群众享受到更多的发展成果,把"改善民生,发展民生"作为长江经济带生态环境保护与修复的主要目标和重要支撑。强调民生发展的时代特征,扩充民生建设内涵,以长江干流和主要支流为基本单元,以"绿色生活"为核心理念,在提高物质生活水平的同时,建设天蓝、地绿、水净的美好家园。坚持发展成果由人民共享,按照人人参与、人人尽力、人人享有的要求,注重民生发展的机会公平和结果公平,促进全体人民共同迈入全面小康社会。

三、长江经济带生态保护与修复的总体目标

1. 利益共同体

构建长江经济带生态利益共同体,就是在共同的价值取向下把人类的特殊利益和河流的共同利益结合起来,将社会发展的短期利益和河流生态系统的长远利益结合起来,尊重河流的自然规律,保护河流的完整生态,促进人类社会与河流生态系统的可持续发展。长江经济带利益共同体长期被忽视,根本源于流域管理决策权集中于政府,决策过程不够透明,决策结果难以顾及公众,一旦引发负外部性问题损失最严重的却是公众利益。而政府对流域资源开发无序造成的利益分配失调和社会责任缺失,究其根本是资源开发的负外部性问题,这可以从两个层面来解释:中观层面,对整个流域有负外部性影响,例如局部水电开发会破坏流域整体性,导致流域整体的运输、生态等功能受损;微观层面,对利益相关者有负外部性影响,公众是流域开发的参与者也是利益相关者,无序开发行为导致其原有资源被占用或灭失,而又缺乏合理的补偿。构建长江经济带利益共同体,必须强调河流与自然、人类和社会的整体性、连通性、多样性和共存性,从维护人类利益和河流利益的生态视野出发,联合流域内各地区建立广泛、多层次、多形式的互动合作机制,明确不同层级、不同群体的利益主体权利,围绕长江生态资源形成协同开发的新模式新体制,促进流域经济、政治、文化、生态协同发展,这是实现流域可持续发展的基础保障。

2. 责任共同体

构建长江经济带生态责任共同体,就是在共同的建设任务下把不同的区

域与部门联结起来,一起承担长江干支流、上下游、左右岸的生态保护、防治、改善、修复任务,携手提升山水林田湖草的生态涵养水平。河流的流动性决定了流域资源开发利用的"公有悲剧"性特点①,如流域内渔业资源属公有,上游过度捕捞则下游渔业发展乏力。长江生态环境问题具有全流域连贯、各政区衔接的特点,无法严格区分各政区责任,流域内任一区域的生态破坏将导致全流域河流生态系统的脆弱与恶化。我们当下将大部分精力集中在陆域和水域的基础设施建设上,忽视了水域的生态治理和生物恢复,更忽视了人类的责任担当,将河流本身的生态系统作为水资源直接加以利用,有意无意地弱化它最重要的生态功能,忽视它本身的生命特征,必将引发严重后果。构建长江经济带生态保护的责任共同体,尊重河流自然性、保障河流的生命空间,是实现流域可持续发展的关键环节。

3. 命运共同体

构建长江经济带生态命运共同体,就是在共同的发展使命下把不同的流域主体团结起来,携手建设生态优先绿色发展的长江经济带,提升全流域人民的获得感、幸福感和安全感。党的十九大报告对人类命运共同体的内涵做了明确阐述,就是建设"持久和平、普遍安全、共同繁荣、开放包容、清洁美丽"②的世界;其价值追求是实现人类利益相互融合、命运相互关联,推动各国共同发展、互利共享,坚持各国相互尊重、平等相待,促进人类文化兼容并蓄、共同繁荣、开放包容、清洁美丽;其价值追求是实现人类利益相互融合、命运相互关联,推动各国共同发展、互利共享,坚持各国相互尊重、平等相待,促进人类文化兼容并蓄、交流互鉴,保证人类生存发展环境全面改善、越来越好。具体到长江经济带的命运共同体构建中,需以流域责任共同体的完善为基础,以流域经济利益、生态利益、政治利益、安全利益和文化利益等共同体建设为目标,以推动全流域人类社会共同发展为最终目的,把维护流域生态系统可持续性作为各主体利益追求的基本约束,形成不同的价值理念可兼容、不同群体的利益

---

① 耿金:《构建人类命运共同体 共谋全球生态文明》,《中国社会科学报》2018 年 7 月 11 日。

② 参见习近平:《决胜全面建成小康社会 夺取新时代中国特色社会主义伟大胜利——在中国共产党第十九次全国代表大会上的报告》,人民出版社 2017 年版,第 58 页。

需求可兼顾、利益主体的生态责任和权利更明确,各地区各民族人民参与更积极的流域一体化状态,这是实现流域可持续发展的最终归宿。

四、长江经济带生态保护与修复的实施路径

1. 多元共商:实施以"协同联动"为核心的流域管理体系

(1)建立高层次的长江流域综合管理、协调、组织实施机构

明确组成部门的主要任务和职责,强化流域管理部门的综合协调职能,形成上中下游区域联动的环境保护工作格局;在长江经济带城市群内部深入推进生态环境保护一体化建设,深入推进城市群生态环境规划、环境保护设施、环境监测布局、管理监督机制、景观生态格局和环保产业发展的一体化;在长江经济带建立多层级的协商对话机制,每年定期针对该流域在生态文明建设中的重大问题进行讨论协商,达成共识;以生态建设和江河湖泊治理为重点,建立完善的联动机制,以鄱阳湖、洞庭湖、长江沿线地区为重点,对防洪大堤加固、水资源综合利用和水污染综合治理、水环境生态修复和重污染天气应急处置等环境治理难点问题开展合作协商,共同提升流域环境保护管理水平。借鉴国际先进经验,推动水利部、环保部等设立水污染防治大区和驻市代表,解决监督和政策执行断层问题。理顺层次责任,建立地方行政长官环保责任制,核定本区域的环境承载能力,制定符合本区域的政策和能源战略。加快坚持推进"放、管、服"改革,实施简政放权,加强对市场和社会的监管,根据流域经济特色提供更加优质的公共服务产品,持续推动政府职能转变和释放发展潜能。

(2)建立政府—市场—社会共同参与的合作机制

一是政府顶层设计。调整城市建设和产业发展思路,以水定产、以水定城。我们一直在批评北方城市的集中化,但却犯了相同的错误,近年来长江流域人口、产业规模迅速扩大,城市和工业向沿江沿岸地区集中,沿江各大城市群建设加剧了流域水环境负荷,流域水量供需矛盾已十分突出。政府主导设计长期性的生态补偿计划框架,建立生态补偿的激励机制和动力机制,积极推动地方企业和农民等参与生态补偿项目,促进流域共建共享。建议发展轨道

交通,推动中心城市功能向外疏解,实现多点多极发展。推动建立区域联防联动机制,共同应对大气污染、水污染等生态问题。建立减排联动承包责任制,将减排责任明确到每一家企业、每一个烟囱,促进区域能源结构调整优化。探索生态熔断机制,在生态质量下降到一定程度时,停止区域内一切污染源运行。加快推进大众创业、万众创新,实现流域发展方式从投资驱动向科技创新驱动转变。二是加强市场培育。强化企业社会责任,企业也是流域的"公民",在生产过程中必须增强对人的价值的关注,充分发挥资本优势,发展教育、文化、艺术、城市建设等社会事业,承担生态建设任务,改善流域公共环境。推进河长制和水权交易的有机结合,在沱江、岷江等流域推进"水质换水权"交易试点,在严格水环境质量监测和河长考核机制的基础上,将水权奖励给考核优秀的河段,同时给予地方政府一定财政补贴,实现"治水即增水"。完善水资源定价机制,因地因时制宜推进水权制度建设,探索跨流域水权交易、水质换水权等多种水权交易模式,推进流域水市场建设。实施上网电价和排放当量实时、动态挂钩的联动责任制,分解到减排设施操作班组的考核与奖惩机制,让市场的力量推动企业减排进入法制轨道。三是推动公众参与。降低生态建设领域准入,加大河流信息公开力度,鼓励公众参与流域水环境治理;促进公众参与河长制建设,把第三方机构和公众评价纳入河长考核体系;对表现突出的单位或个人给予奖励,提高市民的获得感和幸福感,实现"治水即致富"。强化公众参与流域管理决策的意识,培育非政府组织与非营利组织等社会组织,建立有效的流域公民代表选举制度和流域决策参与制度,保障流域公民代表可直接参与流域决策管理。对重大工程的环境评估及运行情况进行环境审计,针对性地设立一批专业资格的环境审计与调查事务所,独立监督重大项目的污染物排放和设备运行。

(3)建立流域生产生活方式的绿色变革方案

从宣传教育、体制创新、监督考核三个方面来设计方案。一是加强生态文明宣传教育,即让人们树立资源节约意识、环境保护意识、生态文明意识,促进绿色生活方式变革。二是建立流域绿色发展评价体系。研究建立生态修复、环境保护、绿色发展的指标体系,完善生态环境保护目标责任、考核评价、奖惩机制。取消重点生态功能区县和生态脆弱的贫困县地区生产总值及增速、规模以上工业增加值增速、全社会固定资产投资及增速的考核,增加绿色发展相关指标的考核。探索建立绿色价值核算体系,并纳入地方政府考核。三是完善监督机制。建立生态环保问题的"终身责任制",严格落实党政领导干部生态环境损害责任追究问责制度,实行自然资源资产离任审计。建立以绿色为统筹、法律法规为基础、整体流域规划和省区细化规划相配合的流域水事问责制度,严厉打击破坏生态的行为,完善"谁破坏谁治理、谁受益谁补偿"的责任机制。

2. 生态共治:推进以"三线一单"为指引的综合治理体系

(1)实施禁止—修复—提升多层共治的治理思路

一是大力实施"三线一单"制度。坚守流域生态保护红线、环境质量底线、资源利用上线,坚持流域空间管控一张蓝图,对不同区域限定禁止对象和禁止要求。坚决实施生态建设负面清单制度,严格禁止沿江沿岸污染项目建设和污染活动,有污染项目强制其搬离河岸。负面清单外的活动也应设定开发限度,健全差别化政策措施体系。二是全面修复流域水环境。开展流域污染综合整治,重点区域是岷江、沱江、汉江等重要支流和鄱阳湖、洞庭湖等重要湖泊,主要手段是沿江污染企业专项整治。保护良好水体,把城市水环境治理与基础设施建设结合起来,打造城市绿色水廊。三是优化提升流域水生态。推进流域上下游间生态补偿,在长江流域有关市、县河流交界处设立水质监测断面,依据监测结果实行水环境生态补偿横向转移支付。研究重要水源地保护区生态补偿机制向下游要求横向补偿。鼓励流域内因地制宜发展生态旅游和生态农业。

(2)确立制度—工程—科技有机结合的综合措施

一是制度引导。全面推进河长制建设,特别是要建立流域管理和发展蓝图,推进形成流域内各河长的定期会商机制,以及流域重大水事水情的应急协调和决策机制。加快完善水权制度建设,在进一步落实初始水权分配、建立水权交易中心的基础上,开展多种模式的水权交易试点。开展大型灌区管理体制改革,实施工程和资源两条线管理,进一步理顺各水管单位的职能关系,由相关省份的水管部门统筹实施特大型灌区水资源管理和调度。实施收支两条线管理,水管单位按月将收入上缴省财政部门,省级财政根据当年预算向各级水管单位拨款。二是工程保障。在干支流治理中拓展生态河堤、湿地公园建设模式,将城市交通、文化、宣传、教育等基础设施建设融入流域综合治理。在小流域治理中,推广 PPP 模式建设生态"滤水坝",妥善解决城市黑臭水体问题。三是科技创新。建设"数字"流域,整合防洪、水文、气象等监测系统,建立全流域水环境质量自动监测系统和大数据库,大力推进水质自动检测站建设,实施河道水质情况的统一监测和管理。推进管理技术创新,拓展"互联网+"模式,开发流域管理 APP,将河湖数据、河长档案、巡河信息、管理制度等纳入信息管理平台。

(3)制定治污—增水—转型协同联动的改革方案

一是流域水环境综合治理方案。重点加强省会城市污染治理,加大水政执法力度和惩处力度,加快科技创新,提高污水处理回用效率。加快调整产业结构优化工业布局,推动沿岸污染企业有序退出,彻底关停并拆除污染较大、前景不佳的企业;依法淘汰落后产能,倒逼企业转型升级;沿江布局科技含量高、资源消耗低、环境污染少的绿色产业,打造沿江绿色化、精细化、高端化产业体系。着力解决农业面源污染问题,坚决搬迁沿江畜禽养殖企业和养殖户;大力推进农村沼气、种养结合等新手段,倡导循环养殖和生态养殖等新模式;加强污水处理设施和配套管网建设,因地制宜建设一批村级污水处理站。二是水资源量调配优化方案。开展工程调水,加快推进引大济岷、引青济岷等大型调水工程,从而有效缓解四川盆地等地区的缺水危机。积极推进区域水系联网,借鉴河南南水北调中线工程建设经验,实现流域间的水量互通互补。争取国家增加流域用水总量指标,建立区域用水总量指标协调方案,根据各省、市、区、县的水情区情进一步优化水量分配。三是产业发展改革方案。推动企业建成排放达标的绿色企业和绿色产业,形成从绿色原料到绿色加工、绿色运输、绿色包装的绿色链条;健全机制加强企业治污力度,为污染治理提供必要的产品和技术;加大对林、农等绿色产品生产企业的资金技术扶持力度,加强绿色产品认证,保证绿色农牧渔产品的质量。

3. 全域共建:强化以"环境承载力"为基础的资源配置体系

(1)落实最严格的水资源管理制度

一是明确长江水资源开发利用和用水效率控制红线,严格控制水资源过度开发;在全流域建立严格的水资源和水生态环境保护制度,控制污染排放总量,促进水质稳步改善;加强生态系统修复和综合治理,做好重点区域水土流失治理和保护工作;避免产业转移带来污染转移,国家应通过产业、环境、土地等政策手段,参照负面清单管理模式,加强产业转移的引导和调控,避免低水平重复建设,严禁落后产能向中上游地区转移。二是建立区域联动的长江流域环境污染共同防治体系。建立长江经济带统一的废弃物和污水排放标准,制定统一的水域保护条例,建立统一的生态保护监测网络,对生态环境的敏感区域、重大环境污染事件和重点企业环境治理等实现信息共享;建立联合执法机制,包括区域内联合检查机制、突发性污染事件处置机制和污染防治基础设施共建共享机制等。三是进一步完善干部政绩考核机制,不唯国内生产总值(GDP)论英雄,根据主体功能区规划,实施差异化的绿色政绩考核体系。从长远来看,消除贫困和维护良好环境之间不但没有矛盾,而且可以相互促进、形成良性循环。

（2）全面完善流域生态补偿机制

生态补偿机制实施的目的是有效补偿保护水环境的经济代价,促进水生态修复,要积极改变部分地区积极性不高、行动滞后的情况,将流域生态补偿机制落到实处。一是建立跨省流域生态补偿机制,为了实现长江流域内省际之间利益的实质分配公平正义,保障上中下游人民群众享有同等的发展权,应通过国家协调,以区域联动协调、市场运作、社会参与等方式促进上中下游各行政单元之间及各行政单元内部互惠多赢。国家应尽快出台生态补偿条例及生态补偿法,完善生态补偿的法律制度,实现生态补偿的制度化、法制化。[①]二是完善生态投资融资体系。政府的补偿比重过大、生态补偿资金来源少的问题长期阻碍着我国生态补偿机制的实施。长江经济带目前的生态补偿融资渠道主要有财政转移支付和专项基金两种方式,其中财政转移支付是最主要的资金来源,而分散在各群体中的生态补偿物资没有很好地整合利用,大量社会闲置资金没有进入环保领域,不利于生态补偿制度的可持续进行。确保补

---

① 参见全来龙:《建立跨省流域生态补偿机制　加快〈生态补偿条例〉立法进程》,《新法制报》2013年3月8日。

偿资金来源渠道的多元化和畅通,是实现对自然资源生态进行补偿的一项重要的基础工作,建议多角度、多方位地通过争取国内和国际援助、生态补偿保险、发行生态福利彩票、社会捐赠等多种途径拓宽资金的来源。三是构建多渠道多元化的生态补偿体系。以生态补偿为制度保障,依托重点生态功能区开展生态补偿示范区建设,实行分类分级的补偿政策。制定生态产品开发名录,打通生态产品与市场之间的流通环节,让生态资源在补偿机制作用下实现价值。以生态服务消费市场完善为持续动力,将绿水青山转变为致富的金山银山。

(3)加快建立流域统一的市场机制

一是开展长江流域环境保护创新试点市场化建设。强调区域合作是利益合作,长江经济带内部的合作应突出机会公平、突出利益分享,通过地区间的差异互补机制,让地区间的比较优势充分发挥出来,形成地区间按照比较成本和比较利益原则进行分工合作共建的新格局。落实和完善以水权排污权为核心的绿色交易制度,加快建立流域排污权交易机制,推动长江经济带建立区域内污染物排放指标有偿分配机制,协调上中下游地区排污指标,通过市场化的《污染物排放权交易合同》,收取交易费用,探索碳汇交易补偿机制等。二是建立提升生态功能保护区生态产品生产能力的机制。随着生活水平的提高,人们对生态环境服务的需求加大,生态产品的稀缺性进一步凸显。江河源头地区大多是国家重要的生态功能保护区,这些地区事关国家生态安全,应把提供生态产品、增强生态产品的生产能力作为发展的重要内容和国土空间开发的重要任务,更应积极主动地改善环境。三是建立流域统一的大市场。把流域作为一个循环经济的整体来对待。在整个流域的框架内考虑生态环境保护和建设总体目标、项目的实施和产业的布局等资源配置因素,通过搭建好产业转移承接平台,协调流域、地区之间整体的产业和工业布局,上游产业重点发展生态产品输出型产业,下游适当实施一些"异地开发"的试点,为整个流域的经济发展和产业结构建立起长效的合作机制,有利于流域市场内部的良性循环,不仅缩小了上下游的经济发展差距和人民生活水平,而且促进了流域生态环境的保护和修复。

4. 发展共享：构建以"共同福祉"为根本的利益协调体系

（1）生态建设效益共享

一是流域生态建设和经济发展成果应当在全流域范围内实现平衡。下游地区受区域优势和政策导向青睐，吸收了大量优质要素实现了优先发展，实则侵占了上游地区要素报酬，区域壁垒又导致上游人民难以享受到下游发展带来的好处。上游承担了流域资源开发和生态保护的双重重担，而很多地区贫困问题尚未解决，就更难提民生发展。必须作出更有效的制度安排，提高公共服务共建能力，增加公共服务供给，从解决人民最关心最直接最现实的利益问题入手，打破区域壁垒，推动基本公共服务在流域内共享。特别是上游资源开发利益应优先考虑在当地转化，要素收益在当地留存后再向区域外转移，例如在水电开发中，水电收益和电量应更多地在当地留存，推动当地企业、民众参股水利工程，真正实现"建设一座电站、开发一片流域、带动一方经济、致富一方百姓"。另外，流域开发必须考虑到上游地区发展的潜力，成果应在代际间共享。欠发达地区资源特别是水资源富余的一个很重要的原因是他们的发展水平滞后于全流域，并不是真正的水富余，要为他们留下未来发展的环境。二是流域生态建设和经济发展成果应当在各主体间自由流动，重点在于开展流域协同治理，特别是大中型水利工程建设和公共品供给领域，充分发挥政府的主导作用和保障作用，同时鼓励社会资本积极进入，如小微水利设施建设；在经营层面，包括大型调水工程建成后形成的设施使用层面，逐步实现企业化管理和运营，逐步改革行政事业型的管理局（所）体制。针对市场化改革滞后和政府主导初始水权分配格局基本形成的情况，研究水资源市场化改革，运用市场的力量促进流域经济与政区经济的要素整合。三是流域生态建设和经济发展成果应当以城市增蓝添绿为优先。增蓝就是要开展流域生态修复，建设幸福美丽家园。从流域中心城市建设入手，在不影响现有城市布局和经济发展的前提下，科学制定生态城市或田园城市发展规划并坚决实施，逐步向具备条件的二级城市推广。大力植树造林，截污减排，推动城市废物、废气、废水等循环利用。添绿就是加强城市水环境治理，优化干支流景观布局，统筹全流域水利工程规划和城市建设规划，建设独具特色的水利景观。开展城市水网净化工程，特别是中小河道黑臭整治。标本兼治，着力推进截污纳管、雨水泵站改造等工作。水岸联动,与区域环境综合整治、区域功能调整紧密结合。沟通水系,着眼于河道成网,打通一批断头河,要分区域制订调水方案,提高水体自净能力。

(2)生态环境信息共享

信息共享的核心在于为流域综合管理和一体化治理服务,优化流域上下游、干支流、政区间的信息沟通,使流域利益相关方的信息交流和协调常态化、透明化,与联席会议制度形成补充和互动。水资源信息化管理是优化水量分配的基础措施,开展水权交易的重要保障。国家实行"三条红线"水资源管理制度后,各省水资源总量控制指标已经层层划分至各区市县,但尚未落实到每个流域,水资源管理仍不完善。特别是长江支流和域内大型灌区,水系交叉纵横,缺乏有效的水量分配和信息化管理制度,这实际是两个层面的问题:一是设施层面,缺乏各个闸口的水量计量仪器和信息收集系统;二是制度层面,缺乏对全省水资源信息进行统一收集和处理的专门机构,以及完善的水量分配机制和动态调整机制。因此,我们建议:第一,加快流域信息化数字化建设,黄河流域已率先实现全流域干支流数字化,黄委会通过"数字黄河"平台可实时获取流域任何可监测水域的水文信息,实施流域统一协调和管理。长江流域应当借鉴黄河流域的经验,从基础监测设施和平台建设着手,加快流域水文信息的采集和实时汇总,强化统一管理、统一监督和统一调度职能,进一步可探索经济社会等各方面信息统一发布和管理。第二,完善建立流域信息监测体系,保证数据的统一性、完整性。完善数据综合处理能力,实现自动化数据采集、分析和动态数据管理。同时建立综合管理平台,提升数据挖掘、分析、模拟预测能力和利用效率,实现对河流进行动态的精细化管理。第三,建立流域信息对外发布平台和合理的公开机制。及时公布流域以及流域中各个政区单位的数据信息,建立科学有效的汇总比较体系。对于不涉及国家安全的非保密信息,应该向公众开放。按信息的敏感程度和保密级别可划分安全层级和门类,按级别或类别制定相应的申请程序,实现间接开放和定向开放。基础信息共享涉及水文、水质、环境等物理、化学、生物信息的采集和处理,流域经济社会发展情况的汇总和发布等。第四,建立流域重大问题的预警和响应机制。在信息平台完善后,预警机制和响应机制非常必要,特别是对于重大问题,提前预警和快速响应将有效减损,鉴于生态问题事关重大、影响全局利益和后代利益,可考虑借鉴证券市场的熔断机制,探索"生态熔断",在生态环境质量下降到一定水平时启动熔断,定向地、短期地断绝重大污染源运行。[1]

(3)生态建设创新共享

一是创新生态资源管理思路。长江流域生态优势资源很多,还有很多没有得到很好的利用和开发,已经开发的也有待提高管理水平。流域内可建设更多的国家森林公园、沿高速公路和铁路的绿色廊道,规划精品的生态旅游路线,打造优质生态旅游目的地等,是长江流域优质生态资源管理的方向和重点举措。二是创新生态建设融资模式。我国各省会城市均是一省的人口、产业、科技和资本的聚集地,污染排放量也占据全省的大头。省会城市必须承担起生态治理的首位责任,加大生态环境领域的财政支出,提高环境科技研发投入,在治污减排方面贡献更多的力量。三是创新流域人才培育办法。"人"是社会创造力各主体中最活跃的因素,为和谐社会建设提供"能动力量"。"人"也是社会创造力的主要受益者,创新驱动流域经济社会加快发展,促进人民福祉迈向更高水平。通过创新社会管理、降低创新创业门槛、构建流域创新平台,从而激发社会活力,形成具有流域特色的创新型社会,让人民在创新中实现自我价值,升华民生的时代内涵。

---

① 参见刘世庆、巨栋:《我国流域经济与政区经济协同发展的战略构想》,《工程研究》2018年第2期。

第十章 长江经济带生态保护与修复的重点任务

针对在协调性均衡推进长江经济带生态保护与修复中存在的问题,根据总体战略与实施路径,需要重点开展的任务包括但不局限于以下几个方面:一是构建流域生态补偿机制;二是文创与保护结合来提升生态产品价值;三是生态走廊带建设;四是通过国家公园建设开展景观尺度保护;五是统筹协调"江湖关系";六是统筹协调"江海关系"。

一、构建流域生态补偿机制

1. 背景

流域生态补偿主要指一条河流的各个小区域应当确保出界水质达到考核目标,根据出入境水质状况确定横向补偿标准;搭建有助于建立流域生态补偿机制的政府管理平台,推动建立流域生态保护共建共享机制;加强与有关各方协调,推动建立促进跨行政区的流域水环境保护的专项资金。

2. 国家相关政策

2018年4月26日下午,中共中央总书记、国家主席、中央军委主席习近平在武汉主持召开深入推动长江经济带发展座谈会并发表重要讲话。他强调,推动长江经济带发展是党中央作出的重大决策,是关系国家发展全局的重大战略。新形势下推动长江经济带发展,关键是要正确把握自我发展和协同发展的关系,努力将长江经济带打造成为有机融合的高效经济体。长江经济带作为流域经济,涉及水、路、港、岸、产、城等多个方面,要运用系统论的方法,正确把握自身发展和协同发展的关系。长江经济带的各个地区、每个城市在各自发展过程中一定要从整体出发,树立"一盘棋"思想,实现错位发展、协调发展、有机融合,形成整体合力。习近平总书记的讲话,对流域生态补偿机制的建立提出了新的要求,指明了重点与方向。

涉及流域生态补偿已在全国多地展开,据环保部水环境管理司主要负责人表示,这种补偿机制大致可以分为两类:一类是跨行政辖区的。目前,新安江、九洲江、汀江—韩江、东江等流域建立了跨省界上下游横向生态补偿机制;同时,安徽、江苏、河南、浙江相关市建立了跨省界河流水污染联防联控机制。另一类是行政辖区内部。环保部称,北京、河北、山西、辽宁、江苏、浙江、广东、江西、湖北9省(市)实现了行政区内全流域生态补偿。

2015年11月,江西省率先在全国制定出台了《江西省流域生态补偿办法(试行)》。两年多来,全省共筹集、分配流域生态补偿资金47.81亿元,有效提升了全省100个县(市、区)的生态保护、水环境治理、森林质量提升、水资源节约保护等水平,有效保障了长江中下游水生态安全。2018年2月,江西省发布了《江西省流域生态补偿办法》,这是对此前试行办法的延续、完善和升级。记者了解到,江西省将在现有筹集20.91亿元资金的基础上,逐步增加投入,并将2015年及以后年度中央新增安排给江西省的国家重点生态功能区转移支付资金纳入筹资范围。按此计算,2017年全省流域生态补偿资金规模为26.9亿元,2018年省级财政将新增流域生态补偿资金2亿元,资金规模因此将达28.9亿元。另外,中央财政还将新增补助资金。

3. 赤水河流域生态补偿机制案例

(1)赤水河流域生态补偿基本情况

赤水河即赤水,为中国长江上游支流,因河流含沙量高、水色赤黄而得名。古有赤虺(hui 毁)河、安乐水、大涉水等名称,在川、滇、黔三省接壤地区。发源于云南省镇雄县,上游称鱼洞,东流至川、滇、黔三省交界处的梯子岩,水量增大,经贵州省的毕节市、金沙县与四川省叙永县、古蔺县边界,进入仁怀市、习水县、赤水市,至四川省合江县入长江。全长444.5公里(一说524公里),四分之三流域在大山中。赤水河是国内唯一一条没有被开发的长江支流。河水清澈透底,两岸陡峭、多险滩急流。洪、枯流量变幅大,实测最大流量9890

立方米/秒,最小流量为 33.2 立方米/秒。年平均径流总量 101 亿立方米,最大年为 173.8 亿立方米,最小年为 61.4 亿立方米。

(2)开展赤水河流域生态补偿的有利条件

一是典型的保护要求高、发展水平低的贫困落后地区,需要流域生态补偿来促进区域的可持续发展。赤水河流域处于长江上游,干流全域被划为长江上游珍稀特有鱼类国家级保护区核心区,从功能定位来看,流域全域基本处于限制发展区域,同时,赤水河流域主要属乌蒙山片区,是典型的少数民族聚居地、边远地区和革命老区,按 2015 年脱贫标准人均收入 2380 元来统计,流域有农村贫困人口 120.47 万人,占当年流域常住总人口的 13%,农业人口的 21%,全域 14 个县(市、区)人均 GDP 为 26577 元,仅为当年全国 49351 元人均 GDP 的 53.85%。

二是较为明确的保护对象,需要通过流域生态补偿制度建立长效化保护机制。赤水河流域具有四个方面明确的保护内容:第一,保护良好水质。赤水河因其四分之三的流域潜藏在大山深处,是国内唯一一条没有被污染的长江支流,水质较好,总体上可达Ⅱ类水标准。第二,保护良好生态环境。赤水河流域生物多样性丰富,建有 10 个自然保护区,是重要的生物多样性优先保护区域,也是长江上游特有、珍稀鱼类保护的重要生境。第三,保护白酒产业。赤水河是国酒茅台等企业的水源地,也是郎酒、习酒等知名白酒品牌的水源地。第四,保护文化资源。赤水河自古是滇、黔、川三省经济文化交流的重要通道,流域生态文化独特。目前的生态补偿方案主要着眼于保护良好水质和生态环境,也间接地对白酒产业和文化资源进行了保护。

三是不相协调的流域上下游环境经济利益关系,需要通过流域生态补偿制度予以理顺。赤水河流域经济发展总体比较滞后,主要还处于工业化中期向后期过渡的阶段,也是城镇化水平急剧上升的加速发展阶段。上游地区云南的镇雄县、威信县和贵州的七星关区、大方县、金沙县主要以采矿、煤电等为主,农业占比较大。中游地区的工业尤其是白酒产业占比较大,贵州的仁怀、习水和四川的古蔺等均为产酒大县。下游地区四川的叙永县、合江县和贵州的赤水市以化工、造纸为主。上中下游三省对赤水河流域水资源的利用是不均衡的,区域间发展水平存在较大的差异,中下游发展水平高于上游地区,其中,中游发展水平最好,贵州省仅以近 60%的流域面积和近 47%的干流长度,创造了 79%的经济发展总量,最发达的仁怀市(茅台酒厂所在地)2015 年 GDP 达 505.7 亿元,占流域的 20.3%,人均 GDP 高达 91778 元,而上游云南威信县 GDP 为 29.88 亿元,仅占流域的 1.19%,人均 GDP 仅为 7426 元,发展的梯度差异异常明显。同时,中游发展带来的污染也是最严重的,其发展也必须建立在上游持续开展水环境保护、提供良好水质水量的基础上。"上游保护受穷,中下游利用富裕"的不平衡的上下游环境与经济利益关系需要通过建立生态补偿制度来理顺,以实现流域上中下游整体的可持续发展。

(3)开展赤水河流域生态补偿的制约因素

一是流域关系较为复杂,准确界定责任难度较大。赤水河流域涉及川、滇、黔三省,但其并非一般简单的上下游关系清晰的流域,情况较为复杂。一是从流域的位置来看,赤水河流域四川部分并未完全处于中下游,其中,四川省叙永县境内有一条名为倒流河的河流,发源于四川,然后流入云南境内,再汇入赤水河,从云南省出境,因此,四川同时有部分区域位于上游、中游和下游。二是位于中下游的贵州和四川在中游部分有很大部分属于共界断面(四川、贵州境内干流中近 57.4%为共界断面),科学精准界定相关主体责任难度较大。

二是需求和意愿差异较大,补偿协议潜在争议大。同一般的流域呈现出的环境经济利益关系不同,赤水河流域不平衡的经济社会发展现状并非越往下游经济越发达。对赤水河流域资源的依赖程度的差异导致三省对赤水河流域生态补偿的需求和意愿差异较大。在此种情况下,很难实现完全被三方满意的基于客观、科学测算的生态保护补偿标准,对如何将赤水河流域的利用程度差异体现在资金筹集及分配中等关键问题上有着较大的争议。

三是保护与发展协调难度大,对流域生态补偿内容要求高。作为生态环境良好、开发强度低的典型代表性流域,承担持续守护好赤水河这一"青山绿水"的任务重、各方的期待高、当地的压力大。同时,作为典型的欠发达地区,当地发展的冲动更加强烈,各方也希望流域内的人们能过上富裕生活,找到一条"青山绿水"变"金山银山"的道路。这要求流域生态补偿内容不能仅关注生态保护,还要通过生态补偿,找到一条流域生态保护与持续发展的协调之路。

（4）赤水河流域生态补偿的推动基础

一是中央政府对赤水河流域生态补偿的推动。赤水河流域生态补偿得以实现并实施，很大程度上得益于中央政府的大力推动、协调。环境保护部与贵州省政府签署的《探索发展与保护新路推进贵州生态文明建设合作协议》，明确提出推动赤水河流域跨省界（贵州、四川、云南）生态保护补偿纳入国家试点。中央办公厅和国务院办公厅发布的《按流域设置环境监管和行政执法机构试点方案》，将赤水河流域作为唯一的跨省流域机构试点。2018 年 1 月，财政部、原环境保护部、国家发展改革委、水利部又先后两次召集三省财政、环保等厅局，在成都召开"补偿协议"三省协调沟通会。在相关部委的大力推动下，2018 年 2 月，四川、云南、贵州签订了《赤水河流域横向生态保护补偿协议》，成为长江流域首个跨多个省份的流域生态保护补偿协议。

二是各地对赤水河流域协同保护现状。云南、贵州、四川高度重视赤水河流域的生态环境保护，早在 2013 年，三省就联合签订了《赤水河流域环境保护联动协议》，并先后开展多次联动执法，发现、整改环境问题 150 余项。同时，三省也签订了《赤水河共管水域渔政管理联合工作机制协议》，从 2017 年 1 月 1 日起赤水河禁渔 10 年。四川省也高度重视对赤水河流域的生态环境保护，通过编制《赤水河流域（泸州段）环境保护规划（2014—2020 年）》，严格项目准入和推进规划环评，强化了污染源头控制；通过加强工业污染源治理、城镇污染治理、农业农村污染防治，关停小造纸厂、酿酒作坊共 150 余家，大力推进了污染整治；通过全面推进林业生态体系建设，加强土壤治理修复和自然生态保护区管理，切实加强了生态保护；通过印发《赤水河流域（泸州段）环境集中整治督查方案》《赤水河流域（泸州段）环境集中整治考核办法》等文件，全面推进河长制落实，开展专项监测，实施了激励约束考核。

三是三省对开展赤水河流域生态补偿的共同诉求。三省在对赤水河流域的利用和开展生态补偿的需求上存在基本的共同诉求。第一，对建立流域统一的"成本共担、效益共享、合作共治"保护和治理长效机制的诉求一致。在开展的相关调研活动中，三省均在不同场合提到了对建立流域统一规划、统一标准、统一的防治措施等流域联合协调机制的需求。第二，对开展流域生态补偿的基本原则的认可，"保护者受益、利用者担责、污染者赔偿"成为三省开展流域生态补偿的共识。第三，对于联合起来争取国家更大的支持和长江下游发达受益省市的补偿的利益诉求一致。赤水河流域作为长江上游唯一一条在主干流上未进行水电开发以及成立了珍稀、特有鱼类等多个自然保护区的河流，为保障长江上游生态屏障和中下游水质安全贡献了力量，流域三省同属于西南落后省份，对共同保护赤水河，积极争取国家和长江中下游地区的认可和支持达成了共识。

（5）现行赤水河流域生态补偿做法中存在的主要问题

一是考核指标单一，对水生态保护支撑不足。现行方案中的考核指标主要局限于水环境，对水生态、水量等因素考虑不足，没有从统筹山水林田湖草一体化的角度系统安排。而赤水河流域同时存在着保护水环境和水生态的双重压力，现行方案对水生态保护支撑不足，难以实现流域山水林田湖草系统的长效保护。

二是补偿方式和资金使用局限，对流域可持续发展带动乏力。流域生态补偿，一方面要依据保护地区开展污染治理与生态保护所产生的直接成本；另一方面也需考虑保护地区为开展保护而损失的发展机会成本。赤水河流域现行生态补偿方案对于保护地区损失的发展机会成本的考虑明显不足，导致赤水河流域生态补偿对于保护区域的可持续发展带动乏力。具体表现为：第一，补偿的方式单一，以资金补偿为主，造血能力明显不足；第二，资金的使用局限较大。中央的资金支持按照水专项的资金管理方式进行使用和考核，水专项的资金使用局限于重点流域、重点区域中水污染防治、良好水体生态环境保护、地下水环境保护及污染修复等范围，对支持地区可持续发展与维持相关群体可持续的生计以弥补发展机会损失方面明显不足。据四川省赤水河流域所涉及的三个县的最新统计，三县乡镇生活污水处理厂的建设基本已经完成或已落实资金来源，仅有很少数的还未开展建设。虽流域各地农村地区的生活污水处理设施及管网建设缺口仍然较大，但由于缺乏充分的摸底调查与核算，中央资金使用范围局限性的影响仍可能较大。

三是精准核算缺失，难以科学确定共界断面责任和生态环境保护价值。赤水河流域存在大量川黔共界断面，现行方案为了现实可操作性和时效性，并未开展精细化科学核算以及科学合理区分共界断面各主体责任,而是采取简单的五五平分的处理方式,因而牺牲了合理性和公平性,未能精准厘清各方责任和义务。

此外,现有方案补偿资金的多少并非建立在科学核算地区对水环境进行保护所产生的直接成本和发展机会损失以及赤水河流域保护为长江流域中下游带来的正外部性的基础上。赤水河流域处于长江上游,全域水质均较优(干流稳定达二类,支流稳定达三类),一是为长江中下游提供好水作出了贡献,其产生的正外部性已经超出了流域本身的范围;二是按照建设长江上游生态屏障和长江经济带共抓大保护等最新要求,流域水质只能在已经很好的基础上保持稳定,不得变差,保护的难度和对地区经济发展的限制程度势必很大;三是流域经济社会发展相对滞后,贫困量大、面广、程度深,同时面临生态环境保护和乡村振兴、产业振兴等双重任务,目前的方案显然不能精准地给出科学的生态补偿标准。

四是参与主体单一,未能有效带动多元主体共保共治。现行方案的参与主体以政府为主,对依赖于流域生态环境发展的重要经济体(中游的大型白酒企业等)和广大群众并未涉及,未能有效带动多元主体参与流域共保共治。相关企业依赖良好的生态环境资源创造了巨大的经济效益,也对流域水污染造成了相当的影响,却未能在生态补偿机制中承担相应的社会责任;因生态保护建设而失去发展机会成本的群众也未能从生态补偿机制中得到足够的补偿,群众缺乏对生态补偿红利的获得感而积极性不高,致使生态补偿与生态建设、社会经济发展等的快速推进不相适应。

五是未能构建利益共同体,缺乏持久的保护、激励。由上述可知,赤水河流域上中下游三省对流域水资源的利用是不均衡的,虽然协议的签订,有利于三省上下游联防联治机制的建立,但由于补偿协议未能统筹上中下游、左右岸的经济社会发展,对流域水资源利用的不均衡性将继续存在,加上贵州和四川对白酒产业的发展,面临的政策环境不同,三省对流域水资源利用的不均衡甚至将继续扩大。共同保护的利益不能转化为三省共享的经济社会发展利益,使得对有些省份的持久保护激励难以持续激发。同时,由于赤水河末端出泸州合江县后流入了长江流域,现有方案中未对末端设置考核断面,加之长江流域跨省生态补偿机制尚未建立健全,导致同样能够保证好水供给的合江县未能得到生态环境保护的经济激励,参与赤水河流域生态补偿的积极性被削弱。

4. 实施途径与启示

一是探索将水源涵养功能和生态指标纳入试点内容,更全面更有针对性地对流域开展保护。

二是在全面摸底的基础上,对流域开展污染防治和生态保护的投入进行核算,充分论证中央补偿资金使用方式的合理性,并在此基础上,对国家生态补偿资金管理方式提出建设性意见,合理定位和管理地方生态补偿资金,以最大限度地涵盖地方生态环境保护的直接投入与发展机会损失。

三是探索生态产品和服务价值的货币化途径,并探索为农户带来持续性收入来源的造血式生态补偿模式。

四是构建和试点以小流域为单元的精细化补偿模式,健全流域生态补偿监测体系,完善生态补偿资金筹措和清算技术,通过精细化管理和科学核算,精准界定流域各方责任,为更科学合理地制定生态补偿标准提供技术支撑。

五是积极呼吁国家支持和倾斜,争取国家对这些地区的生态补偿投入,加大对长江经济带上游的直接生态补偿,尤其是向禁止开发区、限制开发区等国家生态红线区域倾斜,加大对上游地区高质量发展、绿色发展转型升级的支持力度,加大对上游地区乡村振兴的支持力度,用流域生态补偿促进上游地区绿色发展和脱贫攻坚。

六是以流域生态补偿为政策平台,通过飞地经济、排污权交易等政策,统一产业发展政策,探索建立流域上中下游共同保护、共同富裕的体制机制,构建赤水河流域生态保护生命共同体。

二、文创与保护结合,提升生态产品价值

1. 背景

生态是有价值的,钱俊生、彭定友认为生态价值是人类社会多样性价值体系中的一根极其重要的价值标杆,它是自然物质具有的满足社会和人的需要的能力。程宝良、高丽认为生态价值的实质是满足人类社会系统对自然生态

系统服务功能客观需要的主观价值反映,反映了人类社会系统和自然生态系统两个整体之间的关系。当前,生态价值仍是价值哲学的前沿研究领域,生态价值的概念仍在探索和发展中,归纳起来,生态价值即生态系统的总体性价值,是包括经济价值与环境价值的有机整体。具体而言,既包括良好的生态产品的价值,如空气、水土资源的清洁度所体现的生态价值,也包括矿产资源所承载的生态价值,生态系统完整性所蕴含的生态价值,还包括人类通过减少污染、修复生态等行为而获得的价值。

环境问题本质上也是发展问题,立足于实现生态价值能够有效倒逼和激励经济结构调整:1)有利于优化产业结构,建立资源节约型、环境友好型产业新体系。2008年国际金融危机后,随着全球气候变化、能源资源安全等生态环境问题被提上重要议程,国内外都在积极寻求新的经济结构安排,清洁能源、节能减排等技术革命兴起,我国将生态修复、环境保护等实现生态价值的做法纳入地方政绩考核体系,高耗能、高排放、高污染等落后的生产力受到抑制,清洁发展、节约发展、安全发展等先进生产要素受到激励。在这一政策导向下,近年来我国产业结构调整明显加快,绿色经济、低碳经济、循环经济逐渐兴起。2)有利于缩小区域结构差距,建立东中西部协调发展格局。改革开放40多年来,我国发展速度快、已跃居世界第二大经济体,但区域发展不平衡,东西部之间人均GDP、人均财政收入都存在明显的差距。西部地区生态资源丰富,据刘春腊、刘卫东等人测算,内蒙古、西藏、新疆等中西部省(区)的生态价值当量位居全国前列,而天津、上海、北京等则相对较小,这就意味着,实现生态价值将有助于缩小东中西部省份之间的差距。

2. 国家相关政策

长期以来,由于生态价值理念的缺失,保护生态难以获得相应的价值激励,地方政府及市场主体将其作为负担,政府环保投入少,且疏于监管,企业倾向于规避检查、怠于利用科技手段减轻环境污染,造成资源浪费和环境破坏严重。党的十八大报告把推进生态文明建设提高到前所未有的高度,并明确提出生态价值概念,要求深化资源性产品价格和税费改革,建立反映市场供求和资源稀缺程度、体现生态价值和代际补偿的资源有偿使用制度和生态补偿制度。生态有价,而且保护生态能够实现价值,这一理念的转变,不仅使保护生态环境不再是政府和市场主体的负担,而且还成为经济发展新的增长点,成为创造和获取价值的一种新路径,有效破解了经济发展与环境保护之间的矛盾,如生态旅游已成为我国部分地区重要的经济与财政支柱。

3. 大象茶案例

（1）基本情况

南滚河国家级自然保护区位于云南省临沧市境内,总面积50887公顷,西起沧源县小母空山顶经班洪村到耿马县三家村,东自沧源县登革洛河岔口到耿马县石楼梯,南起沧源县勐角林场,北到耿马县三叉河。最高海拔2977米,最低海拔480米,相对高差为2497米。南滚河保护区山体为横断山山脉,怒江山系的南延部分,山脉走向为东西走向,区内的大青山、回汗山、窝坎大山、芒告大山,构成山脉的主峰,呈现北高南低,形成沟谷纵横的地貌特征。区内森林植被保存完好,动物、植物种类繁多,是热带雨林保护区。

亚洲象是热带季雨林里的巨无霸,地球上体型最大的陆生哺乳动物之一,对人类活动的干扰非常敏感。而在南滚河保护区的原始雨林中,亚洲象与人的关系神秘而又微妙。那些零星散落在周围山头的村寨中世居的佤族与亚洲象相伴相守,度过了漫长的山中岁月。南朗独特的地理位置是村里人与大象能够和平相处的决定性因素,这座村庄宛如一座孤岛般坐落在南滚河保护区的边界处,与大象生存活动的区域仅有几公里远。南朗人从来不会主动打扰雨林里的生物,所以村里人其实很少近距离地见到大象。在他们眼里,大象和神树都是守护雨林的神灵。

（2）"散放"的茶树

南朗绿草茵茵的山上分布着寨子里的一万多棵老茶树,不少茶树都有两三百年的历史。三百年前,南朗人的祖先在这里种下了一棵棵茶树,茶树的种子四处散落,又长出了许多新的茶树,它们无规律地分布,吸甘露,沐雨水,享受阳光,在旱雨两季茁壮成长。南朗的茶树是放养的,除了采茶外,人与茶树最大的交集就是在春季杂草生长时除草作肥。还在实行刀耕火种种植模式的南朗,植物腐烂或焚烧过后,就是最好的肥料了。在南朗的"茶园"里,根本看不到整整齐齐如梯田般的茶树,它们随性地落地生根,掩映在其他植物之中,东一棵西一棵,不认识茶树的人根本找不见。南朗人从来没有想过要将茶树全部移到一起,打造一个现代化的茶园,他们始终认为,"寻不见"的茶树才是最好的,让它们自己长,自然不束缚,茶叶长出来了,就去采来喝。

（3）挖掘"大象茶"的生态价值

中国科学院动物研究所执行的南滚河亚洲象栖息地保护项目正试图探索出一种人与自然和谐共生的发展模式,在全球保护地友好体系、关键生态系统合作基金的支持下,由贵州田野环境与发展研究中心、贵州九木共生文化发展有限公司策划的"南廊记"品牌也由此诞生。

遇到的问题主要有以下几个方面:生态产品从偏远的乡村生产者到城市的消费者,距离遥远;由于生活背景和拥有知识体系不同,导致乡村生产者与城市消费者之间相互不理解;生态产品的价值不能完整地、公平地实现。

乡村生产者与城市消费者都难以理解到生态产品的完整价值:1）生态价值。生态规律一方面使生态产品具有独特性和难以复制性;另一方面自然风险使生态产品难以稳产增产。2）文化价值。生态产品生产、消费和可持续利用中蕴藏的文化内涵。3）使用价值。生产者对生态产品的使用方式和消费者不同。4）社会价值。公平与公益价值难以凸显。

如果生产者与消费者之间能增进了解:1）体现区域生态和文化特征的生态产品将成为受追捧的商品;2）助力乡村振兴等目标实现;3）让消费者得到对生态产品需求的满足感,建立参与生态和环境保护的使命感。

主要做法:1）建立多学科的专家小组挖掘生态产品价值;2）针对生态价值形成过程中的薄弱环节给予社区支持;3）以文创形式呈现生态产品价值,引起生产者和消费者之间的共鸣;4）注册商品标示沉淀和凝聚生产者和消费者共识,保护知识产权;5）协助消费者实地访问和体验生产者。

（4）成效

提高了外界对南朗村茶叶的生态价值认知程度,帮助南朗村实现5个以上稳定的营销渠道,使南朗村的茶叶在不超过生产量的前提下形成以销定产的精准的采集和加工管理。

茶叶价格提升:从原来单一的销售茶叶到目前通过加工细分为两大类,即普洱生茶和红茶,其中普洱生茶又进一步分为春茶（采摘自每年旱季结束,雨季未来的初春时节）和秋茶（采摘自每年雨季结束）。综合来看,村民们的茶

品牌标志设计

佤族红黑色调

大象

佤族木刻

风格鲜明，选择佤族红黑色调，用佤族木刻的表现手法表现出大象的元素。
粗犷不失生动，让人记忆深刻。

图 2-6　充满当地人文特色的茶叶品牌商标

叶销售价格从原来的不到 200 — 300 元/斤到通过文创提高到了 800 — 1500 元/斤。

形成了村民与自然保护区新型合作关系：以"南廊记"商标为载体形成村民与消费者之间的购买关系，而通过注册"南廊记"商标，保护区成为联结村民与消费者之间的纽带，从而密切保护区与村民之间的关系，有利于提高社区共管的效率，促进自然保护区有效共管。

4. 实施途径与启示

一是扩展生态保护的理念，深刻认识到提升生态产品的价值、促进当地社区群众增收，尤其是要在保护对象的保护成效与当地社会经济发展之间建立起直接又紧密的联系。

二是促进多学科的融合与合作，生态产品的文创需要包括生物学、人类学、社会学、经济学等多学科的专家和文创类艺术家共同努力，相互欣赏与包容，形成合力与创新点。

三是创新生态保护的手段，在自然保护地管理中自觉践行"创新发展"等"五大发展"理念，把文创与保护有机融合，增进城市消费者对生态产品的理解,强化社区群众与保护区管理部门的联系与互动,加强保护地管理部门在社区的影响力。

四是树立知识产权意识,形成的文创产品应该及时注册商标,凝聚文创产品的知识产权,以此理顺并紧密各方的合作关系。

五是努力把文创产品转化成生态产品,把设计方案应用起来,而不仅仅是停留在文稿或文案上,实现从创意到实践的飞跃。

三、绿色生态廊道建设

1. 背景

生态廊道作为重要的研究对象之一是指具有保护生物多样性、过滤污染物、防止水土流失、防风固沙、调控洪水等生态功能的廊道类型,主要由植被、水体等生态性结构要素构成。生态廊道为物种在不同栖息地之间迁移提供了场所,对自然界物质、能量和基因的流动意义重大,有利于保护生物多样性、维护区域生态安全。生态廊道能够减轻因城市化速度加快导致景观破碎化而带来的危害,对生物多样性的保护具有十分重要的意义。由于全球气候变暖,陆生动物会向高海拔和高纬度迁移,寻找环境更为适宜的栖息地。生态环境恶化导致的景观破碎化阻止了物种的自由迁徙,建设生态廊道可以把分散的、片段化的动物栖息地连接起来,使动物能适应气候变化自由扩散、迁徙,增加物种基因交流,防止种群隔离,维持最小种群数量,保护生物多样性,保障区域生态系统联通性与完整性,对改善我国长江流域乃至更大范围的生态环境、维护区域生态安全具有重要意义。

生态廊道也是自然灾害频发的区域,洪涝灾害、地震以及次生的滑坡、泥石流等各种自然灾害在生态廊道非常普遍,几乎成为常态。常年的自然灾害,导致当地贫困人口多,很难长期稳定。生态廊道还往往是人口居住比较稠密的区域,既有原住民还有很多为交通提供餐饮等服务的服务性产业及从业人员。

生态廊道由于交通便利,还是各种不同项目,包括来自不同政府部门、不同领域的项目实施的重点区域。由于项目多,很多项目相互缺乏协调性甚至相互矛盾，导致生物多样性保护廊道区域情况复杂，管理多头，矛盾突出，焦点集中。

2. 国家相关政策

"绿色发展"一词在国家"十二五"规划中被正式采用，并在"十三五"规划中作为"创新、协调、绿色、开放、共享"的五大发展理念之一被不断强化与深化，成为中国全面建成小康社会和全面建设社会主义现代化国家的根本性指导思想。绿色发展是将生态经济资源作为社会经济发展的内在要素，以资源节约和环境保护为特征，同时获得经济效益和环境效益的发展方式。绿色发展强调经济增长与环境保护的统一与和谐发展，是一种以人为本的和谐发展方式。"绿水青山就是金山银山"，即把生态优势转变为可持续的经济优势的论述，就是绿色发展的直接呈现。绿色发展具有三个方面的特征：第一，绿色发展强调经济系统、社会系统与自然系统的共生性和发展目标的多元化，与中国传统哲学思想中所主张的"天人合一"的自然观非常接近；第二，绿色发展的基础是绿色经济增长模式；第三，绿色发展强调区域协同治理。

党的十九大报告指出，我国经济已由高速增长阶段转向高质量发展阶段。2017年中央经济工作会议指出，我国经济发展也进入了新时代，基本特征就是我国经济已由高速增长阶段转向高质量发展阶段。2018年是中国高质量发展元年，高质量发展是新时代中国经济鲜明的特征。创新是高质量发展的第一动力，协调是高质量发展的内生特点，绿色是高质量发展的普遍形态，开放是高质量发展的必由之路，共享是高质量发展的根本目标。高质量发展是经济发展有效性、充分性、协调性、创新性、持续性、分享性和稳定性的综合，是生产要素投入低、资源配置效率高、资源环境成本低、经济社会效益好的质量型发展。

高质量发展，意味着高质量的供给即提高商品和服务的供给质量、高质量的配置即充分发挥市场配置资源的决定性作用、高质量的投入产出即提高劳动生产率或生态产品价值、高质量的收入分配即推动合理的初次分配和公平的再分配、高质量的经济循环即畅通供需匹配的渠道尤其是打通交通和信息的瓶颈。

在绿色高质量发展的思路指引下,以多元、协调和精准为原则,为生态廊道破解保护与发展的矛盾提供了良好的契机与示范意义。

3. 都江堰—四姑娘山生态廊道案例

（1）都江堰—四姑娘山生态廊道基本情况

都江堰至四姑娘山生态廊道包括四川省都江堰市的龙池镇、汶川县的映秀镇,卧龙特别行政区的耿达镇、卧龙镇,小金县的四姑娘山镇,共计四个县（区）的五个镇的全部辖区范围。

都江堰—四姑娘山生态廊道位于横断山东段,东面始于横断山龙门山系与四川盆地的交界区域。该生态廊道处在中国大地貌三大阶梯的第一阶梯青藏高原向第二阶梯成都平原过渡的地形梯度带上,海拔高差最高可达5000米以上,在这样短距离内形成的强烈地貌反差,是青藏高原隆起的直观显示。地形陡峻、山岭重叠、河流湍急、谷底狭窄是该生态区总的地貌和水文特点。①都江堰—四姑娘山生态廊道是一个集多种地理要素和气候要素的交汇地带,是中国少有的大尺度复合性生态过渡区。

都江堰—四姑娘山生态廊道地处青藏高原东南缘的高山峡谷与成都平原过渡地带,海拔高差大。② 较大的海拔高差所带来的温度、水分、光照等气候因素及其配合方式,导致山地植被呈现出随海拔高度递增而变化的垂直地常性规律。生态区所具有的从基带植被河谷灌丛、寒温性针叶林直至高山流石滩稀疏植被带的较完整的山地植被垂直分布格局,反映出青藏高原东南缘高山峡谷地带特征性的山地垂直带谱。

都江堰—四姑娘山生态廊道丰富的植物和生境多样性孕育了丰富的动物多样性。生态区有脊椎动物518种,其中兽类8目29科81属136种,鸟类16目57科167属333种,爬行类1目3科14属19种,两栖类2目5科11属18种,鱼类3目5科7属12种;已鉴定的昆虫有19目170科922属1394种。生态区内国家Ⅰ、Ⅱ级重点保护野生动物众多,其中国家Ⅰ级重点保护野生动物

---

① 参见陈昌笃:《都江堰地区——横断山北段生物多样性交汇、分化和存留的枢纽地段》,《生态学报》2000年第1期。

② 黄金燕、周世强、谭迎春等:《卧龙自然保护区大熊猫栖息地植物群落多样性研究:丰富度、物种多样性指数和均匀度》,《林业科学》2007年第3期。

有 15 种,II 级重点保护野生动物 53 种。国家 I 级重点保护野生动物中,兽类有扭角羚(Connochaetes zimmermann)、大熊猫(Ailuropoda melanoleuca)、川金丝猴(Rhinopithecus roxellanae)、豹(Panthera pardus)、雪豹(Panthera uncia)、云豹(Neofelis nebulosa)、林麝(Moschus berezovskii)、高山麝(Moschus chrysogaster)和白唇鹿(Gervus albirostris)9 种,鸟类有黑鹳(Ciconia stork)、绿尾虹雉(Lophophorus lhuysii)、斑尾榛鸡(Bonasa sewerzowi)、金雕(Aquila nipalensis)、胡兀鹫(Gypaetus barbatus)和红喉雉鹑(Tetraophasis obscurus)6 种;国家 II 级重点保护野生动物中,兽类有小熊猫(Ailurus fulgens)、黑熊(Ursus thibetanus)、豺(Cuon alpinus)、藏酋猴(Macaca thibetana)、水鹿(Rusa unicolor)等 18 种,鸟类有血雉(Ithaginus creentus)、白腹锦鸡(Chrysolophus amherstiae)、红腹锦鸡(Chrysolophus pictus)、红腹角雉(Tragopan temminckii)、高山兀鹫(Gyps himalayensis)、凤头鹰(Accipiter trivirgatus)等 34 种,鱼类有虎嘉鱼(Hucho bleekeri)1 种。

生态廊道在动物地理区划上属东洋界中印亚界、西南区西南山地亚区,此区呈现出相对海拔落差大、海拔从 540m 到 5973m 植被垂直分布明显、生境复杂多样化的特点。动物兼具古北界和东洋界成分,以古北界成分为主。其动物地理群为南方亚高山森林草原、草甸动物群,南北物种混杂,特有物种丰富。

生态廊道内保护地类型众多,且有交叉重叠,包括:世界自然遗产地 1 处(四川大熊猫栖息地世界自然遗产),国家级自然保护区 3 处(龙溪虹口、卧龙和四姑娘山),以及国家级的风景名胜区、森林公园、地质公园、水利风景名胜区和省级自然保护区等自然保护地单元。

生态廊道涉及龙池镇、映秀镇、耿达镇、卧龙镇和四姑娘山镇 5 个乡镇,各乡镇的社会经济基本情况分别如下:

龙池镇。龙池镇行政上隶属都江堰市,全镇辖联合村、高原村和南岳村 3 个行政村,人口约 707 户,共计 1371 人。镇上百姓的主要收入来源为旅游产业收入,2015 年农民人均可支配收入已经达到 1.3 万元,产业模式依照"一三产业"互动,利用乡村旅游发展,形成乡村旅游产业链。老百姓的第二大收入来源于种植业,主要种植的是猕猴桃、三木药材和草本黄连。

映秀镇。映秀镇行政上隶属于汶川县,全镇辖 1 个社区和 7 个村,人口

1159 户,共计 2942 人。映秀镇大部分百姓的主要收入来源于种植业,以油菜子以及各类蔬菜为主,水果主要为甜樱桃、青脆李等,药材种植方面主要种植草本黄连和三木。地震过后,镇政府打造并引导旅游产业的发展,2017 年人均可支配收入约为 1.2 万元。

耿达镇。耿达镇行政上隶属于汶川县,全镇辖幸福村、耿达村和龙潭村 3 个村,人口约 751 户,共计 2497 人。产业结构以农业为主,除了少许蔬菜外,基本用于自己食用,绝大部分家庭以打零工和务农为主要收入来源,且多以本地工为主,2017 年人均可支配收入约为 12500 元。

卧龙镇。卧龙镇行政上隶属于汶川县,全镇辖卧龙关村、足木山村和转经楼村 3 个村,人口约 704 户,共计 2290 人。同耿达镇一样,其产业结构以农业为主,但主要用于自己及家人食用,大部分家庭以打零工和务农为主要收入来源,2017 年人均可支配收入约为 1.22 万元。

四姑娘山镇。四姑娘山镇行政上隶属于小金县,全镇辖金锋、长坪、双碉、双桥、沙坝 5 个村,共计 3708 人。随着农业用地减少,全镇居民的生产和就业已经由农牧业逐渐转向旅游服务的第三产业,2016 年农民人均可支配收入约为 1.4 万元。

因区位、自然地理和发展历史不同,都江堰—四姑娘山生态廊道也呈现出较为显著的民族多元文化:都江堰作为汉族聚居区以中国本土宗教道教文化为代表,追求天人合一和道法自然;卧龙特别行政区同样以汉族为主,在长期生产生活中积累了大量的与自然灾害共生的知识和行为规范,被一些专家称为"大熊猫文化";汶川县则是中国仅有的 4 个羌族聚居区之一,因此被称作西羌门户;而小金县有较为独特的嘉绒藏族的聚居区,其属于古老藏族的一个支系,尤其是四姑娘山镇一带,依然保持了对神山圣湖崇拜的传统。

以多元文化衍生出来的丰富的历史也为该生态廊道添色,比如,从两千多年前沿用至今、创造并保障了成都平原繁荣的都江堰水利工程;汶川段属于古茶马古道藏北线的克枯栈道;20 世纪初全世界著名的英国植物学家威尔逊在中国采集植物的过程中,汶川县和小金县均是威尔逊路上的关键停留点;从当代历史看,小金县也是红军长征过程中具有里程碑式意义的地区,红军翻越的第一座大雪山以及红一、四方面军胜利会师的地方均在小金县范围内。

（2）都江堰—四姑娘山生态廊道的内涵特征

生态廊道如都江堰—四姑娘山生态廊道通常是保护与发展矛盾最集中的区域。一方面，廊道内不仅分布有大量的珍稀野生动植物，更是野生动物迁徙的关键通道，对于野生动植物尤其是野生动物有效保护具有十分重要的意义。因此，在一些具有生物多样性特性的廊道区域，国家通过建立自然保护区、风景名胜区等，力图加以严格的保护。另一方面，很多生物多样性廊道在历史上就是连通不同行政区域的重要通道，甚至在国家正式的自然保护地建立以前，就已经成为人来车往、商旅不绝的交通要道，因此，也是人口居住比较稠密的区域，其居民不仅包括原住民，还有很多在沿线提供餐饮等服务的外来人口。同时，由于其地理特性，生物多样性廊道也是自然灾害频发的区域，洪涝灾害、地震以及次生的滑坡、泥石流等各种自然灾害不断。常年的自然灾害，导致廊道区域内的经济发展迟缓。近年来地方经济发展在"交通先行""破除交通瓶颈"等理念的指导下，生物多样性廊道也成为公路、铁路建设以及伴随而来的各种基础设施建设、政府项目实施的重点区域。由于项目多，又跨行政区，很多项目相互缺乏协调性甚至相互矛盾，导致生物多样性保护廊道区域情况复杂，管理多头，矛盾突出，焦点集中。

（3）生态廊道的建设目标与策略

都江堰—四姑娘山生态廊道的发展定位是以建设绿色发展示范带、民族团结桥梁、扶贫攻坚的典范区为宗旨，成为不同区域发展联系与融合区、生态经济转型示范区、美丽山川与人居体验区。

都江堰—四姑娘山生态廊道的发展目标是通过切实拓展生态空间，巩固绿色发展屏障；通过积极打造绿色产业，筑牢绿色发展根基；通过不断推动改革开放，增强绿色发展动力。在该区域形成节约资源和保护环境的空间格局、产业结构、生产方式、生活方式。

都江堰—四姑娘山生态走廊带的策略方向是示范山地绿色轨道交通建设、开展增量生态保护、提高生态产品质量和稳定性、深化生态文明体制机制、培育和凝练生态文化。

4. 实施途径与启示

开展生态廊道建设，在全国、生物多样性关键区域和都江堰—四姑娘山三个不同景观尺度的区域都具有重要的实践意义。

（1）全国范围的实施意义：平衡保护与发展矛盾的指导思想与路径，确保绿色发展与高质量发展有机融合

绿色发展和高质量发展是对未来中国发展至关重要的战略思想和发展路径，全国各行各业和每个区域都必须深入学习理解党中央的系列相关文件精神，并在实践中积极探索和自觉践行。随着我国环境资源约束的不断增加，高质量发展必须建立在绿色发展的基础上，不断提升自然资源利用的效率和投入产出比，同时不突破环境容量；绿色发展也不应以牺牲经济发展总体质量和必需的发展速度为前提，如果绿色发展没有与创新发展、协调发展、开放发展和共享发展有机结合，甚至片面强调绝对保护、过度保护，发展的质量也难以达到较高的水平。

生态廊道建设的最关键点就是绿色高质量发展。生态廊道建设重在发挥生态系统服务功能，反对封闭式保护或绝对保护。生态廊道建设本质是不用一刀切的指导思想或简单运用一种模式来利用自然资源，而且容许多元主体因地制宜地选择自然资源保护和利用模式，不断寻找保护与发展的动态平衡点。

（2）生物多样性关键区域：削减自然灾害、市场波动和政策变动对生态产品供给稳定性的负面影响

我国贫困地区与重点生态功能区高度重合，统计数据显示，贫困地区各类主体功能区中，重点生态功能区分布最广，占贫困地区总面积的 76.52%，全国 14 个连片贫困区大多与重点生态功能区在地理空间上高度重叠、项目实施区域一致。由于担负了生态保护功能，生物多样性关键区域大都被划定为禁止开发区和限制开发区。尽管国家通过各种大型生态工程项目开展转移支付，但并未能为这些区域构建长效的机制和路径，与中东部的发展差距尚未明显缩小。

生态走廊带自然灾害频发，无论是种植业还是养殖业都面临各种自然灾害，来自野生动物的侵害也是常见但无法预见的风险。在频繁的自然灾害面前，农户传统的策略是多样化和小规模，即使遭受损失也不致过大。但如果农户放弃多样化，种养殖活动集中于少数几项或大规模扩大生产规模，暴露在自

然灾害上的风险将急剧增加。

农产品销售往往季节性强,中间环节众多,受交通和信息影响大,不仅市场价格波动频繁,市场的偏好和对加工与包装的要求也不断变化。在市场波动中,受损的往往是信息闭塞、难以止损的小农。

生态走廊带往往同时面临来自不同层级政府、不同政府部门的政策调控,生态环境保护与加快经济发展的各种政策常常交织而来。此外,执行政策的县、乡两级官员的思路与偏好也各不相同,有的提出发展传统有机农业,有的提出发展高价值农产品,有的强调种植业优先,有的建议发展农民集体养殖。由于当规模扩大时,种植与养殖之间、种养殖不同品种之间的矛盾急剧凸显,因此不能获得政策支持的转型思路面临很高的风险。

生物多样性关键区域能稳定地提供生态系统服务功能和生态产品是农户长效致富奔小康的关键点。然而,中国尤其是西部广大的生物多样性关键区域,农户在尝试转型家庭经济过程中,常常面临自然灾害、市场波动和政策变化的风险,甚至三种风险相互叠加,导致农户在家庭经济转型探索中失败,浪费资源、欠上债务、丧失信心,部分家庭又重新寻求转型的时机,部分家庭却从此陷入贫困的恶性循环。

生态走廊带强调多元化发展,一方面不因为追求短期效益而单一利用生态系统中的某一种或几种自然资源,从而减少农户暴露于自然灾害、市场波动和政策变动的风险之中;另一方面也通过加强多元治理并公开、公平和公正地提供发展机会和分享发展收益,使关键生态区能得到长期稳定发展。

(3)都江堰—四姑娘山生态走廊带:充分发挥轨道交通的优势,建设全国绿色高质量发展试点

随着都江堰四姑娘山山地轨道交通的建设,都江堰—四姑娘山走廊带交通条件将得到极大的改善,不仅使走廊带成为连接成都平原经济区和川西北生态经济区的纽带,还使走廊带内诸如自然体验、森林康养、生态农业和畜牧业产品的供给稳定性大幅度增强,为外部的资源和信息进入生态区提供了更大的便利,从而为绿色高质量发展创造了良好的外部条件。

都江堰—四姑娘山生态走廊带生物多样性价值举世闻名,汶川—卧龙特别行政区从 20 世纪 80 年代以来就是中国生态文明体制改革的实验地,加之

生态区距离成都这一国家中心城市距离近,具有很强的示范性。生态走廊带在全国诸多生物多样性关键区中率先开展绿色高质量发展试点建设,建设成效和取得的经验教训很容易得到宣传和推广。

四、国家公园建设与景观尺度保护

1. 背景

世界自然保护联盟(IUCN)把国家公园定义为:为了保护一个或多个典型生态系统的完整性,为生态旅游、科学研究和环境教育提供场所,而划定的需要特殊保护、管理和利用的自然区域。国家公园是世界范围内自然保护地建设的主要形式,从 1987 年美国第一个国家公园黄石公园设立开始,到目前全世界已有超过 200 个国家都建立了国家公园。但国家公园在中国是全新的,根据世界自然保护联盟对于国家公园的定义,特别强调大尺度上保护生态系统及其生态过程的完整性,但中国传统的自然保护地受制于行政边界(县为单位)和特定保护对象的影响,缺乏大尺度上生态完整性的考虑。因此,国家公园建设的提出恰好为突破原有的行政边界,从完整性以及生态功能的连续性上整体考虑生物多样性保护提供了契机。

2. 国家相关政策

党的十八届三中全会于 2013 年审议通过的《中共中央关于全面深化改革若干重大问题的决定》提出"建立国家公园体制"。2015 年 1 月,国家发展改革委、中央机构编制委员会办公室、财政部、国家林业局等 13 部委联合发出《关于印发建立国家公园体制试点方案的通知》。2015 年 1 月,经国务院批准在 9 个省(市)开始建立国家公园体制试点,提出了青海三江源、吉林和黑龙江东北虎豹、湖北神农架、福建武夷山、浙江钱江源、湖南南山、北京长城以及云南普达措等 8 个试点的国家公园。2016 年 4 月,中央深化改革领导小组经济体制和生态文明体制改革专项小组召开大熊猫、东北虎国家公园体制试点工作启动部署会,要求四川牵头,会同陕西、甘肃两省编制《大熊猫国家公园体制试点方案》。2017 年中央又提出在甘肃、青海两省建立祁连山国家公园。截至目前,全国共有 10 个国家公园在开展体制试点。2017 年 9 月,在总结试点经验的基础上,中共中央办公厅、国务院办公厅印发了《建立国家公园体制总体方案》,初步完成了中国国家公园体制的顶层设计。《建立国家公园体制总体方案》中明确提出中国国家公园的定义:国家公园是指由国家批准设立并主导管理,边界清晰,以保护具有国家代表性的大面积自然生态系统为主要目的,实现自然资源科学保护和合理利用的特定陆地或海洋区。2017 年 10 月,党的十九大报告提出要"构建国土空间开发保护制度,完善主体功能区配套政策,建立以国家公园为主体的自然保护地体系"。这是继《建立国家公园体制总体方案》之后,进一步明确了国家公园的定位和作用,标志着中国的国家公园建设进入实质推进阶段。

但中国国家公园建设的难点是:中国国家公园不是从无到有的建设过程,而是如何在现有保护地建设的基础上整合和扩大,改变现有多部门、多层级的管理现状,解决保护不到位、保护重叠等问题,理顺机制体制,使中国的自然保护走向良性发展的道路。

3. 国家公园案例 1:三江源国家公园

（1）基本情况

三江源国家公园包括长江源、黄河源、澜沧江源 3 个园区,总面积 12.31 万平方公里。长江源园区位于玉树藏族自治州治多县和曲麻莱县,园区总面积 9.03 万平方公里,包括可可西里国家级自然保护区、三江源国家级自然保护区索加—曲麻河保护分区,涉及治多县的索加乡和扎河乡、曲麻莱县的曲麻河乡和叶格乡,共 15 个行政村;黄河源园区位于果洛州玛多县境内,包括三江源国家级自然保护区的扎陵湖—鄂陵湖和星星海 2 个保护分区,涉及玛多县的黄河乡、扎陵湖乡和玛查理镇,共 19 个行政村;澜沧江源园区位于玉树藏族自治州杂多县,与长江源园区接壤,园区总面积 1.37 万平方公里,包括青海三江源国家级自然保护区果宗木查、昂赛 2 个保护分区,涉及杂多县的莫云、查旦、扎青、阿多和昂赛乡,共 19 个行政村。

青藏高原被称为世界第三极,三江源素有"中华水塔"的美誉,三江源国家公园是三江源的核心,是"中华水塔"的塔尖,是展现三江源自然之美和悠久文化的窗口,其特色和价值体现如下:1)面积大且海拔高。三江源国家公园的总面积达 12.31 万 km^2,平均海拔在 4500m 以上,是世界上海拔最高的国家公园。2)自然禀赋得天独厚,有雪峰、冰川、湖泊、湿地、峡谷、河流,有昆仑、巴颜喀拉、阿尼玛卿、唐古拉等极地之山,气候变化的敏感区地处偏隅和生长美丽风物的空气稀薄地带,是高原动植物的天堂。与世界著名国家公园相比较,三江源国家公园功能更多样、类型更齐全、结构更复杂,景观更丰富、更典型、更多彩。3)生态系统独特多样,地球上最年轻的地貌,孕育了以高寒草甸生态系统为主体,高寒草原、湿地生态系统、荒漠生态系统、森林生态系统、冰川雪山等并存的独特高原高寒复合生态系统。

三江源国家公园原住民主要是藏族群众,他们世世代代生活在青藏高原,对高原生态环境的脆弱与自然资源的珍贵有着深切体验,形成了他们关于自然、人生的基本观念和生活方式,创造了与自然环境相适应的生态文化。三江源地区民族历史文化积淀深厚,藏文化、草原文化乃至昆仑文化在这里交相辉映,敬畏自然、敬畏生物的朴素生态理念世代相传,生生世世守望着这片土地,为子孙后代留下了最原始的风貌。在世代传承中不断赋予其时代精神,与先进文化紧密结合、与社会主义核心价值观紧密结合、与藏区发展战略紧密结合,形成了典型的生态文化体系,使人与自然和谐共存的信念和文化传统得到弘扬。

(2)指导思想、规划原则和规划目标

指导思想:以习近平新时代中国特色社会主义思想为指导,深入贯彻落实党的十九大精神和习近平生态文明思想,根据《建立国家公园体制总体方案》《三江源国家公园体制试点方案》的要求,以三江源国家公园体制试点成果为基础,全面落实《三江源国家公园总体规划》(以下简称(《总体规划》)目标任务和保障措施,与生态保护、社区发展和基础设施建设、产业发展和特许经营、生态体验和环境教育专项规划紧密衔接,着力深化管理体制机制创新和改革,采取最严格的生态保护政策,执行最严格的生态保护标准,落实最严格的生态保护措施,实行最严格的责任追究制度,构建借鉴国际经验、符合中国国情、体现三江源特点的中国特色国家公园管理体系,建立健全管理制度,实现管理顺畅、有序、高效,为在三江源地区建立以国家公园为主体的自然保护地体系提供制度保障。

规划原则:1)顶层设计引领。对于建立国家公园体制,党中央从顶层设计作出了全面部署,中央建立国家公园体制试点领导小组成员单位制定了相关政策和举措,必须深刻领会、准确把握、全面落实,保证规划与中央精神高度统一。2)总体规划统筹。《总体规划》明确了三江源国家公园建设的指导思想、原则、目标、任务和保障措施,是宏观层面指导三江源国家公园建设空间布局的战略规划,专项规划以《总体规划》为框架,统筹落实具体建设任务和实施计划,确保目标统一、任务一致。3)专项规划衔接。三江源国家公园的专项规划除管理规划外,还有生态保护、社区发展和基础设施建设、产业发展和特许经营、生态体验和环境教育四个专项规划,都要以《总体规划》为指导,规划间相互衔接,建设内容相互配套,避免相互矛盾和掣肘。4)政策举措协调。为有序、有效推进我国国家公园体制试点和建设,国家层面出台了一系列政策措施,青海省颁布了《三江源国家公园条例》以及十多项管理办法,对本规划具有指导作用,要注重落实和衔接,确保规划与政策相协调。

规划目标:1)近期目标,到 2020 年基本建立国家公园体制,正式设立三江源国家公园,国家公园体制全面建立,法规和政策体系逐步完善,资金筹措和管理体系基本健全,标准体系基本形成,生态保护更加严格,管理运行顺畅。2)中期目标,到 2025 年,保护和管理体制机制不断健全,规划体系、政策体系、制度体系、标准体系、机构运行体系、人力资源体系、多元投入体系、科技支撑体系、监测评估考核体系、项目建设体系、经济社会发展评价体系等基本形成,资金筹措和管理体系健全,生态保护成效显著,管理运行有序高效。3)远期目标,到 2035 年,国家公园体制更加健全,保护管理效能明显提升,行政管理范围与生态系统相协调,建立起生态保护的典范;国家公园规划体系、政策体系、制度体系、标准体系、机构运行体系、人力资源体系、多元投入体系、科技支撑体系、监测评估考核体系、项目建设体系、经济社会发展评价体系全面建立,成为体制机制创新的典范。

(3)管理创新和成效

自三江源国家公园体制试点启动以来,实现国家公园范围内自然资源资产管理和国土空间用途管制"两个统一行使",建立"一件事由一个部门来管"的权责边界清晰、所有权和监管权分离、地方政府和国家公园管理部门良性互动的新型保护地管理体制,形成了三江源国家公园的管理基础。

建立管理运行体制:1)组建管理机构。组建三江源国家公园管理局和三江源国有自然资源资产管理局(下称"管理局"),统一行使三江源国家公园范围内国有自然资源资产所有者职责。按"一园三区"的布局,分别整合治多县、曲麻莱县和玛多县、杂多县政府涉及自然资源和生态保护相关部门职责,设立长江源、黄河源、澜沧江源国家公园管理委员会。结合国家公园体制试点,杂多、治多、曲麻莱、玛多四县政府机构同步完成大部门制改革。2)明确权责。三江源国家公园自然资源所有权由中央政府直接行使,目前委托青海省政府代行。三江源国家公园管理局为青海省政府派出机构,承担三江源国家公园试点区以及青海省三江源国家级自然保护区范围内各类国有自然资源资产占有、使用、收益和处分等职责。国土资源、环境保护、农牧、林业、水利等部门,依法对自然资源管理和保护利用进行监督和指导。将三江源国家公园范围内各类保护地的管理职责整合划入三江源国有自然资源资产管理局,并在长江源园区管理委员会加挂青海可可西里世界自然遗产地管理局的牌子,在治多、曲麻莱、可可西里管理处,均加挂青海可可西里世界自然遗产地管理分局的牌子。3)管理运行步入正轨。按照"编随职转,人随事走"的原则,从省、州、县相关机构现有编制中调整划转,落实机构编制人员和"三定"方案。在试点期间,三江源国家公园管理局系统职责实行动态管理,不断优化调整,明确职能职责、工作流程、岗位标准,建立规范统一的内部管理制度,逐步形成与国际接轨的职业化管理队伍。管理运行经费包括基本预算和专项预算,中央财政通过现有渠道加大支持力度。

健全完善制度体系:加强立法工作,青海省人大常委会于2017年率先颁布了我国第一部国家公园法规——《三江源国家公园条例(试行)》,为三江源国家公园建设提供法律支撑。经青海省委省政府批准,三江源国家公园管理局制定并印发了《三江源国家公园科研科普活动管理办法(试行)》《三江源国家公园生态管护员公益岗位管理办法(试行)》《三江源国家公园经营性项目特许经营管理办法(试行)》《三江源国家公园项目投资管理办法(试行)》《三江源国家公园社会捐赠管理办法(试行)》《三江源国家公园志愿者管理办法(试行)》《三江源国家公园访客管理办法(试行)》《三江源国家公园国际交流合作管理办法（试行）》《三江源国家公园预算管理办法（试行）》《三江源国家公园草原生态保护补助奖励政策实施方案》等规范性文件,初步建立起管理制度体系。

开展自然资源综合执法:三江源国家级自然保护区森林公安局整体划归为三江源国有自然资源资产管理局,设立执法监督处。在现有职责基础上,将执法和案件查处权扩大到三江源国家公园和三江源自然保护区范围内国土、环保、林业、农牧等自然资源刑事司法领域。加强派出所人员队伍和执法设施装备标准化建设。在玛多、杂多、治多、曲麻莱四县,分别整合森林公安、国土执法、环境执法、草原监理、渔政执法等自然资源执法机构,组建园区管委会资源环境执法局,实现辖区生态环境国土空间管制和自然资源的统一执法,积极探索自然资源刑事司法与行政执法的高效联动,开展县域集中统一高效的自然资源综合执法。

创新生态管护公益岗位:按照中央精准脱贫和《大熊猫国家公园体制试点方案》部署,创新生态管护公益岗位机制,印发生态管护公益岗位机制实施方案。在原有林地、湿地单一生态管护岗位的基础上,制定了园区综合生态管护公益岗位设置实施方案,按照精准脱贫的原则,优先聘用园区建档立卡贫困户,生态管护员持证上岗,按月发放报酬,年终进行考核,实行动态管理。同时,推进山水林草湖组织化管护、网格化巡查,组建了乡镇管护站、村级管护队和管护小分队,组织开展了马队和摩托车队远距离巡查管护。充分利用原来配发的流动帐篷及多媒体收视系统,构建远距离"点成线、网成面"的管护体系,使牧民逐步由草原利用者转变为生态管护者,促进人的发展与生态环境和谐共生。

（4）存在的问题和困难

体制机制仍未根本理顺:虽然建立了一套全新的管理体制,取得了一定成效,但仍处于过渡时期,体制机制障碍未从根本上消除:1)与原管理体制的关系,特别是与行业管理部门间,虽然作了一定的职能划转,但在实际操作中,仍存在由于职能落实不到位而造成的管理真空;2)与地方政府的关系,在县一级实行一套人马两块牌子,实行三江源国有自然资源资产管理局与地方党委政府双重领导,但由于国家公园建设涉及多方利益格局调整,短时间内难以达到利益平衡,特别是国家公园与各州县管辖地域、管理权限分配等方面诉求不一,州县政府存在顾虑,甚至造成工作中的掣肘;3)与园区外的关系,当前国家公园周边区域加入国家公园的愿望比较迫切,究其原因主要是园区内外的政策不一所致,国家公园体制改革红利带动效应还没能有效发挥。

生态保护能力仍然薄弱:1)生态保护缺乏长效的资金保障机制,国家公园财力严重不足,目前的实际投入支持难以满足国家公园的实际需求;2)地方相关执法力量、核查人员紧缺,信息平台建设专业人员严重不足,草原保护、动植物监测等专业技术人员更为匮乏,正常的管理运行受到影响;3)管护力量仍显薄弱,三江源地区地广人稀、基础设施滞后、信息化程度低,部分地区管护员人均管护面积过大,造成一些区域的管护空白。

管理运行效率有待提升:1)管理机构组建时间短、职能新,管理运行仍需磨合和探索;2)虽然制定了一系列的管理办法,但国家公园实行全新的管理体制,没有现成经验可供借鉴,管理办法需要在实践中不断加以完善,逐步发挥高效的管理效能;3)人员水平有待进一步提升,目前高层次管理人员和专业技术人才较为欠缺,需要不断培养和引进。

4. 国家公园案例 2:大熊猫国家公园

（1）基本情况

大熊猫是我国独有的国宝级珍稀濒危野生动物,是全球生物多样性保护的旗舰物种,也是我国与世界各国交流的和平使者。加强对大熊猫及其栖息地的保护既是对维护我国生态安全和全球生物多样性作出的重大贡献,也是为子孙后代留下的最珍贵的自然遗产。党中央、国务院高度重视大熊猫保护工作。习近平总书记、李克强总理对大熊猫保护工作多次作出重要指示批示。2016 年 1 月,习总书记作出"在大熊猫主要栖息地整合设立国家公园"的重要指示,要求通过开展国家公园体制试点,形成保护的新体制新模式,推动大熊猫栖息地整体保护和系统修复,永久保存大熊猫栖息地生态系统的原真性、完整性。2016 年 12 月,中央全面深化改革领导小组第三十次会议审议通过了《大熊猫国家公园体制试点方案》（以下简称《试点方案》）。2017 年 9 月,中共中央办公厅、国务院办公厅印发了《建立国家公园体制总体方案》（以下简称《总体方案》）,加强了大熊猫国家公园的顶层设计。

根据维护大熊猫栖息地完整性和原真性的原则,将大熊猫种群高密度区、大熊猫主要栖息地、大熊猫局域种群遗传交流廊道划入国家公园,已确定总面积约为2.71万平方千米,根据2016年三省调查结果显示,范围内约有人口20余万,野生大熊猫数量1600余只,栖息地面积约1.81万平方千米。其内有各类保护地70余个,涉及42个自然保护区、1个自然保护小区、2个世界自然遗产地、13个森林公园、13个风景名胜区、4个水利风景区、5个地质公园,以及几十个从事森林保护的森工企业和林场。涉及四川、陕西、甘肃三省的成都、绵阳、德阳、雅安、眉山、阿坝、广元、西安、宝鸡、汉中、安康、陇南12个市(州)29个县(市、区)和卧龙特别行政区。根据野生大熊猫局域种群状况、生活习性及地理分布,将大熊猫国家公园划分为岷山片区、邛崃山—大相岭片区、秦岭片区和白水江片区。

大熊猫国家公园总体发展水平较低。除成都市的崇州、都江堰,德阳市的绵竹、什邡,雅安市的宝兴和荥经6个县(市)外,规划区内其他13个县(市、区)人均GDP均低于全省平均水平,部分县(市)人均GDP不到2万元,是全国和省内经济欠发达地区。1)贫困面广,程度较深。规划区域内还存在大量贫困地区,北川、平武、青川、汶川、理县、茂县、松潘和九寨沟8个县是集中连片特殊困难县和国家扶贫工作重点县。区内现有贫困人口3.9万人,占规划区总人口的32.69%,扶贫攻坚任务十分艰巨。2)资源开发依赖性强。规划区内矿产和水电资源丰富,对其开发利用在经济发展中占有重要位置。现有矿山320处(含探矿权项目178处)、探矿权面积2983.79平方公里,水电站343个,涉及的直接从业人员超过1万多人,2016年销售额超过35亿元,纳税额超过22亿元,是部分县(市)财税收入的重要来源。3)多民族聚居。规划区除汉族外,还有藏族、羌族、彝族等多个少数民族,其中阿坝州是四川省第二大藏区和主要羌族的聚居区,北川县是我国唯一的羌族自治县。各民族大杂居小聚居,风俗习惯、宗教信仰多元化,民族文化、传统习俗绚丽多彩,有多项民族文化遗产被列入国家级非物质文化遗产目录。4)社会事业发展滞后。规划区大多地处偏远山区,社会事业发展基础薄弱,虽近年来投入不断提高,但与需求相比仍显不足。同时,医疗、卫生、教育、文化等领域人员流失严重,社会事业发展人才短缺,导致基本公共服务供给能力较弱。

（2）目前大熊猫国家公园体制试点进展

按照中央批复的《试点方案》和印发的《总体方案》，在中央各部委，川、陕、甘三省的共同努力下，稳步推进大熊猫国家公园体制试点工作，并取得了积极成效，各级政府和公众对国家公园的认识也逐步提高。

设立大熊猫国家公园体制试点工作推进机构。中央全面深化改革领导小组经济体制和生态文明体制改革专项小组、国家发展改革委牵头组建了国家公园体制试点领导小组，负责在国家层面协调和督促检查各国家公园试点工作。三省均成立省级层面的大熊猫国家公园体制试点工作推进领导小组，分管省领导担任组长，负责统筹协调推进国家公园体制试点。四川成立了大熊猫国家公园管理机构筹备委员会，从省级相关部门抽调人员具体实施大熊猫国家公园机构整合等相关工作。

明确大熊猫国家公园试点期间的权责利。三省根据不同管理现状和自然资源情况，分别制定了试点期间大熊猫国家公园体制试点实施方案和总体规划，指导大熊猫国家公园建设和试点期间的机构整合、自然资源资产管理、生态保护等重点工作路线图、时间表和责任单位。依照"依托现有机构整合组建管理机构""体现精简统一效能""有利于三省对国家公园的协调和管理"等原则，三省提出了大熊猫国家公园机构整合设置的建议方案。

启动自然资源确权登记。结合全民所有自然资源资产管理体制改革，制定《大熊猫国家公园自然资源统一确权登记工作方案》，调查核实国家公园范围内各类自然资源利用现状，厘清国有和集体所有土地及承载的各类自然资源边界范围，启动建设国家公园自然资源登记数据库、信息平台。

加强试点期间生态保护工作。成立由 6 位院士领衔，涵盖生态、环保、地质、交通、经济、规划等 20 余个学科的大熊猫国家公园专家咨询委员会，为国家公园建设和生产经营活动提供决策咨询和技术指导。整合发改、林业项目资金，重点支持大熊猫走廊带、保护站和宣传设施建设。申请大熊猫国际合作资金，推进大相岭、岷山 L 种群大熊猫野化放归基地建设，启动国家公园内野生大熊猫个体 DNA 档案建立工作。全面停止国家公园范围内新设采矿权、商业性探矿权、新建水电站等建设项目审批，暂停公园核心保护区及生态修复区内征占用林地、林木采伐等行政许可审批。启动制定国家公园内已有生产经营活动退出机制。

完成勘界落图工作。制定《大熊猫国家公园勘界打桩定标工作方案》，通过实地勘察、相关部门座谈、卫星图像比对等方式和技术手段，历时近两个月，完成国家公园边界及功能区划边界实地勘察工作。为2018年启动大熊猫边界和功能区划打桩做好了充分准备。

启动大熊猫国家公园形象标识征集。2018年1月，三省大熊猫国家公园体制试点工作领导小组共同发起大熊猫国家公园形象标识征集，面向全球征集国家公园形象标识。在征集形象标识的同时，也提高了大熊猫国家公园知名度和影响力。

（3）存在问题及解决对策

事权划分不明。建立国家公园体制是为了解决"九龙治水"问题，真正实现一个部门对自然资源和国土空间管控，保持生态系统原真性、完整性。《总体方案》中明确国家公园管理机构"履行国家公园范围内的生态保护、自然资源资产管理、特许经营管理、社会教育管理和宣传推介等职责，负责协调与当地政府与周边社区关系"，但同时也提出部分国家公园由中央行使所有权、有过渡期、根据实际需要整合资源环境方面的执法权等。也就是说在试点期间，中央未明确大熊猫国家公园究竟是由中央直接履行管理职能，还是委托省级政府履行管理职能。因此，国家相关部门和省级政府在谁代表国家行使自然资源资产管理、空间管控，谁负责国家公园内生态保护责任上存在分歧，难以做到大熊猫国家公园"归属清晰、权责明确"，不利于试点工作的深化和推进。

协同管理和资金保障机制缺乏。大熊猫国家公园涉及的区域既是自然资源丰富、生物多样性高，也是多民族聚居、经济相对落后的区域，经济发展对自然资源依赖性较高。大熊猫国家公园体制试点既要关注体制改革、生态保护，也要关心民生问题。据2016年统计，大熊猫国家公园内有超过300处矿山、300多个水电站，还有几十个旅游开发项目，从业人员数万人。《总体方案》中虽然明确"不符合保护和规划要求的各类设施、工矿企业等逐步搬离，建立已设矿业权逐步退出机制"，但是目前没有明确退出的时限、补赔偿标准与资金来源，以及国家公园建立对地方财政减收的扶持等导向性配套政策。省级政府虽然提出了建立退出机制、加大生态补偿力度、推进社区可持续发展等重要工作,但受财力和出台政策效率等限制,难以建立中央和地方、各部门之间协同管理机制和财政投入为主的多元化资金保障机制,增加了试点工作难度。

缺乏法律保障。在现有各类保护地法规制度完成调整和国家公园法律法规出台前,大熊猫国家公园在管理体制、运行机制、资源管控等方面的探索均缺乏相应的法律依据和支撑。随着试点工作逐步深入,推进一些深层次的改革若无法律授权,政府的行政行为将面临巨大法律风险。

五、生态产品的价值实现

1. 背景

"生态产品价值"是指一定区域生态系统为人类福祉和经济社会可持续发展提供的最终产品与服务的价值,由中国科学院生态环境研究中心在 2013 年提出,可以经由核算而量化,形成一个数值。我国在 2017 年将浙江等四省作为开展生态产品价值实现机制试点。

"绿水青山就是金山银山"的前提是绿水青山能可持续地转化为金山银山,这个转变从本质上讲是从生态资源中发掘生态产品,将资源优势转化为产品品质优势,进而通过市场推动价值实现的过程。

在"两山论"的核心环节的生态产品价值实现中,生态保护是前提,即要始终将山水林田湖草作为一个生命共同体统一保护,守住绿水青山之本。在这个前提之下,绿水青山要持续地、增值地转变为金山银山,还需技术路线创新和配套制度保障。

2. 国家相关政策

党的十八大报告提出要"增强生态产品生产能力",党的十九大报告提出"要提供更多优质生态产品以满足人民日益增长的优美生态环境的需要"。在全国生态环境保护会议上,习近平总书记进一步指出,要加快构建以产业生态化和生态产业化为主体的生态经济体系,这是我们党在探索优质生态产品供给领域作出的重要政策方略,也是新时代生态文明体系建设的关键和根本出路。产业生态化和生态产业化,如同一枚硬币的两面,是生态经济体系不可或缺的两大部分。前者要求按照生态化的理念,改造提升三次产业,加快传统产业绿色转型升级;后者要求按照社会化和市场化理念,开展生态资本化经营,推动生态要素向生产要素、生态财富向物质财富转变,促进生态与经济良性循环发展。

在 2018 年的全国生态环境保护大会上,习近平总书记对"两山论"作出了进一步的阐释:绿水青山和金山银山的关系,是经济发展和生态环境保护的关系。绿水青山既是自然财富、生态财富,又是社会财富、经济财富。保护生态环境就是保护自然价值和增值自然资本,就是保护经济社会发展的后劲,使绿水青山持续发挥生态效益和经济社会效益。加快形成节约资源和保护环境的空间格局、产业结构、生产方式、生活方式,把经济活动、人的行为限制在自然资源和生态环境能够承受的限度内,给自然生态留下休养生息的时间和空间。

3. 浙江丽水案例

丽水地处浙西南,被誉为中国生态第一市。丽水市充分发挥清新的空气、洁净的水源、宜人的气候等生态产品优势,促进旅游全区域、全要素、全产业链发展,"通过生态+、品牌+、互联网+",推进经济生态化、生态经济化,实现了"点绿成金"。

丽水市生态产品机制实现的主要做法有如下几种:1)做大"丽水山耕"。丽水市以政府所有、协会注册、国资公司运营模式创立"丽水山耕"公用品牌,将生态优势转化为商品优势、资源收益转化为品牌价值收益。目前丽水全市销售额达 35.7 亿元,产品溢价率超过 30%。2)做精"丽水山居"。依托城市、景区、产业、文化、村落,着力打造区域农家乐综合体和精品民宿示范品牌,带动产业集聚效应。全市累计培育农家乐民宿达 3881 家,实现年营业总收入增长 30%以上。3)做强"丽水赶街"。全国首创乡镇级农村电商服务中心"赶街"模式,实现"消费品下乡"和"农产品进城",有效解决"最后一公里"的问题。目前全市建设了 8200 余个赶街村级电商服务站,"中国淘宝村"20 个,7个县入选全国电商百佳县,数量居全国第一。

2006—2017 年,丽水 GDP 年均增长 10.3%,GEP(生态系统生产总值)可比增幅达 86.7%;生态环境状况指数连续 14 年居浙江全省第一;农民人均可支配收入增幅连续 9 年位居浙江全省第一。

2018年4月26日,习近平总书记在深入推动长江经济带发展座谈会上发表重要讲话,用102字"点赞丽水",他指出:"浙江丽水市多年来坚持走绿色发展道路,坚定不移保护绿水青山这个金饭碗,努力把绿水青山蕴含的生态产品价值转化为金山银山,生态环境质量、发展进程指数、农民收入增幅多年位居全省第一,实现了生态文明建设、脱贫攻坚、乡村振兴协同推进。"

4. 实施途径与启示

2019年3月浙江省政府基于前期试点,专门印发了《浙江(丽水)生态产品价值实现机制试点方案》,从制度上确保了丽水经验的深入推进。

试点方案的主要目标包括到2020年:1)形成生态农业、生态工业、生态旅游业、健康养生业等多条示范全国的生态产品价值实现路径,生态系统生产总值(GEP)和地区生产总值(GDP)双增长,GEP的GDP转化率达到40%。2)形成一套科学合理的生态产品价值核算评估体系,以维系生态系统原真性和完整性为导向,建立一套科学、合理、可操作的生态产品价值核算评估体系。3)建立一套行之有效的生态产品价值实现制度体系。围绕自然资源资产产权制度改革、生态产品政府采购、生态产品交易市场培育、生态产品质量认证、绩效评价考核和责任追究等方面,探索形成可复制、可推广的制度体系。4)建立一个面向国际的开放合作平台。创建服务全国的中国(丽水)两山学院,设立高端智库,强化与国际一流绿色发展机构和科研团队的合作交流。到2030年,生态产品价值和GEP核算体系更加完善,在市场交易、政府采购等领域得到有效应用;GEP的GDP转化率进一步提高,率先建成全国生态产品价值实现机制示范区。

试点方案的重点任务包括:1)建立价值核算评估应用机制,科学核算生态产品价值,健全绿色发展财政奖补机制,探索建立生态产品价值考核体系和干部离任审计制度。2)健全生态产品市场交易体系,健全自然资源资产产权制度,健全生态产品市场交易机制,建立生态信用制度体系,完善促进生态产品价值实现的金融体系。3)创新生态价值产业实现路径,创新发展生态农业,大力发展生态工业,培育生态旅游康养产业,实施"花园云"大数据工程。4)健全生态产品质量认证体系,培育生态产品区域公用品牌,建立生态产品标准体系,巩固提升生态产品质量认证,多渠道提升生态产品附加值。5)健全生态价值实现支撑体系,持续推进生态保护修复,全面实施大搬快聚富民安居工程,构建综合交通支撑体系,强化人才科技支撑,推进开放合作交流。

六、统筹协调"江湖关系"

1. 背景

长江流域途径我国东、中、西地区共 19 个省、市(区),流域面积达到 180 万平方千米。其中,干流流经青海、西藏、四川、云南、重庆、湖北、湖南、江西、安徽、江苏、上海 11 个省、自治区和直辖市;支流众多,包括雅砻江、岷江、沱江、金沙江、嘉陵江、清江、汉江、九江、乌江、湘江、沅江、赣江等,延伸至贵州、甘肃、陕西、河南、广西、广东、浙江、福建 8 个省、自治区的部分地区。长江流域历经多级阶梯地形,发源于青海省唐古拉山,流经高原、山地、丘陵、盆地(支流)和平原等地形区。长江上游河段落差大,水流湍急;长江中下游河段地势低平、河渠纵横。

长江干流、支流数量众多,在水量丰富、水系交错的沿江、沿河两岸发育了数量众多、面积不一、水文特征各异的湖泊。按其分布的地理位置及特征主要可以分类为长江源头区湖泊、滇北黔西高原湖泊和长江中下游湖泊。湖泊作为陆地水圈的重要组成部分,不仅在提供水源、蓄水防洪、保障通航以及维持区域内生态系统的稳定性和生物多样性发挥着重要作用,而且也成为人类重要的生产场所和聚居区域。在长江源头地区,受到构造运动和冰川作用的影响,形成了数量众多的小型湖泊,星罗棋布,以咸水湖居多;其中,面积较大的有错仁德加(叶鲁苏湖)、雀莫错、玛章错钦、苟鲁山克错、雅兴错、尼日阿错改、苟仁错、错江钦等。部分湖泊与外流河相连,是外流湖;另一些湖泊自成水系,被河流包围,成为内陆湖。在滇北黔西高原湖区,意指位于长江上游地区的滇北、黔西以及毗邻的川西一带的高原湖泊,包括由地壳构造运动产生凹陷而形成的滇池、程海、泸沽湖、草海、邛海、马湖等,由地震等自然灾害导致河道被阻而形成的大海子、小海子等,以及由地下水或地表水对可溶性岩石的溶蚀作用而形成的草海等。在长江中下游地区,由于水量丰富、水系交错,河道蜿蜒地区的冲刷强度尤为强烈,致使沿江沿河地区发育出众多湖泊,包括太湖、巢湖、洞庭湖、洪湖、鄱阳湖等;其中,洞庭湖和鄱阳湖为长江流域仅存的两个通江湖泊。在长江流域内,各类水库如同通江湖泊一样对长江流域内水文特征和生态环境产生重要的影响,如三峡水库等。

湖泊一旦形成,就会受到来自外部自然因素、人类活动因素和湖泊内部活动过程的持续作用,进而伴随湖泊地貌演化,湖泊出现萎缩或扩张现象。各水系湖泊之间沟通交错,并与长江水系河流连通,在长期的相互作用下,逐渐形成了复杂的江湖关系,主要表现为江湖水交换及其引发的水流与泥沙通量变化、水体污染及湿地生态系统环境问题,其具体表现形式在不同湖区有所不同。

(1)水沙通量变化

江湖水交换是江湖关系最基本的表现形式,河水与湖水相连通,江湖水可以实现水体相互交换,以及随之产生的泥沙交换等,主要分为三种类型。

一是以湖水流入江河为主,湖泊成为江河的重要水源。这主要集中在长江源头地区,此区域内与江相通的湖泊绝大多数为非吞吐湖,即以湖水流入江河为主,并成为江河重要的水源。一方面,受到全球气候变化的影响,近三十年来,长江源地区年平均气温上升了 0.7 摄氏度[①],该区域内脆弱的生态环境对于气候变化的反应强烈,冰川退缩、冻土融化、极端天气增多、洪涝灾害等导致草甸草场退化、土地盐碱化严重,涵养水源的能力不足。另一方面,受到不合理的水资源利用和放牧等生产活动的影响,土地退化明显,水土流失日益加重。甚至由于高原地区蒸发旺盛、湖面缩减、湖水矿物质含量增加,以往对江水有重要补给作用的湖泊进一步演变为内陆湖。受到降水量减少、冰川退化、冻土消融等因素的影响,地下水位进一步降低,从而影响源头区的水资源总量,部分外流湖由于入湖径流减少或者在枯水季节与外流河隔离,进而演变成为咸水湖。

二是以江水流入湖中为主,湖水有可能又汇入江河以发挥调蓄江河水的作用。在河水汛期,河水携带泥沙、生物残骸等物质进入湖泊,造成湖泊泥沙

---

① 李晖、肖鹏峰、冯学智、万玮、马荣华、段洪涛:《近30年三江源地区湖泊面积变化图谱与面积变化》,《湖泊科学》2010年第6期。

淤积,导致湖泊的蓄水防洪能力不足,湖面扩张;在河水旱期,受江水流量减少的影响,湖泊水量减少,湖面萎缩。长期以来,湖泊演化过程带来的湖泊水沙变化受到世界各国政府及社会的关注,水沙通量的快速变化直接影响了湖泊地貌的演化过程。在长江中下游地区,湖泊数量众多,在洪水频发的汛期发挥着重要的防洪作用,尤其是洞庭湖和鄱阳湖,作为长江仅存的两个通江湖泊,受长江来水量和来沙量的影响较大,既能蓄纳江水又可以把湖水排入江河,对江河水量起着天然的调蓄作用。江河水携带的泥沙流入湖泊容易造成湖泊泥沙淤积,表面积和容积不断减少,削弱了水系洪道及湖泊的行洪调洪功能。此外,受到土地利用方式变化和流域采矿等人类活动的影响,江湖之间水沙交换关系也会发生改变。随着土地的不合理利用,森林等水土保持能力较强的植被退化,水土流失现象进一步加重,泥沙沉积导致湖泊出现湖床抬升、湖面缩小以及蓄洪能力减弱等现象,对于流域内江河径流量和水沙流动具有一定影响,会减少流域产水量。而在社会经济和城市化飞速发展的背景下,砂石需求增加与长江泥沙持续减少之间的矛盾凸显;长江干流中下游河道采砂管控措施的实施促使采砂业的工作重点区域已转移至大型通江湖泊和主要支流,大量的无序采砂行为导致河床下切、河道断面形态改变、低下水和地表径流量改变,从而影响河床稳定,引发流域地貌和水文特征的改变,强化江河水对湖泊的冲刷作用。

三是长江流域各类水库,尤其是长江上游梯级水库的开发建设对于长江中下游的水沙流量影响较大。一方面,水库起到了调蓄水量的作用,有利于减少汛期时水库下游江河的径流量,加大枯水期江河的径流量,缓解江河年内径流量分配不均的问题,使得径流量趋于平缓,减少江河年内径流量差值。另一方面,库区水流速度较慢,起到了阻拦泥沙的作用,使得下泄清水对水库下游地区江河与湖泊的淤积和冲刷作用发生变化,加强了江河水流对于湖泊的冲刷作用,改变了以往淤积作用大于冲刷作用的局面,进而对河道和湖盆产生影响。

（2）水体污染

江湖水体污染主要来自于两个方面:一是由于江湖水体交换不足、水体透明度提高以及湖泊周围生活、农业、工业污染排放等原因导致的湖泊水体富营养化问题;二是由于人类生产生活等废弃物排放造成江湖水体污染。

长江源头区日照强、蒸发旺盛,冰雪融水补给量减少,该区域内的湖泊面积日趋缩小,湖泊水体矿化度增加,湖泊含盐量日益增加。滇北黔西高原湖区也是湖泊富营养化极易发生的敏感区域,其主要是由于湖泊封闭性较高,与江河的换水周期较长,营养物质和矿物质等容易在湖泊内滞留和积累,使得进入湖泊的营养盐物质负荷超过了湖泊水环境的承载力,进而产生了湖泊富营养化的问题。长江中下游地区水利工程储水滞沙的功能导致下游湖泊来沙量减少、湖泊水位低下且湖水透明度增加,不利于江湖水体的顺畅交换,湖泊自身净化能力随之降低,使得营养物质积累、藻类生产旺盛;在下游地势平坦、封闭性较高的湖泊中,营养物质积累且被藻类充分利用,极易发生水华现象。

长江中下游地区工业和城市发展相对更加快速。近年来,工业、生活所产生的废水和污水排放总量高居不下①;农业生产投入品和废弃物污染严重,每年排入长江水系的含有高营养物质的农业退水约为 330 吨②;湖泊水质也出现下降态势。江湖水体相连通,污染物随水体交换蔓延,进而使得江河水与湖泊水的水质变化密切相关,梯级水电开发和水库建设等导致中下游地区的流速减缓,水体自净能力减弱。在污染治理方面,由于行政区域划分的分割性导致流域内的合作治理机制尚未得到健全,各行政区域政府在收益与成本分摊之间的矛盾依旧存在,社会多元主体参与的作用未能真正发挥作用,水污染治理体系有待进一步完善。

(3)湿地生态系统

湿地生态系统是水域生态系统的一种,处于陆地生态系统与水生生态系统的过渡地带,不仅包括具有蓄水功能的湖泊等水域地带,还包括湖滨草地、沼泽地带等。长江流域湿地资源十分丰富,湿地面积为 1154 万公顷,占全国湿地面积的 21.5%③。流域横跨三级阶梯、不同气候带,孕育出不同类型的流

---

① 参见戴胜利、李迎春:《基于复杂性机理的长江流域水污染动态适应治理模式研究》,《环境保护》2018 年第 15 期。

② 参见陈进、刘志明:《近 20 年长江水资源利用现状分析》,《长江科学院院报》2018 年第 1 期。

③ 参见薛蕾、徐承红:《长江流域湿地现状及其保护》,《生态经济》2015 年第 12 期。

域湿地生态系统,从河流发源地的高原湖泊、沼泽湿地,长江上游的森林湿地,到长江中游的各类湖泊湿地集中区,以及入海口的滩涂湿地,为不同生物提供了多样的栖息生境,是世界生物多样性最丰富的区域之一。[①] 湿地生态系统兼具了陆生和水生生物资源,具有丰富的生物多样性特点;水域、土壤、气候、湿地等是湿地生态系统的基本构成要素,在自然和人类活动的影响下,其相互作用极易影响生态系统的稳定性,进而影响生物群落结构与生物多样性。一方面,江湖连通为长江中的水生生物提供了广阔的生存空间,江湖水位、流量和营养物质的连动特点构造了长江特有的江湖生态系统,具有保存水生物种等基本生态效益;另一方面,为鸟类,尤其是各种珍稀、濒危鸟类物种提供了栖息地,也为人类提供了良好的湿地生态环境。

在长江源头区和滇北黔西高原湖区,多为高原湖泊、沼泽湿地,在涵养水源、减缓径流、防灾抗灾、维持生物多样性以及调节气候等方面具有重要作用。长江中下游地区流经区域地势平坦,淡水湖泊湿地和人工湿地分布集中,尤其是在江汉湖泊群区域,中小型湖泊分布密集,呈现出湖泊水浅且面积小、底部平坦、湖岸线不稳定的特征;在长江入海口由于河水的冲击作用也形成了大量的滩涂湿地。湖泊湿地不仅成为鸟类的繁殖地、栖息地、越冬地,也成为人类生产生活的重要场所。虽然长江流域内已建立起相应的保护区以实现对湿地生态系统的保护,尤其是在长江源头、长江上游区域和长江口地区;但是湖泊湿地生态系统的破坏问题依旧存在,主要表现为以下几个方面:一是农业生产活动带来的面源污染。即长江源头区和上游地区的农牧业发展使原本就脆弱的高原湿地生态系统受到威胁;长江中下游的"围湖养殖""围湖造田""库湾养殖"等使得湖泊面积减小、江湖隔断,导致洄游水生生物的多样性迅速退化甚至消失,湖泊功能失调,即以种养殖和灌溉为主,而原有的蓄水滞洪和自身净化的功能减弱;在长江口湿地的农业开发使得滩涂面积减少,原有的湿地生态系统遭到破坏。二是工业化和城市化快速发展带来的破坏。水利水电工程修建等使得湖泊从通江型逐渐演变成封闭型;长江口的港口及工业开发区建

[①] 参见郭云、梁晨、李晓文:《基于水鸟保护的长江流域湿地优先保护格局模拟》,《生态学报》2018年第3期。

设,尤其是围海、填海等工程建设导致滩涂面积不断缩减、湿地生态系统的功能不断退化。三是盲目退耕还湿工程带来的负面影响。导致湖泊蓄洪能力减弱的因素不仅包括湖面减少,更关键的因素是流域内湿地系统的破坏;仅关注如何扩大湖泊面积而忽视了增加湖泊水深扩大容积和发挥湖泊群的作用,不利于从根本上解决湖泊萎缩和湿地生态系统破坏的问题。

2. 国家相关政策

2018年4月26日,习近平总书记在深入推动长江经济带发展座谈会上指出,长江流域生态功能严重退化是当前面临的突出问题之一,湖泊水量减少、面积萎缩、富营养化等现象严重;长江沿岸经济发展所带来的污染物排放、港口粗放型利用等问题突出,对于饮用水源造成污染;"固体危废品跨区违法倾倒""污染产业向上游转移"等新问题出现,生态环境形势严峻。为此,习近平总书记强调抓湿地等重大生态修复工程应该先从长江生态系统整体性特别是从江湖关系的角度出发,从源头查找原因。

寻根溯源,江湖关系问题在我国水污染防治、水资源管理、河道管理、入河口管理等方面的一系列法律法规上均有所体现。《中华人民共和国水污染防治法》第十六条强调了制定江河、湖泊流域的水污染防治规划制度的重要性;第十九条和第二十二条明确指出江河、湖泊处排污口的新建、改建、扩建应当充分考虑对通航、渔业水域和环境保护的影响,并应遵循法律、行政法规和相关部门的规定;第二十八条提出,对于重要江河、湖泊,应当建立流域水环境保护联合协调机制,并实行统一规划、统一标准、统一监测、统一的防治措施,充分体现了要统筹考量江河与湖泊水污染防治的问题。《入河排污口监督管理办法》则针对江河、湖泊处新建、改建或者扩大排污口以及排污口使用的监督管理问题作出了进一步的规定。《中华人民共和国水法》第三十条和第三十一条,针对水资源的开发、利用与调度问题,提出要注意维持江河的合理流量和湖泊、水库以及地下水的合理水位,以保持江河、湖泊的水量,进而维护水体的自净能力、确保使用功能不降低、减少污染的扩散。《中华人民共和国渔业法》第三十二条提出建闸筑坝应充分考虑对鱼、虾、蟹洄游通道的影响;第三十四条则明确禁止围湖造田,以防止人类活动减少江湖流通性。《中华人民共和国河道管理条例》提出,对于江河、湖泊资源的开发利用和水害防治问题,应当全面规划、统筹兼顾、综合利用、讲求效益,突出河道(包括湖泊、人工水道、行洪区、蓄洪区、滞洪区)的防洪作用。

为全面提升河湖管理的法制化、规范化和专业化水平,水利部于 2014 年出台了《关于加强河湖管理工作的指导意见》,提出江河、湖泊具有重要的资源功能和生态功能,不仅具有承载水资源、储纳洪水的功能,也是生态环境的重要组成部分。要坚持人水和谐、统筹兼顾、依法管理、改革创新的原则,以完善现有河湖管理法规制度、落实各项规划的实施评估和监督考核工作、明确江河湖泊分级管护主体责任、开展水域岸线的确权划界登记工作、建立建设项目占用水域补偿制度、强化河湖日常巡查和检查工作、加强河湖管理的动态监控为主要任务,以加强河湖管理的组织领导、提升管理机构和管理人员的能力、落实管护经费、强化对管理工作的检查督导以及注重发挥舆论宣传和多元主体监督作用为保障措施,实现 2020 年建成完善的河湖健康保障体制、河湖管理体制机制,河湖水域不萎缩、功能不衰减、生态不退化的总体目标。

为贯彻落实中央关于全面推进河长制、湖长制的决策部署,加强河湖管理法律法规的有效实施,2018 年 5 月 3 日水利部编制出台了《河湖执法工作方案(2018—2020 年)》,不断完善河湖执法监管体系,将流域河湖执法工作的组织实施责任逐级分派到各级水行政主管部门;经过 2018—2020 年三年的努力,以实现"河湖执法监管体系完备、河湖违法案件大幅下降、河湖管理秩序优良、人民群众获得感幸福感显著增强"的目标。开展全面排查工作,检查河湖岸线保护、水资源保护等法律制度的贯彻落实情况,加大现代化技术手段的运用力度,对重点河湖实施动态管理,开展专项执法活动;对违法项目和活动及时依法查处,并建立起案件查处首问负责制,强化整改落实;构建长效机制确保管理机构、管理人员和经费情况的落实,不断提高管理执法能力,实施网络化管理,有效衔接执法和管理工作。

3. 案例 1:生态成效倒逼机制——洞庭湖案例

洞庭湖是长江流域现存的两个通江湖泊之一,与长江干流联系密切、唇齿相依。洞庭湖位于长江中游,地跨湖南、湖北两省,北纳荆江三口(松滋口、太平口、藕池口),合西南四水(湘水、资水、沅江、澧水),经由城陵矶汇入长江,受到了来自河流的补给,具有巨大的调蓄容量,是长江中下游重要的水沙缓冲器,并由此形成了复杂的江湖关系。据统计,洞庭湖在汛期每年承纳长江40%的洪水,具有重要的蓄洪减灾作用[1];在枯季,洞庭湖湖水不断补给长江水,起到调蓄径流的作用。因此,洞庭湖水沙通量变化及其影响因素、湖水演变规律和江湖关系对中下游地区的影响等都受到了广泛的关注和研究。

洞庭湖面积最大时为 6000 平方公里;长期以来,由于泥沙淤积、生产生活用水量加大以及围湖造田等人类活动,湖面面积不断缩小,为 2579.2 平方公里;洞庭湖调蓄、防洪、河航道、水生态保护等功能退化。与此同时,城市化和工业化的发展导致了高污染、高排放的问题,洞庭湖所面临的污染和破坏问题严重,生物多样性降低;水资源总量和质量均受到影响。

为了恢复洞庭湖原有的生态功能,促进经济、社会和生态的协同均衡发展,各级政府采取了一系列措施对洞庭湖区域进行综合整治。2006 年 12 月,湖南省颁布《洞庭湖区造纸企业污染整治实施方案》,以加大力度整治造纸企业污染问题。2014 年 5 月,国务院批复了《洞庭湖生态经济区规划》,以此为依据构建新的江湖平衡关系,保护和修复湖泊生态系统,从而保证全流域水安全和生态安全,平衡区域利益,探索湖泊流域以生态文明建设引领社会经济全面发展的路径。"十三五"期间,湖南省实行"洞庭湖水环境综合整治五大专项行动""十大环境治理工程",制定了《洞庭湖生态环境专项整治三年行动计划》;对洞庭湖区域采砂、非法捕捞、侵占湿地、生产生活污染等问题进行全面整治,构建了长效监管机制,并以问题为导向,明确责任和任务;加大了水域生态修复的力度,以"退田还湖"政策为主,扩增洞庭湖蓄水容量,恢复湿地面积,提升防洪减灾能力;整治湖泊内养殖业以改善湖水水质、恢复湖泊原有生态环境;采取污水分流分治、净化后再排放的方式,整治湖泊流域内的污染问题;充分调动广大人民群众的积极性,以各类专项资金、奖补资金的设立推动生态补偿机制构建。两省全面推行湖长制、河长制,以明确水资源管理的责任主体和目标。2018 年,湖南省设立 32 亿元的奖补资金用于洞庭湖的保护治理;湖北省颁布《河道采砂管理条例》以规范流域内的采砂行为,通过分块蓄洪工程建设,减轻洞庭湖防洪减灾的压力,提高应对洪水的能力。2018 年 12

---

① 参见王孝忠:《湖南的水灾及其防治》,湖南人民出版社 1999 年版,第 1—106 页。

月,国家发展改革委、自然资源部等七部门印发的《洞庭湖水环境综合治理规划》,成为未来洞庭湖水环境综合治理的基本依据,以解决部分地区现存供水能力不强、水污染严重、生态系统退化等问题。

4. 案例 2:中华水塔——青海案例

中华水塔意指"三江源",即长江、黄河、澜沧江的发源地;具有丰富的动植物资源,历史上湖泊星罗棋布、水资源丰富,成为我国最高、最大的天然湿地,是重要的水源涵养地;通过大气、江河水流的循环,该区域直接影响到长江流域地区,乃至全国和周边国家的生产生活和生态环境安全,具有一定的战略意义。长期以来,中华水塔地区自然条件严酷,生态环境脆弱,加之过度放牧、挖采等人类不合理活动的影响,草场退化、水土流失加剧、冰川湿地缩减、生物多样性减少等问题突出,生态环境恶化。

中华水塔地区的生态建设和救治依靠国家行政政策法规是社会科学工作者的基本思路。① 2000 年 5 月,三江源省级自然保护区正式批准建立;2001年 9 月正式成立青海三江源自然保护区管理局;2003 年 1 月,国务院正式批准其晋升为国家级自然保护区,在原有规划基础上编制出台《青海三江源国家级自然保护区总体规划》以指导保护区内的中长期建设;2016 年 4 月,三江源国家公园体制试点建立,促进各部门和地区职能资源的整合以实现生态系统修复。二十多年来,我国政府投入超过 230 亿元,通过湿地修复技术试验和探索,开展退牧还草、生态移民、人工增雨、小城镇建设、草地保护配套工程、人畜饮水、生态恶化土地治理等工程项目,以及将生态保护和建设纳入考核内容等方式,三江源地区的保护工作初显成效:生态退化趋势得到初步遏制,草地资源、水资源等得到了恢复,生物多样性得以维持和保护。区域内生态环境保护与当地社区居民的生活密切相关,三江源地区以藏族群众为主,其文化价值也理应得到尊重和挖掘;如何提高农牧民生计水平,促进经济社会发展,提高农牧民生活水平同样需要予以高度关注。挖掘当地社区居民传统生计中有价值的部分和地方性的生态知识加以传承,并与现代科技相结合,是提高生态恢

---

① 参见罗康隆、杨曾辉:《藏族传统游牧方式与三江源"中华水塔"的安全》,《吉首大学学报》(社会科学版)2011 年第 1 期。

复与保护措施的有效性和可操作性的重要方式。此外,三江源生态保护协会、青海湿地保护协会等社会组织在带动社会各界参与湿地资源保护事业建设上发挥着积极作用,成为政府和社会公众之间的纽带,从而形成了全社会重视湿地保护、参与湿地保护的良好局面;与此同时,社会组织以项目形式介入当地社区,促使社区居民意识到自身所面临的环境与发展问题,提高其参与保护、转型发展的积极性。

5. 案例3:绿色建设城乡一体化——鄱阳湖案例

鄱阳湖位于江西省北部,地处九江、南昌、上饶三市,湖区面积,在平水位(14米—15米)时湖水面积为3150平方公里,是中国第一大淡水湖,也是中国第二大湖,仅次于青海湖。鄱阳湖是长江中下游主要支流之一,也是长江流域的一个过水性、吞吐型、季节性的重要湖泊。据2008年的水文资料,当湖水水位为22.59米时,湖泊面积为4070平方公里。

鄱阳湖主要由赣江、修河、信江、饶河、抚河等水源供给,这些河流及其汇水区域,共同形成了鄱阳湖流域生态区。鄱阳湖流域径流由降水补给,五河入湖径流年内分配与降水分配一致,极度不均匀。鄱阳湖流域多年平均年进湖沙量主要来自五河,占87.2%,泥沙入湖主要集中在五河汛期4—7月,占年总量的79.3%,其中5—6月占51.5%。

鄱阳湖受修河水系和赣江水系等水源不足的影响,每年秋冬季节到第二年仲春则进入枯水期,形成"碧野无垠接天云"的广阔草洲。河滩与9个独立的小湖泊连接,成为北方候鸟迁徙越冬的最佳之地。1992年,鄱阳湖被列入《国际重要湿地名录》,主要保护对象为珍稀候鸟及湿地生态系统。然而,鄱阳湖水质总体尚好,仍然以Ⅱ、Ⅲ类水为主,鄱阳湖出口断面水质为Ⅱ类水,主要污染物为总氮和总磷,表明鄱阳湖水体富营养化已较严重。由于鄱阳湖流域上游水土流失情况有所改善,加上河流梯级开发,赣江万安水库和修水柘林水库的建成,拦蓄了大量下泄泥沙,所以鄱阳湖入湖泥沙量减少了41.4%,泥沙淤积量亦减少了42.3%。虽然鄱阳湖区实施了退田还湖,调蓄功能有所增强,但尚不能根除洪涝灾害,由于鄱阳湖和长江洪水位呈抬升的趋势,鄱阳湖最高洪水位10年平均升高0.29米,洪水出现频率增加,洪涝灾害的威胁仍然严重。

鄱阳湖生态经济区是以江西省鄱阳湖为核心,以鄱阳湖城市圈为依托,以保护生态、发展经济为重要战略构想的经济特区。国家把鄱阳湖生态经济区建设成为世界性生态文明与经济社会发展协调统一、人与自然和谐相处的生态经济示范区和中国低碳经济发展先行区。国务院已于 2009 年 12 月 12 日正式批复《鄱阳湖生态经济区规划》,标志着建设鄱阳湖生态经济区正式上升为国家战略。这也是新中国成立以来,江西省第一个纳入为国家战略的区域性发展规划,是江西发展史上的重大里程碑,对实现江西崛起新跨越具有重大而深远的意义。

鄱阳湖生态经济区建设,从生产力布局学角度看,是要从空间角度对城乡作出统一规划,进行系统安排;从自然生态学角度看,是要保证自然生态畅通有序,生态环境与社会经济有机结合,城乡健康协调发展;从社会学角度看,是要打破相对发达的城市与相对落后的农村间的分割壁垒,实现生产要素的合理流动,逐步消灭城乡差别,使城乡融为一体。鄱阳湖生态经济区的建设实质上是一条有中国特色的新型工业化与城镇化道路。

鄱阳湖生态经济区的主要定位是:1)建设全国大湖流域综合开发示范区;2)建设长江中下游水生态安全保障区;3)加快中部地区崛起的重要带动区;4)国际生态经济合作重要平台;5)连接长三角和珠三角的重要经济增长极;6)世界级生态经济协调发展示范区。

鄱阳湖生态经济区把"城乡一体化"建设作为一条主线,作为消除二元经济结构、促进社会经济协调发展的战略措施来推行。从鄱阳湖区现状及生态经济区建设目标来分析,其"城乡一体化"的本质是促使城市和乡村取长补短,并在经济、社会、生态环境、空间布局上实现整体协调发展的过程。鄱阳湖生态经济区建设中的城乡一体化作为结果,是要创造具有城乡优点而无两者缺点、宜于人类社会发展和个人成长的生存环境。作为城市与乡村在经济、文化、人口、生态、空间等要素交融、协同发展的过程,世界上许多国家、地区在20 世纪后期已经不同程度地启动,在 21 世纪又有更多的国家和地区纳入了这个过程。

鄱阳湖区的城乡一体化建设力图具备以下五个特征:1)城镇与乡村在经济和空间上的整体协调、合理布局;2)农业产业化、工业现代化和新型城市化同步发生、相互促进;3)双向发展,不是全部乡村都能变为城市,也不是城镇的乡村化,而是城镇与乡村互相吸取先进因素,摒弃落后因素的一种双向和谐演进过程;4)一个渐进的过程,包括物质文明、生态文明和精神文明三个方面,精神、文化、社会发展的内容不可忽视;5)城乡一体化应消灭城乡对立和缩小城乡社会差别,但是城市与乡村在规模、形态和景观等主要方面的差别不能消灭。

2019年,中共江西省委办公厅、省政府办公厅已正式印发《江西省关于推进生态鄱阳湖流域建设行动计划的实施意见》,明确了推进生态鄱阳湖流域建设的基本原则、主要目标、主要任务和措施保障,要求推进生态鄱阳湖流域建设,从制度上为前期的探索奠定了长效保障:1)到2020年,基本建立鄱阳湖流域山水林田湖草系统保护与综合治理制度体系,生态保护红线面积占比达28.06%,全省国家考核断面地表水水质优良比例提高到85.3%,国家重要江河湖泊水功能区水质达标率达到91%以上,全面消灭国控、省控、县界断面Ⅴ类水及劣Ⅴ类水,设区市建成区黑臭水体消除比例达到90%以上,水域面积保有率达到7.7%,森林覆盖率稳定在63.1%;2)到2035年,鄱阳湖流域山水林田湖草系统保护与综合治理制度体系全面构建,国家重要江河湖泊水功能区水质全面达标,水资源利用效率持续提高,生物多样性更加丰富,产业结构明显优化,生态和人居环境显著改善,人民群众对流域生态文明实现程度有较为普遍的获得感和幸福感。

6. 案例4:长江上游水源林地——理县案例

长江源头至宜宾的长江上游地区是全流域年平均流量最大的区域,占全流域的48%;高等植物数量有1万多种,占全国的1/3以上;高等动物1100余种,占全国的40%以上;由此可见,长江上游地区在水源保持、生物多样性和生态功能等方面的重要地位。而在此区域内集体林所占比例较高,约为上游林地的53%,成为上游地区重要的水源林地、生物栖息地、动物迁徙走廊和社区居民的居住地。因此,既要继续发挥水源集体林地的生态功能,又要尊重其作为传统生活区域为社区集体所有的权属结构。阿坝州理县熊耳村作为此类地区的一个典型代表,探索出集体林董事会经营制度,以此来实现集体林的可持续经营和长江上游水源林的保护。

阿坝州理县位于长江上游地区,是典型的高山峡谷地貌,属于四川省"川滇森林生态及生物多样性生态功能区",生态系统脆弱;杂谷脑河发源于该地并经由岷江汇入长江干流。2009年,为加强对林地资源的保护,国家开始启动集体林权改革,将林地使用权和林木所有权划归农户,并对生态公益林进行补偿。理县因其复杂地貌的影响,采取以设立集体林股份经营管理股东会的方式对集体林实现统一经营管理,股权证成为村民获得收益的凭据;在水源集体林的保护上,政府给予的补偿与保护成效挂钩,形成了外部刺激与监督作用,社区保护作为公共事务在一定程度上也可以促进社区自治。但是,在股份制经营管理过程中,集体林管护出现了一系列问题:董事会的管理能力不足,在信息公开和沟通交流方面存在明显缺陷;由于当地牧羊等传统农业生产活动、藏族煨桑等宗教活动、砍伐林木等行为造成了水源集体林保护面临诸多威胁;社区居民在追求短期经济利益的驱动下,对水源集体林管护的了解度和参与度很低,社区凝聚力和集体行动不足。

在此背景下,熊耳村在理县林业局、山水自然保护中心的联合介入下共同重新研究了熊耳村集体林经营计划,力图促进理县董事会制度的完善、公益林补偿成效和村级保护能力及意愿的提高,实现水源集体林的可持续经营。其主要探索包括以下几个方面:首先,进一步树立社区管理的组织框架和管理机制。在整合各项补偿资金的基础上设立社区保护发展基金,并通过村民大会设立基金会的管理方式、运作方式和目标等,实现公共事务公开透明,提高村委会的管理能力;不断完善原有的董事会制度,尤其是选举标准、退出机制、选举方式等。其次,提高村民意识,以村内活动宣传中心为主,结合宗教活动,增强村民对于水源集体林保护和社区发展的认识,提高村民的认同度和参与度。最后,共同制定有针对性的水源集体林管护计划,发展生态集体产业。通过巡护路线的设计、巡护队员的选择,以中蜂养殖、藏香猪养殖、生态果园等生态产业代替传统牧羊业,加强对村域内水资源和集体林资源的定期评估管理等方式,增加保护行动的科学性、有效性和可操作性。

从2014年项目开始推进至今,水源集体林管理初见成效。在减轻生态环境破坏的同时,增强当地社区居民的保护行动力,对于水源林地的保护提高了可供借鉴的经验。当地社区居民通过产业转型发展获得了替代性生计,进一步促进其参与保护;集体保护行动使得社区凝聚力和治理水平也有所提升。生态补偿资金得到了有效使用,集体林经营董事会能力得以提高,这种集体林经营管理方式也逐步推广到阿坝州的其他 12 个县,对白水江保护区管理制度的细化产生了一定的影响。

7. 实施途径

(1)健全河湖长制

自 2016 年 10 月中央全面深化改革领导小组第 28 次会议审议通过《关于全面推行河长制意见》以来,各地均立足于实际情况进行河长制建设的探索实践,以实现 2018 年底全面建立河长制的目标。2017 年 11 月,中央全面社会改革领导小组首次会议提出了要建立湖长制,是党的十九大之后关于"生态文明建设"的重要举措之一。江湖密不可分,河长制与湖长制一起,不仅构成了流域内江湖治理的重要手段,也是地方河湖保护实践上升为国家顶层设计又转而指导地方实践的重要制度创新,成为解决当前河湖生态破坏、环境污染问题中明确责任内容和责任主体的重要方式。自 2017 年初开始,长江流域的各个省份相继纳入河湖长制体系,以强化水污染防治、水环境治理以及生态修复与保护,建立长效管护机制。河湖长制作为长江全流域整体推进的保护性制度,是流域整体协调均衡推进河湖关系良性发展、生态保护与修复的重要实施路径。

在河湖长制的建立健全过程中,应该重点关注以下几个方面的内容:一是建立管护机构,明确管护责任主体。通过建立省市县乡分级河湖长制体制,建立部门联席会议制度和市县河长制联络员制度等,实现管护机构、管护责任主体的层层下放与分级管理,并覆盖到各省流域面积内的主要河流和进入保护名录的湖泊,在此基础上逐步扩大覆盖范围。二是确定河湖保护名录,明确管护范围和管护标准。明确长江干流、支流及重要湖泊的保护管理范围,实现全流域覆盖;通过设立专项管护计划等方式,明确执法监管的重点项目、活动与管护标准。三是强化监督考核机制。对地方领导责任人河湖长制履职尽责情况进行评估,并将评价结果作为干部任用提拔、绩效考核的重要依据;建立健全河湖监测评估机制和科学全面的评价指标体系,对于河湖生态环境承载力、泥沙含量进行预警评估等,不断强化监测评估的技术规范性和可操作性。四是建立协同联动制度。坚持支流服从干流、小流域服从全流域规划的基本原则，整体推进长江全流域的江湖管理；在经济社会发展情况不一的各个地区，应该充分考虑区域性差异，广泛凝聚各地相关部门形成合力，因地制宜地推动河湖长制建设；河长与湖长不应各自为阵，仅仅关注自身的责任对象，而是应该站在河湖协调联动的视角，关注流域内干、支流与湖泊的关系，统筹推进小流域范围内的河湖防护与治理，实现河湖良性互动。

（2）鼓励多元主体参与

鼓励公众参与长江流域内的河湖管护和治理行动，坚持全民治水的原则。河湖水资源是人民生产生活用水的来源，河湖湿地生态系统与人民生产生活环境息息相关。河湖管理和保护应该充分调动人民群众的积极性和主动性，鼓励社会公众自觉、自愿参与河湖管理保护实践，监督各地河湖管理保护工作的开展与推进。建立健全与社会公众的沟通渠道、河湖违法行为举报渠道等，营造社会共同关注、支持和参与河湖管护的良好氛围。充分发挥民间环保公益组织在污染防治、江河湖泊管护、生态保护等方面作用。安徽绿满江淮环境发展中心、湖南绿色潇湘等都是专门从事环境保护工作的环保公益组织，尤其关注长江流域的水资源保护问题，积极投身于社会公共事务；在长期的生态环境保护、宣传、教育等工作实践中形成了丰富的管护经验，同时具有专业的技术和科学知识、资金和社会资本等外部资源，在管护能力、人才、技术、资金等方面有独特的优势，可以成为政府河湖执法管理的重要补充和协助方式。由此，江湖管护形成了由政府主导、多元化社会主体参与的格局。

专栏：专注于长江带生态环境保护的民间组织

安徽绿满江淮环境发展中心是一个发源于高校联盟的环保公益组织，其从事的环境保护事业涉及自然生态、环境污染、环境宣传、环境教育、环境健康等领域；积极关注环境问题，努力参与社会公共事务，倡导循环经济与生态消费，以实现人与自然的和谐相处；自2003年成立以来，致力于安徽本土的环境保护事业，成为联系社会民众与政府的绿色生态桥梁。在水资源保护与污染防治方面，通过搭建公众行动平台，从收集河流信息、宣传教育、监督举报污染行为等三个方面入手开展水环境保护与污染防治工作;在政策倡导下,联合当地社区居民、媒体,以政府部门的行政执法力量和法律援助为保障,实现污染、破坏的减少和河流生态健康的维系和稳定。

湖南绿色潇湘成立于2007年,正式注册于2011年,一直致力于湖南省地区的生态环境保护工作和可持续生活方式的倡导;其开展的主要项目包括"河流守望者"行动网络、环保公众参与活动、环境法律与政策倡导、绿行家公益徒步活动等。绿色潇湘以"人人享有环境知情权,知情是判断和行动的基础"为信念,通过定期的"绿色沙龙"、专家讲座、与新媒体搭建公众参与平台"湘江网络"、建立绿色青年能力提升计划等方式推动环境知情权和社会公众参与度提升。同时,绿色潇湘不断总结经验,切入工作参与、水污染防治等议题,向国家、省、市、县等各级党委政府和环境主管部门递交政策建议,为生态环境保护事业建言献策。

(3)完善湖泊生态补偿机制

湖泊生态补偿的目的在于广泛利用政策、制度、市场等多种手段①,均衡各个利益相关者的关系,以实现湖泊资源和生态环境的修复,促进经济发展与生态环境保护之间的协调均衡发展。对于已经造成污染的区域以"污染者付费、破坏者恢复"的基本原则,通过强制性罚款、征收环境税费、许可证交易等机制为湖泊生态修复建立补偿基金用于湖泊生态的恢复和建设工作;而对于生态环境保护者和生态环境退化的利益牺牲者,应该通过政策、资金、实物补偿等生存型补偿和技术、项目等发展型补偿相结合的方式,帮助其实现经济发展。

具体而言,从退湖还田、湖滨缓冲区修复与保护、污染拦截、健全湖泊生态的动态监管机制等措施着手,加强湖泊生态的修复与建设保护。一是因地制宜开展退田还湖工程,通过沟渠建设等方式恢复河湖联系,形成河湖互通的动态水网;以水环境承载力为重要衡量指标,既要关注湖泊蓄水量、水质、纳污能力等自然属性,又要考虑水环境系统对于流域内社会经济可持续发展的最大支持能力,不能盲目退田还湖而忽视了湖泊生态系统的稳定。二是湖滨缓冲区修复与

---

① 参见李雪、杨国录、骆文广:《武汉大东湖生态补偿机制研究》,《人民长江》2015年第9期。

保护,以恢复缓冲区的机构和功能、实现生态系统的自我维持和良性循环为主要目标,包括对湖泊岸线、湖滨湿地以及入湖河口等区域的修复和保护。在湖泊岸线营造生态缓冲带,基于生物多样性的考量,在湖滨地势平缓的地带建立从水生生态系统向陆地生态系统逐渐过渡的植被类型:沉水植物——浮叶植物——挺水植物——乔灌草植物;根据河流现状和地形条件等,修复入湖河口植物的水质净化能力,通过对入湖水体的净化和泥沙沉淀等改善湖水水质、提升蓄水滞洪和保持水土等能力。而针对长江上游地区,尤其是长江源头区,湖泊湿地缓冲区植被的恢复与保护有助于提升涵养水源和保持水土的能力。因地制宜地建设流域生态防护林,根据各地的土壤、气候条件等因素选择适宜的树种,合理布局,丰富流域生态防护林。三是通过对农牧业污染治理、工业污染排放治理、地表径流净化等工程拦截入湖泊、入江河的污染。结合生态宜居乡村建设,对农田、沟渠等进行生态化工程改造,建设生活污染和垃圾处理中心,减少农业面源污染;提高对工业废弃物净化处理能力,加大对工业污染排放的检查监督力度,从源头防治污染。四是健全河湖动态监管的网络体系,设立专职监测研究人员和生态监测站,对江河和湖泊的水质、水量变化、泥沙量、水体生态环境等实行实时监控,并建立相应的生态系统数据库。

七、统筹协调"江海关系"

1. 背景

江海关系,顾名思义,是由于长江经由长江口区域汇入东海而形成的江河与海洋互通交汇、相互影响的关系;陆地与海洋之间的交互作用较强,并构成了兼具河流生态系统、海洋生态系统、潮滩湿地生态系统、河口岛屿和沙洲湿地等多种生态系统特征的河口生态系统。江海关系实际上是河口生态系统的另一种说法,它在提供了多样化生态服务和较多经济产出的同时,也受到了人类活动的影响。[①] 对于长江流域而言,河口作为一个半封闭的海岸水体,处于长江进入海洋的过渡地带,与东海相通且有来自长江的淡水,包括了长江在东

---

① 参见牛明香、王俊:《河口生态系统健康评价研究进展》,《生态学杂志》2014 年第 7 期。

海入海口的一段水域和以崇明岛为主的众多河口冲击岛屿。长江水自徐六泾以下被崇明岛一分为二——南支和北支;其中,南支经长兴岛和横沙岛时被分割为北港和南港,南港被九段沙在口门附近分隔成了北槽和南槽,由此,形成了三级分叉、四口入海的典型喇叭状格局。① 长江口地区的生态功能主要表现在对生物多样性的保护上:长江口水域为诸多鱼类的栖息、繁殖和越冬的场所,周期性潮水和长江淡水的输入使得河口地区营养物质丰富,孕育了大量的水生生物资源,也成为了洄游性鱼类的洄游通道。长江口地区形成了多种湿地类型,如湖泊湿地、河道湿地、低洼湿地、潮间带湿地、潮下带湿地和沙洲湿地等②。植物资源种类丰富,成为过境候鸟的停歇地,崇明东滩、九段沙和南汇边滩是水鸟分布的主要区域。③ 此外,长江口是生活生产用水来源的重要依托,在水源保持和供给方面发挥着重要作用。

健康良好的江海关系应当具有稳定性与可持续性,不仅能够在面临外界干扰时作出较强的自我调节和恢复,而且具备较为完善的生态服务功能,能够满足长江口地区防洪、航运、休闲娱乐等社会经济发展的需求。长江流域的江海关系主要表现为海洋盐水入侵、长江陆地径流对于河口地区造成的影响、人类活动对河口生态环境的影响等。自安徽大通至江苏江阴的河流近口段受到长江径流和人类活动的影响较为明显,江阴至口门附近的河口段受长江径流和海洋潮流的影响较大,口门至邻近水域的口外海滨则主要还受到潮流的影响。

(1)盐水入侵

长江口地区濒临海洋生态系统,受海洋咸水的影响较为明显。由于受到了来自外海水团的影响,长江口外海域的盐度较高,使得盐沼、红树林湿地和海草床成为河口生态系统最为常见的湿地类型。海洋盐水入侵已经成为河口地区所特有的现象,对于长江口地区的生产生活用水产生了严重的影响,并带来了土地盐碱化、地下水盐碱化的问题,使沿岸水体的生产力下降,生物多样

① 谢建磊、王寒梅、何中发、李晓、黎兵:《上海市长江口及邻近海域地质调查现状及展望》,《上海地质》2009 年第 4 期。

② 参见张佳蕊:《长江口典型淡水潮滩湿地生态系统初级生产力及其对周边河口、海洋的有机碳贡献》,华东师范大学博士学位论文,2015 年。

③ 高宇、章龙珍、张婷婷、刘鉴毅、宋超、庄平:《长江口湿地保护与管理现状、存在的问题及解决的途径》,《湿地科学》2017 年第 4 期。

性减少。影响盐水入侵的因素主要包括长江径流量、外海潮汐、区域地形地势演变、气象条件以及海平面的变化等①；而长江径流量是其中最为重要的影响因素之一，当径流量减弱时，海水倒灌的现象更加明显，淡水和咸水的混合使得上游河道水体变咸、含盐量增加。因此，枯水期是长江口咸潮入侵最频发的时段②；冬季北风盛行，也会加剧盐水入侵。此外，全球气候变暖和海平面上升对于生态环境的影响越发明显，尤其是就河口湿地而言，可能导致湿地的生态结构变化、生态功能减弱以及生物多样性减少。

（2）长江陆地径流冲击

长江陆地径流经由河口地区汇入海洋所造成的冲击作用主要体现在以下几个方面：一是为河口地区提供了营养物质。长江径流将大量的颗粒有机物带入河口区域，为该区域内的水生生物提供了丰富的饵料和营养物质，成为河口生态系统碎屑生物链的重要支撑。二是陆地地表径流在一定程度上降低了水域盐度，使得不同水域所适宜的优势物种也有所差别。具体而言，北港水域受长江径流影响较大，盐度相对较低；而北支水域受长江径流水流冲击影响较小，盐度则相对较高；水域盐度差异给浮游生物物种和数量的分布也带来了一定的影响。三是随着人类生产生活用水及引水量的增加和水利工程的建设等，长江径流量减少，入海淡水量也随之减少。

（3）人类活动影响

人类活动对长江口地区及邻近海域的破坏性，除了工业、农业、生活污染排放以外，还包括围垦围海的滩涂利用方式、大型工程建设、过度捕捞等对生态环境和生物多样性的负面影响。

受到人类活动的影响，大量含有氨氮元素的物质进入长江陆地径流并随之流入东海，导致周边海域海水质量较低，出现底泥污染、水体富营养化、赤潮等现象。长江流域沿岸的工业污水排放、农业化肥农药的大规模使用、未处理生活污水排入成为有机污染和氮、磷等元素的最主要来源，由此造成了长江口

① 参见陈祖军：《后三峡工程时代长江口水源地盐水入侵规律及其应对措施》，《水资源保护》2014年第3期。

② 参见惠军、陈银川、林剑波、沈必清：《长江口地区水环境风险分析》，《人民长江》2016年第7期。

水域的水体底泥污染和富营养化的问题;在适宜的水温和气象条件下进而引发了频繁的赤潮现象,对区域生态环境和生物资源造成了严重的不良影响。

长江口围垦围海缓解了城市用地资源的不足,却使原有的生物栖息地和生态环境结构遭到破坏,尤其是限制了周期性洄游水生生物的活动空间和范围,对于生态幅狭窄的水生生物也造成了严重的影响;阻碍了过境水鸟停歇地的选择,破坏了湿地鸟类的栖息地,尤其是对越冬小天鹅、雁鸭类、鹤类的影响十分严重。

水利工程建设导致长江流入海洋的径流量减少,与之相伴而生的是输沙量、入海淡水、颗粒悬浮物、营养物质的减少,水质、水体自净能力的下降以及海水倒灌、盐水入侵等问题,对原有的生态环境及生物多样性都造成不良影响,具体表现为对于河口生物栖息环境的改变,进而导致该区域生物物种结构、组成、分布和生产力等特征均受到影响;长江口鱼类资源出现衰退,呈现小型化、幼龄化的趋势。海洋工程建设将会进一步加强人类对海洋资源的开发利用和对海洋的控制,可能改变海洋的生态环境和生态服务功能,如改变海岸线、泥沙搬运、水动力条件、海水水质等,对海域生态资源和生物多样性造成影响。

长江口及邻近海域连接着我国两大重要的渔场——舟山渔场和吕泗渔场,是我国极为重要的渔业生产基地;近年来,在经济利益的驱使下,商业捕捞的兴起与盛行导致渔业资源被过度开发。由此,经济发展背景下非理性人类活动使得河口地区资源退化、环境恶化与灾害加剧的现象越发普遍,进而成为制约经济、社会、生态可持续发展的重要因素。

2. 国家相关政策

2008年3月,国务院正式批准了由水利部上报的《长江口综合治理开发规划》,针对长江口综合整治、开发与保护的需要,实施全面规划,注重远近结合、统筹兼顾与综合治理,以处理好长江口治理开发与生态环境保护的关系。在此过程中,以稳定河势为重点,保障航道、基础设施的安全运行,对于河口地区的水土、岸线资源进行合理开发利用,保护生态环境,促进长江口地区资源、环境、经济、社会的协调发展。该规划进一步提出到2020年实现河势的稳定与改善、淡水资源开发利用条件的改善、北支咸潮倒灌南支问题的消除、北港南槽及北支航道条件的改善、河口地区生态系统的改善等综合治理开发的目标,力争全面达到长江口地区的防洪(潮)及排灌规划标准,基本建成较为完善的长江口地区水利信息化系统。这为在经济社会发展过程中处理江河关系的问题提供了指导。

2015年2月,中央政治局常务委员会审议通过了《水污染防治行动计划》,亦称《水十条》,以实现污水处理、工业废水、全面控制污染物排放等多方面的监督问责机制。针对江海关系提出要强化源头控制,水陆统筹、河海兼顾,实现分流域、分区域、分阶段科学治理,系统推进水污染防治、水资源管理和水生态保护,形成"政府统领、企业施治、市场驱动、公众参与"的新机制。

针对近岸海域污染物总量居高不下、环境问题严重的现状,为进一步落实《水污染防治行动计划》,2017年3月,环境保护部印发了《近岸海域污染防治方案》,以改善近岸海域环境质量,严格控制污染物排放、促进产业转型升级,开展生态保护与修复工作。具体而言,在江海关系上,要实现统筹兼顾和系统联动,坚持"海陆一盘棋"的理念,增强近岸海域污染防治和生态保护的系统性和协同性。在入海河流综合整治方面,要明确整治目标和工作重点、编制水体达标方案、以河长制为抓手组织开展整治工作、以"一河一策"为原则安排时间进度。在污染物排放方面,要科学确定污染物排放控制的目标,加强污染源源头治理、监测、监控与考核;在海上污染源控制上,要加强船舶和污染防治、海水养殖污染防治以及勘探开发污染防治;在海洋生态保护上,要严守生态保护红线,严格控制围垦围海和占用自然岸线的开发建设活动,对典型海洋生态系统、渔业水域和海洋生物多样性要加强保护,推进海洋生态整治修复。

此外,《中华人民共和国渔业法》第三十四条提出,未经县级以上人民政府批准,禁止围垦围海,重要的苗种基地和养殖场所也不得围垦。《中华人民共和国港口法》第七条提出,港口规划应当根据国民经济和社会发展的要求以及国防建设的需要编制,注重与土地利用总体规划、城市总体规划、江河流域规划、防洪规划、海洋功能区划、水路运输发展规划和其他运输方式发展规划以及法律、行政法规规定的其他有关规划的衔接、协调问题。

3. 案例:崇明国际生态岛建设

崇明岛是长江三角洲地区受长江径流冲击作用而形成的冲积岛屿,位于长江与东海交互的河口地区,受到江海关系的影响较大,台风、暴雨、干旱等是该地区常见的灾害。崇明岛具有重要的服务功能,包括土壤保育、水源涵养、大气调节、生物多样性保护、提供景观生态和原材料等,发挥着重要的生态效益。崇明东滩以长江携带的大量泥沙沉积而成的湿地为主,且是上海河口湿地淤涨最快的区域之一①,进而导致岛屿岸线稳定性差,岛屿移动性较强,这给岛屿服务功能和抵御风险的能力带来不利影响;水资源、生物资源以及滩涂资源十分丰富;但是由于长江径流量减少、盐水入侵等,崇明岛淡水资源季节性短缺的问题突出,伴随着城市化工业化的发展,水量与水质均呈现下降趋势。南部沿岸人类活动频繁,以密集分布的城镇和码头为主。西部为长江南支和北支分流处的潮间带湿地,以盐沼植被为主。北部由于受到长江口北支径流的影响,淤积较为严重,呈现出向外淤涨的趋势;伴随着对滩地围垦面积的扩大,使得原有河滩湿地成为具有特定功能的专业用地,使得湿地生态系统遭受破坏,丧失其生态服务功能,并减少了鸟类生存空间,破坏了生物多样性。

生态建设始终是崇明岛的发展主线。1998 年,上海市政府正式提出建设崇明生态岛的设想;2002 年被国家环保总局正式命名为"国家级生态示范区";2008 年开始,着力编制《崇明生态建设纲要》(2010—2020 年),以生态环境保护为侧重点,兼顾社会经济发展,并以此作为崇明三岛②"十二五"规划的有机组成部分③;2016 年,崇明撤县设区,崇明世界级生态岛发展"十三五"规划成为生态崇明岛建设的重要指导思想。在生态建设方面,坚守生态红线,不断强化生态网络建设、优化生态空间布局,对于一类生态空间④和二类生态空间⑤实

---

① 陈吉余、陈沈良:《中国河口海岸面临的挑战》,《海洋地质动态》2002 年第 18 期。

② 2005 年长兴岛、横沙岛划归崇明县。

③ 马涛、陈家宽:《建设崇明世界级生态岛的新探索》,《生态环境》2011 年第 3 期。

④ 一类生态空间:东滩鸟类国家级自然保护区核心区。

⑤ 二类生态空间:东滩鸟类国家级自然保护区的非核心区、长江口中华鲟自然保护区、东风西沙水库饮水水源一级保护区、青草沙水库饮水水源一级保护区、东平国家森林公园和国家级地质公园的核心区、重要湿地等。

行严格管控措施;加强对岛内水资源、滩涂湿地、生物资源的保护,通过生物廊道建设来加强纵向联系,以保障生态安全和生物多样性。在水环境方面,以源头控制为根本,采取过程管控与末端治理相结合的方式,推动区域内污染防治和水质优化;以河道综合整治、水系沟通改造等为抓手,提高水系的流动性;优化基础设施建设,改善排水、截污等水利设施,加强水质监测与治理。上海市将河口湿地保有率作为生态岛建设的重要评价指标之一,以推动湿地修复与保护,并将崇明环岛运河南河(庙港—三沙洪)河道整治工程、崇明明珠湖区域南横引河河道整治工程、掘石港(朱泾镇区段)综合整治工程列为 2018 年市水利重大工程项目,以加强河道和港口的综合治理。同时,对岛内群众如何融入世界级生态建设并从中受益的问题给予高度关注,调动其参与生态岛建设的积极性,创造就业机会,提高居民收入水平。

4. 实施途径

(1)建立生态环境综合管理机制

转变以自然资源为主要对象的传统管理机制,建立和完善流域生态环境综合管理机制,将江河、湖泊、湿地与近岸海域等综合考虑,全面规划分析,将流域管理与区域管理相结合。尤其是针对江海关系,全面分析长江来沙、径流和潮流的变化与相互作用,考量流域水土保持、水利工程建设、南水北调等工程对于河口地区影响的方式和程度。将稳定河势、防止盐水入侵、修复和保护生态环境与生物多样性作为主要目标,对于长江口实现统一管理,共享信息资源以提升管理的水平和效率,通过构建有效的协商合作机制,实现对长江河口地区的共同保护治理与开发利用。

(2)坚持修复与保护性开发并重

针对已发生的环境污染和生态破坏的问题,及时采取有效措施加以修复和监测,以《长江口综合整治开发规划》为指导,加快综合整治步伐;通过自然保护区建设等对长江河口地区生态环境、重要物种等加以保护;以改善资源利用条件和生态环境,实现对河口地区的有效保护与治理开发。一是加强科学研究,加大对长江口河道演变、盐水入侵、生态环境等重大科学问题的深入研究,针对现有问题和未来发展趋势制定应对措施;深入研究污染物稀释、扩散和微生物降解等问题,发展生物修复和修复工程技术,从而实现对环境污染问题的及时有效治理;强化各类监测技术的研究、使用和推广。二是加强基础性工作,对于重要的生态功能区、物种、长江泥沙量、长江口岸等进行动态监测,完善基础资料收集工作,做到监测数据的同步获取、动态监控和预警防备;深化对河口地区变化的规律性认识。三是加强生态修复。尤其是针对人类活动带来的生态结构变化、环境破碎等问题,要恢复和重建水生生物廊道功能;整治入海河道以充分发挥其主要功能,如为南港北槽深水航道的安全运行、南北港两岸岸线的开发利用、北支引排水功能等创造有利条件。四是通过自然保护区、水源保护地建设、海水入侵屏障建设等方式加强对长江口地区的生态保护;建立长江口生态特别保护区以加强河口生态系统的管理。强化对水生生态的保护,重点关注生物多样性和生态完整性;强化对湿地生态的保护,发挥其涵养水源、维持生物多样性的作用;强化对水环境的保护,重点关注水体质量和水污染防治问题,加强污水处理,控制非电源污染。① 五是对长江口地区实现有计划、多目标开发。通过调整渔业生产结构、发展水产养殖新型模式、人工增殖放流等方式,加强渔业资源的合理利用,开发滩涂资源,提高河口防洪(潮)能力;最大限度地保持和发挥河口生态系统和各类资源的作用,以实现自然资源可持续利用与经济、社会、生态的协调发展。

(3)完善公众参与制度

生态环境问题与人类活动密切相关,江湖关系的变化也进一步影响到人类社会经济发展。因此,要不断完善公众参与治理的机制。一方面,加大宣传教育以提高公众意识,促使社会公众主动了解、参与长江口地区的生态保护;另一方面,建立环境信息公开机制,拓宽公众参与渠道,广泛收集群众意见,并针对受影响的社区居民制定实施相应的生态补偿制度,用多方面手段引导社会公众参与。此外,针对非政府组织或由当地社区居民自发建立的保护小区、社区保护地等,要给予正确的引导和大力支持,以更好地发挥对自然资源可持续利用、生态环境保护与促进社区经济发展的作用。

---

① 参见胡四一:《人类活动对长江河口的影响与对策》,《人民长江》2009年第5期。

第三篇
协调性均衡推动长江经济带综合立体交通体系建设

依托长江黄金水道建设沿江综合立体交通网络,是新时期长江经济带建设的一大战略任务,也是长江经济带有别于我国其他区域发展战略的一大鲜明特色。党的十九大报告指出,我国经济已由高速增长阶段转向高质量发展阶段,目前正处在转变发展方式、优化经济结构、转换增长动力的攻关期。2018年4月,习近平总书记在武汉主持召开深入推动长江经济带发展座谈会,提出要正确把握整体推进和重点突破、生态环境保护和经济发展、总体谋划和久久为功、破除旧动能和培育新动能、自我发展和协同发展五大关系,以长江经济带发展推动经济高质量发展。与之相对应的,长江经济带高质量发展对综合立体交通体系建设也提出了更新更高的要求。迫切需要一个高质量综合立体交通体系予以支撑。

第十一章 长江经济带协调性均衡发展与综合立体交通体系建设

长江经济带占全国 1/5 的国土面积,却承载了超过全国 40% 的人口和经济总量,在我国国土开发与经济布局的"T"型战略中,扮演着极其重要的一级发展轴与支撑带角色。要充分挖掘长江中上游广阔腹地蕴含的巨大内需潜力,需要依托长江黄金水道,以改革激发活力,以创新增强动力,以开放提升竞争力,高起点高水平推动联通上、中、下游地区的综合立体交通体系建设,促进上、中、下游地区协调性均衡发展。

一、打造综合立体交通体系是建设交通强国的题中应有之义

交通强国建设是党的十九大明确提出的强国建设内容,是党中央对交通运输事业发展阶段特点和规律的深刻把握,对满足人民美好生活需要、建设现代化经济体系、全面建成现代化强国具有重要意义。[①] 截至 2017 年底,我国铁路的营运里程已经达到 12.7 万公里,其中高铁通车里程 2.5 万公里,排名世界第一;公路总里程 477 万公里,其中高速公路通车里程 13.6 万公里,排名世界第一;内河航道通航里程 12.7 万公里,其中万吨级以上的码头泊位 2251 个,世界上的十大港口,中国独占七席,其中上海港集装箱吞吐量多年排在世界第一;民用航空机场 229 个,其中年旅客吞吐超过 1 千万人的有 32

---

① 杨传堂、李小鹏:《奋力开启建设交通强国的新征程》,《求是》2018 年第 4 期。

个。可以看出,近年来我国交通运输规模得到了长足发展,已经走到了世界前列,但同时也应认识到,尽管我国属于交通大国,但在交通基础设施、服务水平、综合立体交通体系、物流成本等方面还存在诸多不足,从"大"到"强"仍需努力。

交通强国建设为我国今后的交通事业发展明确了目标,从2021年到本世纪中叶,分"两步走"来推进交通强国建设:第一步,到2035年,基本建成交通强国;第二步,从2035年到本世纪中叶,全面建成人民满意、保障有力的世界前列的交通强国。[①] 为此,党中央、国务院成立了专家咨询委员会,研究编制了《交通强国建设纲要》,提出要着力构建交通强国八大体系,包括构建综合交通基础设施网络体系、交通运输装备体系、交通运输服务体系、交通运输创新发展体系、交通运输现代治理体系、交通运输开放合作体系、交通运输安全发展体系、交通运输支撑保障体系等。[②] 其中,综合立体交通体系建设排在八大体系之首,充分表明了其重要性和紧迫性,是交通强国建设的题中应有之义。2019年4月,《国家综合立体交通网规划纲要(2021—2050)》编制工作正式启动,强调要扎实推进国家综合立体交通网的规划编制,进一步完善综合交通基础设施布局,推动交通强国建设,为全面建设社会主义现代化国家提供有力支撑。[③]

长江经济带九省二市地域辽阔、地形多样、人口稠密、经济发达,具备了发展交通运输的先天优势。因此,在交通强国建设乃至打造综合立体交通体系过程中,长江经济带理应承担起"领头羊"的责任和义务。实际上,长江经济带沿线省市早在若干年前就已经率先行动起来,开始依托黄金水道,建设统筹铁路、航运、公路、航空、管道的综合立体交通体系,旨在发挥综合立体交通体系在促进相关产业有序转移和区域经济社会资源优化配置中的整体效能。2014年,国务院颁布的《长江经济带综合立体交通走廊规划(2014—2020

---

① 《交通强国建设纲要》,人民出版社2019年版,第2—3页。

② 《交通运输部明确建设交通强国战略分两步走》,新华网,2017年12月25日,http://www.xinhuanet.com/politics/2017-12/25/c_1122173538.htm。

③ 《〈国家综合立体交通网规划纲要(2021—2050)〉编制工作启动会召开》,江苏交通运输厅网站,2019年4月23日,http://jtyst.jiangsu.gov.cn/art/2019/4/23/art_41701_8314566.html。

年)》(以下简称《规划》),充分肯定了改革开放以来长江经济带交通基础设施建设的显著成效。但与推动新一轮长江经济带发展的要求相比,综合交通网络建设仍然存在较大差距,还存在着运输能力不足、结构不完善、各种运输方式衔接不畅、综合枢纽落后等诸多问题。因此,在今后一段时间,要以新的发展理念为指导,统筹推动长江经济带综合立体交通体系建设。

二、长江经济带高质量发展对综合立体交通建设提出的新任务

党的十九大报告指出,我国经济已由高速增长阶段转向高质量发展阶段,目前正处在转变发展方式、优化经济结构、转换增长动力的攻关期。2018 年 4 月,习近平总书记在武汉主持召开深入推动长江经济带发展座谈会,提出要正确把握整体推进和重点突破、生态环境保护和经济发展、总体谋划和久久为功、破除旧动能和培育新动能、自身发展和协同发展五大关系,以长江经济带发展来推动经济高质量发展。与之相对应的,长江经济带高质量发展对综合立体交通建设提出了新的要求,需要一个高质量综合立体交通体系来支撑。

1. 共抓大保护需要重点推进绿色航运建设

长江经济带是我国重要的人口密集区和产业承载区,随着经济社会的快速发展,土地、能源、岸线等资源日益紧缺,生态环境压力持续增大。长江经济带交通建设存在发展方式相对粗放、绿色发展水平不高、航运比较优势未得到充分发挥等问题,需要从完善长江经济带绿色航运发展规划、建设生态友好的绿色航运基础设施、推广清洁低碳的绿色航运技术装备、创新节能高效的绿色航运组织体系、提升绿色航运治理能力、深入开展绿色航运发展专项行动等方面着手,大力提升长江经济带 11 省市绿色航运发展水平,充分发挥航运在长江经济带综合立体交通走廊中的主骨架和主通道作用,并将在长江经济带生态文明建设中先行示范,引领全国绿色航运发展。

2. 在保护中发展需要着力提升黄金水道功能

长江是货运量位居全球内河第一的黄金水道,承担了沿江地区 85% 的

煤炭、铁矿石以及中上游地区 90% 的外贸货运量。2017 年,长江江海联运量约为 14.1 亿吨,约占长江干线货物通过量的 56%。2017 年以来,长江沿线铁水联运量同比增长高达 25% 以上。长江经济带高质量发展要坚持在发展中保护,在保护中发展,大力提升长江黄金水道功能。长江水运具有运能大、成本低、能耗小、污染少等优势,需要加快推进长江干线航道系统治理,优化港口功能布局,积极推进上海、武汉、重庆三大航运中心建设,配合推进三峡枢纽水运新通道和葛洲坝船闸扩能工程前期工作,真正使黄金水道产生黄金效益。

3. 深化供给侧结构性改革需要构建高效综合立体交通体系

目前,长江经济带综合立体交通体系存在一些明显的不足:一是长江航运潜能尚未充分发挥,高等级航道比重不高,中上游航道梗阻问题突出,高效集疏运体系尚未形成;二是东西向铁路、公路运输能力不足,南北向通道能力紧张,向西开放的国际通道能力薄弱;三是网络结构不完善,覆盖广度不够,通达深度不足,技术等级偏低;四是各种运输方式衔接不畅,铁—水、公—水、空—铁等尚未实现有效衔接,综合交通枢纽建设亟待加强;五是城际铁路建设滞后,城际交通网络功能不完善,不适应城镇化格局和城市群空间布局。因此,长江经济带综合立体交通体系建设,要持续深化供给侧结构性改革,大力发展多式联运,完善市场机制,加强平台建设,提升多种运输方式组合效率。着力推进"补短板"和"降本增效",坚持问题导向,根据市场需求,统筹铁路、公路、水运、民航、邮政发展,加强各种运输方式衔接和综合运输枢纽建设,优先解决制约经济带经济社会发展的短板,统筹推进水运、铁路、公路、航空、油气管网集疏运体系建设,积极打造综合立体交通走廊。2017 年,国家发展改革委、交通运输部联合下发的《长江经济带综合立体交通走廊重点突破工作方案》中提出,以"畅航道、通干线、强支点、联网络、优服务"为重点,突出解决长江水道"瓶颈"、铁路"卡脖子"和公路"断头路"等问题,全面提升长江黄金水道功能,加快航运中心建设,促进港口合理布局,完善铁路、公路和民航运输网络,大力发展联程联运,加快城市群交通网络建设,率先建成网络化、智能化、现代化的综合立体交通走廊,为长江经济带的发展提供有力支撑。

三、协调性均衡发展是高质量构建综合
立体交通的必然要求

长江经济带高质量发展是新时代优化我国发展空间格局、实现区域协调发展的重大战略部署,生态优先、绿色发展不仅关系到长江流域4亿多人,还关乎全国协调发展①。高质量发展的核心是要建立现代化的经济体系②,加快互联互通,发展江海联运,打造综合立体交通走廊,推进长江经济带内产业有序转移、产业链对接,支持园区共建、产业飞地等战略合作方式,形成分工有序、合作充分、竞争公平的全流域现代市场体系,以此提高各种要素的配置效率③,对现代化经济体系的形成意义重大。协调性均衡发展作为一种高效的发展理念,是通过全流域的协同融合,来实现资源优化配置和经济结构优化调整的发展方式,推动形成协调性均衡格局,这有利于充分发挥黄金水道的串联作用,在长江上、中、下游构建起贯通的综合立体交通运输网络,对推动沿江产业结构和布局优化,培育形成具有国际水平的产业集群,促进沿江城市群联动发展、互动协作具有重要作用。④

协调性均衡发展理念与综合立体交通体系建设的结合有利于打造沿海沿江沿边全面推进的对内对外开放带,对用好海陆双向开放的区位资源、与"一带一路"沿线国家互联互通、形成新常态下全方位开放新格局具有指导意义。二者的关系主要体现在以下两个方面:

一方面是交通运输体系的构建要充分考虑各种运输方式的协调发展,重公路、铁路,轻水路的发展思路已经难以适应新时期的运输需要,铁、水、公、空、管道等各种运输途径相互之间要具有包容性,实现统筹兼顾。这种兼顾发

---

① 《聚焦长江高端智库对话:长江沿线省份学者金句频出》,《湖北日报》2019年4月24日。

② 《侯永志:高质量发展的核心是建立一个现代化经济体系》,新浪财经,2018年10月11日,https://finance.sina.com.cn/hy/hyjz/2018-10-14/doc-ihmhafir4917479.shtml。

③ 参见《长江经济带重构高质量发展新版图》,《经济参考报》2018年7月23日。

④ 参见成长春:《长江经济带协调性均衡发展的战略构想》,《南通大学学报》(社会科学版)2015年第1期。

展不是低水平的平均用力、没有重点,而是通过政府的适当引导,结合地区的实际情况和特点,实现各种运输方式之间的相互配合、取长补短,从而提高运输效率,达到资源的优化配置。长江经济带沿线省市均匀分布在长江两岸,下游地区江海互联,上游地区直接对接国家"一带一路",是双向对外开放的"桥头堡",这为该地区的航运发展提供了得天独厚的区位和政策条件。可以说,长江就是这一地区最大的实际情况和最大的特点。因此,综合立体交通体系的打造,要在建设好铁路、公路、民航运输的基础上,更加注重航运的发展,将航运建设作为长江经济带交通运输体系的特色,充分利用好"黄金水道"给地区带来的自然资源红利,从而实现协调性发展。

另一方面是交通运输体系的构建也必须顾及区域内部的均衡发展。长江经济带下游地区交通运输网络明显优于中上游地区,无论是从运输网络的密度还是从目的地的通达程度来看,下游地区的建设都要先于其他地区一步,这是以往非均衡发展模式的结果。当前,长江经济带正处于由非均衡向更高水平的均衡迈进的阶段,这就要求新时期的交通体系建设要站在更高的高度,从长江干流全流域角度出发,谋篇布局、打造节点、以点带面,实现长江经济带区域内部的均衡发展。

因此,协调性均衡推动长江经济带综合立体交通体系构建可以理解为,是一种以实现长江经济带内外部互联互通、资源优化配置为根本,以带动长江全流域发展为目的,通过打造交通运输枢纽的方式,依托黄金水道,在突出航运建设的同时,统筹发展铁路、公路、民航、管道等其他运输手段,构建包容并蓄、相互配合但又特点鲜明的综合立体交通运输体系的发展方式。

四、长江经济带综合立体交通体系建设的相关研究进展

1. 国内文献综述

（1）长江经济带交通建设现状及效率评价

针对全流域的相关研究主要集中在对交通基础设施效率评价以及对经济增长的贡献等方面,彭智敏认为交通基础设施是区域经济一体化的前提

与基础,更是带动广大乡村及贫困地区人民脱贫致富的最基本的条件。但长江经济带地域辽阔、地形多样,这就决定了其发展必须打造和建设综合立体交通网络。建议以提高长江干流航道等级为核心,建设深入腹地的黄金水道网络;因地制宜,加快包括水运、铁路、公路、航空、轨道交通及管道在内的综合立体交通走廊建设;提升管理水平,充分发挥多式联运的优势;以三峡综合翻坝运输体系为突破口,在充分挖掘三峡船闸潜力和发挥三峡升船机能力的基础上,充分发挥各种交通运输方式的优势,通过建设翻坝高速公路和高速铁路,与三峡船闸构建综合翻坝运输体系,彻底解决三峡瓶颈问题。李忠民、夏德水、姚宇采用基于 DEA 模型的 Malmqusit 指数法,以交通基础设施投入量和与之相对应的生产要素运输量分别作为模型的投入、产出变量,利用 2000—2012 年长江经济带 11 个省市的数据,对长江经济带的交通基础设施效率进行了分析。研究结果显示:长江经济带的交通基础设施效率整体上呈下降趋势,改善外部环境可提高其效率。作者认为,要提高经济带的交通基础设施对经济的贡献,不应只关注交通基础设施规模,更应关注现有交通基础设施的运营效率;要提高经济带交通基础设施的整体效率,在交通基础设施建设上不应搞平均主义、进行广泛撒网,在区域结构上应倾向于长江经济带东部五省市和四川等仍存在交通基础设施规模效率的省市。王伟和何明认为推动长江经济带发展必须依托黄金水道,完善现代综合交通运输体系,充分发挥交通运输的基础保障和先导作用。作者在全面总结长江经济带综合交通运输体系发展现状的基础上,结合国际国内新形势对交通运输的要求,提出了以黄金水道为主轴,构建长江经济带综合交通运输体系的基本思路、总体目标和主要任务。傅钰、钟业喜、冯兴华基于长江经济带 1988 年、2001 年、2012 年的路网数据,对长江经济带城市及城市间可达性进行测算,探讨其格局演变特征。结果表明:长江经济带区域整体可达性改善明显,但东部地区可达性水平优于西部地区的现象未得到有效改善;区域内任一栅格到达最近城市所需时间逐步缩短,空间格局由散点分布逐步向网络分布转变;可达性改善状况区域差异显著,西部地区改善值远高于中部地区,平均可达性值越大其改善值越大;城市间可达性水平得到显著提升,城市间可达性结构改变显著。徐娟等构建了黄金水道区位因素对长江经济带经济增长贡献度测度模型,分析了长江经济带 33 个城市的经济增长驱动因素,结果发现物质资本投资对经济增长的推动作用最大,水路优势仍待挖掘。近几年来,临江区位因素优势对长江经济带的作用有逐步加强的态势,而且在核心城市武汉、上海、合肥、重庆的作用较为明显。吴威认为航空运输的协调发展是构建长江经济带综合立体交通走廊的重点任务之一。作者从机场体系空间布局、机场可达性、机场空侧服务能力以及航空运输产出等方面分析了长江经济带航空运输发展格局。结果表明:长江经济带航空运输在上中游及长三角地区呈现出明显的发展差异。长三角地区机场密度大、可达性好、空侧服务水平高,绝大部分地域单元能便捷地享受到航空运输服务;中游地区机场密度与空侧服务能力最低,虽机场可达性与上游地区基本相当,但其航空运输发展总体水平在三大区域中最低;上游地区虽机场密度较大,但空侧服务能力较低,加之集疏运体系不完善,发展水平与长三角地区差距明显。结合当前中国航空运输成本较高的现实,作者从机场体系布局与集疏运网络优化、空侧服务能力提升以及大力发展廉价航空等方面,提出了加快中上游地区航空运输发展,促进区域协调的对策建议。

部分学者针对长江经济带涵盖的部分区域交通运输现状展开研究。郝媛、全波、徐天东对长江上游内河航运地位的变迁和未来发展态势进行了分析。认为主要港口由单一商贸功能向商贸加生产的综合功能转变,并通过多式联运积极拓展腹地,但港口生产能力过剩,且核心港区功能还有待加强。最后,对长江经济带战略背景下长江上游内河航运和港口群的发展提出建议,指出要加快形成港口群合力,建设重庆长江上游航运中心,完善核心港区功能。汪祝君认为江苏加快发展铁水、江海等联运形式,有效推动了货运物流节能减排、降本增效。针对江苏沿江地区产业、交通集聚的发展特征,提出打造江苏长江经济带多式联运集聚区的发展构想。叶红玲认为上海、武汉、重庆分别是中国长江下游、中游、上游最大的开放港口和中心城市,构建以上海国际航运中心为龙头,以重庆长江上游、武汉长江中游航运中心为枢纽,长江干支流主要港口为支撑、低成本、大运能、服务优、通江海的现代化水运体系,是进一步增强长江黄金水道服务能力、扩大辐射范围、提升服务水平,推进长江经济带发展的必由之路。

（2）长江经济带交通对流域经济发展的作用研究

吴常艳等在修正经济联系引力模型的基础上，采用社会网络分析方法对 2013 年长江经济带经济联系空间格局及一体化趋势进行分析。结果表明：长江经济带经济联系网络形成以中下游城市群和上游城市群为核心的两大板块，区域内交通网络体系的完善是促进中下游经济联系的主要原因之一；"核心—边缘"结构分析显示长江经济带形成明显的"核心—边缘"结构，且核心区与边缘区网络密度差异较大，上海、武汉、长沙、重庆、成都等城市成为经济联系网络中重要的中介城市，总体上长江经济带经济联系网络呈现出"一轴线、两板块、多中心"的经济联系格局；长三角城市群、长江中游城市群和成渝城市群在经济联系网络模式上分别呈现出"多中心紧凑模式、多中心松散模式、双核极化模式"，表明中下游区域以城市群为主体、中介城市为对接点的经济联系一体化趋势正在形成，加强与成渝城市群为核心的上游城市群之间的经济联系是实现长江经济带一体化发展的关键。王磊和翟博文基于 2005—2014 年长江经济带的数据，建立了空间杜宾模型，就交通基础设施对经济增长的影响进行了实证研究。结果表明：前者对后者存在正的空间溢出效应，经济增长存在自身的空间溢出效应，这与理论预期、现实情况以及现有研究结论一致，忽略空间影响可能导致高估交通基础设施对经济增长的促进作用；劳动力和实际资本存量表现为促进经济增长，产业结构和政府支出则表现为抑制经济增长。长江经济带应进一步完善区域协同发展机制，加快推动交通基础设施的互联互通，提高交通网络综合运行效率，提高劳动力利用效率，推动产业升级，同时避免过度的政府投资。唐冠军提出，目前长江流域迎来了航运高质量发展的新机遇，必须尽快加大政策扶持，通过国家层面率先出台相关政策，成立江海联运扶持基金，为江海联运提供阶段性的经济扶持，并进一步提升江海联运经营环境，协调海关完善一体化通关制度，实现沿江各海关之间"信息互通、监督互动、执法互助"，提高江海联运外贸货物的便利性。

综上所述，长江经济带综合交通体系的相关研究主要集中在对交通基础设施效率评价以及如何构建综合交通体系上，对于交通基础设施对经济社会的影响及适应性的分析仍偏少。

2. 国外文献综述

对国外综合立体交通系统的研究,学术界主要从交通运输网络交通流量的角度关注在多式联运中公路、铁路、内河水运以及航空等运输模式中两种或两种以上运输模式联运时交通流量的分配问题。

在政策研究方面,Dimitrios Tsamboulas 等基于欧盟委员会的欧洲多式联运计划项目,提出了多式联运模式转变的具体步骤,并开发了一个评估多式联运具体政策的方法。[1] 该方法由工具箱——宏观扫描、政策的敏感性分析和行动计划策略三部分构成。宏观扫描的目的是提供一个区域服务的数量和质量方面的评估,主要功能是分别计算 OD 之间的公路运输与多式联运的成本和运输时间,以评估多式联运的竞争地位。

在综合立体交通系统设计方面,Macharis 和 Bontekoning 研究了两种或两种以上运输模式联运。[2] Tadashi Yamada 等基于货运码头的发展和区域间的货物运输网络设计问题,提出了一种战略交通规划模型,并确定了公路、铁路、近海与码头的连接问题和多类用户流量分配问题。[3] Caris 等研究了多式联运决策模型,通过定义多方决策者参与多种运输模式的模型,确定定量模型的实现目标。模型设定的决策者既包括网络运营商、拖运运营商、终端商或多式联运运营商等私人利益相关者,又包括政策制定者和港口当局。多方决策者共同制定一个基于决策支持模型、终端网络设计、多式联运服务网络设计、多式联运路线、托运业务和通信技术(Information and Communication Technology, ICT)创新的动态发展模型。Bock 提出了动态模型联运路线,Escudero 等提出了多式联运拖运业务,二者均基于一个动态的背

---

[1] Cf.Dimitrios Tsamboulas, Huub Vrenken, Anna-Maria Lekka. Assessment of a Transport Policy Potential for Intermodal Mode Shift on a European Scale. *Transportation Research*, 2007, Part A 41: 715-733.

[2] Cf.C Macharis, J Springael, K.D.Brucker, A Verbeke, PROMETHEE and AHP:The Design of Operational Synergies in Multicriteria Analysis, *European Journal of Operational Research* 153 (2), 307-317 7672004 Opportunities for OR in NY.

[3] Cf.Germanischer Lloyd.Container Terminal Quality Indicator(CTQI) A Benchmarking Certification Scheme for Auditing Global Container Terminal Operation.2009.

景,结合新的实时信息,探讨多式联运中车型规划问题。信息和通信技术的创新是重要的推动者,在此背景下,可以提供足够的正确的和实时的有效的信息。①

① *The Port of Los Angelos*, *Key Performance Indicators*, 2011.

第十二章　国外典型流域综合立体交通体系发展经验借鉴

随着全球经济和社会的不断发展,经济一体化对国际航运业务的需求不断增加,对综合立体交通运输系统提出了资源节约、环境友好以及均衡性协调的迫切要求。现代综合交通运输系统主要由公路、铁路、水运、航空和管道五大子系统构成,均衡性协调成为新的建设目标。在流域地区综合交通体系发展中占据着举足轻重地位的内河港口,通常是多式联运的中心,是区域经济的节点,是实现无缝连接、可持续长距离运输和城市货运"最后一公里"的有效桥梁。内河港口不仅将水路、公路、铁路等运输方式协调在一起,而且对促进综合立体交通体系的集成、一体化物流的发展起着关键作用。流域地区发展综合交通运输体系对促进贸易金融物流等现代服务业发展、推动实体经济降本增效、提升国民经济竞争力等都具有重大现实意义。

深入贯彻落实习近平总书记关于推动长江经济带发展重要战略思想,是当前和今后一个时期重要的政治任务。当前,我国立体交通体系建设正处于发展的黄金期,迎来了最好的发展机遇,呈现出最佳的发展态势。近年来,重庆、广西、贵州等省份纷纷立足于本地实际,针对建设立体交通体系作出重要部署。重庆从全局谋划一域、以一域服务全局,提高战略站位,把握战略内涵,强化战略功能出发,提出推动陆海新通道建设走深走实,与新加坡签署协议,联合建设国际陆海贸易新通道。贵州、广西等多地也加入陆海新通道的建设中来,通过建设铁路运线、航空枢纽、高速公路等交通设施,以及加强海关、税务等软环境建设,逐渐形成了以南向为主、多向发散的立体交通新格局。

在迎接发展机遇的同时,建设立体交通体系也面临着巨大的发展挑战,必须准确研判立体交通体系建设的新需求与新态势,以绿色、协同、高效发展为目标实施立体交通体系高质量发展。特别是在我国公路、铁路与内河水运发展不平衡的情况下,如何进一步发挥内河水运的优势,与其他运输模式形成优势互补、协同发展的综合立体交通体系,尽快缩小与世界先进地区的发展差距,依然需要大量的理论和实证研究的支持。为此,本章对密西西比河、田纳西河、莱茵河、亚马逊河等国外内河水运可持续发展多式联运进程和成功经验进行系统梳理和分析,以期为长江经济带协调性均衡建设综合立体交通体系提供研究依据与实践参考。

一、国外典型流域综合立体交通体系发展情况

1. 密西西比河流域

密西西比河位于北美洲中南部,发源于明尼苏达,是世界上最发达的水系之一,美国南北航运的大动脉,货运量占全美内河航运总量的 60% 以上。其干流和支流流经美国 31 个州和加拿大 2 个省,流域面积达 322 万平方公里,居世界第五位。作为一个高度工业化国家里的主要水域,密西西比河及其支流密苏里河成为了全世界最繁忙的水道之一,其流域内的铁路、公路、水路、航空枢纽共同构成了当今世界最先进的综合立体交通体系,年货运密度达到 1027 万吨/公里,在美国经济社会发展中起到了举足轻重的作用①。从立体交通体系的贡献和效果来看,主要有五个方面:一是提高了运输效率;二是降低了运输成本;三是减少了温室气体排放;四是提升了运输的安全性;五是提升了流域地区的综合服务业发展水平,带动了区域人口就业,促进了社会经济的稳定发展。

密西西比河航运的主要特点包括三个方面:一是密西西比河航道尺度和船闸基本上实现了标准化。二是密西西比河拥有一个高效的大型散货运输系统,以无人分节驳顶推船队运输方式为主,上游和支流都可以航行 8—15 艘

---

① Cf.D.Tsamboulas, P. Moraiti, A. M. Lekka. Port Performance Evaluation for Port Community System Implementation. *Transportation Research Board Annual Meeting*:2013.

驳船组成的顶推船队,载重量为 1—2 万吨;中游可航行由 15—25 艘驳船组成的顶推船队,载重量为 2—3 万吨;下游最大的顶推船队由 30—40 艘驳船组成,载重量为 4—6 万吨。顶推船队一律采用无人驳,推轮的自动化程度很高。三是密西西比河的沿岸港口机械化程度基本上达到 100%,2 万吨级的船队只要 8 小时就可完成装卸作业;吞吐能力大,件杂货码头为 10—20 万吨,散货码头吞吐能力都在 100 万吨以上,新奥尔良等流域内码头吞吐能力都能达到 900 万吨。①

密西西比河沿岸密布大城市、工业区,美国最大的海港之一新奥尔良也位于密西西比河入海口的三角洲,良好的航运条件和城市依托造就了密西西比河发达的内河运输业。密西西比河流域综合交通体系年货运量约为 7 亿吨,主要运输货种为煤炭、食品及农产品、石油及制品、原材料等大宗散货。

(1)新奥尔良——密西西比流域重要港口

密西西比河货运周转量约占全美内河货运的 60%,新奥尔良则是流域内发展规模最大的港口之一,以转口贸易为主导,是美国重要的江海联运中心,集疏运系统高度发达。此处不仅是众多铁路的交汇处,也是内河航运的中枢点,铁路、公路、水路的集疏运十分便利。新奥尔良港区与美国铁路主干道和州际高速公路相连,以运输干散货和液体散货为主,其中干散货主要指密西西比河流域的出口粮食,液体散货则主要指原油和石油化工产品。

(2)匹兹堡——美国钢铁货运中心

位于美国宾夕法尼亚州西南部,坐落在密西西比河水量最大的支流——俄亥俄河畔的匹兹堡市(Pittsburgh),曾是美国著名的钢铁工业城市,一度享有"世界钢都"之称。20 世纪初,随着其工商业的迅速发展,成为美国工业革命的中心之一。匹兹堡是美国的钢铁产业中心,也是重要的内河货运中心。该市地理位置优越,位于美国三大河流的交汇处,成为美国有名的内河港口。这里风景漂亮、气候宜人,非常适合人类居住。从地理区位看,匹兹堡附近地区的烟煤、石灰石和铁矿石蕴藏量丰富,加上内河港口的运输便利,具有大规模发展钢铁工业的良好条件,其钢产量最高峰时占全美钢产量的一半以上。

---

① 杨臣清:《美国内河航运开发的经验和启示》,《中国水运》2008 年第 7 期。

与其发达的水运相比,匹兹堡的道路交通也毫不逊色,无论是水路还是陆路,交通都十分方便。在匹兹堡,交通枢纽十分便捷,不但可以乘坐交通工具到达大纽约区域,而且向北还可以迅速到达五大湖区,因此成了美国东海岸连接中西部的重要节点。区位和交通上的优势,让匹兹堡在美国三次经济转型期间,依然可以凭借自身优势获得一席之地。铁路是密西西比河的重要战略资源,更是匹兹堡重要的远程辐射通道。匹兹堡港港区内部铁路十分密集,仅环绕港区的铁路线就长达 400 多公里,有 11 条铁路直入港区,铁路交叉口 1000 多处,建有大型编组站和调车场,每周有约 340 列火车可以通过铁路连接北美的重要工业区,北美大部分地区可以在一天之内到达,从而保证了匹兹堡港的集装箱集疏运方式结构中铁路方式占 10% 左右并不断提高。①

（3）孟菲斯——超级航空货运枢纽

孟菲斯坐落于密西西比河畔,是美国中南部最大的多式联运枢纽。孟菲斯通过孟菲斯国际机场、孟菲斯港口,以及 5 条一级铁路分别是诺克服铁路、伯灵顿北方圣太菲铁路、加拿大国家铁路、太平洋联盟铁路与 CSX 铁路,共同构建成为以航空运输为核心,港口、铁路等多种运输方式相结合的多式联运发展典范。

孟菲斯是密西西比河流域最为繁忙的货运航空枢纽,孟菲斯国际机场作为全球超大型货运机场,承载着诸如国际快递业巨头美国联邦快递公司（FedEx）的全球转运任务。国际机场占地为 15 平方公里,是美国西北航空的第三大转运中心,2016 年货物吞吐量为 559 万吨。孟菲斯港是典型的内河港口,依靠机场和铁路的高效配合,2016 年货运吞吐量超过 2100 万吨。

基于良好的水陆空基础条件,美国大多数公铁联运公司都将区域中心设于此地,助推孟菲斯形成公铁空联运中心。孟菲斯 BNSF（美国大型联运公司）多式联运场站拥有 48000 英尺的作业轨道,可以容纳长度为 7400 英尺的整列列车进行作业,这个场站拥有超过 50 万个集装箱的年吞吐量,场站有 8 台大轨式门吊,其中 5 台作为装卸线上装卸铁路的起重机,覆盖 8 条铁路,其

---

① 参见黄斌、益宇鸣:《美国的集装箱多式联运》,《集装箱化》2008 年第 4 期。

中跨内 5 条,一端悬臂下 3 条,跨内有 8 条铁路线和 3 条汽车通道。①

2. 田纳西河流域

田纳西河是美国东南部河流,俄亥俄河第一大支流,源出阿巴拉契亚高地西坡,由霍尔斯顿河和弗伦奇布罗德河汇合而成。田纳西河流经田纳西州和亚拉巴马州,于肯塔基州帕迪尤卡附近注入俄亥俄河。以霍尔斯顿河源头计,长约 1450 千米,流域面积 10.6 万平方千米。大部流经阿巴拉契亚高原区,上中游河谷狭窄,比降较大,多急流,水力资源丰富,仅能通行小汽轮。下游河谷较开阔,从帕迪尤卡至弗洛伦斯之间 450 千米河道通航便利。流域内降水丰沛,河口平均流量 1800 立方米/秒。但水位季节变化较大,冬末春初多暴雨,易造成洪水泛滥,夏季水位较低。1933 年美国国会通过了《田纳西流域管理局法》,成立田纳西流域管理局(简称 TVA)。经过多年的实践,田纳西流域的开发和管理取得了辉煌的成就,从根本上改变了田纳西流域落后的面貌,TVA的管理也因此成为流域管理的一个独特和成功的范例而为世界所瞩目。

主要沿公路或水道布局旅游产业,促推小城镇发展。20 世纪 70 年代以来,田区作为美国最著名的旅游区之一,旅游业蓬勃兴起,至今方兴未艾。本区几乎到处都有观光休闲胜地,许多城镇、农村集镇由于旅游业以及相应服务设施的扩展而日趋繁荣,城镇转化为以旅游业为主要职能。一些原来靠旅游业起家的城市,如阿什维尔目前更加兴旺发达,成为本区东部山区的旅游中心城市。而在那些著名的旅游风景区,则沿公路或水道(河流、水库)出现了成群的旅游城镇,它们一般规模不大,但设施完善,而且还正在不断扩展。②

(1)围绕内河航运、公路、机场等将交通线联结为一体

田纳西河航运发达,是区内外经济联系的大动脉,仅田纳西河干流上即有帕迪尤卡、格兰德里弗、默里(以上肯塔基州)、帕里斯、新约翰逊维尔、康斯(以上田州)、卢卡(密西西比州)、弗洛伦斯、威尔逊坝、迪凯特、汉茨维尔、冈特斯维尔、布里奇波特(以上亚拉巴马州)、南匹兹堡、查塔努加、莱诺尔城、沃

---

① 参见王诺、赵冰、杨春霞:《港口代际的本质特征及其演化规律》,《中国港湾建设》2010年第 2 期。

② 参见国外交通跟踪研究课题组:《美国 2045 年交通发展趋势与政策选择》,人民交通出版社 2017 年版。

诺利、诺克斯维尔(以上田州)等 18 个河运港口城镇,26 个公共货运码头,106个专用货物的私营码头。

田纳西河流域地区原为美国典型的贫困地区,经过 60 年的开发建设,1990 年时已接近美国平均发展水平。为开发贫困山区,1965 年美国国会通过了《阿巴拉契亚区域开发法案》,核心项目是公路建设规划。到 1985 年在阿巴拉契亚区域修建公路 4022 公里,使原先交通闭塞的状况发生了根本性变化,实现了丘陵山区每个居民点通达高速公路路程不超过半小时的要求。全地区州际高速公路,东西向有 2 条:40 号公路从大西洋沿岸向西,横贯阿什维尔、诺克斯维尔、纳什维尔、孟菲斯,通向太平洋沿岸;24 号公路由查塔努加向西北连接纳什维尔和帕迪尤卡。南北向有 3 条:55 号公路自孟菲斯北通五大湖,南至新奥尔良;65 号公路自北向南经纳什维尔、迪凯特至墨西哥湾沿岸;75 号公路由底特律经诺克斯维尔、查塔努加去迈阿密。还有由查塔努加向南去的 59 号公路,东部山区去南卡罗来纳州的 26 号公路,由诺克斯维尔经布里斯托尔向东去的 81 号公路。更有稠密的联邦公路、州级公路,保证陆上交通四通八达。铁路干支线密度也相当大,航空运输方便,仅田州即有 132 个机场。这些交通线把城镇和农村联成一个完整的网络体系,加强了城镇间、城乡间联系和城乡一体化趋势。

(2)城镇布局与河流综合开发紧密结合

田纳西河流域综合开发有一条十分成功的经验,即兴建水利枢纽与城镇布局、移民安置同步规划、配套建设。显著的区域开发成效使得田纳西河流域开发成为世界上广受赞誉的区域开发规划。以最早兴建的诺烈斯水利枢纽(在田纳西河支流克林奇河上)为例,在规划设计时,便把建筑工人临时居住的工棚设计建成永久性示范住宅,作为未来的诺烈斯镇住宅区,同时匹配相应的基础设施、加工企业、服务网络和旅游景点,包括配套建设家具、金属器件、电器、陶瓷等商店,并注意与周围农村发展结合,包括建设示范性奶牛场、养鸡场,推广先进技术的示范农场等,把水利枢纽建设与城镇建设、郊区建设、新农村建设有机结合起来,工程完工后随即出现新兴小城镇。

沿河(主要是沿水库、航道)大耗能、大耗水、大运量工业企业的发展,则使本区形成几条沿河城镇走廊——主要是沿田纳西河,还有沿康伯兰河、沿密西西比河、沿田纳西河—汤姆比格比运河的城镇走廊带。其中又以孟菲斯城镇群等七个大中城市为核心,相对集中,形成集团式布局。此外,在广大农村地区,以纺织、服装、木材加工、食品、机械等工业为主、第三产业较发达的小城镇,则与农业紧密结合、相互促进,呈星散型布局。

3. 莱茵河流域

莱茵河是西欧第一大河,发源于瑞士境内的阿尔卑斯山北麓,西北流经列支敦士登、奥地利、法国、德国和荷兰,最后在鹿特丹附近注入北海,全长为1232千米。通过一系列运河与多瑙河、罗讷河等水系连接,构成了一个四通八达的综合交通体系。莱茵河所流经的区域是欧洲的主要工业区,自1815年维也纳会议以来,莱茵河已成为国际航运水道,干线通航里程约为1000千米,货运量约4.5亿吨,主要运输货种为建材、石油、金属矿石、煤炭等,近年来铁路、公路、航空以及集装箱运输、汽车滚装船运输发展迅速,已经成为欧洲最为繁忙的综合立体交通枢纽。

（1）德国莱茵鲁尔——黄金水道上成长起来的现代化工业区

德国的现代化工业区鲁尔被称为"德国工业的心脏",位于莱茵河支流鲁尔河和利珀河之间,通过4条人工开凿的运河和74个河港与莱茵河联成一体,7000吨海轮可由此直达北海。莱茵河的航道就像公路一样,每隔一定距离就有一块里程碑,上面标注着公里数。莱茵河不仅保证了鲁尔区的工业用水,还为鲁尔区提供了重要的运输条件。正是依靠着这种便利的运输条件,大批铁矿砂和其他矿物原料才能源源不断地从国外运到这里。[①]

鲁尔区位于欧洲中部陆上交通的十字路口,地理上联系了东欧与西欧、北欧与南欧地区,地理位置既优越也重要。陆上交通广布,铁路网稠密,从法国巴黎通往北欧和东欧的铁路由本区穿过。这里的高速公路已交织成网,区内任何地点距离高速公路都不超过6千米,从德国西部通往柏林和荷兰的高速公路也由本区通过。此外,莱茵河、鲁尔河、利珀河等天然河流和四条人工运河,不仅联成一体,而且都可通航,并能直达海洋,有着方便、廉价的水运条件,

---

① Cf. *European Sea Ports Organization. Selection and Measurement of Port Performance Indicators.* 2013.

便捷的水陆交通为鲁尔区原料的运入和产品的运出提供了条件。其中,内河航运尤为重要,因为鲁尔区所需的铁矿石主要经荷兰的鹿特丹港通过内河航运运入,而工业产品的输出也主要由这条运输线承担。方便的陆上交通,把鲁尔区与德国以及欧洲其他地区紧密联系在一起。

（2）鹿特丹——莱茵河流域的世界级综合交通枢纽

莱茵河流域的多式联运发展依托于鹿特丹港,其发展江海多式联运主要体现在通畅的航道、高效的集疏运体系、齐全的港口服务功能和完善的临港工业等方面。就综合立体交通体系而言,鹿特丹港作为欧洲第一大港,拥有500多条班轮航线,可通航全球大约1000多个港口,集疏运基础完善。铁路运输与内河运输的相互促进、互为补充,共同架构了莱茵河错综复杂的立体交通运输系统。①

鹿特丹港拥有规模庞大且十分专业的国际物流中心,并形成铁路、公路、水路为一体的现代化集疏运体系。鹿特丹港区面积约100平方公里,码头总长42公里,吃水最深处达22米。港区基础设施齐全,公路、铁路和驳船集装箱运输,是世界上最大的集装箱港口之一,有世界上最先进的ECT集装箱码头,储、运、销一条龙服务,在鹿特丹港形成了完善的铁路、公路、水路集疏运体系。鹿特丹港配套设施完备,码头、堆场、仓库、道路、环保设施,以及支持保障系统非常完善;管理设备和操作手段高度现代化,如EDI服务系统除了传统的信息传送外,其子系统"INTIS"已成功推广了"电子商务网络"。

鹿特丹港不仅是一个单纯的转运港,它还依靠自身地理优势,大力发展临港工业,现如今本地的临港工业已成为其重要组成部分之一。完善的港口服务则主要体现在为了更好地参加国际贸易,鼓励到港货物进入物流园区。鹿特丹港区建有四个分工各不相同的物流园区,这四个园区均设有仓库,采用最先进的通信和信息技术,并拥有充足专业的劳动力资源。

出色的信息化网络管理。先进的现代化集疏运体系离不开电子信息管理,鹿特丹港的集装箱装卸完全由电脑控制。主要集装箱运输形式有公路集

---

① Cf. M. Vidovic′, S. Zec̆evic′, M. Kilibarda, J. Vlajic′, N. Bjelic′, S. Tadic′. *The p-hub model with Hub-catchment Areas, Existing Hubs and Simulation: A Case Study of Serbian inter Modal Terminals*, *Networks and Spatial Economics*, 2011, 11: 295-314.

装箱运输、铁路集装箱运输和驳船集装箱运输,联合四通八达的海陆交通网,可容世界上最大的干散货船舶在每天的任何时刻停靠码头,在短短两至三天内完成装卸离港。鹿特丹已实现港口装卸过程的无人化,运用国际较先进的码头操作系统(TOS),以合理计划码头的集装箱,有效减少翻箱。

4. 亚马逊河流域

亚马逊河位于南美洲北部,是世界上流量、流域面积最大、支流最多、流量第一的河流,其河川径流量高达每秒 21.9 万立方米,比其他 3 条大河尼罗河(非洲)、长江(中国)、密西西比河(美国)的总和还要大几倍,大约相当于 7 条长江的流量,占世界河流流量的 20%;流域面积达 691.5 万平方千米,占南美洲总面积的 40%;支流的数量超过 1.5 万条。亚马逊河航运条件优越,而且具备强大的水运功能和较为完善的航运设施,以立体交通体系为基础,亚马逊河流域培育出了玛瑙斯等内河流域的开放高地。

玛瑙斯市是巴西亚马逊州的首府,位于亚马逊河支流黑河和索里芒斯河交汇处,距离亚马逊河出海口约 1700 千米,面积为 337 平方千米,人口约为 150 万,是巴西北部重要的河港。作为亚马逊州首府,玛瑙斯市既是巴西的大城市之一,又是一个工业城市。从 19 世纪末到第一次世界大战之前,得益于亚马逊地区盛产橡胶,以及亚马逊河良好的水运功能,玛瑙斯市成为全世界最大的橡胶集散地,曾经有着"黑金之都"的美称,是盛极一时的世界性大城市。但 1920 年以后,随着世界橡胶产地的增多,玛瑙斯逐渐失去了资源优势,求新求变成为玛瑙斯当时发展的当务之急。

1957 年开始,玛瑙斯开始执行对外自贸区发展战略,全方位开展国际进出口业务。由于从前只需要输出橡胶,所以玛瑙斯长期将交通建设重点放在水运,而随着橡胶产业的没落以及农业加工、工业生产的兴起,玛瑙斯在维持水运建设的前提下,开始大力打造空运、铁路、公路等综合交通体系。随着自贸区的蓬勃发展,税收等各项优惠政策不断增多,玛瑙斯的进出口贸易及生产制造业日益繁忙,综合交通体系的逐渐完善为进出口贸易起到了良好的支撑作用。由于玛瑙斯距离圣保罗、里约热内卢等巴西中心城市距离较远,因此政府决定自贸区定位于两头在外、兼顾国内市场,发展对外贸易。除水运以外,空运也成为玛瑙斯发展的重要环节,而大力兴建空运设施,有效提高了其进出口贸易效率。而且,为了配合国内贸易运输,玛瑙斯还兴建铁路以及公路相互配合,通过交通体系的多样性选择,在运输成本和生产效率之间找到了良好的平衡点。

在巴西玛瑙斯的典型案例中,可以发现综合立体交通建设与产业发展之间的紧密关联,无论是生产制造业还是进出口贸易产业,都需要通过不同的交通方式配合,以达到高质量发展的良好效果。玛瑙斯自贸区在良好的开放政策环境下,以及综合立体交通建设的加持,很好地促进了内陆地区经济发展,让玛瑙斯虽然深处内陆,但仍然可以成为亚马逊流域的产业发展高地。在综合交通体系建设不断完善的前提下,再加上巴西自贸区政策的进一步加持,玛瑙斯自贸区在巴西的辐射范围不断加大,现其辐射范围已经涵盖了整个西亚马逊地区,包括亚马逊、帕拉、郎多尼亚等州,整个区域面积占巴西国土面积的四分之一,成功带动区域协调均衡发展,成为亚马逊地区对外开放的重要平台,同时也成为世界上面积最大的自贸区之一。

二、国外典型流域综合交通体系发展的政策举措

1. 美国的主要举措和经验

优化对运输业的市场管制。1979 年美国州际商务委员会放松了对 COFC/TOFC 的运价、线路、货类等管制,使得水运公司、铁路公司、航空公司能够对公铁水空联运制定更有竞争力的价格。从 20 世纪 80 年代开始,美国国会通过一系列法案,对运输业的经营管制采取较为宽松的政策,鼓励拓展跨运输方式的联运。

改善多式联运枢纽站场集疏运体系。提升疏港铁路、公路转运能力,以提高港口集装箱多式联运效率,如著名的阿拉米达联运通道改善计划,成为美国推进海铁联运的典型范例。2013 年美国运输部发布新五年战略规划,提出加强对多式联运连接通道(指将枢纽港站与国家公路网连接起来的最初或最后一英里公路)的投资,进一步提高港口、铁路、机场与公路间衔接水平。

构建多式联运技术标准体系。《美国联邦汽车技术法规》中,对涉及 COFC/TOFC、滚装运输以及标准化运载单元、快速转运设施设备等,均规定了

详细的技术标准,奠定了多式联运的标准化基础。

改进多式联运设施条件。为了发展铁路双层集装箱运输,提出双层集装箱列车净距改善计划,投资支持特定铁路通道的净空改造。洛杉矶港的疏港高速直接通达至集装箱堆场,海港前沿卸下的集装箱可以通过港区内部的组织管理直接接上高速公路网。

2. 欧盟的主要举措和经验

强化基础设施建设,夯实立体交通建设基石。集装箱枢纽港高速公路直接进港,其他未连接高速公路的港区,会在港区附近留有互通。如鹿特丹港高速公路与欧洲各国连接,外围高等级公路围绕港区形成环形分布,覆盖了从法国到黑海、从北欧到意大利的欧洲各主要市场和工业区,利用高速外环可以将各方向的货物快速集散。

鼓励发展内河运输,促推多式联运建设。从事内河运输并达到规定标准的企业,可从欧盟得到为期3年每年20万欧元的补贴。对多式联运中转站进行资金补助。如德国目前有多式联运中转站122个,其中77个得到了政府的财政补贴。在联邦政府主导的物流园区规划建设中,将多式联运中转功能作为必要条件,联邦政府对联运设施设备的资助比例最高可达85%。对开展多式联运的企业给予补贴或税收减免,主要对运输企业从单一公路货运向多式联运模式转变中的经济损失给予补偿。如对新开的铁路联运线路,初期若负债经营,欧盟经评估后可给予经济补偿。放宽多式联运的各种限制。如德国法律规定接驳多式联运的卡车总重允许放宽至44吨(本来限40吨)、不受周日禁行限制(本来规定周日卡车禁行)。

创新管理体制,支撑立体交通体系建设。高度发达的交通运输体系建设需要政府政策的有力支持。以鹿特丹港为例,它不仅有先进的基础设施,浓厚的商业气氛,高度发达的物流服务以及政府的有力支持,同时还拥有完善的海关设施、优惠的税收政策,以及一支技术先进、生产效率高并懂多门语言的劳动队伍,政府统一规划、建设和管理,企业自主经营。鹿特丹港务管理局不断在进行功能调整,由先前的港务管理功能向物流链管理功能转变,继续扩大港口区域,尝试使用近海运输、驳船和铁路等方式,促进对物流专家的教育和培训,建设信息港,发展增值物流。在港区和城市周围汇聚了大量拥有专业知识和专门技能的各类人才。另外,鹿特丹地区的各大高校和教育机构也都积极开展海运相关的研究和教育,同各方各业的人士一同努力建设一个面向未来的现代化港口。[①]

三、国外典型流域综合交通体系发展的经验启示

结合长江经济带交通体系发展实际,分析密西西比河流域、田纳西河流域、莱茵河流域在立体交通体系建设方面的经验。要在国家层面明确把多式联运作为长江综合立体交通建设的基本战略,同时要强化多式联运的协调性均衡建设,推进多式联运设施装备的标准化体系建设,建立健全多式联运的法制制度和运行规则,发展协调均衡的多式联运集疏运体系。

1. 推动长江经济带立体交通体系协调性均衡发展

构建长江经济带协调性均衡发展理念,探索长江经济带"生态优先、绿色发展"和中东西协同发展的目标。在国外经典案例中,无论是美国孟菲斯、辛辛那提还是德国鲁尔工业区,内河流域的综合交通体系建设始终离不开综合协调的发展理念,空水联运、公水联运、公海联运等交通方式之间的协调发展、良好配合,是国外众多经典立体交通体系建设案例的核心理念。无论是内陆港、陆地港还是航空港,一个成功的综合立体交通体系必须要建立在铁路、公路、水运、航空等多个交通方式之上,只有这样才能最大程度地提高运输效率,降低运输成本,实现各种交通方式之间的互为补充。

成功的综合立体交通体系建设可以更好推动区域均衡发展,而区域均衡发展也能有效带动立体交通体系的良好运营。在此方面,田纳西河立体交通体系建设最为典型,田纳西河流域主要以小城镇为主,流域集疏运体系的不断完善,也让小城镇的商贸物流变得更加繁荣,中小城镇的经济社会由于交通便利而随之快速发展,并且成功达到了以点带面的均衡发展效果。由于综合交通体系的协调发展,在流域范围的城镇普遍获益,众多中小城镇的繁荣形成了

---

① 参见王爱虎:《从海上丝绸之路的发展史和文献研究看新海上丝绸之路建设的价值和意义》,《华南理工大学学报》(社会科学版)2015年第1期。

区域经济的快速发展局面,于是对交通的需求更加迫切,也就促使政府更大力度地投入综合交通体系建设。

2. 建设以长江流域港口为核心的现代联运体系

建设以长江流域港口为核心的现代联运体系,建立协调机制,推动信息化与港口集疏运深度融合,统筹公路、铁路、水路、管道等各种运输方式与港口的衔接,大力推进铁水联运、甩挂运输、托盘运输等快进快出的运输方式,降低物流成本。多式联运是运输化发展的趋势,各种运输方式必须相互协调、加强合作来确保一个完整、有效、经济、迅速、低廉、低耗、环境友好、具有可持续性的交通运输体系。在传统的运输管理分割体制下,各类承运人往往难以发展综合运输,以及开发新的服务项目。集装箱多式联运作为当今世界国际物流最先进和最重要的运输组织方式,使货主、货运代理公司、船代公司、船公司、港口、公路、铁路等主体形成综合运输体系的一个完整链条,是一个必须注重时间、成本和效率的典型供应链。因此,为促进长江流域多式联运的发展,必须有组织机构和体制上的保证,以优化多式联运供应链的整体效能。

3. 长江流域立体交通建设必须与生态保护有机结合

与国外内河航运发达国家相比,我国在流域水资源综合利用中对航运地位重视程度还有待提高。在我国现有体制下,西部地区单靠交通航运部门的投资基本不可能实现航运建设目标,必须通过加强立法,实现水资源的综合利用,来保护航运发展。同时,交通、航运部门也应该在人员、组织、资金上加大投入,以水资源综合利用及航运资源合理开发和保护为目标,完善河流开发机构,改善河流开发模式。

加快长江流域绿色港口建设。取缔非法老旧码头,整合集并,整合优化港口岸线资源,进行岸线生态修复。进行区域航运资源整合,加快规划和建设主要港口和专业码头,以重庆港、武汉新港、南京港、苏州港等为建设支点,加强岳阳、黄石、南通等内河港口之间的分工与协作,形成完善的水运港口体系。强化内河航运污染全过程管理,加强船舶垃圾及油污水接收上岸和船舶污染物收集处置监管,加快现有港口、码头船舶垃圾接收等相关功能的配套设施改造建设。

制定长江流域港口防治污染法规。法规要规定出船舶污水、污物的排放标准,工作场所的粉尘含量标准、噪声标准,还应规定防止污染的措施和超过标准排放的处理办法。利用绿色植物,改善不良生态环境,建立港口绿色生态系统。对于油污水可以建立一种油污水间歇处理系统,适合于各类油污水的处理站使用,随时可以进行油污处理。港口工作人员及周边居民平时应该注意港区环境的保护,不要随意往江、海倾倒废水、垃圾等污染物。

4. 以港口发展促进长江流域城市建设

以港兴市,以市促港,大力发展港口的现代化建设统筹规划。以鹿特丹港为例,对于未来的发展已制订计划,到 2020 年,鹿特丹港将成为"一个既能促进地区和国家经济发展,又能改善市民生活水平和自然环境的有竞争力的港口,一个持续发展和创新的港口,一个有吸引力的港口"。届时,港口的年吞吐量将比目前增加 40%,达到 4.6 亿吨。为了实现这一目标,鹿特丹港将在今后十几年加强西部建设,转变东部港区职能,实现港区空间商业化,促进地区公共基础设施建设等。港口上百年的物流发展史堆积出荷兰在国际物流界的霸主地位。鹿特丹港港产城系统建设的经验与模式值得我们借鉴和学习。

5. 注重长江流域信息服务系统建设

将互联网概念与技术深度融入长江流域航运建设。加快内河船联网建设,加快内河港航信息化管理,完善长江流域港航综合管理系统。建立长江流域港航统一网站、短信平台、GPS 信息发布、12395 呼叫中心等互动平台,加强与船舶的直接交流沟通。推出手机应用"港航服务站"等类似 APP,方便船户获取航行通告、气象水位等信息,推动湖区港口航运向着自动化、智能化方向发展。

加快跨区域港航物流平台建设。包括航运数据交换平台、集装箱内支线信息系统、长江流域航运信息服务、内河物流公共信息服务平台、内河港航安全管理信息系统以及内河水运应急救援平台的建设,以信息服务促进长江流域港航物流发展,提升航运经营效率。在完善河流信息系统服务、建立一体化的信息管理系统的同时,应注重开发长江流域水运人力资源,注重人才补给,建立人才统一教育标准。如建立职业教育和培训体系,完善鼓励从业人员终身学习制度,建立职业资格认证框架体系等。

6. 加快长江流域航运制度建设

加快内河航运大气污染和水污染防治地方法规建设研究。严格内河航运、港口等相关方的污染防治责任,加快试行内河船舶污染损害责任保险。

建立具有法律权威的河、湖区全流域性航道管理机构。负责全流域范围内航道总体规划、综合开发和日常管理,强化相关政策扶持和综合配套。

建立信息通报和沟通协调机制。形成船舶检验部门、地方海事管理机构、港航管理部门等内河航运污染防治工作合力,建立健全船舶污染物收集接收处理和运营管理机制,共同推进绿色内河航运建设。建立生态补偿机制,推广绿心理念,建立生态廊道。

第十三章　长江经济带综合立体
交通体系现状与特征

　　长江经济带贯穿我国东、中、西三大地带,对于促进我国区域协调发展、调整优化经济结构、深化开放合作具有重要战略意义。2013年9月,国家发展与改革委员会、交通运输部启动《依托长江建设中国经济新支撑带指导意见》的研究起草工作;2014年3月,《政府工作报告》明确提出"依托黄金水道,建设长江经济带",长江经济带正式成为国家区域协调发展战略体系的组成部分。国家"十三五"规划中,将"推进长江经济带"发展作为推动区域协调发展的重要举措,进一步确立了长江经济带在我国区域发展中的战略地位。

　　长江经济带作为"我国生态文明建设的先行示范带、创新驱动带、协调发展带",构建与长江经济带发展相协调的综合交通运输体系是加快建设长江经济带、充分发挥长江经济带支撑作用的关键。按照《长江经济带综合立体交通走廊规划(2014-2020年)》,到2020年已建成横贯东西、沟通南北、通江达海、便捷高效的长江经济带综合立体交通走廊。在推进长江经济带发展背景下,理清长江经济带综合立体交通体系"十三五"发展思路,实现长江经济带综合交通运输体系转型发展,对于加快建设长江经济带综合立体交通走廊、进一步发挥长江经济带的支撑引领作用、真正使"黄金水道产生黄金效益"具有重要意义。

一、长江经济带综合立体交通体系总体现状

1. 长江经济带综合立体交通体系总体建设情况

　　自"十二五"以来,长江经济带各省市不断加大交通基础设施建设力度,全流域逐渐形成了以铁路和公路为骨架,内河航道运输为辅助,铁、水、公、空

等多种交通方式协调发展的综合立体交通体系。截止到2018年底,全长江经济带交通网总里程(包括铁路、航道、公路)达到224万公里。

从整体的结构上看,全流域综合交通运输体系中,公路里程的占比最高,达到94%,其次是内河航道里程,占4.02%,铁路营运里程占1.74%(图3-1)。

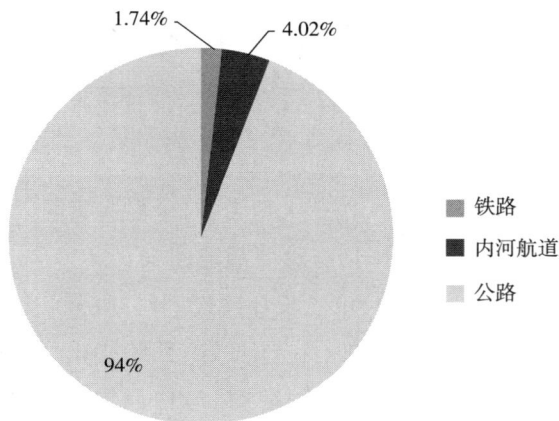

图3-1　长江经济带综合交通线网结构占比图(2018年)

数据来源:《中国统计年鉴2018》。

(1)铁路营运里程建设情况

从表3-1看出,长江经济带铁路运营里程从2010年的26279公里增加到2018年的39044公里,8年增长48.57%。其中,在长江下游地区,上海和江苏2011年的铁路里程增长速度十分显著,而浙江的铁路里程从2013年开始快速增长,到2015年增速趋于平稳,安徽的铁路里程自2010年后就持续快速增长,一直到2015年增长才趋于平稳。长江中游地区几省铁路运营里程基本处于持续增长状态,特别是江西省发展势头比较明显。长江上游地区,重庆和贵州建设力度超过了长江经济带其他各个省市,分别居于第一、二位。

表3-1　长江经济带铁路营运里程增长情况(2010—2018)　单位:公里

年份	上海	江苏	浙江	安徽	江西	湖北	湖南	重庆	四川	贵州	云南	长江经济带
2011	461	2350	1779	3121	2835	3355	3696	1373	3516	2070	2491	27047
2012	466	2355	1779	3260	2835	3814	3828	1452	3534	2058	2619	27999

续表

年份	上海	江苏	浙江	安徽	江西	湖北	湖南	重庆	四川	贵州	云南	长江经济带
2013	465	2600	2044	3513	3084	3930	4027	1680	3539	2093	2619	29594
2014	465	2678	2347	3548	3702	4059	4550	1781	3976	2373	2916	32397
2015	465	2724	2564	4169	4010	4062	4540	1923	4442	2810	2929	34637
2016	465	2767	2577	4243	4011	4138	4720	2102	4623	3270	3652	36566
2017	465	2816	2624	4275	4280	4216	4745	2166	4832	3285	3682	37385
2018	466	3062	2813	4324	4278	4341	5070	2326	4950	3565	3848	39044

数据来源:《中国统计年鉴 2019》《各省统计年鉴 2019》。

　　长江经济带铁路营运里程快速增长的同时,铁路密度也明显提升。到 2018 年底,长江经济带铁路密度达到了 0.0192km/km²,高于全国平均水平,长江经济带所有省份铁路密度都超过了 0.01km/km²。其中,长江下游地区中上海的铁路密度超过了 0.07 km/km²,其他三省也超过了 0.027 km/km²,这与长江下游地区的经济实力相匹配。长江中游地区铁路密度比较平均,都在 0.023 km/km² 到 0.026km/km² 之间。长江上游地区由于地处高原盆地,山区较多,铁路修筑成本相对较大,原有铁路基础较为薄弱,密度相对较低(表 3-2)。

表 3-2　2018 年长江经济带各省市铁路密度

地区	上海	江苏	浙江	安徽	江西	湖北	湖南	重庆	四川	贵州	云南	长江经济带	全国
密度 km/km²	0.0740	0.0298	0.0276	0.0310	0.0256	0.0233	0.0239	0.0283	0.0103	0.0203	0.0100	0.0192	0.0137

数据来源:根据《中国统计年鉴 2019》《各省统计年鉴 2019》计算得出。

　　(2)内河航道建设情况

　　近年来,长江经济带内河航道营运里程变化不大(表 3-3),但是各省都加强了对长江航道的维护,增加了高等级航道的比重。为了统计核算的方便,表 3-4 中将四级以上标准的航道都计算为高等级航道。从表中可以看出,长江下游的四个省市,高等级航道的比重并不高,除安徽外都不到 20%,而上游的几个省市高等级航道除四川省外比重都高于20%。但是,上海的等外航道和六级航道较多,江苏省的等外航道比重非常大,而且还有大量的六级和七级航道,浙江省的一二级航道比较少,较多的是四级航道和六七级航道。由此证明,长江下游地区水系较发达,很多航道用于短途的转运和装配工作,各种航道的利用率都比较高。长江上游地区虽然高等级航道普遍比重超过20%,但是几乎没有一二级航道,除重庆市以外,大部分都是四级航道。这也从另外一个角度说明,长江上游地区除长江干流以外,对其他的支流利用较难。

表3-3 长江经济带内河航道里程增长情况

(单位:公里)

地区	上海	江苏	浙江	安徽	江西	湖北	湖南	重庆	四川	贵州	云南	长江经济带
2010	2226	24228	9703	5596	5638	8260	11495	4331	10720	3442	2877	88518
2011	2226	24252	9750	5596	5638	8260	11495	4331	10720	3442	3158	88869
2012	2281	24270	9735	5623	5638	8271	11495	4331	10720	3442	3158	88964
2013	2268	24333	9743	5642	5638	8271	11496	4331	10720	3649	3551	89642
2014	2191	24360	9765	5642	5638	8433	11496	4331	10720	3661	3551	89788
2015	2176	24389	9765	5641	5638	8433	11496	4331	10818	3664	3939	90290
2016	2176	24383	9765	5641	5638	8433	11496	4352	10818	3664	3979	90346
2017	2142	24383	9761	5641	5638	8433	11496	4352	10818	3664	3979	90308
2018	2091	24380	9761	5641	5638	8470	11496	4352	10818	3740	4024	90413

数据来源:《中国统计年鉴2019》《中国港口年鉴2019》。

表3-4 长江经济带高等级航道里程情况(2018)

(单位:公里)

地区	上海	江苏	浙江	安徽	江西	湖北	湖南	重庆	四川	贵州	云南	长江经济带	全国
航道里程	2091	24380	9761	5641	5638	8470	11496	4352	10818	3664	4024	90335	127126
等级航道里程	1003	8752	5023	5064	2349	6008	4131	1863	3965	2519	3289	43966	66442
一级	125	370	14	343	78	229	0	0	0	0	1159	1828
二级	0	506	12	0	175	688	382	533	0	0	0	2296	3947
三级	148	1492	302	433	284	980	645	531	288	0	14	5117	7686

地区	上海	江苏	浙江	安徽	江西	湖北	湖南	重庆	四川	贵州	云南	长江经济带	全国
四级	116	802	1251	635	87	320	274	140	1110	813	1329	6877	10732
五级	88	1004	477	511	167	827	85	183	389	272	271	4274	7613
六级	405	2107	1565	2431	399	1757	1546	126	589	36	809	11770	17522
七级	121	2471	1401	712	1160	1206	1196	350	1588	499	866	11570	17114
等外航道	1088	15628	4738	577	3289	2462	7365	2490	6853	1221	735	46446	60684
高等级航道	389	3170	1579	1411	624	2217	1301	1204	1398	813	1343	15449	24193
高等级航道比重（%）	18.60	13.00	16.18	25.01	11.07	26.17	11.32	27.67	12.92	22.19	33.37	17.10	19.03

数据来源：《中国统计年鉴2019》《中国港口年鉴2019》。

注：本表中将四级以上，能够通航500吨船只的航道都计算到其中。

（3）公路里程建设情况

长江经济带公路密度达到了1.02km/km²，是全国平均水平0.5km/km²的一倍以上。长江下游地区，特别是上海和江苏都超过1.5km/km²。长江中游地区除江西外密度都超过了1.00km/km²。长江上游地区，重庆的公路密度达到了1.80km/km²，超过了江苏和浙江，四川和云南的密度均低于0.7km/km²，但是也高于全国平均水平的0.5km/km²。从地形和建设难度上看，四川和云南处于盆地和高原，山地较多，建设难度大，投资高。但是贵州的公路密度超过了1.00km/km²，这说明贵州在交通设施建设上投资很大（表3-5）。

表3-5 长江经济带公路里程密度比重情况（2018）

（单位：公里）

地区	上海	江苏	浙江	安徽	江西	湖北	湖南	重庆	四川	贵州	云南
公路里程	13106	158729	120662	208826	161941	275039	240060	157483	331592	196908	252929
密度 Km/km²	2.08	1.55	1.18	1.49	0.97	1.48	1.13	1.91	0.69	1.12	0.66
高速公路里程	836	4711	4421	4836	5931	6367	6725	3096	7131	6453	5184
等级公路里程	13106	156297	120339	207942	135442	265912	223667	133943	304830	156559	220554
等外公路里程	0	2432	323	885	26499	9128	16393	23541	26762	40348	32374

续表

地区	上海	江苏	浙江	安徽	江西	湖北	湖南	重庆	四川	贵州	云南
高速公路比重（%）	6.38	2.97	3.66	2.32	3.66	2.31	2.80	1.97	2.15	3.28	2.05

数据来源：《中国统计年鉴2018》。

长江经济带的高速公路占经济带公路里程的比重低于全国平均水平，仅为2.63%，而全国则达到了2.94%。同时，上、中、下游地区发展不均衡。在长江下游地区，公路网发达，是全国重要的公路交通枢纽中心，在公路交通中起着更重要作用的是高速公路，上海和浙江的比重都超过3%，江苏也接近3%，能够充分发挥高速公路在快速运输中所起的作用。长江上游地区重庆、四川和云南的高速公路比重都低于2.15%，而贵州的高速公路比重达到了3.28%，甚至超过了江苏，说明贵州在高速公路交通线上的建设是不遗余力的。

（4）航空运行和发展情况

随着我国经济发展进入新常态，经济转入中高速增长区间，对外开放进一步扩大，产业结构调整加快，消费结构逐步升级，航空运输需求规模和结构都将发生重大变化，运输需求总量大、强度高、多样化、覆盖广。长江经济带处在对外开放的最前沿，对于机场要求在布局上加密，总量上增加，结构上优化。而且民用运输机场作为重要的综合交通设施，是综合立体交通体系的重要枢纽。

长江经济带截至2018年底共有运行机场84座，各省市均有布局（表3-6）。其中，复合枢纽机场两座，为上海/虹桥、上海/浦东机场；区域性门户枢纽四座，为成都/双流机场、昆明/长水机场、武汉/天河机场、重庆/江北机场；干线机场四座，为南京/禄口机场、杭州/萧山机场、南昌/昌北机场、长沙/黄花机场。旅客吞吐量超过千万人次的大型机场达到14座，其中上海浦东机场、成都双流机场、昆明长水机场、重庆江北机场和杭州萧山机场位居全国前十名，南京禄口机场、长沙黄花机场和武汉天河机场位列前二十位。在建和规划建设机场共计41座，主要分布在中西部地区，其中成都天府机场和服务长三角的南通新机场规划设计能力大。规划到2025年，长江经济带共有机场125座，建成覆盖广泛、分布合理、功能完善、集约环保的现代化机场体系。

从综合交通运输体系出发,发挥民航安全、快捷、舒适、灵活的优势,有效衔接高速铁路等交通运输方式,兼顾公平与效率,构建世界级机场群、国际枢纽和区域枢纽层次清晰、布局合理、功能完善的机场体系,提升机场服务水平。

表 3-6　长江经济带 2018 年机场运行和建设情况

地区	运行机场	数量	在建或规划机场	数量	合计
上海	上海/虹桥、上海/浦东	2		0	2
江苏	南京/禄口、无锡/硕放、常州/奔牛、徐州/观音、连云港/白塔埠、南通/兴东、盐城/南洋、淮安/涟水、扬州/泰州	9		0	9
浙江	杭州/萧山、温州/龙湾、宁波/栎社、舟山/普陀山、台州/路桥、义乌、衢州	7	嘉兴、丽水	2	9
安徽	合肥/新桥、黄山/屯溪、安庆、阜阳、池州/九华山	5	芜湖/宣城、蚌埠、亳州、滁州、宿州	4	9
江西	南昌/昌北、景德镇/罗家、赣州/黄金、井冈山、宜春/明月山、上饶/三清山	6	九江、抚州、瑞金	3	9
湖北	武汉/天河、宜昌/三峡、恩施/许家坪、襄阳/刘集、神农架/红坪、十堰/武当山	6	鄂州/黄冈、荆州、咸宁	3	9
湖南	长沙/黄花、张家界/荷花、常德/桃花源、怀化/芷江、衡阳/南岳、永州/零陵、邵阳/武冈	7	岳阳、娄底、郴州、湘西	4	11
重庆	重庆、万州/五桥、黔江/武陵山	3	武隆	1	4
四川	成都/双流、九寨/黄龙、攀枝花/保安营、西昌/青山、宜宾/菜坝、绵阳/南郊、南充/高坪、泸州/蓝田、广元/盘龙、达州/河市、甘孜/康定、稻城/亚丁、阿坝/红原	13	巴中、乐山、甘孜、成都新、阆中、雅安、甘洛、遂宁、会东	9	22
贵州	贵阳/龙洞堡、铜仁/凤凰、兴义、安顺/黄果树、黎平、黔南州/荔波、毕节/飞雄、遵义/新舟、凯里/黄平、六盘水/月照、遵义/茅台	11	威宁、黔北、罗甸、盘县、天柱	5	16

地区	运行机场	数量	在建或规划机场	数量	合计
云南	昆明、西双版纳/嘎洒、丽江/三义、大理、德宏/芒市、迪庆/香格里拉、保山/云瑞、临沧、普洱/思茅、昭通、文山/普者黑、腾冲/驼峰、宁蒗/泸沽湖、沧源/佤山、澜沧/景迈	15	红河、元阳、丘北、宣威、楚雄、玉溪、勐腊、永善、景东、怒江	10	25
合计		84		41	125

数据来源:《全国民用运输机场布局规划》。

总体来说,长江经济带的综合立体交通建设发展很快,综合立体交通的内部协调性增强,高等级航道和高速公路比重不断增加。但是从目前的发展状态上看,长江上游地区还需要加快建设的步伐,增加密度,覆盖更广泛的区域;长江中游地区需要加快建设步伐和增加结构的合理性,两手抓;长江下游地区主要任务是要不断提档升级,建设现代化的综合立体交通体系,加强服务,提升内部的协调性。

2. 长江经济带综合立体交通体系总体运输情况

(1)货运量情况

2010年以来,长江经济带经济持续增长,产业加速集聚,规模日益扩张,促使货物运输需求日益增长。长江下游地区增长平稳,增速较为稳健;长江中游地区增长速度较快,增速普遍超过50%,特别是湖北增速超过了100%,货运量翻了一番;长江上游地区增速两极分化,重庆和四川增速分别为57.57%和39.07%,但是贵州和云南的增速都超过了150%(表3-7)。

表3-7 长江经济带货运量增长情况表(2010—2018)

(单位:万吨)

地区	上海	江苏	浙江	安徽	江西	湖北	湖南	重庆	四川	贵州	云南
2010	8.10	18.86	17.06	22.81	10.03	9.70	14.92	8.14	13.34	4.03	5.23
2011	9.33	21.26	18.57	26.84	11.16	11.02	16.82	9.68	15.38	4.49	6.63
2012	9.44	23.13	19.11	31.24	12.70	12.54	19.07	8.64	17.45	5.28	7.55
2013	9.15	19.40	18.79	39.64	13.50	13.97	21.07	8.71	18.96	7.27	11.11

地区	上海	江苏	浙江	安徽	江西	湖北	湖南	重庆	四川	贵州	云南
2014	9.03	20.86	19.49	43.43	15.18	15.47	20.28	9.73	15.77	8.57	11.59
2015	9.12	21.16	20.07	34.58	13.03	15.64	19.95	10.37	15.33	8.45	11.42
2016	8.87	21.57	21.50	36.45	13.81	16.51	20.76	10.78	15.97	8.95	12.19
2017	9.73	23.41	24.20	40.34	15.44	18.76	22.65	11.53	17.14	9.62	13.74
2018	10.74	24.74	26.85	40.66	17.42	20.37	23.11	12.82	18.55	10.25	14.91
增速(%)	32.54	31.20	57.44	78.26	73.60	109.99	54.93	57.57	39.07	154.37	185.09

数据来源:各省 2019 年统计年鉴。

虽然从整体上看,长江经济带的货运量呈现上升趋势,但是不同的运输方式有所差异。货运量的整体变动趋势和公路货运量的变动趋势保持一致,说明公路运输在货运中处于主导地位,影响整体货运波动情况。水路运输的货运量持续上升,所占比重也持续增加,证明水路货运在长江经济带的货运体系中起到了越来越重要的作用。铁路货运量持续下降,在货运的比重中占比越来越低,到 2018 年长江经济带铁路货运量只占货运量比重的2.37%(图 3-2)。

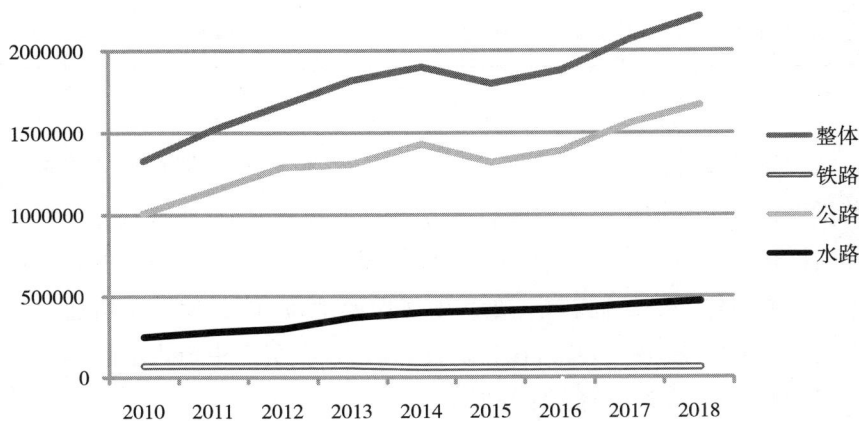

图 3-2　长江经济带各种运输方式货运量(2010—2018 年)

数据来源:各省 2019 年统计年鉴汇总计算而成。

（2）货运周转量情况

从货物周转量上看，从2010年到2018年，长江经济带货物周转量的增长速度达到了60%，各省除上海、浙江、湖南以外都超过了这个增长速度，增长速度最快的是云南，其次就是湖北（表3-8）。云南早期的货物周转量太低，最近几年发展较为迅速，而湖北最近几年铁路运输加快发展，尤其是黄金水道的开发利用，货运周转量增长迅速。

表3-8　长江经济带货物周转量增长情况表（2010—2018）

单位：亿吨公里

地区	上海	江苏	浙江	安徽	江西	湖北	湖南	重庆	四川	贵州	云南	长江经济带
2010	16173	6112	7117	7154	2739	3370	2905	2010	1711	1012	915	51218
2011	20367	7514	8635	8447	3004	4044	3346	2530	1909	1061	996	61853
2012	20427	8475	9183	9832	3449	4694	3954	2648	2254	1178	1092	67184
2013	17868	10537	8950	12336	3646	4883	4227	2293	2437	1292	1325	69794
2014	18691	11028	9548	13501	3830	5798	4123	2589	2366	1442	1408	74324
2015	19553	8888	9869	10403	3753	5908	3885	2706	2290	1379	1465	70099
2016	19376	8291	9789	10883	3898	6160	4073	2965	2406	1482	1569	70891
2017	25058	9727	10106	11415	4217	6277	4316	3371	2583	1656	1799	80524
2018	23258	9684	11538	11784	4528	6605	4404	3594	2820	1798	1944	81957
增速（%）	43.81	58.45	62.11	64.72	65.34	95.99	51.61	78.75	64.84	77.60	112.43	60.02

数据来源：各省2019年统计年鉴。

从货运周转量的各种运输方式的比重来看，长江经济带水路运输在货运周转量上占有主导地位。水运的运量大，距离远，成本低，能够充分发挥大宗货物通江达海的运输优势，这两年的增长速度更明显。公路运输的货运周转量低于水路运输的货运周转量，在其中居次要地位，而且近几年增速比较平稳。铁路运输的货运周转量占比较低，铁路运输在货运中所占的份额越来越小，起到的作用也逐渐下降（图3-3）。

（3）航空货物运输情况

航空货运是现代航空物流航空货运业务中的重要组成部分。2017年，长江经济带地区机场共起落架次4517784架，货邮吞吐量达到7832326.6吨（表

（单位：吨）

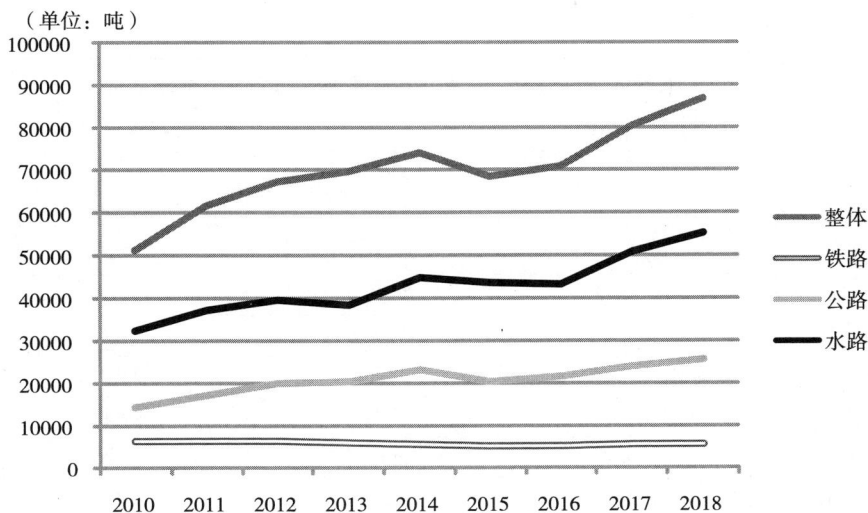

图 3-3 长江经济带各种运输方式货运周转量（2010—2018 年）

数据来源：各省 2019 年统计年鉴汇总计算而成。

3-9）。长江经济带的机场货运以其迅捷、安全、准时赢得了相当大的市场，缩短了交货期，是长江经济带综合立体交通体系的重要组成部分。

表 3-9 2018 年长江经济带机场货运情况表

省市	机场名	货邮吞吐量（吨）	起降架次（架次）
上海	上海/浦东	3768572.6	504794
	上海/虹桥	407154.6	266790
江苏	南京/禄口	365054.4	220849
	无锡/硕放	123818.9	56066
	南通/兴东	42989.9	33781
	常州/奔牛	28170.1	45676
	扬州/泰州	11136.8	50590
	徐州/观音	10065.7	51770
	盐城/南洋	6587.1	16711
	淮安/涟水	6286.0	26082
	连云港/白塔埠	2906.4	14978

省市	机场名	货邮吞吐量（吨）	起降架次（架次）
浙江	杭州/萧山	640896.0	284893
	宁波/栎社	105673.2	85434
	温州/龙湾	80189.5	86362
	义乌	8800.1	12558
	台州/路桥	7581.4	8268
	衢州	750.2	2034
	舟山/普陀山	112.4	24542
安徽	合肥/新桥	69787.3	89005
	黄山/屯溪	2250.6	8206
	安庆	1727.9	4964
	池州/九华山	834.7	4880
	阜阳	383.8	15505
江西	南昌/昌北	82604.4	108614
	赣州/黄金	5063.1	14998
	井冈山	2534.9	6990
	景德镇/罗家	647.4	5065
	宜春/明月山	409.8	7014
	上饶/三清山	121.1	4558
湖北	武汉/天河	221576.3	187699
	宜昌/三峡	4441.1	76526
	襄阳/刘集	2632.3	69833
	恩施/许家坪	1704.6	9434
	十堰/武当山	502.2	12520
	神农架/红坪		482
湖南	长沙/黄花	155513.1	186772
	张家界/荷花	1176.0	20583
	衡阳/南岳	760.0	8646
	常德/桃花源	609.7	97832
	怀化/芷江	22.6	28709
	永州/零陵	11.8	3374
	邵阳/武冈	0.5	5194

续表

省市	机场名	货邮吞吐量（吨）	起降架次（架次）
重庆	重庆/江北	382160.8	300745
	万州/五桥	2048.4	25310
	黔江/武陵山	163.4	4923
四川	成都/双流	665128.4	352124
	绵阳/南郊	7586.7	176550
	南充/高坪	3720.1	41326
	宜宾/菜坝	3225.1	9633
	西昌/青山	1584.2	6324
	攀枝花/保安营	1330.7	3986
	达州/河市	1277.9	5826
	泸州/云龙	608.8	2317
	广元/盘龙	350.2	30839
	稻城/亚丁	223.3	2323
	甘孜/康定	90.5	1444
	九寨/黄龙	20.6	332
	阿坝/红原		454
贵州	贵阳/龙洞堡	112396.2	158567
	遵义/新舟	2315.9	18902
	兴义	1139.0	12383
	毕节/飞雄	835.1	13622
	安顺/黄果树	730.0	6978
	遵义/茅台	309.1	10479
	铜仁/凤凰	173.9	13506
	六盘水/月照	63.4	5536
	黎平	1.8	1128
	凯里/黄平	1.7	3191
	黔南州/荔波	1.1	3500

续表

省市	机场名	货邮吞吐量（吨）	起降架次（架次）
云南	昆明/长水	428292.1	360785
	西双版纳/嘎洒	13207.2	34828
	丽江/三义	11329.9	56932
	德宏/芒市	8330.2	15528
	大理	6723.9	17293
	保山/云瑞	1364.0	9423
	普洱/思茅	1171.9	7540
	迪庆/香格里拉	1047.0	6682
	临沧	651.0	4106
	昭通	479.1	4058
	文山/普者黑	60.6	13084
	沧源/佤山	48.0	1548
	宁蒗/泸沽湖	43.6	1622
	沧源/佤山	24	742
	澜沧/景迈	1	584
合计		7832326.6	4517784

数据来源：中国民用航空局网站，2018年民航机场吞吐量排名。

（4）旅客运输情况

在长江经济带各种客运方式中，公路运输依然占有主导地位，2018年客运总量达到69.66亿人，占比78.93%；其次为铁路客运量，客运总量达到14.45亿人，占比16.38%。公路客运体系快速、方便、舒适、大流量、低成本和门到门的运输特点依然为旅客所接受。水运客运量占比较小（表3-10）。

表3-10　长江经济带客运量和旅客周转量（2018年）

地区	客运量（万人）				旅客周转量（亿人公里）			
	合计	铁路	公路	水运	合计	铁路	公路	水运
全国总计	179.38	33.75	136.72	2.80	34218.15	14146.58	9279.68	79.57
长江经济带	88.25	14.45	69.66	1.65	14441.00	6010.49	4261.77	37.04

续表

地区	客运量（万人）				旅客周转量（亿人公里）			
	合计	铁路	公路	水运	合计	铁路	公路	水运
上海	2.15	1.23	0.32	0.04	2325.82	112.09	105.82	0.79
江苏	12.19	2.12	9.70	0.24	1692.14	819.23	716.64	3.47
浙江	10.15	2.19	7.20	0.45	1103.66	694.56	402.80	6.30
安徽	6.37	1.23	5.08	0.02	1206.16	786.38	376.89	0.39
江西	6.24	1.11	4.93	0.03	993.73	732.42	260.97	0.34
湖北	9.87	1.67	8.10	0.06	1348.98	800.74	453.44	4.74
湖南	10.81	1.39	9.10	0.17	1668.36	979.54	479.93	3.63
重庆	6.36	0.77	5.22	0.07	905.38	223.79	260.43	5.59
四川	10.39	1.51	8.15	0.20	1802.23	380.00	466.14	2.00
贵州	9.30	0.68	8.41	0.22	798.67	322.82	469.08	6.77
云南	4.41	0.55	3.46	0.13	595.88	158.92	269.63	3.02

数据来源：各省 2019 年统计年鉴。

在旅客周转量中，铁路的旅客周转量达到了 6010.49 亿人公里，占总旅客周转量的 41.62%，超过了公路旅客周转量（表 3-11）。在长江经济带的客运方式中，铁路客运发展迅速、运载量大，而且适宜长途客运，舒适度和准时度都超过了公路客运，这也反映了长江经济带铁路客运枢纽的重要地位。

表 3-11　长江经济带 2018 年多种客运方式占比表

	单位	合计	铁路	水路	公路
客运量	亿人	88.25	14.45	69.66	1.65
比重	%	100%	16.38%	78.93%	1.86%
旅客周转量	亿人公里	14441	6010.49	4261.767	37.04158
比重	%	100%	41.62%	29.51%	0.62%

长江经济带共有机场 84 座，2018 年旅客吞吐量为 5.25 亿人次，起降架次达到 451 万架次。长江经济带共有枢纽机场 10 座，包括复合枢纽机场两座、区域性门户枢纽机场四座、干线机场四座，承担了长江经济带主要的航空

运输功能,旅客吞吐量达到长江经济带总量的 66.71%(表 3-12)。

表 3-12　长江经济带 2018 年枢纽机场运行情况表

机场级别	机场名	旅客吞吐量(人次)	起降架次(架次)
复合枢纽机场	上海/虹桥	43628004	266790
	上海/浦东	74006331	504794
区域性门户枢纽	昆明/长水	47088140	360785
	成都/双流	52950529	352124
	重庆/江北	41595887	300745
	武汉/天河	24500356	187699
干线机场	杭州/萧山	38241630	284893
	南京/禄口	28581546	220849
	长沙/黄花	25266251	186772
	南昌/昌北	13524159	108614
枢纽机场合计		389382833	2774065
长江经济带全机场合计		525470408	4517784

数据来源:中国民用航空局网站,2018 年民航机场吞吐量排名。

二、长江经济带综合立体交通体系发展特征

1. 综合立体交通体系建设速度加快

上述数据表明,长江经济带各省市不断加强交通基础设施建设,全流域逐渐形成了以铁路和公路为骨架、内河航道运输为辅,铁、水、公、空等多种交通方式协调发展的综合立体交通体系。如,铁路里程增长速度明显,从 2010 年到 2018 年增长率超过 48%,铁路网密度超过 192km/万平方公里。长江经济带三大航运中心快速发展,逐步形成了以上海国际航运中心为龙头,以重庆长江上游、武汉长江中游航运中心为枢纽,长江干支流主要港口为支撑,低成本、大运能、服务优、通江海的现代化水运体系。长江经济带高速公路的增长势头明显,2010 年到 2018 年增长率超过 92%。长江经济带机场数量较多,省市间

布局较为合理。同时,长江经济带经济持续增长,产业加速集聚,货运量与货运周转量呈持续稳定增长态势。长江经济带客运量中比重最大的为公路运输,旅客周转量中比重最大的为铁路运输。

2. 综合立体交通体系发展尚不充分

交通基础设施建设与运输服务水平提升之间存在着偏差。与规模不断扩大、技术等级不断提升的交通基础设施相比,长江经济带运输服务水平和服务效率提升相对缓慢,二者形成鲜明的对比。长江经济带交通建设存在发展方式相对粗放、绿色发展水平不高、航运比较优势未得到充分发挥等问题。铁路里程和高速公路里程增长速度十分明显,但是铁路货运量反而呈现下降的趋势,一方面是由于长江经济带内河航运的快速发展,将原有的一些重量大、体积大的货物由水路进行运输,降低了对铁路货运的需求;另一方面也说明,现在的铁路运输服务水平已经不能跟上现在铁路货运的需求发展。公路货运量发展速度也不低,但是随着经济的逐渐发展,对于公路货运的需求已经转移到高速公路方面上来。长江经济带高速公路增长了超过92%,而公路的货运量只增长了65%,这也说明交通基础设施建设与运输服务水平提升之间不能完全匹配。

综合运输总量与产业竞争力的偏差。长江经济带综合运输产业竞争力并未随着运输总量的扩大而提高。尽管综合运输供给能力、综合运输业总量不断增长,但是交通运输业的企业发展层次不高、缺乏竞争力,除下游部分企业外,其他企业难以适应日益开放的运输市场和区域化、国际化的竞争要求。

综合运输发展经济效益与社会效益的偏差。在市场力量的推动下,综合立体交通市场主体对经济利益的追逐使高利润的高端运输服务过快发展,而公益性的普通运输服务发展严重滞后,如高速公路里程增长超过92%,而公路里程同期只增长不到22%。数据说明高速公路快速增长,而部分县道和乡村公路可能会发展不足。

同时,构建现代化综合交通运输体系需要智能化、信息化。《长江经济带综合立体交通走廊规划》指出,要"率先建成网络化、标准化、智能化的综合立体交通走廊"。经过多年的发展,长江经济带广覆盖、互联互通、业务协同的交通运输信息化体系初具雏形。但是不同地区、不同运输方式、不同业务间的信息化发展不平衡、不充分、不协调问题依然存在。

3. 综合立体交通体系内部区域发展不平衡

长江经济带上中下游综合立体交通体系区域发展极不均衡。从 2018 年铁路密度来看,下游四省市(上海、浙江、江苏、安徽)平均铁路密度约为 3.0%,中游三省(江西、湖南、湖北)平均铁路密度约为 2.5%,中下游差距并不大,但是上游四省市(重庆、四川、贵州、云南)平均铁路密度约为 1.3%,特别是四川和云南两省,铁路密度约为 1%。上中下游呈现明显的台阶形状,差异非常明显。

如表 3-13 所见,下游四省市(上海、浙江、江苏、安徽)水路货运周转量分担比例较高,除安徽外,都超过了 60%,水路通江达海货运优势明显,而铁路货运周转量分担比例较低。中游三省(江西、湖南、湖北)中,湖北水路货运周转量分担比例超过 43%,湖北、湖南、江西铁路货运周转量分担比例超过 10%,但不足 20%。上游四省市(重庆、四川、贵州、云南)中,除重庆外,其他各省水路货运周转量分担比例都不超过 10%,贵州和云南更是低于 2.6%,但是铁路货运周转量分担比例都超过 23%,货运更多地通过铁路来进行大宗货运运输。

表 3-13　2018 年长江经济带各省市内部货运周转量分担比例

省市	上海	江苏	浙江	安徽	江西	湖北	湖南	重庆	四川	贵州	云南
铁路货运分担比例(%)	0.04	3.06	1.92	6.12	11.72	13.17	18.45	5.60	25.57	33.73	23.94
水路货运分担比例(%)	120.35	63.22	81.06	47.79	5.26	43.15	10.42	62.27	9.57	2.51	0.89

4. 综合立体交通体系发展不协调

长江经济带综合立体交通体系建设中还存在一些不协调的地方。例如,长江航运潜能尚未充分发挥,高等级航道比重不高,中上游航道梗阻问题突出,高效集疏运体系尚未形成;东西向铁路、公路运输能力不足,南北向通道能力紧张,并且大部分开放都是通过东面的海上开放,向西面开放的能力较弱;

长江下游地区网络结构相对比较完善,但是从整体上看,长江经济带覆盖广度不够,通达深度不足,技术等级偏低。

长江经济带综合立体交通体系建设仍然需要进行持续深化供给侧结构性改革,大力发展多式联运,完善市场机制,加强平台建设,提升多种运输方式组合效率。着力推进"补短板"和"降本增效",即坚持问题导向,根据市场需求,统筹铁路、公路、水运、民航、邮政发展,加强各种运输方式衔接和综合运输枢纽建设,优先解决制约经济带经济社会发展的短板,统筹推进水运、铁路、公路、航空、油气管网集疏运体系建设,积极打造综合立体交通走廊。

5. 各种运输方式之间的衔接依然存在较大问题

长江经济带的综合交通体系建设始终离不开综合协调的发展理念和空水联运、公水联运、公海联运等交通方式之间的协调发展、良好配合。一个成功的综合立体交通体系必须要建立在铁路、公路、水运、航空等多个交通体系之上,只有这样才能最大限度提高运输效率,降低运输成本,实现各种交通方式之间的互为补充。

从前面的分析可知:在长江经济带,以长江流域港口为核心的现代联运体系尚没有完全建立起来,特别是上中游地区,铁路枢纽集疏运能力没有明显提高;公路枢纽基本上没有形成全国性的枢纽,各种运输方式缺乏有效衔接,综合交通的整体效率和服务质量有待提高;铁路车站货场、公路货运站场和物流中转之间没有得到有效整合,且大部分规模较小、服务功能单一,只是传统意义上的货运站,无法满足现代物流发展的要求;部分城市机场和港口集疏运问题明显,衔接系统急需优化,长期存在港口与公路、铁路干线衔接不畅,铁水联运困难较大,客运"零距离"换乘和货运"无缝化"衔接始终难以真正实现,制约了综合立体交通体系服务品质的提升。

第十四章 长江经济带综合立体交通体系
适应性评价及需求预测

经济学理论及世界各国发展的历史表明,综合立体交通体系的建设既是经济发展的产物,同时也要与经济社会发展的水平和需求相适应。如何判断长江经济带的综合立体交通体系是否与当前长江经济带国家战略相适应以及适应程度如同,是一个科学问题,同时受到社会各界的关注。本章以长江经济带各项交通运输方式如水运、公路、铁路、航空、管道、城市轨道交通及构成的综合交通体系的现状数据,按照国家的四个战略定位即"生态文明建设的先行示范带、引领全国转型发展的创新驱动带、具有全球影响力的内河经济带以及东中西互动合作的协调发展带",开展两者之间的适应性评价。在此基础上,本章以"十二五"以来的长江经济带的发展态势以及我国进入"经济发展新常态"的特征,对长江经济带主要交通运输方式需求进行预测。

一、综合立体交通体系适应性
评价概念及内涵

1. 长江经济带综合交通适应性概念

"适应性"研究的是主体与周围环境等的相互关系,它具有普适性的特点。适应性在多个学科(如生态学、生物进化论、系统论以及复杂系统理论等)中都有应用,且各学科对适应性有各自不同的理解,见表3-14。

表 3-14　各学科适应性概念

学科门类	适应性思想
生态学	适应包含两方面含义:①生物的结构(从生物大分子、细胞,到组织器官、系统、个体乃至由个体组成的群体等)大都适合于一定的功能。例如 DNA 分子结构适合于遗传信息的存贮和"半保守"的自我复制:各种细胞器适合于细胞水平上的各种功能等。②生物的结构与其功能适合于该生物在一定环境条件下的生存和繁殖。例如鱼鳃的结构及其呼吸功能适合于鱼在水环境中的生存,陆地脊椎动物肺的结构及其功能适合于该动物在陆地环境中的生存等。 适应性指生物体与环境表现相适合的现象。适应性是通过长期的自然选择,需要很长时间形成的。
生物进化论	适应可以理解为生物的某种状态,即结构与功能特征符合生物生存或延续;适应也包含另一层意思,即生物获得这种状态(适应性特征)的过程。
一般系统论	将控制论思想应用于一般系统论。第一,负反馈自稳,即以减少误差的负反馈方式来达到自稳控制;第二,正反馈自组,即系统依靠正反馈起作用,放大控制过程的偏差。负反馈自稳和正反馈自组都是开放系统—环境的适应形式。自然系统、生物系统、社会系统,系统演化都遵循类似的模式。
复杂适应系统	复杂性系统理论把系统中的成员称为适应性主体。所谓适应性,指主体能够与环境以及其他主体进行交互作用。主体在这种持续不断的交互作用过程中,不断地"学习"或"积累经验",并且根据学到的经验改变自身的行为方式。适应的目的是生存或发展。适应性主体强调了主体具有自己的目标、内部结构和生存动力。

2. 长江经济带综合交通适应性内涵

根据系统论,适应的定义为:"适应与不适应是刻画系统与环境关系的概念。从外部角度看,系统能够与周围环境所进行的物质、能量、信息交换保持在一种稳定有序的状态称为适应。从内部角度看,系统组分之间能够以一种稳定而有序的方式彼此合作竞争、互动互应称为适应。系统与环境进行稳定而有序的能量交换,组分之间稳定有序地互动与互应,这两方面互成因果。"

综合交通系统除了与社会经济系统相互影响以外,也要与生物系统、自然系统、环境系统相互影响。然而,本章的主体只从综合交通与社会经济是否适应的角度进行展开,主要为了阐述与综合交通相关联的系统有哪些,提出本章的主体即综合交通系统与社会经济系统,然后从系统内部、系统与周围环境交换两方面进行论述,主要回答"如何适应"及"何谓适应"两个问题。

根据系统论的适应性定义,一方面系统需要与外部环境进行物质交换与信息交流;另一方面通过自身的正负反馈机制使其自身内部各部分达到一种互动竞合的状态。由于本章研究的是综合交通系统与社会经济系统的适应性,所研究的综合交通适应性也主要从系统内部及系统与周围环境交互两个方面进行适应性的论述。由于本书研究所指的地理范围是长江经济带,因此这里所指的周围环境是长江经济带周围的生态环境,比如综合交通建设对土地资源的占用以及排放的废气等。

由于综合交通系统属于社会经济系统的一部分,所以综合交通系统内部组分之间的互动与竞合也属于社会经济系统自身的反馈与完善的过程。作为一个综合交通系统,自身要达到互动与竞合的稳定状态以及其供给能力更加适应经济社会的需要,第一,其系统基础设施的规模需达到一定的大小才能满足对社会经济系统的支撑。第二,其运输服务需达到一定的水平才能满足社会经济系统对运输服务能力的要求。第三,其经济投入规模须符合当时情况下综合交通系统与经济社会的发展水平,过多及过少的投入都会影响综合交通系统与社会经济系统内部要素的协调,使其不能达到一个最优与最稳定的状态。第四,是效率适应性,指的是这些规模的投入是否具有效率,需要考量经济投入规模及基础设施建设规模越大是否对其运输货运的能力提升或者是对经济社会的促进作用越大。另一方面,由于本书研究的地理范围是长江经济带,除了考虑系统内部的互动与竞合外,还需要考虑综合交通系统受生态环境及政策环境的影响,主要体现在综合交通路网建设的占地面积、综合交通的碳排放量对环境的破坏以及国家层面关于长江经济带的政策规划。

为了对长江经济带综合交通与经济社会的适应性进行定量的度量,本章研究将长江经济带整体以及长江经济带 11 省市作为研究对象。第一部分主要是通过在 11 省市中选取最优省市作为对比标准,以此来衡量长江经济带 11 省市的适应性状况,主要从规模即"量"的角度来分析综合交通系统的建设规模、运输服务、经济投入的规模以及对环境的影响,由此本书选取 TOPSIS 综合评价模型进行对比分析。第二部分是对长江经济带整体效率及沿江 11 个省、市的效率进行测度,在对综合交通规模投入大小有一定的定量分析下,需考虑其效率适应性问题,即从"质"的角度对综合交通的经济适应性进行分析,由此选用 DEA 综合评价模型对长江经济带综合交通与经济社会的投入产出情况进行衡量,避免出现规模投入过大导致浪费或者规模投入不足。

在对其适应性进行"质"与"量"的分析、TOPSIS 综合评价、九省二市与理想解对比分析后,其基本情况与理想解距离最小的省市也被认为其规模适应情况良好,并且经过 SBM 模型及 ML 指数测度之后,将规模达到适应的且其资源效率配置高的省市认为是适应的。

3. 适应性评价原则

长江经济带综合交通与城市经济适应性评价指标体系属于多元素的综合评价指标体系,具体指标选取时还应与长江经济带综合交通及城市的现状分析相结合,并加以趋势分析作指导,仔细甄别影响因素。为了使评价指标体系更加合理并且有说服力,还应遵循一些基本的指标选取原则,比如科学性原则、层次性原则、可操作性原则、导向性原则及动态原则。

二、综合立体交通体系总体适应性评价

1. 总体适应性评价指标体系建立

根据上述可以影响长江经济带综合立体交通与城市经济适应性的因素,初步选出尽可能多的候选评价指标。由于部分指标具有不符合可操作性或具有重复性或交叉影响,因此采用 Delphi 法对评价指标进行筛选,优先选取行业内从业时间大于 10 年的专家与研究人员,优先从长江航务管理局等管理单位、高等院校从事此方向研究的专家教授以及从事城市经济学研究的学者进行问卷调查,去除多余指标或者难以具有可操作性的指标,精简评价指标体系。候选评价指标见表 3-15:

表 3-15　候选评价指标

一级指标	二级指标	三级指标
长江经济带综合立体交通适应性综合评价值	基础设施适应性	路网面积密度
		路网人口密度
		运输方式结构
		高速铁路比重
		高速公路比重
		高等级航道比重
		5000 吨级以上泊位比重
		多式联运占综合运输周转量比重
		万人机位数
	运输服务适应性	路网整体负荷率
		运输频率
		平均客流密度
		平均货流密度
		公共交通占机动车出行分担率
		货运量
		货运周转量
		铁路货运承担周转量分担比例
		水路货运承担周转量分担比例
	经济适应性	物流费用占 GDP 比重
		交通基础设施投资比重
		单位 GDP 占的货运周转量
		单位 GDP 占的客运周转量
		运输强度
		运输产值
		运输弹性系数
	环境适应性	单位运输周转量二氧化碳排放量
		单位运输周转量用地面积
		单位运输周转量能耗
		节能环保型营运交通运输工具占比
		单位运输产值碳排放量
		港口岸电的使用比例

　　表 3-15 中共选出 31 个评价指标,为了满足综合交通与城市经济适应能力的需求,通过 Delphi 法筛选和对比选择综合交通与城市经济适应性指标体系,并对筛选后的指标进行分成归类,得出 3 个层次的评价指标体系。其中一

级指标是长江经济带综合立体交通适应性综合评价值;在一级指标的基础上进一步细化得出基础设施适应性、运输服务适应性、经济适应性和环境适应性4个二级指标;三级指标则是上述筛选后的指标。具体指标体系见表3-16。

表 3-16　长江经济带综合交通适应性指标

一级指标	二级指标	三级指标
长江经济带综合立体交通与社会经济适应性评价	基础设施适应性	高等级航道比重
		高速公路比重
		铁路面积密度
		公路面积密度
		万人机位数
	运输服务适应性	货运周转量
		货运量
		铁路货运周转量分担比例
		水运货运周转量分担比例
	经济适应性	交通基础设施投资占全社会固定资产投资比重
		运输强度
		交通运输产值占总产值
		运输弹性系数
	环境适应性	单位运输周转量用地面积
		港口岸电的使用比例
		单位运输业产值碳排放量

2. TOPSIS 综合评价模型

TOPSIS 法是系统工程中有限方案多目标决策分析的一种常用方法,是基于归一化后的原始数据矩阵,找出有限方案中的最优方案和最劣方案(分别用最优向量和最劣向量表示),然后分别计算诸评价对象与最优方案和最劣方案的距离,获得各评价对象与最优方案的相对接近程度,以此作为评价优劣的依据。

采用相对接近测度。设决策问题有 m 个目标 $f_j(j=1,2,\cdots,m)$，n 个可行解 $Z_i=(Z_{i1},Z_{i2},\cdots,Z_{im})(i=1,2,\cdots,n)$；并设该问题的规范化加权目标的理想解是 Z^*，其中

$$?^+=(Z_1^+,Z_2^+,\cdots,Z_m^+),$$

那么用欧几里得范数作为距离的测度，则从任意可行解 Z_i 到 Z^+ 的距离为：

$$S_i^+=\sqrt{(Z_{ij}-Z_j^+)^2}\quad i=1,\cdots,n,$$

那么，某一可行解对于理想解的相对接近度定义为：

$$?_?=\frac{S_i^-}{s^-+s^+}\qquad 0\ll C_i\ll 1, i=1,\cdots,n.$$

于是，若 Z_i 是理想解，则相对应的 $C_i=1$；若 Z_i 是负理想解，则相对应的 $C_i=0$。Z_i 愈靠近理想解，C_i 愈接近于 1；反之，愈接近负理想解，C_i 愈接近于 0。

3. 总体适应性评价结果分析

对沿江 11 省市的统计数据进行收集分析，计算评价指标，具体见表 3-17、表 3-18。

表 3-17　2017 年长江经济带综合交通与社会经济适应性相关指标数据

省市	基础设施适应性					运输服务适应性		
	公路面积密度（km/km²）	高速公路比重（%）	高等级航道比重（%）	铁路密度（km/km²）	万人机位数	货运周转量（亿吨公里）	货运量（万吨）	铁路货运周转量分担比
云南省	0.62	1.7	34.0	0.97	0.04	1600	115505	38.20
贵州省	1.09	2.8	20.20	1.88	0.03	1482	89526	25.70
湖南省	1.13	2.6	10.58	2.22	0.01	4056	206527	18.50
湖北省	1.40	2.4	25.18	2.21	0.02	5922	162460	12.40
安徽省	1.41	2.3	25.02	3.02	0.01	10883	364549	6.40
重庆市	1.73	2.0	25.67	2.70	0.07	2964	107840	5.10
四川省	0.67	2.0	14.54	0.95	0.03	2504	160970	28.60
江西省	0.97	3.6	11.06	2.39	0.02	3897	138118	13.20

续表

省市	基础设施适应性					运输服务适应性		
	公路面积密度（km/km²）	高速公路比重（%）	高等级航道比重（%）	铁路密度（km/km²）	万人机位数	货运周转量（亿吨公里）	货运量（万吨）	铁路货运周转量分担比
浙江省	1.13	3.4	15.99	2.41	0.04	9788	215018	2.10
江苏省	1.53	3.0	12.64	2.65	0.02	8290	215651	3.40
上海市	2.10	6.2	23.20	7.33	0.15	19376	88689	1.80

表 3-18　2017 年长江经济带综合交通与社会经济适应性相关指标数据

省市	运输服务适应性	经济适应性				环境适应性		
	水路货运周转量分担比（%）	交通基础设施投资占全社会固定资产投资比重（%）	货运运输强度系数（亿吨·公里/亿元）	交通运输产值占比（%）	运输弹性系数	单位运输周转量用地面积（亿吨·公里/平方公里）	港口岸电使用比例（%）	单位运输业产值碳排放量（万吨）
云南省	2.80	16.0	0.108	0.022	0.45	0.14	7.0	6.67
贵州省	0.95	13.5	0.126	0.084	0.93	0.26	10.0	1.66
湖南省	15.20	7.0	0.129	0.043	0.88	0.25	11.3	2.18
湖北省	45.20	9.4	0.181	0.040	0.85	0.21	8.2	2.84
安徽省	48.30	6.9	0.451	0.034	0.68	0.37	15.0	2.50
重庆市	63.20	6.7	0.169	0.115	0.58	0.20	13.2	0.97
四川省	8.80	13.6	0.086	0.047	0.41	0.11	23.2	2.19
江西省	6.00	11.2	0.211	0.043	0.76	0.26	29.5	1.81
浙江省	81.20	8.5	0.207	0.038	0.69	0.26	14.3	1.67
江苏省	63.00	5.1	0.207	0.038	0.59	0.26	25.1	1.41
上海市	97.10	14.0	0.207	0.044	0.55	0.26	14.3	3.85

（1）根据以上中 TOPSIS 模型分别构建初始判断矩阵：R_{ij}具体判断矩阵如下：

$$
\begin{bmatrix}
0.62 & 1.7 & 1.65 & 0.97 & 0.04 & 1600 & 115505 & 382 & 2.8 & 16 & 0.108 & 0.022 & 0.45 & 0.14 & 7 & 6.67 \\
1.09 & 2.8 & 1.9 & 1.88 & 0.03 & 1482 & 8952 & 25.7 & 0.95 & 13.5 & 0.126 & 0.084 & 0.93 & 0.26 & 10 & 1.66 \\
1.13 & 2.6 & 4.73 & 2.22 & 0.01 & 4056 & 206527 & 185 & 15.2 & 7 & 0.129 & 0.043 & 0.88 & 0.25 & 11.3 & 2.18 \\
1.4 & 2.4 & 3.18 & 2.21 & 0.02 & 5922 & 162460 & 12.4 & 45.2 & 9.4 & 0.181 & 0.04 & 0.85 & 0.21 & 8.2 & 2.84 \\
1.41 & 2.3 & 2.84 & 3.02 & 0.01 & 10883 & 364549 & 6.4 & 48.3 & 6.9 & 0.451 & 0.034 & 0.68 & 0.37 & 15 & 2.5 \\
1.73 & 2 & 3.08 & 2.7 & 0.07 & 2964 & 107840 & 5.1 & 63.2 & 6.7 & 0.169 & 0.115 & 0.20 & 13.2 & 0.97 \\
0.67 & 2 & 3.29 & 0.95 & 0.03 & 2504 & 160970 & 28.6 & 8.8 & 13.6 & 0.086 & 0.047 & 0.41 & 0.11 & 23.2 & 2.19 \\
0.97 & 3.6 & 3.38 & 2.39 & 0.02 & 3897 & 138118 & 13.2 & 6 & 11.2 & 0.211 & 0.043 & 0.76 & 0.26 & 29.5 & 1.81 \\
1.13 & 3.4 & 6.03 & 2.41 & 0.04 & 9788 & 215018 & 2.1 & 81.2 & 8.5 & 0.207 & 0.038 & 0.69 & 0.25 & 14.3 & 1.67 \\
1.53 & 3 & 7.23 & 2.65 & 0.02 & 8290 & 215651 & 3.4 & 63 & 5.1 & 0.245 & 0.038 & 0.59 & 0.19 & 25.1 & 1.41 \\
2.1 & 6.2 & 8.96 & 7.33 & 0.15 & 19376 & 88689 & 1.8 & 97.1 & 14 & 0.254 & 0.044 & 0.55 & 0.38 & 14.3 & 3.85
\end{bmatrix}
$$

（2）将判断矩阵规范化可得R'_{ij}：

$$
\begin{bmatrix}
0.142 & 0.165 & 0.487 & 0.095 & 0.206 & 0.059 & 0.187 & 0.629 & 0.017 & 0.048 & 0.155 & 0.120 & 0.198 & 0.171 & 0.124 & 0.685 \\
0.248 & 0.271 & 0.289 & 0.184 & 0.147 & 0.054 & 0.145 & 0.423 & 0.006 & 0.378 & 0.180 & 0.453 & 0.407 & 0.325 & 0.177 & 0.170 \\
0.257 & 0.246 & 0.151 & 0.218 & 0.77 & 0.149 & 0.335 & 0.304 & 0.090 & 0.197 & 0.184 & 0.232 & 0.383 & 0.306 & 0.200 & 0.224 \\
0.319 & 0.229 & 0.360 & 0.216 & 0.116 & 0.217 & 0.263 & 0.204 & 0.267 & 0.265 & 0.259 & 0.215 & 0.370 & 0.266 & 0.144 & 0.291 \\
0.322 & 0.221 & 0.358 & 0.296 & 0.399 & 0.591 & 0.105 & 0.285 & 0.193 & 0.645 & 0.185 & 0.297 & 0.453 & 0.265 & 0.257 \\
0.396 & 0.189 & 0.367 & 0.265 & 0.365 & 0.109 & 0.175 & 0.084 & 0.373 & 0.188 & 0.241 & 0.623 & 0.256 & 0.242 & 0.233 & 0.100 \\
0.154 & 0.193 & 0.208 & 0.093 & 0.148 & 0.092 & 0.261 & 0.471 & 0.052 & 0.380 & 0.123 & 0.254 & 0.178 & 0.136 & 0.411 & 0.225 \\
0.221 & 0.350 & 0.158 & 0.235 & 0.106 & 0.143 & 0.224 & 0.217 & 0.035 & 0.314 & 0.301 & 0.233 & 0.333 & 0.318 & 0.522 & 0.185 \\
0.257 & 0.327 & 0.229 & 0.237 & 0.202 & 0.359 & 0.349 & 0.035 & 0.479 & 0.239 & 0.296 & 0.203 & 0.303 & 0.325 & 0.253 & 0.171 \\
0.350 & 0.284 & 0.181 & 0.260 & 0.134 & 0.304 & 0.350 & 0.056 & 0.372 & 0.144 & 0.325 & 0.205 & 0.256 & 0.325 & 0.444 & 0.145 \\
0.478 & 0.596 & 0.332 & 0.719 & 0.829 & 0.710 & 0.144 & 0.030 & 0.573 & 0.392 & 0.546 & 0.237 & 0.241 & 0.368 & 0.253 & 0.395
\end{bmatrix}
$$

（3）规范化矩阵 R'_{ij} 正理想解 Z^+ 和负理想解 Z^- 分别为：

$$
\begin{cases}
(0.478 & 0.597 & 0.487 & 0.719 & 0.829 & 0.710 & 0.591 & 0.629 & 0.573 & 0.448 & 0.645 & 0.623 & 0.407 & 0.368 & 0.444 & 0.100) \\
(0.142 & 0.165 & 0.151 & 0.093 & 0.060 & 0.054 & 0.144 & 0.030 & 0.006 & 0.144 & 0.123 & 0.120 & 0.178 & 0.136 & 0.124 & 0.685)
\end{cases}
$$

（4）长江经济带九省二市与正理想解和负理想解的距离分别为 S_i^+ S_i^-，具体情况见表3-19。

表3-19　长江经济带11省市与正负理想解距离

省市	云南	贵州	湖南	湖北	安徽	重庆	四川	江西	浙江	江苏	上海
S_i^+	1.76	1.53	1.55	1.46	1.33	1.36	1.61	1.49	1.34	1.39	1.03

省市	云南	贵州	湖南	湖北	安徽	重庆	四川	江西	浙江	江苏	上海
S_i^-	0.77	0.86	0.69	0.70	1.06	1.01	0.77	0.81	0.91	0.90	1.52

（5）长江经济带九省二市与理想解的正负贴近度分别为 $C_i^+ C_i^-$，具体情况见表 3-20。

表 3-20　长江经济带 11 省市与理想解的正负贴进度

省市	云南	贵州	湖南	湖北	安徽	重庆	四川	江西	浙江	江苏	上海
C_i^+	0.70	0.64	0.69	0.68	0.56	0.57	0.68	0.65	0.60	0.61	0.40
C_i^-	0.30	0.36	0.31	0.32	0.44	0.43	0.32	0.35	0.40	0.39	0.60

从沿江 11 省市的距离测度与贴近度来看,上海市、重庆市及安徽省排名前三,其中上海市与正理想解最为贴近,贴近度达到 0.60;云南省、湖南省及四川省排名倒数,其中云南省贴近度最差为 0.30,从中可以看出长江经济带各省市发展情况不协调不均衡的特征。从基础设施适应性来看,云南省的高等级航道比例最大,但是水路货运周转量承担比例倒数第二;各省市铁路面积密度较高,但是铁路货运周转量承担比例并不高。从运输服务适应性来看,云南、湖南、贵州及江西四省水路货运承担比例很低,未能充分发挥航道潜力。从经济适应性来看,重庆市的投入产出比最高,云南最低。最后从环境适应性来看,上海市及重庆市的单位运输产值的碳排放量最大。

4. 存在问题评价分析

根据长江经济带 11 省市的相关数据分析,在基础设施配置水平、运输服务、交通信息化、资源和生态环境保护方面都存在问题,且各省市之间也存在较大的差距。具体来说存在以下问题。

（1）基础设施建设

航空建设的重视程度普遍不够,机场辐射能力过弱;云南、贵州、湖南及湖北等省市与正理想解的贴进度分别为 0.30、0.36、0.31 及 0.32,可以得出以上省市基础设施建设资本优化配置不足,多元化融资渠道受阻,不能有效对接长江经济带建设,不能满足其交通需求。综合交通枢纽建设水平过低,包括港口的集疏运体系不够完备,多式联运的力度包括铁水联运、公水联运、公铁联运不能够顺畅的对接,多式联运转运装备、场站设施设备等未形成统一标准;高等级航道的占比过低,三峡的限制导致船舶过闸效率过低。

(2)运输服务

不同运输方式之间信息平台不一致,市场化程度不一致,信息不能共享,运输标准繁多,尤其运营服务等关键环节尚未形成统一标准,一定程度上导致业务难以形成规模;水运及铁路运输占整体交通比例过低;云南、湖南、贵州及江西省水路货运承担比例很低,未能充分发挥航道潜力,其省市之间缺乏交流,互联互通合作力度不够大;目前大多数多式联运的承运商以及货代企业,其公司规模较小,人员的专业水平有待提高,公司内部组织管理水平也一般,局部市场存在恶性竞争行为,特别是公路、水路运输方面,大部分代理企业无动力也无能力去研究优化运输组织方案,亟待加快培养龙头企业。

(3)交通信息化

缺乏稳定的信息化资金投入,尤其是对于云南、贵州及江西等经济欠发达地区,对信息化的重视程度低,投资力度也就更低;交通信息资源所涉及的部门非常多,所以很难做到统一应用;各交通运输方式之间的系统未实现关联,目前铁路信息系统与港口生产系统相互孤立等。

(4)资源和环境保护

在 TOPSIS 评价过程中,从碳排放量来看云南省及上海市的单位运输业产值碳排放量高于长江经济带均值,分别为 6.67 万吨与 3.85 万吨,主要原因在于交通工具能耗过大,节能环保型交通工具占比过低,配套节能设施不够完善;绿色发展的体制尚未健全。

三、综合立体交通体系区域资源配置效率评价

1. 资源配置效率评价指标体系的建立

长江经济带综合交通运输体系和城市经济两个系统发展的相关性是客观存在的,因此对两个系统适应性评价不能从单个系统发展状态作出设计,而是

要在两个系统发展状态的基础上,汇集并揭示它们的相互关系。因此,本章首先从长江经济带综合交通运输体系和城市经济两个系统发展状态出发,选择对其状态进行描述性的指标建立初选评价指标体系,为后文进一步分析打下基础。

(1)资源配置效率评价指标的初选

长江经济带综合交通运输体系指标的选取。长江经济带初选交通投入指标大致从投入的人力、物力及财力三个角度进行选取。交通投入指标主要包括综合交通运输线路长度、主要运输工具数量、运输从业人员数、运输固定资产投资额等,这是交通运输活动得以发生的基础,也是交通运输系统运输能力供给的基础;交通产出指标是在交通基础设施供给和交通运输发展水平的基础上实际发生的货(客)运量、货(客)运周转量和交通运输业产值,反映城市综合交通运输体系为城市经济和人民生活服务的数量指标。

城市经济系统指标的初选。本章的城市经济系统是以整个市域为范围核算的,主要包括地区生产总值、常住人口数、国际贸易、产业结构、人均 GDP、全社会固定资产投资等会对城市交通运输活动产生影响的指标,这些指标反映了一个城市经济活动状态,正是由于这些经济活动才派生出了运输需求,所以这些指标可以帮助更加全面地了解综合交通对城市经济的适应状况。

(2)资源配置效率评价指标的选择

本章选取了长江经济带 11 省市从 2007—2016 年 10 年间包含铁路、水路、公路、航空的综合交通运输指标,原始数据来源于 2007—2016 年《中国统计年鉴》和各省市的统计年鉴。

采用 DEA 模型对系统进行相对效率综合评价时,指标体系的科学建立是评价工作成果的基础。首先,指标的选择必须反映评价目的和评价内容;其次,必须注意指标体系的精练、低相关,避免输入与输出指标的完全相关或内部高度相关;最后,应该考虑指标的重要性和可获得性。美国数学家柯布(C. W. Cobb)和经济学家保罗·道格拉斯(Paul Douglas)提出的柯布-道格拉斯生产函数,认为系统投入的劳动力数、固定资产和综合技术水平决定了系统的发展水平。借鉴这一思想,在对长江经济带各省市的交通资源配置效率进行测度时,选择人、财、物三种投入要素,具体包括各交通方式的行业从业人员、各个交通运输方式的线路长度、能源消耗、交通运输业固定资产投资。在这三种要素投入生产时,得到的输出中包含期望产出和非期望产出,分别是换算的周转量和碳排放。在统计沿江 11 省市数据时,管道相关数据量较少,残缺数据较多,运行状态较稳定,不适合用 DEA 方式做适应性评价分析,故本章不再对管道资源配置效率进行研究。具体指标见表 3-21。

表 3-21 资源配置效率评价指标

一级指标	二级指标	三级指标	四级指标	指标方向
长江经济带 11 个省市资源配置效率评价指标体系	投入指标	人力投入指标	各交通方式的行业从业人员	(+)
		物力投入指标	各个交通运输方式的线路长度	(+)
			能源消耗	(−)
			交通运输业固定资产投资	(+)
	产出指标		换算周转量	(+)
			碳排放量	(−)

当前的统计年鉴中尚未有单独的交通运输业固定资产投资,而是将交通运输、仓储和邮政业并在一起做统计,因此本章研究中的交通运输业固定资产投资实际上用交通运输、仓储和邮政业固定资产投资代替;线路长度、从业人员数据均来自《中国统计年鉴》;能源消耗量以化石能源消耗为基础,并按照化石能源标准煤折算系数将其折算为标准煤,各种化石能源折算系数见表 3-22;换算周转量,是指先将各种运输方式的旅客周转量按一定比例换算为货物周转量,再与对应运输方式的货物周转量相加,最后将客货运输量统一成一个数值。客运周转量的换算因数见表 3-23。碳排放量是将标准煤吨数折算成消耗量,即将标准煤数量乘以碳排放因子;按照国家公布的《省级温室气体清单编制指南》规定,CO_2 排放量的计算方法如下:

CO_2 排放量 = {燃料消费量(热量单位)×单位热值燃料含碳量−固碳量}×

燃料燃烧过程中的碳氧化率。经过计算标准煤的 CO_2 排放因子为 2. 7725 吨 CO_2。

表 3-22　化石能源标准煤折算系数

能源类型	原煤	焦炭	原油	汽油	煤油	柴油	燃料油	天然气
折算系数	0.7143	0.9714	1.4286	1.4714	1.4714	1.4571	1.4286	1.3300

表 3-23　各运输方式客、货周转量换算因数

运输方式	铁路	公路	水运	航空
换算因数	1	0.1	0.33	0.075

2. 资源配置效率评价模型的构建

（1）全局方向性 SBM

借鉴 Oh 所提出的方法，假定长江经济带 9 省 2 市为 11 个决策单元 DMU（记为 O），每一个 DUM 有 M 种投入要素，要素集记为 x = (x_1, x_2, x_3...x_a)∈ R_+^M；N 种期望产出要素，要素集记为 $y = (y_1, y_2, y_3...y_b)∈ R_+^N$；I 种非期望产出要素，要素集记为 z = (z_1, z_2, z_3...z_c)∈ R_+^I；λ_q^t 表示第 t 期第 q 个 DMU 投入、产出的权重。x_0^t、y_0^t、b_0^t 分别是第 t 期 DUM_0 投入要素、期望产出和非期望产出要素的向量；g^x、g^y、b_0^t 为对应的方向向量；s_m^x、s_n^y、s_i^b 为对应的松弛向量，其实际意义分别是投入要素冗余、期望产出不足、非期望产出过多。

$$S_v^G(x_0^t, y_0^t, b_0^t; g^x, g^y, g^b) = \max_{s^x, s^y, s^b} \frac{\frac{1}{M}\sum_{m=1}^{M}\frac{S_m^x}{g_m^x} + \frac{1}{N+1}\left(\sum_{n+1}^{N}\frac{S_n^y}{g_n^x} + \sum_{i+1}^{I}\frac{S_i^b}{g_i^b}\right)}{2}$$

（2）ML 指数模型

由 Chuang 提出 Malnmquist-Luenberger 指数，用于评价非径向的效率问题，可进一步分解为技术效率变化指数（$EFFCH_t^{t+1}$）和技术变化指数（$TEFCH_t^{t+1}$）。ML 指数大于 1 表示效率提高，小于 1 表示效率下降，定义方向向量为 $g^t = (y^t - b^t)$，则 t 期到 t+1 期的 ML 生产率指数为：

$$ML L_t^{t+1} = \left\{ \frac{1 + \vec{D}_0^t(x^t, y^t, b^t; y^t, -b^t)}{1 + \vec{D}_0^t(x^{t+1}, y^{t+1}, b^{t+1}; y^{t+1}, -b^{t+1})} \times \frac{1 + \vec{D}_0^{t+1}(x^t, y^t, b^t; y^t, -b^t)}{1 + \vec{D}_0^{t+1}(x^{t+1}, y^{t+1}, b^{t+1}; y^{t+1}, -b^{t+1})} \right\}^{1/2}$$

$$ML_t^{t+1} = EFFCH_t^{t+1} \times THCH_t^{t+1},$$

$$EFFCH_t^{t+1} = \frac{1 + D_0^t(x^t, y^t, b^t; y^t, -b^t)}{1 + \vec{D}_0^t(x^{t+1}, y^{t+1}, b^{t+1}; y^{t+1}, -b^{t+1})}$$

$$TECH_t^{t+1} = \left\{ \frac{1 + \vec{D}_0^{t+1}(x^t, y^t, b^t; y^t, -b^t)}{1 + \vec{D}_0^t(x^{t+1}, y^{t+1}, b^{t+1}; y^{t+1}, -b^{t+1})} \times \frac{1 + \vec{D}_0^{t+1}(x^t, y^t, b^t; y^t, -b^t)}{1 + \vec{D}_0^t(x^{t+1}, y^{t+1}, b^{t+1}; y^{t+1}, -b^{t+1})} \right\}^{1/2}$$

3. 资源配置效率评价结果分析

基于本文选取的模型,将长江经济带九省二市处理后的投入指标和产出指标输入 MAXDEA7.0 软件,可计算得出 2007—2016 年历年长江经济带及各省市的交通资源配置效率值。

（1）SBM 模型测算结果

基于上述分析,运用非径向的 SBM 模型计算后得出的结果如表 3-24 所示。

表 3-24　2007—2016 年长江经济带 11 省市交通资源配置效率 SBM 模型测度结果

决策单元	2007	2008	2009	2010	2011
上海	1	1	1	1	1
江苏	0.518374	0.525264	0.514783	0.492943	0.527899
浙江	0.541558	0.539902	0.52464	0.497396	0.517909
安徽	0.41808	1	1	1	1
江西	0.448569	0.494539	0.422239	0.404229	0.442562
湖北	0.595278	0.605709	0.545545	0.51462	0.577269

续表

决策单元	2007	2008	2009	2010	2011
湖南	0.565008	0.442834	0.435951	0.430613	0.458933
重庆	0.484043	0.45915	0.433816	0.440843	0.462058
四川	0.563732	0.508314	0.483065	0.434596	0.433766
贵州	0.537081	0.544433	0.51513	0.484785	0.532203
云南	0.507517	0.517582	0.486193	0.449645	0.526885
长江经济带	0.561749	0.60343	0.578306	0.559061	0.589044
决策单元	2012	2013	2014	2015	2016
上海	1	1	1	1	1
江苏	0.790906	0.536281	0.495109	0.52335	0.459644
浙江	0.559023	0.763804	0.72575	0.726774	0.538868
安徽	1	1	1	1	1
江西	0.512226	0.467756	0.401271	0.415273	0.408036
湖北	0.85962	0.915835	1	1	0.536637
湖南	0.489455	0.489093	0.466278	0.477999	0.492241
重庆	0.568943	0.459777	0.458552	0.4478	0.354426
四川	0.485354	1	0.417243	0.437972	0.409947
贵州	0.836625	0.786351	0.822575	0.722519	0.494085
云南	1	1	1	1	1
长江经济带	0.736559	0.765354	0.707889	0.704699	0.608535

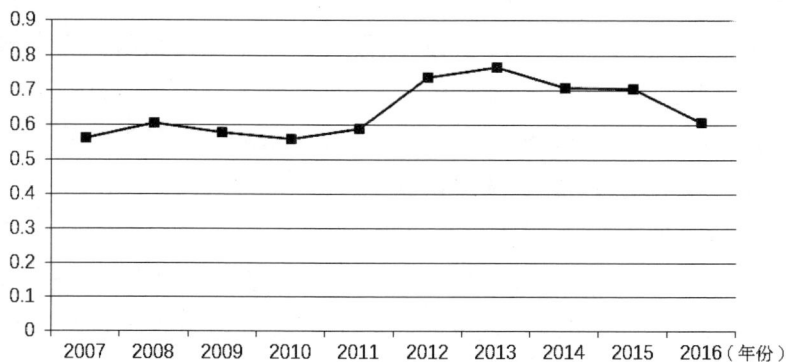

图 3-4　长江经济带 2007 年以来资源配置效率波动情况

从长江经济带的整体情况来看,长江经济带的资源配置效率波动总体呈现先上升后下降的趋势,资源配置效率值较低,有很大的提升空间(如图3-4所示)。2007—2013年资源配置效率值不断提升的原因可能是:长江经济带社会经济发展快,区位优势逐步显现,交通运输产业也不断进步和发展,运输结构相对稳定,运输产值不断提升。2014—2016年资源配置效率下降的原因可能是:2014年中央将长江经济带纳入国家发展战略,颁布了一系列关于长江经济带综合立体交通走廊建设和发展的政策法规,各省市加大了生产要素的投入,但交通基础设施尚未完工,无法投入使用,且部分省市更多地追求运输周转量的稳步增长,而忽视了碳排放的问题,导致资源配置效率下降。

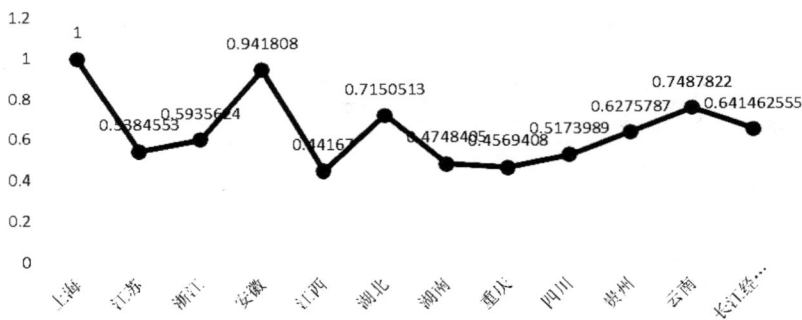

图3-5 长江经济带11省市交通资源配置效率历年均值情况

从长江经济带各省市交通运输资源配置效率的情况看(如图3-5),效率高于长江经济带均值的有上海市、安徽省、湖北省和云南省,其中上海市在2007—2016年期间交通运输资源配置效率始终是1,处于最佳的技术前沿,其交通运输资源配置效率较高,在长江经济带的发展中起着引领作用;云南省在2007—2011年的交通运输资源配置效率一直未达到DEA有效,没有处在最佳的技术前沿,但2012—2016年其交通运输资源配置效率始终是1。分析原因可能在于:交通运输基础设施建设基本竣工,并已投产使用,交通运输规章制度进一步完善,对交通运输资源进行整合后,交通运输业从业人员减少,导致交通运输业效率较高;江苏省、浙江省、江西省、湖南省、重庆市、四川省和贵州省交通运输资源配置效率低于长江经济带均值,其中重庆市和江西省的交通运输资源配置效率一直稳定在 0.45 左右,交通运输资源配置效率较低,可能由于该地区内工业企业较多,运输量和交通运输业固定资产投资均在逐年增长,但运输线路长度增幅较小,导致交通运输资源配置效率较低。

(2)ML 指数测算结果

为更直观地了解长江经济带各省市交通运输系统资源配置效率的变化情况,利用 ML 指数对交通运输资源配置效率进行分解测度,其结果见表 3-25。

表 3-25　长江经济带整体交通资源配置效率 Malmquist 指数测度结果

年度	综合效率	技术进步率	纯技术效率	规模效率	全要素生产率
2007—2008	0.995	0.247	0.987	1.008	0.246
2008—2009	1.016	1.183	1.016	1	1.202
2009—2010	0.986	0.987	0.998	0.988	0.973
2010—2011	1.013	0.722	1.002	1.011	0.732
2011—2012	0.997	0.874	1.001	0.996	0.871
2012—2013	1	0.901	0.998	1.002	0.901
2013—2014	0.986	0.839	1.002	0.984	0.827
2014—2015	1.005	0.947	0.995	1.01	0.952
2015—2016	1.006	0.854	1.005	1.001	0.859
均值	1	0.783	1	1	0.784

从表 3-25 可知,从整体上观察,反映长江经济带的综合立体交通的资源配置全要素生产率 2007—2016 年年均下降了 21.6%,进行分解可得其综合效率、纯技术效率、规模效率均无明显变化,技术进步效率的变动是全要素生产率变动的主要原因。各分解后的效率大致趋势是先增后降,这与 Malmquist 指数的评价原理有直接的关系。比较相对效率时,上年的效率增幅较大,下年的效率小幅度增加时,相对相率也是较低的。由此进行时间序列分析,近三年技术进步率有效率下行的现象,这是由于规模效率倒退造成的。自 2010 年起,我国大力推行节能环保绿色的交通观念,开始对原有的设备进行更换或升级以符合可持续发展的理念,各种设备安装复杂程度增加,耗时较长,导致 2010 年技术进步率下降,但设备改造完成后,资源配置效率便开始稳步上升(见表 3-26)。

表3-26　长江经济带11省市交通资源配置效率Malmquist指数测度结果

决策单元	技术效率变化指数	技术进步指数	纯技术效率变化指数	规模效率变化指数	全要素生产率	排名
上海	1	0.876	1	1	0.876	1
江苏	0.999	0.714	1	0.999	0.713	8
浙江	1	0.71	1	1	0.710	9
安徽	0.998	0.747	0.999	0.998	0.743	7
江西	0.995	0.759	1	0.995	0.751	6
湖北	0.997	0.806	1	0.997	0.801	4
湖南	1	0.763	1	1	0.763	5
重庆	1	0.825	1	1	0.825	2
四川	1.005	0.808	1.005	1	0.816	3
贵州	1.01	0.667	1	1.01	0.680	10
云南	1	0.625	1	1	0.625	11

由表3-26可以看出,长江经济带全要素生产率均值为0.784,年均下降21.6%,在2007—2010年中技术进步率下降了21.6%,而综合效率、纯技术效率和规模效率值均为1,造成全要素生产率变化的主要原因是技术进步率的下降。

技术效率变化指数反映了决策单元在资源配置、资源利用等方面的综合能力。技术效率变化指数均为1的有上海、浙江、湖南、重庆、云南,且维持在稳定的水平;技术效率变化指数大于1的有四川、贵州,这两个省的综合效率在进步,对它们的全要素生产率作出了贡献;技术效率变化指数略低于1的有江苏、安徽、江西、湖北,分别下降了0.1%、0.2%、0.5%、0.3%,可能因为个别省市间交通线路并未充分利用、交通从业人员经调整后减少等原因,造成交通资源利用上有所下降。

技术进步指数反映了决策单元的技术进步程度。上海市的技术进步指数最高,其次是重庆和四川,云南省最低。但是,各省市的技术进步指数都小于1,都是DEA无效状态。因此,促进科研成果转化、加快产业技术水平进步成为当前长江经济带交通运输业发展的重要任务。

纯技术效率变化指数体现了交通运输管理的水平,在默认生产已经达到了最优水平的情况下,反映了交通运输系统的管理能力。长江经济带大部分省市的纯技术效率变化指数未发生明显变化,但其中四川省的纯技术效率进步了1%,说明四川省对交通运输系统的管理结构优化已取得了成效,管理水平已明显进步。

规模效率变化指数反映了最优生产规模与实际生产规模的差距。长江经济带大部分省市规模效率变化指数为1,说明当前交通运输规模效率已是最佳规模效率,要提高交通资源配置效率无须扩大交通运输规模效率。但贵州省的规模效率变化指数大于1,说明贵州省实际生产规模大于最佳生产规模,交通资源配置的规模过大存在一定程度的资源浪费现象。

四、长江经济带立体交通体系协调性均衡发展相关建议

根据总体适应性评价和资源效率配置评价的测算结果分析,为推动长江经济带发展,促使交通资源配置更协调均衡,运输节能环保,特提出以下建议。

1. 深化交通运输业的供给侧改革,推进交通运输技术进步

提升交通运输系统的智能化水平,既要引进国外的先进技术,也要提升自身的研发实力,加大科研的投入,促进科研成果的转化和应用。加大对交通运输从业人员技术能力的培训力度,有意识地培养高水平的交通运输人才。建立全面感知、机制完善的港口信息化体系,健全高速公路联网收费和不停车收费系统。全面推动铁路、公路、水运、民航、城市交通等客运综合服务信息平台建设,加快智能物流网络发展。

2. 推动交通运输业的绿色发展,倡导生态先行

调整能源结构是减少碳排放的重要手段。其一,能源利用率的提高对减少碳排放起到至关重要的作用。运输结构的调整成为减少直接碳排放的重要突破点。优先发展低能耗的交通运输方式,尤其是坚定不移地加快铁路、水运的发展,同时适当放缓公路的发展速度,稀释交通运输中原有存量结构的不合理性。其二,从长远来看,推动新能源运输工具的发展是减少碳排放最有力的措施。公路运输中要鼓励新能源汽车的发展,推进公共交通运输工具的动力

转换;水运中要推广 LNG 动力船的普及,加快岸电设施的建设,全面推进船型标准化,加速淘汰老旧、落后船型;铁路中要重点发展电气化铁路,在动力牵引上突出电力机车的主导作用。

3. 加强对生态环境的保护和对污染的防治,加大污染惩治力度

必须要将"共抓大保护,不搞大开发"落到实际行动中。各省市联合推动构建长江经济带污染治理联防联控机制,从污染的源头抓起。对于高耗能和高排碳的交通工具可利用财政手段,提高其建设贷款的利率,收取运行中的污染费,并使其承担全部的外部成本。建立长江危化品运输动态跟踪系统、重点物资跟踪管理系统,并形成及时响应的安全监管和应急救助体系。

4. 优化运输组织,将资源集约化,促进交通系统向精细化方向发展

优化公路运输方式,加快建设高等级广覆盖公路网,消除不同行政区间的"断头路"。大力发展多式联运,尤其是铁水联运以及江海直达。加快解决长江港口铁路进港"最后一公里"。推进长江港口铁水联运一体化运营,研究制定适合铁水联运换装设施设备、运载工具等领域的标准规范,强化铁水联运数据交换电子报文标准应用,实现业务协同联动和运输单证整合统一。加速建设综合交通枢纽,促进水、铁、公、空、管等运输方式的合理有效衔接。

五、长江经济带综合立体交通运输需求预测

长江经济带综合运输需求受社会经济发展现状、工业化进程和城镇化进程等诸多因素影响,且各影响因素对长江经济带综合运输需求的影响程度不同,影响的方向也不尽一致。因此,在进行长江经济带综合运输需求预测时有一定的复杂性。

根据长江经济带 11 省市社会经济发展特点,以及国民经济发展需要,采用定性与定量分析结合的方法进行预测,以确保预测结果的可靠性。根据所收集资料的完整性和合理性,采用平均增长率、回归分析、二次指数平滑和灰色 GM(1,1)模型等四种预测方法。但各种模型都存在局限性,如回归分析依赖自变量未来值的合理选择,指数平滑和灰色 GM(1,1)预测模型法不能消除时间以外影响因素的波动,进而为了提高预测结果的准确性,应用了熵权法确

定每种方法的权重,得到组合和预测结果。

1. 长江经济带社会经济发展现状及趋势

（1）经济发展现状

自 2000 年国家实行西部大开发战略以来,长江经济带社会经济发展水平持续提高,经济结构逐步优化,综合经济实力不断加强。历年来长江经济带社会经济指标见表 3-27。

表 3-27　长江经济带社会经济指标

年份	地区生产总值（亿元）	人均地区生产总值（元/人）	固定资产总投资（亿元）	进出口总额（千美元）	社会消费品零售额（亿元）
2000	40228.24	7282.315	13532.36	145686810	14632.5
2001	44242.05	7988.525	15437.85	164096820	16091.3
2002	49200.23	8840.058	18307.39	206755660	17807.9
2003	56861.25	10140.937	23840.18	316567800	19541.5
2004	68861.25	12127.432	29886.72	454991666	22301.5
2005	80178.22	14285.397	36496.69	568229910	27731
2006	93196.52	16545.914	44521.87	712531683	32093.4
2007	112095.54	19815.018	54998.82	891988601	37933.7
2008	132869.73	23369.106	68527.92	1037113778	46466.9
2009	146996.61	25727.043	89464.62	902274145	53670
2010	177067.33	30876.476	109349.97	1236463175	64441.7
2011	212563.11	36911.007	123944.04	1499664183	77276.8
2012	235914.95	40779.753	149247.8	1563553120	88607.5
2013	261475.63	44957.983	179527.35	1638540657	100462.8
2014	284689.21	48727.293	209459.15	1756785322	112692.8
2015	305200.23	51933.063	237631.27	1669051615	125341.6
2016	337181.94	57093.35568	265971.18	1567375883	139650.2

资料来源:《国家统计年鉴(2001—2017)》。

（2）经济发展趋势

长江经济带横跨我国东、中、西三大区域,具有独特的优势和发展潜力,沿江 11 省市包括上海、武汉、重庆三大航运中心和长三角、长江中游、成渝等三大国家级城市群,是全国经济发展最好的经济走廊。

本章选取地区生产总值、人均地区生产总值、固定资产投资、进出口总额和社会消费品零售额等五个指标反映长江经济带经济发展状况,采用趋势外推和指数平滑两种方法建立预测模型,并根据各模型误差分析进行组合预测,预测结果如下(表3-28至表3-32):

表3-28　长江经济带地区生产总值预测结果

预测方法 \ 年份	2020	2025	2030	2035
平均增长率	575580.1	1123072	2191338	4275738
趋势外推	387764.7	484656.3	581547.9	668721.9
指数平滑	388370.9	492325	596279.1	692995.6
组合预测	444412.4	680015.3	1071850	1741756.3

表3-29　长江经济带人均地区生产总值预测结果

预测方法 \ 年份	2020	2025	2030	2035
平均增长率	95848.22	183160.6	350009.9	668849.5
趋势外推	66216.75	82596.26	98975.76	114366.5
指数平滑	64988.95	81306.92	97624.89	112483.4
组合预测	74615.07	112249.8	173745.6	275647.4

表3-30　长江经济带固定资产投资预测结果

预测方法 \ 年份	2020	2025	2030	2035
平均增长率	562359.6	1433800	3655636	9320460
趋势外推	286600.3	365082.1	443564	517151.3
指数平滑	351009.7	492727.2	634444.7	765711.3
组合预测	395091.8	736755.5	1483538	3216755.4

表 3-31　长江经济带进出口总额预测结果

年份 预测方法	2020	2025	2030	2035
平均增长率	2973151145	6618685918	14734199891	32800566324
趋势外推	2316714036	2881725501	3446736967	3977189786
指数平滑	6850530684	13258833672	19667136660	25309638168
组合预测	4327171828	8153656895	13321135721	20766318475

表 3-32　长江经济带社会消费品零售额预测结果

年份 预测方法	2020	2025	2030	2035
平均增长率	246172.0168	500017.3634	1015620.569	2062898.641
趋势外推	153723.2382	193344.6069	232965.9809	271521.8507
指数平滑	175760.6073	238785.8024	301810.9975	356016.2527
组合预测	190272.8194	303522.9128	495300.3639	831757.9011

2. 综合立体交通需求预测

预测方法,对时间序列拟合直线方程进行多元回归分析预测;根据历年的数据,计算出平均增长率;采用指数平滑预测法以及多元回归分析法。因为管道相关数据量较少,残缺数据较多,故本章只对长江经济带 11 省市的铁路、水路、公路、航空四种运输方式分别预测未来发展趋势,以说明经济发展变化对交通运输需求的变化。

(1)公路运输需求预测

长江经济带以成都、重庆、贵阳、武汉、南京以及上海城区为中心,干支线公路呈辐射网状分布。其中 GD108、GD210、GD212—GD214、GD317—GD321、GD323 等国道干线公路是长江经济带对外联系最为重要的公路主通道,也是区域内各省市之间相互联系的主要通道。目前进出省会城市的主要道路以及省会城市间的全部或大部分路段已实现高等级化。由 2000—2016 年历史数据,利用平均增长率方法、时间序列回归分析法、指数平滑法、多元线性回归预测法,得出表 3-33 所示的预测值。

表 3-33　长江经济带公路客货需求总量预测

类别	预测方法	2020 年	2025 年	2030 年	2035 年
客运量 （万人）	平均增长率法	870214.1	952721.9	1043052.5	1141947.6
	回归分析法	1122697.1	1243013.8	1363330.5	1483647.2
	指数平滑法	1046554.5	1076153.6	1105752.6	1135351.7
	灰色模型法	1059519.0	1175439.0	1302027.0	1440267.0
	组合预测值	1042380.2	1124175.2	1209810.7	1299643.8
旅客周转量 （亿人公里）	平均增长率法	5705.8	6909.5	8367.1	10132.1
	回归分析法	6392.8	7397.2	8401.7	9406.2
	指数平滑法	6381.2	6871.6	7362.0	7852.4
	灰色模型法	5459.3	6550.1	8064.3	9940.5
	组合预测值	6052.3	6928.3	7948.3	9104.8
货运量 （万吨）	平均增长率法	1915411.0	2568984.6	3297287.9	3736661.8
	回归分析法	1392121.8	1769571.3	2147020.8	2524470.3
	指数平滑法	1606998.1	1883227.2	2159456.4	2435685.5
	灰色模型法	2030240.0	2479219.0	2616238.0	2820322.0
	组合预测值	1705351.4	2106674.8	2441217.6	2749187.3
货运周转量 （亿吨公里）	平均增长率法	24493.5	48214.1	93191.0	190115.3
	回归分析法	21802.9	29679.9	37556.8	45433.7
	指数平滑法	25028.3	29007.3	32986.2	36965.2
	灰色模型法	30182.2	49170.3	75999.8	97410.4
	组合预测值	25430.2	37097.2	53913.0	77166.1

（2）铁路运输需求预测

长江经济带建成了较为完善的铁路网络，其中沿江铁路通道链接了我国东、中、西三大区域，将上海、南京、合肥、武汉、重庆和成都联系起来，横跨我国长江经济带，是我国长江经济带综合立体交通走廊的重要组成部分。根据2000—2016 年历史数据，利用平均增长率方法、时间序列回归分析法、指数平滑法、多元线性回归预测法，得出表 3-34 所示的预测值。

表3-34　长江经济带铁路客货需求总量预测

类别	预测方法	2020年	2025年	2030年	2035年
客运量 （万人）	平均增长率法	42169.0	232384.2	339612.1	496317.6
	回归分析法	100482.6	124715.4	148948.2	173180.9
	指数平滑法	168161.2	231650.7	295140.2	358629.7
	灰色模型法	156756.2	239228.5	365091.2	557172.5
	组合预测值	129491.5	206921.4	282750.7	382556.4
旅客周转量 （亿人公里）	平均增长率法	7029.8	10030.1	14311.0	20419.0
	回归分析法	5070.2	6228.0	7385.8	8543.5
	指数平滑法	6390.4	7766.5	9142.5	10518.5
	灰色模型法	7105.3	10196.9	14633.7	20000.9
	组合预测值	6335.0	8329.0	10851.4	13880.4
货运量 （万吨）	平均增长率法	55135.4	59988.2	65268.1	71012.8
	回归分析法	65880.0	69937.9	73995.0	78052.3
	指数平滑法	46289.8	39744.7	33199.6	26654.4
	灰色模型法	58357.8	60901.1	63555.3	66325.1
	组合预测值	55531.3	55618.6	55797.6	56075.3
货运周转量 （亿吨公里）	平均增长率法	5463.9	5979.7	6544.2	7162.0
	回归分析法	6466.5	6948.8	7431.1	7913.4
	指数平滑法	4650.4	4110.3	3570.2	3030.2
	灰色模型法	5828.2	6203.7	6603.5	7028.9
	组合预测值	5520.9	5623.7	5739.8	5870.4

数据来源：https://www.timeshighereducation.com/world-university-rankings。

（3）水路运输需求预测

长江经济带贯穿我国东部和西部，东临东海和黄海，是世界上内河运输最繁忙的区域，且长江干线港口已形成由南京、武汉、重庆三个区域性枢纽港为中心、其他主要港口为骨架、地区重要港口为补充的内河港口体系。根据2000—2016年历史数据，利用平均增长率方法、时间序列回归分析法、指数平滑法、多元线性回归预测法,得出表 3-35 所示的预测值。水运作为一种资源与环境成本相对低廉的运输大通道,今后在统筹东中西区域协调发展、重点推进长江经济带建设的大环境中将发挥越来越重要的作用。

表 3-35　长江经济带水路客货需求总量预测

类别	预测方法	2020 年	2025 年	2030 年	2035 年
客运量 (万人)	平均增长率法	16941.8	18253.1	19665.8	21187.8
	回归分析法	14496.6	15696.0	16895.5	18094.9
	指数平滑法	16598.3	17393.5	18188.7	18984.0
	灰色模型法	17045.1	19004.6	21189.5	23625.5
	组合预测值	16236.1	17500.8	18837.2	20252.7
旅客周转量 (亿人公里)	平均增长率法	27.5	22.6	18.5	15.2
	回归分析法	23.8	16.3	6.8	4.8
	指数平滑法	28.6	24.0	19.4	14.8
	灰色模型法	26.6	22.9	19.7	16.9
	组合预测值	26.7	21.6	16.2	12.9
货运量 (万吨)	平均增长率法	631982.7	1073479.2	1823400.6	3097209.2
	回归分析法	393470.9	508279.2	623087.5	737895.8
	指数平滑法	455257.2	507255.7	559254.2	611252.6
	灰色模型法	658038.7	1157673.0	2011380.0	3470077.0
	组合预测值	517014.8	755049.4	1127865.9	1730513.0
货运周转量 (亿吨公里)	平均增长率法	66042.9	102419.6	151363.0	295742.1
	回归分析法	45239.0	57948.8	70658.7	83368.5
	指数平滑法	49190.3	55709.3	62228.2	68747.1
	灰色模型法	59641.7	93286.8	145911.8	228223.7
	组合预测值	53343.2	72670.1	98626.9	146320.9

(4)航空预测

航空运输是五种运输方式中最高效快捷的运输方式,其对土地资源占用较少、环境影响较小、技术含量较高、运输服务安全性高,是国内外地形复杂、长距离出行的主要运输方式。在全球化贸易体系下,长江经济带航空产业密集、航空物流发展迅速,国际航空枢纽集中。根据2011—2017年历史数据,利用平均增长率方法、时间序列回归分析法、指数平滑法、多元线性回归预测法,得出表3-36所示的预测值。

表3-36 长江经济带航空客货需求总量预测

类别	预测方法	2020年	2025年	2030年	2035年
旅客吞吐量 (万人)	平均增长率法	26786.0	48298.2	87087.0	157027.5
	回归分析法	23421.3	39784.1	79021.8	139732.5
	指数平滑法	31001.2	41010.7	90321.3	167243.6
	灰色模型法	28022.8	39968.0	89775.4	160521.7
	组合预测值	27307.8	42265.3	86551.4	156131.3
货邮吞吐量 (万吨)	平均增长率法	820.4	1018.9	1230.2	1428.0
	回归分析法	750	887	993.2	1120
	指数平滑法	797.2	934	1189.5	1321.7
	灰色模型法	804.5	1004	1250	1500
	组合预测值	793	961	1165.7	1342.4

(5)长江经济带综合运输未来发展趋势

长江经济带11省市因河流而诞生,文明随城市而勃兴,已拥有上千年的悠久历史。纵观国内外世界级的历史城市,都在大河之畔,因水而生、因水而兴,如尼罗河畔的开罗记录了伊斯兰教的兴起,底格里斯河畔的巴格达记录了世界上最古老的楔形文字,哈德逊河畔的纽约是世界第一经济中心,泰晤士河畔的伦敦是欧洲第一大城市等。它们与河流相生相伴、相互依存、相互守望、共生共荣,对全球的政治、经济有着控制力和影响力。长江流域位于北纬30度,有众多地球文明信息及奇妙的自然景观,是世界上最早的稻作农业区域,发达的水运带来了贸易的繁荣,成为中国与世界的黄金水道,未来长江经济带将有更好的发展。

交通基础设施建设加强，以满足人民美好生活的需求。由"交通强国""一带一路""长江流域不搞大开发"等一系列战略思想，长江经济带交通基础设施必定会逐年完善，综合国际交通枢纽的建设逐年增加，落实综合交通枢纽一体化换乘、高效运营管理。国家公路枢纽建设层次分明、辐射能力强的"公路港"，基本形成服务全国、面向国际的运输网络；铁路运输能力提升，高铁辐射范围更广，客运服务质量更佳，国际商贸和跨境电商发展势头迅猛，中欧国际货运班列服务高效；港口枢纽集群基本形成，打造具有影响力的专业化码头，航运交易所、船舶检验、船舶交易市场等综合信息服务设施基本建成；机场航空门户枢纽与高铁、城铁、地铁、长途客运等多种运输方式同站布置，配套建设转运中心；等等。未来长江经济带综合立体交通将满足人民日益增长对高质量服务业、高品质农产品、高端制造业的需求，调整运输方式结构，协调运输组织运营方式，打造高效绿色运输。

协调区域产业，推动交通运输业发展。自 2010 年起，长江经济带社会经济持续稳定增长、人口结构和空间分布发生重大变化、产业转型和消费升级成为趋势、区域协调及经济全球化融合发展等，这一系列变化为交通运输发展提供了发展动力。在未来设计产业的扶持力度增大，交通运输需求扩大，运输代理、保险、法律、仓储、理货等与运输相关的服务产业发展，进一步带动交通运输服务水平的提升。区域交通协调性均衡推动长距离的贸易往来、商务交往、旅游消费等，对运输的市场也将逐步扩大。

第十五章 以沿江四大航运中心为核心
打造综合立体交通枢纽

长江是货运量位居全球内河第一的黄金水道,航运中心是现代航运体系的核心支点,也是让黄金水道发挥黄金效益、推动长江经济带发展的重要支撑。发挥航运中心枢纽的优势,推进上海、武汉、重庆、南京四大航运中心建设,同时,积极推进其他地区全国性综合立体交通枢纽、区域性综合立体交通枢纽建设,领航长江经济带综合立体交通体系的建设。

一、打造综合立体交通体系核心支点

发挥黄金水道的优势,关键在于发展航运中心。以四大航运中心为重点,构建铁水公空一体化、内畅外联、高效便捷、互联互通的综合立体交通体系,实现长江经济带向东通江达海、向西连通国际陆路的大通道。

1. 积极发挥长江黄金水道航运功能

相较于其他运输方式,航运具有独特的比较优势,主要包括:一是运量大。长江上游集装箱船一般一次可以装载 300 个集装箱,武汉以下现在一次最多可承载 1140 个标准集装箱,滚装船一次可以装载超过 500 台成品车,大型顶推船的运力则是重载火车的 10 倍以上。二是投资省。按照国际惯例,整治航道每公里投资金额仅是公路建设的 1/10 左右。三是成本低。在各类交通运输方式中,航运成本是最低的。美国内河航运的运输成本为铁路的 1/4、公路的 1/15;德国为铁路的 1/3、公路的 1/5。尽管长江内河航道、港口船舶等主要技术装备比较落后,成本高于发达国家,但长江的航运成本依然要低于其他运输方式。四是污染少。从污染排放方面看,内河航运污染物单位排放量相当于公路的 1/15 和铁路的 1/12。

从国家的政策和发展导向上看,"提升长江黄金水道功能"是《国务院关于依托黄金水道推动长江经济带发展的指导意见》中提出的重点任务之一。2017 年 8 月,交通部印发《交通运输部关于推进长江经济带绿色航运发展的指导意见》,提出到 2020 年,初步建成航道网络有效衔接、港口布局科学合理、船舶装备节能环保、航运资源节约利用、运输组织先进高效的长江经济带绿色航运体系,航运科学发展、生态发展、集约发展的良好态势基本形成,在综合运输体系中的作用进一步提升,绿色航道、绿色港口、绿色船舶和绿色运输组织方式等重点领域进展显著。① 此外,在航运发展规划制定方面,《全国内河航道与港口布局规划》《长江干线航道发展规划》从优化港口和航道规划布局方面作出了安排;《长江干线京杭运河西江航运干线液化天然气加注码头布局方案(2017—2025 年)》《长江干线危险化学品船舶锚地布局方案(2016—2030 年)》从专项规划角度明确了绿色航运发展的重要领域;《"十三五"长江经济带港口多式联运建设实施方案》《"十三五"港口集疏运系统建设方案》从完善港口集疏运体系角度规划了绿色创建制度;《关于推进特定航线江海直达运输发展的意见》对国际海运、陆海联运、国际班列等联运服务模式的形成具有指导意义。这些都充分说明了黄金水道对推动长江经济带发展的重要性。协调性均衡发展理念也要求重视长江经济带的航运发展。从对区域经济的贡献上,长江航运可以大幅降低西部地区经济要素成本,加快西部大开发进程,东部可以得到腹地的资源和市场,中西部可以得到技术、资金、人才,以此促进东中西部联动发展以及区域性经济中心城市带动周边地区城市化发展。

尽管国家出台了大量的相关政策和规划,但目前长江经济带的航运发展还存在较大增长空间,区域内部发展不协调、不均衡的现象依然十分明显。从 2012—2017 年九省二市的货运量构成结构上看(见表 3-37),一方面,大部分

---

① 参见《交通运输部关于推进长江经济带绿色航运发展的指导意见》,中国政府网,2018 年,http://www.gov.cn/gongbao/content/2018/content_5254327.htm。

省市的水路货运量占比相较其他运输方式明显偏低,除上海、重庆外,其他省市水路货运占比在 2017 年甚至出现了下降;在绝对数值上,江西、四川、云南、贵州等地航运占比都在 10% 以内,可以认为这些省份的航运发展依然不充分。另一方面,公路运输则是绝大多数省份的主要运输途径,2017 年公路货运占比也都出现了不同程度的上升,其中江西、湖南、重庆、四川、云南和贵州占比均超过 80%,部分省市甚至超过 90%。这说明长江经济带内部交通运输方式发展并不协调,航运在多式联运发展中的重视程度仍然不足。从地区上来看,下游的上海、江苏和浙江三省在综合立体交通体系构建过程中结构明显优于长江经济带中上游的其他地区,航运货运量占比基本都在 30% 以上,与公路运输相互搭配较为合理。而中上游的其他地区,综合交通运输体系结构则明显过于单一,这也反映出长江经济带内部不同地区之间发展的不均衡问题。总体上看,不协调、不均衡的交通运输体系在长江经济带内部确实存在,这也反映出协调性均衡推动综合立体交通体系构建的及时性和必要性。

表 3-37 2012—2017 年长江经济带各省市货运量结构

省份	年度	货运量(万吨)				占比(%)			
		铁路	公路	水路	民航	铁路	公路	水路	民航
上海	2012	825	42911	50302	338	0.87	45.47	53.30	0.36
	2013	694	43809	46697	335	0.76	47.86	51.02	0.37
	2014	549	42848	46583	361	0.61	47.43	51.56	0.40
	2015	471	40627	49770	371	0.52	44.53	54.55	0.41
	2016	461	39055	48787	387	0.52	44.04	55.01	0.44
	2017	472	39743	56619	423	0.49	40.86	58.22	0.43
	2018	482	39595	66906	418	0.45	36.87	62.30	0.39
	2019	487	50656	69981	406	0.40	41.68	57.58	0.33

省份	年度	货运量（万吨）				占比（%）			
		铁路	公路	水路	民航	铁路	公路	水路	民航
江苏	2012	7223	153696	58639	6.7	3.29	70.00	26.71	0.00
	2013	6806	103709	70909	6.7	3.75	57.16	39.08	0.00
	2014	6090	114449	75328	7.1	3.11	58.43	38.46	0.00
	2015	5066	113351	80343	7.0	2.55	57.03	40.42	0.00
	2016	5335	117166	79314	7.6	2.64	58.05	39.30	0.00
	2017	5720	128915	85668	8.2	2.60	58.51	38.88	0.00
	2018	6171	139251	87735	7.7	2.65	59.72	37.63	0.00
	2019	7501	164578	90670	7.4	2.85	62.64	34.51	0.00
浙江	2012	3847	113393	73817	27.0	2.01	59.34	38.63	0.01
	2013	4037	107186	76662	30.0	2.15	57.04	40.80	0.02
	2014	3548	117070	74267	33.0	1.82	60.06	38.10	0.02
	2015	3332	122547	74797	35.0	1.66	61.06	37.27	0.02
	2016	3332	133999	77646	40.0	1.55	62.32	36.11	0.02
	2017	3513	151920	86513	47.0	1.45	62.78	35.75	0.02
	2018	4330	166533	98219	49.0	1.61	61.88	36.49	0.02
	2019	4450	177683	106878	53.0	1.54	61.47	36.97	0.02
安徽	2012	12263	259461	40716	2.0	3.92	83.04	13.03	0.00
	2013	11566	300093	100290	2.4	2.81	72.85	24.35	0.00
	2014	10488	315223	108587	2.4	2.41	72.58	25.00	0.00
	2015	10158	230649	104947	2.3	2.94	66.71	30.35	0.00
	2016	9244	244526	110776	2.4	2.54	67.08	30.39	0.00
	2017	8932	280471	114015	2.4	2.21	69.52	28.26	0.00
	2018	8066	283817	114877	/	/	/	/	/
	2019	7997	235269	124982	/	/	/	/	/

续表

省份	年度	货运量（万吨）				占比（%）			
		铁路	公路	水路	民航	铁路	公路	水路	民航
江西	2012	5384	113703	7931	1.5	4.24	89.52	6.24	0.00
	2013	5077	121279	8676	4.0	3.76	89.81	6.42	0.00
	2014	4821	137784	9162	5.7	3.18	90.78	6.04	0.00
	2015	3943	115436	10894	6.3	3.03	88.61	8.36	0.00
	2016	4296	122877	10889	6.3	3.11	89.00	7.89	0.00
	2017	4787	138074	11492	6.4	3.10	89.45	7.44	0.00
	2018	5155	157646	11484	9.0	2.96	90.45	6.59	0.01
	2019	5065	135554	10331	13.1	3.36	89.79	6.84	0.01
湖北	2012	9177	97136	19070	/	7.32	77.47	15.21	0.00
	2013	9010	108824	24408	/	6.33	76.51	17.16	0.00
	2014	7681	116280	30765	/	4.96	75.15	19.88	0.00
	2015	6579	115800	33968	/	4.21	74.07	21.73	0.00
	2016	6744	122654	35716	/	4.08	74.28	21.63	0.00
	2017	6981	147711	36144	/	3.66	77.40	18.94	0.00
	2018	4730	163145	36432	/	/	/	/	/
	2019	5480	143549	39105	/	/	/	/	/
湖南	2012	5331	166670	18705	5.8	2.80	87.39	9.81	0.00
	2013	4890	156268	23097	6.1	2.65	84.81	12.53	0.00
	2014	4495	172613	25687	6.2	2.22	85.11	12.67	0.00
	2015	4184	184831	25109	6.1	1.95	86.32	11.73	0.00
	2016	3925	178968	23445	6.4	1.90	86.73	11.36	0.00
	2017	4185	198806	22560	7.0	1.86	88.14	10.00	0.00
	2018	4468	204389	21101	8.1	1.94	88.88	9.18	0.00
	2019	4554	165096	20090	9.1	2.40	87.01	10.59	0.00

省份	年度	货运量（万吨）				占比（%）			
		铁路	公路	水路	民航	铁路	公路	水路	民航
重庆	2012	2241	95009	12874	11.9	2.03	86.27	11.69	0.01
	2013	2337	71842	12924	11.9	2.68	82.47	14.84	0.01
	2014	1952	81206	14117	12.3	2.01	83.47	14.51	0.01
	2015	1756	86931	15040	12.0	1.69	83.80	14.50	0.01
	2016	1789	89389	16649	13.0	1.66	82.89	15.44	0.01
	2017	1808	95019	18506	13.3	1.57	82.38	16.04	0.01
	2018	1967	107064	19460	38.4	1.53	83.30	15.14	0.03
	2019	1911	89965	21094	41.4	1.69	79.61	18.67	0.04
四川	2012	8793	158396	7160	37.0	5.04	90.83	4.11	0.02
	2013	8970	151689	7100	41.0	5.35	90.40	4.23	0.02
	2014	8541	142132	8361	45.0	5.37	89.35	5.26	0.03
	2015	7287	138622	8688	46.0	4.71	89.64	5.62	0.03
	2016	6794	146046	8131	49.0	4.22	90.70	5.05	0.03
	2017	6982	158190	7750	52.0	4.04	91.45	4.48	0.03
	2018	7199	173324	6862	64.0	3.84	92.46	3.66	0.03
	2019	7718	162668	6896	59.0	4.35	91.73	3.89	0.03
云南	2012	5031	63239	465	7.0	7.32	91.99	0.68	0.01
	2013	5146	98675	508	8.8	4.93	94.57	0.49	0.01
	2014	4823	103161	560	9.4	4.44	95.03	0.52	0.01
	2015	5108	101993	507	9.2	4.75	94.77	0.47	0.01
	2016	5372	109487	646	9.0	4.65	94.78	0.56	0.01
	2017	4568	124064	667	8.4	3.53	95.95	0.52	0.01
	2018	4661	135321	688	7.6	3.31	96.19	0.49	0.01
	2019	4886	117145	696	8.8	3.98	95.44	0.57	0.01

续表

省份	年度	货运量（万吨）				占比（%）			
		铁路	公路	水路	民航	铁路	公路	水路	民航
贵州	2012	6665	45000	1100	8.0	12.63	85.27	2.08	0.02
	2013	6458	65100	1142	7.8	8.88	89.54	1.57	0.01
	2014	6319	78017	1337	8.3	7.38	91.06	1.56	0.01
	2015	5736	77341	1463	9.0	6.78	91.48	1.73	0.01
	2016	5634	82237	1654	9.9	6.29	91.86	1.85	0.01
	2017	5278	89298	1665	10.7	5.48	92.79	1.73	0.01
	2018	5513	95354	1670	11.8	5.38	92.98	1.63	0.01
	2019	5523	76205	1674	12.7	6.62	91.36	2.01	0.02

数据来源：各省市统计年鉴。

2. 以枢纽建设推动综合立体交通体系构建

当前，以集聚和辐射为特征、以交通和城市为载体的枢纽经济，已经成为产业结构升级和城市能级提升的重要抓手。伴随着长江经济带发展战略的调整，大力发展枢纽经济，做大做强现代服务业，意味着人流、物流、信息流的充分交换，必然需要网络化、标准化、智能化的水运、铁路、公路、航空、管道、互联网六位一体的综合立体交通做支撑。[①] 长江经济带依托黄金水道大动脉，发展枢纽经济必然要重视航运中心的建设。发展航运枢纽经济，港口规模和运行管理水平是基础，高质量临港产业是关键，高水平融合平台是重要手段。2016年9月，《长江经济带发展规划纲要》（以下简称《纲要》）正式印发，《纲要》确立了长江经济带"一轴、两翼、三极、多点"的发展新格局，其中"一轴"就是指以长江黄金水道为依托，发挥上海、武汉、重庆的核心作用。《纲要》明确，发展现代航运服务，加快上海国际航运中心、武汉长江中游航运中心、重庆长江上游航运中心和南京区域性航运物流中心建设，积极培育高端航运服务业态，大力发展江海联运服务。近年来，长江经济带多个省市在航运建设上持

---

① 参见陈为忠：《建设综合立体交通体系 大力发展枢纽经济》，江苏智库网，2018年6月25日，http://www.jsthinktank.com/special/tdjscjjjdgzlfz/201806/t20180625_5479645.shtml 。

续发力,上海、武汉、重庆、南京四大航运中心瞄准自身短板,大力提升软实力,不断发展航运服务业,在各自区域都实现了长足发展、各展所长。同时,四大航运中心不是大路朝天、各走一边,而是彼此协调呼应、互为支撑,实现"龙头牵引""龙腰支撑""龙尾摆动"的协同、融合发展格局。推进上海、武汉、重庆、南京四大航运中心建设,大力发展枢纽经济,是引领长江水运发展、提升黄金水道功能的关键性举措,对推动长江经济带发展具有重要的战略意义。

因此,本研究提出,依托黄金水道,以上海、武汉、重庆、南京四大航运中心为枢纽,打造长江经济带综合立体交通体系。

二、综合立体交通枢纽建设的发展现状

近年来,长江经济带交通基础设施建设日新月异,路网规模持续扩大,结构布局不断改善,技术水平明显提升,运输能力大幅增强,初步形成了以长江黄金水道为依托,水路、铁路、公路、民航、管道等多种运输方式协同发展的综合立体交通体系。

然而,与长江经济带发展的实际需求相比,综合立体交通体系的构建仍然相对滞后。综合立体交通枢纽的发展对完善交通运输网络、提升运输效率和服务水平、降低全社会物流成本等具有重要作用,同时综合立体交通枢纽对其所依托的城市的发展也有巨大的带动作用,是城市对外交流的桥梁和纽带。因此,顺应长江经济带发展的客观需要,研究发挥重要节点城市支撑作用,科学系统地谋划综合立体交通枢纽的布局与建设,进一步提升综合交通枢纽的功能意义重大。

1. 总体建设现状

综合立体交通枢纽是整合铁路、公路、航空、内河航运、海港和运输管道为一体的海陆空协同枢纽体系,是衔接多种运输方式、辐射一定区域的客、货转运中心。2017 年 2 月,国务院印发的《"十三五"现代综合交通运输体系发展规划》(以下简称《发展规划》)明确提出,要构建横贯东西、纵贯南北、内畅外通的"十纵十横"综合运输大通道,强化中西部地区通道建设。上海、武汉、重庆的国际性综合交通枢纽,南京市的全国性综合交通枢纽定位决定了四市在

"十三五"乃至今后的更长时间内,要完善基础设施网络化布局,强化战略支撑作用,加快运输服务一体化建设,提升交通发展智能化水平,促进交通运输绿色发展,拓展交通运输新领域新业态。近年来,四市综合立体交通枢纽建设取得了明显的成效,交通运输基础设施建设也在逐年改善(见表 3-38),货物运输量、客运量、货物周转量总体上也呈上升势头(见表 3-39)。然而,不同地区之间也表现出了一定的差异性。近几年,上海市、南京市由于基础设施建设较为完善,铁路、内河航道、高速公路等里程数基本趋于稳定,而武汉和重庆则仍在持续建设中。货运量方面,上海、南京处于波动态势,武汉和重庆保持增长;客运量方面,重庆、南京近年来出现一定回落但已趋稳,而上海和武汉则一直处于上升之中。

表 3-38 2010—2017 年沪汉渝宁四市各交通运输方式营运里程数(公里)

里程 地区 年份	铁路运营里程				内河航道里程				高速公路里程			
	上海市	武汉市	重庆市	南京市	上海市	武汉市	重庆市	南京市	上海市	武汉市	重庆市	南京市
2010 年	414	3032	1396	1908	2110	8988	4331	630	775	3674	1861	480
2011 年	461	3355	1373	2348	2037	8988	4331	630	806	4006	1861	482
2012 年	457	3463	1452	2348	2074	8988	4331	630	806	4006	1909	507
2013 年	456	4794	1680	2554	2074	8988	4331	630	815	4333	2312	539
2014 年	456	4059	1781	2632	2073	9066	4331	630	825	5096	2401	568
2015 年	456	4062	1923	2679.2	2058	9066	4331	630	825	6204	2525	554
2016 年	465	4140	2231	2721.9	2058	9066	4472	630	825	6204	2818	555
2017 年	465	4211	2371	2770.5	2023	9066	4472	630	829	6252	3023	521

数据来源:各市历年统计年鉴。

表 3-39 2010—2017 年沪汉渝宁四市总运输量

运输量 地区 年份	货运量(万吨)				客运量(万人)				货物周转量(亿吨·公里)			
	上海市	武汉市	重庆市	南京市	上海市	武汉市	重庆市	南京市	上海市	武汉市	重庆市	南京市
2010 年	81023	40287.93	81385	34225	13456	22896.71	126804	39104	16173	2263.6	2010.40	3467.17
2011 年	93318	41804.45	96782	35737	13519	25743.22	141499	42289	20367	2644.18	2530.28	3947.37
2012 年	94376	43892.49	86398	41999	14547	27492.4	157800	46255	20427	2910.22	2648.06	4624.73
2013 年	91535	44528.75	87115	44052	15933	29621.69	66645	49407	17868	2555.96	2293.26	5080.46

续表

运输量 地区 年份	货运量(万吨)				客运量(万人)				货物周转量(亿吨·公里)			
	上海市	武汉市	重庆市	南京市	上海市	武汉市	重庆市	南京市	上海市	武汉市	重庆市	南京市
2014年	90341	48529.99	97287	31798	17560	27899.48	70056	15269	18691	3025.72	2588.87	5452.76
2015年	91239	48185.19	103739	29824	18571	27628.71	64164	15929	19553	2951.92	2706.34	2940.07
2016年	88689	49981.81	107840	31558	19564	29177.15	63402	16301	19376	3082.35	2964.77	2483.78
2017年	97257	57271.17	115346	35462	20855	29950.30	63298	16418.3	25058	3360.19	3370.76	3331.53

数据来源:各市历年统计年鉴。

2. 航运中心建设现状

2014年9月,《指导意见》提出,"建设上海、武汉、重庆三大航运中心,着力构建以三大航运中心为骨干的现代化长江港口体系"。航运中心的定位一方面为三市的航运发展带来了巨大的战略机遇,另一方面也为将其打造成综合立体交通枢纽埋下了伏笔。《发展规划》中也强调,要完善综合交通枢纽的空间布局,并将上海、武汉、重庆三市划入"国际性综合交通枢纽",将南京划入"全国性综合交通枢纽"行列,这一划分为将四大航运中心打造为综合立体交通枢纽提供了现实基础。南京是全国沿海主要港口和对外开放的一类口岸,是5万吨级海轮进江的终点和江苏省唯一跨江发展的港口,是长江流域国际性、多功能、综合型江海转运主枢纽港。四大航运中心的建设将引领长江经济带全域的航运发展,同时也为辐射域内其他地区航运的发展提供了可能。

航运中心是在港口高度发达的前提下,通过功能的拓展和延伸,与所在城市及城市群形成一体化的产物。其基本功能是港口和航运,但远远超出运输范畴,对贸易发展、产业布局和区域开发等都具有十分重要的支撑和带动作用。纵观伦敦、纽约、鹿特丹、新加坡、香港等世界主要航运中心的发展历程,其崛起、发展和变迁往往与经济、贸易、金融中心地位等相伴随,呈现相互支撑、相互促进的发展态势。

我国航运中心建设自提出之日起,既是水运发展的重要任务,更是区域发展战略的重要组成。上海、武汉、重庆分别是我国长江下游、中游、上游最大的开放港口和中心城市,自20世纪90年代以来,伴随着我国东部率先、西部开发、中部崛起等区域战略的推进,陆续启动了上海国际航运中心、重庆长江上游和武汉长江中游航运中心建设,并已经取得了重要进展。(见表3-40)2016年上海港货运量48786.73万吨、货物周转量19025.58亿吨公里、集装箱吞吐量3713.3万TEU,位居全球海港前列;重庆港、武汉新港货运量均超过1亿吨、货物吞吐量超过2亿吨,也是世界上规模较大的内河港口。三大航运中心已经成为腹地大宗物资和外贸运输最主要的承担者,为区域经济和对外贸易的高质量发展作出了十分重要的贡献。

表3-40　2010—2017年沪汉渝宁四大航运中心水路货运量

运输量 年份 \ 地区	货运量(万吨)				货物周转量(亿吨公里)				集装箱吞吐量(万TEU)			
	上海市	武汉市	重庆市	南京市	上海市	武汉市	重庆市	南京市	上海市	武汉市	重庆市	南京市
2010年	45407	9013	9660	11292	18626.4	810.28	1219.27	3222.08	2906.9	/	50.01	145.32
2011年	49389	9293.06	11762	14090	20005.2	1072.86	1557.67	3666.11	3173.9	71.2	62.06	184.24
2012年	50302	10351.73	12874	15090	20067.19	1303.94	1739.95	4329.67	3252.9	76	68.43	230.03
2013年	39726	10485.55	12924	16459	13965.47	887.87	1420.44	4768.44	3361.7	85.3	79.73	266.92
2014年	46583	12753.56	14117	17208	18320.1	1345.64	1631.33	5236.78	3528.5	100.5	89.66	276.46
2015年	49770	13099.71	15040	15188	19195.54	1357.68	1700.08	2646.84	3653.7	106.2	85.84	294.01
2016年	48786.73	14331.86	16648.49	13814	19025.58	1471.73	1876.1	2185.39	3713.3	113.3	96.87	308.39
2017年	56619.00	15292.25	18505.50	14840	24691.00	1603.22	2125.72	3001.82	4023.3	135.7	113.16	317

数据来源:四城市统计年鉴。

3. 四大枢纽建设现状

（1）上海

综合立体交通体系建设。近年来,上海市交通基础设施不断完善。国际航运中心建设取得重大突破,洋山深水港四期工程开工建设,虹桥、浦东两大机场建成4座航站楼、6条跑道。京沪高速铁路建成开通,形成上海站、上海南站、上海虹桥站三个铁路主客运站。交通综合管理水平显著提高。交通法制、体制、机制不断完善。交通信息化建设取得显著成效,建成市级交通综合信息平台。交通运输服务能力持续提升。上海国际航运枢纽港地位日益凸显,公共交通整体服务水平显著提升,轨道交通运输能力大幅提高,客运主体地位逐步体现,交通有力支撑了城市经济社会发展。

"十三五"期间,面对新的内外部环境,对上海综合立体交通枢纽的建设也完成了新的任务:"一带一路"国家战略的实施,使得上海市进一步提升了全球枢纽地位;"长江经济带"和长三角一体化进程加快,上海也进一步提升了区域综合运输能力;新型城镇化加快推进,要求进一步推动城乡统筹和紧凑发展;居民生活水平持续提高、新业态不断涌现,不断满足多元化的交通需求;资源、环境约束趋紧、生态环境建设要求日益提高,要求进一步提高交通综合统筹管理能力。

目前,上海市不断加快推进综合客运枢纽建设,优化综合客运枢纽布局,新建了综合客运枢纽各类设施,对已有衔接效率不高、功能不完善的设施进行改造;不断推进综合货运枢纽和物流园区建设,依托产业空间布局和对外运输通道网络,构建布局合理的货运场站体系,支持铁路集装箱中心站、物流园区发展,引导传统货运场站向货运枢纽型物流园区转型升级;进一步提升海空枢纽辐射能力,优化提升国际集装箱枢纽港功能,完善港口集疏运设施,加快推进内河高等级航道整治建设,巩固提升亚太航空枢纽港地位,加快航空物流业发展;推进长三角区域交通一体化,加快铁路对外通道和铁路枢纽建设,提高公路网络服务能力,推进长三角高等级航道网建设等。

航运中心建设方面,2016年8月,上海市发布《"十三五"时期上海国际航运中心建设规划》,提出深化上海国际航运中心建设:服务"一带一路"倡议和长江经济带发展,进一步完善物流集疏运体系,加强海运、航空物流基础服务,巩固上海海空枢纽港地位;服务全国港航业发展,以航运交易、航运金融、信息咨询、临空产业、"互联网+航运"等为抓手,优化服务,培育市场,提高高附加值航运服务的市场集聚度,基本形成现代航运服务中心;率先开展具有国际竞争力的航运制度创新和科技创新,优化航运发展环境,提升全球航运资源配置能力。

近年来,国际贸易持续低迷,全球经济复苏表现乏力,国内产业结构转型逐渐步入深水区。受内外部环境共同影响,上海港货物吞吐量连续3年呈现下降状态,但是2016年全年港口生产呈现逐季走强态势,2017年上半年彻底扭转了连续11个季度的下降态势,除内河吞吐量外,各项主要指标实现全面增长。2017年下半年,上海港也延续了上半年态势,保持总体平稳、健康持续发展的良好状态,货物吞吐量、集装箱吞吐量继续呈现小幅回升,保持小幅增长。

上海国际航运中心建设涉及领域广、产业跨度大、关联部门多。到2020年,上海要基本建成航运资源高度集聚、航运服务功能健全、航运市场环境优良、现代物流服务高效、具有全球航运资源配置能力的国际航运中心。主要从以下几方面重点任务着手:一是打造世界先进的海空枢纽港;二是优化完善枢纽港集疏运体系;三是促进航运绿色、安全、高效发展;四是全面提升现代航运服务能级;五是加强区域港航发展协同;六是加强航运中心建设保障。

(2)武汉

综合立体交通体系建设。近几年是武汉交通运输投资规模最大、发展速度最快、人民群众受益最多、综合交通枢纽地位上升最明显的几年,武汉交通运输发展迈入对接全国、联通世界的新阶段,为建设国家中心城市奠定了坚实基础,有力地支撑了全市经济社会持续健康发展。2019年5月,湖北省政府办公厅出台《湖北运输结构调整实施方案》,突出以"两江、五线、十节点"等重点区域为主战场,以推进大宗货物运输"公转铁、公转水"为主攻方向,大力推进实施"六大工程",减少公路运输量,增加铁路和水运运输量,加快建设现代综合交通运输体系,服务交通强国湖北示范区建设。根据该方案,武汉将配套实施铁路运能提升、水运升级、道路货运提质、多式联运提速、城市绿色配送、信息资源整合六大工程。到2020年,武汉作为中部地区重要的交通枢纽,货物运输结构将明显优化,铁路、水路承担的大宗货物运输量将显著提高,港口铁路集疏运量和集装箱多式联运量将大幅增长,重点区域运输结构调整也将取得突破性进展。

一是国际通达能力大幅提升。武汉天河机场成为我国中部地区国际航线最多、旅客吞吐量最大的国际机场。"中欧班列(武汉)"国际铁路货运班列开通并实现常态化运营,发货总量位居全国第二,回程货运量位居全国第一。近洋航线网络初具规模,"江海直达""泸汉台""东盟四国快班""日韩快班"等航线相继开通,阳逻港成为长江中游重要"出海口"。

二是综合交通枢纽功能日益显现。完成汉口火车站、武昌火车站、武汉天河机场国际航站楼改(扩)建和吴家山铁路集装箱中心站、阳逻港二期、杨春湖客运换乘中心等一批重点工程建设;开工建设武汉天河机场三期、机场交通中心、阳逻港三期、汉口北综合客运枢纽等一批重大项目,有力地提升了武汉国家综合交通枢纽地位。2019年3月,沿江高铁湖北段线路基本划定,武汉至合肥段作为通道的重要组成部分,与拟规划建设的宜昌至郑万铁路联络线、武汉至荆门铁路、合肥—南京—上海铁路等衔接。湖北也成为长江经济带中沿江铁路通过距离最长的省份,这对湖北特别是武汉的全国性综合交通枢纽地位提升无疑将起到重要的推动作用。

三是综合运输服务网络加快拓展。武汉近年来,航空航线通达国内外94个城市,旅客吞吐量重返中部地区第一;开通4条城市轨道交通,武汉迈入"高铁、城铁、地铁"三铁驰骋的新时代;武汉港口岸功能进一步提升,实施启运港退税政策,推动内外贸集装箱在汉中转,武汉港迈入世界内河集装箱港口"第一方阵";阳逻长江大桥竣工,机场第二通道、汉孝高速机场北连接线建成通车,"三环十五射"的高速公路主骨架基本形成。

目前,武汉市正积极建设航空客货双枢纽工程,着力推进国际门户枢纽机场建设,构建公铁联运的枢纽一体化换乘机制,同时推动大型货运机场与区域物流体系的有机结合,支持以货运功能为主的鄂州机场建设。在航空客货双枢纽方面,推进武汉、鄂州交通同城化发展,通过铁、水、公等多种运输方式与航空运输联系起来,共同支撑武汉国际综合交通枢纽地位。另外,武汉不断推进长江中游航运中心建设,充分发挥武汉在"一带一路"、长江经济带、中部崛起等战略中的核心带动作用,将武汉建设成依托航空、铁路和江海直达等运输方式,辐射全球的国际航运中心。武汉还正在打造以高铁为主的全国铁路路网中心,以及枢纽一体化衔接示范工程,建成高效衔接、站城融合的综合枢纽。

航运中心建设。武汉位于长江黄金水道与京广铁路交汇处,是我国中部地区的中心城市,也是长江中游吞吐量规模最大、水运市场最活跃、航运要素最密集的对外开放港口,在我国中部地区占有举足轻重的地位。2016年,集装箱吞吐量完成113.3万TEU,同比增长6.13%;汽车滚装完成64.44万辆,同比增长50.91%,货物吞吐量完成21287.33万吨,同比增长6.59%;固定资产投资完成299.04亿元,同比增长14.4%。2018年,武汉新港货物吞吐量突破1亿吨,其中集装箱吞吐量突破155万标箱,汽车滚装运输吞吐量96.42万辆。现在,湖北省水运80%以上的进出口货物和80%的集装箱运输通过武汉新港实现,该港已成为湖北武汉参与国内国际经济分工的重要窗口和咽喉。

2016 年 6 月,湖北省政府出台了《加快武汉长江中游航运中心建设的实施意见》,提出了加快建设长江中游"六中心、两体系",即综合交通运输中心、多式联运中心、高端航运服务中心、航运金融中心、对外开放中心、产业集聚中心、绿色航运体系和应急救助体系,把武汉长江中游航运中心打造成通江达海、辐射中部、面向全国,具有国际影响力的现代化、规范化内河智能航运中心,初步形成资源高度集聚、服务功能齐全、市场环境优良、现代物流便捷高效的内河航运体系,带动沿江经济带开放开发,为沿江产业优化布局和转型升级提供支撑。

2016 年以来,武汉定位于打造国际化长江中游航运中心,在基础设施建设、综合运输规模、集聚辐射能力、流域协同发展、产城带动和服务平台等方面都分别实现大跨越。据统计,5 年来,武汉新港港航基础设施投资从 50 多亿元增加到 200 多亿元,新建 11 个集装箱港口泊位,集装箱吞吐能力由 120 万标箱增至 300 万标箱,5 年增长 1.5 倍。同时,武汉航交所发展势头强劲,2016 年正式运营,首年交易额突破 10 亿元,2017 年完成交易额 35.8 亿元,实现 200% 的增幅;武汉新港空港综合保税区去年投入运营,4 个月共完成进出口总货值 4.69 亿美元;武汉电子口岸·国际贸易"单一窗口"智能通关服务系统成功上线;招商引资成果丰硕,LNG 产业链、港航岸电、港航装备监测和智能港航 4 大产业项目启动。

(3)重庆

综合立体交通体系建设。2017 年 6 月,重庆市提出构建智慧绿色高效的现代综合立体交通体系,着力打通对外出口大通道,促进重庆市全面融入国家战略;完善各功能区域交通网络,促进区域、城乡发展一体化;打造智慧交通,促进行业转型升级和治理能力现代化;发展绿色交通,促进交通运输生态绿色低碳发展;构建综合运输体系,促进交通降本增效和群众便捷出行。① 2019 年 4 月,重庆市交通强国示范区建设纲要及重庆市综合立体交通网规划(2021—2050 年)正式开始编制。重庆市综合立体交通枢纽建设取得了显著成效,到

---

① 参见《重庆:构建智慧绿色高效的现代综合立体交通体系》,中国路桥网,2017 年 6 月 15 日,http://www.chinahighway.com/news/2017/1114066.php。

2020 年基本建成西南地区综合交通枢纽。

一是建设铁路大通道提速。着力发展高速铁路,建设"米"字形高铁网和一批铁路干线及园区铁路专线,推进沿江货运铁路等重大项目前期工作,加强铁路客货枢纽建设,形成"三主两辅"客运枢纽格局和"1+15"铁路货运枢纽格局。在国际通达性方面,重庆在借力"渝新欧"铁路成为对欧开放前沿后,又将目光瞄准了南向东盟之路。作为中新(重庆)战略性互联互通示范项目的起点①,重庆将经广西北部湾形成通往新加坡的战略新通道。这一"南向通道"以重庆为运营中心,重庆和新加坡为枢纽,广西、贵州、甘肃等省份为重要节点,利用铁路、公路、水运、航空等多种运输方式打造国际陆海贸易通道。通道向北连接丝绸之路经济带,向南经广西与新加坡等东盟国家通过海运连接21 世纪海上丝绸之路,形成"一带一路"经中国西部地区的完整环线,具有助推"一带一路"建设、促进中国西部发展、加强中国与东盟合作的多重意义。

二是高速公路骨干通道建设加速。形成"三环十二射多连线"网络,实现"县县通高速",进一步丰富完善省际出口通道建设,助推与周边省市的联系互动。大力实施路网改造工程,形成"蛛网状"国省道网络。

三是机场布局得到完善。近年来,重庆市依托江北国际机场逐步构建形成了"一大四小"机场体系,建设完成了江北机场第三跑道,适时启动 T3B 航站楼、第四跑道前期工作,到 2020 年江北机场旅客吞吐能力超过 5000 万人次、货邮吞吐能力达到 110 万吨。

四是加快建设长江上游航运中心。构建以"一干两支四枢纽九重点"为骨架、以航运集聚区为支撑的内河航运体系,全面提高长江干线航道通行能力,力争解决三峡船闸瓶颈制约,构建铁、水联运港口物流枢纽,形成主城果园、江津珞璜、涪陵龙头和万州新田四大枢纽型港口,积极发展航运融资、保险、租赁、资金结算等高附加值航运服务业,提升航运发展品质。

航运中心建设。2017 年,重庆港务完成货物吞吐量 6096.4 万吨,集装箱吞吐量 113.2 万 TEU,商滚车吞吐量 39.9 万辆,重庆港正在成为全球物流供

---

① 参见《中新(重庆)战略性互联互通示范项目"国际陆海贸易新通道"建设情况》,商务部网站,2018 年 11 月 23 日,http://sg.mofcom.gov.cn/article/ztjx/zxhzqk/201811/201811028095-39.shtml。

应链的重要节点。重庆港是长江中上游吞吐量最大的亿吨大港,周边省市中转量占全市港口货物吞吐量的 40% 以上,全市 90% 以上的外贸货物运输通过水运完成。重庆港正努力辐射西南、西北和东部,并借助水、公、铁联运努力成为内陆国际物流枢纽。

2016 年 3 月,重庆市政府出台了《关于加快长江上游航运中心建设的实施意见》,提出建设长江上游航运中心的 10 项重点任务和 10 项支持政策,着眼辐射周边、服务流域,把重庆建设成为辐射国内、联通国际的长江上游中心港口城市,到 2020 年,全市将形成以"一干两支"航道体系和"四枢纽九重点"港口集群为构架、现代化船队为载体、航运服务集聚区为支撑的航运体系,建成"服务+辐射"型长江上游航运中心。

近年来,重庆全面提高航道整体通过能力,扩大航道的通达纵深,加快打造规模适度的现代化港口群,按照"港口、物流和产业"三结合原则,全力推进主城果园港等 5000 吨级大型化、专业化枢纽型港口建设,并全面启动港口集疏运通道建设。据统计,2017 年底,重庆水路货运量完成 1.85 亿吨,同比增长 11.1%;水路货物周转量占全市交通运输业货物周转量的六成;水路外贸进出口货物占重庆市国际物流总量的九成以上。①

多式联运的产生,得益于重庆果园港进港铁路专用线与主干线渝怀铁路相连,经团结村站,向西可直通中欧班列(重庆),面向我国西北及中亚、欧洲地区;向南可直通中新(重庆)战略性互联互通项目南向通道,面向我国南方沿海及东盟、南亚地区。2019 年底,国务院已批复同意重庆港水运口岸扩大开放果园港区。2017 年底,果园港服务长江经济带战略铁水联运示范工程已被列入国家第二批多式联运示范工程项目名单,2019 年底,国务院已批复同意重庆港水运口岸扩大开放果园港区,通过果园港进港铁路专用线与主干线渝怀铁路建设,铁水联运体系初步形成,重庆构建起向西可直通中欧班列(重庆)、面向中亚和欧洲地区,向南可直达中新(重庆)战略性互联互通项目南向通道、面向东盟、南亚地区的交通大通道。

---

① 参见《加快三大航运中心建设,服务长江经济带发展》,《中国水运》2018 年第 7 期。

（4）南京

综合立体交通体系建设。南京处于沪宁合杭甬发展带、扬子江城市群和宁宣黄生态发展带交汇点上，是长三角副中心城市。作为国家区域中心城市，南京高铁网"射"向全国 6 个方向，都市圈许多城市已嵌入高铁网。高速公路方面，开始谋划宁杭二通道、宁宣黄以及宁和接上南京绕越，形成以南京为中心的"两环、五射、六横、四纵"高速公路网。融入国家铁路网建设，策应联盟城市要求，南京都市圈迎来铁路大建设、大开发。铁路网将形成"米"字形，从目前的辐射 6 个方向再"伸四条手臂"，变为 10 个方向。目前，已建成铁路有京沪高铁、沪宁城际、宁杭城际、宁安城际、宁启铁路、京沪铁路、宁铜铁路等；规划铁路有南沿江城际、沪汉蓉高铁第二通道（北沿江）、宁淮城际、扬马城际、宁宣城际、宁镇城际、宁杭货运铁路等。火车站有南京站、南京南站、南京北站（已规划），是江苏唯一的环形铁路枢纽。空港建设方面，南京禄口国际机场为江苏两大枢纽机场之一。航运方面，南京港是国内最大的内河港口之一，吞吐量在江苏省内河港口中排名第二。公路方面，有纵五：连云港经南京至宜兴；纵六：徐州至溧阳；纵七：盐城至南京；横六：南京经泰州至启东；横七：南京经南通至启东；横八：沪宁高速公路；横九：溧水至太仓；横十：高淳至太仓；联三：南京二桥及接线；联六：南京至高淳等。

2018 年 9 月，《江苏省长江经济带综合立体交通运输走廊规划（2018—2035 年）》印发，提出确保 2020 年基本建成、2025 年全面建成"面向国际、承东启西、辐射南北、顺畅高效"的综合立体交通运输走廊。到 2035 年，综合交通运输体系率先基本实现现代化，服务和支撑江苏省长江经济带高质量发展。另外，《江苏省综合立体交通网布局规划（2021—2050 年）》编制工作正在筹备过程中。

航运中心建设。2017 年，南京港初步建成设施完善、功能齐备、服务优良的长江航运物流中心。港口货物吞吐量 2.5 亿吨，集装箱吞吐量 350 万标箱，水路货运量 2 亿吨，港口集装箱航线 83 条，南京市物流业增加值 700 亿元。2016 年底，长江 12.5 米深水航道上延通至南京，5 万吨级海轮可全天候直达南京，10 万吨级可乘潮通达南京，南京港具备 3.8 亿吨、700 万标箱的通过能力。按照南京长江航运物流中心"一带两区三节点"的总体布局，依托长江江海转运主枢纽港口,重点发展长江航运物流,加快推进龙潭国际综合物流集聚区、下关长江国际航运物流服务集聚区及西坝、七坝、滨江三大航运物流枢纽节点建设。项目总投资 429 亿元,2015—2017 年计划完成投资 175 亿元,打造现代化国际一流河港、便捷的综合交通集疏运体系、完善的交易集散分销配送体系、高效的航运服务支撑体系。重点加快推进基础设施建设、打造航运物流市场、提升国际竞争能力、培育港航产业集群、优化港航发展环境。2019 年 5 月 20 日,经过一年的试运行,长江南京以下 12.5 米深水航道二期工程顺利通过验收,进入正式运行阶段。这标志着历经 8 年努力,长江南京以下 12.5 米深水航道工程已完成全部建设任务,实现工程预期目标。

2018 年,南京 5 万吨级、10 万吨级、20 万吨级及以上船舶到港艘数分别是 2011 年的 2.9 倍、3.4 倍、4.9 倍,实载承运量分别是 2011 年的 4.0 倍、7.6 倍和 7.4 倍;江苏沿江港口完成货物吞吐量 17.8 亿吨,为 2011 年的 1.5 倍。

南京港目前的工作主要有:一是支持加快铁路骨干通道和疏港铁路建设,将宁合铁路作为货运专线,形成贯穿中国东、西、中三个经济带的货运通道,国铁路网直接进入龙潭、西坝等公用新港区,投资建设疏港铁路,实现铁水无缝衔接,发展至中亚的集装箱铁水联运业务,打造"宁新欧"国际集装箱班列品牌,构建长三角区域国际铁水联运新通道。二是支持南京港享受海港待遇,支持南京港与太仓港集装箱发展。

4. 部分其他节点城市枢纽建设情况

根据《长江经济带综合立体交通走廊规划(2014—2020)》相关内容,除了要打造上海、武汉、重庆以及南京等国际、国内各级航运中心和综合立体交通枢纽之外,对于长江经济带其他节点城市,也有相关的综合立体交通枢纽建设要求,如成都、杭州、长沙、贵阳、昆明、合肥、南昌等城市要建设全国性综合立体交通枢纽,南通、芜湖等城市要打造重要区域性综合立体交通枢纽等。这些城市近年来在交通运输方式、发展理念上都作出了符合自身发展实际的探索,也都取得了十分显著的实践成果。

(1)成都

成都根据自身情况,规划建设多向度对外战略通道,大力提升国际性综合交通枢纽能级,拓展立体交通走廊。2018 年,双流机场扩建工作基本完成,旅客吞吐量突破 5000 万人次,实现里程碑式跨越,成都由此成为我国内陆地区第四个、中西部地区首个旅客吞吐量跻身全球"5000 万俱乐部"的城市。此外,天府国际机场预计 2020 年也能够完成一期工程,届时成都将形成"两场一体化"运营格局,极大地释放发展空间,为成都融入"一带一路"建设、扩大对外开放增添新动能。成都也将是继北京、上海后中国内地第三个拥有双国际枢纽机场的城市。2019 年,成都还将着力提升铁路枢纽功能,推动成自高铁、成达万高铁开工建设,推动成贵铁路、成兰铁路加快建设,服务川藏铁路规划建设,提升铁路枢纽服务能力,建成火车西站补强客运设施。公路方面,成都将加快推进国家级高速公路枢纽建设,深化全域高速公路联网加密和瓶颈高速路扩容提能。

(2)杭州

杭州市提出要打造"多元便捷立体式综合交通体系"。杭州高铁"二纵一横"通道、沿海通道、沪昆通道全面建成,沪杭高铁、宁杭高铁、杭甬高铁、杭长高铁和亚洲最大的铁路客运枢纽之一的杭州东站相继迎客,杭州正式迈入"1小时交通圈"的高铁新时代。《杭州铁路枢纽规划》(2016—2030 年)获中国铁路总公司和浙江省人民政府联合批复。根据这份规划,远期杭州将有 11 条高铁线路和 6 座主要高铁客运站,通达 9 个方向,实现市域高铁全覆盖,从而形成"一轴两翼双十字双环六客站"的铁路枢纽总体布局。公路网络日趋完善,目前,杭州实现了各区、县(市)高速公路全覆盖,全市公路总里程接近 2万公里。内河水运全面升级,杭甬运河杭州段航道、富春江船闸扩建改造完成,兰江建德段、浦阳江萧山段、富春江桐庐段等航道等级也在稳步提升,京杭运河浙江段三级航道整治工程正在推进中,形成了以 500 吨级航道为骨干、干支结合的航道网。

(3)长沙

长沙是湖南省的经济、政治、文化中心,作为我国重要的交通枢纽,京广高铁、沪昆高铁等都在此交汇,多条高速公路汇聚,黄花机场旅客运输居中部前列,长株潭城际铁路、长沙磁浮快线、湘江长沙综合枢纽、长沙地铁网络、湘江新区综合交通枢纽、高速公路和干线公路路网建设等一批大块头、重量级的国家和省级项目的建成,使长沙在中部的区位优势更加凸显,交通优势更加强化。作为创建国家中心城市的重要部分,长沙市制定了《长沙建设国家交通物流中心三年行动计划(2018—2020年)》,规划了4个具体目标,即"三基五化":基本建成国际化航空枢纽、全国铁路枢纽、全国内河水运枢纽和全国公路运输枢纽"四大枢纽";基本建立布局合理、技术先进、便捷高效、绿色环保、安全有序的现代物流服务体系;基本实现交通与物流高度融合发展,互联网、大数据、云计算等应用更加广泛,运输效率持续提升,物流成本显著下降,多式联运的运输格局基本形成;推动交通物流一体化、集装化、网络化、社会化、智能化发展,初步形成"聚中部、通全国、联全球"的国家交通物流中心。

(4)贵阳

贵阳市出台了《贵阳市"十三五"综合交通枢纽规划》,明确了从2016—2030年贵阳市交通运输的发展体系。从现状来看,近年来贵阳交通领域大事件频出,一批交通新政和一系列交通基础设施的建成,极大地改变了城市的交通格局,大西南综合交通枢纽建设正在提速。铁路方面,川黔、湘黔、黔桂、贵昆四条铁路在贵阳形成西南地区铁路十字交叉,使得贵阳成为西南地区重要的铁路枢纽;公路方面,随着夏蓉高速公路、兰海高速公路复线、沪昆高速公路复线的建设,贵阳市逐渐确立了西南地区公路交通枢纽的重要交通地位,同时也带动了周边地区的基建进度;航空方面,贵州省已经形成了以龙洞堡机场为中心的"一干九支"总体格局,其中贵阳龙洞堡国际机场已经成为我国西南地区重要的航空枢纽;水运方面,贵阳市对航道进行了综合整治,重点开展了乌江干流航道规划与整治,积极推进南明河旅游梯级航运工程发展。

(5)昆明

昆明市近年来提出要推动综合交通国际枢纽建设,目前该项目已经纳入到云南省"十百千"重点项目中,并且也是国家发展改革委与昆明市政府共建枢纽示范城市的重点项目。昆明市综合交通国际枢纽建设项目主要由立体交通换乘枢纽中心、上盖综合开发、市政交通集散系统、城市候机厅和地下停车库等其他配套设施组成,通过以交通为导向的TOD开发模式建设现代化、立体式综合客运枢纽,一体衔接、综合服务、中转集散,显著提升了城市客运交通现代化水平。该项目还尝试采用了"BIM+项目管理"的智慧建设体系。2019年2月,昆明长水机场扩建设计工作基本完成,新总体规划中近期规划为到

2030 年年旅客吞吐量 1.2 亿万人次,成为国内领先的超大型综合交通枢纽。通过国际枢纽建设项目的典型示范作用,实现以点带面,加强顶层设计和标准规范制定,推动更多的交通基础设施以及市政工程项目在不同阶段引入智慧建设模式,全面提高基建品质,推动昆明市建筑业不断升级换挡。

（6）合肥

近年来,合肥市坚持水陆空立体衔接联动发展,围绕长江经济带综合立体交通走廊规划,坚持交通先行,以强化对外通达、促进城际对接、畅通城市交通为重点,加快现代交通体系建设,逐步形成了辐射全省、贯通全国、连接全球的综合性交通枢纽。目前,合肥陆续开展了出城口道路、8 条国省干线公路升级改造和环巢湖旅游公路建设,一级公路总里程增长 12 倍多,形成"4 纵 4 横 1 环"的高等级国省干线公路网,实现合肥经济圈城市 1 小时通达,处于全国省会城市先进水平。水运方面,积极实施"通江达海"战略,投资 26 亿元,完成巢湖、裕溪河复线船闸建设,实施合裕线航道、店埠河航道整治,建设合肥港综合码头、皖港码头和居巢港区一期工程,高等级航道和现代化港口正在加速形成。

（7）南昌

南昌位于沪昆、京九和银福三大综合运输通道交汇处,承担着全省国际及跨区域中长途客货运输中转、集散服务功能,是江西省等级最高、交通联系最密切、服务功能最完善、客流集散最密集的综合交通枢纽（节点城市）。根据《江西省"十三五"综合交通运输体系发展规划》,南昌市建成南昌南外环高速公路、南昌综合客运枢纽站、南昌西综合客运枢纽站、南昌昌北国际机场综合客运枢纽站等;加快南昌昌北国际机场 T1 航站楼改造,适时启动 T3 航站楼建设。建成南昌综合运输枢纽公路物流园区、青云谱综合物流中心和向塘、乐化货运枢纽站等,加快南昌港港口设施和集疏运体系、综合枢纽建设,推进与九江港的联动发展,其发展目标就是把南昌打造成为国际性综合交通枢纽。

（8）南通

南通地处长江口北岸,与上海隔江相望。南通港历来是长江流域内外贸货物的中转基地,现建有 10 万吨级以上泊位 29 个,与世界上 100 多个国家和地区的300多个港口通航，目前70%的货物吞吐量为长江中上游转运。近年来，围绕建设上海"北大门"战略定位，南通市通过强化以高速公路为核心的公路网络建设，加密过江通道建设，推进轨道交通网络建设以及加速交通运输方式和用能结构转型等手段，南通着力推动长江经济带重要综合交通枢纽建设。一是强化以高速公路为核心的公路网络建设；二是加密过江通道；三是推进轨道交通；四是加速交通转型。2017年，大交通项目完成年度投资超过百亿元。在新时期，南通正以实施北沿江高铁、南通新机场和通州湾新出海口等"三大战略工程"为抓手，着力打造上海国际综合交通枢纽的"新功能区"。2019年7月，南通通州湾港口建设指挥部、南通新机场（枢纽）建设指挥部双双揭牌，标志着备受关注的通州湾江苏新出海口、南通新机场建设进入实质性实施阶段，"长三角北翼交通枢纽"的目标渐行渐近。

（9）芜湖

近年来芜湖城市交通建设飞速发展，立体化的城市道路交通网络格局正在快速形成，随着长三角一体化的推进，芜湖将逐渐联通全国，基本建成全国综合交通枢纽。公路建设方面，芜合、芜马、芜宣高速公路正在改扩建，芜黄高速已全面施工。一级公路、农村公路分别建设341公里、396公里，公路客货运周转量增长4%；水运方面，组织实施《芜湖市"十三五"水运发展规划》和《芜湖港外贸物流集疏运体系详细规划》，推进芜湖港与上海港的深度合作，促进与长江中上游港口以及郑蒲港、合肥港等周边港口的合作共赢。2018年水运投资2.5亿元，完成港口吞吐量1.2亿吨，集装箱76万标箱。航空方面，芜宣机场2018年8月开工建设，2021年4月正式通航。

三、综合立体交通枢纽建设的主要问题

尽管上海、武汉、重庆三市均被评为国家航运中心和国际性综合交通枢纽，南京被评为区域性航运中心和全国性综合交通枢纽，但由于四市的经济社会发展水平存在明显差异，导致在构建综合立体交通枢纽的过程中，不同地区面对的困难和问题也有所不同。具体而言，四市面临的主要问题如下：

1. 上海

上海对外辐射能力与国家战略要求尚有差距,海空枢纽多式联运和区域通道联系水平仍待改善;轨道交通高峰拥挤严重,地面公交吸引力低、换乘不便,公共交通整体服务水平和可靠性尚需提高;道(公)路系统功能和结构不尽合理,路网局部连通性不强,交通需求管理政策突破力度不足,道路拥堵形势依然严峻;综合交通节能减排技术和水平不高,资源环境承载力面临巨大压力;综合管理水平有待提升,信息化、市场化、科技化等手段的应用还不充分,交通运行秩序需要改善。

2. 武汉

一是综合交通发展的短板问题依然突出,水运主通道亟待畅通,高铁、城铁覆盖面亟须扩大,与打造国际性综合交通枢纽和全面建成小康社会的要求不相适应;二是综合交通体系不尽完善,铁路、水运比较优势未能充分发挥,综合交通枢纽及集疏运体系建设仍需加强,各种运输方式之间、城市与城乡、城际交通之间衔接不畅,与区域、城乡及综合交通一体化发展要求不相适应;三是开放型运输通道亟须构建,国际航线覆盖范围偏小,国际陆路货运通道尚处于起步试点阶段,主要对外运输通道能力明显不足,与湖北省实施开放先导战略的要求不相适应;四是交通运输服务水平有待提高,运输组织模式和运输管理手段创新不够,局部时空上交通拥堵日趋严重,"最后一公里"问题亟待解决,旅客联程联运、货物多式联运等高品质运输亟须加快,与新时期多样化的客货运输需求不相适应;五是行业可持续发展能力有待提升,能源、土地及岸线资源日趋紧张,环境压力不断加大,交通安全形势依然严峻,交通建养资金压力日益突出,综合交通运输发展的体制机制障碍仍然存在,与推进行业智慧绿色平安发展和治理能力现代化的要求不相适应。

3. 重庆

一是港口与铁路、公路的集疏运衔接不畅,吞吐能力受限;二是发展水平总体不强,公路、铁路综合密度,民航机场吞吐能力排名与城市地位不相符;三是三峡枢纽通过能力不足,城市群内主要组团缺乏快速联系,城市交通拥堵日益严重等若干瓶颈问题约束明显;四是城乡差异明显,新型城镇化任务重,由此带来的交通运输保障能力需要进一步加强。

4. 南京

一是面向国际、服务区域的综合立体交通走廊有待强化,支撑枢纽型经济发展的综合交通网络还需提质增效,铁路枢纽地位面临区域竞合的更高挑战,国际海运和国际航空网络亟须拓展加密,枢纽集疏运体系仍待完善;二是综合运输服务能力和品质还不能完全满足人民群众多样化出行需求和产业转型升级需要,效率和成本问题依然存在,以公共交通为导向的发展理念仍需继续强化,多样化高品质服务有待进一步提升,江海转运和铁水联运功能尚待完善;三是交通运输可持续发展能力有待进一步加强,资源环境承载对交通运输发展的刚性约束日趋明显,安全监管、资金筹措、节能减排和生态保护等方面压力依然较大,"互联网+"、大数据等应用背景下的智慧交通发展面临新的挑战,基础设施养护管理现代化水平仍需提升。交通环境污染治理措施有待加强,交通文明意识有待提高和普及。

四、打造综合立体交通枢纽的实现路径

按照"零距离换乘、无缝化衔接"要求,将上海、武汉、重庆三大航运中心打造为国际性综合立体交通枢纽,将南京打造为全国性综合立体交通枢纽。

1. 以航运中心建设为抓手,打造国际性综合立体交通枢纽,服务"一带一路"

2015 年 3 月,国家多部委联合发布《推动共建丝绸之路经济带和 21 世纪海上丝绸之路的愿景和行动》(以下简称《愿景和行动》),明确将上海、武汉和重庆定位为"一带一路"节点城市;《指导意见》中又将上海、武汉、重庆三市作为长江经济带三大航运中心;《发展规划》中再次把上海、武汉、重庆定位为国际性综合交通枢纽,南京定位为全国性综合交通枢纽。与此同时,这四市中上海获批为国际性城市,武汉和重庆获批为国家中心城市,南京入围国家中心城市名单。可以看出,上海、武汉、重庆、南京四市在多个领域的战略定位高度重叠,这与沪、鄂、渝、宁四市的地理位置、交通通达程度等因素是分不开的,也为打造长江经济带综合立体交通枢纽提供了重要的战略机遇。

国际性综合立体交通枢纽要以航运中心建设为切入点,完善综合交通网络,优化交通枢纽空间布局,构建与长江黄金水道对接的现代港航体系。同时

还要继续实施长江干支线航道等级提升工程,抓住国家实施重大航道整治机遇,打通长江经济带主要支流连通长江的出海通道,重点加快推进长江中游6米深水航道建设,提高万吨级船舶通航保障率。

"一带一路"建设中的设施联通主要就是指基础设施互联互通,设施联通是"一带一路"建设的优先领域,也是关键环节。为实现战略对接,四市要抓住交通基础设施的关键通道、关键节点和重点工程,优先打通缺失路段,畅通瓶颈路段,配套完善各项安全防护设施和交通管理设施设备,提升道路、航路通达水平。推进建立统一的全程运输协调机制,促进国际通关、换装、多式联运有机衔接,逐步形成兼容规范的运输规则,实现国际运输便利化。推动口岸基础设施建设,畅通陆水联运通道,推进港口合作建设,增加海上航线和班次,加强海上物流信息化合作。拓展建立民航全面合作的平台和机制,加快提升航空基础设施水平。

2. 优化基础设施空间布局,提升一体化服务水平,助力交通强国建设

建设交通强国,必须紧紧围绕建设现代化经济体系的要求,着力构建与交通强国相适应的框架体系。这一体系包括八个部分,第一部分就是构建综合交通基础设施网络体系。近年来,长江经济带多个省市都在申请成为交通强国建设试点城市和示范区,综合立体交通枢纽建设能够有效助力交通强国建设。

在基础设施空间布局方面,要以高速铁路、高速公路、高等级航道、民用航空、油气管道等为主体,构建服务品质高、运行速度快的综合交通骨干网络;以普速铁路、普通国道、港口等为主体,构建运行效率高、服务能力强的综合交通普通干线网络;以普通省道、农村公路、支线铁路、支线航道等为主体,通用航空为补充,构建覆盖空间大、通达程度深、惠及面广的综合交通基础服务网络。

在交通运输服务方面,要着力推动运输服务提质升级,按照"零距离换乘"要求,在上海、武汉、重庆、南京四市打造若干个开放式、立体化综合客运枢纽。科学规划城市综合客运枢纽布局,推进多种运输方式的相互融合,推动中转换乘信息互联共享和交通导向标识完善准确。分级构建综合客运枢纽体系:

一是形成以港口、机场、高铁为核心的国家级客运枢纽。充分发挥航空、港口在对外跨区域交通中的辐射功能,提升长江经济带国际性综合交通枢纽在国家交通网络中的枢纽地位与交通区位功能。

二是形成以城际铁路、高速公路为主导的城际级客运枢纽。城际级客运枢纽的服务对象主要是城市对外交通,主要依托火车站、公路长途客运站等。

三是形成以轨道交通、区间快速路为主体的组团级客运枢纽。组团级客运枢纽的服务对象主要是各个功能区、各组团之间的交通联系。

四是形成轨道交通、快速公交、常规公交等便捷换乘的城区级客运枢纽。城区级客运枢纽的服务对象主要是城区内以购物、通勤为目的的客流交通。

3. 将枢纽建设与城市群发展相结合,进一步提高区域综合运输能力

"十三五"时期,国家将深入推进长江经济带、长三角一体化、长江中游城市群、成渝城市群等发展战略。上海、南京作为长三角世界级城市群的核心城市,要更加主动地推进长三角地区的协同发展,着力打造服务长三角、辐射全国的综合立体交通枢纽,促进长三角和长江经济带整体发展,更好地支撑国家战略。武汉地处"一带一路"的联结地带,是长江经济带、长江中游城市群的核心区域,是贯彻落实和推进实施国家战略的重要节点城市。武汉交通体系要主动融入,以打造沿江综合立体交通枢纽为重点,加快构建与长江中游城市群、全国各大经济区及"一带一路"沿线重要国家高效衔接、互联互通的开放型综合运输大通道,为湖北打造内陆开放新高地提供有力支撑。重庆是"一带一路"、长江上游地区重要节点城市和成渝城市群的核心城市。要全面加强部市合作,加快推进重庆现代综合交通运输发展再上新台阶。要进一步深化交通运输供给侧结构性改革,着力降成本、补短板、强服务;要加快完善综合交通运输体制机制,更好地统筹铁路、公路、水路、民航的发展,在成渝城市群中发挥引领带头作用。

完善长江三角洲城市群交通一体化,打造以上海为中心,南京、杭州、合肥为副中心,城际铁路为主通道的"多三角、放射状"城际交通网络。扩大长江中游城市群城际交通网络,建设以武汉、长沙、南昌为中心,快速铁路为主通道的"三角形"城际交通网;建设以武汉为中心,连通黄石、鄂州、咸宁、宜昌、荆州、荆门、潜江、仙桃、天门、孝感、黄冈等城市的放射状城际交通网。构建成渝城市群城际交通网络,打造以重庆、成都为中心的城际交通网络,建设以重庆至成都铁路客运专线为主通道的运输主轴,实现重庆、成都之间以及与周边城市之间 1—2 小时通达。

4. 完善集疏运体系，促进货运枢纽集约化，推进枢纽站场之间的有效衔接

货运枢纽集疏运体系既是城市对外交通的重要组成部分，也是城市对外交通与内部交通网络衔接和转换系统。按照无缝衔接要求，优化上海、武汉、重庆、南京四市货运枢纽布局，推进多式联运型和干支衔接型货运枢纽建设，加快推进一批铁路物流基地、港口物流枢纽、航空转运中心、快递物流园区等规划建设和设施改造，提升口岸枢纽货运服务功能。货运枢纽的规划应满足相关系统之间的联系和衔接，满足城市对外交通与城市交通之间的联系和衔接，增强货运枢纽的集聚和疏散功能。要充分考虑各要素在货运枢纽中的功能地位、相邻要素的空间衔接和功能衔接，减少枢纽系统设备重复利用或闲置，保证枢纽快速疏散与协调运转。支持铁路集装箱中心站、物流园区发展，引导传统货运场站向物流园区，尤其是向具有公共服务性质的货运枢纽型物流园区转型升级。

强化上海、武汉、重庆、南京四市内外交通衔接，推进城市主要站场枢纽之间直接连接，有序推进重要港区、物流园区等直通铁路，实施重要客运枢纽的轨道交通引入工程，基本实现利用城市轨道交通等骨干公交方式连接大中型高铁车站以及较高年吞吐量的机场。

5. 提高交通发展智能化水平，构建现代化综合立体交通信息平台

提升综合交通信息服务水平，打造智慧交通体系。面对公众出行信息需求，提供智慧出行服务，通过多种载体，提供涵盖公共交通、对外交通和道路交通的综合性、多层次信息服务。面对政府的智慧管理和决策，提升交通智能化管理能力，促进业务受理审批的流程整合和简化，创新行政服务模式，规范权力运行；推进云计算与大数据的运用，保障交通网络信息安全；完善交通信息采集和平台建设，建立公共交通信息平台，打造新一代交通信息基础网络。优化交通运行和管理控制，建立高效运转的管理控制系统，提升装备和运载工具智能化水平。健全智能决策支持与监管，完善交通决策支持系统，提高交通行政管理信息化水平。面对企业的智慧运营，以信息化促进传统行业转型的思维，实现交通系统有机整合、高效运行，实现跨平台的信息互通。

6. 促进交通运输低碳发展,推动长江经济带形成绿色交通走廊

推动节能低碳发展,优化交通运输结构,鼓励发展铁路、水运和城市公共交通等运输方式,优化发展航空、公路等运输方式。科学规划公交专用道,完善城市步行和自行车等慢行服务系统,积极探索合乘、拼车等共享交通发展。强化生态保护和污染防治,将生态环保理念贯穿交通基础设施规划、建设、运营和养护全过程。推进资源集约节约利用,统筹规划布局线路和枢纽设施,集约利用土地、线位、桥位、岸线等资源,采取有效措施减少耕地和基本农田占用,提高资源利用效率。

第十六章　协调性均衡推进长江经济带综合立体交通体系对策建议

"十二五"以来,长江经济带综合立体交通体系建设快速推进,但是在地区之间、城乡之间,不同领域、不同方式之间还存在很多不均衡、不协调的地方。因此,为了更好地促进长江经济带的高质量发展,就要在协调性均衡发展理论的指导下,贯彻落实协调发展理念,增强交通发展的整体性、全面性和包容性,促进交通运输各领域各方面协同配合、均衡一体发展。要补齐交通发展短板,加强各种运输方式的衔接和综合交通枢纽建设;进一步提升黄金水道功能,加快多式联运发展;建成安全便捷、绿色低碳的交通体系,加强对综合立体交通的高效管理,为建设交通强国打下坚实的基础。

一、完善综合立体交通体系建设

综合交通运输体系是现代交通运输业的重要标志。构建长江综合立体交通运输体系是长江经济带发展的重要支撑,是沿江经济社会发展到一定阶段的必然要求,有利于进一步发挥长江航运在国家战略中的主通道作用,有利于更进一步促进沿江产业发展。国际经验已经证明,一个成功的综合立体交通体系必须要建立在铁路、公路、水运、航空等多个交通体系之上,只有这样才能最大程度提高运输效率,降低运输成本,实现各种交通方式之间的相互补充。2017 年,长江经济带综合立体交通体系建设取得明显成效,铁路、公路、水运、邮政等业务量明显增长,区域高速公路网主通道中已经基本建成沪蓉、沪渝、沪昆、杭瑞 4 条主骨架高速公路。但中西部铁路密度低,多式联运未形成;省际间待贯通路段、高速公路重点项目建设、低等级路段升级改造、"四好农村路"、综合枢纽场站建设等有待进一步推进。

1. 加强规划引导、合理布局,适度超前建设综合立体交通体系

根据《长江经济带综合立体交通走廊规划(2014—2020 年)》的要求,要在强化铁路运输网络、优化公路运输网络、拓展航空运输网络、完善油气管道布局等方面入手,进一步完善长江经济带综合立体交通走廊。在此基础上,一要统筹规划、合理布局,形成层次分明、覆盖广泛、功能完善的综合交通网络,实现区域间高效畅通;二要优化结构,统筹水路、铁路、公路、民航和管道发展,以提高主要通道运输能力为重点,加快水路和铁路建设,提升设施技术等级水平,强化综合交通枢纽功能,充分发挥各种运输方式的比较优势和组合效率;三要适度超前,除了满足当前客货运输需求,还要考虑潜在需求,适当扩大运力余量,预留交通基础设施技术标准提升空间,发挥交通运输基础保障和先行引导作用。①

2. 补短板,实现综合立体交通体系高效畅通

2017 年出台的《长江经济带综合立体交通走廊重点突破工作方案》,旨在解决长江水道"瓶颈"和铁路"卡脖子"、公路"断头路"等问题。以此为契机,针对存在的突出问题,重点抓好以下几个方面的建设。

(1)适应客货运量不断增加的需求,进一步加大东西、南北向的高速公路和铁路客运专线等快速通道建设

长江经济带东西向公路、铁路运输能力不足;南北向通道能力有限;跨区域通道、国际通道连通不畅;尤其中西部地区、贫困地区和城市群交通更需要加快发展。因此,有必要继续加大包括东西向、南北向在内的高速公路及铁路客运专线等快速通道建设。要加快推进西部陆海新通道建设,立足于全方位构建通江达海、联通内外的通道体系,尽快实现铁路、公路、水运、航空和信息等基础设施对接联通。针对上中下游不同地区经济社会发展特点,要有所侧重。例如,中上游地区等欠发达地区要重点建设中心城市综合交通枢纽,提高

---

① 　王凌云:《长江综合立体交通走廊建设进入关键期》,《中国港口》2017 年第 5 期。

中心城市集聚和带动功能。同时,不断加大对老少边穷地区交通投资建设力度,形成多种形式的交通运输方式。特别是要改善四川九寨沟、云南香格里拉、湖北恩施州、湖南张家界等旅游胜地交通条件,通过促进旅游业的发展带动当地经济水平的提高。长三角等发达地区除了开工建设新路线,更要对不能满足需求的路线进行改扩建,提升其通过能力。要尽快消除省际待贯通路段,加快形成连通20万人口以上城市、重点经济区以及地级行政中心的区域高速公路网络。要不断完善农村交通基础设施,基本实现所有建制村通上沥青路、水泥路。

(2)加快中心城市轨道交通建设和大城市之间的城际铁路建设步伐

长江经济带城际铁路建设滞后,除了上海市,包括重庆、成都、武汉、南京在内的超大、特大城市轨道交通建设并不完善,不适应城镇化格局和城市群空间布局。要加快沿江省市城际交通网建设,形成以快速铁路、高速公路等为骨干的城际交通网,实现中心城市之间以及中心城市与周边城市之间1—2小时交通圈。

(3)快速发展航空运输业

继续完善航空运输网络建设,最终建成国际航空枢纽、国内航空枢纽以及干线机场完备的航空运输体系。除了进一步完善上海国际航空枢纽,重庆、成都、昆明、贵阳、长沙、武汉、南京、杭州等区域航空枢纽为核心的民用航空网建设外,还要进一步加强论证,在各省市新建一批中小型机场,满足其出行、旅游、对外交往的需要。地理位置较偏远但人口比较多的地区和旅游景点地区也要重点考虑,努力建成长江经济带上中下游机场群。要不断完善航线网络,提高主要城市间航班密度,建成发达的航空网络。

(4)加强对重大交通瓶颈问题的研究力度

针对长江经济带三峡过闸不畅,桥坝建设阻碍大型船舶通航等问题,国家交通部及各省市相关交通部门要加大研究力度,积极探索解决方案,推动桥坝建设与航道建设的协调与均衡。

3. 抓示范,支持交通强国试点省市建设

党的十九大将"交通强国"写入报告,标志着建设交通强国已经上升为国家战略。长江沿线省市积极响应,如贵州省提出全力推进交通强国建设西部试点工作,出台《贵州省推进交通强国西部试点建设工作方案(讨论稿)》,将构建"九大体系",打造交通强国西部试点;重庆在积极申请交通强国建设试点;《交通强国江苏方案》拟构建"八大体系"和打造"十大样板";上海市提出建设交通强国示范区;等等。国家要积极支持交通强国试点省市建设,建成长江经济带综合立体交通体系示范工程。

二、打造畅通、高效、平安、绿色黄金水道

构建长江经济带综合立体交通体系的关键是进一步打造长江黄金水道。长江水运运能大、成本低、能耗少,必须积极发挥这些优势,进一步治理长江干线航道系统,对下游航道整治浚深,积极缓解破除中上游瓶颈;支流通航条件要逐步改善;整合港口资源优化其功能布局,加强集疏运体系建设。

1. 全面推进长江干支流航道系统化治理

围绕"深下游、畅中游、延上游"目标,重点加强上游的重庆到宜宾段的航道整治和中游荆江河段的航道整治,在下游部分做好深度处理,以此提高长江干线航道的整体作用力。目前,长江干线航道治理中,随着荆江航道整治工程的完工,有效缓解了中游航道瓶颈问题,上游三级航道上延至宜宾,大船可实现远航。下游的长江南京以下12.5米深水航道也已经整治完成,长江出海口至南京可全程通航5万吨级及以上船舶。要利用航道自然水深条件和现代化信息技术,进一步推动其他重大航道整治工程实施进度。包括积极有序推进中游的蕲春水道航道整治工程、宜昌至昌门溪水道航道整治二期工程,下游的安庆二期、黑沙洲二期,上游的九龙坡至朝天门段航道整治工程,等等。

统筹推进支线航道建设。通支流亦是提升长江黄金水道的重要内容。要全力推进汉江、湘江、赣江、岷江、嘉陵江等长江较为主要的支流进行建设,积极推进大芦线航道、苏申外港线江苏段、京杭运河浙江段、长湖申线浙江段西延工程的建设。要推进长江支流与主流的有效衔接,实现干支流通,构建高级航道通达网络。探索修建沿江高铁等途径,破解三峡枢纽通过能力。

提高航道养护标准,推动实现规范化、智能化的航道建设、管理、养护手段,大力推动预防性、主动型管养模式发展,加强航道资源保护。

2. 进一步优化沿江港口布局

长江经济带具有等级差异的港口体系的初步形成极大促进了其腹地经济的发展,但依然存在港口布局不尽合理、岸线利用效率较低、岸线资源不足、港口企业竞争无序等问题。要进一步完善以上海国际航运中心、武汉长江中游航运中心、重庆长江上游航运中心以及南京区域性航运物流中心为龙头的各层级区域航运物流中心建设,根据经济社会发展要求不断完善港口功能,实现规模化、专业化、现代化发展。加强各港口之间的分工合作,大力发展现代航运服务业。不断推进集装箱、汽车滚装、大宗散货以及江海中转运输系统的完善。不断完善长江经济带主要港口的总体规划,充分考虑港口岸线和其他岸线的利用需求,以此确定港口岸线开发规模与开发强度。学习荷兰鹿特丹等港口发展经验,大力实施以港兴城、以城促港,推动长江经济带城市及城市群发展。

3. 进一步完善集运输体系建设,大力推广多式联运

增加集疏运体系建设。要根据《"十三五"港口集疏运系统建设方案》要求,大力推动长江经济带沿江公路与铁路建设,并与附近的港口进行连接,解决港口与其他运输方式的衔接,解决运输上的"最后一公里"。积极推进以沿江主要港口为中转的交通运输网建设,优化港口的运输能力,提高货物中转的效率与质量。进一步推进长江经济带沿江开发区、港口物流园区以及沿海开放区的通道建设,不断增大港口服务的辐射范围。

全面推动多式联运发展。多式联运能大大提高运输效率,节约运输成本。2018年3月,四川省第一大港泸州港的泸州进港铁路建成通车并直通港口堆场,成为全国内河第一个铁路直通的集装箱码头,东向、南向、西向开放大通道逐步形成。西向"泸蓉欧"班列开通,在四川省内实现长江水运和蓉欧快铁无缝连接,货物从泸州港装上列车,20天左右即可运到欧洲,比走水运可缩短15天以上;东向与上海、南京、武汉等港口分别开通"泸汉台""泸宁韩(日)"等数条江海联运近洋航线;南向有通至广东、广西的外贸铁海联运班列。2017年底,中游的阳逻港铁水联运一期工程实现了"航运向东入海、班列向西入欧"。要进一步完善公水联运、铁水联运、江海直达、江海转运以及干支直达等各类运输体系,不断提高长江经济带一体化通关水平,推动江海联动发展,通过对长江航运上中下游通航条件的不断改善,实现长江航运与全球航运之间的联通。例如,对西部陆海新通道要加强口岸、检验检疫等方面合作,深化多式联运,降低企业物流成本,提高通道通关效率;通过联手打造跨区域综合运营平台,探索陆上贸易规则与国际磋商机制,提高通道综合服务能力。目前,根据交通运输部出台的《深入推进长江经济带多式联运发展三年行动计划》,江海直达运输要重点发展长江干线及长三角地区至上海港洋山港区集装箱和长江干线及长三角地区至宁波舟山港干散货和集装箱;要逐步实现包括重庆、武汉、南京、宜昌等主要港口到上海港洋山港区集装箱的江海直达运输班轮化;要逐步形成以武汉、南京等长江干线主要港口为核心的铁水联运枢纽,实现与水水中转、中欧班列等运输模式的高效衔接;要依托浙赣、陇海等铁路通道,打造连云港—西安—乌鲁木齐、宁波—义乌等一批集装箱铁水联运品牌线路,实现班列化运行;等等。

目前,长江流域多式联运存在一些问题。包括大多数多式联运仍停留在运输分段的简单叠加而"联动"不足,运输组织在单证、调度、业务衔接等方面运营不畅等。要积极创新长江经济带多式联运发展模式,学习美国联邦汽车技术法规等经验,加强多式联运的标准及规范的构建与推广力度,在多式联运单证上进行统一,在程序、协调以及运费等方面加以支持,提高运输资源在地区与行业间的配置效率和集约利用。加强多式联运经营人的培养,加大企业对开拓多式联运业务的管理力度。同时,多式联运中转站建设需要大量资金,要学习德国等国经验,加大对多式联运中转站资金补助的力度。长江经济带目前已经有了多式联运发展的有效模式,可相互推广借鉴。例如,舟山专门成立江海联运服务中心,利用舟山通江达海的区位优势,解决江出海和海进江的问题,将重庆、武汉、南京等都串联起来。2017年为进一步深化船、港、货等企业之间的信息交流、业务合作,推进"船港货、水公铁、门到门"长江全程物流发展,武汉成立长江港航物流联盟全程物流专业委员会,显著增强了长江经济带重要港口、一般港口的多式联运功能。

三、建设流域智能化综合立体交通体系

智能化、信息化是构建现代化综合交通运输体系的客观要求,充分利用信息技术能够转变交通发展方式、优化交通运输结构。《长江经济带综合立体交通走廊规划》指出要"率先建成网络化、标准化、智能化的综合立体交通走廊"。经过多年的发展,长江经济带广覆盖、互联互通、业务协同的交通运输信息化体系已初具雏形,但不同地区、不同运输方式、不同业务间的信息化发展不平衡、不充分、不协调问题依然存在,信息化的整体水平和发展质量有待进一步提高。为加快建设智能化综合交通走廊,沿江各交通运输部门要主动作为,深化各项业务的信息化运用,提高长江航运、城市客运、公路运行等领域的智能效能,积极推动跨区域、跨部门、跨运输方式的信息共享和业务协同。

1. 提高交通运输行业科技创新能力

智慧交通必须依靠创新驱动。要不断完善交通行业重点科研平台布局和管理,切实推动协同创新,加强道路应急救援、长江黄金水道运输能力提升等关键技术的自主研发和联合攻关。加快大数据、云计算、物联网和北斗导航、高分遥感等技术在长江经济带智能交通建设中的应用,推进实现基础设施、载运工具等"可视、可测、可控"。

2. 发展"互联网+"交通运输

推进交通信息化建设,服务公众出行。重点实施"互联网+"便捷交通,推动 ETC、"一卡通"等出行信息服务系统建设,鼓励发展定制公交、网约车等"互联网+交通运输"新业态。积极引导高速公路不停车收费系统(ETC)和联网收费系统建设,实现长江经济带 ETC 联网。拓展高速公路交通广播网络覆盖范围,提高动态路况信息服务设施覆盖率。完善长江干线安全信息广播系统功能,推动船载信息终端的有效整合和综合利用。积极推进公路客运、水上旅游客运联网售票和电子客票系统建设,并推动长江流域跨省市客运售票联网;推动公路、铁路、水运、民航客运售票系统联程联网服务系统发展。①

加快推进"互联网+"高效物流,构建物流公共信息平台,推进多式联运信息互联互通。充分调动各种社会资源,以沿江主要港口为节点,推进物流公共信息服务平台建设,并推动区域性平台互联互通,实现多种运输方式联程联运。② 积极引导第三方物流平台健康发展,实现供应链上下游广大中小企业运力、线路货源等资源的汇聚整合。积极建设城市配送综合信息服务平台。推进沿江对外开放港口的交通电子口岸建设,并推动各地电子口岸与沿海地区电子口岸的互联。建立长江危化品运输动态跟踪系统、重点物资追踪管理系统等。

推动运输生产智能服务系统建设。例如,利用 GPS、EDI 等技术,提高港口生产和物流作业效率,升级改造长江引航系统。在综合客运枢纽推广使用生产调度和电子售票等系统。推动中心城市公共交通车辆运营调度管理系统建设,提高公交运营效率。完善铁路运输生产组织、运输调度指挥等系统。完善航空物流信息平台、机场离港系统等。③

3. 促进交通运行监测与保障体系信息化建设

加强长江数字航道建设,建成智能航道技术,实现航道智能养护、动态预警、联动管理以及融合服务的目标。加强长江电子巡航系统、船舶污染监测、各类船舶协同监管系统、治安防控平台建设。进一步完善突发事件应急救援指挥系统,建设长江经济带省级和中心城市运行监测与应急指挥系统,提高公路、铁路及民航应急救援反应和处置能力。④ 完善长江经济带交通基础设施、重点运输装备运行监测体系,加强跨区域路网、航道网运行信息联网。进一步发展城市智能交通体系,促进道路通行效率的提高。

————————

①　参见《交通运输信息化加快推进长江经济带发展》,中国道路运输网,2014 年 10 月,http:/www.chinarta.com/html/2014-10/20141024113410.htm。

②　参见李小鹏:《在全国交通运输工作会议上的讲话》,《交通财会》2017 年第 1 期。

③　参见《交通运输信息化加快推进长江经济带发展》,中国道路运输网,2014 年 10 月,http://www.chinarta.com/html/2014-10/20141024113410.htm。

④　参见黄成、吴传清:《长江经济带综合立体交通走廊绿色发展研究》,《区域经济评论》2018 年第 5 期。

四、建设流域绿色综合立体交通体系

实现长江经济带综合立体交通体系绿色发展,是新时代建设生态文明的基本要求,是转变交通运输发展方式的重要途径,对于长江经济带建设具有特别重要的意义。要坚决贯彻落实交通运输部《推进长江危险化学品运输安全保障体系建设工作方案》《船舶与港口污染防治专项行动实施方案》《交通运输部关于推进长江经济带绿色航运发展的指导意见》等文件要求,推动绿色交通发展。

1. 实施污染防治与生态修复保护

实施交通运输污染防治工程。加强长江等水域船舶污染排放控制。强化港口污染防治。强化营运货车污染排放的源头管控。实施船型标准化,对 20 年以上的内河航运船舶要坚决淘汰,对安全和环保性能差的船舶要继续引导淘汰或升级改造。目前,实施江海联运的船舶很多是由杂货船、散货船等海船改造而成,船型标准化程度低[①],污染排放能耗高,也要逐步加以淘汰,鼓励新能源船舶发展。实施交通基础设施生态保护工程。要推进绿色基础设施创建,实施交通廊道绿化行动,开展交通基础设施生态修复。构建绿色交通制度标准体系。加强长江岸线资源管理,促进长江岸线有序开发,开展沿江非法码头专项整治,促进资源节约集约利用。例如,江苏省加强岸线审批和管控工作,长江干流和主要支流岸线 1 公里范围内严禁新建危化码头;把原规划中的 72.6 公里港口岸线全部调整为引用水源岸线、旅游景观岸线以及城市生活岸线;在长江 12.5 米深水航道建设中明确生态红线区域不布置弃土场、取土场等。同时,江苏省以集约开发、综合利用的发展思路,积极推动内河航道包括水上服务区、景观、生态护岸、绿色等功能在内的综合性建设,与水利和城市建设以及交通项目深度融合,促进长江经济带江苏段交通生态绿色发展。另外,江苏省将港口、船舶、交通干线等污染防治工作作为建设绿色交通的重中之重,累计整治 118 个非法码头,关停 2 家、重组 1 家、升级 68 家危化品码头和

---

① 参见尹震、罗萍:《推进长江江海联运高质量发展》,《长江航运》2018 年第 4 期。

仓储企业,实现无砂石以外的货物过驳、无未经许可的船舶过驳、无水源地过驳的"三无"目标等。①

2. 优化交通运输结构与能源结构

进一步优化长江经济带运输结构,鼓励水运、铁路和城市公共交通进一步发展,促进航空、公路优化发展,以宜陆则陆、宜空则空、宜水则水为原则,实现交通运输结构性减排,充分发挥各种运输方式的比较优势。通过大力发展多式联运、共同配送以及甩挂运输等各种高效运输组织模式,不断提高综合运输的组合效率,推动货运绿色发展。

优化交通能源结构,在交通运输中大力推广新能源和清洁能源。善于利用新技术推动绿色交通关键技术取得突破,着重使用节能、低碳、环保的技术、工艺结构、材料等,切实提升交通运输装备能效水平和运输效率,实现资源节约循环利用。如进一步推动长江经济带各省市新能源汽车充电桩建设,大力宣传纯电动以及混合动力汽车的应用;在港口、机场等重点领域推进电能替代;加大液化天然气(LNG)船舶在水运行业中的推广力度;继续实施原油成品油码头油气回收工程。

3. 倡导绿色交通出行理念

提高长江经济带绿色交通治理能力。健全绿色交通法律、法规、政策和标准、评价制度体系,完善交通运输环境监测手段,推进新技术的研发,以政策引导和技术进步强化交通基础设施环境保护,以法治理念、法治方式建设绿色交通。依托各类网络等新型平台,大力宣传绿色交通理念,积极倡导绿色低碳环保出行。

推动客运绿色发展,加强各种客运运输方式的有效衔接和深度融合,实现乘客"零换乘"出行。大力推广公交优先战略,鼓励发展城市慢行交通系统,推进沿江有条件的地区实施农村客运班线公交化改造,让人民群众共享绿色交通的成果。倡导绿色交通发展理念,进一步提升交通企业和行业从业人员的节能环保意识和能力,更好地引导社会公众绿色出行,形成全社会共同参与

---

① 参见《江苏:共抓大保护 建好长江经济带交通走廊》,人民交通网,2018年4月26日,http://www.rmjtxw.com/news/df/31171.html。

的支持绿色交通发展的良好氛围。

五、建设流域综合立体交通高效管理体系

1. 坚持交通规划的引领作用

从全局出发,以全国交通规划为统领,按照《长江经济带综合立体交通走廊规划》总体要求,协调跨省市各交通设施建设标准,实现统一建设、多种运输方式协调发展。综合运输体系是现代交通运输业发展的基本方向和必然趋势。九省二市要以更宽的视野、更高的层次,审视所在区域交通发展水平,绝不能再就公路而公路,再就水运而水运,必须从方便旅客进出、群众出行和降低运输成本的角度出发,通盘考虑各种交通方式的对接,加紧研究综合立体运输体系建设思路,确保公路、水路、铁路、民航等基础设施项目统一规划、同步建设,促进公、铁、水、空各种运输方式优势互补、协调配合、科学组网,形成一个联网联运联动的运输整体。

2. 建立科学有效的管理体制

美国等国家通过一系列法案,不断优化对运输业的市场管制,对运输业的经营管制采取较为宽松的政策,鼓励拓展跨运输方式的联运。精简统一高效的管理机构,是长江经济带综合立体交通体系建设的重要保障。要继续深化改革民航、公路、铁路等各方面的体制,形成决策科学、合理分工、职权对等、执行高效、监督有力的管理体系;制定科学合理、符合实际的管理条例,保证决策、执行、监督协调发展,实现体系内的各个部门有序化运作。①

3. 建立各地区、各行业、各部门间的协调机制

长江经济带发展是全流域管理和发展的问题,涉及多方面、多部门和11省市。在大交通建设上,铁路、公路、港口、航道、岸线、水利、航空、管道等分别由不同部委机构管理,项目建设由不同省市具体实施,各管一段,导致省际之间、同省之间"最后一公里"问题严重,货物中转能力和效率低下。只有建立

---

① 参见张洁斐、李元:《构建"丝绸之路经济带"综合立体交通枢纽体系》,《中国市场》2015年第28期。

顺畅完善的协调机制,进行权责利的合理分配,解决各部门之间的矛盾,才能推动运输成本的降低和运输效率的提高。要打破行政区划界限和壁垒,统揽全局、统筹谋划,推进区域协调发展机制改革,调节各种运输方式之间的运能,推动基础设施和信息资源的共享,明确各个场站职能以及推动地区分工协作,进行设施资源的整合等,更好地促进资源的合理配置和利用。例如,江海联运是跨部门、跨区域的系统工程,需要加强区域协同发展。一要积极发挥长江经济带发展领导小组的作用,牵头组织国家发展改革委、海关总署、交通运输部等相关职能部门,搞好顶层设计,明确发展路径,制定好相关对策;二要完善江海联运省际协商合作机制,在推动江海联运跨区域航道港口设施的互联互通、加强信息沟通等方面发挥作用;三要用好重大合作平台,包括长江经济带航运联盟、舟山江海联运服务中心、上海长江集装箱江海联运综合服务平台、宁波舟山江海联运大数据中心和物流平台等,加大业务协同和合作,推动重大项目合作,实现业务全过程信息化,提升长江江海联运服务水平,拓展江海联运发展空间。

六、创新流域综合立体交通投融资体系

按照高质量发展的要求,着力改革长江经济带立体交通体系建设投融资体制机制,建立完善"政府主导、分级负责、多元筹资、规范高效"的投融资管理体制,构建投资、融资、建设、经营、偿债良性循环机制,促进交通运输持续健康发展。

1. 加快建立政府主导的交通建设投资体系

交通基础设施建设由于其巨大的外部效益,决定了基础设施建设必须由国家主导。要进一步完善长江经济带各级政府主导的交通运输基础设施公共财政保障制度。加强政府投资支持方式的创新,通过政府财政性资金的引导作用,鼓励采取资本金注入、财政贷款贴息、投资补助、先建后补、以奖代补等方式支持交通运输基础设施建设。

2. 拓宽交通建设项目市场融资渠道

基础设施建设成本巨大,单靠政府投入会给政府造成巨额的财政压力,应加快改革开放步伐,降低市场准入门槛,在稳定财政性融资基础上拓宽市场化融资渠道。要鼓励和引导各类社会资本进入交通运输领域,积极推广政府和社会资本合作(PPP)模式,大力吸引外资,采取外商独资和中外合资等多种方式投资交通设施建设、经营;建立跨省市、多主体的投融资机制;积极利用资本市场及银行、保险等金融机构的资金;引导航运、港口、铁路企业集中核心资源,以资本为纽带,通过合作、合资、参股、联合以及兼并等多种形式重组整合,发挥各自优势,来保证交通基础设施有充足的资金。

第四篇
协调性均衡推动长江经济带世界级产业集群发展

近年来,随着欧美主要发达国家"再工业化"战略的实施,制造业的新一轮国际分工争夺战愈演愈烈,重振制造业已成为各国广泛关注的焦点。为此,中国政府制定了《中国制造2025》,党的十九大报告更是明确指出,我国经济已由高速增长阶段转向高质量发展阶段,要贯彻新发展理念,建设现代化经济体系,促进我国产业迈向全球价值链中高端,培育若干世界级先进制造业集群。这是在新的国际国内环境下作出的全面提升中国制造业发展质量和水平的重大战略部署。作为世界上最大的内河产业带和制造业基地,长江经济带承担着提升我国制造业创新能力和国际竞争力的历史重任。而产业集群作为一种重要的地域经济组织现象和空间表现形态,在促进世界各国国际竞争力的提升和推动地区经济创新发展中都发挥着巨大的积极作用。

第十七章 产业集群和世界级产业集群

自 2013 年长江经济带区域发展上升为国家战略以来,中国政府先后出台了《关于依托黄金水道推动长江经济带发展的指导意见》(2014.9)《长江经济带创新驱动产业转型升级方案》(2016.3)《长江经济带发展规划纲要》(2016.3)等重要指导性文件,均指出:"打造世界级产业集群,使长江经济带成为生态保护与产业开发相协调、充分体现国家综合经济实力的内河经济带,是推动长江经济带发展的重要任务。"目前,长江经济带在新一代电子信息、高端装备制造、汽车、家电、纺织服装、新能源等产业领域已经形成了一批产品规模大、市场占有率高、经济效益优、发展前景好、具有一定国际影响力和竞争力的产业集群。但这些产业集群在整体创新能力等方面与发达国家相比仍存在较大差距,在传统产业集群优化提升和新兴产业集群培育发展等新旧动能转换方面尚面临着较大压力,同时在区际产业关联程度上亦存在着地域组织结构松散、彼此各自为政联系弱化等不协调、非均衡问题,从而直接影响其国际影响力和竞争力的整体提升。如何客观认识长江经济带产业集群的基本现状和发展环境状况,如何对标发达国家顶尖的世界级产业集群,构建一套能够精准刻画与综合反映世界级产业集群的各种核心特征的竞争力评价指标体系,并且从协调性均衡推动的分析视角出发,科学测度与客观评价长江经济带沿江11 省市主要产业集群的国际竞争力状况及其存在的主要瓶颈问题,这对优化长江经济带产业布局、促进区际产业分工协作、整体提升长江经济带乃至中国制造业在全球范围内的影响力与竞争力,都具有十分重要的理论价值和实践指导意义。

一、产业集群

1. 产业集群概念的由来与演进

关于产业集群(Industrial Cluster),威廉·配第曾在《政治算术》中提出了分工提高效率的思想,并且第一次提出产业集群的经济现象,认为制造业可由此提高生产水平。① 亚当·斯密在《国富论》中提到了"集群"的概念,将产业集群描述为一些以联合生产为目的而积聚在一起的中小企业。② 英国经济学家马歇尔继承了亚当·斯密对分工劳动的观点,相对系统地研究了产业集群的现象。他在《经济学原理》中将经济规模划分为两个类别:一类是外部规模经济,第二类则是内部规模经济。认为企业会因外部规模经济而产生企业、产业的集聚现象。③ 经济学家奥利弗·威廉姆森将产业集群定义为一种生产组织形式,具体指专业化的分工和众多可协作的企业聚集形成的组织。这种组织结构是存在于科层组织和市场组织之间的组织,它比市场组织更稳定,又比科层组织更灵活,所以此种组织是降低交易成本的一种有效组织形式。④

正式提出"产业集群"这一概念的是美国哈佛大学教授迈克尔·波特。他在《国家竞争优势》中,将产业集群定义为在某一领域内的相关工业及相关联合机构中(如大学、标准化机构等),那些既相互竞争又彼此合作的公司、供应商、服务商等,产业集中分布在某一地区的集聚现象。⑤ 罗森菲尔德认为,产业集群是为了共享专业化的基础设施和劳动力市场和服务,同时共同面对机遇、挑战和危机,从而建立积极的商业交易和对话的渠道,在地理上有界限而又集中的一些相似、相关的企业。他强调社会与企业之间的相互影响、相互协作和集群动态性的作用。⑥ 罗兰德和赫托格认为,为了获取新的互补的技

---

① 参见威廉·配第:《政治算术》,商务印书馆 2014 年版,第 23—25 页。
② 亚当·斯密:《国富论》,新世界出版社 2007 年版,第 42—46 页。
③ 阿尔弗雷德·马歇尔:《经济学原理》,华夏出版社 2005 年版,第 430—449 页。
④ 兰德尔·S.克罗茨纳、路易斯·普特曼:《企业的经济性质》,上海人民出版社 2015 年版,第 5—6 页。
⑤ 迈克尔·波特:《国家竞争优势》,华夏出版社 1988 年版,第 2 页。
⑥ 李莉:《中国产业集群发展研究》,天津古籍出版社 2007 年版,第 6—7 页。

术、从互补资产中和知识联盟中获益、提高学习效率、降低成本、克服市场壁垒、降低创新风险，将依赖性强的企业、知识生产机构、中介机构以及客户通过增值链联系成网络，这种网络就是集群①。

国内学者也从多个视角分析了产业集群的内涵。从区域的角度，曾忠禄、王缉慈、徐康宁均认为，产业集群是同处在一个特定产业领域的公司和关联的机构在地理区位上的集中，这些企业具有一定共性和互补性。② 从组织形式的角度，刘友金认为产业集群是一种创新组织，是基于专业化分工和协作的相关联中小企业通过地理集中产生了创新集聚效应，从而获得创新优势。③ 张辉认为产业集群是介于市场和等级制之间的一种新的空间经济组织，其发展的核心需以当地优势产业为中心。吴晓军认为产业集群是指联系密切的企业和相关机构在某一特定区域内柔性集聚，并形成集群企业间柔性的专业化分工、组成合作网络、并且融合城区内不断创新的空间组织体系。④ 唐锦铨提出现代产业集群不仅包括物理空间的产业集群还包含由全球化生产所带来的全球经济分工协作而产生的全球化产业集群，以及网络化和知识经济所形成的虚拟空间集群。⑤

综上所述，国内外学者分别从不同角度阐述了产业集群的特征，概括起来主要呈现四大特征：一是空间特征，产业集群集聚在某一地理空间内；二是产业特征，即集群内部中小企业往往围绕某一主导产业进行专业化分工、形成产业链；三是组织特征，产业集群是企业与市场相互作用的一种产物，是介于两者中间的一种产业组织；四是竞合特征，即集群内企业间竞争与合作关系，集群内相关企业或处于相同产业链环节的企业通过竞争提升产业效率，同时处于同一产业链上下游的企业通过相互合作促进成本降低，这两者都有助于提高产业集群的竞争力。

本研究认为，产业集群除了上述的一般特征外，其最本质的内涵应当是众

①　参见郑佳：《基于品牌群落演化的产业集群可持续发展理论模型与实证研究集群品牌培育视角》，浙江大学出版社 2013 年版，第 20—21 页。

②　参见王缉慈：《简论我国地方企业集群的研究意义》，《工业经济》2001 年第 11 期。

③　参见刘友金：《中小企业集群式创新》，中国经济出版社 2004 年版，第 23—26 页。

④　参见赵海东、吴晓军：《产业集群的阶段性演进》，《理论界》2006 年第 6 期。

⑤　参见唐锦铨：《产业集群企业知识积累浅析》，《中国经济与管理科学》2009 年第 5 期。

多的创新资源和创新要素在特定地域内的高度集聚,并且通过这些创新资源与要素的空间流动、聚类和重新组合,实现集群整体利益的自我增值、自身产业结构的优化升级和市场竞争优势的不断提升。而这种创新资源与创新活动的空间流动都是通过链式的链接(如产品链、产业链、供应链、价值链)和网络(地方生产网络、全球生产网络、社会文化网络)的方式实现的。因此,当今世界上所有的产业集群既是一个产业创新系统,也是一个产业网络系统,特定地域组织的网络性特征亦构成了所有产业集群的一个鲜明特征。综上所述,本研究认为,产业集群是由一群地理邻近、拥有共同利益且相互紧密联系的专业化企业及相关支撑机构共同组成的,具有鲜明的知识技术创新能力、地域网络结构特征和市场竞争优势,并且深刻根植于当地社会文化制度环境之中的地域生产综合体和产业创新集聚区。

2. 产业集群的一般特征

根据上述对产业集群概念形成与发展的阐述分析,并学习和借鉴现有的各类相关研究成果,本研究将产业集群的一般特征概括为六个方面。

(1)空间的集聚性

由地理临近性造成的相同企业及其相关机构的空间集聚,是产业集群最为显著的共同特征,其形成与发展的主要动力机制来源于三种正外部经济效应:一是外部规模经济效应,即企业利用地理的接近性,促使原本无法获得内部规模经济的单个企业通过相邻企业之间的外部合作获得规模经济。具体包括高度专业化的地方劳动力市场、大量廉价易得的中间产品,以及获取相关产品所涉及的先进技术和信息的便利性等。二是外部集约经济效应,即企业的空间集聚有利于减少运输成本,降低中间成本、交易成本和治污成本,共享公共设施和配套服务,以及减少信息失真和不确定风险等。三是知识溢出效应,即相邻企业之间知识、技术、信息等非正式、非市场化的交流学习,技术人员、管理人员、熟练技术工人等创新资源的频繁互动等,降低了企业创新活动内在的不确定性以及科学发现、技术发明和科技成果产业化、商业化的成本,有利于企业生产率的提高和集群整体创新产出和竞争力的提升。

(2)产业的关联性

产业集群内集聚在一起的众多企业和机构,通常都具有产前、产中、产后,前向、后向、侧向,产品、产业、商业,市场、经济、社会等各种错综复杂的密切联系,共同组成了一个互为依存、互相依赖、分工合作、共促发展的地域经济综合体和利益共同体(图4-1)。例如,集群内除了众多制造中间产品和最终产品的生产商外,还包括零部件、机器和服务等专业化投入的供应商和专业化设施的提供者。集群还经常向下延伸至销售渠道和客户,并从侧面扩展到辅助性产品的制造商,以及与技能或投入相关的产业公司。最后,许多集群还包括提供专业化培训、教育、信息研究和技术支持的政府和其他机构——例如大学、标准制定机构、智囊团、职业培训提供者和贸易联盟等。①。

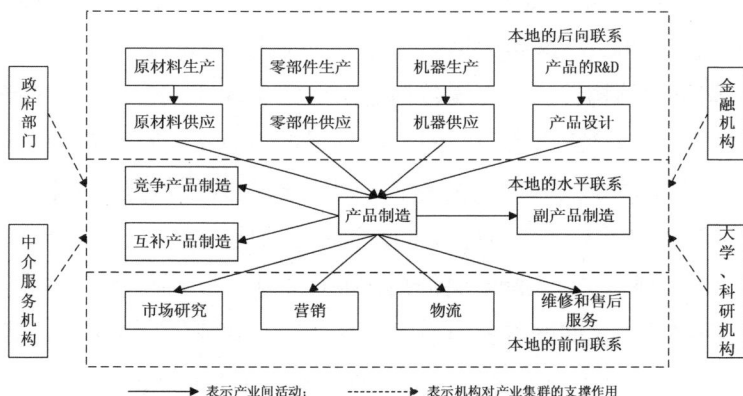

图4-1　产业集群基本结构及其关联性

资料来源:魏守华:《企业集群中的公共政策问题研究》,《当代经济科学》2001年第23期。

(3)功能的创新性

产业集群有别于一般地域经济系统的最大特征,就在于它既是一个生产系统,更是一个创新系统。产业集群的创新性,突出地表现在各种创新主体、创新资源和创新活动在集群内外广泛、频繁、悄无声息的产生、交流、传播、扩散,并且通过这种创新资源与创新活动的空间流动、配置和再创新,从自身的内在功能上确保了产业集群的形成及其动态的演进发展。具体可从三个层面

———————

① 参见马建会:《产业集群成长机理研究》,暨南大学出版社2004年版。

的知识共享与互动合作来寻求它的创新活动轨迹和创新发展主线：一是在创新个体(人)和创新资源(知识、技术、思想、专利等)层面上的交流学习,促进知识的消化吸收和传播扩散。二是具有良好的知识转移机制和转移通道,能加快技术知识传播,使企业学习新技术变得容易和低成本。三是集群内企业与集群内外其他创新主体之间的知识共享与互动合作,可以起到知识、技术、管理、制度之间综合、集成创新的功能和作用。

(4)结构的网络性

作为一种新的产业空间分布格局,产业集群内外各种行为主体的紧密关联和各种创新资源的空间流动,都是依托于网络的形式得以实现并不断增值的,都具有"节点"(如物质生产机构、知识生产机构、中介机构以及制度生产机构)和"交互式联结"这两大网络要素。① 因此,网络成了产业集群最显著的地域空间组织结构特征。它既包括有形资源空间流动形成的产品链、产业链、供应链等,又包括无形资源空间流动形成的信息链、价值链、创新链等;它既表现为纵向上基于投入产出的各种产业链条及其价值链条的链式结构关系,又表现为横向上基于不同行为主体之间劳动地域专业化分工形成的竞合与互动关系;它不仅是一种线形的产品链关系,更是一种非线形的创新链关系。各个网络节点之间既有各类物质关系包括物品、服务、资金以及劳动力之间的显性流动,又有人与人之间非正式的交流活动中的知识、信息等资源的隐形流动。

(5)市场的竞争性

根据波特的国家竞争理论,产业集群能够得以崛起和迅猛发展的根本原因和市场制胜法宝,就在于群内相互密切关联的企业和相关机构可以通过空间的高度集聚和创新活动的空间流动而产生一系列的增值过程和增值效应,从而不断提升集群及其群内企业的市场竞争优势和竞争力。具体包括:由集群的外部规模经济效应导致的规模报酬递增效应;由集群的创新活动和创新资源的空间流动而导致的(全要素)边际生产率递增效应;由群内企业之间生产、运输、交易成本的不断降低和集群内外部公共服务、配套设施、政策环境等

---

① 参见苏江明:《产业集群生态相研究》,复旦大学出版社 2004 年版。

的持续改善所导致的整体绩效持续增长效应；由产业集群的增长极效应引发的所在城市和区域产业结构升级、空间结构优化、创新资源与创新活动集聚的空间绩效放大效应；等等。

（6）社会的根植性

所谓产业集群的社会根植性，是指集群中的企业和行为主体多数具有相同或者相近的社会文化背景和制度环境，是集群对所在地区的一种归属性和参与性。因此，集群内的各种创新活动都是构建在所在国家和地区的社会结构之上及其不断创新的社会文化环境中的，其创新资源与创新活动的空间流动、配置、再创新的动态过程与其所在地的社会文化及制度环境之间存在着密切的互动关系，并且受到后者深刻的影响和约束。产业集群根植性的强弱与集群自身及其社会文化制度环境的稳定性和互动程度密切相关，具体可以表现为集群内的企业文化、企业家精神、企业与所在地政府及管理机构的政策互动，以及企业与所在社区的社会互动等。

3. 产业集群竞争力

（1）竞争力。"竞争力"的概念源自于竞争。达尔文在《物种起源》中最早提出竞争的概念，"物竞天择，适者生存"，这是他从生物进化的角度，对大自然生物之间通过竞争争夺生存资源而存活下来进行的精辟概括。之后"竞争"的概念被引用到社会学、管理学和经济学等学科，用于广泛描述个体、群体、组织之间为了生存和发展而进行的各项活动。在各类竞争中，凭借某种优势获得有利的结果，这种竞争优势就是参与方在比较中所体现出来的综合能力，即竞争力。

（2）产业竞争力。金碚认为，产业竞争力的实质就是一国特定产业相对于国外竞争对手的比较生产力[①]，内容上表现为具有更加有效的生产和销售产品，范围上表现为以全球舞台为终极目标。因此，产业层面的竞争力关注的焦点更集中表现在国际贸易方面，如进出口价格、数量和质量等方面。

（3）产业集群竞争力。国内外学者分别从要素、结构、能力等多个视角对产业集群竞争力进行了阐释。如波特、李勇、朱方伟等从要素视角出发，

---

① 参见金碚：《产业国际竞争力研究》，《经济研究》1996 年第 11 期。

强调质量导向,认为产业集群各因素的质量水平决定了产业集群竞争力的强弱。Linkages 和 Ahuja、Manuel 等从结构视角出发,认为产业集群竞争力是企业、集群、国家不同层面竞争力的综合,强调了产业集群的关系导向和产业集群竞争力由内到外、由低级到高级变化的动态过程。Lynn 和 Fulvia、张辉、Pekka 等从能力视角出发,强调产业集群的功能导向,即强化集群与环境的关系能力,引导内部资源的合理化配置和高效利用,优化集群的整体绩效等。

综上,本研究认为,世界级产业集群竞争力概念可以定义为:在全球市场竞争中能为产业集群的整体绩效带来实质性推力的强劲竞争优势。具体体现在五个方面:1)产业集群竞争力是一种自组织力。产业集群是一个社会经济系统,其竞争力来源于系统的自组织能力——内生发展动力。2)产业集群竞争力是一种协作力。作为一种柔性组织,产业集群竞争最大的特点是在协作中竞争,协同性产生了整体大于部分之和的力量。3)产业集群竞争力是一种耦合力。产业集群是经济、社会和文化在空间上的相互耦合。4)产业集群是一种集群创新力。集群内企业地理空间临近促使显性知识和隐形知识传播与扩散,通过创新网络,集群内部的知识溢出效应促进集群创新产出和生产效率的提高,形成持续的竞争优势。5)产业集群是一种品牌力。品牌时代已经使竞争从实体竞争转向品牌竞争。集群品牌是一个区域重要的无形资产,是区域参与国际竞争重要的因素之一。

二、世界级产业集群

1. 世界级产业集群概念

关于"世界级产业集群"(World-Class Clusters or WCCs),目前国内外学界尚未开展广泛的研究,对其概念认定和理论认知尚处于探讨与摸索的起步阶段。根据本研究对"中国知网"的检索,截至 2019 年 12 月 31 日,发现以"世界级产业(集)群"作为主题词的有效文献仅有 67 篇,为数不多。同时在 Web of knowledge 外文数据库网站中以"World-Class Clusters"为标题检索出来的相关文献只有 2 篇。根据欧盟委员会(2010)公布的《欧洲世界级产业集群发展白皮书》,认为世界级产业集群通常是指能够在世界级水平上促进企业创新、区域发展和提升国际竞争力的一种生态系统,国际竞争力主要指产业群在全球市场上提供产品和服务的能力。换言之,世界级产业集群是指对全球的技术创新、产品市场、经济发展具有影响力和控制力的产业集群。它需要具备三个方面的因素:一是集群特有的结构体系。包括研发水平、相关基础设施、教育质量、孵化器活力、区域吸引力以及创新激励机制等;二是集群主体。包括起决定作用的市场和技术领导者、集群主体的国际知名度和声誉、各主体的履约能力和积极参与程度、竞争者的参与程度以及国际合作等;三是集群管理,包括集群战略、集群管理服务专业化程度、集群管理的金融支持和员工杰出程度、大学和科研机构与集群主体的凝聚力、增加值以及集群国际化程度等。①

从国内学者的研究成果看,白洁认为世界级产业集群必须具备四种基本特征,即产业规模比重大、一流的领军能力、核心技术及创新能力和高效的专业化分工,并分析了湖北省在建设世界级产业集群中重点培育领域和产业选择标准,以及提出在长江经济带建设的背景下培养湖北省世界级产业集群的建议,主要是提升产业集群竞争力、优化产业集群的发展环境和优化长江中游的协同发展三个方面。② 盛毅等人按照世界级产业集群的进入门槛、竞争能力等标准对候选集群进行划分,并针对不同层次的产业集群制定适合的目标来引导其发展。③ 成长春和王曼围绕生态保护、协同创新、空间集聚、全球市场、流域特色等五个视角,制定了世界级产业集群的筛选标准。④ 张万强等分析了阻碍辽宁打造世界级装备制业基地的主要因素,认为企业做大做强并加强与生产性服务业的联动发展才能实现该目标。⑤ 刘志彪以制造业集群为

---

① Cf.*White Paper on the Emerging of European World-Class Clusters*,www.intercluster.eu,2010.

② 参见白洁:《长江经济带建设背景下湖北打造世界级产业集群的对策研究》,《湖北社会科学》2017 年第 7 期。

③ 参见盛毅、王玉林、樊利:《长江经济带世界级产业集群选择与评估》,《区域经济评论》2016 年第 4 期。

④ 参见成长春、王曼:《长江经济带世界级产业集群遴选研究》,《南通大学学报》(社会科学版)2016 年第 5 期。

⑤ 参见张万强、赵文增、邱克强:《辽宁打造世界级装备制造业基地路径分析》,《沈阳工业大学学报》(社会科学版)2011 年第 3 期。

例,指出集群企业的动态学习能力、集体行为能力和政府、社会公共部门的集体行动是培育世界级制造业集群的关键要素。[①] 张治栋、王亭亭基于全球价值链的角度分析了长江经济带世界级产业集群建设中的风险及化解途径,将风险分为外生性风险和内生性风险,又从企业层面和集群层面两个方向实施化解风险举措。[②]

借鉴上述研究成果,本研究认为,世界级产业集群的出现,是人类社会进入 21 世纪之后伴随着全球经济一体化进程和知识经济、信息技术在广度与深度上持续深化的产物,是新的时代背景下一般产业集群的升级版及其动态演进的高级阶段。本研究对世界级产业集群的定义是:世界级产业集群是指拥有全球视域和群内创新资源与创新活动流动、配置、再创新的全球空间,对全球的科技创新、产业升级、主流市场、空间网络结构和区域经济发展等具有影响力和控制力的产业集群。

2. 世界级产业集群的本质特征

本研究认为,作为产业集群中的一种类型,世界级产业集群与一般产业集群没有区别,都是指特定的"地域生产综合体"和"产业创新集聚区",其企业地理位置邻近、相互紧密联系、科技创新能力、地域网络结构、市场竞争优势和文化制度环境等方面的基本内涵及其经济社会属性都没有发生改变,其一般特征仍然可以概括为空间的集聚性、产业的关联性、功能的创新性、结构的网络性、市场的竞争性和社会的根植性等六个方面。但是,作为产业集群的升级版和动态演进的高级阶段,世界级产业集群相对于一般产业集群而言,在集群基本内涵的广度深度和一般特征的空间表征上都出现了质的飞跃。

从一般产业集群升级到世界级产业集群的动态演进过程上考察,两者的区别与联系主要体现为(见表4-1):

[①] 参见刘志彪:《攀升全球价值链与培育世界级先进制造业集群——学习十九大报告关于加快建设制造强国的体会》,《北京社会科学》2018 年第 1 期。

[②] 参见张治栋、王亭亭:《长江经济带世界级产业集群建设的风险及化解路径研究——基于全球价值链角度》,《产业经济》2018 年第 4 期。

表4-1 一般产业集群与世界级产业集群特征区别

特征	世界级产业集群	一般产业集群
空间集聚性	地理空间的邻近性走向与功能空间的分异性的集合;与区域和全球的带状、网状组团的集合	单一的地理空间的邻近;局地的点状、块状组团
产业关联性	制造业与以生产性服务业为主的现代服务业的融合发展	以实物、实体、实业为主的物理链式产业关联
功能创新性	多主体围绕共同的创新目标组成协同创新系统	单一主体开展的知识创新、技术创新、管理创新
结构网络性	地方生产网络与全球生产网络相互嵌入	地方生产网络
市场竞争性	全球市场并处于价值链高端环节,形成具有全球市场影响力和控制力的领先企业、核心技术、主流产品和标准体系;具体表现在企业层面是研发中心或专业化基地的集中	在地方市场、区域市场具有竞争力;具体空间表现为生产基地
社会根植性	经济行为主体向社会、生态行为主体拓展;企业文化中重视人与自然和谐共生的元素和理念;更加关注企业的社会责任和生态责任,力求实现企业经济效益、社会效益和生态效益的统一	单从企业文化、企业家精神、企业与地方政府的政策互动,以及企业与所在社区的社会互动关系

资料来源:根据相关资料自行整理。

一是地理空间邻近性与功能空间分异性的集合。在空间集聚性特征上,产业集群从过去单一的地理空间的邻近性走向与功能空间的分异性的集合,由局地的点状、块状组团走向与区域和全球的带状、网状组团的集合。集群的空间形态是一大批产业链上相关企业在特定空间的集聚。随着互联网的发展,特定空间这个对集群空间的约束条件是否还是必要条件有待进一步的讨论。本研究认为,产业集群空间集聚特征出现这一重大变化的主要原因,在于集群内以跨国公司为代表的行业龙头企业的全球战略所导致的全球生产网络的形成,以及集群所在的地方性生产网络与全球生产网络的相互"镶嵌"和"对接"。因此,全球市场生产网络的形成及其对各国地方性生产网络的嵌入与渗透,是造成世界级产业集群从微观的点状、块状组团走向中观、宏观的带状、网状组团的必要条件和根本原因。陈跃刚等认为,广域集群的空间边界很少由自然地理所限定,相反集群中企业及关联机构不一定在地理上彼此邻近,它强调的是企业及关联机构间的社会关系。[①] 世界级的集群所体现出来的空间临近与分异并存的特征打破了传统产业集群的特征。特别是随着交通基础设施如中国高铁的发展,信息网络的铺设,已经为世界级产业集群超越地理空间限制提供了有力的保障。对于东西绵延数千公里、范围达到205万平方公里的硕大时空尺度的长江经济带产业集群而言,其本质上是由地理上相互邻近的"三大两小"产业集群再集合而成的"巨型产业群落",亦可称其为"广域产业集群"。

二是物理链式产业关联转向网状产业关联。在产业关联性特征上,产业集群从以实物、实体、实业为主的物理链式产业关联,走向以"互联网+"为典型代表的、虚实结合的网状产业关联,由制造业为主的集群走向制造业与服务业和农业紧密关联、融合共生的全口径产业集群,并催生出一批介乎于传统三次产业之间新的产业业态。本研究认为,产业集群关联特征出现这一重大变化的主要原因,在于全球"产业升级"的演进过程对集群产业关联方式的深刻影响。一方面,由于全球产业升级过程中三次产业依次转换递进的内在规律,一大批以金融保险、现代物流、旅游会展、传媒动漫等为代表的现代服务业产业集群的涌现影响着创新资源和创新活动在集群内外的流动方式和联系方式。以"互联网+"为典型代表的、虚实结合的网状产业关联逐渐占据了主体地位。另一方面,在全球价值链的背景下,为了避免陷入"低端锁定"的困境,那些仍处于技术含量较低加工组装环节的地方性产业集群,就必须通过在全球价值链基础上平行构建国内价值链[②],开辟基于本土市场规模的技术创新第三条道路等策略,创新升级路径和关联方式,从而实现新的"价值链升级"的战略选择。此外,世界级产业集群还是联系区域化与全球化的重要纽带。除内部各行为主体之间频繁有序的创新互动以外,还要求集群网络的各节点不断与区域外的网络节点发生全方位、多层次的联结,寻找新的合作伙伴,开

---

① 参见陈跃刚、吴艳、高汝熹:《广域集群:世界级产业和企业的孵化器》,《经济问题探索》2008年第7期。

② 刘志彪:《中国贸易量增长与本土产业的升级——基于全球价值链的治理视角》,《学术月刊》2007年第2期。

辟新的市场,拓展生产创新空间,以获取远距离的知识和互补性资源,拓展国际市场。如世界各国先后提出的工业 4.0 改革措施,从产业内容来看,已由注重"单一发展"先进制造业转变为更加注重先进制造业与现代服务业的"融合发展"。"生产制造基地"不再是世界级先进制造业集群的代名词,"先进制造+现代服务"所构成的全产业链式的协同集聚成为是世界级先进制造产业集群的重要特征。

三是单一创新走向协同创新。在功能的创新性特征上,产业集群的创新范式发生了重大变化,从群内单一主体开展的知识创新、技术创新、管理创新,走向多主体围绕共同的创新目标组成协同创新系统,并依托协同创新平台,开展多主体、多领域、多因素共同协作、相互配合、追求协同效应的协同创新。其中,协同创新系统围绕产业集群的不同主体形成由知识创新、技术创新、创新服务和政策支撑、知识传播和应用等四个子系统组成的协同创新平台(如图 4-2);协同创新平台是有效整合与共享群内各种创新资源和创新支撑平台的一种综合集成的服务载体;协同创新过程是一个"沟通—协调—合作—协同"的过程,其主要形式就是产学研管之间围绕创新主体、创新资源和创新政策展开的协同创新;协同创新效应就是通过对群内各种创新资源和支撑平台的整合与共享,来降低创新成本和分散市场风险,实现"1+1>2"的整体效益。

四是地方生产网络与全球生产网络的深度、广度融合。在结构的网络性特征上,产业集群从地方性生产(贸易、创新)网络不断深度嵌入全球生产(贸易、创新)网络,日益成为全球生产(贸易、创新)网络节点。国外学者亨德森等将全球生产网络看作是由在空间上跨越国界的相互关联的节点组成的生产网络。随着信息和通信技术的发展,使得原本只在地方集群内才能进行的合作跨越很远的距离,因此传统的在产业区内运作的公司需要从产业区以外最方便的地点学习技术知识,并从基于集群的方法转向基于全球生产网络的方法重新组织知识联系。欠发达国家的企业通过参与全球价值链获得知识,如产品质量、交货时间、工艺效率、环境、劳动力和社会责任的标准等,从而提升自身的竞争力。在全球价值链分工体系下,散布全球各地的地方生产网络是全球生产网络的子网络,地方生产网络的培育和发展离不开与其他子网络的策略性互动。Turkina et al(图尔基那)等。整合地方生产网络和全球生产网

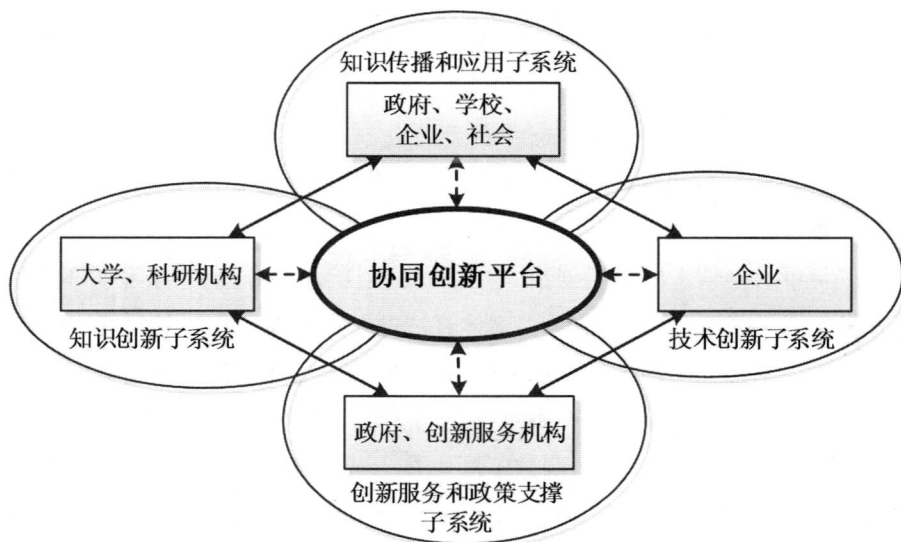

图4-2 世界级产业集群协同创新系统示意图

资料来源：成长春等：《长江经济带世界级产业集群战略研究》，上海人民出版社2018年版。

络视角，对北美和欧洲52个航空航天集群内外部的正式联系网络进行了考察，发现空间交易成本的减少导致地方集群越来越专业化于细分的价值链阶段，各个地方集群之间的联系也变得更为紧密，进而使得地方集群的发展更加依赖于全球生产网络动态变化。特别是在以大数据、云计算、高运转、智能化的现代网络技术快速发展的背景下，产业链、价值链、创新链三链融合，形成"全球创新网络（跨国公司主导）+知识创新网络（高校）+研发网络（研究机构主导）+产业创新网络（企业主导）"的集群创新网络新格局，是世界级产业集群最突出的特色（如图4-3）。

五是地方、区域市场走向全球市场。在市场的竞争性特征上，产业集群依靠群内跨国公司，从地方市场、区域市场逐步走向全球市场并处于价值链高端环节。随着信息技术的快速发展，在面对日益激烈的全球竞争形势，跨国公司凭借全球布局优势可以及时掌握市场信息，了解世界不同地区消费者的需求、竞争对手的变化，以此适时地开发新产品，减少新产品投入市场的时间。世界级产业集群的市场接近性有利于企业组织管理模式相近的竞争对手之间加强

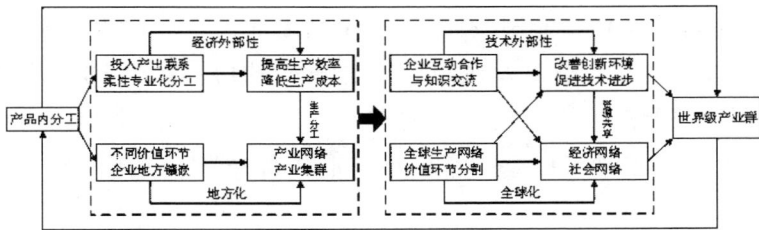

图4-3 世界级产业群形成过程

竞争与合作,进而降低成本,提升竞争力,营造出世界级企业、世界级品牌产品以及全球统一的行业标准体系。

六是经济行为主体向社会、生态行为主体拓展。在社会的根植性特征上,从行为主体来看,产业集群内企业不再仅仅是经济行为主体,而是不断向社会行为和生态行为主体拓展,不断凸显具有知识溢出和高生态效应的"双重正外部性"的"生态创新"成果①;企业文化中越来越多地注入了绿色、集约、低碳、环保、人与自然和谐共生的元素和理念;现代企业家精神中越来越体现出在追求企业经济目标的同时更加关注企业的社会责任和生态责任,力求实现企业经济效益、社会效益和生态效益的统一。

3. 关于世界级产业集群的进一步探讨

综上所述,世界级产业集群的出现,是人类社会进入21世纪之后伴随着全球经济一体化进程的持续深化和顺应全球创新活动、创新范式出现的一系列深刻变化的必然产物,是新时代背景下一般产业集群的升级版及其动态演进的高级阶段。本研究认为,与一般产业集群相比,世界级产业集群不仅同样拥有一般产业集群所具有的空间集聚性、产业关联性、功能创新性、结构网络性、市场竞争性、社会根植性等基本特征,而且在上述基本特征的广度深度和空间表征上都出现了质的飞跃。这种质的飞跃所表现出来的本质特征,还尤为突出地表现为以下两个方面。

一是世界级产业集群更加突出产业的"协同集聚"。这里的协同主要

---

① Cf.Rennings K.,Redefining Innovation-eco-innovation Research and the Contribution from Ecological Economics.*Ecological Economics*,2000,32(2).

不是指产业内部的协同,而是更加强调"跨界协同"。所谓"跨界",既包括"跨业",即制造业与非制造业,尤其是制造业与生产性服务业、传统产业业态与新兴产业业态以及政府与中介机构的协同;又包括"跨域",即两个不同地域乃至不同国度之间的产业协同,从而从经济学的研究视角诠释了"长江经济带可以是一个巨型产业集群(群落)"的非地理集聚性的原因。

二是世界级产业集群更加突出产业经济的"再平衡"问题,即包括经济领域的失衡现象和问题,也包括空间领域的失衡现象和问题。经济领域的失衡问题主要涉及实体经济与虚拟经济之间、制造业与服务业之间、市场供给与市场需求之间、新旧动能之间、市场主体与政府干预之间,以及"两高一剩"(高污染、高耗能和过剩产能)、"影子银行"(金融方面的系统性风险)、"地方债务"(地方过多干预经济发展)和"房地产泡沫"等方面;空间领域的失衡问题则主要涉及长江经济带各省市之间、上中下游地区之间、城乡之间、干流支流之间,以及产业经济发展与流域生态系统性风险管控之间和人与自然之间的不协调、不平衡问题。中国未来经济高质量发展的基本线索和重要路径是"经济再平衡"。在中央一再强调控经济风险的过程中,大力发展产业集群就是大力发展实体经济,以产业集群发展为着力点,既是促进产业结构优化、空间合理布局、避免脱实向虚风险最有力的措施,同时产业集群的极化与扩散效应可以使各地区之间从非均衡状态走向均衡状态。因此,产业集群以及关联产业在产业与空间两大层面的双向动态协调及其再平衡的过程,将是世界级产业集群保持持续竞争优势的主要动力机制,并构成"协调性均衡发展"的新内涵。本研究将基于我国经济高质量发展的新时代要求和世界级产业集群形成发展的一般性规律,结合长江经济带产业集群发生发展进程和产业群空间演变特征,探讨协调性均衡推进长江经济带世界级产业集群的目标和路径,设计了一套既能综合现有各类模式优点又能契合流域产业集群发展特点,促进产业集群内部与区际产业之间分工协作、优势互补、紧密联系的协调性均衡推动新模式。

三、国外世界级产业集群发展模式与启示

产业集群作为一种重要的地域经济组织现象和空间表现形式,在很大程度上影响着一个国家和地区的经济发展。那些处于顶端位置的产业集群,诸如美国的硅谷电子信息产业集群、印度的班加罗尔 IT 产业集群、日本的丰田汽车产业集群等,通常都被称为"世界级产业集群",被视为世界各国产业集群发展的标杆,并使得所在国家在相应的产业领域国际竞争中占据世界领军地位。

1. 电子信息产业集群:美国硅谷、印度班加罗尔

(1)引领全球高科技创新发展的美国硅谷

硅谷地处美国加利福亚州北部、旧金山湾区南部。根据 2018 年硅谷指数报告,硅谷包括旧金山湾区南部的圣塔克拉拉县(Santa Clara County)所辖的 15 个城市、西南旧金山湾区圣马特奥县(San Mateo County)所辖的 20 个城市以及东旧金山湾区阿拉米达县(Alameda County)的 3 个城市和圣克鲁斯县的苏格茨山谷等 39 个城市,面积 2985 平方公里,人口 307 万人。20 世纪 60年代中期以来,随着微电子技术的高速发展,硅谷迅速崛起,并成为影响全球的高技术产业发展模式新的里程碑。硅谷的发展模式是以周边的斯坦福大学、加州大学伯克利分校等世界著名大学为中心,产学研深度融合,形成了一个重视创新文化且组织内部高效运行的高科技产业发展生态圈。同时,政府等公共部门的作用也值得研究,简单来说就是做到不缺位、不越位,通过出台法律政策、购建创新环境、提供税收支持等途径支持产业发展,确保硅谷的运行始终以市场为基础。因此,可以说硅谷是市场主导型高科技产业集群的典范。硅谷的发展与其深厚的本地根植性密不可分,通过知识共享、人才流动等形成了独一无二的区域创新生态,技术、人才、资金充分且良性地勾兑、互动,发生化学反应,继而推动区域整体创新水平大幅提升,最终成为世界上最成功的高技术产业开发区。其中尤以电子信息产业集群最为典型,硅谷拥有谷歌、苹果、惠普、英特尔、脸书、思科、甲骨文等一大批世界顶尖科技公司,成为全球新一代电子信息产业的发源地和高新技术产业集聚区的代名词(见图 4-4)。

就产业集群而言,硅谷是一个以市场为导向的高科技产业集群的典范,高校、孵化器、企业、社会组成的良好创新生态系统,则是硅谷产业集群成功的独特密码。

图 4-4　美国硅谷

强大的教育和科研实力。硅谷的形成和发展依托于斯坦福大学、加州大学伯克利分校等世界著名大学。斯坦福大学创建的斯坦福科技园成为硅谷早期的雏形,硅谷最早的创业者就是斯坦福大学的两名毕业生。斯坦福大学、加州大学伯克利分校作为顶尖的研究型大学,通过高水准的科研和教学,培养出把最新的知识运用到实际中去的高素质学生,为硅谷持续输送和培养了一大批顶尖级的各类人才。

风险资本的深度参与。硅谷地区的风险投资始于 20 世纪 50 年代末。作为硅谷不可或缺的部分,风险投资与硅谷相互成就,持续书写硅谷传奇。在斯坦福大学附近的沙丘大街 3000 号,聚集了全球最大、最多的风险投资公司,硅谷占了美国风险投资金额的四成左右。世界上很多其他地区类似的投资方式都是向硅谷学习的,硅谷也成为全世界高科技产业风险投资的趋势引领者。在硅谷,已经形成了一套成熟的技术评估、技术价值交易体系,这也为相关风投机构可以迅速的为一个新的技术、项目进行价值预估提供了基础。

创新包容的文化氛围。创新文化是硅谷高科技产业和风险投资的核心精神,硅谷文化的精髓就是创业文化和创新精神。在硅谷,一方面企业是以技术洞见(Technique Insight)作为驱动要素的,这就需要真正沉淀下去,耗费大量的时间、人力、资源去寻求技术创新,用持续创新和突破来建立核心竞争力,而不仅仅是只关注财务报表;另一方面,硅谷对创业失败有着很高的容忍度,其文化将失败视为一种宝贵的资产,鼓励员工去尝试和创新。硅谷也是一个多元化的社会,不同种族、不同语言的人都可以在这里找到自己的位置。在硅谷,能力才是决定一个人地位的关键。

良好的创新环境。美国建立了一套完善的鼓励和保护创新的法律体系,包括专利法、商标法、著作权法、反不正当竞争法等。如《拜杜法案》的制定和颁布,让私营企业享有联邦自主科研成果的专利权成为可能,产生了促进科研成果转化的强大动力。除联邦法律外,加州政府还出台了一系列促进硅谷创新的政策,如制定人才库政策、实施学徒制、发展各个领域的职业培训等。

成熟的企业生态。硅谷的公司以高科技企业为主,创新能力极强、高度专业化并多以轻资产为主,而不以规模的持续扩张作为发展路径。故此,在硅谷存在着极为成熟的企业网络,网络中有各种供应商和外包机构,可以及时把创新理念进行成果转化、形成产品,快速推向市场。

（2）印度班加罗尔 IT 产业集群

班加罗尔位于印度南部的卡纳塔克邦,是印度科学院的所在地,被称为印度的"科技之都"。在全球信息科技浪潮的推动下,班加罗尔迅速成长为世界著名的 IT 产业集群和 IT 服务外包中心。班加罗尔聚集了大量的 IT 巨头和优秀的软件公司,包括德州仪器、IBM、微软、惠普、英特尔、索尼、甲骨文、INFO-SYS、TATA 咨询等。班加罗尔的信息技术产业集群的发展既有与美国硅谷的诸多相似,但又有自身的独特因素。

公共政策支持。印度政府从 20 世纪 80 年代起,将计算机软件开发作为国家的战略产业。90 年初在班加罗尔建立了第一个计算机软件科技园,并迅速发展成为"亚洲硅谷"。在班加罗尔信息技术产业的发展历程中,印度中央和地方政府提供了大量的资金投入和政策支持,涵盖人才培养、税收优惠、产业政策、融资通道、基础设施等。特别是早在 1991 年,印度政府就在班加罗尔投资建设了名为 SoftNET 的微波数据通讯网络,同时班加罗尔科技园还设有卫星基站作为印度唯一的网络操作中心,为园区内软件企业和国外研发机构及海外客户的联络提供了高度可靠的数据通讯连接,满足了国际化软件企业的发展需求,也为班加罗尔吸引其他著名企业的到来提供了重要的帮助。

科研教育力量强大。作为印度的科技之都，班加罗尔拥有班加罗尔大学、印度科学院、印度科学研究所、印度农业大学和国家动力研究所等教育研究机构，还拥有印度理工学院、印度管理学院、印度国家高等研究院和印度信息技术学院等著名大学。这些大学和研究机构确保了班加罗尔拥有世界级的科技人才储备，不断提供 IT 产业集群的高科技人才。同时，班加罗尔的一系列研究机构还吸引了全球成千上万的工程师和科学家到这里工作。

积极拥抱全球化。相较于班加罗尔软件产业的发达，印度国内其他地区经济发展水平和技术发展存在明显代差，这意味着印度国内市场容量无法与 IT 产业集群的发展相匹配。在此背景下，班加罗尔的信息技术公司着眼国际市场，积极开拓海外市场，以欧美发达国家为主要目标市场，走上了产品国际化的道路。特别是在世纪转换之际面对的"千年虫"问题，班加罗尔的软件企业主动对接欧美市场需求，为全球性公司提供千年虫问题的解决方案，提供专业代工服务，从而奠定了世界 IT 外包中心的市场地位。

独特的区位及语言优势。作为曾经的英属殖民地，印度拥有得天独厚的英语语言优势，英语是印度中央政府和邦政府的官方语言之一，这有利于对接欧美国家开发的软件和与世界的交流。班加罗尔位于东五区，硅谷位于西八区，与美国具有 12 个小时的时差，可以与美国 IT 产业进行接力开发，硅谷研发人员下班后将技术文件传送给班加罗尔的同事继续研发，可以实现研发速度和效率的最大化。

完善的融资渠道。与硅谷不同的是，班加罗尔 IT 产业集群的主要融资渠道来源于国有金融机构。班加罗尔聚集了各类金融机构，如印度工业财务公司、印度工业信贷投资银行、印度工业发展银行、班加罗尔证券交易所、卡纳塔克邦小工业企业发展公司、出口信贷担保公司和印度进出口银行等，正是这些不同类型的金融机构，满足了班加罗尔 IT 产业集群日益增长的投融资需求。这些国家或地方政府控制的金融机构会发起设立风险投资公司，比如最大的风险投资公司——印度技术发展与信息有限公司就是由政府下属企业发起设立的。同时，政府还为软件公司进入国内外证券市场融资开通了快车道，比如允许信息技术企业注册后一年内就可公开上市。班加罗尔本地也建有证券交易所，为班加罗尔科技园的企业在当地上市融资提供了更多便利。

2. 高端装备制造业产业集群:法国图卢兹

位于法国西南部的图卢兹是空中客车集团总部所在地,是欧洲的宇航之都。图卢兹距巴黎700多公里,是法国西南部比利牛斯大区的首府,也是上加隆省的省会,面积118平方公里,是法国第四大城市。

由于飞机最初主要用于军事领域,飞机制造需要一个远离前线的安全地点,所以位于大西洋和地中海之间的图卢兹成为法国飞机制造的理想地点。第二次世界大战之后,随着第一批航空企业的入驻和机场的建设,近500家航空业配套企业也相继落户,主要涉及与航空业相关的机械、电子、计算机、表面处理、材料等细分产业类型。

1962年,法国航空航天公司与英国飞机公司合作,在图卢兹研制了第一代超音速民航客机"协和"号。协和飞机以及第一批喷气式飞机的生产,确立了图卢兹在规模型航空工业园区中的龙头地位。随后,空中客车集团的成立进一步加快了图卢兹在航天机构和相关企业的集聚,包括法国航空航天中心、国家气象中心、国家航天研究中心等高级研发机构,法国国立民用航空大学、航空航天大学、机械和航空技术大学等顶尖大学,以及空客军机总部、达索航空、达索战斗机制造总装基地和摩托罗拉、汤姆逊、西门子等国际知名企业。

如今,图卢兹已经形成了以飞机总装为核心的完整航空产业集群。在以图卢兹为核心的法国航空航天谷,有超过1200家公司、机构和近10万名员工,包括发动机制造商、机载系统、设计、实验、维修等相关行业。这种集群化的发展态势形成了完善的航空制造产业链,构筑了图卢兹航空产业的独特竞争力。图卢兹也因此成了全球航空航天领域重要研发成果的诞生地,包括世界上第一架超音速客机、世界上最大的宽体客机A380等。

纵观图卢兹航空产业发展史,其可借鉴的成功经验包括以下几点。

一是政府扶持。航空工业作为战略性高技术产业,高投入、高风险,需要顶层设计,其发展离不开政府的扶持。图卢兹作为一个政治意愿选择的航空城市,其诞生和发展的过程都离不开政府的大力支持。政府的大力扶持既体现在产业政策上,比如总部位于图卢兹的法国航空航天谷,就产生于法国政府建立具有世界级竞争力的科技产业集群的政策;也体现在资金支持上,比如早期A300的研发资金主要由政府提供等。

二是产学研深度融合。图卢兹是法国仅次于巴黎的第二大大学城,大学和研究机构云集于此,包括图卢兹社会学大学、国立图卢兹应用科学学院以及法国最重要的法国国立民航大学、法国航空工程大学、法国国立航空航天大学、法国国立机械与航空技术大学等 4 所航空航天大学均设于此。法国每年约 16% 的工程师毕业于图卢兹,另外还有 400 多家研究机构,研究人员人数超过 1 万人。同时为了促进产学研的联动,航天大学基本分布在航空航天企业聚集的图卢兹南郊,校园与厂区紧密相连、互动紧密。强大的科研优势是图卢兹成为世界级航空产业集群的主要动力。

三是完整的产业链。除了核心的制造商空中客车公司,图卢兹还拥有 500 多家航空产业链上的制造商和分包商,包括发动机制造、机载系统制造、材料开发、测试和维护、机身建造和组装以及其他与航空相关的产业领域。这些企业的聚集使图卢兹形成了较为完整的航空产业链,最大限度地提高了生产效率、降低了成本,从而构筑了法国航空产业的国际竞争力。

四是特点鲜明的城市文化。图卢兹的航天文化赋予了城市独特的魅力。如以飞机设计师命名的街道、矗立在中心广场的飞机设计师雕像、航天公园等,都使图卢兹充满了浓厚的航天文化气息,航天旅游成为图卢兹的一大特色。在图卢兹,整个城市非常尊重航天工业从业者,他们可以享受来自政府和社会的各种福利。

3. 汽车制造产业集群:日本丰田、德国斯图加特

(1)日本丰田汽车产业集群

1933 年,丰田公司创始人丰田喜一郎在纺织机械制作所设立了汽车部门,从而开启了丰田汽车制造的历史。1935 年,丰田在深入研究美国的福特和雪佛兰等车企的基础上,成功试制了 A1 型汽车,并于次年正式成立汽车工业公司。第二次世界大战后,丰田汽车公司开始加速发展。他们通过引进欧美技术,在美国汽车专家和管理专家的指导下很快掌握了先进的汽车生产技术和管理,并根据日本的国家特点创造了著名的丰田"精良生产"管理模式,大大提高了生产效率和产品质量。

20 世纪 70 年代是丰田汽车公司飞速发展的黄金期,特别是 1973 年的石油危机之后,高品质、低成本、低油耗形成了丰田的核心竞争力。1972—1976

年仅 4 年时间,该公司就生产了 1000 万辆汽车,并成就了"有路就有丰田车"的豪迈誓言。到 20 世纪 90 年代初,丰田汽车年产量已接近 500 万辆,仅次于美国通用汽车公司,位居世界第二。目前,丰田汽车的全球生产量已高达 1000 万辆左右,稳居全球第一大汽车企业宝座,其中 2018 年仅在中国生产的丰田汽车就达到了 350 万辆。

回顾丰田的成功,一方面是因为集群式的供应链结构,但更重要的则是深入挖掘集群的生产管理潜力,创立了包括零库存管理、流程管理、产销同步管理等理念的"精益生产"管理哲学。

一是"轮轴"式集群发展模式。丰田汽车产业集中在丰田城,以丰田汽车公司总厂为中心,形成了一个直径 10 公里,面积约 8000 万平方米的丰田工业区,并形成了一个以丰田汽车公司为圆心,大量周边中小企业围绕的"轮轴"状产业集群。丰田汽车公司处于集群网络的核心位置,对相关企业乃至整个集群的发展具有重要的影响。

二是"金字塔式"的集群内部组织结构。丰田的生产组织使用典型的分层分包模式和多层分包体系,大企业和中小企业基于垂直分工开展合作,它的基本形式是一种等级结构,可以比喻为金字塔。最为核心的丰田汽车公司位于塔顶,丰田周边的中小供应商根据企业的规模和经营能力分列于金字塔的不同层级,不同层级的企业之间依靠承包关系进行业务往来。层层承包的关系使得丰田汽车公司与不同层级的中小企业形成了一种纵向企业序列体系,对分包企业有一定的控制权。以层级结构为基本形式的承包体系是一种对大小企业都是双赢的组织形式,可以降低信息获得成本、提高劳动生产率、分担市场风险等。

三是精益生产方式。丰田的生产方式被学者总结为是一种"精益生产"的管理哲学。这种生产方式的基本思想是:Just In Time(JIT),即"旨在需要的时候,按需要的量,生产所需的产品"。根据最终订单和需求为导向进行排产,可以有效消除包括运输的浪费、库存的浪费等在内的供应链上下游各环节的无效劳动和浪费,实现资源利用效率最大化和降低成本的最终目的。

(2)德国斯图加特汽车产业集群

斯图加特是德国第六大城市,是巴登—符腾堡州的首府。斯图加特汽车产业集群包括斯图加特城、摩尔、格尔平根、路德维希堡及其周边的曼海姆、卡尔斯鲁厄等地区,是全球四大汽车产业集群之一。目前,斯图加特汽车产业集群聚集了2000多家汽车相关公司,包括戴姆勒集团、保时捷、艾娃公交车等世界领先整车企业,以及博世、采埃孚集团等众多汽车零部件生产企业。

从1886年戴姆勒发明全球第一辆四轮汽车开始,斯图加特汽车产业集群历经百年发展,呈现出"以整车龙头为引领、以配套网络为支撑、以研发创新为动力、以双元教育为基石"的产业发展生态。

一是整车龙头企业孕育带动集群整体发展。斯图加特汽车产业集群是汽车企业孕育的摇篮,诞生了戴姆勒集团、保时捷等国际知名汽车企业,且时至今日仍是戴姆勒、保时捷等世界龙头汽车企业的全球总部所在地。基于龙头企业雄厚的资源实力,持续带动该区域汽车产业集群化发展。

二是中小企业构建强大产业链配套体系。强大的产业链配套能力是斯图加特汽车产业集群不断发展壮大的重要保障。斯图加特地区不仅拥有戴姆勒等汽车巨头,还集聚了采埃孚、博世等国际知名的汽车零部件企业以及占据该地区96%数量之多的中小型配套企业。且无论是汽车零部件龙头企业还是数量众多的中小企业,大多都在某行业或某领域具有全球领先的技术,从而推动斯图加特地区在汽车产业链的每个环节都能做到精益求精。

三是创新研发网络支撑产业持续创新。在斯图加特及其所属的巴登·符腾堡州,聚集了12所高等院校、16所以技术为导向的公共学院以及相关的研究机构、技术支持中心等,形成了从基础研究到应用研究的创新研发网络体系。其中,斯图加特大学创建于1829年,是德国9所卓越理工大学联盟TU9成员之一。作为该集群内的头牌大学,斯图加特大学积极参与本地汽车产业发展,拥有汽车工程研究所和内燃机研究所两所研究院,牵头建立了斯图加特汽车模拟中心和汽车电子创新联盟,同时每年为企业源源不断输送发动机、材料科学、电气工程等专业领域工程师。

四是双元教育体制培育高技能汽车人才。斯图加特地区成熟的双元教育体制源源不断为当地汽车产业集群输送高技能人才。双元教育体制是指整个培训过程在企业和职业学校进行,且以企业培训为主,其中由企业进行实际操作方面的培训(70%的时间),培训学校(30%的时间)则完成相应的理论知识的培训。在双元教育体制下,大学生毕业后与集群内汽车企业的专业技术工人之间融合度极高,企业内员工流动率较低。目前,斯图加特汽车产业集群所在的巴登·符腾堡州拥有双元制职业学校超过 320 所,双元制学生 20 余万人,其中全日制职业学校学生超过 15 万人。巴登·符腾堡的职业学校每年为斯图加特地区汽车企业提供大量训练有素的技术工人,占整个行业技术工人将近一半。

4. 纺织服装产业集群:第三意大利

1970 年代的意大利,相较于发达的北部核心地区"第一意大利"以及不发达但受到政府资助较多的南部地区"第二意大利",以专业化产业区(企业集群)为特点的意大利东北和中部地区"第三意大利"创造了该国的经济奇迹。"第三意大利"也成为中小企业产业集群的典范,形成了特色鲜明的产业集群发展道路。其中,皮革、制鞋、纺织、服装、卫生陶瓷、家具制品等由中小企业组成的轻纺工业产业集群在国际上具有重要影响,比如比耶拉的毛纺织产业、萨斯索罗的瓷砖、帕尔马的食品、蒙特贝鲁纳运动服产区等。

"分工协作、多点开花"的集聚特点。不同于传统的中小企业集聚主要是为大企业提供配套服务,意大利中小企业集群呈现出分工协作、多点开花的集聚特点。虽然大多数企业只生产一两种产品或只从事某一环节的生产加工,但通过正式或非正式协议,这些中小企业"连点成线"形成了合作网络,避免了"散兵游勇"式的孤军奋战,根据协议分工而专注于生产流程上的某一环节,严密分工合作,做精做细,高度专业化。通过集群中每个企业"小而精",最终实现整个生产链的高效和精细。

不断创新是"第三意大利"成功的核心因素。这其中既有生产设计的创新也有管理模式的创新。以服装产业为例,意大利不断向高端转型,十分注重品牌培育。特别是在设计上持续引领全球时尚潮流,因其完美的设计、精巧的制作和技术高超的后处理工艺,使得其世界知名品牌林立,如 VERSACE、GUCCI、PRADA 等。同时中小企业产业集群也不断进行管理模式的创新。如艾米利亚—罗马格纳产业区的中小企业发明了一种"即时生产系统",即对生产的细致计划进行动态管理。这一模式下,生产全流程高度透明,所有与生产相关的部门均可随时了解生产情况,现场主管或业务主管每天都通过查看动态资料,及时进行指挥、调节、发料、清点、出货。这种管理模式提升了生产控制水平,使企业具备快速调节生产的能力,最终实现了及时高效的生产。

公共部门的扶持政策是"第三意大利"成功的重要支撑。意大利各级政府通过与行业协会的分工合作,引导中小企业形成产业集群。同时,意大利公共部门通过"真实服务中心"为中小企业提供必要支持。所谓"真实服务"是通过集体提供企业发展服务,导致企业集群及企业内部产生结构性变化的服务活动。由于企业发展对服务需求的多样性以及相关服务的"公共物品"属性,需要协调企业、政府、市场在这些服务提供过程中的作用。在企业初创阶段,囿于企业自身实力的限制和市场失灵的存在,需要由政府建立相关的服务机构,包括信贷担保、出口保险、会展服务、产品推广、环保、市场和技术信息咨询,等等。

总体上看,标准的流程、优越的服务配套以及产业集群内企业的高效分工合作,形成了"第三意大利"独特的产业集群模式。

5. 国外产业集群发展启示

纵观国外世界级产业集群的成长路径和发展模式,普遍具有以下共同特点和经验启示。

第一,政府的强力公共扶持。这其中既包括产业集群的前期战略规划,也包括产业集群发展过程中的资金支持、基础设施配套建设等。

第二,高度的产城融合。世界级的产业集群也是良好区域协同发展的产物,产业、城市之间相伴共生、没有边界。无论是在硅谷、丰田城、图卢兹,还是班加罗尔、斯图加特、"第三意大利"等,产业区与城市、城市群充分融为一体,产业文化已经深深根植于城市精神之中。

第三,一流的创新实力。世界级产业集群除了强大的产业规模、领先的市场份额和竞争优势、明星企业以外,更重要的是一流的创新实力,能持续带来世界级的影响产业发展进程的技术创新和管理理念创新,比如硅谷的信息技术创新、丰田汽车集群的精益生产管理创新等。所有世界级产业集群的协同创新能力都极强,其产业链上中下游创新节点密布,产业链也是创新链,及时共享创新理念,并进行成果转化、形成产品,快速推向市场。

第四,集群自身优秀的治理体系和运行机制。一是极强的命运共同体特征。典型的世界级产业集群内企业战略上同频共振、利益上互惠互利、创新上共享互通、发展上相伴成长,形成了命运共同体性质的联盟。二是完善的组织基础。世界级的产业集群具有能将简单的产业物理聚集转变为产业充分化学融合的催化体系。以制造业产业集群为例,集群内企业不仅要有制造等主体企业,还要引入可以为产业集群提供服务的组织,包括风投、各种中介机构等等,形成集群的组织基础和治理结构,继而实现由产业集聚向产业集群的转化。特别是强大的风投体系更是共性存在于主要世界级产业集群,因为强大的产业集群离不开引领性的创新,但创新的过程充满了风险和不确定性,而且投入极大,特别是高新技术领域,所以除了政府资金支持以外,专业完善的风险投资体系最为重要。风险投资能够适应高新技术项目高投入、高风险的特征,它也可以通过对全球产业链的投资带给所投企业先进的管理技术和持续的创新能力,提高企业市场竞争能力。

第十八章　长江经济带经济发展
现状与发展环境

　　长江地处我国中部腹心地区,横贯我国东、中、西三大自然经济区域,承东启西、接南济北、通江达海,与沿海地区共同构成了以"黄金海岸"与"黄金水道"齐名的我国 T 字形的两大区域发展主轴,区位优势凸显。长江沿岸地区物华天宝、人才荟萃、经济繁荣、城镇密布、科技先进、文化昌盛,近代以来就已发展成为中外闻名的工业走廊、城市走廊和商贸走廊,构成了中国的一条资源带、能源带、产业带、城镇带和财富聚集带。2018 年末,沿江 11 省市面积 206万平方公里,常住人口 5.99 亿人,地区生产总值 40.3 万亿元,分别占了全国的 21.5%、42.9% 和 44.8%,各项宏观经济指标均接近全国的半壁江山,战略地位极其重要。长江经济带正在发展成为促进我国更高质量经济发展的新引擎和承载我国未来经济社会发展的重要战略支撑带,成为衔接"一带一路"战略和双向开放战略的重要纽带,发展潜力无限。

一、经济发展现状

1. 经济总量大、综合实力强,在我国经济发展中地位举足轻重

　　2018 年,长江经济带沿江 11 省市国内生产总值 402985 亿元,固定资产投资总额 311957 亿元,地方财政收入 43824 亿元,社会消费品零售总额161573 亿元,外贸进出口总额 133824 亿元,分别占了全国同期的 44.8%、48.3%、44.8%、42.4% 和 43.9%,都超过全国经济总量的四成,近乎占据全国的半壁江山。11 省市 GDP 平均增速 7.9%,超出全国平均水平 1.3 个百分

点,其中地处上游的云南、贵州两省更是增速分别达到 9.5% 和 9.1%,已连续多年位居全国 31 个省市区的前五列。11 省市人均 GDP 达到 67307 元,按照 6.6174 的年平均汇率计算达到 10171 美元,业已整体突破万美元大关,高于全国平均水平 4.1 个百分点。其中,下游沪、苏、浙、皖 4 省市人均 GDP 达到 93841 元(14181 美元),已整体迈入工业化高级阶段;中游的楚湘赣 3 省与上游的云、贵、川、渝 4 省市人均 GDP 分别达到 55988 元(8461 美元)和 47163 元(7127 美元),尚处于工业化中级阶段,但发展势头良好,仍处于大干快上的高增长时期,整体发展的动力与后劲十足。(见表 4-2)

表 4-2 2018 年长江经济带 11 省市社会经济基本情况

省市	面积(万平方公里)	年末常住人口(万人)	GDP(亿元)	GDP增速(%)	人均GDP(元/人)	固定资产投资(亿元)	地方财政收入(亿元)	社会消费品(亿元)	外贸进出口(亿元)	居民收入(万人)	城市化率(%)
上海	0.6	2424	32680	6.6	134982	7624	7108	12669	34012	64183	88.10
江苏	10.7	8051	92595	6.7	115168	56207	8630	33230	43794	38069	69.61
浙江	10.5	5737	56197	7.1	98643	33946	6598	25008	28512	45840	68.90
安徽	14.0	6324	30007	8.0	47712	32729	3049	12100	4142	23984	54.69
江西	16.7	4648	21985	8.7	47434	24536	2372	7566	3162	24080	56.02
湖北	18.6	5917	39367	7.8	66616	35833	3307	18334	3486	25814	60.30
湖南	21.2	6899	36426	7.8	52949	35155	2861	15638	3076	25241	56.03
重庆	8.2	3102	20363	6.0	65933	18765	2266	7977	5221	26386	65.50
四川	48.6	8341	40678	8.0	48883	28065	3911	18254	5947	22461	52.29
贵州	17.6	3600	14806	9.1	41244	17964	1727	3971	501	18430	47.52
云南	39.4	4830	17881	9.5	37136	2113	1994	6826	1971	20084	47.81
下游	35.8	22536	211479	7.0	93841	130506	25385	83007	110460	32173	67.23
中游	56.5	17464	97778	8.0	55988	95524	8541	41538	9724	25126	57.47
上游	113.8	19873	93728	8.0	47163	85927	9898	37028	13640	21766	52.40
经济带	206.1	59873	402985	7.9	67307	311957	43824	161573	133824	26663	59.46
全国	960	139538	900310	6.6	64644	645675	97903	380987	305008	28228	59.58
占全国比	21.5	42.9	44.8	+1.3	104.1	48.3	44.8	42.4	43.9	-1565	-0.12

数据来源:《中国统计年鉴 2019》、全国和 11 省市 2018 年统计公报,年平均汇率 6.6174。

2. 产业结构持续优化，"三二一"产业发展格局业已形成

改革开放以来，长江经济带农业、工业及服务业均得到较大发展。其中，农业基础地位不断得到加强，农业现代化步伐加快。第二产业飞速发展，尤其是现代制造业和高科技产业在沿江11省市密集布局设点，传统制造业不断得到调整改造，高技术产业、战略性新兴产业和现代服务业迅速壮大，产业结构、产品结构、规模结构和所有制结构等都得到了进一步改善。轻重工业比重日趋合理，计算机及通信设备、汽车、机械、石化、钢铁、电力、建材工业等已形成相当的市场规模优势，新一代信息技术、生物医药、航空航天、新能源、新材料等高技术产业取得突破性进展。第三产业尤其是以中心城市为带动的现代服务业发展迅速，金融服务、航运物流、专业中介服务、软件信息服务、会展服务、现代物流、商贸流通、创意设计等全面繁荣。

2018年，沿江11省市的三次产业构成从上年的 7.2∶42.3∶50.5 提升至 6.9∶41.3∶51.8，继续保持"三二一"的产业发展及发布格局，且农业与非农产业、制造业与服务业之间的产值占比差距亦在持续扩大之中。其中，第一产业比重比上年降低 0.3 个百分点，也低于全国 0.3 个百分点；第二产业和第三产业比重则分别比上年提高 1.0 个百分点和 1.3 个百分点，第二产业比重高于全国平均 0.6 个百分点，但第三产业比重仍低于全国平均 0.4 个百分点。从沿江11省市的情况看，上海的产业发展水平最高，三次产业构成为 0.3∶29.8∶69.9，服务业占比接近70%，并代表着目前长江经济带的产业发展的最高水平；浙江、江苏、重庆三省市第三产业占比均超过了50%且第一产业占比均低于全国平均，亦表现出较高的产业发展水平；但下游的安徽省和中上游的其余6省产业发展水平依然整体偏低，非农产业和现代服务业的发育发展仍较滞后滞缓。（见表4-3、图4-5）

表4-3　2018年长江经济带11省市三次产业构成和轻重工业比重

省市	GDP（亿元）	第一产业（亿元）	第二产业（亿元）	第三产业（亿元）	三次产业构成（%）	轻重工业比重（%）
上海	32680	104	9733	22843	0.3∶29.8∶69.9	/
江苏	92595	4142	41249	47205	4.5∶44.5∶51.0	26.2∶73.8

续表

省市	GDP（亿元）	第一产业（亿元）	第二产业（亿元）	第三产业（亿元）	三次产业构成（%）	轻重工业比重（%）
浙江	56197	1967	23506	30724	3.5：41.8：54.7	37.2：62.8
安徽	30007	2638	13842	13527	8.8：46.1：45.1	33.0：67.0
江西	21985	1877	10250	9857	8.6：46.6：44.8	32.8：67.2
湖北	39367	3548	17089	18730	9.0：43.4：47.6	41.2：58.8
湖南	36426	3084	14454	18889	8.5：39.7：51.8	/
重庆	20363	1378	8329	10656	6.8：40.9：52.3	20.4：79.6
四川	40678	4427	15323	20929	10.9：37.7：51.4	32.5：67.5
贵州	14806	2160	5756	6891	14.6：38.9：46.5	28.4：71.6
云南	17881	2499	6957	8425	14.0：38.9：47.1	34.8：65.2
经济带	402985	27824	166488	208676	6.9：41.3：51.8	/
全国	900310	64734	366001	469575	7.2：40.7：52.2	/

注：轻重工业比重为 2017 年数据，根据规模以上工业企业主营业务收入计算。

资料来源：《中国统计年鉴 2019》和 11 省市 2018 年统计年鉴。

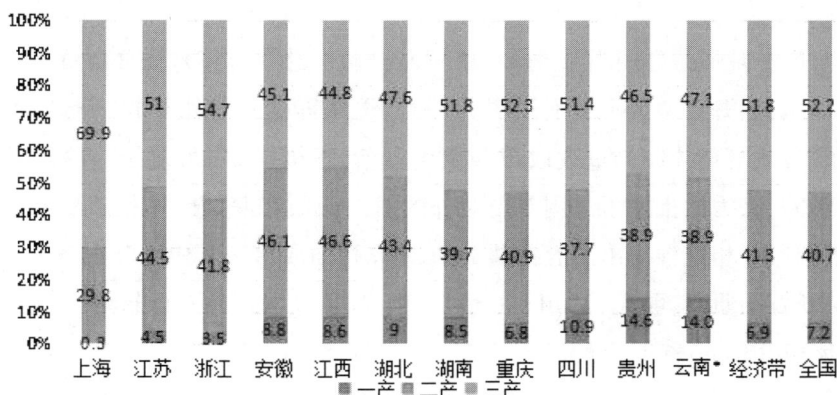

图 4-5　2018 年长江经济带及全国三次产业构成

3. 外向型经济发展迅猛，国际影响力竞争力显著提升

长江经济带地处我国中部腹心地区，拥有着"外通大洋、内联腹地、通江达海"的独特区位开放优势和巨大的市场空间，改革开放以来始终是我国外向型经济发展最早、最好的地区，在实际利用外资、进出口贸易和国际经济合

作三大外向型经济指标上均长期处于国内领先地位,是我国外商投资最云集的热点地区。1984 年,我国首批对外开放的 14 个沿海城市中,就包括长江经济带下游地区的上海、宁波、温州、南通、连云港等五市,占了 35.7%;1992 年,党中央、国务院又决定对芜湖、九江、武汉、岳阳、重庆五个长江沿岸城市和合肥、南昌、长沙、成都、贵州等 11 个内陆地区省会(首府)城市以及东北、西南和西北地区 13 个边境市、县实行沿海开放城市的政策,长江经济带的开放城市一下子骤升至 15 个,有力地带动了经济带 11 省市的整体开放。近些年来,沿江 11 省市不断顺应全球科技和产业变革趋势,积极参与国际分工,培育打造了一批具有较大国际市场份额和较高国际影响力的产业集群,在世界生产体系与全球产业链、价值链、供应链中的地位逐步攀升。例如,重庆生产的笔记本电脑、平板电脑曾经占到全世界的接近 1/3,并通过渝新欧铁路出口到欧洲等地;杭州依托电子商务、移动互联网、云计算、大数据等新一代信息技术,大力发展以"新产业、新模式、新业态"为特征的数字经济、"三新经济",催生出阿里巴巴、海康威视、蚂蚁金服等一批知名信息服务企业和网络金融服务企业,业已成为杭州的优势产业和世界互联网的重要产业基地。[①] 此外,自 2013 年 7 月国务院通过《中国(上海)自由贸易试验区总体方案》、9 月自贸区正式挂牌以来,上海自贸区不断通过更大规模、更深程度的对外开放"倒逼"经济体制和行政管理体制的重大改革与制度创新,积极探索"可复制、可推广"的成功经验,有力地推动了全国对内对外的双向开放和跨国跨境投资贸易的自由化便利化,相继催生出了五批共 18 家省市区自贸区。其中长江经济带已有上海、浙江、湖北、重庆、四川、江苏、云南 7 家自贸区,占了全国自贸区的 38.9% 和沿江 11 省市的 63.6%。

2018 年,沿江 11 省市共实现外贸进出口额 133824 亿元,其中下游四省为 110460 亿元,分别占了全国的 43.9% 和 36.2%。从外贸依存度的分析结果看,2018 年沿江 11 省市中比重最高的为上海,达到 104.1%(沿江城市中最高的则为苏州的 126.7%);浙江和江苏也分别达到 50.7% 和 47.3% 的较高比

---

① 参见《打造具有全球影响力的"互联网+"创新创业中心》,《杭州日报》2016 年 4 月 22 日。

重;而下游的安徽以及除重庆以外的其他上中游省市则外向型经济的规模和占比都明显偏小偏低,致使长江经济带整体的外贸依存度仍然略低于全国平均水平0.7个百分点。从外资及港澳台企业的发展情况看,2017年沿江11省市规模以上工业企业中,外资及港澳台企业共拥有总资产98821亿元,实现主营业务收入118905亿元,实现利润总额9039亿元,分别占了全国的44.0%、48.6%和53.9%,占了沿江11省市规上工业企业总资产的22.2%、主营业务收入的23.9%和利润总额的27.0%。其中,上海的上述三项指标均占比最高,分别达到44.3%、60.6%和61.0%;江苏也分别达到了34.4%、32.9%和34.6%的次高水平;而上中游省市的上述三项指标占比则普遍偏低,贵州只有3.1%、2.7%和2.4%,云南只有3.7%、4.5%和4.7%,差距悬殊(见表4-4)。

表4-4　2018年长江经济带11省市外向型经济发展情况一览

省市	GDP	外贸进出口	实际利用外资*（亿元）	外贸依存度（%）	规上外资及港澳台企业*			规上外资及港澳台占比*		
					总资产（亿元）	主营业务收入（亿元）	利润总额（亿元）	总资产（%）	主营业务收入（%）	利润总额（%）
上海	32680	34012	170.08	104.1	18763	22970	1978	44.3	60.6	61.0
江苏	92595	43794	251.35	47.3	40176	49060	3478	34.4	32.9	34.6
浙江	56197	28512	179.02	50.7	16023	15000	1205	22.5	22.8	26.2
安徽	30007	4142	90.55	13.8	3628	4928	276	10.4	11.4	11.7
江西	21985	3162	114.64	14.4	3336	4552	374	14.6	12.8	15.1
湖北	39367	3486	109.94	8.9	6385	7191	583	16.5	16.6	22.4
湖南	36426	3076	144.75	8.4	2629	3466	201	9.5	8.9	9.6
重庆	20363	5221	101.83	25.6	2129	5228	334	18.4	25.2	22.2
四川	40678	5947	86.98	14.6	4532	5704	551	10.5	13.7	19.5
贵州	14806	501	38.91	3.4	467	286	22	3.1	2.7	2.4
云南	17881	1971	51.61	11.0	753	520	37	3.7	4.5	4.7
下游	211479	110460	691.00	52.2	78590	91958	6937	29.6	31.1	34.3
中游	97778	9724	369.33	9.9	12350	15209	1158	13.8	12.9	16.1

续表

省市	GDP	外贸进出口	实际利用外资*（亿元）	外贸依存度（%）	规上外资及港澳台企业*			规上外资及港澳台占比*		
					总资产（亿元）	主营业务收入（亿元）	利润总额（亿元）	总资产（%）	主营业务收入（%）	利润总额（%）
上游	93728	13640	279.33	14.6	7881	11738	944	8.7	13.9	15.7
经济带	402985	133824	1340	33.2	98821	118905	9039	22.2	23.9	27.0
全国	900310	305008	1310	33.9	224353	244418	16775	20.0	21.6	22.4
占全国比	44.8	43.9	/	/	44.0	48.6	53.9	+2.2	+2.3	+4.6

注：＊号为2017年数据。表中浙江的主营业务收入数据为工业总产值。各省市实际利用外资额与国家统计局统计口径有很大差异，因此无法准确计算各省市的外资依存度。

资料来源：《中国统计年鉴2018、2019》、11省市2018年统计年鉴和2019年统计公报。

4. 三大城市群发育日臻成熟，区域中心城市引领带动作用彰显

所谓（组合式）城市群，主要是指由众多大小规模不一、功能不同的城市组合而成，形成的一个功能分工明确、个性有同有异的有机整体，并产生"多心组团、分层辐射"的集聚效应和组合效应。城市群相对于单一城市的比较优势与特色，主要体现在其独有功能上。它除了包括单一城市通常所具备的生产、集散、管理、服务、创新等基本功能外，还包含单一城市所不具备的一些独有的功能，如辐射带动功能、整体竞争功能、集约资源（土地，空间，能源）功能等。根据现代城市发展理论，城市群的发生、发展、壮大是一国乃至多国（如欧盟）经济一体化发展到相当高阶段的最新地域组织形式和空间表现形式。在经济全球化背景下世界各国的激烈竞争中，过去单一城市之间的单打独斗已越来越让位于城市群之间的整体较量，国家之间的竞争也越来越取决于该国最具核心竞争力的大城市群之间的竞争。有鉴于此，城市群的发展和演进已经越来越成为世界各国区域一体化发展进程的基本取向和主要表现形式。

根据国家"十三五"规划，可以大致将我国东部、中部、西部、东北四大区域板块用20个不同规模和4个不同层级的城市群加以涵盖，整体构成了我国的城市群"金字塔"和新时期区域发展的主要空间载体（见图4-6）。其中，长

江经济带主要包括了"三大二小"五个城市群,分别是长江下游的长三角城市群、长江中游城市群,以及长江上游的成渝城市群和滇中、黔中城市群,分别处于世界级、国家级和地方级三个层级之上,共同构成了全球流域地区独一无二的巨型城市群落。其中,根据 2016 年 5 月国务院常务会议通过的《长江三角洲城市群规划》,长江三角洲城市群包括沪、苏、浙、皖四省、市的 26 个地级及以上城市,面积 21.5 万平方公里,2018 年末常住人口 1.54 亿人,GDP17.8 亿元,成为全世界人口数量最多的超大型城市群(见表 4-5)[①]。从空间形态上看,长三角城市群由"一核五圈四带"组成:"一核"即长三角的极核城市上海,为长三角乃至整个长江经济带的龙头城市,"五圈"即南京都市圈、杭州都市圈、合肥都市圈、宁波都市圈和苏南(苏锡常)都市圈五个次级城市群,"四带"即沿海发展带、沿江发展带、沿路(沪宁—沪杭—杭甬铁路、公路)发展带和沿沪杭金(G60 高速公路和沪昆高速铁路)发展带,共同形成次级城市群发育成熟、层级错落有致、功能分异鲜明的区域空间景观(见图 4-7)。图 4-8 和图 4-9 则分别为长江中游城市群和成渝城市群的空间景观形态。

图 4-6　中国城市群金字塔

<hr>

① 2019 年 5 月中共中央政治局审议、12 月正式下发的《长三角区域一体化发展全规划纲要》,进一步将长三角区域范围界定为沪苏浙皖四省市全域,而将上述 26 市界定为长三角中心区。

表4-5　2018年长三角城市群宏观经济发展状况一览

城市	面积（平方公里）	人口（万人）	GDP（亿元）	人均GDP（元/人）	人均存款余额（元/人）	固定资产投资（亿元）	地方财政收入（亿元）	社会消费品（亿元）	进出口（亿元）	实际外资（亿美元）	三次产业构成（%）
上海市	6340	2424	32680	135000	117859	8020	7108	12669	34010	173.0	0.3：29.8：69.9
南京市	6587	844	12820	152886	84194	6960	1470	5832	4328	38.5	2.1：36.9：61.0
无锡市	4627	657	11439	174300	85236	5254	1012	3673	6162	37.2	1.1：47.8：51.1
常州市	4373	473	7050	149275	82199	4188	560	2613	2266	26.1	2.2：46.3：51.5
苏州市	8657	1072	18500	172849	76461	5883	2120	5747	23433	45.2	1.2：48.0：50.8
南通市	10549	731	8427	115320	76553	5395	606	3089	2543	25.8	4.7：46.8：48.4
扬州市	6591	453	5466	120944	63157	4096	340	1557	793	12.2	5.0：48.0：47.0
镇江市	3840	320	4050	126906	67531	1980	302	1361	784	8.7	3.4：48.8：47.8
泰州市	5787	464	5168	109988	62004	4273	367	1283	975	15.1	5.6：47.7：46.7
盐城市	16931	720	5083	67518	40306	4680	360	1806	632	9.1	10.5：44.4：45.1
杭州市	16596	981	13509	140180	103955	6490	1825	5715	5245	68.3	2.3：33.8：63.9
宁波市	9816	820	10746	132603	81256	5190	1380	4155	8576	43.2	2.8：51.3：45.9
嘉兴市	4223	473	4872	103858	79260	3242	519	1939	2821	31.4	2.3：53.9：43.8
湖州市	5820	299*	2719	90304	71304	1838	287	1308	885	12.7	4.7：46.8：48.5
绍兴市	8279	504	5417	107853	81528	3175	501	2008	2240	13.5	3.6：48.2：48.2
舟山市	1459	117	1317	112490	71026	1450	146	537	1136	0.0	10.8：32.6：56.6
台州市	9411	614	4875	80644	74967	2722	657	2236	1743	2.9	5.4：44.8：49.8
金华市	10942	560	4100	73428	82964	2300	338	1978	3769	3.2	3.3：42.6：54.1
温州市	12083	925	6006	65055	71578	4517	515	3337	1507	5.3	2.4：39.6：58.0
合肥市	11445	809	7823	97470	50049	7069	712	2977	2039	32.3	3.5：46.2：50.3
芜湖市	6026	375	3279	88085	46667	3636	318	1028	455	29.2	4.0：52.2：43.8
马鞍山	4049	224	1918	84123	51920	2461	271	590	296	24.8	4.5：53.6：41.9
铜陵市	3008	163	1222	75524	47423	1411	74	365	413	3.3	4.1：58.2：37.7
安庆市	15402	469	1918	41088	41493	1872	133	815	96	2.6	10.4：49.9：39.7

续表

城市	面积（平方公里）	人口（万人）	GDP（亿元）	人均GDP（元/人）	人均存款余额（元/人）	固定资产投资（亿元）	地方财政收入（亿元）	社会消费品（亿元）	进出口（亿元）	实际外资（亿美元）	三次产业构成（%）
滁州市	13516	411	1802	43999	32311	2149	199	639	205	/	12.3∶51.6∶36.1
宣城市	12312	265	1317	50065	37849	1754	153	521	122	11.2	10.3∶48.7∶41.0
池州市	8399	147	685	46865	45034	779	64	256	50	4.0	10.9∶42.3∶46.8
合计	214985	15389	184208	116537	78538	98267	21822	66697	60526	673.5	2.9∶42.7∶54.4
全国	9600000	139538	900309	64644	46312	645675	97903	380987	164177	1338	7.2∶40.7∶52.2
占全国比	2.2	11.0	20.5	180.0	170.0	15.2	22.3	17.5	36.9	50.3	/

资料来源：《中国统计年鉴2019》、《沪苏浙皖统计年鉴2019》。

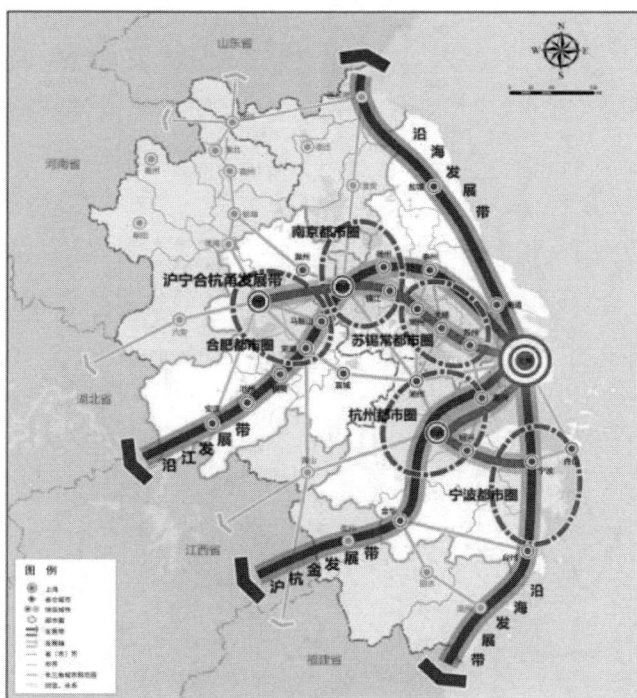

图4-7　长江三角洲城市群

图 4-8 长江中游城市群

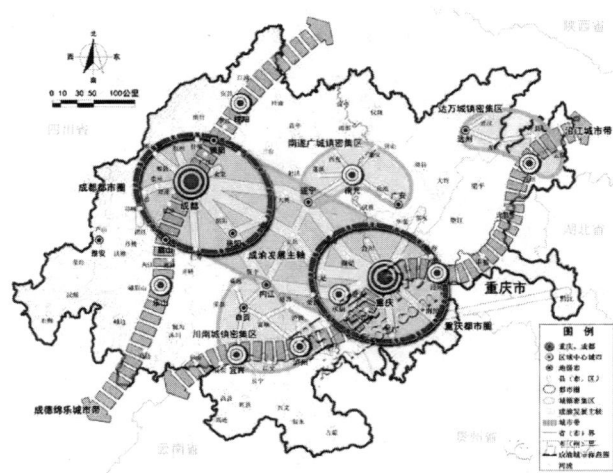

图 4-9 长江上游成渝城市群

二、产业发展环境

1. 先进制造业

长江经济带是我国近代工业的发祥地,沿江地区人口稠密、城镇密布、市场兴旺、产业齐备,素有中国"城市走廊、工业走廊、商贸走廊"的美誉,云集了一大批大耗水、大耗电、大体量、大运量的工业企业和服务业部门,从而为经济带世界级产业集群的建设奠定了雄厚的产业基础和良好的发展环境。依据规模以上工业企业的主营业务收入计算,2017年经济带的十大支柱工业行业依次为计算机、汽车、化工、电气机械、纺织服装、建材、通用设备、钢铁、有色和电力热力生产供应业,相对全国的十大支柱工业行业而言具有较明显的比较优势,行业集中度(66.3%)也高出全国平均4.8个百分点。从占比上看,主营业务收入占据全国半壁江山的行业有电气机械(55.6%)、建材(53.7%)、电力热力(53.7%)、汽车(49.9%)和化工(49.3%),最低的钢铁工业也占了全国的37.6%。从上中下游支柱工业的发育发达程度上看,下游四省市的十大支柱产业在规模、门类、序列和集中度上都明显优于中上游地区,显示出以先进制造业为主导的强大制造能力和引领能力(见表4-6)。

表4-6 2017年长江经济带及全国10大支柱工业部门主营业务收入一览

(单位:亿元)

序号	下游 (273983)	中游 (117730)	上游 (84736)	经济带 (476449)	占全国	全国 (1133161)
1	计算机设备制造(30738)11.2	汽车制造业(10490)8.9	计算机设备制造(9484)11.2	计算机设备制造(46520)9.8	43.8	计算机设备制造(106222)9.4
2	电气机械制造(30077)11.0	有色金属冶炼(10377)8.8	汽车制造业(8206)9.7	汽车制造业(42274)8.9	49.9	汽车制造业(84637)7.5
3	化学原料和制品(27107)9.9	农副食品加工(9193)7.8	非金属矿物制品(5992)7.1	化学原料和制品(40368)8.5	49.3	化学原料和制品(81889)7.2

序号	下游 （273983）	中游 （117730）	上游 （84736）	经济带 （476449）	占全国	全国 （1133161）
4	汽车制造业（23578）8.6	非金属矿物制品（8944）7.6	电力、热力生产（5172）6.1	电气机械制造（39869）8.4	55.6	电气机械制造（71683）6.3
5	纺织、纺织服装（19283）7.0	化学原料和制品（8163）6.9	化学原料和制品（5098）6.0	纺织、纺织服装（25865）5.4	42.2	黑色金属冶炼（64572）5.7
6	通用设备制造（17983）6.6	电气机械制造（6891）5.9	农副食品加工（4652）5.5	非金属矿物制品（24973）5.2	53.7	农副食品加工（59894）5.3
7	黑色金属冶炼（15133）5.5	计算机设备制造（6298）5.3	酒饮料茶制造（4569）5.4	通用设备制造（24495）5.1	37.6	非金属矿物制品（59195）5.2
8	电力、热力生产（13776）5.0	黑色金属冶炼（5270）4.5	黑色金属冶炼（3874）4.6	黑色金属冶炼（24277）5.1	44.7	电力、热力生产（57414）5.1
9	专用设备制造（11334）4.1	纺织、纺织服装（5176）4.4	有色金属冶炼（3741）4.4	有色金属冶炼（24180）5.1	40.5	纺织、纺织服装（57006）5.0
10	金属制品业（11307）4.1	专用设备制造（4572）3.9	电气机械制造（2901）3.4	电力、热力生产（23280）4.9	53.7	有色金属冶炼（54091）4.8
合计	（200316）73.1	（75404）64.0	（53689）63.4	（316101）66.3	—	（696603）61.5

注：表中将产业关联极为密切的纺织业与纺织服装、服饰业合并为一个行业加以统计，以凸显长江经济带纺织服装产业的原有优势地位。

资料来源：《中国统计年鉴2018》和2018年沿江11省市统计年鉴。

从工业产品的生产制造能力上看。根据国家统计局公布的2018年全国及各省市区36种主要工业产品的产量分析，沿江11省市共有14种主要工业品产量超过了全国的一半以上，占了36种主要工业品的38.9%，分别是洗衣机（80.8%）、微机（78.9%）、农药（78.7%）、化纤（78.4%）、水电（74.7%）、发电机组（68.1%）、冰箱（65.0%）、硫酸（63.3%）、机床（59.3%）、布（58.6%）、卷烟（57.3%）、集成电路（55.1%）、水泥（52.0%）和空调（51.4%）；有原盐、轿车、化肥、汽车、纸等5种产品产量超过全国40%；有发电量、玻璃、拖拉机、纯碱、塑料、啤酒、手机、钢材、粗钢、彩电10种产品产量超过全国的30%,另有乙烯、生铁、烧碱、天然气4种产品产量达到全国29%以上(见表4-7)。这些优势工业产品主要集中于电子(微机、集成电路)、化工(农药、硫酸、化肥、纯碱、塑料)、汽车(轿车、汽车)、高端装备(发电机组、机床、拖拉机)、家电(洗衣机、冰箱、空调、手机、彩电)、纺织服装(化纤、布)、建材(水泥、玻璃)和钢铁(钢材、粗钢)等工业行业,与经济带十大支柱工业行业具有高度的相关性和契合度,显示出长江经济带在工业制造领域的强大优势。

表4-7　2018年长江经济带11省市主要工业品产量及其占全国比重

序号	主要工业品	全国	11省市	占全国(%)	主要省市占比(%)
1	洗衣机(万台)	7268	5872	80.8	安徽29.3,江苏26.0,浙江15.9
2	微机(万台)	30700	24217	78.9	重庆23.0,江苏20.2,四川19.2
3	农药(万吨)	208.3	164.0	78.7	江苏38.5,浙江10.4,四川10.1
4	化纤(万吨)	5011	3927	78.4	浙江45.5,江苏27.3
5	水电(亿千瓦时)	12342	9222	74.7	四川25.6,云南21.9,湖北12.0
6	发电机组(万千瓦)	10600	7215	68.1	上海30.5,四川21.8,江苏6.3
7	冰箱(万台)	7993	5198	65.0	安徽32.9,江苏12.0,浙江7.7
8	硫酸(万吨)	9130	5784	63.3	四川15.8,湖北13.3,贵州8.8
9	机床(万台)	48.86	28.95	59.3	浙江24.5,江苏17.4,安徽5.8
10	布(亿米)	657.3	384.9	58.6	浙江25.5,江苏17.9,湖北8.8
11	卷烟(亿支)	23359	13380	57.3	云南15.0,湖南7.0,湖北5.5
12	集成电路(亿块)	1739.5	958.4	55.1	江苏32.4,上海13.4
13	水泥(万吨)	220771	114858	52.0	江苏6.7,四川6.2,安徽6.0
14	空调(万台)	20486	10526	51.4	安徽15.7,重庆9.0,湖北9.0
15	原盐(万吨)	5836	2899	49.7	江苏16.1,四川8.5,湖北7.1
16	轿车(万辆)	1160	534.8	46.1	上海16.8,湖北8.6,浙江7.6
17	化肥(万吨)	5418	2412	44.5	湖北11.8,贵州9.0,四川6.8
18	汽车(万辆)	2782	1235	44.4	上海10.7,湖北8.7,重庆6.2
19	纸(万吨)	11661	4945	42.4	浙江16.0,江苏9.8
20	发电量(亿千瓦时)	71118	27491	38.7	江苏7.2,四川5.2
21	玻璃(万箱)	86864	33254	38.3	湖北10.7,四川6.2,浙江5.0

序号	主要工业品	全国	11省市	占全国(%)	主要省市占比(%)
22	拖拉机(万台)	24.35	9.08	37.3	江苏14.3,云南12.9,浙江8.3
23	纯碱(万吨)	2620	923	35.2	江苏16.7,四川5.4,湖北5.2
24	塑料(万吨)	8558	2941	34.4	江苏10.9,浙江10.8
25	啤酒(万千升)	3812	1285	33.7	浙江6.2,四川5.8
26	手机(万台)	179846	37839	32.2	重庆10.5,四川5.2
27	钢材(万吨)	110552	35550	32.2	江苏11.0
28	粗钢(万吨)	92801	29684	32.0	江苏11.2
29	彩电(万台)	18835	5765	30.6	安徽9.4,江苏7.0,四川5.3
30	乙烯(万吨)	1841	547.8	29.8	上海9.4,江苏8.8,浙江6.5
31	生铁(万吨)	77105	22724	29.5	江苏8.8
32	烧碱(万吨)	3420	999	29.2	江苏9.4,浙江5.6
33	天然气(亿立方米)	1603	466	29.1	四川23.1

注:另有焦炭占全国18.5%,糖占全国16.6%,原煤占全国10.6%,共36种。

资料来源:《中国统计年鉴2019》。

2. 现代服务业

从服务业的发展状况及其所占全国的地位上看,目前长江经济带则表现出相对制造业而言的明显劣势特征和发育滞后特征,成为沿江11省市中除上海之外的共同发展短腿。一是2018年沿江11省市第二产业增加值(41.3%)虽然高于全国平均的40.7%,但第三产业增加值(51.8%)却低于全国平均水平(52.2%)0.4个百分点(见表5-5、图5-5);二是沿江11省市中,除了上海、浙江、重庆三省市外,包括江苏在内的其余8省第三产业增加值占比均低于全国52.8%的平均水平,目前尚有安徽、江西两省仍为服务业增加值小于第二产业的"二三一"的产业分布格局;三是沿江11省市中第三产业增加值占比超过55%的仅有上海一家(69.9%),且上海的这一产业高度仍比京津冀的北京(81.0%)和珠三角的广州(71.7%)分别低了11.1和1.8个百分点;四是从第三产业增加值构成上看,在2018年沿江11省市统计年鉴中,除了上海、江苏、浙江、安徽四省市之外,其余七个省市均没有服务业9个子行业的完整统计,所列出的子行业最多为4个,最少只有2个,既表明这些省市对服务业发展的不够重视,也表明这些省市服务业发展水平的低下,特别是涉及信息服务、科教文卫、商务租赁、公共管理等现代服务业和现代城市管理服务领域的子行业。(见表4-8)从沿江11省市各服务业子行业的所占比重看,作为现代服务业的核心行业,上海金融业占比达到了25.2%,远远高于沿江其他省市,显示出上海作为国际金融中心城市的强大影响力和竞争力;重庆、湖北、江苏三省市金融业占比也均超过全国15.3%的平均水平,其余省市则均低于全国平均。浙江、上海、云南、江苏四省市的批发零售业占比都超过了全国18.2%的平均水平,显示出上述省市商贸市场的活跃与活力,尤其是位居第一的浙江电子商务和线上购物优势。信息服务业是衡量未来信息社会时代服务业发展水平与发展趋势的服务业新业态,目前沿江11省市中仅有沪苏浙皖四省市拥有统计数据,其中江浙沪三省市信息服务业占比均超过了全国6.4%的平均水平,安徽尚有一定差距。房地产业也是沿江各省市服务业中占比较高、影响较大的重要行业,但2017年沿江10省市(云南无数据)房地产业占比无一超过全国12.6%的平均水平。

表4-8 2017年长江经济带沿江11省市服务业构成一览

(单位:亿元,%)

省市	第三产业GDP	交通仓储邮政	批发零售业	住宿餐饮业	金融业	房地产业	信息服务业	租赁商务服务	科教文卫事业	社会管理服务
上海	21192	1345 (6.3)	4393 (20.7)	412 (1.9)	5331 (25.2)	1873 (8.8)	1862 (8.8)	1788 (8.4)	3010 (14.2)	1140 (5.4)
江苏	43170	3098 (7.2)	8070 (18.7)	1407 (3.3)	6784 (15.7)	5017 (11.6)	2883 (6.7)	3824 (8.9)	6580 (15.2)	5228 (12.1)
浙江	27602	1938 (7.0)	6217 (22.5)	1219 (4.4)	3533 (12.8)	3223 (11.7)	2915 (10.6)	1482 (5.4)	3939 (14.3)	3011 (10.9)
安徽	11598	875 (7.5)	1910 (16.5)	501 (4.3)	1664 (14.3)	1390 (12.0)	511 (4.4)	1169 (10.1)	1846 (15.9)	1585 (13.7)
江西	8543	866 (10.1)	1881 (22.0)		1107 (13.0)					
湖北	16507				2641 (16.0)	1643 (10.0)				

续表

省市	第三产业GDP	交通仓储邮政	批发零售业	住宿餐饮业	金融业	房地产业	信息服务业	租赁商务服务	科教文卫事业	社会管理服务
湖南	16759	1496 (8.9)	2667 (15.9)		1610 (9.6)	1019 (6.1)				
重庆	9564	939 (9.8)	1596 (16.7)	425 (4.4)	1814 (19.0)	1048 (11.0)				
四川	18390	1596 (8.7)	2574 (14.0)	1023 (5.6)	3203 (17.4)	2040 (11.1)				
贵州	6080	1070 (17.6)	813 (13.4)	439 (7.2)	788 (13.0)	283 (4.7)				
云南	7833	367 (4.7)	1568 (20.0)							
全国	427032	37173 (8.7)	77658 (18.2)	14690 (3.4)	65395 (15.3)	53965 (12.6)	26401 (6.2)	21888 (5.1)	77192 (18.1)	53491 (12.5)

注:"公共管理"中还包含了公共设施管理业与居民服务、修理和其他服务业。

资料来源:《中国统计年鉴2018》和2018年沿江11省市统计年鉴。

3. 龙头骨干企业

从企业层面上看,有无体量大、规模大、占据产业链核心环节、溢出效应强、并拥有国内外强大市场影响力和竞争力的大型龙头骨干企业、领先企业及其数量多寡,是衡量一个产业集群发育程度和发展水平的关键标志,也是产业集群核心竞争力的重要体现。从具有全球及区域性市场影响力的龙头企业、领先企业的数量及分布情况看,长江经济带已有一大批企业已经迈入或者正在迈入全国500强乃至世界500强的行列。以财富世界500强企业为例,沿江11省市从2000年的无一家企业入围迅猛发展到2015年的15家,再到2018年的18家和2019年的19家,占了全国129家入围企业的14.7%和111家内地企业的17.1%。其中,上海7家,杭州4家,苏州2家,武汉、南京、鹰潭、温州、芜湖、铜陵各1家;下游17家,中游2家,上游无,显示出上海及其下游地区在长江经济带产业集群培育发展中的绝对龙头地位和强大的引领带动作用。(见表4-9)从行业上分析,上述入围企业主要来自于汽车、银行保险、电信与互联网、金属产品、建筑房地产等多个行业,智能制造和高端装备制造企业相对缺乏。

表 4-9　2019 财富世界 500 强企业长江经济带入围名单

排名	企业名称	所在地	行业类型
39	上海汽车集团股份有限公司	上海(共 8 家)	车辆与零部件
82	东风汽车集团	武汉	车辆与零部件
149	宝武钢铁集团有限公司	上海	金属产品
150	交通银行	上海	商业储蓄
181	恒力集团	苏州(共 2 家)	纺织
182	阿里巴巴集团	杭州(共 4 家)	互联网、互联网金融
199	中国太平洋保险集团股份公司	上海	人寿与健康保险
202	绿地控股集团有限公司	上海	房地产
216	上海浦东发展银行股份有限公司	上海	银行、商业储蓄
220	浙江吉利控股集团	杭州	车辆与零部件
249	物产中大集团	杭州	商贸代理
279	中国远洋海运集团	上海	海洋运输
333	苏宁易购集团	南京	互联网、商贸
340	江苏沙钢集团	苏州	金属产品
358	江西铜业集团公司	鹰潭	采矿、原油生产
361	青山控股集团	温州	金属产品
441	安徽海螺集团	芜湖	水泥
461	铜陵有色金属集团	铜陵	有色金属
473	海亮集团有限公司	杭州	基础教育、有色金属

注:2018 财富世界共 120 家中国企业(内地 111 家,长江经济带 18 家)上榜,首次上榜企业 13 家。

从 2019 年财富中国 500 强企业的上榜情况看,沿江 11 省市共有 43 个城市的 176 家企业入围,比上年的 161 家增加了 15 家,占了全国的 35%。(见表 4-10)其中,上海 54 家,江苏 9 市 30 家,浙江 8 市 32 家,安徽 6 市 10 家,江西 3 市 5 家,湖北 5 市 14 家,湖南 2 市 4 家,重庆 8 家,四川 3 市 10 家,贵州 2 市 2 家,云南 2 市 7 家;下游 126 家,中游 23 家,上游 27 家,分别占了 71.6%、13.1% 和 15.3%,与上年相比分别增加了 12 家、3 家和 0 家;43 个地级及以上城市中,除了独占鳌头的上海54家外,随后依次为杭州(19家)、南京(10家)、武汉(10家)、重庆(8家)、苏州(8家)等沿江中心城市,上中下游地区之间点状与块状、串珠状交错分布的特点鲜明(见表4-11)。

表4-10　长江经济带2019财富中国500强企业一览

序号	排名	企业	所在地
1	5	上海汽车集团	上海
2	22	中国太平洋保险(集团)股份有限公司	上海
3	23	绿地控股集团股份有限公司	上海
4	24	阿里巴巴集团控股有限公司	浙江杭州
5	25	国药控股股份有限公司	上海
6	28	宝山钢铁股份有限公司	上海
7	29	物产中大集团股份有限公司	浙江杭州
8	32	中国联合网络通信有限公司	上海
9	39	苏宁易购集团股份有限公司	江苏南京
10	45	江西铜业股份有限公司	江西南昌
11	46	交通银行股份有限公司	上海
12	54	上海浦东发展银行股份有限公司	上海
13	55	上海建工集团股份有限公司	上海
14	57	广汇汽车服务股份公司	上海
15	61	上海医药集团股份有限公司	上海
16	71	安徽海螺水泥股份有限公司	安徽芜湖
17	75	中远海运控股股份有限公司	上海
18	78	中国东方航空股份有限公司	上海
19	85	吉利汽车控股有限公司	浙江杭州
20	90	东风汽车集团有限公司	湖北武汉
21	93	上海电气集团股份有限公司	上海
22	96	上海钢联电子商务股份有限公司	上海
23	100	荣盛石化股份有限公司	浙江杭州
24	101	湖南华菱钢铁股份有限公司	湖南长沙
25	106	九州通医药集团股份有限公司	湖北武汉
26	109	恒逸石化股份有限公司	浙江杭州

序号	排名	企业	所在地
27	110	铜陵有色金属集团股份有限公司	安徽铜陵
28	113	四川长虹电器股份有限公司	四川绵阳
29	115	苏美达股份有限公司	江苏南京
30	116	马鞍山钢铁股份有限公司	安徽马鞍山
31	122	贵州茅台酒股份有限公司	贵州遵义
32	131	新希望六和股份有限公司	四川成都
33	136	重庆长安汽车股份有限公司	重庆
34	137	远大产业控股股份有限公司	江苏连云港
35	144	浙商中拓集团股份有限公司	浙江杭州
36	149	绿城中国控股有限公司	浙江杭州
37	151	中化国际(控股)股份有限公司	上海
38	159	新余钢铁股份有限公司	江西新余
39	160	浙江浙能电力股份有限公司	浙江杭州
40	162	阳光城集团股份有限公司	上海
41	164	宁波均胜电子股份有限公司	浙江宁波
42	166	卓尔智能集团股份有限公司	湖北武汉
43	170	中国永达汽车服务控股有限公司	上海
44	172	新城发展控股有限公司	上海
45	173	淮北矿业控股股份有限公司	安徽淮北
46	176	云南云天化股份有限公司	云南昆明
47	183	安徽江淮汽车集团股份有限公司	安徽合肥
48	184	杭州海康威视数字技术股份有限公司	浙江杭州
49	185	东华能源股份有限公司	江苏南京
50	186	上海百联集团股份有限公司	上海
51	189	云南铜业股份有限公司	云南昆明
52	194	重庆建工集团股份有限公司	重庆
53	198	上海华谊集团股份有限公司	上海
54	200	徐工集团工程机械股份有限公司	江苏徐州
55	203	上海银行股份有限公司	上海
56	204	老凤祥股份有限公司	上海
57	214	桐昆集团股份有限公司	浙江嘉兴桐乡

续表

序号	排名	企业	所在地
58	217	金科地产集团股份有限公司	重庆
59	222	浙江海亮股份有限公司	浙江绍兴诸暨
60	224	江苏中南建设集团股份有限公司	江苏南通海门
61	225	宜宾五粮液股份有限公司	四川宜宾
62	226	四川路桥建设集团股份有限公司	四川成都
63	230	云南锡业股份有限公司	云南昆明
64	232	浙商银行股份有限公司	浙江杭州
65	233	江苏汇鸿国际集团股份有限公司	江苏南京
66	234	安徽水利开发股份有限公司	安徽蚌埠
67	241	上海国际港务(集团)股份有限公司	上海
68	244	上海隧道工程股份有限公司	上海
69	246	江苏国泰国际集团国贸股份有限公司	江苏苏州张家港
70	249	申能股份有限公司	上海
71	252	江苏银行股份有限公司	江苏南京
72	259	重庆百货大楼股份有限公司	重庆
73	260	江苏中天科技股份有限公司	江苏南通
74	263	江苏亨通光电股份有限公司	江苏苏州吴江
75	265	环旭电子股份有限公司	上海
76	270	新凤鸣集团股份有限公司	浙江嘉兴桐乡
77	272	宝胜科技创新股份有限公司	江苏扬州
78	273	大明国际控股有限公司	江苏无锡
79	276	南京医药股份有限公司	江苏南京
80	277	携程国际有限公司	上海
81	281	天茂实业集团股份有限公司	湖北荆门
82	283	四川蓝光发展股份有限公司	四川成都
83	285	中国大冶有色金属矿业有限公司	湖北黄石大冶
84	286	东方电气股份有限公司	四川成都
85	287	华东医药股份有限公司	浙江杭州
86	291	宁波银行股份有限公司	浙江宁波
87	296	中联重科股份有限公司	湖南长沙
88	297	国电南瑞科技股份有限公司	江苏南京

序号	排名	企业	所在地
89	298	江铃汽车股份有限公司	安徽合肥
90	300	百世集团	浙江杭州
91	303	蓝思科技股份有限公司	湖南长沙浏阳
92	304	通威股份有限公司	四川成都
93	305	华新水泥股份有限公司	湖北武汉
94	306	圆通速递股份有限公司	上海
95	307	浙江正泰电器股份有限公司	浙江温州乐清
96	309	南京银行股份有限公司	江苏南京
97	313	徽商银行股份有限公司	安徽合肥
98	314	超威动力控股有限公司	浙江湖州长兴
99	316	云南白药集团股份有限公司	云南昆明
100	318	正荣地产集团有限公司	上海
101	319	杭州钢铁股份有限公司	浙江杭州
102	322	浙江交通科技股份有限公司	浙江衢州江山
103	326	重庆农村商业银行股份有限公司	重庆
104	329	舜宇光学科技(集团)有限公司	浙江宁波余姚
105	331	重药控股股份有限公司	重庆
106	332	上海实业(集团)有限公司	上海
107	333	安道麦股份有限公司	湖北荆州
108	335	联华超市股份有限公司	上海
109	339	苏州金螳螂建筑装饰股份有限公司	江苏苏州
110	340	晶科能源控股有限公司	江西上饶
111	345	阿特斯太阳能有限公司	江苏苏州
112	346	安徽山鹰纸业股份有限公司	安徽马鞍山
113	349	烽火通信科技股份有限公司	湖北武汉
114	350	江苏洋河酒厂股份有限公司	江苏宿迁
115	354	江苏长电科技股份有限公司	江苏无锡江阴
116	355	海通证券股份有限公司	上海
117	359	浙江大华技术股份有限公司	浙江杭州
118	361	扬子江船业(控股)有限公司	江苏泰州靖江
119	362	宝业集团股份有限公司	浙江绍兴

续表

序号	排名	企业	所在地
120	367	德邦物流股份有限公司	上海
121	369	国泰君安证券股份有限公司	上海
122	371	重庆钢铁股份有限公司	重庆
123	372	上海电力股份有限公司	上海
124	375	中芯国际集成电路制造股份有限公司	上海
125	376	上海梅林正广和股份有限公司	上海
126	377	江苏国信股份有限公司	江苏南京
127	379	江西正邦科技股份有限公司	江西南昌
128	383	宁波舟山港股份有限公司	浙江宁波
129	386	云南铝业股份有限公司	云南昆明
130	388	中国中材国际工程股份有限公司	上海
131	393	杭州滨江房产集团股份有限公司	浙江杭州
132	394	光明乳业股份有限公司	上海
133	400	上海世茂股份有限公司	上海
134	403	上海锦江国际酒店(集团)股份有限公司	上海
135	407	光明房地产集团股份有限公司	上海
136	408	浙江英特集团股份有限公司	浙江杭州
137	411	传化智联股份有限公司	浙江杭州
138	412	重庆小康工业集团股份有限公司	重庆
139	415	龙元建设集团股份有限公司	上海
140	422	江苏东山精密制造股份有限公司	江苏苏州
141	423	保利置业集团有限公司	江苏南京
142	424	宝龙地产控股有限公司	上海
143	429	中华企业股份有限公司	上海
144	434	天虹纺织集团有限公司	上海
145	436	海澜之家股份有限公司	江苏无锡江阴
146	437	浙江龙盛集团股份有限公司	浙江绍兴上虞
147	438	云南驰宏锌锗股份有限公司	云南曲靖
148	439	中建西部建设股份有限公司	四川成都
149	441	人福医药集团股份公司	湖北武汉
150	445	步步高商业连锁股份有限公司	湖南湘潭

续表

序号	排名	企业	所在地
151	446	江苏东方盛虹股份有限公司	江苏苏州吴江
152	461	中骏集团控股有限公司	上海
153	465	齐合环保集团有限公司	浙江台州
154	467	中通速递服务有限公司	上海
155	449	中天金融集团股份有限公司	贵州贵阳
156	451	宜宾天原集团股份有限公司	四川宜宾
157	460	湖北兴发化工集团股份有限公司	湖北宜昌
158	463	武汉武商集团股份有限公司	湖北武汉
159	469	远东智慧能源股份有限公司	江苏无锡宜兴
160	470	江苏恒瑞医药股份有限公司	江苏连云港
161	471	苏州胜利精密制造科技股份有限公司	江苏苏州
162	473	闻泰科技股份有限公司	湖北武汉
163	474	方大特钢科技股份有限公司	江西南昌
164	476	新湖中宝股份有限公司	浙江杭州
165	477	贵研铂业股份有限公司	云南昆明
166	478	杭州银行股份有限公司	浙江杭州
167	480	申通快递股份有限公司	上海
168	484	湖北凯乐科技股份有限公司	湖北武汉
169	485	中国船舶工业股份有限公司	上海
170	487	安徽辉隆农资集团股份有限公司	安徽合肥
171	489	东方国际创业股份有限公司	上海
172	490	江苏中利集团股份有限公司	江苏苏州
173	492	中远海运发展股份有限公司	上海
174	495	金凰珠宝股份有限公司	湖北武汉
175	496	四川科伦药业股份有限公司	四川成都
176	497	上海申达股份有限公司	上海

资料来源：根根据财富中文网中国财富 500 强企汇总整理。

表 4-11　长江经济带 2019 财富中国 500 强企业城市布局

企业数量	城市（共 177 家,占全国 35.4%。其中,下游 127,中游 23,上游 27）
>10	上海（55）、杭州（19）、
（6-10）	南京（10）、武汉（10）、重庆（8）、苏州（8）、成都（7）、昆明（6）
（2-5）	合肥（4）、宁波（4）、无锡（4）、南昌（3）、长沙（3）、绍兴（3）、南通（2）、嘉兴（2）、宜宾（2）、马鞍山（2）、连云港（2 家）
1	芜湖、铜陵、绵阳、遵义、新余、淮北、徐州、扬州、荆门、黄石、温州、湖州、衢州、荆州、上饶、宿迁、泰州、曲靖、湘潭、台州、贵阳、宜昌、蚌埠

资料来源:根据财富中文网中国 500 企业汇总整理。

三、创新发展环境

1. 大学与科研机构

　　长江流域自古以来就是中华民族的文化摇篮和科技创新的主要策源地,社会开化,文明进步,人杰地灵。这一地区人才荟萃,劳动力数量多、素质高,两院院士约占全国一半以上;科学、教育、文化事业发达,技术与管理先进。2018 年长江经济带 11 省市共有普通高校 1147 所,占全国 2663 所的 43.1%,其中 985 高校（16 所）和 211 高校（46 所）分别占了全国的 41.0% 和 39.7%;在校本科大学生 709.8 万人,占全国 1697.3 万的 41.8%;高校教职工 102.7万,专任教师 70.5 万,教授 87678 人,分别占全国的 43.1%、42.2% 和 40.2%;聚集了 2 个综合性国家科学中心、161 个国家重点实验室、667 个企业技术中心,占据了全国的“半壁江山”。特别是上海、南京、杭州、武汉、长沙、重庆、成都等中心城市拥有众多高等院校、科研院所和企业研发机构,汇聚了大批海内外高素质的各类人才,是建设长江经济带世界级产业集群的重要人力、智力资本,奠定了雄厚的创新资源基础。

　　大学是人类科技创新的重要桥头堡。当前国际四大权威的大学排名（QS/US News/THE/ARWU）中,THE（泰晤士高等教育世界大学排名）和ARWU（世界大学学术排名）更偏重教学与研究能力。2019—2020 年泰晤士高等教育世界大学排名前 400 中（见表 4-12）,中国有 23 所高校,除去港澳台地区高校,13 所内地高校中 7 所高校分布在长江经济带的中下游地区,分别是中国科学技术大学、浙江大学、复旦大学、南京大学、上海交通大学和武汉大学,主要集中于上海、南京、合肥、武汉等沿江中心城市,显示出长江经济带中下游地区科研储备人才和科研实力在全国的地位。在前 100 名榜单的顶尖大学中,美国大学占到 39 所,其次为英国 11 所、德国 8 所,中国共 6 所上榜(见图 4-10)。2011 年以来,美国前 100 名大学数量有所下降,但仍占到总数的近一半。尽管中国高校的数量较往年略有提升,大学的排名也在逐渐进步,但相比美国还有较大差距。

表 4-12　2018—2020 年泰晤士高等教育世界大学排名前 400 的中国高校

序号	学校名称	2019—2020 年排名	2018—2019 年排名	2017—2018 年排名	地区
1	清华大学	23	22	30	北京
2	北京大学	24	31	27	北京
3	香港大学	35	36	40	香港
4	香港科技大学	47	46	44	香港
5	香港中文大学	57	55	58	香港
6	中国科学技术大学	80	93	132	安徽
7	浙江大学	107	101	177	浙江
8	复旦大学	109	105	116	上海
9	台湾大学	120	170	198	台湾
10	香港城市大学	126	110	119	香港
11	南京大学	144	135	169	江苏
12	上海交通大学	157	190	188	上海
13	香港理工大学	171	173	182	香港
14	澳门科技大学	251—300	<500		澳门
15	中山大学	251—300	301—350	351—400	广东
16	北京师范大学	301—350	<500		北京
17	华中科技大学	301—350	351—400	401—500	湖北
18	澳门大学	301—350	351—400		澳门
19	南方科技大学	301—350	301—350	NR	广东
20	南开大学	351—400	351—400	NR	天津

续表

序号	学校名称	2019—2020 年排名	2018—2019 年排名	2017—2018 年排名	地区
21	台湾清华大学	351—400	401—500		台湾
22	台北医药大学	351—400	501—600		台湾
23	武汉大学	351—400	351—400	401—500	湖北

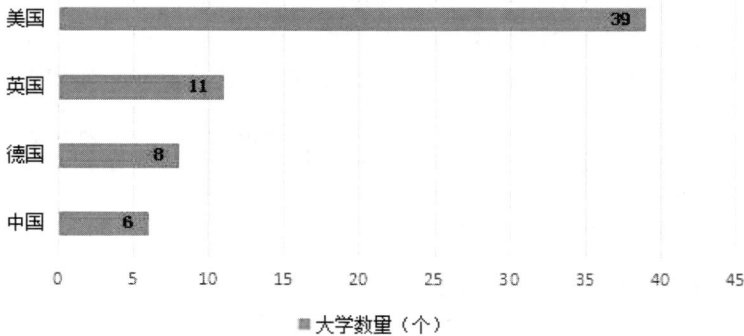

图 4-10　2019—2020 年泰晤士高等教育世界大学排名前 100 主要国比较

2. 独角兽企业

从代表新型科创企业发展活力与未来方向的"独角兽"企业的发展态势和空间分布状况看,根据 2019 年 5 月科技部火炬中心联合长城企业战略研究所在北京发布的《2018 年中国独角兽企业发展报告》,2018 年我国共有 202 家企业入围独角兽榜单,比上年增加了 38 家,平均估值 36.9 亿美元。其中,位列榜单前十的依次为蚂蚁金服、今日头条、滴滴出行、快手、京东数科、菜鸟网络、比特大陆、微众银行、贝壳找房和平安医保科技;主要涉及电子商务、新文娱、智慧物流、人工智能、新能源汽车、互联网教育、金融科技、房产服务等 21 个行业。从地域分布上看,北京以 83 家的绝对优势独占鳌头,随后是上海的 38 家、杭州的 18 家和深圳的 18 家。沿江 11 省市共有 79 家企业入围,占了全国的 39.1%,除了上海、杭州,还包括南京 8 家、武汉 4 家、成都 2 家,以及赣州、贵阳、合肥、宁波、上饶、苏州、铜陵、无锡、镇江 9 市各 1 家(见图 4-11)。

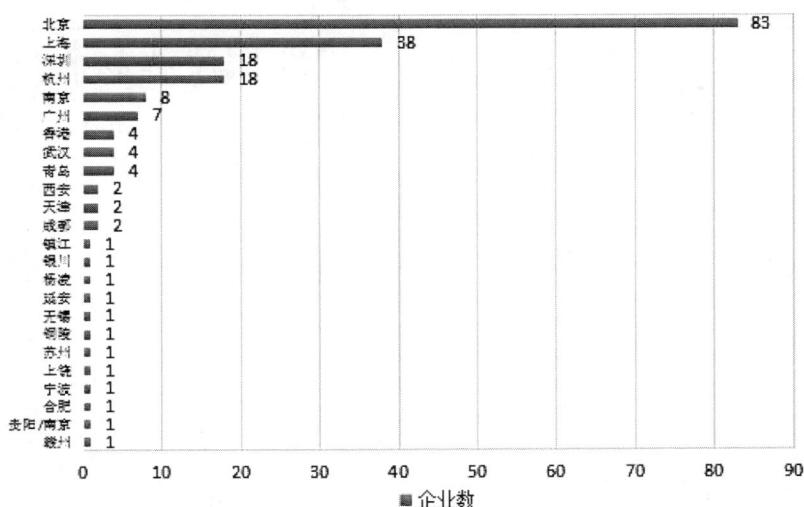

图 4-11　中国独角兽企业地区分布

3. 科技投入与产出

从 2018 年沿江 11 省市规模以上工业企业科技投入的规模和产出绩效看,经济带 R&D 人员全时当量达到 105.4 万人年,R&D 经费支出 6359 亿元,获得有效发明专利 48.7 万件,完成技术市场成交额 6176 亿元,分别占了全国的 50.4%、49.1%、44.5% 和 34.9%(见表 4-13)。从沿江各省市科技投入的绩效结果看,人的绩效(全员劳动生产率)以贵州的 56.3 万元最高,随后是云南的 54.0 万元和湖北的 47.6 万元,呈现为上游向下游依次递减;资本的绩效(总资产利润率)以江西的 8.96% 为最高,随后是上海的 7.82% 和江苏的 7.10%,呈现出中间高、两头低的分布态势;而科技进步的各项绩效指标则明显以下游的沪苏浙皖四省市最为靓丽,上海和江苏相对更强,显示出与产业发展整体水平和产业集群成熟程度的高度正相关性,中游的湖北和上游的四川分别仅在人均技术市场成交额和 R&D 投入产生专利数上有较好表现。从整体上看,沿江 11 省市科技投入强度等各项绩效指标都高于全国平均水平,仅人均技术市场成交额和 R&D 投入产生专利数略有不足(表 4-14)。

表4-13　2018年长江经济带规上工业企业绩效数据

地区	工业增加值（亿元）	总资产（亿元）	总利润（亿元）	年平均职工人数（万人）	R&D人员全时当量（人年）	R&D经费支出（亿元）	有效发明专利（件）	技术市场成交额（亿元）
上海	8695	42662	3338	192.5	88016	555	47940	1225.2
江苏	36112	119591	8492	926.1	455530	2025	176120	991.4
浙江	20407	77667	4452	652.7	394147	1147	62341	590.7
安徽	11673	37600	2448	288.6	106744	497	56296	321.3
江西	8113	24086	2158	233.8	67394	268	11878	115.8
湖北	13961	39895	2755	293.0	105041	526	32421	1204.1
湖南	11916	27195	1727	297.8	102800	517	33659	281.6
重庆	5998	19172	1219	154.8	61956	299	17579	188.4
四川	12190	44076	2718	295.0	77848	342	35959	996.7
贵州	4643	15068	879	82.5	20041	76	6544	171.1
云南	4484	20562	925	83.0	24048	107	6466	89.5
下游	76887	277520	18730	2059.9	1044437	4224	342697	3128.6
中游	33990	91176	6640	824.6	275235	1311	77958	1601.5
上游	27315	98878	5741	615.3	183893	824	66548	1445.7
经济带	138192	467574	31111	3500	1503565	6359	487203	6176
全国	305160	1134382	66351	7942	2981234	12955	1094200	17697
占全国	45.3	41.2	46.9	44.1	50.4	49.1	44.5	34.9

资料来源：《中国统计年鉴2019》和沿江11省市2018年统计年鉴、统计公报。

表4-14　2018年长江经济带规上工业企业绩效比较

地区	全员劳动生产率（万元/人）	总资产利润率（%）	R&D经费占工业GDP（%）	R&D人员占年均职工（%）	人均R&D投入（万元/人）	人均拥有专利数（件/万人）	人均技术市场成交额（万元/人）	R&D投入产生专利数（件/亿元）
上海	45.2	7.82	6.38	4.57	2.88	249	6.36	86.4
江苏	39.0	7.10	5.61	4.92	2.19	190	1.07	87.0
浙江	31.3	5.73	5.62	6.04	1.76	96	0.91	54.4
安徽	40.4	6.51	4.26	3.70	1.72	195	1.11	113.3

续表

地区	全员劳动生产率（万元/人）	总资产利润率（%）	R&D经费占工业GDP（%）	R&D人员占年均职工（%）	人均R&D投入（万元/人）	人均拥有专利数（件/万人）	人均技术市场成交额（万元/人）	R&D投入产生专利数（件/亿元）
江西	34.7	8.96	3.30	2.88	1.15	51	0.50	44.3
湖北	47.6	6.91	3.77	3.59	1.80	111	4.11	61.6
湖南	40.0	6.35	4.34	3.45	1.74	113	0.95	65.1
重庆	38.7	6.36	4.98	4.00	1.93	114	1.22	58.8
四川	41.3	6.17	2.81	2.64	1.16	122	3.38	105.1
贵州	56.3	5.83	1.64	2.43	0.92	79	2.07	86.1
云南	54.0	4.50	2.39	2.90	1.29	78	1.08	60.4
下游	37.3	6.75	5.49	5.07	2.05	166	1.52	81.1
中游	41.2	7.28	3.86	3.34	1.59	95	1.94	59.5
上游	44.4	5.81	3.02	2.99	1.34	108	2.35	80.8
11省市	39.5	6.65	4.60	4.30	1.82	139	1.76	76.6
全国	38.4	5.85	4.25	3.75	1.63	138	2.23	84.5

资料来源：《中国统计年鉴2019》和沿江11省市2018年统计年鉴、统计公报。

4. 科技支撑能力

从区域科技创新的支撑能力上看，2019年4月发布的《中国区县专利与创新指数》对我国27个省（除直辖市、港澳台）所辖共计2769个区、县在2009年至2018年近10年间全部公开的专利总量进行统计，评选出"中国创新百强区"和"中国创新百强县"两大排行榜。其中"中国创新百强区"榜单以深圳南山区、宝安区以及苏州吴江区为前三甲；7—10名依次为佛山顺德区、深圳龙岗区、宁波鄞州区、深圳福田区、佛山南海区、广州天河区和成都武侯区，前10席中广东独占7席。从总量上看，浙江、江苏、广东三省分别占据25、22、18席，安徽占1席，长三角共计占了66席。"中国创新百强县"榜单则以苏州昆山市、宁波慈溪市、无锡江阴市为前三甲；7—10名依次为苏州张家港市、苏州常熟市、宁波余姚市、绍兴诸暨市、苏州太仓市、金华永康市和温州乐清市，前10名清一色均为江浙两省县市。从总量上看，浙江、江苏、山东三省入榜县市最多,分别占据 35、30、11 席;安徽占了 8 席;长三角共计占了 73 席,其中宁波、南通、扬州、湖州四个城市下辖所有区县全部进入百强,创新实力不容小觑;青岛、杭州、绍兴、泰州紧随其后,下辖 80% 以上区县均为百强(见表 4-15)。

表 4-15　中国创新百强区和创新百强县 TOP10

排名	中国创新百强区			中国创新百强县		
	地区	创新指数	所属省市	县市	创新指数	所属省份
1	南山区	100	广东深圳	昆山市	100	江苏
2	宝安区	85.11	广东深圳	慈溪市	57.74	浙江
3	吴江区	83.69	江苏苏州	江阴市	54.51	浙江
4	顺德区	71.08	广东佛山	张家港市	51.19	江苏
5	龙岗区	66.45	广东深圳	常熟市	51.01	江苏
6	鄞州区	60.39	浙江宁波	余姚市	48.88	浙江
7	福田区	42.72	广东深圳	诸暨市	44	浙江
8	南海区	36.99	广东佛山	太仓市	35.99	江苏
9	天河区	36.29	广东广州	永康市	32.87	浙江
10	武侯区	34.59	四川成都	乐清市	32.22	浙江

数据来源:科技日报社中国科技网、全国科技振兴城市经济研究会 2019 年联合发布的《中国区县专利与创新指数》。

四、区域流通环境

1. 交通运输总况

长江经济带地处我国中部腹心地区,且横贯东中西三大自然—经济区域,构成了我国承东启西、接南济北、通江达海的一条综合交通大动脉。特别是作为中国第一、世界第三大河,长江沿江地区的水运优势极为突出,上中下游地区之间依托"黄金水道"的天然纽带作用形成的社会经济联系十分紧密,大河流域以水运为基础的综合交通特色鲜明。反映在交通线路里程上,2018 年沿江 11 省市内河航道里程(90411 公里)占全国的 71.1%,铁路(39043 公里)、公路（2117275 公里）、高速公路（55691 公里）里程则分别占全国的 29.7%、43.7% 和 39.1%；反映在客运量和货运量上，2018 年沿江 11 省市客运量（857563 万人）和货运量（2183616 万吨）分别占了全国的 47.8% 和 42.4%，其中铁路分别占 42.8% 和 13.1%，公里分别占 50.9% 和 42.1%，而水路则分别占了 58.8% 和 66.2%，占比均接近或超过六成（见表 4-16）；反映在沿江主要港口码头的货物吞吐量上，近几年增长都非常迅猛。在 2018 年我国港口货物吞吐量上亿吨的 41 个大港中，有 17 个内河港口上榜。这 17 个内河港口全部都是属于沿江 11 省市的，货物吞吐总量达到了 29.16 亿吨，若再加上北仑—舟山港、上海港和连云港港这三个沿海大港，货物吞吐总量可达 48.99 亿吨，约占我国全部港口货物吞吐量的 36.7%（见表 4-17）。

表 4-16　2018 年长江经济带 11 省市交通运输基本情况

省市	铁路里程（公里）	内河航道里程（公里）	公路里程（公里）	高速公路（公里）	客运量（万人）				货运量（万吨）			
					合计	铁路	公路	水路	合计	铁路	公路	水路
上海	466	2091	13106	836	15845	12267	3151	427	106983	482	39595	66906
江苏	3062	24380	158729	4711	120612	21204	97025	2383	233157	6171	139251	87735
浙江	2813	9761	120662	4421	98380	21870	72013	4497	269083	4330	166533	98219
安徽	4324	5641	208826	4836	63347	12337	50770	240	406761	8066	283817	114877
江西	4278	5638	161941	5931	60686	11131	49302	253	174285	5155	157646	11484
湖北	4341	8470	275039	6367	98350	16713	80990	648	204307	4730	163145	36432
湖南	5070	11496	240060	6725	106680	13943	91007	1729	229957	4468	204389	21101
重庆	2326	4352	157483	3096	60587	7707	52150	731	128491	1967	107064	19460
四川	4950	10818	331592	7131	98567	15116	81462	1991	187385	7199	173324	6862
贵州	3565	3740	196908	6453	93025	6761	84053	2211	102537	5513	95354	1670
云南	3848	4024	252929	5184	41484	5500	34642	1342	140670	4661	135321	688
经济带	39043	90411	2117275	55691	857563	144549	696565	16452	2183616	52802	1665439	465434
全国	131651	127126	4846532	142593	1793820	337495	1367170	27981	5152732	402631	3956871	702684
占全国比	29.7	71.1	43.7	39.1	47.8	42.8	50.9	58.8	42.4	13.1	42.1	66.2

数据来源：《中国统计年鉴 2019》。

表 4-17   2018 年中国港口货物吞吐量上亿吨大港一览

排序	港口	吞吐量（万吨）	年增（%）	排序	港口	吞吐量（万吨）	年增（%）
1	宁波舟山	108439	7.4	22	重庆（内）	20444	3.7
2	上海	68392	−3.0	23	福州	17876	20.5
3	唐山	63710	11.1	24	江阴（内）	17560	10.0
4	广州	59396	4.2	25	东莞	15580	8.5
5	青岛	54250	6.1	26	镇江（内）	15331	7.9
6	苏州（内）	53227	−12.0	27	珠海	13799	1.6
7	天津	50774	1.4	28	泉州	12832	−1.2
8	大连	46784	2.8	29	芜湖（内）	12016	−6.2
9	烟台	44308	10.6	30	海口	11883	5.2
10	日照	43763	8.9	31	杭州（内）	11812	10.2
11	营口	37001	2.0	32	九江（内）	11689	−0.2
12	湛江	30185	7.0	33	岳阳（内）	11121	−6.8
13	黄骅	28771	6.4	34	锦州	10960	4.3
14	南通（内）	26702	13.3	35	嘉兴（内）	10696	13.4
15	南京（内）	25199	6.6	36	湖州（内）	10486	−0.5
16	深圳	25127	4.1	37	马鞍山（内）	10355	−6.1
17	泰州（内）	24509	22.9	38	武汉（内）	10318	3.0
18	北部湾	23986	9.7	39	扬州（内）	10129	7.5
19	秦皇岛港	23119	−5.7	40	丹东港	10066	−29.2
20	厦门港	21720	2.9	41	铜陵港（内）	10008	−9.8
21	连云港港	21443	4.1				

资料来源：交通运输部网站（2019 年 5 月 13 日）。

2. 越江通道

历史上长期困扰沿江地区流通环境改善的最大障碍，就是水急江宽的长江天堑的巨大阻隔，致使两岸之间的要素流通和社会经济联系长期受到严重影响而难以从根本上得到缓解。继 1957 年 10 月 15 日被称为"万里长江第一桥"的武汉长江大桥建成通车、1968 年 9 月南京长江大桥建成通车之后，我国逐渐加快了沿江建设长江大桥的速度。改革开放以来特别是近些年来已建和在建长江大桥的数量更是得到了爆发式的增长，已经突破了 100 座，长江天堑正在变成两岸互联、跨江融合的通途,成为沿江地区流通环境改善的最大亮点(见表4-18)。

表4-18　2018年末已建、在建长江大桥(隧道)一览

地区	已建	在建	大桥(隧道)名称
上海市境内	2		长江口大桥、长江口隧道(南隧北桥)
上海与江苏之间	1	1	崇启大桥、崇海大桥(在建)
江苏省境内	15	5	苏通大桥、沪通铁路大桥(在建)、泰州大桥、江阴大桥、扬中大桥、扬中一桥、扬中二桥、扬中三桥、润扬大桥、镇江大桥(在建)、南京二桥、南京四桥、南京公铁大桥、南京五桥(在建)、南京五桥夹江隧道(在建)、和燕路过江隧道(在建)、南京三桥;南京大胜关大桥、南京过江隧道、南京扬子江隧道
安徽省境内	8	3	马鞍山大桥、芜湖大桥、芜湖公铁大桥、芜湖二桥、芜湖三桥(在建)、芜湖城南过江隧道(在建)、铜陵大桥、铜陵公铁大桥、望东大桥、安庆大桥、池州大桥(在建)
江西与湖北之间	2	1	九江公铁大桥、九江二桥、九江三桥(在建)
湖北省境内	21	9	武穴大桥(在建)、棋盘洲大桥(在建)、黄石大桥、鄂东大桥、鄂黄大桥、黄冈大桥、武汉阳逻大桥、武汉青山大桥(在建)、武汉天兴洲公铁大桥、武汉二七大桥、武汉二桥、武汉三阳路公铁隧道、武汉公铁大桥、武汉鹦鹉洲大桥、武汉杨州港大桥(在建)、武汉白沙洲大桥、武汉沌口大桥(在建)、武汉军山大桥、(咸宁)嘉鱼大桥(在建)、(咸宁)赤壁大桥(在建)、荆州大桥、荆州二桥(在建)、枝城公铁大桥、宜昌大桥、宜昌伍家岗大桥(在建)、宜昌铁路大桥、葛洲坝三江大桥、夷陵大桥、西陵大桥、巴东大桥
湖北与湖南之间	1		荆岳长江大桥
重庆市境内	35	5	巫山大桥、奉节大桥、云阳大桥、万州二桥、万州铁路大桥、万州大桥、万州三桥(在建)、万州四桥(在建)、忠县大桥、忠州大桥、丰都二桥(在建)、丰都大桥、涪陵李渡大桥、涪陵大桥、涪陵石板沟大桥、涪陵韩家沱大桥、长寿铁路大桥、长寿大桥、重庆东水门大桥、重庆大佛寺大桥、重庆朝天门大桥、重庆大桥、重庆大桥复线桥、重庆菜园坝大桥、重庆鹅公岩大桥、重庆市寸滩铁路大桥(在建)、重庆李家沱大桥、重庆鱼洞大桥、重庆鱼嘴大桥、重庆马桑溪大桥、白沙沱铁路大桥、地维大桥、外环江津大桥、江津大桥;江津观音岩大桥、江津鼎山大桥、江津几江大桥、永川大桥、白居寺大桥(在建)、广阳岛大桥

续表

地区	已建	在建	大桥(隧道)名称
四川省境内	12	3	泸州泰安大桥、泸州铁路大桥、泸州二桥、泸州大桥、泸州黄舣大桥、泸州城东大桥(在建)、泸州国窖大桥、泸州邻玉大桥(在建)、泸州河东大桥(在建)、隆纳高速泸州大桥、江安大桥、南溪大桥、宜宾大桥、合江一桥、合江二桥
合计	97	36	

资料来源:根据网上相关资料自行整理。

五、绿色发展环境

长江源自青藏高原唐古拉山主峰各拉丹冬北麓的"三江源"自然保护区,经青藏高原、四川平原,出三峡进入江汉平原,再流经长江三角洲平原注入东海,地形地势西高东低、三级阶梯,空间绵延数千公里,构成了我国最大的流域生态系统,其生态意义包括:一是山水林田湖浑然一体,生物种群丰富多样,是我国重要的生态宝库;二是蕴藏着极其丰富的水资源,是中华民族的战略水源地;三是我国最为重要的国土、生态安全屏障区。然而,作为华夏文明的两大母亲河之一,长江流域又是五千年来华夏子民繁衍生息、开荒种地、经济社会活动的主要场所,自唐宋以来就是我国的繁华富庶之地,近代以来成为我国的工业走廊、商贸走廊和城市走廊。改革开放以来更是大量的人口、产业、城镇、发展要素高度集聚,人类活动不断强势强化,环境污染加剧,人与自然关系紧张与恶化,生态安全受到巨大威胁。为此,党中央、国务院高度重视长江流域的环境生态问题,习近平总书记在两次长江经济带发展座谈会上反复强调"共抓大保护、不搞大开发"的现实意义和长远战略意义,系统阐述了"绿水青山就是金山银山"的"两山"理论,明确提出了"生态优先、绿色发展"的发展战略方针。近年来,国家相继出台了《长江经济带生态环境保护规划》(环保部等三部委,2017 年 7 月)、《关于加强长江经济带工业绿色发展的指导意见》(工信部等五部委,2017 年 7 月)等指导性文件,采取了一系列有力措施,使沿江 11 省市的环境生态问题得到了明显好转与缓解,绿色发展蔚然成风。

1. 全社会广泛宣传动员,促使"两山"理论和五大发展理念不断深入人心

例如,2018 年 7 月 20 日,由中宣部组织的大型主题采访活动"大江奔流——来自长江经济带的报道"在云南丽江正式启动。来自人民日报、新华社、中央广播电视台等 10 多家中央媒体和长江经济带沿线 11 省市主流媒体的 100 余名记者和专家,以宣传贯彻习近平总书记深入推动长江经济带发展的重要战略思想为主线,在 20 多个日日夜夜里,沿江而下相继报道了云南、贵州、四川、重庆、湖北、湖南、江西、安徽、江苏、浙江、上海 11 省市"共抓大保护、不搞大开发""生态优先、绿色发展"的情况,采集播报了上百集(篇)精彩纷呈的系列报道,引起了社会各界的广泛关注和热切响应,取得了良好的教育、宣传、警示、互动效果。

2. 坚持规划先行和"多规合一",严格落实主体功能区战略

自 2011 年 6 月中国政府发布《全国主体功能区规划》和 2017 年 11 月中共中央、国务院印发《关于完善主体功能区战略和制度的若干意见》以来,沿江 11 省市纷纷响应国家主体功能区战略,积极编制和严格落实各项规划措施,依托各类自然保护区建设工作加强环境保护和生态修复。据本研究收集汇总的有关统计资料,目前长江经济带所荟萃的数量丰富且等级较高的各类自然保护区共有 1096 个,面积达到 1790.2 万公顷,分别占全国的 39.9%和12.2%,以及长江经济带土地面积的 8.7%。其中,上游四省市有自然保护区510 个、面积 1290.4 万公顷,中游三省市有 408 个、面积 3600 万公顷,下游四省市 178 个、面积 139.8 万公顷,分别占了 46.5%和 72.1%、37.2%和 20.1%、16.2%和 7.8%,上游四省占了绝对的优势。从沿江 11 省市看,自然保护区面积最大的是四川省,达到 829.9 万公顷,占四川省土地面积的 17.1%和长江经济带的 46.4%,接近一半;面积占比最小的是浙江省(1.7%)。四川省也是自然保护区类型最多的省,除海洋以外的所有自然保护区都可以在四川省找到。从自然保护区构成来看,草原草甸自然保护区全部集中在四川省,海洋海岸自然保护区集中在上海、江苏和浙江三省,其他各类自然保护区(森林生态、野生动物、野生植物、古生物遗迹、地质遗迹、内陆湿地)则相对均衡地分布在其他省市。

3. 坚决关停并转沿江化工企业、破解"化工围江"困局

长江经济带是我国最为重要的化工生产、储存、销售基地。根据环保部的调查数据显示,长江沿岸地区共约聚集了 40 万家化工企业;国家统计局公布的 2018 年我国 8 种主要化工产品中,沿江 11 省市农药、化纤、硫酸产量分别占了全国的 78.7%、78.4% 和 63.3%,化肥、纯碱、塑料产量分别占了全国的 44.5%、35.2% 和 34.4%,仅乙烯和烧碱两种化工产品的产量占比较低,分别占了全国的 29.8% 和 29.2%(见表4-7),"化工围江"现象严重。特别是 2019 年 3 月 21 日江苏盐城市响水县天嘉宜化工有限公司化学储罐发生爆炸,造成 78 人死亡和 76 人重伤的特别重大生产安全责任事故,使"化工围江"危机更是达到了高潮。为此,沿江各省市、地市纷纷行动起来,制定了史上最严格的"关改搬转"的化工污染整治工作方案。包括:长江沿江 1 公里范围内化工企业全部搬迁"清零",争取全部实现人清、设备清、垃圾清、土地清,腾退岸线、还江于民;关闭和转产一批规模小、污染重、技改差、环评不达标的化工企业,符合条件的化工企业全部搬入化工园区集中治理整改;在制定环保负面清单和生态环境风险评估的基础上,强化环境监管和对各类环境风险的管控,制定风险管控的战略、目标和行动路线图,严格环境执法等,取得了良好成效。

4. 坚持供给侧结构性改革和新旧动能转换

坚持以优化为主线,调整产业存量、做优产业增量,完善现代产业体系,加快改造提升传统产业,大力发展新产业、新模式、新业态等"三新经济"产业、高科技产业、战略性新兴产业和新能源产业。例如,2018 年沿江 11 省市中的制造业大省江苏的城市轨道车辆、新能源汽车、3D 打印设备、智能电视产量分别增长 107.1%、139.9%、51.4% 和 36.4%;商务服务业、软件和信息技术服务业、互联网和相关服务业收入分别增长 7.9%、13.7% 和 41.6%,战略性新兴产业产值占规模以上工业比重达到 32%,其中物联网、集成电路、新型显示、智能电网、碳纤维复合材料等产业国内领先。近年来,贵州省积极实施大数据战略行动、建设国家大数据(贵州)综合试验区,大力发展资源型、技术型、融合型、服务型数字经济主体产业,移动、电信、联通三大运营商和华为、腾讯、苹果等行业巨头的数据中心均落户贵州,形成了我国数字经济发展的"贵州样本"。2017 年,贵州数字经济增速 37.2%,位列全国第一;以大数据为引领的

电子信息制造业增加值增长 86.3%,成为工业经济第二大增长点;大数据企业 8900 多家,大数据产业规模总量超过 1100 亿元;2018 年引进了科大迅飞等 12 家知名大数据企业和 200 多家成长性好的企业落户贵州,实现 1625 家实体经济企业与大数据的融合发展,"上云用云"企业突破万户,至 2019 年末,数字经济增速连续四年位居全国第一位。①

长江经济带新旧动能转换的另一个侧面,表现在投资、消费、出口"三驾马车"的结构性变化中。2017 年,沿江 11 省市的平均消费率、投资率和出口率分别为 51.7%、50.6% 和 -2.3%,消费、投资、出口对 GDP 增长的贡献率为 54.4%、49.5% 和 -3.9%,无论是消费率还是消费对 GDP 增长的贡献率都在逐渐超过投资率和投资贡献率,长期以投资拉动为主的旧格局正在被消费拉动为主的新格局所替代,这一趋势性变化在上海、浙江、江西、湖南、四川等省市表现得更为明显(见表 4-19)。

表 4-19　2017 年长江经济带经济发展动力结构情况

（单位:%）

地区	最终消费支出		资本形成总额		货物和服务净出口	
	消费率	贡献率	投资率	贡献率	出口率	贡献率
上海	57.3	56.0	39.8	35.5	2.9	8.5
江苏	50.1	41.5	43.5	49.9	6.4	8.6
浙江	49.2	60.4	44.0	30.3	6.8	9.3
安徽	50.0	53.1	50.8	46.6	-0.8	3.0
江西	51.1	57.1	50.1	47.8	-1.2	-4.9
湖北	48.4	68.1	58.8	73.5	-7.2	-41.6
湖南	53.3	83.0	51.9	36.1	-5.2	-19.3
重庆	47.8	50.3	53.4	49.2	-1.2	0.5
四川	52.4	52.6	48.7	45.9	-1.1	1.5
贵州	55.4	43.1	69.1	65.8	-24.5	-8.9
云南	64.2	57.5	94.6	99.7	-58.8	-57.2

---

①　参见班娟娟、潘德鑫、骆飞:《发展生态两手抓 大数据引领产业升级——解密贵州经济大发展之钥》,《经济参考》2019 年 8 月 12 日。

地区	最终消费支出		资本形成总额		货物和服务净出口	
	消费率	贡献率	投资率	贡献率	出口率	贡献率
经济带	51.7	54.4	50.6	49.5	-2.3	-3.9
全国	53.6	53.5	44.4	47.4	2.0	-0.9
比全国	-1.9	+0.9	+6.2	+2.1	-4.3	-4.8

资料来源:《中国统计年鉴 2018》和 2018 年沿江 11 省市统计年鉴。

六、政策发展环境

自长江经济带建设上升为国家战略以来,沿江 11 省市在区域一体化的体制机制创新、营商环境改善、扩大市场开放等方面取得了一系列卓有成效的进展,区域一体化的市场环境和政策环境不断改善。

1. 区域经济一体化体制机制的不断完善

自长江经济带国家战略实施以来,国务院专门成立了长江经济带规划领导小组,建立了长江经济带发展部际联席会议制度,并会同沿江 11 省市建立了覆盖全流域的省际合作协商机制,以统领和协调经济带的整体发展。沿江 11 省市也分别签署了各自的《关于建立省际协商合作机制的协议》,进一步加强上中下游地区三大城市群之间和三大城市群内部次级城市群、都市圈之间的定期沟通磋商机制,加强和完善 1985 年成立的长江沿岸中心城市联席会议沟通交流、协调协商的平台作用。特别是地处下游的长三角地区,自 2003 年掀起了区域经济一体化的热潮至今,业已形成了由决策层(三省一市主要领导座谈会)、协调层(省市联席会议)、执行层(长三角区域合作办公室+长三角城市经济协调会+重点合作领域专题组)组成的"三级运作、统分结合"的区域一体化制度安排,可以在总结、完善其成功经验的基础上进一步向上中游地区推广延伸至整个长江经济带,并成为全国区域经济一体化制度安排的示范(见图 4-12)。

2. 积极探索以区域一体化制度创新为核心的长三角生态绿色一体化示范区规划建设

2019 年 3 月,上海市委书记李强在十三届全国人大二次会议上海代表团

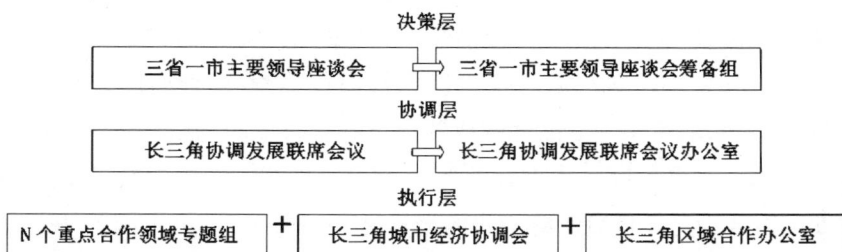

图 4-12 长三角区域经济一体化的制度安排

全体会议上首次公开披露,将在江浙沪三省市交界区域设立"长三角一体化发展示范区"。该示范区规划范围为上海青浦区、江苏苏州吴江区和浙江嘉兴嘉善县,面积约 2300 平方公里。根据 2019 年 10 月国务院正式批复的《长三角生态绿色一体化发展示范区总体方案》,示范区建设的核心任务就是打造区域一体化制度创新试验田,从规划管理、生态保护、土地管理、项目管理、要素流动、财税分享、公共服务、公共信用等八个方面率先开展区域一体化的制度创新,走出一条跨行政区域共建共享、生态文明与经济社会发展相得益彰的新路径,以示范引领长江经济带和全国的区域协调发展。

3. 建立和不断完善区域生态治理的联防联控机制和生态补偿机制

通过全面建立"河长制",在全流域建立最严格的水资源和水生态环境保护制度,严格控制污染排放总量;通过积极总结推广中央与安徽、浙江两省于 2012 年正式实施的"新安江跨省流域生态补偿机制"试点,从中央、省市纵横两个层面的财政转移支付来促进和激励上游与下游之间、干流与支流之间的水资源保护、水环境修复的协同管理和协调发展;加快启动了长江保护法等相关区域性法律法规的制定和实施工作;通过 2019 年国家发展改革委与三峡集团共同发起设立的"长江绿色发展投资基金",由政府牵头,围绕流域环境保护和生态综合治理这一中心任务,吸纳企业、个人与社会各界共同参与。

4. 不断完善营商环境,建立更加开放的、与国际惯例接轨的投资和贸易环境

近些年来,沿江 11 省市都高度重视政府服务市场主体的职责职能、水平质量的提升,纷纷推出了一系列改善完善营商环境的政策措施。例如,2018

年 3 月为充分激发各类市场主体活力上海市制定出台了《着力优化营商环境加快构建开放型经济新体制行动方案》，2019 年 3 月又出台了《上海市进一步优化营商环境实施计划》，通过推进优化营商环境专项行动计划，全面深化"放管服"改革，取得了十分显著的成效。世界银行发布的《2019 年全球营商环境报告》显示，上海市总体得分为 73.68，在全球 201 个参与统计的城市中位居 50 位，成为营商环境改善最快的城市之一，并直接助推中国整体营商环境的全球排名大幅上升至全球 46 位。2019 年 7 月，浙江省委改革办、省高院联合印发了《浙江省优化营商环境提升执行合同质效行动方案》，纵深推进司法领域"最多跑一次"改革，以"移动微法院"为载体，改进完善移动电子诉讼框架，将立案、查询、调解、调查、送达、执行信息采集、终结本次执行程序的约谈等事项有效延伸到手机移动终端，让司法服务触手可及，助力打造最佳营商环境。2019 年 8 月，重庆市制定出台了《重庆市营商环境优化提升工作方案》。方案确定了开办企业、办理建筑许可、获得电力、获得用水、获得用气、获得网络、财产登记、纳税、跨境贸易等 20 个方面的重点工作，并以列表形式细化为事项化、清单化、可操作、可检视、有实效的 91 项目标任务、206 项具体举措，力争通过 3 年左右的努力，使全市营商环境"短板""弱项"显著改善，进入全国先进行列。特别是上海自贸试验区自 2013 年 7 月国务院批准以来，积极探索通过更大规模的开放不断"倒逼"经济体制和行政管理体制的重大改革与制度创新，在促进政府管制的规范化和透明化、促进跨国、跨境投资贸易的自由化和便利化方面取得了一批"可复制、可推广"的经验，并相继被国务院推广至其他省市区自贸区的建设中。

第十九章　长江经济带主要产业集群发展概述

作为中国近代工业的发祥地和中外闻名的工业走廊,新中国成立 70 多年来特别是改革开放 40 多年来,长江沿岸地区逐渐集聚了一大批大耗水、大耗电、大运量的重化工业企业和装备工业企业,形成了新一代电子信息、高端装备、汽车、化工、冶金、电力、建材、家电、纺织服装等一大批制造业产业集群。沿江 11 省市按照规上工业企业主营业务收入计算的十大工业支柱产业依次为计算机及通信设备、汽车、化工、电气机械、建材、通用设备、钢铁、有色、电力热力生产和农副食品加工。从行业现有发展基础上看,上述十大工业部门均有率先发展成为世界级产业集群的现实可能性。然而,考虑到制造业产业升级换代、生命循环的一般规律和不同产业部门未来不同的发展政策导向与发展趋势,目前产业规模大、市场占比高的行业并不意味着未来同样的产业规模和市场占比,那些技术含量低、环境污染重、产能严重过剩的传统制造行业和劳动密集型、资金密集型产业集群亦并不代表未来世界级产业集群的发展方向,而一些目前规模尚小、市场占有率尚低的高科技产业集群和战略性新兴产业集群却恰恰具有持续快速崛起的潜力和强劲增长的生命力。

一、选择依据和主要载体

1. 世界级产业集聚选择依据

从长江经济带培育打造世界级产业集群的政策导向上看,目前的国家产业政策口径并不完全一致,存在着略有不同的政策阐述和政策解读。例如,

2014 年 9 月 25 日正式发布的《国务院关于依托黄金水道推动长江经济带发展的指导意见》(国发〔2014〕39 号,以下简称《指导意见》)的提法是:"(十九)培育世界级产业集群。以沿江国家级、省级开发区为载体,以大型企业为骨干,打造电子信息、高端装备、汽车、家电、纺织服装等世界级制造业集群,建设具有国际先进水平的长江口造船基地和长江中游轨道交通装备、工程机械制造基地,突破核心关键技术,培育知名自主品牌。"2016 年 3 月 2 日国家发改委、科技部、工信部三部委印发的《长江经济带创新驱动产业转型升级方案》(以下简称《转型升级方案》)的提法是:"以沿江国家级、省级开发区为载体,以大型企业为骨干,发挥中心城市的产业优势和辐射带动作用,在新型平板显示、集成电路、先进轨道交通装备、汽车制造、电子商务五大重点领域,布局一批战略性新兴产业集聚区、国家高新技术产业化基地、国家新型工业化产业示范基地和创新型产业集群,打造世界级产业集群。发挥沿江产业带重点省市的优势条件和基础,瞄准发展潜力较强、市场前景广阔的产业领域,在生物医药、研发设计服务、检验检测服务、软件和信息技术服务、新材料产业、现代物流、现代金融服务、节能环保、新能源装备、航空航天等领域,培育一批具有国际竞争力的本土跨国企业和专精特新的中小企业,形成骨干企业领军、中小企业配套协同发展的良好产业生态体系,培育十大新兴产业集群。"可见,《转型升级方案》把《指导意见》提出的"电子信息、高端装备、汽车、家电、纺织服装"五大世界级制造业集群标的修改成了"新型平板显示、集成电路、先进轨道交通装备、汽车制造、电子商务"。而 2016 年 3 月 25 日中央政治局审议通过、2016 年 6 月下旬正式印发的《长江经济带发展规划纲要》又重新回归到《指导意见》的提法:"加快实施'中国制造 2025',加强重大关键技术攻关、重大技术产业化和应用示范,联合打造电子信息、高端装备、汽车、家电、纺织服装等世界级制造业集群。"

2. 世界级产业集群主要载体选择

从产业集群主要空间载体的选择上看,产业园区(工业园区)是产业集群的重要载体,也是产业集群典型的空间形态。我国所设立的各类开发区,都是建立在产业园区、工业园区的基础之上的。根据 2018 年 3 月国家发展改革委、科技部、国土资源部、住房城乡建设部、商务部、海关总署六部委联合发布的《中国开发区审核公告目录》(2018 版),全国共有国家级和省级各类开发区 2543 家,其中国家级 552 家,省级 1991 家。2018 年 2 月,国务院新批复 12 家高新技术产业园区升级为国家高新技术产业开发区,截止到 2018 年底国家级开发区增至 564 家。在国家级开发区中,有经济开发区 219 家,高新技术产业开发区(以下简称"高新区")168 家,海关特殊监管区 135 家,边境/跨境合作区 19 家,其他类型开发区 23 家;沿江 11 省市共有各类国家级开发区 264 家,占了全国的 46.8%。虽然该开发区目录门类齐备且逐年更新,但仅公开各开发区的名称、面积和从业人员三项指标,数据难以满足针对沿江 11 省市产业集群发展状况的研究分析,更难以满足与国际对标的基本需求。因此,本研究以国家认定的最高层级产业区——国家级高新技术产业开发区(简称"国家级高新区")和国家级经济技术开发区(简称"国家级经开区"),作为长江经济带世界级产业集群的主要空间载体、产业集群现状分析的重要依据和产业集群国际对标的基本单元。其主要理由和依据如下:

一是载体的代表性和权威性。国家级高新区与经开区是我国高新技术产业集群和战略性新兴产业集群的重要空间载体,代表着我国产业集群发展的最高、较高水平,同时亦代表着国家和地区产业升级、科技进步的趋势和方向,能较好体现现代经济体系建设和新旧动能转换,以及要素驱动向消费驱动、创新产品向品牌转换、数量向质量转换、速度向效益转换的内在要求,最适宜代表我国产业发展的最高群体参与世界级产业集群的评价与竞争。

二是载体的分布性和适量性。截止到 2018 年末,我国共有 168 个国家级高新区和 219 个国家级经开区(见表 4-20、表 4-21),其数量适中、产业门类齐全、主导产业特色鲜明,适合作为基本地域单元参与世界级产业集群的竞争力评价与国际对标。

表 4-20 长江经济带国家级高新区分布情况(截至 2018 年底)

省市	数量(个)	国家级高新区(全国共 168 个)
上海	2	张江,紫竹
江苏	17	南京,苏州,昆山,常熟,无锡,江阴,常州,武进,徐州,南通,连云港,淮安,盐城,扬州,镇江,泰州医药,宿迁

续表

省市	数量(个)	国家级高新区(全国共 168 个)
浙江	8	杭州,萧山临江,宁波,温州,嘉兴,莫干山(湖州),绍兴,衢州
安徽	6	合肥,芜湖,蚌埠,马鞍山慈湖,铜陵狮子山,淮南
江西	9	南昌,景德镇,新余,鹰潭,赣州,吉安,抚州,宜春丰城,九江共青城
湖北	12	武汉东湖,宜昌,襄阳,荆门,孝感,黄冈,咸宁,随州,仙桃,荆州,黄石大冶湖,潜江
湖南	8	长沙,株洲,湘潭,衡阳,常德,益阳,郴州,怀化
重庆	4	重庆,璧山,荣昌,永川
四川	8	成都,自贡,攀枝花,泸州,德阳,绵阳,内江,乐山
贵州	2	贵阳,安顺
云南	3	昆明,玉溪,楚雄
经济带	79	占全国 47.0%,其中下游 33 个、中游 29 个、上游 17 个。

资料来源:科学技术部火炬高技术产业开发中心。

表 4-21　长江经济带国家级经济技术开发区分布情况(截至 2018 年底)

省市	数量(个)	国家级经济技术开发区(全国共 219 个)
上海	6	漕河泾,虹桥,闵行,金桥,上海化学工业,松江
江苏	26	南京,江宁,锡山,宜兴,徐州,苏州浒墅关,苏州工业园区,吴中,相城,吴江,常熟,张家港,昆山,太仓,南通,海安,如皋,海门,连云港,淮安,盐城,扬州,镇江,靖江,宿迁,沭阳
浙江	21	杭州,萧山,杭州余杭,富阳,宁波,宁波大榭,宁波石化,宁波杭州湾,温州,嘉兴,嘉善,平湖,湖州,长兴,绍兴袍江,绍兴柯桥,杭州湾上虞,金华,义乌,衢州,丽水
安徽	12	合肥,芜湖,淮南,马鞍山,安庆,桐城,滁州,六安,池州,宣城,宁国
江西	10	南昌,南昌小蓝,萍乡,九江,赣州,龙南,瑞金,井冈山,宜春,上饶
湖北	7	武汉临空港,武汉,黄石,十堰,襄阳,鄂州,荆州
湖南	8	望城,长沙,宁乡,浏阳,湘潭,岳阳,常德,娄底
重庆	3	万州,重庆,长寿
四川	8	成都,德阳,绵阳,广元,遂宁,内江,宜宾临港,广安
贵州	2	贵阳,遵义
云南	5	昆明,嵩明杨林,曲靖,蒙自,大理
经济带	108	占全国 49.3%,其中下游 65 个、中游 25 个、上游 18。

资料来源:根据《中国开发区审核公告目录》(2018)整理。

三是载体数据的可对标性和可获得性。国家级高新区与经开区拥有比较长期、公开、透明的数据来源和较完备的数据储备,在数据的可获得性、标准的统一性和评价口径的一致性方面能够较好满足国际比较和全球对标的基本需求,便于搭建全球横向比较的统一平台。

四是符合长江经济带 11 省市样本地区的实际情况。作为我国近代工业的主要发祥地和未来我国经济更高质量发展的重要支撑带,长江经济带产业基础好、国家级高新区与经开区数量众多、空间分布合理,新一代电子信息、高端装备、智能制造、新能源汽车、船舶海工等主导产业集群优势突出、特色鲜明,是我国培育世界级产业集群和产业参与国际竞争的重点地区。截止到2018 年末,沿江 11 省市共有国家级高新区 79 个,占了全国的 47.0%,其中下游四省市 33 个,中游三省 29 个,上游四省市 17 个,分别占了全国的 19.6%、17.3%和 10.1%(见图 4-13);沿江 11 省市共有国家级经济技术开发区 108 个,占了全国的 49.3%,其中下游四省市 65 个,中游三省 25 个,上游四省市 18 个,分别占了全国的 29.7%、11.4%和 8.2%(见图 4-14)。沿江国家级高新区与经开区的空间分布都呈现出明显的梯级分布特点。

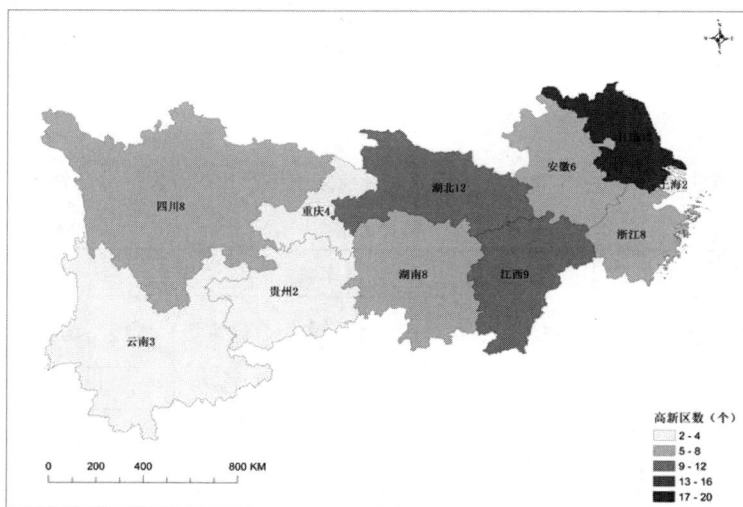

图 4-13　2018 年长江经济带国家级高新区分布

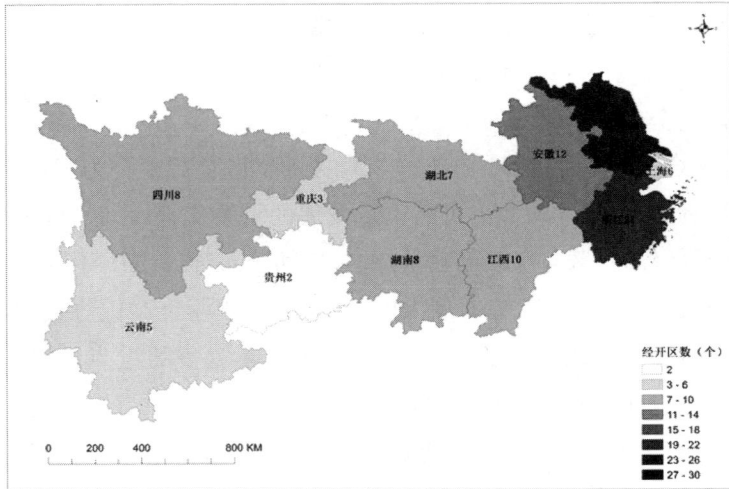

图 4-14　2018 年长江经济带国家级经济技术开发区分布图

3. 长江经济带高新区与经开区分级分类

从开发区主导产业的行业类型和空间分布状况看，长江经济带 11 省市呈现出电子信息、高端装备、汽车、家电制造、纺织服装等支柱产业整体优势明显、均衡与非均衡分布交织、下游 4 省市引领带动作用突出等特点（见表 4-22）。

表 4-22　2018 年长江经济带五大产业为主导产业的开发区分布情况

（单位：家）

开发区级别	电子信息制造		高端装备		汽车		家电		纺织服装	
	国家级	省级	国家级	省级	国家级	省级	国家级	省级	国家级	省级
上海	8	13	3	8	3	9	/	/	/	1
江苏	38	19	14	15	9	14	/	1	6	16
浙江	9	11	1	4	8	16	3	2	5	26
安徽	11	23	/	2	9	17	4	2	1	27
江西	12	22	2	1	6	4	2	/	1	13
湖北	9	9	2	5	9	15	1	/	/	20

续表

开发区级别	电子信息制造		高端装备		汽车		家电		纺织服装	
	国家级	省级	国家级	省级	国家级	省级	国家级	省级	国家级	省级
湖南	11	25	2	5	1	6	/	/	/	14
重庆	4	10	/	2	1	13	/	/	/	2
四川	6	27	1	4	3	5	/	/	1	10
贵州	1	7	1	2	/	1	/	/	/	4
云南	1	/	/	/	/	/	/	/	/	2
下游	66	66	8	29	29	56	7	5	12	70
中游	32	56	6	11	16	25	3	0	1	47
上游	12	44	2	8	4	19	0	0		18
经济带	110	166	26	48	49	100	10	5	14	135
全国	190	286	49	63	92	152	15	6	38	251
占全国（%）	57.9	58.0	53.1	76.2	53.3	65.8	66.7	83.3	36.8	53.8

资料来源：根据《中国开发区审核公告目录》（2018 版）整理。

从主导产业以电子信息制造为主的各级开发区中，长江经济带共有国家级开发区 190 个、省级开发区 286 个，分别占了全国的 57.9%和 58.0%。其中，根据总量规模，长江经济带下游四省市国家级开发区 66 个、省级开发区 66 个、占据绝对优势；中游国家级开发区 32 个、省级开发区 56 个，上游国家级开发区 12 个、省级开发区 44 个，电子信息产业集群呈现出下游、中游、上游东高西低的阶梯分布态势。

从主导产业以高端装备制造为主的各级开发区中，长江经济带共有国家级开发区 26 个、省级开发区 48 个，分别占了全国的 53.1%和 76.2%。其中，下游的江苏总量为 29 个，包括国家级开发区 14 个和省级开发区 15 个，均遥遥领先于其他省市；上海 11 个，位于第二；湖北、湖南各有 7 个，其他省市不足 5 个。从流段来看，下游四省市无论是国家级开发区还是省级开发区都表现出超强的集聚性。

从主导产业以汽车制造为主的各级开发区来看,长江经济带共有国家级开发区 49 个、省级开发区 100 个,分别占了全国的 53.3% 和 65.8%。其中,江苏、浙江、安徽、湖北四省的国家级开发区和省级开发区分布相对均衡,位居第一梯队;重庆、上海两省位居第二梯队;四川、湖南、贵州位居第三梯队。

从主导产业以家电制造为主的各级开发区来看,长江经济带共有国家级开发区 10 个、省级开发区 5 个,分别占了全国的 66.7% 和 83.3%,主要分布在 5 个省份,安徽 6 个、浙江 5 个、江西 2 个、江苏 1 个、湖北 1 个,表现出典型的集聚特征。

从主导产业以纺织服装制造为主的开发区来看,长江经济带共有国家级开发区 14 个、省级开发区 135 个,分别占了全国的 36.8% 和 53.8%。其中,国家级开发区中,江苏 6 个、浙江 5 个,安徽、江西、四川各 1 个,其余 6 个省市未有国家层级的开发区,表现出产业的高度集中性。但在省级开发区中,除上海、重庆、云南、贵州以个位数分布之外,长江经济带其他 8 个省份均有 10 个以上的开发区涉及该产业。安徽、浙江、湖北分别有 27 个、26 个、20 个,位于第一梯队;江苏、湖南、江西、四川分别有 16 个、14 个、13 个、10 个位居第二梯队。在地方发展布局中,该产业则表现出大小串珠的地理分布格局。

上述五大产业的国家级和省级开发区中,长江经济带 11 省市除了纺织服装国家级开发区占全国比重偏低(36.8%)外,均占了全国的 50% 以上乃至 80% 的比例,在全国的优势地位显著。

世界级产业集群是产业集群发展的高级阶段,所呈现的集约集聚、跨界跨域协同、品牌效应等特征与长江经济带高质量发展的要求都不谋而合。因此,本研究结合长江经济带产业集群的现状特征和国际对标的现实需求,拓展了传统竞争力评价指标中的经济社会指标,突出了世界级产业集群在龙头企业、品牌效应、集群网络、国际竞争优势等产业集群高级阶段的特征。

二、电子信息制造产业集群

1. 电子信息制造开发区分布及空间演化历程

从电子信息产业集群的发展状况看,全国主导产业为电子信息产业的国家级开发区共有 190 个,省级开发区 286 个,其中长江经济带国家级开发区 110 个、省级开发区 166 个,分别占了全国的 57.9% 和 58.0%,占了全国开发区的半壁江山。从区域来看,根据总量规模,11 省市依次为江苏 57 个、湖南 36 个、安徽 34 个、江西 34 个、四川 33 个、上海 21 个、浙江 20 个、湖北 18 个、重庆 14 个、贵州 8 个、云南 1 个(见图 4-15)。下中上游开发区数量占比分别为 132∶88∶56,呈现出鲜明的下、中、上游东高西低的阶梯分布特征,东部稠密、中部均衡、西部稀疏,尤以下游四省市占据绝对优势。从开发区层次来看,江苏以 38 个国家级开发区的数量遥遥领先,较总数位列第二位的江西 12 个高 2 倍之多;江西、安徽、湖南分别 12 个、11 个、11 个,位居第三至第五位;浙江、湖北、上海、四川次之;重庆、贵州、云南不足 5 个。从省级开发区分布来看,四川 27 个、湖南 25 个、安徽 23 个、江西 22 个,位居前四位,显示出中上游地区省份电子信息产业集群的蓬勃发展态势和未来巨大的市场潜力。

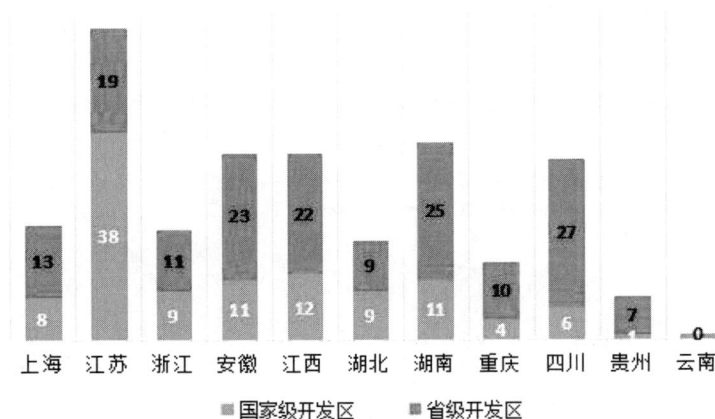

图 4-15　2018 年长江经济带 11 省市以电子信息为主导产业各级开发区数量
数据来源:根据《中国开发区审核公告目录》(2018)整理。

从时间演化进程上看,长江经济带电子信息制造产业集群随着时间推移由长江下游逐渐向中上游地区过渡,最终形成以下游江苏省为领先的东、中、西阶梯分布格局。国家级开发区中,1984—2008 年各省市的开发区布局速度相对平稳;2008 年之后,江苏省则以快速增长的速度远远超过其他 10 个省市

（如图4-16）。从省级开发区布局的历年数据来看，1992—2005年，重庆、江苏、湖南增速较快；2005—2010年，除了贵州、云南几乎没有增长之外，其他9省市都增长迅猛；2010年之后，四川、湖南、江苏、贵州再次表现增长趋势，其他8省市保持第二阶段的格局。总的来看，1984—2018年的30多年间，以国家级开发区和省级开发区为主要载体的长江经济带电子信息制造产业集群都得到了持续快速增长，尤以下游的江苏、安徽和上中游的四川、湖南、江西等最为明显（如图4-17）。

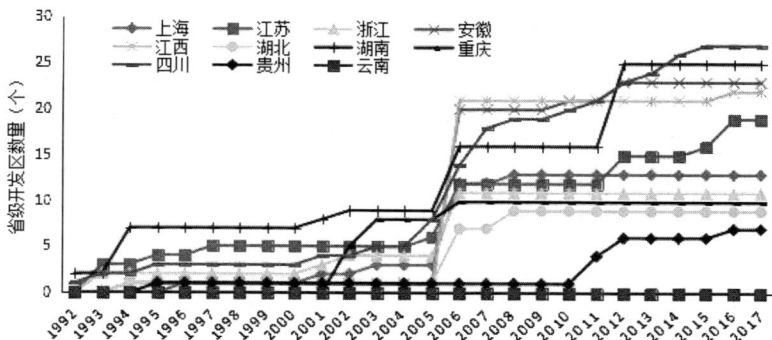

图4-16　长江经济带电子信息制造国家级开发区总规模演变历程

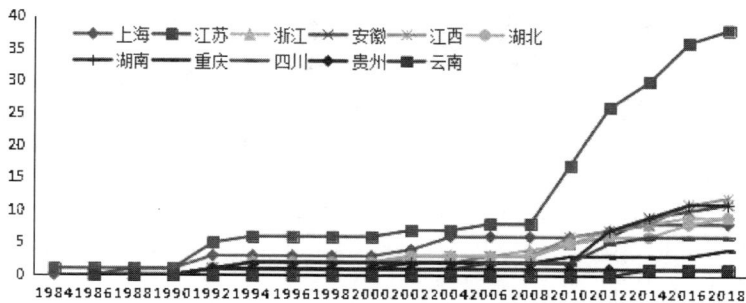

图4-17　长江经济带电子信息制造省级开发区总规模演变历程

从空间演进格局上看，在国家级开发区中，1984年、2006年、2012年、2017年4个年份，江苏省始终保持高热点区，中热点区为安徽、浙江、湖北、湖南、江西、上海、四川等7个省份，冷点区主要分布在重庆、贵州（如图4-18）。在省级开发区中则有所不同，1992年高热点区在四川、湖南、江西3个省份；

2002 年高热点区在湖南、重庆、江苏 3 个省市；2012、2017 年高热点集中在四川、湖南、安徽、上海、江苏、江西 6 个省市（如图 4-19）。从整体上看，长江经济带电子信息制造产业的空间分布格局及动态演进过程相对较平稳，由"点"逐步扩展成"面"再连接成"带"的特征日趋明显。

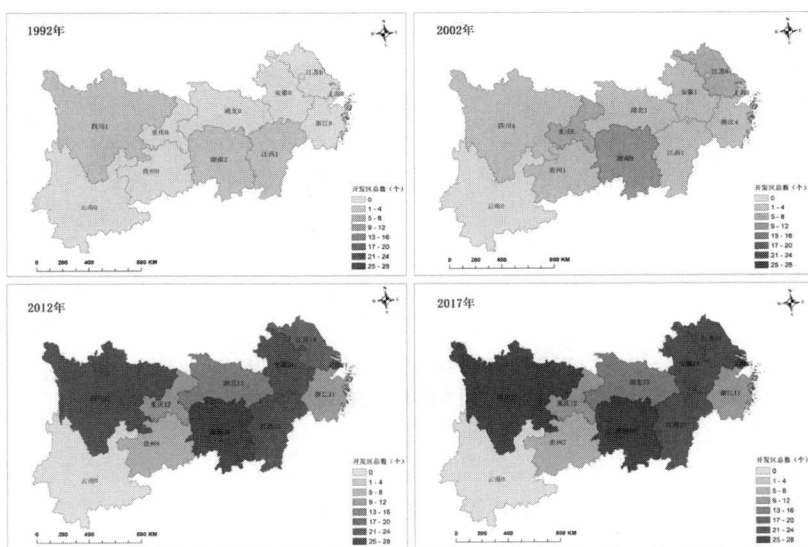

图 4-18　1984 年、2006 年、2012 年、2017 年电子信息产业国家级开发区时空变化

2. 电子信息制造产业和企业

根据规模以上工业企业计算，2017 年长江经济带计算机、通信和其他电子设备制造业主营业务收入 46520 亿元，占全国 106222 亿元的 43.8% 和 11 省市全部规上工业企业主营业务收入 476449 亿元的 9.8%，位列第一大支柱产业。其中，江苏省以 18531 亿元的收入规模遥遥领先于其他沿江 10 省市，行业龙头地位凸显；上海、四川、重庆三省市分别以 5946 亿元、4613 亿元和 4034 亿元位列第二方阵；浙江（3687 亿元）、安徽（2574 亿元）、湖北（2136 亿元）、江西（2107 亿元）和湖南（2055 亿元）位列第三方阵；贵州（657 亿元）和云南（180 亿元）垫底。下、中、上游占比分别为 66.1∶13.5∶20.4，整体产业分布呈现为两头高、中间低的"马鞍形"，下游的行业优势和引领带动态势尤

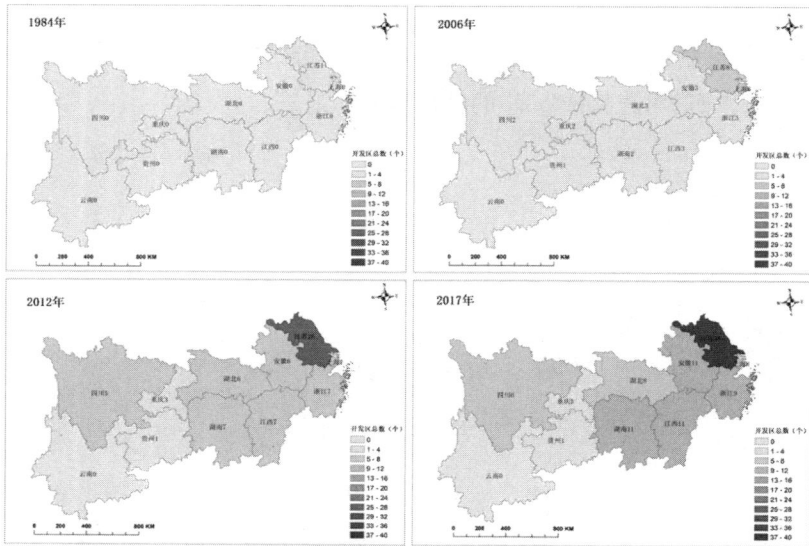

图 4-19　1992、2002、2012、2017 年电子信息产业省级开发区空间变化

为明显。

从全国计算机、通信及相关设备制造业 A 股上市公司数量上看,截止到 2020 年 2 月 14 日,长江经济带共有 A 股上市公司 55 家,占了全国 138 家的 39.9%,总体占比偏低。其中,江苏拥有 19 家,位列全国 31 省市区的第三位,但与位列第一的广东相比仍有较大差距;上海与浙江各 9 家,并列第四位;湖北 8 家、四川 6 家,分列第五、第六位(见表 4-23)。从 A 股上市公司的市值规模上看,企业总部位于广东深圳的工业富联和中兴通讯分别以 3703 亿元和 1547 亿元位居第一、第二位,行业龙头地位凸显;湖北的闻泰科技以 1436 亿元位居全国第三位。沿江 11 省市中,市值超过百亿元上市公司共有 12 家,市值超过 200 亿元上市公司有 6 家,分别占 21.8% 和 10.9%。从流段分布上看,下游 38 家,中游 11 家,上游 6 家,呈现出从下游至上游依次递减的分布态势。

表 4-23 中国计算机、通讯及相关设备制造业 A 股上市公司一览

排名	省市	数量（个）	占比（%）	A 股上市公司
1	广东	42	30.4	深科技、中国长城、广电运通、御银股份、纳思达、威创股份、漫步者、英飞拓、雷柏科技、朗科科技、新国都、民德电子、智莱科技、佳禾智能、中兴通讯、特发信息、同洲电子、麦达数字、远望谷、日海智能、*ST 北讯、卓翼科技、盛路通信、海格电信、海能达、通宇通讯、金溢科技、美格智能、锐明技术、高新兴、大富科技、信维通信、中海达、佳创视讯、硕贝德、友讯达、广和通、广哈通信、光弘科技、工业富联、共进股份、传音控股
2	北京	21	15.2	汉王科技、鸿合科技、华为创通、东方网力、汉邦高科、同方股份、大豪科技、北斗星通、合众思壮、星网宇达、数码科技、佳讯飞鸿、邦讯技术、东土科技、百邦科技、大唐电信、*ST 信威、中国海防、淳中科技、瑞斯康达、映翰通
3	江苏	19	13.8	安吉科技、传艺科技、ST 保千、*ST 新海、雷科防务、通鼎互联、银河电子、春兴精工、亿通科技、天孚通信、路通视信、神宇股份、永鼎股份、亨通光电、中天科技、国睿科技、南京熊猫、华脉科技、苏州科达
4	上海	9	6.5	矩子科技、方正科技、恒为科技、润欣科技、移为通信、华测导航、上海瀚讯、剑桥科技、移远通信
5	浙江	9	6.5	GQY 视讯、天地数码、中威电子、万马科技、万隆光电、波导股份、ST 航通、东方通信、盛泽科技
6	湖北	8	6.0	武汉凡谷、光迅科技、瀛通通讯、凯乐科技、长江通信、烽火通信、闻泰科技、长飞光纤
7	四川	6	4.3	三泰控股、四川九洲、振芯科技、新易盛、天邑股份、金亚科技
8	山东	6	4.3	浪潮信息、新北洋、中际旭创、国美通讯、鼎信通讯、睿创微纳
9	天津	4	2.9	中科曙光、恒银金融、富通鑫贸、七一二
10	福建	4	2.9	实达集团、航天发展、星网锐捷、亿联网络
11	湖南	2	1.4	高斯贝尔、威胜信息
12	陕西	2	1.4	烽火电子、天和防务
13	河北	2	1.4	汇金股份、华讯方舟
14	安徽	1	0.7	四创电子
15	江西	1	0.7	海能实业
16	辽宁	1	0.7	奥维通信
17	河南	1	0.7	辉煌科技

续表

排名	省市	数量（个）	占比（%）	A 股上市公司
	合计	138		长江经济带 55 家,占 39.9%。

资料来源:华泰证券网站(截至 2020 年 2 月 14 日)。

3. 电子信息产品

表 4-24 计算分析了 2000—2018 年间长江经济带 11 省市集成电路、微型计算机、手机三大电子信息制造产品的产量及其占全国比重的历年变化,从中可以看出,近 20 年间,经济带微型电子计算机产量占全国的比重已从 12.4% 猛增至 80.9%,产量翻了两番,年均增长 11.0%;集成电路产量占比变动不大,基本维持在 60%—70% 的高位区间;手机产量占比则先迅猛增长后略有回落,目前保持在 26.6% 的市场份额。三大电子产品除手机外,微型计算机和集成电路都显示出高度的市场占比和集聚性。从产品空间分布的动态变化上看,随着中上游地区高技术产业的发展,集成电路、微型计算机、手机等高技术产品已不再是下游地区的特有产品,上中游地区的产量占比逐年提高,电子信息产业向上中游转移的态势十分明显。以微型电子计算机为例,2000—2005 年,中上游的微型计算机产量微乎其微,占比几乎为零;2010 年,中上游地区的湖北、重庆初露头角;2015—2018 年,上游地区的重庆、四川稳居经济带前三甲,2018 年两地的产品产量更是占了全国的 42.2%,显示出上游地区电子信息产业的高度集中性。中上游地区电子信息制造业的快速发展,为下游地区的产业转移及上中下游电子信息产业集群间的分工合作搭建了更大更高的平台,创造了共同协调性均衡发展的契机。

表 4-24　长江经济带电子信息制造三大产品产量占全国比重

(单位:%)

2000 年序号	产品产量	占比前五的省市
1	集成电路(67.2)	上海 40.7,江苏 21.3,浙江 5.0,贵州 0.2
2	微型电子计算机(12.4)	上海 6.3,安徽 2.1,江苏 1.7,四川 0.7,贵州 0.4

3	手机（／）	／
2005 年 序号	**产品产量**	**占比前五的省市**
1	微型电子计算机（65.8）	江苏 37.1，上海 26.9，浙江 1.7，安徽 0.1，江西 0.1
2	集成电路（63.0）	江苏 30.4，上海 26.6，浙江 6.0，
3	手机（27.1）	江苏 9.4，浙江 9.2，上海 6.4，湖北 1.9，贵州 0.2
2010 年 序号	**产品产量**	**占比前五的省市**
1	微型电子计算机（78.5）	上海 38.2，江苏 38.1，重庆 0.8，湖北 0.8，浙江 0.6，
2	集成电路（60.6）	江苏 34.2，上海 17.4，浙江 4.7，四川 4.2，安徽 0.1
3	手机（8.1）	浙江 2.4，江苏 2.0，江西 1.5，四川 0.8，重庆 0.7
2015 年 序号	**产品产量**	**占比前五的省市**
1	微型电子计算机（80.9）	四川 20.2，重庆 19.7，江苏 18.8，上海 11.6，安徽 5.7
2	集成电路（63.7）	江苏 34.0，上海 20.0，浙江 5.8，四川 3.4，重庆 0.2
3	手机（26.6）	重庆 9.7，上海 3.7，江苏 2.6，江西 2.3，浙江 2.2
2018 年 序号	**产品产量**	**占比前五的省市**
1	微型电子计算机（80.9）	重庆 23.0，江苏 20.2，四川 19.2，安徽 6.6，上海 4.7
2	集成电路（63.7）	江苏 32.4，上海 13.4，四川 4.4，浙江 3.8，重庆 0.3
3	手机（26.6）	重庆 10.5，四川 5.2，浙江 3.0，江苏 2.7，上海 2.6

资料来源：根据全国统计年鉴数据计算，括号中产品产量占比为经济带占全国的比重。

4. 电子信息技术

以"图像视频分析识别系统与技术"核心专利的全球产出情况和分布情况为例（见表 4-25），目前"图像视频分析识别系统与技术"核心专利的公开量和被引数的前 3 位国家依次是美国、日本和以色列，其中美国在专利公开量和被引数方面均占据绝对领先地位，中国在公开量和被引数两项指标占据第 8 位，从数量的绝对值来看与美国还有相当大的差距。从核心专利主要产出机构来看，国家和地区间的合作网络是以美国为中心，以美国与日本和欧洲国家的合作为主(见表 4-26)。

表 4-25 "图像视频分析识别系统与技术"核心专利主要产出国家/地区

序号	地区/国家	公开量	公开量比例	被引数	被引数比例	平均被引数
1	美国	173	76.21%	15338	83.59%	88.66
2	日本	25	11.01%	1441	7.85%	57.64
3	以色列	8	3.25%	488	2.66%	61.00
4	荷兰	5	2.20%	282	1.54%	56.4
5	法国	4	1.76%	424	2.31%	106.00
6	英国	4	1.76%	361	1.97%	90.25
7	韩国	4	1.76%	265	1.44%	66.25
8	中国	4	1.76%	200	1.09%	50.00
9	印度	3	1.32%	174	0.95%	58.00
10	德国	2	0.88%	125	0.68%	62.50

资料来源:科瑞唯安:《全球工程前沿 2019》。

表 4-26 "图像视频分析识别系统与技术"核心专利主要产出机构

序号	机构	地区/国家	公开量	公开量比例	被引数	被引数比例	平均被引数
1	HONE	美国	28	12.33%	6261	34.12%	223.61
2	PELI	美国	15	6.61%	1091	5.95%	72.73
3	GOOG	美国	9	3.96%	531	2.89%	59.00
4	FOTO	爱尔兰	8	3.52%	585	3.19%	73.13
5	SONY	日本	8	3.52%	436	2.38%	54.50
6	APPY	美国	7	3.08%	428	2.33%	61.14
7	ADOB	美国	6	2.64%	595	3.24%	99.17
8	MITK	美国	6	2.64%	376	2.05%	62.67
9	MICT	美国	6	2.64%	366	1.99%	61.00
10	AMAZ	美国	6	2.64%	254	1.38%	42.33

资料来源:科瑞唯安:《全球工程前沿 2019》。

三、高端装备制造产业集群

1. 高端装备制造开发区分布及空间演化历程

装备制造业是制造业的基石,高端装备制造业更是国之重器,在推动实现中国制造由大到强的转变中肩负着重要使命。目前,我国共有 231 个以装备制造业为主导产业的国家级开发区和 489 个省级开发区,长江经济带共有 118 个和 237 个,分别占了 51.1% 和 48.5%。其中,从航空装备、卫星制造与应用、轨道交通设备制造、海洋工程装备制造和智能装备制造五个细分行业为主的高端装备制造业的开发区来看,全国共有国家级开发区 49 个,长江经济带 26 个,占 53.1%。其中,江苏 14 个,上海 3 个,江西、湖北、湖南各 2 个,浙江、四川、贵州各 1 个。全国共有省级开发区 63 个,其中长江经济带 48 个,占 76.2%。包括江苏 15 个,上海 8 个,湖北、湖南各 5 个,浙江、四川各 4 个,安徽、重庆、贵州各 2 个,江西 1 个。从流段分布上看,下游 47 家,中游 17 家,上游 10 家,呈现出从下游至上游依次递减的分布态势,下游四省市无论是国家级开发区还是省级开发区都表现出超强的集聚性(见表4-22)。

从历年数据来看,长江经济带高端装备制造开发区由少变多、由下游向上游逐步扩散,现已形成完整的雁型阵队。沿江 11 省市国家级开发区在 2010 年之前增长较为平稳,2010 年开始,江苏省以快速的增长态势引领其他 10 个省市;2006 年之前,沿江 11 省市的省级开发区数量均在 20 个以下,增长速度同样较为平缓,2006 年开始出现小幅增长,2010 年同样在江苏省快速增长的带动下出现普遍增长和加速增长,特别是高热点区,区域上逐步由下游地区往中游地区扩散(见图4-20、图4-21)。

热点区格局的演化过程能较好揭示区域资本的扩散和流动方向,刻画出中国区域资本总体格局的演化方向。以长江经济带乃至全国高端装备制造第一大省的江苏省为例。20 世纪 80 年代初江苏确立首个国家级开发区;90 年代长江中游地区的湖南省也开始布局高端装备制造园区;2010 年高端装备制造开发区以江苏为首,逐步向上海、湖北、江西陆续扩展布局;2015—2017 年,江苏的高端装备制造开发区快速发展,最终以 29 个开发区的总数独占鳌头。

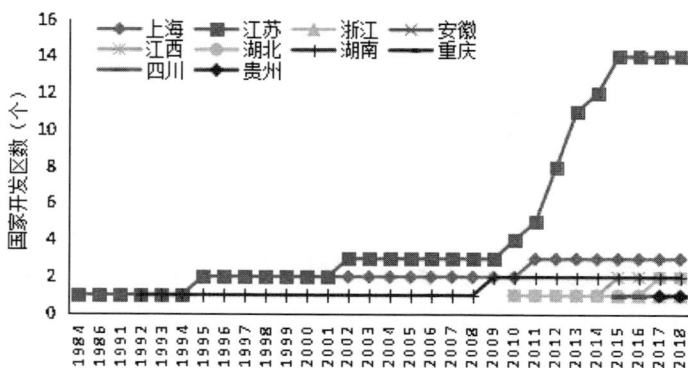

图 4-20　1984—2018 年长江经济带高端装备制造国家级开发区规模演化过程

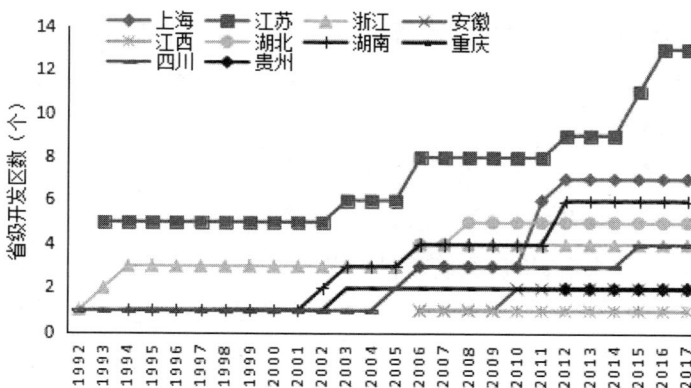

图 4-21　1992—2017 年长江经济带高端装备制造省级开发区规模演化过程

在省级开发区中,江苏亦以 15 个遥遥领先于其他省市,其他省市中除了云南之外亦都有高端装备制造开发区布局(见图 4-22、图 4-23)。

2. 装备制造产业和龙头企业

当前,我国制造业发展已经进入从制造业大国向制造业强国转型升级的关键时期,虽然整体水平与竞争力与欧美发达国家一流制造业相比仍有不小的差距,但具有门类全、规模大、占比高、进步快等鲜明特点,特别是在装备制造领域正表现出快速追赶的强劲势头。如中国装备制造行业协会评选中国装备制造 100 强企业(2018),就是我国制造业各行业的顶尖力量和杰出代表。

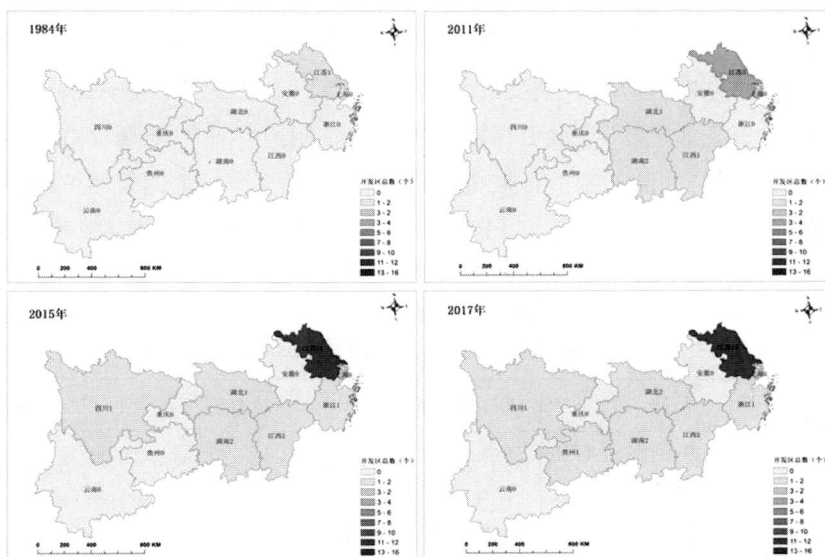

图 4-22　1984、2011、2015、2017 年高端装备制造国家级开发区时空变化

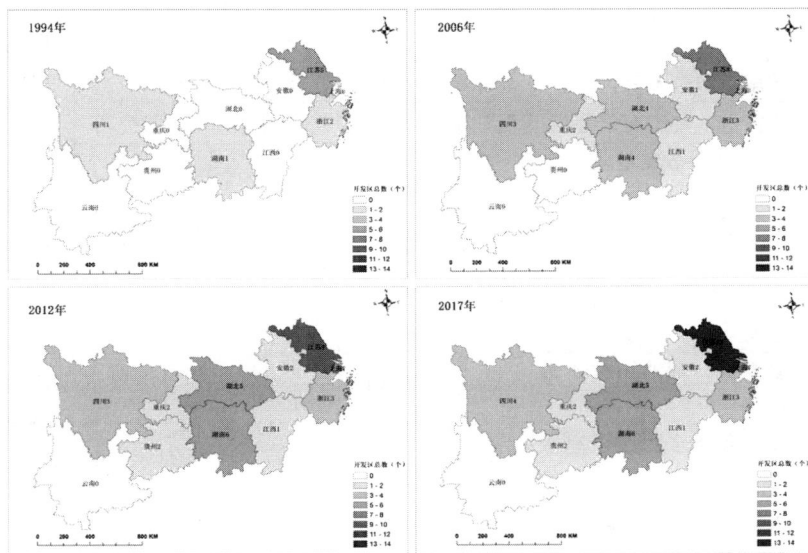

图 4-23　1994、2006、2012、2017 年高端装备制造省级开发区时空变化

其中,汽车及零部件制造行业是收入与利润的最大贡献者,机械工业运行延续分化走势,船舶工业持续好转,智能制造加速发展,高端装备创新发展,轨道交通装备、建材制造、通用航空等成为新增长亮点。在此百强企业中,沿江 11 省市共有 36 家企业上榜,显示出长江经济带装备制造产业的雄厚实力。其中,上汽集团位居全国装备制造百强企业第一名,东风汽车和宝钢集团位列前十;下游百强企业 24 家,中游 7 家,上游 5 家,分别了占 66.7%、19.4% 和 13.9%(表 4-27)。

表 4-27　2018 年中国装备制造业 100 强长江经济带上榜名录

排名	企业	所在地	排名	企业	所在地
1	上海汽车集团股份有限公司	上海	48	常林股份有限公司	江苏南京
2	东风汽车公司	湖北武汉	51	上海仪电(集团)有限公司	上海
6	宝钢集团有限公司	上海	55	奇瑞汽车股份有限公司	安徽芜湖
12	江西铜业集团公司	江西南昌	56	云南锡业股份有限公司	云南昆明
18	江苏悦达集团有限公司	江苏盐城	59	远东控股集团有限公司	江苏无锡
22	上海电气(集团)总公司	上海	60	新余钢铁股份有限公司	江西新余
23	超威电源有限公司	浙江湖州	63	江铃汽车股份有限公司	江西南昌
26	天能电池集团有限公司	浙江湖州	67	三一重工股份有限公司	湖南长沙
29	铜陵有色金属集团股份公司	安徽铜陵	71	中策橡胶集团有限公司	浙江杭州
31	杭州汽轮动力集团有限公司	浙江杭州	73	江苏大明金属制品有限公司	江苏无锡
32	四川长虹电器股份有限公司	四川绵阳	75	环旭电子股份有限公司	上海
35	万丰奥特控股集团有限公司	浙江绍兴	81	徐工集团工程机械股份公司	江苏徐州
37	安徽海螺水泥股份有限公司	安徽芜湖	83	云南铝业股份有限公司	云南昆明
38	吉利汽车控股有限公司	浙江杭州	84	重庆市迪马实业股份公司	重庆
40	安徽江淮汽车集团股份公司	安徽合肥	85	双钱集团有限公司	上海

续表

排名	企业	所在地	排名	企业	所在地
43	盾安控股集团有限公司	浙江杭州	94	华新水泥股份有限公司	湖北武汉
44	通威集团有限公司	四川成都	95	杭州橡胶（集团）公司	浙江杭州
46	德力西集团有限公司	浙江温州	97	株洲冶炼集团股份有限公司	湖南株洲

从业已上市的高端装备制造龙头骨干企业的发展状况看,根据华泰证券网站归类统计,截止到 2020 年 2 月 14 日,我国共有 89 家高端装备制造业上市公司,其中长江经济带有 41 家,占了 46.1%(见表 4-28)。从省市分布情况看,江苏拥有国电南瑞、徐工机械、恒立液压等 14 家上市公司,是我国高端装备制造业当之无愧的龙头大省;经济带有 5 省市排名前十,除江苏位列第一外,还有上海、湖北、安徽、浙江四省市,分别位列第三、第五、第七和第十位,整体发展强势特征显著。从流段上看,下游地区有 28 家,中游地区 9 家,上游地区 4 家,分别占经济带的 68.3%、22.0% 和 9.8%,下游高度集聚、梯度衰减的态势鲜明。从企业规模上看,按照总市值计算,截至 2020 年 2 月 14 日,三家北京的上市公司包揽了前三甲,分别是中国中车(1523 亿元)、三一重工(1416 亿元)和中国重工(1001 亿元),显示出高端装备制造产业作为大国重器的极端重要性。在前十中,经济带有 4 家企业位列其中,分别是第四名的国电南瑞(889 亿元,江苏南京)、第六名的正泰电器(607 亿元,浙江温州)、第七名的上海电气(561 亿元)和第十名的恒立液压(464 亿元,江苏常州)。此外,在经济带 41 家上市公司中,有超 100 亿级企业 13 家,超 300 亿级企业 6 家,超 500 亿级企业 3 家,超 800 亿级企业 1 家。

表 4-28　中国高端装备制造业 A 股上市公司一览

排名	省市	数量（个）	占比（%）	A 股上市公司
1	江苏	14	15.7	徐工机械,航发控制,润邦股份,富瑞特装,海达股份,恒立液压,吉鑫科技,林洋能源,风范股份,亚星锚链,国电南自,国电南瑞,华光股份,航天晨光

续表

排名	省市	数量（个）	占比（%）	A股上市公司
2	北京	11	12.4	北斗星通,三一重工,中国卫星,中航电子,北方导航,天地科技,中国中车,京运通,中国重工,航天长峰,四方股份
3	上海	7	7.9	天海防务,中船科技,中国船舶,振华重工,置信电气,上海电气,上柴股份
4	山东	6	6.7	潍柴动力,潍柴重机,威海广泰,华东数控,杰瑞股份,通裕重工
5	湖北	5	5.6	石化机械,华中数控,光电股份,宏发股份,航天电子
6	陕西	5	5.6	中航飞机,航发动力,中国西电,陕鼓动力,航天动力
7	安徽	4	4.5	四创电子,全柴动力,华菱星马,安徽合力
8	广东	4	4.5	中集集团,明阳智能,科达洁能,中船防务
9	河南	4	4.5	林州重机,中信重工,郑煤机,平高电气
10	浙江	3	3.4	晋亿实业,正泰电器,卧龙电驱
11	湖南	3	3.4	中联重科,宇环数控,湘电股份
12	天津	3	3.4	中海油服,百利电气,海油工程
13	辽宁	3	3.4	*ST沈机,大金重工,机器人
14	四川	2	2.2	东方电气,航发科技
15	贵州	2	2.2	*ST天成,中航重机
16	河北	2	2.2	晶澳科技,科融环境,
17	福建	2	2.2	海源复材,*ST厦工
18	内蒙古	2	2.2	内蒙一机,中国一重
19	江西	1	1.1	洪都航空
20	青海	1	1.1	智慧能源
21	吉林	1	1.1	诺德股份
22	新疆	1	1.1	特变电工
23	黑龙江	1	1.1	中值股份
	合计	89		长江经济带41家,占46.1%,其中下游28家,中游9家,上游4家

资料来源:华泰证券网站(截至2020年2月14日)。

3. 智能制造产业集群

智能制造是高端装备制造业中五个细分行业之一,是在数字经济迅猛发展和人工智能技术广泛应用背景下快速崛起的战略性新兴产业,其规模和水平不仅代表着现代经济体系中制造业技术领域的先进程度,更代表着未来所有制造业行业的发展方向。

(1)机器人制造产业园

机器人与增材设备制造业是高端装备制造业和智能制造业的主要组成部分,同时又与新一代信息技术产业中的人工智能息息相关,在生产生活所涉及的各行各业中都有广泛的应用和发展前景。机器人产业是我国重点发展的战略性新兴产业。我国机器人制造业已进入高速增长期,工业机器人连续六年成为全球第一大应用市场,服务机器人需求潜力巨大,特种机器人应用场景显著扩展。2018 年,我国机器人市场规模预计达到 87.4 亿美元,其中工业机器人 62.3 亿美元,服务机器人 18.4 亿美元,特种机器人 6.7 亿美元,占比分别为 71%、21%、8%。2018 年底,全国共有 74 家机器人产业园,大部分省市区都建有机器人产业园,但主要还是集聚在长三角、珠三角和京津冀等地区,呈现出"全面开花、区域集中"的整体特点(见表 4-29)。其中,长江经济带有 29 家机器人产业园,占了全国的 42.6%。从省市分布情况看,广东有 10 家产业园位居第一位;江苏和浙江各有 7 家并列第二位;安徽和河北各有 6 家而并列第四位。从流段分布上看,长江下游地区有 22 家,中游地区有 4 家,上游地区有 3 家,分别占经济带的 75.9%、13.8% 和 10.3%,上中游地区与下游地区相比落差十分明显。

表 4-29　2018 年长江经济带和全国机器人产业园一览

地区	机器人产业园区	地区	机器人产业园区
广东 (10 家)	广州机器人产业集群、深圳南山机器人产业园、深圳市智能机器人产业园、顺德机器人产业集聚区、松山湖国际机器人产业基地、中山机器人产业集聚区、坪山新区机器人产业园、深圳宝安机器人制造产业园、佛山库卡机器人产业园、华丰国际机器人产业园	上海 (2 家)	上海机器人产业园、浦东机器人产业园
江苏 (7 家)	昆山高新区机器人产业园、徐州经济技术开发区机器人产业园、常州机器人产业园、南京麒麟机器人产业园、张家港机器人产业园、南通海安机器人及智能制造产业园区、海安机器人小镇	天津 (2 家)	天津机器人产业园、滨海机器人产业园

地区	机器人产业园区	地区	机器人产业园区
浙江 (7家)	丽水机器人产业园、嘉兴机器人智能制造产业园、余姚机器人小镇、萧山机器人小镇、杭州(余杭)机器人产业园、嘉兴干窑机器人小镇、浙江琦星电子有限公司机器人产业园、	新疆 (2家)	乌鲁木齐机器人产业园、甘泉堡特种机器人产业园
安徽 (6家)	安徽芜湖国家级机器人产业集聚园、合肥机器人产业园、马鞍山机器人产业集聚区、肥东机器人小镇、宣城机器人制造产业园、南艳湖机器人小镇	重庆 (1家)	重庆两江机器人产业园
河北 (6家)	唐山机器人产业园、河北廊坊香河机器人产业园、河北廊坊固安机器人产业园、石家庄机器人产业园、沧州机器人产业园、衡水泰华机器人产业园	四川 (1家)	成都机器人产业园
湖北 (4家)	武汉新松机器人小镇、武汉东湖高新区机器人产业园、武汉蔡甸机器人产业园、荆门机器人产业园	贵州 (1家)	贵阳经开区智能机器人生产基地
陕西 (4家)	宝鸡机器人智能制造产业园、西安人工智能与机器人产业基地、陕西机器人智能制造产业园、陕西汉中市智能制造产业园	北京 (1家)	亦创智能机器人产业园
辽宁 (4家)	沈抚新城机器人产业基地、沈阳新松智慧产业园、大连金州新区国家智能装备产业师范基地、大墨智能机器人产业园	福建 (1家)	晋江智能装备(机器人)产业园
河南 (4家)	洛阳机器人智能装备产业园、新乡机器人产业园、郑州工业机器人制造基地、许昌智能机器人制造基地	广西 (1家)	柳州机器人产业园
山东 (3家)	山东西部智能机器人产业园、青岛国际机器人产业园、青岛机器人产业园	黑龙江 (1家)	哈尔滨哈南机器人产业园
总计	68家		

资料来源：前瞻产业研究院：《2018年中国产业园区榜单》。

（2）智能机器制造A股上市公司

从智能机器制造A股上市公司的发展情况看，根据华泰证券的行业分类统计，截至2020年1月23日，我国共有智能机器制造概念A股上市公司149家，其中长江经济带有83家，占了全国55.7%。（见表4-30）从省市分布情况看，广东是我国31个省区中智能制造行业的龙头老大，共拥有32家A股上市公司，仅深圳一市就占有19家；位列第二至第五位的分别为江苏、浙江、上海和湖北，均为长江经济带沿江省市。此外，安徽位列第八，湖南、重庆、江西分列第 11、第 12、第 13 位,沿江 11 省市中有 7 个省市位居前列。从流段分布上看,下游四省市有 67 家,中游三省有 12 家,上游四省市有 4 家,分别占经济带的 80.7%、14.5% 和 4.8%,呈现出从下游地区向上中游地区迅速衰减的分布格局和上下游之间巨大的反差,并且与开发区的空间分布基本相互吻合。从规模上看,根据总市值计算,截止到 2020 年 2 月 13 日,深圳的工业富联位居第一(3657 亿元),江苏的国电南瑞位居第二(872 亿),合肥的科大讯飞(845 亿)和上海电气(561 亿)位列第三和第六位。此外,长江经济带 83 家 A 股上市公司中,总市值超过 100 亿元的有 14 家,超过 200 亿元的有 6 家,超过 300 亿元的有 5 家。

表 4-30　中国智能机器制造 A 股上市公司一览

排名	省市	数量(家)	占比(%)	A 股上市公司
1	广东	32	21.5	大族激光、拓邦股份、惠程科技、英威腾、卓翼科技、广田集团、雷柏科技、茂硕电源、金奥博、科瑞技术、赛为智能、长盈精密、汇川技术、英唐智控、瑞凌股份、佳士科技、劲拓股份、今天国际、工业富联、巨轮智能、达意隆、奥飞娱乐、高乐股份、东方精工、劲胜智能、高新兴、智慧松德、金明精机、宜安科技、汉宇集团、全志科技、拓斯达
2	江苏	29	19.5	哈工智能、ST 慧业、中南建设、天奇股份、康力电梯、科远智慧、胜利精密、通鼎互联、亚威股份、埃斯顿、海伦哲、紫天科技、赛摩电气、优德精密、迈为股份、罗博特科、*ST 保千、南钢股份、国电南瑞、南京熊猫、音飞储存、赛腾股份、莱克电气、易德龙、科沃斯、亿嘉和、天准科技、汉川智能、江苏北人
3	浙江	21	14.1	钱江摩托、精功科技、盾安环境、宏润建设、*ST 天马、爱仕达、巨星科技、双环传动、日发精机、中大力德、GQY 视讯、向日葵、慈星股份、田中精机、恒锋工具、天通股份、卧龙电驱、均胜电子、弘讯科技、永创智能、ST 中新
4	上海	11	7.4	中国海诚、海得控制、新时达、锐奇股份、科大智能、华丽家族、上海机电、上海电气、鸣志电器、天永智能、克来机电
5	湖北	7	4.7	京山轻机、高德红外、中元股份、华中数控、三丰智能、华昌达、宏发股份

续表

排名	省市	数量（家）	占比（%）	A 股上市公司
6	北京	7	4.7	神州高铁、紫光股份、当升科技、嘉寓股份、东方网力、新元科技、金自天正
7	山东	7	4.7	山东威达、软控股份、歌尔股份、华明装备、天润曲轴、新北洋、神思电子
8	安徽	6	4.0	ST 新光、科大讯飞、中电兴发、泰尔股份、聚隆科技、泰禾光电
9	辽宁	5	3.4	*ST 沈机、远大智能、机器人、智云股份、蓝英装备
10	河南	4	2.7	远东传动、林州重机、黄河旋风、中信重工
11	湖南	3	2.0	山河智能、宇环数控、楚天科技
12	重庆	3	2.0	宗申动力、迪马股份、川仪股份
13	江西	2	1.3	长虹华意、金力永磁
14	黑龙江	2	1.3	博实股份、*ST 工新
15	天津	2	1.3	赛象科技、长荣股份
16	陕西	2	1.3	秦川机床、陕鼓动力
17	河北	2	1.3	东旭光电、汇金股份
18	四川	1	0.7	硅宝科技
19	福建	1	0.7	睿能科技
20	山西	1	0.7	美锦能源
21	青海	1	0.7	青海华鼎
	合计	149		长江经济带共 83 家，占 55.7%，其中下游 67 家，中游 12 家，上游 4 家

资料来源：华泰证券网站（截至 2020 年 1 月 23 日）。

4. 通用航空产业集群

航空装备制造产业是我国高端装备制造业的重要细分行业之一。随着近年来中国航空产业重点项目不断取得突破，我国的航空产业基础不断发展壮大，航空产业集群也开始快速成型。"十三五"期间，民航局、交通部、工信部等出台了一列支持政策，旨在通过打造民航基础技术研究基地、通用技术开发基地、核心技术产业基地、成果转化效益基地和创新人才发展基地的方式来促进中国航空业发展。

（1）航空产业园数量与分布

通用航空快速发展，园区建设前景广阔。通用航空作为战略性新兴产业，产业链长，辐射范围广，可创造大量就业机会，增加政府税收，因而成为地方政府主要发力的产业方向。几乎全国所有省、自治区、直辖市都争相布局通用航空产业，力争抢占先机。主要表现为通用飞机制造热和各地通用航空产业园的爆发式增长，全国园区数量已从2012年的39个猛增至2018年的84个，近4年来年均增长量超过10个（见图4-24）。

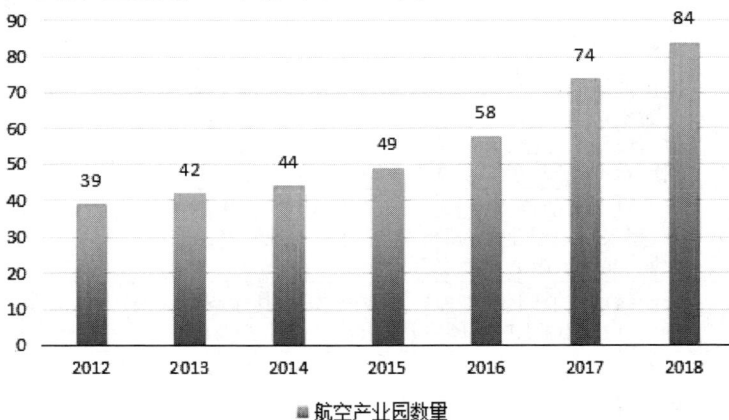

图4-24　2012—2018年我国航空产业园数量增长态势

从省市分布情况看，江苏、陕西、山东三省的航空园区数量最多，分别为10家、9家和9家，位居第一梯队；位于第二梯队的为浙江、辽宁、四川和安徽4省，航空产业园区数量均为5—6家；其他省份航空产业园区数量均低于4家（见表4-31）。

表4-31　2018年全国航空产业园区省市分布　　　　　（单位：家）

经济带省市区 分布数量	省市
≥10	江苏（10）
（5—10）	浙江（6）、安徽（5）、四川（5）
（1—4）	江西（3）、湖南（3）、湖北（3）、云南（2）、上海（1）、重庆（1）、贵州（1）
其他地区 分布数量	陕西（9）、山东（9）、辽宁（6）、天津（3）、河北（3）、福建（3）、北京（3）、内蒙古（2）、河南（2）、山西（1）、吉林（1）、黑龙江（1）、广东（1）

资料来源：通航资源网。

长江经济带共有 40 家航空产业园,占了全国的 47.6%,且沿江 11 省市均有分布。其中,下游四省市有 22 家,中游三省和上游四省市各有 9 家,分别占经济带的 55.0%、22.5% 和 22.5%。(见表 4-32)

表 4-32　2018 年长江经济带航空产业园分布情况

流段	地区	航空产业园区	数量(家)	总数(家)/占长江经济带百分比
长江下游	上海	上海临港新城航空产业园	1	22/55%
	江苏	昆山淀山湖航空产业园、建湖蓝天航空航天产业园、镇江航空产业园、盐城航空航天产业园、南京航空产业园、海门航空产业园、无锡航空产业园、南通航空产业园、常州航空产业园、丁蜀航空产业园	10	
	浙江	宁波杭州湾航空产业园、绍兴滨海新城通用航空产业园、嘉兴南湖产业园、湖州安吉航空产业园、舟山航空产业园、北航长鹰通用航空产业园	6	
	安徽	合肥航空产业园、芜湖航空产业园、定远县航空产业园、砀山县通用航空产业园、应流(金安)航空产业园	5	
长江中游	江西	南昌航空工业城、景德镇航空零部件产业园、景德镇军民融合通用航空综合示范区	3	9/22.5%
	湖北	武汉航空产业园、襄樊航空航天产业园、荆门通用航空产业园	3	
	湖南	航发株洲航空动力产业园、株洲航空城、长沙航空产业园	3	
长江上游	重庆	两江新区航空产业园	1	9/22.5%
	四川	成都通用航空产业综合示范区、成飞航空高科技产业园、金堂通用航空产业园、自贡航空产业园、成都航空动力产业园	5	
	贵州	安顺通用航空产业综合示范区	1	
	云南	云南高新区通用航空产业园、昆明直升机通用航空综合服务基地	2	

资料来源:通航资源网。

(2)通用航空企业及其分布

近些年来,随着我国航空产业的迅猛发展、相关产业政策的大力扶持和低空领域的逐步开放,通用航空企业的数量和市场规模也不断增加,现已基本形成了覆盖通用航空产业的全产业链。根据《通用航空企业汇总表》数据显示,截止到2018年底,我国已有422家经民航局批准的通用航空企业,相比2012年的103家有了极大的提升。分地区来看,华东地区100家,华北地区和中南地区各有96家,东北地区37家,西南地区50家,西北地区28家,新疆地区15家(见图4-25)。民航局批准的通用航空企业数量不断上升,必定能为中国通航产业的生产能力带来持续的提升,预示着我国通航产业发展的供给能力有着极好的上升空间。

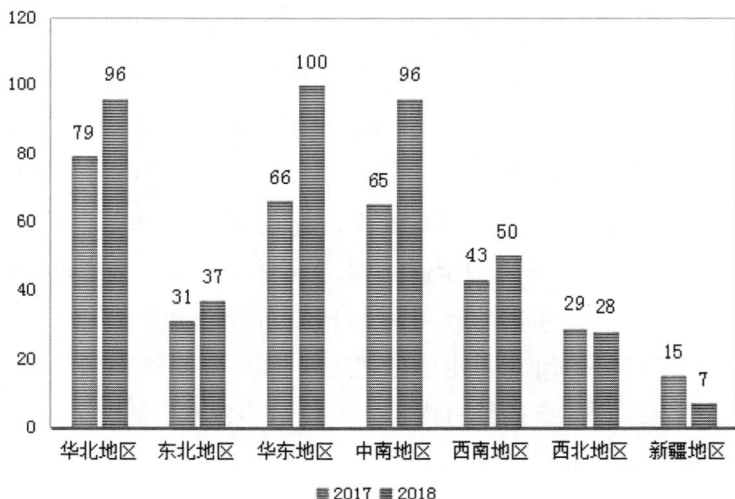

图4-25 2017—2018年中国通用航空企业分地区分布(单位:家)

四、汽车制造产业集群

1. 汽车工业规模与分布

改革开放以来,我国的汽车工业从小到大、从弱到强,保持了长期持续快速的增长势头,现已一跃成为全球最大的汽车生产国和汽车销售国。2018年,我国规模以上汽车制造业共有企业15174家,资产总计79176亿元,完成营业收入83373亿元,实现利润总额6091亿元,生产各类汽车2782万辆,按照主营业务收入计算已然成为仅次于计算机通信设备制造业的第二大支柱产业。

长江经济带是我国汽车工业中规模最大、企业最多、产业链条最为完整齐全的经济带。2017年,沿江11省市共完成规上汽车制造企业主营业务收入42274亿元,占全国8463亿元的49.9%,以及11省市全部规上工业企业的8.9%(见表4-6),同样为仅次于计算机通信设备制造业的第二大支柱产业。其中,上海、江苏和湖北分别实现8247亿元、7505亿元和6919亿元,位列前三甲;浙江(4952亿元)、重庆(4762亿元)、四川(2888亿元)和安徽(2874亿元)位列第二方阵;其余4省位列第三方阵。从流段分布上看,下游地区实现23578亿元,中游地区实现10490亿元,上游地区实现8206亿元,分别占经济带的55.8%、24.8%和19.4%。从产品产量上看,2000年沿江11省市汽车累计产量仅为105.5万辆,到2018年产量就达到了1234.7万辆,占了全国汽车总产量(2782万辆)的44.4%。其中,上海以2978万辆位居沿江11省市汽车产量冠军和全国各省市汽车产量的亚军,仅次于广东的321.6万辆;湖北以241.9万辆位居11省市第二和全国第四,次于吉林的276.8万辆;产量超过百万辆的沿江省市还有重庆(172.6万辆)、江苏(121.9万辆)和浙江(119.2万辆),安徽和四川的汽车产量也已分别达到82.4万辆和74.7万辆,显示出经济带汽车工业整体走强的鲜明特征。从11省市汽车产量占全国比重来看,2000—2018年间,上海、重庆、湖北占全国比重始终位居经济带前三,安徽呈现倒"U"型变化(见图4-26)。

2. 汽车制造开发区分布及空间演化历程

从开发区分布来看,以汽车为主导产业的国家级开发区全国92个,其中长江经济带49个,包括安徽9个、浙江8个、重庆1个、上海3个、四川3个、江西6个、湖北9个、湖南1个、江苏9个。以汽车为主导产业的省级开发区中全国有152个,其中长江经济带100个,包括上海9个、江苏14个、浙江16个、安徽17个、江西4个、湖南6个、湖北15个、重庆13个、四川5个、贵州1个。长江经济带11省市中江苏、浙江、安徽、湖北国家级开发区、省级开发区分布相对均衡,分布数量位居第一梯队,重庆、上海两省位居第二梯队,四川、湖南、贵州位居第三梯队。

上海　　江苏　　浙江　　安徽　　江西　　湖北
湖南　　重庆　　四川　　贵州　　云南

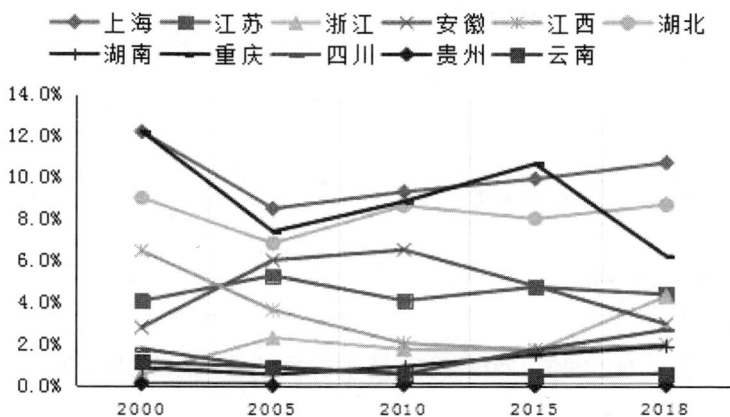

图 4-26　2000—2018 年长江经济带汽车产量占全国比重变化

从历年开发区数量来看,1984 年在浙江设立第一家国家级开发区之后,长江经济带的以汽车为主导产业的开发区在本世纪出现快速增长。在国家级开发区中,2009 年是个分水岭,之前各省市开发区增长速度非常缓慢,之后江苏、湖北、浙江、安徽四省汽车产业的开发区数量迅速增长(见图 4-27)。在省级开发区中,2005 年成为分水岭,之前除了重庆由 2001 年 1 个增至 2003 年 12 个之外,其余 9 省市均增长缓慢;2006 年安徽、湖北、上海、浙江 4 省大幅增长,之后保持平稳;2011—2018 年之间,除了江苏持续增长,湖南小幅增长之外,其余 8 个省市数量保持平稳(见图 4-28)。

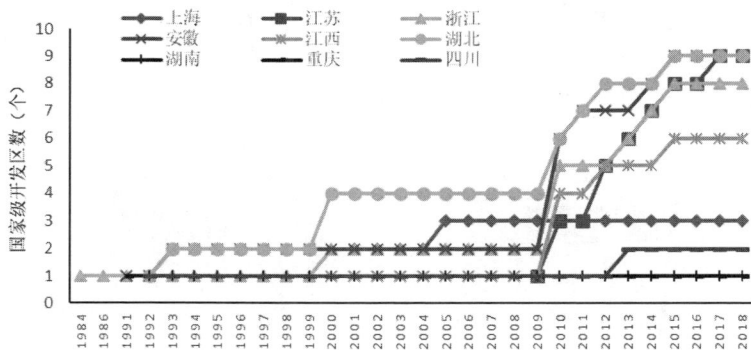

上海　　江苏　　浙江
安徽　　江西　　湖北
湖南　　重庆　　四川

图 4-27　1984—2017 年长江经济带汽车国家级开发区规模变化

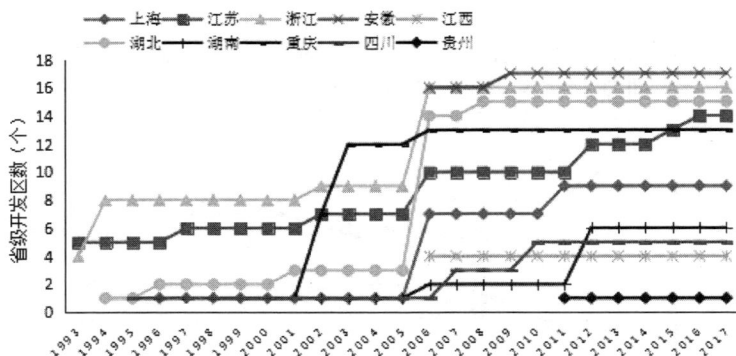

图4-28　1993—2017年长江经济带汽车省级开发区规模变化

从空间分布来看,在国家级开发区中,2000年、2010年、2017年的高热点区域由湖北逐步扩展至安徽、浙江、江苏、江西四省,呈现出中游向下游扩散的趋势(见图4-29)。在省级开发区中,1993年高热点区集中在江苏、浙江两省;2000年高热点区扩散至重庆;2006年高热点区在安徽、浙江、湖北、重庆,中热点区在江苏、上海、江西,2017年高热点区集中在安徽、浙江、湖北、江苏、重庆,中热点区在上海、湖南、四川、江西,整体呈现出由下游向中游再向上游扩散的趋势(见图4-30)。高热点和中热点区的空间演化过程较好地揭示了区域汽车制造产业的扩散轨迹。

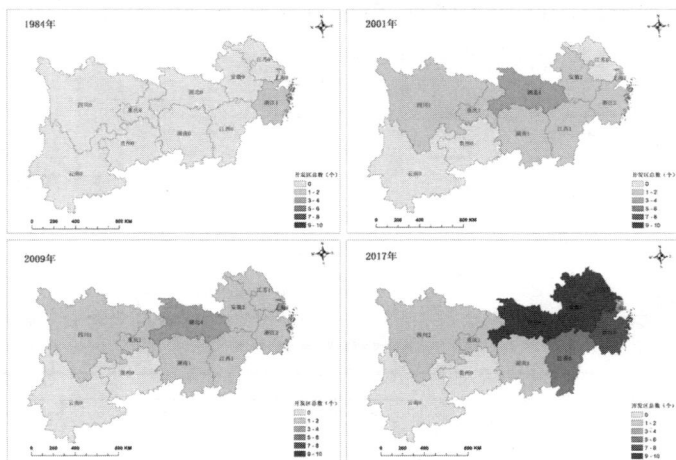

图4-29　1984、2001、2009、2017年汽车产业国家级开发区时空变化

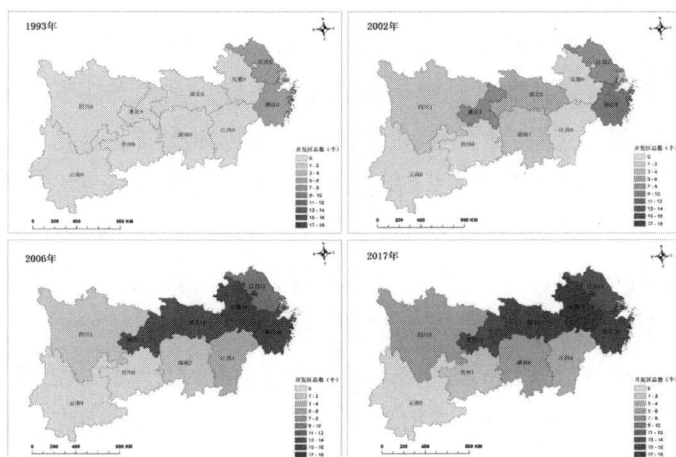

图 4-30　1993、2002、2006、2017 年汽车产业省级开发区时空变化

3. 长江经济带三大汽车产业集群

我国汽车产业发展至今,业已形成六大汽车产业集群。其中,除了珠三角产业集群、京津冀产业集群和东北产业集群外,其余三个均分布于长江经济带,即下游以上海为核心的长三角产业集群,中游以武汉为核心的长江中游产业集群,以及上游以重庆为核心的成渝西部产业集群(见表4-33)。

表 4-33　长江经济带三大汽车产业集群

区域	地区	代表性汽车企业	特点
长三角产业集群	上海 浙江 江苏 安徽	上汽集团、上海大众、上海通用、特斯拉、吉利、吉奥、众泰、南京菲亚特、依维柯、春兰汽车、东风悦达起亚、上汽仪征、亚星客车、江淮、奇瑞	企业配套齐全,产业完善度较高,产业链较完整
长江中游产业集群	湖北 江西	东风集团、神龙、东风本田、东风乘用车、东风雷诺、上海通用、东风日产、广汽菲亚特、三菱、广汽、北汽、吉利、比亚迪、江铃集团、昌河汽车、上饶客车	产业链较为完整,整车市场分布较为集中
成渝西部产业集群	重庆 四川	长安集团、长安福特、长安铃木、力帆汽车、一汽大众、一汽丰田、沃尔沃	产业链完善程度一般

资料来源:根据相关资料整理。

（1）长三角汽车产业集群

作为中国最大的汽车生产基地,长三角汽车产业集群是我国六大汽车产业集群中整车和零部件制造规模最大的龙头集群。其代表性车企包括合资品牌的上汽集团和民营品牌的吉利汽车这两个世界500强企业,以及江淮汽车、奇瑞汽车、东风悦达起亚和在上海自贸区临港新片区投资建厂的特斯拉等。除了核心主机厂众多,在汽车零部件领域,长三角汽车产业集群同样拥有完整的配套体系,江苏、浙江、上海的汽车零部件制造产业无论规模还是发展均居于国内先进水平。

作为中国经济最发达的城市群,得天独厚的区域优势以及各种资源、要素的高度集聚,使长三角区域内需市场前景极其广阔,它也是国际车企青睐的主要合作区域之一。以上海为例,中德合资的上海大众、中美合资的上海通用和美资独资企业特斯拉以及众多一流的汽车零部件合资企业都汇聚于此。同时每年举办上海汽车国际博览会、F1中国赛等汽车盛会,让上海拥有了具有国际竞争力的汽车产业集群。

浙江是以民营汽车企业闻名的汽车之乡,民营汽车企业发展势头十分强劲。这里有全资拥有世界著名汽车品牌沃尔沃的吉利汽车,有近些年来风生水起的民营自主品牌众泰汽车。不仅如此,浙江还拥有一大批规模大、品种全、实力强的汽车零部件制造企业,并已形成相当的出口规模,包括万向集团、华翔集团、万丰奥威等。

江苏的汽车工业起步早、规模大,产业链条完整,拥有南汽、扬州亚星、盐城东风悦达起亚、苏州金龙等汽车主机企业以及包括靖江、仪征、丹阳等在内的多个汽车零部件产业集群。江苏近年来深度聚焦新能源汽车和智能汽车产业,发力氢能源为代表的燃料电池技术,在全国率先印发《智能网联汽车标准体系建设指南》,开展无人驾驶测试牌照的发放,并在无锡建成全球首家城市级车联网应用网络。

安徽的著名汽车企业主要有芜湖的奇瑞汽车和合肥的江淮汽车,形成了较早的本土自主品牌,加之相邻的南京汽车产业,集聚效应是显而易见的。

（2）长江中游汽车产业集群

长江中游地区作为我国主要的汽车产业板块,以湖北为中心,覆盖湖南、江西,形成了一条产业集聚度高、生产规模大、竞争力强的汽车工业走廊。以东风汽车为代表,该区域聚集了东风公司、东风标致—雪铁龙、东风本田、江铃汽车、昌河汽车、长丰猎豹等知名汽车企业。依托《长江中游城市群发展规划》,湘鄂赣三省全力探索汽车产业协调发展机制,持续强化汽车产业一体化发展战略。

（3）成渝西部汽车产业集群

成渝西部汽车产业集群近年来迅速崛起。重庆汽车产业实力雄厚,以本土领军品牌长安汽车为代表,长安福特、长安铃木、力帆汽车等是重庆汽车产业的代表性企业。而四川,近年来先后建设了四川一汽丰田、一汽大众西南基地等汽车生产基地,成都汽车年产量已超过130万辆,已经成为西部新的"汽车城"。随着成渝城市群一体化发展战略的落地,川渝两地将汽车产业作为双方协同发展的主要领域之一,在优势互补的基础上共同打造具有世界影响力的汽车产业集群。

（4）龙头骨干企业

鉴于我国六大汽车产业集群中的主要龙头骨干企业基本都已相继上市,因此以中国汽车制造业A股上市公司的数量、规模及分布状况分析为例,能够较客观地反映出长江经济带及全国各大汽车产业集群的发展状况。根据同花顺证券网站的归类统计,截至2020年2月13日,我国共有整车及零部件制造业A股上市公司156家,其中沿江11省市有106家,占了66.7%,接近全国的七成（见表4-34）。从各省市拥有的上市公司数看,浙江以36家上市公司拔得头筹,稳居冠军宝座;江苏和上海则以26家和14家分列第二、三名,仅此三甲就占了全国汽车类上市公司的48.8%。再加上安徽的6家,长三角汽车类上市公司达到全国的52.6%,作为全国实力最雄厚的汽车产业集群,大有舍我其谁的龙头态势。从流段上看,下游四省市82家,中游三省8家,上游四省市14家,呈现为"两头高、中间低"的整体分布态势。从规模上看,按照总市值计算,截止到2020年2月13日,上汽集团以2579亿元总市值位居第一位,是位列第二比亚迪（1043亿元）的2.47倍。前十中长江经济带还有位列第四的华域汽车（839亿元,上海）、位列第七的长安汽车（470亿元,重庆）和位列第十的均胜电子（357亿元,宁波）。在沿江11省市的106家汽车类上市公司中,总市值超过 100 亿元的有 21 家,超过 200 亿元的有 8 家,超过 300 亿元的有 4 家,分别占 19.8%、7.5% 和 3.8%。

表 4-34　中国汽车整车及零部件制造业 A 股上市公司一览

排名	省市	数量(家)	占比(%)	A 股上市公司
1	浙江	36	23.1	众泰汽车、万向钱潮、宁波华翔、万丰奥威、银轮股份、亚太股份、万里扬、双环动力、金固股份、万安科技、光启技术、长鹰信质、浙江世宝、跃岭股份、今飞凯达、双林股份、美力科技、万通智控、雷迪克、兆丰股份、均胜电子、爱柯迪、拓普集团、新坐标、天成自控、正裕工业、圣龙股份、浙江仙通、旭升股份、德宏股份、中马传动、宁波高发、合力科技、铁流股份、雪龙集团、继峰股份
2	江苏	26	16.7	亚星客车、威孚高科、模塑科技、奥特佳、南方轴承、光洋股份、精锻科技、云意电气、苏奥传感、贝斯特、奥联电子、隆盛科技、蠡湖股份、威唐工业、越博动力、星宇股份、亚普股份、常熟汽饰、腾龙股份、科华控股、新泉股份、日盈电子、华达科技、朗博科技、金鸿顺、泉峰汽车
3	上海	14	9.0	上汽集团、新朋股份、松芝股份、东风科技、航天机电、交运股份、华域汽车、联明股份、北特科技、凯众股份、华力动力、保隆科技、岱美股份、科博达
4	广东	12	7.7	比亚迪、广汽集团、广东鸿图、特尔佳、登云股份、路畅科技、华阳集团、派生科技、英博尔、欣锐科技、迪生力、文灿股份
5	山东	9	5.8	中国重汽、中通客车、潍柴动力、天润曲轴、兴民智通、隆基机械、联诚精密、渤海汽车、金麒麟
6	安徽	6	3.8	*ST 安凯、华菱星马、江淮汽车、中鼎股份、伯特利、常青股份
7	重庆	6	3.8	长安汽车、小康股份、力帆股份、宗申动力、兰黛传动、秦安股份
8	四川	5	3.2	浩物股份、川环科技、富临精工、西菱动力、豪能股份
9	河南	5	3.2	宇通客车、远东传动、中原内配、飞龙股份、郑煤机
10	湖北	4	2.6	东风汽车、襄阳轴承、*ST 斯太、骆驼股份
11	吉林	4	2.6	一汽轿车、富奥股份、长春一东、一汽富维

续表

排名	省市	数量（家）	占比（%）	A股上市公司
12	湖南	3	1.9	恒立实业、ST天雁、湘油泵
13	北京	3	1.9	福田汽车、北汽蓝谷、京威股份
14	天津	3	1.9	一汽夏利、天汽模、鹏翎股份
15	辽宁	3	1.9	曙光股份、德尔股份、金杯汽车
16	河北	3	1.9	长城汽车、四通新材、凌云股份
17	福建	3	1.9	金龙汽车、福耀玻璃、华懋科技
18	云南	2	1.3	云内动力、西仪股份
19	黑龙江	2	1.3	东安动力、威帝股份
20	海南	2	1.3	*ST海马、钧达股份
21	广西	2	1.3	八菱科技、福达股份
22	江西	1	0.6	江铃汽车
23	贵州	1	0.6	贵航股份
24	甘肃	1	0.6	ST银亿
合计		156		长江经济带104家、占66.7%，其中下游82家、中游8家、上游14家

资料来源：同花顺证券网站。（截止时间为2020年2月13日）

4. 新能源汽车

新一轮科技革命正在重构全球汽车产业生态和竞争格局,汽车产品加快向电动化、智能化、共享化方向发展,新能源汽车异军突起、发展迅猛。根据汽车工业协会统计数据,2018年全国新能源汽车销量首次突破百万辆,达125.5万辆,增长率为61.6%,成为汽车行业新的亮点。全国新能源汽车产量前十地区有北京、浙江、湖北、上海、广东、湖南、江西、陕西、安徽和重庆,总量占全国的70%,长江经济带有7个省市居全国排名前10。在全球范围,汽车企业也已经将新能源汽车作为各自发展战略中的重要布局,且逐步加大在全球的布局和投入。2018年,全球排名前20位企业新能源乘用车合计超过160万辆,占全球新能源乘用车销量的90%。其中,中国有11家企业位居前20,包括长江经济带的吉利、上汽、奇瑞、江淮、江铃、东风、长安、众泰等8家企业,表现出较高的市场集中度。欧洲德国企业主要是宝马（11.7万辆）、大众（6.9

万辆)、戴姆勒(3.6万辆),销量合计约22万辆;美国企业主要是特斯拉(22.7万辆)、通用(8.3万辆)两家,销量合计约31万辆。日本企业主要是雷诺—日产(14万辆)、丰田(4.4万辆)、三菱(3.5万辆),销量合计约22万辆。全球新能源汽车市场集中度高,主要在中国、美国、日本,而中国则集中于长经济带。新能源汽车的市场推广,与其新能源汽车产业有直接的关联。长江经济带已形成完整的产品技术研发、生产制造产业体系,地理上的产业集聚效应较为明显。以新能源乘用车产业集群(整车厂)为例,长江经济带新能源汽车产业园区有17个,依次为江苏5个、湖北4个、浙江3个,排名在前三;上海、安徽、重庆、四川、云南各1个(见表4-35)。

表4-35　长江经济带新能源汽车产业园区分布情况

地区	主要产业园区
上海	上海市新能源汽车及关键零部件产业基地
江苏	盐城新能源汽车及汽车零部件产业园、常州新能源车辆专题产业园、江苏正宇新能源汽车产业园、盐城新能源汽车产业园、广微新能源汽车产业园(南通)
浙江	游侠电动汽车超级工厂、威马新能源智能汽车产业园、宝能集团新能源产业园(杭州)
安徽	舒城新能源汽车产业园
湖北	星晖新能源智能汽车产业园、宝能集团新能源产业园(武汉)、襄阳扬子江亿兴新能源汽车产业园、东风新能源汽车产业园
重庆	金康新能源重庆基地
四川	四川内江新能源产业园
云南	宝能集团新能源产业园(昆明)
其他(家)	广东(8)、北京(4)、陕西(4)、山东(3)、广西(1)、吉林(1)、黑龙江(1)、河南(1)

资料来源:前瞻产业研究院《2018中国产业园区榜单》。

五、家用电器制造产业集群

1. 家电制造开发区分布及空间演化历程

依据家电产业各级开发区的历年数据分析,20世纪90年代以来的30年间,无论是国家级开发区还是省级开发区,长江经济带的数量规模均不大且增长较平稳,从1991年的1个增长至目前的15个,其中安徽省6个,占了40%。从空间格局上看,家电产业的高热点区集中在安徽、浙江两省,江苏、湖北、江西为中热点区,家电产业在长江经济带呈现块状分布格局(见图4-31、图4-32)。

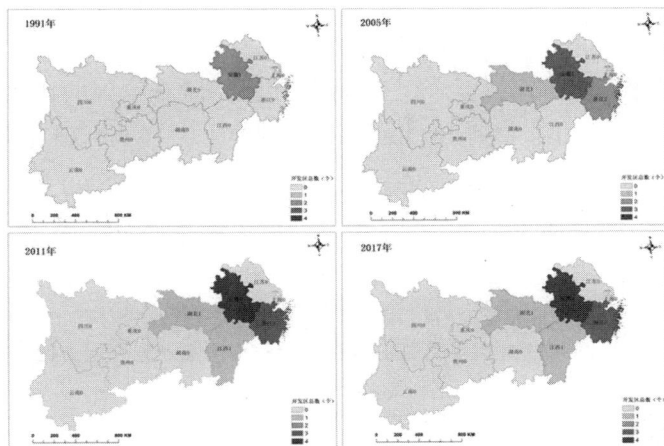

图4-31　1991、2005、2011、2017年长江经济带家电国家级开发区时空变化

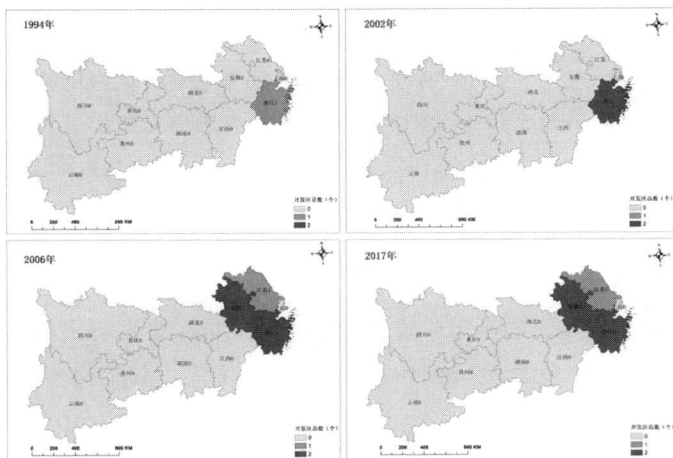

图4-32　1994、2002、2006、2017年长江经济带家电省级开发区时空变化

从家电产品产量看,2000—2018 年间,长江经济带家用洗衣机、冰箱、彩电等三大家电产品整体产量在全国比重逐年上升,从 2000 年的 37.5%上升至 2018 年的 59.1%,从曾经的三分之一发展到占据全国过半的产量。(见表 4-36)从流段上看,下游地区的产量占比越来越高,从 2000 年的 64.1%提升至 2018 年的 83.6%;中游地区相对平稳,上游地区的产品产量则大幅下滑,已从 2000 年的 28.7%降至 2018 年的 10.5%。(见图 4-33)从沿江 11 省市的具体情况看,安徽在长江经济带的位次从 2000 年的第三位一跃升至 2010 年的第一位并保持至今,三大家电产品产量占全国的比重也从 2000 年的 6.9%猛增至 2018 年的 19.2%,接近全国的 1/5,成为名副其实的家电大省。反之,上游地区的四川省在沿江 11 省市的位次则由 2000 年的第二位逐渐降至 2018 年的第四位,产品产量占全国的比重也从 2000 年的 8.8%降至 2018 年的 3.7%。

表 4-36 2000—2018 年长江经济带三大家电产品产量全国占比一览

(单位:%)

年份	经济带占全国	下、中、上游	占比前五的省市
2000	37.5	64.1,7.2,28.7	江苏 9.8,四川 8.8,安徽 6.9,上海 3.8,浙江 3.6
2005	37.3	80.3,5.1,14.7	浙江 9.3,安徽 9.0,江苏 8.6,四川 4.4,上海 3.0
2010	54.3	80.9,3.7,15.4	安徽 14.7,江苏 14.4,浙江 12.1,四川 5.9,上海 2.7
2015	50.0	82.3,3.7,14.0	安徽 17.4,江苏 12.7,浙江 9.7,四川 4.4,上海 1.5
2018	59.1	83.6,6.0,10.5	安徽 19.2,江苏 12.2,浙江 7.3,四川 3.7,湖北 3.1

资料来源:全国统计年鉴数据计算,括号中产品产量占比为经济带占全国的比重,下中上游的比重为下中上游各产量占长江经济带产品产量的比重。

2. 家电龙头企业

中国是世界上最大的家电生产国和消费国,拥有非常突出的市场规模优势,而长江经济带既在其中占据着极其重要的地位,又存在着龙头企业少、品牌效应差、产业大而不强的突出短板。在 2000—2014 年中国财富 500 强家电入围企业中,沿江 11 省市每年都有 4 家家电企业入围,分别是四川长虹、合肥美菱、无锡小天鹅和浙江苏泊尔;而 2018 年公布的中国 500 强企业中,家电类

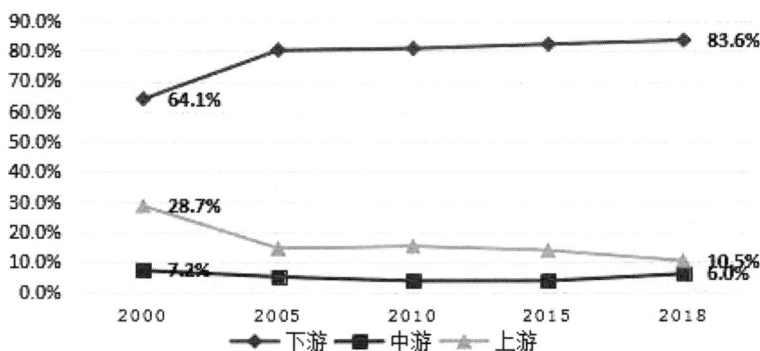

图 4-33 长江经济带上中下游家电产品占比演化过程

企业共有 9 家入选,沿江 11 省市中仅四川长虹一家上榜(见表 4-37)。

表 4-37 2018 年中国 500 强企业中的家电企业

2018 年排名	企业名称	营业收入(百万元)	所在地区
32	美的集团股份有限公司	241918.9	广东
51	青岛海尔股份有限公司	159254.5	山东
56	珠海格力电器股份有限公司	150019.6	广东
71	TCL 集团股份有限公司	111727.4	广东
98	四川长虹电器股份有限公司	77632.48	四川
196	创维数码控股有限公司	38158.86	香港
221	海信科龙电器股份有限公司	33487.59	广东
225	青岛海信电器股份有限公司	33008.64	山东
240	康佳集团股份有限公司	31227.76	广东

资料来源:财富中文网。

从家电上市公司的情况看,经过对华泰证券网站统计的"日用电子器具制造业"和同花顺网站统计的"白色家电制造业"的合并整理,截止到 2020 年 2 月 13 日,共有家用电器制造业 A 股上市公司 57 家,其中长江经济带 35 家,占了 61.4%(见表 4-38)。从省市分布情况看,浙江与广东的上市公司数均为 15 家,但广东拥有美的集团、格力电器、海信家电等国内外知名企业,浙江家电上市公司在规模、品牌、影响力等方面明显要稍逊一筹,只能位列第二。

江苏位列第三,上海、安徽和山东并列第四。从流段上看,长江下游四省市有32家,中游三省有2家,上游四省市仅有1家,表明长江经济带的家电企业高度集聚在下游的长三角地区。从企业规模上看,按照总市值计算,截止到2020年2月13日,总市值最大的前五家家电上市公司依次为格力电器(3783亿元,广东珠海)、美的集团(3753亿元,广东佛山)、海尔智家(1204亿元,山东青岛)、三花智控(617亿元,浙江绍兴)和苏泊尔(584亿元,浙江台州),长江经济带最大的两家家电企业市值与格力、海尔相差约6倍,差距十分悬殊。此外,在长江经济带35家家电上市公司中,市值超过100亿元的有7家,超过300亿元的有3家,超过500亿元的有2家,超过600亿元的仅1家。由此表明,在中国现有家电企业中,美的集团和格力电器以近4000亿元的体量构成了第一梯队,共同领跑中国家电行业;位于第二梯队的海尔智家虽然以超1000亿级的市值获得了巨头竞争通道入场券,然而与第一梯队已不能望其项背;三花智控、苏泊尔等以超500亿级市值位列第三梯队;老板电器、兆驰股份、飞科电器、科沃斯、四川长虹等超100亿级市值位列第四梯队;其余100亿级以下市值企业位列第五梯队。全国整个家电产业竞争的主旋律呈现出"强企业与弱企业"的加速分化,长江经济带家电企业尽管在整体数量上占据优势,但在企业的单个竞争力方面相较广东、山东地区的美的、格力、海尔还有相当大的差距。

表4-38 中国家用电器制造业A股上市公司一览

排名	省市	数量(家)	占比(%)	A股上市公司
1	广东	15	26.3	美的集团,格力电器,海信家电,华帝股份,*ST德奥,万和电气,奥马电器,顺威股份,新宝股份,金莱特,天际股份,小熊电器,汉宇集团,兆驰股份,奋达科技
2	浙江	15	26.3	盾安环境,苏泊尔,三花智控,爱仕达,康盛股份,圣莱达,老板电器,浙江美大,星帅尔,奥普家居,三星新材,春光科技,奇精机械,朗迪集团,阳光照明
3	江苏	9	15.8	*ST中科,秀强股份,东方电热,天银机电,春兰股份,莱克电气,日出东方,科沃斯,立霸股份

续表

排名	省市	数量(家)	占比(%)	A 股上市公司
4	上海	4	7.0	开能健康,海立股份,荣泰健康,飞科电器
5	安徽	4	7.0	长虹美菱,融捷健康,聚隆科技,惠而浦
6	山东	4	7.0	九阳股份,澳柯玛,海尔智家,海信视像
7	福建	2	3.5	奥佳华,*ST 厦华
8	江西	1	1.8	长虹华意
9	湖北	1	1.8	ST 盈方
8	四川	1	1.8	四川长虹
9	北京	1	1.8	石头科技
	合计	57		长江经济带 35 家,占 61.4%,其中下游 32 家、中游 2 家、上游 1 家

资料来源:根据华泰证券网站的"日用电子器具制造业"和同花顺网站的"白色家电制造业"整合而成。
(截至 2020 年 2 月 13 日)

六、纺织服装制造产业集群

1. 纺织服装开发区分布及空间演化历程

2018 年,纺织服装业全国共有 38 家国家级开发区,其中长江经济带 14 个,占全国 36.8%,江苏 6 个、浙江 5 个,安徽、江西、四川各 1 个,其余 6 个省市未有国家层级的开发区,表现出该产业的高度集中性。在省级开发区中,全国有 251 个,长江经济带有 135 个,占全国 53.8%。其中,沿江 11 省市不仅均有涉及纺织服装产业的省级开发区,而且有的省份数量众多:安徽、浙江、湖北分别有 27 个、26 个、20 个,位于第一梯队,江苏、湖南、江西、四川分别有 16 个、14 个、13 个、10 个,位居第二梯队;上海、重庆、云南、贵州四省市则均为个位数,位居第三梯队。

从纺织服装类开发区的历年数量来看,国家级开发区近十年开始集聚于江苏、浙江两省并得到了快速增长。省级开发区中,浙江省 20 世纪 90 年代初就已开始布局纺织服装类省级开发区,30 多年来基本保持稳步增长;2006 年开始,安徽、湖北、江西纺织服装类开发区增长快速,特别是安徽一下子设立了

25 家开发区,遥遥领先于其他省份,并迅速带动沿江 11 省市的整体走强(见图 4-34、图 4-35)。从热点区来看,由于国家级开发区布局较少,其热点区变化非常简单,即由浙江一省扩散至江浙两省。省级开发区中,1994—2005 年的高热点区主要集中在浙江,2006 年开始迅速转移扩散至安徽、湖北,并一直保持至今;中热点区由 1994 年的湖南扩散至江西、四川。热点地区的历史演进过程反映出长江经济带纺织服装产业由下游向中上游地区转移扩散的大趋势,最终形成了空间上由点状分布到块状分布再到带状分布的地理特征(见图 4-36、图 4-37)。

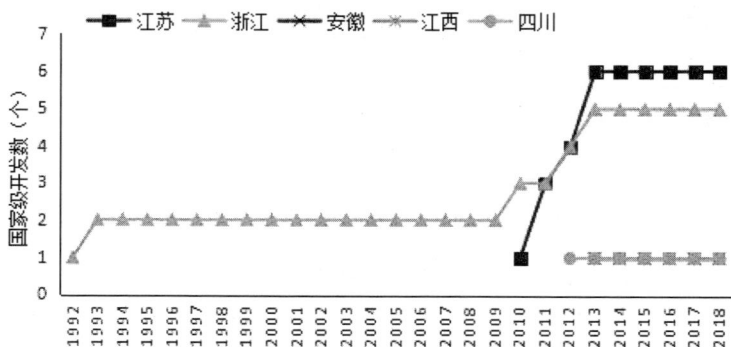

图 4-34　1992—2018 年长江经济带纺织服装国家级开发区演化过程

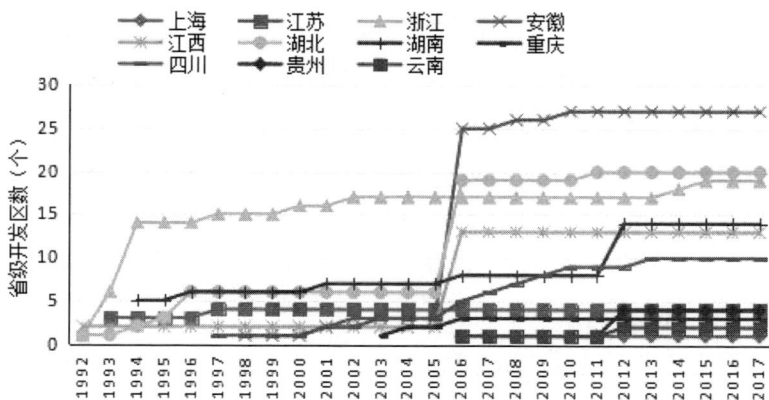

图 4-35　1992—2017 年长江经济带纺织服装省级开发区演化过程

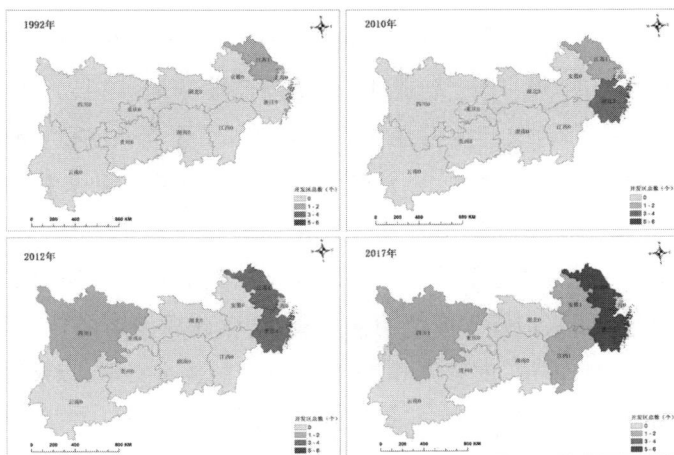

图 4-36 1992、2010、2012、2017 年纺织服装国家级开发区空间变化

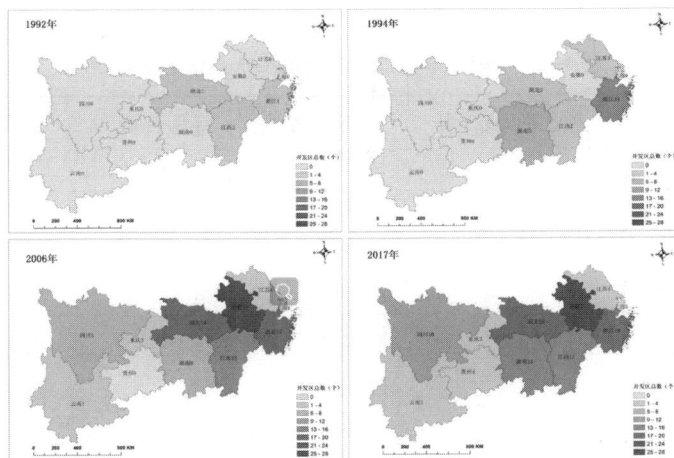

图 4-37 1992、1994、2006、2017 年纺织服装省级开发区空间变化

2. 纺织产业集群的品牌效应

区域产业优势提升区域品牌,区域品牌则提升区域的市场影响力和竞争力。一个地区的优势产业一旦形成产业链条基本齐全完备、上下左右关联日趋紧密的集群状发展态势,就会有力促进该地区的品牌形象,从而带动本地社会、经济、文化等各项事业的发展。2002 年,中国纺织工业联合会开

始进行纺织产业集群试点,全国从最初的 38 个纺织产业集群试点地区迅速扩大至 2019 年的 197 个试点地区。其中,2019 年长江经济带共有 99 个试点地区,占到全国的 50.3%。包括 13 个纺织产业基地市(县)、23 个纺织产业特色名城和 64 个纺织产业特色古镇,分别占了全国的 48.1%、27.4% 和 66.67%。(见表 4-39)。其中,浙江省和江苏省的纺织产业集群试点总数高达 41 个和 38 个,分别占到沿江 11 省市的 41.4% 和 38.4%,以及全国的 20.8% 和 19.3%,遥遥领先于长江经济带及全国其他省市。如浙江省金华义乌市的针织集群,绍兴诸暨大塘镇的袜业集群,温州乐清市的休闲服装集群,嘉兴海宁市的经编、皮革、皮草集群,绍兴嵊州市的领带集群,以及江苏省苏州常熟市古里镇的羽绒服装集群,苏州吴江盛泽镇的丝绸化纤产业集群,南通海门市的家纺产业集群,等等。这些纺织服装产业集群在全国乃至世界都占有很大的市场份额、享有很高的知名度,成为所在地各种中外资源要素八方汇聚的新地标,为地方经济的发展作出了重要贡献。

表 4-39 2019 年长江经济带纺织产业集群试点数 　　　(单位:个)

省市	产业基地市(县)	特色名城	特色名镇	总计
上海	0	0	0	0
江苏	6	1	31	38
浙江	5	10	26	41
安徽	1	1	1	3
江西	1	4	0	5
湖北	0	2	3	5
湖南	0	3	1	4
重庆	0	0	0	0
四川	0	2	1	3
贵州	0	0	0	0
云南	0	0	0	0
下游	12	12	58	82
中游	1	9	4	14
上游	0	2	1	3
长江经济带	13	23	64	99

续表

省市	产业基地市（县）	特色名城	特色名镇	总计
全国	27	72	98	197
占全国比（%）	48.1	31.9	65.3	50.3

数据来源：中国纺织经济信息网《关于确认辽宁省海城市等 197 个地区为纺织产业集群试点地区的决定》（中纺联〔2019〕78 号）。

根据世界品牌实验室发布的 2019 年中国 500 强最具价值品牌的纺织服装行业排行榜，我国品牌价值超过百亿元的纺织服装企业共有 20 家，其中长江经济带有 11 家品牌企业入围，占 55.0%，包括江苏 5 家、浙江 3 家、上海 3 家，全被江浙沪三省市包揽（见表4-40）。在入围企业前十中，江浙有五家企业榜上有名：江苏的红豆和浙江的雅戈尔分别以 616.72 亿元和 432.81 亿元的品牌价值位列纺织服装行业榜单的第 4 和第 6 位；浙江的海澜之家和江苏的波司登、梦兰也分别位列第 8、9、10 位。此外，浙江的杉杉、江苏雅鹿、浙江太平鸟、上海丝绸、上海 Lily、上海罗莱等分别位列第 11、12、14、16、17、18 位。这些企业都是中外知名品牌，具有很高市场影响力。

表 4-40　2019 年纺织服装行业中国 500 强品牌价值前二十名

序号	排名	品牌	品牌价值（亿元）	发源地
1	47	鄂尔多斯	1005.98	内蒙古
2	61	魏桥	755.92	山东
3	73	劲霸男装	668.27	福建
4	80	红豆	616.72	江苏
5	81	柒牌	615.78	福建
6	137	雅戈尔	432.81	浙江
7	186	七匹狼	307.36	福建
8	215	海澜之家	264.94	江苏
9	221	波司登	260.93	江苏
10	229	梦兰	252.84	江苏
11	257	杉杉	228.72	浙江
12	263	雅鹿	223.35	江苏

序号	排名	品牌	品牌价值(亿元)	发源地
13	316	丝丽	175.29	广东
14	320	太平鸟	172.34	浙江
15	336	雪莲	150.87	北京
16	340	上海丝绸	147.62	上海
17	358	丽丽 LILY	137.64	上海
18	366	罗莱	136.57	上海
19	375	天坛	133.58	北京
20	381	雷蒙	126.36	北京

资料来源:世界品牌实验室发布的 2019 年中国 500 强最具价值品牌。

3. 著名纺织服装产业园区

作为产业集群的主要载体,长江经济带在纺织服装产业园区建设方面亦成绩斐然。在 2015 年评选的全国纺织服装业十大产业园区中,长江经济带就占据了 7 个席位,包括江苏省 4 个、浙江省 2 个和安徽省 1 个(见表 4-41)。其中,江苏常熟是全国著名的纺织服装集群基地,拥有"中国纺织产业基地市""中国休闲服装名城""中国羊绒制品名城"等称号,纺织服装产业链完整,原料、辅料、设计、针织、物流及销售等环节全覆盖,集聚了波司登等 5000 多家纺织服装企业。常熟持续聚焦设计这一核心环节,除了建立设计共享服务平台外,重点引进包括大学等设计外脑。同时,近年来主动顺应服装行业呈现出的"小批量、多批次、多品种、快反应"的需求,重点发展柔性化生产,通过智能化建设,提升产业附加值。江苏苏州吴江区的盛泽镇拥有完整的纺织产业链,是中国最重要的丝绸及化纤面料研发和生产基地。全镇面料总产量占全国的 1/4,化纤面料产量占全国的 70%。全镇共有纺织企业 2500 多家,拥有南极电商、东方盛虹 2 家上市公司以及多家新三板挂牌企业。盛泽坚持"发展智能工业是推动盛泽纺织产业提档升级的必由之路"方针,聚焦"创新、绿色、时尚"理念,大力推进纺织产业生产自动化、智能化和集成化。浙江省绍兴市柯桥区是中国最大的纺织产业集群基地之一,我国首个纺织品指数的名字就是"中国·柯桥纺织指数",这也反映出柯桥在纺织业的市场地位。位于柯桥的中国轻纺城是目前全球规模最大、经营品种最多的纺织品集散中心,是全国首家冠名"中国"的专业市场。柯桥纺织业全力拥抱国际化,打造"国际纺织之都",做深做透"丝路柯桥"文章,积极融入"一带一路",向"布满全球"转变,全面提升柯桥纺织的国际影响力。

表4-41 2015中国纺织服装业十大产业园区

序号	园区名称	所在省份
1	阿拉尔经济技术开发区	新疆
2	常熟市昆承湖纺织服装电子商务产业园中服园区	江苏
3	达利丝绸文化产业园	浙江
4	河北安平经济开发区	河北
5	马鞍山承接产业转移示范园区智能纺机产业园	安徽
6	宁夏吴中市利通区毛纺织产业园	宁夏
7	沭阳纺织纤维新材料产业园	江苏
8	宿州市循环经济示范园	江苏
9	盐城市纺织染整产业园	江苏
10	浙江海宁经编产业园区	浙江

数据来源:中国纺织经济信息网。

第二十章　长江经济带产业集群
国际竞争力评价

对产业集群竞争力的评价是产业集群竞争力从理论探讨到实践应用的关键性转变，从而引导学者们的研究焦点转向集群之间的竞争行为。如何测评产业集群的竞争力进而如何提升产业集群竞争力，也是产业界一直关注的重点问题。对产业集群竞争力评价的研究是一个新领域，现有的研究视角基本趋向于三个方面：一是从规范角度来解析产业集群的竞争优势；二是通过构建产业集群竞争力评价模型，收集产业集群各方面的统计数据来进行定量演算分析；三是依据定量演算分析结果，有针对性地寻找到提升产业集群竞争力的有效路径、方案和对策。产业集群竞争力评价的最好思路，就是上述规范性分析、定量演算和相应对策研究的有机结合。

一、长江经济带世界级产业集群评价模型选择

1. 产业集群竞争力定性评价

在国内外产业集群竞争力评价研究中，波特的"钻石模型"在竞争力评价体系中最具代表性，是后来学者进行产业集群竞争力评价研究的基石，很多国内外学者都是在这个研究基础上不断衍生出各种具体的指标体系。"钻石"模型认为，决定国家竞争优势的影响因素主要由生产要素、需求条件、相关及支持产业、企业战略结构和同业竞争四个双向影响因素，以及政府和机遇两个外部因素构成。

2. 产业集群竞争力定量评价

在波特的基础上，加拿大学者帕得莫和吉布逊建立了 GEM"三要素六因素"的产业集群竞争力评价模型，即"基础"（Groundings）"企业"（Enterprises）"市场"（Markets）三对因素构成整个产业集群的竞争力评价系统。GEM 模型的优点在于

能够把握集群的关键症状,并提供解决这些症状的分析框架。但是,GEM 模型也存在着一些缺点与不足:一是未能充分反映企业之间的网络协作关系和空间相互作用,而这恰恰是集群获取技术创新、外部经济、降低交易费用、区域品牌等竞争优势的关键,尤其是在当前数字经济、平台经济迅猛发展的网络经济时代;二是在GEM 模型中,三个"因素对"中的任意两两因素之间都是可以彼此相互替代的,这一设定并不符合我国产业集群发展的现实情况及本研究的需求。

3. 国内产业集群评价研究

本研究认为,世界级产业集群内部结构的网络化以及集群与外部全球网络的互通互联特征,能够促使其各种要素的快速传递,是其相较非产业集群具有更大竞争优势的重要原因。同时,世界级产业集群所涉及的所有竞争力特征、因素、水平,都是基于经济全球化的时代背景展开的,都是针对世界各国最具代表性的产业集群的"世界性"所作出的竞争力比较分析和评价分析。因此,综合参照"钻石"模型和"GEM"模型,结合世界级产业集群的产业关联特征,本研究增设了"网络竞争力"这一新的维度坐标,并在市场维度中进一步增加了"国际竞争力"的指标设计及重点分析,从而构建了由基础竞争力、企业竞争力、网络竞争力和市场/国际竞争力四个维度组成的"GEMN(Groundings-Enterprises-Markets-Network)竞争力模型"。

二、长江经济带产业集群评价体系构建原则

1. 总体原则

长江经济带世界级产业集群综合竞争力评价指标体系构建原则包括以下几个方面。

(1)科学性原则。科学性原则要求所有采集的基础数据来源都具有相当的权威性,都是来源于官方统计和调查数据,或者国际组织机构的数据库和研究报告,如世界银行、GaWC 发布的年度《世界城市分类》报告,以及国家或者省市的统计年鉴等,以确保评价数据的准确性、权威性和持续性。

(2)完整性原则。完整性原则要求在充分借鉴已有的、成熟的、具有影响力的产业集群竞争力评价指标体系的基础上,全面刻画世界级产业集群的影

响力、竞争力特征,因而评价指标体系需要完整涵盖从外部的环境基础、市场基础到内部的企业核心竞争力。

(3)客观性原则。客观性原则要求所筛选的具体评价指标和评价分析结论都"有数据支撑、用事实说话",尽可能地不受主观因素的影响,用客观数据和客观事实作为支撑产业集群竞争力分析的硬指标。

(4)可比性原则。可比性原则要求国内不同省市、区域同一产业及产业集群的同一统计指标计算口径基本保持一致,同时与全球相对标的相应产业及产业集群的同一指标计算口径基本保持一致。

2. 具体指标筛选原则

世界级产业集群是产业集群发展的高级阶段,所呈现的集约集聚、跨界跨域协同、品牌效应等特征与长江经济带高质量发展的要求都不谋而合。因此,本研究结合长江经济带产业集群的现状特征和国际对标的现实需求,拓展传统竞争力评价指标中的经济社会指标,突出世界级产业集群在龙头企业、品牌效应、集群网络、国际竞争优势等产业集群高级阶段的特征。在选择具体指标时,着重考虑以下三个方面。

一是精准聚焦。在具体指标的选择上尽可能考虑指标的精准性、代表性、可比性与可获得性,最终实现与世界各国产业集群对标的目的。为此,本研究选取全球新兴产业中最具代表性、发展最为迅猛且最为成熟的电子信息制造业作为典型产业门类,以全球公认的美国硅谷作为世界级电子信息制造业产业集群的国际对标物,国内则选择长江经济带 11 省市内以电子信息制造业为主导产业的国家级高新区作为基本对标单元,形成宏观尺度上的沿江 11 省市、中观尺度上的上中下游三大流段和微观尺度上的单一国家级高新区电子信息制造业产业集群,作为与美国硅谷电子信息制造业产业集群比较的地域空间载体。

二是大幅瘦身。在前期研究中,本研究曾经构建了一个由 4 个一级指标、12 个二级指标和 47 个三级指标组成的世界级产业集群竞争力评价指标体系(见表 4-42)。但在实际评价过程中发现,该评价指标体系过于烦琐,用于长江经济带 11 省市宏观层面的一般比较分析尚可,但具体到地市级层面和国家级高新区层面就遇到诸多指标难以获取的难题,若对标硅谷等国外著名的世界级产业集群,则更是面临着具体指标的内涵及统计口径不一、数据无从获取、数据来源缺乏权威性和稳定性等困境。根据由繁入简、方便对标的总体原则,要抓住世界级产业集群竞争力的主要方面和本质特征,所选择的指标尽量相对独立、互不兼容,尽可能用少而准确的指标把需要评价的内容表达出来。因此,本研究对原有的 47 个三级指标进行了大幅精简与瘦身。

表 4-42　世界级产业集群竞争力评价指标体系(旧版)

	一级指标	二级指标	三级指标
世界级产业集群综合竞争力 A	基础竞争力 B1	资本资源 C1	人均 GDP D1 人均地方财政收入 D2 人均储蓄存款余额 D3
		科教水平 C2	每万人在校大学生数 D4 每万人拥有专利数量 D5 人均技术市场成交额 D6
		交通通信设施 C3	公路、铁路、水路路网密度 D7 人均公路、铁路、水路客周转量 D8 互联网普及率 D9
		投资消费环境 C4	人均全社会固定资产投资 D10 人均社会消费品零售总额 D11 人均进出口总额 D12
	企业竞争力 B2	集聚规模 C5	行业产值占比 D13 大型企业产值占比 D14 区位商 D15 产值密度 D16
		竞争及创新能力 C6	行业世界(中国)500 强数量 D17 R&D 经费投入占比 D18 企业新产品产值占比 D19 人均企业拥有研发人员 D20 人均企业拥有专利数量 D21
		企业效益 C7	全员劳动生产率 D22 总资产贡献率 D23 产业结构偏离度 D24 产值利润率 D25
	网络竞争力 B3	企业网络 C8	每千万人大中型企业数量 D26 每千万人非企业主体结点数量 D28 产业关联度 D27 每千万人上市公司跨省市分支机构数量 D29 区域流动人员数量/区域内职工数量 D30
		城市/社会网络 C9	城市关联度 D31 百度关联指数 D32 新浪连接度 D33 点度中心性 D34

	一级指标	二级指标	三级指标
世界级产业集群综合竞争力 A	市场 & 国际竞争力 B4	国内市场 C10	每千万人全国品牌 500 强数量 D35 行业产值增长率 D36 平均国内市场占有率 D37
		国际贸易 C11	显性比较优势指数 D38 贸易竞争优势指数 D39 人均制成品出口总额 D40 平均国际市场占有率 D41
		国际化程度 C12	每千万人世界品牌 500 强数量 D42 外资依存度 D43 人均实际利用外资总额 D44 人均对外投资总额 D45 每千万人海外上市公司数量 D46 每千万人跨国公司及研发中心数量 D47

三是优选标的。从全球对标物的选择上,本研究尽可能地选择全球排名前列的国家或者全球百强等龙头企业加以比较。前者立足于产业比较,后者立足于企业比较。因此,在企业竞争力指标上,本研究选取了世界/国家 500 强企业、"独角兽"企业数量和世界品牌 500 强数量等指标,以反映企业的规模集聚、品牌竞争力;在网络指标中选择上市公司企业分支机构、GaWC 世界城市评分、百度指数等反映公司内外部网络、社会网络联系程度等三级指标。

三、长江经济带世界级产业集群评价体系

为了更好把握长江经济带世界级产业集群竞争力的内涵和特点,更好地体现集群企业间以及企业—城市间的要素流动、网络协同、技术溢出、品牌塑造、国际和区域影响力等关系,本研究根据上述筛选原则和具体筛选步骤,最终构建了一个由 4 个一级指标、14 个二级指标和 14 个三级指标("A = 4+14+14")组成的新的世界级产业集群竞争力评价指标体系(见表4-43)。

表 4-43　新版世界级产业集群竞争力评价指标体系

评价目标	一级指标	二级指标	具体内容
世界级产业集群综合竞争力 A	基础竞争力 B1	资本资源 C1	所在地区人均 GDP
		科技水平 C2	所在地区每万人发明专利授权数
		集群通达性 C3	所在地区人均综合交通货物运输量
		消费水平 C4	所在地区人均社会消费品零售总额
	企业竞争力 B2	集聚规模 C5	行业世界(中国)500 强企业数、独角兽企业数
		创新能力 C6	行业企业 R&D 经费投入强度
		企业效益 C7	行业企业全员劳动生产率
		品牌效应 C8	行业世界品牌 500 强数
	网络竞争力 B3	企业网络 C9	上市公司分支机构平均数量
		城市网络 C10	GaWC 世界城市排名
		社会网络 C11	百度关联指数
	市场/国际竞争力 B4	国际市场 C12	国际市场占有率
		国际贸易 C13	显性比较优势指数
		国际化程度 C14	外贸依存度

注:具体三级指标诠释:

所在地区交通运输综合指数:人均公路、铁路、水路、航空货运量。

行业世界(中国)500 强数量:三种类型企业数加权之和。世界 500 强数量权重为 0.5,中国 500 强数量权重为 0.2,独角兽企业权重为 0.3。

R&D 经费投入强度:R&D 经费投入占比 =R&D 内部经费支出/行业企业总产值×100 %。

全员劳动生产率:全员劳动生产率=工业增加值/全部企业从业人员平均人数。

行业世界品牌 500 强数:各级品牌 500 强加权之和。世界 500 强品牌数权重为 0.8,国家品牌 500 强权重为 0.2。

公司海内外分支机构综合数量:分支机构数=海外分支机构数 * 2+国内分支机构数。

GaWC 世界城市排名:依据 GaWC 的世界城市四个等级——Alpha(一线城市)、Beta(二线城市)、Gamma(三线城市)、Sufficiency(自给自足城市),给予不同等级城市分别赋值 10—0.5 分,从 Alpha 到 Gamma 城市依次赋值 10—1 分,Sufficiency 城市 0.5 分。

百度关联指数:百度关联指数=搜索平均指数+资讯指数+媒体指数(百度指数平均值,指某个关键词在百度的搜索规模、一段时间内的涨跌态势以及相关的新闻舆论变化及其分布情况;资讯指数:以百度智能分发和推荐内容数据为基础,将网民的阅读、评论、转发、点赞、不喜欢等行为的数量加权求和得出资讯指数。媒体指数:以各大互联网媒体报道的新闻中,与关键词相关的,被百度新闻频道收录的数量,采用新闻标题包含关键词的统计标准,数据来源、计算方法与搜索指数无直接关系)。

国际市场占有率:国际市场占有率是指园区企业出口总额占世界出口总额的比重。

显性比较优势指数(RCA):一个国家某种出口商品占其出口总值的比重与世界该类商品占世界出口总值的比重二者之间的比率。RCA>1,表示该国此种商品具有显性比较优势;RCA<1,则说明该国商品没有显性比较优势。这里以园区为单位,显性比较优势指数=(该产业企业出口/流域出口总额)/(世界该产业出口/世界全部出口),流域出口额选用长江经济带下、中、上游省市出口总额。

外贸依存度:产业企业出口总值占企业总产值的比例,表征企业行业对外贸的依赖程度。

1. 基础竞争力

基础竞争力是指产业集群在所在国家或地区所拥有的人力、物力、财力、智力等各种发展基础和竞争要素的总和,是产业集群发展的必要条件和根本环境。本研究具体设定了资本资源、科技水平、通达性和消费水平4个二级指标。

表征资本资源的"人均GDP"是一个国家或者地区人均一年所获得的总商品和总劳务的总和,代表着人均一年所创造的全部物质财富和精神财富的集合,因而成为国际通行的衡量一个国家或者地区经济发展水平和发展阶段的第一指标。

表征科技水平的"专利授权量"是一个国家或地区科技资产的核心,是衡量一个国家或地区综合实力的重要指标。刘华运用统计数据构建了专利产出与GDP的线性回归模型,发现两者之间具有高度相关性,即一个国家或地区的专利授权数越高,对其经济增长的贡献率越大。例如,美国硅谷的创新活动非常活跃,因而专利授权量自然也就大而密集。2016年,硅谷每百万人拥有专利授权量高达636件,占了全美国的13.5%,这也是硅谷能够一直保持国际竞争霸主地位的关键因素。

"集群通达性"是指产业集群内外各种发展要素流动与交换的便捷程度,它决定着产业集群内部与外界各种要素流动的效率。便捷的交通是实现人与物质空间顺利流动的重要媒介,集群所在城市的铁路、公路、水路、航空、管道等五种交通方式的发达程度决定了企业与外界的通达程度。长江经济带依托黄金水道,水路运输较其他地区有着天然的交通优势,近几年沿江各级高速铁路的建成也加速了经济带人流、物流等流通。

投资、消费与出口是改革开放以来中国经济持续快速增长的三大引擎。在当前我国及全球经济下行压力加大、投资不振、出口受阻的新常态下,消费水平的提升和消费结构的优化已经越来越成为促进我国社会经济发展的主渠道和"稳定器",全国及沿江各省市已越来越呈现出消费拉动超越投资拉动、消费对GDP的贡献率大于投资贡献率的趋势,也有利于形成供给侧结构性改革优化和总需求适度扩大的良性循环。而"社会消费品零售总额"作为反映各行业通过多种商品流通渠道向居民和社会集团供应的生活消费品的总量指标,是最能反映一个国家或者地区人民消费水平和市场供需变化的重要指标,也是新时代人民群众日益增长的物质文化需求的最佳表征。

2. 企业竞争力

企业作为产业集群的核心层,企业竞争力即企业尤其是龙头骨干企业在市场竞争中所表现出来的满足市场需求、争夺市场份额、引领集群发展的能力,它是产业集群竞争力最为根本的内在源泉和最为直接的外在表现。基于上述考虑,本研究的企业竞争力设定了集聚规模、创新能力、企业效益、品牌效应4个二级指标。

"集聚规模"用以描述产业集群内企业及机构在空间地理上的集中集约程度。以经济总产出或总就业来计算的区位商、基尼系数等指标,是传统产业集群竞争力评价时经常使用的评价指标,可用来衡量产业集群的空间集聚程度。然而,基于经济总产出或总就业的产业集群集聚度评价往往容易受到企业规模过大的干扰,使计算出来的结果失真,特别是在垄断性行业更加明显。而作为世界级产业集群,其集聚规模不仅要看其企业集聚的数量,更要看引领集群发展的龙头骨干企业的数量和成长性,以及在全球同行业中的市场占有率、影响力和竞争力。因此,本研究采用行业世界500强、中国500强和独角兽企业数等三类指标之和加以表征。

企业的"创新能力"是产业集群发展的内生性动力,决定着产业集群在全球产业链、价值链中所处的节点位置、核心技术能力、高端产品市场拓展能力,以及集群未来发展的前景与方向。随着全球新科学技术革命进程的不断加快,以创新能力提升为突出标志的高科技产业、战略性信息产业和"三新经济"(新产业、新模式、新业态)等得到了越来越迅猛的发展,创新能力已然成为推动企业、产业集群乃至一个国家和地区竞争力提升的"第一生产力"。而企业和产业集群创新能力提升的基础和前提条件,就是各种创新资源要素持续不断的高强度投入,对于技术密集型的世界级产业集群而言更是如此。因此,本研究采用"行业企业R&D经费投入强度"作为表征企业和产业集群创新能力的代表性指标。

从理论上讲,反映企业和集群效益的最佳指标是"全要素生产率",既包括了劳动者的绩效,也包括了生产资料和资本的绩效。但囿于全要素生产率数据的不便计算和不可获得,本研究只能退而求其次,采用劳动者在一定时期内的劳动成果与其消耗劳动量比值的"全员劳动生产率",作为体现企业和产业集群生产效益和潜在竞争力的替代指标,它集中反映了以人的技能提升为标志的企业技术进步情况和投入产出效率。

企业和产业集群的"品牌效应",则是衡量产业集群品牌在国内和国际市场上的占有份额及其有无品牌盈利的重要能力,包括企业品牌的中外知名程度、商誉度和市场垄断程度等。越是世界级产业集群,品牌效应的优势作用和市场影响力占比也就越大。

3. 网络竞争力

简言之,网络竞争力是指企业和产业集群在国际、国家和区域流动空间中所处的网络环境和网络关系,这在网络经济时代显得弥足珍贵。经济全球化在加快推进技术、资金和跨国企业全球布局与全球扩散的同时,也促进了一些条件优异的区域形成产业集聚区。这种全球化的力量加强了地方化的力量集聚,使得大批外部通道便捷、发达的产业集群得以形成。由于全球化和地方化作用的空间差异及耦合,一些区域发展成为国家或区域经济中心,成为全球价值链和商品链的重要节点,在全球产业集群网络中起着重要作用。基于上述考虑,本研究的网络竞争力设定了企业网络、城市网络和社会网络3个二级指标。

"企业网络"是指在经济全球化和全球劳动地域分工的时代大背景下,以跨国公司引领的全球生产布局和集群企业由本土生产网络逐渐向全球生产网络融入与迈进的过程,其主要特征和路径即通过跨国、跨域、跨界的兼并重组和市场并购,实现企业内部的纵向垂直分工和横向水平分工。特别是跨国公司通过全球布局方式,异地异国建设生产基地以扩大产能、降低物流成本、扩大市场份额、提升企业竞争力,而其所在的营商环境也随之从本地环境变为国内环境再到国际环境。因此,本研究选择了总部设在国家级高新区的上市公司跨国跨域分支机构数,作为企业和产业集群网络竞争力的主要表征。

"城市网络"是指以组合式城市群为基本地域组织形式的空间载体和空间合作竞争关系。作为世界级产业集群,它所依托的空间载体往往是由全球城市引领的世界级城市群。"GaWC"即全球化与世界级城市研究小组与网络

（Globalization and World Cities Study Group and Network），对全球所有世界级城市进行了排名。他们通过对包括银行、保险、法律、咨询管理、广告和会计等先进性生产服务业机构在世界各大城市中的分布数量的多少来表征世界级城市在全球活动中所处的地位和作用，分布数量越多，等级就越高，就说明该城市具有主导地位和带动能力。生产性服务业是生产活动的重要一环，一般体现为高知识含量的"服务外包"和为特定客户量身定制的服务产品，例如会计、法律、管理咨询等领域的服务。这些生产性服务企业遍布全球，在全球经济组织中发挥着重要作用。所以，集群所在城市的中心度对产业集群在全球生产网络和城市网络中的地位也起着重要作用。

"社会网络"是指企业和产业集群所处的人文社会环境，包括群内群外的人际联系、文化交流、知识溢出等要素的空间流动强度和频度，本研究采用"百度关联指数"加以表征，即指某个相关关键词在百度的搜索规模、一段时间内的涨跌态势以及相关的新闻舆论变化及其分布情况。

4. 市场/国际竞争力

世界级产业集群的特点不仅体现在集群内产业链完善、企业主体大量集聚上，还体现在产业集群的市场占有率和全球影响力方面。依据国际分工理论，一国产业集群参与国际分工的程度越深，其具有的竞争力也就越强。换言之，集群参与国际贸易的份额与水平越高（GL 指数较大），其国际市场的竞争力评价也应该越高。基于上述考虑，本研究设定了国际市场、国际贸易和国际化程度 3 个二级指标，并分别用国际市场占有率、显示性比较优势指数和外贸依存度 3 个指标加以表征。

其中，"显示性比较优势指数"（Revealed Comparative Advantage Index，RCA）是用于测算国际贸易比较优势时使用的一种指标，是指一个国家某种出口商品占其出口总值的比重与世界该类商品占世界出口总值的比重二者之间的比率，其数学表达式为：

$$RCA_{ij} = \frac{X_{ij}/X_{wj}}{X_{ij}/X_{wt}}$$

通过 RCA 指数可以判定一国的哪些产业较具出口竞争力，进而反映该国在国际贸易活动中的比较优势。

四、长江经济带世界级产业集群评价模型选择

1. TOPSIS 评价方法

本研究选取 TOPSIS 法（Technique for Order Preference by Similarity to Ideal Solution）作为主要评价方法。TOPSIS 法是系统工程中有限方案多目标决策分析的一种决策技术，它是一种接近理想解的排序法，通过设计各个指标的正负理想解，建立评价指标与正负理想解之间距离的二维数据空间，并在此基础上对评价方案与正负理想解作比较，若接近正理想解同时又最远离负理想解，则该方案是备选方案中最理想的方案。为规避原始数据单位的不同，首先需要对原始数据进行归一化处理后，然后计算测评分数。

2. 具体评价步骤

（1）指标同趋势化：

$$x_i = \frac{x_i - x_{min}}{x_{max} - x_{min}} \qquad x_{min} < x < x_{max}$$

（2）归一化处理：

$$a_{ij} = X_{ij} \Big/ \sqrt{\sum_{i=1}^{n} x_{ij}^2}$$

（3）寻找最优方案与最劣方案：

$$D^+ = \max(a_{i1}, a_{i2}, \cdots, a_{im}) = (a_{i1}^+, a_{i2}^+, \cdots, a_{im}^+)$$

$$D^- = \min(a_{i1}, a_{i2}, \cdots, a_{im}) = (a_{i1}^-, a_{i2}^-, \cdots, a_{im}^-)$$

（4）计算评价对象与最优方案和最劣方案间的距离：

$$D_i^+ = \sqrt{\sum_{j=1}^{m} W_j (a_{ij}^+ - a_{ij})^2} \qquad D_i^- = \sqrt{\sum_{j=1}^{m} W_j (a_{ij}^- - a_{ij})^2}$$

注：式中 wi 为指标权重，本研究使用平权计算。

（5）计算诸评价对象与最优方案的接近程度 C_i：

$$C_i = \frac{D_i^-}{D_i^+ + D_i^-}$$

C_i 在 0 与 1 之间取值，越接近 1，表示该评价对象越接近最优水平；反之，

越接近于0,表示该评价对象越接近最劣水平。按此方法计算专项竞争力得分,最后产业集群综合竞争力评分采取四个竞争力得分平权加和,分值越高表明集群的综合竞争力越强。

第二十一章　长江经济带电子信息制造产业集群竞争力评价

立足于"国际化"和"完整性"的视角,长江经济带世界级产业集群建设及其竞争力的评价分析理应紧紧瞄准电子信息、高端装备、汽车、家电、纺织服装等全球一流产业集群逐一展开比较分析和指数分析研究。但囿于国内外同类产业集群相关数据资料的可获得性及其适配性限制,同时考虑到国内世界级产业集群的发育成熟度等限制因素,本章仅以长江经济带五大世界级产业集群中发展水平及成熟度最高的电子信息制造产业集群,作为国内外世界级产业集群竞争力对比分析的典型案例开展重点研究。

一、国际标的选择与评价指标数据来源

1. 国际对标标的:美国硅谷

放眼世界各国的电子信息制造业,处于全球领军地位的非美国莫属,其中地处加州的硅谷地区更是享誉中外的世界级电子信息产业集群的所在地,故而理所当然地成为长江经济带电子信息制造产业集群的国际对标地区。

2. 以国家级高新区作为基本对标分析单元

产业区是产业集群的重要载体,也是产业集群典型的空间形态。我国所设立的各类开发区,都是建立在产业区、工业(园)区的基础之上的。本研究以国家认定的最高层级的产业区——国家级高新技术产业开发区(高新区),作为世界级产业集群的主要载体和国际对标的基本单元。其主要理由和依据如下:一是国家级高新区是我国高新技术产业集群和战略性新兴产业集群的

重要空间载体,代表着我国产业集群发展的最高水平,同时亦代表着国家和地区产业升级、科技进步、新旧动能转换和现代经济体系建设的趋势、方向和内在要求,最适宜代表我国产业发展的最高群体参与世界级产业集群的评价与竞争;二是截至 2017 年末,我国共有 156 个国家级高新区,其数量适中、产业门类齐全、主导产业特色鲜明,适合作为基本地域单元参与世界级产业集群的竞争力评价与国际对标;三是国家级高新区拥有比较长期、公开、透明的数据来源和较完备的数据储备,在数据的可获得性、标准的统一性和评价口径的一致性方面能够较好满足国际比较和全球对标的基本需求,便于搭建全球横向比较的统一平台。

从长江经济带 11 省市样本地区的实际情况看,作为我国近代工业的主要发祥地和未来我国经济更高质量发展的重要支撑带,长江经济带产业基础好、园区数量多、空间分布合理,新一代电子信息、高端装备、智能制造、新能源汽车、船舶海工等主导产业集群优势突出、特色鲜明,是我国培育世界级产业集群和产业参与国际竞争的重点地区。截至 2017 年末,沿江 11 省市共有国家级高新区 69 个,占全国的 44.2%,其中下游四省市 32 个,中游三省 23 个,上游四省市 14 个,分别占了全国的 20.5%、14.7% 和 9.0%。从电子信息制造业产业集群的发展状况看,目前沿江 11 省市以此为主导产业的国家级高新区共有 37 个,其中下游 21 个、中游 11 个、上游 5 个,分别占了全国 78 个电子信息制造业高新区的 47.4%、26.9%、14.1% 和 6.4%。

根据世界级产业集群六大本质特征中地理邻近性与空间异质性相结合的"跨界协同集聚"特征,长江经济带(世界级)产业集群的地域空间结构可以分为微观层面的国家级高新区、中观层面的上中下游三大流段和三大城市群,以及宏观层面的沿江 11 省市,共同形成长江经济带规模宏大、数量众多、整体竞争力强大的产业群落,即众多同类产业集群的集。因此,在与美国硅谷进行国际比较和对标的评价分析中,本研究中的"长江经济带电子信息制造业产业集群",可以分别从上述三个层面予以展开,每个层面都可以作为相对独立的产业集群参与比较分析和国际对标,以满足不同时空尺度上竞争力评价的客观性和基本逻辑依据。

3. 具体数据来源

本研究的国内相关研究数据主要来源于官方统计和公司公开网站,其中国内社会经济数据主要来源于《中国统计年鉴 2018》《中国城市统计年鉴 2018》、沿江 11 省市 2018 年的国民经济和社会发展统计公报和知识产权局专利数据;世界经济贸易数据来源于世界贸易组织数据库 2017 年数据;企业数据来自于《2018 中国火炬统计年鉴》中主导产业涉及电子信息制造业的 37 个国家级高新区数据。其中,考虑到上海市地域的统一性,本研究将上海的 2 个国家级高新区合并为 1 个,整合之后共为 36 个国家级高新区企业数据样本,并根据高新区的主导产业排序,按照第一 40%、第二 30%、第三 20%、第四 10%的权重比例截取数值。

本研究的硅谷数据从国外相关网站及文本资料如 2018 Silicon Valley Index 中获取,社会基础数据采用美国国家、加州或硅谷 2017 年平均数据,企业样本数据以 2016 年硅谷公司 150 强企业中涉及电子信息制造行业的 48 家企业年报数据为主,并以该 150 强企业数据作为硅谷产业集群国际竞争力的基本表征。

网络数据来源为百度指数(时段为 2018 年全年,为搜索指数、资讯指数、媒体指数的总和)。GaWC 研究编制全球城市分级排名《世界城市名册 2018》(http://www.lboro.ac.uk/gawc/),根据城市分级排名作为反映世界城市网络之间差异的依据。长江经济带高新区企业的分支机构数据来源于计算机、通信和其他电子设备制造业上市企业 2018 年年报。(所有相关原始数据详见附表 1 至附表 9。)

二、长江经济带电子信息制造产业
集群竞争力评价结果

根据上述世界级产业集群竞争力评价指标体系和评价方法,本研究得出了以美国硅谷为国际对标标的的长江经济带 11 个省市、上中下游三大流段及其 36 个电子信息制造业国家级高新区的综合竞争力得分和四大核心竞争力得分。(见表 4-44、表 4-45、图 4-38)。

1. 综合竞争力（A）得分比较

从表4-44中综合竞争力A的得分来看，硅谷电子信息产业集群以0.7546的得分远远高于长江经济带的0.2870，以及上中下游三大流段和36个国家级高新区中的任何一个电子信息产业集群，其四大核心竞争力中除了网络竞争力低于经济带、长江下游地区和上海张江、紫竹、江阴三个高新区外，其他三大核心竞争力得分都数倍乃至数十倍于长江经济带的各个对标物，显示出强大的要素集聚能力、企业创新能力和国际竞争实力。从表4-45中长江经济带内部三大流段的得分结果看，其整体发展水平呈现出下游>中游>上游的明显趋势。尤其是下游地区以0.2359的综合竞争力得分遥遥领先于上中游地区，其四大核心竞争力得分亦是如此，这主要得益于下游长三角地区相对优越的产业经济发展基础和率先深度嵌入全球生产网络的外向型经济发展水平；中游地区与上游地区的综合竞争力得分则基本相当，中游地区以0.1205的得分略高于上游地区的0.1123，尤其是在企业竞争力方面相对优势较为明显，但在市场/国际竞争力方面则略逊于上游地区。

表4-44　硅谷与长江经济带电子信息制造产业集群综合竞争力评价结果

硅谷/长江经济带	综合竞争力	基础竞争力	企业竞争力	网络竞争力	国际竞争力
硅谷	0.7546	0.7687	1.0000	0.2496	1.0000
长江经济带	0.2870	0.1575	0.3174	0.4733	0.1996
经济带/硅谷	38.0%	20.5%	31.7%	189.6%	20.0%

表4-45　硅谷与三大流段电子信息制造产业集群综合竞争力评价结果

硅谷/长江经济带	综合竞争力	基础竞争力	企业竞争力	网络竞争力	国际竞争力
硅谷	0.7546	0.7687	1.0000	0.2496	1.0000
下游地区	0.2359	0.1837	0.2846	0.3198	0.1556
中游地区	0.1205	0.1385	0.1441	0.1248	0.0745
上游地区	0.1123	0.1236	0.0954	0.1208	0.1092
下游/硅谷	31.3%	23.9%	28.5%	128.1%	15.6%

续表

硅谷/长江 经济带	综合竞争力	基础竞争力	企业竞争力	网络竞争力	国际竞争力
中游/硅谷	16.0%	18.0%	14.4%	50.0%	7.5%
上游/硅谷	14.9%	16.1%	9.5%	48.4%	10.9%

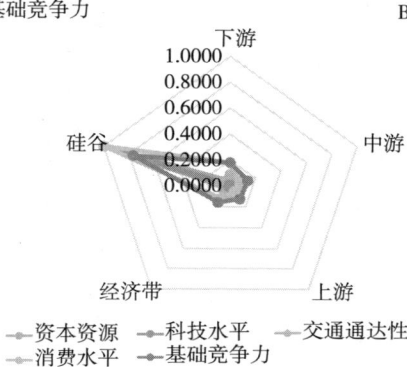

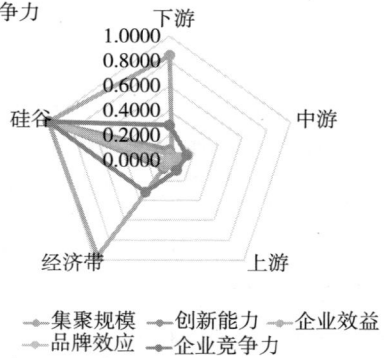

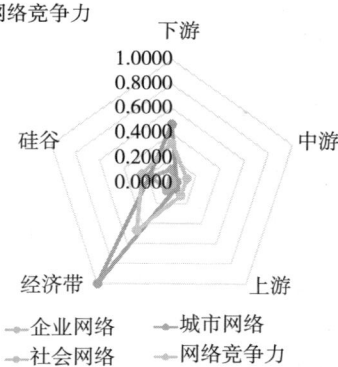

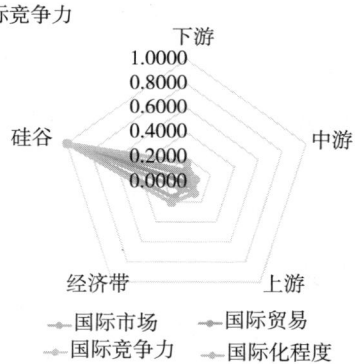

图4-38 长江经济带与硅谷电子信息产业集群分项竞争力雷达图

表4-46显示,在长江经济带沿江36个国家级高新区为整体的电子信息产业集群中,下游地区在综合竞争力得分前10名中占据了9席,依次为上海张江和紫竹、江阴、杭州、苏州、合肥、无锡、南京、宁波和昆山高新区,仅中游地区的武汉东湖高新区得分名列第7位。如果从排序前20位的名单看,下游地区20个高新区中有15个入围,占比达到75%,显示出下游地区在经济带电子

信息产业集群中鲜活的"领头雁"作用;中游地区11个高新区中有3个入围,占比27.3%,上游地区5个高新区中有2个入围,占比40%。总体上看,长江经济带下游长三角地区电子信息产业集群的整体集聚优势和综合竞争优势最为突出,中游地区的武汉东湖和长沙两大高新区综合竞争力优势较为明显,但其余9个高新区表现一般,得分相对偏低;上游地区5个高新区的整体集聚水平尚好,但综合竞争力得分无一进入前十,得分最高的成都高新区和贵阳高新区分别名列第14位和第17位,整体竞争力表现相对偏弱。

表4-46 长江经济带36个高新区电子信息产业集群竞争力排序

园区	综合竞争力	排序	基础竞争力	排序	企业竞争力	排序	网络竞争力	排序	国际竞争力	排序
上海张江和紫竹高新区	0.2454	1	0.2261	10	0.1821	2	0.4934	1	0.0800	10
江阴高新区	0.2109	2	0.2331	9	0.1310	8	0.3955	2	0.0840	8
杭州高新区	0.1750	3	0.2410	7	0.2018	1	0.2179	4	0.0393	24
苏州高新区	0.1712	4	0.2122	12	0.1124	13	0.1254	8	0.2349	1
合肥高新区	0.1602	5	0.1889	15	0.1554	5	0.2161	5	0.0803	9
无锡高新区	0.1471	6	0.2331	8	0.1558	4	0.0139	30	0.1854	2
宁波高新区	0.1406	8	0.2586	5	0.1095	18	0.1382	7	0.0563	16
武汉东湖高新区	0.1391	7	0.2591	4	0.1562	3	0.0845	13	0.0568	15
南京高新区	0.1311	9	0.2840	2	0.1148	12	0.0774	14	0.0483	18
昆山高新区	0.1301	10	0.2122	14	0.0780	26	0.0635	19	0.1668	3
长沙高新区	0.1295	11	0.2441	6	0.1409	6	0.0877	12	0.0455	19
常熟高新区	0.1245	12	0.2122	13	0.0888	22	0.0700	17	0.1270	6
温州高新区	0.1188	13	0.1005	27	0.0835	23	0.2270	3	0.0641	11
成都高新区	0.1185	14	0.1348	19	0.1055	19	0.0765	15	0.1571	4
蚌埠高新区	0.1182	15	0.2976	1	0.1109	15	0.0577	22	0.0065	34
武进高新区	0.1022	16	0.2142	11	0.0806	25	0.0554	23	0.0585	13
贵阳高新区	0.1008	17	0.2807	3	0.0579	30	0.0591	21	0.0054	35
南昌高新区	0.1001	18	0.1268	20	0.1373	7	0.1003	10	0.0360	25
绍兴高新区	0.0997	19	0.1492	17	0.0067	36	0.1847	6	0.0583	14
徐州高新区	0.0945	20	0.1200	22	0.1230	11	0.1162	9	0.0187	29
重庆高新区	0.0928	21	0.1192	25	0.1119	14	0.0949	11	0.0454	20

续表

园区	综合竞争力	排序	基础竞争力	排序	企业竞争力	排序	网络竞争力	排序	国际竞争力	排序
绵阳高新区	0.0861	22	0.1001	28	0.1247	10	0.0659	18	0.0538	17
郴州高新区	0.0846	23	0.1216	21	0.0733	27	0.0068	32	0.1369	5
扬州高新区	0.0811	24	0.1447	18	0.0888	21	0.0632	20	0.0276	27
泰州医药高新区	0.0733	25	0.1616	16	0.1049	20	0.0265	26	0.0001	36
衡阳高新区	0.0691	26	0.0639	33	0.0815	24	0.0718	16	0.0594	12
鹰潭高新区	0.0650	27	0.1194	23	0.1301	9	0.0039	33	0.0067	33
抚州高新区	0.0576	28	0.0888	29	0.1096	17	0.0184	29	0.0137	32
乐山高新区	0.0574	29	0.1192	24	0.0464	33	0.0213	28	0.0428	22
益阳高新区	0.0562	30	0.0709	32	0.1105	16	0.0276	24	0.0160	31
盐城高新区	0.0544	31	0.0851	31	0.0633	28	0.0275	25	0.0417	23
吉安高新区	0.0484	32	0.0602	35	0.0459	34	0.0000	36	0.0877	7
随州高新区	0.0474	33	0.1027	26	0.0496	32	0.0068	31	0.0305	26
宿迁高新区	0.0399	34	0.0328	36	0.0599	29	0.0239	27	0.0428	21
淮安高新区	0.0391	35	0.0855	30	0.0519	31	0.0005	34	0.0185	30
仙桃高新区	0.0261	36	0.0607	34	0.0229	35	0.0000	35	0.0206	28

2. 基础竞争力（B1）得分比较

基础环境是产业集群发展的蓄水池，资本、科技、交通的通达性以及消费市场的强弱都是构成世界级产业集群综合竞争力的基础性指标。经评价结果显示，目前长江经济带的基础竞争力得分为 0.1575，仅为硅谷 0.7687 的 20.5%；上中下游地区基础竞争力得分则分别仅为硅谷的 16.1%、18.0% 和 23.9%（见表 4-47）。从资本资源、科技水平、交通通达性和消费水平四个二级指标的对标结果看，经济带与硅谷差距最大的是科技水平，其次是资本资源，两者的得分分别仅为硅谷得分的 0.66% 和 2.26%；三大流段中除了下游地区的情况略好外，上中游地区的差距更大。究其原因，一是反映出处于不同发展阶段的国家和地区之间在发展基础上存在巨大差距的客观现实；二是表明经济带尽管在 GDP 总量和专利授权总量上具有一定优势，但由于庞大的人口基数，导致在人均指标上距离世界级标准还相差甚远。如在 36 个国家级高新区所在的城市中,南京、杭州、苏州 2018 年每万人专利授权量分别以 13.2 件、10.5 件、10.1 件位列前三,但也仅约为硅谷 2017 年万人专利授权量 63.6 件的 1/5,成为制约经济带基础竞争力水平的重要因素(见表 4-48)。但从交通通达性上看,长江经济带整体和三大流段得分均已经接近甚至超过了硅谷,整体得分是硅谷得分的 105%。这主要得益于长江经济带沿江各省市相对发达的综合交通运输体系,包括高密度的公路网络、高速铁路网络以及以"黄金水道"享誉中外的长江内河航运体系和发达的港口物流体系。

表 4-47 硅谷与长江经济带基础竞争力得分比较

地区	基础竞争力	资本资源	科技水平	交通通达性	消费水平
硅谷	0.7687	1.0000	1.0000	0.0948	1.0000
长江经济带	0.1575	0.0226	0.0066	0.0993	0.1170
下游地区	0.1837	0.0414	0.0119	0.0924	0.1823
中游地区	0.1385	0.0108	0.0021	0.1233	0.0749
上游地区	0.1236	0.0071	0.0029	0.0945	0.0515

表 4-48 硅谷与长江经济带部分城市专利授权量比较

硅谷/城市	每万人发明专利授权量(件)	硅谷:各市
硅谷	63.6	1:1
南京	13.15	4.83:1
杭州	10.47	6.07:1
苏州	10.12	6.28:1
上海	8.81	7.22:1
绵阳	8.77	7.25:1
武汉	7.95	8.00:1
无锡	7.61	8.36:1
合肥	6.92	9.19:1
宁波	6.46	9.85:1
长沙	5.91	10.76:1

数据来源:各城市统计公报或知识产权局 2018 年数据、2018 Silicon Valley Index。(硅谷为 2017 年数据)

从沿江 36 个国家级高新区的得分情况看,基础竞争力得分前十名依次为蚌埠高新区、南京高新区、贵阳高新区、武汉东湖高新区、宁波高新区、长沙高新区、杭州高新区、无锡高新区、江阴高新区和张江、紫竹高新区;得分最高的蚌埠高新区为 0.2926,占了硅谷 0.7687 的 38.1%,主要得益于其得分最高的集群通达性;基础竞争力得分最低的为宿迁高新区的 0.0328,仅为硅谷得分的 4.3%(见表 4-49)。

表 4-49　长江经济带各高新区电子信息产业集群基础竞争力得分

高新区	C1	C2	C3	C4	正理想解 C+	负理想解 C-	B1	排序
上海张江和紫竹高新区	0.0646	0.0245	0.1517	0.2820	1.0552	0.3083	0.2261	10
无锡高新区	0.1421	0.0175	0.0340	0.3396	1.0575	0.3214	0.2331	8
江阴高新区	0.1421	0.0175	0.0340	0.3396	1.0575	0.3214	0.2331	9
武进高新区	0.0885	0.0096	0.0619	0.3295	1.0860	0.2960	0.2142	11
苏州高新区	0.0809	0.0336	0.0012	0.3022	1.0838	0.2919	0.2122	12
常熟高新区	0.0809	0.0336	0.0012	0.3022	1.0838	0.2919	0.2122	13
昆山高新区	0.0809	0.0336	0.0012	0.3022	1.0838	0.2919	0.2122	14
淮安高新区	0.0076	0.0001	0.0306	0.0241	1.2461	0.1166	0.0855	30
盐城高新区	0.0088	0.0010	0.0231	0.0224	1.2357	0.1150	0.0851	31
泰州医药高新区	0.0333	0.0018	0.2243	0.0344	1.1639	0.2244	0.1616	16
南京高新区	0.0953	0.0623	0.1151	0.5785	0.9837	0.3901	0.2840	2
徐州高新区	0.0093	0.0013	0.0546	0.0805	1.2059	0.1644	0.1200	23
扬州高新区	0.0454	0.0022	0.0517	0.0739	1.1673	0.1975	0.1447	18
宿迁高新区	0.0022	0.0000	0.0000	0.0041	1.3031	0.0443	0.0328	36
杭州高新区	0.0728	0.0365	0.0996	0.3814	1.0353	0.3287	0.2410	7
宁波高新区	0.0610	0.0121	0.5774	0.2562	1.0503	0.3662	0.2586	5
温州高新区	0.0046	0.0035	0.0029	0.0871	1.2273	0.1371	0.1005	27
绍兴高新区	0.0312	0.0070	0.0352	0.1213	1.1543	0.2024	0.1492	17
合肥高新区	0.0221	0.0141	0.2709	0.0931	1.1146	0.2596	0.1889	15
蚌埠高新区	0.0012	0.0009	1.0000	0.0210	1.1826	0.5010	0.2976	1
吉安高新区	0.0000	0.0000	0.0393	0.0000	1.3030	0.0835	0.0602	35
南昌高新区	0.0203	0.0010	0.0271	0.1075	1.1984	0.1740	0.1268	20

续表

高新区	C1	C2	C3	C4	正理想解 C+	负理想解 C−	B1	排序
抚州高新区	0.0000	0.0000	0.1011	0.0008	1.2855	0.1253	0.0888	29
鹰潭高新区	0.0063	0.0001	0.1685	0.0070	1.2355	0.1675	0.1194	24
武汉东湖高新区	0.0648	0.0193	0.3326	0.4438	1.0345	0.3619	0.2591	4
仙桃高新区	0.0064	0.0000	0.0001	0.0206	1.2804	0.0827	0.0607	34
随州高新区	0.0006	0.0000	0.1076	0.0221	1.2594	0.1442	0.1027	22
衡阳高新区	0.0003	0.0000	0.0345	0.0062	1.2842	0.0876	0.0639	33
益阳高新区	0.0001	0.0000	0.0518	0.0032	1.2851	0.0981	0.0709	32
郴州高新区	0.0012	0.0000	0.1928	0.0137	1.2473	0.1727	0.1216	21
长沙高新区	0.0645	0.0099	0.3188	0.3841	1.0605	0.3424	0.2441	6
成都高新区	0.0200	0.0071	0.0038	0.1396	1.1810	0.1841	0.1348	19
绵阳高新区	0.0008	0.0242	0.0008	0.0190	1.2201	0.1357	0.1001	28
乐山高新区	0.0010	0.0000	0.1892	0.0102	1.2513	0.1694	0.1192	26
重庆高新区	0.0049	0.0010	0.1170	0.0372	1.2164	0.1647	0.1192	25
贵阳高新区	0.0100	0.0013	0.9824	0.0298	1.1516	0.4495	0.2807	3
美国硅谷	1.0000	1.0000	0.0948	0.1823	0.3746	1.2448	0.7687	

注:C1 为资本资源;C2 为科技水平;C3 为集群通达性;C4 为消费水平;B1 为基础竞争力。

高新区为县级市的基础数据选用所在地级市数据,因此江阴基础竞争力与无锡相同,常熟、昆山基础竞争力与苏州相同。

3. 企业竞争力(B2)得分比较

企业竞争力是提升集群企业尤其是龙头企业核心竞争力水平最为重要的硬核指标。经评价结果显示,目前长江经济带电子信息产业集群企业竞争力的整体得分为 0.3174,为硅谷 1.0000 的 31.7%(见表 4-50)。在二级指标中,以世界(中国)500 强企业数和独角兽企业数表征的"集聚规模"得分(0.9615)与硅谷的得分相比不相上下、最为接近;企业"创新能力""企业效益"得分与硅谷的差距则迅速扩大,分别只有硅谷得分的 7.7%和 5.4%;而在"品牌效应"得分上,由于 2018 年经济带电子信息产业未有一家企业入围世界品牌 500 强,致使整体得分为 0,与硅谷 1.0000 的得分形成天壤之别,成为经济带培育世界级电子信息产业集群的最大短板。

表 4-50　硅谷与长江经济带电子信息产业集群企业竞争力得分比较

地区	企业竞争力	集聚规模	创新能力	企业效益	品牌效应
硅谷	1.0000	1.0000	1.0000	1.0000	1.0000
长江经济带	0.3174	0.9615	0.0771	0.0538	0.0000
下游地区	0.2846	0.8448	0.0874	0.0508	0.0000
中游地区	0.1441	0.0231	0.0797	0.0828	0.0000
上游地区	0.0954	0.0000	0.0393	0.0345	0.0000

从上、中、下游三大流段的得分情况看,三者的得分相对硅谷而言分别为9.5%、14.4%和28.5%,表现出从上游至下游差距逐渐缩小的鲜明特征。在二级指标中,上中下游彼此之间的巨大差异主要体现在"集聚规模"上。由于经济带所拥有的世界500强企业和国家500强企业大都集聚于下游的沪苏浙皖四省市,使得下游地区的集聚规模得分(0.8448)远远超越了中上游地区。在企业 R&D 投入方面,下游地区以 0.0874 的得分依然处于整个经济带的引领地位,但在企业全员劳动生产率表征的"企业效益"得分则是中游地区居首,达到 0.0828,高于下游地区和经济带的平均水平,显示出中游地区企业效益的相对优势。

从沿江 36 个国家级高新区的得分情况看,企业竞争力得分前十名依次为杭州高新区、上海张江和紫竹高新区、武汉东湖高新区、无锡高新区、合肥高新区、长沙高新区、南昌高新区、江阴高新区、鹰潭高新区和绵阳高新区,其中六个地处直辖市和省会城市。企业竞争力得分最高的杭州高新区为 0.2018,占硅谷 1.0000 得分的 20.2%;得分最低的为绍兴高新区的 0.0067,仅为硅谷得分的 0.7%(见表 4-51)。

表 4-51　长江经济带各高新区电子信息产业集群企业竞争力得分

高新区	C5	C6	C7	C8	正理想解 C+	负理想解 C-	B2	位序
上海张江和紫竹高新区	0.1552	0.0889	0.0826	0.0000	1.3035	0.2903	0.1821	2
无锡高新区	0.0000	0.2399	0.0398	0.0000	1.3751	0.2538	0.1558	4

续表

高新区	C5	C6	C7	C8	正理想解 C+	负理想解 C−	B2	位序
江阴高新区	0.0051	0.0956	0.0561	0.0000	1.3715	0.2068	0.1310	8
武进高新区	0.0000	0.0306	0.0194	0.0000	1.4317	0.1255	0.0806	25
苏州高新区	0.0231	0.0428	0.0334	0.0000	1.3794	0.1747	0.1124	13
常熟高新区	0.0051	0.0255	0.0281	0.0000	1.4094	0.1373	0.0888	22
昆山高新区	0.0000	0.0439	0.0061	0.0000	1.4396	0.1217	0.0780	26
淮安高新区	0.0000	0.0154	0.0037	0.0000	1.4593	0.0800	0.0519	31
盐城高新区	0.0000	0.0116	0.0165	0.0000	1.4470	0.0977	0.0633	28
泰州医药高新区	0.0000	0.0086	0.0896	0.0000	1.4193	0.1664	0.1049	20
南京高新区	0.0000	0.0257	0.0920	0.0000	1.4049	0.1821	0.1148	12
徐州高新区	0.0000	0.0192	0.1247	0.0000	1.4016	0.1966	0.1230	11
扬州高新区	0.0000	0.0403	0.0229	0.0000	1.4247	0.1389	0.0888	21
宿迁高新区	0.0000	0.0212	0.0051	0.0000	1.4526	0.0925	0.0599	29
杭州高新区	0.0231	0.4088	0.0652	0.0000	1.3083	0.3307	0.2018	1
宁波高新区	0.0000	0.0209	0.0843	0.0000	1.4099	0.1734	0.1095	18
温州高新区	0.0000	0.0644	0.0002	0.0000	1.4498	0.1320	0.0835	23
绍兴高新区	0.0000	0.0003	0.0000	0.0000	1.4999	0.0102	0.0067	36
合肥高新区	0.0000	0.1606	0.0950	0.0000	1.3670	0.2514	0.1554	5
蚌埠高新区	0.0000	0.0235	0.0845	0.0000	1.4082	0.1756	0.1109	15
吉安高新区	0.0000	0.0029	0.0108	0.0000	1.4643	0.0704	0.0459	34
南昌高新区	0.0000	0.0495	0.1343	0.0000	1.3843	0.2203	0.1373	7
抚州高新区	0.0000	0.0716	0.0347	0.0000	1.4069	0.1732	0.1096	17
鹰潭高新区	0.0000	0.0054	0.1713	0.0000	1.4072	0.2105	0.1301	9
武汉东湖高新区	0.0051	0.0939	0.1435	0.0000	1.3491	0.2497	0.1562	3
仙桃高新区	0.0000	0.0000	0.0031	0.0000	1.4892	0.0349	0.0229	35
随州高新区	0.0000	0.0001	0.0169	0.0000	1.4695	0.0767	0.0496	32
衡阳高新区	0.0000	0.0249	0.0257	0.0000	1.4306	0.1269	0.0815	24
益阳高新区	0.0000	0.0492	0.0560	0.0000	1.4049	0.1745	0.1105	16
郴州高新区	0.0000	0.0182	0.0213	0.0000	1.4379	0.1137	0.0733	27

续表

高新区	C5	C6	C7	C8	正理想解 C+	负理想解 C-	B2	位序
长沙高新区	0.0051	0.1451	0.0459	0.0000	1.3657	0.2240	0.1409	6
成都高新区	0.0000	0.0454	0.0485	0.0000	1.4093	0.1662	0.1055	19
绵阳高新区	0.0000	0.1464	0.0159	0.0000	1.4033	0.2000	0.1247	10
乐山高新区	0.0000	0.0055	0.0086	0.0000	1.4622	0.0712	0.0464	33
重庆高新区	0.0000	0.0580	0.0510	0.0000	1.4037	0.1768	0.1119	14
贵阳高新区	0.0000	0.0030	0.0204	0.0000	1.4557	0.0894	0.0579	30
硅谷	1.0000	1.0000	1.0000	1.0000	0.0000	1.5042	1.0000	

注:C5 为企业集聚规模;C6 为企业创新能力;C7 为企业效益;C8 为企业品牌效应;B2 为企业竞争力。

4. 网络竞争力(B3)得分比较

网络竞争力是"万物互联"的网络经济时代的重要表征,也是经济全球化背景下世界级产业集群所具有的重要发展能力。经评价结果显示,目前长江经济带电子信息产业集群网络竞争力的整体得分为 0.4733,为硅谷 0.2496 的 189.6%,是四大核心竞争力中唯一一得分超过了硅谷的,且接近硅谷得分的两倍。在上中下游三大流段中,下游的长三角地区也以 0.3198 的得分远远超过了硅谷(见表 4-52)。究其原因,这主要归功于经济带和长三角地区城市网络得分和社会网络得分数倍于硅谷的高启。2018 年 11 月在英国拉夫伯勒大学全球化与世界城市研究网络(简称 GaWC)发布的 2018 年世界城市排名中,长江经济带共有 15 个城市入围,占全世界入围城市数量的 4.3% 和中国入围城市数量的 66.7%。其中,长江下游的沪苏浙皖四省市有一线城市(Alpha)上海,二线城市(Beta)杭州、南京、苏州,三线城市(Gamma)合肥,四线城市(Sufficiency)宁波、无锡、南通,共计 8 市;长江中游有二线城市武汉、长沙,四线城市南昌,共计 3 市;长江上游有二线城市成都和重庆,三线城市昆明,四线城市贵阳,共计 4 市。在 36 个相关国家级高新区中,下游四省市共有 12 个高新区处于入围城市,中游和上游地区各有 3 个,而硅谷所在的加州地区仅有 3 个城市入围(见表 4-53)。这反映出长江经济带尤其是下游地区城市群中的核心城市在全球生产网络中日益重要的节点作用,以及领先企业发达的内部网络和高新区所在城市高度发达的社会网络作用。这也是下游地区网络竞争力得分(0.3198)远高于中游地区(0.1248)和上游地区(0.1208)的根本原因。

表 4-52　硅谷与长江经济带电子信息制造产业集群网络竞争力得分

硅谷/经济带	网络竞争力	企业网络	城市网络	社会网络
美国硅谷	0.2496	0.1676	0.1873	0.0038
长江经济带	0.4733	0.0684	1.0000	0.0110
下游地区	0.3198	0.1154	0.4730	0.0257
中游地区	0.1248	0.0232	0.0409	0.0010
上游地区	0.1208	0.0037	0.0516	0.0043

表 4-53　硅谷与长江经济带世界城市入围情况一览

地区	世界城市等级分数	城市
硅谷	18	Alpha:洛杉矶、旧金山;Gamma:圣何塞
下游地区	27.0	Alpha+:上海;Beat+:杭州;Beat:南京;Beat-:苏州;Gamma:合肥;Sufficiency:宁波、无锡、南通
中游地区	9.5	Beat:武汉;Beat-:长沙;Sufficiency:南昌
上游地区	10.5	Beat+:成都;Beat-:重庆;Gamma:昆明;Sufficiency:贵阳

注:世界城市拥有数根据世界城市等级不同,从 Alpha、Beta、Gamma、Sufficency 依次赋值 10—0.5 分。
数据来源:GaWC2018 年 11 月 14 日发布《2018 世界城市名册》。

从沿江 36 个国家级高新区的得分情况看,网络竞争力得分前十名依次为上海张江和紫竹高新区、江阴高新区、温州高新区、杭州高新区、合肥高新区、绍兴高新区、宁波高新区、苏州高新区、徐州高新区和南昌高新区,其中"6+1"个高新区地处 2018 年入围的世界城市(因为江阴市隶属于无锡市),并且除了第十名的南昌高新区外,排位前九的均为长三角地区高新区。网络竞争力得分最高的高新区是上海张江、紫竹高新区和江阴高新区,分别得分 0.4934和 0.3955,分别为硅谷 0.2496 得分的 197.7%和 158.5%;得分最低的吉安高新区得分为 0.000001,表明 36 个相关高新区的网络竞争力得分差距巨大(表4-54)。

表 4-54　长江经济带各高新区电子信息产业集群网络竞争力得分

高新区	C9	C10	C11	正理想解 C+	负理想解 C-	B3	位序
上海张江和紫竹高新区	0.1508	0.0361	1.0000	0.8611	0.8386	0.4934	1
无锡高新区	0.0000	0.0001	0.0005	1.3480	0.0189	0.0139	30
江阴高新区	1.0000	0.0001	0.0000	1.1365	0.7437	0.3955	2
武进高新区	0.0112	0.0000	0.0013	1.3084	0.0767	0.0554	23
苏州高新区	0.0767	0.0060	0.0003	1.2341	0.1770	0.1254	8
常熟高新区	0.0125	0.0060	0.0003	1.2793	0.0963	0.0700	17
昆山高新区	0.0089	0.0060	0.0001	1.2892	0.0874	0.0635	19
淮安高新区	0.0000	0.0000	0.0000	1.3622	0.0007	0.0005	34
盐城高新区	0.0000	0.0000	0.0025	1.3407	0.0379	0.0275	25
泰州医药高新区	0.0000	0.0000	0.0023	1.3415	0.0365	0.0265	26
南京高新区	0.0089	0.0097	0.0028	1.2601	0.1057	0.0774	14
徐州高新区	0.0000	0.0000	0.0657	1.2718	0.1673	0.1162	9
扬州高新区	0.0138	0.0000	0.0026	1.2983	0.0876	0.0632	20
宿迁高新区	0.0000	0.0000	0.0018	1.3436	0.0329	0.0239	27
杭州高新区	0.2568	0.0145	0.0238	1.1073	0.3085	0.2179	4
宁波高新区	0.0276	0.0001	0.0605	1.2103	0.1941	0.1382	7
温州高新区	0.0000	0.0000	0.3787	1.1918	0.3500	0.2270	3
绍兴高新区	0.2490	0.0000	0.0025	1.2112	0.2744	0.1847	6
合肥高新区	0.0000	0.0014	0.3194	1.1818	0.3258	0.2161	5
蚌埠高新区	0.0138	0.0000	0.0004	1.3114	0.0804	0.0577	22
吉安高新区	0.0000	0.0000	0.0000	1.3626	0.0000	0.000001	36
南昌高新区	0.0536	0.0001	0.0000	1.2843	0.1432	0.1003	10
抚州高新区	0.0000	0.0000	0.0011	1.3479	0.0253	0.0184	29
鹰潭高新区	0.0000	0.0000	0.0000	1.3594	0.0054	0.0039	33
武汉东湖高新区	0.0189	0.0097	0.0001	1.2667	0.1169	0.0845	13
仙桃高新区	0.0000	0.0000	0.0000	1.3626	0.0000	0.000036	35
随州高新区	0.0000	0.0000	0.0001	1.3572	0.0092	0.0068	31
衡阳高新区	0.0000	0.0000	0.0206	1.3059	0.1011	0.0718	16
益阳高新区	0.0000	0.0000	0.0025	1.3407	0.0380	0.0276	24

续表

高新区	C9	C10	C11	正理想解 C+	负理想解 C-	B3	位序
郴州高新区	0.0000	0.0000	0.0001	1.3572	0.0092	0.0068	32
长沙高新区	0.0138	0.0060	0.0087	1.2445	0.1197	0.0877	12
成都高新区	0.0016	0.0145	0.0042	1.2661	0.1048	0.0765	15
绵阳高新区	0.0167	0.0000	0.0018	1.2985	0.0916	0.0659	18
乐山高新区	0.0004	0.000	0.0011	1.3400	0.0292	0.0213	28
重庆高新区	0.0000	0.0060	0.0294	1.2606	0.1321	0.0949	11
贵阳高新区	0.0138	0.0001	0.0008	1.3037	0.0819	0.0591	21
硅谷	0.1676	0.1873	0.0038	1.0643	0.3540	0.2496	

注:C9 企业网络;C10 城市网络;C11 社会网路;B3 网络竞争力。

5. 市场/国际竞争力(B4)得分比较

市场/国际竞争力是立足全球时空尺度和全球市场竞争的发展能力指标,是衡量一个产业集群能否成为"世界级"产业集群的重要评判标志。经评价结果显示,目前长江经济带电子信息产业集群市场/国际竞争力的整体得分为0.1996,在四大核心竞争力中得分最低,仅为硅谷1.0000的20.0%,上中下游地区分别仅为硅谷得分的10.9%、7.4%和15.6%,三大流段总体得分呈马鞍形分布(见表4-55)。在3个二级指标中,除了上游地区的"国际化程度"得分外,经济带和三大流段的所有二级指标得分绝大部分都小于0.1,尤其是在"国际贸易"得分上全都小于0.008,而硅谷的3个二级指标得分均为1.0000,市场/国际竞争力水平遥遥领先于经济带和三大流段。由此表明,相对于硅谷这一世界标杆而言,长江经济带电子信息世界级产业集群建设最致命的"短腿"和未来需要主要追赶的目标,就在于市场/国际竞争力的加快提升之上。

表4-55　硅谷与长江经济带电子信息制造产业集群国际/市场竞争力得分

硅谷/长江经济带	国际竞争力	国际市场	国际贸易	国际化程度
美国硅谷	1.0000	1.0000	1.0000	1.0000
经济带	0.1996	0.1548	0.0022	0.0672
下游地区	0.1556	0.0619	0.0015	0.0917

硅谷/长江经济带	国际竞争力	国际市场	国际贸易	国际化程度
中游地区	0.0745	0.0021	0.0074	0.0174
上游地区	0.1092	0.0028	0.0067	0.1004

从沿江 36 个国家级高新区的得分情况看,市场/国际竞争力得分前十名依次为苏州高新区、无锡高新区、昆山高新区、成都高新区、郴州高新区、常熟高新区、吉安高新区、江阴高新区、合肥高新区、上海张江和紫竹高新区,其中下游长三角地区有 8 个,上游和中游地区各 1 个。市场/国际竞争力得分最高的为苏州高新区的 0.2349,占了硅谷得分的 23.5%;得分最低的则为泰州医药高新区的 0.0001,仅为硅谷得分的万分之一(见表 4-56)。

表 4-56　长江经济带各高新区电子信息产业集群市场/国际竞争力得分

高新区	C12	C13	C14	正理想解 C+	负理想解 C-	B4	位序
上海张江和紫竹高新区	0.00440	0.00013	0.05235	1.3873	0.1207	0.0800	10
无锡高新区	0.00115	0.00004	0.61192	1.3579	0.3091	0.1854	2
江阴高新区	0.00002	0.00000	0.08692	1.4218	0.1303	0.0840	8
武进高新区	0.00001	0.00000	0.03571	1.4349	0.0892	0.0585	13
苏州高新区	0.00143	0.00004	0.89228	1.3404	0.4114	0.2349	1
常熟高新区	0.00005	0.00000	0.25393	1.3996	0.2036	0.1270	6
昆山高新区	0.00017	0.00001	0.49854	1.3790	0.2761	0.1668	3
淮安高新区	0.00000	0.00000	0.00272	1.4586	0.0274	0.0185	30
盐城高新区	0.00000	0.00000	0.01621	1.4454	0.0628	0.0417	23
泰州医药高新区	0.00000	0.00000	0.00000	1.4686	0.0001	0.0001	36
南京高新区	0.00009	0.00000	0.02219	1.4361	0.0729	0.0483	18
徐州高新区	0.00000	0.00000	0.00279	1.4581	0.0278	0.0187	29
扬州高新区	0.00000	0.00000	0.00649	1.4535	0.0413	0.0276	27
宿迁高新区	0.00000	0.00000	0.01729	1.4455	0.0647	0.0428	21
杭州高新区	0.00011	0.00000	0.01361	1.4405	0.0589	0.0393	24
宁波高新区	0.00009	0.00000	0.03194	1.4321	0.0854	0.0563	16

续表

高新区	C12	C13	C14	正理想解 C+	负理想解 C−	B4	位序
温州高新区	0.00000	0.00000	0.04471	1.4338	0.0983	0.0641	11
绍兴高新区	0.00000	0.00000	0.03554	1.4369	0.0890	0.0583	14
合肥高新区	0.00007	0.00000	0.07696	1.4207	0.1240	0.0803	9
蚌埠高新区	0.00000	0.00000	0.00031	1.4650	0.0095	0.0065	34
吉安高新区	0.00000	0.00001	0.09711	1.4202	0.1365	0.0877	7
南昌高新区	0.00001	0.00005	0.01129	1.4428	0.0538	0.0360	25
抚州高新区	0.00000	0.00000	0.00145	1.4609	0.0203	0.0137	32
鹰潭高新区	0.00000	0.00000	0.00033	1.4648	0.0098	0.0067	33
武汉东湖高新区	0.00068	0.00227	0.01870	1.3988	0.0842	0.0568	15
仙桃高新区	0.00000	0.00000	0.00344	1.4569	0.0306	0.0206	28
随州高新区	0.00000	0.00000	0.00806	1.4514	0.0457	0.0305	26
衡阳高新区	0.00000	0.00001	0.03688	1.4337	0.0905	0.0594	12
益阳高新区	0.00000	0.00000	0.00201	1.4588	0.0237	0.0160	31
郴州高新区	0.00000	0.00000	0.31075	1.3986	0.2219	0.1369	5
长沙高新区	0.00007	0.00025	0.01802	1.4296	0.0681	0.0455	19
成都高新区	0.00172	0.00400	0.36387	1.3302	0.2479	0.1571	4
绵阳高新区	0.00001	0.00002	0.02905	1.4348	0.0817	0.0538	17
乐山高新区	0.00000	0.00000	0.01720	1.4446	0.0646	0.0428	22
重庆高新区	0.00003	0.00007	0.01910	1.4358	0.0683	0.0454	20
贵阳高新区	0.00000	0.00000	0.00020	1.4640	0.0079	0.0054	35
硅谷	1.00000	1.00000	1.00000	0.0000	1.4687	1.0000	

注：C12 为国际市场；C13 为国际贸易；C14 为国际化程度；B4 为国际竞争力。

第二十二章 培育长江经济带世界级产业集群的启示和建议

本章基于前述长江经济带世界级产业集群的基础分析、现状分析和国际竞争力的国内外比较分析,总结归纳出五点主要研究结论和三点对比分析启示,进而从政府引领、园区支撑和企业主体等三大视域提出了长江经济带世界级产业集群建设的路径选择、重点举措及相应的政策建议。

一、培育长江经济带世界级产业集群的研究结论

综上分析,本研究得出以下几点研究结论和政策建议思路:

1. 世界级产业集群的本质特征

世界级产业集群作为产业集群的升级版和动态演进的高级阶段,相对于一般产业集群而言,在集群基本内涵的广度、深度和一般特征的空间表征上都呈现出质的飞跃。其主要特征为:一是空间集聚性特征呈现区域和全球的带状、网状组团的集合,以及地理邻近性与空间分异性的集合。二是产业关联性特征呈现以"互联网+"为典型代表的、虚实结合的网状产业关联及制造业与服务业和农业紧密关联、融合共生的全口径产业集群。三是创新性特征呈现多主体围绕共同的创新目标组成协同创新系统。四是结构的网络性特征呈现出地方生产网络与全球生产网络的相互嵌入。五是市场竞争性特征更加突出具有全球市场影响力和控制力的领先企业、核心技术、主流产品和标准体系,以及有利于竞争力孕育和提升的环境。六是社会根植性特征更加凸显产业集群企业的社会行为和生态行为、知识溢出和高生态效应"双重正外部性"的

"生态创新"成果。

2. 长江经济带产业集群是地理临近性与空间分异性并存的广域集群(巨型产业群落)

对于东西绵延数千公里、范围达到205万平方公里的硕大时空尺度的长江经济带产业集群而言,其物理含义已经远远跨越了地理邻近性的一般特征,早已从地理邻近性引申到跨域、跨界和空间异质性的发展,具有地理邻近性与空间异质性相辅相成的"跨界协同集聚"特征。这也是为什么对长江经济带整体产业集群评述甚少的一个重要原因。随着网络信息技术的迅速发展,区域联系、互动不再单一地通过有形的物质流进行,无形信息流以其瞬时传输的特性具备了更大范围流动性,为集群的跨域发展提供了更多可能性。因此,通过本研究的研究分析,判断长江经济带产业集群本质上是由地理上相互邻近的"三大两小"产业集群再集合而成的、地理邻近性与空间分异性并存的广域集群和巨型产业群落。

3. 长江经济带世界级产业集群遴选

长江沿岸地区是中国近代工业的发祥地和中外闻名的工业走廊,现已形成了计算机及通信设备、汽车、化工、电气机械、建材、通用设备、钢铁、有色、电力热力生产、农副食品加工和纺织服装等一批支柱工业部门,这些工业部门均有率先发展成为世界级产业集群的现实可能性。但综合考量上述工业部门的先进性、成长性、代表性和可持续性,同时遵循《国务院关于依托黄金水道推动长江经济带发展的指导意见》《长江经济带创新驱动产业转型升级方案》《长江经济带发展规划纲要》三大纲领性文件的指引和《中国制造2025》以及沿江11省市制定的相应行动方案,本研究最终选择了电子信息、高端装备、汽车、家电、纺织服装五大工业部门,作为长江经济带世界级制造业集群的主要研究分析对象,并选择以上述五大产业为主导产业的国家级和省级开发区,作为长江经济带世界级产业集群的主要空间载体,从载体的代表性和权威性、分布性和适量性、可对标性和可获得性等方面进行了诠释。在实证分析中,本研究发现,除了纺织服装类国家级开发区占比偏低(36.8%)外,沿江11省市以五大产业为主导产业的国家级和省级开发区占全国的比例均超过了50%,高者甚至超过了70%(高端装备类省级开发区)和80%(家电类省级开发区),五大世界级产业集群整体竞争优势明显,且均衡与非均衡分布交织、下游4省市引领带动作用突出。在此基础上,本研究从开发区分布及空间演化历程、行业整体发展及重点子行业发展状况、中国/世界500强和A股上市公司等龙头骨干企业发展及分布状况等视角,对长江经济带五大世界级产业集群的历史沿革、时空分布、优劣势、主要问题和存在差距等逐一进行了论述分析,基本做到了情况清、家底明。

4. 世界级产业集群竞争力评价指标体系建构

世界级产业集群内部结构的网络化以及集群与外部全球网络的互通互联特征,能够促使其各种要素的快速传递,是其相较非产业集群和一般产业集群具有更大竞争优势的重要原因。因此,世界级产业集群所涉及的所有竞争力特征、因素、水平,都应该基于经济全球化的时代背景展开,聚焦产业集群的"世界性"开展分析。本研究综合参照"钻石"模型和"GEM"模型,结合世界级产业集群的产业关联特征,增设了"网络竞争力"这一新的维度坐标,构建了一个由基础竞争力、企业竞争力、网络竞争力和市场/国际竞争力4个一级指标,涵盖资本资源、科技水平、集群通透性、消费水平、集聚规模、创新能力、企业效益、品牌效应、企业网络、城市网络、社会网络、国际市场、国际贸易、国际化程度等14个二级指标和相应的14个三级指标("A = 4 + 14 + 14")组成的世界级产业集群竞争力评价指标体系。

5. 长江经济带电子信息产业集群综合竞争力评价

本研究以长江经济带电子信息产业集群作为世界级产业集群综合竞争力的实证对象,以美国硅谷电子信息产业集群作为参照标杆,从微观(沿江36个国家级高新区企业数据样本)、中观(长江上中下游三大流段)和宏观(沿江11省市)三个空间载体层面进行了比较评价分析。结果表明:

第一,对标美国硅谷,长江经济带电子信息产业集群的整体综合竞争力距离世界级产业集群尚有较大差距,特别是在企业自身创新能力、品牌市场力、国际市场竞争力等方面还存在着明显短板,成为影响和制约经济带电子信息产业集群国际竞争力提升的关键因素。

第二,从国际竞争力评价指标体系各项具体指标的得分情况分析,目前长江经济带在培育和打造世界级电子信息产业集群的进程中所暴露出来的突出问题是:集群规模大而不强,严重缺乏具有全球影响力、知誉度和话语权的行业龙头企业和国际知名品牌,难以形成强有力的引领带动作用和品牌溢出效应;企业科技创新的动力和能力严重不足,普遍缺乏拥有自主知识产权的行业核心技术、关键共性技术和前瞻性颠覆技术;上中下游三大产业群之间的分工协作和产业关联不够紧密,中上游地区还未能深度嵌入全球产业链、供应链、价值链与创新链的整体网络体系之中。

第三,长江经济带上中下游地区世界级电子信息产业集群的发育发展过程呈现出明显的阶段性和差异化发展特征。如果把世界级产业集群的发展过程划分为起步成长、高速发展、相对成熟和完全成熟四个阶段,并且以美国硅谷作为完全成熟阶段的典型标杆的话,那么按照国际竞争力的具体得分可知,目前长江下游地区大致已处于高速发展阶段抑或处于高速发展向相对成熟过渡的阶段,国际竞争能力虽有突出短板,但整体竞争实力明显增强;而中游和上游地区则还大体处于起步成长阶段,国际竞争力尚明显不足。

6. 主要政策建议思路

党的十九大报告将"促进我国产业迈向全球价值链中高端,培育若干世界级先进制造业集群"作为贯彻新发展理念、建设现代化经济体系的重要目标和任务之一,在《指导意见》中也特别强调了打造长江经济带世界级产业集群的重要性。长江经济带要加快实施"中国制造2025",以绿色发展理念为引领,结合长江经济带现有资源禀赋和产业分布,聚焦新一代电子信息、高端装备、汽车、家电、纺织服装等领域,通过引导相关产业跨界集聚、创新创优、做大做强,形成与资源环境承载力相适应的产业空间布局,培育具有国际先进水平和较强国际竞争力的五大世界级产业集群,使长江经济带成为生态保护与现代产业发展相协调、能够充分体现国家综合经济实力的全球最大内河经济带。但囿于长江经济带内行政分割的制度性障碍、市场运作的流动性障碍以及企业发展的协调性障碍等问题,长江经济带产业分工合作的进展缓慢,在一定程度上也制约了世界级产业集群的形成。因此,从制约长江经济带产业分工合作发展的约束条件出发,在借鉴国外区域产业协调发展的基础上,应建立一个基于优势互补、互利互惠、共同发展的政府层面的多级运作机制,坚持"政府引导、园区支撑、企业主体"的原则,从以下三个方面共同推进长江经济带世界级产业集群的培育形成和壮大发展。

二、强化世界级产业集群建设的政府引导作用

1. 深入贯彻新发展理念

沿江 11 省市各级政府要把"共抓大保护、不搞大开发"的绿色发展理念真正放在首位,深化细化产业发展政策,促进产业升级、产业协作与产业有序转移,引导财政、金融、产业、环保等相关政策和资源要素向绿色产业、绿色企业和绿色项目倾斜。

(1)思想引领

树立绿色发展理念,就是要统筹谋划生态环境保护和经济发展的关系,特别是不能把生态环境保护和经济发展割裂开来甚至对立起来,坚决摒弃开发与保护"两张皮"的认识,坚决摒弃以牺牲环境为代价换取一时经济发展的做法。

(2)坚决推动产业转型

不淘汰落后产能,就不能真正推动转型升级,也就无法培育建立起世界级产业集群。坚决摒弃依托传统产业发展模式的"路径依赖"。通过落实供给侧改革,腾笼换鸟打造长江经济带发展新动能,实现长江经济带的"凤凰涅槃"。

(3)落实供给侧结构性改革

积极稳妥腾退化解旧动能,破除无效供给,彻底摒弃以投资和要素投入为主导的老路,为培育新增长极和新动能发展创造条件、留出空间,进而致力于培育发展先进产能,增加有效供给,加快形成新的产业集群,实现腾笼换鸟、凤凰涅槃。

2. 树立一盘棋思想,促进产业集群跨界跨域协同发展

要加强跨界产业协同,促进跨界分工合作,避免产业同质化竞争。沿江 11 省市要强化产业发展协调,聚焦产业链完整度,加强产业各环节配套体系建设。囿于行政区划的行政分割,目前长江经济带省际市际之间行政壁垒、市场分割、低效竞争、产业同构等问题仍然非常突出,一些地方在实际工作中出

现圈地盘、抢资源、条块分割、无序竞争的情况,缺乏整体意识和协作精神,造成主导产业布局雷同、新兴产业面临平行竞争、阻碍产业链条的连接和延伸等各自为政的现象。要在长江经济带高质量发展"一盘棋"中研究提出差异化协同发展的新目标新机制新举措,避免产业的跨界横向竞争,增加有效的分工合作。区域内各城市立足自身资源禀赋,拥有各占优势的细分产业部门,而且彼此间又相互关联、紧密合作,通过龙头企业的跨区域布局和深层次的产业合作机制,促进各种生产要素在城市群中流动,形成完整的产业链条,构建起优势互补、合理分工的一体化产业格局。可以积极借鉴和推广长三角区域一体化进程中逐渐形成的"三级运作、统分结合"的跨地区制度创新、制度安排和正在探索的长三角绿色生态一体化示范区建设经验,以及沪、苏、浙、皖四省市联合成立"长三角区域合作办公室"的做法,形成更加高效的省际协商合作机制,统筹协调区域规划、专项合作、市场竞争等事宜,推动 11 省市、三大流段和经济带整体三个层级世界级产业集群的做大做强、有序分工和融合发展。

3. 统筹制定区域产业集群专项规划,完善经济带世界级城市群空间布局

根据 2015 年 5 月 8 日国务院印发的《中国制造 2025》的通知(国发〔2015〕28 号)和 2016 年 3 月 2 日国家发展改革委、科技部、工信部联合下发了《长江经济带创新驱动产业转型升级方案》,沿江 11 省市纷纷制定了各自省市的《中国制造 2025 行动纲要》和相应的产业集群发展规划。例如,2018 年 4 月 20 日,上海市政府发布了《全力打响上海"四大品牌"率先推动高质量发展的若干意见》,其中在"上海制造"品牌领域明确要求打造汽车、电子信息 2 个世界级产业集群,培育民用航空、生物医药、高端装备、绿色化工 4 个世界级产业集群;2018 年 6 月 25 日,江苏在全国率先出台《关于加快培育先进制造业集群的指导意见》,将重点培育新型电力(新能源)装备、工程机械、物联网、前沿新材料、生物医药和新型医疗器械、高端纺织、集成电路、海工装备和高技术船舶、高端装备、节能环保、核心信息技术、汽车及零部件、新型显示等13 个先进制造业集群。江苏目标到 2020 年,13 个先进制造业产业集群主营业务收入达 8 万亿元左右;到 2025 年,培育新型电力(新能源)装备、工程机械、物联网、高端纺织 4 个综合影响力达到世界一流水平的先进制造业集群等。问题在于,现在各省市、地市的产业集群发展规划都仅仅是从各自的情况出发提出的,而经济带整体范围内世界级产业集群的协同发展则缺乏统一有效的顶层设计和战略思考。要在国家长江经济带建设领导小组的统一领导和统筹协调下,建立和完善长江经济带世界级产业集群"共建"机制,根据沿江11省市及上中下游地区各自的资源禀赋、产业发展基础和主导产业集群优势等,制定优势互补、分工明确、错位发展的经济带产业集群发展规划及其相关产业配套政策,促进经济带产业协同,加快形成产业联动紧密、分工协作合理的区域产业链布局,共建长江经济带世界级产业集群。

4. 聚焦营商环境优化,成为推动产业创新和产业集群发展的"金牌店小二"

要充分利用上海自贸区"先行先试"和浙江自贸区、湖北自贸区、重庆自贸区、四川自贸区、江苏自贸区以及上海自贸新片区等相继获批的政策优势,全面推广自贸区深化改革、扩大开放的一系列试点经验,加快制度改革、市场开放步伐和政府职能转变,逐步扩大负面清单准入制度和事中事后监督制度,推进"互联网+政务服务"等放管服政策举措。优化政府服务流程,简化管理程序和服务环节,如上海智慧城市建设的"上海政务一网通办"、江苏的"不见面审批"、浙江的"最多跑一次"新审批流程制度等,努力降低企业制度性交易成本。政府要出台吸引创新人才政策,在落户、住房等方面向创新人才倾斜。推出减税降费等有效措施,减轻制造业企业生产经营的税赋压力。推动区域内重大科研设施、基础研究平台等创新资源开放共享等。找准、补齐审批制度、政府过度管制等短板,放大制度供给力,在深化供给侧结构性改革中聚焦共建世界级产业集群。

5. 发挥政府政策引导产融结合,探索长江经济带产业金融服务方案

风险投资是硅谷高科技企业成长的发动机,近两百年内世界大国工业化崛起的历程显示,理念先进、执行力强的股权投资和资本市场服务对制造产业度过每一个生死存亡的关口都至关重要。世界级产业集群的发展壮大亦须有专业风险投资的参与。专业的股权投资者可以成为先进制造企业核心的共有者和利益的承担者、分享者,可以更加主动、深入地进入到先进制造产业中,通过投资境内外优秀企业,掌握核心产业和关键领域的战略资源,同时通过全球资源网络和对产业的深度理解,紧密跟踪和推动制造业转型升级。从长江经济带的实际情况看,尽管新一代信息技术产业已经形成万亿级的产业规模,但是龙头企业引领、中小企业集聚、服务型企业配套、金融企业支持等多元主体融合发展的产业生态体系未建立。为此需要采取以下措施：

（1）引导金融机构创新方式

比如发挥大数据的"数据质押作用"，开展供应链金融、知识产权质押的科技金融等途径，通过政府利息补贴实施差异化信贷政策，切实缓解中小企业融资难融资贵难题，围绕世界级产业集群发展目标，积极培育塑造科技小巨人企业、独角兽企业和制造业细分行业的"隐形冠军"企业。

（2）完善政府信用担保组织

鼓励设立更多中小微担保基金等形式的政府产业担保机构，推动发展先进技术和先进制造业，支持制造业转型升级，促进世界级产业集群的形成。

（3）引导金融支持制造业研发需求

鼓励金融机构提高制造业中长期贷款比例，支持企业创新。

（4）通过有效政策措施推动专业风险投资基金集聚

专业风险投资基金不仅可以带来资本，更可带来专业的管理运营经验和先进的发展理念。

6. 依托沿江七大自贸试验区建设，积极推广以负面清单管理为核心的外商外贸投融资管理制度改革，全面融入全球经贸合作竞争与贸易规则制定

自 2013 年 7 月 3 日国务院通过了《中国（上海）自由贸易试验区总体方案》，上海自贸区率先启动，并且在积极探索经济体制和行政管理体制的重大改革与制度创新的试点中取得了诸多"可复制、可推广"的成功经验。从 2015 年 4 月至 2019 年 8 月，国务院又相继批准了广东、天津、福建、辽宁、浙江、河南、湖北、重庆、四川、陕西、山东、江苏、广西、河北、云南、黑龙江、上海临港等 17 个自贸试验区和海南自由贸易港建设方案，形成了遍布东部、中部、西部、东北四大区域板块、沿海 10 省市全覆盖的整体空间分布格局。其中，长江经济带共有上海、浙江、湖北、重庆、四川、江苏、云南等 7 个自贸试验区获批，包括下游 3 个，中游 1 个，上游 3 个。在长江经济带世界级产业集群培育建设中，可以 7 个自贸区为引领，推进经济、金融、贸易领域的负面清单管理模式，遵循市场准则和国际惯例，促进跨国、跨境投资贸易的自由化和便利化；进一步扩大对内对外的"双向开放"，建设内陆开放高地，整体提升流域的整体开放程度。用更大规模的开放"倒逼"改革与创新,促进各级地方政府职能的转变,促进政府管制的规范化和透明化。综上,可以为长江经济带世界级产业集群建设创造更好与国际接轨的制度环境、政策环境和营商环境,加快经济带产业集群融入、接轨全球产业链的步伐。

三、完善世界级产业集群建设的园区支撑作用

沿江 11 省市星罗密布的各类园区,是长江经济带发展的重要战略支撑,其中的重点产业园区更是起着创新驱动的示范作用、产业升级的引领作用、对外开放的窗口作用、人才聚集的洼地作用和科学发展新跨越的先行作用。

1. 园区建设的总目标和总任务

围绕高水平现代化平台体系和全球先进制造业基地建设目标,加快推进三次创业。加强资源优化整合,在优势特色产业集群培育、高水平科技创新基地建设、科技投融资体系构建、人才引进培养、科技成果转移转化、知识产权协同保护、协同开放创新等方面积极探索新路径,打造产业技术创新示范区、绿色发展引领区、开放协调发展先行区、创新政策和体制机制改革试验区,形成长江经济带经济与生态联动发展的创新高地。

2. 突出载体地位、强化支撑作用,完善产业集群地域组织结构

根据国家发改委等六部委联合发布的《中国开发区审核公告目录》(2018版)可知,截至 2018 年末,全国共有各类国家级和省级开发区 2543 个,包括国家级 552 个,省级 1991 家。其中,沿江 11 省市共有各类国家级和省级开发区 1132 个,包括国家级高新区 79 个,国家级经济技术开发区 108 个,省级开发区 868 个,分别占了全国的 44.5%、47.0%、49.3%和 43.6%(详见表 5-22、表5-23)。这些开发区都是建立在产业园区、工业园区的基础之上的,因而成为培育建设各类制造业产业集群的主要空间载体。特别是改革开放 40 多年来我国区域发展的实践越来越表明,地方经济发展和财政税收的贡献主要来自于各类产业园区,园区已成为推动区域经济发展的重要增长极和产业集群建设的主要载体和"抓手"。因此,各级地方政府要高度重视园区的发展建设工

作,强化对园区的组织领导和制度建设,不断优化完善产业集群建设的地域组织结构。譬如,在系统梳理各类园区发展现状的基础上,比较分析一级政府组织、政府派出机构、公司化运作等各种组织管理模式的优劣特点和限制条件并予以调整完善,寻找到最适合自身发展的园区组织管理模式。再如,围绕全球先进制造业基地和世界级产业集群建设目标,探索以市场化为原则建立"公司+联盟""小核心+大协作"的组织架构,在技术与资本结合、知识产权共享、科技成果转化等方面进行尝试,因势利导,在体制机制上进行更多尝试等。

3. 对标先进典型、深挖短板问题,明确产业集群培育目标,加快推进三次创业

2016年3月2日,国家发改委、科技部、工信部三部委印发的《长江经济带创新驱动产业转型升级方案》明确提出要在"新型平板显示、集成电路、先进轨道交通装备、汽车制造、电子商务"五大重点领域打造世界级产业集群,以及在"生物医药、研发设计服务、检验检测服务、软件和信息技术服务、新材料产业、现代物流、现代金融服务、节能环保、新能源装备、航空航天"等领域培育十大新兴产业集群,为长江经济带各类园区尤其是国家级高新区和经开区指明了世界级产业集群的建设目标和发展方向。为此,沿江各省市开发一要围绕上述产业集群建设目标,认真对标国际国内先进典型园区,从基础竞争力、企业竞争力、网络竞争力、市场/国际竞争力、可持续发展能力等几大维度构建评价指标体系,对自身发展现状、存在问题、明显短板进行客观评估;二要在此基础上制定相应的产业集群发展规划,紧紧围绕高水平现代化平台体系建设和全球先进制造业基地建设这两大战略目标,加快推进"三次创业"。三次创业的核心内涵是要通过目标导向和问题导向,通过狠抓重点难点,较好实现开发区战略角色、结构功能和增长动力的三大转变。"一次创业"是筑巢引凤,旨在着重解决企业入园、分布集中、用地集约、产业集聚问题;"二次创业"是腾笼换鸟,旨在着重解决突出主业、产业集群建设问题;"三次创业"则是聚焦主业、搭建平台,着重解决从土地开发商、厂房租赁商、孵化培育方等传统园区角色向着高能级战略平台、高质量骨干平台、特色化基础平台三大平台支撑的"全域服务供应商"进行战略角色的重大转变和系统性重构。三要正确认识经济全球化退潮、我国经济增速换挡、产业结构调整、疫情防控影响以及地方政府债务严控风险政策等一系列因素作用下,开发区所面临的现实机遇和严峻挑战,在百年未有之大变局的全球视野和危机管理的辩证分析中确立开发区"三次创业、系统性重构"的战略目标和战略思路。

4. 招商引资、招才引智,围绕主业狠抓高端资源集聚和重大项目落地

开发园区发展的核心任务是打造具有区域、全国乃至全球影响力和竞争力的特色产业集群,招商引资是产业培育的基础工程,必须摆在头版头条的重要位置。

(1)升华招商引资理念和招商团队素质

产业集群不是企业的简单堆积,企业在地理位置上的集中和公共物品的共享上也不一定产生集聚效应。产业集群必须要企业间依靠产业链形成高效协同,必须依赖于企业间产业的深度关联性或者业务关联所形成的协同效应。而众多开发区在招商引资过程中普遍存在三大弊端:第一,招商引资考核多数以引资额度作为重要衡量标准,满足于引入资金、项目的多寡而忽视、淡化引入项目的产业关联性,存在着"捡到篮子里就是菜"的盲目粗放现象;第二,园区内部各部门之间以及园区与上级政府职能部门之间存在各种业务关系,招商引资过程中存在"难以拒绝、不能拒绝"等关联因素和干扰因素,容易导致部分非主导产业项目流入产业园区,甚至为此被迫改变园区用地用途等,这势必影响产业链招商引资效果;第三,缺乏秉持先进招商理念和专业素养的招商团队。为此,既要紧扣自身的产业方针和产业规划精准招商、配套招商,在引资战略和实践上形成与开发区产业发展规划和定位相匹配的招商项目群,助力主导产业及产业集群的发展壮大;又要紧紧围绕产业链的关键环节和薄弱环节强链补链,在专业分工的基础上用市场交易关系取代了内部管理关系,促进区内群内企业交易成本最小化;在招商理念上则可借鉴与推广被誉为"中华第一园"的中新苏州工业园区创立的"招商、亲商、安商、重商"的"园区经验",培养一支具备先进招商理念和"专业、专职、专人、专注"的招商队伍,成为懂产业、懂经济、会招商、会服务的"两懂两会"型干部,成为园区建设的行家里手。并与"张家港精神""昆山之路"一起共同成为助力苏州辉煌成就40年的"苏州三宝"。

（2）完善对主导产业和细分行业的重大项目、优势项目引进、扶持资金、用地、基础设施配套等创新扶持政策

项目是做大总量的基础和转型发展的依托，没有重大项目的落地和突破，就没有争当先进的基础和更具担当的底气。要从放大产业优势整合重大项目、围绕科创优势突破重大项目、布局高端产业引进重大项目等多个方面提出抓好招商引资和项目建设的具体建议，注重向重大项目和有利于形成产业集聚的龙头骨干企业倾斜。

（3）引资与引智紧密结合、相辅相成

科学技术是第一生产力，人才则是第一生产力的第一资源，产业会集聚人才，人才则能引领和带动产业发展。近年来，伴随着全国各地愈演愈烈的人才争夺浪潮，沿江各省市、各开发区也都纷纷出台了一系列人才招引的鼓励政策。从开发区招商引资、项目落地的实践上看，若无一个与招引项目紧密配套的人才招引和倾斜激励方案，若无一个能让招引项目的管理、技术人才安居乐业、工作顺畅高效、教育医疗无忧的一流园区服务和园区生态，再好的项目也是招不进、留不住的。唯有让招引项目的相关人才怦然心动、心动行动，才是招商引资获得成功的根本保障。

5. 固本强核、创新驱动，搭建创新型多功能高端网络平台

2019 年 5 月，国务院印发《关于推进国家级经济技术开发区创新提升打造改革开放新高地的意见》（以下简称《意见》）。《意见》强调坚持新发展理念、高质量发展目标，重点推进国家级经济技术开发区开放、科技、制度的创新，最终打造改革开放新高地。作为承接先进制造业、产业集群和外向型经济的主要空间载体，各类开发区不能仅仅满足于招商引资、土地批租、厂房租赁、基础设施、配套服务等传统角色定位与功能定位，还需要在搭建创新平台、参与研发创新、促进孵化转化、创新资金支持、创新文化培育等创新活动开展与创新功能培育上狠下功夫。

（1）固本强核，强化孵化转化，加大科技创新的直接投入，构建园区科技投融资体系

首先，要顺应中国经济结构调整和产业转型大趋势，深刻理解中国新兴产业价值链布局特点和趋势，用本地优质资源嫁接新兴产业价值链，在全国甚至

全球范围内通过整合技术、资本、人才、市场等新兴产业价值资源与本地开发区优质资源融合共生,培育支柱产业集群,为开发区注入强有力的产业内核;其次,要不断强化园区的孵化转化功能,加大对孵化器项目筛选、技术评估、市场前景预测和天使基金、风投基金的投入力度,努力提升孵化转化成功率,促进孵化器→加速器→专业园区的转化,培育成为园区新的活跃增长极;第三,围绕园区主导产业重大项目及产业链上关键强链、补链、延链项目,加大专项基金和配套基金的投资比例和投入规模,以股权投资等方式直接参与到企业、产业的创新发展之中;第四,营造"鼓励创新、包容失败"的政策氛围和园区生态。企业内部员工创新创业失败率较高,需要园区联合行业协会、企业营造容许失败的创新创业氛围,对于内部项目的转化,要鼓励企业以市场化的筛选机制确定孵化项目的标准,以外部的客户群需求筛选项目。

(2)搭建政产学研金用"六位一体"创新平台,助力创新驱动

培育建设世界级产业集群必须要补上基础研究这块短板,这是我国制造业的通病。通过提高企业与高校研究机构的深度对接,既可帮助企业树立产学研深度融合理念,激发企业的创新精神和创新动力;又可促进高校科研机构更加贴近企业、贴近市场,摆脱闭门造车的痼疾。例如,由江苏紫金电子集团有限公司、南京航空航天大学、机械科学研究总院江苏分院等联合发起的江苏省三维打印产业技术创新联盟,于2014年3月在南京挂牌成立,成为我国产学研紧密结合的3D打印先进制造业基地。由南京紫金立德生产的LOM3D打印机凭借高强度高精度打印塑料零件,已经为"天宫一号"的设计过程、国产新型无人机的设计过程及多项国防科研项目所采用,并远销欧美等三十多个国家和地区。产学研重要的结合方式是利用现有高校及科研院所研发团队的科技成果与科技队伍,帮助企业解决技术难题和提供技术服务。由于双方在研发实力上的不对等和沟通渠道的不通畅,必须要有效架起企业技术需求与高校研发能力对接的桥梁,所以各类园区可以发挥产业集聚的特点承担此项职能。比如上海就有成果转化促进会启动联盟计划,让中小企业去招标,公开企业的技术难点,再让高校、科研院所来应标,整合了资源。此外,产学研除了三者自身的紧密结合外,还迫切需要政府提供鼓励与促进科技创新的支持政策,需要政府财政和金融机构的资金支持,需要产品客户群体为代表的市场

需求信息,从市场终端企业需求倒逼产学研进一步深度融合。若以产学研为内核、政金用为外援构筑一个相对完整的创新系统的话,那么各类开发区就是沟通连接上述内核与外援的最佳纽带和平台,可以集生产集聚、研发创新、组织管理、全域服务、行业协会等诸多功能于一身,极有利于组织开展企业、行业的重大技术攻关,助力"六位一体"的创新驱动。

(3)依托园区,共同搭建跨地区产业合作和科技创新的六大机制和五大平台

六大机制包括利益共享机制、协同创新机制、政府引导与市场化运作的高效运营机制、资源整合与要素流动与机制、高效务实的区域协调分工机制,以及产业发展的共建与补偿机制;五大平台则包括打造新型科研创新平台、鼓励龙头企业通过架构创新和制造业服务化来有效整合长江经济带产业链的合作平台、在制造业与服务业"双重产业转移"背景下的沿江省市产业转移与协调发展合作平台、辐射长江经济带的科技金融中心和知识产权运营中心、沿江企业品牌孵化培育平台。

(4)加强大数据"软"基础设施建设和应用服务,为世界级产业集群建设提供有力支撑

各类开发区要扎实推进数据"软"基础设施建设,大力推动光纤、无线网络、政务网络云、储存云、计算云等数字基础设施建设;加快行业的数据归集、分类和挖掘;建立统一的政府数据开放平台。大力推进高端制造业数据应用。加强政务、产业和生活网络聚合,促进行政服务云、位置服务云、电子商务云以及各行业大数据应用等向产业服务、行政服务和城市管理方面的深度渗透,引导企业应用大数据开展价值链各环节的创新和融合发展。

(5)构建"全域服务"网络平台,提升园区各类资源要素优化配置效率

要从招商到营商,从硬环境到软实力,以园区或平台公司为主导搭建产业公共服务平台,从产业价值链和企业全生命周期等维度发力,持之以恒地打造产业和企业一站式服务平台,打造人才生活、企业生长、产业发展的软环境,构筑开发区可持续发展的软实力;为园区主导产业集群龙头骨干企业提供定制服务,研究制定"一企一策""一事一议"的长效机制与通道;制造业转型升级的关键是生产要素资源的优化配置,要把区内企业尤其是龙头骨干企业所需

的劳动力、资本、土地、技术和管理等要素在基础性服务层面整合利用好,并为企业提供贷款、结算、发债、投资、保险、担保等各类专业金融服务,以及企业购买和销售大型装备提供融资租赁服务;利用自贸区的金融开放政策,在 FT 自由贸易账户、外债宏观审慎试点管理和跨境结算等方面先行先试,为企业争取更加开放、更加灵活、更加便利的跨境金融服务,等等。

6. 互利共赢、协同创新,积极组建跨界共建园区和园区联盟

共建园区除了具有一般园区所承担的产业集聚、组织管理和企业科技创新的功能外,还赋有承载跨地区产业转移和管理模式创新的特殊功能。通过联合共建园区,当地政府提供的制度优势可以确保企业即使转移到新园区,也可以享受原有市场发展环境和稳定的政策发展环境,这样有利于推进区域间产业转移,在开发区内形成产业的集聚、集群,实现区域竞争优势的提升。共建园区则需要在园区共同管理模式、异地经济核算和两地利益分享分配等一系列重要的管理环节及制度安排上形成突破,其成功与否的关键就在于,能否有效协调本地方和合作方之间的利益关系,并通过寻求各方利益的均衡点,实现各方利益的合理分配。因此,合作共建园区是推进产业异地转移、培育区域共同利益和促进区域产业合作共赢而搭建的产业跨地区集聚发展的最佳区域空间平台和制度平台,其基本属性和功能就是形成制度创新和产业集聚收益,并进行合理的跨地区分配。

在组建跨界园区联盟和异地共建园区方面,地处长江下游的长三角地区近些年来取得了非常好的成效,形成了非常成功的多种管理创新模式和发展经验。以江苏为例,有中国与新加坡合作开发"异国共建"模式的苏州工业园区,无锡江阴与泰州靖江"省内共建"模式的江阴开发区靖江园区,以及上海、安徽等省市联合共建园区的"跨省共建"模式。通过总结推广"园区联盟""园区共建"的成功经验,江苏在继续加大苏南、苏中、苏北三大区域板块之间以及与上海之间合作共建园区建设力度的同时,推动组建沿江跨地区的园区联盟,尤其是跨地区联合共建的园区联盟,使之逐渐发展成为沿江跨地区产业合作、资源共享、技术溢出和重大联合攻关的新型区域产业空间组织。再如上海漕河泾国家级经济技术产业开发区在与江浙及长江上中游地区尝试异地联合建园、开展"飞地经济"的互利共赢产业合作模式时,在园区共同管理模式、异地经济核算和两地利税分配等重要的管理环节及制度安排上形成了一系列的突破,目前已在上海郊区以及江苏盐城、浙江海宁和贵州遵义建立了8个跨界"飞地园区",效果显著,值得在沿江各省市总结推广(见表4-57)。

表4-57 漕河泾国家级经开区一区六园三分区主导产业一览表

园区名称	重点发展产业
浦江高科技园	电子信息、生物医药、新能源等
南桥园区	金融商贸服务、现代物流、文化创意产业、会展服务等生产性服务业
外高桥园	现代物流业
新经济园	新材料、新能源、微电子、光电子、仪器仪表、环保技术等
临港园区	新材料、现代装备、电子仪器、汽车部件等
康桥园区	创新金融及高端总部
海宁分区	电子信息、生物医药、新材料、新能源、装备机械、汽车零部件、现代服务业等
盐城分区	新能源、汽车及零部件、新能源装备制造、生产性服务业和区域总部经济
遵义分区	集制造生产、科技研发、商务配套、文化旅游、居住生活等多功能为一体,重点承接上海及长三角地区产业转移

资料来源:上海漕河泾经开区网站。

四、彰显世界级产业集群建设的企业主体作用

创新是长江经济带世界级产业集群培育建设和企业立于不败之地的根本出路,创新亦是产业分工合作之机遇、方式、途径、手段不断涌流的重要源泉。当前,沿江11省市所面临的一个共同而又具根本性的问题,就是如何深入实施创新驱动发展战略,走"科创+产业"的道路,促进创新链与产业链的深度融合,共同构建协同创新的区域现代产业体系,不断提升在全球价值链中的位势,为世界级产业集群建设注入强劲动力。

1. 以创新驱动为引领,促进产业集群和重点产业领域转型升级

(1)沿江各省市、各地区依据自身的产业基础和产业特色,制定切合自身

发展实际的世界级产业集群培育建设目标及其具体实施方案

例如,江苏省作为长江经济带最大的先进制造业大省,于 2018 年 6 月 25 日在全国率先出台了《关于加快培育先进制造业集群的指导意见》,计划重点培育新型电力(新能源)装备、工程机械、物联网、前沿新材料、生物医药和新型医疗器械、高端纺织、集成电路、海工装备和高技术船舶、高端装备、节能环保、核心信息技术、汽车及零部件、新型显示 13 个先进制造业集群。江苏目标到 2020 年,13 个先进制造业产业集群主营业务收入达 8 万亿元左右;到 2025 年,培育新型电力(新能源)装备、工程机械、物联网、高端纺织 4 个综合影响力达到世界一流水平的先进制造业集群;上海市政府则于 2018 年 4 月 20 日发布了《全力打响上海"四大品牌"率先推动高质量发展的若干意见》,其中在"上海制造"品牌领域明确要求打造汽车、电子信息 2 个世界级产业集群,培育民用航空、生物医药、高端装备、绿色化工 4 个世界级产业集群,促进长三角区域产业协同,加快形成产业联动紧密、分工协作合理的区域产业链布局,共建长三角世界级产业集群。沿江其他省市、地市也都纷纷出台了依据《中国制造 2025》的具体实施方案,在摸清产业家底的基础上进一步明确了各自的世界级产业集群培育建设目标。

(2)加快从传统制造向智能制造的优化转型

紧紧抓住我国在 5G 技术、北斗导航系统、量子通信等产业科技领域的领先优势,发挥沿江地区先进制造业优势,重点发展集成电路等新一代信息技术(上海、江苏、四川等)、数字经济(浙江、贵州等)、高档数控机床和机器人(江苏、湖南、云南等)、航空航天装备(上海、江苏等)、海洋工程装备及高技术船舶(上海、江苏等)、先进轨道交通装备(湖南、湖北等)、节能与新能源汽车(上海、湖北、安徽、重庆等)、大型电力装备(四川、江苏等)、石墨烯和稀土永磁等新材料(江苏、湖北、四川等)、生物医药及高性能医疗器械(上海、江苏等)等 10 大领域,强化工业基础能力,提高工艺水平和产品质量,推进传统制造业向着智能制造、绿色制造转型升级和提质增效。世界级产业集群必须要具备可持续创新能力,能够突破产业发展关键共性技术,在物联网、大数据、人工智能等新一代技术运用上要走在前列,占领行业技术制高点。要参与行业标准体系建设,增强国际行业话语权和影响力。

（3）深化工业化、信息化两化融合，加快工业互联网发展，做深做透"互联网+"战略，大力发展以平台经济为主体的新型服务业，打造互联网与产业结合的先发优势

依托产业优势，在互联网农业、智能制造、电子商务等领域充分发挥互联网在生产要素配置中的优化和集成作用，将互联网的创新成果深度融合于经济社会各领域之中，提升实体经济的创新力和生产力，形成更广泛的以互联网为基础设施和实现工具的经济发展新模式、新业态。

2. 以强化科技与经济对接、创新成果与产业对接为抓手，提升产业内生动力

从国际上先进的世界级产业集群来看，产学研结合是共性特点，通过形成产业技术创新联盟共同研发，创新资源共享，突破核心技术难关。以硅谷为例，硅谷的诞生是斯坦福大学科研团队同产业联姻的结晶。大学除了为硅谷大量供应一流的工程师外，还作为知识生产中心持续不断地为硅谷输送最新的研究成果，大学与当地企业之间建立起了紧密的合作纽带。硅谷与其及其周边的大学、科研院所之间已经形成了一种"财富—人才—科技成果"的良性循环产出机制。所以科学研究要与成果转化深度结合，实现"钱变纸、纸变钱"的过程。

（1）突出企业创新主体地位

建立健全企业主导产业技术研发创新的体制机制，着力将创新资源引入企业，将研发机构建在企业，将科技服务覆盖到企业，将创新政策落实到企业，鼓励企业加大研发投入和人才储备。

（2）破解产学研合作瓶颈，不断提升"两个对接"的精准率和回报率

围绕先进制造业重点领域的关键、共性技术，鼓励高校与企业、科研机构联合参与"国家2011计划"申报，深入实施产学研协同创新计划，围绕产业链部署创新链，围绕创新链完善资金链，推动创新成果产业化和商品化。

（3）大力扶持众创空间发展

积极支持有优势的民营科技企业搭建孵化器，支持创建创业大学、创客学院，鼓励支持创造创意活动，培养具有创造发明兴趣、创新思维和动手能力的年轻创客，扶持更多创新创业社区。

（4）沿江省市联手促进创新资源综合集成

包括联合组建大型工业技术创新项目联合体,重点对电子信息、生命科学、新能源、新材料等高技术产业的重大共性技术和关键技术环节开展合作创新与联合攻关;联合组建跨地区的大中型综合性研究咨询机构和小型专业咨询公司网络,利用最新科技成果和完备的信息系统;联合成立研发合作平台和科技信息共享服务平台,共同构建区域科技创新体系。

3. 大力培育创造世界级品牌

品牌的培育塑造之所以重要,是因为它们具有特殊的市场价值和社会价值,是产品价值、质量、信誉的标志,品牌就是企业的生命线。品牌战略的严重滞后和世界品牌的严重缺失,是长期制约长江经济带世界级产业集群建设发展的致命问题。沿江制造业并不缺国内知名品牌,而缺的是类似上海振华港机的"振华"牌龙门吊、贵州陶华碧创立的"老干妈"等真正的世界级品牌,尤其是世界级的奢侈品品牌。为此,必须大力加强品牌设计、培育、推广和宣传,深度参与全球市场竞争,占领国际行业市场制高点,从民族品牌、国内名牌、低端品牌向全球品牌、国际名牌、高端品牌转变。

（1）对沿江 11 省市现有的全国及各省市的名优产品品牌进行认真梳理、筛选、排序,瞄准最有潜力和希望进军世界知名品牌的民族品牌予以重点培育、打磨。例如,对那些人们曾经耳熟能详而今却已衰落乃至淹没的中华老字号的品牌予以重新打造和传承,不断挖掘其品牌价值,让其焕发新的青春。

（2）积极鼓励沿江企业走出去,在开拓国际市场进程中培育世界品牌

要积极学习和借鉴珠三角的华为、大疆、格力、比亚迪等企业在国外创立知名品牌的先进经验和成功战略,以创新、专利树品牌,以产品的国际市场占有率和价廉物美的美誉度促品牌。例如,湖南的中车株洲电力机车有限公司充分利用我国"一带一路"建设的历史机遇,其"和谐号"动车产品远销伊朗、哈萨克斯坦、乌兹别克斯坦等沿线国家,并积极开拓欧洲市场,成为国内唯一的电力机车整车出口企业。再如总部位于上海、新部位于南通的中天科技集团有限公司,其"ZTT"牌光纤通信和电力传输产品不仅畅销国内市场,成为中国驰名商标和中国光纤光缆金牌企业,而且出口 100 多个国家和地区,在印

度、巴西等国开办工厂,设有 40 多个海外办事处,正逐步将"ZTT"打造成为世界知名品牌。再如,鼓励走出去的本土企业收购并购海外已有一定国际影响的品牌,加快提升品牌国际化运营能力。

（3）适时建立帮助国内企业品牌"走出去"的相关扶持平台

目前,在加强国内品牌本土培育和国际推广过程中遇到的一个普遍性难题,就是缺少国外文化习俗、市场竞争状态、消费者习惯及法律法规等市场信息与平台,致使在开展品牌国际化工作中难以进行品牌孵化和品牌推广。如总部位于江西南昌的华勤通讯技术有限公司,其产品涵盖手机、平板、笔电、服务器、智能穿戴设备等,服务全球运营商超过 80 多家。但该企业在印度投资建厂的过程中,在投资资质、贸易形态、外国投资限制、注册资本、意识形态等多方面都需要企业自主去摸索,没有相关扶持平台或机构的支撑,且没有相关海外企业产业联盟。其他中小企业投资建厂仍然需要重复华勤走过的弯路,品牌国际传播受到阻碍,因此要搭建海外企业产业产业联盟,为国内企业品牌提供国外法律法规等国际市场信息服务,助力企业"走出去"。

（4）及时弥补相关知识产权维护等法律制度设计的欠缺

例如,企业名称/商号的知识产权保护存在地域限制的问题。根据相关国际条约组织的约定,在企业履行相关的法律程序和义务后,其公司名称/商号可以在全球相关国家受到保护,不受侵犯,外国企业在中国享受相关国际条约的权利。但是,国内企业的名称却仅在本省/市受到保护,没有任何法律法规对其在其他省/市的权利进行保护,除非企业成为全国驰名商标。再如,知识产权保护与发达国家的产权体系不对接问题。发达国家通过法律体系建设,为阻挡中国企业进入国际市场预先布局。如德国和美国政府先后将知识产权纠纷从经济法调整到刑法管辖,德国和美国法院仅凭国际巨头提交的单方面证据和诉状,在不经质证和公正审判的情况下,就可以对被控侵权的中国等新兴国家企业核发"假处分裁定",没收被诉企业产品并收取罚金或应诉保证金。国内企业要想进入相关国家市场,必须要先在相关国家发起法律诉讼,胜诉后才能进入相关国家市场。这些品牌的传播推广障碍都涉及涉外相关法律制度涉及的缺失问题,需要有关部门和海外机构及时弥补。

（5）加大政府对品牌培育的政策支持力度，加大对品牌企业和品牌产品的保护力度

坚决打击各种假冒伪劣等违法侵权行为和行政壁垒下的各种地方保护行为。

4. 深度融入全球经济，全面提升经济带产业集群国际影响力和竞争力

（1）依托长江下游地区高度融入全球经济的外向型产业体系，积极引领带动上中游地方生产网络不断"嵌入"全球生产网络

欲优化提升长江经济带产业集群的国际影响力和竞争力，就必须不断提高经济带产业集群融入全球经济、参与全球市场竞争的程度和能力。在此方面，下游地区尤其是江浙沪三省市外向型经济的发育程度最高，"嵌入"全球生产网络的程度也最深。从表4-6可知，2018年江、浙、沪三省市的外贸依存度分别达到104.1%、47.3%和50.7%，均远远超过沿江其他省市以及经济带33.2%和全国33.9%的平均水平，其中苏州市更是达到126.7%的地级以上城市的最高水平。同样，2018年江、浙、沪三省市规模以上工业企业中外资及港澳台企业所占总资产、主营业务收入、总利润的比重也远远超过了沿江其他省市，上中游地区仅重庆一市的外向型经济基础相对稍好。故此，首先需要发挥优势、扬长补短，充分发挥长三角地区业已深度嵌入全球产业链、供应链的既有优势和"世界最大制造业基地"的突出地位，克服中美贸易战、全球新冠疫情肆虐和全球贸易保护主义回潮等的不利影响，不断强化长三角先进制造业积极引领带动上中游产业集群共同冲出国门、走向世界的坚强堡垒作用。其次，紧紧抓住全球第四次工业革命的重大历史发展机遇，紧紧瞄准5G基础上的工业互联网和物联网、人工智能、石墨烯新材料、基因工程、量子技术、可控核聚变等六大产业科技领域持续发力，抢占未来产业科技制高点，在新一代信息技术、高端装备、新材料、生物医药、新能源、新能源汽车、节能环保、数字创意、相关服务业九大战略性新兴产业领域和大数据、云计算、人工智能、物联网、区块链、5G技术、新能源七大"新基建"行业领域尽快形成完整产业链体系和集群化效应。再次，加强工业化与信息化的"两化"结合，用以数字经济为核心的新经济、新技术、新手段改造提升传统产业，优化产业结构和产品质量，降低产品成本，实现提质增效。最后，进一步放大"G60科创走廊"效应，

把科创走廊建设与培育世界级先进制造业集群紧密结合起来,形成若干有较强影响力的协同创新高地和优势突出的世界先进制造业集群。G60 科创走廊作为长三角区域一体化的重要抓手和国家战略平台,要坚持目标导向和问题导向,在对标国际一流中找准、补齐 G60 科创走廊短板,集聚更多产业、科技的高端要素资源。

(2)依托长江经济带深广的腹地空间和巨大的发展潜力,招商引资、合资合作,促进全球生产网络不断"嵌入"地方生产网络

受内外各种不利因素的影响和制约,目前长江上中游地区外向型经济发展进程滞后,地方产业链嵌入全球产业链的程度不高,是严重影响与拖累长江经济带世界级产业集群建设的客观事实,但也是未来化劣为优、释放巨大发展潜力和提升空间的希望所在,问题的关键是要寻找到一条能够促进长江上中游地区的产业体系和生产网络紧密融入全球生产网络的有效路径。为此,要持续加大招商引资、改善营商环境,壮大外向型经济实体,促进全球生产网络不断"嵌入"地方生产网络。近些年来,随着我国"八纵八横"高速铁路网规划建设、长江航道整治与内河港口建设、近百座长江跨海大桥建成通车等一系列重大基础设施的建设发展,长江上中游地区交通运输条件大为改善,区位通达性得到很大提升;重庆渝新欧、成都蓉欧、武汉汉欧等中欧铁路班列的相继开通,上中游地区的货物出口和国际贸易条件得到很大改善;各级地方政府相继出台了一系列招商引资、规范市场、提升服务水平和服务效率的政策措施,这些都极大地促进了上中游地位投资环境的优化,吸引了越来越多的外资及港澳台企业投资建厂办实业,促进了全球生产网络与上中游地方生产网络的相互嵌入与相互融合,成为上中游地区企业不断参与全球经济贸易合作与竞争的重要形式与途径。

(3)以长三角为"媒",通过与长三角紧密的产业协作与产业结盟,实现地方生产网络向着全球生产网络的"嫁接"和转变

从某种现实意义上讲,鉴于长三角地区发达的外向型经济体系和深度融入全球生产网络的产业链体系,长江上中游地区与长三角地区的产业关联和产业分工协作程度有多深,其嵌入全球生产网络的程度就有多深。故此,可以在中央长江经济带建设领导小组的统一指导协调下,借助沿江 11 省市编制落

实《长江经济带创新驱动产业转型升级方案》《长江经济带发展规划纲要》等实施意见和方案的有利时机,加强彼此产业规划与世界级产业集群建设方案的沟通协调;可以依据上中游地区与长三角地区之间资源要素禀赋不同、产业发展的高级化程度不同、特色产业与主导产业及细分行业门类不同,以及市场的培育、建设、开放程度亦各不相同的差异性和互补性,强化上中下游地区之间产业的分工协作和优势互补,通过拓展流动空间、促进经济资源要素在更大区域空间的流动和配置,在互补联动中形成下游产业梯度转移、上中游产业有序承接、依据战略性新兴产业共同发展的区域产业合作新模式;以沿江中心城市和上中下游三大城市群为依托,充分发挥上海、南京、杭州、武汉、重庆、成都等区域中心城市高端要素集聚、高端价值链塑造、高端商务服务功能培育、高端产业结构提升和高端发展管理输出的城市高端运作模式及其引领、辐射、服务、带动周边城市和地区共同发展的强大溢出效应,构建多层级网格式产业群发展格局;可以积极瞄准长三角的众多产业联盟并主动融入其中,在长三角的全球生产网络中找到自身的合适位置和市场空间。目前,长三角四省市依托更高质量一体化发展的制度平台和G60科创走廊等创新平台,相继成立了新材料、机器人、智能驾驶、集成电路、产业园区等众多区域产业联盟,给区域一体化背景下的产业发展和世界级产业集群建设带来了更多更大的市场机遇和拓展空间。以长三角新能源汽车发展推进联盟为例,其计划通过在长三角区域内加强推广应用合作,统一充电设施相关标准,促进充电基础设施的互联互通,建设充电基础设施信息服务平台,推动分时租赁、微公交等新商业模式的复制共享,同时确立联动推进机制,突出技术产品合作、资源共享和人才互补。通过积极嫁接和参与上述长三角产业联盟,上中游地区的相关产业集群就可以分享长三角产业集群的发展成果与市场空间,通过嵌入长三角产业链实现嵌入全球产业链的目的。

(4)通过行业龙头企业跨界跨域发展的纽带作用,引领带动内地企业共同走向世界

以上海港务集团的"长江战略"为例。2001年,上港集团开始实施"长江战略",旨在通过股权投资的方式,控股或者参股沿江地区和长三角地区的十多个港口、集装箱和物流公司,形成长江内河航运货运联合体,在全流域优化

配置水运资源,带动上中下游主要港口和集装箱码头共同发展,有力地促进了长江黄金水道作用的发挥和全球最大的世界级内河航运带的形成(表4-58)。以此为鉴,可以"企业"结盟为抓手,积极组建本土企业跨市跨区跨国跨界战略联盟,以行业大型龙头骨干企业为核心,以上中下游三大城市群为依托,发挥中心城市的产业优势和辐射带动作用,培育一批具有国际竞争力的本土跨国企业和专精特新绿的中小企业,纵向实现跨国公司→骨干企业→小微科创,横向实现地方企业联盟→流域企业联盟→跨国企业联盟,混业实现行业联盟→跨界联盟,最终形成骨干企业领军、中小企业配套协同发展的产业集群集聚区和集聚带。

表4-58　上港集团投资长江沿岸港口参股控股公司一览表

序号	长江口岸港口参股、控股子公司	城市	主营业务
1	四川宜宾港有限公司	宜宾	交通运输
2	重庆集海航运有限责任公司	重庆	交通运输
3	重庆东港集装箱码头有限公司	重庆	交通运输
4	武汉港务集团有限公司	武汉	交通运输(从控股55%转为参股)
5	武汉港集装箱有限公司	武汉	交通运输
6	长沙集星集装箱码头有限公司	长沙	交通运输
7	上港集团九江港务有限公司	九江	交通运输(控股70%)
8	九江港力达集装箱服务有限公司	九江	交通运输
9	芜湖申芜港联国际物流有限公司	芜湖	交通运输(参股35%)
10	南京港龙潭集装箱有限公司	南京	交通运输(25%股权已受让)
11	江阴苏南国际集装箱码头有限公司	无锡	交通运输(参股30%)
12	太仓港正和集装箱码头有限公司	苏州	交通运输(参股45%)
13	浙江平湖独山港码头有限公司	嘉兴	交通运输(控股65%)

资料来源:上海港务集团网站。

5. 以"人才"培育为抓手,培养企业优秀人才和先进企业文化

在世界级产业集群建设中,需要格外重视企业优秀人才和先进企业文化的培养培育。一是企业技术、管理领军人才的引进、培养和塑造。途径包括国家"千人计划"、留学归国人员支助基金、"双创"支助基金、企业核心技术人员

国内外学习深造、国际合作交流项目、重大科技联合攻关项目等,瞄准国际先进技术、管理领域,引进"外来的",用好"已有的",培育"未来的";二是企业职工队伍整体素质的持续提高,包括强化员工劳动技能培训,通过与国家示范性职业院校校企共建等形式建立企业职工终身学习制度,建立在线培训与线下培训、职业教育与学历教育相结合的多元化教育服务模式;三是大力弘扬和倡导爱厂敬业、工匠精神、团队意识、服务社会、人与自然和谐共生等先进的企业发展理念和企业文化;四是认真贯彻落实中共中央印发的《关于深化人才发展体制机制改革的意见》(2016 年 3 月 21 日),突出用人主体在职称评审中的主导作用,探索高层次人才、急需紧缺人才职称直聘办法,全面落实国有企业、高校、科研院所等企事业单位和社会组织的用人自主权,畅通各类企业人才流动渠道,注重凭能力、实绩和贡献评价人才等。

第五篇
推动长江经济带城市群协调性均衡发展

作为中外闻名的沿江城市走廊,长江经济带拥有着我国规模最大、数量最多、发育程度最好的众多大中小城市和都市圈,共同组合成为长江下游的长江三角洲城市群、长江中游城市群和长江上游成渝城市群等三大城市群,以及位居长江上游的滇中城市群和黔中城市群,在全国"十三五"期间重点打造的 19 个城市群中具有极为突出的战略地位和区域影响力。

第二十三章　国内外城市群协调性均衡发展的文献回顾

所谓"（组合式）城市群"，通常是指由众多地理临近、大小不一、功能不同的城市聚合而成的一个城市群体。城市之间经济联系紧密，形成一个功能分工明确、个性有同有异的有机整体，并产生"多心组团、分层辐射"的集聚效应和组合效应。城市群的比较优势与特色主要体现在其独有的功能之上：除了包括单一城市通常所具备的生产、集散、管理、服务、创新等基本功能外，它还包含单一城市所不具备的一些整体功能，如辐射带动功能、整体竞争功能、集约资源功能等，对于促进区域协调性均衡发展、有效提升区域的整体优势与综合竞争力，具有十分重要的意义。

一、关于"城市群发展"的文献分析

城市群是城市区域化和区域城市化过程中出现的一种独特的地域空间组织形式，是城市发展到一定程度后演化的高级形态，是当今世界最有活力的空间组织单元。西欧、美国、日本等地区和国家都非常重视城市群的研究，纷纷制定了关于城市群的发展规划和战略，如美国区域规划协会制定的《美国2050》战略。回顾国内外城市群发展研究的历史，梳理以往区域空间结构理论、城市群概念、发展阶段划分以及城市群空间组织结构等内容，综述不同学者的学术观点和理论体系，对于科学把握城市群理论研究的逻辑体系和发展脉络意义重大。

1. 区域空间结构的理论研究

区域空间结构是城市群研究的一个基础性问题。经典的区域空间结构理论主要有增长极理论、点轴理论、"双核"与"多核"理论等（Perroux[①], 1955；Fujita et al.[②], 1999；陆大道[③], 1986；陆玉麒[④], 2002）。这些理论主要反映要素（经济社会活动）在空间上的发展不同步现象及地理集中过程，其结果就是形成不同层次的增长极或增长轴，通过增长极或增长轴的极化效应促成各种生产要素向增长极或增长轴聚集，通过扩散效应促成各种生产要素从增长极或增长轴向周围地区扩散。随着经济全球化以及通信技术、数据网络和高速交通等的快速发展，区域空间结构呈现出许多新的特征，如空间极化的形态由点轴系统向多中心网络化演变（Kloosterman et al.[⑤], 2001；Hall et al.[⑥], 2006），并呈现出区域上的差异特征（Estebn et al.[⑦], 1999；Duan et al.[⑧], 2009；段学军[⑨], 2009）。空间极化的过程体现出"分散的集中"，即各类功能在一个广阔的区域内扩散，但同时又在一些特殊的节点重新集聚，并最终形成功能多中心城市结构。

国外研究区域空间结构演变规律的文献较为丰富。除了佩鲁（Perroux et al., 1955）、缪尔达尔[⑩]和布代维尔[⑪]等提出的增长极理论外。杜能（Thünen J.H.V.[⑫]，

① Perroux F.A Note on the Notion of Growth Pole.*Applied Economy*. 1955(1/2):307-320.

② Fujita M., Krugman P., Venables A.*The Spatial Economy：Cities，Regions and International Trade.*Cambridge，Massachusetts：The MIT Press，1999.

③ 陆大道：《2000 年我国工业生产力布局总图的科学基础》，《地理科学》1986 年第 2 期。

④ 陆玉麒：《区域双核结构模式的形成机理》，《地理学报》2002 年第 1 期。

⑤ Kloosterman R.C.，Lambregts B.Clustering of Economic Activities in Polycentric Urban Region：The case of the randstad［J］.*Urban Studies*，2001，38(4):717-732.

⑥ Hall P.，Pain K.*The Polycentric Metropolis：Learning from Mega-city Regions in Europe.*London：Earthscan，2006.

⑦ Estebn J.M.，Ray D.C.On the Measurement of Polarization.*Econometrica*，1999，62:819-851

⑧ Duan X.J.，Yu X.G.，Josef N.Economic Polarized Trends，Function and Expanded Boundaries of the Yangtze Delta Region.*Journal of Geographical Sciences*，2009(19):733-749.

⑨ 段学军、虞孝感、Josef Nipper：《从极化区的功能探讨长江三角洲的扩展范围》，《地理学报》2009 年第 2 期。

⑩ Myrdal G.*Economic Theory and Underdeveloped Regions.*London：Gerald Duckworth，1957.

⑪ Boundeville J.R.*Problems of Regional Economic Plan.*Edinburgh University Press，1966.

⑫ Thünen J. H. V.，Braeuer W.，Gerhardt E. E. A. *Der isolierte Staat in Beziehung auf Landwirtschaft und National ökonomie.*Von Thünen's the Isolated，1966.

1826)曾研究提出以城市为中心的同心圆圈层扩散布局模式,韦伯①研究建立了考虑集聚因素的工业区位分布基础网络,克里斯塔勒②和廖什③通过研究城市等级系统、功能、规模和空间结构,创立了三角形聚落分布、六边形市场区的高效市场网络系统理论与中心地理论;藤田昌久(Fujita et al.,1999)等研究揭示了城市区域的空间结构一般要经历从单一中心(单核)到多中心(多核)再到城市分层及城镇体系的演变过程;霍尔(Hall,1999)则在此基础上提出了巨型城市区(Mega-City Region)的概念,认为形体上分离但功能上相互联系、在一个或多个较大的中心城市周围集聚的一系列城镇,可以形成巨型城市区,并通过新劳动功能分工显示出巨大的经济力量;斯科特④对此又有所发展,提出了全球城市区域构想,认为在高度全球化背景下,以经济联系为基础,促进全球城市及其腹地内经济实力较雄厚的二级大中城市在功能上分工联合,建设全球城市区域(Global City Region),可以强化不同层级城市在全球网络中的作用。

我国有关空间结构的研究除了陆大道提出的"T"字形理论、陆玉麒的双核结构理论外,姚士谋⑤、许学强等提出的城市群,周一星⑥、胡序威⑦、吴良镛等提出的城市密集区,顾朝林等⑧提出的城市连绵区、赵民提出的多中心空间网络化,段学军、虞孝感等提出的极化区⑨(Duanetal,2009;段学军等,2009,

---

① Weber A.,Friedrich C.J.*Alfred Weber's theory of the location of industries*.1929.

② Christaller W. *Die zentralen Orte in Süddeutschland: eine ökonomisch-geographische Untersuchung über die Gesetzmässigkeit der Verbreitung und Entwicklung der Siedlungen mit städtischen Funktionen*.University Microfilms,1933.

③ Lösch, A.*Die Räumliche Or dnungder Wirtschaft*.Jena:Fischer,1954.

④ Scott A.J.*Global City-Regions.Trends*,*Theory*,*Policy*.Oxford:Oxford University Press,2001.

⑤ 姚士谋:《中国城市群》,中国科学技术大学出版社2001年版。

⑥ 周一星:《城市地理学》,商务印书馆1995年版。

⑦ 胡序威、周一星、顾朝林等:《中国沿海城镇密集地区空间集聚与扩散研究》,科学出版社2000年版。

⑧ 顾朝林、张敏:《长江三角洲城市连绵区发展战略研究》,《城市研究》2000年第1期。

⑨ 段学军、虞孝感、Josef Nipper:《从极化区的功能探讨长江三角洲的扩展范围》,《地理学报》2009年第2期。

2013；虞孝感①等,2011)等,宁越敏认为信息时代在开放式、网络化驱动下,呈现出集聚转向扩散的发展规律,②在利用"五普"和"六普"数据的基础上分析城市群的人口增长动态和城市化趋势,王磊等③发现城市群人口空间结构对经济增长的影响呈现倒"U"型曲线特征,即由单中心向多中心结构转变,他们从不同侧面描述了中国不同发展阶段的区域空间结构。

2. 城市群相关基础概念研究

现代西方关于城市群问题的研究最早可以追溯到 20 世纪英国著名城市学家埃比尼泽·霍华德(Ebenezer Howard)在 1898 年所发表的《明日:一条引向真正改革的和平之路》一文,1902 年再次出版时改为《明日的田园城市》④(Garden Cities of Tomorrow)。在该文中,他提出了城镇集群(Town Cluster)的概念,由此奠定了其城市群问题研究的先驱地位。近代最早明确提出城市群概念的是美籍法国地理学家戈德曼(Gottman),他于 1957 年在经济地理杂志上发表论文"Megalopolis or the Urbanization of the Northeastern Seaboard",用大都市带"Megalopolis"一词来形容由多个城市及郊区所构成的城市连绵区。⑤戈德曼指出,大都市带是市界街区成片地连在一起,消灭了城市与乡村明显差别的地区,即过着现代城市生活方式的地区。

国内对城市群的研究起源于 20 世纪 80 年代,最早明确定义城市群概念的是姚士谋(1992),按照时间先后顺序排列,国内学者所界定的城市群相关概念主要有:巨大城市带⑥、都市连绵区(周一星,1988)、城市群(姚士谋,1992)、大都市区⑦、城镇密集区⑧、大都会区(许学强,1994)、都市圈(杨建荣,

---

① 虞孝感、王磊:《极化区功能识别与评价指标研究》,《长江流域资源与环境》2011 年第 7 期。

② 宁越敏:《论中国城市群的发展和建设》,《区域经济评论》2016 年第 1 期。

③ 王磊、李成丽:《我国中部地区城市群多中心结构的增长效应》,《长江流域资源与环境》2018 年第 10 期。

④ 埃比尼泽·霍华德:《明日的田园城市》,金经元译,商务印书馆 2000 年版。

⑤ Cf. Gottmann, J. Megalopolis or the urbanization of the Northeastern seaboard. *Economic Geography*, 1957, (3).

⑥ 于洪俊、宁越敏:《城市地理概论》,安徽科学技术出版社 1983 年版。

⑦ 孙胤社:《大都市区的形成机制及定界——以北京为例》,《地理学报》1992 年第 6 期。

⑧ 孙一飞:《城镇密集区的界定——以江苏省为例》,《经济地理》1995 年第 3 期。

1995)、都市密集区①。国内对城市群问题展开研究始于 20 世纪 80 年代,最早阐释相似概念的是宋家泰,他认为不能孤立地看待城市,城市与周围区域的关系是城市发展的区域经济基础,他率先提出了"城市—区域"概念②,包括本地城市经济中心及溢出范围的经济区域,或两个毗邻经济中心在经济联系上彼此交错、相互协作的地区都属于这一范畴,这一概念可以认为是国内对类似城市群研究的最早阐述。③ 严重敏④较早提出了"城镇体系"的概念,即指一定地域范围内的城镇系统,并由一组相互关联、具有一定结构和功能的若干个规模不同的城镇组成。还有学者认为城市群是在特定地域范围内,具有一定数量的、规模不等、等级不同、性质和类型可能相异或相似的城市的组合。狭义上,城市组群特指城市群形成和演化的中间状态,在广义上则既可以理解为城市群体结构嬗变的过渡,也可以认为是城市群地域结构的构成单元。

3. 城市群发展阶段划分研究

在城市群发展阶段的研究上,国外学者最具代表性的为戈特曼从城市群内城市间相互联系程度出发对于纽约都市圈发展阶段的划分⑤以及比尔·斯科特从城市群空间结构角度对城市群演化阶段的划分⑥。对于中国城市群发展阶段的分析,国内学者具有代表性的观点有周一星关于都市连绵区的论述及其识别标准⑦;姚士谋对于城市群初始、发育、稳定和成熟四个阶段的划分⑧;刘荣增对于我国城镇密集区初级发展、过渡发展和相对成熟三个阶段的

---

① 牛凤瑞、盛广耀:《三大都市密集区:中国现代化的引擎》,社会科学文献出版社 2006年版。

② 宋家泰:《城市—区域与城市区域调查研究——城市发展的区域经济基础调查研究》,《地理学报》1980 年第 4 期。

③ 参见顾朝林:《城市群研究进展与展望》,《地理研究》2011 年第 5 期。

④ 严重敏:《区域开发中城镇体系的理论与实践》,《地理学与国土研究》1985 年第 2 期。

⑤ Gottmann J. Megalopolis: or the urbanization of the northeastern seaboard. *Economic Geography*, 1957(7): 189-200.

⑥ 熊剑平、刘承良、袁俊:《国外城市群经济联系空间研究进展》,《世界地理研究》2006 年第 1 期。

⑦ 周一星:《城市地理学》,商务印书馆 1955 年版,第 41—43 页。

⑧ 姚士谋、陈振光、朱英明:《中国城市群》,中国科学技术大学出版社 2006 年版,第 37—43 页。

划分①;方创琳以经济发展和经济增长阶段为基础的城市化发展四阶段论②;叶裕民按照城市群的发育程度对城市群都市连绵区、成熟城市群和潜在城市群三个阶段的划分③等。部分学者采用相关统计指标对于我国城市群发展阶段进行了定量化的实证研究④。宁越敏⑤(2016)认为大城市群应满足增长极、人口、城市化、交通、地域认同感以及不同规模的城市等六个条件,按照上述条件划分了 13 个城市群。

4. 城市群空间组织结构研究

(1)空间组织结构模式研究

国外早在 19 世纪 80 年代就开始了对城市群空间组织结构模式的研究。马塔的带型城市、霍华德的田园城市是外国学者较早提出的城市空间组织结构模式。而伯吉斯(E.W.Burgess,1925)的同心圆模式、霍伊特(H.Hoyt,1939)的扇形模式和哈里斯-威尔曼(C.D.Harris & E.L.Vilman,1954)的多核心模式,则是西方早期城市空间组织结构的三大古典模式。弗里德曼(J.Friedman,1964)结合罗斯托(W.Rostow)的经济发展阶段理论和帕鲁(F.Perroux)的增长极学说,演化出城市空间组织结构的模型,阐释了城市群空间组织结构阶段性的发展和变化规律。藤田等(Fujita et al. 1999)在其所做的空间经济模型中提出,随着区域人口规模的扩大和产业水平的不断提高,空间结构要经历从单核到多核,再到城市分层和城镇体系形成的演变过程。

我国研究城市群空间组织模式比西方整整晚了一个世纪。20 世纪 80 年代中后期以来,一些学者开始尝试通过各种方法对我国城市群空间组织结构模式进行总结,并提出了一些空间组织结构模型。主要研究成果有:陆大道提出在我国一个时期和阶段具有普适性的城市空间发展点—轴模式。吴启焰则认为,城市群空间组织结构模式分为点—环形状模式和走廊—串珠状梯度模

---

① 刘荣增:《我国城镇密集区发展演化阶段的划分与判定》,《城市规划》2003 年第 9 期。

② 方创琳、刘晓丽、蔺雪芹:《中国城市化发展阶段的修正及规律性分析》,《干旱区地理》2008 年第 4 期。

③ 叶裕民、陈丙欣:《中国城市群的发育现状及动态特征》,《城市问题》2014 年第 4 期。

④ 陈群元、宋玉祥、喻定权:《城市群发展阶段的划分与评判——以长株潭和泛长株潭城市群为例》,《长江流域资源与环境》2009 年第 4 期。

⑤ 宁越敏:《论中国城市群的界定和作用》,《城市观察》2016 年第 1 期。

式两种。李子建把区域空间组织结构划分为极核式、点轴式、网络式、区域城市对称分布等几种模式。韦亚平、赵民提炼出松散式、郊区化、极不均衡式及舒展式紧凑四种多中心空间网络结构。张建军认为,空间组织结构模式主要有集中同心圆式、轴线带状式、跳跃组团式和低密度蔓延式等几种。顾朝林、张敏等在对长三角城市群发展展望中提出,其多样化职能分工比较明显,多中心空间格局已经形成。① 肖金成②提出未来中国城市群要加强联系,实现功能互补,并且要带动周边中小城市的发展,实现城市群的协调发展。宁越敏③对中国城市群范围作出合理的界定,认为要避免出现城市群空间范围过大或经济总量过低等现象,充分发挥城市群中心城市的集聚和辐射作用,缩小城市间差距。孙斌栋等④从人口分布的单中心—多中心视角分析中国 13 个城市群的空间结构演化。杨海华⑤认为新常态下我国城市群发展凸显"经济带—城市群—次域城市群"为主体的空间结构框架并形成多尺度重叠的"簇群化"发展格局。王雨飞等⑥(2019)通过空间引力模型方法,以全国 288 个地级及以上城市为样本,经过叠加、归并处理,分析我国城市群体系发展演变方向。

(2)空间组织结构影响机制研究

弗里德曼(Friedman)、萨森(Sasson)、泰姆布雷克(Tamblake)、范吉提斯(Van gitis)、昆曼(Quinman)和魏格纳(Wegener)从经济一体化、信息网络化、跨国公司等级体系等方面,研究对全球城市空间组织结构的影响。⑦ 乌尔曼(E.L.Vllman)从互补性、可转移性和介入机会这三要素对空间组织结构形成和演化所起的作用进行了分析。卡斯特(Castell,1996)认为,城市和区域之间

① 参见顾朝林等:《长江三角洲城市群发展展望》,《地理科学》2007 年第 1 期。

② 肖金成:《"一轴两带":京津冀空间布局优化构想》,《中国经济周刊》2014 年第 47 期。

③ 宁越敏:《中国需要怎样的城市群》,《新民周刊》2016 年第 2 期。

④ 孙斌栋、华杰媛、李琬、张婷麟:《中国城市群空间结构的演化与影响因素——基于人口分布的形态单中心——多中心视角》,《地理科学进展》2017 年第 10 期。

⑤ 杨海华:《新常态下我国城市群空间结构:主体框架及演进机理》,《改革与战略》2018 年第 8 期。

⑥ 王雨飞、倪鹏飞、王光辉:《中国城市群体系空间结构及多中心演变研究》,《江淮论坛》2019 年第 3 期。

⑦ Cf.Batten,David F:Network Cities:Creative Urban Agglomerations for The21st Century.*Urban Studies*,1995,32(2).

由于基础设施等"硬"网络和物流、人流、信息流、资金流等"软"网络的作用，成为空间格局重构的动力①。西方许多学者还结合社会经济与技术进步成果，就郊区化、多中心化、全球化、信息化、管治思想、交通运输条件改变、公共物品和污染的外部性、收入和税收及政府相关法规、政策对空间结构演化进行了创新性研究②。陈(Chen,2011)分析了英国城市间不同高速铁路对空间结构演变的影响。③ 麦吉阿(Mejia-dorantes,2012)运用 MNL 模型分析马德里地铁对城市群空间结构的影响④。

在国内，崔功豪认为，城市群空间组织结构是在传统因素(自然条件、地理区位、交通网络和社会文化)、现代因素(信息技术、复合快速交通轴、经济全球化和其他新经济因素)的复合作用下演化形成的。胡俊是我国首位系统研究城市空间结构影响因素的学者。张庭伟从经济、社会、文化、政策等方面研究空间组织结构变化的影响因素。朱英明从集聚和扩散角度分析城市群空间组织结构演化的主要动力。张祥建等从产业的关联、转移和聚集效应，分析城市群空间组织结构演化的动力。石菘从行为主体、组织、过程、作用力、制约条件四个层次探讨城市群空间组织结构的影响机制。甄峰等将新的空间组织结构影响因素归纳为信息技术、信息因素、知识因素和创新因素，分析以上因素所产生的空间影响，重点分析信息技术影响区域空间组织结构的变化。姜石良、崔健甫研究分析了信息时代开放式、网络化的发展使空间结构呈现出整体分散、优势集中的趋势⑤。叶玉瑶把城市群空间组织结构演化的动力归纳为自然的生长力、市场的驱动力和政府的调控力。

近年来的主要研究成果有：秦利光在对怀化市空间组织结构演变影响因

① Castells M. *The Rise of the Network Society*: *The Information Age*: *Economy*, *Society*, *and Culture*.John Wiley and sons,2011.

② Payne, Geoffrey. Urban Land Tenure Plicy Options: Titles or Rights. *Habitat International*, 2001, (3):415-429.

③ Chen C., Hall R.The Impacts of High-speed Trains on British Economic Geography: A Study of the UK's Intercity 125/225 and Its Effects. *Journal of Transport Geography*,2011,19(4):689-704.

④ Mejia-Dorantes L., Paez A., Vassallo JM.Transportation in Frastructure Impacts on Firm Location: the Effect of a New Metro Line in the Suburbs of Madrid. *Journal of Transport Geography*,2012,22: 236-250.

⑤ 姜石良、崔建甫：《信息时代城市空间结构的演变趋势探讨》，《规划师》2006 年第 7 期。

素分析的基础上,指出工业化、城镇化和区域固定资产投资对空间组织结构的影响①。刘勇认为,规模报酬递增是空间组织结构演化的主要动力,并通过分工和专业化以及集聚和扩散两种路径影响区域空间组织结构的演化②。郭腾云认为,极化与扩散效应是区域空间结构形成和发展的基本动力机制③。刘勇以长三角城市群为例,分析交通运输和城市群空间组织结构的演化关系,并提出城市群交通运输和空间组织结构协同发展的机理。赵璟等在运用面板数据模型对我国西部地区城市群空间结构演变的影响因素进行分析时发现,增加城市间知识溢出的效率和城市间横向转移支付是影响城市群空间组织结构的有效方法④。陆军通过对京津冀城市群发展的空间组织演化和空间结构运动分析认为,区域产业和人口发展规划、社会公共治理、财政制度改革、公共产品供给和行政区划调整是中国城市群空间演化的政策支撑。⑤ 王婧、方创琳(2011)通过对我国 23 个城市群的综合化比较分析发现,经济全球化、新型工业化、信息化、交通快速化和新政策推动着中国城市群的发育。黄蕊、崔大树以浙中城市群为例,分析了产业空间分异驱动城市群空间组织模式演变⑥。刘秉镰、胡玉莹从理论和实证两方面,揭示了现代物流影响城市群空间组织结构的作用机理⑦。方大春等运用社会网络分析法分析高铁建成尤其是沪宁、沪杭高铁开通后长三角城市群空间组织结构特征的演变。⑧ 周韬⑨从全球价

①　秦利光等:《怀化市经济发展空间结构优化研究》,《国土与自然资源研究》2009 年第 4 期。

②　刘勇:《区域空间结构演化的动力机制及影响路径探讨》,《河南师范大学学报》(哲学社会科学版)2009 年第 6 期。

③　郭腾云等:《区域经济空间结构理论与方法的回顾》,《地理科学进展》2009 年第 1 期。

④　赵憬、党兴华、王修来:《城市群空间结构的演变—来自中国西部地区的经济证据》,《经济评论》2009 年第 4 期。

⑤　陆军:《中国城镇集群的空间演化逻辑与制度保障体系》,《经济社会体制比较》2010 年第 2 期。

⑥　黄蕊、崔大树:《产业空间分异驱动城市群空间组织模式演变研究》,《改革与战略》2013 年第 9 期。

⑦　刘秉镰、胡玉莹:《现代物流影响城市群空间结构的作用机理》,《广东社会科学》2014 年第 4 期。

⑧　参见方大春:《高铁时代下长三角城市群空间结构重构》,《经济地理》2015 年第 10 期。

⑨　周韬:《基于分工与价值链的城市群空间组织机理研究》,《财会研究》2018 年第 7 期。

值链和产业分工的角度谋划城市群空间格局演进与发展,提出形成与要素禀赋结构相匹配的城市群"空间—产业"耦合发展格局和空间组织机制;李泽众等[1]采用位序规模法则、首位度测度分析了城市群的空间结构特征,考察了城市群空间结构对经济发展质量的影响。

(3)空间组织结构优化研究

关于城市群空间组织结构优化的含义及目的研究。袁安贵认为,空间组织结构优化,是指通过完善区域空间结构,达到促进经济和社会持续发展的目的[2]。廖婴露认为,空间组织结构优化主要是指区域在结合现有结构特征和各组成要素相互关系的基础上,通过优化配置资源,使空间系统达到最佳运行效果[3]。韩玉刚等认为,城市群空间组织结构优化,是通过研究城市群现实空间问题,在提出其空间发展的潜力和局限性的基础上,对空间未来的发展趋势提出建议。

关于城市群空间组织结构相关评价指标体系的研究。曾菊新建立了空间组织结构优化模型。江曼琦通过建立空间结构总目标以及空间结构优化的经济、社会和环境效益三个分指标,建立空间组织结构优化模型。陈睿主要从制度、规模密度、形态、社会经济和创新五个方面研究了空间组织结构对经济绩效的影响方式。何伟运用分形和协同学理论,建立空间组织结构优化指标体系,分析淮安市空间结构优化的趋势及各项指标功效值的变动情况。屠海将、王少君采用定量和定性结合的方法,引入人口密度、经济发展水平、三次产业比例系数和中心城市指标数四个复合指标对城市群空间结构协调度进行测度[4]。赵璟、党兴华以陕西关中城市群为例,依托分形理论与方法,建立包括投入、产出、人口规模等空间分形分布特征的城市群空间结构模型。王伟、吴志强通过对长三角、珠三角和京津冀三大城市群的数据分析,利用DEAP2.0软件对三大城市群空间组织结构的集合效能进行测度,通过分析与论证,建立

① 李泽众、沈开艳:《城市群空间结构对经济高质量发展的影响》,《广东社会科学》2020年第2期。

② 袁安贵:《成渝城市群经济空间发展研究》,西南财经大学博士学位论文,2008年。

③ 廖婴露:《成都市经济空间结构优化研究》,西南财经大学博士学位论文,2009年。

④ 屠海江、王少君:《基于经济地理学石脚下的台州市域城市群空间结构演变分析及优化策略研究》,《经济师》2011年第7期。

城市群空间组织结构系统效益最大化优化模型。李佳洺等借助基尼系数和城市首位度对城市群空间组织结构及其经济绩效进行测度①。侯韵等借助基尼系数和单中心指数测度城市群空间组织结构的经济绩效。结果显示：集聚与经济呈现倒"U"型关系，多中心空间组织结构更有利于城市群经济发展②。以格维若③（Gevero，2001）、亨德森④（Henderson，2003）、李与戈登⑤（Lee & Gordon，2007）、梅杰与伯格⑥（Meijer & Burger，2010）、威尼拉与伯格纳⑦（Veneri & Burgalassi，2011）等为代表的国外学者分别应用计量模型方法研究城市群空间组织结构对经济发展的显著影响。

　　关于城市群空间组织结构优化策略的研究。陈修颖、叶华（2006）从构建我国五大空间结构体系的角度，规划出各体系产业空间优化要点。⑧ 方维慰（2006）从空间相互作用、区位因子选择、功能空间替代角度，分析信息技术对空间结构的优化，增强城市间的关联性。段进军、季春霞在分析江苏省空间组织结构现状的基础上，提出整合资源、跨江联动、突出沿江轴线的可持续性等空间组织结构优化建议。⑨ 云少舟、张闯状在对黔中地区城市群空间组织问题深入剖析的基础上，提出点轴渐进发展战略、网络化交通战略、产业分工协

---

① 李佳洺、张文忠、孙铁山等：《中国城市群集聚特征与经济绩效》，《地理学报》2014 年第 4 期。

② 侯韵、孙铁山：《中国城市群空间结构的经济绩效》，《经济问题探索》2016 年第 2 期。

③ Cf.Gevero R. Efficient Urbanization：Economic Performance and the Shape of the Metropolis，*Urban studies*，2001，38（10）：1651–1671.

④ Cf.Black D.，Economic Henderson V. Urban Ecolution in the USA. J*ournal of Geography*，2003，3（4）：343–372.

⑤ Cf.Lee B.，Gordon P. Urban Spatial Structure and Economic Growth in US Metropolitan Areas. 46*th Annual Meeting of the Western Regional Science Association*，Newport，CA. 2007.

⑥ Cf.Meijers E.，Burger M. Spatial Structure and Productivity in US Metropolitan Areas. *Environment and Planning A*，2010，42：1383–1402.

⑦ Cf.Veneri P.，Burgalassi D. Questioning Polycentric Development and Its Effects. Issues of Definition and Measurement for the Italian NUTS–2 Regions. *European Planning Studies*，2012，20（6）：1017–1037.

⑧ 参见陈修颖、叶华：《牵引空间战略与中国的产业空间结构重组》，《中国软科学》2006 年第 11 期。

⑨ 参见段进军、季春霞：《江苏省区域发展空间结构研究》，《地域研究与开发》2007 年第 4 期。

作战略及产业政策协调战略。张立荣、姜明军、陈娜通过研究长株潭城市群空间组织结构特征,提出了节点优化、通道优化和建立区域协调管理组织的城市群空间组织优化思路。① 刘贤腾在回顾东京轨道交通建设历史及体系布局的基础上,分析轨道交通对空间结构优化的作用。② 郭荣朝、苗长虹、夏保林、李军甫构建了中原城市群完善高效的"斑块—廊道—基质"生态空间组织结构优化网络系统。③ 代婉莹、宗跃光指出,安徽省空间组织结构朝着多轴线—多核心的点轴型空间组织结构方向发展。曾志伟通过提出对区域产业空间、交通空间、生态空间和城乡空间进行优化重组,实现基于低碳视角下的城市群区域空间结构发展构想。④ 焦世泰、王世金运用分形理论中的象集维数、网络维数和关联维数模型进行定量分析,归纳出开发点、构造线、形成面的空间组织结构优化思路。孟仁振、陈秀山通过对长三角地区网络开发模式进行系统分析,提出优化路径。⑤ 韩欢分析了长三角城市群规模结构演变特征及存在的问题,并提出了首位城市舒适发展、核心城市错位发展、南北两翼统筹发展的优化策略。⑥ 李锐运用分形理论,深入分析当前关中城市群的空间形态,并从增强西安核心带动作用、完善城市规模等级、推动小城镇体系建设、构建城市群网络等方面提出空间组织结构优化策略。黄妍妮、高波等利用帕累托指数、mono 指数和首位度综合考察了中国十大城市群空间结构演变特征与内在规律,并对城市群空间优化提出了建议。⑦ 方创琳认为城市群可以依托科技创新、开放合作、生态资本、协同共享、智慧拉动等路径可以发展能级和核心竞争

① 参见张立荣、姜明军、陈娜:《湖南省长株潭城市群空间组织研究》,《地域研究与开发》2009 年第 1 期。

② 参见刘贤腾:《东京轨道交通体系与城市空间结构优化》,《现代城市轨道交通》2009 年第 2 期。

③ 参见郭荣朝、苗长虹、夏保林、李军甫:《城市群生态空间结构优化组合模式及对策——以中原城市群为例》,《地理科学进展》2010 年第 3 期。

④ 参见代婉莹、宗跃先:《安徽省区域经济差异及空间结构分异特征研究》,《河南科学》2010 年第 2 期。

⑤ 参见孟仁振、陈秀山:《基于分形理论的长江三角洲地区网络开发模式研究》,《经济问题》2012 年第 6 期。

⑥ 参见韩欢:《长三角城市群规模结构的演变与现状研究》,《经济丛刊》2013 年第 1 期。

⑦ 参见黄妍妮、高波、魏守华:《中国城市群空间结构分布与演变特征》,《经济学家》2016 年第 9 期。

力。张凡、宁越敏等①从经济竞争力、人力资源竞争力、基础设施竞争力、国际化竞争力和科技竞争力五个方面构建中国城市群竞争力评价指标体系。巫细波②以粤港澳大湾区为研究对象,认为城市群空间结构依次经历了"单中心、双中心、多中心、网络化"四个发展阶段,未来将朝网络化、智能化及更加开放化方向发展。

二、相关文献研究述评

1. 研究不足

通过对国内外相关文献的梳理可以发现,以往对区域空间结构理论的研究主要以形态结构为主,从最初的增长极和点轴理论,到克里斯泰勒的中心地理论,再到 20 世纪 90 年代以来世界城市等级体系(Friedmann,1986)、全球城市(Sassen,2001)、世界城市网络(Taylor,2001,2004,2008;Derudder et al,2008)、全球城市区域(Scott,2001)等概念的提出,城市不再被视为简单的核心,而是被视为更加复杂的、多中心网络结构中的关键结点,发挥着重要的功能联系作用(彼得·霍尔,2008,2010),"流动空间""网络空间""功能联系"渐渐成为探索区域空间结构的崭新视角(岑迪,2014;李仙德,2014)。

对于城市群的概念研究已经有了相当的数量,但"空间界限"尚不明确,仍然没有一个相对统一的概念和范围界定。国内外对城市群发展阶段的界定没有统一的标准,也没有完整的评价系统,主要都在各自的研究领域对城市群、都市连绵区、大都市区等进行了定性的描述界定。对长江经济带这种硕大时空尺度的"超大型城市群"的整体性、系统性研究,国内外现有研究成果甚少,几乎为零。由于区域发展的不平衡特征,存在着不同区域城市群发展多阶段并存的现实,从不同空间尺度对具有不同区域特征的城市群发展阶段及其演化进行分析是一个值得探讨的领域。

---

① 参见张凡、宁越敏、娄曦阳:《中国城市群的竞争力及对区域差异的影响》,《地理研究》2019 年第 7 期。

② 参见巫细波:《粤港澳大湾区城市群空间结构演变与优化研究》,《产业创新研究》2020 年第 1 期。

针对城市群的空间组织结构,国内外学者开展了诸多理论和实证研究,取得了丰硕的研究成果,但对城市群空间组织结构模式、影响机制及优化策略的相关研究还存在一定差距和不足。对城市群空间组织结构模式的研究,描述性解释研究居多,而定量分析较少,没有做到定量研究与定性研究的相辅相成,以及文字的描述、图形的直观、数字的精确的有效结合。对城市群空间组织结构影响机制的研究需要进一步完善。主要是没有站在可持续发展的高度,来分析研究技术进步和产业结构转型对城市群空间组织结构的影响机制,对城市群空间组织结构优化的研究还需进一步提升。对城市群空间组织结构网络化、生态化及城乡一体化发展的研究还基本上处于初始阶段,没有构建出系统的优化指标体系与优化分析模型。

2. 研究展望

城市群发展研究是区域经济理论体系的重要内容和组成部分,涉及地理学、经济学、行政管理学等多学科,增加了研究的复杂性。根据城市群的发展演化及有待解决的问题,未来城市群研究可能的重点方向和主要内容可以概括为以下四个方面:

一是对城市群范围的界定和标准的制定,以及城市群核心区、内核区、外围区的界定标准与依据。从事这类研究的学者主要参考美国和日本两国的经验标准,结合中国的实际情况提出一些标准,不过这些标准大多是在20世纪90年代提出的,如孙靓社(1992)。但随着中国经济快速增长和城市化进程的加快,城市化水平和城市空间结构发生了很大的变化,再以过去的标准来划定城市群的空间结构与等级体系,显然不能适应现有经济社会发展的需要。同时,国际上已经有OECD城市功能区、日本都市圈、美国大都市区等一系列的城市经济功能区的划分标准,可以参考这些标准,结合中国国情,设计一套科学合理的标准体系。

二是城市群的空间演化内在机理研究。综述现有文献还没有明确看到对中国城市群空间演化阶段的划分。研究城市群空间结构的演变是清晰把握中国城市群发展脉络的重要基础,未来以城市群为主体的多中心网群化发展态势将进一步突出,只有从根本上把握城市群的来源、演进、趋势,才能厘清城市群演化的内在机理,准确把握城市群未来演进的方向,为依据城市群空间形态制定相应政策提供依据。

三是城市群内在耦合机制研究。城市群是城市发展到高级阶段的空间形态,是城市基本组织单元由个体扩张向多元组合的高级形态。多个城市主体间存在着大量的人流、物流、信息流、资金流,如何搜集大量的数据,度量不同城市之间的流量,准确把握城市群内在的紧密联系程度,能够为实现城市群的协同发展及探寻内在耦合机制提供科学的数据支持。

四是协调性均衡视角下城市群联动发展研究。区域经济发展和区域政策制定的终极目标既包括均衡性,又包括协调性,但根本还是在于协调性。因此,可将两者统称为"协调性均衡"。在全面总结、梳理区域经济学中有关均衡发展与非均衡发展、协调发展与不协调发展等各种理论流派和最新研究成果的基础上,把"区域协调"与"区域均衡"有机结合起来,将两者整合于同一个理论分析框架之中,在"区域协调性均衡发展"这一新的理论分析框架中研究城市群联动发展的问题,构筑区域联动发展的空间联系与组织理论,丰富跨省域城市群联动发展的经济地理格局内涵,将成为未来城市群研究的新的发展方向。

三、长江经济带城市群协调性均衡发展的研究意义

城市群是长江经济带建设现代化经济体系、推进高质量发展的主要空间依托。推动长江经济带城市群协调性均衡发展,促进长江经济带城市群内部以及城市群之间形成差异化协同发展态势,引领带动长江经济带将区域内分散的经济社会活动有机地组织起来,推进长江经济带不同经济主体之间以及人与自然之间形成互利共生关系,对长江经济带提升发展的整体性和联动性、缩小地区发展差距、促进沿线城镇基本公共服务均等化以及示范带动东中西部地区之间形成协调发展、协同发展、共同发展新格局等具有重要意义。

1. 有利于提升城市群在长江经济带发展中的整体带动力

相对于单个城市,城市群能够从更加广泛的范围优化资源配置、促进区域协调发展向更高水平和更高质量迈进。推动长江三角洲、长江中游和成渝三大跨区域城市群以及黔中、滇中两大区域性城市群协调性均衡发展,有利于长

江经济带加快形成以核心城市引领城市群发展、以城市群带动上中下游地区联动发展的新格局,显著增强核心城市、城市群在长江经济带协调性均衡发展中的辐射带动作用,大幅提升长江经济带发展的协同性、联动性、整体性和均衡性,使长江经济带成为推动我国区域协调性均衡发展的示范带。

(1)协同提升核心城市辐射带动功能

核心城市是一个城市群在特定范围内自然形成区域经济网络的核心和现代科技文化交流的信息中心,是城市群发展的龙头和重要引擎,在引领城市群参与国际国内竞争中扮演着越来越重要的角色。甚至可以说,核心城市的竞争力较大程度上决定了城市群的整体竞争力,核心城市在全球城市网络体系中的位次往往决定着城市群在国家和全球中的地位[1]。推动长江经济带城市群协调性均衡发展,有利于充分利用各城市的比较优势和发展基础,统筹发挥上海、武汉以及重庆和成都在引领长三角、长江中游和成渝城市群发展中的核心带动作用,整体性增强长江经济带城市群核心城市的集聚和辐射带动功能,有效提升长江经济带区域的整体性水平。

(2)有效加强城市群内部的分工协作

城市群是一个由区域空间、自然要素和社会经济等组成的有机体,是由具有较强活力且彼此相互作用的大中小城市和小城镇组成的集合体。城市群内的每个城市,一方面是经济、财政、交通、人口、生态环境等不同部分相互配合、彼此制约的统一体;另一方面又通过交通、运输、市场、信息、生产协作等网络与其他城市保持着密切的经济社会联系。正是这种联系,使得各个城市在组成城市群之后,其整体功能超过了封闭状态下单个城市功能的简单加总[2]。推动长江经济带城市群协调性均衡发展,有利于以城市群为主要平台,加强城市群内部各城市之间的功能整合与合作,推动城市群内部资源要素顺畅流动和设施服务共建共享,促进大中小城市和小城镇产业布局、生态保护、环境治理等协调联动,使城市群更好地激发出"整体大于部分之和"的系统特性。

---

① 黄征学:《长江经济带发展之城市群三问》,《中国经济导报》2015 年 1 月 17 日。

② 杨凤华:《城市群经济与金融系统耦合机理研究》,苏州大学出版社 2013 年版,第 27 页。

（3）统筹推进城市群之间的协调联动

长江经济带城市群之间发展不平衡问题突出。新时期推动长江经济带城市群发展,更强调通过城市群之间的规划对接、产业联动、环境共治,打破阻碍要素合理流动的各种壁垒,推动形成更广领域、更高水平、更深层次的经济合作与治理协同格局,在长江全流域建立起统一开放和竞争有序的现代市场体系,促进各城市群在空间布局、基础设施建设、产业发展、资源开发、环境保护等方面全方位协同发展。推动长江经济带城市群协调性均衡发展,有利于将当前支持长三角、长江中游、成渝城市群发展的分散式区域发展战略和政策联动化,进一步增加其科学性、可操作性和联动效率,并和"一带一路"建设等其他国家重大区域战略紧密结合,有效增强三大城市群的联动效应,带动长江经济带发展成为推动我国区域协调发展的先行示范带。

2. 有利于推动城市群在差异化协同发展中缩小地区差距

长三角、长江中游、成渝三大城市群是支撑长江经济带发展的三大增长极,但三大城市群的地理区位、资源禀赋、发展基础、一体化程度各不相同,发展不平衡问题突出,需要因地制宜利用各城市的比较优势,推动城市群内部和城市群之间在差异化协同发展中形成优势互补、协作互动、互利共赢格局,不断缩小各城市之间的发展差距,充分发挥城市群对长江经济带发展的辐射带动作用。推动长江经济带城市群协调性均衡发展,有利于打破行政分割和市场壁垒,优化沿江产业和城镇化布局,推动资源要素在城市之间顺畅流动,促进城市群在各领域展开良性合作与竞争,不断增强各个城市的可持续发展能力和发展活力,全面提高长江经济带的城镇化质量。

（1）优化沿江地区产业和城镇化布局

当前,长江经济带城市群建设在取得积极成效的同时,在产业和城镇化布局方面还面临着很多问题,需要通过创新发展思路、优化城市群布局,推动城市群高质量发展。长三角城市群存在着上海全球城市功能相对较弱、城市间低水平同质化竞争严重、高技术和服务经济发展相对滞后等突出矛盾。长江中游城市群面临着一体化发展机制不够完善、中心城市辐射带动能力不强、产业结构和空间布局不尽合理、城乡区域发展不够平衡等诸多挑战。成渝城市群则存在着重庆与成都两个核心城市空间发展战略缺乏充分对接、次级城市发育不足、要素流动不畅等现实问题。同时,三大城市群之间在规划对接、产业链接、基础设施连接等方面也存在着衔接不足问题。推动长江经济带城市群协调性均衡发展,有利于从顶层设计上推动制定长江经济带城市群总体规划①,明确各城市群在联动发展中的目标、定位与职能分工,提出促进各城市群在产业和城镇化布局等方面差异化协同发展的指导性意见,在推进长三角城市群加快转型升级、深化一体化发展的同时,引导产业溯江而上梯度转移,带动长江中游、成渝两大城市群以及黔中和滇中两大区域性城市群产业分工协作体系逐步健全、协同发展机制逐步完善、发展潜力逐步释放,由此引领带动东中西部差距逐步缩小。

(2)推动资源要素在城市间合理流动

随着《长江中游城市群发展规划》《成渝城市群发展规划》《长江三角洲城市群发展规划》的依次出台,长江经济带三大城市群建设进入加快推进阶段。在三大城市群建设已经取得诸多进展的基础上,针对目前三大城市群内部以及城市群之间仍然存在的资源要素流动范围和速度滞后于市场预期的现实问题,长江经济带各城市亟须在城市群内部一体化发展和城市群之间差异化协同发展中,通过相互间竞合关系的深度调整,进一步推动长江经济带区域资源要素的合理流动。推动长江经济带城市群协调性均衡发展,有利于充分发挥市场在资源配置中的决定性作用,更好发挥政府作用,建立健全城市间多层次的协商合作机制,清理阻碍资源要素在城市群内部以及城市群之间合理流动的地方性政策法规,完善公平开放透明的市场规则,实施统一的市场准入制度和标准,推动人才、资本、技术、信息等要素跨区域自由流动和优化配置,强化中心城市对国际资源要素的集聚和配置能力,提升中心城市资源要素向周边城市的"外溢效应",推进长江经济带区域经济结构重塑,实现长江经济带区域经济均衡、协调、高质量发展。

(3)促进各城市展开良性合作与竞争

城市自身利益是区域内城市关系建立的重要基础,从各个城市注重追求

---

① 秦尊文:《关于推动长江经济带城市群联动发展的思考与建议》,《长江技术经济》2018年第2期。

自身利益最大化的诉求来看,区域内不同城市之间既存在共性、合作的一面,同时也存在冲突、竞争的一面①。因此,在社会主义市场经济条件下,区域内的城市关系,不是完全可以事先规划好的城市关系,而是各城市在充分竞争的基础上互利合作推动形成的城市关系,是城市竞争与城市合作共存的城市关系,可以简称为"竞合关系"。由此可见,区域内各城市间能否展开良性合作与竞争,是区域竞争力提升和高质量发展的重要保障。推动长江经济带城市群协调性均衡发展,有利于促进长江经济带区域内处于不同竞争优势阶段的各城市,结合自身的利益诉求,与所处城市群内的其他城市以及更大尺度上的城市之间构建起和谐良性的竞合关系,减少低水平同质化恶性竞争,增进高水平差异化互补协同,进而在竞合发展中提升区域内各城市以及各大城市群的综合竞争力。

3. 有利于促进长江经济带沿线城镇基本公共服务均等化

所谓基本公共服务,是指政府在市场失灵领域通过税收、补贴、担保、转移支付等方式确保社会成员人人都能享有的、与公民基本权利和基本需求相关的公共服务②,它所包括的范围,随着国别、地区以及发展阶段等的不同而有所变化。在我国现阶段,基本公共服务主要包括基本医疗、义务教育、就业、养老、社会救济、保障性住房、公共基础设施、生态环境等。

实现基本公共服务均等化,是社会主义现代化建设的内在要求。习近平总书记在党的十九大报告中明确指出,基本公共服务均等化的基本实现,是2035年我国基本实现社会主义现代化的重要目标之一。经过改革开放40多年的发展,长江经济带已经发展成为引领我国现代化经济体系建设和经济高质量发展的生力军,但其在基本公共服务供给方面依然存在着东高西低以及城市群内一体化发展不足等问题,影响到具有"共享共富发展"特征的区域现代化经济体系建设。推动长江经济带城市群协调性均衡发展,有利于进一步完善长江经济带沿线城镇基本公共服务支出的责任分工,进一步提升长江经济带沿线城镇基本公共服务财力分配的均等化水平,进一步增强长江经济带

---

① 陆玉麒、董平:《区域竞合论——区域关系分析的新视角》,《经济地理》2013年第9期。

② 国家发展改革委宏观经济研究院课题组:《促进我国的基本公共服务均等化》,《宏观经济研究》2008年第5期。

沿线城镇基本公共服务的共建能力和共享水平。

（1）完善沿线城镇基本公共服务支出的责任分工

在长江经济带沿线城镇基本公共服务支出责任分工上，中央政府主要负责制定全国城镇基本公共服务标准和政策法规，提供涉及中央事权的基本公共服务，协调跨省（市）的基本公共服务问题；省级政府主要负责制定本省城镇基本公共服务标准和地方政策法规，提供涉及地方事权的基本公共服务；地市和县级政府具体负责提供本地的基本公共服务①。推动长江经济带城市群协调性均衡发展，有利于中央层面继续增强对长江沿线中西部地区城镇的基本公共服务的财政投入，鼓励东部地区城镇对中西部地区城镇进行对口支援和帮扶，引导长三角、长江中游、成渝三大城市群内部基本公共服务均衡供给，以此缩小东中西部地区城市群之间以及三大城市群内部的基本公共服务差距；有利于省级层面按照所在城市群高质量一体化发展和全省城镇基本公共服务均等化的要求，改进现行税收分享体系，逐步提高县级城镇、困难城镇的财力分配比重，弥补财力薄弱城镇基本公共服务的财力缺口，推进区域财力均衡分配；在地市和县级层面，加快引入社会组织和社会资本参与基本公共服务的供给，减轻地方政府的公共财政支出压力。

（2）促进沿线城镇基本公共服务财力的均衡分配

长江经济带横跨我国地理三大阶梯和经济三大区域，区域发展不平衡问题突出，地区间基本公共服务水平差距明显，与地区间发展差距一样存在着明显的东强西弱的两极分化现象，需要通过加大对经济欠发达地区的转移支付力度和专项转移支付力度等途径，均衡地区间财力差距，实现地区间基本公共服务能力的均等化②。推动长江经济带城市群协调性均衡发展，一方面有利于中央继续加大对长江沿线中西部地区城镇的纵向一般性转移支付规模和比例，弥补长江中上游地区城镇地方公共财力的不足，增强中上游地区提供基本公共服务的财政能力，不断缩小三大城市群之间的公共服务差距；另一方面有

① 田发、周琛影：《区域基本公共服务均等化与财政体制测度：一个分析框架》，《改革》2013 年第 1 期。

② 熊兴、余兴厚、蒲坤明：《长江经济带基本公共服务综合评价及其空间分析》，《华东经济管理》2019 年第 1 期。

利于长江经济带三大城市群内部加快建立横向财政均衡与转移支付体系,促进财力富足城市向财力不足城市进行补助,推进缩小城市群内部公共服务差距。

(3)增强沿线城镇基本公共服务的共建共享水平

"共享发展"是新发展理念中的一个重要发展理念,主要任务在于解决社会公平正义问题。建设体现效率、促进公平的收入分配体系,增加公共服务供给,推进基本公共服务均等化,提高公共服务共建能力和共享水平,使全体人民在共建共享发展中有更多获得感,是贯彻实践"共享发展"理念、建设现代化经济体系的核心内容之一。推进长江经济带城市群协调性均衡发展,有利于增强长江经济带各地区基本公共服务的互联互通建设,充分发挥长江经济带区域基本公共服务的空间溢出效应,推动城市群内部基本公共服务一体化发展,促进城市群之间基本公共服务协调联动发展。比如,可通过推动沿线城市互设优质高校分校或分支机构、构建以优质数字教育资源为主体的教育信息资源共享平台以及互派教师任教、联合开发课程教材、共同制定教学标准、合作建设实训基地等途径,加快推进长江经济带教育教学资源共建共享;可通过建立长江经济带城市群医院协同发展战略联盟、城市群公共文化服务联盟、城市群养老保险关系转移接续工作机制等方式,加快推进长江经济带医疗、公共文化、养老等共建共享。

第二十四章　长江经济带城市群协调性均衡发展现状与问题

由长三角、长江中游、成渝、滇中、黔中等"三大两小"城市群共同组成的长江经济带城市群,既是彼此之间相对独立、各自发展的地域空间组织,又是相互依存、相互影响、内在联系十分紧密的地域空间整体,共同构成了具有鲜明中国特色的沿江巨型城市带,共同构成了长江经济带的基本骨架、沿江11省市的精华所在和未来发展的核心支撑,其时空广度(逾200万平方公里)、延绵深度(数千公里)、人口容量(逾6亿人口)、经济容量(近50万亿元GDP)、城镇数量(110家地级及以上城市)等空间内涵与特征,都是中国乃至世界上绝无仅有的,因而提供了一个针对巨型城市带开展区域协调性均衡发展实证研究的绝好样本。

一、长江经济带城市群协调性均衡发展基础

自改革开放特别是2008年国际金融危机发生以来,在长江经济带与上海自贸区建设等国家战略的带动下,长江经济带三大两小城市群(长三角城市群、长江中游城市群、成渝城市群、黔中城市群和滇中城市群)发展迅速,逐渐成为本地区经济社会发展的强大的"发动机",对于全国的引领作用日益明显(表5-1)。本研究将从经济发展基础、社会文化基础、生态环境基础和发展阶段判定四个方面对长江经济带五大城市群的协调性均衡发展展开详细分析。

表 5-1　长江经济带三大两小城市群及其包含城市

城市群名称	含有城市
长三角	上海、南京、无锡、常州、苏州、南通、盐城、扬州、镇江、泰州、徐州、连云港、宿迁、淮安、杭州、宁波、嘉兴、湖州、绍兴、金华、舟山、台州、温州、衢州、丽水、合肥、芜湖、马鞍山、铜陵、安庆、滁州、池州、宣城、淮南、淮北、宿州、蚌埠、黄山、阜阳、六安、亳州
长江中游	武汉、黄石、鄂州、黄冈、孝感、咸宁、仙桃、潜江、天门、襄阳、宜昌、荆州、荆门、长沙、株洲、湘潭、岳阳、益阳、常德、衡阳、娄底、南昌、九江、景德镇、鹰潭、新余、宜春、萍乡、上饶、抚州、吉安
成渝	重庆市的渝中、万州、黔江、涪陵、大渡口、江北、沙坪坝、九龙坡、南岸、北碚、綦江、大足、渝北、巴南、长寿、江津、合川、永川、南川、潼南、铜梁、荣昌、璧山、梁平、丰都、垫江、忠县等 27 个区(县)以及开县、云阳的部分地区,四川省的成都、自贡、泸州、德阳、绵阳(除北川县、平武县)、遂宁、内江、乐山、南充、眉山、宜宾、广安、达州(除万源市)、雅安(除天全县、宝兴县)、资阳
黔中	贵阳、贵安新区、遵义市红花岗区、汇川区、播州区、绥阳县、仁怀市,安顺市西秀区、平坝区、普定县、镇宁县,毕节市七星关区、大方县、黔西县、金沙县、织金县,黔东南州凯里市、麻江县,黔南州都匀市、福泉市、贵定县、瓮安县、长顺县、龙里县、惠水县
滇中	昆明市、曲靖市、玉溪市和楚雄彝族自治州全境及红河哈尼族彝族自治州北部蒙自、个旧、建水、开远、弥勒、泸西、石屏

数据来源:长三角城市群包含城市来源于《长江三角洲区域一体化发展规划纲要》,其余各城市群数据来源于各自发展规划的引言部分。

　　根据中共中央、国务院印发的《长江三角洲区域一体化发展规划纲要》,本地区包括上海市、江苏省、浙江省、安徽省全域(面积 35.8 万平方公里),以《长三角城市群发展规划》确定的 26 个城市和台州市共 27 个城市为中心区(面积 22.5 万平方公里),辐射带动长三角城市群高质量发展。2018 年两省一市总人口 2.26 亿人,GDP 达 21.39 万亿元,分别占全国的16.2% 和 23.7%。

　　长江中游城市群,又称"中三角",是以武汉为中心,以武汉城市圈、环长株潭城市群、环鄱阳湖城市群为主体形成的特大型国家级城市群。2018 年其土地面积约 32.61 万平方公里,总人口 1.25 亿人,地区生产总值 8.36 万亿元。长江中游城市群以全国 3.4% 的土地面积和 9.0% 的人口数量创造了9.3% 的经济总量。

　　成渝城市群以重庆、成都为中心,是西部大开发的重要平台,是长江经济带的战略支撑,也是国家推进新型城镇化的重要示范区。城市群总面积 18.5 万平方公里,2018 年的总人口和 GDP 分别为 1 亿人和 5.7 万亿元,分别占全国的 7.2%和 6.4%。

黔中城市群位于贵州省中部地区,范围包括贵阳市、遵义市、毕节市、安顺市、黔东南州、黔南州 6 个市(州)及贵安新区的 33 个县(市、区),区域总面积 5.38 万平方公里。2018 年该城市群的总人口和 GDP 分别为 2467 万人和 1.1 万亿元,分别占全国的 1.7%和 1.2%。

滇中城市群由昆明市、曲靖市、玉溪市等七个县市组成,是云南省经济最发达的地区,国土面积 11.46 万平方公里。这里是国家重点培育的 19 个城市群之一,是全国"两横三纵"城镇化战略格局的重要组成部分,是西部大开发的重点地带,是我国依托长江建设中国经济新支撑带的重要增长极。2018 年的总人口和 GDP 分别为 2288 万人和 1.13 万亿元,分别占全国的 1.6%和 1.2%。

1. 经济发展基础

(1)经济水平

长江经济带三大两小城市群集聚了全国较多的经济发展要素,2018 年经济总量、进出口总额分别占到了全国的 41.9%和 42.1%。其中,长三角城市群经济发展水平最高。该地区区位条件优越,发展基础雄厚,产业配套设施完善。2018 年,人均 GDP 达到了 94715 元,约是全国平均 GDP 的 1.47 倍,经济外向度和经济结构指数均较高,且有较多的国内外 500 强企业总部及在该地的生产、研发和销售总部。长江中游城市群和成渝城市群等具有较强的经济基础,城镇体系初步形成,在国内市场中具有一定的市场占有份额,如成渝城市群是全国知名的汽车零部件基地等,其中心城市具有相当的辐射带动能力,能够带动周边地区的发展。黔中城市群和滇中城市群的经济发展功能最低,人均经济总量低于全国平均水平,经济的外向度和产业结构指数还不高,位于经济相对欠发达的西部省份,但都具有较好的区位优势和发展潜力,是东中西部协调发展的重要战略支点,对于区域协调具有重要的促进意义(见表 5-2)。

表5-2　长江经济带三大两小城市群GDP

（单位：亿元）

城市群名称	2005 年	2018 年	年均增速
长三角	45955.3	213858.7	12.56%
长江中游	13840.7	83605.6	14.84%
成渝	9633.5	57515.0	14.73%
黔中	1477.6	11070.2	16.76%
滇中	2372.6	11331.4	12.78%

数据来源：各省市统计年鉴。

（2）主导能力

主导能力主要是指区域对全球或国家在经济或政治方面的支配力，包括经济上和金融上的决策支配能力。在长江流域，长三角城市群经济主导能力最强，它拥有众多中央、省级行政、管理部门等决策机构，重要商业银行及花旗、汇丰等外资银行在华总部、交易所等金融和投资企业的决策权利。其中上海拥有全国金融500强企业超过150家，银行数目占到整个长江经济带的30%以上，并且正朝着全球金融中心的目标努力，这从根本上决定了长三角城市群具有明显的发展优势和较强的支撑力。成渝城市群主导能力次之，它拥有部分国有及商业银行的区域性总部，具有区域性的金融掌控能力，行政决策方面拥有重庆这一直辖市，也具有较强的行政管理职能。长江中游城市群拥有武汉、长沙和南昌等中部地区的核心城市，在这些城市中存在着相当数量的金融企业，因而也拥有一定的区域性主导能力。黔中城市群和滇中城市群仍处于城市群发育的初始阶段，主导能力相对较低，仅能影响省内的部分城市，对更大区域的带动能力十分有限，其中全国金融500强企业总共不到30家，2018年这两个城市群的财政一般预算支出合计为4931.6亿元，仅为长三角城市群的15%左右（如图5-1）。

（3）创新能力

长三角城市群创新竞争能力最强。该地区拥有大量的科技投入、丰富的科技人才资源和众多的科研院所及国内外高技术企业总部，并形成了特色创新集群产业区，如长三角电子组件供应链，在亚太或世界范围内具有一定的影

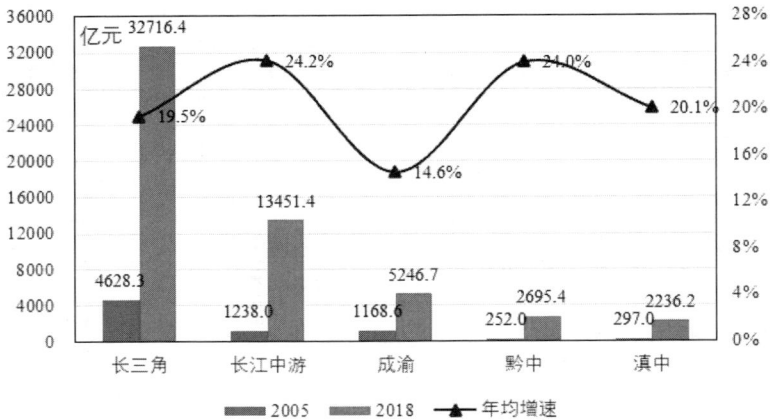

图 5-1　长江经济带三大两小城市群财政一般预算支出（单位：亿元）

响和规模。长三角城市群还拥有复旦大学、同济大学、南京大学、浙江大学、中国科学技术大学等470所大专及以上院校,其中"双一流"建设高校约占全国的四分之一,拥有200多个教育部重点学科,40多个国家重点实验室。成渝城市群创新竞争能力次之,它拥有205所大专及以上院校,11所"双一流"建设高校,科技资源丰富、科技投入和科研产出较具规模,成为区域性的创新中心。长江中游城市群是长江带的重点发展地区之一,高校、科研院所和军工等科技企业较多,高新技术产业发展较好。而黔中城市群和滇中城市群创新竞争能力相对较低,区域创新环境不理想,创新能力不强,影响了区域整体竞争力和综合功能的提升(如图5-2)。

（4）交通基础

长三角城市群交通基础设施建设水平最高,对于要素的汇聚能力较之其他城市群具有绝对优势。上海浦东国际机场旅客吞吐量在中国大陆机场中位居前3位,全球排名第20位。本地区亦是中国港口集装箱体系的主体之一,其中上海港、北仑—舟山港位于世界集装箱吞吐量20大港中,国际化的机场和港口群使长三角经济区成为具有国际门户功能的城市化区域。成渝城市群次之,其水陆空客货运量仅次于长三角经济区,是内陆地区之间及与沿海地区联系的重要枢纽。长江中游城市群是连接发达地区与欠发达地区的重要通

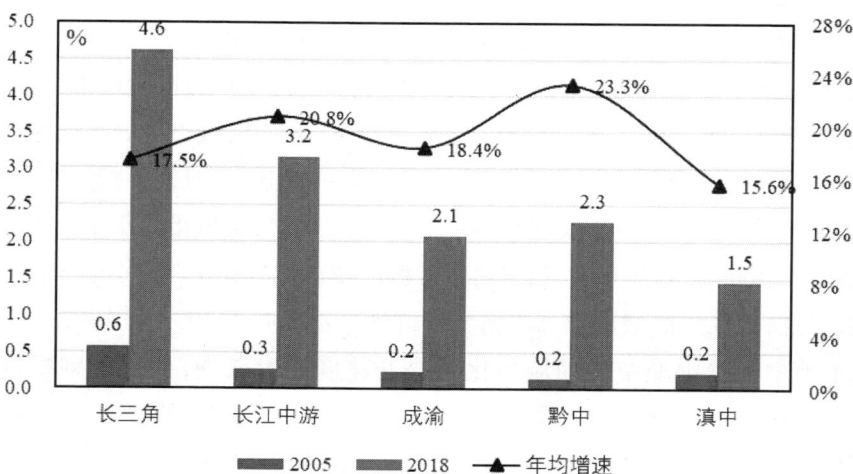

图5-2　长江经济带三大两小城市群科技经费支出占财政支出的比重(单位:%)

道,承担着内陆开发开放的作用,其中武汉城市圈位于 T 字发展轴的黄金通道上,交通基础设施较为发达。而其余城市群的交通基础设施建设由于各方面的原因相对较差,地区门户功能也相对较弱(如图5-3)。

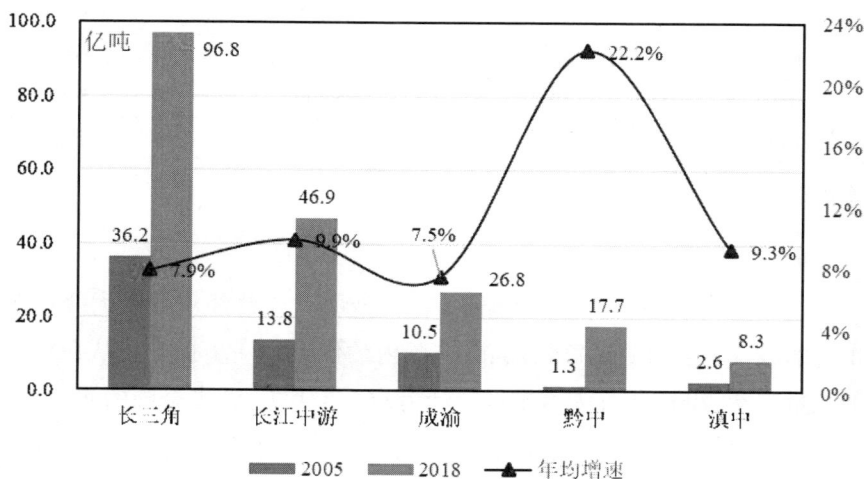

图5-3　长江经济带五大城市群货运总量(单位:亿吨)

2. 社会文化基础

（1）城市化水平

如表5-3所示，2005年，三大两小5个城市群的平均城市化率为40.3%，低于全国平均水平约3个百分点，而到了2018年，五大城市群的平均城市化率上升为58.8%，仍低于全国平均水平约1.2个百分点，但差距较2005年收窄了1.8个百分点。位于长江经济带不同位置的城市群城市化水平及其提高速度是不相同的，具体来看，长三角城市群的城市化率在13年间提高了21.1个百分点，长江中游城市群和成渝城市群则分别提高了19个和18.2个百分点，而滇中和黔中城市群的城市化率提升速度相对较慢，但也分别提高了17.5和16.7个百分点。总体上，长江经济带仍处于城市化的快速发展时期，尤其是上游地区，今后一段时期内城市化水平还将得到进一步提升。

表5-3 长江经济带三大两小城市群城市化水平对比

（单位：%）

城市群名称	2005年	2018年	年均增速
长三角	46.1	67.2	2.9
长江中游	41.3	60.3	3.0
成渝	39.7	57.9	2.9
黔中	36.3	53	3.0
滇中	38.1	55.6	3.0
全国平均	43	59.6	2.5

注：这里的城市化率以常住人口计算。

（2）人口素质

近十年来，在"科教兴国"战略的有力推动下，长江经济带三大两小5个城市群的教育事业得到了蓬勃发展，在国内的优势进一步提升。从在校大学生的数量来看，2005年五大城市群合计为665.5万人，约占全国的42.6%；到2018年在全国高等教育大发展的背景下，这两个数字分别为1160.8万人和37.4%。但五大城市群内部的差异是十分显著的，长三角城市群和长江中游城市群始终是长江经济带的教育重镇，两大城市群2018年共有在校大学生802万人，占五大城市群总量的近70%，较2005年占比下降了7.3个百分点，表明这一阶段西部的三个城市群高等教育发展迅猛,人口素质提升较快。这一点亦可从各城市群在校大学生数量的年均增速看出,上游的成渝、黔中和滇中城市群年均增速均在 6% 以上,普遍是长三角和长江中游城市群的两倍以上,由此可见西部城市群的增速显著地快于中西部,成为带动长江经济带人口素质提升的重要动力来源(图 5-4)。

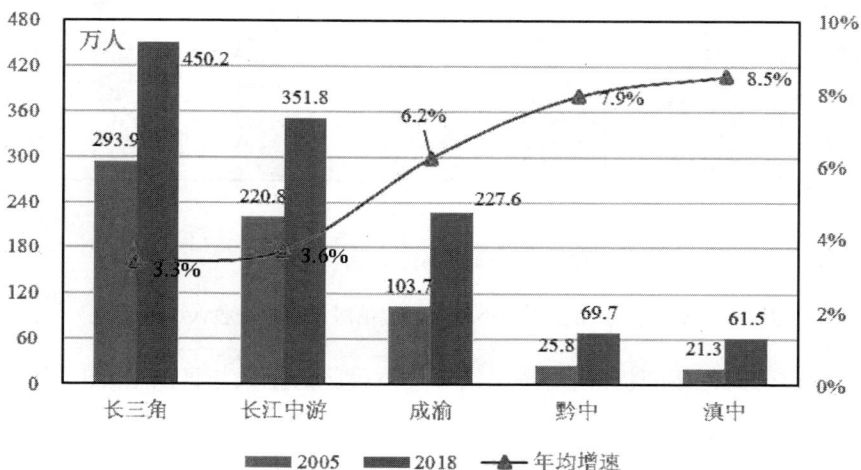

图 5-4　长江经济带三大两小城市群在校大学生数(单位:万人)

(3)居民收入

随着经济的不断发展,长江经济带三大两小 5 个城市群的城镇居民收入水平也在不断提高。2005 年五个城市群平均城镇居民可支配收入为 9339 元,约为全国平均值的 89%,到 2018 年五大城市群平均城镇居民可支配收入大幅提升至 36120 元,约是全国平均值的 1.28 倍。具体到各个城市群来看,在总量上长三角城市群城镇居民可支配收入最高,2018 年已经达到了 43709元,是第二位滇中城市群的 1.18 倍,其他城市群普遍基本维持在 3—3.5 万元之间。从增速上看,西部城市群城镇居民可支配收入的年均增速大都在 11%以上,快于长三角和长江中游 1 个百分点以上。

(4)人文实力

现阶段我国社会的主要矛盾已经转化为人民日益增长的美好生活需要和不平衡不充分的发展之间的矛盾,其中文化软实力的提升显得日益重要。随

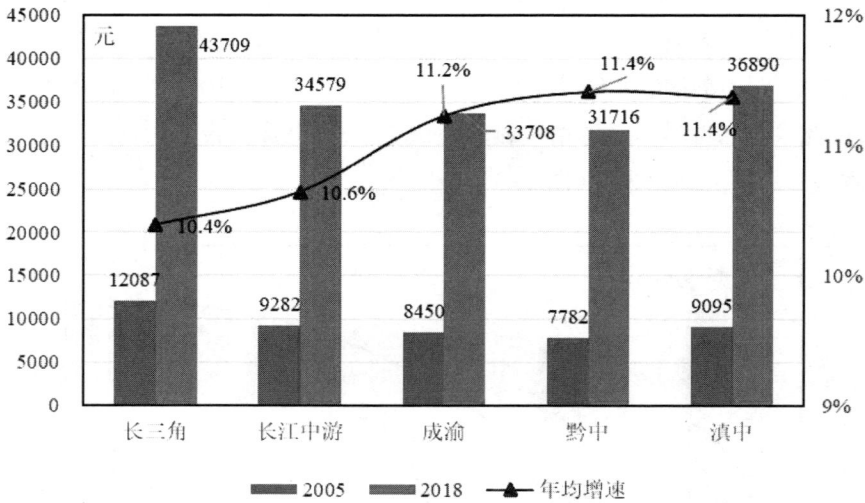

图 5-5 长江经济带三大两小城市群城镇居民可支配收入(单位:元)

着各城市财力的不断提升,对图书馆等文体设施的投入与日俱增,图书馆藏书量便成为了衡量一个城市文化气息的重要标准。2018 年,长江经济带三大两小 5 个城市群的公共图书馆总藏书量合计为 4. 28 亿册,约占全国的 44. 5%,较 2005 年上升了约 7 个百分点,表明城市群区域的书香气息日益浓厚,也间接助推了城市文明水平的提升。再从具体城市群来看,长三角城市群的公共图书馆总藏书量最大,几乎是其他城市群总和的 2 倍。从增速来看,黔中城市群公共图书馆总藏书量的年均增速最高,达到了 14. 5%,高出第二位成渝城市群 5. 3 个百分点(如图 5-6)。

3. 生态环境基础

(1)水环境

过去相当长一段时期内,长江经济带各省份为了区域经济发展大力度支持上马钢铁、化工、火电、建材等高污染型重化产业,在取得突出经济成效的同时也造成了相当程度的环境污染。随着长江经济带深入推进"共抓大保护、不搞大开发"战略,各地区将生态环境保护放在了极其重要的位置,下大力气整治环境污染问题,生态环境尤其是水环境有了明显改善。2005—2018 年,长江经济带三大两小 5 个城市群的工业废水排放总量累计由 103. 83 亿吨下

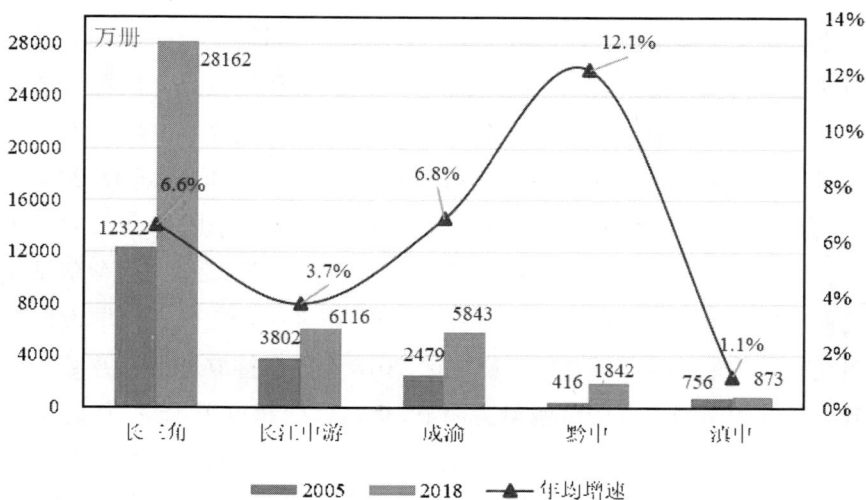

图5-6　长江经济带三大两小城市群城公共图书馆总藏书量(单位:万册)

降至52.59亿吨,年均降幅近6个百分点,有力助推了长江经济带的绿色发展。具体到各个城市群来看,由于工业废水排放量的高低主要跟地方经济发展水平相关,因而研究时段内长三角城市群工业废水排放量始终位居各城市群之首,总排放量目前仍在50亿吨关口之上。而成渝城市群由于经济转型发展迅速,其年均降幅高达10.4%,成为整个长江经济带城市群绿色发展的典范(见表5-4)。

表5-4　长江经济带三大两小城市群城工业废水排放量

(单位:亿吨)

城市群名称	2005年	2018年	年均增幅
长三角	60.2	33.5	-5.18%
长江中游	21.7	11.5	-5.61%
成渝	19.6	5.8	-10.44%
黔中	1.02	0.9	-0.74%
滇中	1.3	0.8	-4.41%
全国	524.5	110.6	-13.19%

（2）大气环境

近些年随着国家对长江经济带生态环境保护的日益重视,区域生态环境质量明显好转。如前文对水环境的描述一样,大气环境也是人民群众异常关心的领域之一。2005—2018 年,长三角、长江中游和成渝城市群的工业二氧化硫排放总量累计由 623.6 万吨下降至 100.9 万吨,年均降幅 15.3 个百分点,有力改善了长江经济带的生态环境,但降幅仍落后于同期全国 16.3% 的水平,仍有进一步提高的空间。具体到各个城市群来看,工业二氧化硫排放量的高低主要跟地方的经济发展水平相关,因而研究时段内长三角城市群工业二氧化硫排放量始终位居各城市群之首,2018 年的总排放量目前仍高达 55.1 万吨。长江中游城市群的降幅最为明显,年均降幅超过了 16%,目前年排放量仅为 15.1 万吨。成渝城市群的减排力度也很大,年均降幅达 12.1%,但仍落后于全国平均降幅。黔中和滇中城市群数据缺失,但考虑到上述两个城市群尚处于发育阶段,且受到上游严格的环境管制,预计总量不大,对整体影响有限(见表 5-5)。

表 5-5　长江经济带三大两小城市群城工业二氧化硫排放量

（单位:万吨）

城市群名称	2005 年	2018 年	年均增幅
长三角	300.9	55.1	−12.24%
长江中游	158.1	15.1	−16.53%
成渝	164.6	30.7	−12.12%
黔中	38.12	\	\
滇中	17.92	\	\
全国	2549	357.99	16.34%

注:由于 2018 年黔中和滇中城市群部分城市数据缺失,该表中部分内容空缺。

（3）城市绿化

城市绿化可以进一步优化城市生态环境系统,还能够改善城市居民的生活环境质量,因而成为新时期各城市普遍重视的城市建设重要领域之一。2005—2018 年,长江经济带三大两小 5 个城市群的城市绿化水平得到大幅度提高,其建成区绿化覆盖率由 29.2% 上升至 40.4%,年均提高约 0.86 个百分点。截至 2018 年,五大城市群的建成区绿化覆盖率依然落后于全国平均水平 1.4 个百分点,但好在年均增幅是全国的近 2 倍。具体到各城市群来看,目前长三角城市群和长江中游的建成区绿化覆盖率最高,达到 42.5%,部分城市如南京、湖州和淮北等城市已经超过了 45%。其他城市群建成区绿化覆盖率则处于 38%—39% 的区间,其中黔中城市群和滇中城市群该指标的年均增速最高,分别达到了 3.55% 和 4.33%,城市面貌焕然一新,也有力支撑了城市群的高质量发展(见表 5-6)。

表 5-6　长江经济带三大两小城市群城建成区绿化覆盖率比较

(单位:%)

城市群名称	2005 年	2018 年	年均增幅
长三角	34	42.5	1.73
长江中游	37	42.5	1.07
成渝	27.7	39	2.67
黔中	24.6	38.7	3.55
滇中	22.7	39.4	4.33
全国	35	41.8	1.38

4. 发展阶段判定

(1)长江经济带三大两小城市群整体发展阶段

参见表 5-7、表 5-8,长江经济带三大两小 5 个城市群发展阶段的判定可以从以下四个层面展开,即经济发展水平、经济结构、工业内部结构以及城市化与工业化协调发展。①以人均 GDP 为标志的经济发展阶段分析。2000 年前后长江经济带三大两小 5 个城市群整体上处于钱纳里模式中的前工业化阶段;2010 年长江经济带三大两小 5 个城市群人均 GDP 徘徊于钱纳里模式工业化中期阶段的最低门槛附近,标志着本区域开始步入工业化中期阶段;2018 年人均 GDP 达到 9469 美元,表明长江经济带三大两小 5 个城市群经过近十年的飞速发展,一举进入了工业化后期阶段;②以产业结构与就业结构为标志的经济发展阶段分析。从产业结构来看,2000 年长江经济带三大两小 5 个城市群整体的三次产业结构比例为 14.6∶47.2∶38.2,第一产业比重首次降低到 20% 以下,且第二产业比重高于第三产业,表明此时工业化已经进入了中期阶段,而 2010 年三次产业产值比例调整为 8:50.9:41.1,农业比重首次下降至 10% 以下,但服务业比重仍小于制造业比重,表明本地区已进入工业化后期阶段;2018 年三次产业产值比例进一步优化为 6:43.1:50.9,农业比重进一步下降,服务业比重开始大于工业比重,标志着本地区整体上已经进入了后工业化阶段。③以城镇化水平为标志的经济发展阶段分析。按照 H. 钱纳里城市化率与经济发展阶段关系,2000 年长江经济带三大两小 5 个城市群整体的城镇化率维持在 30% 以下,即维持在前工业化阶段;此后,本地区的城镇化进入了快速发展阶段,2010 年跨过了 40% 的门槛,稳定在了工业化初期阶段;2018 年,长江经济带三大两小 5 个城市群整体的城镇化率达到了 58.8%,即将进入工业化后期阶段。

综上所述,以人均 GDP 指标和城市化水平指标来看,长江经济带三大两小城市群整体均已走完了工业化的中期阶段,并已进入工业化的后期阶段。而从经济结构指标来看,本地区已进入后工业化阶段。综合本地区发展实际,可以预见"十四五"期间,本地区将进入工业化后期的加速提升时期,社会经济发展已迈入工业化、城市化、国际化、市场化和农业产业化互动并进的新阶段。

表 5-7　长江经济带三大两小城市群主要发展阶段指标

指标 城市群	人均 GDP(万元)			三次产业构成			城市化率(%)		
	2000	2010	2018	2000	2010	2018	2000	2010	2018
长三角	10802	42077	94715	11.1:50.1:38.8	5.5:51:43.5	4.1:42.6:53.3	28.2	56.1	67.2
长江中游	6625	28881	66784	19.3:43:37.7	11.4:51.1:37.5	7.7:45.4:46.9	26.9	48.9	60.3
成渝	4638	20856	57426	20.5:41.1:38.3	11.9:52.3:35.9	8.5:42.9:48.6	18	39.6	57.9
黔中	3504	13934	44875	28.8:39.7:31.5	14.1:40.4:45.5	12.7:37.8:39.5	/	36.9	53
滇中	7931	22474	49518	14.5:49.9:35.6	11.6:50.1:38.3	10.1:42:47.9	19.8	20.2	55.6
整体	6700	25644	62664	14.6:47.2:38.2	8:50.9:41.1	6:43.1:50.9	/	40.3	58.8

(2)长江经济带三大两小 5 个城市群的发展阶段

为了更好地判定长江经济带三大两小 5 个城市群各自所处的实际发展阶

段,结合表5-7和表5-8,仍从经济发展水平、经济结构以及城镇化水平等方面分别展开论述。①从人均GDP的角度分析。2000年前后,长江经济带五大城市群都未超过1680美元,仍处于前工业化阶段;此后,随着中国经济的快速起飞,至2010年时,长三角和长江中游城市群均突破3360美元,双双进入工业化中期阶段,而其余三个城市群仍处于工业化前期阶段;2018年,长三角城市群已然突破13440美元的门槛,率先进入了后工业化阶段,长江中游城市群则处于工业化后期向后工业化时期的加速发展阶段,其余三个城市群也相继进入了工业化后期阶段。②从经济结构的角度分析。长三角城市群自2010年以来就进入了工业化的中期阶段,现在已然进入了后工业化时期;长江中游城市群与成渝城市群比较类似,2018年它们的一产比重稳定降到10%以下,工业与服务业的比重大体相当,故其仍处于工业化的中后期阶段;2018年黔中城市群和滇中城市群的一产比重仍维持在10%以上,三产比重略大于二产比重,说明这两个城市群仍处于工业化中期阶段。③从城镇化水平的角度分析。长三角城市群的城镇化率在2010年和2018年分别跨过了50%和60%的门槛,目前达到了67.2%,即进入工业化后期阶段;长江中游城市群2018年的城镇化率达到了60.3%,刚刚迈入工业化后期阶段;而成渝城市群、黔中城市群和滇中城市群2018年的城镇化率分别为57.9%、53%和55.6%,仍处于工业化的中期阶段。

综上所述,目前长三角城市群已经进入了后工业化时期,长江中游城市群处于工业化的中后期阶段,成渝城市群处于工业化的中期加速提升阶段,而黔中城市群和滇中城市群则处于工业化的中前期阶段。

表5-8　工业化不同阶段的标志值

基本指标	前工业化阶段(1)	工业化实现阶段			后工业化阶段(5)	2018年三大两小城市群
		工业化初期(2)	工业化中期(3)	工业化后期(4)		
1. 人均GDP(2010年美元)	840—1680	1680—3360	3360—6720	6720—13440	13440以上	9469
2. 三次产业结构	A>I	A>20%,且A<I	A<20%,I>S	A<10%,I>S	A<10%,I<S	6:43.1:50.9

续表

基本指标	前工业化阶段（1）	工业化实现阶段			后工业化阶段（5）	2018年三大两小城市群
		工业化初期（2）	工业化中期（3）	工业化后期（4）		
3. 人口城市化率	30%以下	30%—50%	50%—60%	60%—75%	75%以上	58.8%
4. 城市空间结构	空间均质无序，存在若干地方中心，无等级结构分异。	由一个强经济中心和落后的外围地区组成，空间结构日趋不均衡，构成典型的二元结构。	城市化水平仍然不高，基本部门在空间集聚，促使高等级城市迅速发展，城镇之间的联系以不同等级的纵向联系为主，形成了非均衡的城镇体系。	不同层次和规模的经济中心与其外围地区的联系愈发紧密，他们之间的发展差异不断缩小，逐步形成功能一体化的空间结构体系。	城镇化水平较高，城镇群体在空间分布和规模结构较为均衡，以一个综合性的中心城市或数个职能分异、互补中心城市为核心，构成大、中、小城镇之间交错联系的均衡网络。	城镇化水平依旧不高，形成若干专业的产业园区，中心城市发展迅速，空间结构呈现点一轴发展模式，初步形成大城市为核心、中小城镇为节点的非均衡城镇等级体系。

注:2010年与1996年美元的换算因子为1.502,系作者根据美国经济研究局(BEA)提供的美国实际GDP数据推算;A、I、S分别代表第一、第二和第三产业增加值在GDP中所占的比重。

资料来源:作者根据钱纳里等(1989,pp.91—98)、库兹涅茨(1999,pp.347—360)、科迪等(1990,pp.17—18)、郭克莎(2004)、魏后凯等(2003,pp.2—8)的有关资料整理。

二、长江经济带城市群协调性均衡水平测度

2018年4月,习近平总书记在深入推动长江经济带发展座谈会上明确提出:"努力把长江经济带建设成为生态更优美、交通更顺畅、经济更协调、市场更统一、机制更科学的黄金经济带。"2018年11月18日,国务院下发了《关于建立更加有效的区域协调发展新机制的意见》,指出"围绕努力实现基本公共服务均等化、基础设施通达程度比较均衡、人民基本生活保障水平大体相当的目标"。为此,要在厘清均衡重数量、协调重关系的理念之下,尝试构建城市群协调性均衡发展指数。其中,协调发展度重点关注城市群之间的相互联系,

均衡发展度重点关注城市群之间生产、生活、生态"三生"空间的数量差异。

1. 研究方法

（1）协调发展度

区别于传统协调发展的定义，本研究将协调发展的核心内涵定义为城市群之间的联动发展，即某一城市群在多大程度上协调带动其他城市群的发展。由于跨国公司处于企业关联系统和区域等级关系系统的关键部位，区域系统可通过与跨国公司的联系，介入全国或全球生产系统，因而可以引入城市网络研究中的总部—分支网络模型，其不仅可以较好地分析城市节点的据点性[1]，而且其所关注的是所有行业的企业网络，符合本研究建模要求。通过搜集2016 年中国百强企业名录，将各企业总部—分支机构在各城市群的分布数量视为评价协调发展度大小的基础指标，并对不同级别的机构分别赋予不同的分值（见表 5-9），并参考航空交通网络的有关研究[2]，构建协调发展度模型。具体计算公式如下：

$$O_i = \sum T_{ij} \tag{1}$$

$$D_i = \sum T_{ij} \tag{2}$$

$$N_i = \sum T_{ij} + \sum T_{ji}, (i \neq j), j = 1, 2, \cdots, n \tag{3}$$

其中，O_i 为城市 i 中的企业总部数量，D_i 为城市 i 中的企业分支机构数量，N_i 为城市节点 i 的结节性，T_{ij} 为 i 城市（总部所在地）和 j 城市（分支所在地）之间的关联性，T_{ji} 为 j 城市（总部所在地）和城市 i（分支所在地）之间的关联性。

为了更好地判断某城市群在网络中的核心带动作用，研究引入"相对网络连接度"这一概念，即某城市连接度占网络总连接度的比重，以表征城市群协调发展程度。该连接度越高，核心带动作用越强，协调发展度越高。

$$C_i = N_i / \sum_{i=1}^{n} N_i, n = 130 \tag{4}$$

其中 C_i 为协调发展度，N_i 为 i 城市的网络总连接度。

---

① 日野正辉、朱琳、杜国庆：《日本基于企业分支机构集聚的城市成长极限及今后振兴方向》，《国际城市规划》2007 年第 1 期。

② 王姣娥、莫辉辉、金凤君：《中国航空网络空间结构的复杂性》，《地理学报》2009 年第 8 期。

表 5-9　各类总部分支机构赋分表

公司总部	区域性总部	省级总部	地方性分公司	营业网点
5分	4分	3分	2分	1分

注:部分银行存在社区银行,如兴业银行等,赋0.5分;部分大企业的全资控股公司因其在全国范围内开展业务,如中石油、中国人寿等,赋3分。

（2）均衡发展度

如前文所述,本研究将均衡发展的核心内涵确定为各城市群在生产、生活、生态三者上的数量均衡,遵循全面型、可比性、科学性和可获得性的基本原则,选取适当指标,构建评价城市均衡发展的指标体系,运用熵值法①分别计算生产、生活、生态三大系统的发展指数,并借鉴耿海青等定义的均衡度公式②,将生产、生活、生态三大子系统内部结构的均衡度表达为:

$$H = - \sum_{i=1}^{m} p_i In\, p_i / In\, m \qquad (5)$$

H 越大,反映出生产、生活、生态三大子系统内部的比例差别越小,其结构越均衡。P_i 为 i 子系统的熵值得分,m 为长江经济带的地级城市个数。

关于指标体系的构建,参考李秋颖等对"三生空间"评价指标③,具体为:①选取单位建设用地固定资产投资额、单位建设用地二三产业增加值、建成区人口密度和全球化指数等 4 项指标,从要素投入、效益、利用强度和外向度对生产空间的发展水平展开综合评价;②选取每万人拥有医生数、每万人拥有公共交通车辆、养老保险覆盖率和移动电话普及度 4 项指标,从舒适度、便捷度、保障度和智慧度对生活空间的发展水平展开综合评价;③选取生活垃圾无公害化处理率、工业固体废弃物综合利用率、建成区绿化覆盖率和环境空气优良率 4 项指标,从生态环境质量、绿化覆盖度和废弃物处理度对生态空间的发展水平展开综合评价(见表 5-10)。

---

①　郭显光:《改进的熵值法及其在经济效益评价中的应用》,《系统工程理论与实践》1998年第 12 期。

②　耿海青、谷树忠、国冬梅:《基于信息熵的城市居民家庭能源消费结构演变分析——以无锡市为例》,《自然资源学报》2004 年第 2 期。

③　李秋颖、方创琳、王少剑:《中国省级国土空间利用质量评价:基于"三生"空间视角》,《地域研究与开发》2016 年第 5 期。

表 5-10　生产空间、生活空间与生态空间发展水平评价指标体系

一级指标	二级指标	计算方法	权重
生产空间 发展指数	单位建设用地固定资产投资额	固定资产投资额/建设用地面积（亿元/平方公里）	0.0816
	单位建设用地二三产业增加值	二三产业增加值/建设用地面积（亿元/平方公里）	0.0708
	建成区人口密度	总人口/建设用地面积（人/平方公里）	0.0729
	全球化指数	（进出口总额/GDP＋当年实际利用外资金额/固定资产投资额）/2	0.0732
生活空间 发展指数	每万人拥有医生数	医生数/总人口（人/万人）	0.0708
	每万人拥有公共交通车辆	公共汽（电）车营运车辆数/总人口（辆/万人）	0.0742
	养老保险覆盖率	养老保险参保人数/总人口（%）	0.0714
	移动电话普及度	移动电话用户数/总人口（户/万人）	0.0753
生态空间 发展指数	生活垃圾无公害化处理率	直接从《中国城市统计年鉴2019》获得	0.1191
	工业固体废弃物综合利用率	直接从《中国城市统计年鉴2019》获得	0.1031
	建成区绿化覆盖率	直接从《中国城市统计年鉴2019》获得	0.0975
	环境空气优良率	环境空气质量达到良好以上的天数/365（%）	0.0901

（3）协调性均衡发展指数

不论是协调发展度还是均衡发展度，均不能完整表征区域的协调性均衡发展水平。因此，本研究构建了协调性均衡发展度指数，既考虑区域之间的协同带动能力，又考虑区域内部"三生空间"的均衡发展水平，其计算公式如下：

$$W = \sqrt{C^* H} \tag{6}$$

参考前人的研究成果[1]，依据协调发展指数的内涵，本研究将协调发展度与均衡发展度分别划分为以下几种类型：弱联动/强失衡[0,0.2]，勉强联

---

① 廖重斌：《环境与经济协调发展的定量评判及其分类体系：以珠江三角洲城市群为例》，《热带地理》1999 年第 2 期；李裕瑞、王婧、刘彦随等：《中国"四化"协调发展的区域格局及其影响因素》，《地理学报》2014 年第 2 期。

动/中度失衡(0.2,0.4],一般联动/勉强均衡(0.4,0.6],较强联动/中级均衡(0.6,0.8],强联动/强均衡(0.8,1]。彼此两两组合,形成25种不同的协调性均衡发展类型。

(4)协调性均衡发展的影响因素分析

采用多元回归模型探寻协调性均衡发展指数的影响因素,且鉴于变量可能具有空间关联性,即空间分布的非独立性,还采用了空间计量经济模型进行比较分析。空间自相关统计分析和空间计量经济分析主要借助 ArcGIS 和 GeoDA 软件实现。结合区域社会经济系统运行特征、数据可获得性,重点考察以下变量对协调性均衡发展指数的影响:①社会经济因素。长期以来,投资、出口和消费是驱动中国城市经济发展的三驾马车,而人口则是区域发展的重要基础,因而选择人均固定资产投资额、人均进出口额、人均社会消费品零售额和常住人口来表征;②交通区位因素。选择公路网密度、城市火车站的总班次和城市飞机场的总班次反映经济地理区位及交通基础设施的便捷程度;③自然地理因素。自然地理条件亦可能成为影响区域协调性均衡发展的可能性因子,为此选取年均气温、年均降水和地形起伏度作为反映城市自然地理状况的主要指标,其中地形起伏度参见相关文献①。

本研究检验协调性均衡所使用空间回归方程如下:

$$y = \lambda Wy + \beta_1 P + \beta_2 X + \beta_3 I + \beta_4 R + \beta_5 T + \beta_6 P + \beta_7 TE + \beta_8 RA + \beta_9 RA + u \qquad (7)$$

其中扰动项:$u = \rho Mu + \varepsilon \quad \varepsilon \sim N(0, \delta^2 I)$

上式中,λ 是空间自相关系数,W 为空间权重矩阵,P、I、X、R、T、P 分别为人口、人均投资、人均进出口、人均零售品销售、公路网密度、火车班次和飞机班次,另外,TE、RA、TF 作为控制变量,分别为年均气温、年均降水和地形起伏度。β 为回归系数,ρ 为空间误差系数,M 为扰动项的空间权重矩阵,ε 为服从正态分布的误差项。

(5)数据来源与数据说明

通过查询 2018 年中国百强企业名单确定需要搜索的主要企业,针对上述

①　参见封志明、张丹、杨艳昭:《中国分县地形起伏度及其与人口分布和经济发展的相关性》,《吉林大学社会科学学报》2011 年第 1 期。

企业具体筛选标准如下：①拥有规范的企业网站，且网站中必须有服务网络或营业网点等地理空间信息；②在长江经济带地区范围内至少两个城市拥有办事处（营业网点）或以上级别的分支机构。在以上百强企业地理空间布局数据的基础上，根据表1各类总部—分支结构赋分形成一个100（企业）＊130（城市）的关联矩阵，共包含1.3万个关联数据。

此外，单位建设用地固定资产投资额、单位建设用地二三产业增加值和建城区人口密度等数据基于2019年《中国城市统计年鉴》计算得出，部分缺失数据通过各省市的统计年鉴或环境统计公报得到。需要注意的是，在影响因子部分，城市的火车总班次数据来源于火车查询的专业APP"盛名时刻表"，而城市的飞机总班次数据来源于携程网。

2. 协调—均衡状态分别判定

（1）协调发展度

通过公式1-4计算得到长江经济带各城市群协调发展度（表5-11），其平均值为0.186，标准差为0.170，变异系数为0.916。为进一步从空间上分析各城市协调发展度的区域差异，利用ArcGIS的空间分析模块制作协调发展度分级图，具体结果如图5-7所示。由图可知，高于平均值的城市群仅有长三角城市群，其他城市群均低于平均水平，主要分布在四川西北部、云南大部、湖南南部、江西南部与安徽北部等地区。总体来看，长江经济带五大城市群的协调发展度均值不高、变异系数较大，说明本地区协调发展水平还相对不高，不同城市由于受行政等级、区位等方面的影响，区域的协调带动能力明显不足，且当前的协调发展度空间分布格局似乎与区域经济发展水平、地形、交通区位等因素息息相关。

表5-11　长江经济带各城市的协调发展度得分

上海	1.0000	芜湖	0.1201	武汉	0.5895	郴州	0.2132	凉山	0.0979
南京	0.5424	蚌埠	0.1142	黄石	0.1178	永州	0.1626	昆明	0.4763
无锡	0.4480	淮南	0.0944	十堰	0.1452	怀化	0.1490	曲靖	0.1351
徐州	0.4788	马鞍山	0.0687	宜昌	0.2131	娄底	0.0961	玉溪	0.1195

续表

常州	0.3717	淮北	0.0881	襄阳	0.1899	湘西	0.0843	保山	0.0823
苏州	0.7057	铜陵	0.0407	荆州	0.2172	重庆	0.9478	昭通	0.0822
南通	0.3881	安庆	0.2156	荆门	0.1452	成都	0.6929	丽江	0.0528
连云港	0.2108	黄山	0.0844	鄂州	0.0527	自贡	0.1021	普洱	0.1020
淮安	0.2241	滁州	0.1295	孝感	0.1466	攀枝花	0.0549	临沧	0.0587
盐城	0.2758	阜阳	0.1972	黄冈	0.2187	泸州	0.1428	楚雄	0.0469
扬州	0.2537	宿州	0.1569	咸宁	0.0861	德阳	0.1235	红河	0.1235
镇江	0.2283	六安	0.1552	随州	0.0768	绵阳	0.2034	文山	0.0725
泰州	0.2493	亳州	0.1194	恩施	0.0546	广元	0.0980	西双版纳	0.0390
宿迁	0.2698	池州	0.0644	仙桃	0.0191	遂宁	0.0922	大理	0.1351
杭州	0.4994	宣城	0.1073	潜江	0.0292	内江	0.1018	德宏	0.0488
宁波	0.4480	南昌	0.3177	天门	0.0173	乐山	0.1565	怒江	0.0114
温州	0.4046	景德镇	0.0786	神农架	0.0001	南充	0.2479	迪庆	0.0193
嘉兴	0.3620	萍乡	0.0861	长沙	0.4360	眉山	0.1079	贵阳	0.2228
湖州	0.1916	九江	0.1896	株洲	0.1645	宜宾	0.1566	六盘水	0.0686
绍兴	0.2668	新余	0.0662	湘潭	0.1116	广安	0.0999	遵义	0.2013
金华	0.4206	鹰潭	0.0465	衡阳	0.2206	达州	0.1352	安顺	0.0823
衢州	0.1182	赣州	0.3733	邵阳	0.1820	雅安	0.0410	毕节	0.0783
舟山	0.0704	吉安	0.1821	岳阳	0.1607	巴中	0.0744	铜仁	0.0921
台州	0.2614	宜春	0.2232	常德	0.2013	资阳	0.1194	黔西南	0.0882
丽水	0.1103	抚州	0.1532	张家界	0.0610	阿坝	0.0371	黔东南	0.1312
合肥	0.3545	上饶	0.3367	益阳	0.1100	甘孜	0.0115	黔南	0.1332

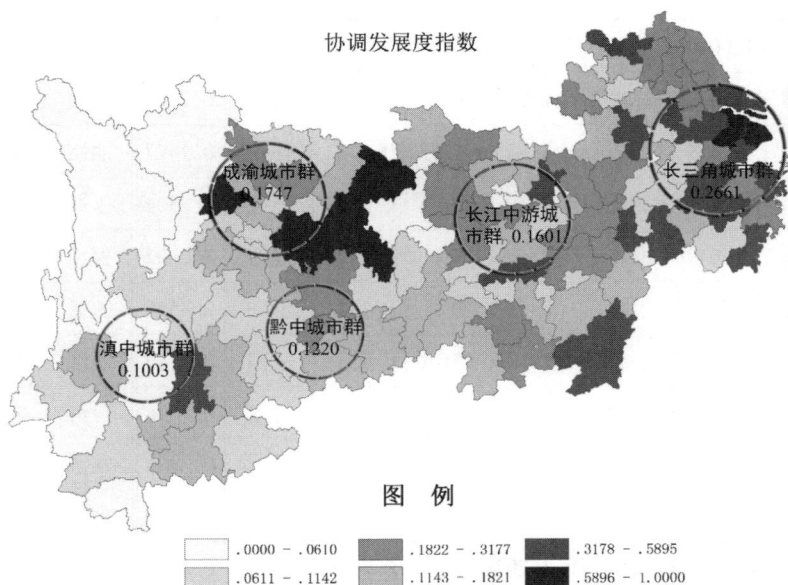

图 5-7　长江经济带各城市群协调发展度的空间差异

（2）均衡发展度

通过公式 5 计算得到长江经济带各城市的均衡发展度（表 5-12），其平均值为 0.256，标准差为 0.130，变异系数为 0.508。为进一步从空间上分析各城市群均衡发展度的区域差异，利用 ArcGIS 的空间分析模块制作均衡发展度分级图，具体结果如图 5-8 所示。由图可知，高于平均值的城市群一共有 2 个，分别是长三角城市群和长江中游城市群，低于平均值的一共有 3 个，主要分布在四川西北部、云贵大部（特别是横断山区）、湖南南部、湖北北部以及安徽北部的部分城市。总体来看，均衡发展度均值不高、变异系数相对较大，但均衡度计算结果的离散性较协调度更低，表明在长江经济带"共抓大保护、不搞大开发"的背景下，绝大部分城市摆脱了过往唯 GDP 论的错误发展观，逐步将人民生活的满意度和生态环境的优美度放在了与经济发展同等重要的地位。

表 5-12　长江经济带各城市的均衡发展度得分

上海	1.0000	芜湖	0.3314	武汉	0.5251	郴州	0.2800	凉山	0.1872
南京	0.5335	蚌埠	0.2681	黄石	0.2797	永州	0.2229	昆明	0.3599
无锡	0.5377	淮南	0.2182	十堰	0.1702	怀化	0.1477	曲靖	0.1887
徐州	0.3395	马鞍山	0.3549	宜昌	0.1563	娄底	0.2504	玉溪	0.1668
常州	0.4649	淮北	0.2865	襄阳	0.1027	湘西	0.2002	保山	0.1650
苏州	0.5990	铜陵	0.3411	荆州	0.3453	重庆	0.4548	昭通	0.0001
南通	0.3754	安庆	0.2489	荆门	0.1537	成都	0.5149	丽江	0.1833
连云港	0.3016	黄山	0.2640	鄂州	0.1861	自贡	0.1558	普洱	0.1361
淮安	0.2567	滁州	0.1314	孝感	0.1631	攀枝花	0.2906	临沧	0.1923
盐城	0.2949	阜阳	0.1822	黄冈	0.0944	泸州	0.1989	楚雄	0.1877
扬州	0.3554	宿州	0.1670	咸宁	0.2626	德阳	0.2073	红河	0.1438
镇江	0.3732	六安	0.1602	随州	0.1495	绵阳	0.2334	文山	0.1573
泰州	0.3426	亳州	0.2185	恩施	0.2281	广元	0.2017	西双版纳	0.2274
宿迁	0.2698	池州	0.2055	仙桃	0.2258	遂宁	0.2755	大理	0.1838
杭州	0.4917	宣城	0.2245	潜江	0.2311	内江	0.2157	德宏	0.2350
宁波	0.5120	南昌	0.4046	天门	0.2023	乐山	0.1006	怒江	0.1782
温州	0.3662	景德镇	0.3160	神农架	0.3957	南充	0.2567	迪庆	0.2473
嘉兴	0.4341	萍乡	0.2616	长沙	0.3918	眉山	0.1364	贵阳	0.2833
湖州	0.3447	九江	0.2078	株洲	0.2707	宜宾	0.1788	六盘水	0.1947
绍兴	0.3959	新余	0.3293	湘潭	0.3116	广安	0.2183	遵义	0.1582
金华	0.3894	鹰潭	0.2854	衡阳	0.2101	达州	0.1803	安顺	0.2243
衢州	0.2809	赣州	0.1304	邵阳	0.1767	雅安	0.1581	毕节	0.0675
舟山	0.4945	吉安	0.2878	岳阳	0.2174	巴中	0.1683	铜仁	0.1192
台州	0.3797	宜春	0.0575	常德	0.2182	资阳	0.1944	黔西南	0.1259

丽水	0.3035	抚州	0.1438	张家界	0.2344	阿坝	0.1147	黔东南	0.1335
合肥	0.3513	上饶	0.1234	益阳	0.2306	甘孜	0.1247	黔南	0.1301

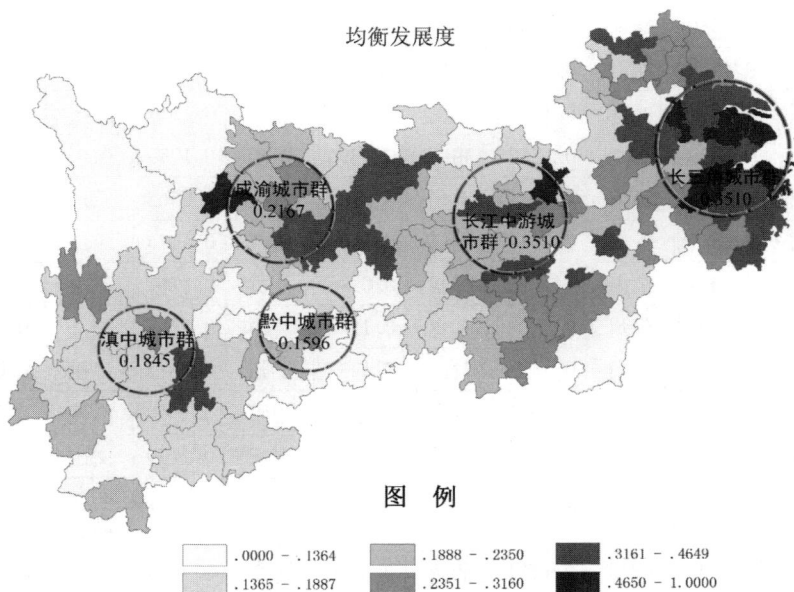

图5-8 长江经济带各城市群均衡发展度的空间差异

3. 协调性均衡发展水平测度

由于协调度或均衡度无法全面衡量某一城市的高质量发展水平,因而本研究利用耦合度公式构建了协调性均衡发展指数(公式6),计算得出长江经济带各城市群的协调性均衡发展水平(表5-13),其平均值为0.206,标准差为0.145,变异系数为0.702,较传统的计算方法具有更强的离散性和更高的辨识度。为进一步从空间上分析各城市协调性均衡发展水平的区域差异,利用ArcGIS的空间分析模块制作协调性均衡指数分级图,具体结果如图5-9所示。由图5-9可知,协调性均衡发展指数高于平均值的仅有长三角城市群,部分中西部的大城市也高于平均值。尤其是川西北、云贵高原、湖南南部、湖北北部和安徽南部的部分城市明显偏低,其区域格局在继承协调发展度和均

613

衡发展度空间格局的基础上,与近些年来长江经济带城市化质量动态变化格局具有较强的一致性①。

表 5-13　长江经济带各城市的协调性均衡发展指数

上海	1.0000	芜湖	0.1995	武汉	0.5564	郴州	0.2443	凉山	0.1354
南京	0.5380	蚌埠	0.1749	黄石	0.1815	永州	0.1904	昆明	0.4140
无锡	0.4908	淮南	0.1435	十堰	0.1572	怀化	0.1484	曲靖	0.1597
徐州	0.4032	马鞍山	0.1561	宜昌	0.1825	娄底	0.1551	玉溪	0.1412
常州	0.4157	淮北	0.1588	襄阳	0.1396	湘西	0.1299	保山	0.1165
苏州	0.6501	铜陵	0.1178	荆州	0.2739	重庆	0.6565	昭通	0.0001
南通	0.3817	安庆	0.2317	荆门	0.1494	成都	0.5973	丽江	0.0984
连云港	0.2522	黄山	0.1493	鄂州	0.0990	自贡	0.1261	普洱	0.1178
淮安	0.2399	滁州	0.1304	孝感	0.1546	攀枝花	0.1263	临沧	0.1062
盐城	0.2852	阜阳	0.1896	黄冈	0.1437	泸州	0.1685	楚雄	0.0938
扬州	0.3002	宿州	0.1618	咸宁	0.1503	德阳	0.1600	红河	0.1333
镇江	0.2919	六安	0.1577	随州	0.1071	绵阳	0.2179	文山	0.1068
泰州	0.2923	亳州	0.1615	恩施	0.1116	广元	0.1406	西双版纳	0.0942
宿迁	0.2698	池州	0.1151	仙桃	0.0656	遂宁	0.1594	大理	0.1576
杭州	0.4955	宣城	0.1552	潜江	0.0822	内江	0.1482	德宏	0.1071
宁波	0.4789	南昌	0.3585	天门	0.0592	乐山	0.1255	怒江	0.0451
温州	0.3850	景德镇	0.1576	神农架	0.0001	南充	0.2523	迪庆	0.0691
嘉兴	0.3964	萍乡	0.1501	长沙	0.4133	眉山	0.1213	贵阳	0.2512
湖州	0.2570	九江	0.1985	株洲	0.2110	宜宾	0.1673	六盘水	0.1155
绍兴	0.3250	新余	0.1476	湘潭	0.1865	广安	0.1477	遵义	0.1785
金华	0.4047	鹰潭	0.1152	衡阳	0.2153	达州	0.1561	安顺	0.1359
衢州	0.1822	赣州	0.2206	邵阳	0.1793	雅安	0.0805	毕节	0.0727
舟山	0.1866	吉安	0.2289	岳阳	0.1869	巴中	0.1119	铜仁	0.1048
台州	0.3151	宜春	0.1133	常德	0.2096	资阳	0.1523	黔西南	0.1053

---

① 罗腾飞、邓宏兵:《长江经济带城镇化发展质量测度及时空差异分析》,《统计与决策》2018 年第 1 期。

丽水	0.1829	抚州	0.1484	张家界	0.1196	阿坝	0.0652	黔东南	0.1323
合肥	0.3529	上饶	0.2039	益阳	0.1593	甘孜	0.0378	黔南	0.1316

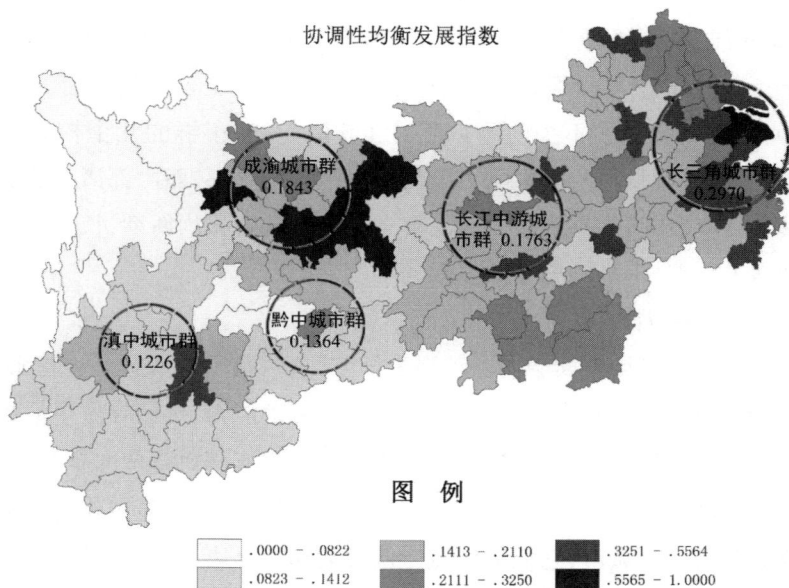

图 5-9 长江经济带各城市群均衡发展度的空间差异

基于协调性均衡发展指数对长江经济带各城市群高质量发展的状态进行类型划分(如图 5-10):

(1)长三角城市群

长三角城市群中,除上海市为强联动强均衡型外,大多数城市属于弱联动中度失衡型和勉强联动中度失衡型。其中,江苏大部分城市属于勉强联动中度失衡型,如南通、连云港、扬州等,而南京和苏州则分别属于一般联动勉强均衡型和较强联动勉强均衡型。安徽大部分城市经济发展相对不足,处于工业化中前期,依然存在牺牲环境换取经济增长的问题,使得这些城市"三生空间"相对失衡,属于弱联动中度失衡型,如芜湖、马鞍山和宣城等,而省会合肥则属于勉强联动中度失衡型,作为区域中心城市,它具有一定的影响力,但限

615

于自身在生产、生活空间方面发展的不平衡，使整个"三生空间"面临中度失衡的困境。浙江各城市类型不一，多个类型并存，如杭州和宁波属于一般联动勉强均衡型，而金华和温州则属于一般联动勉强均衡型。

（2）长江中游城市群

长江中游城市群中，江西、湖北与湖南省的不少城市都属于弱联动中度失衡型，如九江、景德镇、黄石和株洲等，主要是这些城市综合实力相对有限，仍然处于工业化的中期阶段，仍难以避免先污染后治理的发展路径，使得"三生"空间协调方面存在不少问题。值得注意的是，城市群的几个核心城市的区域带动能力相对有限，其影响力大都局限于省域内部，而内部诸多的生态问题使其均衡度表现较为一般，如武汉属于一般联动勉强均衡型，长沙属于一般联动勉强失衡型，南昌则属于勉强联动中度失衡型。

（3）成渝城市群

该城市群大多城市属于弱联动强失衡型，这些城市或是老工业基地，或是山区，或是边陲，经济发展相对滞后，几无协调带动能力，进而导致生活质量无法提升，生态环境相对恶化。特别需要提出的是重庆和成都两大核心城市，前者属于强联动勉强均衡型，后者属于较强联动勉强均衡型，显然作为西部地区最重要的两大窗口城市，它们的区域协调带动作用毋庸置疑，尤其是重庆直辖市的行政等级更是使其协调带动能力显著超过成都，但两大城市内部由于辖区范围广阔，"三生空间"的均衡发展水平仍有欠缺，总的来看在生活与生态方面的欠缺相对较多。

（4）滇中城市群和黔中城市群

这两个城市群分别处于云南省和贵州省境内，绝大多数城市属于弱联动强失衡型，由于其地处我国西南，经济发展水平不高，再加上周边脆弱的生态环境，使得这些城市基本不具备辐射带动周边城市的能力，经济—社会—生态之间的矛盾十分突出。需要指出的是，昆明和贵州作为两个城市群的核心城市，分别属于一般联动中度失衡型和勉强联动中度失衡型。作为两省的省会城市，它们具有一定的辐射带动作用，但辐射范围十分有限，基本仅局限于城市周边数百公里范围内。与此同时，限于经济发展阶段较低，在生活空间与生态空间方面存在明显缺失，使得"三生空间"中度失衡。

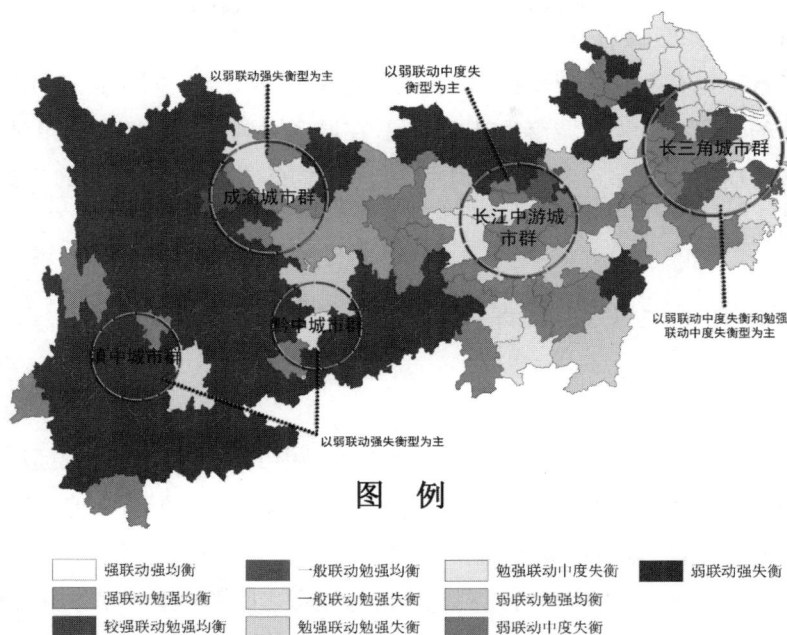

图 5-10　长江经济带各城市群协调性均衡发展类型

4. 协调性均衡与区域状态的关联性分析

为进一步探究区域发展状态对区域协调性均衡指数的影响,本研究选取人均 GDP 作为反映城市群经济发展水平的指标,城镇居民可支配收入作为衡量城市群中城市区域发展水平的指标,农民人均纯收入作为衡量城市群中乡村区域发展水平的指标,城乡居民收入比作为衡量城乡差异的主要指标,与各城市的协调性均衡指数进行相关性分析。结果表明,人均 GDP 和城镇居民可支配收入对区域协调性均衡指数存在较为显著的影响,二者的相关性指数分别为 0.6107 和 0.5462,表明区域发展水平和城市发展水平越高,城市的协调性均衡指数越高。从实际来看,协调性均衡指数排名前十的城市(上海、重庆、苏州、成都、武汉、南京、杭州、无锡、宁波和常州)其人均 GDP 和城镇居民可支配收入的均值分别为 130684 元和 54749 元,是五大城市群均值的 2.09 倍和 1.52 倍,正因为财力的充沛和高水平的城镇居民生活质量,使得地方政府有足够的能力去平衡"三生空间"之间的相互关系,如开展(产业)"腾笼换鸟"、治理"化工围江"、整治非法围湖围河等。而农民人均纯收入的影响相对较弱,相关性系数仅有0.4315,表明农村区域发展水平的高低对提升协调性均衡指数对也有一定的带动作用,但这种作用并不明显。限于协调性均衡指数计算的各项指标均以城市为基本单元,在城乡协调方面的代表性相对不足,使得城乡居民收入差距对协调性均衡指数的影响难以体现,二者的相关性系数仅为0.2287。

三、三大城市群内外空间关联强度动态演进

1. 研究方法

经济地理学中的引力模型来源于经典力学中的牛顿万有引力模型。在地理学中根据研究问题的差异性,经数代经济地理学家的拓展与完善,对该模型采用不同的假设,逐渐形成了如今较为丰富的经济引力理论体系[①]。从空间结构的角度出发,引力模型可以测定城市与城市之间的社会经济联系,从而揭示经济增长过程的引力因素。公式如下:

$$T_{ij} = G \times \frac{M_i \times M_j}{D_{ij}^b} \tag{1}$$

式中:T_{ij}为两地区之间的引力值;M_i、M_j分别为两地区的经济"质量";D_{ij}为两地区之间的空间距离;b为距离之间的摩擦系数,表征的是距离的影响程度,一般取$b=2$,G为引力常数,本文取$G=1$。为了更加准确地表达经济的引力作用,城市间的距离不能单纯地考虑欧式空间距离,本研究借用百度地图API工具,获取城市道路之间的最短交通距离与最短时间成本,用两者的复合距离来代替欧式空间距离,计算公式如下:

$$D_{ij} = d_{ij} \times t_{ij} \tag{2}$$

在一般的经济引力模型中,质量M_i、M_j通常为单一要素变量,如GDP或人均GDP,但也有学者从综合指标的角度来综合评定,比如:孙晶等对长三角

---

① 张宝光:《数学方法在旅游地理学中的应用》,《地理科学进展》1990年第1期。

地区部分城市的经济质量共选取了 16 项指标来综合评定①,梁任敏等在对经济地理重塑与区域经济一体化动力机制的分析过程中筛选了 4 个与经济距离相关的指标②。为了更加准确地测定长江经济带三大城市群之间经济活动的联系强度与潜在的发展实力,本研究在参考前人成果的基础上,结合各城市群经济发展阶段以及地理区位条件,在单要素引力模型基础上,采用多指标综合核算的经济引力模型。为了对经济质量进行较为准确的衡量,选取以下 4 个指标:GDP、年末总人口、外商直接投资和市辖区建成区面积来综合核算区域经济质量,对 2000—2018 年间 4 个指标分别归一化处理,并对处理后的数据采用均值法进一步综合核算,结合经济距离,求得各城市群之间及内部各城市之间的经济吸引力,在此基础上对每个城市的经济吸引力进行加总计算,得到城市经济发展的潜能值,从而有效地估算各市经济发展的潜力,为经济政策的制定提供一个较为客观的依据。

2. 三大城市群内部的关联强度

在对多项经济指标综合处理的基础上,得到长江经济带三大城市群历年经济联系强度状况的引力值核算数据表。本研究选取 2000 年、2010 年与 2018 年 3 个年份城市单向引力值数据分别制作成弦图,以直观表征各个城市群内部各城市在空间上的相互联系强度。有一点需要特别提出,由于长三角城市群共计有 41 个城市,超出了弦图软件制作软件数据容量,故选取潜力值排名前 15 位的城市绘制弦图(选择前 15 位是因为综合研究年份各城市的潜力值,前 15 位城市的潜力值占整个长三角的 80% 以上,具有很好的代表性)。长江中游城市群共有 27 个城市,处理方法同上。成渝城市群只有 16 个城市,全部纳入图中。

(1)基于引力模型的长三角城市群关联度分析

分析长三角城市群从 2000—2018 年城市间经济吸引力的变动趋势(图 5-11),从宏观角度观察,各城市间经济联系强度随年份的递进呈现逐年

---

① 孙晶、许崇正:《空间经济学视角下"经济引力"模型的构建与运用——以 2010 年长三角地区经济数据为例》,《经济学家》2011 年第 7 期。

② 梁任敏、蒙昱竹、李振东:《经济地理重塑与区域经济一体化动力机制》,《广西社会科学》2017 年第 1 期。

上升的趋势。就具体城市在空间上的经济交流情况分析,整个长三角城市群出现了多个经济核心区,即以上海为核心的上海都市圈,以及分别以南京、杭州与合肥为中心的南京都市圈、杭州都市圈和合肥都市圈,但后三者的总关联强度与上海都市圈相比差距明显。在四幅图中,峰值越高,城市之间的经济引力越大,显然从2000年起至2018年,上海市对其周边5个城市(苏州、无锡、南通、嘉兴和杭州)经济发展的引力值始终居高不下,最终形成了以上海为中心的经济增长辐射源地。

除此以外,研究时段内经济往来较为密切的城市对还有南京—扬州、南京—滁州、无锡—苏州、无锡—常州、苏州—南通、苏州—嘉兴、扬州—镇江和杭州—绍兴,它们的峰值区域随着时间上升明显。从图中各市之间的引力值来看区域经济交流的密切程度,经分析可知,经济发展突出的城市对其周围城市均存在着辐射带动作用,随着时间的推移,带动作用日益明显。

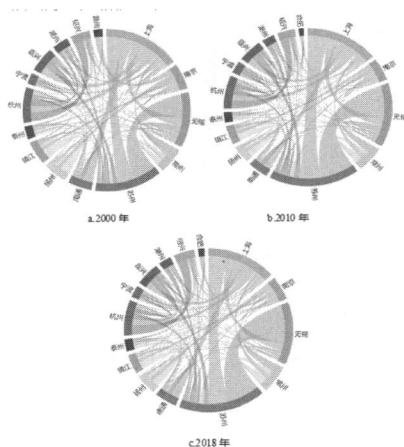

a.2000 年   b.2010 年

c.2018 年

图 5-11 长三角城市群经济引力弦图

本研究通过经济引力模型,在空间上直观表现了2000—2018年长三角城市群各城市经济之间相互往来的密切程度,并通过对各个城市经济吸引力的综合加总得到各市经济发展潜能,从而预估了各市未来经济发展的潜在活力。对比以上3个时间截面中研究区经济潜能值的动态变化状况,可以看出,2000—2018年变化最为显著的城市有上海、南京、无锡、常州、苏州、南通、扬州、嘉兴和杭州,其经济潜力增长量均在1000以上,远高于其他城市。这充分说明,距离区域绝对核心——上海越近,可能获得的溢出效应就越明显。而远离上海或其他区域核心城市的舟山、丽水、池州、宣城等城市,它们的经济发展总潜力值就相对偏低(见表5-14)。

表5-14　2000—2018年长三角城市群各城市的经济潜力

城市名称	2000年	2010年	2018年	绝对增长量	2000—2010年均增幅	2010—2018年均增幅
上海	298.96	1625.2	3543.7	3244.8	18.4%	10.2%
南京	129.73	813.4	1967.9	1838.2	20.2%	11.7%
无锡	207.33	1430.6	3122.8	2915.4	21.3%	10.3%
徐州	38.59	193.5	415.0	376.4	17.5%	10.0%
常州	100.1	604.0	1469.8	1369.7	19.7%	11.8%
苏州	242.95	1907.8	4165.2	3922.2	22.9%	10.3%
南通	89.96	448.5	1106.7	1016.8	17.4%	12.0%
连云港	14	68.1	172.5	158.5	17.1%	12.3%
淮安	23.65	130.1	326.6	302.9	18.6%	12.2%
盐城	29.3	155.9	392.7	363.4	18.2%	12.2%
扬州	92.29	426.7	1108.4	1016.1	16.5%	12.7%
镇江	92.36	450.4	1016.8	924.4	17.2%	10.7%
泰州	54.32	255.6	674.4	620.1	16.7%	12.9%
宿迁	14.86	82.6	199.0	184.1	18.7%	11.6%
杭州	143.5	786.4	1914.5	1771.0	18.5%	11.8%
宁波	51.91	332.3	719.5	667.6	20.4%	10.1%
温州	27.28	110.5	249.3	222.0	15.0%	10.7%
嘉兴	93.08	507.1	1146.8	1053.7	18.5%	10.7%
湖州	61.05	268.3	617.5	556.5	16.0%	11.0%
绍兴	74.23	395.3	1042.2	968.0	18.2%	12.9%
金华	22.31	108.4	235.3	213.0	17.1%	10.2%
衢州	8.7	43.5	85.2	76.5	17.5%	8.8%
舟山	10.27	46.4	99.8	89.6	16.3%	10.1%
台州	29.84	124.5	255.5	225.7	15.4%	9.4%
丽水	6.34	33.5	69.6	63.3	18.1%	9.6%

城市名称	2000 年	2010 年	2018 年	绝对增长量	2000—2010 年均增幅	2010—2018 年均增幅
合肥	38.95	235.5	670.8	631.8	19.7%	14.0%
芜湖	34.68	185.76	552.23	517.6	18.3%	14.6%
蚌埠	21.27	94.22	223.59	202.3	16.0%	11.4%
淮南	19.34	81.07	188.13	168.8	15.4%	11.1%
马鞍山	29.43	174.95	495.87	466.4	19.5%	13.9%
淮北	21.69	87.57	193.22	171.5	15.0%	10.4%
铜陵	8.55	41.39	138.36	129.8	17.1%	16.3%
安庆	14.51	68.05	142.02	127.5	16.7%	9.6%
黄山	4.95	23.88	54.48	49.5	17.0%	10.9%
滁州	40.67	200.83	496	455.3	17.3%	12.0%
阜阳	14.35	54.5	140.13	125.8	14.3%	12.5%
宿州	32.26	109.05	248.75	216.5	13.0%	10.9%
六安	21.89	83.78	183.03	161.1	14.4%	10.3%
亳州	11.36	35.99	84.78	73.4	12.2%	11.3%
池州	7.55	36.49	80.49	72.9	17.1%	10.4%
宣城	17.28	78.08	194.76	177.5	16.3%	12.1%

（2）基于引力模型的长江中游城市群关联度分析

分析长江中游城市群从 2000—2018 年城市间经济吸引力的变动趋势（图 5-12），从宏观角度观察，各城市间经济联系强度随年份的递进呈现逐年上升的趋势。就具体城市在空间上的经济交流情况分析，整个长江中游城市群出现了多个经济核心区，即以武汉为核心的武汉都市圈，以及分别以长沙与南昌为中心的长沙都市圈和南昌都市圈，但后两者的总关联强度与武汉都市圈相比差距明显。在三幅图中，某两种颜色之间幅宽越大，表示它们之间的经济引力越大，显然从 2000 年起至 2018 年，武汉市对其周边 6 个城市（黄石、鄂州、孝感、黄冈、咸宁）经济发展的引力值始终居高不下，最终形成了以武汉为中心的经济增长辐射源地。

除此以外，研究时段内经济往来较为密切的城市对还有黄石—鄂州、黄石—黄冈、鄂州—黄冈、长沙—株洲、长沙—湘潭、长沙—益阳和株洲—湘潭，它们的峰值区域随着时间上升明显。从图中各市之间的引力值来看区域经济交流的密切程度，经分析可知，经济发展突出的城市如武汉、长沙等对其周围城市均存在着明显的辐射带动作用，随着时间的推移，这种带动作用愈发明显。

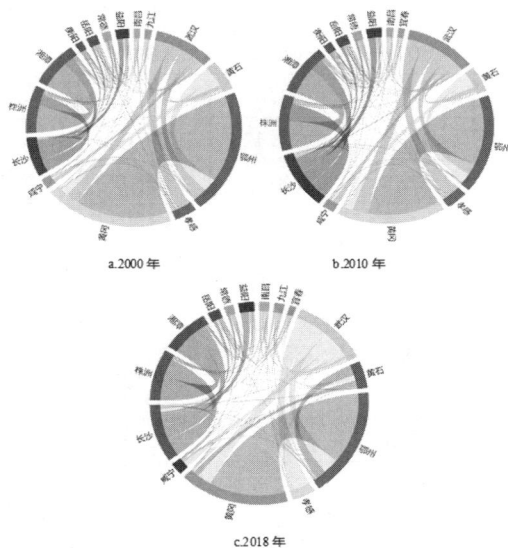

图 5-12 长江中游城市群经济引力弦图

注：鄂州和黄冈因与武汉距离不足 50 公里，在引力模型中的分母明显偏小，使得它们计算出的潜力值偏大，然而这并不代表这两个城市在长江中游的真实地位。这一点将在后续的研究中加以克服。

本研究还通过经济引力模型，在空间上直观表现了 2000—2018 年，长江中游城市群各城市经济之间相互往来的密切程度，并通过对各个城市经济吸引力的综合加总得到各市经济发展潜能，从而预估了各市未来经济发展的潜在活力。对比 3 个时间截面中研究区经济潜能值的动态变化状况可以看出，2000—2018 年变化最为显著的城市有武汉、鄂州、黄冈、株洲和长沙等城市，其经济潜力增长量均在 500 以上，远高于其他城市。从这里亦可知，长江中游城市群基本上是以武汉为核心，长沙为次级核心，距上述两个城市越近，可能获得的溢出效应就越明显。而南昌则由于自身首位度不足，暂时还难以带动更大范围区域的发展，进而使得城市群江西部分的城市潜力值显著低于其他城市（见表 5-15）。

表 5-15　2000—2018 年长江中游城市群各城市的经济潜力

城市名称	2000 年	2010 年	2018 年	绝对增长量	2000—2010年年均增幅	2010—2018年年均增幅
南昌	13.7	71.2	181.6	167.9	17.9%	12.4%
景德镇	3.4	16.2	30.7	27.3	17.0%	8.3%
萍乡	10.3	43.2	90.4	80.0	15.4%	9.7%
九江	11.4	50.1	129.7	118.3	16.0%	12.6%
新余	5.3	32.8	71.4	66.1	19.9%	10.2%
鹰潭	2.1	12.1	29.1	27.0	18.9%	11.6%
宜春	11.4	57.7	140.4	129.0	17.7%	11.8%
抚州	5.3	27.2	70.4	65.0	17.7%	12.6%
上饶	3.3	16.8	45.2	41.9	17.6%	13.1%
武汉	91.9	373.2	940.7	848.8	15.0%	12.3%
黄石	47.8	141.5	328.2	280.4	11.5%	11.1%
宜昌	9.4	35.1	93.7	84.3	14.1%	13.0%
襄阳	7.0	25.5	70.3	63.3	13.8%	13.5%
荆州	6.7	22.6	52.8	46.1	12.9%	11.2%
荆门	8.7	26.2	62.3	53.6	11.6%	11.4%
鄂州	189.2	514.5	1321.8	1132.7	10.5%	12.5%
孝感	34.7	114.2	276.0	241.3	12.6%	11.7%
黄冈	182.9	525.9	1228.6	1045.8	11.1%	11.2%
咸宁	15.9	63.5	147.6	131.8	14.9%	11.1%
长沙	66.7	330.7	802.9	736.2	17.4%	11.7%
株洲	77.4	307.9	664.3	586.9	14.8%	10.1%
湘潭	71.7	269.7	570.0	498.3	14.2%	9.8%
衡阳	13.7	53.1	117.4	103.7	14.5%	10.4%
岳阳	18.0	68.9	158.6	140.6	14.3%	11.0%
常德	15.2	56.0	130.2	115.0	14.0%	11.1%
益阳	21.1	79.1	195.7	174.6	14.2%	12.0%
娄底	11.0	41.5	91.1	80.1	14.2%	10.3%

（3）基于引力模型的成渝城市群关联度分析

分析成渝城市群从 2000—2018 年城市间经济吸引力的变动趋势（图 5-13），从宏观角度观察，各城市间经济联系强度随年份的递进呈现逐年上升的趋势。就具体城市在空间上的经济交流情况分析，整个成渝城市群出现了两个经济核心区，即分别以重庆和成都为核心的都市圈。在三幅图中，某两种颜色之间幅宽越大，表示它们之间的经济引力越大。2000—2018 年重庆和成都（两个城市间的距离约 300km）对其周边 6 个城市（广安、德阳、绵阳、泸州、南充和眉山）经济发展的引力值始终居高不下，基本上形成了以成渝两个中心城市为核心的经济增长辐射源地。

除此以外，研究时段内经济往来较为密切的城市对除了重庆—成都外，还有重庆—南充、重庆—广安、成都—德阳、成都—绵阳、成都—眉山、自贡—南充和德阳—绵阳等，它们的峰值区域随着时间上升明显。从图中各市之间的引力值来看区域经济交流的密切程度，经分析可知，经济发展突出的城市如重庆、成都等对其周围城市均存在着明显的辐射带动作用，随着时间的推移，这种带动作用愈发明显。

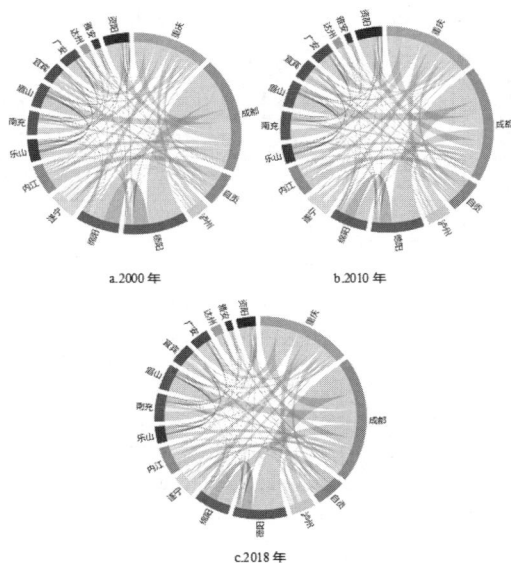

a.2000 年　　　　b.2010 年

c.2018 年

图 5-13　成渝城市群经济引力弦图

本研究还通过经济引力模型,在空间上直观表现了2000—2018年来,成渝城市群各城市经济之间相互往来的密切程度,并通过对各个城市经济吸引力的综合加总得到各市经济发展潜能,从而预估了各市未来经济发展的潜在活力。对比3个时间截面中研究区经济潜能值的动态变化状况可以看出,2000—2018年变化最为显著的城市有重庆、成都和德阳等城市,其经济潜力增长量均在300以上,远高于其他城市。从这里可以明显看出,成渝城市群基本上呈现出一个明显的双核结构,距上述两个城市越近,可能获得的溢出效应就越明显。而南部的雅安、乐山、达州等城市或由于地理区位、或由于交通等因素,经济发展潜力暂时还相对较低(表5-16)。

表5-16　2000—2018年成渝城市群各城市的经济潜力

城市名称	2000	2010	2018	绝对增长量	2000—2010年年均增幅	2010—2018年年均增幅
重庆	49.9	248.1	702.5	652.6	17.4%	13.9%
成都	78.7	317.9	980.5	901.9	15.0%	15.1%
自贡	21.9	87.9	222.7	200.8	14.9%	12.3%
泸州	12.6	63.9	181.0	168.4	17.6%	13.9%
德阳	41.9	140.1	401.3	359.4	12.8%	14.1%
绵阳	27.7	99.7	270.4	242.7	13.7%	13.3%
遂宁	17.9	63.1	176.9	159.1	13.4%	13.8%
内江	20.7	83.4	217.7	197.0	14.9%	12.7%
乐山	15.1	51.8	129.2	114.1	13.1%	12.1%
南充	15.9	76.9	215.9	200.0	17.1%	13.8%
眉山	16.4	72.5	197.3	180.9	16.0%	13.3%
宜宾	12.7	53.9	156.8	144.1	15.5%	14.3%
广安	12.1	53.6	141.3	129.2	16.1%	12.9%
达州	4.8	22.2	73.3	68.4	16.4%	16.1%
雅安	4.4	16.3	46.4	42.0	14.0%	14.0%
资阳	16.6	70.5	142.1	125.5	15.6%	9.2%

3. 三大城市群之间的关联强度

根据修正的引力模型计算各城市群地级市之间的空间相互作用强度。根据顾朝林的研究成果,距离衰减系数等于 1 的时候能够更好地反映城市群尺度的空间作用力,因此距离衰减系数取 1,引力系数取 1。由于空间相互作用要素具有不同的量纲,因此对引力模型中的数据统一进行了标准化处理,最终得到城市间空间相互作用强度值。

(1)长三角—长江中游城市群的关联强度分析

通过 2000 年与 2018 年长三角与长江中游城市群各城市间的关联强度图(图 5-14)可以看出,首先,空间联系具有中心指向性。中心指向性是指各城市对中心城市的依赖程度较高。两大城市群之间的空间关联主要还是集中在核心城市之间,如上海—武汉、上海—南昌、武汉—南京、武汉—苏州等,大都沿既有沪渝或沪昆铁路分布的城市对联系相对密切,而其他城市空间联系普遍较弱。其次,空间联系具有邻近指向性。邻近指向性是指地理位置相邻的区域空间相互作用力较强。位于两大城市群临界处的城市对空间关联度相对较高,如上饶—杭州、上饶—金华等。再其次,两大城市群之间的空间关联强度差异明显。2018 年空间关联度最大的武汉—合肥(71.94)几乎是最小的荆州—舟山(0.1)的 719.4 倍。最后,随着时间的推移,两大城市群的空间关联并未发生显著变化。2000—2018 年,长三角与长江中游城市群各城市间的关联强度空间分布未发生显著变化,除关联值有所上升外,其主要的重点联系城市对仍未改变。

为此,未来这两大城市群,一是要加快快速交通网建设,提高长三角对长江中游城市群的辐射带动作用;二是要培育主导产业及其产业链,提高产业辐射与承接辐射的能力;三是要充分利用地缘优势,调整战略,适应产业的梯度转移与升级趋势。

(2)长三角—成渝城市群的关联强度分析

长三角城市群和成渝城市群分别处于下游和上游,两者之间的空间距离平均在 1500km 以上,导致两大城市群的经济联系相对薄弱。从关联强度看,长三角沿江城市与重庆的关联强度相对较高,如上海—重庆、南京—重庆、合肥—重庆、杭州—重庆、苏州—重庆等,即图 5-15 中非蓝色部分的方格。与长三角与长江中游城市群关联状态相比,长三角与成渝城市群的关联强度显然薄弱了很多,突出表现为黄色方格显著偏少。除重庆和成都外,与长三角城

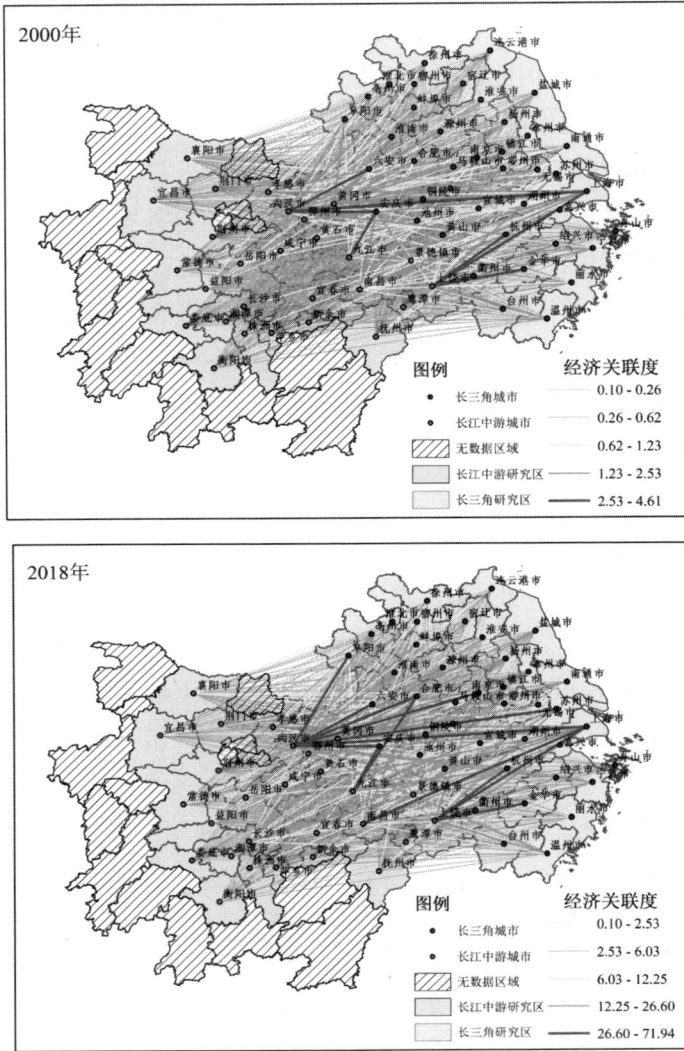

图 5-14 长三角与长江中游城市群各城市间的关联强度

市群内城市的关联强度在 1 以下的城市对共 537 对,占全部城市对的 82%。

结合前文对成渝城市群的内部关联状态及发展阶段的分析可知,目前成渝城市群仍局限于内部发展与优化,与下游长三角城市的互动不足。而对于长三角而言,尽管信息通讯技术的发展极大地缩短了城市节点之间的虚拟距

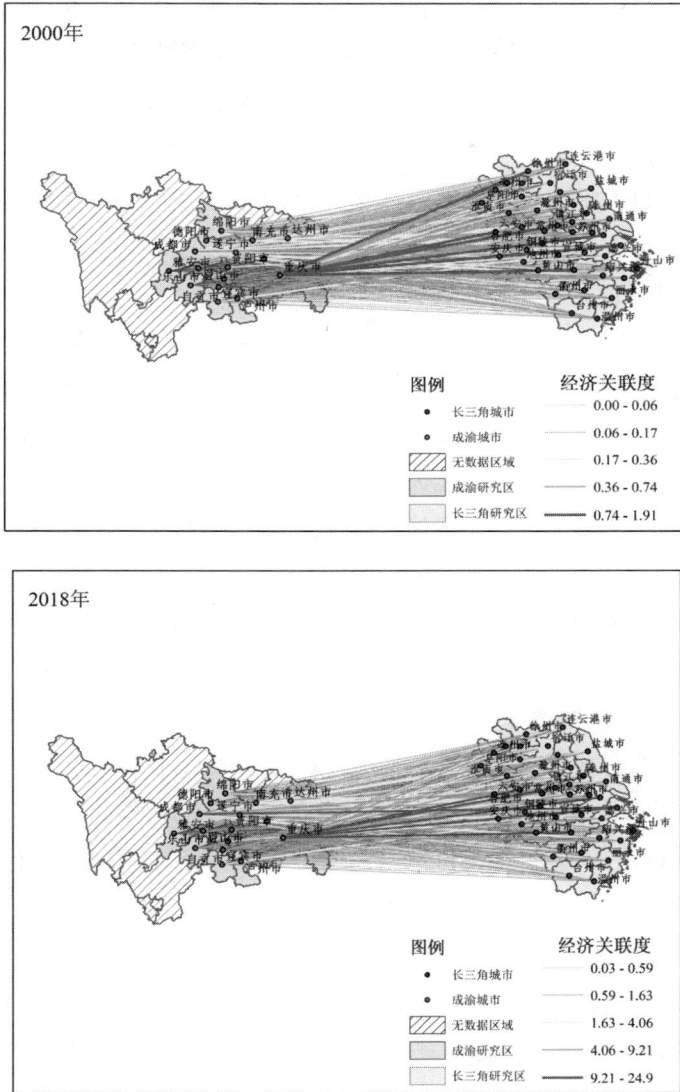

图 5-15　长三角与成渝城市群各城市间的关联强度

离,并使得高端生产性服务业可以实现远程提供,但对于制造业发达的长三角城市群而言,经济辐射很难深入近两千公里,且区域内就有多样化的制造业基地,如南通、泰州、嘉兴等,与上游成渝城市群的联系相对薄弱也是不难理解的。

由此可见,城市之间经济联系强度受交通时间支配,立体化交通体系的建立和完善是增进城市群内部联系的有力支撑,交通基础设施的建设和升级能够有效地缩短城市之间的时间距离,进而直接影响到区域内部经济联系的强度、结构和范围。为此,今后应强化两大城市群的立体交通联系,尽可能地缩短时间距离,进而加速产业转移与人文交流,强化两大城市群之间的空间关联强度。

(3)长江中游—成渝城市群的关联强度分析

通过图 5-16 可知,2000—2018 年长江中游城市群和成渝城市群之间关联强度的空间分布格局并未发生显著变化。总体上看,研究时段内关联强度较高的城市对为重庆—武汉、重庆—宜昌、成都—武汉、成都—长沙和重庆—常德等。由此可见,城市影响能力和辐射范围的差异与其自身的实力密切相关,区域一级中心城市重庆和武汉有较强的综合经济实力,远超过低等级中心城市的区域影响力。空间关联强度的高低同各城市与中心城市的空间位置关系极大,一般是离中心城市的距离越近经济联系隶属度越高,随着与中心城市距离的增加,关联强度逐步减弱。同时,与高等级中心城市的关联强度的高低也与各城市的经济发展水平有关,经济发展水平越高,关联强度越高。

据此可知,目前长江中游—成渝城市群之间的空间关联还存在以下问题:一是一级中心城市规模太小,辐射带动能力不强。重庆和武汉在长江中上游中具有绝对优势,对各自城市群内其他城市具有一定的辐射能力,但是与长三角城市群的一级中心城市相比较,上述两个城市总体实力还不高,这在一定程度上影响了重庆和武汉作为长江中上游核心城市的辐射带动能力。因此,应进一步提高其城市综合服务能力,加大城市外向功能,增强城市辐射作用,带动周边地区共同发展。二是二、三级中心城市整体实力较低,交通的可达性较差。例如,南昌虽作为省会城市,但由于城市整体实力较低和区位距离较远等因素,重庆、武汉和成都都对该区域的城市群影响不大,甚至南昌自身对省域内的其他城市的辐射能力也很有限。三是节点型城市数量较少,县域经济发展水平较低。目前长江中游—成渝城市群之间可以称得上节点型城市的仅有武汉、长沙、南昌、重庆和成都等少数几个城市,节点型城市的数量明显较少。不同区域的核心城市与周边其他中心城市之间的经济联系量和关联强度均不

高（相对于长三角城市群内部而言），各中心城市的经济实力较低，中心城市
之间的交通不便，仍处于城市群发展的初级阶段，更遑论跨区域的空间联系。
此外，这两大城市群分属于不同的行政区域，交通距离远，以及部分核心城市
自身经济实力较低等因素，使得这两大城市群各城市间的空间关联度相对较
低。这使得城镇带动广大乡镇发展的能力缺乏，也限制了城市群内城镇网络
化空间结构的构建。

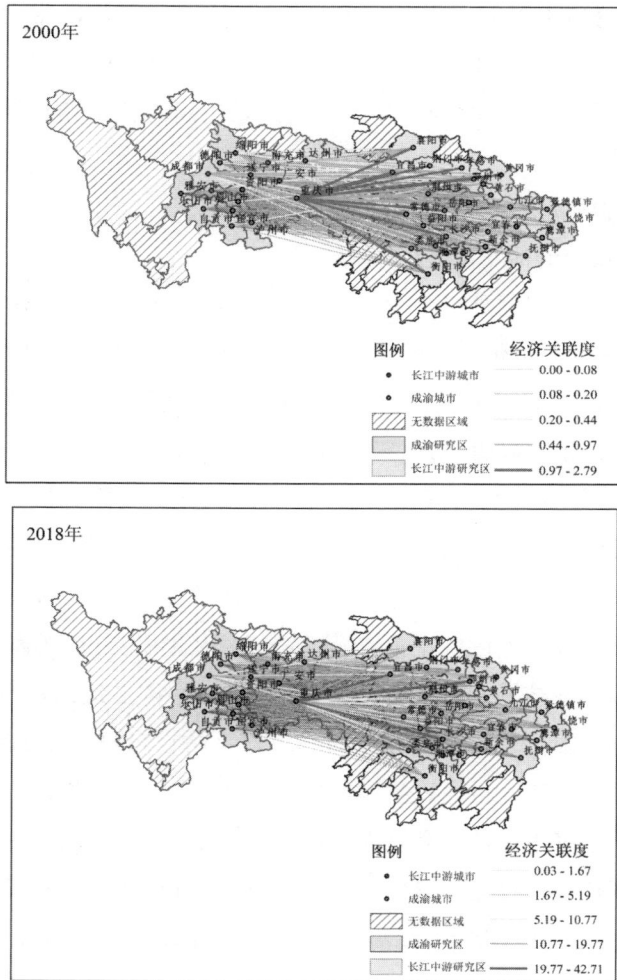

图 5-16　长江中游与成渝城市群各城市间的关联强度

四、长江经济带城市群协调性均衡发展问题

推动长江经济带高质量发展,要顺应城市化发展内在规律,立足长江经济带自身特点,紧紧依托三大两小5个城市群建设,坚持大中小结合、东中西联动,全面提升长江经济带城镇化水平,聚力打造长江经济带三大两小增长极。这既是贯彻落实党中央决策部署的重要举措,也是长江经济带发展规划的重点。然而,由于各种各样的原因,作为长江经济带核心增长极的若干城市群在协调均衡发展方面依然存在不少问题,成为阻碍新时代推动长江经济带高质量发展的障碍。

1. 城市群功能定位缺乏有效衔接

（1）不同城市群的功能定位不清

城市群的功能定位是一个十分复杂、需考虑内外部诸多因素的问题。由于种种原因,长江经济带三大两小城市群的定位相对模糊,使得其辐射带动作用难以充分发挥。虽然在《长江经济带发展规划纲要》中对上中下游各城市群的主要功能做了明确表述,但距离落地还有一段距离。主要原因可能有以下几个方面:一是不少城市群在功能定位时想法颇多,既想成为区域金融中心,又想成为区域产业中心、物流中心等①。试问支撑这些功能需要多少相关投资,这些投资又从何处来,这些可能都是当地政府面前难以破解的课题。二是不少城市群狭隘理解区域竞争,搞区域分割、互不妥协、自成体系,导致小而全和功能趋同。其结果是造成各城市群产业同构,重复建设盛行。三是城市群规划缺乏有效衔接。各城市群内的城市均是站在自身发展的角度,并未体现通过产业分工合作、发挥特色优势的要求,而是各自为政规划产业布局,造成了严重的低水平重复建设和资源浪费。缺乏合理的垂直分工和水平分工,各地的经济攀比和恶性竞争导致严重的重复建设和产业同构化明显。各大城市群省市之间联系过于松散,资源、资金和技术难以进行有效整合,区域整体

---

① 薛澜:《城市如何定位需重新考虑》,网易网,2018年9月22日,http://dy.163.com/v2/article/detail/DSBGLEDP0519PJJ6.html。

优势未能有效发挥。

（2）城市群空间布局仍需进一步完善

由于城市群空间规划不完善或落地力度不足，使得各城市的功能定位多从自身利益出发，缺乏"一盘棋"思想，进而导致生产要素流动或重新配置较为困难。以长江中游城市群为例，武汉一城独大的城市体系格局始终存在。诚然，在湖北乃至整个中西部地区，武汉的经济"桥头堡"地位十分突出，但由此导致武汉的首位度畸高，未能形成长江中游城市群均衡有序的城市体系①。就经济实力言，本地区其他地级市工农业总产值、第三产业增加值、财政收入等均低于全国大城市的平均值，属中等偏下水平。地级市中在国内国际较有影响的大企业或企业集团很少，具有竞争力的名牌产品不多，高新技术产业和高科技产品更少，市场及服务体系不够健全。缺乏起承接作用的过渡性大城市——次级中心城市，使武汉的辐射效应和影响力大大削弱。再有，不少城市的结合部还有规划空白，影响了城市群整体功能的发挥。例如，在长株潭三市中部交汇区约有 300 平方公里的"城市真空"地带，这片区域城市化水平低，没有进行规划和开发，这在一定程度上使得三地的生产要素市场封闭，原料和产品的流通受阻，制约了长株潭经济一体化的发展②。

（3）不同城市群中心城市间分工不合理

随着经济全球化进程的加速，跨国企业和国内大型企业基于集中控制指挥和分散化产业运行的需要，把其管理总部和分支机构纷纷搬迁到诸如上海、武汉、南京、杭州、合肥、成都和重庆等中心城市，使这些超大/特大城市有越来越成为区域现代服务业中心的趋势。与此同时，跨国企业和国内大型企业基于降低成本的考虑，会选择在长江经济带不同中心城市布局不同类型或等级的区域总部或研发中心③。但长江经济带部分核心城市未能顺应这一发展趋势，在中心城市分工方面还存在诸多问题。以长江中游城市群为例，武汉一家独大的局面始终未有改善。一方面，武汉与上游的成都、重庆，下游的上海、南

①　蔡若愚：《长江中游城市群一体化过程漫长》，《中国经济导报》2015 年 4 月 11 日。

②　薛绯、朱海雯：《长株潭城市群一体化协同发展研究》，《当代经济》2018 年第 15 期。

③　刘志彪：《经济全球化中的城市功能变化与房地产业发展机遇——以上海为中心的长三角地区为例》，《南京社会科学》2006 年第 3 期。

京等城市在比较优势基础上的分工合作尚未形成,装备制造、冶金、服装等行业均具有一定实力,但并非按产业链分工,各城市群彼此不完全配套,资源配置的效率相对较低。另一方面,不同城市群内都不同程度地存在着市场准入、质量技术标准、行政事业性收费、户籍制度等形式的地方保护,市场建设的总体水平不高,结构和分布不合理,资金、技术、劳动力等生产要素的市场优势不能互补,集聚和扩散效应不明显,相关法律法规不健全,缺乏统一的市场监管机制。

2. 基础设施布局的群域差异显著

（1）各城市群基础设施规模不一

就三大城市群来看,长三角城市群航空运输发达,旅客吞吐量与粤港澳大湾区水平接近,共拥有机场 22 个,2018 年旅客吞吐量达到了 1.4 亿人次。公路运输和铁路运输发达,2 小时交通圈覆盖的城市已达 24 个,区域一体化程度不断提升。高速公路和高铁都是实现城市群内部城际沟通的高效交通方式。铁路方面长三角城市群内有建成铁路线路 20 条,在建线路 9 条,未来规划线路 17 条,铁路密度 4.6 公里/百平方公里。铁路运营里程 9996 公里,其中高铁运营里程 3357 公里,占全国高铁总里程的 1/6。铁路运输日均发送旅客 172 万人次。2020 年预计铁路运营里程达 1.37 万公里,其中高铁 5900 公里,届时城市群一体化程度将进一步提升。公路方面,目前有 35 条高速公路通车,规划 2020 年总里程达 1.2 万公里①。成渝城市群方面,2018 年各种交通方式客货运量占比情况为公路占 95%、铁路占 3%、水路占 1%、航空占 1%。公路方面因该城市群地处内陆,交通建设投资很大。目前,成渝地区的公路网以成都、重庆为"两核",以国道主干线、国家干线公路、一般国道、省道为骨架,连通城市与农村,连接相邻省市区。铁路方面逐步建立了以成都、重庆为中心枢纽,以达州、内江、宜宾、雅安等城市为节点的 8 条干线网络。航空方面,拥有四川航空公司、中国国际航空公司西南分公司和重庆分公司等 8 家航空公司,该区域已有 13 个民用机场。其中,枢纽机场有成都双流国际机场

---

① 《2018 年我国长三角城市群航运及铁路发展情况分析》,中国报告网,2018 年 3 月 13 日,http://market.chinabaogao.com/jiaotong/03133244322018.html。

（2018 年客运量超过 5000 万人次）和重庆江北机场（2018 年客运量超过 4000 万人次），支线机场有绵阳、九寨沟等 10 多个。长江中游城市群方面，目前虽已初步构成了以铁路为骨干，公路为基础，水路、航空运输为辅的现代化综合交通体系，但综合交通线网总体规模不足、质量不高。根据有关数据显示，2018 年长江中游城市群的铁路营业里程为 5440km，路网密度为 0.0193 km/km²；公路通车里程为 34.6 万 km，路网密度为 1.227 km/km²，其中高等级公路仅为 9.2%。

（2）各城市群间综合协同能力低

近些年来，随着长江经济带黄金水道建设上升为国家重大战略，对长江经济带沿线的基础设施投资力度与日俱增，但由于缺乏全流域完善的基础设施规划，不仅航空、铁路、公路、水运等不同交通方式之间缺乏协调，空港、海港、铁路站点等换乘枢纽衔接不足，而且各城市群之间也未能充分对接城际轨道交通与高铁线路。与此同时，各城市大干快上各类基础设施项目，有可能会造成基础设施建设的重复、低效和浪费，投资拉动经济增长的效能显著下降，亦会造成投资过程中的权力寻租和腐败行为的发生。例如，在航运信息共享领域，其上游是融资保险、海事规范、政策咨询、技术标准等相关服务的信息资源，中游是为现代航运提供国际中转贸易运输、大型国际邮轮进出港服务、各类海上运输船舶租赁及船舶修理等相关服务的信息资源，下游是指为现代航运提供码头仓储、内陆运输、报关代理等相关业务的信息资源①。一般来说，航运产业中下游的信息资源整合相对来说较为容易，航运产业上游的信息资源由于各地政府相对严格的海关、商检管理政策，以及部门利益的维护等因素，整合难度相对较大。

（3）经济带东西向联系较薄弱

目前长江经济带东西向运输主要依靠长江内河航运，而长江航运能力相对不足，连接长江上中下游主要城市群的陆路大通道依然正在逐渐建设过程中，尚未完全贯通。一方面，2018 年长江经济带干线港口货物吞吐量达到 27.8 亿吨，长江干线船舶平均吨位达 1780 吨/艘，长江干线货物通过量超过

---

① 张彦：《长江经济带航运信息平台建设的问题与建议》，《上海经济》2016 年第 5 期。

了 26.9 亿吨,这些数据足以确保长江稳居世界第一航运大河之列。但是,面对日益旺盛的上中下游水运需求,下游河段航道条件不够稳定,局部航段通航压力较大;中游航道水深与上、下游相比偏低,而且有不少航段是珍稀鱼类的栖身之所,水运遭遇"肠梗阻";上游重庆以上航道等级总体偏低,通过能力明显不足;三峡船闸的通过量已超过设计能力,挖潜空间有限,"堵船"已成常态①。上述问题已然成为阻碍长江航运进一步提升能力的最大障碍。另一方面,东西向铁路、公路运输能力不足,南北向通道能力紧张,向西开放的国际通道能力薄弱,同时城际铁路建设滞后,城际交通网络功能不完善,不适应长江经济带新型城镇化格局和城市群空间布局的需要。

3. 生态环境的联防联治仍需强化

（1）流域生态环境保护的系统性不足

当前,长江流域系统性保护不足,沿江 11 省市分段治理,涉水部门众多,法律法规衔接性、协调性不强,而跨省域的河湖治理是需要流域内所有政府共同努力、联防联控才能治理好的,如果仅仅是一方治理、另一方污染,就会事倍功半,难以达到预期效果。这方面的失败经验并不鲜见,近年来跨行政区域的流域污染纠纷时有发生,其根源就在于流域上下游之间的环境保护责任不对等,容易造成上游"污染"、下游"治理"的现象。而一些在下游被淘汰的污染企业逆流而上,很有可能从源头上造成更大污染。与此同时,部分城市群虽投入大量财政资金,但由于与其他城市群协调不够,导致"治理效果不佳、多次重复治理"的现象比较突出,造成了一定程度的财政资金浪费。另外,虽然沿江各城市群都已意识到长江污染治理联防联控的重要性,但限于各方的利益纠葛,导致在跨流域河流治理上还未建立有效的联防联控机制,仅仅停留在开会考察的层面,真正的跨流域联防联治仍难落地②。

（2）沿江化工行业环境风险隐患突出

来自长江水利委员会的数据显示,全国 21326 家规模以上化工企业中,位于长江沿岸的有近万家。目前,长江流域正在建设或规划的化工园区就有 20

---

① 《长江"黄金水道"建设还要迈过几道坎儿》,《中国青年报》2018 年 8 月 17 日。
② 王振华、李青云、汤显强:《浅谈长江经济带水生态环境问题与保护管理对策》,《水资源开发与管理》2018 年第 10 期。

多个。在长三角城市群中,将石油、化工等列为主导产业的就有 8 个城市。成渝城市群中的泸州市在 60 多千米长的长江沿线上规划建设了纳溪、合江等 4 个化工园区,主要发展煤化工、精细化工、医药化工等,要力争将泸州建成西部化工城;重庆市利用天然气资源在位于三峡库区的长寿、万州、涪陵发展天然气化工。长江中游城市群中的武汉计划依托葛化集团,以化工新材料为主,以新领域精细化工为辅,利用良好的水域建港条件和北湖新城的发展,建设化工型港口城镇①。以长三角城市群北翼为例,约 2/3 的化工产能集中在沿江地区,沿江地区二氧化硫、化学需氧量和氨氮排放量分别为全国平均水平的 5.9、6.4 和 6.7 倍。同时,沿江地区的废水排放总量、化学需氧量和氨氮排放总量分别占全省的 74.44%、48.9%和 55.8%。部分支流污染严重,生物多样性受到损害,环境风险隐患突出。从水环境情况来看,江苏省 80%的生产生活用水源于长江②,但该省长江干流 10 个监测断面水质全部由 2010 年的 Ⅱ 类水降为 Ⅲ 类水,2018 年一季度,45 个入江支流断面水质劣 Ⅴ 类比例同比上升了 10.7 个百分点。近两年,习近平总书记批示中数次点名江苏沿江化工问题,有些尚未得到整改,中央有关部委对江苏化工围江形势表示担忧。此外,沿线人民群众对生态环境的要求不断提高,环保维权意识不断增强,仅《新华日报》就曾用 276 个版面回应群众来信来访 3909 件。这说明,江苏的化工污染整治工作,与中央的要求和人民群众的期待相比,还有一定距离。

（3）部分地区城镇开发建设挤占长江岸线资源

来自中科院南京地理所段学军研究员的研究成果表明,当前长江岸线的开发利用存在两大突出问题:一是不当开发造成了严重生态破坏。首先,岸线不当开发破坏滨江湿地。过度密集的港口建设、临江工业开发区建设使得滨江湿地的生态功能丧失,特别是长江中下游地区人造岸线对自然岸线格局的破坏不容忽视。非法码头、非法采砂、沿江堆砂场对岸滩湿地亦造成破坏。其次,岸线不当开发影响水生态及渔业的可持续发展。长江流域渔业资源面临

---

① 郭薇、李莹:《化工企业大多沿江河分布 我国环境风险大》,《中国环境报》2010 年 9 月 14 日。

② 《全省长江经济带发展工作推进会侧记 万众一心唱好新时代长江之歌》,江苏卫视网,2018 年 5 月 30 日,http://news.jstv.com/a/20180530/1527678617895.shtml。

严重衰退的局面,临江污染密集型工业的布局会造成长江岸边污染带,严重危害水生生物生存;另外,大规模重化工企业临江布局造成严重的生态风险。不合理的港口建设、航道建设、密集的航运与水生态保护矛盾凸显,特别是给江豚生存带来了严重威胁。二是功能布局不合理。港口码头、工业企业、城市生活、跨江桥梁、取水口及排水口、过江隧道与电缆等建筑物及构筑物沿岸布局缺乏统筹协调。部分建设工程挤占规划保留区或防洪工程用地,影响河势及防洪安全。部分城区岸线布局没有与城市总体规划较好协调,老城区仍有生产性货运码头存在,影响城市景观风貌。再者,取水口布局分散,水源保护空间不足。在功能布局协调方面,取水口布局问题尤为突出。安徽沿江有城市和乡镇取水口47个,取水口过多,而且布局分散,一些取水口混杂在工业和港口码头之间,上下游没有留足水源保护空间。如安徽芜湖杨家门水厂取水口受到上游300米处的石油站码头的影响,对居民饮水安全带来威胁。江苏沿江共有区域性饮用水取水口80余个,且大部分占用深水和中深水岸线,取水口过多且布局分散,不仅增加了水源保护的难度,同时也不利于岸线资源的高效利用。

4. 相关体制机制有待进一步完善

(1)主要城市群之间的衔接机制有待优化

为推进长江经济带发展,2015年3月以来,国务院先后批复了长江中游、成渝、长江三角洲三个城市群发展规划。如果说下游、中游、上游分别是"龙头""龙身""龙尾",现在出台的只是"龙头""龙身""龙尾"的局部规划,导致三段衔接不足。长江中下游之间的皖江城市带,2014年之前曾一度参与长江中游城市群建设,后被国务院《关于依托黄金水道推动长江经济带发展的指导意见》划入长三角城市群,其与长江中游城市群一体化发展的势头衰减。但由于其西部的安庆、六安、池州等距离东部沿海太远,难以被认同为"长三角城市群",与皖东城市相比融入长三角的难度较大,目前处于"不东不中"的尴尬地位。而在长江中游城市群与成渝城市群之间还存在"断链",两大城市群并不接壤,两者之间目前尚无整体联动①。

---

① 秦尊文:《关于推动长江经济带城市群联动发展的思考与建议》,《长江技术经济》2018年第2期。

（2）沿江岸线规划开发的管理机制欠完善

首先，岸线资源的开发及管理机制不完善，长江岸线资源处于多头管理状态，管理职责不明。即使部分城市群的相关省市有沿江开发办公室负责协调管理，但管理权仍然分散在各个部门，管理上条块分割现象严重。更值得注意的是，因为长期以来长江岸线缺乏统一管理，使用长江岸线的不同单位通过各自途径上报不同的职能部门审批，致使部门与部门之间、部门与地方之间、城市群与城市群之间在岸线使用功能、岸线利用与保护上的矛盾突出。其次，岸线开发利用规划滞后，长江下游部分城市群的岸线规划在 2003 年以后出台，而在此之前长江下游长三角城市群的岸线占用已经大规模形成，部分项目布局缺乏科学论证，且调整难度大，使得规划难以实施。而各城市群沿江地区岸线开发强度过高，布局拥挤，调整阻力更大，而中西部城市群部分省份的岸线规划至今尚未出台。

第二十五章　城市群协调性均衡发展
国内外经验与模式探讨

城市群的发展和壮大既是区域经济一体化发展的结果,如随着经济发展水平的不断提升,市场分工协作在时空范围不断发展,同时也是政府干预的结果,如各国政府当局为了改善单一中心大城市人口过于集中、交通拥挤、生态环境恶化、失业人口增加等而有意识地将产业和人口向大城市周围的地区扩散,并采用城市群的布局方式。从18世纪中后期的工业革命以来,经过两个多世纪的城市化,国外发达国家已形成了多个成熟的城市群,有关发展模式和发展经验可作为我国城市群发展的借鉴。

一、世界主要城市群简介

城市群是世界发达国家的重要现象。世界主要城市群,包括美国东北部大西洋沿岸城市群、北美五大湖城市群(也称大湖区城市群)、美国西南部太平洋沿岸圣地亚哥—旧金山城市群、英国的伦敦城市群、法国的巴黎城市群、德国的莱茵—鲁尔城市群、荷兰的兰斯塔德城市群、日本的太平洋沿岸城市群,都是区域经济增长的重要极核。目前世界公认的世界级城市群主要有五个:

1. 美国东北部大西洋沿岸城市群

美国东北部大西洋沿岸城市群是美国经济的核心地带,制造业产值占全国的30%,是美国最大的生产基地、商业贸易中心和世界最大的国际金融中心,包含波士顿、纽约、费城、巴尔的摩、华盛顿等200多座城市。其中,纽约是世界三大国际金融中心之一和著名的都会区,是美国的经济中心,而华盛顿是美国的政治中心。该城市带长965km,宽48km—160km,面积为13.8万km²,占美国面积的1.5%,该区人口为6500万,占美国总人口的20%,城市化水平达到90%以上。这一地区也是美国知识、技术和信息密集地区,拥有哈佛、麻省理工、纽约大学等多所美国著名高等学府。

2. 北美五大湖城市群

北美五大湖城市群分布于北美五大湖沿岸,横跨美国和加拿大两国。人口约为5000多万,面积约24.5万平方公里。主要包含芝加哥、底特律、克利夫兰、多伦多、渥太华、蒙特利尔、魁北克等城市,与美国东北部大西洋沿岸城市群共同构成北美制造业带,其中底特律是全球著名的汽车城。五大湖地区丰富的煤、铁等矿产资源以及廉价的水运条件,对北美钢铁工业发展起到很大作用,目前已经形成五大钢铁中心。

3. 日本太平洋沿岸城市群

日本太平洋沿岸城市群是日本经济最发达的地带,是日本政治、经济、文化、交通的中枢。包括了以东京、大阪、名古屋为核心的三个城市圈,其中既有东京、横滨、静冈、名古屋、京都、大阪、神户等大城市,全日本11座人口在100万以上的大城市中有10座分别在该城市群区域内,同时也包括了310个中小城市。这个带状城市群长约600公里,宽约100公里,占地面积10万平方公里,占日本全国总面积的31.7%;人口近7000万,占全国总人口的63.3%。这个地区集中了日本工业企业就业人数的2/3、工业产值的3/4和国民收入的2/3。这个城市带是日本政治、经济、文化和交通的中枢,分布着全日本80%以上的金融、教育、出版、信息和研究开发机构。其中,东京是世界三大国际金融中心之一和著名的都会区。

4. 伦敦城市群

该城市群以伦敦为核心,以英国伦敦—利物浦为轴线,人口逾3650万,约占全英国人口的一半。面积约4.5万平方公里,包括了大伦敦区、英格兰东南部和东部这三个区域政府的所辖范围,占英国国土面积的20%,包含伦敦、利物浦、曼彻斯特、利兹、伯明翰、谢菲尔德等主要大城市。伦敦城市群是产业革命后英国主要的生产基地,其中伦敦现已成为欧洲最大的金融中心,同时也是世界的三大国际金融中心之一。

5. 欧洲西北部城市群

欧洲西北部城市群由法国巴黎城市圈、比利时—荷兰城市圈、德国莱茵—鲁尔城市圈构成,包含巴黎、布鲁塞尔、安特卫普、阿姆斯特丹、鹿特丹、海牙、埃森、科隆、多特蒙德、波恩、法兰克福、斯图加特等世界著名城市,其中10万人口以上的城市有40座,总人口达到4600万,面积约14.5万平方公里。其中,巴黎是法国的经济中心和最大的工商业城市,也是西欧重要的金融和交通中心之一;鹿特丹素有"欧洲门户"之称;法兰克福是欧洲重要的工商业、金融和交通中心。

二、世界典型城市群协调性均衡发展的基本特征

世界典型城市群在发展进程中,大致包括以下几个方面的特征:

1. 工业化水平持续提升是城市群不断发展壮大的根本驱动力

国外大城市群的兴起、发展都是以工业化为基础、为先导的。工业革命始于英国,英国是世界上最早开始工业化和城市化的国家。在工业革命的推动下,英国的城市化进程十分迅速,曼彻斯特、伯明翰、利物浦等一大批工业城市迅速崛起、成长,在伦敦和英格兰中部地区形成了由伦敦、伯明翰、利物浦、曼彻斯特等城市聚集而成的英格兰城市群。随着资本、工厂、人口向城市的迅速集中,德国的鲁尔地区、法国北部地区、美国大西洋沿岸和五大湖沿岸等地区,都在工业革命的进程中形成了城市密集地区,出现了城市群现象。在工业化的推动下,这些城市往往集外贸门户职能、现代化工业职能、商业金融职能、文化先导职能于一身,成为国家社会经济最发达、经济效益最高的地区,具有发展国际间联系的最佳区位优势,是产生新技术、新思想的"孵化器",对国家、地区乃至世界经济发展具有中枢的支配作用。

2. 产业分工协作关系是城市群协调性均衡发展的主要表现

以美国东北部大西洋沿岸城市群为例,纽约是该城市群的核心,是全世界的金融中心和国际大公司总部的集中地,同时又是各种专业管理机构和服务部门的聚集地。费城是该城市群的第二大城市,重工业发达,它是美国东海岸

的主要炼油中心和钢铁、造船基地。波士顿是有名的文化中心和微电子技术中心,这里有全世界闻名的哈佛大学、麻省理工学院。华盛顿是美国的首都,是政治中心。这一城市群内有多个港口,各港口在发展中形成了合理的分工:纽约港是商港,以集装箱运输为主;费城港主要从事近海货运;巴尔的摩港作为矿石、煤和谷物的转运港;而波士顿则是以转运地方产品为主的商港,同时兼有海港的性质。在日本东京都市圈内,城市之间的分工也十分明确:千叶为原料输入港,横滨专攻对外贸易,东京主营内贸,川崎为企业输送原材料和制成品。综上可以看出,这些城市群内部各城市都有自己特殊的职能,都有占优势的产业部门,而且彼此间又紧紧相连,在共同市场的基础上,各种生产要素在城市群中流动,促使人口和经济活动更大规模地集聚,形成了城市群巨大的整体效应。

3. 核心城市的辐射带动作用是城市群协调性均衡的重要特征

城市群内各城市都具有相互吸引、分工协作的趋势,但在特定范围内,核心城市却具有增长极核的作用,具有较强的辐射带动作用,它的发展变化影响着城市群内的每一个城市。因此一些国家十分重视培育这样的核心城市。日本在第二次世界大战后将东京培育成了集多种功能于一身的"纽约+华盛顿+硅谷+底特律"型的世界城市。东京有五大功能:一是全国的金融、管理中心。全日本30%以上的银行总部、50%销售额超过100亿日元的大公司总部设在东京。二是全国最大的工业中心。该地区制造业销售额占全国的1/4。三是全国最大的商业中心。销售额占全国的29.7%,批发销售额占全国的35.3%。四是全国最大的政治文化中心。东京是首都,还有著名的早稻田大学、东京大学等几十所高等学府。五是全国最大的交通中心。东京湾港口群是国内最大的港口群体,以东京和成田两大国际机场为核心,组成了联系国内外的航空基地。这一集多种功能于一身的城市,不仅是该城市群的核心,而且也是整个日本的中心城市。

4. 交通网络的畅通发达是城市群协调性均衡发展的重要条件

发达的交通网络设施是城市群快速发展的重要支撑。交通网络的发展对城市群产业空间演化具有重大的影响。一方面促进了城市群空间扩展并改变着城市外部形态,对城市空间扩展具有指向性作用;另一方面直接改变着城市群的区域条件和作用范围,产生新的交通优势区位、新城市或城市功能区,进而改变原有的城市群产业空间结构。随着区域经济的发展,城市群产业空间结构内部向心集聚的同时,扩散辐射作用也不断强化。在这一过程中,沿交通通道的轴线集聚与扩散是城市群产业空间结构扩展最普遍的形式。交通运输业和信息产业的快速发展是国外城市群快速发展的重要条件和主要驱动力。特别是在现代条件下,各城市之间要彼此合作,形成各具特色的劳动地域分工的城市群体系,就必须以发达的交通运输和通讯网络为依托。国外城市群大多拥有由高速公路、高速铁路、航道、通讯干线、运输管道、电力输送网和给排水管网体系所构成的区域性基础设施网络,其中发达的铁路、公路、航空和港口等交通设施构成了城市群空间结构的骨架和连接枢纽。

5. 政府的协调作用是城市群协调性均衡发展的重要保障

1964 年,英国创建了"大伦敦议会",专门负责大伦敦城市群的管理与发展问题。1985 年《地方政府法案》颁布以后,英国主要通过环境部来承担这一地区整体发展战略规划职能。但是,撒切尔夫人当政期间,强调公共政策方面遵循市场规律,结果直接造成了一些大型项目规划无法实施,投资无法加以协调,环境无法得以保护。1990 年以来,大伦敦地区又先后引入了战略规划指引,以维持整个城市群战略规划的一致和协调。法国巴黎城市群也是在政府的推动下发展起来的。1958 年,巴黎制订了地区整体规划,并于 1961 年建立了"地区整顿委员会",1965 年制订了"巴黎地区战略规划",但是摒弃了在一个地区内建设单一大中心城市的传统做法,代之以规划一个新的多中心布局的区域,从而法国巴黎—里昂—勒阿弗尔城市群就逐渐发展起来。早在 1940年,日本政府就制定了国土开发纲要,1950 年制定国土综合开发法,从 1962—1998 年,先后五次制订国土综合开发计划,从而优化了日本城市群的产业空间布局。

三、城市群协调性均衡发展的主要模式

在具体实践中,城市群协调发展主要通过包括基础设施、产业发展与生态环境这三个方面内容,但是从实现模式和机制来看,主要有以下几种模式。

1. 从空间结构看城市群协调性均衡发展模式

不同区域具有不同线型与结点,因此其空间结构也是具有多样性和差异性的。城市群区域内空间结构发展演化应当是有序的。从地域空间的组织方式出发,结合国内外目前比较典型、成熟的城市群发展模式可以看出,城市群在空间结构方面大致表现为以下五种模式。

（1）极核模式

所谓极核模式,是指城市群的空间发展以一个超级城市为核心形成一定的发展区域。这种模式的主要发展历程包括两个阶段:①区域中心城市极化阶段,表现为资源和要素持续向中心城市集聚的阶段。这一阶段中城市群以特大城市为中心,与本区其他大中小城市、郊区工业点、城镇共同构成有机联系的城市群体系。城市等级主次分明,核心城市能级突出,居绝对主导地位,是整个地区城市相互作用的引力中心和辐射源。城市首位度高,城市间联系密切但以要素向中心城市集聚为主,同级规模城市间的横向联系较为薄弱。②区域中心城市扩散阶段。随着区域中心城市规模扩大和影响力增强,扩散效应会逐渐超过极化效应,区域经济中心城市开始输出经济资源和金融活动,刺激周围地区的经济发展。中心城市的郊区将实现农村城市化,进而逐步实现城乡的空间一体化格局。美国五大湖地区、长三角城市群都是极核型发展模式的典型代表。在长三角城市群内,在上海的集聚和辐射带动下,长三角城市群基本上形成了以南京为二级中心和以杭州、宁波为二级中心的两条城市带,城镇等级齐全,城市化率高。

（2）双核模式

所谓双核模式,是指在城市群区域的发展过程中始终存在着一对中心城市,它们处于既相互依存又相互制约、主从关系不明确的状态,并且在该区域发展过程处于主导地位。这种发展模式的主要特征表现在:①双核心城市在城市群区域内,无论是在城市经济力量、地理区位、城市规模与吸引能力的强弱上,还是城市在区域中所起的作用大小上,始终起到"双核心的作用"。②中心城市的主从关系不明确,城市间既相互依存又相互制约,但中心城市的带动作用比较明显。例如,长江上游的成都和重庆就是成渝城市群的两个核心,作用十分明显。国内其他一些省区的城市地带也具有这种双核心型发展模式的特征,如山东的济南与青岛、辽宁的沈阳与大连、珠三角的杭州与深圳、京津冀的北京与天津等。近年来,由国家建设部主持审定的"大北京规划",明确提出把北京建设成为"世界城市"的目标,提出以北京、天津"双核"为主轴,以唐山、保定为两翼,疏解大城市功能,调整产业布局,发展中等城市,增加城市密度,构建大北京地区组合城市的空间布局方案。

（3）多中心模式

所谓多中心模式,是指城市群的发展形成以多个城市为核心的发展区域。这种模式的主要特征表现在:①城市发展是多元的,呈现出一些类似性。一般城市规模相对偏小,城市职能较为单一,城市之间的互补性较强。②生产力布局趋向区域化、合理化,城市之间的经济发展比较均衡,将逐渐向分散组团模式演化。③城市群整体辐射带动作用难以达到最优状态。珠三角城市群、长江上中下游城市群等都具有向着多中心型发展模式演化的某些特征,如从地域空间的组织结构出发,珠三角地区可以划分为三个次一级区域:以广州为核心的中部次区域、以深圳为核心的东部次区域和以珠海为核心的西部次区域,形成"三足鼎立"模式。

（4）走廊轴线模式

所谓走廊轴线模式,是指城市发展与区域经济的总体布局沿着交通条件比较优越或用水、用地条件较好的发展轴线展开,如欧洲莱茵河城市群就表现出典型的走廊轴线模式特征。走廊轴线模式中,交通网络的发展是城市群协调均衡发展的重要条件,各城市之间要以发达的交通运输网为依托,使之成为城市间的连接枢纽。走廊轴线模式的优点在于:①城市布局选择在有利的交通轴线上,能够节约时空成本,有利于人流、物流、资金流、信息流等要素不断向城市流动。②城市布局沿着优越的交通运输轴线展开,有利于区域经济联系和城市之间的协作。这样客观上为城市拓宽了经济腹地范围,增强城市的辐射力与吸引力,更有利于城乡合作与实现城乡经济一体化。沿交通走廊轴线发展模式具体可以有单轴线型、十字形以及放射状型等多种类型。我国众多的城市(镇)都是沿着交通走廊或经济发展轴线布局的,形成了各种地域类型的城市群体或城市发展地带,长江经济带城市群即为其典型代表。

（5）网络化模式

网络化模式是城市群发展到工业化后期阶段出现的一种模式。这种发展模式的主要特征表现在：①不同层次、不同结构和不同功能的大中小城市通过交通网络、商品网络、技术网络、资金网络、人才网络和信息网络等紧密地联系在一起，形成相互分工、互补、交流和竞争的城市群体系，促进了城市（镇）之间高效率、高质量的交流。②城市群体系结构合理，城市之间的网络体系更加复杂，出现多层次化性和多圈层性特征。无论是交通网络，还是通讯、信息网络更趋向高度现代化和社会化。城市之间、城乡之间的网络联系高度频繁，网络流动加快，城市群区域间的水平联系和垂直联系将加强。目前，长三角城市群的网络特征已经初现雏形，未来长三角城市群空间网络结构特征将更加明显。

2. 从运作机制看城市群协调性均衡发展模式

城市群系统在促进协调性均衡发展进程中，按照运作机制可以总结出三种模式：政府主导型协调模式、市场主导型协调模式和复合协调型模式。

（1）政府主导型模式

所谓政府主导型模式又称为"自上而下"模式，就是以政府的行政力量为主，推动城市群整体的规划和有序发展。大多数发展中国家的城市群形成过程都是在政府的主导下。由于发展中国家普遍采用赶超的经济发展战略，其城市群发展模式也是在政府主导下围绕加快工业化展开。例如墨西哥和印度的城市群都具有政府主导的特征。这种模式的优点在于：政府的主导作用明显，能够精准、有力的推动城市群要素流动和城市发展。尤其有力的政府直接干预机制可有效促进各要素的聚集，从而加速城市化的进程。缺点是：一是城市发展缺乏经济基础，社会问题相对严重。由于城市缺乏承载大量人口的能力，其基础设施、就业岗位、社会保障等方面都无法跟上城市人口的过快增长，造成众多的社会问题。二是部门间扯皮现象严重，办事效率普遍低于商业组织，从而阻碍了政令的快速传达，不利于企业和非政府组织作用的发挥，与当前的市场机制本质上存在排斥作用。

（2）市场主导型模式

所谓市场主导型模式又称为"自下而上"模式，就是以市场牵引为主，利用市场机制的作用,引导城市群内部各种要素合理流动,来带动城市群整体的有序发展。市场主导型模式以欧美发达国家为代表。这种发展模式的主要特点有:第一,它是一种基于市场主导的城市协调过程,政府的干预作用相对弱化,决定资源和要素流动的主要作用是市场机制;第二,这类城市群区域的城市化是随着工业化、商品化发展到一定程度后,形成巨大的吸引力,人口迁移随之自发形成。

(3)复合作用型模式

所谓复合作用模式,就是指以政府为引导、市场为基础,政府力量和市场力量共同作用,两者相辅相成,共同推动城市群的整体协调均衡发展。国际经验表明,完全服从自发市场力量的城市化过程会产生许多难以消除的消极现象,需要更加合理的规划、更加有序的管理。由政府来对城市化发展加以科学的规划和引导是非常必要的。但城市群的协调性均衡发展之所以必须以市场为基础,是因为城市群的发展最终要以效率为基础,而市场是最有效率的机制,以市场为基础的城市化发展则可以使城市(群)更加有活力和效率。更为重要的是,以市场为基础的城市化发展有利于打破不利于城市规模扩张的行政壁垒,特别是那种由较低级别的政府所设置的行政壁垒,它们不仅不能为城市化发展带来秩序与规则,反而会造成城市化发展的障碍。综上所述,复合作用型发展模式主要是在政府引导下充分利用市场机制来整合城市群各种要素资源,以达到城市群整体协调性均衡发展的目的。

3. 从组织管理看城市群协调性均衡发展模式

行政组织和管理体制各自为政,是实现城市群协调性均衡发展的重要障碍,导致诸如基础设施重复建设、产业趋同、环境污染等。解决城市之间行政组织和管理体制各自为政问题的经验可以归纳为以下几种。

(1)行政区一体化模式

所谓城市行政区一体化模式,是在各城市合并、组建新的区域行政机构,统一行政指令和规划,以此统领城市群的发展。其优点是:①减少协商时间,提高区域协调效率。因为城市愈多、次级行政区数目愈大,边界问题就愈多,公用设施供应的空间规模愈小,地区协调发展的难度就增加。区域内城市完全合并,在一个集权政府的统一管理下,各项决策易于贯彻执行。②提升市场规模效应和一体化效应。行政区一体化有利于城市群区域的统一规划,充分利用各城市的资源财力,有效地结合各个城市的公共服务项目,形成城市公共服务的规模效应。但这种模式同样也存在如下缺点:①区域内城市实现行政一体化,操作起来一般难度较大。困难主要是来自于各市行政官员的位置安排,而且容易剥夺下级行政机构的自主权和影响其积极性。②行政区合并受到城市群规模的限制,随着城市数量的增加,合并的难度将大幅度增加,而且也会使合并后的同级机构庞大臃肿,降低政府的行政效率,不符合政府机构精简的政策。

国外行政区一体化模式的成功案例以杰克森维尔大都市区最为典型。杰克森维尔大都市区包括杜维尔、克雷、南索和圣约翰4县,1967年选民接受了杰克森维尔市与其所在的杜维尔县完全合并,形成了单一机构的大都市政府。合并不只是地域上的统一,也产生了长期的规模经济,降低了政府运行的成本。从国内情况看,通过改变下一级机构的行政隶属关系,如实现市管县、撤市撤县建区等方式比较容易行得通,因为这种做法不增加机构设置,不涉及人员安置,阻力较小。如番禺、花都两市撤市设区并入广州市,佛山把顺德、南海、三水三市撤市设区而纳入直接管辖等。

(2)政府联合组织模式

所谓政府联合组织模式,是指针对城市群区域难以统一行使跨界职能的状况,建立松散的城市群协调机构——区域协调委员会,行使类似于大都市区政府的某些职能,采取协商方式对涉及区域的治安、交通、环保、水利等问题进行统一规划,以协调各城市之间的矛盾,解决跨界的公共服务和管理问题。这种模式的主要优点有:①区域协调委员会虽是一种政府组织,但不是单独的一级政府机构,一般规模较小、灵活性大,有利于增强决策的透明度和科学性。②这种协调委员会从机构设置到开始运作,相对来说比较容易,也便于调整。但是,这种模式的不足之处在于:这种协调机构的权限不够,缺少相应的行政干预权,对城市群区域内跨越行政界线或功能区界线的更大范围的公共服务显得束手无策,决策实施的效果不甚理想。

华盛顿大都市区是施行这种管理模式的典型城市化地区。华盛顿大都市包括哥伦比亚特区(核心区)及马里兰州、弗吉尼亚州的15个县市。华盛顿大都市区形成了统一正规的组织——华盛顿大都市区委员会,这与其作为联邦首府所在地而受到相对强烈的政府调控影响和成员政府间具备较强合作意识有密切的关系。该组织组建于 1957 年,目前已发展成包括 18 名政府成员、120 名雇员、年预算 1000 万美元的统一正规组织。虽然它也是一个没有执法权力、由县、市政府组成的自愿组织,但由于其较好地解决了区域问题并为成员带来了实质性的利益,因而是一个相对稳定的联合形式。

(3)紧密型双层结构模式

所谓紧密型双层结构模式,是指在城市群区域城市的基础上建立具有明确的组织形式和调控职能的紧密型双层结构的联合政府—区域都市政府,并赋予其一定的实权,致力于解决区域内的协调性均衡发展问题,如基础设施规划建设、资源的开发利用和区域环境整治等。在此基础上,削弱或适当限制区域内各市政府的权限,淡化其经济管理职能,逐步将宏观经济协调的职能转移到区域都市政府,以此共同组成一个空间一体化管理的都市区双层政府体制。这种模式的主要优点有:①双层结构中,各城市地方政府与都市联合政府之间有明确的职能分工与合作。既能满足人们对界外公共服务的需求,又不限制城市政府非跨界职能的行使;既保持了部分行政干预力量的存在,又防止了行政机构的过分臃肿。都市政府主要负责全地区的区域性服务职能,如区域供水、排水、垃圾处理、交通等基础设施的协调建设、环境保护与治理、农业发展、空间开发管理(土地、城市等)、编制战略规划及监督其实施等。各地方政府负责所在城市的日常社会服务职能,如教育、住房、城市卫生、社会福利、城市建设实施等。②都市政府拥有较大的行政管理和经济管理权限,有足够的规划、管理权限,在整个城市群区域内有权调动次级城市的各种要素,并逐渐向行政组织与管理职能一体化迈进。但是,如果城市群内的城市隶属于不同的行政区域,则都市政府某些跨界职能机构建立的难度较大,会受到多方面的阻力,也或多或少地存在一些弊端。国外的迈阿密城市地区是施行这种管理模式的典型例子。1957 年,戴德县与迈阿密市形成了双层制的大都市政府,即县(区域)内非城市地区的所有服务均由大都市政府(上层)提供,而 27 个自治市的公民接受他们所在市(下层)和大都市(上层)的双层服务。上层政府承担了少量的区域范围服务,资金来自整个大都市区范围的相关税收及那些非自治市地区的特别税,而下层政府承担了更具体的公共服务工作。

4. 从区域合作看城市群协调性均衡发展模式

所谓区域合作,是指区域之间或区域内部不同地区之间的城市经济主体(包括政府、企事业单位、自然人),依据一定的目标、原则和制度,将城市系统要素在地区之间进行重新配置、整合与优化,以便获取最大的经济效益、社会效益和生态效益的城市经济行为。合作与协调并不是同一个概念,它们之间的关系是手段与目的的关系,合作仅是实现协调目的的手段之一。因此,区域合作模式是区域协调模式的一个方面。根据现实情况,可归纳出以下三种主要的区域合作模式。

(1)单一化合作模式

所谓单一化合作模式,是指以某个领域为内容、在特定目的驱动下的区域合作模式,如城市之间在经济、文化、科技等领域的合作。这种初期的合作一般是在政府的推动下完成的,合作的内容比较单一,双方的合作关系不够稳定,容易受到双方其他因素(特别是政治)的影响而出现波动。这种模式是区域之间开展大规模合作的前奏和铺垫。这种"单一化合作模式"较多地存在于经济结构和发展水平相差较大的国家和地区间,在当今区域合作现实中仍大量存在,但已经不占主导地位。比如,目前长江经济带上中下游城市群一体化就是选择区域基础设施的规划建设作为合作的突破口,以推动交通、能源、信息、生态、环境五方面一体化。

(2)综合型合作模式

所谓综合型合作模式,是指合作内容和途径涉及多个方面和领域,合作呈现出综合性的特点,并且各行业和领域的合作形成相互促进、共同繁荣的互动关系,区域合作呈现出加速推进的态势。综合型合作模式是目前最为普遍的模式,绝大多数的区域合作实践都正在进行着这种合作模式。这种区域合作模式一般产生在地理空间彼此相邻的区域(国家和一国内各地区)之间,城市各要素在临近的区域之间流动所受到的空间障碍和交易成本相对较小,容易形成密切的区域合作关系。

(3)多元化全方位合作模式

所谓多元化全方位合作模式,是指众多产业参与、主体多元化、综合机制协调下的全方位区域合作。区域合作的主体多元化,包括企业、民间组织、政府等,各城市在市场驱动、政府推动、民间互动等多种机制下形成共生共荣、高度融合的全方位合作关系。这种"多元化全方位合作模式"以基本层次的全面合作为目标和内容,因此必然地要进行区域间基础设施、环境、政策、制度、管理、社会文化等深层次领域的交流、沟通与整合,这是区域合作发展到一定阶段的必然要求和表现形式。这种模式下的区域合作成为区域间经济一体化、社会互动化、文化整合化的重大力量和重要内容,是区域走向成熟化、高级化的标志。目前,世界上具有这种模式的区域合作并不多,主要表现在发达国家和地区的合作中,以欧美发达国家和地区最为典型。

第二十六章　长江经济带城市群协调性均衡发展模式与任务

习近平总书记在 2018 年 4 月 26 日深入推动长江经济带发展座谈会上讲话指出,长江经济带"区域合作虚多实少,城市群缺乏协同,带动力不足"。城市群之间缺乏协同,从而带动力不足是长江经济带城市群发展的重大问题。对长江经济带这一大跨度流域经济体而言,要实现跨区域的协调协同,涉及方方面面、从内容到形式,是一个整体性、系统性的过程。总体来看,长江经济带城市群协调性均衡的总体目标是,以长三角城市群、长江中游城市群、成渝城市群等三大两小城市群为基础,通过城市带之间协调性均衡发展链接城市群,建设世界巨型城市群连绵带,构成"中国版国家经济地理横轴"。其外在形式主要表现为城市群内部资源整合、功能培育和多层级发展的圈层空间体系,以及三大两小城市群之间差异定位、协调互动的带状空间系统。其内在协调机制,一是产业分享型的国内价值链,二是能力分享型的创新网络,三是融合共生的生态环境体系。

一、长江经济带城市群协调性均衡发展模式选择

经过改革开放 40 多年的发展,长江经济带三大两小城市群已经初步形成了比较紧密的社会经济联系和比较紧凑的城市空间结构,尤其是长三角城市群,协调程度较高,城市群特征比较明显,目前已经进入一体化发展的高级阶段。长江中游城市群和成渝城市群尽管规模和发展水平距长三角城市群还有较大差距,但是近年发展速度很快,呈现快速追赶态势。但长江经济带三大两

小城市群之间由于距离较远,联系也比较松散,相互之间在资源整合和功能培育基础上的协调配合仍然没有得到应有的重视。根据长江经济带上中下游资源环境特征和阶梯递进的经济发展水平特征,推进以长江经济带城市群协同,应主要采用以下模式:

1. 构建"四核两轴"的空间结构模式

长江经济带三大两小城市群应该采取走廊轴线型和圈层型相结合组成的群核带动模式,形成"四核两轴"的空间格局,远期最终形成城市连绵带。"四核"即上海、南京、武汉、成渝,共同构成整个长江经济带城市群的核心增长极,上海与南京作为长三角城市群的主副双核,武汉作为中游城市群的核心,成都和重庆作为成渝城市群的双核心,辐射和带动长江经济带城市连绵带的发展。"两轴"即长江北岸和南岸的交通和生态轴线。

2. 构建政府和市场共同作用的复合协调模式

在运作机制方面,则应采用政府力量和市场力量共同发挥作用的复合协调模式。近期需要较快地积极培育和壮大圈层内部一体化。而在推进城市群内部一体化方面,政府的力量可以大于市场的力量,但从远期来看,整个城市群除了属于区域基础设施,以及资源环境等公共产品的合作项目必须由政府来操作实施之外,其他区域合作项目应推行市场化的企业运营机制,争取资源市场配置最优与利用最大化。实际上,即使是那些属于区域公共产品的合作项目,其操作实施的微观机制也完全可以考虑运用市场化手段,通过公司运作机制来完成。

3. 构建强政府联合组织的管理模式

在组织管理方面,长江经济带城市群协调均衡性发展的组织管理应采用强政府的联合组织模式。如果构建紧密型双层结构的联合政府,在城市群各城市之上再增设一级政府,必将增加大量的行政管理人员和财政支出,不符合目前我国行政管理体制改革的方向;而行政区一体化显然对于长江经济带硕大的流域区域来说不可能,即便在三大两小城市群内部采用这种模式也是不可能的。而所谓强政府联合组织模式就是建立强有力的城市群协调组织机构——城市群协调委员会。城市群协调委员会在涉及跨省市的交通、环保、资源与争端仲裁等方面具有绝对的权威,统一解决跨界的公共服务和管理问题。

远期,当行政区经济完全淡化时,核心圈层可以实施行政区一体化模式。

4. 构建以三大两小城市群为中心实施多元化全方位合作模式

在区域合作方面,应以长江经济带三大两小城市群核心圈层为中心实施多元化全方位合作模式,实现各种生产要素在城市群内部一体化高效率地运转与流动。区域合作的主体应该包括区域内从政府、企业、民间组织到个人几乎所有的社会主体,政府和企业是最主要的两大主体,民间和个人是重要的参与力量,形成"政府主导、企业主角、民间推动、个人参与"的多元化合作格局。各个企业、组织、管理机构组建多样化的合作机构与组织,开展多样化的联合行动,形成综合性的合作与发展形势。

二、长江经济带城市群协调性均衡发展总体思路

1. 建立长江经济带城市群协调机制

长江经济带横跨东中西三大地带和 11 个省市,地域广阔,区域差异大,上中下游三大两小城市群发展状况与合作诉求迥异。虽然建立了一些区域合作组织,如 20 世纪 80 年代成立的长江沿岸中心城市协调会,但由于组织结构松散且成员级别不同,有直辖市、省会城市、地级市,甚至还有县级市,地域跨度大,诉求不一,难以开展实质性的合作。城市群之间和内部城市合作大多只是进行高层互访、定期联席会议、设立合作办事机构等,既没形成自上而下的行政效力,又无相应的机制保障,难以承担协调职能。同时,监督保障缺失。以签订合作协议或彼此间口头承诺等形式形成的合作内容,缺乏硬性的监督和约束,使得政府间合作多流于形式。此外,由于城市群地处流域的不同区位,极易造成边界区域边缘化、流域污染的跨行政区转嫁等问题难以监督、协调与管理;另外各地在招商引资、港口建设、产业引进等方面多陷入土地、财税等方面优惠政策的恶性竞争,导致地方和国家利益受损。例如,近年长江沿岸众多城市相继开通中欧国际铁路货运班列,相互低价揽货、过度竞争,造成资源极大浪费。因此,建立沿江城市群统筹协调机制迫在眉睫。

一是构建多维协同推进的统筹协调机制与运行机制。在新常态下,长江经济带的发展,不再是"单打一"的经济类命题,更多的是经济、社会、生态、文

化、行政"五维"协同发展的命题,需要在"五维"融合发展中寻找体制机制的制度性突破。其中最难突破的是利益分割和冲突。长江经济带涵盖11个省直辖市以及108个地级市,各自有不同的利益诉求和发展目标。而且上、中、下游发展水平、资源禀赋差异较大,这就必然导致利益分割和利益不一致的冲突性问题。这就需要在国家顶层设计和统一规划领导下,建立协同推进的统筹协同机制和运行体制,统筹协调上下游、左右岸、干支流,建立全流域的协调治理机制,加强11省市之间、省市县之间政府协调联动,调动社会各方面的积极性,形成政府联动、企业主动、民间促动的合力。在合作共赢的前提下,完善跨行政区的利益协调机制。将长三角区域合作和一体化经验、机制推广到整个长江经济带,将长三角区域合作办公室扩建为长江经济带区域合作办公室,建立经济带内省际联席会议制度,每年定期召开会议,就合作中需要解决的重大问题进行集体磋商,统一部署落实。由11省市政府省(市)长任副组长,建议11省市轮流作为领导小组联席会议主席方,每年召开一次会议,研究确定重大合作事项和年度工作计划,协调、指导和推动重大合作项目;执行层由11省市发改部门设立联络处,负责收集情况、综合协调、沟通联系、督促落实及日常事务。原则上每年召开一次工作会,由主席方联络处牵头组织,负责协调落实联席会议议定事项,协商制定年度计划草案,协调推进合作中的有关事项。

二是制定长江经济带城市群总体规划及区域合作发展的战略规划。习总书记指出,要优化长江经济带城市群布局,坚持大中小结合、东中西联动,依托长三角、长江中游、成渝这三大城市群带动长江经济带发展。城市群可以从两个方面促进区域协调:一方面,促进三大城市群各自大中小城市的协调发展,加快区域中心城市和重点镇发展;另一方面,加强城市群之间的联动合作,加快重庆、武汉航运中心建设,加快内陆开放型经济高地建设,推进长三角产业沿长江向长江中游和成渝城市群有序转移,促进三大城市群之间的资源优势互补、产业分工协作、城市互动合作。这就要求在已有规划基础上根据主体功能区综合谋划城市群发展和区域合作的规划。①要在综合考虑长中下游的城市资源环境承载能力、现有开发强度和发展潜力,统筹谋划人口分布、经济布局、国土利用和城镇化格局,以逐步形成长江经济带整体人口、经济、资源环境相协调的国土空间开发格局,促进区域协调发展。长江上游、中游和下游,各自的区位、功能和定位各不相同,经济与社会发展的规模、总量、结构与区域资源、环境有较大的差异,经济社会发展重心应向城市群集中,注重城市群的引领作用。②要有统一的区域经济社会发展长远规划,以政策协调性均衡为先导,在重要的政策方面,如引资政策、财税政策、土地政策、开发区政策、金融政策、环境保护政策等方面保持基本的统一。要避免地区间的非市场化的政策性竞争,通过政府间的政策与规划协调,避免信息不充分条件下市场机制自发形成的重复建设、过度竞争的恶果。③以市场协调性均衡为主体,充分尊重市场规律,尽快建立起上中下游各省市政府间的沟通与协调正常化、法制化机制,打破行政区域的局限,破除地区保护主义。④加快推进城市群之间基础设施协调性均衡,加快长江经济带快捷交通、通讯、电网和能源、水利、环保等基础设施建设与管理的一体化。加速各省市间的产业融合,使长江经济带的发展,能打破原有的梯度式或雁行式传统发展模式,带动落后地区的跨越式发展,实现长江经济带持续、科学的共同发展。

三是建立长江经济带协调性均衡发展的评价和提升机制。可借鉴广东省推进珠三角区域一体化的评价方法,建立跟踪评估制度,对各种协调性均衡发展要素进行针对性的监测、检查、统计、分析、评价,提出进一步修改、发展和完善的建议。建立违约惩罚制度,对违约的地方政府采取行政撤免、减少合作项目、取消政策优惠、向社会公布评估结果或启动内部民意压力等间接措施给予一定惩罚。支持建立多边或双边高层对话和议事机制、合作协调机制,定期举办经贸科技活动。进一步培育发展和规范管理社会组织,在行业协会中引入竞争机制,允许"一业多会",允许按产业链各个环节、经营方式和服务类型设立行业协会,允许跨地域组建、合并组建和分拆组建等。建立和完善委托授权机制、合作联动机制、征询机制、监督指导机制等制度措施,促进行业协会的有效运转,充分发挥行业协会的桥梁纽带作用。

2. 推动长江经济带三大两小城市群均衡发展

长江经济带目前已经形成了长三角城市群、长江中游城市群、成渝城市群等三大两小城市群。这些城市群中的重要城市如上海、南京、武汉、重庆、成都等,除上海外,与全球城市的功能相比仍有一定的差距,但是它们的体量规模、基础设施建设、产业分工、公共服务供给等,都已经基本具备发展成为全球城市的潜力。如果以这些潜在的全球城市为节点,大力培育世界级城市群,那么长江经济带就有可能形成由三大引擎共同驱动的区域协调发展模式。与过去只强调长三角地区作为龙头进行单级驱动的模式相比,这种三大引擎模式不仅能够为长江经济带的总体建设提供更强劲的动力,更为重要的是,它将大大缓解单引擎模式带来的两极分化效应,从而使长江经济带的发展结构更加趋于平衡和协调。因此,打造长江经济带三大世界级城市群是实现长江经济带城市群协调性均衡发展的重要举措。

一是努力将长江经济带中上游城市群培育成世界级城市群,以城市群的协同发展带动区域间的协同发展。在功能体系上,中上游城市群的中心城市如武汉、重庆、成都等,要进一步扩大开放,提升承载和容纳能力,加强与周边和外围城市的互补分工与合作;在组织体系上,城市管理方式要由过去那种行政化、命令性的"垂直式"结构,转化为以市场自组织机制协调为主的"扁平化"结构。同时,三大城市群之间也要积极合作、共同发力,打造长江经济带协同发展的三大引擎联动模式。

二是在各个城市群内部构建多圈互锁、多层级发展的功能协调性城市圈。以 1 小时通勤都市圈为单位,发展各城市职能分工、多核心网络化整合的城市群是实现世界级城市群的重要途径。目前长三角城市群已经形成了显著的多中心、多圈层发展的"一核五圈四带"空间结构。"一核"即作为长三角城市群龙头的极核城市上海;"五圈"即南京、杭州、合肥、宁波、苏南五个次级都市圈;"四带"即沿海发展带、沿江发展带、沿沪宁—沪杭—杭甬—宁合发展带和沿沪杭金发展带。目前尽管长江中游城市群和上游的成渝城市群已经在城市群内部初步形成了若干个大小不一的次级都市圈,但其功能和层级还很不完善,都市圈之间的合作分工与经济联系还并不紧密,从而也没有形成紧密合作的城市群。因此长江中游城市群和成渝城市群应该着重于群内各圈的完善化、功能化发展,包括完善产业配套链、升级和整合优势产业及现代产业集群,实现内部经济一体化,进而在城市圈之间构建资源共享、功能互促的城市圈互锁体系,以此积极主动融入世界城市体系,广泛参与全球竞争和国际分工合作。

三是进一步利用长江经济带三大两小城市群的空间张力和产业纵深进行产业梯度转移。以长江经济带为轴线建立国内价值链,促进产业梯度转移。同时注意将基于价值链环节分离的产业转移与世界级先进制造业产业集群建设紧密结合起来;把"一带一路"建设与长江经济带战略结合起来,成渝城市群是长江经济带向西开放和对接"一带一路"的重要支点,长三角城市群则是"一带一路"建设与长江经济带战略的交汇点和重要节点区域。要沿长江流域中心城市构建开放的、由我国主导的 NVC 和 GVC,以及能力分享型的全球创新网络,以此与"一带一路"国家建立产能国际合作通道,转移中国丰富的有竞争力的产能。为此需要实施基于内需的经济全球化战略,以我国巨大规模的内需来虹吸全球先进生产要素,发展中国创新经济,提升城市经济地位。

3. 建立三大两小城市群之间差异化定位基础上的合作机制

2015 年 3 月以来,国务院先后批复了长江中游、成渝、长三角三个主体城市群的发展规划。这三大主体城市群建设好了,长江经济带也就发展起来了。要鼓励和支持三大城市群内部建立市长联席会议制度,定期和不定期协商解决区域内的重大问题,积极推进交通、旅游、工业、农业、生态、科技、人才、投资等方面的合作。可下设若干个委员会作为政策的执行机构,定期召开会议、沟通信息,及时反映区域内发展中面临的问题,提出解决办法。要逐步促进城市群内部制度一体化,实现经济、社会、人口、资源、环境相互协调的可持续发展。如推进重大基础设施建设、构建港口群、区域与交通联动发展机制,真正发挥黄金水道功能,建设立体化交通网络,彻底打通产业合作交通命脉;在公共资源共享方面,推进建立区域优质教育、卫生医疗、人才、旅游等资源共享机制,完善医保跨地区结算机制,推进区域交通、社保等"一卡通"工程;强化科技资源共享公共服务平台建设,合力推进区域科技创新体系一体化建设。

同时,推进三大两小城市群之间的合作。借鉴法国巴黎城市群和英国伦敦城市群对区域公共物品进行共建共享的经验,探索建立长江经济带城市群公共财政储备制度、横向利益分享机制和利益补偿机制,共建共享城市群区域公共物品,包括共建共享长江经济带区域性交通、能源、环保、生态等公共设施和公共物品,推动长江经济带城市群上中下游的基础设施建设、产业分工合作、生态环境共建共治、公共服务对接。在能源安全方面,推进长江流域地区能源安全体系一体化,建立长江流域能源储备体系和应急保障体系,推进新能源基地建设。要大胆探索创新新型区域合作机制,包括上中下游税源的划分机制、资源使用的购买和补偿机制、产业转移的对口协商机制、政绩的分类考核机制、政府机构的交流机制等。

4. 加强上中下游地区各个城市之间互动合作

在长江经济带,除了各城市群之间的合作以外,还要重点加强上中下游城市之间的互动合作。

一是开展中上游重点城市合作。长江经济带中,由于发展阶段、资源禀赋相似,中游和上游城市合作偏少、竞争偏多。中上游地区是开发难点,要加快物理基础设施建设,积极融入"一带一路"和长江经济带建设。如 2014 年 10 月,武汉港务集团与四川宜宾港有限责任公司签署战略合作协议,两港约定在规划、航线、口岸等多方面实现合作。武汉港在协议中明确提出将宜宾港作为中部地区入川水运的最重要港口加以规划和实施。在航线合作方面,共同开辟宜宾—武汉—洋山港航线。2015 年 2 月 1 日,成都、武汉、泸州开展港口物流深度融合,三市签订《港口物流战略合作框架协议》,三方将在港口规划、建设、通道等方面进行充分合作。

二是开展中下游城市合作。要以城市群之间城际轨道交通对接、长江中下游航道整治特别是安庆至武汉 6 米水深航道建设为契机,深化中下游合作。2015 年,武汉成为上海 PE 投资新热土,300 多家沪汉企业开展合作。中下游地区是长江经济带一体化发展的重点,要以城市群之间城际轨道交通对接、长江中下游航道整治特别是安庆至武汉 6 米水深航道建设为契机,深化区域合作。

三是开展上游与下游合作。2016 年 6 月 1 日,重庆市政府与上海黄金交易所签署战略合作备忘录,双方将以"一带一路"黄金市场建设为切入点,推动重庆建立黄金企业协作发展机制、市场参与创新机制、新产品新服务合作机制,进一步推动重庆黄金市场改革创新。长江经济带的上游与下游,还分别属于"丝绸之路经济带"和"21 世纪海上丝绸之路",通过相互合作,既能促进长江经济带城市群建设,又能促进"一带一路"建设的实施。2019 年 8 月 27 日"东西部扶贫协作·网络扶贫贵州交流推进会"在贵阳召开,上海、杭州、宁波等城市的网信办分别与遵义、黔南、黔东南等地的网信办签署网络扶贫框架合作协议。要推动更多项目、人才向贫困县、贫困村倾斜,着力补齐深度贫困地区在基础设施建设、产业发展、教育医疗卫生等方面的短板。长江经济带的上游与下游,还分别属于"丝绸之路经济带"和"21 世纪海上丝绸之路",通过相互合作,既能促进长江经济带城市群建设,又能促进"一带一路"战略的实施。

四是开展上中下游互动合作。长江上游地区矿产、电力、劳动力等资源富集,市场需求较大,重大装备、航空航天等特色产业也在全国处于领先水平,这将为下游产业向上中游转移奠定坚实基础。在武汉召开的座谈会上习近平总书记提到了"沿江重载铁路"。这是一条从重庆经武汉到上海的货运铁路,我们要就此进行研究,探讨能否一劳永逸地解决三峡大坝"卡口"的问题。此外,上中下游在物流、旅游、农业现代化等方面可以开展的更多合作。

五是深化下游对中上游的对口合作。可推广沪滇合作经验,建立上下游互动转移的合作机制。自 1996 年中央确定上海与云南开展对口帮扶合作以来,上海市"真金白银、真抓实干、真心实意"推进沪滇对口帮扶。截至 2015 年底,上海财政累计在滇投入帮扶资金 35.7 亿多元,实施帮扶项目近 8000 项,覆盖滇西边境片区、乌蒙山片区、石漠化地区和迪庆藏区 30 多个县,近 160 万贫困群众直接受益。此外,上海 14 个区县对口帮扶云南 26 个重点县,实施了一大批对口帮扶项目。光明食品、金茂股份、上实发展等一批大型龙头企业纷纷赴滇投资,累计实施项目 1000 多个,实际到位资金 500 多亿元。2016 年 4 月 19 日,上海市党政代表团到访云南,双方签订《关于加强沪滇对口帮扶与重点领域合作框架协议》,将进一步完善交流机制,加强在教育卫生、经济交流、现代农业、文化旅游、金融科技、人力资源开发等方面的合作,携手融入长江经济带战略。

三、长江经济带城市群协调性均衡发展重点任务

1. 构建协调性均衡的长江经济带城市群综合交通体系

推动长江经济带三大两小城市群协调性均衡发展的首要问题是搞好区域交通基础设施建设,打造高速化、网络化的互联互通格局,在基础设施一体化

基础上,推动三大两小城市群的一体化协同。基础设施要实现三大协调,即不仅要实现跨区域、跨部门的地域之间的协调,还要实现基础设施本身内部之间的协调,以及基础设施与区域经济一体化之间的协调。通过完善综合运输通道和区际交通骨干网络,强化城市群之间交通联系,加快城市群交通一体化规划建设,改善中小城市和小城镇对外交通,发挥综合交通运输网络对城市群协调性均衡发展的支撑和引导作用。

一是加快上海、武汉、重庆三大航运中心建设。随着上海自由贸易试验区的率先运行和湖北、重庆自由贸易试验区的跟进,三大航运中心地位和作用会越来越重要。通过加强基础设施建设和政策扶持,整合港口资源,加快形成以上海、武汉和重庆为中心的港口群,形成一体化的巨型港口系统。推进上海港、宁波—舟山港和长江下游港区的功能提升和资源优化,积极推进沿江专业化、规模化港区建设,完善港口集疏运通道,实现上海国际航运中心与武汉长江中游、重庆长江上游航运中心以及南京、芜湖、九江、岳阳、宜宾等长江航运物流中心的联动发展。

二是加强航道建设。要依托黄金水道建设长江经济带,既要加快形成干支流协调的高等级航道系统,扩大三峡枢纽的航运通过能力,也要提高港口现代化水平,合理布局过江通道。"一寸水深一寸金"。下游要通过"三沙"(福姜沙、通州沙、白茆沙)水道整治加快实现 12.5 米深水航道延伸至南京;中游实施荆江河段系统整治工程,提升长江中游航道通航标准;上游推进宜宾至水富段三级航道整治工程,让千吨级船舶尽快通达云南水富。

三是建设立体交通走廊。大力发展航空、铁路、高速公路和管道运输,建成合理的现代化集疏运体系,为城市群的发展创造高效、便捷、安全的综合运输条件。加快建设自上海经合肥、武汉、重庆至成都的沿江高速铁路和自上海经杭州、南昌、长沙、贵阳至昆明的沪昆高速铁路,连通南北向高速铁路和快速铁路,形成覆盖 50 万人口以上城市的快速铁路网。改扩建沿江大能力普通铁路,建设杭州至丽江铁路,提升既有沪昆铁路能力,形成覆盖 20 万人口以上城市客货共线的普通铁路网。以上海至成都、上海至重庆、上海至昆明、杭州至瑞丽 4 条横贯东西和 15 条连接南北的国家高速公路为重点,建成连通重点经济区、中心城市、主要港口和重要边境口岸的高速公路网络。大力提高国省干线公路技术等级和服务水平。加快建设一个国际航空枢纽——上海,7个区域枢纽或门户枢纽——成都、重庆、武汉、长沙、南京、杭州和昆明的布局;充分发挥合肥、宁波、无锡、南昌等干线机场的作用,完善航线网络,提高主要城市间的航班密度,增加国家运输航线。

2. 构建长江经济带城市群之间高新技术产业合作体系

长江经济带横贯我国东中西三大区域,覆盖11省市,聚集了全国44%的工业总量和50%以上的战略性新兴产业总产值(2017年长江经济带高技术制造业增加值占规模以上工业的比重为13.7%,高于全国1个百分点),以及全国三分之一以上的高校和科研机构,拥有上海、杭州、南京、武汉、成都、重庆等科研重镇,拥有全国近半数的国家新型工业化产业示范基地和国家级开发区。相对于传统制造业而言,高新技术产业发展的路径依赖程度较低,创新空间大,最容易实现跨界协同发展。实现三大两小城市群内部的一体化发展和城市群之间的协调互促,是长江经济带城市群高新技术产业协调性均衡的重要内容。

一是调整优化高新技术产业空间布局。由国家层面统筹协调长江经济带三大两小城市群高新技术产业空间布局,做到有扶有控、分类指导,缓解上海产业布局过重压力,充分发挥南京、武汉、重庆、成都等承载重要产业布局的重要作用;注重城市群目前高新技术产业规划之间的有序衔接和动态调整。建议对现有规划进行有序衔接和动态调整,着手编制一系列小口径、专业化的指引、规划文件,并发布相应的指标体系(景气/能力指数、产业地图与流动数据库等),为高新技术产业协同发展提供坐标方位和具体参考;淡化区域指向、强调功能聚合,在长江经济带"5+10"重点产业集群中应重点围绕集成电路、人工智能、高端装备等优势产业,加强窗口指导,提升产业质量,注重服务配套,打造高科技服务业和科技服务业领军企业,将培育若干世界级先进制造业集群工作落到实处;大力支持企业通过援建、托管、股份合作、招商合作等模式,建立沿江跨区域产业发展协作平台/产业联盟/科技合作平台,在此基础上,鼓励部分优势企业将总部、研发、生产环节进行分离;实现长江经济带三大两小城市群高新技术产业之间优势互补。长江经济带和沿海经济带组成了我国高新技术产业发展的纵横两大高地,在环保合规、技术可控并符合产业发展需求的前提下,长江中上游城市有选择性地接受部分沿海经济带的产业转移。在集成电路、人工智能等前沿领域,长江经济带和沿海经济带亟待加强人才、信息认证、知识产权等方面的合作。

二是推动三大两小城市群之间的创新协同转变。利用大数据、互联网等信息化/网络化手段建立长江经济带科技市场,在推动人才资源互认共享、社保一体化等方面,人社部、科技部应出台一些实质性政策;建立基于"创新资源"合作的跨区域人才联合培养机制,鼓励推动科技工作者多点执业,推广"星期六工程师",在公共研发平台中可引入"项目经理"负责、多方入股与协同治理模式;积极构建线上线下相结合的技术产权交易市场,主动推进长江经济带智库联盟建设,为长江沿线的决策咨询、技术/知识转移、学术交流和科技金融服务提供平台,全力加快科技成果转化步伐;鼓励和支持长江经济带三大两小城市群高校、科研院所、企业建设开放式技术研发和转移平台,设立联合研发机构,组建技术共同体,推动科技创新的平台与市场对接,导入国际创新资源,为企业和个人的科研需求提供便利条件。

三是构建城市群园区协同发展机制。鉴于长江沿线园区点多面广、相对松散这一特征,当前应着眼于推进园区产业发展标准、环保标准、考评机制、信息/服务标准化工作,统一准入门槛和服务细则,强调战略联动与规划协同,避免恶性竞争;从注重产业集群打造向强化创新生态体系培育转变,积极鼓励园区企业向服务化、智能化和绿色化转型,积极打造"开放合作、自主可控、接轨国际"的一流高科技产业园区;完善园区协同发展机制,有效推进毗邻园区、重点飞地深度对接,探索"圈层梯度、一区多园"模式;以龙头城市带动、整合城市群内部的高新技术产业资源,充实完善当前"长江流域园区合作联盟"等创新合作机制,扩容"G60科创走廊",更好发挥其引领辐射作用。

四是创新长江经济带城市群高新技术产业协同发展的体制机制。建议各相关部委对已经颁布的长江经济带各类政策"帽子"进行全面盘点和系统整合,调查和清理重复建设项目,瞄准"工业4.0""中国制造2025",制定出台《打造世界级先进制造业集群实施方案》,统筹相关功能区域,避免行政资源和市场资源的无用消耗;要注重以城市群为单位的龙头企业扶持和新兴企业培育齐头并进、新动能培育和落后产能淘汰同步进行。建议由国税总局、工信部和环保部等部委牵头,建立适应产业协同发展的税收利益分享机制。在重大产业项目跨省市迁移时,充分听取地方差异化诉求,平衡相关利益矛盾,让发达地区在产业上"不吃亏",让欠发达地区在生态上"不吃亏";在共建园区与飞地经济方面,建议可由转出地负责运营,地方税收留成大部分用于园区发展,GDP、投资等指标和税收按照双方所占股份分成。在这过程中各界不能急功近利、浮于表面,要将各项工作落于实处,强化政策兑现并注重考核评估和动态监管;紧抓上海全球科创中心建设以及国家综合性科学技术中心推进的大好契机,强化技术外溢和要素整合,构建上中下游联动的关键核心技术供给体系。建议各部委制定和深化高新技术企业智能化/绿色化的具体指导意见,并逐步落实"科技创新券"等一系列优惠政策在长江经济带沿线区域的通兑使用,解决跨地区政策不通用的痼疾,鼓励科技成果跨区域协同转化,提升市场对创新资源的配置效率。同时,为改变缺乏重大引领性原创成果和新兴产业的源头支撑现状,应鼓励沿线重要节点城市争取布局更多的国家综合性科学技术中心;鉴于高新技术产业的高风险、长周期等特征,协同发展的难点在于解决资金/技术密集型龙头企业的持续性高强度研发投入问题。建议在创新成果转化的初级阶段,进一步加大对发明专利申请的资助力度,鼓励天使投资基金(或社会资本)尽早介入,并逐步完善风险评估体系和退出机制,适时推出一些精准化的"成果转化基金",不断提升各项扶持政策的受惠面和影响度,注重政策延续性和稳定性。同时,可考虑逐步降低高新技术企业的各项税费和成本,尊重并引导企业家的创新意愿,并提供尽可能的跟踪反馈服务,真正激发企业转型升级与协同发展的内生动力。

3. 构建长江经济带绿色协调的城镇化体系

一是根据三大两小城市群的资源环境承载力和资源环境保障程度,编制与资源及生态环境承载力相适应的长江经济带城市群发展总体规划。明确长江上、中、下游地区每个城市群作为国家不同层级经济增长中心的发展目标、空间结构和开发方向,明确每个城市群承载的"底线"和发展的"上线",将城市群经济增长对长江流域带来的资源环境代价最低化,将流域资源环境对城市群发展的约束性最低化,依资源生态环境承载力和容量阈值确定资源节约型和环境友好型城市群的建设路径。

二是强化城市群生态环境的联防联治理水平。针对长江经济带城市群发展面临的资源与生态环境压力,重点建设三峡生态经济合作区、洞庭湖生态经济区、鄱阳湖生态经济区等生态示范区,综合治理沿江水污染和土壤污染,加大力度治理水土流失和地质灾害,构筑沿江生态安全屏障,将长江经济带城市群建设成人与自然协调发展的生态型城市群。

三是创建"五位一体"的束簇状城镇体系。针对长江经济带城镇化水平略低于全国平均水平,经济带下游地区城市职能分工互补性强,中上游地区尚未形成互补的职能分工体系,城镇体系空间分布不均衡,空间运行成本高,经济带城镇化发展对流域资源环境产生了越来越大压力等问题,建议在长江经济带城市群建设中,以流域一体化为主线,构建"水轴串城"的串珠状城镇体系;以交通一体化为主轴,构建"陆轴连城"的轴辐式城镇体系;以产业布局一体化为主导,构建"产业链城"的产城融合式城镇体系;以生态环保一体化为先导,构建生态型城镇体系;以江海联动为特征,构建江海联动的双向开放型城镇体系。最终形成水域—陆域—产业—生态—开放"五位一体"的束簇状城镇体系,进而不断优化长江经济带的城镇等级规模结构体系、城市职能分工体系和空间结构体系,缓解经济带新型城镇化的资源环境压力,实现长江经济带产业发展与布局、流域上中下游基础设施、生态建设与环境保护、城乡发展与城乡统筹、区域市场、社会发展和基本公共服务的一体化建设,把长江经济建设成为上下协同、江海联动、多式联运、人水和谐、经济共荣的命运共同体和利益共同体,提升长江经济带对外开放度,提升城镇化发展质量,为国家新型城镇化发展作出重大贡献。

4. 积极推广上下游城市合作的"飞地经济"模式

建议借鉴 2011 年 5 月国务院批复在连云港市设立"国家东中西区域合作示范区"经验,在长江经济带增设东中西区域合作示范区,通过"飞地经济"模式将示范区主要设在长江中上游地区。在这方面,江苏苏州和安徽滁州已有成功的探索。双方采用股份制公司合作模式,在滁州设立共建园,新成立的共建园交由合作双方成立的股份制公司管理,公司负责园区规划、投资开发、招商引资和经营管理等工作,项目审批、行政审批、区政管理等工作实行属地化管理,收益按照双方股本比例分成。

这类合作模式中比较典型的还有苏滁现代产业园等。苏滁现代产业园采用"政企分离"模式:园区管委会负责行政管理,具体开发由苏州中新股份和滁州城投集团各按照56%、44%的股权比例,组建中新苏滁开发有限公司,作为苏滁现代产业园的开发主体。安徽省政府明确产业园享有省级开发区各项政策,管委会享有省辖市经济管理权限,从2012年到2015年,每年计划单列5000亩建设用地指标,安排1亿元专项资金,支持苏滁现代产业园建设。"一花独放不是春",应在全流域特别是中上游地区增设东中西区域合作示范区,推广苏滁"飞地经济"模式。三峡库区对口支援、沪滇对口合作等也可运用"飞地经济"形式,设立上海产业园、苏州产业园、宁波产业园等,启动东部发达城市在中西部"造血"中的内生动力。

5. 共推三大两小城市群国际产能合作

为优化提升长江经济带城市群发展水平,必须在更高层次参与国际合作和竞争,进一步发挥对全国经济社会发展的重要支撑和引领作用。2015年5月13日国务院发布的《关于推进国际产能和装备制造合作的指导意见》,对我国推动长江经济带各城市群经济转型升级具有重大意义。

一是推动传统优势产业率先"走出去"。钢铁、水泥、建材、机械等是长江经济带传统优势产业,近年来加快了"走出去"步伐。如华新集团2013年在塔吉克斯坦建成第一条新干法生产线,填补该国水泥自产的空白,2016年又投产二期项目,三期项目正在展开前期工作。该公司还在柬埔寨、哈萨克斯坦等地建厂;京山轻机集团先后在越南、印度设立工厂,2015年销售收入突破50亿元,其中一半来自海外工厂。"走出去"符合供给侧结构性改革精神,既能促进企业有效利用国内国外资源和市场,又能帮助发展中国家建立更完整的工业体系、提升制造能力、解决就业,实现双赢。

二是加强先进装备制造合作。以长江中游城市群为例,一些先进装备制造企业"走出去"已先行一步。如中联重科2015年成功进军白俄罗斯。湖北汽车产业已显示出强劲势头:2014年东风集团8亿欧元收购PSA集团14%股份,并成为第一大股东;襄阳汽车轴承股份有限公司收购波兰KFLT轴承公司89.15%的股份,成功并购波兰最大的轴承制造企业;恒天汽车已成功并购荷兰吉拉芙卡车公司,实现非道路重型载货汽车、危化品应急救援车和高档客车的转型升级。今后,还要加快推进航空航天装备、船舶和海洋工程装备、核电装备、轨道交通装备制造等企业"走出去"。

三是发展境外战略性新兴产业。发展境外战略性新兴产业,是长江经济带城市群推进国际产能合作的一个重要方向。目前,长江经济带各省市已有战略性新兴产业类境外企业数百家,其中湖南省就有 156 家。湖北在国内国外同步推进北斗产业,泰国成为北斗导航系统的首个海外用户。2014 年 6 月,泰国首批北斗地基增强站建成投入使用,未来规划在泰国建设北斗地基增强站 220 个,建设覆盖整个东盟的北斗地基增强系统。

四是联合开展对外承包工程。"一带一路"沿线国家多数基础设施建设欠账较多,而长江经济带城市群在基础设施建设方面不仅有着成功经验,并且有竞争力较强的配套产业。通过参与国外基础设施建设,能带动建筑、工程机械等相关企业抱团出海。要抓住"一带一路"战略实施、亚投行建立等机遇,扩大基础设施建设合作,真正做到优势互补、互利共赢,既发挥沿江产业的竞争优势,又为当地的工业化和城镇化发展作出积极贡献。

五是大力拓展海外文化服务业。工程设计是文化创意产业的重要内容。长江经济带城市群中的上海、杭州、南京、成都、重庆等地设计服务企业众多,特别是武汉拥有 468 家勘察设计企业、11 位工程院院士和 7 万从业人员,2015 年勘察设计行业实现产值近 1000 亿元,已向国际组织申报"世界设计之都"。我国设计服务业"走出去"大有可为,能助推"中国制造"走向"中国智造"。同时,还要大力推广湖北群艺集团输出文化服务产品的经验。群艺集团是一家管理咨询类企业,已向十多个国家和地区输出"积分制管理"方法,在马来西亚获得"2015 年百强企业国际金鹰奖",并与澳大利亚宾果福彩公司签订项目投资协议,把积分制管理推介给相关企业。

第六篇

长江经济带协调性均衡发展的体制机制创新

作为东方大国，中国受其自然环境和历史因素的多重影响，虽然历经朝代更迭，关键词却始终是"稳定"和"统一"，即纵向的权力而不是横向的契约总是决定着中国社会的资源配置。数千年的社会发展所形成的、自上而下的权力结构控制着和异化着中国的社会生活。可以说，"大一统"的中国缺乏合作文化。在今天，长江经济带的协调性均衡发展，首先需要构建跨区域的合作文化，建立整体性治理合作机制。

第二十七章　构建长江经济带协调性均衡发展整体性治理合作机制

作为东方大国,中国受其自然环境和历史因素的多重影响,虽然历经朝代更迭,关键词却始终是"稳定"和"统一",即纵向的权力而不是横向的契约总是决定着中国社会的资源配置。数千年的社会发展所形成的、自上而下的权力结构控制着和异化着中国的社会生活。可以说,"大一统"的中国缺乏合作文化。在今天,长江经济带的协调性均衡发展,首先需要构建跨区域的合作文化,建立整体性治理合作机制。

实行改革开放和社会主义现代化建设的基本方略以后,中国社会进入"双重转型"时期。公共行政权力逐步退出生产领域,社会经济发展的自主性明显增强。市场的力量解构了计划经济体制之下的"个人<集体<国家"的价值链。个人价值观和个人利益得以复苏,并凭借其顽强的生命力得到广泛认同。正如党的十七大报告指出:"人们思想活动的独立性、选择性、多变性、差异性明显增强,社会结构、社会组织形式、社会利益格局发生深刻变化。"市场经济的发展带动社会转轨,加剧日益增多的公共问题,产生越来越紧密的相互依赖。管理的基础是资源,谁拥有更丰富的资源,谁就拥有管理的权力。资源的分散化与权力的多元化相辅相成。大量的社会事务超出政府的能力所及,政府不再是"万能的"。如果我们不能根据新的社会结构建立起新的社会秩序,而只是沿用过去的社会管理模式,势必会扩大社会矛盾,累积社会风险。为了避免社会发展的差距演化成裂变和剧变,探索出控制与自治的平衡机制,即实行有效的合作治理、创新中国的社会管理,势在必行。

20 世纪 90 年代,西方世界反思新公共管理运动,面对政府改革导致的

"碎片化问题"展开了一轮新的寻求"公共部门协调机制和改革"的运动,提出"整体性政府""网络治理""水平化管理"等各种理念。这些理念的根本着眼点是"整体性治理",即从政府自身出发,强调以协调、合作和整合为取向的治理理念和方式。随后,国内外许多学者将其用于政府治理行为的研究,取得了许多成果,拓展了不少领域的研究视角。

2019年10月28—31日,中国共产党第十九届中央委员会第四次全体会议在京胜利召开。全会提出"坚持和完善共建共治共享的社会治理制度",提倡社会治理系统化,把社会公共管理从政府单向管理向政府主导、社会多元主体共同治理转变,充分整合资源,坚持"一盘棋"格局,有效调动各方面积极性,集中力量办大事办好事。整体性治理模式与习近平倡导的"共建共治共享"的社会治理理念吻合。整体性治理就是从政府自身出发,强调以协调、合作和整合为取向的治理理念和方式,它告别了传统的韦伯式的层级官僚体制的同时,又不过分的对社会力量依赖,是一种比较容易被接受并吸收为己用的理论。

因此,不管是从国内外学者的理论探讨和实践摸索,还是从迎合中国构建现代化治理体系理念层面,整体性治理模式都是社会基层治理和区域治理模式的首要选择。本研究提出,构建整体性治理的合作机制是推动长江流域协调性均衡发展的有效机制。

一、"整体性治理"合作机制的内涵

伴随着长江经济带区域一体化的深入发展,区域发展所面临的问题越来越复杂多变。面对环境的复杂性、问题的棘手性,在政府组织分工日益专业的情况下,各级政府与上级、下级政府及其内部各部门间的关系日益破碎。在原有机构庞大、人员臃肿、适应性差的境地下,各级政府内外协调能力的缺失使越来越多的问题得不到解决。面对这些问题,运用整体性治理理论对现有管理体制进行重新梳理,打造具有系统性、整体性、协调性的治理模式,是长江经济带区域合作协调发展的必选之路。

不少学者将整体性治理理论视为"后公共管理时代"中的一朵奇葩,认为该理论可望成为新世纪公共治理的"大理论",这足以彰显整体性治理的魅力。对于该理论的形成,曾凡军认为可以依据希克斯的著作划分为三个阶段①:第一个阶段以希克斯 1997 年出版的《整体性政府》为标志,主要是提出"整体性政府"的概念并倡导"整体性治理"这一革命性理念;②第二阶段以希克斯等 1999 年出版的《圆桌中的治理——整体性政府的策略》为标志,认为贫乏的协调是资源浪费和政策不连贯的重要原因,并提出了整体政府建设的具体整合途径、方法、障碍及策略等;③第三阶段以希克斯等 2002 年出版的《迈向整体性治理:新的改革议程》为标志,这一阶段从"整体性政府"研究转向了"整体性治理"研究,研究指出,"协调"是克服因碎片化而导致的棘手问题和集体行动困境、整体性治理成败与否的关键。④ 在关于整合过程、碎片化政府、棘手问题等与协调的关系阐述中,整体性治理理论臻于完善。这一划分对我们理解整体性治理理论非常有益,展示了整体性治理理论从提出到完善的过程。本研究将从整体性治理的理论假设、理念和责任、内涵和特征等方面对研究主题和需要进行阐析。

1. 整体性治理的理论假设

竺乾威在分析整体性治理的组织基础时,指出其背后的三个假设:第一,如果政府机构的文化、结构以及能力是问题取向而不是有效的管理过程取向的话,那么就更有可能解决一些民众最担忧的问题;第二,公众有一些需要合作解决的问题,也就是说,政府并不是完全按照它的功能来解决问题的,尽管它是按功能建立起来的;第三,为了解决一些问题,政府各部门、专业、层级以及机构之间的整合运作是必要的。⑤ 整体性运作的目标就是如何使政府的功能整合,以便更有效地处理公众最关心的问题,而不是在部门和机构之间疲于奔命。蔻丹认为,整体性治理的理论假设为:第一,民众经常有需要政府解决

---

① 曾凡军:《基于整体性治理的政府组织协调机制研究》,武汉大学出版社 2013 年版。
② 佩里·希克斯等:《整体性政府》,迪莫斯出版社 1997 年版。
③ 佩里·希克斯、戴安娜·叶等:《圆桌中的治理——整体性政府的策略》,迪莫斯出版社 1999 年版。
④ 佩里·希克斯、加里·斯多克等:《迈向整体性治理:新的改革议程》,帕尔格雷夫出版社 2002 年版。
⑤ 竺乾威:《从新公共管理到整体治理》,《中国行政管理》2008 年第 10 期。

的问题,这些问题往往要求政府必须从整体性角度出发才能够解决;第二,政府机构的行为主旨应以民众最关注和担忧的问题为导向,而大多数这样的问题是跨部门的,是单一部门无法独立解决的;第三,为了解决民众提出的问题,政府必须实现内部机构、部门、专业与各层级间的协调与整合,实现政府整体性运作。①

综上,整体性治理是以"问题导向"为基础的、来自公众和官方的合作,而不是以"结果导向"。

2. 整体性治理的理念和责任

(1)整体性治理的理念

曾凡军等人认为,整体性治理在民主和服务精神上与服务型政府高度融合,进而认为整体性治理的理念是以满足公民需求为主导,并且把个人的需求作为优先考虑的事项。于是认为只有通过为公众提供满足其需要的、无缝隙的公共服务,才能达到整体性治理的最高水平。② 胡佳认为责任和公共利益导向是整体性治理的理念,指出要实现地方公共服务的整体性治理变革,必须进行理念的转变,重新确立公共性和区域性。③ 崔会敏认为整体性治理纠正了管理主义的缺陷,重回宪政主义,使政府的职能重新回到公共性。④ 整体性治理批判管理主义效率至上的倾向,强调以公众需求和公共服务为中心,把民主价值和公共利益置于首位。

(2)整体性治理的责任

希克斯认为整体性治理最重要的是责任感。他认为责任感分三个方面:诚实、效率、有效性,其中有效性最为重要。为了避免有效性与诚实、效率有冲突,希克斯认为要通过输出界定究竟完成什么来使诚实和效率责任服务于有效性和项目责任。而责任感的产生主要有三个层次:一是管理层次,通常通过

---

① 蔻丹:《整体性治理:政府治理新趋势》,《东北大学学报》(社会科学版)2012 年第 3 期。

② 曾凡军、韩雄华、唐熙灵:《民生财政:碎片化与整体性治理》,《经济研究参考》2013 年第 23 期。

③ 胡佳:《迈向整体性治理:政府改革的整体性策略及在中国的适应性》,《南京社会科学》2010 年第 5 期。

④ 崔会敏:《整体性治理对我国行政管理体制改革的启示》,《四川行政学院学报》2011 年第 1 期。

审计、支出控制、预算计划、绩效衡量和政治监督来寻求责任感；二是法律层次，通常通过司法审查所忽略的现成的行政法以及民法、通过法律争端可供选择的解决方式如特别行政法庭、准司法管制者等来寻求责任感；三是宪法层次，通常通过界定民选官员对立法机构的责任以及通过一些非正式的宪法规范来寻求责任感。① 曾凡军等人认为，整体性治理的上述责任感非常重要，是实现良好公共服务的需要。②

3. 整体性治理的内涵诠释

胡佳、曾蔚等人从希克斯关于整体性治理的含义出发，认为整体性治理体现于不同管理层级或者同一管理层级内部，不同职能间，政府、私人部门与非政府组织等三个维度中，每个维度又分为互为冲突、相互一致、相互增强三个层次，形成碎片式政府、贵族式政府、渐进性政府、整体性政府、协同性政府等五种政府管理形态。③ 吕丽娜等人引用了澳大利亚《联合政府报告》中关于整体政府的界定，"整体政府是公共服务机构为了完成共同的目标而实现跨部门协作，以及为了解决某些特殊问题组织联合机构，所采取的措施可以是正式的，也可以是非正式的，可以侧重政策的制定、项目的管理或者服务的提供"。④ 曾凡军等人认为，整体性治理是"以公民的需求为政府的治理导向，借助信息技术，强调协调、整合和责任的治理机制，通过对治理层级、功能、公私部门关系及信息系统等碎片化问题进行有机协调与整合，使政府的治理不断'从分散走向集中，从部分走向整体，从破碎走向整合，实现为公民提供无缝隙且非分离的整体性服务的目的'"。⑤ 谭英俊则认为，整体性治理是"以公共责任与公共利益为价值导向，整合政府内部层级、政府部门机构、政府外部伙伴关系等公共服务网络结构，通过制度化、经常化和有效的跨界合作与友好

---

① 佩里·希克斯、加里·斯多克等：《迈向整体性治理：新的改革议程》，帕尔格雷夫出版社 2002 年版。

② 曾凡军、韩雄华、唐熙灵：《民生财政：碎片化与整体性治理》，《经济研究参考》2013 年第 23 期。

③ 胡佳等：《迈向整体性治理：政府改革的整体性策略及在中国的适应性》，《南京社会科学》2010 年第 5 期。

④ 吕丽娜：《我国大部制改革的困境与整体性治理》，《湖北经济学院学报》2013 年第 6 期。

⑤ 曾凡军、韩雄华、唐熙灵：《民生财政：碎片化与整体性治理》，《经济研究参考》2013 年第 23 期。

协作为公众提供无缝隙式公共服务的治理模式"。① 韩兆柱等人认为,整体性治理是"以满足公众的需求为基础,强调政府组织内部及外部与非政府组织间充分的沟通合作,以信息技术为治理手段,达成有效的协同和整合,使其目标一致,实现无缝隙服务的一种治理模式"。② 陈美则认为,整体性治理就是以信息技术和网络技术为依托,政府作为整体性服务者,建立协调机制、信任机制并完善组织结构,在各个治理层次、职能、部门之间进行整体性运作,将各个分散部分整合成一个整体,从而整体回应公民需求并提高治理效果。③

综上,整体性治理概念"并不是一组协调一致的理念和方法,最好把它看成一组伞概念,是希望解决公共部门和公共服务中日益严重的碎片化问题以及加强协调的一系列相关措施"④。为了实现公共治理的价值和目的,整体性治理不仅仅包含政策的制定,还包括政策的执行;也包括政府组织之间的纵向和横向的合作;而整体性治理的实施可以是一个改革小组,也可以是一个部门,还可以是一级政府;治理的范围既可以是一个政府机构,也可以是一级政府组织,还可以是社会组织;合作或者协调既可以是高层、区域、基层政府组织之间,也可以是公私组织之间。

4. 整体性治理的特征

任维德和乔德中认为,与传统公共行政和新公共管理相比,整体性治理在理念、目标取向、治理结构、运行机制和技术手段都有其鲜明的特征:一是在理念上,整体性治理认为要实现有效治理,强调治理主体的多元化。整体性治理的主体包括了政府、市场和社会组织在内的各相关利益体;二是在治理目标上,以任务目标为导向,把解决特定问题作为整体性治理的逻辑起点,进而实现共赢的治理目标;三是在治理结构上,整体性治理是一种扁平化的网状治理结构;四是在运行机制上,主张以信任为基础,建立多元治理主体参与的良好

---

① 谭英俊:《整体性治理视域下地方政府政策执行力提升的新思路》,《学习与实践》2014年第12期。

② 韩兆柱、翟文康:《大数据时代背景下整体性治理理论应用研究》,《行政论坛》2015年第6期。

③ 陈美:《基于整体性治理的澳大利亚信息政策研究》,《情报理论与实践》2013年第4期。

④ Tom Christensen 等:《后新公共管理改革——作为一种新趋势的整体政府》,《行政管理》2006年第9期。

沟通、协商、谈判和整合机制，从而建立一种协作关系；五是在技术手段上，主要通过现代技术手段的运用实现治理目的。①

吕丽娜认为，整体性政府具有以下特征：一是提供优质的公共服务是其根本目的；二是功能整合是精神实质；三是伙伴关系是基本工具；四是跨界性合作是基本方法。② 韩兆柱认为，整体性治理的特征是：一是公共利益实现的基础是公民需求；二是强调组织结构、功能、形态、层级和公私部门的整合；三是整体性治理的一站式服务必须以信息技术为支撑；四是等级性、协商性和多元性是整体性治理的治理结构。③ 郭道久则认为，协作治理的特点主要有：一是强调多元参与，这种参与是"参与者"和"决定者"的共同体；二是强调以解决问题为内容的结果导向；三是强调协作的产生不是利益驱动，只是促进问题解决；四是强调权威的分散，并不强调多元主体的平等性。④

结合上述观点，本研究认为，长江经济带的整体性治理，就是要以区域共同利益、整体利益为导向，以信息技术为治理手段，以协调、整合、责任为治理机制，对沿江 11 省市各级政府治理、功能定位、部门关系及信息系统等碎片化问题进行有机协调与整合，使之从分散走向集中、从部分走向整体、从破碎走向整合，为区域协调性均衡发展提供无缝隙且非分离的整体型服务的区域治理图式。

二、整体性治理合作机制与协调性
均衡发展理论分析框架

整体性治理的关键理论内核在于破解主体单一、组织结构分割、功能重叠与服务真空等碎片化问题，注重多元主体的参与、机构边界的调整、职能权责的整合、运行机制的再造优化、无缝隙服务的优质高效、公民多元需求的充分

---

① 任维德、乔德中：《城市群内府际关系协调的治理逻辑：基于整体性治理》，《内蒙古师范大学学报》(哲学社会科学版) 2011 年第 2 期。

② 吕丽娜：《我国大部制改革的困境与整体性治理》，《湖北经济学院学报》2013 年第 6 期。

③ 韩兆柱、翟文康：《大数据时代背景下整体性治理理论应用研究》，《行政论坛》2015 年第 6 期。

④ 郭道久：《协作治理是适合中国现实需求的治理模式》，《政治学研究》2016 年第 1 期。

满足等。因此,协调、整合和信任是整体性治理理论关注的核心内容。整体性治理的实现有赖于协调机制、整合机制和信任机制的培养和落实。

1. 整体性治理倡导协调和整合

一方面,整体性治理倡导内部诸要素的协调和整合。在面对外部压力时,内部协调和整合产生的积极反馈作用才能够有效应对外部压力,且在内部的反馈过程中,还能进一步达成协调和整合的共识,这种共识又反过来为积极的协调和整合提供黏合剂作用。希克斯指出:"每一个具体制度内部存在着一些容忍的现象,这些具体的制度相互之间承诺,行动者不得以破坏制度,而且寻求共同的方式管理冲突。"①另外,整体性治理被制度化为一种合作机制之后,会带来制度化的信任需求和责任分担,而信任需求的扩大和责任分担的建立有助于增强该理论的适应能力和生存能力。

另一方面,整体性治理存在着"涂尔干"意义上的机制团结。机制团结(Organic solidarity)指在尊重专业性劳动分工的基础上,相关组织合理规避由竞争加剧而产生的组织离散。对政府系统来说,不同组织部门间确定的职能越是相近,接触点越多,越容易产生竞争,职能越相近,竞争越激烈。如果这些组织彼此不能跨越特定的界限,开展积极的协调与整合,就会产生分化,相互之间会具有越来越多的独立性。而且,组织之间一旦团结感变弱,便难以抵挡竞争带来的离心力,造成组织离散现象的大量发生。机制团结的功能并不在彻底根除竞争,而在于有效调节竞争。如果竞争不间断地发展下去,而且不同组织之间的责任在一个特殊情况下不能进行重新调整,那么组织间的团结就难以形成。为此,必须确立一套规则体系来调节竞争,预先确立起相互整合的方式、合理的利益补偿与预算安排。当各个层次确立了各种权利和责任的协调方式之后,在某种程度上就具备了机制团结的条件。机制团结的存在,使得各个层次的政府组织或机构间获得一种平衡状态。当面临一场新的竞争时,平衡状态的张力就会缩减竞争的强度和烈度,寻求某种合作。故此,要充分认识到其他层次的政府或部门机构对自身来说是个帮手,而不是敌手。透过机

---

① Perri Hicks. Institutional Viability: a Neo-Durkheimian Theory. *Innovation-the European Journal of Social Science Research*, 2003, 16(4):395-415.

制团结的机理,整体性治理内部部门机构间充分开展了资源、知识和信息的彼此共享和相互学习,使得整体性治理变得可行。

（1）整体性治理与协调性均衡

整体性治理就是整合和协调,因此协调性均衡发展是整体性治理机制的应有之意。整体性治理强调在组织结构上建立协调与整合的联结性机制。希克斯指出,整体性治理就是政府机构组织间通过充分沟通与合作,达成有效协调与整合,彼此的政策目标连续一致,政策执行手段相互强化,达到合作无间的目标的治理行动。[1] 希克思的整体性治理理论吸收了新涂尔干理论和组织社会学中的有关组织协调的思想,追求从治理层级、治理功能和公私部门三个方面来完成政策、规章、服务供给和监督等过程的整合。

波利特指出,整体性治理是指一种通过横向和纵向协调的思想与行动来实现预期利益的政府治理范式,具体包括:消除政策间的矛盾和紧张以增加政策的效力;减少重复,整合稀缺资源;增进某一政策领域中不同利益主体的协作;为顾客提供无缝隙而非分离的服务。波利特认为,整体性治理包括决策与执行两方面的整体性体现,还包括横向和纵向两个维度的协调与合作,其改革对象可以是整个地方政府,也可以是一个政府部门,甚至是某一个具体的项目小组。[2] 学者 Adreti Di Maio（2004）指出了"整体性治理"在公共服务中的四个作用域和多项支持技术。四个作用域即四个"what":同一政府层级中的"整合"服务发生的预期是什么？跨层级"整合"的地方政府和中央政府的相关责任是什么？跨流程等级"整合"政策与执行的含义是什么？连接政府与私人部门的纽带是什么？多项支持技术即交互的协作和一体化的技术。[3]

登力维认为,重新整合是对新公共管理的一种回应,[4]其内容主要涉及逆部门化和逆碎片化、大部门式治理、重新政府化、恢复或重新加强中央过程、极大地压缩行政成本、重塑公务支撑功能的服务提供链、集中采购和专业化、以

---

① 佩里·希克斯、加里·斯多克等:《迈向整体性治理:新的改革议程》,帕尔格雷夫出版社 2002 年版。

② Christopher Pollit.Joined-up Government:A Survey.*Political Studies Review*,2003(1).

③ 转引自叶璇:《整体性治理国内外研究综述》,《当代经济》2012 年第 3 期。

④ 帕特里克·登力维:《民主、官僚制与公共选择——政治科学中的经济学阐释》,张庆东译,中国青年出版社 2004 年版,第 181 页。

"混合经济模式"为基础的共享服务、网络简化。重新整合是简化和变革多元治理主体之间的关系。理顺关系的关键是信任。在这个前提下,整体性治理的整合技能有哪些? 希克斯认为有以下内容:新的信息系统、信息分类和信息基础的确立;跨边界运作空间的留出;互相理解和信任;建立机构之间的对话机制,理解其他机构的运作;新的领导人和英雄的产生;合作的不确定性,需要高度容忍不确定性;建立人员监督较少、行动自由、没有控制的管理;建立承诺;选择合适的推动整体性治理的方法;培训。①

对于如何重新整合,胡象明认为,欲实现层级、功能和公私部门的整合,需建立一个三维立体的整合模型。② 韩兆柱认为,整体性治理的整合包括了层级、功能以及公私部门的整合。③ 史云贵等人认为,整体性治理语境下,"整合"指的是通过确立共同的组织结构与合并在一起的专业,实践执行由协调产生的一系列理念。不仅是不同层级,还包括了同一层级、不同功能以及政府与私人部门之间的整合。④

协调是整体性治理的另一重要概念。在整体性治理的语境下,协调指的是在信息、认知和决策方面相互介入和参与的必要性,并非定义不精确的行动。整体性治理下协调价值包括了利益关系的协调、行动者和整个合作网络的关系协调。这种协调机制如何确立,主要通过以下几个方面进行:减少网络结构的不确定性、建立共享数据库和重视政治在信息技术运用中的影响。

(2)府际关系治理中的协调性均衡

任维德和乔德中在分析整体性治理产生的背景和内容之后,认为整体性治理对城市群内府际关系的治理在价值取向、治理结构和运行机制上具有一定的耦合性。所以对于府际之间的关系治理首先要摒弃传统的等级制度,形成网络

---

① 佩里·希克斯、加里·斯多克等:《迈向整体性治理:新的改革议程》,帕尔格雷夫出版社 2002 年版。

② 胡象明、唐波勇:《整体性治理:公共管理的新范式》,《华中师范大学学报》(人文社会科学版)2010 年第 1 期。

③ 韩兆柱、翟文康:《大数据时代背景下整体性治理理论应用研究》,《行政论坛》2015 年第 6 期。

④ 史云贵、周荃:《整体性治理:梳理、反思与趋势》,《天津行政学院学报》2014 年第 5 期。

化治理的理念；其次建立城市群的公共组织；最后建立利益协调机制。①

韩兆柱和单婷婷以京津冀府际关系的治理为研究对象，从组织结构、制度和技术三方面进行整体性治理的分析与思考。首先是组织机构的设置，纵向上建立一个由中央主导的纵向治理机构，横向上建立京津冀三者之间互相依赖的关系，实现地方政府关系的协调和整合。在政府与市场的关系中，建构区域内统一的市场，减少政府对市场的干预，促进要素在区域内自由流动。其次建立预算和采购制度，促使三地政府间关系的协调和整合；最后利用信息技术整合京津冀区域的资源，实现一站式、无缝隙服务。②

高建华认为，整体性治理是区域公共管理跨界治理的新路径。③ 在整体性治理的影响之下，可以构建区域性的整体性政府、治理模式、协调机制、信任机制、承诺机制和监控机制，从而实现区域公共事务的整体性治理和区域的协调性均衡发展。

（3）地方公共服务改革治理中的协调性均衡

胡佳认为，整体性治理作为一种理论，能够为中国地方政府的公共服务改革提供新的视角。按照整体性治理的思路，地方政府改革的新趋势首先要确立公共性和区域性的新理念。"整体性治理调和了工具理性和价值理性的关系，让政府职能回归公共服务。""以区域视角审视地方公共服务的提供，消除地方公共服务政策间相互抵触的情况，促使公共服务政策领域的不同利益主体形成共同的目标。"其次，整合政府间关系。从纵向和横向上整合政府间关系，形成整体性治理的组织形式。最后，多元主体参与机制的形成。在公共治理的过程中，政府不再唱"独角戏"，其他社会组织特别是民间组织（公民组织）直至公民，同样是社会管理的主体。④

① 任维德、乔德中：《城市群内府际关系协调的治理逻辑：基于整体性治理》，《内蒙古师范大学学报》（哲学社会科学版）2011 年第 2 期。

② 韩兆柱、单婷婷：《基于整体性治理的京津冀府际关系协调模式研究》，《行政论坛》2014年第 4 期。

③ 高建华：《区域公共管理视域下的整体性治理：跨界治理的一个分析框架》，《中国行政管理》2010 年第 11 期。

④ 胡佳：《整体性治理：地方公共服务改革的新趋向》，《国家行政学院学报》2009 年第3 期。

多元主体直接带来社会治理的多层级和公共权力的多向度。资源分散表现为公共权力不再集中于中央政府,而是分别授予不同层级的地方政府。不仅如此,公共权力也转移到社区、公民组织,从公共部门转移到私营部门和第三部门。公共权力的多向度分化决定了非政府组织、私营部门可以参与公共服务和公共事务的管理过程。

管理机制趋向综合化。公共行政改革,将单一的行政机制扩展为市场机制、行政机制、志愿公益机制等多方面机制,并且共同发生作用。管理公共事务既可以依赖公共机制,也可以通过市场机制、志愿机制等;既可以凭借传统的政府权威,也可以通过协商、对话、合作等手段,实施多重治理和反复互动,以求达到社会管理绩效的最大化。

2. 整体性治理在长江全流域区域协调均衡发展中的适用性

以美国经济学家、公共选择学派代表人物布坎南为代表的公共选择理论学派将政府纳入了"经济人"的假设,认为政府具有自利性的取向,他们追求的是个体利益的最大化,当公共利益与他们自身利益出现冲突时,他们更多会选择后者。① 对于我国来说,由于改革开放以来,中央赋予地方政府的自主权力不断在增加,特别是这种分权往往结合政绩的衡量更多是以 GDP 为标准,生态建设、民生建设、社会发展等地区考核指标与此相比就显得微不足道,这就导致地方政府变成了"理性经济人",也就是追求自己的利益即政绩最大化。过于看重经济工作,过度干预地区的经济市场领域,而忽略政府本身应该更加关注的社会管理、公共服务等工作,特别是当生态环境保护工作与经济建设发生矛盾时往往会是前者为后者让步。地方政府为维护本地区利益各自为政,争相上马各种大项目,甚至不惜牺牲生态环境来搞大开发和经济发展,这就导致 GDP 上去了,环境污染加剧了,产业趋同和产业间恶性竞争严重等问题。另外,长江经济带域内的政府、企业、非政府组织、公众等都应该属于区域治理的主体范畴,但是受体制机制影响,除了政府之外的其他治理主体参与性明显不足。长江经济带的整体性治理倡导主体之间的利益协调、责任分担、资源整合和管理协同,有助于推动各主体在区域治理中形成强有力的利益共同体、责任共同体、使命共同体

---

① 参见彭情:《基于整体性治理的城市生态环境治理策略研究》,《当代经济》2015 年第 22 期。

和发展共同体,从而实现长江流域区域协调性均衡发展。

整体性治理要求我们在处理长江经济带域内合作问题时,坚持以问题为导向的思路,以民众最关心的问题贯穿工作的全过程和各方面。同时,要建立政府组织形态的整合策略,包括政策整合、服务整合、功能整合、层级整合、多主体整合,促使不同利益群体形成共同目标,建立协调性均衡发展、可持续性发展的观念,打破政府之间对经济带发展中的条块分割现状,杜绝各自为政、各自作战的封闭思维,实现经济带域内各地区的协调性均衡发展。

长江经济带整体性治理的利益主体众多,利益主体来自于经济带中的不同地区和不同团体。因此,整体性治理就是一项围绕区域资源的利用和保护,处理和协调利益相关者之间的相互利益关系的过程。要实现流域内的协调性发均衡展,必须首先理顺其内部的利益关系。同时,经济带内的协调性均衡发展涉及环境保护、生态建设、经济建设、城市管理以及社会建设、文化养成等众多领域,应将其作为一个复杂的系统工程来对待和运作,把握住长江流域治理的系统性、整体性和协同性,从"五位一体"总体布局的高度,运用整体性思路将区域协调性均衡发展的宗旨融入生态建设、经济建设、政治建设、文化建设、社会建设的各个方面及全过程,才能产生良好的区域共同发展效果。整体性治理要求既要应对短期的生态危机,也要着眼于构建资源节约型、环境友好型社会的长远目标,既要考虑短期解决局部生态严重污染的战术问题,也要从长远角度考虑解决生态环境综合治理的战略问题。整体性治理有助于树立从环境综合治理的战略性高度进行整体性的规划,强化政府、企业、非政府组织和公众多元主体合作的治理思维,从而推动形成人与自然和谐发展的整体格局。

3. 长江全流域协调性均衡发展的整体性治理目标

长江流域区域内"碎片化"治理困境的根源在于地方政府"单枪匹马"的治理模式,审批、监管、检查和执法都集中于政府,更准确地说,是集中于政府的各个部门手里。这很容易造成政府监管责任不到位,也造成政府和企业、社会之间难以协同,还造成府际之间、部门之间同样难以协同。在希克斯看来,整体性治理是面对棘手问题和克服碎片化政府组织关系的解决之道。整体性治理的目的就是要克服区域发展中的碎片化问题。① 希克斯将整体性治理的运行阶段分为三个阶段(表6-1):协调、整合与逐渐紧密及相互涉入。协调阶段偏重于相关政府组织对整体性治理所应具备的信息、认知与决定,并将两个以上分离领域中的个体进行连接,使其认知彼此相互联结,并向签订协议或具有共同愿景的方向发展,以避免过度碎片化或造成负面外部性问题。整合阶段着重执行、完成及采取实际行动,将政府组织政策规划中的目标与手段相互协调的结果予以实践,从而构建无缝隙计划。逐渐紧密与相互涉入阶段则是指整体性治理正式发挥作用时,各政府组织尝试考虑更为密切、更为深入和长期合作,逐渐走向同盟或合并等,这是一种具有高度一致性的比整合更紧密的合作方式。② 因此,长江经济带整体性治理模式的建构不仅仅是一个对政府组织形态差异进行有机整合的巨型工程,更是一个怎样进行组织策略规划与精密调控的点滴工程。

表 6-1 从协调到紧密化发展的关系与策略类型

阶段	主体间关系形态	内涵
协调	纳入考虑;对话;联合性计划	考虑到策略发展对他人及他人对自身的影响,信息交换,暂时性联合计划或联合工作
整合	联合性工作;联合及共同开发;卫星化	暂时性的合作,在重要计划上,进行长期性的共同规划与工作,这一长期性规划与至少一个以上参与主体的任务有关,独立个体间创造出达成整合与共有的机制
逐渐紧密及相互涉入	策略联盟;同盟;合并	在某些议题上,进行长期性共同计划及工作,这一长期性规划与至少一个以上参与主体的任务有关,形式性的行政统一,但仍维持明确的自主性和身份,相互溶解并创造单一主体及身份的新结构

资料来源:Perri Hicks,Joined-up Government in the Western World in Comparative Perspective:A Preliminary Literature Review and Exploration,*Journal of Public Administration Research and Theory*,2004(a),14(1),p.108.

---

① 佩里·希克斯、戴安娜·叶等:《圆桌中的治理——整体性政府的策略》,迪莫斯出版社1999年版。

② Perri Hicks,Joined-up Government in the Western World in Comparative Perspective:A Preliminary Literature Review and Exploration,*Journal of Public Administration Research and Theory*,2004(a),14(1),p.108.

希克斯认为,解决"碎片化"问题的途径是协调,采取的手段有两个:一是化异,二是求同。化异是消除不同团结体间的差异性,亦即将各种团结体间彼此冲突的机会充分的限制,排除彼此伤害的可能性,其运用的方式从软性的劝导,到半硬性的警告,再到强硬式的惩罚。求同则是创造各种社会团结体间的内在相近性,即创造彼此乐于沟通与合作的互惠诱因①。协调具有两个层面的重大功能,即政府组织关系层面和过程层面。在政府组织关系层面上,协调所面对的是政府组织碎片化的来源,换言之,面对的是政府组织理念的差异、政府组织文化的冲突及其他潜在的冲突。在过程层面上,协调是整合之首,协调的失败将不可能获取整合的成功。同时,协调是让碎片化的、彼此分离的政府组织走向团结,在团结基础上的整合有利于政府组织间的合作与合并。反之,第二阶段的整合与第三阶段的逐渐紧密和相互涉入就不可能达成。

综上,整体性治理运行的三个阶段之间的关系密切,并具有较强的逻辑性。前一阶段的失败将直接导致后一阶段的败局。如果将整体性治理的运行过程比作召开圆桌会议,那么协调就是让面对棘手问题、功能碎片化和服务裂解性的政府组织或相关者在排除歧见的前提下坐到圆桌旁,同时创造相互沟通的语言和共同关注的议题,并让他们充分认识议题和问题的重要意义,开始真诚的沟通与对话,为下一阶段的整合创造良好契机。而整合阶段则着重于圆桌会议中各方参与者商讨重要议题的内容、议题商讨的顺序、政府组织政策目标和手段间的协调方式、制定执行的策略和明确各方的权利和义务。逐渐紧密与相互涉入则旨在如何实现长期的合作,以及下次圆桌会议和多次圆桌会议的可能性与发展方向。

4. 构建长江全流域协调性均衡发展整体性治理机制

长江经济带协调性均衡发展就是要构建整体性治理合作机制,目标是建立整体性政府组织协调机制,即从整体维度对政府组织和其要素之间关系进行协调和整合的方式、方法。整体性政府组织协调机制分为三大机制:整体性结构协调机制、整体性制度协调机制和整体性人际关系协调机制。

---

①　Perri Hicks,Joined-up Government in the Western World in Comparative Perspective:A Preliminary Literature Review and Exploration." by,*Journal of public Administration Research and Theory*,2004(a),14(1),p.108.

（1）构建整体性结构协调机制

整体性结构协调机制就是指从整体性结构维度对政府组织进行协调和整合的方式与方法。整体性结构协调机制主要由结构协调机制和支撑技术即信息系统两个方面构成，其中结构协调机制又分别从政府组织层级、功能、公私部门合作关系和政府组织间关系上进行协调与整合。协调机制的支撑技术则主要是对信息系统进行协调和整合，打造电子化政府和一站式无缝隙服务。

（2）构建整体性制度协调机制

整体性制度协调机制就是指从整体性制度维度对政府组织进行协调和整合的方式与方法，并从管理制度层面和法律制度层面对整体性制度进行建构。波维奇认为，高绩效政府组织在管理制度层面上应包括预算制度、人事制度和采购制度三个方面。因而，本研究认为，为确保长江经济带协调性均衡发展，需要从整体性预算制度、整体性人事制度、整体性采购制度和整体性法律制度四个方面对整体性制度协调机制进行构建。其中，在整体性预算制度、整体性人事制度和整体性采购制度协调机制中又从政治层面、管理层面、法律层面进行建构，整体性法律制度协调机制则从立法、执法和司法协调机制三个方面进行构建。

（3）构建整体性人际关系协调机制

整体性人际关系协调机制就是指从整体性人际关系维度对政府组织进行协调和整合的方式与方法。本研究主要从整体性人际沟通机制、整体性人际信任机制和整体性责任感机制对整体性人际关系协调机制进行建构。其中整体性人际沟通机制和整体性人际信任机制是分别从个体层面、结构层面和技术层面进行构建；整体性责任感机制则是从政治、法律和管理层面进行建构。

第二十八章　长江经济带合作机制历史沿革

　　"长江经济带"概念源于20世纪80年代提出的"长江产业密集带",是兼顾自然地理、人文脉络、经济区整体功能和行政区完整性等诸多因素的带状经济区。"长江经济带"承东启西,横跨东、中、西三大区域,是我国国土开发和经济布局"T"型空间结构战略中极其重要的一级发展轴。2013年7月21日,习近平总书记考察湖北时指出,"长江流域要加强合作,发挥内河航运作用,把全流域打造成黄金水道",长江经济带建设开始上升为国家战略。2013年12月,国家发展与改革委员会正式将"长江经济带"范围确定为上海、江苏、浙江、安徽、江西、湖北、湖南、重庆、四川、云南和贵州的9省2市。同时,与20世纪90年代"长江产业密集群带"建设相比,此次"长江经济带"建设更加注重城乡一体化、吸引外资、扩大内需、江海联运和东、中、西三大区域联动,更加注重拓展我国国际合作空间,对实现两个一百年的"中国梦"具有重要意义。2016年9月,《长江经济带发展规划纲要》正式印发,确立了长江经济带"一轴、两翼、三极、多点"的发展新格局。2018年11月,中共中央、国务院明确要求充分发挥长江经济带横跨东、中、西三大板块的区位优势,以"共抓大保护、不搞大开发"为导向,以"生态优先、绿色发展"为引领,依托长江黄金水道,推动长江上中下游地区协调发展和沿江地区高质量发展。但是,长江经济带的发展目前仍面临着诸多亟待解决的困难和问题,主要是生态环境形势严峻、长江水道存在瓶颈制约、区域发展不平衡问题突出、区域合作机制尚不健全等。

一、长江经济带合作的历史与现实

1. 长江全流域合作历史

第一阶段(1949—1980年):启动阶段。

长江经济带早期的区域合作主要以科层式的模式开展,以大型的跨地区防洪和水利等基础设施项目建设为主。例如,新中国成立初期的荆江分洪工程对确保武汉防洪安全、洞庭湖地区的防涝起到关键作用。在具体流域事务管理方面,长江经济带的区域合作主要以混合式的方式运作,通过中央部委和地方省区建立省部联席会议、指挥部与领导小组等,通过职能部门之间的合作来进行管理。长江经济带的区域合作平台在防洪、大通关和检疫等领域已经建立完善,实现区域之间的信息互联互通,但在水资源水环境、港口岸线、基础设施和生态管控与补偿机制等管理方面的区域合作平台仍发展进程缓慢,区域合作一体化管理平台建设仍滞后于社会经济发展的需要。一些破碎化的管理、片段化的信息导致了资源利用效率低下,也不利于流域生态环境保护。[①]

在此阶段,长江经济带在防洪、大通关方面取得重要成效,但由于市场分割与行政壁垒,省市、城市之间的合作受到阻碍,区域合作碎片化。长江经济带区域资源环境和发展水平差异巨大,流域管理事务与发展要素条块交叉管理之间的矛盾突出,整个区域市场一体化和协调发展仍处于初步探索阶段。虽然有一些地方自发地进行了局部的体制机制创新,但在面上并没有推开,区域间进展很不均衡。

第二阶段(1980—2014年):快速发展阶段。

伴随着改革开放,为了打破由于财税分灶带来地方保护主义和恶性竞争,20世纪80年代国务院授权在长江流域建立了上海经济区、西南地区经济合作区,试图促进市场机制下的区域合作,但是成效十分有限。随后,地方开始探索跨地区的合作行动,中心城市之间的合作成为区域合作的主要骨架。在

---

① 参见王磊、段学军、杨清可:《长江经济带区域合作的格局与演变》,《地理科学》2017年第12期。

1985 年的"全国城市经济体制改革座谈会"上,国家体改委促成南京、武汉和重庆三市签署了联合开放利用长江的会谈纪要,成为"长江沿岸中心城市经济协调会"的雏形。随后,上海加入协调会,并且 4 个中心城市也分别和各周边城市协商建立了相应的经济协作区。2005 年长江沿线七省两市签订《长江经济带合作协议》,自此,以地方政府合作为主体的长江经济带的社会经济区域合作机制开始缓慢向前推进。2013 年国家发改委会同交通运输部召开《依托长江建设中国经济新支撑带指导意见》起草工作会议,上海、重庆、湖北、四川、云南、湖南、江西、安徽、江苏九个省市与会。

中央层面支持长江经济带资源整合的政策导向,也激发了经济带内企业之间自下而上的合作。一些大型的航运、港口企业通过对长江码头等民用基础设施的收购、合并和重组等,实现了企业在长江经济带的网络化和集团化运行,将区域之间的基础设施合作转化为企业内部的管理和组织。然而,由于地区之间的行政壁垒,长江沿岸中心城市协调会是个开放和松散的区域协调组织,既缺乏中央层面的实质支持,又对一些合作主题研讨的成分重,而难以形成有约束力的决议,最终导致众多的协议和战略无从实施。

第三阶段(2014 年至今):高质量发展阶段。

2014 年 9 月,国务院印发《关于依托黄金水道推动长江经济带发展的指导意见》,部署将长江经济带建设成为具有全球影响力的内河经济带、东中西互动合作的协调发展带、沿海沿江沿边全面推进的对内对外开放带和生态文明建设的先行示范带。2016 年 9 月,《长江经济带发展规划纲要》正式印发,确立了长江经济带"一轴、两翼、三极、多点"的发展新格局:"一轴"是以长江黄金水道为依托,发挥上海、武汉、重庆的核心作用,推动经济由沿海溯江而上梯度发展;"两翼"分别指沪瑞和沪蓉南北两大运输通道,这是长江经济带的发展基础;"三极"指的是长江三角洲城市群、长江中游城市群和成渝城市群,充分发挥中心城市的辐射作用,打造长江经济带的三大增长极;"多点"是指发挥三大城市群以外地级城市的支撑作用。2018 年 4 月 26 日,习近平总书记在武汉主持召开深入推动长江经济带发展座谈会并发表重要讲话。他强调,推动长江经济带发展是党中央作出的重大决策,是关系到国家发展全局的重大战略。2018 年 11 月,中共中央、国务院明确要求充分发挥长江经济带横跨东中西三大板块的区位优势,以共抓大保护、不搞大开发为导向,以生态优先、绿色发展为引领,依托长江黄金水道,推动长江上中下游地区协调发展和沿江地区高质量发展。

从开始的跨区域防洪建设,到现在的区域联动发展,长江经济带区域合作不断拓深。形成了以跨江联合开发、飞地经济模式为代表的产业合作机制;推进了以港口物流合作、金融合作为代表的市场一体化建设;开展了以生态补偿、环境联防联治为代表的生态环境保护合作机制。随着东部地区的产业转型升级,中西部地区承接产业转移,实现产业布局合理分工,促进区域协调发展,经济带整体发展差距逐渐缩小。

2. 长江全流域合作存在的问题

(1)缺乏综合性的国家管理机构与系统性的政策支撑

作为长江流域最具影响的管理机构,水利部长江水利委员会没有综合管理的法律地位。而其他相关部委在长江流域设置的分支机构延续着单一要素管理的思路,因此一旦涉及流域具体管理事务,各机构之间就存在管理职能交叉。长江水利委员会主要以水资源管理和水行政为中心,协调各种工程和非工程措施开展水利及防洪工作,但是无力协调综合性社会经济管理事务,特别在区域协调方面难以发挥重要作用[①]。改革开放以来,长三角地区长期享受国家政策支持,产生了与中上游地区的巨大政策落差,不利于经济带建立一体化的市场环境。2000年以来,中央加强推动长江经济带的区域协调发展,批准成立了5个综合配套改革试验区与6个国家级新区,批准通过了3个区域规划,但是在经济带还存在着综合发展规划覆盖不全、同一地区规划之间缺乏衔接等诸多问题。从地方的角度看,长江沿岸地区备受当地政府的重视,分别成为沿江各省市的经济增长极,各地都在沿江布局了一系列的石化、冶金、建材、能源等工业。各地分头开放长江沿岸地区,虽然在经济总量上造就了长江经济带增长的奇迹,但区域之间基础设施建设和产业发展缺乏统筹与协调的发展方式也产生了诸多的区域性生态环境问题,造成地区之间的各种纠纷不断。

---

① 段学军、邹辉、王磊:《长江经济带建设与发展的体制机制探索》,《地理科学进展》2015年第11期。

（2）区域与部门之间尚未建立有效的协调体制机制

长江经济带的管理仍主要采取单一部门、单一要素的管理方式，条块的分割和交叉比较严重，区域与部门之间尚未建立起有效的协调机制。这种流域管理体制在环境保护与流域发展综合性事务上矛盾突出。虽然长江经济带在整体上以及上中下游地方政府之间都分别有了一些合作的基础，建立了一些对话协商平台，但是大部分区域合作项目尚难以落实，相关协议亦缺乏约束力，仅仅是以"口号"及政府文件的形式存在。在涉水管理方面，纵向的管理部门存在交叉和重叠，在"有利可图"的管理事务上存在着过度介入，而在"无利可图"的事务上存在介入不足等问题。部门之间缺乏协调，导致了众多的标准、程序、专项规划和管治政策相互矛盾与冲突，造成了诸如项目审批效率低下等问题，加剧了流域治理的困境。例如，水利部与环保部在 2012 年排入长江废水统计数据上就存在差异，前者为近 400 亿吨，而后者为不到 300 亿吨。基础数据统计缺乏协调，严重影响了对长江流域水环境现状的判断，以及相应规划应对策略的制定。此外，非政府组织、企业和行业协会等社会组织形式上作为政府部门协调机制的补充，理应对解决流域管治困境发挥积极和独特的作用，但是这些社会组织在长江经济带区域协调方面发挥的作用还明显不够。

（3）区域市场一体化受到行政壁垒制约

长江经济带市场一体化受到行政壁垒的制约，地区之间的市场化水平差异较大，区域一体化市场体系发育不完善。在现行的以经济增长为主的激励和绩效考核制度下，地方主政官员极力追求地方利益的最大化，城市之间、省市之间存在较强的非合作博弈。在竞争大于合作的发展理念下，地区之间建立了相互排挤的壁垒政策，阻碍了要素市场的一体化发展。例如，21 世纪初，下游长三角地区城市之间相互压低地价、降低环境准入等竞争策略，争夺国际产业转移的逐底竞争现象突出。随着近年来以上海为首的主要城市加强了对产业升级转移的重视，城市之间合作的势头较好，区域市场一体化开始逐渐增强。然而，长三角与中上游城市之间的联系还受到诸多限制，上海与长江经济带内联系比较紧密的城市还主要集中在长三角地区，上海对全流域的引领带动作用有待提高。中上游地区之间经济发展水平接近，产业同质化现状强化了地区之间的行政壁垒。大中小城市经济与产业结构雷同,中心城市的带动辐射能力不足,中小城市产业发展特色不明显,城市群内部之间的联系较为微弱。随着东部产业的梯度转移,中上游地区在资源和市场、吸引产业转移项目等方面相互竞争增强,从而进一步强化了地区之间的政策壁垒,形成区域发展的恶性循环。总体看来,长江经济带上中下游城市之间还尚未建立起完善的产业分工体系,区域市场发育程度较低,一体化的互补性市场体系远未形成。

（4）流域开发管理缺乏综合性法律法规保障

长江经济带开发管理缺乏综合性法律法规保障。长江流域管理主要涉及《水法》《水污染防治法》《水土保持法》《防洪法》《河道管理条例》,以及地方相关管理法规和条例等。这些部门和地方法律法规的效力虽都涉及长江流域的管理,但是相互之间存在着交叉与矛盾,而且分散的法律法规在涉及具体的综合事务处理上可操作性较差。虽然新修订的《水法》规定了实行流域管理与行政区域管理相结合的管理体制,但是由于没有相应的综合监管机构来执行,因此难以落实。例如,2014 年水资源公报显示,长江流域劣 V 类断面主要存在于省际交界的河流,说明区域之间水环境治理协调所面临的困境。

二、分段合作的历史与现实

长江经济带包括三大城市群:长三角城市群、长江中游城市群和成渝城市群,三大城市群在发展过程中不断创新、革新合作机制,取得了重大成效,但也存在着不少合作方面的问题,需要在合作机制的梳理中总结经验、发现不足、取得突破。

1. 长三角一体化

长三角地区是我国最大的经济核心区[①],地处海河陆接壤之地,自然条件优越,区位优势明显,经济基础良好,科技和文化教育事业发达,既是我国经济发展的排头兵,又是辐射内地开放创新的动力源,经济发展在全国占有举足轻

---

① 参见徐康宁、赵波、王绮:《长三角城市群:形成、争与合作》,《南京社会科学》2005 年第5 期。

重的地位。无论是从经济总量占比，还是从产业升级和产业集聚等方面看，长三角在中国城市群中都占据领先地位。①

经过数十年的发展，长三角城市群内多个城市与上海经济总量的落差持续缩小，且不少城市的人均 GDP 水平已超过龙头城市上海。长三角城市群正在从过去的龙头城市"一极独大""强势领跑"的单极化格局，逐步转化为"多中心格局"②，即群内多个都市圈（如南京都市圈、杭州都市圈、合肥都市圈、苏锡常都市圈、宁波都市圈等）同城化发展与上海正形成"并跑"与"助跑"、共同发展的新型城际关系。通过现有的多个大数据平台以及全球卫星夜间灯光数据统计均显示，长三角地区的融合趋势越来越显著，要素流动、机制创新、科技支撑等一体化助推动力不断增强。

中共中央政治局委员、上海市委书记李强在答记者问时指出："加快推进长三角一体化发展，既是大势所趋，也是内在要求，已经有很好基础，现在就是要顺势而为、乘势而进，以一体化的创新突破，更好服务全国发展大局、参与全球合作竞争。"现阶段，实施区域一体化的发展战略已成为国家和地区发展的必由之路。大背景下，上海作为长三角龙头的主动性大大增强，而且三省一市更加突出率先一体化发展，长三角地区合作将从原有的松散的、俱乐部式、注重具体领域的协作关系，迈入全面区域整合和一体化建设加速阶段。2018 年11 月 18 日，《中共中央国务院关于建立更加有效的区域协调发展新机制的意见》明确要求以上海为中心引领长三角城市群发展，带动长江经济带发展，这在我国经济建设全局、现代化发展乃至开放发展中具有十分重要的战略地位。

（1）长三角区域一体化合作的历史回眸

改革开放后，长三角区域治理空间的拓展，经历了从"上海经济区"的成立与消亡到长三角区域治理的"15+1"模式的形成与初步成熟，再到向泛长三角区域辐射与扩容之演变过程③。长三角地区作为我国三大世界级城市群的

① 参见倪鹏飞、李晃:《长三角区域经济发展现状与对策研究》,《中国市场》2014 年第41 期。

② 参见徐琴:《多中心格局下的长三角一体化发展》,《现代经济探讨》2018 年第 9 期。

③ 参见唐亚林:《从同质化竞争到多样化互补与共荣:泛长三角时代区域治理的理论与实践》,《学术界》2014 年第 5 期。

龙头,是我国区域治理创新的重要试验场。随着长江经济带、"一带一路"国家重大发展战略等在长三角区域的叠加,长三角地区开始迈入上海周边城市"主动对接"区域核心城市,区域核心城市、区域中心城市、副中心城市与周边中心城镇深度互动的区域合作新时代,城市(群)发展的联动性大大增强,区域一体化向纵深发展。

第一阶段(1982—1988年):启动阶段。这一阶段在一定程度上推动了上海、江苏和浙江的经济合作,为以后的区域合作积累了经验。但由于是在计划经济体制背景下进行,地区割据难以打破,这一旨在消除地区分割的决策并没有充分发挥作用①。

新中国成立后,在计划经济的安排下,江苏和浙江以发展农业为主,上海以发展工业为主。但是随着时间的推移,这种计划经济体制下垂直化的经济关系给长三角地区经济持续发展带来的负面效应也逐步显现出来。改革开放以前,浙江和江苏的工业化进程和人民收入增长缓慢,而且受计划价格规定下的工农业产品的价格剪刀差的影响,两省产出效益不断下降。20世纪70年代,随着苏南地区和浙北地区乡镇企业的迅速发展,显示出了突破这种体制障碍的内在张力,促使"长三角"各区域间以"华东局"为组织协调架构、以垂直分工为主要合作框架的经济一体化体制走向终结。1978年实行改革开放,长江三角洲进入了农村工业化全面兴起的新时期。江苏的乡镇企业和浙江的个体私营经济异军突起,并带动小城镇发展,加快区域城市化进程,形成了独具特色的"苏南模式"和"温州模式"。乡镇企业和个体私营经济的迅速发展,使得社会生产力要素的空间配置开始从主要集中于城市逐渐转变为城市与乡村并重,城乡经济迅速发展,开启了具有转型经济特征和现代市场经济特征的长三角区域经济一体化的新阶段。为打破传统计划经济体制的条块分割,国务院于1980年发出了《关于推动经济联合的暂行规定》,特别提出了"扬长避短,发挥优势,保护竞争,促进联合"的方针,旨在促进区域经济合作。1981年的全国人大五届五次会议以及1984年的中共十二届三中全会,进一步提出了

---

① 参见邹卫星、周立群:《区域经济一体化进程剖析:长三角、珠三角与环渤海》,《南京社会科学》2010年第10期。

要充分发挥城市的中心作用,这为上海经济区的成立提供了契机。

中国的改革开放从分权改革开始,改革的动力在很大程度上来自各级地方政府发展本地经济的冲动,以及由此而来的各地区之间在发展经济之间的激烈竞争,为中国的区域经济发展提供了强大的动力。"地方分权"导向的改革,瓦解了由计划经济安排而形成的地区间产业的垂直分工体制,促进了江浙地区的工业化进程。但是单纯的行政分权也具有自身的局限性,即会造成资源的条块分割,这需要有一种制度安排予以制衡。20世纪80年代初期,中央在推出分权改革的一系列措施时,同时提出"横向联合"与区域经济协作,以打破条块分割所带来的弊端。在这一背景下,1982年12月,国务院发出通知,决定成立"国务院上海经济区规划办公室",并于1983年3月22日在上海正式挂牌成立。其主要任务有三个:一是解决条块矛盾,解放生产力。因为在改革开放初期,当时的经济管理体制按条例管理,经济工作中常常碰到条块的矛盾需要解决。二是依靠中心城市发展。上海是面向全国的经济中心城市,苏浙两地的一批中小城市是上海的卫星城,但又不能在行政上把这些城市划归上海,所以需要划定一个以上海为中心进行经济辐射的经济圈。三是进行探索试验。希望通过这一区域的探索,研究出一条具有借鉴意义的城市群发展道路,在全国逐步形成以大城市为依托的网络型经济区。

上海经济区当初成立的时候仅包括上海市和江苏省的苏州、无锡、常州、南通以及浙江省的杭州、嘉兴、湖州、绍兴、宁波共10个城市,后来扩大到浙江、江苏和上海两省一市。随后,安徽省、江西省、福建省也相继加入经济区。按照国务院当时的规定,上海经济区规划办公室的主要职能是通过区域规划和相应的协调,解决地区间、部门间的矛盾,促进地区和企业的经济联合,以解放社会生产力。也就是说,其基本职能就是"规划、联合、协调"。上海经济区成立后,在上海经济区规划办公室的统一协调下,对规划区范围内的基础设施、水利治理、产业发展等进行规划和协调,构建跨区域治理框架体系。

由于上海经济区的常设机构仅仅是一个"规划办公室"、一个研究规划机构,并无调控各省市的行政权力,没有超越地方行政壁垒以行政权力进行资源配置的功能。而且,在当时的历史条件下,各地都期望运用计划手段而不是通过市场途径来谋求本地的发展,争取项目投资成为各地参加经济区的主要动机,由此导致规划区内省市、城市间明争暗斗、恶性竞争等现象普遍,严重影响到地区之间的和谐发展,同时带来环境污染严重、经济效率低下等问题。由于上海经济区规划办公室并没有被赋予组织手段,也没有形成一个统一市场或共同市场来进行资源配置功能,再加上上海经济区的不断扩大,从最早的长江三角洲十城市逐步扩张到华东地区五省一市,因此协调起来更加困难。1988年,"上海经济区"走到了尽头。6月1日,国家计委发出通知,撤销上海经济区规划办公室。7月,上海经济区最后一次省市长会议在上海召开,处理各项善后工作。

上海经济区的实践在组织架构层面上虽不能说是成功的,但是在实际运作层面上对当时江浙沪地区的经济发展起到了积极作用,这种积极作用更多的是体现在微观层面上。事实上,在20世纪八九十年代兴起的上海和江浙地区间的以"横向联合""技术转移"为载体的产业转移,就在很大程度上受益于上海经济区的制度安排。

上海经济区阶段,区域经济一体化的宏观特征是"区域经济合作"。微观特征是上海国有企业和江浙地区乡镇企业之间以"经济技术合作"为名义,以"横向联合""星期天工程师"以及"品牌共享"为载体的技术转移和产业转移①。这一时期,中央决策层的政策对长三角区域经济一体化进程来说是一种制度供给型的外力推动。由于行政区经济阻碍区域合作,这一时期属于分割式治理模式。正是这种条块分割、地区分割的行政区治理现实,使得跨区域经济合作难以真正取得突破性进展。上海经济区规划办公室也因为行政调控力不足、权威性不够,未能真正解决分割式"行政区"与一体化"经济区"之间的矛盾而以失败告终。

第二阶段(1988—2003年):重启阶段。由于国家计划经济委员会撤销上海经济区规划办公室,刚兴起不久的长三角一体化进程被中断。20世纪80年代,由于失去"长三角"产业垂直分工体制所带来的优势,加之长期以来沉重的财税负担和积重难返的城市建设欠账,上海经济的退潮趋势非常明显。

---

① 参见陈建军:《长三角区域经济一体化的历史进程与动力结构》,《学术月刊》2008年第8期。

同时,江浙两地蓬勃发展的乡镇企业,开始利用自己在制度、土地、劳动力成本方面的优势蚕食上海工业品的传统市场,加深了上海国有企业困境。20世纪80年代末90年代初,上海在总结了前十年有关改革开放经验教训的基础上,提出了以浦东开发开放为突破口,浦东浦西联动,加速上海改革开放步伐的战略思路。这一思路得到中央决策层的肯定,进而引发了以浦东开发开放为契机的长三角区域经济一体化的第二次浪潮,长三角区域经济一体化也因此进入了一个新的阶段。得益于浦东开放开发的磁场效应和辐射效应,长三角地区迅速被推向对外开放的前沿,外资、外企以及由此带动的先进技术、管理技术极大促进了长三角外向型经济和城市群的发展。

1992年,党的十四大报告正式提出以浦东开发开放为龙头,进一步开放长江沿岸城市,尽快把上海建成国际经济、金融、贸易中心之一,带动长江三角洲和整个长江流域地区的新飞跃。1993年,上海正式提出推动长三角大都市圈发展的构想。新的长三角经济圈实行强强联手,由两省一市组成,即江苏、浙江、上海。1995年9月,中共十四届五中全会通过的《中共中央关于制定国民经济和社会发展"九五"计划和2010年远景目标的建议》提出,进一步形成若干个跨省(区、市)的经济区域,包括以上海为龙头的长江三角洲及沿江地区经济带。到1997年,成立长江三角洲城市经济协调会,明确提出长三角经济圈概念,协调会设常务主席方和执行主席方。常务主席方由上海市担任,执行主席方由除上海市外的其他成员市轮流担任。协调会每两年举行一次正式会议。协调会在常务主席方设联络处作为常设办事机构,负责日常工作。各成员市的协作办(委)作为协调会具体的联络、办事部门。

在这个历史发展时期,确立了社会主义市场经济体制,市场配置社会资源的功能逐渐扩大,而政府的行政功能也在不断改革与完善之中。在经济体制转型、产业结构快速调整、企业改革全力推进以及外资大规模进入的带动下,长三角经济一体化发展进程又出现了显著的变化。在上海浦东开发开放的影响下,长三角地区的改革、开放和经济发展出现了新的气象,20世纪80年代,长三角地区经济发展"群龙无首"的局面开始有所改观。由于获得了中央政府的优惠政策支持,上海在"长三角"中的地位有了明显的改善。浦东开发开放为包括江苏、浙江在内的上海周边地区提供了两个方面的发展机遇:第一是加速改革的机遇。由于浦东开发开放,20世纪80年代,一直是中国改革开放后卫的上海一举成为改革开放的前锋地区,一些改革开放的政策措施,如证券市场的开放、金融体制的改革等首先在浦东推行,由此带来的制度溢出效应,对正在寻求加快改革步伐的江浙周边地区无疑非常具有吸引力。第二是国外直接投资的机遇。以浦东开发开放为契机,国际上掀起了上海投资热,由此带来了长三角地区投资的"FDI热"。

一方面,以市场和政府双向推动的经济技术合作迈向了更广阔的领域。在合作的方式上,由过去单一的横向配套协作,逐步向整合生产要素、共同进行制度创新发展;在合作的领域上,由过去单一的生产加工销售,逐步向城市之间商贸、金融、旅游、会展、产权、生态环境以及科研、教育、人才交流等方面发展;在合作的机制上,由过去单一的企业行为,逐步向政府搭台、企业唱戏、市场运作的方式发展;在合作的流向上,由过去单一的上海的要素向各地,逐步向双向流动的格局发展。另一方面,随着长三角整个区域内经济规模的增长、产业规模的扩大以及城市化进程的加快,长三角区域内产业间、区位间分工整合的客观要求开始明显起来,而经济布局合理与否对整个区域经济增长的影响也随之特别明显起来。在这个大背景下,长三角经济一体化过程中的核心城市的功能不完善、辐射作用不强、行政区划分割导致各自为政、区域发展中缺少相应的协调和规划指导、城市产业结构缺乏特色、城市间分工不明显、重复投资和过度竞争、技术创新能力相对不足、地方保护主义等问题也就开始不断显露出来。

这个阶段,长三角区域利用上海的区位优势、政策优势和其他资源优势,来获取本地区的发展资源,加快本地区企业发展与发展模式转型。中央决策层关于上海浦东开发的一系列政策属于制度诱导型的外力推动,即通过向上海注入加速开放和发展的政策资源,进而产生区域经济的外部性,以此来提高长三角区域的整体效益。这个阶段属于区域经济融合促进区域合作的经济协作式治理模式。

第三阶段(2003—2017年):不断拓展阶段。自2003年3月,随着江浙沪三省市主要领导分别率领党政代表团互访与回访,特别是时任浙江省委书记习近平率先提出浙江要向上海"虚心学习、主动接轨、真诚合作、互利共赢"的战略方针,在三省市主要领导层面共同达成了"以上海为龙头、江浙为两翼,共同推进长三角区域经济一体化"的战略共识,并由此掀起了一场轰轰烈烈的长三角区域经济一体化的热潮,从而奠定了长三角区域经济一体化背景下"三级运作、统分结合"的区域治理新模式的坚实基础。这一区域治理新模式主要包括三个层次:一是2005开始形成的江浙沪两省一市主要领导一年一度共同参加的"长三角地区主要领导座谈会"定期决策磋商机制(决策层),并于2008年扩展至沪苏浙皖三省一市;二是自2001年开始形成的由沪苏浙两省一市常务副省(市)长主持,各省市发改委、专题合作组负责人等相关人员参加的"沪苏浙(皖)经济合作与发展联席会议"协调沟通机制(协调层);三是由若干个重点合作领域专题合作组和长三角城市经济协调会组成的执行落实机制(执行层)。其间,2006年还通过了长三角城市经济协调会办公室工作会议制度、城市合作专题制度、财务管理制度以及经济协调会办公室新闻发布制度等,标志着长三角城市经济协调会在制度建设方面逐渐完善。

此阶段主要有两个特征:其一是长三角区域经济的外向型特征和国际化趋势的加速。中国加入世贸组织以后,国际制造业向中国内地特别是向中国沿海地区转移的趋势趋于明朗,而以上海为地标的长三角在中国沿海发达地区中的地位,在这一波国际产业转移浪潮中超过了珠江三角洲,成为外商在中国投资的首选地区。因为作为投资对象的上海并不仅仅是一个中国行政区划版图上的直辖市,还是一个包括江浙周边地区在内的大上海区域,是一个以中国最大的经济中心城市上海为核心、区位通达性和开放性极其优越、基础设施便捷完善、经济半径可伸缩的这样一个广阔的地域。其二是"长三角"区域经济市场化趋势的加速。20世纪90年代后半期,随着国有企业改革的加速,以及政府和企业之间关系也开始向市场化方向发展,这一改革的结果就是各级地方政府对本地企业控制力的弱化、市场化加速。

长三角区域经济一体化的第三阶段,作为一体化外部因素的中央决策层的政策推动,更深刻地体现为依靠区域一体化自身的内生因素,施力过程也从注重对上海的关注转向对整个长三角地区的政策协调,关注长三角地区的发展在中国和国际经济中战略地位和作用的提升。这一阶段的外部因素显现出制度协调的鲜明特征,是整体性规划引领区域合作的经济社会一体化协同式治理模式。

上述第三阶段作为长三角不断拓展的阶段,其中一个重要的地域拓展特征就是安徽省的加盟。尽管 2008 年国务院发布的《关于进一步推进长江三角洲地区改革开放和经济社会发展的指导意见》中并未包括安徽省,然而在省级层面上,2008 年安徽省主要领导开始出席长三角地区主要领导座谈会,事实上标志着长三角区域合作范围已经从原来的江浙沪两省一市拓展至沪苏浙皖三省一市。2010 年 5 月实施的《长江三角洲地区区域规划》,将安徽省定位为"泛长三角地区"。2016 年 5 月,国务院批复的《长江三角洲城市群发展规划》则明确指出"长三角城市群在上海市、江苏省、浙江省、安徽省范围内",正式将合肥、芜湖、马鞍山、铜陵、安庆、滁州、宣城、池州 8 个安徽地级市纳入了长三角城市群范围,从而形成了包括上海市、江苏 9 市、浙江 8 市和安徽 8 市在内的 26 个地级及以上城市组成的新长三角城市群。

这一时期除了长三角政府间"三级运作"机制的正式形成以外,旅游合作、科技资源共享等市场合作机制不断完善,园区平台合作、专利转让平台建设等合作机制也在稳步推进;同时一体化机制逐渐涉及区域治理、公共服务共享等领域,包括生态补偿、医保服务联网以及食品安全共管等方面,形成了相对完备的区域合作机制。

第四阶段(2018 年至今):更高质量一体化发展新阶段。从 2018 年开始,长三角地区开始迈入了更高质量一体化发展的新阶段,其主要标志包括国家和区域两个层面。

从国家层面上看。2018 年 4 月 16 日,习近平总书记在关于长三角区域合作的重要批示中明确提出,上海要进一步发挥龙头带动作用,要求苏浙皖各展其长,要求长三角实现更高质量的一体化发展;2018 年 11 月 5 日,习近平总书记在中国国际进口博览会开幕式上明确表示,中央将支持长三角区域一体化发展并上升为国家战略,着力落实新发展理念,构建现代化经济体系,推进更高起点的深化改革和更高层次的对外开放,同"一带一路"建设、京津冀协同发展、长江经济带发展、粤港澳大湾区建设相互配合,完善中国改革开放空间布局;2019 年 5 月 13 日,中共中央政治局审议的《长三角区域一体化发展规划纲要》(9 月正式刊发)中进一步明确了长三角更高质量一体化发展阶段的主要任务。

从区域层面上看。2018年1月，上海发布了《上海市城市总体规划（2017—2035年）》，第一次明确提出要优化城市空间格局、构建"1+6"（后调整为"1+8"）的上海大都市圈的战略构想。同月，由沪苏浙皖四省市共同协商组建的"长三角区域合作办公室"在上海正式挂牌成立；2018年6月1日，以"聚焦高质量，聚力一体化"为主题的长三角地区主要领导座谈会在上海召开。会议强调，上海要进一步发挥龙头带动作用，苏浙皖要各扬所长，以更加奋发有为的精神状态推动长三角一体化发展不断取得新成效、新突破，努力将长三角地区建设成为全国贯彻新发展理念的引领示范区、全球资源配置的亚太门户和具有全球竞争力的世界级城市群。会议还原则通过了由长三角区域合作办公室编制的《长江三角洲一体化发展三年行动计划》和《长三角合作近期工作要点》；2018年11月22—30日，沪苏浙皖四省市人大常委会分别表决通过了各自省份的《关于支持和保障长三角地区更高质量一体化发展的决定》；2019年3月6日，上海市委书记李强在十三届全国人大二次会议上海代表团全体会议上首次公开披露，将在江浙沪三省市交界区域设立"长三角一体化发展示范区"，并于11月1日在上海青浦举行的"长三角生态绿色一体化发展示范区建设推进大会"上正式揭牌。凡此种种，都标志着长三角区域一体化进程的不断深入和体制机制的不断创新，标志着一个更高质量一体化发展新阶段的到来。

区域高质量发展可从不同层次上理解。从最一般意义上理解，高质量发展是在不断增强公平性和可持续性的前提下，实现经济高效率的发展。在宏观层次上理解，包括供给与需求的平衡、供给结构与需求结构的匹配、供给侧适应需求侧变化的能力、潜在需求的释放及有效需求的增长、经济运行的稳定性等内容。在中观层次上理解，包括产业结构的合理性及其层次、生产力的空间布局、物质产品和服务产品的质量、生产过程中的资源消耗、发展过程中的利益分配和分享全球化红利的多寡等方面。要实现区域高质量发展，最核心的内容和最基本的要求是建立区域现代化经济体系，推动长三角区域从利益共同体走向命运共同体和责任共同体。

综上，从历史演进视角来看，长三角区域治理模式业已经历了从分割式治理模式到经济协作式治理模式再到经济社会一体化协同式治理模式的转型，治理绩效也经历了从"分而不合"到"议而不决、决而不行"再到"议而有决、决而有行"的提升。长三角地区的区域治理空间也从传统的江浙沪两省一市拓展到沪苏浙皖三省一市，为区域合作和经济社会一体化协同发展提供了新的战略空间和治理资源。

（2）长三角区域一体化合作现状

长三角是我国重要的经济增长极之一，是目前我国区域一体化起步最早、基础最好、程度最高的地区。作为国家重大战略的重要承载区和示范区，长三角承担着世界级城市群建设、全球科创中心建设和海洋强国建设的历史使命。特别是经过40余年的改革开放，长三角地区三省一市2017年合计的经济总量已经达到19.53万亿元，占全国的23.6%，其中以26个城市为边界的长三角城市群，其2017年的经济总量为16.52万亿元，居世界六大城市群的第五位①。

从长三角区域合作的视角看，目前呈现出以下几方面特征。

第一，一体化合作进程水平拓展，多领域齐头并进。不仅有产业结构、科技创新、生态保护领域的一体化，还有城市功能、民生发展等领域的一体化。

在产业结构方面，长三角城市依据自身产业的基础和特色，加强城市之间的分工合作，致力于解决城市间产业同质化的恶性竞争，奋力打造一体化的产业互补体系。同时强化城市内部大中小城市和小城镇之间的分工协作，推动大城市向高端化和服务化方向发展，推进中小城市和城镇产业向"专精特深"化方向发展，加强承接产业转移与自主创新相结合。形成分工合理、错位竞争、优势互补、融合互动的产城一体化发展格局，打造具有一流国际竞争力的现代产业体系。

在科技创新方面，沪苏浙皖共同推进国家"未来网络试验设施"、量子通信"京沪干线"、"高效低碳燃气轮机试验装置"等重大科技基础设施建设；以上海建设全球影响力的科技创新中心为引领，加强合肥、张江综合性国家科学中心建设。长三角各中心城市根据科学设施发展特色产业，发挥现有产业集

---

① 参见洪银兴、王振、曾刚、滕堂伟、李湛、王晓娟、郁鸿胜、李娜、张彦：《长三角一体化新趋势》，《上海经济》2018年第3期。

群区域联动优势,推动长三角科技创新—科学设施集群建设,依托上海—合肥量子技术合作,打造长三角量子技术研发和产业化走廊,依托杭州网络零售平台,建设"一带一路"出口门户。通过国家技术转移东部中心(上海)、国家技术转移苏南中心(苏州)、浙江科技大市场和在建的安徽科技大市场等技术转移交易平台,促使国内技术转移机构进一步加强协同合作,共同促进长三角区域技术信息共享、仪器设备互通、金融体系互融、技术经纪资质互认等。

在生态保护方面,长三角城市群是"绿水青山就是金山银山"理念的诞生地,目前正在向长三角更高质量生态保护一体化发展迈进。长三角地区达成"共抓大保护,不搞大开发"共识已久,生态保护一体化的意义,不仅在于有效治理跨界污染等问题,更重要的是探索一条适合长三角区域生态保护的道路。

在民生发展方面,以往长三角一体化的重心在经济一体化,随着一体化战略地位的提高,长三角一体化开始深入到民生领域。如2018年3月,三省一市档案局长举行"碰头会",签订民生档案"异地查档、便民服务"工作合作协议。这意味着,今后在长三角区域范围内任何一家国家综合档案馆,有需要的市民都可以跨地域、跨馆际,查阅、利用与自身利益密切相关的馆藏民生档案。另外,沪苏浙皖民政部门发表有关"推进长三角区域养老合作与发展"的"上海共识",提出建立健全区域养老工作协作协商机制,推进解决涉及长三角一体化养老的具体问题。

第二,一体化进程纵深发展,推进载体多样化。主要在基础设施、要素市场、城市治理机制等领域,以往按行政区分级设置的载体机构受到行政分割的影响,无法实现一体化所需的全面互联互通,载体一体化的推进迫在眉睫。因为只有建立了一批跨地区一体化营运的机构和载体,通过他们更加有效地承担一体化建设和运营项目,才能更好地解决行政区分割和各自为政问题,提高一体化发展效能。

在基础设施方面,为提高资源使用效率与投资效率,长三角加快实行包括交通等在内的基础设施一体化,落实区域间资源共享、公共产品共建。促使地区间劳动力流动成本和交易成本的下降,实现发达地区对欠发达地区的有力带动,促进地区间劳动力流动、地区间贸易和工业集聚。如交通,是区域经济发展的基础条件,不仅能够为居民的出行带来便利,而且能够为产品和要素的流动提供运输服务,能够在很大程度上推动经济与社会的发展,对区域经济发展起着决定性作用。近年来,从铁路建设到公路建设再到高速铁路建设,长三角地区交通衔接能力与立体交通网络建设成果显著,交通基础设施条件不断完善与优化,极大地拉近了长三角地区的时空距离,增强了各地之间的联系,促进了长三角的一体化。

在要素市场方面,当前技术、资金、人才等创新要素市场仍然带有明显的地方性,因此也导致了比较突出的地方分割问题。为消除不同区域间生产要素、技术水平的过高差异,减少行政壁垒,使劳动力、资本及其他生产要素在区域间自由流动,达到优化配置的目的,长三角地区致力于发挥市场在合理配置创新资源的决定性作用,从区域协同起步,逐步消除导致市场分割和碎片化问题的体制机制障碍,逐步向统一的一体化市场迈进。通过推动建立生产要素共同市场,建立合理的利益分配机制,让各城市都能体会到"集体租金"增加所带来的利益分享。

在城市治理机制方面,近期沪苏浙皖在各方面签署合作协议,协调城市治理。《关于支持和保障长三角地区更高质量一体化发展的决定》,要求抓住重大历史机遇,凝心聚力支持和保障长三角区域一体化发展。《长三角地区教育更高质量一体化发展战略协作框架协议》对长三角一体化发展提出了"两步走"目标,并决定成立长三角教育一体化发展领导小组与长三角教育一体化发展研究院,并依托该研究院,携手做好区域教育改革发展的重大政策研究与重点项目服务等工作。《推进金融风险防范合作促进行业健康有序发展倡议书》旨在将长三角区域建设成为全国金融风险防范示范区和金融创新试点安全区,打造最优的金融生态发展环境,积极助推长三角成为高质量外资引进的首选地、中国资本"走出去"的桥头堡。《长三角地区加快构建区域创新共同体战略合作协议》,将聚力服务国家战略联手承担重大科技创新任务,共同推进区域内大科学装置建设和科技资源共享,试行科技创新券在长三角范围内通用通兑,并将携手推进区域内大科学装置建设,推进大型仪器设备、科技文献等科技资源共享平台建设。

(3)长三角区域合作的主要问题

从长三角整体来看,城市群内部发展不平衡、不协调现象仍然存在。在长三角区域城市网络中,长三角中心城市与副中心城市已发挥区域中心城市作用,但网络连接关系基本都是单向性的,网络中心度不高,城市间协调联动性不足,难以发挥城市群效应,影响长三角区域一体化发展。

第一,规划体系不健全,顶层设计不足。国务院正式发布《关于依托黄金水道推动长江经济带发展的指导意见》(以下简称《意见》)以来,国家和地区颁布了大量相关战略规划,各地也相应出台了贯彻落实《意见》的实施意见,制定了具体分工方案。但是沪苏浙皖规划衔接不足,在城市发展规划上存有不少冲突的地方。比如,各地空间规划各自为政,缺乏有效衔接和整体协调;未建立健全促进一体化发展的经济政策体系,无法实现长三角地区的经济互补式发展;由于城市规划不能相互协调,无法开展合作立法,城市发展的指导性文件存在各自为政的现象。又如,长江沿岸港口结构不尽合理,分工不明确。随着长江干线航道的治理,长江下游通航能力、航运效益得到了较大提升。但由于长江港口群发展缺乏统筹规划,发展不平衡,功能分工不合理,结构性矛盾突出,未能从分工协作关系上考虑如何形成整体合力。各港口纷纷提出了各自未来发展方向与目标,南京港提出建设区域性航运物流中心,南通港提出建设上海国际航运中西北翼组合强港,太仓港提出建设近洋直达集散中心、内贸转运枢纽、远洋中转基地,泰州港提出建设大型深水直挂港,由于缺乏统一的规划协调导致了港口建设中普遍存在着不合理竞争、重复建设、岸线利用粗放等现象,导致岸线资源浪费。

第二,产业发展不平衡,产业结构同质化。长三角城市群各城市发展水平不一,上海及其周围城市处于经济梯度的高梯度顶部,而江苏省北部、安徽省西部北部与浙江省西部南部的各城市则处于经济梯度的中低位置,无论是在经济发展阶段还是经济发展水平上,都有着明显的差距。长三角城市群的优势产业布局以上海为圆心向外发散,逐渐呈现现代化服务业与先进制造业向轻工业、重工业与采矿业等产业过渡的空间发展态势。长三角城市群内部存在产业同构现象,从未来五年优先发展的战略性新兴产业的选择来看,众多城市都涉及电子信息技术、生物医药、新能源汽车等行业,产业同构程度比较深,城市之间重复投资现象较为突出,上海与江苏、上海与浙江之间的产业结构相似系数为 0.65—0.90,且在不久的未来仍有加大的趋势。

第三,政府推动力度较大,市场机制不完善。行政分割是本质约束,跨区域合作整合中为防止优势资源外溢、保持发展自主性,各城市竞争意愿大于合作意愿。跨区域合作意愿统一的规划并不能内化各省市发展目标之间的矛盾,尤其是在合作中必然有区域局部利益受损,这种损失既难以度量,也难以补偿。因此,长三角一体化建设主要还是以政府推动为主,经济手段运用不充分,市场机制作用发挥不足。三省一市经济体量大体相当,受区域行政壁垒和各地发展格局限制,过多依赖政府推动,未能发挥市场在资源配置中的决定性作用,导致技术、资本等要素流动渠道不畅,制约了区域一体化合作效率的提高。例如,在长三角人才市场一体化建设方面,确保人才有序竞争的规则和制度尚未建立,高端人才市场缺乏定价机制,导致人力资源成本过快攀升,出现无序的"人才争夺战"。

综上,长三角城市群是引领我国经济转型发展的"主引擎"和创新发展的"主阵地",目前其一体化合作进程已经进入到了深水区,已从一体化发展的1.0版上升到2.0版再到更高质量一体化发展的3.0版的新阶段,但是仍然存在着"不强""不聚""不巨"等诸多问题。必须要突破行政壁垒,在新型城市合作中带来新的发展增量,通过技术进步与创新的管理体制机制,形成名副其实的"更强""更巨""更聚"的世界级城市群。同时要加强建设上海大都市圈,发挥强核的带动作用,以点带面实现区域整体发展、协调发展,以一体化的创新突破,努力把长三角建设成为全国贯彻新发展理念的引领示范区、全球资源配置的亚太门户,具有全球竞争力的世界级城市群,更好地服务全国发展大局。

2. 长江中游城市群合作

长江中游城市群位于长江流域中部,以湖北宜昌为起点,向东到达江西湖口,横跨湖南、湖北、江西三省,其中三座省会城市武汉、长沙和南昌,呈"品"字形分布,是由大武汉都市圈、环长株潭城市群、环鄱阳湖城市群为主体形成的特大型城市群。长江中游城市群地理位置优越,承东启西、连接南北,是长江经济带的重要组成部分,也是实施促进中部地区崛起战略、全方位深化改革开放和推进新型城镇化的重点区域,在我国区域发展格局中占有重要地位。

长江中游城市群从最初谋划到最后成为国家战略,是一个不断发展、不断完善的过程。在这一过程中,长江中游城市群内各地的合作程度不断深化、合作范围不断拓展,经济总量不断提高,经济结构不断优化,各地的合作对彼此之间的发展也日益重要。

(1)长江中游城市群概况

长江中游城市群即"中三角",是以武汉、长沙、南昌为中心的特大城市群组合。规划范围包括湖北省武汉市、黄石市、鄂州市、黄冈市、孝感市、咸宁市、仙桃市、潜江市、天门市、襄阳市、宜昌市、荆州市、荆门市,湖南省长沙市、株洲市、湘潭市、岳阳市、益阳市、常德市、衡阳市、娄底市,江西省南昌市、九江市、景德镇市、鹰潭市、新余市、宜春市、萍乡市、上饶市及抚州市、吉安市的部分县(区),国土面积约31.7万平方公里,约为长三角的1.5倍[①]。2015年4月5日,经国务院批复,《长江中游城市群发展规划》正式实施。规划指出,长江中游城市群由原来的"中四角"(湖北、湖南、江西和安徽)变为"中三角"(湖北、湖南和江西),安徽省退出长江中游城市群加入到长江三角洲城市群。行政规划和包括的具体城市详见表6-2。

表6-2　长江中游城市群行政区一览

省级	地级市
湖北	武汉、黄石、鄂州、黄冈、孝感、咸宁、仙桃、潜江、天门、襄阳、宜昌、荆州、荆门
湖南	长沙、岳阳、益阳、常德、株洲、湘潭、衡阳、娄底
江西	南昌市、九江、景德镇、鹰潭、新余、宜春、萍乡、上饶、抚州、吉安市的部分县(新干县)

自然地理概况。湖北、湖南和江西三省地处长江中游地区,涵盖"一江两湖"(长江、鄱阳湖、洞庭湖),水资源丰富。三省相邻的地理位置和相似的气候条件决定了人文环境等的相似性。此外,湖南和江西在地理位置上具有近似的轴对称特征,且两省对称轴的位置是两省的省界,并刚好通过武汉。

社会经济概况。长江中游城市群地处我国的鱼米之乡,现代农业特色和优

---

① 参见刘西忠:《长江中下游城市群发展比较研究》,《中国国情国力》2017年第6期。

势突出,是我国重要的粮食主产区之一;该地区人口超过1亿,有高校260余所,在校大学生近300万,拥有国家级重点实验室23家,国家工程(技术)研究中心20余所,科技教育综合实力位于我国前列,是我国重要的科教和智力资源密集区;该地区拥有一大批老工业基地,如武汉、景德镇等,制造业基础雄厚、优势明显、特色突出;该地区每天有100多对动车往返武汉、长沙、南昌三地,三纵五横的公路网络成为全国最密集的地区之一;2016年长江中游城市群经济总量超过4.7万亿元,在长三角、京津冀、珠三角之后,排居全国第四位。

交通区位概况。长江中游城市群地处中国内陆腹心,具有"承东启西,连接南北"的地理区位优势。在全国区域协调发展的大格局中,长江中游城市群起着承东启西、贯通南北、吸引四面、辐射八方的重要枢纽作用,不仅是多种交通运输网络交汇的枢纽地区,而且是多方向跨区域运输的交通要冲,承担着全国跨区域客货运输的重要任务,在现代综合运输体系和物流体系中具有重要的地位①。

人文环境概况。人文环境主要包括人们的意识观念、价值取向、风俗习惯等内容,并作为一种非制度因素对城市群的发展发挥着越来越重要的作用。长江中游地区具有深厚的历史文化底蕴,楚文化、湘文化、赣文化等地域文化一直影响着区域内人们的行为,并形成了一种能相互认同的文化氛围。"人缘相亲"的特征为三大次级城市群的合作奠定了坚实的基础,相似的文化底蕴、历史渊源、生活习俗等都是三大次级城市群凝聚力增强、竞争力加强的持久推动力。政策环境也是人文环境的重要组成部分。国家出台了一系列促进中部地区崛起的政策,制定了《促进中部地区崛起规划》,三大次级城市群内的各级政府也出台了涉及财税、金融、外资等各个领域的合作政策与措施。这些政策有助于推动长江中游区域一体化协调发展。

空间组团概况。长江中游城市群是由以武汉、长沙、南昌为核心城市的大武汉城市群、环长株潭城市群和环鄱阳湖城市群组成的城市群组团。武汉、长沙、南昌三个中心城市的距离大体相等、联系紧密,构成了长江中游城市集群

---

① 参见方辉:《长江中游地区三大城市群空间结构优化研究》,华中师范大学博士学位论文,2012年。

发展的"成长金三角"。三大次级城市群均属于正在发展中的成长型城市群,正由省域内生型向省际外生型转变,处于城市群组团发展阶段,空间组团概况如表6-3。

表6-3　三大城市群空间组团概况表

城市群	中心城市	空间区域
武汉城市圈	武汉市	以武汉为中心,主要包括武汉、黄网、孝感、黄石、咸宁、仙桃、天门、鄂州、潜江
环长株潭城市群	长株潭	以长株潭复合城市为中心,主要包括长沙、株洲、湘、岳阳、常德、益阳、委底、衡阳
环鄱阳湖城市群	南昌市	以南昌为中心,主要包括南昌、景德镇、鹰潭三市,并覆盖九江、新余、抚州、亘春、上镜、吉安的部分县(市、区)

（2）长江中游城市群合作机制的历史演变

第一阶段(2006年4月—2013年1月):启动时期。长江中游城市群合作机制历史可以追溯到2006年4月,由中共中央、国务院正式印发实施《关于促进中部地区崛起的若干意见》(中发〔2006〕10号),提出了促进中部地区崛起的总体要求、基本原则和主要任务,为后来长江中游城市群的形成奠定了坚实的基础。2007年12月,国家发改委相继批准武汉城市圈、环长株潭城市群成为全国资源节约型和环境友好型社会建设综合配套改革试验区。2009年12月,国务院正式批复《鄱阳湖生态经济区规划》,标志着建设鄱阳湖生态经济区上升为国家战略,为环鄱阳湖城市群的形成与发展奠定了扎实基础。2010年12月,国务院印发《全国主体功能区规划》,明确"长江中游地区"包括湖北省武汉城市圈、湖南省环长株潭城市群和江西省鄱阳湖生态经济区,并将该区域确定为重点开发区域。2012年2月,湘、鄂、赣三省会商会议在武汉举行,会议上三省政府签署了《加快构建长江中游城市群集群战略合作框架协议》,明确三省将共同构建长江中游城市群,打造中国经济新的增长极,这标志着长江中游城市群建设将全面启动。2012年8月,国务院发布《关于大力实施促进中部地区崛起战略的若干意见》,提出鼓励和支持武汉城市圈、环长株潭城市群和环鄱阳湖城市群开展战略合作,促进长江中游城市群一体化发展,"中三角"正式进入国家战略视野①。

在这一启动阶段,长江中游城市群的区域合作程度慢慢加深,主要体现在以下三个方面:第一,政府建立了多层次的联席会议制度。2012年2月,湖北、湖南、江西三省政府在武汉签订《加快构建长江中游城市集群战略合作》,建立了三省政府领导间的联席会议制度,由各省党政主要领导轮流作为发起人,每年定期召开省际联席会议。此外,三省农业、经信、旅游等部门也签署了合作协议,建立了部门联席会议制度②。第二,企业间开展了丰富多样的合作互动。如2012年2月,"中三角商务网"顺利上线;4月,"中三角"演艺联盟暨武汉地区演出院线联盟在武汉成立;9月,湖北、湖南和江西三省商务厅和中期万盟国际集团在武汉联合主办"中三角"中美企业投资并购对接会。第三,非政府组织间的合作也广泛展开。如2012年5月,在湖北经济学院举办了"长江中游城市集群发展论坛";同年7月,在湖北武汉召开了"中国企业家论坛2012年夏季高峰会"。

第二阶段(2013年2月—2015年3月):全面推进时期。这一时期,长江中游城市群合作硕果累累,合作范围愈加广泛,涉及教育、交通、旅游、医疗卫生、商务等多个层面,签订了将近20项合作协议。2013年初,安徽正式加盟,"中三角"变为"中四角"。湘、鄂、赣、皖"地缘相近、人缘相亲、商缘相连",必定会使合作更具活力,对促进长江中游区域、中部地区乃至全国经济的发展具有重大的意义。同年2月,长江中游城市群省会城市第一届会商会在武汉举行,湖北、湖南、江西、安徽四省会城市签署《武汉共识》,表示将在多个层面深入开展协作,合力打造以长江中游城市群为依托的中国经济增长"第四极",标志着长江中游城市群建设进入到全面推进阶段。同年9月,国家发展改革委地区经济司在武汉召开了长江中游城市群一体化发展规划前期工作会议,在总结合作发展进展情况的基础上进一步研究讨论了有关长江中游城市群一体化发展的重大问题,部署了下一步工作。2014年2月,长沙、武汉、南昌、合肥四市党政主要负责人在长沙召开长江中游城市群省会城市第二届商会,围绕

---

① 参见李宁:《长江中游城市群流域生态补偿机制研究》,武汉大学博士学位论文,2018年。

② 参见龚胜生、张涛:《创新构建长江中游城市群合作机制》,《政策》2015年第7期。

"开放融合、创新发展"主题,对推进各省会城市的进一步深入合作的有关问题进行了透彻的分析和探讨,并签署了《长沙宣言》。同年9月,国务院印发了《关于依托黄金水道推动长江经济带发展的指导意见》,强调了长江经济带在我国区域发展总体格局中的重要战略地位,提出要培育发展长江中游城市群,把长江中游城市群建设成为引领中部地区崛起的核心增长极和资源节约型、环境友好型社会示范区,将长江经济带建设为具有全球影响力的内河经济带。2015年2月,四省会城市在合肥召开长江中游城市群省会城市第三届会商会,围绕着"深化合作、共赢未来——新常态下加速长江中游城市群一体化发展"主题,就四省会城市的进一步深入合作展开了讨论,并签订了《合肥纲要》。

在这一阶段,长江中游城市群各省市不仅加深了合作程度,还扩大了合作范围,即由"中三角"变成了"中四角"。主要体现在以下三个方面:第一,从政府合作层面上来看。2013年2月长江中游城市群省会城市第一届会商会签署的《武汉共识》确立了市际联席会议制度,每年定期召开联席会议,确定主题工作。此后两年的会商会上,分别签署了《长沙宣言》和《合肥纲要》,约定完善联席会议制度。第二,从企业合作层面上看,企业间的合作互动愈加丰富。如2013年4月,长江中游城市群四省会城市共10家城市商业银行在武汉签订了《战略发展业务合作协议》;2014年11月,湘、鄂、赣、皖四省省会城市在武汉科技会展中心举行了联合招聘专场活动;2015年2月,湘、鄂、赣、皖四省会城市在第三届会商会上增设了企业家交流会,搭建起四市企业间沟通的桥梁。第三,从非政府组织间的合作层面看,长江中游城市群四省会间均互设有异地商会,如江西省湖南商会、湖北省湖南商会等,有利于推进各省间企业的合作与交流。如2014年3月,湘、鄂、赣、皖商会合作交流会开幕式于长沙举行,会上签署了《长江中游城市群四省会城市商会合作协定》;2013年4月,湘、鄂、赣、皖四省会城市餐饮协会在武汉签署《长江中游城市群暨长沙、合肥、南昌、武汉餐饮行业协会合作协议》。在学术性组织方面成果也很多,如2013年10月,在武汉成功召开了长江中游城市群第一届法制论坛,本次论坛四城市签订了法学交流合作战略协议,开辟了四城市法学交流合作的新篇章。

第三阶段(2015年4月至今):国家战略时期。2015年4月,国务院正式批复实施《长江中游城市群发展规划》,提出将长江中游城市群建设成为长江经济带重要支撑、全国经济新增长极和具有一定影响的城市群。《长江中游城市群发展规划》成为继《国家新型城镇化规划(2014—2020)》出台后国家批复的首个跨区域城市群规划,长江中游城市群正式上升为国家战略。2015年4月5日,经国务院批复,《长江中游城市群发展规划》实施,指出,长江中游城市群由原来的"中四角"(湘、鄂、赣、皖)变为"中三角"(湘、鄂、赣),安徽省退出长江中游城市群加入到长三角城市群,长江中游城市群正式定位为"中三角"。2016年5月,党中央、国务院印发《长江经济带发展规划纲要》(以下简称《规划》),明确了长江中游城市群的发展目标,增强武汉、长沙、南昌中心城市功能,促进三大次级城市群组团之间的资源优势互补、产业分工协作、城市互动合作,加强湖泊、湿地和耕地保护,提升城市群综合竞争力和对外开放水平。同年6月,长江中游城市群省会城市第四届会商会在南昌举行,各省会城市签署了《南昌行动》,并以"优势互补 立足实干 开创长江中游城市群省会城市合作新局面"为主题,进一步深入探讨了长江中游城市群合作的下一步工作重点。2016年12月,国家发展改革委印发《促进中部地区崛起"十三五"规划》,强调中部地区在全国区域发展格局中具有举足轻重的战略地位,提出发展壮大长江中游城市群,打造生态文明和绿色城镇化样板。2017年4月,长江中游城市群省会城市第五届会商会在武汉召开,会议围绕如何发挥省会城市核心带动作用、聚力开放合作、打造长江经济带发展重要支撑、促进中部地区加速崛起、构建中国经济增长第四极、开辟长江中游城市群发展新局面等进行深入讨论,并签署了《长江中游城市群省会城市合作行动计划(2017—2020年)》。2017年10月,党的十九大报告提出发挥优势推动中部地区崛起,以城市群为主体构建大中小城市和小城镇协调发展的城镇格局。2018年9月,长江中游城市群省会城市第六届会商会在长沙召开,本次会议主题是"以习近平新时代中国特色社会主义思想为指导,深入贯彻落实党的十九大精神和习近平总书记在深入推动长江经济带发展座谈会上的重要讲话精神,下好区域协调发展'一盘棋',强化省会城市辐射带动力,以更加务实的举措推动长江中游城市群绿色发展、高质量发展"。长江中游城市群开启了全面合作的新征程,共推经济增长第四极加速崛起。

在这一阶段,长江中游城市群各省市的合作程度进一步加深,合作范围进一步扩大,合作机制也更加完善。主要体现在以下三个方面:第一,从政府合作层面上看,长江中游城市群省际联席会议制度更加完善,从 2015 年 4 月开始,湖北省分别和湖南省、江西省签订《长江中游城市群战略合作协议》,决定实行会商决策机制、协调推动机制以及执行落实机制,进一步完善了会商制度。2017 年 4 月,长江中游城市群省会城市政府签署《长江中游城市群省会城市社会信用体系建设区域合作框架协议》,将探索建立区域联动奖惩机制,形成较为完善的区域信用管理体系,区内城市谋划强强合作,令人充满期待。三省会城市还就人力资源合作、城镇职工基本医疗保险异地就医即时结算等内容达成共识并签署合作协议。第二,从企业合作层面上看,企业合作程度进一步加深。如 2017 年 12 月,第一届长江中游城市群省会城市科技合作与交流论坛在武汉举行,进一步深化了长江中游城市群省会城市科技合作与交流,推进长江经济带产业发展。第三,从非政府组织间的层面上看,2015 年 4 月,中国社会科学院与湖北省政府在武汉东湖宾馆成功举办了长江论坛。2017 年 4 月,长江中游城市群人才发展高峰论坛在武汉举办,四省会城市签署了《长江中游四省会城市人才发展合作框架协议》,明确了将逐步消除限制人才流动的体制性障碍,共享人才红利。2018 年 12 月,长江中游城市群省会城市乒乓球联谊赛(武汉站)在武汉市江汉二桥体育训练基地成功举办,加大了长江中游省会城市之间的合作与交流,有利于促进其在交通互联互通、社会事业发展、旅游文化交流等方面广泛合作。

(3)长江中游城市群发展现状

自 1984 年改革重点转向城市后,长江中游城市群借势中部崛起战略等相应政策,实现了快速发展,逐步形成了相对稳定的产业布局与增长动力结构。2015 年 4 月《长江中游城市群发展规划》出台,标志其发展正式迈入新的发展阶段,其产业布局、发展动力等出现了新的变化与调整。

从产业发展布局的角度看,长江中游城市群的产业布局比较集中,在一定程度上制约了城市群规模和质量的提升。从制造业的区域布局看,具有“大分散,小集聚”的格局,即绝大多数城市没有比较优势产业,也没有较大规模的制造基地，只是少数中心城市在某个行业具有一定的比较优势，形成在局部范围内具体行业的集聚。以二维码行业产值为例，长三角城市群共有 12 个城市在 11 个二维码行业的产值超过 1000 亿，成渝城市群有重庆、成都 2 个城市在汽车制造、铁路等设备制造、计算机通信和其他电子设备制造业 3 个二维码行业的产值超过 1000 亿，而长江中游城市群仅有武汉在汽车制造、计算机通信和其他电子设备行业 2 个二维码行业的产值超过 1000 亿；从中心城市服务业结构看，长江中游城市群中心城市服务业发展相对滞后。长三角城市群在批发和零售业、金融业等生产性服务业方面具有突出优势；成渝城市群中重庆在批零、交运仓储、住宿和餐饮等生产性服务业领域具有比较优势，成都在信息传输软件和信息技术服务业领域具有比较优势；长江中游城市群服务产业发展目前来说还处于劣势，有待进一步加强①。

从经济增长的动力看，长江中游城市群至今依然保持着相对单一的动力结构。从三次产业年均增长率看，第三产业成为长江中游城市群经济增长的主要动力之一。武汉城市圈、环长株潭城市群、环鄱阳湖城市群三大次级城市群第二产业虽然保持较高增速，但是第三产业增速已超过第二产业成为经济增长的主要贡献方。从经济支出角度看，长江中游城市群的经济增长动力相对均衡，投资、贸易和消费共同推进经济发展。从地区政策优势看，长江中游城市群只有武汉东湖、和长株潭两家国家自主创新示范区，只覆盖了两个城市群，而环鄱阳湖城市群则成了明显的政策洼地。

从长江经济带三大城市群的发展差异看，目前，长三角城市群开发较早，城市群已经整体进入工业化高级阶段，其由 15 个地级及以上城市组成的核心区业已整体进入后工业化发展阶段。而长江中游城市群和成渝城市群历史因素和地理区位的影响，开发相对滞后，发展相对缓慢，城市群仍然整体处于工业化中级阶段，与长三角城市群之间的发展差距明显。

（4）长江中游城市群合作现存问题

结合长江中游城市群合作机制的现状，目前存在的主要问题有：

---

① 参见谈佳洁、刘士林：《长江经济带三大城市群经济产业比较研究》，《山东大学学报》（哲学社会科学版）2018 年第 1 期。

第一，国家层面支持力度不够。地方政府倡导的跨行政区合作离不开国家层面的支持和引导。目前，国务院虽已出台了长江中游城市群发展的顶层规划，国家对其重视程度也在渐渐提高，但还远远不如对沿海三大城市群的支持力度大。长江中游城市群占地面积过大，三大次级城市群的核心城市距离相对来说较远，且包含城市过多、核心城市能级偏低、辐射带动功能有限，使得长江中游地区的整体发展受到明显限制。

第二，非政府组织作用未充分发挥。长江中游城市群省会城市政府没有给非政府组织参与城市群合作提供足够的支持，对其所能发挥的作用也缺乏足够的认识。非政府组织自身也存在缺乏纪律规范、功能定位不够清晰的问题。一些非政府组织或是偏离了非营利性的基本特征，过分追求经济利益，转变成了经济组织，或者过多参与政治，成为变相的政治组织，影响其在政府和企业间的桥梁作用的发挥①。

第三，区域利益共同体尚未形成。利益共同体，是基于共同利益而产生的，利益双方或多方在理性预期基础上，以不同方式结成的类似利益联盟式的行动体，互利共赢是利益双方或多方联合在一起的根本动力。长江中游城市群的利益共同体尚未真正形成，主要表现在：一是部分省份府际合作动力不足；二是企业之间的跨省市发展态势不强、跨界跨域的产业联系不够紧密，市场主体功能没有得到充分发挥；三是区域合作潜力没有得到充分挖掘，区域资源空间配置与生产力布局亟须完善，区域利益共同体的形成还存在重重阻力。

第四，区域一体化程度欠高。一是交通基础设施一体化不够，长江中游城市群仍然存在公路交通"断头路"较多，长江"黄金水道"功能未得到充分发挥，高速铁路网络尚未形成，各子城市群内部和之间的交通联系都还比较薄弱等问题。二是产业结构高度趋同，长江中游地区各省产业结构相似度高，第二产业比重偏高，均处于工业化中期。在产值过千亿元的机械、石化、食品、有色、冶金等支柱产业中，存在省际重合现象。各省城镇在承接沿海地区产业转移时，承接的项目同样多为电子信息、食品制造、建材等产业，产业趋同还在加深。三是生态文明建设任重道远，洞庭湖、鄱阳湖和洪湖蓄水

---

① 参见龚胜生：《长江中游城市群合作机制研究》，《中国软科学》2014 年第 1 期。

能力锐减,洪涝灾害威胁并没有彻底消除。四是行政壁垒和市场分割严重,长江中游城市群各省市间的行政壁垒尚未打破,导致诸多合作障碍:产业选择方面,由于缺乏统一规划和协调,产业重构和恶性竞争比较严重;人才流动方面,由于户籍制度及地方政府就业压力影响,各地对外来人口就业通常都采取一定的歧视性政策;企业发展方面,跨区域的企业在区域交界地区水、电、路等处于相互分割状态,而且各地为保障本地就业及税收,经常采取政策手段阻碍企业自由跨区域发展;基础设施建设方面,各地往往以本区域利益为重,导致沟通衔接不够。

第五,合作保障机制不完善。一是缺乏有效的激励与约束机制,长江中游城市群现有合作机制中,缺少"奖优惩劣"的相关制度法规设计,没有明确激励约束机制的执行机构和执行方式。这既不能对积极合作的政府及部门、企业给予肯定和资金政策支持,也不能对政府领导的失职渎职、以权谋私、恶性竞争等违法行为做出相应的处罚,以致在区域合作中还存在政府不作为、乱作为、过度行政干预等问题,一定程度上影响了合作的开展。二是利益共享与补偿机制尚未建立,区域合作中的利益共享补偿机制,是一项复杂的制度体系,涉及内容广泛,包括利益补偿方式手段,利益补偿内容、范围、对象、标准,利益补偿基金筹集渠道,利益补偿实施等方面的制度安排。当前,长江中游城市群合作利益共享补偿机制尚未建立,出现了一定程度的制度真空。三是政府绩效考核机制不够健全,随着我国行政管理体制改革的不断深入,长江中游城市群地方政府及部门开展了各种形式的政府绩效考核活动,如机关效能建设、目标责任制、社会服务承诺制、万人评议政府、行风评议、干部实绩考核制等。但当前的政府绩效考核还带有一定的"运动式"和滞后性,且多是政府内部考核,缺乏公众参与和媒体监督,尤其是还没有把"合作绩效"纳入考核范畴,对长江中游城市群各地政府及部门还缺乏"合作绩效考核"的程序规范和法律依据。

3. 成渝城市群合作

成渝城市群以重庆、成都为中心,是引领西部开发开放的国家级城市群、全国重要的现代产业基地、西部创新驱动先导区、内陆开放型经济战略高地、统筹城乡发展示范区、美丽中国的先行区。成渝城市群是西部大开发的重要平台,是"一带一路"和长江经济带的战略支撑①。培育发展成渝城市群,发挥其沟通西南西北、连接国内国外的独特优势,推动"一带一路"和长江经济带战略契合互动,有利于加快中西部地区发展和拓展全国经济增长新空间,有利于保障国土安全和优化国土布局,有利于长江经济带协调发展和长江流域生态环境改善。

（1）成渝城市群简介

地域范围。成渝城市群具体范围包括重庆市的渝中、万州、黔江、涪陵、大渡口、江北、沙坪坝、九龙坡、南岸、北碚、綦江、大足、渝北、巴南、长寿、江津、合川、永川、南川、潼南、铜梁、荣昌、璧山、梁平、丰都、垫江、忠县 27 个区（县）以及开县、云阳的部分地区,四川省的成都、自贡、泸州、德阳、绵阳（除北川县、平武县）、遂宁、内江、乐山、南充、眉山、宜宾、广安、达州（除万源市）、雅安（除天全县、宝兴县）、资阳 15 个市,总面积 18.5 万平方公里,该地区 2017 年常住人口约 9495 万人,地区生产总值约 5.09 万亿元,分别占全国的 6.9% 和 6.2%。

核心城市之一——成都。成都是四川省省会,简称"蓉",别称蓉城、锦城,为副省级市,特大城市,位于四川盆地西部,成都平原腹地。境内地势平坦、河网纵横、物产丰富、农业发达,属亚热带季风性湿润气候。下辖 11 区、4 县,代管 5 县级市,总面积 14335 平方千米;2017 年常住人口 1604.5 万人,地区生产总值为 13889.39 亿元。成都是全球重要的电子信息产业基地,是国家历史文化名城,古蜀文明发祥地,中国十大古都之一。孕育了金沙遗址、都江堰、武侯祠、杜甫草堂等众多名胜古迹,是中国最佳旅游城市。成都先后获世界最佳新兴商务城市、中国内陆投资环境标杆城市、国家小微企业双创示范基地城市、中国城市综合实力十强、中国十大创业城市、国家园林城市、中国最佳旅游城市、国家森林城市等称号。2013 年、2014 年两度登上《第一财经周刊》新一线城市榜首。2016 年 4 月,国务院明确成都要以建设国家中心城市为目标。《2017 国家中心城市发展报告》中成都综合评估排名第七。

成渝核心城市之二——重庆。重庆简称渝或巴,是我国中西部唯一的直

---

① 参见《成渝城市群发展规划》(2016)国务院,2016 年 4 月。

辖市、国家中心城市、超大城市、国际大都市,长江上游地区的经济、金融、科创、航运和商贸物流中心,西部大开发重要的战略支点、"一带一路"和长江经济带重要联结点以及内陆开放高地。重庆地处四川盆地东部,地形由南北向长江河谷倾斜,地貌以丘陵、山地为主,山地占 76%;气候冬暖春早,夏热秋凉,长江自西向东横贯境内,流程 679 公里。既以雾都著称,又以山城扬名。下辖 38 个区县(自治县),总面积 8.24 万平方千米;2017 年常住人口 3075.16万,地区生产总值为 19500.27 亿元。有中国火锅之都、中国会展名城、世界温泉之都之称。重庆是中国西南地区融贯东西、汇通南北的综合交通枢纽。重庆历史悠久,是国务院公布的国家历史文化名城之一。1189 年,宋光宗赵惇先封恭王再即帝位,自诩"双重喜庆",重庆由此得名。重庆既是"红岩精神"起源地,又是巴渝文化发祥地,火锅、吊脚楼等影响深远;在 3000 余年历史中,曾三次为国都,四次筑城,史称"巴渝";抗战时期为国民政府陪都。重庆是西南地区最大的工商业城市,国家重要的现代制造业基地。在《2017 国家中心城市发展报告》中重庆市综合评估位居第四位,仅次于北上广。

巴蜀文化。巴蜀文化即指四川省、重庆市的地域文化。巴文化以重庆为中心,巴人在夷城(今湖北长阳土家族自治县境内)建立了巴国第一个首都。后活动于重庆全境、湖北西部、四川东部、陕西南部及贵州北部地区。蜀则由三个古族融合而成,后成为西周封国,传"蜀与夏同源"及"禹兴于西羌"等,含川西、陕南、滇北一带。巴文化、蜀文化源远流长已有 5000 余年发展历程,在中国上古三大文化体系中占有重要地位,与齐鲁文化、三晋文化等地域文化共同构成辉煌灿烂的中华文明。巴蜀大地是中华民族的又一摇篮,是人类文明的发祥地之一。从秦汉到近现代,巴、蜀产生了司马相如、扬雄、陈子昂、李白、苏轼、张木式、杨升庵、张问陶、李调元、郭沫若、巴金等文化巨匠,在许多文化领域诸如汉赋、唐诗、宋词、巴学、蜀学、史学、道教、天文、易学等方面,都处于全国前列。

巴蜀山川,自古有雄险幽秀之称。巴蜀盆地在地形上为"四塞之国",古代交通甚为困难,故李白发出"蜀道之难,难于上青天"的感叹。这一封闭地形对巴蜀文化作为农业文明所必然带来的封闭性有较大影响。但也正因为如此,又反过来激励起巴蜀先民向外开拓、努力改善自身环境的决心和勇气。于是,环境与文化相交融,造就了巴蜀先民封闭中有开放、开放中有封闭的历史个性。随着时代的推移,开放和兼容终于成为巴蜀文化最大的特色。

(2)成渝城市群合作机制的历史回眸

第一阶段(1997—2003年):从分离到合作。1997年3月14日,经八届全国人大五次会议审议批准,重庆恢复为中央直辖市,于1997年6月18日正式挂牌。自此,重庆市从四川省分离出去,自此开始形成两者经济社会之间如何协调发展的问题。"十五"规划纲要将实施西部大开发、促进地区协调发展作为一项战略任务,重庆在长江上游经济带开发的主体地位得以确定。一年后签订的《重庆—成都经济合作会谈纪要》,提出携手打造"成渝经济走廊",第一次提出"成渝经济"这个概念。

2003年,国家发改委宏观研究院的研究报告《协调空间开发秩序和调整空间结构研究》指出:"成渝地区是我国西部地区人口与城镇数量最密集区域,也是西部地区工农业生产最为发达区域。建议加快整合成渝地区,使重庆增长极转化整合成一条巨大的增长轴,并使此增长轴具有两个单增长极所不具有的功能。"2003年,中科院地理科学与资源研究所的研究报告《中国西部大开发重点区域规划前期研究》提出:"在未来5至10年内,要积极构建以成渝两大都市为中心、各级中心城市相互联系和合作的中国西部最大的双核城市群,形成西部大开发的最大战略支撑点,西部地区人口、产业、信息、科技和文化等集聚中心,长江上游经济带的核心。"这是在国家层面的报告中,第一次出现成渝经济区的概念。成渝经济区的出现,标志着成渝合作开启了新的篇章。

第二阶段(2004—2006年):初步合作阶段。2004年,国务院西部开发办规划组在《中国西部大开发中重点经济带研究》中指出:"长江上游经济带的空间布局特征是'蝌蚪型经济带',区域中心是成渝经济区。"同年2月3日,四川省在成都签署《关于加强川渝经济社会领域合作共谋长江上游经济区发展的框架协议》和交通、旅游、农业、公安、文化、广播电视6个方面的具体协议,标志着整个四川成渝经济区建设,进入一个崭新的历史阶段。

2005年9月,由四川省社会科学院牵头,联合重庆市社会科学院以及四川数十位专家完成了2003年11月中标的国家发改委"十一五"规划课题《共建繁荣:成渝经济区发展思路研究——面向未来的 7 点策略和行动计划》。这是第一次对成渝经济区开展的专题研究,其结论和建议为国家发改委把成渝地区列为"十一五"经济区规划的试点地区提供了有力的理论依据和现实佐证。2006 年,国家西部大开发"十一五"规划出台,明确提出建设成渝经济区。成渝城市群合作正式进入正轨。

第三阶段(2007—2014 年):深化合作阶段。2007 年 4 月,川渝两省市政府签署《关于推进川渝合作共建成渝经济区的协议》,提出打造中国经济增长"第四极"的目标。该协议是有关成渝经济区建设的最重要的标志性文件,也是最具指导性和现实性的双边合作协议,不仅确定了"成渝经济区"的地理范围,确定建立统一的工作和协调机制,还就基础设施建设、一体化市场体系、产业协作、共建生态屏障等合作目标和主要措施达成框架性协议。

2008 年 10 月,川渝两省市签署《关于深化川渝经济合作框架协议》,标志着川渝合作共建成渝经济区进一步深化。同年,成渝经济区进入国家战略视野。在国务院西部办颁发的《西部大开发"十一五"规划》中,提出重点建设成渝、关中—天水、北部湾等重点经济区,把其建设成为带动和支撑西部大开发的战略高地。

2009 年,国家发展改革委着手组织编制了《成渝经济区区域规划》。该规划涵盖了重庆市的 31 个区县和四川省的 15 个市,总面积约 20.6 万平方公里,覆盖人口 9840.7 万,2011 年经济总量为 2.8 万亿元。其中除了重庆一小时经济圈内的 23 个区县外,还包括渝东北的万州、垫江、梁平、丰都、开县、忠县、云阳和渝东南的石柱,其亦被纳入了成渝经济区。整个成渝经济区涉及重庆的面积是 3.15 万平方公里,占重庆总面积的 37.56%;涉及重庆人口 2380 万,占重庆总人口的 62.5%。① 该规划从国家层面明确了成渝经济区的功能定位、总体布局和发展目标,并提出了促进成渝经济区一体化发展的政策措施,推动区域合作向更深层次、更广领域发展。

2010 年 2 月 27 日,国家部委联合调研组与重庆、四川两省市交换意见会

---

① 后因万盛、双桥分别与綦江、大足合并,涵盖重庆的区县减少至 29 个。

在重庆市召开。会上,调研组副组长、国家发展改革委地区经济司司长范恒山强调,要从充分反映国内外环境新变化、贯彻国家战略要求、体现地方实际需要三个方面把成渝经济区区域规划编制成一个高水平的规划,要在战略定位、空间布局、产业结构、基础设施建设、区域协调发展、生态环境保护、深化改革和扩大开放等方面下功夫,提升规划高度、体现规划特色。

2011 年 3 月 1 日,《成渝经济区区域规划》经国务院常务会议讨论并原则通过。同年 5 月 5 日,国务院正式批复《成渝经济区区域规划》。国务院常务会议指出,在新形势下加快成渝经济区发展,对深入推进西部大开发,促进全国区域协调发展,增强国家综合实力,具有重要意义。要深化改革,扩大开放,优化空间布局,推动区域一体化发展,推进统筹城乡改革,提升发展保障能力,发展内陆开放型经济,构建长江上游生态安全屏障。

第四阶段(2014 年至今):快速合作发展阶段。2014 年 9 月,国务院印发《关于依托黄金水道推动长江经济带发展的指导意见》,提出促进成渝城市群一体化发展。2015 年 5 月 21 日,川渝两省市政府共同签署《关于加强两省市合作共筑成渝城市群工作备忘录》,为成渝合作提供了新的机遇。该文件进一步细化了成渝两地的合作内容和对口协作部门,提出成渝经济区到 2020 年的发展目标,即两地要在都市消费品、石化天然气、特色资源等方面形成多维产业走廊,将成渝经济区建设成国际知名城市群和经济高地。2016 年 3 月 30 日,国务院总理李克强主持召开国务院常务会议,审议通过了《成渝城市群发展规划》,并于 4 月 12 日正式印发,成为培育发展成渝城市群的指导性、约束性文件。

(3)成渝城市群合作发展现状

经济总量。2017 年成渝城市群各市的地区生产总值及其增长率和人均地区生产总值详见表 6-4。其中,重庆和成都两市是成渝城市群当之无愧的双核心城市,GDP 总量和人均 GDP 都要远远高于其他地市;两市 GDP 占了成渝城市群 GDP 总量的 62%,其余各市加在一起只占 38%;除眉山和内江两市外,其余城市 GDP 增长率都高于 8.0%,成为我国经济增长最快的区域之一。

表 6-4　2017 年成渝城市群经济发展情况

地区	生产总值（亿元）	人均生产总值（元）	生产总值增长率（%）
重庆市	18230.51	68128	9.4
成都市	13889.39	86911	8.1
自贡市	1312.07	46182	8.3
泸州市	1596.21	37020	9.1
德阳市	1960.6	55607	9.0
绵阳市	2074.75	43015	9.1
遂宁市	1138.06	34835	8.3
内江市	1332.09	35521	7.1
乐山市	1507.79	46130	8.2
南充市	1827.93	28516	8.5
眉山市	1183.35	39605	5.3
宜宾市	1847.23	40868	8.8
广安市	1173.8	36034	8.1
达州市	1583.94	28066	8.2
雅安市	602.77	39172	8
资阳市	1022.2	40137	7.8

注：为方便各地区数据明晰与比较，表中的"重庆"数据仅为在成渝城市群内的重庆市各区、县汇总。
　　下同。
资料来源：2018 年四川统计年鉴、2018 年重庆统计年鉴。

　　人口分布。2017 年，重庆全市常住人口已达 3075.16 万人，城镇常住人口 1970.68 万人，城镇化率 64.08%。其中，成渝城市群的各区、县常住人口 2675.91 万人，城镇常住人口 1815.89 万人，城镇化率 67.86%；成都市常住人口 1604.5 万人，城镇常住人口 811.56 万人，城镇化率达到 71.9%；其余各地市城市规模较小且城镇化率不高，均低于 2017 年全国常住人口城镇化率 58.52% 的平均水平（见表 6-5）。

表 6-5　2017 年成渝都市圈各市常住人口及城镇化率

地区	全市常住人口（万人）	城镇常住人口（万人）	城镇化率（%）
重庆市	2675.91	1815.89	67.86

续表

地区	全市常住人口（万人）	城镇常住人口（万人）	城镇化率（%）
成都市	1604.5	811.56	71.9
自贡市	290.14	147.74	50.92
泸州市	431.72	211.33	48.95
德阳市	353.2	180.13	51
绵阳市	483.56	246.66	51.01
遂宁市	323.59	157.01	48.5
内江市	375.37	179.8	47.9
乐山市	327.21	164.16	50.17
南充市	641.79	298.43	46.5
眉山市	297.48	133.18	44.77
宜宾市	453	217.98	48.12
广安市	325	130.79	40.2
达州市	568.95	249.88	43.92
雅安市	153.78	69.74	45.35
资阳市	255.3	105.6	41.3

资料来源：2018年四川统计年鉴、2018年重庆统计年鉴。

空间布局。成渝城市群的空间格局为"一轴两带、双核三区"。其中，"一轴"即成都至重庆的成渝发展主轴。要依托成渝北线、中线和南线综合运输通道，积极推进重庆两江新区和四川天府新区建设，加快推动核心城市功能沿轴带疏解，辐射带动资阳、遂宁、内江、永川、大足、荣昌、潼南、铜梁、璧山等沿线城市加快发展，打造支撑成渝城市群发展的"脊梁"。加快城际轨道交通、高速公路和沿线交通枢纽建设，构筑发达的基础设施复合廊道。

"两带"即沿长江城市带和成德绵乐城市带。其中，沿江城市带要依托长江黄金水道及沿江高速公路、铁路，充分发挥重庆的辐射带动作用，促进泸州、宜宾、江津、长寿、涪陵、丰都、忠县、万州等节点城市发展，培育形成沿江生态型城市带。成德绵乐城市带要依托成绵乐城际客运专线、宝成—成昆铁路和成绵、成乐、成雅高速公路等构成的综合运输通道，发挥成都的辐射带动作用，强化绵阳、德阳、乐山、眉山等城市的节点支撑作用，带动沿线城镇协同发展，提升人口综合承载能力,建成具有国际竞争力的城镇集聚带。

"双核"即重庆和成都两大核心城市,主要任务是提升城市核心功能和双核带动功能。其中,重庆要围绕建成国家中心城市,强化西部开发开放战略支撑和长江经济带西部中心枢纽载体功能,充分发挥长江上游地区经济中心、金融中心、商贸物流中心、科技创新中心、航运中心的作用,加快两江新区建设,以主城区为核心,以城市发展新区为腹地、联动沿江城市带和四川毗邻城市发展,构筑具有国际影响力的现代化大都市区;成都要以建设国家中心城市为目标,增强成都西部地区重要的经济中心、科技中心、文创中心、对外交往中心和综合交通枢纽功能,加快天府新区和国家自主创新示范区建设,充分发挥核心带动功能,加快与德阳、资阳、眉山等周边城市的同城化进程,共同打造带动四川、辐射西南、具有国际影响力的现代化都市圈。

"三区"即川南城镇密集区、南遂广城镇密集区和达万城镇密集区。其中,川南城镇密集区包括自贡、内江、泸州、宜宾的市区和部分县(市)。要促进自贡—内江联合发展、泸州—宜宾沿江协调发展,建设成为成渝城市群南向开放、辐射滇黔的重要门户;南遂广城镇密集区包括南充、遂宁、广安的市区和部分县(市),要加强与重庆协作配套发展,建设成为成渝城市群跨区域协同发展示范区;达万城镇密集区包括达州市部分地区、万州、开州和云阳部分地区。要加快达万综合通道建设,促进万开云一体化融合发展,建设成为成渝城市群向东开放的走廊。①

城市功能结构。由表6-6可以看出,成渝城市群内部各城市的功能定位和发展方向在一定程度上符合地区实际,各城市功能分工开始形成,特色化发展趋势更趋鲜明。其中,重庆、成都表现为综合型服务功能;泸州以白酒产业基地和"酒城"为城市特色,遂宁、内江、达州则是成渝城市群重要的交通枢纽;绵阳是中国科技城,资阳则是我国机车制造和出口基地;南充以农副产品和石油天然气为特色,乐山、雅安、广安则大力发展旅游业。

---

① 参见周斌:《区域一体化视角下成渝城市群协调发展研究》,浙江大学博士学位论文,2010年。

表 6-6　成渝城市群各城市功能结构

地区	发展及功能定位
重庆	国家中心城市,国家历史文化名城,国家重要现代制造业基地,长江上游区域金融中心、商贸物流中心和科教文化信息中心,西南地区综合交通枢纽。
成都	"两枢纽三中心",中西部地区创业环境最优、人居环境最佳、综合竞争力最强的现代特大中心城市,四大总体功能区。
雅安	四川省历史文化名城,初步建成国际化区域性生态城市。
泸州	世界级白酒产业基地,中国著名酒城,能源、机械制造基地,川滇黔渝结合部的经济发展高地,区域性中心城市,成渝经济圈重要的商贸物流中心。
自贡	盐化工、机械、新材料产业基地,四川省区域次级综合交通枢纽,区域商贸中心,区域现代物流中心,"千年盐都"。
德阳	中国重大技术装备制造业基地,全国三大动力设备制造基地,清洁技术与再生能源制造基地。
绵阳	中国科技城,国防科研和电子工业生产基地,国家新型工业化产业示范基地,成都平原城市群北部中心城市,成渝经济圈七大区域中心之一。
遂宁	成渝经济区的区域性中心城市,四川省的现代产业基地,四川区域性次级综合交通枢纽,国际知名旅游休闲目的地。
内江	国家公路运输主枢纽,国家商品粮生产基地,四川省第二大交通枢纽,四川省老工业基地,川渝地区支柱产业的配套基地,副食品供应基地。
乐山	国家历史文化名城,联合国城市管理中心在中国唯一的合作城市,四川省农副食品、清洁能源、新材料生产基地,"两江一区"工业布局。
资阳	中国西部车城,四川省环境优美示范城市,中国节能之都,成渝经济区新兴工业城市、国家机车制造及出口基地。
达州	中国西部地区重要的物流枢纽城市,四川省人口大市、农业大市、资源富市、工业重镇和交通枢纽,区域性次级枢纽城市,川东北区域中心城市。
南充	国家重要的商品粮和农副产品生产基地,西部地区重要的交通枢纽城市、四川省重要次级交通枢纽、成渝经济区北部交通枢纽,四川省石油天然气能源化工基地,川东北区域经济、物流、商贸和金融、科教文化中心,川东北区域中心城市。
眉山	特色文化名城,四川省制造业信息化工程重点城市,四川省重要的工业基地,成都都市圈南翼的经济中心。
宜宾	国家历史文化名城,"中国酒都",省域中心城市,能源(水电、火电、煤炭、页岩气等)丰富、产业发达,川滇黔结合部综合交通枢纽。
广安	初步建成成渝经济区的精细化工基地、新能源基地、新材料基地、汽车及汽摩零部件制造基地、特色农产品加工和供应基地、红色旅游基地。

资料来源:2018 年四川统计年鉴、2018 年重庆统计年鉴。

产业结构。由表 6-7 可以看出,在成渝城市群 16 市中,只有重庆、成都、

绵阳和达州 4 市为"三二一"的产业结构,其余 12 市尚处于"二三一"产业发
展阶段。其中,南充和达州两市的第一产业产值和比重都相对较高,非农产业
发育明显滞后。南充号称"水果之乡",是我国重要的商品粮和农副产品生产
基地。达州则是我国的苎麻之乡、黄花之乡、油橄榄之都、富硒茶之都和香椿
第一县;第二产业在成渝城市群 16 市的产业主导地位十分明显,主要集中在
汽车及汽摩零部件制造、机车制造、能源化工、冶金建材等领域,并向节能环保
和电子信息等战略性新兴产业加速扩张;相比之下,成渝城市群 16 市第三产
业的现有规模和水平普遍偏低,发展较为落后。其主要表现一是占城市群
75.0% 的城市服务业产值都低于第二产业产值,仅成都、重庆、绵阳、达州四市
服务业产值高于第二产业产值;二是上述四市服务业产值虽然高于第二产业
产值但均超出不多,服务业产值占比最高的成都也仅占 53.2%;三是第三产
业产值高度聚集在成都和重庆两地,共 16430.55 亿元,占了城市群 16 市全部
服务业 24435.74 亿元产值的 67.2%,其余 14 市服务业产值合计仅占 32.8%。
除成都、重庆两大核心城市外,乐山、广安等少数城市的服务业主打旅游产业,
其他城市服务业则多以传统消费性服务业为主,金融、信息服务等现代服务业
发育明显滞后。

表 6-7 2017 年成渝城市群各市三次产业结构

地区	第一产业占比（%）	第二产业占比（%）	第三产业占比（%）
重庆市	6.2	44.2	49.6
成都市	3.6	43.2	53.2
自贡市	10.9	48.6	40.5
泸州市	11.5	53.3	35.2
德阳市	11.7	48.0	40.3
绵阳市	14.1	40.4	45.5
遂宁市	14.1	48.2	37.7
内江市	15.7	49.6	34.7
乐山市	10.5	45.9	43.6
南充市	19.9	41.0	39.1
眉山市	15.2	47.8	37.0

续表

地区	第一产业占比(%)	第二产业占比(%)	第三产业占比(%)
宜宾市	12.9	49.8	37.3
广安市	14.5	46.5	39.0
达州市	20.3	35.2	44.5
雅安市	13.4	47.2	39.4
资阳市	15.7	49.3	35.0

资料来源:2018 年四川统计年鉴、2018 年重庆统计年鉴。

（4）成渝城市群合作现存问题

区域一体化程度还有待提升。城市群的一体化发展往往是包括基础设施一体化、基本公共服务均等化、经济要素一体化等的全方位一体化过程。目前,成渝城市群内渝蓉高速全线贯通,高铁、高速公路、机场等互联互通网络和对外大通道建设水平提升,重庆和成都"双核"之间已经实现了 1 小时通达,但《成渝城市群发展规划》中提出的"核心城市与次级中心城市 1 小时到达、城市群内所有次级中心间 2 小时到达"的目标还未实现。如重庆至黔江、宜宾,成都至宜宾、泸州都在 3 个小时以上;重庆主城、万州、四川宜宾等沿江港口城市未形成合理的功能分工,以"五横三纵"为骨架的综合交通运输网络亟待加强。成渝都市圈内部各城市经济发展不平衡,城镇化水平普遍偏低,产业发展存在趋同和恶性竞争,产业分工、协作、互补程度不高,经济发展水平相差较大。

重庆、成都两大核心城市之间经济联系尚不够紧密,存在竞争大于合作的问题。《成渝城市群发展规划》指出,重庆、成都两个核心城市协调合作机制仍需健全,空间发展战略缺乏充分对接,高端发展平台的谋划和建设竞争大于合作。重庆市与成都市区域协调发展的政策、战略指向不连贯,权益分配、责任归属不清晰,当各自利益与城市群利益一致时倾向于合作治理,而当发生利益冲突时则往往背离合作治理。竞争在两市具体的产业发展中尤其明显。如《重庆两江新区"十二五"经济社会发展规划》和《成都高新区推进"三次创业"支持战略性新兴产业企业加快发展的若干政策》等"立足省内发展"意图明显,重庆两江新区产业定位于轨道交通、电力装备、新能源汽车、国防军工、电子信息等领域,成都天府新区则着眼于电子信息、汽车制造、新能源、新材料、生物医药、金融等现代制造业和高端服务业,在产业布局上虽有一定程度的错位,但并未实现要素配置的最优化,且两大新区之间也鲜有合作与交流。重庆、成都两个核心城市的竞争大于合作,还将影响到其向次级城市的辐射效应,进而导致城市群内的中间塌陷等问题。

基础设施互联互通程度不高。在交通基础设施方面,对外运输通道有待完善。重庆、成都与其他城市间的快速轨道交通仍在建设中,城际高速网络尚未形成;沿江港口建设缺乏统筹,三峡枢纽通过能力不足,以重庆、成都等为起点的中欧班列运输有待优化。另外,信息基础设施网络和能源水资源保障水平有待提高。部分地区开发强度过大,城市建设用地扩展与耕地保护矛盾加剧,水土能矿资源利用效率较低,并且部分城市大气污染严重,部分支流水环境恶化,整体环境质量不容乐观。

三、开启新时代长江经济带合作新机制

区域的合作一定要合作双方、多方共赢,不能玩"零和"游戏;要共赢或者多赢,一个很重要的原则就是蛋糕要做大,再合理地分配出去。如何做到这点,区域合作机制非常重要。

1. 构建"自上而下"和"自下而上"相结合的区域合作机制

从我国的区域经济合作实践来看,主要有两条路径:一是以京津冀协同发展为代表的"自上而下"路径。其优点是具有中央高度权威性,协调成员利益冲突效率高,在跨区域重大合作问题、长期项目决策和公共物品供给方面能力突出,对于合作决策执行具有较强的约束力;不足在于可能缺乏充分协商,各方信息未能有效反馈,权力寻租,资源整合效率低,容易造成政府合作超前、政府合作多而企业和社会组织协作少的局面。二是以泛珠三角区域合作为代表的"自下而上"路径。其优点是具有鲜明的区域治理特点,合作成员地位平等,合作内容协商充分,协调组织灵活、适应性强,区域自组织、区内资源整合效率高,社会组织参与的合作形式和内容丰富;不足之处在于协调机构的权威性不足,对合作成员的约束力不强,当区域整体利益和重要成员利益产生冲突

时协调能力弱,重大项目、公共物品提供效率低,容易产生"议而不决"的情况。①

长江全流域不同于京津冀和泛珠三角,是一个包括三个大的次区域的"带",经济合作范围比较宽,而且是多层次的。② 长江全流域范围内有国务院批复的区域规划就有"长三角""长江中游城市群""成渝经济圈""鄱阳湖生态经济圈""皖江城市带""江苏沿海地区"等,其已有的区域合作也各具特点。更有长江经济带战略的提出,为其区域合作的深化和扩展带来了良好的契机。应勇于创新,积极探索区域合作机制。

基于区域经济合作机制失灵逻辑,结合长江全流域涉及的三大次区域合作现状,应将"自上而下"与"自下而上"两种区域合作路径相结合以完善合作机制,行政力量要为市场机制发挥作用创造条件。③ 调整地方政府推进区域合作的激励强度和构建高效的协调机制,可以从以下方面着手:

(1)动力机制

一是将地方政府考评指标体系纳入区域合作工作推进相关指标,构建区域合作长效机制。改变地方官员考核以 GDP 为核心指标的考核机制,建立更具综合性的指标体系,纳入民生工程、公共服务、环境生态等相关内容。

二是推进财税体制改革。合理划定中央和地方政府的财权和事权,增加对地方财权的倾斜,探索系统改革方案解决建设型财政向公共服务型财政转型的难题。减少地方政府对于企业决策的干预,扩大财政预算,向基础设施等为市场机制"开路"的事项转移。

三是在地方政府和市场机制都无力解决的重大跨区域工程上,中央层面应集中协调。完善长江航道治理、沿江高铁建设等重点基础设施,降低区域内要素流动成本,促进合作潜力"显化",进一步扩大区域经济合作的空间,增强区域内经济合作的动力。④

---

① 参见赵磊:《泛珠三角区域合作机制创新研究》,兰州大学博士学位论文,2017 年。

② 参见西部论坛:《"新常态"下长江经济带发展略论——"长江经济带高峰论坛"主旨演讲摘要》,《西部论坛》2015 年第 1 期。

③ 参见郝寿义、程栋:《长江经济带战略背景的区域合作机制重构》,《改革》2015 年第3 期。

④ 参见张畅:《长江经济带经济运行机制和增长动力分析》,深圳大学博士学位论文,2017 年。

（2）协调机制

一是完善区域合作协调机制，成立超越行政区划、具有较高权威性的协调机构，编制区域发展规划。可借鉴京津冀协同发展的协调机构，争取在中央层面获得更多政策指导和支持，在现有规划和三大次区域合作基础上，编制长江流域整体发展规划，协调产业分工、资源能源、港口功能、生态保护等。[①] 目前国务院已经成立了"推动长江经济带发展领导小组"（2014 年）和"推动长三角一体化发展领导小组"（2019 年 6 月）两个有关机构，并均依托国家发改委设立办公室，统一指导和统筹协调长江经济带发展战略实施，协调跨地区跨部门重大事项，督促检查重要工作的落实情况。沿江 11 省市也自 2015 年起分别成立了省市级推动长江经济带发展领导小组，可充分发挥中央和省市两级领导小组的纵向指导与横向协同。同时，还可积极借鉴长三角一体化进程中"三级运作、统分结合"的制度安排和沪苏浙皖四省市自发协商组建的"长三角区域合作办公室"的成功经验，建立高级别的规划执行机构、统筹协调机构和决策咨询机构，成立长江经济带合作发展专家委员会。完善区域合作决策落实的考评机制，切实实现行政力量为市场机制发挥作用拓宽空间。

二是构建多层次合作体系，确保合作决策落实效率。借鉴泛珠三角区域合作的制度成果，如首长联席会议制度、行政首长联席会议秘书处工作制度、政府秘书长协调制度、日常工作办公室工作制度以及部门衔接落实制度，也包括发展论坛和合作洽谈会两大平台。结合长三角城市群的决策层、协调层和执行层三级运作以及统分结合的机制，整体设计合作机制并扩大到整个长江流域。

三是重视使用法律手段，尝试创新地方立法。类似于美国以法案的形式推动区域经济合作开发，将相关机制制度化、协调方式规范化，以法律制度的形式固定合作的重点项目，提高对合作成员的约束效力。注意维护规章制度的权威性，约束合作成员政府对经济合作的任意干预，以及合作组织机构偏离公平原则的权力运用行为。[②]

---

① 参见孙博文、李雪松：《国外江河流域协调机制及对我国发展的启示》，《区域经济评论》2015 年第 2 期。

② 参见杜媚、周中林：《长江经济带区域合作机制研究》，《现代商贸工业》2016 年第 29 期。

（3）利益分配机制

以市场原则为基础，协调好长江全流域经济合作的收益和成本分担补偿，保障各利益主体能够在地区专业化分工中获益，实现帕累托改进。同时，实现专业技术资质认证统一，推动区域服务一体化。尽快实现按照一定规则各方共同出资建立专项基金，实现基金支持方式多元化，支持重大基础设施建设、生态环境保护和欠发达地区产业转移对接，扩大长三角对西部地区在人才培训、医疗教育等方面的对口援助范围和额度。通过灵活的税收、金融政策，对特定项目进行金融支持，建立利益共享的合作机制；建立合理的区域补偿制度，保护受损地区的利益，促进区域利益均衡。①

（4）补偿机制

流域作为一个整体，针对上游地区因生态环境保护而牺牲经济发展，下游地区有义务进行相应的补偿。生态补偿是实现生态环境改善和区域之间共赢的重要举措，可将生态补偿和区域协调发展结合起来进行统筹考虑，针对水土资源、生态环境等的污染、破坏和保护等问题，在区域内部和区域之间建立针对保护生态系统行为的经济和政策补偿机制。例如，设立相应的补偿措施来弥补上游对保护生态环境所作出的努力和牺牲，补偿形式可采取国家财政转移支付、专项补偿补贴、低息贷款、建立流域基金、排污权转让、水资源利用和水环境治理协定等。同时也可以考虑从长江上游的水电企业销售电量中提取一定的资金比例，转移支付给水电站及库区地方政府，用于移民安置补偿、培育绿色无污染产业、发展社会事业和基础设施及生态环境建设。当然，根据协议的水质标准和水环境功能要求，如果上游污染了下游，上游也需向下游进行补偿。②

2. 发挥区域多元合作主体的作用和功能

政府、企业和中介组织是区域合作的三大主体。长江全流域要构建"自上而下"和"自下而上"相结合的区域合作机制，就要充分发挥以政府为主导、企业为主体、中介组织和公众共同参与的整体功能和作用。

---

① 参见段学军、邹辉、王磊：《长江经济带建设与发展的体制机制探索》，《地理科学进展》2015 年第 11 期。

② 参见程必定：《创新长江经济带区域合作机制》，《安徽日报》2015 年 6 月 29 日。

（1）发挥政府在区域合作中的功能和作用

政府在区域合作中的作用主要表现在三个方面：一是在重大基础设施建设方面发挥主导作用，如快速交通干线、跨区域水利工程、生态环境保护与治理等。主要是要克服狭隘的地区利益和眼前利益，打破行政界限，树立全局观念，积极主动而为。二是在公共服务平台建设方面发挥主导作用，主要是建设区域统一市场、提供各种公共服务等，如省市间的名牌产品互认、质量技术监督互认、市场环境建设、农民工社会保障、离退休人员医保关系变动时的衔接等。这是政府的责任，尽管难度较大，也应认真作为，不断有所突破。三是对企业的"引"与"帮"。"引"即引导企业积极参与区域合作，通过区域合作增强企业发展活力和竞争力。既要引导本地区企业在省内的区域合作，更要通过招商、选商引导外地企业的跨省合作，或运用产业政策引导优势企业之间的跨地区、跨所有制的联合、并购、重组等，把骨干企业做强，把优势产业做大；或运用产业政策引导企业集中、要素集聚，培育一批具有本地特色的产业集群或产业集中区。"帮"即主动帮助企业在区域合作中遇到的困难问题，如土地问题、劳动力问题、供电供水问题，既要优化本地的发展环境，帮助解决企业的共性问题，又要热情服务，帮助解决企业的个性问题，特别是通过招商引资引入企业的共性问题与个性问题。通过"引"与"帮"，提高企业参与区域合作的积极性。

（2）发挥企业在区域合作中的功能和作用

企业作为市场主体，更是区域合作项目的投资主体，企业的投资意向往往会决定区域合作项目的成败，对区域合作发展带有根本性的影响。为此，长江经济带各省市应从政府和企业两个方面，在经济发展进入新常态下，发挥企业在区域合作中的功能和作用。无论是国有企业、民营企业还是外资企业，都应将参与区域合作作为企业开拓发展的新空间、解决问题的新机会。对于那些成长性好、发展潜力大的企业，参与政府倡导的区域合作，可以低成本、快速度地扩张，或低成本地配置资源以扩大生产规模，或高速度地细分市场以提高市场占有率，从而开拓企业发展的新空间。以安徽省为例，安徽省资源相对丰富、区位相对优越，对省外那些成长性好、发展潜力大的企业很有吸引力，是这类企业可以开拓的发展新空间。因此，安徽省应继续通过招商引资，吸引省外境外的这些企业到安徽省发展,特别是那些有条件的欠发达市县,更应注重在区域合作中吸引省外、境外的企业,尤其是行业领头企业。对于那些面临困难的企业,也可通过参与政府倡导的区域合作解决相关问题。如引进资本、技术解决要素约束,重组、融入并购解决机制问题,参与各种合作平台解决市场障碍等,都是解决问题的新机会。这种情况对本地企业更有针对性、可行性。那些有困难的本地企业应该看到区域合作对自己的特有价值,把区域联合作为解决企业问题的新机会。以江西省为例,目前江西省与长江全流域其他省份的企业之间在产品研发与生产、产品加工、营销网络、技术开发、信息沟通、职业技术培训中尚未形成较为密切的联系。因此,要强化企业之间的产业联系网络,充分利用企业外部的垂直联系与水平联系,以网络型的产业组织空间形成产业群落;将产业联系内部化,通过关联企业的兼并重组,整合形成若干具有规模经济优势的跨区域企业集团,增强省域、市域之间的经济关联度;企业通过跨地区强强联合,组成具有规模和竞争力的龙头企业,再通过龙头企业联合、控股区域内的上下游配套企业,形成由紧密层和松散层组成的跨地区股份制区域集团公司。

(3)发挥中介组织在区域合作中的功能和作用

在区域合作的三大主体中,政府是行政主体,企业是市场主体,行业协会、商会等中介组织则是介于政府与企业之间的社会组织主体,也可简称为社会主体,在区域合作中具有政府与企业不可替代的作用。可以说,中介组织的发育和作用程度,决定着区域合作发展的广度和深度。近年来,长江经济带各省市的各类行业协会、商会都发展很快,一些省市在区域合作中不仅注重发挥本省中介组织的作用,还注重发挥外省中介组织的作用,都取得了很好的效果。但是,目前行业协会、商会等中介组织在区域合作中的这种作用在总体上还没有得到很好的发挥。其原因主要是政府功能过强,挤压了中介组织的生存空间,从而导致中介组织作用严重不足。即使有中介组织能发挥一些作用,也被误称为是"政府授权"的;一些中介组织为了能发挥一些作用,千方百计与政府拉上关系,自愿"行政化",成为政府机关的附属物。这些现象表明,行业协会、商会等中介组织存在着本位不清的问题,需要本位回归。目前,应考虑成立两类区域性社会中介组织:一是研究咨询类中介组织,包括建立以专家学者为主体的长江经济带咨询委员会,对重大规划及重大事项提供咨询;二是跨区域的同业、行业协会,可考虑在长江经济带大多数地区均有所涉及的行业,如装备制造业、电子信息产业、物流业、旅游业,建立区域性行业协会。①

（4）发挥各级政府及社会组织在区域合作中的共保共治作用

目前,在长江全流域内已经较好地实现了中央、地方、部门、地方和社会之间很好的共保共治,主要体现在:

一是中央和地方的共保共治。例如,国家建立了三峡库区及其上游水污染防治部际联席会议等协调机制,出台了《关于依托黄金水道推动长江经济带发展的指导意见》《长江经济带发展规划纲要》等,实施了长江上游水土保持重点防治工程、三峡水库周边绿化带建设、长江防护林体系建设、退耕还林等重点工程,将三峡库区、南水北调中线水源地等重要水源保护区纳入中央财政转移支付范围;四川成都、泸州、遂宁、乐山被水利部确认为全国生态文明建设试点城市;湖北十堰、宜昌、神农架林区、黄石、荆州获批国家生态文明先行示范区创建单位等。重庆实施了"蓝天、碧水、宁静、绿地、田园"五大环保行动;四川省出台了《四川省"三江"流域水环境生态补偿办法（试行）》等;湖北省提出了"绿色决定生死,市场决定取舍、民生决定目的"的经济社会发展"三维纲要";湖南省在中央支持下对湘江流域重金属污染治理五年来投资64亿元等,都取得了良好成效。

二是部门之间的共保共治。例如,国务院印发了多部门联合的《关于健全生态保护补偿机制的意见》;国家发改委和财政部等提交了新一轮退耕还林总体方案;环境保护部和财政部出台了《关于加强"以奖促治"农村环境基础设施运行管理的意见》;国务院三峡办会同水利、国土、林业等部门共同推进《三峡后续工作规划》的实施,出台了《关于加强三峡水库生态屏障区造林绿化的意见》;水利部长江委与环境保护部华东环境保护督查中心共同对长江中下游排污企业进行联合督查;重庆市环保、法院、检察、公安等在环保案件移动、联合处置、信息共享和会商督办等方面实现深度合作,严厉查处了企业

---

① 参见王磊、段学军、杨清可:《长江经济带区域合作的格局与演变》,《地理科学》2017年第12期。

私设暗管排污的要案大案;湖北省环保厅联合省委宣传部和省直主要媒体记者组成暗访组,行程1万多公里,对湖北省长江流域沿线8个市(州)30个区县142个乡镇环保情况进行现场勘察和查处,等等。

三是地方之间的共保共治。例如,重庆各级环保部门分别与四川、贵州、湖北、湖南等地域相邻、流域相同的省市、区县签订了《共同预防和处置突发环境事件框架协议》《长江三峡库区及其上游流域跨省界水质预警及应急联动川渝合作协议》《共同加强嘉陵江渠江流域水污染防治及应对突发环境框架协议》等;四川省与云南、西藏、重庆、甘肃、陕西、贵州6省共同确定跨省界水体水质监测断面具体位置并进行联合监测。

四是政府和社会组织的共保共治。例如,湖南省由政府招募了200多名环保志愿者参与环保监督工作;长沙市招募16名"河长"开展圭塘河生态景观保护与宣传工作;重庆市璧山区针对璧南河68个河段的每个河段遴选1—5名党代表、人大代表、政协委员、村社干部、志愿者、群众代表担任河段义务监督员,建立了公众参与的环境地理信息平台、重庆市成立资源与环境交易所、环保投资有限公司和环保产业股权投资基金,形成了全市统一的污水、垃圾、废气排污权指标交易平台。

3. 深化全流域的合作机制

长江流域早期的区域合作主要以科层式的模式展开,以大型的跨区域防洪和水利等基础设施项目建设为主。例如,新中国成立初期的荆江分洪工程对确保武汉防洪安全、湖南洞庭湖防涝均起到了关键作用。在长江三峡建设论证过程中,中央部门开始和地方政府协调大型工业和水利设施等项目在上游地区的布局。长江三峡建设涉及移民、水利、生态环境保护等诸多事务,本身就是一个巨大的区域合作项目,其顺利完工体现了体制的力量。在具体流域事务管理方面,长江经济带的区域合作主要以混合式的方式运营,通过中央部委和地方省市建立省部联席会议、指挥部与领导小组等,通过职能部门之间的合作来进行管理。现阶段为了长江经济带的协调性均衡性发展,需要深化全流域的合作机制,从以下几个方面作出努力:

(1)推动全流域的区域合作互动

目前,长江全流域的区域合作平台在防洪、大通关和检疫等方面已经建立完善,基本实现了区域之间的信息互联互通;"长江沿岸中心城市经济协调会"已经发展到27个中心城市规模的联席会议组织,建立了江海联运、长江开发、长江旅游、信息合作交流、资金融通、科技协作、邮电通讯、商贸流通、物资协作和增加环保协作10个专题组,推动区域合作机制的建立。特别是长江流域信息合作方面,建设了"中国长江"网站的信息交流平台,致力于推动区域信息共享。在2014年的第16届市长联席会议上,沿岸城市达成了《长江流域环境联防联治合作协议》,探索建立区域性资源环境交易平台、组建环保产业联盟、建立流域上中下游生态补偿机制等。[①]

深化长江全流域合作,提升合作层次和水平,还要加强城市群内部城市间的紧密合作,推动城市间产业分工、基础设施、公共服务、环境治理、对外开放、改革创新等协调联动。要加快构建大中小城市和小城镇协调发展的城镇化格局,积极探索建立城市群协调治理模式,鼓励成立多种形式的城市联盟。长江上中下游三大城市群合作机制的历史及现状不尽相同,存在的问题更是不同,特别是三大城市群之间的衔接不足。

在新时代,为了长江经济带的协调性均衡发展和促进全流域合作互动,需要三大城市群联动发展。应坚持"一个目标、四点共识、六大策略"的总体对策:以互联互通、协同发展为目标;以以下"四点共识"为前提,即循序渐进、求同存异,政府推动、市场牵引,基础先行、企业跟进,平台搭建、合作共赢;以以下"六大策略"为手段,即在流域整体性利益最大化原则下,充分发挥长江黄金水道在长江经济带城市群联动发展中的渠道载体作用,以产业合作为主线,以市场一体化为根本,以大项目为抓手,以大平台为支撑,以城际快速交通为纽带,以共同政策为诉求,拓展合作联动的广度与深度,促进长江经济带城市群联动发展。[②]

在发展好城市群这个主体的同时,要构建大中小城市和小城镇协调发展的城镇化格局,加快农业转移人口市民化。根据上中下游城镇综合承载能力

---

① 参见《中共中央国务院关于建立更加有效的区域协调发展新机制的意见》,《人民日报》2018年11月30日。

② 参见胡艳、丁玉敏、孟天琦:《长江经济带城市群联动发展机制研究》,《区域经济评论》2016年第3期。

和发展潜力,实施差别化落户政策。下游地区要增强对农业转移人口的吸纳能力,有序推进外来人口市民化;中上游地区要增强产业集聚能力,更多吸纳农业人口就地转移。鼓励和支持三大城市群建立一体化的协调制度和各种形式的城市联盟,定期和不定期协商解决区域内的重大问题。积极推进交通、工业、农业、生态、科技、人才、投资等方面的合作,实现全流域经济、社会、人口、资源、环境相互协调的均衡化。①

(2)促进流域上中下游地区合作发展

为了促进长江经济带的协调性均衡发展,必须重视和发挥上中下游不同流段之间的合作发展,尤其是三大城市群之间的合作发展。

一是开展中上游地区合作。中上游地区是长江经济带发展的难点。要发挥武汉、重庆、成都等中心城市的带动作用,加快建设各类基础设施和承接产业转移,积极融入"一带一路"和长江经济带建设。

二是开展中下游地区的合作。中下游地区是长江经济带发展的重点。要以城市群之间城际轨道交通对接、长江中下游航道整治,特别是安庆至武汉6m 水深航道建设为契机,深化区域合作。

三是开展上游和下游地区的合作。可推广沪滇合作经验,建立上下游互动合作机制。利用对口支援三峡库区机制,助力三峡生态城市群建设。长江经济带的上游和下游,还分别属于丝绸之路和"21 世纪海上丝绸之路",可通过加强合作,既能促进长江全流域上下游的合作,又能助推"一带一路"建设的实施。

四是开展上中下游全流域的合作。充分发挥各自比较优势,进一步强化全流域合作力度。如上游地区矿产、电力、劳动力等资源丰富,市场需求较大,重大装备、航空等特色产业也在全国处于领先水平,可为下游产业向上中游转移奠定坚实基础。此外,上中下游在物流、旅游、农业现代化等方面可以开展更多合作。

五是推进上中下游三大城市群之间的合作。可借鉴法国巴黎城市群和英

---

① 参见秦尊文:《推动长江经济带城市群联动发展的思考》,《人民长江报》2018 年 9 月22 日。

国伦敦城市群对区域公共物品共建共享的经验,探索建立长江经济带城市群公共财政储备制度、横向利益分享机制和利益补偿机制。共建共享城市群区域公共物品,包括共建共享长江流域区域性交通、能源、环保、生态等公共设施和公共物品,推动上中下游三大城市群的基础设施建设、产业分工合作、生态环境共建共治、公共服务对接。在能源保护方面,推进长江流域能源储备体系和应急保障体系,推进新能源基地建设。要大胆探索创新新型区域合作机制,包括上中下游地区税源的划分机制、资源使用的购买和补偿机制、产业转移的对口协商机制、政绩的分类考核机制、政府机构的沟通交流机制等。

六是加强各省市之间的产业合作,有序向上游推进产业转移。构建流域基础设施体系,严格流域环境准入标准,加强流域生态环境共建工治,推进流域产业有序转移和优化升级。按照区域资源禀赋条件、生态环境容量和主体功能定位,促进产业布局调整和集聚发展。在着力推动下游地区产业转型升级的同时,依托中下游地区广阔腹地,增强基础设施和产业配套能力,引导下游地区具有成本优势的资源加工型、劳动密集型产业和具有市场需求的资本、技术密集型产业向中上游地区转移。支持和鼓励开展产业园区战略合作,建立产业转移跨区域合作机制,以中上游地区国家级、省级开发区为载体,建设承接产业转移示范区和加工贸易梯度转移承接地,推动产业协同合作、联动发展。借鉴负面清单管理模式,加强对产业转移的引导,促进中上游特别是三峡库区产业布局与区域资源生态环境相协调,防止出现污染转移和环境风险聚集,避免低水平重复建设。①

(3)完善省际协商合作机制

2016 年 1 月,经推动长江经济带发展领导小组批准同意,领导小组办公室会同沿江 11 省市建立了覆盖全流域的长江经济带省际协商合作机制。随后,长江下游、上游、中游各省市分别签署了《关于建立长江下游地区省际协商合作机制的协议》《关于建立长江上游地区省际协商合作机制的协议》《关于建立长江中游地区省际协商合作机制的协议》,长江经济带省际协商合作

---

① 参见杨秦:《长江经济带战略三周年:还盼政策"汇流"呈合力》,《中国经济导报》2017年 4 月 29 日。

机制得以全面建立。省际协商合作机制主要涵盖推进生态联防联控、基础设施互联互通、产业创新协同发展、市场一体化发展、公共服务共建共享等方面。除此之外,长江下游、上游、中游内部省份以及不同省份之间也在积极探索建立协商合作机制。如上海市着眼于推进长三角区域市场一体化,发挥承接下游中心城市经济协作平台作用,成立了长江经济带园区合作联盟、产业合作交流平台、长江经济带大数据库研究中心等,以做好与中、上游地区的产业对接。贵州和湖南签订了《关于建设湘黔高铁经济带合作框架协议》,共同创建湘黔中西部地区区域合作示范区;川渝加深传统合作,签订《关于加强两省市合作共筑成渝城市群备忘录》;浙川两省签订《深化浙川合作框架协议》,推进一批重大合作事项和项目落地;湖南、湖北两省合作共同开展洞庭湖生态治理,并联合向国务院上报《洞庭湖生态经济区水环境综合治理实施方案》,等等。

2018 年 12 月 13 日,推动长江经济带发展领导小组办公室会议暨省际协商合作机制第二次会议在北京召开。会议要求,要坚持共商共建,充分发挥省际协商合作机制作用,着重在"共"字上做文章,重点抓好环境保护联防联控、基础设施互联互通、市场一体化建设、公共服务共建共享等工作。领导小组办公室要加强统筹协调,与沿江省市和有关部门密切配合,加快形成推动长江经济带发展的强大合力。长江全流域要加强省际交界地区城市间交流合作,建立健全跨省城市政府间联席会议制度,完善省际协商合作机制,在以下几个方面作出努力:

一是以持续改善长江水质为核心。加快推进水污染治理、水生态修复和水资源保护"三水共治",切实保护和改善水环境,全面遏制、根本扭转生态环境恶化趋势。

二是以推进集装箱江海联运为重点。形成与江海联运相适应的港口、集疏运、航运、船舶、通关等一体化系统,带动构建综合立体交通体系。

三是以供给侧结构性改革为主线。推动经济发展质量变革、效率变革、动力变革,着力加快建设实体经济、科技创新、现代金融、人力资源协同发展的产业体系。

四是构建"共抓大保护"长效机制。加快推进生态环境保护制度建设,选择有条件的地区开展绿色发展试点示范,充分调动各方面积极性,形成共抓大保护合力。通过完善省际协商合作机制，来凝聚共识，牢牢把握"共抓大保护、不搞大开发"的战略导向，奋发有为，扎实工作，切实把一江清水保护好，把黄金水道利用好，把长江经济带建设好。

（4）优化区域合作机制

一是及时评估并利用好各类试验区的示范引领效应与价值。各试点地区要及时总结归纳如实上报试点经验。上级管理部门要及时对其经验和成效进行核实，组织专家进行评估，既评估其成效，又评估其可复制性和可推广性。在科学评估的基础上，及时出台相关政策，在合适的区域乃至全国铺开，以充分发挥其示范引领效应。

二是加强规划与政策间的衔接，以切实推进规划与政策落地。要结合《长江经济带发展规划纲要》以及长江经济带发展实际，加快制定全国层面的生态环境保护、岸线资源利用等专项规划，以及围绕三大城市群发展规划制定具体实施计划，经中央推动长江经济带领导小组审议通过后实施。对于目前已经实施的涉及沿江地区发展的各类区域规划和行业规划，应做好甄别工作，对与《长江经济带发展规划纲要》要求不一致的内容及时进行修改调整，以防出现政策不一给政策执行造成困境。除此之外，沿江11省市还应认真审视已出台的相关政策，对与规划不一致的政策措施应及时修改，对于不同省份存在冲突的政策可利用现有的省际协商合作机制进行协调，并在此基础上对不适宜的政策予以调整，以形成政策合力。

三是建立推动长江经济带协调性均衡发展的智库队伍。早在2015年，中共中央办公厅、国务院办公厅就印发了《关于加强中国特色新型智库建设的意见》，提出要重点建设一批具有较大影响力和国际知名度的高端智库，造就一支坚持正确政治方向、德才兼备、富于创新精神的公共政策研究和决策咨询队伍，建立一套治理完善、充满活力、监管有力的智库管理体制和运行机制。建议在推动长江经济带发展中重视发挥中国特色新型智库咨政建言作用，由中央长江经济带发展领导小组牵头组建一支专门针对长江经济带发展的智库队伍，为加快推动长江经济带发展提供战略取向和公共政策决策咨询的高端智库支撑，并设立多层次的学术交流平台和成果转化平台，有步骤地开展国际交流合作，构建功能完备的信息采集分析系统。充分发挥新型智库效用，推进决策科学化和加强第三方评估,由推动长江经济带发展领导小组办公室遴选几家新型智库,对沿江11省市推进长江经济带建设的成效进行第三方评估。评估指标应涵盖生态环境保护、综合立体交通走廊建设、创新驱动产业转型升级、新型城镇化建设、全方位开放新格局构建、区域协调发展体制机制创新等方面。①

---

① 参见桑士达:《创新机制强化统筹,推动长江经济带健康有序发展——对推动长江经济带区域发展的思考和建议》,《决策咨询》2015年第3期。

第二十九章　国内外流域合作治理的
范例研究与经验借鉴

流域是区域的一种特殊类型,流域内各自然要素的相互关联极为密切,地区间相互影响显著,特别是上下游间的相互关系密不可分。从经济学角度,可以把流域看作是一个具有双重意义的范畴,即流域既是由分水岭所包围的限定区域,又是组织和管理国民经济、进行以水资源开发为中心的综合开发的重要单元,构成经济管理体制的重要内容。国外流域开发的历史相对较为久远,取得的成果也相对较为丰硕。比较成功的流域开发地区主要有欧洲的莱茵河流域和多瑙河流域,美国的田纳西河流域和密西西比河流域,澳大利亚的墨累—达令河流域,而国内流域开发的历史则相对较短,较为成功的案例有新安江流域等。

一、国内外流域治理合作的典型案例

1. 莱茵河流域

莱茵河流域面积 22 万平方公里,在欧洲仅次于伏尔加河和多瑙河,居第三位。莱茵河河道发源于瑞士境内阿尔卑斯山,自南向北穿越瑞士、奥地利、德国、法国、卢森堡、比利时和荷兰后流入北海。莱茵河全长 1300 公里,其中 880 公里可通航。河水来源于阿尔卑斯山融雪,径流年内分配比较均匀,最大与最小月流量的比值为 2—3。有利的水文条件等因素使其成为欧洲的航运要道,德荷边界年过船 1.5 万艘,货运量达 1.8 亿吨。

20 世纪 70 年代,莱茵河被称为"欧洲的下水道"。沿河绵延几百公里都是死气沉沉的,化肥和生活废水中排放的磷都达到了警戒水平,含盐量也不断上升;饮用水散发出碳酸的气味,有较高的含盐量。为恢复和保护莱茵河的自然生态环境,20 世纪 80 年代以来,沿岸各国协同一致,把环境保护列为基本国策,不仅把环境保护作为生态理智的要求,也把它视为经济理智的要求。他们充分依靠科学技术,通过经济和法律手段,采取切实可行的方法措施,取得了生态环境建设的巨大成就。1950 年,莱茵河干流主要沿岸国家荷兰、德国、法国、卢森堡和瑞士等国共同创建了"莱茵河保护国际委员会"(ICPR),开创了国际合作联合治理水污染的新途径和新模式。ICPR 在沿岸各国设立了若干分委员会,负责观察和监测所辖河段水质的污染情况,总委员会则对各分委员会提出的有关治理污染的法规和建议提出咨询。同时,不断推出一系列保护环境的协议和计划,如 1985 年欧共体达成的"水质标准国际协议"和 1986年在荷兰鹿特丹市,由莱茵河流域各国召开的第 7 届部长联席会议出台的"莱茵河行动计划"(RAP)。在"水质标准国际协议"中,制定了严格的排污标准,并加强了监督和治理措施,污水未经处理达标,不许排入莱茵河干支流中。在"莱茵河行动计划"中,确定了到 20 世纪末莱茵河的生态建设目标:恢复莱茵河的生态环境,使鲑鱼等鱼类重返河中;保护和保证莱茵河饮用水的水源和水质;通过有效治理,使莱茵河河水中的有害污染物质含量降低到使经过疏浚的河底淤泥被允许倒入海中,或者堆放在岸边而不再造成污染;提高河口及北海的生态环境质量。另外,各国还制定相关司法措施,限期和分期推行无废水或少废水的生产工艺,安装废污水生物净化装置;改进公共污水的处理,增设下水道网,最大限度地提高废污水的净化率和重复使用率;从质和量上保证饮用水及其他用水质量,保护合乎公共利益的用水要求;加强对工业、农业和居民废水、污水的管理,征收排污费。①

2. 多瑙河流域

多瑙河是欧洲第二长河,在欧洲河流中长度仅次于伏尔加河。它发源于德国西南部,自西向东流,流经奥地利、斯洛伐克、匈牙利、克罗地亚、塞尔维

---

①　参见沈文清、鄢帮有、刘梅影:《莱茵河的前世鄱阳湖的今生?——莱茵河流域管理对鄱阳湖综合治理的启示》,《环境保护》2009 年第 7 期。

亚、保加利亚、罗马尼亚、摩尔多瓦、乌克兰,最后注入黑海。多瑙河流经 9 个国家,是世界上干流流经国家最多的河流。支流延伸至瑞士、波兰、意大利、波斯尼亚和黑塞哥维那、捷克以及斯洛文尼亚等 6 国,最后在罗马尼亚东部的苏利纳注入黑海,全长 2850 公里,流域面积 81.7 万平方公里。随着罗马尼亚的多瑙—黑海运河和德国的莱茵—美因—多瑙运河的先后开通,多瑙河的航运价值得到极大开发,跨越 11 国,连接 16 国,形成了从北海斜贯欧洲大陆直达黑海、总长 3400 公里的巨大国际航运网,成为贯穿欧洲的水上交通大动脉,扩大了中欧和东欧、南欧国家的对外交往。多瑙河全年的货运量大约有 2 亿吨,被誉为"黄金之河"。沿线各国共同积极开发水电资源,目前在多瑙河干流水能资源开发利用率达到 65%,为各国的产业发展提供了保证。

多瑙河沿岸的合作始于 20 世纪 80 年代中期的布加勒斯特宣言。80 年代末发生政治变革后,在 90 年代初重新建立了合作关系。在多瑙河流域内新建立的合作关系以双轨制持续多年:一方面是 1992 年出台的多瑙河环境保护计划(DEP),该计划的援助机构(GEF)发挥了独特的作用;另一方面,根据联合国欧洲经济委员会(UNECE)赫尔辛基公约的有关内容起草协议之后,于 1994 年成功签署了多瑙河保护公约,标志着过渡时期的合作进程启动,并成立了"临时委员会",但其作用相当薄弱。DEP 最重要的成果是建立了多瑙河环境事故紧急报警系统(AEWS,1996 年启动)和跨国监测网络(TNMN,1994 年启动)以及分析质量控制系统(AQCS)。在交存批准书一段时间后,多瑙河保护公约自 1998 年 10 月开始生效,为多瑙河流域水体(包括地表流动水体、湖泊和地下水)及生态资源的保护及可持续利用的跨界合作建立了法律框架。多瑙河保护公约的任务如下:①实现可持续的、公平合理的水管理;②保持或改善多瑙河流域地表水、地下水以及水生生态系统的状况;③控制多瑙河流域水体的水质和有害物质排放,特别是点源和非点源排放的营养物及危险物质,重点是控制跨界影响和减少排入黑海的污染物负荷;④对可能造成意外污染的危险源进行预防性控制,并建立报警系统,在发生特大水污染事件时开展互助;⑤通过协调行动提高防洪能力。多瑙河保护公约为开展实际工作提供了非常大的空间,但没有提出在其时间框架内要达到的明确目标。尽管如此,DEP 与新成立的保护多瑙河国际委员会(ICPDR)之间良好的协调,确保了所有必要的管理及法律文件的实施。①

3. 田纳西河流域

田纳西河位于美国东南部,是美国第一大河密西西比河的二级支流,全长1600公里,流域面积10.6万平方公里,地跨弗吉尼亚、北卡罗来纳、佐治亚、亚拉巴马、密西西比、田纳西和肯塔基等七州,大部分位于田纳西州境内。田纳西河流域的开发始于20世纪30年代的美国大萧条时期,当时的美国总统罗斯福为摆脱经济危机的困境,加大了对国内公共基础设施建设的支持,这在很大程度上推动了美国的流域开发。当时的田纳西河流域由于长期缺乏治理,森林遭破坏,水土流失严重,经常暴雨成灾,洪水为患,是美国最贫穷落后的地区之一,年人均收入仅100多美元,约为全国平均值的45%。为了对田纳西河流域内的自然资源进行全面的综合开发和管理,1933年美国国会通过了《田纳西河流域管理局法》,成立了田纳西河流域管理局(TVA)。

TVA被授予规划、开发、利用田纳西河流域各种资源的广泛权利,对整个流域进行综合治理、统一规划、统一开发、统一管理。TVA的管理主要集中在以下几个方面:TVA对流域水资源和其他自然资源的开发和管理,除水资源综合开发带来的各方面效益外,TVA电力系统为流域内800万居民提供了廉价的电力;在农业方面,TVA建有全国最大的肥料研究中心,引导农民因地制宜合理利用土地、增施肥料、改良土壤,使农业单产比20世纪30年代提高两倍多;TVA设立经济开发贷款基金,促进了地区经济发展。1995年以来,共提供金额约1.1亿美元,创造新的投资额达30亿美元。TVA在水利、电力、农业、林业、化肥等方面进行综合开发和经营,并对自然资源进行保护,在发展经济的同时,为田纳西河流域提供了大量的就业机会,极大地促进了田纳西河流域整体的经济发展和社会稳定,改变了该地区贫穷落后的面貌,使其成为美国比较富裕、经济充满活力的地区。

TVA实行的是一种集权式的流域开发模式。TVA是美联邦一级机构,被授权依法对田纳西河流域自然资源进行统一开发和管理,其工作直接对总统负责,除所设三人理事会由总统任命理事外,在内部事务方面,TVA也享有广

---

① 参见施塔德勒、陈桂蓉、张兰:《多瑙河流域跨界管理》,《水利水电快报》2009年第9期。

泛的自决权,可以高效率地自行处理和解决有关问题。对田纳西河流域规划的实施及其所属业务部门,TVA 都进行强有力的领导,包括在计划制订、工程建设、企业管理等方面下达指令和进行指导。成立之初,TVA 用了 3 年的时间对田纳西河全流域进行统一规划,制定了流域开发建设的一系列具体方案,为流域的长期发展打下了良好的基础。而在之后的具体建设和执行中,由于本身具有的权力优势,TVA 能够最大限度地调度多方力量,各部门之间也极大限度地加强配合。以水利和电力的配合为例,TVA 的大电厂在建设中充分考虑了利用水库水源进行直接冷却。当水库综合利用、防洪灌溉和大电厂之间出现矛盾时,TVA 都能逐一对其进行妥善处理。然而,TVA 对田纳西河流域集权式的开发管理,在提高机构效率的同时也因忽视了对流域内各州利益的充分考虑,受到了各方的批评,尤其是后期随着 TVA 与流域内各州利益冲突的不断激化,使得这一模式并未能在美国得到推广。[①]

4. 密西西比河流域

密西西比河位于北美大陆中南部,发源于美国明尼苏达州西北部的艾塔斯卡湖,干、支流流经美国 31 个州和加拿大两个省,流域面积 322 万平方公里,居世界第 5 位,占美国本土面积的 41%,覆盖了东部和中部广大地区。若从发源于美国西部落基山脉密苏里河的源头雷德罗克湖计算,全长 6262 公里,为北美最长、世界第四大河。

密西西比河水系是美国中南部农业灌溉以及生活和工业用水的主要水源,开发程度较高。但由于流域内气候条件不一,历史上平均每年都要发生一定规模的洪水,致使沿岸堤防溃决,农田、市镇被淹,工业、交通瘫痪,人们流离失所、疾病流行,同时还严重侵蚀了土壤,造成环境破坏和巨大的经济损失。1879 年,密西西比河委员会成立。其主要目的是研究密西西比河的开发治理规划,制定防洪措施,解决修整河道计划、保护堤岸和改善航运等问题。1927 年的大洪水发生后,1928 年制定的《防洪法》规定,由陆军工程兵师团(COE)负责全国的防洪和航道整治管理。全国江河的防洪计划、大部分防洪工程的设计兴建、河道和航道的整治、防洪的调度指挥等,均由 COE 统一负责。即使

---

① 参见谢世清:《美国田纳西河流域开发与管理及其经验》,《亚太经济》2013 年第 2 期。

不是 COE 设计和兴建的水库,只要有防洪任务的,也由 COE 确定其防洪库容和泄洪标准,并由 COE 统一调度。COE 不是一个虚设机构,其总部隶属于五角大楼的陆军部。实施综合的管理和开发政策,统筹规划长期治理,非常有利于对密西西比河进行统一的管理和调度,有利于制定目标的落实和实现。随着公众对环境的逐步关注,政府又于 1970 年成立了环境保护署,并颁布《环境保护法》,使得流域治理措施本身是否会危及环境成为必须考虑的问题。1998 年,由美国许多私人组织和社会团体组成的密西西比河下游自然保护委员会成立,这是一个旨在促进密西西比河下游自然环境资源保护、加强、恢复、增强公众参与意识及促进其可持续利用的机构。①

5. 墨累—达令河流域

墨累—达令河全长 2560 公里,是澳大利亚最长的河流。流域面积 100 万平方公里,大约占整个澳洲大陆陆地面积的 1/7,自然区域和行政区域跨度大,河流流经新南威尔士、维多利亚、昆士兰和南澳大利亚等四州。墨累—达令流域分布有澳大利亚最好的农场和牧场,拥有该国一半的耕地、绵羊以及1/4 的牛肉和奶制品、3/4 的灌溉农地、约 90% 的灌溉耕地作物产量、80% 的草场和植被、70% 的水果和 25% 的蔬菜,是该国重要的经济区。流域内包括在区域河流水文、生物和化学上起重要作用的 3 万个湿地(其中 8 个被列为"国际性重要的"湿地),致使该区域的生物多样性成为澳大利亚最重要的一部分。该流域面临的生态环境问题主要有自然遗址的破坏、土壤酸化、盐渍化或富营养化、物种减少与消失、地下水减少等。

依照澳大利亚联邦宪法,各州、直辖区均对辖区内的土地、水资源享有自治权,因此墨累—达令河流域内的四个州政府均对其所辖流域范围享有不同程度的管理权。19 世纪末,流域内连续七年发生了严重干旱,导致用水冲突,迫使维多利亚州、新南威尔士州、南澳州政府共商对策。1911 年,澳大利亚成立联邦政府,宪法规定土地、水资源管理等由各州和直辖地区政府负责,因此,州际间的协定是跨州事务管理的主要手段。1914 年,联邦政府和三个州政府

---

① 参见戴倩、罗贻芬:《国外流域综合治理中的组织保障及其对我国的启示》,《水利经济》2003 年第 1 期。

共同签署了《墨累河水协议》,关注重点是墨累河干流水资源的分配和调控,保证下游南澳洲有最低限度的水流。1917 年,依据该协议成立了墨累河委员会,由联邦政府以及上述三个州政府代表组成,主要是负责水资源管理的政府官员参加。决策原则是:充分尊重各州主权,委员会每个成员都有否决权,决策必须由各成员协商一致才可以通过。可见,墨累河委员会主要是一个协调机构,管理权限规模很小,很多职能是由各州政府机构实际执行的,各州政府拥有决策权,起主导作用。1987 年,联邦政府和三个州政府正式签署《墨雷—达令流域协议》,替代了前面制定的《墨累河水协议》。新协议的宗旨是:"促进和协调行之有效的计划和管理活动,以实现对墨累—达令流域的水、土地以及环境资源的公平、富有效率并且可持续发展的利用"。1996 年流域上游昆士兰州政府和 1998 年首都直辖区政府也正式成为签约方。根据协议,以上各方成立了部长理事会、流域委员会和社区咨询委员会,以实现对墨累—达令河流域的管理。其性质亦均非科层体系的官僚机构,其议事过程则都采取了平等、真诚协商的方式。部级理事会是最高权力机构,由联邦政府和流域四州负责土地、水及环境的部长组成,主要负责制定政策。流域管理委员会是部级理事会的执行机构,由州政府中负责土地、水利及环境的司局长或高级官员担任,其主席由部级理事会指派。可见,虽然墨累—达令河流域也成立了墨累—达令流域部长理事会、墨累—达令流域委员会、社区咨询委员会这样的综合性管理组织,但是这些组织并不像 TVA 那样拥有高度的自主权,不具有实际的管理权利,整个流域的管理权仍集中掌握在各州手中,这样虽然能够一定程度上调动各州建设整个流域的积极性,却也降低了机构效率。①

6. 新安江流域

新安江是安徽省境内仅次于长江、淮河的第三大水系,发源于黄山市休宁县六股尖,流经千岛湖、富春江直至钱塘江,是长三角重要的生态屏障。新安江流域总面积 11452.5 平方公里,干流总长 359 公里,其中安徽境内流域面积 6736.8 平方公里,干流长 242.3 公里,出境水量占千岛湖年均入库水量的

① 参见席酉民、刘静静、曾宪聚等:《国外流域管理的成功经验对雅砻江流域管理的启示》,《长江流域资源与环境》2009 年第 7 期。

60%以上。千岛湖位于新安江下游浙江省淳安县境内,库容约178亿立方米,水域面积约500平方公里,出入库水量均超过90亿立方米,具有重大防洪、发电、供水、生态等多种功能,战略地位十分重要。进入21世纪以来,由于受新安江上游即安徽省境内来水影响,下游的千岛湖水质富营养化趋势日渐明显。为保护这一难得的战略水资源,2012年安徽、浙江两省开始正式实施全国首个跨省流域——新安江流域生态补偿机制试点,着眼大局,积极探索,认真践行"绿水青山就是金山银山"的理念,持续推进新安江流域环境保护和生态综合治理,生态文明建设和绿色发展成效显著。

在生态补偿机制的促进下,黄山市采取了支流综合治理、工业园区企业搬迁等多项措施。通过PPP模式推进全域农村垃圾和污水治理;否决环境污染外来投资项目180个、投资规模达180亿元;累计关停淘汰污染企业170多家,整体搬迁工业企业90多家。同时,积极在创新投入方式上做文章,与国开行、国开证券、中非信银等共同发起全国首个跨省流域生态补偿绿色发展基金,重点投向生态治理和绿色产业。黄山市结合流域企业的关停并转,积极发展绿色食品、绿色软包装、汽车电子、新材料等与环境相适应的主导产业,尤其发挥黄山水资源丰富、水质优良的优势,培育和引进了康师傅瓶装水、六股尖山泉水、无极雪矿泉水等一批项目,力争成为全国重要的天然饮用水生产基地。从2011年起,安徽省在全国率先对目标管理考核体系作出重大改革,把黄山列为全省唯一的四类市进行考核,降低GDP考核权重,加大生态环保考核权重,促使黄山市更好地保护环境、保护好新安江。浙江省则建立了生态环保财力转移支付制度,按"因素法"分配,每年向新安江下游的淳安县拨付补助资金。近年来,淳安县90%左右的国土面积被划定为饮用水源保护区和生态保护红线区,禁止一切开发活动;其他区域也确定了严格的管控措施和负面清单,全县至今无一家重污染企业,有力保障了千岛湖的生态安全。2014年,将淳安县纳入重点生态功能区建设试点,降低GDP考核权重,加大生态环保考核权重,实行与污染物排放总量、出境水水质、森林质量挂钩的财政奖惩机制、与工业税收保基数保增长挂钩的财政转移支付制度。淳安县坚持"无污染、小空间、高科技、资源型、大产出"导向,吸引了一批康美、文创、总部、民宿、高端制造等新兴业态项目落户淳安。

结合生态补偿机制试点,黄山市和淳安县倒逼产业转型,构筑绿色产业体系,力争实现绿色生态与绿色发展的和谐统一。黄山市围绕减肥降药、生态保护,实施农业绿色提升行动,加快国家茶叶及农产品检测重点实验室建设,推进茶叶种植生态化、加工清洁化改造。淳安县大力发展生态高效农业,在产业政策制定时就不断推动传统农业向休闲观光和生态有机农业加快转变,助力农业企业快速发展;规模化经营加快推进,成功创建西南片区省级现代农业园区,成立农民专业合作联合社并纳入杭州市首批试点。为保护流域生态环境质量,黄山市和淳安县严格环保准入机制,建立了多层面群体间的互访协商机制,加强了新安江流域综合治理情况的协商交流;建立了汛期联合垃圾打捞机制,上下游打捞船只可随时穿越两省两地水域,当地职能部门积极提供交通便利;开展流域沿线污染企业联合执法,并定期召开联席会议,预防与处置跨界污染纠纷。

以新安江流域生态补偿机制试点为契机,安徽、浙江坚持机制创新,持续推进综合治理,不断探索完善流域治理长效机制。安徽省把新安江综合治理作为生态强省建设的重要工程,围绕水资源保护、水污染综合防治、生态修复、监测体系建设和生态建设等方面,全面加大了环保治理力度。特别是建立了横向生态补偿机制,是生态文明建设和财政制度的一项重要创新。横向生态补偿体现了权责利对等的基本理念,上游地区提供更好的生态产品,并能够实现价值补偿,从而真正激发流域地区绿色发展的内生动力[1]。

7. 太湖流域

太湖是我国第三大淡水湖,实际水面面积 2338.1 平方公里,流域总面积 36500 平方公里,在行政上分属于三省一市,即江苏省、浙江省、安徽省和上海市,分别占 52.6%、32.8%、0.6% 和 14%。太湖是长江流域下游三角洲地区的重要水体,也是整个流域水调节和水生态系统的中心,具有交通运输等多种功能与用途,其水运交通连接的长三角交通网络是长三角地区对外开放的重要载体。太湖作为我国经济最发达的"长三角"地区最主要的水源地,生态环境

---

① 参见方向阳、李颖、刘慧娴、江腾:《问江哪得清如许——首个跨省流域新安江生态补偿机制试点成效显著》,《中国财政》2018 年第 2 期。

直接关系着整个国民经济的命脉。20世纪80年代以前,太湖水质良好,符合饮用水源地的水质要求。但是从80年代以来,在流域经济社会快速发展的同时水污染防治滞后,使得流域河网水质普遍超标、湖泊富营养化严重,流域呈现常年水质型缺水,饮用水水源地水质问题日趋突出。

　　因此,近十多年来相关政府部门也针对太湖流域的生态环境保护制定了一系列政策措施。江苏省作为占太湖流域面积最大的地区,于2007年底率先制定了《环境资源区域补偿办法》和《太湖流域环境资源区域补偿试点方案》。2008年5月,国家发展改革委会同各部门和中国国际工程咨询公司,以及江苏、浙江、上海两省一市共同制定并颁布了《太湖流域水环境综合治理总体方案》。2011年9月16日国务院公布的《太湖流域管理条例》,开创了我国流域性综合立法的先河,将实践中行之有效的各项措施规范化、制度化。通过立法,加强了太湖流域的水资源保护和水污染防治工作,推动了经济发展方式转变,维护了流域生态安全。与此同时,各省市政府积极配合,相继修订或制定了《江苏省太湖水污染防治条例》《浙江省城镇污水集中处理管理办法》等一批法规文件,为规范流域水环境治理奠定了基础。依此为执法监管依据,各有关方面加大了对水事违法案件的查处力度和环境执法力度,不断加强重要水功能区和入河排污口的监督管理,有效防范了突发水污染事件和破坏水环境违法行为的发生。如推出"河长""湖长"负责制,考核断面,使每一项工作任务都分解落实到具体地区、部门,实行生态环境指标"一票否决制",并且把河流交接断面水质指标纳入污染减排考核指标体系,作为国家环保模范城市等考核检查的重要内容。由太湖流域水资源水环境管理委员会制定规划期内和当年跨省、跨市、跨县河流交接断面水质控制目标,核定各行政区出入境水质的允许差值,并进行严格考核。对交接断面水质未达到控制目标的地方政府,其上一级政府和太湖流域水资源水环境管理委员会责令其限期整改,逾期不整改或整改不力的,启动"区域限批"机制,并对相关官员实行责任追究。同时,采用生态补偿制度,若某些上游区域特别是源头地区出境水水质优良,达到考核标准,下游受益地区应对其实行经济补偿;若某行政区出入境水质的差值控制在考核目标之内,可视为本考核期水污染控制仅达到合格线,对该行政区为零补偿;若某行政区出入境水质差值超出控制目标,该行政区必须作出经济补偿,其补偿对象是受害的相关区域。

通过太湖上游及环湖地区水环境综合治理,入太湖河道水质得到较大的改善。流域水功能区水质也有一定改善。通过湿地和生态防护林项目的建设,有效缓冲、阻隔、吸收和降解各类污染物质。近年来,太湖流域水环境综合治理成效显著,流域河湖水质普遍得到改善,太湖水生态正向好的方向发展。太湖流域是我国经济最发达的地区之一,随着太湖流域的治理以及流域水资源的合理配置、使用、管理和保护,将为流域内长三角城市群跻身世界六大城市群产生重要支撑作用。①

二、国内外流域治理合作的成功经验

1. 出台相关法律法规,为流域统一治理提供保障

国家以法律的形式赋予流域管理机构充分的管理权力,以便使其能够对流域进行统一综合管理。美国是联邦制国家,各州的权力相对较大。田纳西河流域地跨 7 个州,TVA 要想实现对田纳西河流域的统一开发管理,没有立法保证显然是不切实际的。因此,美国国会于 1933 年通过《田纳西河流域管理局法》,赋予了 TVA 充分的权力,为对田纳西河流域包括水资源在内的自然资源的有效开发和统一管理提供了保证。如 TVA 有权为开发流域自然资源而征用流域内土地,并以联邦政府机构的名义管理;有权在田纳西河干支流上建设水库、大坝、水电站、航运设施等水利工程,以改善航运、供水、发电和控制洪水;有权将各类发电设施联网运行;有权销售电力;有权生产农用肥料,促进农业发展等。《田纳西河流域管理局法》自 1933 年颁布后,根据流域开发和管理的变化需要,不断进行修改和补充,使凡涉及流域开发和管理的重大举措都能得到相应的法律支撑。除《田纳西流域管理局法》外,《流域保护与洪水防预法》《国家环境政策法》《森林和草原再生资源规划法》和《国家森林管理法》等法律法规的颁布也对流域统一开发起到了重要作用。虽然墨累—达令河流域并未专门出台相关的法律,但各州之间通过协议使流域管理权责分明,

---

① 参见朱喜群:《生态治理的多元协同:太湖流域个案》,《改革》2017 年第 2 期。

具体工作有章可循,从开始的单纯墨累河水域协定到联邦和有关州政府谈判达成的《墨累—达令河水协议》,管理范围和尺度不断扩大,强化了区域间的协商机制,为流域管理提供了坚实的保障。

2. 注重环境保护,加强生态建设

在开发中重视环境保护和治理,是田纳西河流域管理局的成功经验。随着流域开发的逐步推进,田纳西河流域管理局在整个流域的不同生态环境地区建立了水文、水质监测站,并采取相应的措施进行治理。他们与民间自然资源保护组织合作,在荒山荒地造林,森林覆盖率大幅度提高;加强对水利工程、库区沿岸河渠道周围的绿化美化;加强对火电站的灰尘、二氧化硫污染的治理和水中缺氧问题的解决;禁止砍伐森林和毁林垦荒,用电代替过去用木材作为燃料。墨累—达令河流域管理委员会在 20 世纪 90 年代开始开展实施生态调度的研究,经过近 10 年的准备,2002 年由澳大利亚政府和流域内四州共同启动了墨累河生命行动计划,开展生态调度,以此来降低对流域生态系统的负面影响。同时,墨累—达令河流域社区咨询委员会的宗旨是"确保社区有效参与以解决流域内的水土资源和环境问题",这在一定程度上对流域内的生态环境保护起到了积极的影响。

3. 重视河道整治,提高航运能力

长江经济带航道的整治与管理存在的问题迫切需要解决。国际大河流域的开发中都对提高河道的开发利用率给予高度的重视,并提供了一些宝贵的经验。在莱茵河河道未整治之前,由于莱茵河上游河段水流急、洪峰大,挟带着大量泥沙顺江而下,而中游河段的地势又相对平缓,下游又多为低洼地,所以造成了中下游的泥沙沉积而致使河床淤高,中下游沿江两岸极易遭受洪涝灾害的侵袭。故此,流域内各国纷纷采取行动,进行以防治洪涝灾害为目的的河道整治。如建造堤防、修筑堰坝和船闸、开挖人工运河、疏浚河床淤泥等措施治理河道、改善河道,实现河道的渠化。同时,由于众多人工运河的建设也极大地改善了莱茵河的航运条件,促进了航运的发展,推动了沿河各国经济的发展与社会的繁荣。

4. 调动公民参与流域管理的积极性

美国田纳西河流域管理局中的"地区资源理事会"包括 7 个州的州长代

表、供电商代表、社区代表和受益方代表,为 TVA 与流域内各地区提供了交流协商渠道,促进流域内地区的公众积极参与流域管理,并对 TVA 的行政决策起到了重要的参考和补充作用,既有利于改进管理,也符合现代流域管理中公众参与和协商的发展趋势。澳大利亚为调动公民参与流域开发保护的积极性,联邦政府和州政府不仅在机构设置上成立社区咨询委员会以协调政府、流域机构与社区的关系,保障多方之间充分的信息交流和意见探讨,还与流域管理机构一起制定了诸如"土地关爱计划""墨累—达令流域行动"等具体的政策措施,调动公民参与流域管理的积极性。其中,墨累—达令河流域管理机构1987 年开展的"土地关爱计划",是公民参与流域管理的典范。该计划以社区为基础,直接面向农民成立土地关爱小组。据统计,全澳大利亚有 4000 个以上的土地关爱小组从事生态修复计划,其资金的 50% 由联邦政府提供,另外50% 的资金由农户自筹(多以农户的劳动投入折算)。澳大利亚土地关爱理事会、澳大利亚土地关爱有限公司、澳大利亚农林渔业部国际农垦局、学校与研究机构和一些慈善机构也积极参与了"土地关爱计划"。

5. 创新政府绩效评价体系

在新安江流域生态补偿机制实施以后,安徽、浙江两省创新性地改变了政府绩效考核机制。2011 年起,安徽省在全国率先对目标管理考核体系作出重大改革,把黄山列为全省唯一的四类市进行考核,降低 GDP 考核权重,加大生态环保考核权重,促使黄山市更好地保护环境、保护好新安江。2014 年,浙江省将淳安县纳入重点生态功能区建设试点,降低 GDP 考核权重,加大生态环保考核权重。这种创新性的绩效评价体系促使城市可以将更大的工作重心投入生态保护上,而不必担心政绩考核落后于其他城市,避免城市之间为打拼业绩而以环境为代价的恶性竞争。

6. 生态补偿,实现流域协调发展

生态补偿即通过经济激励加强或改变自然资源管理者与生态系统管理相关行为的新的制度设计①,强调了以激励换取生态环境保护这一核心内涵。

---

① Cf.Corbera E, Soberanis C G, Brown K. Institutional Dimensions of Payments for Ecosystem Services: An Analysis of Mexico's Carbon Forestry Programme. *Ecological Economics*, 2009, 68 (3): 743–761.

所谓生态保护补偿,指根据"谁保护、谁受益"的可持续发展原则,由流域中下游地区的水环境受益者支付一定的费用,向加强水土涵养、有效保护水生态的上游源头地区提供一定的经济补偿。其补偿主体是流域中下游水环境受益区域,补偿对象是有效保护水生态的上游源头地区,补偿标准按"水生态保护成本"测定。生态补偿具有预防功能与协调功能。预防功能即生态补偿向受损的资源环境救济,对于环境保护进行奖励,对于环境污染进行惩罚,能促使受损生态环境恢复和重建,恢复和改善生态质量,切断或抑制导致社会不稳定的生态根源和诱因。协调功能即在环境污染的治理过程中,运用环境法学中的科斯定理为指导,以补偿为手段和媒介,平衡环境问题制造者与受害者的利益,解决可能发生的矛盾和冲突,缓和二者之间的紧张关系,以解决各种污染问题和生态问题。生态补偿可以通过上下游合作实现共同发展,最终达到流域整体性的协调发展。(相关案例见上文新安江流域与太湖流域案例)

7. 建立流域预警系统,及时发布预警信息

流域污染事件的高发使欧洲各国开始重视流域的污染问题,在对流域治理的探索过程中,多瑙河流域各国不仅有效开展河流治理工作,并且建立起了相关流域的预警系统,用以提高对突发事件的预警能力与应急水平,减少突发事件对河流生态环境的再次破坏[1]。其所开发的应急预警系统(DAEWS)从1997年4月投入使用后,至今已经为多起事故发布过有效的警报。该系统的主要目标是在发生突发性环境污染事件时,能够迅速向下游地区和部分有需要的上游国家发布事故信息,有助于下游国家及时制订应急预案,有效应对污染事件。在事故发生时,各国的警报中心间要进行信息的及时交流,警报中心内的各个部门间也要进行信息的传输,在事故应急预警系统(DAEWS)下开发的信息处理系统、卫星通信系统和警报网络、影响评价模拟系统3个子系统的作用下,实现所有部门间的信息流传递。

8. 先进的流域防洪管理理念与方法

密西西比河历史上洪灾频繁,近百年来,密西西比河曾发生重大洪灾37

---

[1]　参见荆春燕、黄蕾、曲常胜:《跨界流域环境管理与预警——欧洲经验与启示》,《环境监控与预警》2011年第1期。

次,平均3年就有1次水灾。① 密西西比河防洪的管理理念是以修建高标准防洪工程为基础,直接控制洪水,同时重视稀遇洪水时的非工程防洪措施,加强洪泛区的分区管理,实行洪水保险、洪水预警和临时迁移等措施,从而达到防洪减灾的目的。陆军工程师团是美国密西西比河承担防洪任务的核心部门。陆军工程兵团统一负责美国主要河流的防洪、航道整治、水力发电、城市和工业用水、农田灌溉和环境保护等,在流域开发实施的过程中综合平衡各方利益,保证了密西西比河发生洪水灾害时统一的管理以及高效合理的开发。除此之外,美国联邦也十分重视高科技手段在密西西比河防洪中的运用。设置在维克斯堡的水道试验站建有世界最大的内河模型——密西西比河水系整体模型,该模型主要用于帮助制定密西西比河的防洪方案和设计密西西比河的河势规划。

三、国内外流域治理合作的相关启示

1. 制定相关法律法规,依法对长江流域进行开发管理

借鉴美国田纳西河流域的开发管理经验,一方面只有以法律的形式赋予长江流域管理机构充分的管理权力,才能使其对整个流域进行统一的综合管理。然而这种权力需要适度,过度的权力只会导致长江流域管理机构与流域内各行政主体的矛盾激化,TVA过度集权的不足是需要我们引以为鉴的;另一方面,任何管理措施只有上升到法律层面,才能保证其得以有效贯彻与执行。以往针对流域内各行政主体争相建坝、各自为政、片面追求经济效益最大化行为的相关管理措施与建议,因缺乏法律层面的落实保障,并未对各行政主体产生实质性的约束,长江流域的环境、生态和防洪等社会效益仍难以保障。

2. 优先治理环境污染,先行推进长江经济带生态文明建设

必须坚决制止以环境换取经济效益的传统发展模式。特别是对流域经济来说,环境的破坏会对其未来的发展产生严重的影响,甚至造成不可挽回的局

---

① 参见严黎、吴门伍、李杰:《密西西比河的防洪经验及其启示》,《中国水利》2010年第5期。

面。长江经济带生态现状不容乐观,森林覆盖率下降,泥沙含量增加,生态环境恶化,枯水期不断提前,水质恶化,城市饮用水、物种受到威胁,珍稀水生物日益减少,固体废物严重污染环境,水闸与电厂安全受到威胁,湿地面积缩减,水的天然自洁功能日益丧失。环境保护是长江经济带协调性均衡发展的前提与关键。必须运用强力的手段防治污染,落实最严格的环境保护制度及惩罚机制,加强监管控制力度,通过区域联动来共建长江经济带生态文明。生态文明建设是发展的优化和升级,是经济社会发展到现代化阶段的必然选择和重要标志,是提升环境发展能力的紧迫任务和解决办法。在长江经济带的未来发展中,生态文明和可持续发展的理念应贯穿始终,坚持规划为先,科学有序地制定长江经济带生态文明建设的总体规划和重点专项规划,探索一条符合长江经济带生态文明建设的新路径,促进生态与经济协调发展。

3. 确立适合流域特点的产业结构和空间布局

田纳西河流域由于水能的充分开发,为工业提供了廉价的电力,20 世纪30 和40 年代的工业发展主要以化学工业、原子能工业和电解铝工业等高耗能工业为主。50 年代中期开始,流域内橡胶、纺织、金属加工、机械和运输设备等工业的发展居于突出地位。70 年代以来,流域地区工业发展仍集中于运输设备、金属加工、机械、电器、橡胶、造纸、服装、纺织、食品等制造业行业。这些工业主要集聚在沿田纳西河的河港城镇,形成沿田纳西河工业走廊。长江流域的开发也要充分体现本区优势,如发展电子信息、高端装备等污染少、具有战略前沿性的产业。同时,长江流域的开发也要依托其水库体系和优美的自然环境大力发展旅游业等。

4. 健全公众参与机制

长江流域的开发与管理,离不开公众的积极参与,需要政府和公众的互补和合作,这在田纳西河流域与墨累—达令河流域的开发与管理中均得到了充分的体现。从目前来看,长江流域的开发管理主要还是政府部门在搭台唱戏,因此需要拓宽公众参与渠道,提高公众参与力度。一方面,在决策过程中应该广泛听取民众意见;另一方面,政策执行过程中要接受民众的监督。如成立咨询委员会,使其成为沟通政府与公众的纽带,让公众从袖手旁观者变为积极参与者,调动公民参与流域管理的积极性。

5. 完善政府考核机制

新安江流域城市目标管理考核体系的创新性转变对于长江流域具有极大的借鉴作用。地方政府可以依据自己的定位与发展战略制定与众不同的考核机制,而不是为实现政绩而恶性竞争。[①] 从中央到地方相关各方要大力弘扬将考核机制改革进行到底的精神,不懈探索和完善改革有效路径,通过建立"成本共担、效益共享、合作共治"的机制,更好地发挥好考核体系对环境治理和生态保护的作用,形成流域保护和治理的长效机制,构建流域生态补偿的"中国模式",乃至使其成为国际范例。

6. 推进生态补偿机制,促进流域合作共赢

借助于生态补偿机制,新安江流域、太湖流域通过上下游的合作博弈机制,进行生态保护与经济发展的权重分析,实现环境与经济的平衡发展。因此,借鉴成功案例,长江流域要推进生态补偿机制的建立,不仅要追求经济发展,也要追求人与自然和谐发展。首先,要健全跨行政区域流域生态补偿的法律体系,形成体系独立完整、法律源头确定的地方性法律法规,确保生态补偿的法律地位。[②] 特别是要对生态补偿的原则、主体与对象、标准与方式、资金与监管、责任与权利等作出明确的界定,对不同区段的环境利益进行公正分配,使之在生态环境的权利、责任与利益之间达到平衡。其次,政府干预与市场手段并行。我国的行政管理体制具有高动员性以及强执行力,可以有效降低交易成本,这是我国当前选择政府主导型流域生态补偿模式的主要原因。但是,行政单元之间的利益冲突与绩效之争,也决定了政府干预存在固有的缺陷,因此要协同发挥市场力量,借助环境与经济的成本与收益激励,以实现资源的合理配置。生态补偿机制的建立,将推动流域各主体之间的博弈与合作,实现共赢发展。

7. 建立长江流域预警系统,提高事故应急水平

由于目前长江流域应对重大突发性环境污染事故的预警水平还比较低,

---

① 参见刘铮、张宇恒:《基于共享发展理念的生态补偿机制研究——以新安江流域为例》,《毛泽东邓小平理论研究》2017 年第 5 期。

② 参见国家发展改革委国土开发与地区经济研究所课题组、贾若祥、高国力:《地区间建立横向生态补偿制度研究》,《宏观经济研究》2015 年第 3 期。

应加快构建针对长江流域的预警系统,及时预报泄漏事故、工业事故、运输事故等事故性污染风险,提高事故应急水平。借助各级监测部门,实现对长江流域水质的连续监测,为流域预警提供及时可靠的数据。同时,应大力研发相关有机物指标的自动监控系统,结合生物预警技术与化学品识别技术,实现污染事故的反演,提高系统的快速响应能力。借助多瑙河预警系统的模式,构建符合长江流域自身特点的预警系统,并完善系统的相关数据库建设。

8. 转变防洪理念,提高防洪科技水平

长江流域频繁而严重的洪涝灾害始终威胁着流域内的广大地区,特别是经济发达、人口密集的中下游平原地区。洪灾制约着我国经济社会发展,严重影响生态与环境安全,一直是中华民族的心腹之患。借鉴美国密西西比河防洪经验,在防洪管理中要由唯堤政策走向综合管理,工程措施与非工程措施相结合,树立"人与水和谐共处""回归自然""修复河流生态系统"等目标,实现防洪观念由单纯的控制洪水向与洪水和谐相处的转变。此外,也要加强防洪的科技水平,充分运用无人机航拍检查、远程自动监控、电子围栏等高科技手段,提高科技防洪水平,强化流域防洪能力。

第三十章　构建长江流域整体性
治理合作机制的原则

人与自然是息息相通、命脉相系、融为一体的关系。中共十九大将"坚持人与自然和谐共生"作为新时代中国特色社会主义的基本方略,体现了党中央全面提升生态文明、建设美丽中国的坚定决心和坚强意志。① 建立人与自然的和谐共处、协调发展关系,实现人类与自然协调均衡发展,是人类生存与发展的必由之路。

一、人与自然和谐共生原则

1. 人与自然是相互作用的命运共同体

人是自然的产物亦是自然的一部分,人与自然生命一体、命运与共。人以自然为本,自然是人必须与之保持持续不断产生交互作用的"无机的身体",生态环境没有替代品,用之不觉,失之难存。人与自然的关系就是人与人的关系,人对自然的行为就是人对自身的行为,人对自然的任何伤害在最终意义上都会伤及人类自身。良好的生态环境是人类生存与健康的基础,人与自然是生命共同体。人类必须尊重自然、顺应自然、保护自然,必须遵循自然规律,秉持和谐共生原则开发利用自然,否则人类对大自然的伤害最终会伤及人类自身,这是无法抗拒的规律。

---

① 参见张军:《坚持人与自然和谐共生　积极推进生态文明建设》,《环境保护》2018 年第14 期。

人以自然为生存之源、发展之本,在与自然的相互作用中,创造和发展了人类文明。在这个历程中,人与自然的关系经历了从依附自然到利用自然改造自然、再到人与自然的和谐共生。人类进入工业文明时代以来,传统工业迅猛发展,在快速形成现代化发展物质基础的同时,也加速了对自然资源的攫取,打破了地球生态系统原有的循环和平衡,造成人与自然关系紧张。[①] 同样,我们也遭到了自然的无情报复,出现森林消失、土地沙化、湿地退化、水土流失、干旱缺水等严重生态问题和水、土、空气遭到污染等严重环境问题,人类生存发展正面临着资源约束趋紧、环境污染严重、生态系统退化等严峻形势。

人与自然和谐共生的内涵就是:人类经济活动系统与自然生态系统是相互依存、相互制约的利益"共同体",自然生态系统能够稳定提供生态功能,是人类经济活动系统永续实现其利益的源泉。为保障自然系统生态功能的完好性和稳定性,人类经济活动的规模和水平,必须以自然生态系统的承载力为约束。[②] 人与自然关系的不和谐,势必会成为整个社会全面进步、发展的阻碍,必须给予充分重视。要清楚地认识到,人与自然是相互作用的命运共同体,绝不能以牺牲生态环境为代价换取经济发展,坚决摒弃损害甚至破坏生态环境的发展模式和做法。要走经济发展与生态环境保护有机统一的绿色发展之路,建设生态文明;要合理利用自然资源,像对待生命一样对待自然环境,将人类经济活动控制在生态承载力范围内,破解生态难题,推进人与自然和谐共生。

2. 人与自然和谐共生是现代化建设的必然遵循

在 2018 年 5 月召开的全国生态环境保护大会上,习近平总书记提出了新时代生态文明建设必须坚持的六条原则,并将"坚持人与自然和谐共生原则"位列首位。人与自然和谐共生是新时代全面建设社会主义现代化强国的必然遵循,亦是长江经济带协调性均衡发展的必然选择。

新时代的中国需要解决的是人民日益增长的美好生活的需要和不平衡不充分的发展之间的矛盾。人民对生态环境和生态产品的需求将越来越迫切,

---

[①] 参见习近平:《推动我国生态文明建设迈上新台阶》,《当代党员》2019 年第 4 期。

[②] 参见钟茂初:《"人与自然和谐共生"的学理内涵与发展准则》,《学习与实践》2018 年第 3 期。

对美好和谐的生态环境的向往越来越高涨。基于此,习近平提出:"我们要建设的现代化是人与自然和谐共生的现代化,既要创造更多物质财富和精神财富以满足人民日益增长的美好生活需要,也要提供更多优质生态产品以满足人民日益增长的优美生态环境需要。"习近平建设人与自然和谐共生的现代化论述,从现代化发展的新阶段、新情况、新问题出发,将人与自然和谐共生视为现代化的驱动力,以现代化为构建人与自然和谐共生的参考框架,以人与自然和谐共生为现代化的核心准则,积极推动生态环境保护的综合化、人本化,深化了人与自然关系的认识、丰富了现代化的内涵,是实现社会主义现代化目标、建设美丽中国的行动指南。[1] 人与自然和谐共生是现代化建设的重要内容和必不可少的驱动力。顺应新时代建设发展,解决这一矛盾,必然要遵循人与自然和谐共生原则。这是人类趋利避害、求真务实的必然选择,亦是经济社会发展的必然选择,更是党执政兴国、安邦定国的必然选择。

3. 人与自然和谐共生是生态文明建设的基本原则

生态文明建设是中华民族永续发展的千年大计。生态文明是人与自然和谐共生的反映,体现一个国家的发展程度和文明程度。党的十九大把"坚持人与自然和谐共生"纳入新时代坚持和发展中国特色社会主义的基本方略,标志着社会主义生态文明建设进入新境界。我们要牢固树立社会主义生态文明观,推动形成人与自然和谐发展现代化建设新格局,为人民创造良好生产生活环境,为保护生态环境作出我们这代人的努力。

建设人与自然和谐共生的现代化是一项系统工程,需要我们大力开展生态文明建设,在观念、制度、技术、行为等方面形成合力,全方位、全地域、全过程开展生态环境保护,推动形成人与自然和谐发展现代化建设新格局。新时代推进生态文明建设的基本原则就是坚持人与自然和谐共生。要通过节约优先、保护优先、自然恢复为主的方针,坚持节约资源和保护环境的基本国策,加快推进生态环境治理,统筹山水林田湖草系统治理,实行最严格的生态环境保护制度;形成绿色发展方式和生活方式,坚定走生产发展、生活富裕、生态良好

---

① 参见冯留建、张伟:《习近平人与自然和谐共生的现代化论述探析》,《马克思主义理论学科研究》2018 年第 4 期。

的文明发展道路,建设美丽中国,使自然生态美景永驻人间。[①] 我们必须秉持"人与自然和谐共生"的生态价值观,正确处理自然、社会、人的发展等一系列关系,以尊重和维护自然为前提,引导人们走上持续、和谐的发展道路,在日常生活和物质消费领域确立全新的道德标准,把当代和未来的发展看成历史发展的一个系统整体。只有这样,我们才能自觉地维护生态发展,才能更好地建设生态文明。[②]

二、可持续发展原则

资源的可持续供给是长江经济带可持续发展的基础,良好的生态环境是实现流域可持续发展的关键。长江作为世界第三、亚洲第一大河,水域生态类型多样,水生生物资源丰富,是地球上极其宝贵的淡水生物宝库,对于维系生物多样性和生态平衡、保障国家生态安全,具有不可替代的重要作用。构建长江经济带流域整体性治理合作机制要以可持续发展为原则,正确把握生态环境保护和经济发展的关系,探索协同推进生态优先和绿色发展新路子。

1. 长江流域生态作用突出

水资源得天独厚。长江涵养着占国土面积 1/5 的沿江生态,带给沿岸 4 亿人民灌溉之利、舟楫之便、鱼米之裕。这条中华民族的生命之河,蕴藏着极其丰富的水资源,多年平均水资源总量约 9958 亿立方米,约占全国水资源总量的 35%。每年长江供水量超过 2000 亿立方米,保障了沿江 4 亿人生活和生产用水需求,还通过南水北调惠泽华北、苏北、山东半岛等广大地区,是中华民族战略水源地。

物种资源丰富。长江地跨热带、亚热带和暖温带,地貌类型复杂,生态系统类型多样,川西河谷森林生态系统、南方亚热带常绿阔叶林生态系统、长江中下游湿地生态系统等都是具有全球重大意义的生物多样性优先保护区域。长江流域森林覆盖率达 41.3%,物种资源丰富,珍稀濒危植物占全国总数的

---

① 参见习近平:《推动我国生态文明建设迈上新台阶》,《当代党员》2019 年第 4 期。
② 参见杨红英:《人与自然和谐共生的生态文明理念研究》,《教育评论》2019 年第 4 期。

39.7%，淡水鱼类占全国总数的33%，不仅有中华鲟、江豚、扬子鳄和大熊猫、金丝猴等珍稀动物，还有银杉、水杉、珙桐等珍稀植物，是我国珍稀濒危野生动植物集中分布区域，是我国重要的生态宝库。

生态安全屏障。作为横跨我国东、中、西三大区域的内河经济带，长江经济带是我国国土空间开发最重要的东西轴线，也是以"两屏三带"为主体的生态安全战略格局的重要组成部分，是保障全国总体生态功能格局安全稳定的生态主轴。长江还具有重要的水土保持、洪水调蓄功能，是生态安全屏障区。长江流域山水林田湖浑然一体，具有强大的洪水调蓄、净化环境功能。①

2. 长江流域生态环境形势严峻

生态系统破碎化，生态系统服务功能呈退化趋势。近二十多年来，长江经济带生态系统格局变化剧烈，城镇面积增加近四成，农田、森林、草地、河湖、湿地等生态系统面积大幅减少。② 长江"双肾"洞庭湖、鄱阳湖频频干旱见底，接近30%的重要湖库仍处于富营养化状态，长江水生生物资源持续衰退，生物多样性指数持续下降，鱼类资源趋于小型化、低龄化，珍稀水生动物的濒危程度在加剧，甚至部分珍稀特有物种正在灭绝或者濒临灭绝，长江生物完整性指数到了最差的"无鱼"等级。长江上游地区天然草场退化、草地沙化现象十分明显，横断山区森林系统十分脆弱，石漠化趋势难以遏制；中游地区河湖湿地面积锐减，蓄泄格局恶化，生态功能退化，水体污染十分严重，由此给农业生产及农产品质量安全带来严重隐患；下游地区湿地水环境质量下降、水体富营养化日益严重，重化工企业的密集式分布，导致叠加性、累积性和潜在性的环境污染隐患多，使得长江经济带人为的重大环境污染事件次数一直位居高位。

饮用水安全保障压力大，环境风险隐患突出。长江经济带各省市依托水运优势，沿江集中布局了一批煤炭、化工、医药、冶金、机械、电力等高耗能、高耗水和高污染以及资源依赖性较强的产业。据统计③，2017年长江经济带废

---

① 参见《长江经济带生态环境保护规划》（环规财〔2017〕88号），生态环境部网站2017年7月，http://www.mee.gov.cn/gkml/hbb/bwj/201707/t20170718_418053.htm。

② 参见《长江经济带生态环境保护规划》（环规财〔2017〕88号），生态环境部网站2017年7月，http://www.mee.gov.cn/gkml/hbb/bwj/201707/t20170718_418053.htm。

③ 参见《长江经济带生态环境保护规划》（环规财〔2017〕88号），生态环境部网站2017年7月，http://www.mee.gov.cn/gkml/hbb/bwj/201707/t20170718_418053.htm。

水排放总量占全国的 40% 以上,单位面积化学需氧量、氨氮、二氧化硫、氮氧化物、挥发性有机物排放强度是全国平均水平的 1.5—2.0 倍。重化工企业密布长江,流域内 30% 的环境风险企业位于饮用水水源地周边 5 公里范围内,各类危、重污染源生产储运集中区与主要饮用水水源交替配置。部分取水口、排污口布局不合理,12 个地级及以上城市尚未建设饮用水应急水源,297 个地级及以上城市集中式饮用水水源中,有 20 个水源水质达不到 III 类标准,38 个未完成一级保护区整治,水源保护区内仍有排污口 52 个,48.4% 的水源环境风险防控与应急能力不足。全国近一半的重金属重点防控区位于长江经济带,湘江流域等地区的重金属污染问题仍未得到根本解决。长江三角洲、长江中游、成渝城市群等地区集中连片污染问题突出。部分支流水质较差,湖库富营养化未得到有效控制,城镇和农村集中居住区水体黑臭现象普遍存在。长江经济带大部分地区长期受到酸沉降影响,仍属我国酸雨污染较严重的区域。大气污染严重,成渝城市群与湘鄂两省所有城市空气质量均未达标,长三角地区仅舟山、池州两个城市达标。工矿企业建设、生产以及农业生产等造成的土壤污染问题较为突出。污染物排放基数大,废水、化学需氧量、氨氮排放量分别占全国的 43%、37%、43%。生产储运区交替分布。干线港口危险化学品年吞吐量达 1.7 亿吨、超过 250 种,运输量仍以年均近 10% 的速度增长。同时,出现了一些新问题,比如固体危废品跨区域违法倾倒呈多发态势,污染产业向中上游转移风险隐患加剧,等等。在约束机制和督查机制不健全的情况下,产业绿色化联动发展存在较大难度,流域整体性保护不足,长江经济带的环境承载力已接近上限。

3. 国内外经济发展生态保护过程中的教训与经验

纵观国际上几大流域经济的发展历程,过度开发会给流域环境带来沉重负担。流域内资源过度开发利用,极大地改变了地形、地貌、土壤、植被等自然特征和原有生物种群的生存条件,超出了生物种群的自我恢复能力,从而引起地区的生产力下降、生态功能衰退等。具体可表现为地面下沉、海水倒灌、可用水减少、土地盐碱化、蓝绿藻频发等,甚至引发大规模生态灾难,直接威胁到正常的农业、工业生产以及未来的可持续发展。20 世纪中叶以来,随着工业的高速发展,莱茵河曾一度成了欧洲最大的下水道,仅在德国段就有约 300 家工厂把大量的酸、漂液、染料、铜、镉、汞、去污剂、杀虫剂等上千种污染物倾入河中。18世纪80年代到20世纪80年代的200年间,由于土地过度开发等原因,美国密西西比河干流沿岸67%的湿地消失,流域各州过量的农药、营养物质、工业废水和市政污水排入密西西比河中,导致河流水质严重恶化。同时,大量已建水利工程造成了密西西比河水文条件的大尺度变化,直接影响了河水的流动和分配、营养物和有毒物质在水体和沉积物中的吸附和解吸,水体自净能力下降。① 国外的环境治理在其工业化过程中都走过了一条"先污染后治理"的道路。但是,这种治理模式的代价高昂,也并不是工业化进程的必然规律。日本在回顾工业化历程时,认为"先污染后治理"给社会和公众造成的损害是惨痛的,所付出的代价比事前污染防治投资高10倍以上。因此,要坚决摒弃以牺牲环境为代价换取一时经济发展的做法。

生态修复与经济发展并行的浙江经验。2005年8月,习近平总书记在浙江安吉首次提出"绿水青山就是金山银山"的科学论断。随后在《浙江日报》上发表评论:"如果能够把生态环境优势转化为生态农业、生态工业、生态旅游等生态经济的优势,那么绿水青山也就变成了金山银山"。15年来,浙江省政府始终沿着习近平总书记指引的路子,坚定不移践行"两山"科学论断,以治水工作为重点,坚定不移地推进环境改革,一张蓝图绘到底、层层深入谱新篇,治出了环境改善、水清岸美的新成效,治出了转型升级、腾笼换鸟的新局面,治出了全民参与、共治共享的新气象。浙江在全国率先全面建成县以上城市污水、生活垃圾集中处理设施,率先建成环境质量和重点污染源自动监控网络;环境治理力度和改善幅度全国领先。彻底改变了农村面貌,极大改善了农村基础设施、公共服务和人居环境,发展生态旅游产业链,成功由高质量绿色GDP取代高速度经济GDP的转型发展,初步形成了一套环境保护与绿色发展并举的"两山"发展之路,成为走在全国前列的生态文明省。

"绿水青山就是金山银山"的前提是绿水青山能可持续地转化为金山银山,这个转变从本质上讲是从生态资源中发掘生态产品,将资源优势转化为产

---

① 参见黄德春、陈思萌、张昊驰:《国外跨界水污染治理的经验与启示》,《水资源保护》2009年第4期。

品品质优势,进而通过市场推动价值实现的过程。绿水青山既是自然财富、生态财富,又是社会财富、经济财富。保护生态环境就是保护自然价值和增值自然资本,就是保护经济社会发展的后劲,使绿水青山持续发挥生态效益和经济社会效益。加快形成节约资源和保护环境的空间格局、产业结构、生产方式、生活方式,把经济活动、人的行为限制在自然资源和生态环境能够承受的限度内,给自然生态留下休养生息的时间和空间。保护生态就是保护自然价值和增值自然资本的过程,保护环境就是保护经济社会发展潜力和后劲的过程。

4. 坚守"共抓大保护、不搞大开发"理念

2016 年 1 月 5 日,习近平总书记在第一次推动长江经济带发展座谈会上指出:"推动长江经济带发展必须从中华民族长远利益考虑,把修复长江生态环境摆在压倒性位置,共抓大保护、不搞大开发,努力把长江经济带建设成为生态更优美、交通更顺畅、经济更协调、市场更统一、机制更科学的黄金经济带,探索出一条生态优先、绿色发展新路子。"在 2018 年 4 月 26 日第二次推动长江经济带发展座谈会上,习近平总书记再次强调,长江经济带建设要抓大保护、不搞大开发。[①] 不搞大开发不是不搞大的发展,而是要科学地发展、有序地发展。对于长江来讲,第一位的是要保护好中华民族的母亲河,不能搞破坏性开发。在坚持生态保护的前提下,发展适合的产业,实现科学发展、有序发展、高质量发展。

共抓大保护,意味着坚持生态优先,把修复长江生态环境摆在压倒性位置,逐步解决长江生态环境透支问题;不搞大开发,意味着改变旧有发展模式,将生态理念完整内嵌到高质量发展的经济逻辑中。不搞大开发,并非不发展。生态环境保护和经济发展不是对立的,正如很多新业态带来的惊喜,绿色发展道路上布满新的增长点,生态优先中蕴含着巨大的生态效益、经济效益、社会效益。要对生态环境保护蕴含的潜在需求以及这些需求可能激发出来的供给、形成的新的增长点有个清晰的认识,深入探索把生态财富转化为经济财富的路径方法,需要各地在生态产品价值转化上不懈探索。以"共抓大保护、不

---

① 参见习近平:《在深入推动长江经济带发展座谈会上的讲话》,《当代党员》2018 年第 13 期。

搞大开发"为核心理念的长江经济带发展战略,为长江流域的保护与发展提供了思想指引和行动指南,为新时代流域治理和区域发展注入了思想动力和实践活力。通过"共抓大保护、不搞大开发",促进长江经济带空间格局、产业结构、生产方式、生活方式优化升级,构建现代化经济体系。这种前瞻布局立意高远,具有重要的战略意义,必将有力推动长江经济带建设迈入新的更高发展阶段。

长江经济带的生态环境具有特殊的价值和重要性,共抓大保护对于促进长江经济带高质量发展有着重要作用。一是遏制生态系统退化,提高生态水平;遏制环境污染,改善环境质量。在共抓大保护的过程中,对造成水、空气、土壤等方面的污染源进行控制或者清理,对能够改造的污染严重的传统工业进行创新改造,对不能改造或者改造困难的污染工业实施搬迁,或者进行关闭停产。通过这些手段,可以推动实现长江经济带沿岸企业转型升级,实现高质量发展。二是遏制资源浪费,提高资源利用率。粗放的发展方式致使水资源、土地资源、矿产资源、能源资源在利用上存在着严重浪费的问题。比如长江沿岸万元工业增加值用水量约为全国平均水平的两倍;金属矿产尾矿利用率约为10%,远低于发达国家60%的利用率;能源资源综合利用效率仅为33%左右,比国际先进水平低近10%。三是改善生活工作环境,提高招商吸引力。随着经济发展水平的提高和人们对美好生活的向往,人们越来越重视生活和工作的环境。长江经济带通过共抓大保护,可以有效控制污染,极大改善沿线人民的生活和工作环境,那么,人们就更愿意到这里来生活、投资和发展。①

三、整体最优原则

建设现代化经济体系是实现中国梦的必然要求,长江经济带战略关乎中华民族发展全局。推动长江经济带发展是党中央作出的重大决策,是关系国家发展全局的重大战略,对实现"两个一百年"奋斗目标、实现中华民族伟大

---

① 参见罗来军:《共抓大保护促进长江经济带高质量发展》,《中国环境报》2018年5月7日。

复兴的中国梦具有重要意义。长江经济带犹如南北居中、横贯东西、能量巨大的中国"巨龙",其发展对中国增强全球竞争力、实现建设现代化强国和中华民族伟大复兴中国梦,具有不可取代的巨大引擎作用和重要战略地位。[①]

1. 全局观

国家"十三五"规划纲要提出,以区域发展总体战略为基础,以"一带一路"建设、京津冀协同发展、长江经济带发展为引领,形成沿海沿江沿线经济带为主的纵向横向经济轴带,塑造要素有序自由流动、主体功能约束有效、基本公共服务均等、资源环境可承载的区域协调发展新格局。2014 年 9 月,国务院印发《关于依托黄金水道推动长江经济带发展的指导意见》,部署将长江经济带建设成为具有全球影响力的内河经济带、东中西互动合作的协调发展带、沿海沿江沿边全面推进的对内对外开放带和生态文明建设的先行示范带。

(1)长江经济带是中国经济发展全局中的重要支撑带

从我国国土空间格局看,改革开放以来至 20 世纪末,沿海、沿江地区的开放发展与率先发展构建了"T"字形的国土经济地理格局。进入 21 世纪,随着西部大开发、中部崛起等重大区域协调发展战略的实施,中国的经济地理格局逐步转变为"菱形"结构,南北向的"北京—广深"线和东西向的"上海—成渝"线构成了南北纵深 1800 公里、东西横跨 1600 公里的巨大"十字架",京津冀、长三角、珠三角、长江中游、成渝五大城市群分据四方及中间点上,主要城市之间联系密切,构成了中国经济发展的"骨架"。而长江经济带堪称这个发展骨架的脊梁,它横贯东中西而又接南连北,串起了上述五大城市群中的三大城市群,对于未来全国的发展格局与发展质量具有举足轻重的作用。另一方面,长江流域历史上就是中华民族的摇篮之一,文化多元、教育兴旺、人才荟萃。长江位置居中,把中国划分为南北两半,气候条件等自然环境兼具南北之长,是中国自然地理基础最好、农业发达、素有"天府之国"及"水乡泽国"之美称的经济带。长江南北居中、横贯东西的地理位置,不仅把东、中、西三大地带联结起来,亦与京沪、京九、京广、皖赣、焦柳等南北铁路干线交汇,承东启西、接南济北、通江达海。广阔富饶的腹地,便捷的交通条件,孕育汇集了中国大

---

① 参见王桂新:《长江经济带,究竟有啥优势》,《创造》2018 年第 5 期。

部分钢铁、汽车、电子、石化等现代工业,以及一大批高耗能、大运量、高科技的工业行业和特大型企业,形成了中国最重要的城市走廊、商贸走廊和工业走廊式经济带。总体而言,长江经济带是中国位置居中、区位良好、规模最大、经济发达、综合竞争力最强的经济带。①

（2）长江经济带是可带动中国整体发展的巨大引擎

长江经济带显著的发展优势,决定了它在中国推动区域协调性均衡发展、建设生态文明和现代化强国、实现中华民族伟大复兴中国梦的重要战略地位。一方面,经过改革开放40多年来经济的快速增长,中国在经济总量上已成为世界第二经济大国。但在经济快速增长的同时,区域发展差异也有一定程度的凸显。缩小区域差异,实现协调性均衡发展,事关整个国家经济的可持续发展。长江经济带发展战略,延续和统合了以往东部沿海发展战略、西部大开发战略和中部崛起战略三大战略,不仅可以解决以往分别实施三大战略所带来的局部性弊病,进一步以整体优势加快长江经济带上、中、下游的一体化发展。另一方面,40多年的经济快速增长中,生态环境受到一定的破坏,亟须摒弃以生态环境破坏为代价换来的经济增长方式,实现由粗放型增长向集约型、高质量增长方式的转变。长江经济带横贯东西,不仅生态环境及环境问题类型多样,而且也具备流域生态系统的完整性。在推动长江经济带发展过程中,坚持环境改善、生态优先的绿色发展之路,不仅可以改善以往对长江经济带的生态环境破坏,恢复长江作为中华民族母亲河的生机活力,而且还可以作为生态优先、绿色发展的示范,引领各地的生态文明建设和经济发展,带动整个中国逐步走向绿色可持续发展之路。

（3）长江经济带是我国三大发展战略中的重要一环

"一带一路"建设、京津冀协同发展、长江经济带发展这三大战略是将过去重国土空间优化转为现在的经济结构优化的新思路。从方案设计来看,过去战略多为建立经济区等特区,呈现碎片化,而现阶段则多为城市群内部协同发展,避免了各自为政、盲目发展、重复建设。这三大战略之间并不是并列的关系,其侧重点各不相同,涉及范围、出发点也不尽一样。"一带一路"旨在适

---

① 参见罗来军、文丰安:《长江经济带高质量发展的战略选择》,《改革》2018年第6期。

应中国在世界格局中的变化,强调对外开放新格局,是我国对外开放的 4.0 版本;长江经济带更着眼于中国东中西部合作关系;京津冀协同发展则是为了解决三地发展的严重不平衡。虽然各自的战略定位不同,三大战略之间却存在相互关联的内在逻辑,也肩负着寻找中国经济新动力的共同使命。例如,京津冀协同发展的经验为长江经济带建设和承接产业转移打造了示范性模板;"一带一路"的推进依托于国内区的整合又同时将经济空间拓展到国际。实现中华民族伟大复兴的中国梦,参与全球化竞争、建设现代化强国,不仅要有足够竞争力的全球城市、城市群和经济带,还需要典范的全球城市、城市群和经济带带动整个国家发展和全球竞争力的提升。长江经济带拥有中国最大、最发达、综合竞争力最强的全球城市上海和长三角城市群,是中国发展的巨大引擎,其三大城市群的联动发展可带动中国的整体发展。

2. 一盘棋思想

从全球区域一体化和全球城市群发展的成功经验看,如果想获得全局性的一体化红利和一体化成果,就必须树立"一盘棋"思想,有开放和共赢意识。要促进整个长江经济带"水涨船高",更需推动上中下游发展效益、发展理念的紧密联结。习近平总书记 2018 年视察长江经济带时指出:"目前看,长江经济带发展无序低效竞争、产业同构等问题仍然非常突出,一些地方在实际工作中出现圈地盘、抢资源、条块分割、无序竞争的情况,还存在抢占发展资源、缺乏协作精神、破坏产业链条的连接和延伸等问题。"①如何破解无序低效竞争之困、处理好自身发展和协同发展、实现长江经济带发展一盘棋,成为下一步深入推动长江经济带发展的"牛鼻子"问题。

(1)独立个体与有机整体的关系

长江沿岸不同地区虽是共饮一江水,但民生水平却各有不同。长江沿岸既有上海、武汉、重庆这样的现代化大都市,也有刚刚脱贫不久的三峡库区、中部蓄滞洪区和 7 个曾经的集中连片特困地区。尽管长江经济带发展战略已经提出了一段时间,但目前沿江 11 省市之间仍然不同程度地存在着市场分割和

---

① 参见习近平:《在深入推动长江经济带发展座谈会上的讲话》,《当代党员》2018 年第 13 期。

要素流动障碍以及不少行政壁垒,极大地制约了长江经济带的发展。长江经济带各省市既是一个个相对独立的经济单元,又是一个有机的整体。要树立"一盘棋"的思想,按照中央关于长江经济发展的要求,以生态修复和环境保护约束下的经济发展作为共同目标。

跨省合作,一直是长江经济带经济发展的一大难点。对此,长江经济带各省市要打破以往各自为政的陈旧观念,用全局的、整体的、长远的眼光看待未来发展,构建多层次、多元化的长江经济带区域协调机制。这包括中央和省市地方政府之间的协调机制、省市之间的协调机制、省市和市州县之间的协调机制等。具体协调内容应包括:投资项目的区域布局调整、投资资金的区域分配、专项转移支付的区域调整、产业的区域转移、共同市场的培育、生态利益的跨区域补偿等。可以通过建立专门的区域协调机构,制定共同的目标,出台相应的各项政策制度或法规来实现。通过区域协调机制的有效运行,加强长江经济带九省二市的经济和生态的一体化联系,进而实现长江经济带一体化共同发展。

(2)自身发展与协同发展的关系

长江经济带城市群发展所面临的困境之一是行政区划分割问题突出。长江经济带沿线有 11 个省市,横跨东、中、西三大地带,推进区域经济一体化面临着行政区划分割矛盾的掣肘。一方面,区域内各城市之间存在着非常密切的人员、资金、物资的流动和信息传递,经济一体化的势头越来越明朗和强劲;另一方面,长江经济带是拥有多级、多个行政单元的区域,各级政府主导行政区内的经济发展,每个市县,甚至每个乡镇都是一个基本行政单元和独立经济体,且长期运行的是按照行政管辖范围来组织经济发展的"行政区经济"运行模式。习总书记指出:"长江经济带作为流域经济,涉及水、路、港、岸、产、城等多个方面,要运用系统论的方法,正确把握自身发展和协同发展的关系。"为此,各地首先需要破除"诸侯经济"的藩篱,坚决清理和废止不利于资金、人才、劳动力、技术、商品流动配置的行政政策,既要依据自身的比较优势确定适合的发展模式,又要根据与周边地区的经济关联加强协作与融合,确定与周边区域的经济协作模式,增强发展合力。其次,要因地制宜优化城市群布局,全面提升长江经济带城镇化水平,重点抓好长三角、长江中游和成渝三大城市群的紧密衔接和联动发展。如果区域合作虚多实少,那么"共饮一江水"便更多地停留在地理与文化意义上,而非治理与发展意义上。一旦上中下游城市群缺乏协同,问题就可能纠缠交织,淤堵在发展的河道之中。

（3）错位发展、协调发展、有机融合

要在"错位发展"上下功夫。我国幅员辽阔、人口众多,各地都有自己的资源禀赋,发展基础和保障条件也不相同。这种差异性带来了彼此之间的互补性,决定了"你离不开我,我少不了你"的关系。各地必须清醒认识自身发展这一"棋子"在区域发展"大棋盘"中的位置,进而立足本地实际,积极主动作为,扬长避短,在更好服务大局中实现自身更好发展。只有坚持"错位发展",发挥各地区比较优势,才能促进区域分工合理化,提高各地生产专业化水平,提高资源要素空间配置效率,实现优势互补、互利共赢,做到"错落有致""各领风骚",产生 1+1>2、1+2>3 的效果。①

要在"协调发展"上下功夫。这就要求各地必须坚持把长江经济带的总体利益摆在首位,不断加强各地区之间的沟通与合作,特别是发达地区要加大对欠发达地区的支援和协作力度,缩小区域差距,共同走向富裕。各地必须清醒认识自身发展这一"棋子"与其他"棋子"的相互联系、相互促进关系,在携手共进中形成推动各自更好发展的有力支撑。要充分认识协调既是发展手段又是发展目标,同时还是评价发展的标准和尺度,绝不允许片面追求自身短期利益而影响整个区域持续健康发展。

要在"有机融合"上下功夫。这就要求各地通过改革和创新,打破"一亩三分地"思维,逐步清理那些因行政区划导致的市场分割,营造统一、公平、高效的市场环境,努力形成有机联动、相互依托、水乳交融、浑然一体的格局。政府与市场要有机结合,突出横向协作,跳出单纯的行政区经济思维,正确区分区划经济与区域经济、地方经济与地理经济,打破地方政府间过于注重竞争、呈现碎片化、割裂化的格局,促进区域发展的集成化、一体化和高效化。从宏观层面讲,由于经济带往往跨域发展,因此离不开中央政府和地方政府以及地

---

① 参见毛胜:《正确把握自身发展和协同发展的关系》,《中国纪检监察报》2018 年 11 月 20 日。

方政府之间的纵向与横向协调与合作,政府可以运用经济、法律、行政等手段,以制度创新来引导大区域与城市群的协调发展。从微观层面讲,经济带的发展离不开强有力的"发展极"的带动,通过引导各种要素资源在城市群内部合理地广域流动,在各个城市之间形成发展梯度和分工协作,推动城市群合理的产业布局与空间体系的重构,从而实现"强政府"与"强市场"的有机结合。

3. 整体性思维

流域是整体性极强、关联度很高的区域,流域内不仅各自然要素间联系极为密切,而且上中下游、干支流、左右岸之间的相互制约、相互影响也极其显著。上游过度开垦土地、乱砍滥伐、破坏植被,造成水土流失,既使当地农林牧业和生态环境遭到破坏,又会招致洪水泛滥、河道淤积抬高,威胁中下游地区人民生命财产安全和经济建设。同样,在水资源缺乏的干旱、半干旱流域,如果上中游筑坝修库、过量取水,就会危及下游的灌溉乃至工业、城镇用水,影响生产的发展和生活的需要。因此,长江流域内的任何局部开发,都必须考虑流域的整体利益,考虑可能给流域带来的影响和后果。① 长江经济带大保护的难点和关键就在一个"共"字,这主要反映在三个方面:

一是长江在自然地理上是一个完整的生态系统,但在行政地域上又横贯11个省市,被沿江各行政区域分段节制。这些不同地区对长江的利益诉求有相当大的区别;各省市为了追求地方经济发展或者维护本行政区域的本位利益,在产业布局和对自然生态资源的利用方面亦存在诸多冲突和非良性竞争,甚至成为长江经济带利益冲突的焦点。在缺乏长江全流域生态补偿等强有力利益统筹协调机制作用下,长江流域"共抓大保护、不搞大开发"的合力难以最大化并真正发挥作用。

二是长江具有航运、供水、发电、灌溉等多种功能,这些功能被不同的行政部门所管理,形成了相互隔离和冲突的职能管理结构。分段管辖和职能分隔,犹如横竖两刀,把长江这个完整的生态系统切割成了分散的板块。此外,长江流域生态环境保护存在流域管理法律法规不完善、流域监测体系不完整、流域规划刚性约束不够强等问题,致使沿江地区产业布局缺乏全局性、层次性和关

---

① 参见陈湘满:《论流域开发管理中的区域利益协调》,《经济地理》2002 年第 5 期。

联度,难以统筹考虑整个长江水系的生态环境承载力和运输系统承载力。因此,搞好长江经济带大保护关键点在"共"字。①

三是生态环境合作共治理念的缺失。优良的生态环境作为一种公共产品,其在使用中具有外部性,容易产生"搭便车"现象。在跨界生态环境治理实践中,由于缺乏相应的制度机制约束,各地方政府和企业为了逃避环保责任,往往选择"搭便车"或者将环保责任和治理成本转嫁给下游政府。上中下游各区域开展生态一体化保护的根本驱动力,在于共享利益和地方既得利益,而长江全域利益的整合往往是以地方利益的让渡为前提。就长江经济带跨界生态环境治理的实践而言,各省市地方政府受自身生态环境利益和经济利益的支配,通常以本地区利益最大化作为跨界生态环境共治的合作起点。这不仅导致了跨界生态环境治理实践中错综复杂的利益冲突与摩擦,也催生了各地方政府在经济发展与环境治理中的矛盾与冲突,从而阻碍了跨界生态环境共治目标的实现。比较明显的案例如水资源的争夺。

在长江经济带这个生态—社会—经济巨系统上,每个节点都有其独特的作用,必须使各个环节都保持一定的功能,才能使整个系统正常运行、发挥作用。一定要坚持整体思维、统筹规划,按照中央关于长江经济发展以生态优先的要求,以生态修复和环境保护约束下的经济发展作为共同目标。在共同的生态文明建设理念的统领下,主动转变发展观念,重新凝聚发展共识,引领长江经济带的高质量发展。

四、利益共享原则

长江流域开发、生态环境保护、基础设施建设等需要总体布局、系统管理。跨区域协调发展,最重要的是正确处理区域间的职责和利益关系,明确不同区域的职责定位和利益诉求。利益协调是地方政府间合作的核心,协调好区域之间的利益,做到"风险共担、利益共享",是长江经济带流域整体性治理合作的前提。利益的协调也是共抓大保护的先决条件。地方利益常常激起地方保

---

① 参见彭智敏:《把"共抓大保护"落到实处》,《湖北日报》2018年5月4日。

护主义,造成地区之间市场的人为分割,这就需要一个有效的利益协调机制,以解决流域上下游地区之间在生态环境整治、经济开发上的实施主体与受益主体不一致的矛盾。

1. 构建生态共同体

长江经济带 11 个省市,既是经济共同体,更是休戚相关的生态共同体,一荣俱荣,一损俱损。生态产品价值,也可称为生态系统生产总值,简称 GEP,其含义是区域的生态系统为人类提供的最终产品与服务价值的总和,包括生态系统产品、生态系统服务、生态资产等。① 将自然生态优势转化为经济社会优势,积极探索生态产品价值实现机制,走出一条由政府主导、企业和社会各界参与、市场化运作、可持续的生态产品价值实现路径,是长江经济带建设的主要内容之一。生态产品价值实现路径通常有以下几种形态:一是物质产品供给,主要是通过生态产品认证、水权交易、互联网模式,使生态产品的价值得到合理认可;二是调节服务产品,主要是通过生态补偿、排放权交易、水基金、公益自然保护地等实现;三是文化服务产品的开发,主要是通过生态旅游开发、生态旅游产品认证等方面的探索。

从生态产品价值实现路径的国际经验来看,有几个模式可以借鉴。如上塔纳—内罗毕水基金,就是一种城市政府、银行和环保组织联合建立的金融模式和水治理模式,即将下游水资源用户与上游居民生产活动联系起来,由下游为上游提供资金,对流域进行综合管理。基金旨在向内罗毕市提供清洁、稳定的水资源,减少泥沙淤积对水力发电的影响。大自然保护协会(TNC)经过多年的探索,开发了多种自然保护上可以应用的金融模式,通过保护资源促进经济发展。其中一种主要用于水源地保护的方式——水基金,现已在全球 20 多个项目上使用。首次在中国的应用是位于杭州市余杭区青山村的龙坞水库。TNC 在阿里巴巴和民生保险的支持下成立了专项水基金,通过生态治水的方式改善农业面源污染问题,将水库水质的多项指标大幅提升。TNC 充分利用优质的生态环境链接市场,灵活多样地引入各种生态产业,包括手工艺、生态

---

① 参见成长春:《推动长江经济带高质量发展的几点思考》,《区域经济评论》2018 年第 6 期。

教育体验活动、生态酒店和自然学校等，以百万元的保护投入撬动了3亿元的社会资金。三年之内青山村成为生态村，水库周围原本种竹林的居民，通过参与生态村带来的更多就业机会，人均收入也得到了提升。这种模式的活力在于民间运作的灵活性、社会资本的主动性和以保护为本的科学性相结合，通过资金模式保证其可持续性。按照传统经济学的角度思考，生态产品价值实现机制就是一个自然生态比转换成资源经济比的机制。这样的机制以资本为主旋律，以市场配置的方式为经济形态，如石油、煤炭，只要一进入交换领域，那么它的价值就出现了。但今天必须对生态价值重新考虑，其两重性在于既要保护生态，又要释放出经济价值。生态的原生价值，不能简单地用货币尺度去衡量，而生态的商业价值同样无法回避，否则难以支持现在的生态修复。长江现在的"休养生息"，换回来的将是世界上最有文化内涵、最长历史传承、经济强大、人文宜居、极具国家安全价值与旅游价值的真正的"黄金水道""金色地带"。

流域作为一个完整的自然区域，却被不同的行政区域所分割。作为经济利益相对独立的地方政府，其经济活动一般以本区利益为导向，这就不可避免地在各行政区域之间产生利益冲突。由此，必须从全流域统筹的视角，构建流域"生态共同体"，建立区际生态补偿机制，以实现流域内各行政区域的共赢和共享，推动流域区际的协调发展。生态补偿机制的基本价值取向是公平正义，跨省流域生态补偿则以经济手段为主调节上下游省际区域间经济发展与环境保护，平衡生态保护义务与受益权的不对称。就长江经济带生态产品价值的实现，建议深化产权制度改革，明晰生态资产所有权的主体，明确谁是产品的受益方，规范生态资产和生态产品的收益权、使用权。此外，建设生态产品和生态资产交换平台，完善森林、湿地、水资源交易制度，促进生态产品价值的实现。如探索林权抵押贷款，建立生态发展基金，为社会资本和企业参与产品开发提供平台，最重要的是为长远的生态产品开发提供资金。最后，加强生态产品有偿使用的法律法规建设，制定出台排污权、碳交易、水权等方面的法律制度。

2. 平衡区域利益

（1）区域利益诉求差异明显

区域发展梯度的差异造成流域内各地的利益诉求千差万别。如上游的青海三江源是长江之源、中华水塔,云南、贵州等地是长江流域重要的生态功能区、生态保护禁止开发区,经济发展相对落后,渴望有更多的发展权益;中游的湖北、湖南、江西等地在享受上游地区提供的水资源环境服务的同时又希望承接下游的产业;下游的江浙沪等地希望得到中上游地区提供良好资源环境而未考虑对中上游地区因发展受限给予相应的生态补偿等。由于长期以来缺乏有效的法律法规硬约束和行政分割下的区域 GDP 导向的政绩竞争,使公权力博弈制约全流域生态优先、绿色发展的成色和效果。当这些不同的利益诉求不能协调好并发生冲突时,就必然阻碍长江生态共同体的整体打造,最终使长江经济带上中下游局部利益选择与流域整体利益预期发生偏离。①

（2）创新长江经济带生态共同体协调机制

在流域开发中,流域内部各行政区域之间、上下游之间存在着利益分配矛盾。上游地区承担着涵养水源、治理水污染等生态屏障职能,在很大程度上限制了经济发展。而下游地区是良好生态环境的受益者,导致长江流域生态保护呈现“上游地区负担、下游地区受益”“较落后地区负担、富裕地区受益”的不合理局面。由于节能降耗和主要污染物减排压力大,上游企业受到治理成本、治理技术等因素的制约,环保设施与排污强度不配套,不能做到持续稳定的达标排放,环境保护积极性不高。于是,在地方保护和追求地方 GDP 的大前提下,“你污染我,我污染他”成为灰色的环保潜规则,以牺牲其他地区的环保利益换取自己的经济利益,形成“以邻为壑”的破坏式发展思维和模式。多年来,长江省界断面上出现上游污染中游、中游污染下游、下游污染河口、河口污染海洋,转嫁污染导致的摩擦和争执屡屡发生。这就需要一个有效的利益协调机制,以解决流域上下游地区之间在生态环境整治、经济开发上的实施主体与受益主体不一致的矛盾。在区域产业统一优化与整合的过程中,无法避免地会使得一些省市需要牺牲自身的部分经济利益和环境利益。为此,需要构建环境污染与生态补偿机制,对利益受损的省市给予合理的补偿。开展长江流域上下游横向生态保护补偿,是调动流域上下游地区积极性,共同推进生

---

① 参见李志萌:《流域生态补偿:实现地区发展公平、协调与共赢》,《鄱阳湖学刊》2013 年第 1 期。

态环境保护和治理的重要手段,有利于健全生态保护补偿机制,有利于进一步落实水污染防治目标责任制,有利于促进流域水质改善、流域和谐发展和流域健康发展。

3. 协调利益关系

利益平衡问题首先体现在长江经济带生态环境保护立法上。要运用法律手段界定经济带、经济块和生态块、生态带之间的利益边界,建立协调、平衡各种利益关系的程序性和实体性规则。为更好实现长江开发与保护向纵深推进,理顺长江治理体系,应加快推进相关立法进程,通过制定长江流域专门法律实现对长江流域的统一协调和治理,形成上中下游协同的管理和调度机制,构建多元共治的现代流域治理体系;通过构建跨区域全方位立体化生态环保科技监控体系,将大数据技术引进长江流域生态环保监测体系,着力构建针对长江流域的生态环境监测网络、数据管理系统、综合信息管理系统以及信息化共享平台,以实现各级各类监测信息互联共享,提升监测预报预警、信息化处理能力和保障水平。[①]

在社会主义市场经济条件下,建立区域经济发展和流域经济开发的利益协调机制,有两点是必须把握的:一是合理配置资源、分配资源。要对资源实施资产化管理,改变"产品高价、原料低价、资源无价"的传统观念,把资源纳入企业成本核算体系,使资源的价值在产品中得到反映和补偿,从而提高资源的利用率;通过对资源的资产化管理,合理协调中央和地方、地方与地方、不同所有制企业等利益主体之间的利益关系,把资源优势转化为经济优势。二是积极协调地区和各部门利益,遵循优势互补、利益互惠的原则,加强各个地区和行业的横向交流与合作,提高资源和劳动力的利用效率。科学界定政府在区域经济发展中的权益,正确发挥中央政府和地方政府对区域经济的干预,制定和实行规范的区域经济调控政策,建立区域经济利益的平衡制度,消除区域之间的经济利益冲突。积极鼓励和推动区域之间的经济合作,建立相互联系、关联互动的经济关系,进而形成区域之间的利益制衡机制,使其不得不相互协调,谋求共同发展和进步。在流域开发、经济发展过程中,上下游之间、中心城

---

① 参见秦天宝:《绿色发展需要法律制度保驾护航》,《江西日报》2017 年 11 月 27 日。

市与外围地区之间,资源开发利用的效率、利益分配等都存在着很大的差异,需要建立一种利益协调机制,以协调流域内各区域之间的利益关系。[①]

4. 实现经济共赢

（1）培育利益共享创新产业链

长江经济带作为我国沿海和沿江"T"字形发展轴的主体[②],不仅是我国东中西互动合作的协调发展带,也是我国重要的先进制造业和现代服务业基地,更是构筑未来我国区域统筹、均衡、协调发展战略新格局的重要组成部分。推进长江经济带建设,产业是核心。让绿色发展之水真正奔腾起来,关键是要解开产业结构不合理的结。而创新则是经济结构优化调整和产业持续健康发展的决定性力量,要将提升产业创新能力作为推进长江经济带产业发展的首要任务。

长江经济带上中下游的创新发展存在不平衡。下游已进入创新驱动阶段,创新研发强度超过 OECD 国家平均值;中游处于投资驱动阶段;而上游四川、重庆处于投资驱动阶段,贵州、云南则处于资源驱动阶段。长江生态环境保护的成败,归根到底取决于经济结构和经济发展方式,发展动力决定发展速度、效能、可持续性。扎实推进供给侧结构性改革、推动长江经济带发展动力转换、建设现代化经济体系,要以壮士断腕、刮骨疗伤的决心,积极稳妥腾退化解旧动能,破除无效供给,彻底摒弃以投资和要素投入为主导的老路,为新动能发展创造条件、留出空间,实现腾笼换鸟、凤凰涅槃。没有新旧动能转换,就不可能有清水绿岸。长江两岸历史包袱沉重,积累的传统落后产能体量很大,但越是任务艰巨,越要通过立规矩,倒逼产业转型,越是有路径依赖心理,越要扎实推进供给侧结构性改革。

（2）构建互联互通立体交通走廊

完善城市群综合交通体系。完善综合运输通道和区际交通骨干网络,强化城市群之间的交通联系,加快城市群交通一体化规划建设,改善中小城市和

---

① 参见刘志彪、陈柳:《长三角区域一体化发展的示范价值与动力机制》,《改革》2018 年第 12 期。

② 参见陆大道:《国土开发与经济布局的"T"字型构架与长江经济带可持续发展》,《宏观经济管理》2018 年第 11 期。

小城镇对外交通,发挥综合交通运输网络对城市群发展的支撑和引导作用。目前,长江经济带下游地区城市职能分工互补性强,中上游地区尚未形成互补的职能分工体系,城镇体系空间分布不均衡,空间运行成本高,经济带城镇化发展对流域资源环境产生了越来越大的压力。大力发展航空、铁路、高速公路和管道运输,建成合理的现代化集疏运体系,为城市群的发展创造高效、便捷、安全的综合运输条件,具有非常重要的意义。

加快基础设施互联互通。充分发挥长江"黄金水道"的作用,加强铁路、公路、航空等交通方式建设,实现水陆联动,完善综合交通运输网络。进一步挖掘长江"黄金水道"的潜力。推进长江干线航道系统治理,推进长江大通关体系建设,解决长江水路转关运输中跨关运输货物的中运换装次数多、监管时间长的问题。二是要加强客运铁路建设,推进各中心城市之间高速铁路与客运专线建设,加快各城市群内部轨道交通建设,构筑长江经济带快速铁路客运网络化体系。三是要注重货运铁路建设,加大发展高速货运铁路,建设沿长江贯穿各中心城市的高速电气化货运铁路。四是营造"两翼齐飞"的对外开放格局,提升上海、宁波等重要海港与长江经济带内河港口以及临近国际港口的合作水平;加强铁路、公路与云南各口岸的对接,打通连接东南亚的大通道。①

建成合理的现代化集疏运体系。大力发展航空、铁路、高速公路和管道运输,为城市群的发展创造高效、便捷、安全的综合运输条件。科学测算城市群地区的资源环境承载力和资源环境保障程度,以此为基础编制好与资源及生态环境承载力相适应的长江经济带城市群发展总体规划,明确各个城市群作为国家不同层级经济增长中心的发展目标、空间结构和开发方向,明确每个城市群承载的"底线"和发展的"上线",将城市群经济增长对长江流域带来的资源环境代价最低化,将流域资源环境对城市群发展的约束性最低化,依据资源生态环境承载力和容量阈值确定资源节约型和环境友好型城市群的建设路径。

---

① 参见焦永利:《长江经济带有望引领高质量发展,上海如何更好发挥龙头作用?》,《上观新闻》2018 年 9 月 12 日。

（3）加强城市间协同合作发展

通过加强城市之间的合作联动，可以减少要素自由流动的壁垒；按照统一的产业规划和政策来形成区域的合理分工，鼓励企业进行跨区域的产业重组和建立跨区域产业联盟，从而实现上中下游产业协同发展。目前，长江经济带下游地区城市职能分工互补性强，中上游地区尚未形成互补的职能分工体系，城镇体系空间分布不均衡，空间运行成本高，经济带城镇化发展对流域资源环境产生了越来越大的压力。只有不断优化长江经济带的城镇等级规模结构体系、城市职能分工体系和空间结构体系，缓解经济带新型城镇化的资源环境压力，实现长江经济带产业发展与布局、流域上中下游、基础设施、生态建设与环境保护、城乡发展与城乡统筹、区域市场、社会发展和基本公共服务的一体化建设，才能把长江经济带建设成为上下协同、江海联动、多式联运、人水和谐、经济共荣的命运共同体和利益共同体。①

---

① 参见秦尊文：《推动长江经济带城市群联动发展的思考》，《人民长江报》2018 年 9 月 22 日。

第三十一章 长江全流域整体性治理
合作机制的内容

整体性治理源自 20 世纪 90 年代中后期。西方国家试图利用"整体政府"、"协同政府"等方式来解决区域发展中出现的各类社会和经济问题,进行有意识的组织设计或机构重组,以克服传统的"碎片化""分散化"区域治理模式。

整体性治理理论首先由英国学者 Perry Hicks 在 *Toward Holistic Governance: The New Reform Agenda* 一书中提出。该理论以解决公民的需求和问题为核心,立足于整体主义思维方式,主张管理从分散走向集中,多元主体通过有效合作,充分发挥整体优势,为社会组织和公众提供无缝隙的公共产品和服务。现代信息技术的发展,为整体性治理提供了有效的物质手段,可以有效促进信息和资源共享。在整体性治理合作协调机构尚未建立、区域政府仍然存在的前提下,确立利益协调主体及其责、权、利边界,最大程度地满足公民和社会组织对公共服务的需求是必需的。整体性治理重视不同组织之间合作的效果,它需要上级政府的适度集权与同级部门间的有机整合,在促成目标达成时可能采取等级命令的方式,也可能采取协商一致的方式。

整体性治理在我国既表现为中央政府在不同政策领域之间或地方政府在提供公共服务时的横向合作,又表现为中央政府与其所属部委或地方政府之间的纵向合作。长江经济带的治理,单靠某一级政府、某一个主体不但不可能完成,还极易导致流域公共治理过程中"公地悲剧"的发生。这是由流域自身的整体性、不可分割性、流域公共问题的复杂性,以及流域内行政区经济的自然分割与被分割的单个主体追求自身利益最大化之间的矛盾性所决定的。整体性治理以整体利益最大化为出发点,强调各行动主体之间的合作与利益共享,打通流域内各行政区边界,尽量满足公众与社会组织多方面的需求,解决流域公共问题,有效克服地方政府利益最大化的行动导向,实现流域整体的合作与共赢。

从联系与发展的观点来看,将长江流域作为一个统一的整体进行开发,需要建立一个多层级的统筹规划和利益协调机构,行使部分综合管理协调职能,处理好长江流域上、中、下游之间的关系,尤其要处理好跨边界区域问题,保护好、优化好、开发好长江流域的生态环境,协调好人与自然的关系,实现长江流域生态效益、经济效益与社会效益的有机统一。

长江经济带整体性治理合作机制内容主要包括利益协调机制和生态补偿机制。该机制的设计有利于长江经济带各地方政府、市场与流域共同文化充分融合,对多元治理主体产生基于市场、政策、产业以及文化方面的激励,形成权力、制度、市场机制和社会规范方面的约束,在相互信任的基础上培育具有长江流域共性的生态文化观,共建基础设施、社会保障体系、基础教育平台,重建政府绩效评估机制,促进长江经济带多元共赢治理目标的实现。

长江经济带整体性治理合作框架如图6-1所示:

一、构建有效的利益协调机制

利益协调机制是相关利益主体一系列相互联系、相互激励、相互约束的基本运作体系。基于整体性合作理念的利益协调机制要体现利益主体的多元化,多元利益主体之间通过竞争与合作,在区域整体中完成各自的基本职责,实现各自的利益诉求,在协商一致的基础上实现区域整体经济、社会、文化以及生态环境的良性发展。《关于依托黄金水道推动长江经济带发展的指导意见》明确要求:长江流域要创新区域协调发展的体制机制,打破行政区划界限和壁垒,加强规划统筹和衔接,形成市场体系统一开放、基础设施共建共享、生态环境联防联治、流域管理统筹协调的区域协调发展新机制。

长江经济带包含多个子区域,利益主体的多元化既表现为中央一级的利益主体,又表现为11省市各级地方政府、社会组织和公民的积极参与,共同解

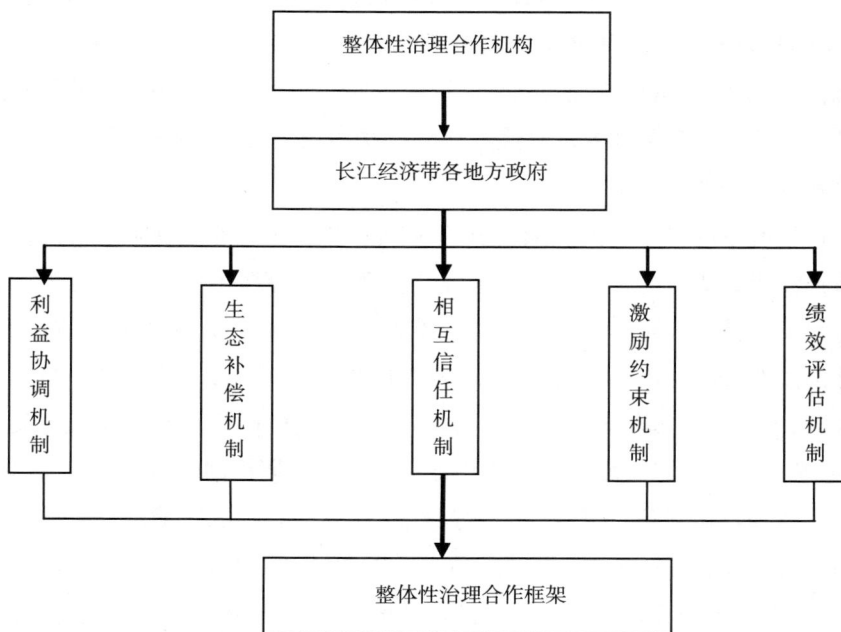

图6-1 长江经济带流域整体性治理合作框架

决长江流域上、中、下游之间在生态保护与经济发展之间的矛盾。同时,缩小区域之间的发展差距也是利益协调的目标之一。我国长期以来行政区经济占主体地位,地方政府为了追求自身利益的最大化,相互之间争夺有限的资源,进行过度竞争,导致地方政府之间的利益关系严重不协调。因此,建立不同区域特别是发展不平衡区域之间的利益平衡新机制迫在眉睫。构建基于整体性治理合作理念下的长江经济带利益协调机制,主要包括以下几方面的内容:

1. 建立整体性治理合作协调机构

我国地方政府之间的协调主要采用以政府名义举行的官方会议、高层论坛等形式,区域内的一些合作共识主要通过高层领导人的谈话和承诺达成。这种协调模式非常松散,相互之间缺乏明确的责任与分工,一旦出现问题,不仅相互推诿,还增加进一步协调的难度。整体性治理合作理念对我国行政区经济引起的"碎片化"状况可谓是"对症下药"。整体性治理合作以"问题的解决"为目标,建立统一的跨区域跨部门跨层级协调机构,可以有效克服部门之间的"本位"主义,协调政府、市场、公民和社会组织等多元主体之间的利益关系,在此基础上形成一种网络式的治理结构,实现对区域稀缺资源的有效利用、公共问题的协调解决、公共服务的综合供给,并以此消除因行政区划分割而导致的行政壁垒和歧视性政策等地方保护主义行为,实现资源要素的合理流动和有效分工。①

长江流域以水为纽带,将上、中、下游连接成一个复杂的流域复合经济体。目前长江流域实行的是一种流域管理与行政区域管理相结合的管理体制,其典型代表就是河长制的推行。在流域管理方面,现有的长江委和长航局等机构是国家部委的派出机构,在履行流域管理职责方面长期存在着统一规划、统一监管、统一调度等职能的不足;水利部、环保部、国土资源部、国家发改委、住建部、农业部等流域管理部门在执行任务时存在协调机制不健全、协商议事程序不规范等现实问题。隶属于中央政府的各部门之间由于组织机构与分工的不同,在公共问题的协调方面存在着"多龙治水"的困境。②在行政区管理方面,各自为政的地方政府在争夺经济发展资源时,对流域的生态系统造成了一定程度的破坏,局部地区甚至遭到很严重的破坏。加上以本地为中心的"利己"行为,使得因行政区分割的地方政府之间很难达成基于整体性治理合作的协议。同时,由于地方政府与中央政府之间财权与事权的分离,地方政府与中央政府在涉及本地区的利益时,也存在一定程度的冲突。因此,长江经济带在进行地方政府以及各部门之间的利益协调时,必须成立一个具有权威性的负责统筹和协调各项事务的组织机构,作为有效利益协调机制的组织保障。

故此,有必要成立由中央各部委和长江经济带各省市联合参加,以区域整体利益最大化为目标的"长江经济带整体性治理合作协调委员会",旨在全面树立基于整体性治理合作的理念,在组织协调跨区域的重大战略资源开发时,全面考虑到流域生态系统的平衡性。该委员会的作用在于打破原有的各自为政的区域利益格局,围绕整体利益最大化和长远化的思路,协调多元主体的利

---

① Cf.Wilkins Peter.Accountability and Joined-up Government,*Australian Journal of Public Administration*,2002,61(1):114-119.

② 参见彭中遥、李爱年、王彬:《长江流域一体化保护的法治策略》,《环境保护》2018年第9期。

益,并把因各级地方政府利益冲突造成的合作成本降低到最低,平衡区域合作中因利益冲突而造成的矛盾,促进跨区域跨部门多层次的社会经济合作以及生态治理合作,促进长江经济带的一体化发展。

长江经济带整体性治理合作协调委员会将汇聚水利、环保、国土、农业、林业、交通、经信等多部门的合力,其常设机构包括常务委员会、专家委员会和专项委员会等。常务委员会主要负责制定整体性治理合作目标、规划和行动指南,对各级地方政府、各部门之间的合作政策进行审议;对各级地方政府、各部门之间的利益冲突进行调解;对长江流域重大基础设施建设、产业布局、水利水电开发、统一市场规则制定等方面不断创新协调机制,防止相互之间"政策打架";加强对各级政府政策的审议、监督,切实破除地区之间的行政壁垒,实质性推动一体化工作的有序开展。专家委员会主要是常态化地引入专业人员参与长江经济带整体治理合作,对涉及生态环境保护、生态文化培育、生态产品开发、生态效益评估、生态补偿机制创新等一系列前瞻性的议题加以充分研讨与论证。专项委员会主要就某一具体问题进行协调。例如,综合执法委员会可以有效解决长江航道上行政执法中的"碎片化"问题。同样,在水资源管理方面,按照我国现行水资源管理体制,地下水归国土资源部管辖,地表水归水利部门管辖。然而水资源储备包括所有含水资源的分配、使用和储备,多部门的水行政管理体系显然不能满足需求。因此,对地表水和地下水的统一管理,需要有一个更综合的水资源管理委员会,以负责对水资源储备区域范围进行统一规划,确定水资源储备规模以及选择合适的水资源储备模式等。

从组织模式上来看,长江经济带整体性治理合作协调委员会已经超越了传统的科层组织模式,而是一种新型的具有网络扁平化的多元治理组织模式,多元主体之间更多是通过磋商和市场机制实现相互利益的协调。

2. 确立利益协调主体及其边界

随着长江经济带各地区工业化、城镇化和区域经济一体化进程的加速,原本存在于某一行政区域内的生态环境污染问题不可避免地跨越其行政边界向周边区域内扩散,这不仅导致了各地区诸多生态环境污染问题短期内集中爆发,还会对多个行政区域内自然生态系统、人民群众生活和经济社会发展等各个方面造成极其严重的后果。长江经济带类似这样的流域跨边界公共问题还有抗灾、减贫等,整体性治理合作在解决此类问题中的作用将尤为突出。整体性治理并不消除各利益主体的有形边界,而在于强调各利益主体之间的跨界合作。跨界合作有利于区域整体利益的最大化,尤其是在协调本地产业发展与全流域环境治理关系方面,更需要多元主体共同参与以及不同主体之间的跨界合作。

多元主体在不同的场合下具有不同的行为特点,对生态环境产生不同的影响,在生态环境保护中承担不同的角色。这就决定了在整体性治理合作过程中,对多元主体的边界进行界定是一项耗时费力的巨大系统工程。因此,在利益协调实践中通常按照各利益主体的社会角色来加以界定:即政府、社会组织和公民,在涉及这些社会角色的具体项目实施过程中,可根据其行为特征确定其是建设者、破坏者、保护者还是受益者。例如,各类民间的环境保护组织志愿者,进行环保宣传、生态修复,即为典型的建设者和保护者。各级政府组织在对自然、生态环境进行开发过程中一方面获得了收益,另一方面可能对生态环境造成了一定程度的破坏,成为生态环境的破坏者。广大公民既可以是资源环境的保护者,也可能是破坏者,还可能是建设者或受益者。

"边界"既使公共问题的解决变得"棘手",恰恰又是整体性治理合作的出发点,因为整体性治理就是要解决所谓的"跨边界"问题。整体性治理合作的边界具有不同尺度,如不同层级的政府边界、部门边界、企业边界、区域边界等。跨界合作需要遵循优势互补、利益互惠的原则。对各利益主体的边界进行界定,明确不同层次、不同等级、不同区域的利益受损方和受益方,并对各主体之间的利益关系进行评估。在评估的过程中引入第三方机构,尽量做到评估方法先进、评估过程客观公正,能够全面分析个体利益与整体利益的冲突程度以及在整体利益中的相对重要程度,再根据冲突程度和重要程度确立其在整体合作中的受损和增益大小,制定具体的利益协调方案。

流域的发展既要考虑当前的需要,更要着眼于未来,并与流域外部空间保持良好的衔接,以实现区域整体利益的最优。作为流域复合经济体,长江经济带各区域经济社会发展因"水"而发生直接联系,各区域之间又因被分水线所包围而具有明确的边界。区域内部成员之间的和谐及与区域外部空间的共生,都需要有一个合理的边界,其中包括中央与地方政府之间事权的划分,地方政府之间合作范围的界定以及涉及全流域的公共资源产权的界定。

我国在涉及长江流域重大项目建设方面，还存在一定程度中央与地方利益的不协调。①例如以三峡为代表的国家大型水利工程一般由央企主导，国家在电力统筹利用时却直接将电力资源输往长三角、珠三角等地区，尽管这些工程对当地的生态、航运、渔业等功能造成了一定的影响，但是留存当地的水电收益却较少，对当地经济的后续发展造成了很大的影响。

涉及到长江流域治理，中央要制定产权安排方面的行为规则，明确自然资源与生态环境的产权，使其具有排他性，推进生态补偿的市场交易模式。界定公共资源的产权，是建立利益协调机制的基础。在整体性治理合作过程中，需要界定公共资源的产权，以便更好地使用这些资源。产权界定是利用市场机制解决类似环境污染等负外部性问题的前提。在区域一体化进程中，将排污权在市场中加以流转和余缺调剂，不仅可以有效控制排污总量，还可以通过市场机制激励相关企业不断改造工艺水平，进行技术升级，从而降低治理污染的社会总成本。

地方政府在提供公共服务、管理公共事务方面更容易做到因地制宜。地方政府与中央政府，地方政府上下级之间，要避免相互拆台、相互扯皮，防止某些地方政府与部门不合作或搭便车现象。无论是地方政府还是中央政府，不同部门的相似业务可以进行整合；涉及不同行政区的跨界事务处理，要进行联合治理或组成项目组，确保向公民和社会组织提供更加有效的公共服务。

目前，长江水上行政执法的主要机构有长江海事局及沿线各地方海事局、长江航运公安局、长江沿线各地方港航管理局、长江河道采砂管理局、长江渔政局等。上述部门之间都普遍存在着政企不分、各自为政、基础设备重复建设、职权交叉重叠、执法效率较低等问题，从而使长江航运"黄金水道"整体作用的发挥受到很大的制约。②这就需要运用整体性治理合作的理念，明确各机构在执法时的职权范围，真正形成"各司其职、互相协调、齐抓共管"的良好局面。

---

① 参见张兆安等：《长江经济带与"一带一路"互动研究》，上海人民出版社 2018 年版。
② 参见丰云：《从碎片化到整体性：基于整体性治理的湘江流域合作治理研究》，《行政与法》2015 年第 8 期。

同时,中央和地方之间要有明确的事权划分,职权与财权相匹配,明确各政府事权范围,权责清晰。当政府的决策以通知、意见、决定等形式发布之后,中央和地方还需将其进一步落实到具体措施层面,提高政府间合作的效率和政府工作绩效,通过立法决策、行政协调、具体执行三个层次建立政府间合作的长效机制,切实保持政策、规划执行的连续性和可操作性。

3. 制定利益协调政策和方法

利益协调的政策含义就是要实现国家宏观政策、产业政策、环保政策、区域政策与微观主体之间利益的最优匹配。中央与地方之间的利益共享主要通过宏观政策来实现;地方政府之间的经济发展差距主要靠产业政策、环保政策与区域政策来弥补;微观主体的利益更多依靠市场机制来协调。新的利益协调机制建立在多元主体之间的平等、互利、合作与竞争的基础之上。

长江流域上、中、下游之间区域发展极不平衡。长期以来,上游地区承担着流域生态屏障建设的任务,经济发展受到很大程度的制约,而下游地区由于沿海开放战略的促进,率先获得了区位发展优势,集聚了大量优质要素,使经济获得了极大的发展。区域经济一体化是我国实施区域协调发展战略的重要内容。目前,长江经济带一体化主要还是依靠资本要素推动,还受到行政区分割以及体制方面的强约束。因此,构建全流域的利益协调机制还需从以下几个方面入手。

(1)各地方政府之间加强协调与合作,推动市场经济环境与市场秩序建设

长江经济带地方政府之间由于"GDP"竞赛,不顾当地生态承载力以及流域整体利益最大化,产业同构系数高,使得各地在向高质量发展转型过程中政府间的合作困难重重,加之以邻为壑的政策体系,容易使得各地政府之间陷入"囚徒困境"。目前,由政府主导的区域协调机制主要靠政府主导的基础设施建设、发展规划以及法制建设,来降低商品和要素流通的交易成本。因此,各级政府的发展规划要明确各区域功能定位,引导各地区错位发展,避免因产业同质化竞争导致的资源配置效率的损失。

市场经济建设能够有效协调政府与市场的关系,市场一体化可以释放经济的内在潜能。邻近区域的无序与恶性竞争,不利于区域一体化市场的形成,

也会直接影响到利益协调机制的建立。破除当前行政区经济的牢笼,最有效的办法就是发挥市场机制在区域经济协调中的作用。企业作为最活跃的微观经济主体,在跨区域投资和进行产业转移时,是推进区域经济协调的一项有效手段。当前,长江经济带应大力扶持和创建跨区域的企业联合会、产业联合会等产业内部自我协调组织,充分发挥这些组织在推进产业间横向联系、加强行业内的自律监督和自我保护的巨大作用。

（2）通过城市群建设,有效协调行政区与经济区的融合发展

国外的跨区域性组织协调模式有美国的"大都市区协调模式"、日本的"都市圈协调模式"、欧盟"跨境协调模式"等。①美国的"大都市区协调模式"通过组建区域协调协会,引入市场协调机制;日本的"都市圈协调模式"通过立法保障、制定区域规划,推动都市圈区域协调与发展;欧盟的"跨境协调模式"通过跨境合作,构建多层次的区域网状协调体系。可见,国外跨区域性组织协调模式都不是以行政区域本身作为单位,而是以由行政区域发展起来的"大都市区""都市圈"层面,通过市场机制、制度保障和多层次的网络关系开展合作。城市群在空间上是一个连续分布、彼此依存的资源配置组织,在当前我国新型工业化、城镇化建设背景下,城市群越来越成为一种参与资源有效配置的空间组织。长江经济带通过"三大两小"城市群建设,在城市群的空间成长以及内外部融合发展的同时,可以形成更大尺度的利益协调机制。

（3）通过生态文明建设,有效协调经济发展与生态保护之间的关系

按照绿色转型和高质量发展的要求,实现经济、社会、文化、生态的可持续发展,尤其是要协调好经济发展与生态保护之间的唇齿相依的关系。流域经济之间的发展存在紧密的关联性,长江上游地区在经济发展过程中不仅要维持环境现状,更要立足于长江流域整体生态功能的提升,从而对整个流域产生"正外部性"。

（4）将合作与共赢的基本原则贯彻到区域利益协调机制中

强调合作与共赢的基本原则,也就是要强调在某个体区域取得经济繁荣

---

① 参见岐亚光:《功能分工视角下的大都市圈发展机理与实证》,浙江大学博士学位论文,2016年。

发展的同时,不应给整个区域内其他个体带来负外部性,相互之间形成利益更加协调的区域经济发展模式,实现整个长江经济带的高质量协调发展。从理论上讲,解决区域负外部性问题的一种方案是征收所谓的"庇古税",具体政策工具有征收环境税、排污费或利率补贴等;另一种方案则是通过对初始产权的界定,使得公共资源变得"可交易",具体表现为排污权交易制度与资源价格调控机制。为此,必须加强区域法制建设,构造区域协调机制和合作协议顺利实施所需的法律制度基础,探索建立长江经济带利益协调机制的法律、法规体系,扭转各自为政、缺乏协调的局面。

4. 培育基于整体性治理合作的生态文化观

对于流域而言,生态环境造成的危害会跨越行政区边界,而不同地区经济发展水平、风俗习惯等对生态环境的承载力和容忍度存在一定差异,因而使得跨界生态环境的治理面临更大的挑战,如果处理不当,就会产生直接冲突或带来一系列连锁反应。这主要是由受不同生态文化影响的人们的认知不同引起的。个体和群体之间的行为反应相互影响,有时会使跨界生态环境问题产生的负面效应放大,并进一步干扰到个体以及由个体组成的群体的行为选择。培育全流域统一的生态文化观,不仅有利于整体性治理合作目标的达成,而且有利于提高相互磋商的效率。正是基于合作与共赢的基本原则,整体性合作治理目标才能得以顺利实现,区域整体效果达到最优,公共利益获得最佳。如果各经济主体只顾自身利益最大化,而不顾区域自然生态条件和资源环境承载力,竞相发展"高大上"的产业,培育"小而全"的产业体系,不仅会造成严重的产业同构和大量的资源浪费,而且还会造成各地争夺有限的资源,严重阻碍区域专业化产业和市场的形成,区域合作也会因此失去动力而无从发展。

生态文化的培育首先需要普及相关的生态系统知识。生态系统的多样性决定了任何个人与家庭都无法单独胜任生态保护的职责,只有凝聚全社会的力量,通过生态文化的培育来提升生态保护的软实力。一些社区特别是一些民族地区的村民具有很强的凝聚力,当地的民俗、乡规、乡约,作为一种宗教信仰和道德准则已经深深融入农牧民的生产生活以及生态保护之中,对生态保护区进行自我和自觉管理,其中所表现出来的一些好的生态文化观念需要进一步提炼并加以宣扬,为更多主体自觉进行生态保护提供深厚的文化基础。

二、构建生态补偿与共建共保机制

生态补偿机制是以保护和促进区域生态系统服务可持续利用为目的,以经济、行政等手段调节相关者利益关系的一种制度安排。我国 2014 年修订的《环境保护法》第 31 条第 1 款明文规定"国家要建立健全生态补偿制度";党的十九大报告明确提出"要建立市场化、多元化生态补偿机制";自 2021 年 3 月 1 日起施行的《长江保护法》作为长江流域一体化管理的基本法,也对长江流域水资源开发、利用及保护等活动作出原则性规定。我国目前的生态保护补偿范围仍然偏小、标准偏低,保护者和受益者良性互动的体制机制尚不完善,尤其是针对长江流域集成、统一的生态补偿体系尚未形成。

生态补偿体系的建立,需要合理分析生态补偿主体与客体之间的责、权、利关系,科学评估维护生态系统功能的各项成本及综合受益情况,确定生态补偿标准。长江流域生态补偿机制是为了保护长江流域生态环境安全,向全流域甚至全国提供水源涵养、水土保持、生物多样性和景观文化价值等生态产品和服务,根据"开发者保护、破坏者恢复、受益者补偿"的原则,促进长江上、中、下游及各区域公平、协调、可持续发展。①建立长江流域生态补偿机制的关键是协调上下游各个利益相关体的关系,因此要深入分析各个省市利益之间的相互联系和相互影响,以便明晰流域上下游在生态保护和补偿中的不同职责、不同作用和不同地位,使得多元主体在构建流域生态补偿机制方面达成一致。

1. 生态补偿机制是对利益协调机制的补充和完善

区域利益协调对于区域个体而言以效率优先为主,而生态补偿更多兼顾到利益分配格局中的公平原则。生态补偿的基本原则是"开发者保护、破坏者恢复、受益者补偿",其中包含责、权、利相统一、公平补偿、均衡协调的思想。生态补偿机制既包括一系列的制度安排,也包括市场机制催生出的有关

---

① 参见唐长春:《长江流域主体功能区建设布局与配套政策研究》,东南大学出版社 2016 年版。

环境保护的新业态,对流域利益协调机制起到有益的补充和完善。与区域协调以缩小区域差距为首要目标不同的是,生态补偿机制以促进区域生态环境的保护为前提。生态补偿主要是用来配置生态资源、协调生态经济利益的,是区域综合性利益协调机制的补充和完善,从而调动多元主体对生态环境保护的积极性,促进流域在基础设施、生态资源等方面的共建共享。

(1)生态补偿主体与客体

长江流域生态补偿涉及多方利益关系。生态补偿主体是指提供补偿的一方,即"补偿方",当区域补偿具有长江流域或更大尺度区域的价值和意义时,补偿主体一般是指中央政府;当区域补偿具有支流流域或局部区域层面的价值和意义时,补偿主体应为省级政府;当区域补偿范围较小或涉及当事人较少,补偿主体则为直接受益的市(县)政府、企业和公民。与主体相对应的生态补偿的客体,即"受偿方",是指为了保护生态环境与可持续发展作出牺牲的不同尺度区域政府、企业和公民。

(2)生态补偿方式

从补偿方与受偿方的隶属关系来看,生态补偿方式主要包括纵向补偿和横向补偿两种类型。纵向补偿既包括中央政府向地方政府的补偿,也包括省级政府向地方市(县)政府的补偿;流域上下游地区生态环境保护权责关系比较清晰的各地政府之间的补偿属于横向补偿。

目前,长江流域生态补偿的方式主要还是基于政府主导下的财政转移支付,尤其是中央政府对生态功能比较重要的地区,通过财政转移支付、重大生态建设工程等形式给予纵向生态补偿。例如,2007年国家财政部《完善退耕还林政策补助资金管理办法》规定:长江流域及南方地区每亩退耕地每年补助现金105元,还生态林补助期为8年,还经济林补助期为5年,还草补助期为2年。[①]长江流域上、下游之间的横向补偿,主要通过各地政府之间的谈判和协商达成,建立相对比较正式的利益分享机制和生态补偿机制,以协调上游地区局部利益与长江流域全局利益的关系。流域经济是以水资源为纽带,围绕长江流域水资源的利用和保护,上游为下游提供优质的水源和充足的水量,

———————

① 参见刘世庆等:《长江经济带绿色生态廊道战略研究》,上海人民出版社2018年版。

下游应该为上游提供相应的补偿。在水资源保护过程中,受偿方是提供水生态服务,使水质、水量达到水生态保护要求的地方政府和农户。对于上游水源地保护、水生态涵养等具有显著公共效益的补偿,中央政府在事权分工上要予以相应的支持。

为促进合理开发利用水资源、改善流域水环境质量,长江流域上游应以水源涵养区生态保护与恢复建设为目标,结合水生态功能分区控制单元水质管理,业已建立生态补偿机制主要基于流域上下游水质、水量来开展,水质、水量达标以得到补偿作为奖励,水质、水量不达标则要接受罚款。长江流域正在开展的一些流域生态补偿探索,为推进建立长江流域生态补偿机制建设提供了较好的基础。例如,贵州、江苏等地对流域生态补偿的探索,主要是基于水质目标改善设计的省域范围内的纵向生态补偿机制。对于跨省界的流域之间的横向生态补偿,主要是靠中央政府自上而下推动的,如新安江跨省界流域生态补偿。长江流域水生态补偿应考虑水生态指标,积极推动各省市建立省内上下游生态补偿机制,然后逐步扩大到跨省上下游生态补偿机制,最终建立以干流跨界断面水质为主、向中上游地区倾斜的补偿资金分配标准,形成长江干流横向生态补偿制度,并将水生态服务纳入补偿范围,促进长江流域水生态资源资产增值。

生态补偿体系的建立,必须运用政府干预与市场机制相结合的策略,形成政府财政投入、市场调节、金融支持、多主体参与的利益协调格局。首先,生态补偿中政府的主要作用就是制定相关法律规范和制度、实行宏观调控、提供政策和资金支持,解决市场难以解决的问题。政府部门可以设立生态补偿专项资金,并设立监管部门,对补偿金的发放实行监管,真正做到透明化;中央政府要充分利用其税收力量,加强合作与共赢生态文化理念的培育;各地方政府需要一定程度的量化对自然生态资源多大程度上的利用和对其他地区造成多大程度的影响。政府补偿包括生态补偿基金、环境治理专项基金、财政转移支付、征收生态税、排污费等多种方式。

其次,要发掘生态补偿中的市场交易潜力,积极探索利用市场交易方式对生态补偿机制进行逐步完善,在生态保护方与受益方之间建立生态补偿的长效机制。注重对资源市场的培育,实现生态资本化,使环境要素的价格与其稀缺程度等价,充分发挥市场机制对生态环境资源供求的引导作用,鼓励支持生态保护者与受益者之间进行自愿协商,实现更加公平、合理的生态补偿。随着市场化环境的成熟,可以通过市场化运作,逐步完善水权交易、排污权交易,引入商业保险等方式,调动各利益相关方的积极性。推行环境污染责任保险制度,对可能造成环境污染的高危企业实行强制责任保险。

近年来,在政府补偿、市场补偿方式之外,来自企事业单位投入、社会捐赠、技术援助、人才支持、就业培训等社会补偿方式开始兴起。长江上游生态保护区多为我国老、少、边、穷的一些特殊区域,对这些地区的生态补偿要结合弥补区域发展差距等特殊补偿和乡村振兴政策,帮助这些地区发展生态经济,在输血的同时增强其造血功能,实现整个长江流域的生态环境保护与协调性均衡发展。

综上所述,现有的生态补偿方式包括三个层面:一是中央政府层面,建立规范性的财政转移支付制度;二是地方政府之间横向利益补偿机制,将生态保护补偿与乡村振兴结合起来,通过先富帮后富的资金补助、人才培训、项目建设和产业发展、共建园区等方式,对因加强长江流域生态保护付出发展代价的地区实施补偿;三是建立区域合作共同发展战略基金、生态环境保护公益基金等开放式资金融通方式进行专项补偿。

(3)生态补偿标准

政府之间的纵向补偿、横向补偿都应建立在一定的生态补偿标准之上。补偿标准测算主要包括直接损失、机会成本、各项操作成本以及生态产品和服务价值总和。其中,直接损失主要发生在国家重大生态项目实施的初始阶段,如国家在实施退耕还林还草、退田还湖、天然林保护等工程之初,会责令农民停止耕种、牧民停止放牧、企业停止生产所导致的直接经济损失,补偿的收益不小于工程实施前的收益。

从流域整体性治理角度来看,根据国土功能规划,长江流域限制开发区、禁止开发区的开发强度、开发方式受到不同程度的限制,从而使其在竞争中处于不公平的地位,不能按市场经济原则获取相关利益,因此承受巨大的机会成本,生态补偿机制应该对其付出的机会成本进行补偿。长江上游地区经济发展相对落后,生态环境相对脆弱,在西部大开发和长江经济带建设中均承担着生态屏障建设的重要任务。长江上游地区生态环境系统对长江流域乃至全国的生态环境系统都起到至关重要的生态屏障作用,在上游地区构筑生态屏障,显然有利于长江流域的可持续发展和生态功能的提升。但是,上游地区为改善生态环境而放弃某些经济发展的机会,下游地区要对上游地区改善生态环境付出的努力和牺牲作出补偿,由此产生的生态屏障建设成本必须由相关利益主体进行分担。国家在实施大型生态工程项目时,如天然林保护工程、退耕还林工程、退牧还草工程时补偿的客体主要是农户,补偿标准是农户因放弃农耕活动导致的农作物经济损失即机会成本,机会成本以全国正常年景的中位值为参考,较好地兼顾了全国范围内的公平。

操作成本是指生态保护、生态治理等项目实施的实际发生成本。如长江上游地区为水质、水量达标新建的流域水环境保护设施、水利设施、新上环境污染综合整治项目等方面的投入,应该构成生态补偿的重要组成部分。企业在跨区域投资时要充分考虑到环境治理的成本,加强技术投入,设立环保基金等。

对生态资源合理定价,使生态投资者得到合理回报。生态产品与服务的价值是生态补偿标准中最难量化的部分。由于生态产品与服务的产权难以分割,因此投入其中的劳动和资本很难通过市场机制得到补偿。长江流域上、中、下游生态系统所能提供的生态产品和服务因区域功能差异,亦存在很大的不同。流域上游生态系统最重要的功能是水源涵养、土壤保护、生物多样性保护、农产品提供等,对成渝城市群提供的人居保障,以及重要的游憩价值、遗产价值等文化功能。确定具备上述功能的生态产品和服务价值需要明确受益的市场范围,对于产权和损益比较清晰的主体、客体,其价值可以根据市场经济的定价原则加以确定;对于产权和损益难以确定的生态产品和服务,或是具备较强的生态调节和文化传承功能,应以中央政府作为补偿方。

（4）法律保障

推进长江流域生态补偿机制建设还需要强化立法保障,完善有关法律法规,通过具体的法律条文,阐明实施生态保护补偿的重要性。明确界定中央、各地方、各部门的生态环境保护事权划分,确定生态补偿标准及补偿方式,加快实施长江流域管理协调机制、生态环境监测能力、补偿资金监管机制、水质信息共享平台支撑等方面的配套保障工作,在长江流域联防共治框架下推进流域生态补偿机制建设。

党的十八届三中全会强调,中央部分事权可通过转移支付委托地方政府来承担。在对长江经济带整体性合作治理的生态补偿方面,中央政府应通过立法手段确立对不同地区的补偿数额、支付方式,逐步降低甚至取消税收返还,区分一般性转移支付与用于长江经济带生态保护的专项或配套拨款。建立长江流域整体性治理合作机制,建立健全自然资源保护管理制度和环境损害赔偿与责任追究制度,为长江经济带生态环境保护提供制度保障。同时,还将加大对环境造成损害的处罚和赔偿额度,合理合法追究环境损害者的刑事、民事责任,减少环境保护工作对行政手段的过度依赖。

2. 共建共保,让所有合作主体获得发展红利

长江流域生态效益的"公共物品"属性突出,其"外溢"效应显著,特别是长江上游地区为了保护长江流域的生态环境,在一定程度上牺牲了经济发展的机会,进而导致其与中下游地区的经济差距拉大。环境权、生存权与发展权之间的矛盾普遍存在于长江流域开发、利用及保护活动中。对于长江流域跨界生态环境问题不仅要给予适当的补偿,还需要让多元主体参与共同利益的分享。现有的补偿机制只涉及对利益受损区域给予适当的补偿,今后应逐步发展为多元主体参与发展红利的适当分成,以及受害区域向造成污染源区域的反向补偿。因此,国家有必要在相关立法中细化生态补偿制度中有关多元主体分享发展红利的规定,充分调动公民和社会组织主动保护长江生态环境的积极性,协调好长江流域经济发展与环境保护的关系。本着"生态环境风险共担、生态环境利益共享"的基本原则,长江经济带要以生态环境承载力为底线,共同治理一江清水,并从以下几个方面促进长江流域生态环境保护和全流域和谐发展。

(1)共建基础设施

上游在经济、社会、文化、教育等方面普遍落后,中央政府要加强对上游地区的基础设施建设,有力推进交通、能源、电力、通信、农田水利等项目工程的修建与改造,为其经济发展提供坚实的保障,筑造经济发展所需的基本平台。

在航运、水电、灌溉、交通、通信等基础设施方面共建共享,作好统一规划。

下游要在基础设施建设和产业布局方面给予上游支持,加强在公路、桥梁、电网等基础设施方面的合作;根据上游的实际发展状况,因地制宜地帮助上游搞好产业规划,扶持其建立支柱性、特色性、环保性生态产业。对于国家部署的大型生态工程项目,尤其需要长江下游地区在资金、人力、技术等方面给予支持和协助。

（2）共建社会保障体系

对长江上游工程移民安置,国家主要是通过专项移民资金进行直接的货币补偿。而这些暂时被安置的移民大多生活比较困难,自身既没有生存的技能,也没有积累资金,缺乏再就业和创业的门路。为了使他们将来的生活质量有所保障,上游应该为这些工程移民建立社会保障制度,将移民纳入社会保障体系。而下游作为受益主体,应该与上游共同分摊这部分社会保障资金的支付,双方通过协商建立合适的分摊比例。

（3）共建基础教育平台

要继续推进教育、文化、卫生等公共事业的发展,全面普及基本义务教育,改善办学条件,继续倡导和鼓励"西部支教",保障师资队伍;改造和扩建当地的卫生设施,完善医疗条件,改善其生存生活环境。此外,还要从建立完善政、产、学、研合作创新的风险分担和利益分配机制、人才引进和培养机制、组织管理协调机制等方面作出努力,积极探索富有生机与活力的政产学研全面合作的新机制,营造政产学研融洽共处的良好环境。

（4）共同保护生态环境

作为黄金水道建设的重要组成部分,首先要以促进饮用水质量改善、水生态丰富多样、水资产增值为目标,共同保护长江干、支流水系安全。共建的根本目的是要尽量减少跨界生态环境风险,降低跨界生态环境风险的扩散和影响程度。其次,保护生态环境还要加大生态环境保护投入,建设生态环境保护基础设施,通过上述生态补偿标准,尽力弥补生态环境保护区域政府、企业和公民为保护流域生态环境而损失的机会成本。在社区保护地保护体系中,对于社区集体林地的产权问题,上游政府部门可采取"分股不分山"的方式进行集体管护措施,以增强社区对生态环境保护的积极性。最后,围绕整体性治理合作的目标,积极探索生态产品价值的多种实现形式,增强生态环境保护区域的减贫能力和发展新型生态经济的市场驾驭能力,逐步走上 11 省市共同保护生态环境、整体合作繁荣的和谐绿色发展道路。

三、建立整体性治理信任机制

信任作为一种社会资本,不仅是市场经济的根基,也是整体性治理合作的前提。整体性治理合作以区域整体利益最佳为目标,各利益主体利益诉求一致是相互信任的基础。信任使多元主体之间建立有效的沟通渠道,并通过谈判协商、资源整合来协调各方利益。长江经济带基于整体性治理合作的信任机制,就是要促使合作各方相信合作在带动本地经济发展的同时不损害对方的利益,不对生态环境造成跨区域的负外部性。整体性治理合作过程中任何"搭便车"或不作为,都会损害到其他各方的利益,而信任使合作各方克服狭隘的地方主义和部门主义,形成合力,解决共同应对的问题。

根据我国国土功能定位,长江经济带各优先开发区、重点开发区、限制开发区、禁止开发区的不同地方政府在合作博弈中需要建立基于整体性治理合作的信任机制,为实现长江经济带的共同发展和协调性均衡发展奠定基础。长江经济带以水为纽带,作为一个完整的生态共同体,将各地紧密地联系在一起。只有当局部利益与整体利益一致时,各级政府、社会组织与公民之间才能建立起信任的纽带,参与整体性治理合作,打破生态环境保护过程中的"囚徒困境"。长江上、中、下游在进行产业分工时,应充分利用各自的比较优势和竞争优势,通过市场交换和中央政府的战略安排,实现共赢。整体性治理合作信任机制的建立包括以下几个方面的内容:

1. 搭建基于信任的信息交流平台

信任、信息系统是整体性合作治理所涉及的两个极其重要的功能性要素,将二者结合起来,以搭建基于信任的信息交流平台,促进多元利益主体之间相互信任。信任是整体性治理合作各主体之间的黏合剂,它需要建立在共同的文化理念之上,能够有效化解各治理主体之间的分歧,实现共同合作的目标。

（1）各级政府需要将有关信息资源向合作治理各方主体公开和分享

处于竞争与合作中的地方政府之间必须具备充分的信息沟通，否则信任将无从谈起。

长期以来，长江流域分散式的要素管理模式，使得各部门、各地方政府在掌握了与流域管理的相关信息之后，不愿意将其所掌握的信息与其他部门、其他地方政府共享。建立有效的信息共享平台，使得各部门、各地方政府在要素管理时更加透明，这样不仅能增进各级政府之间的信任，而且还有利于增进公民与社会组织对政府职能部门的信任。

信息平台建设有利于提高政府的信任度。[①]没有诚信的政府无法获得公民和社会组织的信赖和支持。政府之间的信息沟通和共享，有利于政府之间在信息相对透明、对称的情形下加强协商，并通过合作过程中阶段性成果的巩固，逐步取得相互之间的进一步信任。信息平台建设将引导政府的相关工作流程信息化，尤其是将政府的能评、环评等审批工作网络化、规范化，从而大大加强公民与企业对政府工作的信任。

（2）以建立论坛的方式，促进多元利益主体之间的沟通，建立相互信任的纽带

论坛作为政府和公民、社会组织交流的平台，便于政府兑现承诺，提高公民、社会组织对政府的信任度。政府的各类工作平台、微信公众平台以及信息反馈平台等，都是信息的传递渠道，是让多元主体更多有效发出声音的地方，最终达到解决公共问题的目的。整体性治理非常重视行动者和组织之间建立信任关系，这样可以达到有效沟通，减少治理成本，同时合作各方的信任将与日俱增，使合作继续开展下去。论坛作为信息时代的一个对话和协商机制，使得多元主体之间的联系更加紧密，同时增强各个体对区域整体的认同感和归属感，特别有利于政府为公民、社会组织提供更加满意的服务。在此过程中，政府的信任度得到提升，治理能力得以提高。完善环境信息发布和重大项目公示、听证制度，健全公众参与机制，对造成生态环境损害的重大决策失误实

---

① 参见张萍：《冲突与合作：长江经济带跨界生态环境治理的难题与对策》，《湖北社会科学》2018年第9期。

行问题追溯和责任终生追究。将现有"长江论坛"中业已形成的磋商机制保留下来,进一步促进高效、及时的信息传递和政策协商机制的形成。

(3)对相关信息进行分类处理

主要包括需要重点解读的有关政策信息、对需要整体治理的公共问题进行适时跟踪的信息、对有关跨界污染的监测和预警信息,以及有关生态知识普及信息等。建议建立长江流域生态环境保护大数据平台,确保生态环境监测信息联网共享,为开展生态保护和补偿提供客观权威的质量、数量以及生态环境等方面的综合监测数据。①建立长江流域水质监测预警系统,逐步实现流域水质变化趋势分析预测和风险预警。强化长江流域生态环境状况定期监测与评估,特别是一些自然保护区、重点生态功能区、生态保护红线区等生态保护重要区域需要加大监测与评估力度。建立统一共享的生态环境监测网络,为实施有效的生态补偿提供支撑。协同国家有关部门和地方共同制定生态环境监测方案,统一布局规划建设生态环境监测网络,基本实现环境质量、生态状况全覆盖。政府通过 QQ、微信、微博等新媒体向公众宣传生态知识普及信息,及时发布空气质量等直接影响到公民生活质量的信息。

对信息资源的分类整合,有利于提升多元利益主体对区域公共问题的关注,信息平台搭建不仅有利于信息共享,降低决策过程中的信息不对称,减少信息沟通成本,更有利于公民与社会组织对公共事务的知情权、监督权和决策权,从而有利于政府提供更具有针对性的公共服务。长江流域信息交流平台要兼顾流域经济体的特殊性,在信息传递方面不仅包括有关公共政策的发布,还包括对水质、水量的实时监控,供水系统的优化调度,防汛、抗洪等季节性任务以及日常业务的办理等功能。多元利益主体之间通过信息平台实现互联互通,进一步提高各级政府提供公共产品和服务的能力和水平。

(4)信息平台可以适当采取黑名单制度

主要是对一些高能耗、过度排污的企业加以公示,使这些企业名誉扫地,直接后果可能是员工辞职、供应商断货、银行追债,失信企业将在市场和公众的压力下自行关停。

---

① 参见邓亚当:《大数据时代政府绩效评估研究》,中共广东省委党校博士学位论文,2017 年。

总之,搭建基于信任的各类交流平台,将各自为政的政府、市场与社会形成共同参与治理的网络结构,在解决某一特定问题时,不同机构之间做到信息共享,相互信任,协同作战。

2. 形成基于信任的多元共赢治理格局

政府的治理不能仅靠权威化的制度体系,而应广泛动员公民和社会组织积极参与公共事务,并依靠政府自身良好的信用状况,应对一切可能存在的不确定性,以及随时可能引发的各种危机。

重视多元利益主体的参与,形成多元互动的协商机制,通过契约关系和共同的信任道德准则,将多元主体联结起来,有利于多元主体在处理公共问题时根据各自的责、权、利形成公共承诺。公共承诺以共同的道德准则为约束,它往往超越法律规范的制约,形成一种更高层次的约束。合作各方如果遵守承诺,更进一步的合作发展将得到保障,如果某一合作方背信弃义,将被其他合作方所不齿,合作发展将难以为继。公共承诺的兑现程度与各主体在合作过程中的获利大小相关,多元主体在共同的信任道德准则下,将形成基于信任的多赢治理格局。

信任建立在共赢的基础之上。①通过各地比较优势的发挥,促进共同发展,建立基于信任的信息交流平台,形成多元治理的格局。比较典型的就是长江流域在环境治理、循环经济试点等方面实行的"省部共建"模式,地方政府与中央部委之间采取协议合作备忘录等形式,开展基于流域整体利益的共赢合作。

我国在进行区域规划、制度设计时,鲜有多元主体参与治理的意见表达机制,政府部门的对外公开公告无外乎是一些领导人讲话的动态新闻,对多元主体参与治理的参考性不强。政府在决策时并非基于统一的监测与评估,即使是一些定论性信息也不与公民共享,这在很大程度上影响到多元主体参与治理的积极性。在日常的环保执法中,中央政府可以通过制定国家标准的方式,按照一定的程序,让渡给地方政府一定的调度处理权和财政使用权,并根据当

---

① 参见《政府、市场与公民社会三足鼎立中的有效政府——兼苏州工业园区管委会个案考察》,苏州大学博士学位论文,2003 年。

地的实际情况和具体问题进行自主有效的治理。

随着生态文化理念的深入人心,越来越多的社会公益力量参与到生态补偿中来,开展形式多样的合作。如山水自然保护中心与四川省委政研室开展合作,对四川中小流域生态保护补偿机制建立可行性的调查研究等。此外,通过协议等方式与社区直接签订生态保护协议并给付相应的补偿,帮助社区开展生态旅游、改善社区医疗卫生教育条件、开展生态文化培育等活动,均能增强多元主体在治理合作过程中的相互信任。

3. 建立危机发生时的信任处理机制

合作过程中诸多的不确定性,将随时引发各种危机。当一些重大突出性事件发生时,政府不得不调动大规模的国家资源去弥补,即使这样,一些类似山体滑坡、矿难事件等仍屡见不止,难免会影响到政府的绩效以及政府在公民心目中的地位和形象。

故此,当危机发生时,政府首先应该动用各种媒体力量,将公民和社会组织广泛而深入地调动到危机处理过程中去,以赢得民众的信任,并起到稳定人心的作用。到目前为止,"110""120""119""122"等信息平台还是各部门响应紧急事件的应急中心,它们在处理危机方面确实起到了积极作用,但其缺点也是显而易见的,即信息互相封闭、总体运作效率较低。在移动互联时代,信息公开既增加政府工作的透明度,也增强政府与公民、社会组织之间的相互信任。政府通过多种媒体向公民和社会组织发布信息,危机处理的全程将得到监控。

其次,对于紧急事件,要加大上级对下级的授权,尤其要增强地方政府应对危机的及时性、灵活性,防止科层治理中因信息传达不畅,逐层报备、审批而造成对紧急事件处理的延误。对一些重大的跨区域污染事件,要严格管理好信息来源,防止引起社会不必要的恐慌。

从长江经济带的整体利益出发,可适时设立专门的利益协调部门,协调日常工作,应对紧急情况。如可以由政府、学者、企业和行业协会负责人共同组成区域合作咨询委员会,形成科学合理的多方利益诉求表达机制,对区域合作重大问题提出可行性建议。另外,要紧密结合政府职能转变与行政机构改革,通过统筹规划、提供政策法规咨询等,"从细微处入手",保证为公民以及最终消费者提供无缝隙的公共服务。

针对某些突出而又具阶段性的事项,可创设某些临时的协调机制,并在次一级的相邻地区创建基层行政协调机制。如在长江经济带省际协商合作机制下,由环境保护部牵头,有关部门、地方参加,成立长江流域生态保护应急处理机构,按照整体性合作治理要求,协同推进长江流域水资源保护、大气污染防治、泥石流、防洪防汛等临时紧急指挥中心,加强对突发性危机处理的紧急演练,在技术、程序、制度等方面增强危机处理能力,同时,也可增强多元主体间的信任。

四、建立相关激励和约束机制

目前,长江经济带各子区域的功能定位和发展方向各有不同,在短期内获取的利益也是不均衡的。即便是通过一些财税政策和补偿机制部分地实现了协调,但从长期来看,依旧缺乏进一步协同发展的动力。比较典型的就是虽然国家每年都对长江流域一些大型生态工程项目安排各种检查与督查,但是验收的结果和有关生态建设的成效,与奖惩情况毫不挂钩,也没有相应的激励和约束。因此,必须通过一定的激励和约束机制,让各地政府抛去地方本位主义,为实现整个长江经济带的协调性均衡发展而不遗余力。完善的利益协调机制与生态补偿机制本身就是一种激励。如果地方政府间的合作上升到政治、经济、文化的高度一体化,或者由于区域共同利益的存在使得各地政府之间已经不分彼此,那么各地政府就会竭尽全力去治理一些区域共同问题或提供一些区域公共服务产品,实现区域整体利益最大化以及个体利益均衡化。

1. 建立多层次的激励机制

相对于补偿而言,激励不是一种常态化的受益方式。在生态补偿中,机会成本、操作成本按照现有的补偿标准一般来说是相对固定的,生态保护者往往认为这部分的补偿并不属于激励。由于信息不对称,保护者与受益者之间需要通过多轮的讨论与磋商,以实现受益者对超过预期的生态效益通过一定的方式向保护者提供额外的奖励。这种奖励可以是精神上的表彰、物质奖励、货币补贴,或是通过一定的技术援助,针对保护者具体的需求,帮助保护者改善

生活条件,发展与生态环境相协调的生态产业,增强其预防自然灾害的能力等。有效的激励机制包括以下几个方面:

(1)市场激励机制

生态补偿要充分考虑到机会成本、操作成本以及生态建设成效完善生态补偿标准,并根据通货膨胀等因素进行适时调整。这种生态补偿本身就构成一种强烈的激励效应。

在实际操作过程中,关于生态建设的成效往往很难量化,单靠传统的以政府补偿为主的方式起到的激励作用较小,必须启用市场激励机制,即对生态保护提供的生态服务价值实施"用脚投票"的方式,能够起到更好的激励效果。例如,新安江流域跨省界生态补偿采用"正补"加"反补"的方式。所谓"正补"就是水质达标"奖励","反补"则为水质超标"罚款"。这种双向补偿模式对上、下游双方都提供了相应的激励和约束,操作起来也相对简单。

目前长江经济带生态保护中面临的最为棘手的问题是,大部分生态屏障建设区域还存在着一些经济不太发达的地区。对这些区域的激励需要将生态保护与乡村振兴结合起来,通过把自然资源资产化、明晰产权等方式,开展碳汇交易、水权交易、排污权交易、碳排放配额转让等交易,探索在市场经济条件下,充分运用市场机制作为有效激励的手段,加快将绿水青山转变为致富的金山银山(如图6-2)。

(2)政策激励机制

首先,环保税收优惠政策主要针对企业在制造、购置环保设备,研发或引进防治污染技术,对资源节约使用、循环使用等方面给予直接的税收减免,以及投资抵免、税收扣除、加速折旧、提高折旧率等间接优惠方式,以充分发挥税收政策对生态环境保护的正面激励作用,同时唤起企业和公民环保意识的增强。

其次,综合金融优惠政策是对于那些社会效益好、经济效益不明显、周期长、投资额度大并且又具有公共产品性质的生态项目,政府通过对银行等金融机构实行差别的存款准备金率,或赋予地方政府适当降低金融机构存款准备金率的权力,增加当地用于生态保护和发展经济的资金投放;实行差别化的再贴现政策和优惠利率政策,放宽再贴现和再贷款条件,降低利率水平,引导金

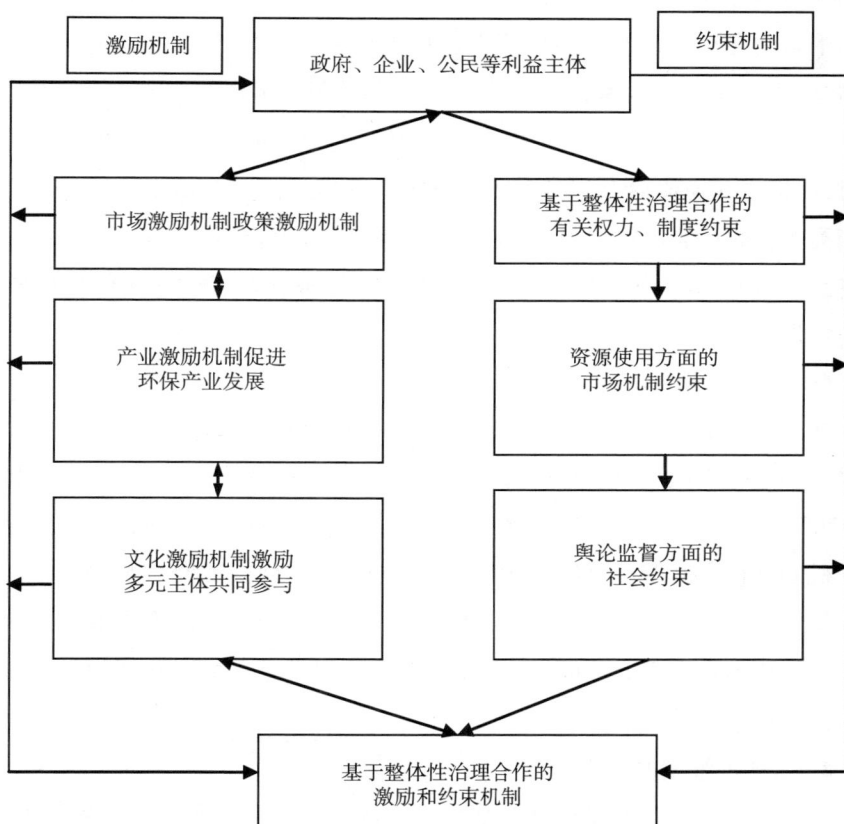

图6-2　长江经济带流域整体性治理激励和约束机制

融资本参与生态环境保护,为当地生态投资和产业布局提供金融保障。

最后,综合运用财政资助、财政补贴等政策措施,引导商业银行支持长江上游区域经济发展,鼓励其对有利于经济发展且保护生态环境的企业给予降低利率、延长信贷期限、加大贷款授信额度、放宽贷款抵押条件等优惠政策。

(3)产业激励机制

在调整产业结构的同时,不断拓展生态产业,开发生态产品,推动长江上游主动进行全流域的生态屏障建设,并将生态资源不断转化为财富。对长江上游地区实施专项生态产业发展税收优惠政策,对生产和使用环保产品的企业实行税收减免、税前还贷、免除企业所得税或者调整企业所得税的税前扣除比例等措施,鼓励企业加大对生态产业发展的投入和技术改造。对生产经营过程中采用无污染或者低污染等先进技术设备进行生产的企业实行加速折旧,并鼓励企业开发运用节约能源、减少污染的新技术和新工艺。

对于有利于长江中上游地区产业发展的人才引进,增加专门的个税扣除项目,促进人才逆流而上。①在传统的财政转移支付、生态功能建设专项资金及相关的税收优惠政策之外,积极创造政策环境,为企事业单位投入、商业保险、社会捐赠等其他渠道的生态环境保护提供产业扶持、技术援助、人才支持、就业培训等。

(4)文化激励机制

在全社会形成一种"以保护生态为荣,破坏生态为耻"的生态文化观。在国家大型生态工程项目、自然保护区、国家公园等模式之外,引入多元主体参与,创新社区保护、协议保护等多种生态保护模式。此外,政府还可运用多种激励机制把社会组织和公民的作用激发出来,参与到长江经济带的整体性治理合作中来。生态污染是一种有损社会公共利益的行为,污染者有责任对其污染行为作出赔偿,同样环境受益者也有责任和义务对生态功能保护区域及其居民提供适当的补偿。

2. 建立多维度的约束机制

整体性治理合作不能仅仅停留在基于高层领导人谈话和承诺达成的区域共识上,而需要建立必要的制度和法律约束机制。

(1)规划、协议方面的权力约束

抓好《长江经济带发展规划纲要》《长江岸线保护和开发利用总体规划》《长江经济带沿江取水口排污口和应急水源布局规划》《水污染防治行动计划》等规划和计划的贯彻落实,并将规划中的任务和约束性指标进行分解,形成以各类规划纲要作为地方政府治理权力的刚性约束。政府之间通过定期召开磋商性互动会议,就各地的用水定额、水功能区的纳污能力、有关排污费收费标准、水质改善目标、生态环境监测指标等形成整体性治理合作协议。在此

---

① 参见沈玉芳、张超:《上海与长江中上游地区经济协调发展研究》,《长江流域资源与环境》2000年第4期。

基础上,各地政府之间通过自愿主动合作,以整体性治理合作协议作为相互监督、相互约束的重要依据之一。

（2）法律、法规方面的制度约束

现有的关于长江流域保护的立法主要按水、土壤、生物等要素对长江流域进行保护,并未考虑到生态保护优先的原则和整体性治理合作的理念。在整体性治理合作过程中所涉及的中央政府与各地方政府之间的利益交叉、各地方政府之间的利益重叠、多元主体之间产生的利益纠纷等,都要依靠法律、法规进行强制性制度约束。

利益平衡是长江经济带整体性治理合作的重要目标之一。欲达此目标,必须运用法律手段界定经济带、经济块和生态块、生态带之间的利益边界,建立协调、平衡各种利益关系的程序性和实体性法律体系。

为更好实现长江开发与保护向纵深推进,理顺长江治理体系,应加快推进相关立法进程,通过制定长江流域专门法律实现对长江流域进行统一协调和治理,形成上中下游协同的管理和调度机制,构建多元共治的现代流域治理体系。要加快推进《长江保护法》的立法进程,将其作为长江流域治理和保护的基本法,并在此基础上全面落实《土地管理法》《大气污染防治法》《水污染防治法》《森林法》《草原法》《野生动物保护法》《矿产资源法》《节约能源法》《环境保护法》等相关法律,全面清理现行地方性法规和政府规章中与推进绿色发展不相适应的内容。

在执法层面,可将上述法律作为政府和相关部门加强管控的依据,明确各地区生态环境承载力,建立与生态环境保护相适应的制度性硬约束机制。法律也可以对地方政府的权力进行规范和约束,如通过反垄断法对行政性限制竞争行为进行约束。

（3）资源使用方面的市场约束

生态环境属于稀缺共享资源,生态环境污染所引发的各类问题容易扩散,由此带来的跨界生态环境冲突、对人类健康的危害等方面的问题,不仅影响本地对共享资源的利用和本地在追求产业发展与加强环境保护方面的权衡抉择,还会直接造成本地产业发展、环境污染对其他地区造成的负外部性问题。

为了避免长江流域治理过程中类似"公地悲剧"事件的发生,整体性治理强调各主体之间的协作与共享,各政府、部门、社会公众与公民共同参与治理,以问题解决为着眼点,在开发和使用资源之前通过多方广泛的论证,通过市场机制合理配置资源,对全流域稀缺共享资源的使用加以约束。

首先,环境资源税收政策是国家为实现特定的环境资源保护目标,筹集环境资源保护资金,强化纳税人环境资源保护行动而征收的一系列税种以及采用的各种税收措施的总和。建立在"污染者付费原则"基础上的环境资源税政策,是将污染者污染行为所产生的外部不经济内部化,刺激资源消耗者自觉形成生态环境保护意识,从而达到约束污染者的污染行为,并合理利用环境资源。长江流域在征收环境资源税时,应合理确定中央和地方的征收比例,以及用于生态环境的恢复和维护的比例。对长江水资源的合理利用,应充分发挥黄金水道在长江经济带战略中的重要作用,加强对水环境的保护和对水污染的治理,并在整体性治理合作的基础之上,达到整个流域整体利益最优。

有效的利益协调机制,要以市场机制和政府调控相结合的方法来协调各主体对稀缺共享资源的合理利用。河长制作为流域和区域相结合的河湖管理体制,为流域整体性合作治理奠定了坚实的基础。区域间经济联系在为相关区域带来共同利益的同时也存在差异,甚至会出现区域间的不平等,从而影响区域间各主体利益的分配。为了更好地平衡各主体的利益,要确保短暂利益缺失的区域能从长期经济增长中获得补偿,获益较多的区域自愿承诺在其他方面为合作区域在经济发展方面作出一定支持和让步。例如,处于长江流域上游的云南、贵州、四川等省虽然工业化、城市化水平较低,却拥有重要的生态资源,对整个长江流域的水源涵养起到生态屏障的源头作用,作为稀缺的生态资源的拥有者,其在追求自身经济发展时所作的牺牲和让步,需要中下游地区予以一定的补偿和回报。

运用市场经济思维对稀缺共享资源实施资产化管理,根据资产运作的方式,协调中央和地方、地方与地方、不同所有制企业之间等主体间的利益关系,真正实现"绿水青山就是金山银山",并将大数据技术引入对稀缺资源的资产化管理和实时有效的监测。通过市场力量建立起来的跨区域企业、行业协会等社会组织,通过协调企业、行业间的恶性、非理性竞争进行行业约束,在一定程度上也能起到对整个长江经济带内企业、行业资源进行优化配置的作用。

不同区域间处于同一产业链上的企业,可以通过契约方式形成产供销关系,最终结成利益共同体。行业协会作为行业自律性组织,受行政等外力影响较少,可通过制定行业内规章制度,为行业内经营主体提供行业市场等方面的信息,组织安排企业经营者间的交流,监督规范经营主体们的行为。

(4)舆论监督方面的社会约束

生态环境资源是实现长江流域可持续发展的基础,只有科学、合理地利用生态环境资源,建立科学的流域生态补偿机制,才能有效地保障长江流域的可持续发展。① 然而生态环境问题具有潜伏性、复杂性与多样性等诸多特点,法律法规和政府工作报告中的界定多以原则性、倡导性为主,可操作性不强。长江流域业已开展的一些流域生态补偿探索,虽然为推进建立长江流域生态补偿机制提供了较好的基础,但基于整体性合作治理的全流域生态补偿机制建设,因涉及省份多、发展阶段不统一、利益诉求差异较大等因素而变得特别复杂。由行业协会牵头组织服务性协调机构,形成跨区域的农工商、产学研等一体化组织从某种程度上可以弥补政府和企业职能的不足,为跨区域共享资源利用进行行业内部的约束。同时,应重视信息共享,将基于整体性合作治理的相关利益协调信息通过官网、新闻媒体、社会网络等渠道进行公开,增加政策的透明度,以公民与社会组织的舆论监督作为对政府权力的适度约束。

五、重建政府绩效评估机制

基于整体性合作治理需要克服的两个基本难题是地方政府的个体利益和短期政绩,所以要格外注重处理好个体与整体、短期与长期的关系。整体性治理合作中,各受益主体的利益取向不尽相同,因此地方政府应树立正确的政绩观和绩效评估机制。政府绩效是衡量政府提供服务的过程及效果,它不仅涉及政府的可见业绩,还涉及政府的工作作风、办事效率、可持续发展等多个层面内容,从"五位一体"的视角看应该包括政治绩效、经济绩效、文化绩效、社

---

① 参见蔡志坚等:《流域生态系统恢复价值评估:CVM 有效性与可靠性改进视角》,中国人民大学出版社 2017 年版。

会绩效、生态绩效等。对政府绩效的评估主要是根据政府的职能,运用一定的方法和具体的指标,对政府部门的公共产出根据其成本和效益作出比较全面的评判。① 以整体性治理合作为前提的政府绩效评估机制包括以下几个方面的内容。

1. 对多元主体的参与度评估

整体性治理离不开社会组织与公民的广泛参与,如果社会组织与公民的参与度不够,他们自身发挥的力量会比较薄弱,对各部门和地方政府监督的力度较小,就会直接影响到政府绩效的发挥。

随着公民在政治生活中参与程度的提高,公民个体以及由公民组成的各类社会组织依照国家法律赋予的权利,通过一定的程序,对政府公共政策或公共事务施加一定的影响力,从而影响到政府的绩效。但是,在对政府绩效进行评估时,只有上对下的控制,却少有下对上的反馈和监督。下级政府只对上级政府负责,无需考虑公民和社会组织的需求,因而不仅缺少民意的有效参与,也缺少公民和社会组织对政府绩效评估的有效参与。这不仅极大地影响了政府绩效的发挥,也降低了公民和社会组织参与政府绩效评估的热情。

在环境保护方面,公民的生态意识缺失,对政府的生态治理参与热情不够,也缺少话语权。随着环境污染事件的频发,网络炒作不断升温,越来越多的人开始意识到维护自身环境权益的重要性,因为它关系每一位公民的生活质量。对于生态环境问题的治理;尤其需要多元主体的参与,同时加强对多元主体生态文化理念的宣传和知识的普及。否则,一旦污染源产生,公民只能成为环境污染末端的受害者,而缺乏对政府工作的知情权和话语权,更没有提起公诉的法律救济途径。

现代社会治理中,政府与市场都存在固有的缺陷,公民和社会组织是弥补二者缺陷的缓冲剂。因此,在对政府绩效进行评估时,要充分考虑到多元主体的参与程度。这不仅表现在政府决策过程中公民和社会组织的广泛参与,政府在施政过程中公民和社会组织的积极配合与友好合作,还包括政府对公民

---

① 参见邓国胜:《重构中国政府绩效评估体系》,《决策》2004 年第 9 期。

社会潜能的有效激发。根据西方发达国家普遍推行的新公共管理模式,政府是专门的公共管理机构,但却不是唯一的公共管理机构。也就是说,政府必须有所为有所不为,特别是在公民和社会组织能够有效提供的公共产品或公共服务领域,政府必须退出。公民和社会组织的参与,为社会发展培育了多元利益主体,从而对政府和市场进行积极有效的协调。从政府的角度来看,政府应该倾听民意,与公民和社会组织保持良好的合作关系,不断增强公民和社会组织参政议政的能力,创新政府管理模式。尤其是在一些公共产品供给领域,需要有相关的非政府组织参与,不能由政府完全垄断。多元主体的参与,有利于他们发挥各自的作用和特长,起到 1+1>2 的效果。例如澳大利亚政府调查委员会认为整体性治理是将联邦、州、地方和非政府组织的员工置于一个组织整体内,彼此之间建立合作伙伴关系,共同分享合作治理利益。

从利益协调角度来看,无论是机构设置、生态补偿还是激励与约束机制,长江经济带的各项管理工作都是在政府的主导下推进的,其他主体对流域管理的参与更多地表现为对各级政府的寻租行为。企业或利益集团在向政府寻租成功之后,可以获取信息或资源配置方面的支持与相关政策的扶持,那么只有政府和其他主体的收益之和大于他们的成本之和,才能激励更多的主体参与到流域治理中来。多元主体的参与程度,取决于政府对他们的激励程度,这也是构成考核政府绩效的重要指标之一。

2. 对多元参与主体的满意度评估

我国当前的利益协调仍然以政府主导的协调机制为主,政府协调需要解决的主要问题之一是政府与公民之间的关系问题。整体性治理需要社会公众的互动参与和有效监督,因此政府要协调其与公民整体之间的利益关系,为公民提供服务的同时,必须接受公民的监督。在"以人为本"价值观的指导下,政府绩效评估需要充分重视多元参与主体的满意度。对多元参与主体满意度的统计不能用简单的民意调查来实现,而是同样需要建立一系列的指标体系。

（1）政府要重视对多元主体的承诺机制建设

公民和社会组织可以通过政府兑现其承诺的程度,来评估对政府工作的满意度。政府要切实维护公民和社会组织的环保权益,加大对环境破坏者的惩罚力度,加强事前环评、事中监督和事后惩治。

（2）要完善科学合理的政府绩效评估机制

在"GDP 至上"的评价体系中,评价局限于行政系统内部,缺乏公开透明的监督机制。整体性治理合作涉及多元利益主体,强调多元主体的对话、参与和合作,因而在绩效评估时不能走自上而下的行政路线,而应涉及多元主体的满意度。每个公民既是环境污染的承受者,同时也是环境利益的享受者,因此,公民的满意度应该在绩效评估中占有较大的权重。

长江经济带目前面临的环境污染主要类型有水环境污染、大气污染、土壤污染,这些污染越来越具有面源污染的特征,而面源污染使污染的负外部性不断深化,并对人类的健康产生十分严重的损害。这些污染与工业化进程中人类对自然资源的开发密切相关。如长江流域沿线城市聚集了我国的重化工产业,其造成的污染是巨大而史无前例的。① 2004 年四川川化股份有限公司的非法排污导致沱江污染,同时对下游成都、内江、自贡、泸州等地区造成了巨大的跨界生态环境污染。随着人民生活水平的提高,生态环境的优劣直接关系到人民幸福指数的高低。将多元主体对生态环境的满意度加入到政府的绩效评估中,将倒逼政府更加重视生态环境的治理,并逐步走出"GDP 至上"的误区。

3. 对政府提供公共服务的数量和质量进行分段评估

对基于整体性治理的政府绩效评估,需要以满足公民的需求、解决公民的实际问题为出发点。政府需要综合运用法律、行政等手段,将政府的预算与其提供服务的数量和质量挂钩。

追求公共利益的最大化,并对部分群体提供分散性服务。整体治理、分段评估的辩证思想,源自于每个地区不同的产业布局、基础设施、人口素质及其生态特征。针对不同地区的特点,对政府提供公共服务的数量和质量进行分段评估,体现因地制宜、因时制宜的思想。不同主体功能区在评估指标方面应该有所差别,根据主体功能区的要求,对不同区域进行差别考核。例如,生态保护区需要把生态资源的权重加大;农业发展区需要将耕地保护的权重加大,同时不宜将工业增长、财政、税收等项目作为主要考核指标;对于限制开发区

---

① 参见张兆安等:《长江经济带与"一带一路"互动研究》,上海人民出版社 2018 年版。

或禁止开发区,要强化对地方政府对生态产品购买的考核;对部分自然保护区通过发展生态旅游带来的经营收入补贴生态保护及其部分管理经费的做法,要加大监管力度。

4. 对市场发育程度进行评估

具有中国特色社会主义市场经济的理论与实践表明:市场对资源配置起着决定性的作用。企业是市场经济主体,同时政府在对资源配置、建立健全市场法律法规、维护市场秩序、规范市场行为方面起到重要的作用。因此,把市场发育程度纳入政府政绩考核机制中,有利于地方政府官员树立正确的政绩观,并保持地方政府之间利益协调的连贯性和动态性,在一定程度上也是对地方政府参与整体性合作治理的激励。

长江经济带的统一市场建设,有利于打破区域内的贸易壁垒,使资金、技术、人员等各类资源在流域内流动,逐步消除地区间经济发展的不平衡。在长江经济带一体化进程中,由于行政区经济及其利益的存在,地方政府对市场机制的干预主要表现为以行政区划作为边界,人为地设置贸易壁垒,阻碍生产要素的跨区域流动,实行贸易保护主义等措施。特别是在以 GDP 为中心的行政考核体制下,地方政府为了本地的利益,不惜以各种行政手段干预区域之间的市场经济的天然联系。要想从源头扼制这种局面,必须重建政府的绩效评估制。

政府的主要职能,是为市场运行提供制度保障,加强宏观调控,提供公共产品和服务,对市场运行进行有效的监管。在市场经济中,政府需要根据市场经济的要求确定政府的职能,并将原来由政府承担的部分社会、经济职能推向公民、社会组织和市场。在公共服务领域引入市场竞争机制,通过政府购买为公民和社会组织提供均等化的公共服务。因此,政府的重要职责是培育一个竞争机制健全的市场。

衡量市场发育程度主要是看价格机制是否发挥作用,看促进交易的主导力量是政府还是市场。新制度经济学认为,在不存在市场失灵的情况下,市场交易效率的高低取决于交易费用的大小。目前,我国各地方政府不仅具有一定的规章制度制定权,还存在着各种行政审批手续,造成各地的市场交易费用并不相同,资源和要素的流通成本也不相同。各地应根据自身的功能定位和专业化市场的特点,坚持错位发展、互补发展,减少区域内寻租费用,促进整个社会成本的有效节约,不断朝着区域经济一体化的方向发展。

5. 启动对"绿色 GDP"的统计

我国自 20 世纪 80 年代末引入的基于目标管理方法的政府绩效评估机制,在很大程度上推进了我国行政体制改革的步伐。在这种政府绩效评估体系中,所有政府的最终目标都是为了促进经济的发展,上级政府制定经济发展总目标,再将该目标逐级分解到各下级政府,上级政府根据绩效指标对下级政府的完成情况进行评估,并将评估结果作为下级政府政绩和官员升迁的主要依据。在此政绩考核体制下,各地政府从本地的利益出发,往往片面追求 GDP 的增长,在自己的权力边界范围内实行五花八门的地方保护主义措施和做法,有的甚至不顾自身区域资源环境的承载力,在招商引资、承接产业转移过程中相互压低土地出让价格,降低环保要求,使国家利益蒙受巨大的损失。

研究表明,生态环境的破坏程度与 GDP 的增长呈正相关关系。在"GDP至上"的政绩观指引下,生态环境问题不得不让位于 GDP 的增长,各地政府甚至不惜以破坏生态环境为代价,换取 GDP 的增长或所谓的"政绩"。如何跳出长期以来"经济发展、环境负债"的"唯 GDP"怪圈?

(1)要在观念上牢固树立高质量发展的理念,把绿色 GDP 指标纳入各级政府绩效评估体系之中

绿色 GDP 作为一种新的指标体系和考核理念,其基本价值取向是将经济发展过程中的自然资源耗费、生态环境变化与环境污染造成的损失等指标纳入经济发展水平的评价体系当中,旨在建立和维护人与自然相对平衡的关系,促进经济增长方式由粗放向集约的高质量转变。世界银行早在 1997 年就推出绿色 GDP 国民经济核算体系,用以衡量各国扣除了自然资产损失之后的真实国民财富的增长。

长江流域幅员辽阔,资源环境承载力与国土开发适宜性的空间差异化显著,地域功能类型丰富,是探讨差别化政府绩效考核体系和构建绿色 GDP 核算体系的理想区域。在习近平总书记对长江经济带"不搞大开发,共抓大保护"的重要讲话精神指引下,长江经济带在发展经济的同时,要充分考虑自然资源耗费、生态环境变化与环境污染造成的损失等指标,并把这些指标纳入

GDP 核算体系即"绿色 GDP"中去。各地应按照主体功能区建设要求,制定差别化的区域绩效考核体系,改变过去只注重 GDP 的"一刀切"做法,在对各级政府进行绩效评估时,把绿色发展、可持续发展因素注入到政府绩效评估指标中去并赋以适当权重。

　　绿色 GDP 具体指标的设定,需要充分考虑到自然资源与非自然资源的区别、生态环境的效益与成本的区别,以及不同地区绿色 GDP 指标在政府绩效评估中的权重,充分考虑各地所处的经济发展不同阶段,以及在国土功能上所承担的职责。例如,长江上游地区一些限制开发区和禁止开发区,生态环境脆弱,是长江经济带乃至全国的生态屏障,在对其进行政府绩效考核时,应加大资源环境、生态保护的权重,减少对经济增长的要求;对于长江下游地区的优化开发区和重点开发区,经济增长仍然是主要任务,但要避免走以往"先污染、后治理"的老路,并根据绿色发展的时代要求,提高开发门槛,加强环境保护,加大对生态环境保护的考核;长江中游地区至今仍是我国的农业主产区,在对其进行政府绩效考核时,则应加大对耕地保护的权重。[①]

　　(2)积极推行绿色 GDP 干部绩效考核方式

　　我国生态环境问题的一个重要原因,就是片面追求 GDP 的高速增长,并以此作为官员绩效考核的重点而忽视民生和环保指标。为此,必须寻求一种与体现经济发展速度和质量并重的绿色 GDP 绩效考核方式。在这一新的考核方式中,生态环境指标将作为考核公务员政绩的重要参数,那些确保经济和生态环境协调发展的公务员将被评为称职或优秀等级,而因片面追求经济增长而破坏生态环境造成污染指数居高不下的公务员将被评为不称职等级。严格落实党政领导干部生态环境损害责任首问制和自然资源资产离任审计制,对构成生态环境损害的终身追究责任,以从根本上改变 GDP 唯上的政绩观,推动生态环境的改善和美丽中国战略目标的实现。目前,中组部、国家环保部已将环保指标纳入到长江上游四川省的干部评估体系中,有望逐步形成试点

---

　　① 参见唐常春、刘华丹:《长江流域主体功能区建设的政府绩效考核体系建构》,《经济地理》2015 年第 11 期。

经验予以推广。

(3)建立生态文明奖惩机制

要制定具有一定强制性的激励与惩罚措施,对于集体和个人能够完成生态保护要求并对生态文明作出突出贡献的行为给予奖励;对于造成生态环境损害的责任者严格实行赔偿制度,依法追究刑事责任,以"硬约束"的力量不断完善守卫生态环境的长效机制。

目前,将绿色 GDP 指标体系纳入地方政府的绩效评估中,还面临着观念、制度、技术等方面的诸多障碍。我国关于绿色 GDP 核算体系已在国家统计局与环保总局的联合攻关之中。绿色 GDP 统计是一项涉及多部门协调的系统而复杂的工作,将绿色 GDP 指标纳入到干部绩效评估当中也需要相应的制度保障。从权威性、独立性角度来看,绿色 GDP 统计的启动需要由国家统计局和环保部共同牵头,才能确保我国绿色 GDP 的统计核算工作的执行落实,并在长江经济带率先建立和完善以绿色 GDP 为价值取向的地方政府绩效评估制度体系。

第三十二章　长江全流域整体性治理
合作机制的构建路径

区域合作是区域一体化进程中的一个阶段性任务,而在区域协调性均衡发展的主旨目标下,整体性治理的合作机制是实现这一目标的重要治理理念。整体性治理是区域治理理念的创新,在具体区域事务管理上表现为一种制度的变迁。制度变迁是一种适应性学习的过程,在新的制度完全确立之前,它必须经历对旧制度路径依赖的破解,实现体制框架创新,在利益交替的博弈中均衡新的利益格局,重新构建区域发展体系的动力结构,并进行相应的法治建设和针对新的组织制度下的格局建立相关的监督机制。这个过程就是长江流域整体性治理合作机制构建的路径。

一、打破原有合作路径依赖,重构新的利益格局

1. 组织创新,破除制度变迁过程中的路径依赖

为实现长江经济带协调性均衡发展的愿景目标,选择区域整体性治理合作机制模式,就是从原先的"碎片化"管理方式向区域一体化管理方式进行转变,其本质是区域发展模式和治理模式的制度变迁。美国经济学家道格拉斯·诺斯在其制度变迁理论中提出了著名的路径依赖思想。所谓的路径依赖,简单来说就是指"今天的选择受历史因素的影响"。路径依赖理论对于理解中国区域发展模式的制度变迁过程有重要的启示。大卫·保罗认为,某一过程的路径依赖后果是指:具有正反馈机制(positive feedback)的随机非线性动态系统,一旦为某种偶然事件所影响,就会沿着一条固定的轨迹或路径一直

演化下去;即使有更佳的替代方案,既定的路径也很难改变,即形成一种"不可逆转的自我强化趋向"。这种自我强化趋向对于新组织制度形成的影响有积极和消极两个方面。就破除制度变迁中的路径依赖而言,这种消极影响集中表现在区域政府整体性治理合作中旧制度的阻碍作用上。整体性治理的"整合、协调"与传统的"分散化、碎片化"相冲突,旧制度的阻碍自然也就增加了制度更替的成本。破解这种路径依赖所造成的制度更替冲突,需要进行组织创新,以建立起区域政府整体性治理合作的新模式。

(1)进行组织制度创新

制度是任何一个组织赖以生存的基础。目前,长江经济带的区域合作还停留在很浅显的层面,区域间的合作缺乏合法性和权威性的保障,这是制约区域合作向着"广度"和"深度"发展的一个重要"制度瓶颈"。为此,要围绕构建区域合作新模式来进行组织制度创新,提高区域合作的权威性和合法性,促进区域合作有法可依、有章可循。例如,鼓励推动区域合作的地区性中介机构的组建,并在税收上予以减免;加大对区域合作相关研究的投入支出,建立各种区域发展咨询机构和论坛;健全信息公开制度和领导人定期会晤机制,运用各种渠道与方式增进区域间的交流与沟通;建立区域政府间合作的问责机制,并使之刚性化、程序化、常态化。

(2)进行组织文化创新

诺斯认为,制度变迁的路径依赖先从认知层面开始,经过制度层面,最后到达经济层面。信念决定了制度结构,因为认知的路径依赖,所以制度也呈现出路径依赖的特性。这种认知的路径依赖即是一种对旧组织文化的依赖。突破原有文化认知的束缚,营造一个新的区域协作、整合的良好合作氛围,有助于区域政府、企业等的互信和区域政府合作组织认同感的形成。长期以来,地方政府文化奉行的都是"官本位""地方本位"等狭隘的思想,缺乏大局意识和服务意识。在构建长江经济带一体化协调性均衡发展的建设背景下,在区域合作的整体性治理模式上,必须清醒意识到问题的存在,进而建设良好的政府合作组织文化体系。地方政府应树立"情为民所系,权为民所用"的民本思想,以构建"人与人、人与自然和谐发展"的可持续发展目标,强化区域大局意识,坚持整体最优原则,在合作中寻求发展,在发展中共同壮大。

2. 利益格局创新，破除旧利益障碍

（1）破除旧利益格局

路径依赖之所以存在负面效应，就是因为在旧路径下存在一个旧的利益格局。长江经济带整体性治理合作模式需要破除原有的利益格局，而原有利益格局下的既得利益者又不愿意拱手出让已有利益，于是必然会与新利益格局的新利益获得者和获利集体发生冲突，并产生阻碍作用。故长江经济带整体性治理合作模式作为一个新路径，它必须要有与此模式相匹配的新的利益格局。区域利益格局创新的前提在于区域利益协调机制的建立。区域政府合作过程中，需要打破原有的利益格局，围绕"整体利益最大化"原则和"互利共赢"原则来建设新的利益格局。而在此过程中，为把因利益冲突而造成的合作成本降到最低，必须建立健全利益协调机制，平衡区域合作中因利益冲突而造成的矛盾，同时也为新利益格局的完全确立提供一个缓冲的空间。

（2）凸显新利益格局中的共同利益

区域合作利益格局的创新除需要平衡协调各方利益外，还必须突出共同利益的存在。新利益格局中共同利益的存在和凸显是区域整体性治理合作的基础，这种共同利益需要在合作中得到实现，同时又需要在高度合作中来共同分享。尤其是在长江经济带协调性均衡发展的大背景下，各子区域基于功能定位和发展方向的不同，各功能区在短期内获取的利益是不均衡的。即便是通过一些财税政策和政绩考核制度短期实现了协调，但依旧会缺乏长远协同发展的动力，而共同利益的存在就可以填补这个空缺。如区域发展到最后，地方政府间的合作上升到政治、经济、文化的高度一体化，此时的发展成绩也就不分彼此，这便是最大的共同利益。当然这个共同利益需要从一个共同问题的治理或是一个区域公共服务产品的供给慢慢发展而来。

对于长江经济带发展而言，实现这一过程需要作为优化开发区、重点开发区、限制开发区、禁止开发区的不同地方政府在合作博弈中建立互信，抛去地方本位，为实现共同发展和协调性均衡发展而在建设各自主体功能区和区域合作上不遗余力。

二、塑造合作治理新模式，建构整体性治理合作机制

结合国内外流域合作治理的经验和长江经济带合作发展的现状，建构长江经济带协调性均衡发展的治理模式首先需要建立跨区域的整体性合作组织。而要建立这一组织，需要对经济带内各个地方政府内部职能相近的部门进行整合，然后各个地方政府之间按照职能对应的原则，构建统一的人事行政、财政收支和信息网络体系，从而形成区域内统一的行政管理体系。这样一个统一的行政管理体系是实现长江流域地方政府整体性治理合作的前提。在此基础上，作为代表各个地方政府共同利益的跨区域整体性合作组织以及各个地方政府，还需要与非政府组织和私营部门在环境保护、交通运输、公共卫生、水资源分配与管理等跨界公共事务治理方面，共同构建一个协作治理网络。这一协作治理网络应以政府为主导，政府对协作网络拥有管理权。具体来说，长江流域整体性治理合作模式的构建应当包括以下几个方面：

1. 建立跨区域整体性合作组织

为了解决长江流域内地方政府在协作方面的问题，有必要建立跨区域的合作组织。该合作组织应由沿江11省市内的各省、市、县政府自愿组成，充分保证各个参与主体的公平权益；同时，该合作组织也要被中央政府赋予对跨区域公共事务的财政分配权和监管权，从而确保对整个区域政策的有效贯彻和执行。

2. 制定跨区域合作的相关法律法规

目前，长江经济带地方政府协作的很多问题都是由于现有的法律法规不健全导致的。通过制定相关法律法规，区域内的各个地方政府就明确了各自在合作中的权利和责任，从而有助于形成常规化的合作协调机制。比如，国家可以通过制定高速公路法，要求全国范围内的大都市区在本区域内建立一个统一的交通协调规划实体，来协调地方政府在城市区域及其周边重要交通工程的建设。

3. 完善跨界公共事务的运转协调机制

长江经济带跨界公共事务的运转协调机制可以采取以下方式：沿江11个

省、区、市的主要负责人共同授权跨区域合作组织设计并规划在环境保护、交通等公共事务治理合作方面的具体方案,然后合作组织将这些规划方案分别提交给沿江 11 省、市政府审批,获批后再将这些规划方案提交给国家相关部门核准。这样设计出来的规划方案才能够跨越区域和部门的界限,体现整个长江经济带的总体发展目标和长远规划,实现区域整体利益的最大化。比如,在解决长江流域生态保护问题上,就可以由沿江 11 个省、区、市政府委托跨区域合作组织设计具体方案,然后由 11 省区市政府审批后提交给国家相关部门核准。这样的设计方案能够充分考虑到各方参与主体的建议,既解决了长江流域共抓大保护、不搞大开发的问题,同时也保障了其他地区的利益,实现区域地方政府的整体性治理合作。

4. 建立各类跨区域公共事务专项委员会

长江经济带可以在跨区域整体性合作组织中下设一系列专项委员会。这些专项委员会在规划区域公共政策、协调区域公共事务、提供区域各种专业信息等方面发挥着重要作用,其构成大体可以分为两类:一类是政府主导的委员会,由沿江 11 省区市各级地方政府及其职能机构的代表构成;另一类是非政府组织,由企业代表、学者以及公民代表等组成。这些专项委员会能够在很大程度上为该地区的区域公共事务治理提供信息、技术、资金等各方面的支持和帮助。

三、重构合作系统,打造"四力合为"的动力结构

在长江经济带协调性均衡发展的主旨背景下构建区域整体性治理合作模式,在一定意义上也就限定了区域内各级政府合作发展的边界。在任何一个有边界的范畴内,都必将有其特有的动力结构。故打破原有的政府合作路径依赖、构建新的合作治理模式,自然也需要重构合作系统动力结构。长江经济带协调性均衡发展主旨背景下的区域整体性治理合作模式的动力结构可以概括为原动力、牵引力、助推力、支撑力"四力合为"。

1. 立足区域共同利益,重造区域合作的原动力

建立健全区域利益协调机制,以区域共赢为目标,形成区域合作的原动

力。在区域合作推动区域一体化发展的进程中,要打破原有行政区划对市场的约束,实现区域市场无壁垒化。然而,这样必然会导致一些地区会在共同市场中短期性地丧失一些利益,这就需要有合理利益补偿机制去弥补这种利益损失。同时,因发展目标、产业定位、功能分区等方面的不同,不同地区之间直接享受到的发展成果也会出现不均等,这就需要有良好的利益分享机制去一起分享区域发展的胜利成果。只有利益的均衡和共享才能真正从根本上推动区域一体化的发展,方能为长远的稳步发展提供不竭的原动力。

2. 走可持续发展之路,形成全流域整体性治理合作的牵引力

坚持可持续发展战略,走以人与自然和谐共生为本的发展道路,形成区域整体性治理合作发展的牵引力。改革开放以来,中国经济不断发展和提高,但同时也凸显出一些"涸泽而渔、焚林而猎"等问题,国人也从中尝到了苦果。人们呼唤可持续发展,也向往走可持续发展之路。经济的发展和国民素质的提高,使得以人为本、人与自然、人与社会和谐发展的道路日益深入人心。尤其是在五大发展理念和长江经济带协调性均衡发展的宗旨下,可持续发展的理念更是一切区域发展的前提和指南。在区域整体性治理的合作机制中,坚持走可持续发展的路子,必然会受到社会和国民的支持,并由此形成带动区域发展的强大牵引力。

3. 加强流域内基础设施建设,形成整体性治理合作的助推力

加强区域基础公共交通设施建设和信息网络建设,形成区域整体性治理合作的助推力。区域整体性治理合作机制强调"整合"和"协调",这两者都要求加强区域内各地方政府和资源要素的联系,而这必须要通过区域基础公共交通建设和信息网络建设来完成。区域基础公共交通设施建设主要涉及区域各市间的交通运输网络及其配套设施建设,良好的区域基础公共交通体系能有效地实现区域各地之间市场要素的顺畅流通,进而推动区域经济一体化的发展。区域信息网络建设主要体现在以互联网和现代通信工具为技术手段的电子政务的发展和社会网络信息交流平台的建设,高水平的区域信息网络建设能够有效构建区域合作网络自动化平台,推动区域政府整体性治理合作向着深度和广度上发展。

4. 划分功能区,形成流域整体性治理合作的支撑力

明确不同区域的功能定位,着力增强不同区域产业的互补性,形成区域整体性治理合作的支撑力。长江经济带要根据各区域现有的发展现状、资源禀赋和生态环境状况等方面的差异,进行不同的功能定位。沿江 11 省区市中,优化开发区和重点开发区集中于下游的沪苏浙皖地区和重庆、武汉、成都等直辖市及省会城市,经济发展水平较高,人口、城镇、产业、要素集聚度高,是整个经济带的主引擎和增长极;限制开发区是主要农产品产区和重点生态功能区,主要功能定位为发展农业生产和保护生态环境,可以理解为整个经济带的粮袋子、菜篮子、果园子和绿化带;禁止开发区功能定位于环境保护与生态修复,主要由自然保护区和森林、水源地、国家公园等构成,可以定位为整个经济带的户外休闲地带和天然氧吧公园。长江经济带全流域可以划分为上述三类主体功能区,它们之间的互补性极强、三位一体,共同构成一个复合型巨系统。

第三十三章　长江全流域整体性治理合作机制构建的政策保障

一、中央顶层设计

作为新时代促进我国区域协调发展的重大战略,长江经济带的建设发展始终受到中央政府的高度重视。2018 年 4 月 26 日,习近平总书记在武汉主持召开深入推动长江经济带发展座谈会时指出,新形势下推动长江经济带发展,关键是要正确把握整体推进和重点突破、生态环境保护和经济发展、总体谋划和久久为功、破除旧动能和培育新动能、自身发展和协同发展的关系。2018 年 11 月发布的《中共中央国务院关于建立更加有效的区域协调发展新机制的意见》中指出,要充分发挥长江经济带横跨东、中、西三大板块的区位优势,以共抓大保护、不搞大开发为导向,以生态优先、绿色发展为引领,依托长江黄金水道,推动长江上、中、下游地区协调发展和沿江地区高质量发展;建立以中心城市引领城市群发展、城市群带动区域发展新模式,推动区域板块之间融合互动发展。

1. 组织手段

长江流经多个省份,横跨中国东、中、西三大经济区,是世界上第三大流域。它的综合管理、治理是以国家相关部门和沿江各省市之间的互相合作为前提的。国际国内流域治理的成功经验一再表明,要基于流域生态系统内在的规律和紧密的联系来管理流域,流域的治理合作也必须从全流域整体性治理合作的角度出发。①

---

① 参见易承志:《跨界公共事务、区域合作共治与整体性治理》,《学术月刊》2017 年第 11 期。

　　长期以来，长江流域实行的是流域综合管理与行政区域管理相结合的管理体制，长江流域的管理经历了从无到有、从弱到强的过程。从 1950 年流域管理机构的设置，到 1956 年在长江水利委员会的基础上成立长江流域规划办公室，长江流域的管理进入了规划有序的综合治理时期，自此开始组织编制长江流域综合规划、水利枢纽的设计建设以及长江三峡工程的建设工作。[①]目前，长江流域管理主要是由长江委和长航局履行流域管理职责，水利部、环保部、国土资源部、农业部等部门协调推进。在行政管理上，则主要包括国家层面的推动长江经济带发展领导小组和地方层面的沿江 11 个省、区、市，以此将上游、中游和下游地区的各级地方联系起来，共同进行长江流域管理。

　　中央政府于 2014 年设立推动长江经济带发展领导小组，依托国家发展改革委员会设立办公室，统一指导和统筹协调长江经济带战略实施，协调跨地区跨部门重大事项，督促检查重要工作的落实情况，推动长江经济带发展领导小组在长江流域整体性治理合作中的统领作用。按照习近平总书记的指示，推动长江经济带发展必须建立统筹协调、规划引领、市场运作和领导体制的工作机制。领导小组基于长江经济带的整体发展、着眼战略布局，不断完善规划政策体系，在促进长江流域整体性治理合作上作了一系列努力，在强化顶层设计、探索体制机制改革等方面取得了积极的进展。例如，2014 年 12 月，在中央的推动下，领导小组办公室同有关部门及沿江 11 个省、区、市开始编制《长江经济带发展规划纲要》，2016 年 3 月中央政治局审议通过，9 月正式印发；2015 年 2 月，领导小组研究讨论《2015 年推动长江经济带发展工作要点》，部署下一步深入推动长江经济带发展工作；2015 年 4 月，在长江经济带建设工作会议上审议长江经济带发展规划纲要，研究推进长江黄金水道建设工作，推动建立沿江地方政府协商合作机制；2015 年 11 月，领导小组审议了《关于进一步加强长江航道治理工作的指导意见》等八个文件，部署下一步工作；2016 年 12 月 1 日，推动长江经济带发展领导小组办公室会议暨省际协商合作机制第一次会议召开。领导小组办公室指出建立省际协调合作机制，要找准重点突破口，加快推进实施生态环境保护、综合交通建设、产业优化升级"三大工

[①]　参见唐纯喜：《关于推进长江流域综合管理的思考》，《人民长江》2014 年第 23 期。

程"。积极探索创新,抓紧建立健全负面清单管理制度、长江流域管理体制、长江生态保护法律制度等"三项制度"。2016 年 12 月 18 日,领导小组办公室与最高人民法院在北京签署《关于建立推动长江经济带发展司法合作协同机制的合作框架协议》。最高法院院长周强同志与领导小组办公室主任、发展改革委主任徐绍史同志代表双方签署合作协议并讲话;2017 年初,领导小组办公室印发了《关于开展长江入河排污口专项检查行动的通知》,沿江各地应声而动,纷纷开展自查自审;2017 年 6 月 9 日,推动长江经济带发展工作会议在北京召开,讨论《长江经济带生态环境保护规划》等有关文件,研究部署下一步工作;2017 年 8 月 23 日,领导小组办公室在湖北武汉召开加快推进沿江非法码头和非法采砂专项整治工作座谈会,要求严格按照时间表决战决胜,取缔非法码头,拆除码头完成生态复绿、规范提升码头完成整改。

2. 经济手段

中央对长江经济带的经济扶持体现在财政转移支付和税收政策上①,这是中央政府促进长江流域整体性治理合作的政策保障。

2018 年 2 月,财政部发布《关于建立健全长江经济带生态补偿与保护长效机制的指导意见》,提出要通过统筹一般性转移支付和相关专项转移支付资金,建立激励引导机制,明显加大对长江经济带生态补偿和保护的财政资金投入力度。中央财政加强长江流域生态补偿与保护制度设计,完善转移支付办法,加大支持力度,建立健全激励引导机制。中央财政在以下几个方面加大政策扶持:增加均衡性转移支付分配的生态权重;加大重点生态功能区转移支付对长江经济带的直接补偿;实施长江经济带生态保护修复奖励政策;加大专项对长江经济带的支持力度。与此同时,沿江省市政府采取有效措施,积极推动建立相邻省份及省内长江流域生态补偿与保护的长效机制。地方财政抓好工作落实,统筹加大生态保护补偿投入力度,因地制宜突出资金安排重点,健全绩效管理激励约束机制,建立流域上下游间生态补偿机制,完善财力与生态保护责任相适应的省以下财政体制,完善财力与生态保护责任相适应的省以

---

① 参见顾金妍:《对中央政府促进长江流域合作治理的政策建议》,《法制与社会》2007 年第 7 期。

下财政体制。

2015 年 2 月,国家税务总局发布《关于落实长江经济带发展战略要求做好税收服务和管理工作的意见》(税总函〔2015〕108 号),提出按照"一个窗口、两区运作、统分结合、协同服务"的工作思路,整合长江沿线省(市)纳税服务资源,打破地域管理壁垒,开展跨区域多层次的税收协作,对沿江各级税务机关服务长江经济带工作作出了总体部署。按照国家税务总局的部署,沿江各省(市)税务机关积极创新纳税服务模式,探索税收合作机制,取得了阶段性成果。① 2014 年 7 月,国家税务总局在上海自贸区试点推行网上自动赋码、网上发票应用、网上区域通办等 10 项税收服务创新措施,并于 4 个月后提出按照"点到面"的要求,将上海自贸区创新税收服务措施分步、逐项推广到全国其他地区。与此同时,沿江各级税务机关积极加强税收征管互助协同,"泛长三角区"(江浙沪甬皖赣)和"上中游地区"(川、渝、湘、鄂、黔、滇)分别签署合作备忘录,建立联席会议制度和税收争议及利益协商解决、税收联合分析、税收协查通报、联合稽查办案、纳税信用互认等机制,完善纳税人异地经营税务管理协作办法,积极开展税收合作互助、税收征管互助、税收分析互助和税收执法互助,取得了积极成效。在此基础上,2015 年 3 月,国家税务总局研究制定了《长江经济带税收服务之窗网站管理办法》,"长江经济带税收服务之窗"正式上线,实现了办税服务"一体化"、宣传发布"一窗展"、社会公开"一站通"三大功能,为推动长江经济带发展提供了重要平台支撑。

3. 法制手段

法律制度是合作的准则。区域合作必须运用法律手段来优化资源配置,平衡利益冲突,维护市场秩序,提高行政效率,保障合作共赢。构建长江流域整体性治理合作需要严肃的法律框架,通过加强环境法制建设以提升流域整体管理水平,改善长江流域生态环境质量,推动流域可持续发展。②

(1)为长江流域整体性治理专门立法

2016 年 12 月 18 日,推动长江经济带发展领导小组办公室与最高人民

---

① 参见陈宗贵:《纳税服务清风吹绿长江两岸》,《中国税务》2016 年第 2 期。

② 参见李奇伟:《从科层管理到共同体治理:长江经济带流域综合管理的模式转换与法制保障》,《吉首大学学报》(社会科学版)2018 年第 6 期。

法院在北京签署《关于建立推动长江经济带发展司法合作协同机制的合作框架协议》。最高人民法院指导沿江 11 省区市法院坚持生态优先、绿色发展,加强协调联动,完善相关司法政策,充分发挥司法职能,公正高效审理相关案件,加强生态司法保护,为推动长江经济带发展发挥了积极作用。为服务和保障长江流域整体性治理的实施,法律要求要加强调查研究,通过及时制定指导意见、司法解释、发布相关指导案例,促进法律适用的规范和裁判尺度的统一,提升服务保障长江经济带发展的效率和水平。要切实加强涉长江经济带环境资源保护刑事案件的审判,依法惩治违法排污、河道非法采砂、滥伐盗伐林木等违法犯罪行为,以及环境监管失职犯罪、造成环境污染严重后果的重大安全责任事故犯罪,妥善审理涉水域污染的损害责任纠纷和侵害人身、财产权益的民事案件。要深化司法体制机制改革,充分发挥最高人民法院巡回法庭的作用,依法审理跨区域的民商和行政案件,实施统一的裁判标准,促进打破行政区划壁垒。要指导完善 11 省区市辖区内地方法院之间、海事法院之间、地方法院和海事法院之间的协调联动机制,共同研究解决跨流域、跨行政区划审判工作中的重大问题,发挥司法职能作用,积极参与和服务长江经济带环境保护联防联控、基础设施互联互通、产业协同发展、一体化市场体系建设。

（2）完善和规范长江流域共同治理

2017 年 12 月最高人民法院发布《关于全面加强长江流域生态文明建设与绿色发展司法保障的意见》,要求充分认识到全面加强长江流域生态文明建设与绿色发展司法保障的重要意义。立足流域水生态核心,要求依法审理水环境与水资源条件,保障长江流域生态文明的建设。从上、中、下游生态环境的保护出发,依法审理各区段重点条件,在健全体制机制的前提下适应长江流域生态文明建设与绿色发展司法保障的新要求。长江流域生态文明建设和绿色发展的司法保障体现了对长江流域治理的重视,这有利于建设一个更加协调更加科学的治理模式。

通过对长江流域实行法制保障,建立司法合作协调机制,可以充分发挥最高人民法院审判职能和领导小组办公室综合协调作用。沿江省市、有关部门和法院联动,打造畅通高效平安绿色的黄金水道,监督支持行政机关依法行政,形成分工明确、执行高效的合作机制,为推动长江经济带发展提供稳定的社会环境。

二、地方可操作性政策措施

长江流域整体性治理合作不仅要从整个长江经济带出发,协调长江经济带在全国范围内的发展,还要重视其三大两小城市群之间和城市群内部之间由大及小的整体性治理合作。

1. 强化区域顶层设计

构建长江流域整体性治理合作机制,各地方政府应强化区域顶层设计,制定落实相应的规划、政策,发挥各自的作用。

例如,长三角区域一体化发展上升为国家战略,能够充分调动国家资源推动长三角一体化的落地,给长三角地区的发展带来强劲动力和巨大红利。[①] 2016 年 6 月,国家发展改革委印发《长江三角洲城市群发展规划》,明确了长三角城市群在我国发展中的重要战略地位,对长三角城市群一体化发展作出了指导约束。在 2018 年 11 月首届中国进出口博览会开幕式上,习近平总书记宣布增设中国上海自由贸易试验区新片区、在上海证券交易所设立科创板并试点注册制、支持长江三角洲区域一体化发展并上升为国家战略。随后,《关于支持和保障长三角地区更高质量一体化发展的决定》于 2019 年 1 月 1 日开始实施。上海市、江苏省、浙江省和安徽省的人大常务委员会分别就关于支持和保障长江三角洲地区更高质量一体化发展的决定作出回应。长三角地区不断争取国家支持,努力做到规划对接、法治协同、市场统一、生态保护,共建共享,建立统一的市场标准,营造规则统一开放、标准互认、要素自由流动的市场环境,率先消除市场壁垒,为长江经济带整体性治理合作提供了可复制、可推广的成功样板。

在长江中游,江西省、湖北省和湖南省积极落实《长江中游城市群发展规

---

① 参见郝良峰:《长三角城市群区域一体化发展的合作机制构建》,《苏州科技大学学报》(社会科学版)2019 年第 2 期。

划》，确定其功能定位和发展重点，制订实施方案和专项规划，推进重大项目的组织实施，鼓励公众积极参与规划实施和监督。如2017年，长江中游城市群城市合作专家委员会成立，为城市群的协调发展提供智力支持。

位于长江上游的四川省和重庆市按照《成渝城市群发展规划》，两地人民政府切实加强规划实施的组织领导，在川渝两省市联席会议制度的基础上进一步健全协作机制，明确责任分工，制订实施方案，落实各项工作，形成工作合力。2018年6月，成渝两地签署《重庆市人民政府、四川省人民政府深化川渝合作深入推动长江经济带发展行动计划（2018—2022年）》，将从推动生态环境联防联控联治、推动基础设施互联互通、推动开放通道和平台建设、推动区域创新能力提升、推动产业协作共兴等9个方面深化合作，共筑长江上游生态屏障，推动长江经济带发展，把成渝城市群建成创新发展、绿色发展示范区和引领带动西部地区开放开发核心增长极。

2. 完善区域协调机制

任何一个城市或区域的发展都与周边城市或区域有着密切的联系。各个地区在与周边地区进行协作和联系的过程中，通常会为了实现自身利益的最大化，而忽略与周边地区的协同和整体发展，这在很大程度上会阻碍区域间协调发展的顺利进行。完善区域间的协调发展机制，不仅能够提高城市的发展质量和区域的发展效益，也能够引导城市间分工与合作的协调发展。

在长江经济带的发展中，各个地区按照地理布局已经基本形成相应的区域协调机制。在长江下游，沪、苏、浙、皖四省市已经形成了"决策层、协调层和执行层"的"三级合作"机制①，主要表现为决策机制、协调机制和合作机制，其中合作机制又包括了合作联盟、合作协议、合作基金、专业论坛、专题合作等多个方面。2019年1月，长三角区域合作办公室成立，形成了区域规划与统筹机制。

在长江中游，湖北、湖南、江西三省通过组织领导，完善定期会商机制和工作推进机制，定期举办长江中游城市群省会城市会商会，共商推动区域经济绿色发展、创新发展、高质量发展，落实工作责任，共同完善协同发展思路与路径，

---

① 参见赵峰、姜德波：《长三角区域合作机制的经验借鉴与进一步发展思路》，《中国行政管理》2011年第2期。

策划一批具有标志性的重点工程、重点项目、重点举措;定期举办水运、公路联席会,共谋长江中游地区水陆协调发展;共同打造共抓长江大保护典范,通过签署《长江中游城市群省会城市共建科技服务资源共享平台合作协议》《长江中游城市群省会城市新区发展合作框架协议》等加强协调发展。此外,长江中游城市群还不断完善省际联席会议及工作协调机制,开展长江中游地区省际协商合作会商会,强化联席会议办公室和专责小组职能,协调解决重大问题。

　　在长江上游,重庆、四川、云南、贵州四省市建立长江上游地区省际协商合作联席会议制,同意共同建立长江上游地区政府间的协商合作协调议事机构——长江上游地区省际协商合作联席会。联席会主要任务是构建长江上游地区区域协调发展新机制,加强上游地区统筹协调,健全多层次、多领域的协商平台,协同破解发展难题,推进生态环境联防联控、加强基础设施互联互通、推动产业创新协同发展、深化市场一体化体系建设、强化公共服务共建共享,推动长江上游地区一体化发展,合力打造长江经济带重要经济增长极。在第二届长江上游地区省际协商合作联席会议上,重庆、四川、云南、贵州就"筑牢长江上游生态屏障、坚持绿色创新高质量发展"主题展开讨论,审议了《长江上游四省市 2018 年生态环境联防联控重点工作方案》《长江上游四省市 2018 年基础设施互联互通重点工作方案》《长江上游四省市 2018 年公共服务共建共享重点工作方案》和《长江上游四省市 2018 年旅游合作共赢发展重点工作方案》。上游地区在生态优先、绿色发展、转方式调结构和培育新动能、建设现代化经济体系、基础设施互联互通、构建现代综合交通运输体系加强区域开放合作等方面达成共识,展开工作。

3. 构建区域合作平台

　　借助各类经济区为平台,区域间合作也在逐渐深入。平台是合作的载体,搭建区域合作平台,可以有效整合资源,创新合作方式,促进信息共享,降低合作成本。区域合作平台包括技术产权、信息、金融、交通、旅游、人才等多种类型。① 各地区在构建区域合作平台的同时,积极创新合作模块,优化投资环

---

① 参见龚胜生、张涛、丁明磊、梅琳、吴清、葛履龙、储环:《长江中游城市群合作机制研究》,《中国软科学》2014 年第 1 期。

境,加强信息共享,在各自的优势产业和特色产业方面取长补短、互通有无。

沪、苏、浙、皖四省市在共同推进长三角地区整体性治理合作中,形成了许多合作机制和合作平台。如长三角企业服务联盟、长三角文化产业发展联盟、新能源汽车合作联盟、青年创新创业合作联盟等;共同发起设立政策性公益基金,重点支持长三角合作与发展过程中跨区域、有共性的重大课题、重要规划、重点方案的研究等;在多个重点领域形成专题合作机制。如"长三角海关一体化""长三角园区共建合作""长三角农业合作""探索建立长三角地区产业转移与承接利益分享机制",以及长三角区域信用体系、交通、能源、公共服务、产业、市场等专题领域合作。

长江中游城市群不断拓宽区域合作领域,建设更多的区域合作平台,深化区域联系,为区域整体性治理合作提供便利。如四省会城市(含合肥)共建科技服务资源共享平台,平台以四城市各自现有的科技资源平台为基础,融合云计算、大数据、移动互联网、物联网等新一代信息技术,搭建互联互通的跨区域共享平台,形成长江中游城市群四省会城市科技合作的常态化工作平台和合作机制。根据《长江中游城市群省会城市共建科技服务资源共享平台合作协议》,城市群加强科技服务机构共享平台、大型仪器设备共享平台、科技信息共享平台和科技金融服务共享平台四大子平台建设,共同培育长江中游城市群科技服务大市场;协同推进科技创新,共同推动重大科技基础设施集群化发展,探索建立科技服务资源共享平台和技术协同创新联盟,共同建立技术交易市场联盟,支持四市建立开放共享的线上技术转移服务平台;共同组建科技成果转化促进联盟、境外航空联盟、设计联盟、人才一体化联盟等;建立专家联合管理机制,开展公共资源交易远程评标,建立警用信息资源共享平台,开展联合核查和动态管控,共同打击和预防跨区域犯罪等。

成渝城市群依托其在"一带一路"与长江经济带的重要连接点和丝绸之路经济带的重要战略支点的优势,积极深化与滇中区域合作,参与泛珠区域合作,推进与东盟国家和地区合作;通过推进与陕西、甘肃、新疆等地合作,依托"渝新欧"等中欧班列,增强与中亚、欧洲等地经济联系。在城市群内部,重庆四川等地在生态环境方面加强跨界河流联防联控联治,探索建立河流监测信息共享机制,开展流域污染治理省际合作试点等,建立健全跨省市联防保护机制；推动开放通道和平台建设，加强中新互联互通项目南向通道建设合作。各地区在金融、就业等市场一体化，教育、卫生等公共服务共享方面积极展开合作。

三、其他政策性举措

1. 修复长江生态环境，走绿色发展之路

习近平总书记着眼于中华民族永续发展的历史使命，提出长江经济带"共抓大保护、不搞大开发"的重要战略部署，并多次讲话强调推动长江经济带发展必须走生态优先、绿色发展之路，要把修复长江生态环境摆在压倒性位置，涉及长江的一切经济活动都要以不破坏生态环境为前提，共同努力把长江经济带建成生态更优美、交通更顺畅、经济更协调、市场更统一、机制更科学的黄金经济带。李克强总理也多次强调，要保护好长江经济带生态环境，生态工程的建设要同航道建设、产业转移衔接起来，打造绿色生态廊道。沿江各地将此作为长江经济带建设的总方针和总遵循，积极参与和推进长江经济带生态环境整体治理，深入贯彻落实习近平生态文明思想和长江经济带发展战略思想，坚持从最严格保护、高质量发展"两端"发力，推动百里长江风光带和万亿临港经济带的"两带"建设，走出一条发展和保护协同共生、互促共进的新路。

长江流域的生态环境保护一直都受到中央的高度重视。2017 年 7 月，《长江经济带生态环境保护规划》发布，提出了建设和谐长江、健康长江、清洁长江、优美长江、安全长江五方面主要目标，提出到 2020 年，要实现长江经济带区域生态环境明显改善，生态系统稳定性全面提升，河湖、湿地生态功能基本恢复，生态环境保护体制机制进一步完善；地表水质量国控断面（点位）达到或优于Ⅲ类水质比例达到 75% 以上，劣Ⅴ类比例小于 2.5%，地级及以上城市集中式饮用水水源水质达到或优于Ⅲ类比例达到 97% 以上。2018 年开始编制《长江经济带生态保护修复规划（2018—2035 年）》，旨在为全面实施长江流域生态保护修复工程、提升自然生态系统的稳定性和承载力提供政策保障，为把长江经济带建设成为林草业现代化的先行示范带、深入推进长江经济带绿色高质量发展作出更大贡献。这一系列政策文件为长江流域的生态环境

整体性治理合作保驾护航。

在长江流域生态保护修复方面,长江上中下游共同协作,从生态系统整体性和长江流域系统性出发,推进长江流域绿色发展。[1]

长江上游地区,贵州、云南、四川和重庆在生态保护、污染治理、保护与发展协同等方面采取了一系列措施,共同守护长江上游的生态屏障,对生态优先、绿色发展的路径进行了积极探索。例如,为了保护赤水河,贵州省制定实施了《贵州省赤水河流域保护条例》,之后又与云南、四川建立赤水河流域跨省生态补偿机制,签订《赤水河流域生态保护补偿协议》,对赤水河流域开展生态补偿试点工作。三省政府共同出资,国家财政给予相应补偿方式筹集补偿金,开展赤水河流域生态补偿试点。

长江中游地段,湖北是南水北调中线工程水源区和三峡大坝所在地,是长江流域重要水源涵养地和国家重要生态屏障。湖北长江三峡地区包括宜昌市、巴东县、松滋市,属国家生态安全核心区域,关系到长江中下游生态环境安全。近年来,湖北围绕"化工围江"、长江岸线粗放使用与航运污染、城乡水环境污染、废弃矿区污染等突出问题,积极开展系统性的生态环境保护修复。2018年,湖北省开展第三批山水林田湖草生态保护修复工程试点,以宜昌市为主体申报的"湖北长江三峡地区山水林田湖草生态保护修复工程"入选国家试点。该工程希望通过系统治理,构建环境质量优良、山水林田湖草生态系统稳定、人与自然和谐的生态安全格局,建立"共抓、共建、共享"的长江大保护体系,把湖北三峡地区建设成为长江经济带绿色发展示范区和长江生态保护制度改革创新区,为长江经济带绿色发展和长江大保护探索可复制、可推广的新体制、新机制和新模式。

下游地区,在长三角促进一体化发展的进程中,沪苏浙皖四省市不断探索深化流域协同治理和强化区域环境协同监管。2018年10月,浙江、安徽两省签订新一轮新安江生态补偿协议,计划2018—2020年两省每年将各出资2亿元,携手加强流域生态保护,完善新安江生态补偿机制;2018年7月,江苏南

---

① 参见肖琳子:《长江经济带绿色发展:战略意义、概念框架与目标要求》,《经济研究导刊》2018年第33期。

京、安徽马鞍山两市签订《石臼湖共治联管协议》，定期召开工作会议，共同建立联防联测联管机制，联合编制石臼湖整治方案。2018年，在水利部太湖流域管理局组织协调下，加强太湖蓝藻水华和省际边界地区水葫芦联防联控，深化太湖流域综合治理。在区域互查执法方面，三省一市生态环境厅（局）联合开展四轮饮用水水源地和大气污染防治执法互督、互学工作，联合观察水环境治理。除此之外，在开展长江流域水污染治理过程中，地区间也积极落实河长制。如针对位于江苏吴江与浙江秀洲交界处的清溪河的治理，浙江与江苏两省建立联合河长制，在水葫芦灾害、淤泥清理等污染联合治理工作上取得了显著成就。

2. 促进区域间协调发展，推进公共服务共建共享

长江流域的整体性治理合作需要破除地区之间的利益藩篱和政策壁垒，以公共服务共建共享促进区域协调发展，形成整体性治理合作的体制机制。

促进长江经济带协调性均衡发展是推动长江流域整体性治理合作的重要手段之一。协调性均衡发展需要长江上游、中游和下游共同协作。基本公共服务是由政府主导、保障全体公民生存和发展基本需要、与经济社会发展水平相适应的公共服务。基本公共服务均等化是指全体公民都能获得大致均等的基本公共服务，其核心是促进机会均等，重点是保障人民群众得到基本公共服务的机会，而不是简单的平均化。① 我国2017年发布的《"十三五"推进基本公共服务均等化规划》指出，要推进全国基本公共服务均等化建设，保障民生高质量发展，加快全面建成小康社会。近年来，沿江11个省、区、市积极实施《"十三五"推进基本公共服务均等化规划》，推动落实国家和地方清单项目，建立健全基本公共服务标准体系，优化调整财政支出结构，确保基本民生投入，努力补齐托育、教育、医疗卫生、养老、文化、旅游、体育、家政、残疾人等公共服务发展短板；推进社会领域产业发展政策落实，继续实施好进一步激发社会领域投资活力、深化产教融合等政策文件，落实重点任务分工，同步做好相关政策或配套文件的研究储备。

---

① 参见张建清、王艳慧：《长江中游城市群基本公共服务均等化现状评价与对策研究》，《当代经济管理》2016年第1期。

目前,长江经济带 11 省区市主动加强省际公共服务共建共享协商合作,积极探索区域间公共服务共建共享发展的新路径,提高公共服务资源要素优化配置和跨区域流动,共同推动沿江省市基本公共服务均等化、普惠化、便捷化,以及非基本公共服务市场化、多元化、优质化,正在逐步形成"共建、共推、共治,互联、互通、互认"的运作机制,全面促进长江流域公共服务一体化建设,实现区域内公共服务均等化,为区域协调性均衡发展提供基础保障。

（1）区域教育合作方面

2017 年间长江经济带的教育事业稳步推进,沿江 11 个省、区、市共有普通高等学校 1091 所,普通高等学校在校学生数 1246.55 万人。各省区市积极推进与长江经济带省区市职业教育交流合作,通过互派教师任教、互派干部挂职、共同制定教学标准、联合开发课程教材、合作建设实训基地等方式,推进课程互选、学分互认、基地共享,促进职业院校办学水平不断提升。例如,安徽省积极推进与江浙沪鄂等地区优质教育资源共建共享、加强产教融合平台建设、推动优质高校合作,不断推动中国科技大学、合肥工业大学、安徽大学与上海、南京、武汉等地优质高校合作,互设分校、分支机构;鼓励上海、南京、武汉等地优质高校在安徽省增加招生计划,为长江城市带发展提供智力支撑和人才保障。上游地区四省市教育交流合作逐步加强,开展中职学校联合招生合作培养,共同推动学生实习和就业工作,探索推进教育资源平台的互联互通。

（2）区域医疗卫生协作方面

2017 年长江经济带 11 个省、区、市中,每千人卫生技术人员（城市）超过全国平均水平的有 5 个,每千人卫生技术人员（农村）超过全国平均水平的有 6 个,每千人注册护士（城市）超过全国平均水平的有 7 个,每千人注册护士（农村）超过全国平均水平的有 6 个,卫生事业发展走在全国前列。长三角地区城市积极参与区域医疗合作,成立长江三角洲城市群医院协同发展战略联盟,发展区域医联体,落实分级诊疗,实现长三角顶级医院间的无缝对接;提升基层医疗服务水平,多渠道争取资金,支持基层医疗卫生机构建设,改善基层服务条件。长江上游地区四省市医疗机构交流合作平台逐步建立,持续深入推进综合医改。重庆与四川省开展协作,开展省际医疗机构合作试点并建立卫生应急协调机制。在省际医疗机构合作试点方面,四川 16 家医疗机构与重庆 12 家医疗机构开展省际医疗机构合作试点,建立远程医疗平台,推进跨区域跨机构医疗机构间临床检验检查结果互认;建立跨区域儿科联盟,打通联盟成员单位间的绿色转诊通道,有序推进科研课题合作、诊疗规范推广、远程诊疗、指导教学、师资培训等工作;建立卫生应急和重大疫情、传染病联防联控机制,加强川渝突发公共卫生事件应急处置信息共享。

（3）区域公共文化协同方面

沿江省市积极参加流域文化交流,筹建了长三角地区国家公共文化服务示范区联盟、长三角地区有声阅读联盟等。沪苏浙皖四省市互建教育平台,交流输送学员,近三年向浙江职业艺术学院、中国美术学院、上海同济大学等多所高校输送非遗传承人学员 20 余人;中国科学技术大学为浙江省举办富阳竹纸研修班;上海视觉艺术学院为黄山举办徽州雕刻培训班。重庆与长江经济带流域相关省市通过省级文化馆、图书馆平台,在文化活动、人才培训、品牌培育等方面加强合作,取得了一定成效。四川、云南、贵州和重庆共同参与建立西部省级公共图书馆联盟,成为贯彻落实《公共文化服务保障法》、促进西部地区经济文化交流与合作的重要措施。

（4）区域社会保障方面

长三角地区推进区域医保协作,沪苏浙皖四省市就居民医保签署协议,在医保异地就医费用结算、关系转移接续和定点医疗机构互认等方面开展全面合作,同时全面提升养老保险服务,实现长三角地区异地居住退休人员信息核实全过程信息化、标准化管理;共同筹办首届长三角民政论坛,发布《长三角区域养老合作与发展·上海共识》,围绕加强协作协商、统一统计口径、强化相互认证、便利异地养老、发展养老产业、强化联动监管、开发人力资源、促进科研培训八个方面,推动资源共享、机制共建,努力推进长三角地区养老合作,实现高品质养老服务的共享发展。长江上游地区基本实现养老保险医疗保险关系无缝转接机制,基本养老保险和医疗保险关系转移接续渠道畅通,实现了"账随人走";医保跨省异地就医联网及时结算也基本实现,四省区原点对点结算的省区系统全部切换至全国异地系统。

3. 加强创新驱动,加快产业转型升级

创新是引领发展的第一动力,创新驱动是推动长江经济带产业转型升级的重要引擎。在面临全球新一轮科技革命和产业变革的机遇下,大力实施创新驱动发展战略,加快推进产业转型升级,能更好地推进长江经济带整体性治理。① 2016年3月2日,国家发展改革委、科技部和工信部发布《长江经济带创新驱动产业转型升级方案》,指出以创新驱动促进产业转型升级是长江经济带实现经济提质增速和绿色发展的重要任务。《长江经济带发展规划纲要》中也指出,在实施创新驱动发展战略时要着力增强供给侧结构性改革,在改革创新和发展新动能上做"加法",在淘汰落后过剩产能上做"减法",加快推进产业转型升级,形成集聚度高、国际竞争力强的现代产业走廊。为此,长江经济带各地区在加强创新驱动、推动产业转型升级方面采取了一系列举措,具体包括增强自主创新能力、打造工业新优势、壮大现代服务业、促进农业现代化、优化产业布局等。

（1）增强自主创新能力

长江经济带通过完善区域创新体系、推动产业技术创新平台建设、加快科技创新成果转移转化和激发社会创新创业活力四个方面增强自主创新能力。主要举措有:支持上海加快建设具有全球影响力的科技创新中心,推动全面创新改革试验,形成一批可复制、可推广的改革举措和重大政策;创建具有国际竞争力的创新资源集聚区,系统推进安徽（合芜蚌）、武汉、四川（成德绵）全面创新改革试验,推动国家自主创新示范区布局;推动攀西战略资源创新开发,打造国内资源富集地科学开发利用示范区;强化创新基础平台,加强长江经济带现有国家工程实验室、国家重点实验室、国家工程（技术）研究中心、国家级企业技术中心建设,支持建设国家地方联合创新平台,建立和完善一批创新成果转移转化中心、知识产权运营中心和产业专利联盟;构建大众创业、万众创新的良好氛围,培育开放式创新创业生态系统。

（2）加快产业转型升级

长江经济带将以打造工业新优势、壮大现代服务业和促进农业现代化三方面为重点任务。大力发展战略性新兴产业,加快改造提升钢铁、有色金

---

① 参见洪银兴:《科技创新中的企业家及其创新行为——兼论企业为主体的技术创新体系》,《中国工业经济》2012年第6期。

属、石化、纺织等传统产业,提高传统产业竞争力;夯实信息化发展基础,加快"宽带中国"战略实施;通过发展高技术服务业和科技服务业、优化发展现代服务业、发展生活性服务业,不断壮大现代服务业;农业现代化上,农村一、二、三产业得到融合发展,通过"宽带乡村"工程建设促使农村信息化建设有序推进,现代农业服务体系不断完善。

(3)优化产业布局

长江经济带以产业链为基础,加强上、中、下游产业互动,推动区域协同发展。安徽皖江城市带、江西赣南、湖北荆州、湖南湘南、重庆沿江、四川广安等国家级承接产业转移示范区建设成果颇丰,产业转移有序推进。下游地区积极引导资源加工型、劳动密集型产业和以内需为主的资金、技术密集型产业加快向中上游地区转移;各地区综合运用产业政策、土地政策、环境容量和资源配置等手段,加强产业转移的政策引导和宏观调控;通过打造五大重点领域产业集群和培育十大新兴产业集群,共同打造世界级产业集群。

参 考 文 献

［1］Changchun Cheng, Fenghua Yang. *Toward a Coordinated and Balanced Development New Initiatives for the Development of Yangtze River Economic Belt and Explorations in Jiangsu.* People's Publishing House, Springer, 2020.

［2］Alfred Weber:《工业区位论》,商务印书馆 2010 年版。

［3］Boundeville J R. *Problems of Regional Economic Plan.* Edinburgh University Press, 1966.

［4］Castells M. *The Rise of the Network Society: The Information Age: Economy, Society, and Culture.* John Wiley and Sons, 2011.

［5］Christaller W. *Die zentralen Orte in Süddeutschland: eine ökonomisch-geographische Untersuchung über die Gesetzmässigkeit der-Verbreitung und Entwicklung der Siedlungen mit städtischen Funktionen.* University Microfilms, 1933.

［6］Fujita M., Krugman P., Venables A. *The Spatial Economy: Cities, Regions and International Trade.* Cambridge, Massachusetts: The MIT Press, 1999.

［7］Lösch, A. *Die Räumliche Or dnungder Wirtschaft.* Jena: Fischer, 1954.

［8］Myrdal G. *Economic Theory and Underdeveloped Regions.* London: Gerald Duckworth, 1957.

［9］Perry G.E., Arias O.S., Lopez J.H. *Poverty Reduction and Growth: Virtuous and Vicious Circles.* Washington: World Bank Inst, 2006.

［10］Saxenian A. *Regional Advantage: Culture and Competition in Silicon Valley and Route 128.* Cambridge M.A.: Harward University Press, 1994.

［11］Scott A. J. Global City-Regions. *Trends, Theory, Policy.* Oxford: Oxford University Press, 2001.

［12］Susan Mayhew:《牛津英语百科分类词典系列牛津地理学词典》(英文原版),上海外语教育出版社 2001 年版。

［13］Thünen J.H.V., Braeuer W., Gerhardt E.E.A. *Der isolierte Staat in Beziehung auf Landwirtschaft und National ökonomie.* Von Thünen's the Isolated, 1966.

［14］Wlison. A. *Cities and Regions as Self-Organizing Systems: Models of Complexity.* Amsterdam:Gordon and Breach Science Puh,1997.

[15] A. Caris, C. Macharis, G. K. Janssens. Planning Problems in Intermodal Freight Transport:Accomplishments and Prospects,*Transportation Planning and Technology*,2008,31: 277-302.

[16] Ahuja Gautam.Collaboration Networks Structural Holes And Innovation A Longitudinal study.*Administrative Science Quarterly*,2000,3:425-456.

[17] Ajdukovic Marina, Rimac Ivan. How To Break the Vicious Circle of Poverty of Children? Reasons, Starting Points And Goals of Research on The Welfare And Poverty of Children in Croatia.*LJETOPIS SOCIJALNOG RADA*,2017,02(24):194-198.

[18] Bateman Fred,Ros Jaime,Taylor Jason E.Did New Deal and World War II Public Capital Investments Facilitate a"Big Push"in the American South? *Journal of Institutional and Theoretical Economics-Zeitschrift Fur Die Gesamte Staatswissenschaft*,2009,02(165):307-341.

[19] Black D.,Economic Henderson V.Urban Evolution in the USA.*Journal of Geography*, 2003,3 (4):343-372.

[20] Chen C.,Hall R.The Impacts of High-Speed Trains on British Economic Geography:A Study of the UK′s Intercity 125/225 and Its Effects.*Journal of Transport Geography*,2011,19 (4):689-704.

[21] Corbera E.,Soberanis C.G.,Brown K.Institutional Dimensions of Payments for Ecosystem Services:An Analysis of Mexico's Carbon Forestry Programme.*Ecological Economics*,2009,68 (3):743-761.

[22] Currie, Lauchlin. The Big Push and Balanced and Unbalanced Growth. Revista de Economía Institucional,2018,39(20):69-92.

[23] Douglass. C. North. Sources of Productivity Change in Ocean Shipping. Journal of Political Economy.1968,9(76):953-970.

[24] Duan X.J., Yu X.G., Josef N. Economic Polarized Trends, Function and Expanded Boundaries of the Yangtze Delta Region.Journal of Geographical Sciences,2009,19:733-749.

[25] Duranton, Gilles and Henry G. Overman. Testing for Localization Using Micro-Geographic Data.Review of Economic Studies,2005,4:1077-1106.

[26] Ellison G.,Glaeser E.L.Geographic Concentration in U.S.Manufacturing Industries:A Dartboard Approach.*The Journal of Political Economy*,1997,5:889-927.

[27] Estebn J.M., Ray D.C.On the Measurement of Polarization.*Econometrica*,1999,62: 819-851.

[28] Gereffi G. International Trade and Industrial Upgrading in the Apparel Commodity Chains.*Journal of International Economics*,1999,1:37-70.

[29] Gevero R.EfficientUrbanization:The Metropolis.*Urban Studies*,*Economic Performance and the Shape of*2001,38(10):1651-1671.

［30］Kim Hyojin,Sultana Selima,Weber Joe.A Geographic Assessment of the Economic Development Impact of Korean High-Speed Rail Stations.*Transport Policy*,2018,08(66):127−137.

［31］Kloosterman R.C.,Lambregts B.Clustering of Economic Activities in Polycentric Urban Region:The Case of the Randstad.*Urban Studies*,2001,38(4):717−732.

［32］Kurt Geppert,Martin Gornig,Axel Werwatz.Economic Growth of Agglomerations and Geographic Concentration of Industries:Evidence for West Germany.*Regional Studies*,2008,3:413−421.

［33］Meijers E.,Burger M.Spatial Structure and Productivity in US Metropolitan Areas.*Environment and Planning A*,2010,42:1383−1402.

［34］Mejia-Dorantes L.,Paez A.,Vassallo J.M.Transportation in Frastructure Impacts on Firm Location:The Effect of a New Metro Line in the Suburbs of Madrid.*Journal of Transport Geography*,2012,22:236−250.

［35］Michael E. Porter. Clusters and New Economics of Competition. *Harvard Business Review*,1998,11:11−12.

［36］Muprhy K.A.Shleifer and R.Vishny.Industrialization and the Big Push.*Journal of Political Economy*,1989,97:1003−1026.

［37］Norgaard, Richard B. Economic Indicators of Resource Scarcity: A Critical Essay. *Journal of Environmental Economics and Management*,1990,19(1):19−25.

［38］Payne, Geoffrey. Urban Land Tenure Plicy Options:Titles or Rights. Habitat International,2001,3:415−429.

［39］ Perri Hicks. Institutional Viability: A Neo-Durkheimian Theory. Innovation-the European *Journal of Social Science Research*,2003,16(4):395−415.

［40］ Puig-Cabrera Miguel, Foronda-Robles Concepcion. The Phenomenon of Tourism Poverty Trap:Is It Possible that Tourism Breaks the Vicious Circle of Poverty in Emerging Destinations? *Journal of Poverty*,2020,2:2−5.

［41］Ray D. History and Coordination Failure. *Journal of Economic Growth*, 1998, 3:267−276.

［42］Richard R.Nelson 著,李德娟译:《欠发达经济中的低水平均衡陷阱理论》,《中国劳动经济学》2006 年第 3 期。

［43］Shanming Jia,Chunyu Zhou,Chenglin Qin.No Difference in Effect of High-Speed Rail on Regional Economic Growth Based on Match Effect Perspective? *Transportation Research Part A Policy and Practice*,2017,12(106):144−157.

［44］ Thiemann Louis.Operationalising Food Sovereignty Through an Investment Lens:How Back on The Table.*Third World Quarterly*,2015,3(36):544−562.

［45］ Thijs Knaap. Measuring the welfare effects of infrastructure: A simple spatial equilibrium evaluation of Dutch railway proposals.*Research in Transportation Economics*.2011,31:

19-28.

　[46] Veneri P, Burgalassi D. Questioning Polycentric Development and Its Effects. Issues of Definition and Measurement for the Italian NUTS-2regions. *European Planning Studies*, 2012, 20 (6):1017-1037.

　[47] Wetwitoo Jetpan; Kato Hironori. Regional and Local Economic Effects from Proximity of High-Speed Rail Stations in Japan: Difference-in-Differences and Propensity Score Matching Analysis. *Transportation Research Record*, 2019, 9:322-323.

　[48] Wilkins Peter. Accountability and Joined-up Government. *Australian Journal of Public Administration*, 2002, 61(1):114-119.

　[49] Williams J. F. Urban and Regional Planning in Taiwan the Quest Balanced Regional Developmment. *Tijdschrift Voor Economische en Sociale Geografie*, 1998, 3(79):175-187.

　[50] Zhang Guanshi, Zheng Duo, Wu Hongjuan. Assessing the Role of High-Speed Rail in Shaping the Spatial Patterns of Urban And Rural Development: A Case of the Middle Reaches of the Yangtze River, China. *Science of the Total Environmment*, 2020, 2:399.

　[51] Zhao XB, Tong SP. Unequal Economic Development in China: Spatial Disparities and Regional Policy Reconsideration, 1985-1995. *Regional Studies*, 2000, 6(34):549-561.

　[52] [英]阿尔弗雷德·马歇尔:《经济学原理》,陈瑞华译,陕西人民出版社 2013 年版。

　[53] [英]埃比尼泽·霍华德:《明日的田园城市》,金经元译,商务印书馆 2000 年版。

　[54] [德]布鲁诺·穆杰里尼编订:《巴赫:平均律钢琴曲集》,李雪梅译,湖南文艺出版社 2001 年版。

　[55] [美]杰拉尔·德迈耶、约瑟夫·斯蒂格利茨:《发展经济学前沿:未来展望》,中国财政经济出版社 2004 年版。

　[56] [美]肯尼斯·巴顿:《运输经济学》,商务印书馆 2006 年版。

　[57] [英]帕特里克·登力维:《民主、官僚制与公共选择——政治科学中的经济学阐释》,张庆东译,中国青年出版社 2004 年版。

　[58] [英]佩里·希克斯等:《整体性政府》,迪莫斯出版社(Demos Press)1997 年版。

　[59] [英]佩里·希克斯、戴安娜·叶等:《圆桌中的治理——整体性政府的策略》,迪莫斯出版社 1999 年版。

　[60] [英]佩里·希克斯、加里·斯多克等:《迈向整体性治理:新的改革议程》,帕尔格雷夫出版社 2002 年版。

　[61] [美]舒尔茨:《论人力资本投资》,北京经济学院出版社 1990 年版。

　[62] [苏格兰]亚当·斯密:《国民财富的性质和原因的研究》,中国华侨出版社 2010 年版。

　[63] 英国培生教育出版亚洲有限公司:《朗文当代高级辞典》第五版,外语教学与研究出版社 2014 年版。

［64］蔡志坚等:《流域生态系统恢复价值评估:CVM 有效性与可靠性改进视角》,中国人民大学出版社 2017 年版。

［65］陈雯:《空间均衡的经济学分析》,商务印书馆 2008 年版。

［66］成长春、杨凤华等:《协调性均衡发展:长江经济带发展新战略与江苏探索》,人民出版社 2016 年版。

［67］成长春、徐长乐、王曼等:《长江经济带世界级产业集群战略研究》,上海人民出版社 2018 年版。

［68］(明)冯梦龙:《东周列国志》,上海古籍出版社 2012 年版。

［69］胡军、覃成林等:《中国区域协调发展机制体制研究》,中国社会科学出版社 2014 年版。

［70］胡少维:《中国区域经济协调发展研究》,中国水利水电出版社 2013 年版。

［71］胡思继:《综合运输工程学》,北京交通大学出版社 2005 年版。

［72］胡序威、周一星、顾朝林等:《中国沿海城镇密集地区空间集聚与扩散研究》,科学出版社 2000 年版。

［73］季羡林:《季羡林读东西方文化》,当代中国出版社 2016 年版。

［74］李杰、陈超美:《Citespace:科技文本挖掘及可视化》(第二版),首都经济贸易大学出版社 2017 年版。

［75］李斯特:《政治经济学的国民体系》,华夏出版社 2009 年版。

［76］李旭东:《生态保护》,中国环境科学出版社 2003 年版。

［77］刘凤岐:《当代西方经济学辞典》,山西人民出版社 1988 年版。

［78］(元)刘谧:《三教平心论》,商务印书馆 1937 年版。

［79］刘世庆等:《长江经济带绿色生态廊道战略研究》,上海人民出版社 2018 年版。

［80］陆大道:《区域发展及其空间结构》,科学出版社 1995 年版。

［81］陆炳炎、杨万钟、徐长乐:《长江经济带发展战略研究》,华东师范大学出版社 1999 年版。

［82］吕思勉:《先秦学术概论》,岳麓书社 2010 年版。

［83］宁可、郝春文:《敦煌的历史与文化》,中国国际广播出版社 2010 年版。

［84］牛风瑞、盛广耀:《三大都市密集区:中国现代化的引擎》,社会科学文献出版 2006 年版。

［85］青海省测绘地理信息局、武汉大学:《三江源头科学考察地图集》,中国地图出版社 2015 年版。

［86］孙立平:《转型与断裂:改革以来中国社会结构的变迁》,清华大学出版社 2004 年版。

［87］唐长春:《长江流域主体功能区建设布局与配套政策研究》,东南大学出版社 2016 年版。

［88］涂智寿:《信息化与区域经济非均衡协同发展研究》,西南财经大学出版社 2013

年版。

[89]王冰:《黄帝内经素问》,广西科学技术出版社2016年版。

[90]温浚源:《〈汉书·文艺志〉讲要》,社会科学文献出版社2018年版。

[91]徐长乐、刘洋、邱蓓丽、徐廷廷:《全球气候变化对长三角河口海岸地区社会经济影响研究》,格致出版社2016年版。

[92]杨凤华:《城市群经济与金融系统耦合机理研究》,苏州大学出版社2013年版。

[93]姚士谋、陈振光、朱英明:《中国城市群》,中国科学技术大学出版社2006年版。

[94]姚士谋:《中国城市群》,中国科学技术大学出版社2001年版。

[95]尹宏祯:《四川内外经济均衡发展》,四川大学出版社2011年版。

[96]于洪俊、宁越敏:《城市地理概论》,安徽科学技术出版社1983年版。

[97]张春玲:《水资源恢复的补偿理论与机制》,黄河水利出版社2006年版。

[98]张秀生、卫鹏鹏:《区域经济理论》,武汉大学出版社2005年版。

[99]张兆安等:《长江经济带与"一带一路"互动研究》,上海人民出版社2018年版。

[100]曾凡军:《基于整体性治理的政府组织协调机制研究》,武汉大学出版社2013年版。

[101]周一星:《城市地理学》,商务印书馆1955年版。

[102]白洁:《长江经济带建设背景下湖北打造世界级产业集群的对策研究》,《湖北社会科学》2017年第7期。

[103]晁静、赵新正等:《长江经济带三大城市群经济差异演变及影响因素——基于多源灯光数据的比较研究》,《经济地理》2019年第5期。

[104]陈昌笃、CHEN Chang-Du:《都江堰地区——横断山北段生物多样性交汇、分化和存留的枢纽地段》,《生态学报》2000年第1期。

[105]陈吉余、陈沈良:《中国河口海岸面临的挑战》,《海洋地质动态》2002年第18期。

[106]陈建军:《长三角区域经济一体化的历史进程与动力结构》,《学术月刊》2008年第8期。

[107]陈明星、李扬等:《胡焕庸线两侧的人口分布与城镇化格局趋势——尝试回答李克强总理之问》,《地理学报》2016年第2期。

[108]陈群元、宋玉祥、喻定权:《城市群发展阶段的划分与评判——以长株潭和泛长株潭城市群为例》,《长江流域资源与环境》2009年第4期。

[109]陈湘满:《论流域开发管理中的区域利益协调》,《经济地理》2002年第5期。

[110]陈修颖、叶华:《牵引空间战略与中国的产业空间结构重组》,《中国软科学》2006年第11期。

[111]陈修颖、陆林:《长江经济带空间结构形成基础及优化研究》,《经济地理》2004年第3期。

[112]成长春:《以生态优先绿色发展为引领推动长江经济带高质量发展》,《求是》

2018 年第 8 期。

［113］成长春：《推动长江经济带高质量发展的几点思考》，《区域经济评论》2018 年第 6 期。

［114］成长春、王曼：《长江经济带世界级产业集群遴选研究》，《南通大学学报》（社会科学版）2016 年第 5 期。

［115］成长春：《长江经济带协调性均衡发展的战略构想》，《南通大学学报》（社会科学版）2015 年第 1 期。

［116］陈长江、成长春：《新时代长江经济带环境污染与治理——基于空间动态模型的分析》，《南通大学学报》（社会科学版）2018 年第 5 期。

［117］程艳、周燕萍、徐长乐：《长江沿岸地区物流产业空间结构分析》，《长江流域资源与环境》2013 第 11 期。

［118］程艳、龙宇、徐长乐：《长江经济带物流产业关联度空间差异研究》，《世界地理研究》2013 年第 1 期。

［119］崔会敏：《整体性治理对我国行政管理体制改革的启示》，《四川行政学院学报》2011 年第 1 期。

［120］段进军：《长江经济带联动发展的战略思考》，《地域研究与开发》2005 年第 1 期。

［121］段学军、邹辉、王磊：《长江经济带建设与发展的体制机制探索》，《地理科学进展》2015 年第 11 期。

［122］段学军、虞孝感、Josef Nipper：《从极化区的功能探讨长江三角洲的扩展范围》，《地理学报》2009 年第 2 期。

［123］方大春：《高铁时代下长三角城市群空间结构重构》，《经济地理》2015 年第 10 期。

［124］方创琳、刘晓丽、蔺雪芹：《中国城市化发展阶段的修正及规律性分析》，《干旱区地理》2008 年第 4 期。

［125］方创琳、周成虎、王振波：《长江经济带城市群可持续发展战略问题与分级梯度发展重点》，《地理科学进展》2015 年第 11 期。

［126］方永恒：《区域产业集群绩效评价研究——以陕西省装备制造业集群为例》，《科技管理研究》2012 年第 12 期。

［127］冯留建、张伟：《习近平人与自然和谐共生的现代化论述探析》，《马克思主义理论学科研究》2018 年第 4 期。

［128］傅钰、钟业喜、冯兴华：《长江经济带陆路交通可达性格局演变研究》，《长江流域资源与环境》2016 年第 1 期。

［129］高建华：《区域公共管理视域下的整体性治理：跨界治理的一个分析框架》，《中国行政管理》2010 年第 11 期。

［130］高洁芝、郑华伟、刘友兆：《基于熵权 TOPSIS 模型的土地利用多功能性诊断》，《长江流域资源与环境》2018 年第 11 期。

［131］龚胜生、张涛、丁明磊、梅琳、吴清、葛履龙、储环：《长江中游城市群合作机制研究》，《中国软科学》2014 年第 1 期。

［132］顾朝林：《城市群研究进展与展望》，《地理研究》2011 年第 5 期。

［133］顾朝林等：《长江三角洲城市群发展展望》，《地理科学》2007 年第 1 期。

［134］寇丹：《整体性治理：政府治理新趋势》，《东北大学学报》（社会科学版）2012 年第 3 期。

［135］郭道久：《协作治理是适合中国现实需求的治理模式》，《政治学研究》2016 年第 1 期。

［136］郭荣朝、苗长虹、夏保林、李军甫：《城市群生态空间结构优化组合模式及对策——以中原城市群为例》，《地理科学进展》2010 年第 3 期。

［137］郭腾云等：《区域经济空间结构理论与方法的回顾》，《地理科学进展》2009 年第 1 期。

［138］国家发展改革委宏观经济研究院课题组：《促进我国的基本公共服务均等化》，《宏观经济研究》2008 年第 5 期。

［139］国家发展改革委国土开发与地区经济研究所课题组、贾若祥、高国力：《地区间建立横向生态补偿制度研究》，《宏观经济研究》2015 年第 3 期。

［140］韩兆柱、翟文康：《大数据时代背景下整体性治理理论应用研究》，《行政论坛》2015 年第 6 期。

［141］郝寿义、程栋：《长江经济带战略背景的区域合作机制重构》，《改革》2015 年第 3 期。

［142］何师元：《长江经济带高技术制造业竞争力的统计评价》，《统计与决策》2015 年第 16 期。

［143］洪银兴：《科技创新中的企业家及其创新行为——兼论企业为主体的技术创新体系》，《中国工业经济》2012 年第 6 期。

［144］侯小菲：《长江经济带一体化发展面临的挑战与应对策略》，《区域经济评论》2015 年第 5 期。

［145］候韵、孙铁山：《中国城市群空间结构的经济绩效》，《经济问题探索》2016 年第 2 期。

［146］胡佳：《整体性治理：地方公共服务改革的新趋向》，《国家行政学院学报》2009 年第 3 期。

［147］胡佳：《迈向整体性治理：政府改革的整体性策略及在中国的适应性》，《南京社会科学》2010 年第 5 期。

［148］胡森林、曾刚、滕堂伟、庄良、刘海猛、孙蓉：《长江经济带产业的集聚与演化——基于开发区的视角》，《地理研究》2020 年第 3 期。

［149］胡象明、唐波勇：《整体性治理：公共管理的新范式》，《华中师范大学学报》（人文社会科学版）2010 年第 1 期。

［150］胡艳、丁玉敏、孟天琦：《长江经济带城市群联动发展机制研究》，《区域经济评论》2016年第3期。

［151］胡艳、汪徐：《长江经济带产业结构优化对区域创新绩效的影响差异分析》，《科技管理研究》2019年第14期。

［152］黄成、吴传清：《长江经济带综合立体交通走廊绿色发展研究》，《区域经济评论》2018年第5期。

［153］黄妍妮、高波、魏守华：《中国城市群空间结构分布与演变特征》，《经济学家》2016年第9期。

［154］黄永春、郑江淮、杨以文、谭洪波：《全球价值链视角下长三角出口导向型产业集群的升级路径研究》，《科技进步与对策》2012年第17期。

［155］蒋录全、吴瑞明等：《产业集群竞争力评价分析及指标体系设计》，《经济地理》2006年第4期。

［156］金凤君、张海荣：《长江经济带交通体系建设与重庆的通道战略》，《西部论坛》2017年第2期。

［157］靖学青：《区域产业转移与产业结构高度化——基于长江经济带的实证研究》，《江西社会科学》2017年第10期。

［158］寇宏伟、陈璋：《中等收入陷阱跨越机制分析——需求规模与技术进步》，《上海经济研究》2020年第2期。

［159］黎绍凯、朱卫平、刘东：《高铁能否促进产业结构升级：基于资源再配置的视角》，《南方经济》2020年第2期。

［160］李昊、范德成、张书华：《中国高铁建设对实体经济发展的溢出效应分析》，《华东经济管理》2020年第4期。

［161］李佳洺、陆大道等：《胡焕庸线两侧人口的空间分异性及其变化》，《地理学报》2017年第1期。

［162］李佳洺、张文忠、孙铁山等：《中国城市群集聚特征与经济绩效》，《地理学报》2014年第4期。

［163］李民、谢炳庚、刘春腊、邓楚雄：《生态与文化协同发展助推长江经济带集中连片贫困地区精准扶贫的思路与对策——以湘西州为例》，《经济地理》2017年第10期。

［164］李秋颖、方创琳、王少剑：《中国省级国土空间利用质量评价：基于"三生"空间视角》，《地域研究与开发》2016年第5期。

［165］李裕瑞、王婧、刘彦随等：《中国"四化"协调发展的区域格局及其影响因素》，《地理学报》2014年第2期。

［166］李文秀：《全球化视角下产业集群的治理与升级》，《武汉大学学报》2006年第3期。

［167］李小建、乔家君：《20世纪90年代中国县际经济差异的空间分析》，《地理学报》2001年第2期。

［168］李月起:《新时代成渝城市群协调发展策略研究》,《西部论坛》2018 年第 3 期。

［169］李泽众、沈开艳:《城市群空间结构对经济高质量发展的影响》,《广东社会科学》2020 年第 2 期。

［170］梁汉媚、方创琳:《中国城市贫困人口动态变化与空间分异特征探讨》,《经济地理》2011 年第 10 期。

［171］梁任敏、蒙昱竹、李振东:《经济地理重塑与区域经济一体化动力机制》,《广西社会科学》2017 年第 1 期。

［172］刘秉镰、胡玉莹:《现代物流影响城市群空间结构的作用机理》,《广东社会科学》2014 年第 4 期。

［173］刘茂松、许鸿文:《论国际分工的反梯度推移演进均衡》,《中国工业经济》2006 年第 2 期。

［174］刘荣增:《我国城镇密集区发展演化阶段的划分与判定》,《城市规划》2003 年第 9 期。

［175］刘世庆、巨栋:《我国流域经济与政区经济协同发展的战略构想》,《工程研究》2018 年第 2 期。

［176］刘世庆、巨栋:《困境与破局:我国流域经济与政区经济协同发展的路径及对策研究》,《当代经济管理》2018 年第 4 期。

［177］刘世庆、巨栋:《长江绿色生态廊道建设总体战略与实现路径研究》,《工程研究》2016 年第 5 期。

［178］刘世庆、巨栋:《共商共建共治共享:协调性均衡推进长江经济带生态保护与修复的战略选择与政策方向》,《开发导报》2019 年第 4 期。

［179］刘涛、曹广忠等:《城镇化与工业化及经济社会发展的协调性评价及规律性探讨》,《人文地理》2010 年第 6 期。

［180］刘卫东、陆大道:《新时期我国区域空间规划的方法论探讨——以"西部开发重点区域规划前期研究"为例》,《地理学报》2005 年第 6 期。

［181］刘友金:《产业集群竞争力评价量化模型研究——GEM 模型解析与 GEM 模型构建》,《中国软科学》2007 年第 9 期。

［182］刘友金、黄鲁成:《产业群集的区域创新优势与我国高新区的发展》,《中国工业经济》2001 年第 2 期。

［183］刘云强、权泉、朱佳玲、王芳:《绿色技术创新、产业集聚与生态效率——以长江经济带城市群为例》,《长江流域资源与环境》2018 年第 11 期。

［184］刘志彪:《经济全球化中的城市功能变化与房地产业发展机遇——以上海为中心的长三角地区为例》,《南京社会科学》2006 年第 3 期。

［185］刘志彪:《攀升全球价值链与培育世界级先进制造业集群——学习十九大报告关于加快建设制造强国的体会》,《北京社会科学》2018 年第 1 期。

［186］刘志彪、陈柳:《长三角区域一体化发展的示范价值与动力机制》,《改革》2018

年第 12 期。

[187]卢文忠、邓菲:《区域经济差距研究的理论综述》,《理论月刊》2005 年第 11 期。

[188]陆大道:《2000 年我国工业生产力布局总图的科学基础》,《地理科学》1986 年第 2 期。

[189]陆大道:《国土开发与经济布局的"T"字型构架与长江经济带可持续发展》,《宏观经济管理》2018 年第 11 期。

[190]陆大道:《关于"点—轴"空间结构系统的形成机理分析》,《地理科学》2002 年第 1 期。

[191]陆大道:《建设经济带是经济发展布局的最佳选择——长江经济带经济发展的巨大潜力》,《地理科学》2014 年第 7 期。

[192]陆大道:《论区域的最佳结构与最佳发展——提出"点—轴系统"和"T"型结构以来的回顾与再分析》,《地理学报》2001 年第 2 期。

[193]陆玉麒:《区域双核结构模式的形成机理》,《地理学报》2002 年第 1 期。

[194]陆玉麒:《论"点—轴"系统理论的科学内涵》,《地理科学》2002 年第 2 期。

[195]陆玉麒、董平:《区域竞合论——区域关系分析的新视角》,《经济地理》2013 年第 9 期。

[196]罗军:《产业集群竞争优势的来源分析》,《地域研究与开发》2007 年第 6 期。

[197]罗来军、文丰安:《长江经济带高质量发展的战略选择》,《改革》2018 年第 6 期。

[198]罗腾飞、邓宏兵:《长江经济带城镇化发展质量测度及时空差异分析》,《统计与决策》2018 年第 1 期。

[199]马仁锋:《长江三角洲区域一体化政策供给及反思》,《学术论坛》2019 年第 5 期。

[200]孟越男、徐长乐:《区域协调性均衡发展理论的指标体系构建》,《南通大学学报》(社会科学版)2020 年第 1 期。

[201]孟越男、徐长乐:《区域协调性均衡发展理论及我国实践》,《甘肃社会科学》2020 年第 4 期。

[202]慕晓飞、雷磊:《东北经济重心演变及区域发展均衡性研究》,《经济地理》2011 年第 3 期。

[203]宁越敏:《论中国城市群的发展和建设》,《区域经济评论》2016 年第 1 期。

[204]彭劲松:《长江上游经济带产业结构调整与布局研究》,《上海经济研究》2005 年第 4 期。

[205]彭情:《基于整体性治理的城市生态环境治理策略研究》,《当代经济》2015 年第 22 期。

[206]彭智敏、向念:《长江经济带地级城市金融发展与碳排放关系研究》,《湖北社会科学》2018 年第 12 期。

[207]彭智敏:《长江经济带综合立体交通走廊的架构》,《改革》2014 年第 6 期。

[208]彭智敏、冷成英:《基于集聚视角的长江经济带各省市制造业比较优势研究》,

《南通大学学报》(社会科学版)2015 年第 5 期。

[209]齐梦溪、鲁晗、曹诗颂等:《基于引力模型的经济空间结构时空演变分析——以河南省为例》,《地理研究》2018 年第 5 期。

[210]仇保兴:《新型工业化、城镇化与企业集群》,《现代城市研究》2004 第 1 期。

[211]任俊霖、李浩、伍新木、李雪松:《基于主成分分析法的长江经济带省会城市水生态文明评价》,《长江流域资源与环境》2016 年第 10 期。

[212]任维德、乔德中:《城市群内府际关系协调的治理逻辑:基于整体性治理》,《内蒙古师范大学学报》(哲学社会科学版)2011 年第 2 期。

[213]任晓红、王钰、但婷:《高铁开通对中小城市经济增长的影响》,《城市问题》2020 年第 1 期。

[214]沈玉芳、张超:《上海与长江中上游地区经济协调发展研究》,《长江流域资源与环境》2000 年第 4 期。

[215]盛毅、王玉林、樊利:《长江经济带世界级产业集群选择与评估》,《区域经济评论》2016 年第 4 期。

[216]石清华:《长江经济带制造业产业同质化及其布局优化》,《商业经济研究》2016 年第 1 期。

[217]史云贵、周荃:《整体性治理:梳理、反思与趋势》,《天津行政学院学报》2014 年第 5 期。

[218]宋东林、魏宝明:《高新技术产业技术创新绩效评价研究——以江苏省为例》,《技术经济与管理研究》2012 年第 9 期。

[219]宋家泰:《城市—区域与城市区域调查研究——城市发展的区域经济基础调查研究》,《地理学报》1980 年第 4 期。

[220]孙博文、李雪松:《国外江河流域协调机制及对我国发展的启示》,《区域经济评论》2015 年第 2 期。

[221]孙斌栋、华杰媛、李琬、张婷麟:《中国城市群空间结构的演化与影响因素——基于人口分布的形态单中心——多中心视角》,《地理科学进展》2017 年第 10 期。

[222]孙晶、许崇正:《空间经济学视角下"经济引力"模型的构建与运用——以 2010 年长三角地区经济数据为例》,《经济学家》2011 年第 7 期。

[223]孙胤社:《大都市区的形成机制及定界——以北京为例》,《地理学报》1992 年第 6 期。

[224]孙一飞:《城镇密集区的界定——以江苏省为例》,《经济地理》1995 年第 3 期。

[225]孙智君、戚大苗:《长江经济带沿江省市新型工业化水平测度》,《区域经济评论》2014 年第 5 期。

[226]覃成林、郑云峰等:《我国区域经济协调发展的趋势及特征分析》,《经济地理》2013 年第 1 期。

[227]覃成林:《区域协调发展机制体系研究》,《经济学家》2011 年第 4 期。

［228］谈佳洁、刘士林:《长江经济带三大城市群经济产业比较研究》,《山东大学学报》(哲学社会科学版)2018 年第 1 期。

［229］谭英俊:《整体性治理视域下地方政府政策执行力提升的新思路》,《学习与实践》2014 年第 12 期。

［230］唐常春、刘华丹:《长江流域主体功能区建设的政府绩效考核体系建构》,《经济地理》2015 年第 11 期。

［231］唐亚林:《从同质化竞争到多样化互补与共荣:泛长三角时代区域治理的理论与实践》,《学术界》2014 年第 5 期。

［232］涂建军、李琪、朱月等:《基于不同视角的长江经济带经济发展差异研究》,《工业技术经济》2018 年第 3 期。

［233］王富喜、孙海燕等:《山东省城乡发展协调性空间差异分析》,《地理科学》2009 年第 3 期。

［234］王姣娥、莫辉辉、金凤君:《中国航空网络空间结构的复杂性》,《地理学报》2009 年第 8 期。

［235］王缉慈:《关于发展创新型产业集群的政策建议》,《经济地理》2004 第 4 期。

［236］王磊、段学军、杨清可:《长江经济带区域合作的格局与演变》,《地理科学》2017 年第 12 期。

［237］王磊、李成丽:《我国中部地区城市群多中心结构的增长效应》,《长江流域资源与环境》2018 年第 10 期。

［238］王磊翟、博文:《长江经济带交通基础设施对经济增长的影响》,《长江流域资源与环境》2018 年第 1 期。

［239］王维:《长江经济带"4E"协调发展时空格局研究》,《地理科学》2017 年第 9 期。

［240］王雅竹、段学军等:《长江经济带经济发展的时空分异及驱动机理研究》,《长江流域资源与环境》2020 年第 1 期。

［241］王业强、魏后凯:《产业特征、空间竞争与制造业地理集中——来自中国的经验证据》,《管理世界》2007 年第 4 期。

［242］王雨飞、倪鹏飞、王光辉:《中国城市群体系空间结构及多中心演变研究》,《江淮论坛》2019 年第 3 期。

［243］王云骏:《中国非政府组织发展的限定性条件分析》,《江海学刊》2009 年第 3 期。

［244］文丰安:《推动新时代长江经济带高质量发展》,《改革》2018 年第 11 期。

［245］魏后凯:《长江经济带发展潜力与两岸合作机会》,《江海学刊》2016 年第 1 期。

［246］魏江、叶波:《企业集群的创新集成:集群学习与挤压效应》,《中国软科学》2002 年第 12 期。

［247］吴常艳等:《长江经济带经济联系空间格局及其经济一体化趋势》,《经济地理》2017 年第 7 期。

［248］吴传清、周西一敏:《长江经济带产业结构合理化、高度化和高效化研究》,《区域

经济评论》2020 年第 2 期。

[249]吴传清、龚晨:《长江经济带沿线省市的工业集聚水平测度》,《改革》2015 年第 10 期。

[250]吴传清、黄磊、文传浩:《长江经济带技术创新效率及其影响因素研究》,《中国软科学》2017 年第 5 期。

[251]吴康、韦玉春:《20 世纪 90 年代以来江苏区域发展均衡性的测度分析》,《地理科学进展》2008 年第 1 期。

[252]吴威:《长江经济带航空运输发展格局及对策建议》,《经济地理》2018 年第 2 期。

[253]习近平:《在深入推动长江经济带发展座谈会上的讲话》,《当代党员》2018 年第 13 期。

[254]习近平:《在庆祝改革开放 40 周年大会上的讲话》,《求是》2018 年第 24 期。

[255]席酉民、刘静静、曾宪聚等:《国外流域管理的成功经验对雅砻江流域管理的启示》,《长江流域资源与环境》2009 年第 7 期。

[256]肖家祥、黎志成:《基于组合赋权法的产业集群竞争力评价》,《统计与决策》2005 年第 4 期。

[257]肖营:《人口红利、技术进步与中等收入陷阱——来自中国经验的实证》,《商业经济研究》2020 年第 6 期。

[258]熊剑平、刘承良、袁俊:《国外城市群经济联系空间研究进展》,《世界地理研究》2006 年第 1 期。

[259]熊兴、余兴厚、蒲坤明:《长江经济带基本公共服务综合评价及其空间分析》,《华东经济管理》2019 年第 1 期。

[260]徐长乐:《建设长江经济带的产业分工与合作》,《改革》2014 年第 6 期。

[261]徐长乐、孟越男:《长江经济带产业分工合作与江苏作为》,《南通大学学报》(社会科学版)2015 年第 3 期。

[262]徐长乐、徐廷廷、孟越男:《长江经济带产业分工合作现状、问题及发展对策》,《长江流域资源与环境》2015 年第 10 期。

[263]徐长乐、郇亚丽:《高铁时代到来的区域影响和意义》,《长江流域资源与环境》2011 年第 6 期。

[264]徐娟等:《长江经济带地区经济增长驱动因素分析》,《宏观经济研究》2018 年第 2 期。

[265]徐俊武、肖晓勇:《湖北长江经济带区域合作问题研究——基于制度变迁理论的视角》,《学习与实践》2009 年第 12 期。

[266]徐康宁:《开放经济中的产业集群与竞争力》,《中国工业经济》2001 年第 11 期。

[267]徐康宁、赵波、王绮:《长三角城市群:形成、争与合作》,《南京社会科学》2005 年第 5 期。

[268]徐琴:《多中心格局下的长三角一体化发展》,《现代经济探讨》2018 年第 9 期。

[269]杨凤华：《长江三角洲城市群发展的阶段判定与路径优化》，《南通大学学报》（社会科学版）2018年第2期。

[270]杨仁发、张殷：《产业集聚与城市生产率——基于长江经济带108个城市的实证分析》，《工业技术经济》2018年第8期。

[271]阳小华：《论中部崛起战略的理论基础》，《江汉论坛》2007年第11期。

[272]颜炳祥、王立新：《全球化背景下的我国汽车产业集群竞争力研究》，《科技进步与对策》2007年第9期。

[273]颜炳祥、任荣明、扬中华：《汽车产业集群竞争力评价模型研究——以长三角地区汽车产业集群为例》，《科技进步与对策》2008年第4期。

[274]严重敏：《区域开发中城镇体系的理论与实践》，《地理学与国土研究》1985年第2期。

[275]姚士谋、李广宇等：《我国特大城市协调性发展的创新模式探究》，《人文地理》2012年第5期。

[276]叶璇：《整体性治理国内外研究综述》，《当代经济》2012年第3期。

[277]叶裕民、陈丙欣：《中国城市群的发育现状及动态特征》，《城市问题》2014年第4期。

[278]易承志：《跨界公共事务、区域合作共治与整体性治理》，《学术月刊》2017年第11期。

[279]虞孝感、王磊：《极化区功能识别与评价指标研究》，《长江流域资源与环境》2011年第7期。

[280]余波、郭敖鸿：《论人口控制政策对突破低水平均衡陷阱的促进作用》，《人口学刊》2012年第4期。

[281]张桅、胡艳：《长三角地区创新型人力资本对绿色全要素生产率的影响——基于空间杜宾模型的实证分析》，《中国人口·资源与环境》2020年第9期。

[282]张丹宁、唐晓华：《产业网络视角下大企业集群结构与演进研究》，《科技进步与对策》2012年第11期。

[283]张凡、宁越敏、娄曦阳：《中国城市群的竞争力及对区域差异的影响》，《地理研究》2019年第7期。

[284]张辉：《产业集群竞争力的内在经济机理》，《中国软科学》2003年第1期。

[285]张建清、王艳慧：《长江中游城市群基本公共服务均等化现状评价与对策研究》，《当代经济管理》2016年第1期。

[286]张萍：《冲突与合作：长江经济带跨界生态环境治理的难题与对策》，《湖北社会科学》2018年第11期。

[287]赵琳、徐廷廷、徐长乐：《长江经济带经济演进的时空分析》，《长江流域资源与环境》2013年第7期。

[288]曾忠禄：《产业集群与区域经济发展》，《南开经济研究》1997年第1期。

[289]郑莉文:《我国城市群空间发展模式及协调机制研究》,《国土与自然资源研究》2018 年第 1 期。

[290]钟茂初:《"人与自然和谐共生"的学理内涵与发展准则》,《学习与实践》2018 年第 3 期。

[291]钟茂初:《长江经济带生态优先绿色发展的若干问题分析》,《中国地质大学学报》(社会科学版)2018 年第 11 期。

[292]邹卫星、周立群:《区域经济一体化进程剖析:长三角、珠三角与环渤海》,《南京社会科学》2010 年第 10 期。

[293]周韬:《基于分工与价值链的城市群空间组织机理研究》,《财会研究》2018 年第 7 期。

[294]朱喜群:《生态治理的多元协同:太湖流域个案》,《改革》2017 年第 2 期。

[295]朱英明:《产业的集群化特征与集群式发展研究——基于中国投入产出的方法》,《数量经济技术经济研究》2006 年第 9 期。

[296]竺乾威:《从新公共管理到整体治理》,《中国行政管理》2008 年第 10 期。

[297]陈群元:《城市群协调发展研究》,东北师范大学博士学位论文,2009 年。

[298]方辉:《长江中游地区三大城市群空间结构优化研究》,华中师范大学博士学位论文,2012 年。

[299]李宁:《长江中游城市群流域生态补偿机制研究》,武汉大学博士学位论文,2018 年。

[300]徐静:《长江经济带城市经济空间联系与功能联系研究》,华东师范大学硕士学位论文,2018 年。

[301]徐廷廷:《长江经济带产业分工合作演化研究》,华东师范大学博士学位论文,2015 年。

[302]张畅:《长江经济带经济运行机制和增长动力分析》,深圳大学硕士学位论文,2017 年。

[303]张聚华:《区域经济非均衡状态下的可持续发展研究》,天津大学博士学位论文,2003 年。

[304]张涛:《长江经济带三大城市群新型城镇化水平测度与发展研究》,重庆工商大学硕士学位论文,2016 年。

[305]钟世坚:《区域资源环境与经济协调发展研究》,吉林大学博士学位论文,2013 年。

[306]周斌:《区域一体化视角下成渝城市群协调发展研究》,浙江大学硕士学位论文,2010 年。

[307]成长春、汤荣光、杨凤华:《长江经济带:走好生态优先绿色发展之路》,《人民日报》2017 年 9 月 18 日。

[308]成长春:《坚持以新发展理念为引领 把长江经济带建设成黄金经济带》,《人民

日报》2020 年 7 月 2 日。

[309] 成长春、臧乃康：《以体制创新推动长江经济带绿色发展》，《光明日报》2018 年 4 月 10 日。

[310] 成长春、冯俊：《"铁腕治江"铸合力 守护长江美丽岸线》，《光明日报》2020 年 12 月 14 日。

[311] 徐长乐等：《高质量发展，"生力军"打好主动仗》，《光明日报》2019 年 9 月 4 日。

[312] 成长春：《以产业绿色转型推动长江经济带绿色发展》，《经济日报》2018 年 3 月 1 日。

[313] 成长春、冯俊、纪红兵、陈婷婷：《破除"重化工围江"促进高质量发展》，《经济日报》2019 年 3 月 16 日。

[314] 成长春、臧乃康、季燕霞：《协同推进长江经济带生态环境保护》，《经济日报》2020 年 8 月 12 日。

[315]《中共中央国务院关于建立更加有效的区域协调发展新机制的意见》，《人民日报》2018 年 11 月 30 日。

[316] 蔡若愚：《长江中游城市群一体化过程漫长》，《中国经济导报》2015 年 4 月 1 日。

[317] 陈同滨：《填补长江流域的大河文明空缺》，《中国文物报》2019 年 7 月 9 日。

[318] 程必定：《创新长江经济带区域合作机制》，《安徽日报》2015 年 6 月 29 日。

[319] 耿金：《构建人类命运共同体 共谋全球生态文明》，《中国社会科学报》2018 年 7 月 11 日。

[320] 罗来军：《共抓大保护促进长江经济带高质量发展》，《中国环境报》2018 年 5 月 7 日。

[321] 彭智敏：《把"共抓大保护"落到实处》，《湖北日报》2018 年 5 月 4 日。

[322] 秦尊文：《推动长江经济带城市群联动发展的思考》，《人民长江报》2018 年 9 月 22 日。

[323] 徐长乐：《探索协调性均衡发展之路》，《经济日报》2016 年 12 月 1 日。

[324] 杨长春：《梯度推移理论是否失败》，《人民日报海外版》2000 年 5 月 18 日。

附录(表)

附表 1-1 1978—2018 年长江经济带 11 省市及全国 GDP

(单位:亿元)

地区 年份	上海	江苏	浙江	安徽	江西	湖北	湖南	重庆	四川	贵州	云南	下游	中游	上游	经济带	全国
1978	272.81	249.24	123.72	114.10	87.00	151.00	146.99	71.70	184.61	46.62	69.05	759.87	384.99	371.98	1516.84	3678.70
1979	286.43	298.55	157.75	127.50	104.20	188.46	178.01	80.98	205.80	55.28	76.83	870.23	470.67	418.89	1759.79	4100.50
1980	311.89	319.80	179.92	141.00	111.15	199.38	191.72	90.68	229.31	60.26	84.27	952.61	502.25	464.52	1919.38	4587.60
1981	324.76	350.02	204.86	170.60	121.30	219.75	209.68	97.20	242.32	67.89	94.13	1050.24	550.73	501.54	2102.51	4935.80
1982	337.07	390.17	234.01	187.10	134.00	241.55	232.52	108.08	275.23	79.39	110.12	1148.35	608.07	572.82	2329.24	5373.40
1983	351.81	437.65	257.09	215.70	144.13	262.58	257.43	120.01	311.00	87.38	120.07	1262.25	664.14	638.46	2564.85	6020.90
1984	390.85	518.85	323.25	265.80	169.11	328.22	287.29	141.64	358.10	108.27	139.58	1498.75	784.62	747.59	3030.96	7278.50
1985	466.75	651.82	429.16	331.40	207.89	396.26	349.95	164.32	421.15	123.92	164.96	1879.13	954.1	874.35	3707.58	9098.90
1986	490.83	744.94	502.47	382.80	230.82	442.04	397.68	184.60	458.23	139.57	182.28	2121.04	1070.54	964.68	4156.26	10376.20
1987	545.46	922.33	606.99	442.60	262.90	517.77	469.44	206.73	530.90	165.50	229.03	2517.38	1250.11	1132.16	4899.65	12174.60

续表

地区 / 年份	上海	江苏	浙江	安徽	江西	湖北	湖南	重庆	四川	贵州	云南	下游	中游	上游	经济带	全国
1988	648.30	1208.85	770.25	546.94	325.83	626.52	584.07	261.27	659.70	211.79	301.09	3174.34	1536.42	1433.85	6144.61	15180.40
1989	696.54	1321.85	849.44	616.25	376.50	717.08	640.80	303.75	745.00	235.84	363.05	3484.08	1734.38	1647.64	6866.1	17179.70
1990	781.66	1416.50	904.69	658.02	428.62	824.38	744.44	327.75	890.95	260.14	451.67	3760.87	1997.44	1930.51	7688.82	18872.90
1991	893.77	1601.38	1089.33	663.60	479.37	913.38	833.30	374.18	1016.31	295.90	517.41	4248.08	2226.05	2203.8	8677.93	22005.60
1992	1114.32	2136.02	1375.70	801.20	572.55	1088.39	986.98	461.32	1177.27	339.91	618.69	5427.24	2647.92	2597.19	10672.35	27194.50
1993	1519.23	2998.16	1925.91	1037.14	723.04	1325.83	1244.71	608.53	1486.08	417.69	783.27	7480.44	3293.58	3295.57	14069.59	35673.20
1994	1990.86	4057.39	2689.28	1320.43	948.16	1700.92	1650.02	833.60	2001.41	524.46	983.78	10057.96	4299.1	4343.25	18700.31	48637.50
1995	2518.08	5155.25	3557.55	1810.70	1169.73	2109.38	2132.13	1123.06	2443.21	636.21	1222.15	13041.58	5411.24	5424.63	23877.45	61339.90
1996	2980.75	6004.21	4188.53	2093.30	1409.74	2499.77	2540.13	1315.12	2871.65	723.18	1517.69	15266.79	6449.64	6427.64	28144.07	71813.60
1997	3465.28	6680.34	4686.11	2669.95	1605.77	2856.47	2849.27	1509.75	3241.47	805.79	1676.17	17501.68	7311.51	7233.18	32046.37	79715.00
1998	3831.00	7199.95	5052.62	2805.45	1719.87	3114.02	3025.53	1602.38	3474.09	858.39	1831.33	18889.02	7859.42	7766.19	34514.63	85195.50
1999	4222.30	7697.82	5443.92	2908.59	1853.65	3229.29	3214.54	1663.20	3649.12	937.50	1899.82	20272.63	8297.48	8149.64	36719.75	90564.40
2000	4812.15	8553.69	6141.03	2902.10	2003.07	3545.39	3551.49	1791.00	3928.20	1029.92	2011.19	22408.97	9099.95	8760.31	40269.23	100280.10
2001	5257.66	9456.84	6898.34	3290.13	2175.68	3880.53	3831.90	1976.86	4293.50	1133.27	2138.31	24902.97	9888.11	9541.94	44333.02	110863.10
2002	5795.02	10606.85	8003.67	3569.10	2450.48	4212.82	4151.54	2232.86	4725.01	1243.43	2312.82	27974.64	10814.84	10514.12	49303.6	121717.40
2003	6762.38	12442.87	9705.02	3973.21	2807.41	4757.45	4659.99	2555.72	5333.10	1426.34	2556.02	32883.48	12224.85	11871.18	56979.51	137422.00
2004	8165.38	15136.78	11648.70	4759.30	3469.01	5664.15	5664.37	3048.03	6379.63	1677.80	3081.91	39710.16	14797.53	14187.37	68695.06	161840.20
2005	9365.54	18769.32	13417.68	5350.20	4056.76	6590.19	6596.10	3486.22	7385.10	2005.42	3462.73	46902.74	17243.05	16339.47	80485.26	187318.90
2006	10718.04	21965.61	15718.47	6112.50	4842.96	7670.83	7722.34	3929.67	8690.24	2338.98	3988.14	54514.62	20236.13	18947.03	93697.78	219438.50

续表

地区／年份	上海	江苏	浙江	安徽	江西	湖北	湖南	重庆	四川	贵州	云南	下游	中游	上游	经济带	全国
2007	12668.89	26296.15	18753.73	7360.90	5825.99	9396.62	9454.44	4704.01	10562.39	2884.61	4772.52	65079.67	24677.05	22923.53	112680.25	270232.30
2008	14276.79	31357.00	21462.69	8851.70	7000.28	11413.87	11550.48	5829.86	12601.23	3563.27	5692.12	75948.18	29964.63	27686.48	133599.29	319515.50
2009	15287.56	34905.98	22998.24	10062.82	7702.71	13082.03	13043.86	6576.96	14151.28	3913.27	6169.75	83254.60	33828.6	30811.26	147894.46	349081.40
2010	17436.85	41962.18	27747.65	12359.33	9451.26	15967.61	16037.96	7957.49	17185.48	4602.16	7224.18	99506.01	41456.83	36969.31	177932.15	413030.30
2011	19539.07	49788.2	32363.38	15300.70	11702.82	19632.30	19669.60	10011.40	21026.70	5701.84	8893.12	116991.35	51004.72	45633.06	213629.13	489300.60
2012	20558.98	54870.91	34739.13	17212.10	12948.90	22250.50	22154.23	11409.60	23872.80	6852.20	10309.50	127381.12	57353.63	52444.10	237178.85	540367.40
2013	22264.06	60690.44	37756.58	19229.34	14410.20	24791.83	24621.70	12783.30	26392.10	8086.90	11832.31	139940.42	63823.73	59094.61	262858.76	595244.40
2014	24068.2	66123.71	40173.03	20848.75	15714.63	27379.22	27037.32	14262.60	28536.70	9266.40	12814.60	151213.69	70131.17	64880.30	286225.16	643974.00
2015	25659.18	71255.93	42886.49	22005.63	16723.80	29550.20	28902.21	15717.30	30053.10	10502.60	13619.20	161807.23	75176.21	69892.2	306875.64	689052.10
2016	28183.51	77350.85	47251.36	24407.62	18499.00	32665.40	31551.40	17740.60	32934.54	11776.73	14869.95	177193.34	82715.8	77321.82	337230.96	743585.50
2017	30133.86	85869.76	51768.00	27518.70	20818.50	36522.95	34590.60	19424.73	36980.20	13540.30	16531.30	195290.32	91932.05	86477.06	373699.43	827122.00
2018	32679.90	92595.40	56197.20	30006.80	21984.80	39366.60	36425.80	20363.20	40678.10	14806.50	17881.10	211479.30	97777.2	93728.9	402985.4	900309.00

资料来源:1978—2019年历年各省市统计年鉴及中国统计年鉴,全国统计数据与分省市统计数据略有差异。

附表 1-2 1978—2018 年长江经济带 11 省市及全国常住人口数量

（单位:万人）

地区／年份	上海	江苏	浙江	安徽	江西	湖北	湖南	重庆	四川	贵州	云南	下游	中游	上游	经济带	全国
1978	1104.00	5834.33	3750.96	4713.00	3150.41	4574.90	5165.91	1330.98	7071.90	2686.40	3058.00	15402.29	12891.22	14147.28	42440.79	96259.00
1979	1137.00	5892.55	3792.33	4803.00	3172.27	4632.78	5223.05	1324.94	7120.50	2730.99	3113.10	15624.88	13028.10	14289.53	42942.51	97542.00
1980	1152.00	5938.19	3826.58	4893.00	3249.59	4684.45	5280.95	1349.49	7154.80	2776.67	3154.10	15809.77	13214.99	14435.06	43459.82	98705.00

续表

年份 \ 地区	上海	江苏	浙江	安徽	江西	湖北	湖南	重庆	四川	贵州	云南	下游	中游	上游	经济带	全国
1981	1168.00	6010.24	3871.51	4957.00	3291.00	4740.35	5360.05	1365.49	7215.60	2826.78	3198.10	16006.75	13391.40	14605.97	44004.12	100072.00
1982	1186.00	6088.94	3924.32	5016.00	3348.34	4800.92	5452.12	1379.89	7300.40	2875.21	3252.90	16215.26	13601.38	14808.40	44625.04	101654.00
1983	1201.00	6134.99	3963.10	5056.00	3384.30	4835.34	5509.43	1388.99	7336.90	2901.46	3307.00	16355.09	13729.07	14934.35	45018.51	103008.00
1984	1217.00	6171.43	3993.09	5103.00	3420.58	4876.07	5561.32	1394.48	7364.00	2931.85	3351.50	16484.52	13857.97	15041.83	45384.32	104357.00
1985	1233.00	6213.48	4029.56	5156.00	3483.84	4980.80	5622.49	1405.52	7419.30	2972.18	3395.10	16632.04	14087.13	15192.10	45911.27	105851.00
1986	1249.00	6269.90	4070.07	5217.00	3509.35	5047.80	5695.73	1427.46	7511.90	3025.86	3449.50	16805.97	14252.88	15414.72	46473.57	107507.00
1987	1265.00	6348.00	4121.19	5287.00	3558.95	5120.30	5782.61	1447.64	7613.20	3072.58	3507.00	17021.19	14461.86	15640.42	47123.47	109300.00
1988	1288.00	6438.27	4169.85	5377.00	3633.44	5184.90	5915.68	1460.11	7716.40	3127.27	3564.00	17273.12	14734.02	15867.78	47874.92	111026.00
1989	1311.00	6535.85	4208.88	5469.00	3695.15	5258.80	6013.62	1466.29	7803.20	3171.00	3621.00	17524.73	14967.57	16061.49	48553.79	112704.00
1990	1334.00	6766.90	4238.00	5661.00	3778.43	5439.30	6110.89	1483.68	7892.50	3267.53	3689.30	17999.90	15328.62	16333.01	49661.53	114333.00
1991	1350.00	6843.70	4269.50	5737.00	3837.64	5512.30	6166.33	1492.50	7947.80	3314.63	3756.40	18200.20	15516.27	16511.33	50227.80	115823.00
1992	1365.00	6911.20	4304.40	5794.00	3888.87	5579.90	6207.78	1496.96	7992.20	3360.96	3806.90	18374.60	15676.55	16657.02	50708.17	117171.00
1993	1381.00	6967.27	4334.80	5825.00	3939.57	5653.50	6245.58	1503.65	8037.40	3408.69	3858.40	18508.07	15838.65	16808.14	51154.86	118517.00
1994	1398.00	7020.54	4363.70	5889.00	3990.74	5718.80	6302.58	1512.41	8098.70	3458.41	3912.20	18671.24	16012.12	16981.72	51665.08	119850.00
1995	1414.00	7066.02	4389.00	5923.00	4038.99	5772.10	6392.00	1520.41	8161.20	3508.08	3964.40	18792.02	16203.09	17154.09	52149.20	121121.00
1996	1451.00	7110.16	4413.00	5957.00	4084.00	5825.10	6428.00	2875.30	8215.40	3555.41	4015.60	18931.16	16337.10	18661.71	53929.97	122389.00
1997	1489.00	7147.86	4434.80	5992.00	4127.90	5872.60	6465.00	2873.36	8264.70	3605.81	4067.80	19063.66	16465.50	18811.67	54340.83	123626.00
1998	1527.00	7182.46	4456.20	6016.00	4170.77	5907.20	6502.00	2870.75	8315.70	3657.60	4118.90	19181.66	16579.97	18962.95	54724.58	124761.00
1999	1567.00	7213.13	4475.40	6051.00	4211.19	5938.00	6532.00	2860.37	8358.60	3710.06	4168.10	19306.53	16681.19	19097.13	55084.85	125786.00

续表

地区／年份	上海	江苏	浙江	安徽	江西	湖北	湖南	重庆	四川	贵州	云南	下游	中游	上游	经济带	全国
2000	1608.60	7327.24	4679.91	6093.00	4128.97	5646.00	6562.05	2848.82	8234.80	3755.72	4216.60	19708.75	16337.02	19055.94	55101.71	126743.00
2001	1668.33	7358.52	4728.80	6128.00	4167.16	5658.00	6595.85	2829.21	8143.00	3798.51	4264.10	19883.65	16421.01	19034.82	55339.48	127627.00
2002	1712.97	7405.50	4776.40	6144.00	4204.10	5672.00	6628.50	2814.83	8110.00	3837.28	4310.25	20038.87	16504.60	19072.36	55615.83	128453.00
2003	1765.84	7457.70	4856.80	6163.00	4238.32	5685.00	6662.80	2803.19	8176.00	3869.66	4354.35	20243.34	16586.12	19203.20	56032.66	129227.00
2004	1834.98	7522.95	4925.20	6228.00	4268.90	5698.00	6697.70	2793.32	8090.00	3903.70	4395.40	20511.13	16664.60	19182.42	56358.15	129988.00
2005	1890.26	7588.24	4990.90	6120.00	4297.41	5710.00	6732.10	2798.00	8212.00	3730.00	4432.80	20589.40	16739.51	19172.80	56501.71	130756.00
2006	1964.11	7655.66	5071.80	6110.00	4325.19	5693.00	6768.10	2808.00	8169.00	3690.00	4466.70	20801.57	16786.29	19133.70	56721.56	131448.00
2007	2063.58	7723.13	5154.90	6118.00	4353.77	5699.00	6805.70	2816.00	8127.00	3632.00	4498.50	21059.61	16858.47	19073.50	56991.58	132129.00
2008	2140.65	7762.48	5212.40	6135.00	4384.26	5711.00	6845.20	2839.00	8138.00	3596.00	4528.50	21250.53	16940.46	19101.50	57292.49	132802.00
2009	2210.28	7810.27	5275.50	6131.00	4416.13	5720.00	6900.20	2859.00	8185.00	3537.00	4557.00	21427.05	17036.33	19138.00	57601.38	133450.00
2010	2302.66	7869.34	5446.51	5957.00	4447.20	5723.80	7089.53	2884.62	8041.80	3479.00	4586.00	21575.51	17260.53	18991.72	57827.76	134091.00
2011	2347.46	7898.80	5463.00	5968.00	4475.34	5758.00	7135.60	2919.00	8050.00	3469.00	4616.32	21677.26	17368.94	19054.32	58100.52	134735.00
2012	2380.43	7919.98	5477.00	5988.00	4496.18	5779.00	7179.87	2945.00	8076.20	3484.07	4645.00	21765.41	17455.05	19150.27	58370.73	135404.00
2013	2415.15	7939.49	5498.00	6030.00	4513.04	5799.00	7147.28	2970.00	8107.00	3502.22	4672.80	21882.64	17459.32	19252.02	58593.98	136072.00
2014	2425.68	7960.06	5508.00	6083.00	4532.15	5816.00	7202.29	2991.40	8140.20	3508.04	4700.30	21976.74	17550.44	19339.94	58867.12	136782.00
2015	2415.27	7976.30	5539.00	6144.00	4553.90	5851.50	7242.02	3016.55	8204.00	3529.50	4727.85	22074.57	17647.42	19477.90	59199.89	137462.00
2016	2419.70	7998.60	5590.00	6196.00	4578.90	5885.00	7318.81	3048.43	8262.00	3555.00	4756.15	22204.30	17782.71	19621.58	59608.59	138271.00
2017	2418.33	8029.30	5657.00	6255.00	4607.16	5902.00	7296.26	3075.16	8302.00	3580.00	4785.50	22359.63	17805.42	19742.66	59907.71	139008.00
2018	2424.00	8050.70	5737.00	6323.60	4648.00	5917.00	7326.62	3101.79	8341.00	3600.00	4815.00	22535.30	17891.62	19857.79	60284.71	139538.00

附表 1-3　1998—2018 年长江经济带 110 个地级及以上城市人均 GDP（单位：元）

（单位：元）

年份 地区	1998	1999	2000	2001	2002	2003	2004	2005	2006	2007	2008	2009	2010	2011	2012	2013	2014	2015	2016	2017	2018
上海市	25405	27293	30307	32089	34277	38878	45353	50282	55615	62909	67916	70273	77275	84037	86969	92852	99438	106009	116582	126634	134982
江苏省	10024	10672	11674	12852	14323	16685	20121	24735	28692	34049	40396	44692	53324	63033	69282	76441	83069	89335	96705	106946	115168
南京市	16010	17535	19838	22197	24816	29780	35770	36112	40072	45743	50327	55290	66132	76263	89816	100307	109194	119883	129194	141103	152886
无锡市	24042	25891	27109	30526	35087	41616	51123	51592	58586	66454	74877	81728	91943	106183	115468	122318	128756	133515	143985	160706	174270
徐州市	6159	6583	694	7579	8297	9401	11691	13974	16795	20173	24521	27772	34421	41852	47388	53263	58308	62246	67701	75611	76915
常州市	14842	15834	17635	19704	22215	26149	32031	32467	38256	44997	52249	57815	68365	78758	86538	96547	106329	114308	124889	140435	149277
苏州市	21733	23592	26692	30384	35733	47693	46619	56142	63131	69910	79825	84894	94430	103739	115891	124872	132131	139127	148146	162388	173765
南通市	7814	8359	9176	10078	11073	12584	16442	20406	24730	30252	36575	40671	48705	56810	63488	71743	78771	85712	94304	105903	115320
连云港市	4916	5209	5512	5884	6427	7141	8579	10910	13204	15706	18618	21310	27179	32384	36819	41403	44757	48977	53626	58577	61332
淮安市	4422	4080	5716	6422	7267	7889	9277	10683	12278	16612	20500	23277	29034	35181	40305	46418	51213	57032	63083	67909	73204
盐城市	5879	6311	6664	7215	7884	8740	10427	13573	14647	18879	22359	25553	31819	38222	43549	48859	53713	58993	64065	70216	75987
扬州市	8997	9552	10515	11091	12044	13949	16908	21911	25336	30730	37299	41910	50401	59722	66615	75354	83821	90965	100644	112559	120944
镇江市	13943	14757	15887	17509	19241	21997	24737	30319	35357	42215	49698	55428	65305	75556	85651	95653	104352	112225	122686	125962	126906
泰州市	6873	7380	8340	9279	10468	12102	15021	18521	22449	26781	31708	36117	44630	53095	59225	67160	73825	80739	89785	102058	109988
宿迁市	3366	3662	3979	4377	4826	5400	6462	7901	9767	12077	15091	17460	22615	27839	31827	36674	40322	44275	48797	53317	55906
浙江省	11338	12164	13122	14588	16757	19982	23651	26884	30992	36380	41176	43594	50946	59241	63427	68673	72936	77426	84528	91511	98643
杭州市	18611	19961	22342	25074	28150	32819	39293	44871	51878	61258	60414	63471	70024	80689	89323	95190	103813	112268	124286	134607	140180
宁波市	17832	18946	21208	24213	27541	32639	39174	44156	51460	61067	69997	73998	90175	78884	86228	93176	97430	102374	147537	124017	132603
温州市	9423	10186	11276	12637	14357	16558	18846	21335	24390	28387	31555	32595	37359	43132	45906	49817	47118	50790	62618	59306	65055

年份\地区	1998	1999	2000	2001	2002	2003	2004	2005	2006	2007	2008	2009	2010	2011	2012	2013	2014	2015	2016	2017	2018
嘉兴市	13149	13947	15845	17694	20402	24755	30062	34668	40162	38247	43081	44842	52489	59850	64229	69502	73458	76850	83968	94510	103858
湖州市	11393	11769	12733	15031	16454	19102	22966	25030	29527	34596	40089	42942	50149	58349	63714	65871	66917	70894	86438	82952	90304
绍兴市	14182	15107	16586	18997	21414	25115	30254	33283	38540	45244	50909	54309	63770	75820	82966	89911	86136	90003	107905	101588	107853
金华市	9899	10328	11436	12577	14210	16823	20532	23552	27242	32191	36782	38436	45457	52657	57920	63001	67654	71391	76782	79626	84152
衢州市	5708	5934	6415	7172	8136	9754	11437	13370	15726	19371	23365	25116	30369	36789	38597	41885	43740	53847	58281	61250	66936
舟山市	9869	10779	12353	13676	14910	17679	23838	28936	34682	42259	50683	55311	66581	79765	87883	95726	88746	95113	127506	104811	112490
台州市	9399	10173	11257	13651	15620	18041	21177	22438	26026	30366	34374	35489	41777	47779	49438	53222	56208	58917	65104	72912	79541
丽水市	4718	7270	5515	6393	7434	8835	10582	12189	14105	19022	22053	21139	24913	30643	34132	37343	49459	51676	45293	59674	63611
安徽省	4663	4807	4763	5369	5809	6447	7642	8742	10004	12032	14428	16413	20748	25638	28744	31889	34274	35816	39393	43995	47712
合肥市	6377	6880	7481	9632	9274	10720	13378	19512	23203	27566	34482	41543	54796	48563	55186	61555	67394	73102	80136	91113	97470
芜湖市	8442	8954	9224	10292	11109	12786	15649	18065	21045	25933	33024	39142	49013	44626	52453	58532	64039	67592	73715	83234	88085
蚌埠市	5420	5491	4786	5338	5564	6269	7906	9465	11132	12818	13632	14803	20223	24594	27999	31482	35542	38267	41855	46233	50662
淮南市	6017	6239	6162	6512	7275	8082	9346	11232	12876	15699	18884	22169	26287	30400	33489	34897	33361	26398	27990	32017	32487
马鞍山市	10067	10537	10040	11559	12768	15638	21640	30001	34040	42063	49824	51927	60712	52108	56306	58733	60091	60802	65833	75932	83300
淮北市	4882	5254	5125	5436	5905	6541	8351	10252	11015	12675	17029	18096	22309	26239	29285	32996	35324	35057	36427	41885	43962
铜陵市	9554	10064	10064	11556	12629	14921	19394	25884	34310	40116	44870	46765	64496	79704	84819	92599	97193	57387	59960	72539	75524
安庆市	4164	4155	4210	4387	4726	5299	6566	7331	8758	10589	12596	14242	18647	22893	25592	26596	28808	31101	33294	36922	41088
黄山市	4969	5319	5547	6017	6588	7380	9133	11254	13441	15427	16867	17981	22791	27967	31454	34725	37306	38794	41905	46943	48579
滁州市	5600	8738	6060	6221	6542	6960	8518	7942	9069	10814	12623	14002	17693	21634	24650	27474	30562	32634	35302	39599	43999
阜阳市	3101	3879	2299	2269	2348	2407	3089	3761	4483	5515	6475	7288	9528	11202	12617	13839	15303	16121	17642	19536	21589
宿州市	3514	3403	3101	3330	3544	3725	4837	5453	6276	7468	8982	9545	12195	14971	17032	18768	20895	22415	24270	26722	28757
六安市	2745	2780	2594	2722	2943	3127	4136	5094	5824	7216	8768	9281	12074	14592	16270	17828	19211	21524	23298	25465	26731
亳州市	4125	4171	3059	3108	3239	3420	4299	5093	5835	6718	7918	8477	10615	12868	14642	16071	17769	18771	20611	23051	24547

续表

年份 / 地区	1998	1999	2000	2001	2002	2003	2004	2005	2006	2007	2008	2009	2010	2011	2012	2013	2014	2015	2016	2017	2018
池州市	3793	3726	3789	4018	4332	4876	6121	7378	9066	10949	14147	17295	21476	26446	29471	32541	36267	38014	40919	45238	46865
宣城市	7444	6320	5846	6144	6633	7553	8793	9572	11202	13077	15954	16774	20779	26428	29687	32929	35726	37610	40740	45582	50065
江西省	4124	4402	4851	5221	5829	6624	8126	9440	11197	13381	15967	17442	21252	26150	28800	31930	34674	36724	40401	45187	47434
南昌市	9584	10074	10861	11974	13475	15501	18418	21530	24966	28925	34078	37127	44394	53580	59317	65671	71094	76104	82360	88967	95825
景德镇市	5491	5818	6464	7027	7925	9485	10948	12629	14582	16899	20672	23174	29155	35421	39151	42186	45438	47216	51561	52910	50723
萍乡市	4756	5166	5676	6134	6758	8089	9526	12259	14544	17241	21053	22685	28106	3535	39186	42515	45867	48133	52516	55767	52307
九江市	3797	4241	4771	5158	5814	6760	7874	9325	10952	12754	15514	17699	21862	26464	29785	33756	37097	39645	43502	49659	55274
新余市	5600	5900	6420	7188	8848	10694	13099	16038	19279	25127	36465	42828	55538	68155	72266	73275	77730	81354	88548	94165	86791
鹰潭市	3674	4676	5207	5623	6221	7491	8992	11452	13217	20156	23240	23106	30769	37834	42449	48833	53011	55568	61710	68833	69923
赣州市	3047	9395	3407	3606	3880	4293	5263	6134	7098	8487	10089	11201	13397	15895	17873	20331	21708	23148	25761	29308	32429
吉安市	3116	6076	3663	3633	3932	4480	5591	6477	7507	8559	10571	12137	15002	18202	20755	23521	25486	27168	29888	33134	35202
宜春市	3595	3313	3875	3952	4252	4754	5477	6995	8275	9478	11443	12769	16080	19823	22855	25903	27764	29457	32269	36475	39199
抚州市	3147	3234	3814	3685	4017	4496	5410	6894	8197	9570	11377	12923	16134	18907	20893	23903	26119	27735	30381	33688	34226
上饶市	2508	6849	3056	3424	3524	4048	4787	6130	7082	8228	9724	11184	13729	16838	19103	21213	23280	24698	26996	30372	32555
湖北省	5272	5438	6279	6858	7427	8368	9941	11541	13474	16488	19986	22871	27897	34096	38502	42752	47076	50500	55506	61882	66616
武汉市	13765	14751	15082	16515	17971	19569	23148	26548	30921	36347	46035	51114	58961	68315	79482	89000	98000	104132	111469	123831	135136
黄石市	7000	7254	7562	8843	9945	10946	12614	14358	16044	19409	22980	37336	28481	38075	42703	46750	49796	50053	53033	59943	64249
十堰市	5250	4916	5602	6317	7223	7573	9026	9415	10446	12745	13884	17015	22054	25427	27622	32094	35615	38431	41923	47757	51315
宜昌市	9462	9000	8993	10323	11174	11891	14802	15253	17190	20355	25445	48593	38181	52673	61517	68846	76369	82360	89978	93331	98269
襄阳市	6200	6500	6881	7129	7689	8281	9641	10844	12421	14478	18458	22071	27969	38671	45167	47294	55924	60319	65663	71990	72085
鄂州市	7500	8000	8572	9857	10755	12066	13519	13908	16367	20263	26142	31310	37943	46756	53192	59791	64851	68921	74983	84452	93317
荆门市	6835	6566	6865	7337	7742	8404	9581	10831	12211	14668	18084	21073	25509	32765	37649	41668	45378	47999	52470	57357	63700
孝感市	3200	3500	3890	5708	6209	6812	7505	7660	8662	10309	12698	16324	16630	19880	20934	25582	27891	29924	32236	35486	38900

续表

年份 地区	1998	1999	2000	2001	2002	2003	2004	2005	2006	2007	2008	2009	2010	2011	2012	2013	2014	2015	2016	2017	2018
荆州市	4000	4366	4799	5237	5666	6136	6766	6158	6844	8093	9663	20265	25829	18288	20912	36941	40379	42714	46163	51923	36900
黄冈市	3741	4188	4576	4735	4932	5234	4487	5687	6265	6938	8872	9670	13355	18550	21060	24577	25918	27778	30230	34382	34665
咸宁市	4094	3784	4818	5218	5638	6246	7384	7372	9326	11445	14299	17969	21129	26448	31285	35166	38770	41234	44174	48798	53655
随州市	5000	5155	5465	5046	5735	6280	7574	8701	9870	11715	14359	22457	18381	23914	27163	30377	33156	35900	38801	42414	45700
湖南省	4653	4921	5412	5810	6263	6994	8457	9798	11410	13892	16874	18904	22622	27565	30856	34449	37540	39909	43110	47409	52949
长沙市	9939	10834	11699	13149	13747	17164	20625	23968	27982	33711	45765	56620	66443	79530	89903	99055	107683	115443	123681	135388	136920
株洲市	6489	6925	7949	8806	9644	10707	12635	14497	16526	20387	24563	27536	33604	40431	45235	49723	54741	58661	62081	62953	65442
湘潭市	5603	5912	6688	7584	9340	9738	11891	13604	15455	19171	23673	26608	32321	40753	46249	51717	55968	60430	65946	72256	75609
衡阳市	4054	4396	5011	5535	5907	6754	8204	8899	10057	12232	14858	17299	20419	24231	27258	30030	32934	35538	39233	43233	42163
邵阳市	2738	2897	2939	3527	3574	4338	4828	5399	6106	7074	8332	8857	10468	12797	14406	15727	17498	19156	20987	23018	24178
岳阳市	5401	5774	6544	7237	8616	9860	11738	12532	14331	17799	21410	24543	28849	34629	39968	43953	47862	51429	54832	54663	59165
常德市	5049	5207	5846	7221	7421	9229	10332	11811	13338	15901	19201	22496	26551	31644	35475	39169	43215	46408	50543	55404	58160
张家界市	3155	3541	4040	4524	4663	5765	6766	7588	8677	10201	12238	13517	16238	20082	22658	24259	27051	29425	32300	35442	37719
益阳市	3513	3668	4022	4382	5074	5840	6293	7130	8082	10020	12223	14071	16839	20496	23572	25773	28896	30776	33772	37745	39937
郴州市	4269	4705	5305	6058	6317	7676	9333	11073	12517	14861	16668	19059	24015	29305	32848	36256	39999	42682	46691	49514	50482
永州市	3197	3494	3676	4175	4780	5607	6546	7139	8103	9887	11554	12471	14874	18168	20239	22210	24295	26222	28845	31585	33035
怀化市	3732	3548	4241	4462	4721	5621	6521	6564	7355	9045	10950	12041	14371	17816	21018	23285	24368	26060	28269	30445	30449
娄底市	3771	10337	4477	4820	4720	5634	7120	8193	9330	11493	13509	14454	17569	22362	26367	29249	31509	33444	36008	39555	39249
重庆市	5579	5804	6274	6963	7912	9098	10893	12470	14020	16728	20618	23085	27596	34500	38914	43223	47850	52321	58502	63442	65933
四川省	4178	4366	4770	5273	5826	6523	7886	8993	10638	12997	15484	17289	21370	26120	29559	32555	35057	36632	39863	44544	48883
成都市	9686	10446	11471	11779	12993	14632	17158	19670	22445	26849	31203	35215	41253	49438	57624	63977	70019	74273	76960	86911	94782
自贡市	4382	4543	4827	5217	5755	6432	9075	9924	11576	14166	17348	19273	23612	29102	32787	36746	39145	41447	44481	46182	48329
攀枝花市	10168	10707	11215	12001	13308	15569	17883	21969	25539	30251	37278	36562	43959	53054	60391	65001	70646	75078	82221	92584	94900

续表

年份\地区	1998	1999	2000	2001	2002	2003	2004	2005	2006	2007	2008	2009	2010	2011	2012	2013	2014	2015	2016	2017	2018
泸州市	3512	3519	3582	3835	4133	4634	6182	6753	7819	9474	11831	13591	16698	21339	24317	26848	29655	31714	34977	37020	39230
德阳市	5606	5902	6293	7541	8300	8806	10660	12593	14724	17789	19084	21352	25335	31562	35945	39573	43091	45701	49835	55607	62569
绵阳市	5335	5986	6122	6357	7097	7574	9205	9774	11354	13640	15012	16538	20053	25755	29080	31237	33558	35754	38202	43015	47538
广元市	3042	832	2860	2902	3101	3425	4664	5268	6100	7641	8557	9874	12313	16225	18672	20443	22117	23263	25072	27653	30105
内江市	3251	3188	3456	3820	4242	4761	6156	6432	7598	9432	12309	14175	18022	23062	26341	28735	31024	32080	34667	35521	37885
南充市	2334	2235	2492	2820	3077	3496	5101	5409	6384	8234	9687	10982	13212	16388	18757	21059	22639	22881	25871	28516	31203
宜宾市	3374	8344	3972	4505	5053	5665	7151	7890	9560	11874	14489	16163	19499	24433	27865	30093	32318	34060	36735	40868	44604
达州市	2928	2875	3040	3308	3608	4084	5720	6068	7052	8970	10580	11915	14623	18474	20685	22632	24411	24342	25921	28066	29627
巴中市	2486	2567	2438	2482	2718	3051	4161	4237	4705	5632	6806	7549	8219	9925	11278	12556	13756	15076	16405	18148	19458
雅安市	4531	6798	4949	5386	5895	6564	8015	8310	9828	11725	14051	15711	18881	23153	26157	27317	30052	32523	35335	39172	41985
资阳市	2930	3845	2924	3141	3492	3986	5608	6014	7049	8818	11068	12616	16644	22931	27283	30514	33592	35702	37308	40137	42117
眉山市	3547	3600	3678	3968	4396	5113	7094	8012	9202	11340	13716	15509	18586	22791	26168	28934	31664	34379	37227	39605	42155
乐山市	3849	4072	4229	4653	5187	6208	7904	9116	10879	13475	16737	18379	22490	28339	31942	34863	37125	39973	43110	46130	49397
遂宁市	3242	2972	3169	3451	3773	4246	5410	5789	6762	8565	10467	11536	14389	17887	20099	22517	24691	27868	30615	34835	37943
广安市	2777	2753	2901	3150	3488	3950	6081	6566	7483	9054	10862	12140	15588	20572	23410	25933	28489	31046	33130	36034	38520
贵州省	2347	2527	2742	2983	3240	3686	4298	5376	6339	7942	9909	11064	13228	16437	19667	23091	26415	29757	33127	37824	41244
贵阳市	6793	7300	8216	9153	10123	11394	12683	14934	17025	19489	20638	24585	26057	31712	38847	46479	55018	63003	67771	74493	78449
遵义市	2522	2616	2774	3027	3331	3816	4465	5733	6929	8596	10813	12256	14650	18335	22296	25852	30484	35123	38709	44060	47931
毕节市	1668	1794	1769	1831	2004	2223	2740	3200	3711	4580	5761	8140	10550	11295	13569	15953	19369	22230	24544	27690	28794
六盘水市	2733	2929	3143	3385	3800	3956	5051	6892	8363	9847	12944	14452	17462	21522	26402	30770	36228	41618	45325	50136	52059
安顺市	2240	3289	2431	2593	2828	3146	3361	4026	4667	5536	6617	7630	10014	12472	16112	18725	22569	27065	30216	34345	36164
铜仁市	1688	1820	1930	2022	2170	2492	2891	3271	3741	4519	5842	14570	15717	11622	14833	17270	20826	24712	27366	30801	33720
云南省	4446	4558	4770	5015	5366	5870	7012	7812	8929	10609	12570	13539	15752	19265	22195	25322	27263	28806	31265	34545	39707

续表

年份 / 地区	1998	1999	2000	2001	2002	2003	2004	2005	2006	2007	2008	2009	2010	2011	2012	2013	2014	2015	2016	2017	2018
昆明市	14169	12588	13125	13900	14864	16352	18873	17560	19730	22762	25826	28894	33549	38831	46256	52562	56752	60271	64783	71906	76387
曲靖市	3372	8605	3964	4231	4596	5041	6025	7898	9453	11381	13774	14970	17236	20588	23661	26599	27529	27045	29266	31806	32798
玉溪市	16609	19091	14744	13399	13360	13900	15795	17630	18734	21992	26529	28245	32089	37913	43037	47215	50511	52812	55389	59510	62641
保山市	3213	3267	3019	3226	3425	3662	4084	4826	5541	6630	8038	8972	10469	12847	15397	17658	19566	21444	23692	26058	28168
昭通市	5310	5239	2193	2165	2231	2374	2824	3327	3838	4372	5163	6025	7311	8877	10528	11933	12480	13097	14040	15119	15987
丽江市	2459	2634	2811	3026	3329	3712	4687	5327	5810	6984	8301	9863	11680	14279	16870	19661	20663	20724	24116	26368	27128
普洱市	1839	1967	2161	2395	2661	3056	3551	4167	4853	5884	6975	8193	9773	11795	14286	16491	18422	19789	21685	23821	25170
临沧市	2355	2409	2471	2608	2908	3258	3730	4103	4831	5737	6701	7590	8988	11166	14376	16839	18710	20077	21906	23942	24892
下游	9847	10500	11370	12524	13960	16244	19360	22780	26207	30903	35739	38855	46120	53970	58525	63950	68806	73300	79801	87341	35491
中游	4740	4974	5570	6022	6553	7371	8880	10301	12055	14638	17688	19857	24018	29365	32858	36556	39960	42599	46515	51631	31276
上游	4095	4267	4597	5013	5513	6182	7396	8522	9902	12019	14494	16100	19466	22949	27386	30695	33547	33883	39407	43802	27060
经济带	6307	6666	7308	8011	8865	10169	12189	14245	16619	19771	23319	25676	30769	36769	40633	44861	48622	51837	56574	62379	22844
全国	6829	7200	7912	8686	9476	10634	12450	14326	16694	20452	24060	26158	30802	36316	39908	43745	47080	50127	53777	59502	18629

资料来源：历年沿江统计年鉴及全国统计年鉴，上中下游及经济带数据为 GDP 总量及常住人口数计算得出。

附表 1-4　1998 年、2018 年长江经济带人均 GDP 增长的区位指向

地区	1998年(基期)	2018年(报告期)	增长幅度	增长率(%)	地区	1998年(基期)	2018年(报告期)	增长幅度	增长率(%)	地区	1998年(基期)	2018年(报告期)	增长幅度	增长率(%)
上海市	25405	134982	109577	431	亳州市	4125	24547	20422	495	重庆市	5579	65933	60354	1082
江苏省	10024	115168	105144	1049	池州市	3793	46865	43072	1136	四川省	4178	48883	44705	1070

续表

地区	1998年(基期)	2018年(报告期)	增长额度	增长率(%)
南京市	16010	152886	136876	855
无锡市	24042	174270	150228	625
徐州市	6159	76915	70756	1149
常州市	14842	149277	134435	906
苏州市	21733	173765	152032	700
南通市	7814	115320	107506	1376
连云港	4916	61332	56416	1148
淮安市	4422	73204	68782	1555
盐城市	5879	75987	70108	1193
扬州市	8997	120944	111947	1244
镇江市	13943	126906	112963	810
泰州市	6873	109988	103115	1500
宿迁市	3366	55906	52540	1561
浙江省	11338	98643	87305	770
杭州市	18611	140180	121569	653
宁波市	17832	132603	114771	644
温州市	9423	65055	55632	590
嘉兴市	13149	103858	90709	690
湖州市	11393	90304	78911	693

地区	1998年(基期)	2018年(报告期)	增长额度	增长率(%)
宣城市	7444	50065	42621	573
江西省	4124	47434	43310	1050
南昌市	9584	95825	86241	900
景德镇	5491	50723	45232	824
萍乡市	4756	52307	47551	1000
九江市	3797	55274	51477	1356
新余市	5600	86791	81191	1450
鹰潭市	3674	69923	66249	1803
赣州市	3047	32429	29382	964
吉安市	3116	35202	32086	1030
宜春市	3595	39199	35604	990
抚州市	3147	34226	31079	988
上饶市	2508	32555	30047	1198
湖北省	5272	66616	61344	1164
武汉市	13765	135136	121371	882
黄石市	7000	64249	57249	818
十堰市	5250	51315	46065	877
宜昌市	9462	98269	88807	939
襄阳市	6200	72085	65885	1063

地区	1998年(基期)	2018年(报告期)	增长额度	增长率(%)
成都市	9686	94782	85096	879
自贡市	4382	48329	43947	1003
攀枝花	10168	94900	84732	833
泸州市	3512	39230	35718	1017
德阳市	5606	62569	56963	1016
绵阳市	5335	47538	42203	791
广元市	3042	30105	27063	890
内江市	3251	37885	34634	1065
南充市	2334	31203	28869	1237
宜宾市	3374	44604	41230	1222
达州市	2928	29627	26699	912
巴中市	2486	19458	16972	683
雅安市	4531	41985	37454	827
资阳市	2930	42117	39187	1337
眉山市	3547	42155	38608	1088
乐山市	3849	49397	45548	1183
遂宁市	3242	37943	34701	1070
广安市	2777	38520	35743	1287
贵州省	2347	41244	38897	1657

地区	1998年(基期)	2018年(报告期)	增长额度	增长率(%)
绍兴市	14182	107853	93671	660
金华市	9899	84152	74253	750
衢州市	5708	66936	61228	1073
舟山市	9869	112490	102621	1040
台州市	9399	79541	70142	746
丽水市	4718	63611	58893	1248
安徽省	4663	47712	43049	923
合肥市	6377	97470	91093	1428
芜湖市	8442	88085	79643	943
蚌埠市	5420	50662	45242	835
淮南市	6017	32487	26470	440
马鞍山	10067	83300	73233	727
淮北市	4882	43962	39080	800
铜陵市	9554	75524	65970	690
安庆市	4164	41088	36924	887
黄山市	4969	48579	43610	878
滁州市	5600	43999	38399	686
阜阳市	3101	21589	18488	596
宿州市	3514	28757	25243	718
六安市	2745	26731	23986	874

地区	1998年(基期)	2018年(报告期)	增长额度	增长率(%)
鄂州市	7500	93317	85817	1144
荆门市	6835	63700	56865	832
孝感市	3200	38900	35700	1116
荆州市	4000	36900	32900	823
黄冈市	3741	34665	30924	827
咸宁市	4094	53655	49561	1211
随州市	5000	45700	40700	814
湖南省	4653	52949	48296	1038
长沙市	9939	136920	126981	1278
株洲市	6489	65442	58953	909
湘潭市	5603	75609	70006	1249
衡阳市	4054	42163	38109	940
邵阳市	2738	24178	21440	783
岳阳市	5401	59165	53764	995
常德市	5049	58160	53111	1052
张家界	3155	37719	34564	1096
益阳市	3513	39937	36424	1037
郴州市	4269	50482	46213	1083
怀化市	3732	30449	26717	716
娄底市	3771	39249	35478	941

地区	1998年(基期)	2018年(报告期)	增长额度	增长率(%)
贵阳市	6793	78449	71656	1055
遵义市	2522	47931	45409	1801
毕节市	1668	28794	27126	1626
六盘水	2733	52059	49326	1805
安顺市	2240	36164	33924	1514
铜仁市	1688	33720	32032	1898
云南省	4446	39707	35261	793
昆明市	14169	76387	62218	439
曲靖市	3372	32798	29426	873
玉溪市	16609	62641	46032	277
保山市	3213	28168	24955	777
昭通市	5310	15987	10677	201
丽江市	2459	27128	24669	1003
普洱市	1839	25170	23331	1269
临沧市	2355	24892	22537	957
下游	9847	35491	25644	260
中游	4740	31276	26535	560
上游	4095	27060	22965	561
经济带	6307	22844	16537	262
全国	6829	18629	11800	173

附表 1-5　2003—2019 年我国高速铁路建设统计表（不完全统计）

开通时间	线路名称	起止点	线路长度(km)	设计时速(km/h)
20031012	秦沈客运专线	秦皇岛—沈阳	404	250
20080418	合宁客运专线	合肥—南京	166	200
20080801	京津城际铁路	北京南—天津	114	350
20081221	胶济客运专线	青岛—济南	363	250
20090401	石太客运专线	石家庄—太原	225	250
20090401	合武快速铁路	合肥—武汉	359	250
20090707	达成铁路复线遂宁段	遂宁—成都	146	200
20090928	甬台温铁路	宁波—温州	275	250
20090928	温福铁路	温州—福州	298	250
20091226	武广客运专线	武汉—广州	1069	350
20091228	郑州客运专线	郑州—西安	505	350
20131230	柳南城际铁路	柳州—南宁	226	250
20131230	广西沿海城际铁路南钦铁路	南宁—钦州	99	250
20131230	广西沿海城际铁路钦防段	钦州—防城港	63	250
20131230	广西沿海城际铁路钦北段	钦州—北海	100	250
20140618	武冈城际铁路	武汉—黄冈	36	250
20140618	武石城际铁路	武汉—黄石	97	250
20140701	宜万铁路宜利段	宜昌—利川	288	200
20140701	大西客运专线太西段	太原—西安	567	250
20140916	沪昆高铁杭长段	杭州—长沙	927	350
20141216	沪昆高铁长新段	长沙—新晃	420	350
20141220	成绵乐城际铁路成江段	成都—江油	152	250
20161116	青荣城际铁路	青岛—荣成	299	250
20161128	渝万城际铁路	重庆北—万州	247	250
20161201	武孝城际铁路	汉口—孝感	62	200
20161226	长潭城际铁路	长沙—湘潭	104	200
20161228	昆玉城际铁路	昆明—玉溪	88	200
20161228	南昆高铁百色段	昆明—百色	486	250
20161228	沪昆高铁昆贵段	昆明南—贵阳南	463	350
20170709	宝兰高铁	宝鸡南—兰州西	401	250
20170803	呼张高铁乌呼段	乌兰察布—呼和浩特	126	250
20170808	长白乌快速铁路	长春北—乌兰浩特	412	200
20170612	武九高铁大冶段	大冶北—枫林	36	250

续表

开通时间	线路名称	起止点	线路长度(km)	设计时速(km/h)
20100426	福厦铁路	福州—厦门	226	250
20100513	成灌城际铁路	成都—都江堰	68	200
20100701	沪宁城际高速铁路	上海—南京	301	350
20100920	昌九城际铁路	南昌—九江	132	250
20101026	沪昆高铁护昌段	上海虹桥—杭州	169	350
20101230	长吉城际铁路	长春—吉林	113	250
20101230	海南东环铁路	海口—三亚	308	250
20110630	京沪高铁	北京南—上海虹桥	1318	380
20111226	广深港高铁广深段	广州—深圳	116	350
20120701	龙厦铁路	龙岩—厦门	171	200
20120701	汉宜铁路	武汉—宜昌	292	200
20141220	成绵乐城际铁路成乐段	成都—峨眉山	162	250
20141226	兰新高铁（第二双线）	兰州—乌鲁木齐	1776	250
20141226	贵广高铁	贵阳—广州	857	300
20141226	南广高铁	南宁—广州	577	250
20150101	兰渝铁路重渭段	重庆北—渭沱	71	200
20150618	沪昆高铁新贵段	新晃西—贵阳北	286	350
20150626	郑焦城际铁路	郑州—焦作	78	250
20150628	合福高铁	合肥—福州	852	300
20150817	哈齐高铁	哈尔滨—齐齐哈尔	282	250
20150901	沈丹高铁	沈阳—丹东	208	250
20150920	吉图珲高铁	吉林—珲春	359	250
20170921	武九高铁枫九段	枫林—九江	97	250
20171206	西成高铁西江段	西安北—江油	658	250
20171226	长株潭城际西线	长沙西—长沙	22	200
20171228	石济高铁石石段	石家庄—齐河	323	250
20171228	莞惠城际铁路常平东道段	常平东—道滘	44	200
20171228	萧淮客运联络线	萧县北站—淮北站	28	250
20171228	衢九铁路	衢州—九江	334	200
20180125	渝贵铁路	重庆西—贵阳北	345	200
20180701	深圳铁路黄湛段	黄略—湛江西	18	200
20180701	深湛铁路江茂段	江门—茂名	266	200
20180701	昆楚大城际铁路	昆明—大理	280	200

续表

开通时间	线路名称	起止点	线路长度(km)	设计时速(km/h)
20121016	合蚌客运专线	合肥—蚌埠	131	350
20120928	石武高铁郑武段	郑州—武汉	483	350
20121201	哈大客运专线	哈尔滨—大连	921	350
20121226	石武高铁石郑段	石家庄—郑州	358	350
20121226	京石客运专线	北京西—石家庄	281	350
20121230	遂渝铁路二线	遂宁—重庆	131	200
20121231	广珠城际铁路	广州—珠海	177	200
20130701	杭甬客运专线	杭州—宁波	150	350
20130701	宁杭客运专线	杭州—南京	256	350
20130911	盘营客运专线	盘锦—营口	89	350
20130926	昌福铁路	南昌—福州	632	200
20150920	京津城际铁路延伸线	天津—于家堡	45	350
20150921	贵广高铁贵龙段	贵阳东—龙里北	54	250
20151206	宁安城际铁路	南京—安庆	257	250
20151210	牡绥铁路牡穆段	牡丹江—穆棱	65	200
20151217	南昆高铁南百段	南宁—百色	224	250
20151226	丹大快速铁路	丹东—大连	292	200
20151226	成渝高铁	成都—重庆	308	350
20151226	兰渝铁路广重段	广元—重庆北	352	200
20151226	赣龙铁路复线	赣州—龙岩	273	200
20151226	新金温铁路	金华—温州	189	200
20151228	津保铁路	天津—保定	158	250
20180923	广深港高铁福九段	福田—西九龙	30	200
20180930	哈佳快速铁路	哈尔滨—佳木斯	343	200
20181225	杭黄铁路	杭州东—黄山北	265	250
20181225	哈牡铁路	哈尔滨—牡丹江	293	250
20181226	济青高铁	济南东—青岛	308	350
20181226	青盐高铁	青岛北—盐城北	429	200
20181226	怀邵衡铁路	怀化南—颜家垄	313	200
20181226	吉玉铁路铜玉段	铜仁—玉屏	48	200
20181228	成蒲铁路	成都西—朝阳湖	99	200
20181229	南龙铁路	南平北—龙岩	247	200
20181231	京沈高铁沈承段	沈阳—承德南	506	350

续表

开通时间	线路名称	起止点	线路长度(km)	设计时速(km/h)
20131201	津秦客运专线	天津西—秦皇岛	261	350
20131228	厦深铁路	厦门—深圳	514	250
20131228	渝利铁路	重庆北—利川	264	200
20131228	武咸城际铁路	武汉—咸宁	91	250
20131228	茂湛城际铁路	茂名—湛江	103	200
20131228	西宝铁路	西安—宝鸡	120	350
20131228	衡柳铁路	衡阳—柳州	1013	200
20151228	牡绥铁路牡绥段	穆棱—绥芬河	74	200
20151230	海南西环铁路	海口—三亚	345	200
20160106	娄邵铁路扩能改造	娄底—邵阳	93	200
20160330	莞惠城际铁路常平小段	常平东—惠州	53	250
20160330	广佛肇城际铁路	广州—肇庆	111	200
20160515	宁启铁路	南京—南通	268	350
20160910	郑徐高铁	郑州—徐州	362	350
20181231	新通高铁	新民北—通辽	197	250
20191201	京港高铁商合段	商丘—合肥	400	350
20191201	郑阜高铁	郑州南—阜阳	276	350
20191201	郑渝高铁郑襄段	郑州东—襄阳东	389	350
20191216	成贵高铁宜贵段	宜宾—贵阳	372	250
20191216	徐盐城高速铁路	徐州—盐城	313	250
20191216	连镇高速铁路淮安段	连云港—淮安	105	250

注:统计口径为设计时速300km—350km的高速铁路,时速250km的客运专线线路以及时速200km的客货共线线路以及城际铁路,本表共统计120条/段线路。加粗字体线路为途经或途经长江经济带各城市及站点。

资料来源:根据网络公开资料自行整理。

附录3-1　长江经济带综合立体交通评价指标测度

1. 基础设施适应性

（1）高等级航道比重

本研究只计算采用二级及以上航道比重,计算公式如下:

二级及以上航道比重=高等级航道里程/航道里程×100%

（2）高速铁路比重

高速铁路网络建设的越完善越能够带动相关产业的发展,促使人口集聚,具有较好的社会经济效益,进而推动城镇化的发展。其计算公式为:

$$高速铁路占比=\frac{高速铁路里程}{铁路营业里程}×100\%$$

（3）路网面积密度

路网面积密度:单位国土面积的路网里程长度。路网指公路网/铁路网。单位为:km/km2,计算公式为:

DA=L/A

DA---路网面积密度

L----区域内路网总里程

A----区域国土面积

（4）铁路面积密度

铁路面积密度:单位国土面积的铁路里程长度。单位:km/km2,计算公式为:

DA=L/A

DA---路网面积密度

L----区域铁路网总里程

A----区域国土面积

2. 运输服务适应性

（1）货物周转量

货运周转量是指运输货物的数量(吨)与运输距离(公里)的乘积;其表示

方法为吨公里或吨海里。

货运周转量＝货物数量＊运输距离

（2）铁/水 货运周转量分担比例

$$铁水货运周转量分担比例＝\frac{铁水货运周转量}{总货物周转量}×100\%$$

3. 经济适应性

（1）交通基础设施投资占 GDP 比重（占全社会、地区生产总值比重）

GDP 可分为全国的生产总值，也可为长江经济带的 GDP。

$$交通基础设施投资占 GDP 比重＝\frac{交通基础设施投资}{GDP}×100\%$$

（2）运输产值系数

运输产值系数：交通运输业产值在国内生产总值中所占的比重。随着社会经济和生产技术的发展，运输产值系数的变化，可以反映出不同时期交通运输业与国民经济的变化关系。

$$运输产值系数＝\frac{交通运输业产值}{国内生产总值}×100\%$$

（3）运输强度系数

运输强度系数：运输周转量与国民生产总值（GNP）的比值，即单位国民生产总值所产生的吨公里（或人公里）数。运输强度系数与国家自然地理条件、资源分布、人口分布、工业布局、国民经济构成、原材料加工水平、工业专门化程度等等因素有密切的关系。

$$运输强度系数＝\frac{运输周转量}{国民生产总值}×100\%$$

（4）运输弹性系数

运输弹性系数：交通运输量增长速度与国民经济增长速度的比值。交通运输业服务于国民经济，所以交通运输的发展速度与国民经济的增长速度有着密切关系，随着国民经济的增长，客货运输量也会有不同程度的增长。

$$运输弹性系数＝\frac{交通运输量增长速度}{国民经济增长速度}×100\%$$

4. 环境适应性

单位运输周转量用地面积

单位运输周转量用地面积：水路、公路、铁路、航空、管道五种运输方式所完成的运输周转量实际平均用地面积。

$$单位运输周转量用地面积 = \frac{运输周转量}{运输实际占地面积}$$

附录 3-2 综合运输需求预测方面的数据

1. 公路数据

附表 3-1 长江经济带 11 省市 2000 年以来客运量

（单位：万人）

年份	江西	湖北	湖南	重庆	四川	贵州
2000	31966	58896	81005	53170	117108	50397
2001	32423	58210	85971	55742	126131	52154
2002	34183	58523	91653	58512	135609	53478
2003	33196	58371	90353	55673	133782	52695
2004	35312	63127	99975	60833	150176	56077
2005	37253	66183	109728	60588	159176	61414
2006	38454	69335	112135	58179	184852	65786
2007	38644	77514	116780	73316	196871	70377
2008	60573	82532	124274	102680	196055	36019
2009	64770	88703	133359	110150	211288	59981
2010	70628	96873	148235	122125	230988	65452
2011	72527	104971	161980	136142	242615	66303
2012	77650	118369	174386	152249	266338	77172
2013	57915	80670	149015	61243	124145	77359
2014	59674	87803	150583	63630	126691	80231
2015	53687	87953	119266	57556	124014	80621
2016	53366	88221	108627	55594	109716	82199

年份	云南	上海	江苏	浙江	安徽	合计
2000	31586	1282	101713	116996	58026	702145
2001	37909	1508	105105	126008	58245	739406
2002	36726	2046	110139	128980	62087	771936
2003	33039	2052	118046	133968	59544	770719
2004	36502	2465	122218	142177	65075	833937
2005	38509	2468	138287	152222	68927	894755
2006	40861	2784	153725	165441	74668	966220
2007	42913	2872	179206	170501	82247	1051241
2008	31157	2934	191001	206110	124427	1157762
2009	32775	2995	215850	188364	135985	1244220
2010	36230	3634	215850	215708	153697	1359420
2011	41394	3477	235673	218415	179440	1462937
2012	44839	3748	255358	220517	206888	1597514
2013	43392	3476	135555	121185	119433	973388
2014	44502	3754	137270	112915	131403	998455
2015	43688	3766	119800	92304	78072	860727
2016	41208	3402	113494	83033	70523	809383

资料来源：《中国统计年鉴》及 11 省市统计年鉴。

附表 3-2 长江经济带 11 省市 2000 年以来旅客周转量

单位：亿人公里

年份	江西	湖北	湖南	重庆	四川	贵州
2000	171.33	294.46	318.37	170.14	358.68	116.54
2001	172.05	293.66	337.9	183.72	383.55	125.76
2002	179.7	317	384.9	193.9	422	133.6
2003	181.3	309.4	384.7	187.5	400.1	135.3
2004	198	336.6	449.7	226.1	467.7	150.8
2005	203.72	358.01	480.57	227.22	497.79	164.91
2006	214.6	374.83	512.24	212.51	530.76	186.91

续表

年份	江西	湖北	湖南	重庆	四川	贵州
2007	219.47	423.8	548.12	262.98	570.47	206.4
2008	260.66	522.57	565.64	280.44	757.32	227.79
2009	279.22	562.34	601.11	301.33	771.33	240.11
2010	330.48	631.39	683.58	351.03	802.23	281.02
2011	340.9	700.06	778.04	408.91	900.68	343.17
2012	371.89	804.07	853.96	470.63	1004.71	426.8
2013	307.69	415.07	721.93	333.27	599.15	377.87
2014	316.48	483.89	776.48	352.58	630.03	412.92
2015	284.74	489.29	635.64	376.45	671.63	422.79
2016	282.34	487.33	577.03	336.75	597.84	443.1

年份	云南	上海	江苏	浙江	安徽	合计
2000	171.24	34.11	594.48	449.51	314.11	2992.97
2001	232.76	42.31	682.25	479.53	323.43	3256.92
2002	210.1	50.4	719.1	519.2	371.1	3501
2003	192.9	58	774.1	531.6	396.7	3551.6
2004	227.2	72.1	855.4	571.5	426.9	3982
2005	233.12	75.06	948.1	617.87	481.25	4287.62
2006	247.71	86.85	1062.61	681.39	531.26	4641.67
2007	265.8	94.02	1241.13	761.07	604.12	5197.38
2008	271.98	99.57	951.53	821.57	791.75	5550.82
2009	302.22	115.44	1058.01	804.46	891.18	5926.75
2010	352.1	115.44	1196.59	882.04	1010.19	6636.09
2011	424.57	106.74	1307.32	908.15	1151.6	7370.14
2012	470.2	112.72	1418.39	921.18	1327.68	8182.23
2013	323.1	119.12	847.28	582.99	733.99	5361.46
2014	321.06	124.34	852	558.06	799.37	5627.21
2015	330.21	125.45	825.45	544.76	574.88	5281.29
2016	319.99	114.98	779.98	465.12	491.27	4895.73

资料来源:《中国统计年鉴》及11省市统计年鉴。

附录(表)

附表 3-3　长江经济带 11 省市 2000 年以来货运量

（单位：万吨）

年份	江西	湖北	湖南	重庆	四川	贵州
2000	19276	28618	42868	23646	43326	11684
2001	19240	31160	41823	24600	43218	12114
2002	20301	28777	42982	26076	48154	12685
2003	21047	30348	51136	28406	47467	12886
2004	23223	31584	60291	31515	49143	13541
2005	25025	33481	67291	33378	56594	15082
2006	27477	35361	72457	36254	63719	17284
2007	30032	39568	85432	42011	69163	18834
2008	70270	52759	98759	54589	103068	25031
2009	75200	59563	111351	58532	106472	27031
2010	88445	71020	127635	69438	121017	30834
2011	98358	82741	144241	82818	139771	36684
2012	113703	97136	166670	71272	158396	44892
2013	121279	100945	156269	71842	151689	65100
2014	137782	116279	172613	81206	142132	78017
2015	115436	115801	172248	86931	138622	77341
2016	122872	122655.7	178967.7	89390	146046	82237
年份	云南	上海	江苏	浙江	安徽	合计
2000	48789	28369	59056	55008	32740	393380
2001	49189	28869	59058	55706	32018	396995
2002	50649	29759	60299	63532	37164	420378
2003	53864	30678	64321	70907	39918	450978
2004	54326	31554	69058	78540	43468	486243
2005	56702	32684	76301	81448	49614	527600
2006	60614	33799	84319	89342	54717	575343
2007	65537	35634	97474	98742	62065	644492
2008	39119	40328	95625	91625	140381	811554
2009	40765	37745	104002	95802	157991	874454
2010	45665	40890	123500	103394	183658	1005496
2011	54186	42685	140803	108654	219467	1150408

续表

年份	云南	上海	江苏	浙江	安徽	合计
2012	63239	42911	153698	113393	259461	1284771
2013	98675	43877	103709	107186	284534	1305105
2014	103161	42848	114449	117070	315223	1420780
2015	101993	40627	113351	122547	230649	1315546
2016	109487	39055	117166	133999	244526	1386401.4

资料来源:《中国统计年鉴》及11省市统计年鉴。

附表 3-4 长江经济带 11 省市 2000 年以来货物周转量

(单位:亿吨公里)

年份	江西	湖北	湖南	重庆	四川	贵州
2000	147.2	232.7	297.8	72.5	187.7	65.9
2001	146	224.5	316	76.5	191.1	70.4
2002	155.6	211.5	356	89.9	213.8	74.2
2003	162.1	223.9	455.5	107.3	219.6	76.6
2004	179.4	235.6	513.5	128.3	230.9	84.3
2005	186.5	251.2	538.6	149.1	263.7	94.2
2006	224.2	266.1	592.4	172.6	311.1	114.5
2007	240.6	302.1	682.7	205.4	343.4	128
2008	1494.16	789.37	1085.06	453.16	827.85	230.36
2009	1536.46	930.1	1259.36	503.26	851.33	241.6
2010	1850.2	1079.13	1539.36	610.31	985.07	286.72
2011	2066.83	1277.71	1878.57	779.77	1139.07	350.09
2012	2559.78	1565.45	2392.49	731.85	1325.19	464.56
2013	2829.02	2046.28	2329.54	695.89	1273.13	610.64
2014	3073.31	2340.56	2578.9	797.8	1510.51	776.95
2015	3022.72	2380.62	2553.52	851.23	1480.58	782.47
2016	3147.5	2506.86	2686.57	935.45	1565.31	873.23
年份	云南	上海	江苏	浙江	安徽	合计
2000	296.7	56.4	340.7	280	274.7	2252.3
2001	318.5	60.3	340.7	282.5	252.6	2279.1
2002	333.2	65	351.9	293.6	299.6	2444.3

年份	云南	上海	江苏	浙江	安徽	合计
2003	357.6	68.8	365	313.7	318.4	2668.5
2004	365.1	70.8	386.9	353.6	349.9	2898.3
2005	382	73.4	459.2	372.7	422.7	3193.3
2006	409.5	79.8	542.1	431.1	464.2	3607.6
2007	450.8	84.8	638.6	493.6	542.8	4112.8
2008	468.63	252.95	885.09	1114.5	3773.29	11374.42
2009	496.14	229.63	971.13	1188.7	4237.19	12444.9
2010	548.53	265.93	1149.06	1298.71	5004.91	14617.93
2011	617.27	283.76	1315.27	1434.82	6123.22	17266.38
2012	702.51	288.2	1452.45	1525.59	7266.77	20274.84
2013	921.98	352.42	1790.4	1322.13	6544.02	20715.45
2014	1002.35	300.82	1978.52	1419.43	7392.37	23171.52
2015	1077.89	289.56	2072.96	1513.92	4721.87	20747.34
2016	1173.06	281.98	2140.33	1626.78	4915.71	21852.78

资料来源:《中国统计年鉴》及 11 省市统计年鉴。

2. 铁路数据

附表 3-5　长江经济带 11 省市 2000 年以来铁路客运量

(单位:万人/年)

年份	江西	湖北	湖南	重庆	四川	贵州
2000	3133	2886	5356	1257	4046	2251
2001	3217	3013	5340	1322	4261	2017
2002	3447	3146	5382	1214	4890	1947
2003	3325	3017	5061	1069	4233	1796
2004	3778	3456	5563	1166	4945	1855
2005	3906	3713	5661	1332	5212.5	2191
2006	4172	3888.5	5758	1528	5776	2535.5
2007	4606	4133	6029	2263	6190	2979
2008	5214	4918	6284	2474	5939	3199
2009	5470	5260	6466	2605	5903	3204
2010	5588	6013	7250	2664	8148	3437

续表

年份	江西	湖北	湖南	重庆	四川	贵州
2011	6152	7083	8064	2934	13147	3939
2012	6335	8266	8601	3040	7997	3902
2013	6945	10410	9231	3251	8240	4322
2014	7840	12379	9806	4057	8905	4409
2015	8458	13508	10511	3994	9207	4901
2016	9249	14197	11518	4911	11456	5169
年份	云南	上海	江苏	浙江	安徽	合计
2000	1224	2980	4951	4523	3158	35765
2001	1351	3231	5099	4974	3177	37002
2002	1340	3518	5292	5361	3178	38715
2003	1364	3391	5104	5197	2987	36544
2004	1739	4076	6085	6255	3406	42324
2005	1781.5	4313	6797	6383	3486	44776
2006	1981.5	4458	7545	6857	4000	48499.5
2007	2156	4795	8037	7361	4242	52791
2008	2110	5343	8846	7000	4662	55989
2009	2123.5	5161	9167	7024	5131	57514.5
2010	2446	6095	9711	8083	5552	64987
2011	2727	6198	10603	8888	5980	75715
2012	2762	6758	11758	9144	6385	74948
2013	3189	7972	13435	11052	7210	85257
2014	3479	9194	15374	13648	7972	97063
2015	3949	9692	16116	15224	8553	104113
2016	4056	10609	17814	18035	10370	117384

资料来源:《中国统计年鉴》及 11 省市统计年鉴。

附表 3-6　长江经济带 11 省市 2000 年以来铁路旅客周转量

(单位:亿人公里)

年份	江西	湖北	湖南	重庆	四川	贵州
2000	246.385	202.71	392.685	41.4	134.7	120.795

年份	江西	湖北	湖南	重庆	四川	贵州
2001	273.29	215.01	369.555	40.49	143.14	124.22
2002	308.4	245.3	423.15	37.6	155	116.1
2003	299.93	232.3	430.835	34.785	145.315	112.09
2004	355.77	283.02	496.79	38.09	170.12	125.875
2005	387.97	300.775	528.96	41.08	181.77	145.705
2006	429.34	318.48	560.05	45.94	207.34	160.985
2007	480.1	347.02	603.915	77.39	223.85	160.51
2008	529.91	379	651.03	95.51	227.86	163
2009	510.53	374.08	631.31	98.39	231.1	162.41
2010	564.78	430.53	717.34	100.44	261.61	189.38
2011	600.18	533.53	784.59	116.02	295.04	204.58
2012	584.06	554.41	780.25	115.93	302.81	199.2
2013	622.63	634.06	840.28	124.9	310.09	211.21
2014	654.5	722.2	881.37	146.98	321.98	217.39
2015	668.72	726.06	888.82	151.03	313.51	229.92
2016	687.99	741.65	920.6	164.45	341.32	226.01
年份	云南	上海	江苏	浙江	安徽	合计
2000	33.495	35.4	166.795	151.395	203.18	1728.94
2001	35.63	37.81	176.69	165.96	217.61	1799.405
2002	34.8	39.5	185.4	180.95	230.25	1956.45
2003	35.745	38.12	183.01	181.04	223.815	1916.985
2004	49.5	46.375	227.905	216.405	281.645	2291.495
2005	56.845	48.86	245.375	222.95	300.865	2461.155
2006	64.41	51.23	267.985	241.05	331.185	2677.995
2007	70.475	51.34	309.83	258.52	341.77	2924.72
2008	72.18	53.22	319.23	289.76	395.13	3175.83
2009	72.36	51.12	311.5	291.3	411.23	3145.33
2010	86.07	60.16	351.58	362.67	468.06	3592.62
2011	95.46	63.11	400.84	381.66	475.24	3950.25
2012	96.47	68.38	452.62	390.26	496.59	4040.98
2013	106.52	75.26	514.01	437.02	552.08	4428.06

续表

年份	云南	上海	江苏	浙江	安徽	合计
2014	113.88	84.46	600.17	513.14	617.64	4873.71
2015	123.87	88.95	625.54	541.93	642.95	5001.3
2016	123.36	98.73	686.11	604.03	695.69	5289.94

资料来源:《中国统计年鉴》及11省市统计年鉴。

附表 3-7　长江经济带 11 省市 2000 年以来铁路货运量

（单位:万吨）

年份	江西	湖北	湖南	重庆	四川	贵州
2000	3045	4121	4690	1678	5906	3577
2001	3528	4431	4972	1772	6353	3875
2002	4283	4537	5174	1801	6844	4356
2003	4784	4718	5570	1943	7278	4971
2004	5723	5036	6043	1997	8084	5504
2005	5532	5341	5879	2055	7771	6168.5
2006	6090	5702	6250	2204	8185	6826
2007	6483	6314	6405	2358	8621	7288.5
2008	6040	6459.5	5892	2203	7915	6683
2009	5570.5	6115.5	5736	2263.5	7659	6956
2010	5677.17	6249.26	6094.38	2279.5	8051.25	7991.22
2011	6046.15	6430.79	6321.17	2190.81	9171.81	7219.17
2012	5561.53	5882.35	5676.75	2328.05	8793.34	6664.92
2013	5216.94	5646.05	5169.1	2474.75	8970.1	6460.7
2014	4933.55	4688.62	4753.02	2053.84	8541.32	6317.47
2015	4019	4135	4407	1862	7287	5736
2016	4356.89	4088.37	4114.37	1927.63	6793.67	5634.8
年份	云南	上海	江苏	浙江	安徽	合计
2000	3099	1055	4505	2353	6558	40587
2001	3450	1080	4855	2754	7070	44140
2002	3826	1131	5109	3019	7915	47995
2003	4146	1208	5204	3328	8744	51894
2004	4534	1284	5266	3663	9009	56143

续表

年份	云南	上海	江苏	浙江	安徽	合计
2005	5076. 5	1278	5654. 5	3687	10386	58828. 5
2006	5318	1234	5823	4028	11095	62755
2007	5713. 5	1163	5826	4415	11468	66055
2008	5224	1012	5575	3830. 5	12014	62848
2009	4928. 5	941	6563	3762	11307. 5	61802. 5
2010	5497. 15	958. 54	6811. 62	4385. 83	12090. 89	66086. 81
2011	5544. 86	887. 88	7712. 96	4849. 57	12507. 39	68882. 56
2012	5030. 88	825. 29	7670. 48	4607. 32	12259. 77	65300. 68
2013	5145. 62	701. 63	7157. 44	4831. 13	11566. 03	63339. 49
2014	4823. 08	548. 96	6375. 93	4342. 72	10487. 58	57866. 09
2015	5108	496	5304	3887	10158	52399
2016	5371. 54	482. 22	5590. 5	3912. 54	9264. 87	51537. 4

资料来源：《中国统计年鉴》及 11 省市统计年鉴。

附表 3-8　长江经济带 11 省市 2000 年以来铁路货物周转量

（单位：亿吨公里）

年份	江西	湖北	湖南	重庆	四川	贵州
2000	462	543. 1	624. 8	110. 8	423. 4	334. 1
2001	468. 1	546. 4	654. 35	110. 7	471. 85	364. 7
2002	521	562. 2	721. 7	103. 1	511. 8	407. 3
2003	556. 1	611. 7	773. 4	102. 7	533. 55	465. 9
2004	613. 45	686. 7	876. 65	105. 7	585. 6	520. 75
2005	613. 65	721. 2	899. 7	76	620. 9	544. 3
2006	641. 8	785	914. 4	119	613. 4	557. 7
2007	682. 9	884. 8	979. 55	146. 25	659. 8	583. 85
2008	672. 295	926. 555	981. 675	171. 565	680. 745	564. 31
2009	659. 11	791. 08	998. 6	178. 82	682. 51	673. 07
2010	686. 86	872. 6	1045. 27	186	747. 71	706. 45
2011	715	941. 59	1071. 14	191. 27	786. 94	696. 36
2012	666. 48	917. 2	1022. 15	181. 53	809. 42	693. 68
2013	612. 75	914. 28	950. 34	182. 57	816. 69	658. 35

续表

年份	江西	湖北	湖南	重庆	四川	贵州
2014	539.29	846.77	849.52	165.84	800.4	633.89
2015	497.2	762.59	761.7	158.22	723.41	561.27
2016	514.98	735.67	750.82	156.74	716.09	566.68

年份	云南	上海	江苏	浙江	安徽	合计
2000	184.3	43.6	372.2	187.2	616.9	3902.4
2001	196.25	39.4	374.7	207.3	672.2	4105.95
2002	219.5	32.1	380.4	230.15	750.1	4439.35
2003	252.95	38.4	412.2	252.65	810.35	4809.9
2004	283.6	41.9	437.7	288.3	868.7	5309.05
2005	295.7	46.6	477.2	282.95	883.75	5461.95
2006	280.55	55.05	491	300.85	912.5	5671.25
2007	346.05	35	419.7	336.2	997.25	6071.35
2008	347.47	28.81	352.58	339.845	1011.7	6077.55
2009	366.07	25.12	332.12	323.37	989.75	6019.62
2010	391.89	25.81	344.74	342.19	1016.55	6366.07
2011	398.94	20.6	405.8	312.34	1013.37	6553.35
2012	412.13	17.98	398.65	291.37	937.4	6347.99
2013	428.29	14.82	381.16	272.08	877.65	6108.98
2014	430.14	12.45	352.27	223.11	809.99	5663.67
2015	409.95	10.79	310.52	213.16	739.39	5148.2
2016	411.82	10.21	288.86	211.97	719.69	5083.53

资料来源:《中国统计年鉴》及11省市统计年鉴。

3. 水路数据

附表3-9 长江经济带11省市2000年以来水路客运量

(单位:亿人公里)

年份	江西	湖北	湖南	重庆	四川	贵州
2000	428	1047	1094	2240	2523	468
2001	427	897	1063	2057	2876	494
2002	409	638	1249	2046	2992	555
2003	388	573	793	1417	3133	583

年份	江西	湖北	湖南	重庆	四川	贵州
2004	446	522	772	1304	3487	775
2005	427	601	702	1388	3843	845
2006	370	706	573	1421	4084	948
2007	366	727	525	1366	4113	1084
2008	108	388	509	1578	2739	1507
2009	256	371	747	1226	2829	1733
2010	231	382	919	1277	2732	1930
2011	251	368	1327	1322	3083	2186
2012	255	444	1349	1256	3276	2453
2013	207	442	1480	689	2390	1755
2014	281	548	1449	712	2678	1931
2015	273	574	1534	732	2748	2019
2016	261	572	1615	750	2573	2096
年份	云南	上海	江苏	浙江	安徽	合计
2000	241	913	514	2938	798	13204
2001	271	947	430	2371	446	12279
2002	369	1014	284	2122	442	12120
2003	382	1038	147	1983	196	10633
2004	412	1142	91	2311	356	11618
2005	501	1204	37	2510	244	12302
2006	544	1263	27	2792	270	12998
2007	599	1419	27	3164	418	13808
2008	639	230	537	3769	153	12157
2009	658	1415	545	3680	114	13574
2010	731	504	512	3155	139	12512
2011	842	358	579	3466	155	13937
2012	855	353	594	3454	159	14448
2013	1045	243	2454	3111	67	13883
2014	1099	369	2563	3581	178	15389
2015	1157	386	2392	3841	185	15841
2016	1255	404	2272	3950	213	15961

资料来源:《中国统计年鉴》及11省市统计年鉴。

附表 3-10　长江经济带 11 省市 2000 年以来水路旅客周转量

（单位：亿人公里）

年份	江西	湖北	湖南	重庆	四川	贵州
2000	1.2	12.44	3.55	31.14	3.43	1.03
2001	1.06	10.09	3.23	25.78	3.76	1.08
2002	0.8	2.8	3.2	27.8	2.5	1.1
2003	0.8	3.7	2.4	13.5	2.4	1.2
2004	0.71	3.3	2.4	11.5	2.8	1.6
2005	0.62	4.23	1.94	11.75	2.78	1.78
2006	0.59	5.14	1.42	11.54	2.9	1.93
2007	0.29	5.3	1.19	12.63	2.9	2.29
2008	0.39	2.31	0.82	9.99	2.65	3.44
2009	0.32	2.49	1.01	10.36	2.24	4.09
2010	0.32	2.79	1.69	10.21	2.31	4.57
2011	0.3	2.6	2.74	11.07	2.63	5.15
2012	0.32	2.99	2.63	11.32	2.73	5.85
2013	0.36	3.24	2.85	7.26	2.88	4.54
2014	0.37	2.93	2.84	7.57	2.65	5.19
2015	0.35	3.32	3.07	6.08	2.63	5.52
2016	0.34	3.35	3.22	5.1	2.43	5.76
年份	云南	上海	江苏	浙江	安徽	合计
2000	0.78	4.09	1.45	8.88	1.71	69.7
2001	0.82	4.46	1.06	7.78	0.9	60.02
2002	0.8	5.1	0.7	6.7	0.7	52.2
2003	0.9	4.7	0.5	5.7	0.4	36.2
2004	0.9	4.5	0.3	7.4	0.5	35.91
2005	1.05	4.47	0.11	7.67	0.31	36.71
2006	1.17	4.59	0.1	6.71	0.65	36.74
2007	1.21	6.13	0.33	6.91	0.82	40
2008	1.54	0.62	0.73	7.39	0.32	30.2
2009	1.55	6.29	1.29	7.45	0.22	37.31
2010	1.78	5.42	1.37	6.03	0.27	36.76

续表

年份	云南	上海	江苏	浙江	安徽	合计
2011	1.96	1.02	1.53	6.44	0.32	35.76
2012	2.02	0.99	1.39	6.16	0.29	36.69
2013	2.23	0.62	3.97	5.09	0.19	33.23
2014	2.37	1.06	3.03	5.56	0.32	33.89
2015	2.5	0.81	2.7	5.84	0.38	33.2
2016	2.7	0.71	2.39	5.84	0.41	32.25

资料来源：《中国统计年鉴》及 11 省市统计年鉴。

附表 3-11　长江经济带 11 省市 2000 年以来水路货运量

（单位：万吨）

年份	江西	湖北	湖南	重庆	四川	贵州
2000	1181	6270	3406	1392	2245	354
2001	1406	6173	3572	1838	2406	355
2002	1505	5630	3760	1907	2579	358
2003	1878	6195	3600	2214	2782	367
2004	2978	7259	3986	2918	2928	394
2005	3439	7944	4615	3896	3167	520
2006	3950	8242	6894	4551	3642	599
2007	4406	9027	8234	5904	3736	665
2008	4616	12681	11494	6971	4122	737
2009	5287	13305	11834	7771	5237	816
2010	6513	16153	15811	9660	5237	910
2011	7447	17741	17954	11762	6367	987
2012	7931	19927	18705	12874	7160	1098
2013	8676	24409	23097	12924	7100	1142
2014	9162	29794.2	25686.98	14117	8361.08	1337.7
2015	10894	33968	23061	15040	8688	1463
2016	10888.8	35715.8	23444.59	16648.49	8130.6	1654
年份	云南	上海	江苏	浙江	安徽	合计
2000	134	17365	22705	17921	4644	77617
2001	142	20931	22583	19945	4345	83696

续表

年份	云南	上海	江苏	浙江	安徽	合计
2002	146	23174	22411	24564	5471	91505
2003	160	26621	23320	29598	5981	102716
2004	221	30148	24812	35871	6416	117931
2005	236	34674	29277	41768	7125	136661
2006	247	37348	32862	47522	8329	154186
2007	262	41543	37858	51129	9828	172592
2008	339	43060	38511	43656	27774	193961
2009	345	37983	42016	52002	27355	203951
2010	402	45407	48702	63258	32355	244408
2011	439	49389	54012	72872	36439	275409
2012	465	50302	58639	73817	40716	291634
2013	508	39726	70909	76662	100291	365444
2014	560	46583	75328	72837.31	108587	392354.27
2015	507	49770	80343	74797	104949	403480
2016	646	48786.73	79314	77646.32	110776	413651.33

资料来源:《中国统计年鉴》及11省市统计年鉴。

附表 3-12　长江经济带 11 省市 2000 年以来水路货物周转量

（单位:亿吨公里）

年份	江西	湖北	湖南	重庆	四川	贵州
2000	35.8	305.3	143.8	105.7	11.8	4.1
2001	39.4	298.4	141.2	135	12.2	4.2
2002	41	313.6	135.5	144.3	15.5	4.5
2003	50.5	377	121.7	157.7	15.1	4.5
2004	77.2	461.1	162.2	284.3	22.9	5.9
2005	85.1	443.2	190.3	400.5	31.9	8.1
2006	86	437.9	236.7	533.2	44.3	8.8
2007	105.6	457.8	260.1	699.9	56	9.4
2008	119.6	810.46	283.1	865.58	70.07	10.66
2009	138.59	845.18	255.03	968.4	56.68	11.37
2010	182.41	1145.55	342.14	1219.27	75.1	12.75

年份	江西	湖北	湖南	重庆	四川	贵州
2011	203.27	1579.54	420.26	1557.67	90.16	14.23
2012	207.26	1957.18	562.26	1739.95	103.68	16.47
2013	198.36	1791.27	552.45	1420.44	158.77	25.62
2014	215.37	2316.24	709.94	1631.33	154.22	30.94
2015	233.56	2530.91	580.3	1700.08	183.45	35.26
2016	235.28	2680.34	619.47	1876.1	222.71	42.37
年份	云南	上海	江苏	浙江	安徽	合计
2000	1	6187	746.4	732.6	159.3	8432.8
2001	1	6621.9	757.6	882.6	141.8	9035.3
2002	1.2	7294.7	770	1092.6	173.9	9986.8
2003	1.5	8385.1	995.3	1480.9	199.9	11789.2
2004	2.1	9899	1523.6	2059.6	237.4	14735.3
2005	2.9	12008.1	2056.9	2761.4	259.7	18248.1
2006	4.2	13695.3	2515.1	3631.9	326	21519.4
2007	4.6	15933.9	2930.1	4132.7	448.6	25038.7
2008	5.16	15748.08	3063.28	3510.51	1058.21	25544.71
2009	5.42	14117.82	3372.05	4147.78	1094.76	25013.08
2010	6.91	18626.4	4095.7	5476.24	1131.96	32314.43
2011	8.19	20005.2	5236.91	6887.75	1309.77	37312.95
2012	8.71	20067.19	6052.95	7366.45	1613.66	39695.76
2013	11.65	13965.47	7753.02	7357	4913.67	38147.72
2014	13.09	18320.09	8087.07	7897.16	5298.24	44673.69
2015	12.44	19195.54	5886.75	8142.64	4940.99	43441.92
2016	15.2	19025.58	5224.6	7950.58	5260.97	43153.2

资料来源：《中国统计年鉴》及 11 省市统计年鉴。

4. 航空数据

附表 3-13　长江经济带 11 省市 2011—2017 年航空旅客吞吐量

（单位：人次）

年份	江西	湖北	湖南	重庆	四川	贵州
2011	6521257	13614587	15258085	19052706	30838088	7468564
2012	7447020	15525912	16274106	22057003	33477775	8966819

续表

年份	江西	湖北	湖南	重庆	四川	贵州
2013	8370386	17495617	17459316	25272039	35990383	11254637
2014	9185828	19462352	19726319	29264363	41097628	14206791
2015	9824746	21414064	20745391	32402196	46641857	15632813
2016	10501087	24034576	23639428	35888819	51425354	18738053
2017	14154940	28050354	26278203	38715210	56283884	24576507
年份	云南	上海	江苏	浙江	安徽	合计
2011	28179136	74560172	16027082	30048872	5112423	92753287
2012	31289104	78708890	17834923	32014297	6039222	103748635
2013	39448520	82789492	23852566	36642881	6712601	115842378
2014	43751563	89659029	26844090	41315513	7235200	132943281
2015	51670194	99188938	31000731	45208539	8147605	146661067
2016	58123026	106462549	32545760	50504216	9128807	164227317
2017	61600284	111885296	38870709	57589078	11417477	188059098

资料来源:《中国统计年鉴》及 11 省市统计年鉴。

附表 3-14　长江经济带 11 省市 2011—2017 年航空货邮吞吐量

（单位:吨）

年份	江西	湖北	湖南	重庆	四川	贵州
2011	39079	128359	117077	237572	490760	69296
2012	45021	134638	113039	268642	521589	79679
2013	46666	136854	120103	280150	515203	77582
2014	56111	151091	126709	302336	562265	83010
2015	62410	161634	123191	318781	572546	89473
2016	63012	182601	131607	361091	630297	98616
2017	63607	193339	140550	366278	659694	107015
年份	云南	上海	江苏	浙江	安徽	合计
2011	288763	3539337	271616	424146	40127	5646133
2012	281731	3367971	284006	457724	44873	5598913
2013	314234	3363643	396675	503552	42949	5797612
2014	339444	3613830	465136	558997	49544	6308474
2015	385408	3708831	485457	587110	54844	6549686
2016	417570	3869187	421888	686343	62493	6924706
2017	460233	4231741	465016	799951	68242	7555668

资料来源:《中国统计年鉴》及 11 省市统计年鉴。

附表 4-1　2018 年长江经济带电子信息高新区所在城市及硅谷基础环境各项指标

城市/地区	常住人口 （万人）	人均 GDP （元）	发明专利 授权量（件）	货物运输 总量（万吨）	社会消费品 零售总额 （亿元）
上海	2421	135000	21331	97257	12668.7
无锡	657	174300	5000	17385	3672.7
常州	473	149275	2759	14669	2613.2
苏州	1072	145000	10845	15126	5746.9
淮安	493	73123	407	12675	1239.7
盐城	720	75987	1490	17286	1778.7
泰州	464	109988	1267	21026	1282.9
南京	844	152886	11090	31215	5832.5
徐州	880	76915	2097	26371	3102
扬州	453	120944	1346	13375	1557.0
宿迁	493	55906	232 *	5342	833.8
杭州	981	140180	10267	34785	5715
宁波	820	132603	5302	52519	4154.9
温州	925	65055	3415	14733	3337.1
绍兴	504	107853	2540	13426	2008
合肥	809	97470	5597	38995	2976.7
蚌埠	339	50662	659	37153	823.5
吉安	496	35202	171 *	13608	514.2
南昌	555	95116	1147	13836	2131.6
抚州	405	34226	169 *	14419	544.1
鹰潭	118	69923	87 *	4874	220.8
武汉	1108	135136	8807	57271	6843.9
仙桃	154	70156	48	1801	373.2
随州	222	45617	30	8042	545.6
衡阳	724	42163	344	19222	1327.2
益阳	441	39937	188	13037	716.2
郴州	475	50482	195	20517	1037
长沙	815	134933	4823	41532	4765.0
成都	1633	94782	8304	27121	6801.8

续表

城市/地区	常住人口（万人）	人均GDP（元）	发明专利授权量（件）	货物运输总量（万吨）	社会消费品零售总额（亿元）
绵阳	486	47538	4260	6577	1149.5
乐山	327	49397	118	14045	667.3
重庆	3102	65933	6570	115327	8769.6
贵阳	488	78449	1160	47789	1299.5
下游	13346	117543	85644	463337	60464.58
中游	5512	79962	16009	208159	19018.86
上游	6035	71948	20412	210859	18687.57
经济带	24894	98167	122065	882355	98171.01
美国硅谷	307	518,417[1]	63.6	1130007[2]	388557

注：中国各城市数据说明：1. * 发明专利授权量根据往年数据进行测算；2. 货物运输总量采用各城市2017年数据。

硅谷数据说明：1. 硅谷人均GDP数据采用2017年美国加利福尼亚州平均数据；2. 硅谷交通运输量采用2017年美国平均数值；社会消费品零售总额为2017年美国数据；发明专利授权量为硅谷2016年人均数据。

资料来源：中国城市所在省市统计年鉴（2019）和2018年统计公报、《中国城市统计年鉴》（2018年）、中国城市的知识产权局网站、2018 SILICON VALLEY INDEX、《国际统计年鉴》（2018）、美国交通统计局 https://www.bts.gov/、美国普查局 http://www.census.gov/。

附表4-2 长江经济带电子信息产业高新区企业主要指标数据

高新区	主导产业	年末从业人员（人）	营业收入（千元）	R&D经费内部支出（千元）	出口总额（千元）
上海张江高新区	电子信息、生物医药、光机电一体化	1062759	1925802823	101126107	263113669
上海紫竹高新区	集成电路、软件、新能源、航空	26829	51188927	4723788	3753523
无锡高新区	电子设备、电气机械器材	262679	381376796	13661762	140895704
江阴高新区	新材料、微电子集成电路、医药	93021	149753956	3856830	24573416
武进高新区	电子设备、电气机械器材、通用设备	119071	140779813	2456797	16396915

高新区	主导产业	年末从业人员（人）	营业收入（千元）	R&D 经费内部支出（千元）	出口总额（千元）
苏州高新区	电子信息、装备制造、新能源	232579	320783149	6266655	156582454
常熟高新区	通用设备、计算机、电子设备	75863	99541985	1634717	24784382
昆山高新区	电子信息、机器人、装备制造	188277	166483361	3280194	55389389
淮安高新区	电子信息、新能源汽车及零部件、装备制造	23875	19004757	264875	854625
盐城高新区	智能终端、装备制造、新能源	59701	67539463	862993	5807765
泰州医药高新区	化工、电子信息、生物医药	59833	111406688	1298858	1470612
南京高新区	软件、电子信息、生物医药	305728	573946535	9450977	55666412
徐州高新区	通用设备、电子设备、汽车	40793	84391233	1263447	3827070
扬州高新区	数控装备、生物技术、光电	41058	50851999	973114	3104999
宿迁高新区	新材料、装备制造、电子信息	31850	27046610	418280	2384158
杭州高新区	信息技术、生命健康、节能环保	324964	548000665	24175463	44093411
宁波高新区	电子信息、新能源、节能环保、新材料	199230	363800570	5597925	40587702
温州高新区	激光及光电、电商、软件	84208	44704047	1003904	5678258
绍兴高新区	新材料、电子信息、环保	126870	57994097	323616	6742420
合肥高新区	家电及配套、汽车、电子信息	242346	459673077	14223355	71975183
蚌埠高新区	汽车零部件、装备制造、电子信息	63952	116862859	1869348	2833556

续表

高新区	主导产业	年末从业人员（人）	营业收入（千元）	R&D 经费内部支出（千元）	出口总额（千元）
吉安高新区	电子信息、精密机械、绿色食品	39694	40278384	349040	6897442
南昌高新区	生物医药、电子信息、新材料	134609	285230268	5853830	21388078
抚州高新区	汽车及零部件、生物制药、电子信息	40207	56059235	1305574	2057379
鹰潭高新区	铜基新材料、绿色水工、智能终端	26527	60887397	622114	1495787
武汉东湖高新区	光电子信息、生物、装备制造	554692	1201245780	30746723	109107073
仙桃高新区	新材料、生物医药、电子信息	84042	64578696	269344	3144201
随州高新区	汽车及零部件、农产品深加工、电子信息	52839	60193365	305664	3979384
衡阳高新区	电子信息、电气机械器材、通用设备	54654	69887547	1138111	8242273
益阳高新区	电子信息、装备制造、新材料	44923	72284194	1480332	2939268
郴州高新区	有色金属精深加工、电子信息、装备制造	17668	21433062	315112	5792797
长沙高新区	装备制造、电子信息、新材料	364189	551919529	16469221	49425100
成都高新区	信息技术、装备制造、生物	384683	592759499	11811429	171173994
绵阳高新区	电子信息、汽车及零部件、新材料	117531	131659676	3941358	14161579
乐山高新区	新能源装备、电子信息、生物医药	49433	47336830	485558	4164160
重庆高新区	汽摩、电子及通信设备、新材料	221521	346512298	7505524	31724855
贵阳高新区	装备制造、电子信息、生物医药	259977	311690056	2724523	6875718

资料来源：《2018 中国火炬统计年鉴》《中国开发区审核公告目录》（2018 年版）。

附表4-3 2018年长江经济带与硅谷世界/国家500强企业及世界独角兽企业

企业名称	所属类别	总部所在城市	所属行业
杭州海康威视数字技术股份有限公司	中国500强	杭州	电子和电子元器件
浙江大华技术股份有限公司	中国500强	杭州	电子和电子元器件
合力泰科技股份有限公司	中国500强	吉安	电子和电子元器件
环旭电子股份有限公司	中国500强	上海	电子和电子元器件
中芯国际集成电路制造有限公司	中国500强	上海	电子和电子元器件
晶澳太阳能控股有限公司	中国500强	上海	电子和电子元器件
微鲸科技	独角兽企业	上海	硬件
江苏中利集团股份有限公司	中国500强	苏州常熟	电子和电子元器件
苏州胜利精密制造科技股份有限公司	中国500强	苏州	电子和电子元器件
苏州东山精密制造股份有限公司	中国500强	苏州	电子和电子元器件
江苏长电科技股份有限公司	中国500强	无锡江阴	电子和电子元器件
烽火通信科技股份有限公司	中国500强	武汉	通讯和通讯设备
湖北凯乐科技股份有限公司	中国500强	武汉	通讯和通讯设备
苹果公司（APPLE）	世界500强、美国500强	硅谷库佩蒂诺市（Cupertino）	计算机、办公设备
惠普公司（HP）	世界500强、美国500强	硅谷帕洛阿尔托（Palo Alto）	计算机、办公设备
慧与公司（HEWLETT PACKARD ENTERPRISE）	世界500强、美国500强	硅谷帕洛阿尔托（Palo Alto）	计算机、办公设备
英特尔公司（INTEL）	世界500强、美国500强	硅谷圣克拉拉（Santa Clara）	计算机、办公设备
英伟达（Nvidia）	美国500强	硅谷圣克拉拉（Santa Clara）	半导体、电子元件
Western Digital 公司（Western Digital）	美国500强	硅谷圣何塞（San Jose）	计算机、办公设备

续表

企业名称	所属类别	总部所在城市	所属行业
新美亚（Sanmina）	美国500强	硅谷圣何塞（San Jose）	半导体、电子元件
NetApp公司（NetApp）	美国500强	硅谷森尼韦尔（Sunnyvale）	计算机、办公设备
泛林集团（Lam Research）	美国500强	硅谷菲蒙市（Fremont）	半导体、电子元件

资料来源：《2018年财富世界500强企业》《2018年财富中国/美国500强》《2018年全球独角兽企业》。

附表4-4　长江经济带电子信息制造业上市公司分支机构情况（2018年报数据）

序号	公司名称	公司总部	子公司数量		
			合计	国内	海外、港澳台
1	苏州固锝电子股份有限公司	苏州	6	4	2
2	苏州新海宜通信科技股份有限公司	苏州	18	18	0
3	苏州胜利精密制造科技股份有限公司	苏州	66	50	16
4	苏州安洁科技股份有限公司	苏州	25	18	7
5	苏州锦富新材料股份有限公司	苏州	33	29	4
6	吴通控股集团股份有限公司	苏州	28	26	2
7	苏州苏大维格科技集团股份有限公司	苏州	8	8	0
8	江苏南大光电材料股份有限公司	苏州	4	3	1
9	苏州天华超净科技股份有限公司	苏州	13	12	1
10	苏州天孚光通信股份有限公司	苏州	5	4	1
11	江苏银河电子股份有限公司	苏州张家港	16	16	0
12	沪士电子股份有限公司	昆山	7	5	2
13	江苏亿通高科技股份有限公司	常熟	0	0	0
14	苏州中来光伏新材股份有限公司	常熟	19	17	2
15	江苏雷科防务科技股份有限公司	常州	10	10	0
16	三维通信股份有限公司	杭州	27	25	2
17	浙江大立科技股份有限公司	杭州	1	1	0
18	浙江大华技术股份有限公司	杭州	94	47	47
19	杭州海康威视数字技术股份有限公司	杭州	36	22	14

序号	公司名称	公司总部	子公司数量		
			合计	国内	海外、港澳台
20	思创医惠科技股份有限公司	杭州	41	34	7
21	杭州初灵信息技术股份有限公司	杭州	19	16	3
22	杭州中威电子股份有限公司	杭州	3	3	0
23	杭州士兰微电子股份有限公司	杭州	12	10	2
24	南京华东电子信息科技股份有限公司	南京	12	12	0
25	南京普天通信股份有限公司	南京	11	10	1
26	国睿科技股份有限公司	南京	3	3	0
27	宁波康强电子股份有限公司	宁波	7	7	0
28	宁波 GQY 视讯股份有限公司	宁波	7	7	0
29	宁波波导股份有限公司	宁波	6	5	1
30	宁波韵升股份有限公司	宁波	20	18	2
31	东方日升新能源股份有限公司	宁波	24	16	8
32	协鑫集成科技股份有限公司	上海	55	43	12
33	金安国纪科技股份有限公司	上海	15	9	6
34	中颖电子股份有限公司	上海	4	2	2
35	上海航天汽车机电股份有限公司	上海	34	20	14
36	上海贝岭股份有限公司	上海	3	2	1
37	方正科技集团股份有限公司	上海	36	33	3
38	浙江向日葵光能科技股份有限公司	绍兴	22	6	16
39	海润光伏科技股份有限公司	无锡江阴	147	120	27
40	江苏长电科技股份有限公司	无锡江阴	23	12	11
41	凯盛科技股份有限公司	蚌埠	11	11	0
42	扬州扬杰电子科技股份有限公司	扬州	8	5	3
43	联创电子科技股份有限公司	南昌	17	15	2
44	江西联创光电科技股份有限公司	南昌	21	21	0
45	武汉凡谷电子技术股份有限公司	武汉	11	8	3
46	武汉光迅科技股份有限公司	武汉	9	4	5
47	武汉高德红外股份有限公司	武汉	9	8	1

序号	公司名称	公司总部	子公司数量		
			合计	国内	海外、港澳台
48	长沙景嘉微电子股份有限公司	长沙	2	2	0
49	蓝思科技股份有限公司	长沙	18	14	4
50	长城信息产业股份有限公司	长沙	9	9	0
51	成都三泰控股集团股份有限公司	成都	7	7	0
52	金亚科技股份有限公司	成都	3	3	0
53	成都振芯科技股份有限公司	成都	5	5	0
54	四川中光防雷科技股份有限公司	成都	4	4	0
55	成都新易盛通信技术股份有限公司	成都	2	1	1
56	成都旭光电子股份有限公司	成都	2	2	0
57	四川九洲电器股份有限公司	绵阳	11	10	1
58	成都银河磁体股份有限公司	乐山	2	2	0
59	中国振华(集团)科技股份有限公司	贵阳	15	15	0
60	贵州航天电器股份有限公司	贵阳	7	7	0

资料来源:各公司 2018 年年报,巨潮资讯网 www.cninfo.com.cn/。

附表 4-5 硅谷前 150 强中电子信息制造企业年报数据

序号	公司	员工数	销售额（百万美元）	海外销售额（百万美元）	R&D 经费（百万美元）	分支机构数	
						国内	海外
1	Apple	116000	215639	129026	10045	1	3
2	Intel	106000	59387	46430	12740	4	6
3	HP	49000	48238	30196	1209	4	10
4	Applied Materials	16700	10825	9682	1540	24	47
5	Nvidia	10299	6910	6006	1463	6	34
6	Lam Research	7500	5886	5391	914	12	32
7	Advanced Micro Devices	8200	4272	3349	1000	9	25
8	KLA-Tencor	5580	2984	2463	481	2	9
9	Trimble Navigation	8388	2362	1206	350	6	6
10	Xilinx	3831	2349	1611	601	3	23

续表

序号	公司	员工数	销售额（百万美元）	海外销售额（百万美元）	R&D经费（百万美元）	分支机构数	
						国内	海外
11	Super Micro Computer	2655	2216	817	124	3	6
12	Maxim Integrated	7213	2195	1948	467	11	32
13	Fitbit	1753	2169	630	320	0	2
14	Cypress Semiconductor	6546	1923	1724	332	5	3
15	Synaptics	1763	1667	1418	311	1	3
16	Linear Technology	4923	1424	1028	276	1	16
17	Finisar	13400	1263	854	203	6	11
18	GoPro	1552	1185	566	359	6	17
19	Lumentum Holdings	1850	903	608	141	7	9
20	Coherent	2787	857	652	81	6	23
21	Electronics for Imaging	3235	992	492	151	11	13
22	Infinera	2240	870	328	232	4	7
23	Viavi Solutions	3000	906	510	166	10	34
24	Ubiquiti Networks	725	865	534	69	0	2
25	Integrated Device Tech	1623	728	651	165	6	26
26	Pure Storage	1700	440	40	167	2	22
27	Nutanix	2813	767	304	289	0	1
28	Cavium	1831	603	407	258	7	11
29	Ultra Clean	2182	563	255	10	5	4
30	Intersil	970	542	446	131	9	15
31	Extreme Networks	1378	528	290	79	3	32
32	Quantum	1150	505	181	44	6	16
33	NeoPhotonics	2401	411	157	57	2	3
34	Monolithic Power Systems	1417	389	380	74	1	7
35	Power Integrations	626	387	372	62	0	14
36	Formfactor	1571	384	256	58	5	10
37	ShoreTel	1158	358	29	67	3	9
38	Rambus	767	337	215	130	6	10
39	IXYS	1003	322	241	31	15	23

续表

序号	公司	员工数	销售额（百万美元）	海外销售额（百万美元）	R&D经费（百万美元）	分支机构数	
						国内	海外
40	InvenSense	632	418	236	97	0	10
41	Inphi	586	266	236	108	5	4
42	Xperi	700	260	160	45	13	15
43	Sigma Designs	718	221	188	74	2	16
44	Nanometrics	532	221	190	31	2	6
45	Ultratech	312	194	169	35	4	8
46	Aerohive Networks	620	170	68	5	0	3
47	Applied Micro Circuits	557	159	82	92	5	5
48	DSP Group	333	138	133	35	1	8

资料来源：https://www.sec.gov 各公司 2016 或 2017 年报。

附件 4-6　长江经济带及硅谷基础竞争力各项指标数据

高新区	人均 GDP（元）	每万人发明专利授权量（件）	所在地区人均运输综合能力（万吨/人）	人均社会消费品零售总额（元/人）
上海张江和紫竹高新区	135000	8.81	40.18	52334.17
无锡高新区	174300	7.61	26.44	55862.80
江阴高新区	174300	7.61	26.44	55862.80
武进高新区	149275	5.83	31.02	55259.04
苏州高新区	145000	10.12	14.11	53600.64
常熟高新区	145000	10.12	14.11	53600.64
昆山高新区	145000	10.12	14.11	53600.64
淮安高新区	73123	0.83	25.74	25171.57
盐城高新区	75987	2.07	24.01	24704.17
泰州医药高新区	109988	2.73	45.36	27673.71
南京高新区	152886	13.15	37.00	69136.10
徐州高新区	76915	2.38	29.96	35241.99

高新区	人均GDP（元）	每万人发明专利授权量（件）	所在地区人均运输综合能力（万吨/人）	人均社会消费品零售总额（元/人）
扬州高新区	120944	2.97	29.52	34363.94
宿迁高新区	55906	0.47	10.84	16927.26
杭州高新区	140180	10.47	35.47	58280.64
宁波高新区	132603	6.46	64.03	50657.16
温州高新区	65055	3.69	15.93	36076.76
绍兴高新区	107853	5.04	26.67	39880.83
合肥高新区	97470	6.92	48.22	36808.95
蚌埠高新区	50662	1.94	109.53	24276.53
吉安高新区	35202	0.34	27.45	10373.84
南昌高新区	95116	2.07	24.95	38438.91
抚州高新区	34226	0.42	35.63	13444.85
鹰潭高新区	69923	0.74	41.48	18790.64
武汉东湖高新区	135136	7.95	51.68	61762.48
仙桃高新区	70156	0.31	11.67	24183.41
随州高新区	45617	0.14	36.28	24613.16
衡阳高新区	42163	0.47	26.54	18323.03
益阳高新区	39937	0.43	29.54	16226.61
郴州高新区	50482	0.41	43.24	21854.58
长沙高新区	134933	5.91	50.93	58433.05
成都高新区	94782	5.09	16.61	41652.17
绵阳高新区	47538	8.77	13.54	23666.46
乐山高新区	49397	0.36	42.99	20424.55
重庆高新区	65933	2.12	37.18	28272.55
贵阳高新区	78449	2.38	97.89	26618.12
下游地区	117543	6.42	34.72	45305.29
中游地区	79962	2.89	37.76	34503.27
上游地区	71948	3.38	34.94	30963.37

高新区	人均 GDP （元）	每万人发明 专利授权量 （件）	所在地区人均 运输综合能力 （万吨/人）	人均社会消费 品零售总额 （元/人）
经济带	98167	4.90	35.45	39436.24
美国硅谷	518417	63.60	34.97	119292.09

注:根据附表 2、3、4、5 数据测算。企业 500 强综合数＝世界 500 强企业数＊0.5+国家 500 强企业数＊
0.2+独角兽企业数＊0.3;品牌 500 强企业综合数＝世界 500 强品牌企业数＊0.8+国家品牌 500 强
企业数＊0.2;硅谷企业 500 强综合数与品牌 500 强企业综合数为 39 个硅谷城市的平均数。

资料来源:根据附表 1 数据测算。

附表 4-7　长江经济带及硅谷企业竞争力各项指标数据

高新区	500 强企业 综合数（个）	R&D 投入 占比	全员劳动 生产率 （万元/人）	品牌 500 强企业 综合数（个）
上海张江和紫竹高新区	0.9	0.03	181.4	0
无锡高新区	0	0.04	145.2	0
江阴高新区	0.2	0.03	161.0	0
武进高新区	0	0.02	118.2	0
苏州高新区	0.4	0.02	137.9	0
常熟高新区	0.2	0.02	131.2	0
昆山高新区	0	0.02	88.4	0
淮安高新区	0	0.01	79.6	0
盐城高新区	0	0.01	113.1	0
泰州医药高新区	0	0.01	186.2	0
南京高新区	0	0.02	187.7	0
徐州高新区	0	0.01	206.9	0
扬州高新区	0	0.02	123.9	0
宿迁高新区	0	0.02	84.9	0
杭州高新区	0.6	0.04	168.6	0
宁波高新区	0	0.02	182.6	0
温州高新区	0	0.02	53.1	0
绍兴高新区	0	0.01	45.7	0

高新区	500 强企业综合数（个）	R&D 投入占比	全员劳动生产率（万元/人）	品牌 500 强企业综合数（个）
合肥高新区	0	0.03	189.7	0
蚌埠高新区	0	0.02	182.7	0
吉安高新区	0.2	0.01	101.5	0
南昌高新区	0	0.02	211.9	0
抚州高新区	0	0.02	139.4	0
鹰潭高新区	0	0.01	229.5	0
武汉东湖高新区	0.4	0.03	216.6	0
仙桃高新区	0	0.00	76.8	0
随州高新区	0	0.01	113.9	0
衡阳高新区	0	0.02	127.9	0
益阳高新区	0	0.02	160.9	0
郴州高新区	0	0.01	121.3	0
长沙高新区	0	0.03	151.5	0
成都高新区	0	0.02	154.1	0
绵阳高新区	0	0.03	112.0	0
乐山高新区	0	0.01	95.8	0
重庆高新区	0	0.02	156.4	0
贵阳高新区	0	0.01	119.9	0
下游地区	2.3	0.025	156.2	0
中游地区	0.6	0.024	181.6	0
上游地区	0	0.019	139.2	0
经济带	2.9	0.024	158.9	0
美国硅谷	3.00	0.09	633.9	6.20

附表 4-8　长江经济带及硅谷网络竞争力各项指标数据

高新区	公司海内外分支机构综合数量	世界城市排名分数	百度综合指数
上海张江和紫竹高新区	30.8	9.0	1797199.0

续表

高新区	公司海内外分支机构综合数量	世界城市排名分数	百度综合指数
无锡高新区	0.0	0.5	41318.0
江阴高新区	104.0	0.5	2069.0
武进高新区	10.0	0.0	64459.0
苏州高新区	23.3	4.0	32149.0
常熟高新区	10.5	4.0	32434.0
昆山高新区	9.0	4.0	16952.0
淮安高新区	0.0	0.0	3601.0
盐城高新区	0.0	0.0	87296.0
泰州医药高新区	0.0	0.0	84054.0
南京高新区	9.0	5.0	92514.0
徐州高新区	0.0	0.0	378210.0
扬州高新区	11.0	0.0	88977.0
宿迁高新区	0.0	0.0	75946.0
杭州高新区	38.5	6.0	244528.0
宁波高新区	15.0	0.5	365412.0
温州高新区	0.0	0.0	789109.0
绍兴高新区	38.0	0.0	87794.0
合肥高新区	0.0	2.0	731843.0
蚌埠高新区	11.0	0.0	39133.0
吉安高新区	0.0	0.0	2073.0
南昌高新区	20.0	0.5	6139.0
抚州高新区	0.0	0.0	58960.0
鹰潭高新区	0.0	0.0	14167.0
武汉东湖高新区	12.7	5.0	17381.0
仙桃高新区	0.0	0.0	2178.0
随州高新区	0.0	0.0	22848.0
衡阳高新区	0.0	0.0	229380.0
益阳高新区	0.0	0.0	87533.0
郴州高新区	0.0	0.0	22834.0
长沙高新区	11.0	4.0	155783.0

高新区	公司海内外分支机构综合数量	世界城市排名分数	百度综合指数
成都高新区	4.0	6.0	111781.0
绵阳高新区	12.0	0.0	74321.0
乐山高新区	2.0	0.0	59241.0
重庆高新区	0.0	4.0	268057.0
贵阳高新区	11.0	0.5	51001.0
下游地区	27.6	27.0	252749.9
中游地区	13.9	9.5	56297.8
上游地区	6.0	10.5	112880.2
经济带	22.2	55.5	173296.5
美国硅谷	32.2	18.0	106861.0

注：根据附表5、6测算。地区上市公司海内外分支机构=（海外分支机构＊2+国内分支机构）/企业个数；百度综合指数=搜索指数+资讯指数+媒体指数；硅谷世界城市排名得分为硅谷拥有3个世界城市得分的平均数；硅谷企业分支机构综合数为硅谷电子信息制造49家企业分支机构平均数。

资料来源：百度各类指数来源百度网站（https://index.baidu.com/）、GaWC发布的《世界城市名册2018》（https://www.lboro.ac.uk/gawc/）。

附表4-9　长江经济带及硅谷国际竞争力各项指标数据

高新区	国际市场占有率	显示性比较优势	外贸依存度
上海张江和紫竹高新区	1.258%	0.24	0.13
无锡高新区	0.664%	0.12	0.37
江阴高新区	0.087%	0.02	0.16
武进高新区	0.077%	0.01	0.12
苏州高新区	0.738%	0.14	0.49
常熟高新区	0.146%	0.03	0.25
昆山高新区	0.261%	0.05	0.33
淮安高新区	0.004%	0.00	0.04
盐城高新区	0.027%	0.01	0.09
泰州医药高新区	0.005%	0.00	0.01
南京高新区	0.197%	0.04	0.10
徐州高新区	0.014%	0.00	0.05
扬州高新区	0.007%	0.00	0.06

高新区	国际市场占有率	显示性比较优势	外贸依存度
宿迁高新区	0.006%	0.00	0.09
杭州高新区	0.208%	0.04	0.08
宁波高新区	0.191%	0.04	0.11
温州高新区	0.027%	0.01	0.13
绍兴高新区	0.024%	0.00	0.12
合肥高新区	0.170%	0.03	0.16
蚌埠高新区	0.007%	0.00	0.02
吉安高新区	0.033%	0.06	0.17
南昌高新区	0.076%	0.14	0.07
抚州高新区	0.005%	0.01	0.04
鹰潭高新区	0.004%	0.01	0.02
武汉东湖高新区	0.514%	0.95	0.09
仙桃高新区	0.007%	0.01	0.05
随州高新区	0.009%	0.02	0.07
衡阳高新区	0.039%	0.07	0.12
益阳高新区	0.014%	0.03	0.04
郴州高新区	0.020%	0.04	0.27
长沙高新区	0.175%	0.32	0.09
成都高新区	0.807%	1.24	0.29
绵阳高新区	0.067%	0.10	0.11
乐山高新区	0.015%	0.02	0.09
重庆高新区	0.112%	0.17	0.09
贵阳高新区	0.024%	0.04	0.02
下游地区	4.12%	0.77	0.17
中游地区	0.90%	1.65	0.09
上游地区	1.02%	1.57	0.17
经济带	6.04%	0.92	0.15
美国硅谷	20.138%	20.76	0.65

注:国际市场占有率=企业出口值/世界出口总额;外贸依存度=企业出口值/总产值。该表格数据为
　　2017 年数据。

资料来源:《国际统计年鉴(2018)》《2018 中国火炬统计年鉴》长江经济带 11 省市统计年鉴 2018。

后　记

　　值此中国共产党建党一百周年、我国圆满实现中华民族伟大复兴第一个百年奋斗目标之际，由成长春、徐长乐等联合撰写的《推动长江经济带发展重大战略研究》一书，即将由人民出版社正式出版发行。

　　长江是中华民族的母亲河，也是享誉中外的世界级大河。2013年7月，习近平总书记在考察湖北时指出，要把长江经济带打造成为中国未来经济的新支撑带，随后又相继在重庆、武汉、南京亲自主持座谈会，对长江经济带的发展作出了一系列重要指示，长江经济带建设也随之上升为重大国家战略，并由此掀起了一场深入探究长江经济带发展的研究热潮。作为热潮中的一朵浪花，本书应运而生。

　　本书是由南通大学江苏长江经济带研究院院长兼首席专家成长春教授领衔承接的教育部哲学社会科学研究重大课题攻关项目——"推动长江经济带发展重大战略研究"（项目编号17JZD024）的最终研究成果。除了承接单位南通大学江苏长江经济带研究院的成长春团队和杨凤华团队外，该项目还汇聚了湖北省社科院彭智敏团队、四川省社科院刘世庆团队、华东师范大学徐长乐团队、安徽大学胡艳团队等沿江高校、研究机构的知名团队共同参与。其间，课题总负责人成长春带领课题组先后在南通、武汉、成都和合肥召开了四次专题研讨会，以长江经济带区域协调性均衡发展为主线，分别从理论溯源与战略实践、生态保护与环境修复、综合立体交通体系构建、世界级产业集群培育、三大城市群联动、区域体制机制创新六个重点领域和分析视角开展了联合研讨。

　　作为长江上中下游各研究团队分工协作、共同拼搏的硕果，本书中各研究团队研究与撰写任务的具体分工情况如下：第一篇由华东师范大学长江流域发展研究院原常务副院长徐长乐教授领衔。课题组成员：成长春、周威平、孟越男，由孟越男、徐长乐执笔完成。第二篇由四川省社会科学院刘世庆研究员领衔。第七章执笔：沈茂英、李梦鹤、周丰；第八章执笔：沈茂英；第九章执笔：刘世庆、巨栋、邵平桢、付实；第十章执笔：李晟之、刘新民、吕晓彤、刘嘉琪。第三篇由湖北省社会科学院长江流域经济研究所所长彭智敏研究员领衔。课题组成员及执笔人：彭智敏、陈沿伊、白洁、陈丽媛、朱磊、宋哲、刘司可、熊昱、张佳楠、曹莹。第四篇由华东师范大学徐长乐教授领衔。课题组成员：王曼、秦月、石珏，由王曼、徐长乐执笔完成。第五篇由南通大学江苏长江经济带研究院常务副院长杨凤华教授领衔。课题组成员及执笔人：杨凤华、陈长江、叶磊、刘峻源。第六篇由安徽大学区域经济与城市发展研究院院长胡艳教授领衔。第二十七章执笔：李亚平；第二十八章执笔：胡艳、张安伟、任路遥、胡子文、江玲；第二十九章执笔：时浩楠、张安伟；第三十章执笔：胡艳、汪徐；第三十一章执笔：丁玉敏；第三十二章执笔：李亚平；第三十三章执笔：胡艳、潘婷。全书由成长春总担纲、总策划、总编纂、总协调，由徐长乐负责具体统稿、修改、协调事宜。

本书获教育部哲学社会科学研究重大课题攻关项目资助。中国工程院院士、长江保护与绿色发展研究院院长张建云为本书作序。在项目策划申报和研究撰写过程中，得到了原国务院研究室司长、中国国际经济交流中心总经济师陈文玲女士的殷切指导。中国人民大学党委书记张东刚、中国高教学会副会长张大良、北京化工大学党委书记刘桂芹以及教育部高校社会科学评价中心李建平主任等专家给予了大力支持。国家长江办、国务院参事室、国家发展改革委宏观经济研究院、工信部规划司、生态环境部环境科学研究院长江中心、江苏省委研究室、江苏省政府研究室、江苏省政府参事室、江苏省长江办、江苏省智库办、江苏省社科联等单位的领导和专家提供了大量的具体指导。在成书过程中，人民出版社高级编辑方国根先生以忘我的工作热情和严谨的治学态度，对本书编审稿提出了具体而详尽的修改意见，使得本书能够在较短时间内顺利成书。南通大学浦玉忠书记、施卫东校长、蒋乃华副校长、丁卫泽处长、钱荣贵院长以及江苏长江经济带研究院的各位同仁付出了辛勤的努力。

刘峻源博士为全书的出版做了大量具体事务性工作。课题组全体研究与撰写人员一并致以衷心的感谢。

本书中的疏漏不当之处,敬请各位领导、专家和广大读者批评指正。

《推动长江经济带发展重大战略研究》课题组

2021 年 8 月 28 日

责任编辑：方国根　郭彦辰　钟金铃　崔秀军　武丛伟

封面设计：石笑梦

图书在版编目（CIP）数据

推动长江经济带发展重大战略研究/成长春等 著. —北京：人民出版社，
　2021.12
ISBN 978－7－01－023997－2

Ⅰ.①推…　Ⅱ.①成…　Ⅲ.①长江经济带-区域经济发展-研究
　Ⅳ.①F127.5

中国版本图书馆 CIP 数据核字（2021）第 233450 号

推动长江经济带发展重大战略研究

TUIDONG CHANGJIANGJINGJIDAI FAZHAN ZHONGDA ZHANLÜE YANJIU

成长春　徐长乐　等著

人民出版社 出版发行
（100706　北京市东城区隆福寺街 99 号）

北京汇林印务有限公司印刷　新华书店经销

2021 年 12 月第 1 版　2021 年 12 月北京第 1 次印刷
开本：710 毫米×1000 毫米 1/16　印张：58
字数：861 千字

ISBN 978－7－01－023997－2　定价：218.00 元

邮购地址 100706　北京市东城区隆福寺街 99 号
人民东方图书销售中心　电话（010）65250042　65289539